TOURISM INFORMATION IN CHINA

中国旅游

资讯大全

2009版

中国旅游出版社
CHINA TRAVEL & TOURISM PRESS

责 任 编 辑： 鲁英委
责 任 印 制： 冯冬青
广告总代理： 北京加福瑞广告有限公司

图书在版编目（CIP）数据

中国旅游资讯大全：2009版/中国旅游出版社编. —北京：中国旅游出版社，2009. 1
ISBN 978-7-5032-3619-8

Ⅰ. 中… Ⅱ. 中… Ⅲ. 旅游业-中国-名录
Ⅳ. F592. 6-62

中国版本图书馆CIP数据核字（2008）第202039号

书　　名： 中国旅游资讯大全2009版
作　　者： 中国旅游出版社
出版发行： 中国旅游出版社
（北京建国门内大街甲9号　邮编：100005）
http：//www.cttp.net.cn　E-mail：cttp@cnta.gov.cn
发行部电话：010-85166507　85166517
排　　版： 北京中文天地文化艺术有限公司
经　　销： 全国各地新华书店
印　　刷： 北京建筑工业印刷厂
版　　次： 2009年1月第1版　2009年1月第1次印刷
开　　本： 889毫米×1194毫米　1/16
印　　张： 40.75
彩　　页： 64
字　　数： 2400千
定　　价： 200.00元
I S B N　978-7-5032-3619-8

唐山

中国优秀旅游城市

▲ 清东陵祭祀大典表演

▲ 清东陵裕陵地宫

唐山于2007年12月13日被国家旅游局评为中国优秀旅游城市。唐山，因市区中部耸立的大城山古名“唐山”而得名。唐山地处环渤海中心地带，北依燕山，南濒渤海，现辖两个县级市、六县、六区和六个开发区（管理区），总面积13206平方公里，总人口724万。其中市区面积3874平方公里，人口303万，是全国较大城市之一。唐山西与京津毗邻，东与秦皇岛接壤，北与承德比肩，京哈、通坨、京秦、大秦4条铁路干线横贯全境；京沈、唐津、唐港、唐承、唐曹、沿海等6条高速公路交会贯通，与京、津、承、秦四市的车程均在1.5小时之内，交通十分便利。

▶ 李大钊故居

▶ 菩提岛–梦泽湖

唐山素有“京东宝地”之称，是具有百年历史的中国沿海重镇。在这里诞生了中国早期现代化煤井、标准轨铁路、蒸汽机车、水泥、卫生陶瓷，被誉为“中国近代工业的摇篮”、有“北方瓷都”的美誉。在这里有曹妃甸天然大港，有储备10亿吨的新型油田，这里是“国宝之地”，这里是“科学发展示范区”，这里将成为环渤海地区的“耀眼明珠”。

月坨岛海岛风光

这里是“国宝之地”，这里是“科学发展示范区”，这里将成为环渤海地区的“耀眼明珠”。

曹妃甸

唐山抗震纪念碑

唐山背山临海的地理格局、复杂多样的地貌类型和特有的地方历史文化，造就了许多极具特色的旅游资源。大体上分布在北部长城沿线、南部沿海、市中心三个区域。北部长城沿线，以清东陵、万佛园、青山关为精品塑造点，以皇家文化、佛教文化、温泉疗养度假、民俗风情、自然生态观光为辅助，形成了系列完整的长城旅游度假产品，成为北京皇家旅游驰名品牌的延伸；南部沿海，以曹妃甸、唐山大油田、三岛（菩提岛、月坨岛、金沙岛）为精品塑造点，连带李大钊（故居）纪念馆红色旅游项目、唐海湿地和海岛地热等资源，形成了滨海特色旅游休闲带，成为京津旅游产品的补充；唐山市中心，重点挖掘陶瓷、采煤、蒸汽机车等近代工业文明和地震科普资源，正在打造以城市生态公园为主打产品的特色文化体验旅游区。在北中南三大旅游板块支撑下，形成了5条精品旅游线路：曹妃甸建设动感体验二日游；唐山皇家文化体验二日游；唐山长城度假二日游；唐山滨海休闲二日游；唐山地震科普体验一日游。现有星级酒店43家，旅行社130家，A级以上景区25个，工业旅游示范点7个，农业旅游示范点1个，食、宿、行、游、购、娱综合接待体系配套完善。

上关湖

青山关风光

青山关长城古城堡

目前，唐山掀起了以大港口（曹妃甸）和大油田（南堡油田）为两翼，以打造“文化名城、经济强城、宜居靓城、滨海新城”为目标的新唐山建设热潮。唐山旅游业正在向以“新唐山·新油田·新海景·新体验”为主题的“京津冀城市旅游休闲度假基地”目标加速迈进。

南湖公园

相约海峡西岸　放歌八闽风光

福建欢迎您

神奇的福建土楼

浪漫的鼓浪琴岛

福建位于海峡西岸，毗邻港澳，南承珠江三角洲，北接长江三角洲，是中国大陆距离东南亚和大洋洲海上距离较近的省份之一，也是中国与世界交往的重要窗口和基地。全省陆地面积12万平方公里，森林覆盖率高达62.9%，在中国排名前列；海域面积13.6万平方公里，海岸线长达3752公里，居中国第二；福建人口3409万，是著名侨乡和台胞祖籍地,旅居海外的华人、华侨达1000多万人，80%以上台湾同胞祖籍福建；温泉资源十分丰富，既有热泉，也有冷泉，是中国第四大温泉之省。

福建资源特色明显，具有得天独厚的优势。众多的山脉、交错的河流、茂密的森林、辽阔的海域，构成独特的山海风光。“山海一体，闽台同根，民俗奇异，宗教多元”是福建旅游鲜明的特色。迷人的武夷仙境、浪漫的鼓浪琴岛、灵秀的水上丹霞、神圣的妈祖朝觐、动人的惠女风采、神奇的福建土楼、光辉的古田会址、壮美的滨海火山、悠久的昙石山文化、奇特的白水洋景观构成了福建独具特色的十大旅游品牌。福建拥有武夷山世界文化与自然遗产地，泰宁世界地质公园，还有国家重点风景名胜区13个，国家自然保护区10个，国家森林公园19个，国家地质公园8个，国家历史文化名城4座，中国优秀旅游城市7个，全省还有9个高尔夫球场，旅游资源非常丰富，令人叹为观止，可谓“山海画廊，人间福地”。

福建与台湾隔海相望，两地有割不断的地缘、血缘、文缘、商缘、法缘，自1987年至2007年，福建累计接待来闽台胞904万人次，占大陆接待台胞总人数的19.2%。福建于2004年起先后开放福建居民赴金门、马祖、澎湖地区旅游，实现海峡两岸旅游双向往来。至2007年底，“金马澎旅游”累计共有2558个团组55906人次。福建现已成为开放大陆居民赴台旅游和组织首发团赴台旅游的省份。

改革开放以来，特别是“十五”期间，福建旅游业快速发展，面对新世纪、新形势，福建旅游业凭借着得天独厚的区位优势和闽台合作优势，按照建设海峡西岸经济区的战略要求，坚持科学发展，实现两个加快，全面提升全省旅游产业发展水平，为把海峡西岸经济区建设成为科学发展的先行区，两岸人民交流合作的先行区做出新的贡献。

迷人的武夷仙境

西双版纳是个美丽的地方，神奇美丽的自然风光和多姿多彩的民族风情交相辉映，犹如人间仙境，在这1.9万平方公里的土地上，有400多万亩的国家自然保护区，保存着地球北回归线沙漠带上原始风貌较为完整的热带雨林生态系统，被誉为“动物王国”、“植物王国”、“物种基因库”和“北回归线上的绿宝石”，是著名的“普洱茶”故乡和生产基地。

西双版纳风光旖旎，令人神往。生活着傣、汉、基诺、哈尼、拉祜、布朗等13个民族。各民族世世代代与自然和谐相处，蕴育出独特的历史文化、传统习俗和生活方式。傣族的“泼水节”、哈尼族的“嘎汤帕”、拉祜族的“拉祜扩”、瑶族的“盘王节”、基诺族的“特懋克”等民族节日，以及各少数民族的饮食、服饰和民居建筑，构成了独特而多样的人文景观。西双版纳州自成立以来分别被国际组织、国家批准为国际生物圈保护区，国家风景名胜区，国家生态示范区，《中国地理杂志》将西双版纳热带雨林评选为“中国最美的森林”。

西双版纳是GMS合作的前沿，是云南省具有水、陆、空国际口岸的地区。昆明至曼谷国际大通道已全线贯通。澜沧江景洪港在国际航运中正发挥着重要作用，国际航运非常繁忙。西双版纳口岸机场已开通2条国际航线和10条与国内大中城市相联的国内航线。

西双版纳是一块激情飞扬的热土，热情好客的100万西双版纳各族人民热情欢迎国内外的朋友到西双版纳来做客，畅游西双版纳的热带雨林，体验多姿多彩的民族风情，探寻“西双版纳”的无穷奥秘。

伟人故里中山

中山市是孙中山先生的故乡,地处珠江三角洲南部,东望香港、深圳，南邻珠海、澳门，北临广州，全市人口142万，面积1800平方公里。这座具有850多年历史的南国城市气候宜人，名人辈出，改革开放取得了巨大成就，是享誉中外的富庶侨乡。

中山的旅游资源丰富，她集名人胜地，新颖的城市人文景观和水乡田园风光为一体，透发出诱人的岭南风情。近年来中山市相继获得“国家卫生城市”、“全国园林城市”、“全国环保模范城市”、“中国优秀旅游城市”和“首批全国文明城市”等光荣称号，更获得联合国颁发的“人居奖”崇高荣誉。中山人民热情友好，旅游设施完善，饮食文化极具特色，交通便利，是休闲度假、观光娱乐、会议旅游的好去处。

伟人故里游

作为一代伟人孙中山先生的故乡，纪念孙中山的景观很多，来中山旅游，能亲自体会到他作为原乡人的真实和亲切。有代表性的景点有孙中山故居、孙中山纪念馆、中山城、翠亨村民居、孙文纪念公园、中山纪念堂等，对于游客了解孙中山先生波澜壮阔的伟大一生很有意义。

孙中山故居
Former Residence Of Dr.Sun Yat-sen

孙文纪念公园
SunWen Memorial Park

中山市地处珠江出海口，土地肥沃，气候宜人，自古就是著名的鱼米之乡。这里田园风光旖旎，水乡风情浓郁。主要旅游景点有岭南水乡、金斗湾、詹园等，这些景点都是游客回归自然、享受自然、返璞归真的好去处。

城市风光游

詹园
Zhan's Garden

近年来，中山的城市建设与旅游景点建设取得了引人注目的成果。老街改造既保存古城市精华又注入现代潮流，建成了大量适合现代人居住的小区以及人与自然和谐的公众活动场所，外来游客对这座城市的绿化、净化和美化留下深刻印象。

中山民风民俗极富乡土气息。许多村镇保留着四月八浮居舞龙，端午赛龙夺锦扒龙，八月十五闹中秋，沙溪龙狮鹤凤舞，坦洲水上欢乐节，黄圃飘色等浓郁乡风，世代沿袭。今天，中山人在新的时代又添新的风俗，元宵节的慈善万人行，充分体现了孙中山先生所倡导的“博爱、平等”精神。

逸仙湖公园 Yat-sen Lake Park

中山欢迎您
Welcome to zhongshan

昌平

全国十大好玩的地方

北京市昌平区地处北京市西北部，距北京城中心区30公里，总面积1352平方公里，常住人口78.2万，是北方的著名旅游胜地。1983年，经中共中央批准的《北京城市建设总体规划方案》把昌平区确定为发展旅游、高教、科研为主的首都卫星城。

十三陵景区

昌平区地处温榆河冲击平原和军都山脉结合地带，位于北京的上风上水，地形地貌多样，自然风光优美，雨量充沛，空气清新，四季分明，山峻、林绿、水清、天蓝，有"首都后花园"的美称。区内文物古迹众多，现代景观多样，有世界文化遗产驰名中外的明十三陵、居庸关，有13级浮屠的辽代银山塔林、坦克博物馆、航空博物馆、独具特色的十三陵、华彬、太伟、顺峰四个高尔夫球场，有具吸引力的中国北方射击场、奥林狩猎射击场，有风景秀丽的十三陵水库和蟒山、沟崖、碓臼峪、虎峪、白虎涧（北京后花园）、双龙山、白羊沟、大杨山、银山塔林、天池十大自然风景区，其中蟒山、大杨山为国家森林公园，有全国闻名的九华、温都、凤山、天龙源、龙脉、红栌六大温泉，有距离北京较近的雪世界、军都山两大滑雪场。全区共有文物保护单位78处，其中世界文化遗产2处、国家文物保护单位4处、市级文物保护单位5处。

全区共有旅游企业382家。从业人员近30000人，投资总额206亿元。2007年接待中外游客1276.6万人次，同比增长11.13%，实现旅游收入28.6亿元，同比增长19.2%，其中旅游景区（点）35家（其中A级景区20家，4A级10家，3A级4家，2A级2家，1A级4家）；星级饭店65家（其中五星级2家、四星级12家、三星级16家、二星级29家、一星级6家，社会旅馆及培训中心160家，共有客房23152间，床位44281张，餐位84359个）；旅游商店19家；星级餐馆15家；旅行社28家；民俗村60个，民俗户3000户（其中果品采摘户1000户）。基本构成名胜古迹、自然风光、现代娱乐、康复疗养、休闲度假、知识博览、民俗风情、观光农业八大旅游系列产品体系。全区会议会展设施10万平方米，2007年全年接待会议约4万个，昌平已成为温泉会展之区。连续6年旅游收入在全市郊区县中排名前列，连续8年旅游人次年接待量突破1000万人次。2004年被评为《全国十大最好玩的地方》、2006年被评为《中国优秀旅游名区》，旅游业已成为昌平经济发展中的支柱型产业之一。

九 华

大 佛

居庸关长城

千年原

生态
万象黔东南
贵州.黔东南州旅游局
咨询电话:0855-8237575

崇圣寺三塔文化旅游区
电话：0872-2666107
大理景区门票预订，享七折优惠：www.dalisanta.net
崇圣寺三塔位于苍山应乐峰下，由主塔和南北小塔组成，为典型的唐宋塔式建筑。三塔是大理作为妙香佛国的历史见证，具有极高的历史文化价值和杰出的建筑艺术。三塔不仅是大理的象征，也是中国古代文明的象征。
位于三塔之后的崇圣寺，是南诏国和大理国的皇家寺院。曾有九位大理国皇帝在此出家，东南亚十六国的国王在此礼佛。恢复重建后的崇圣寺，为全国规模较大的佛教建筑群。崇圣寺背靠苍山，面临洱海，跌宕起伏，大气磅礴，金碧辉煌，堪称佛教寺院的典范。

地址：中国．昆明．九乡　　邮编：652114
电话：(0871)7511998 7511966 3531166　　传真：(0871)7511958 7511948
网址：www.ynjx.com　　E-mail：jxwg@ynjx.com

九鄉 JIUXIANG

★ 国际洞穴协会会员
★ 国家重点风景名胜区
★ 国家AAAA旅游区
★ ISO9001质量管理体系
★ ISO14001环境管理体系认证

国际洞穴协会会员、国家重点风景名胜区、国家 AAAA 旅游区、ISO9001 质量管理体系、ISO14001 环境管理体系认证景区——九乡风景区，位于昆明市宜良县九乡彝族、回族乡境内，总面积 164.14 平方公里，距省城昆明 90 公里，距著名的石林风景名胜区 34 公里。

九乡风景区是以溶洞景观为主体，洞外自然风光、人文景观、民族风情为一体的综合性风景名胜区。拥有上百座大、小溶洞，为国内规模较大、数量较多、溶洞景观较奇特的洞穴群落体系，是独具特色的国际观光型喀斯特地质公园。包括叠虹桥景区、大沙坝景区、阿路龙景区、三脚洞景区、马蹄湾景区和马蹄峡景区。现已开发的叠虹桥风景区共有十大景域：

一、峡谷旅游观光电梯。这是国内建造的峡谷观光电梯，建成于 2000 年 4 月。建筑高度 53 米，电梯轨道 42 米，运行时速 1 米 / 秒。“大壑峡崖遮不住，悠忽降临绿水边”。登乘观光电梯，可舒适快捷地直入游览景点，免去 300 级台阶的攀爬之苦，同时节约了时间。

二、清幽迷人——荫翠峡。有滇中幽峡的美誉，峡长 1000 米，可划船游览。两岸古崖苍苍，浓荫摇曳，一泓碧水，清幽迷人，如诗如画的景致使人流连忘返。许多诗人作家在荫翠峡留下了许多美丽动人的诗篇，荫翠峡又名情人谷。

三、惊心动魄——惊魂峡。峡长 700 米，是目前国内所发现的较为壮观的地下大峡谷。两岸刀劈斧削一般，峡底到洞顶将近百米，峡中最窄处仅三四米宽，游人走过无不感到惊心动魄。

四、地下广场——雄狮厅。雄狮大厅总面积 15000 平方米，为世界上较大的一个地下广场大厅，可容上万人在这里聚会，更为神奇的是，整个大厅顶部由一个完整的板块构成，板块上嵌有几个窝形的漩涡。整个顶部板块可谓天衣无缝。

五、玲珑剔透——仙人洞。为典型的喀嘶特地下风光特征，其中的钟乳石玲珑剔透，美妙绝伦，或依或偎，或坐或卧，宛如一群仙女，在此轻歌曼舞，给人一种如临仙境的感觉。

六、惊天动地——雌雄瀑。两条瀑布由三十多米高的崖上訇然而下，震耳欲聋。那雄浑壮丽的气势惊天动地，如同黄河倒悬一般。雌雄两条瀑布尤如两位浪漫的情侣难分难舍。使人产生许多联想，给客人留下深刻的记忆。

七、天地奇观——神田。神田景观奇伟壮丽，充满田园风味，为世界上罕见的一大奇观。神田，科学名为边石盆，在九乡则称为边石湖群，九乡的边石湖群以其独特和田体的博大，被国际洞穴专家誉为世界奇观。

八、浓郁风情——林荫寨。在深达 100 米的地下世界中，蕴藏着独特的彝家风情的景观，密枝林、土司城堡等，反映了古彝先民们淳厚的民族风情特征。

九、风吹石弯——地下倒石林。蝙蝠洞的特点是钟乳石倒悬垂挂，如同石林倒长一般。这些钟乳石还有一个与众不同的特点，就是石体倾斜幅度大，不规则，细究起来，是因为空气流向不同而造成的。于是，在九乡，又添了一个风吹石弯的神奇景致。

十、碧山翠岭——九乡旅游索道。索道跨度近 1000 米，如一条飞虹，横跨于青山翠岭之间，游人可以领略到四季不同的九乡地表风光，可参观古人类遗址张口洞，跨越数万年的时空。

很多游客感慨地说：“不游九乡，枉来云南。”

九乡——将会给你留下难忘的记忆。

石林

STONE FOREST

世界自然遗产
WORLD NATURAL HERITAGE

世界地质公园
GLOBAL GEOPARKS NETWORK

中国国家风景名胜区
NATIONAL PARKOF CHINA

国家AAAAA级旅游景区
NATIONAL LEVEL AAAAA
TOURIST AREA

世界自然遗产——中国云南石林

世界自然遗产——石林，位于云南省昆明市石林彝族自治县境内，是位于亚热带高原地区的喀斯特地质地貌奇观，石林以其丰富的喀斯特景观成为世界自然现象和同类喀斯特的典型代表，2007 年 6 月被联合国教科文组织列入《世界遗产名录》，是世界地质公园、国家风景名胜区、国家 5A 级旅游景区、中国国家地质公园，是世界较具魅力的旅游景区之一。

石林“山石冠天下”。形成于 3 亿年前的石林，面积达 1100 平方公里，以奇、幽、险、秀闻名于世；浩如林海的奇峰异石、玲珑秀丽的高原湖泊、高达 90 多米的断崖飞瀑……构成了一幅千姿百态、气势恢弘的喀斯特典型地貌精品全景图，被誉为“天下奇观”。

石林“风情醉国人”。与石林自然景观交相辉映的以“阿诗玛”为代表的彝族撒尼民间文化，其独特的语言文字、丰富的诗文传说、绚丽的刺绣服饰、神秘的婚丧礼俗、粗犷的摔跤竞技、豪放的民族舞蹈，处处体现出古老民族的异域风情。每年农历六月二十四日，被誉为“东方狂欢节”的彝族传统火把节，让千万游客如痴如醉、终生难忘。

阿诗玛期待与您相会！石林期待您的到来！

Stone Forest, the World Natural Heritage site, locates within the range of Shilin Yi Nationality Autonomous County. Various Karst landscape types can be found in Stone Forest, and it is the only sub-tropical Karst landscape in the world. It is famous for the beautiful scenery and unique landscape, and was included as a World Natural Heritage site in June 2007. It is also one of the first sites that was names as World Geological Garden, National Scenery spot, National 5A Tourism Spot. National Geological Garden.

Formed in 300 million years ago, the Stone Forest covers 1100 km2 in area. The landscape in Stone Forest is magnificent, strange and steep. Together with peaceful highland lakes and waterfuls, the scenery of Stone Forest marvels the entire nation. It is regarded as "The Best Wonder of the World".

There is the unique Yi minority Sani culture, represented by Asbima, a legendary beauty in the Stone Forest area. Yi Minority has her own letter, numerous mythos and legends, colorful inwrought clothing, mysterious wedding and funcral ceremonics, straightforward wrestling, unconstrained dances, which represents the unique character of this ancient minority. thousands of tourrists enjoy with the local community the traditional Flamebeau Festival helds on June 24 Lunar calendar, which is called Oriental Dionysia.

Do not wait to explore the beautiful Stone Forest and appreciate the mysterious culture that nourish Ashima!

中国 云南 石林
Stone Forest YUNNAN CHINA

石林风景名胜区管理局 旅游局
STONE FOREST MUNICIPAL TOURIST ADMINISTRATION BUREAU

地址：中国 • 昆明 • 石林
ADD: STONE FOREST KUNMING CHINA
电话/TEL：(0871)7711439 7719006
传真/FAX：(0871)7711778
邮编/POSTCODE：652211
www.chinastoneforest.com

大理地热国

大理地热国是云南旅游的一颗璀璨新星，她是以中国版图为蓝本，同时也溶入云南少数民族文化气息的温泉景区，占地面积近1000亩，共有几十种各赋特色，各具功效的露天温泉池，尽显“九气朝蒸”之奇观，也赋予神奇而浪漫的色彩。地热国温泉水温在70℃~90℃之间，富含钾、钙、镁、铁等多种微量元素，用此泉水熏蒸、沐浴可治多种疾病，是个天然的理疗医院，相传大明建文皇帝朱允炆也曾在此僧衣麻鞋，浸泡温泉以达养生，不仅于此地热国把造型各异的不同配方、不同功效的，不同药理性能的“露天温泉”，进行了分类、包装，提升和创新，赋予了独特的文化内涵。人们在沐浴温泉时，不但强身健体还丰富了中药文化、健康文化、养生文化和休闲文化，而且让游客在沐浴温泉时，能够达到修身养性、陶冶情操、提升品位、净化心灵、增强体质的综合功效。

地址：云南省大理州洱源茈碧湖畔
电话：0872-5128888
传真：0872-5128999

南山旅游 NANSHAN TOURISM

国家AAAA级旅游景区
山东·龙口
NATIONAL-LEVEL AAAA SCENIC SITE
LONGKOU, SHANDONG

福寿南山
养心天堂

◎节庆活动

公历4月18日：南山大佛开光纪念暨春季庙会。
公历6月中旬：采摘节。
农历九月初九：南山国际长寿文化节。
公历9月29日：南山玉佛开光纪念暨秋季庙会。

◎南山一日游

上午游览南山宗教文化园：南山大佛、南山禅寺、南山道院、香水庵、灵源观。午餐后游览南山中华历史文化园（远古三代文化区、春秋园、南山玉佛、唐朝、财禄寿文化区、宋朝、元朝、明朝、福喜广场、清朝）。结束快乐旅程。

◎南山二日游

第一天：上午，南山庄园葡萄酒堡免费品酒、高尔夫练习，用午餐，下午游览景区—南山宗教文化园：南山大佛、南山禅寺、南山道院、香水庵、灵源观，住南山。

第二天：早餐后游览南山中华历史园（远古三代文化区、春秋园、南山玉佛、唐朝、财禄寿文化区、宋朝、元朝、明朝、福喜广场、清朝）。午餐后参观东海旅游度假区。结束快乐旅程。

建水县文庙管理处

❶ 洙泗渊源坊，现存建筑为清乾隆四十三年（1778年）重修。（背面是“万世宗师”匾额），为典型的五开间三门道古牌楼建筑，通面阔23.7米，进深7.7米，高9米，占地180平方米。洙泗渊源意为孔孟思想源远流长，影响深远。

❷“先师庙”三个榜书是清代书法家王文治就任临安知府时题书的。“先师庙”又称“大成殿”其建筑为五开间三进深单檐歇山顶五架抬梁式建筑，通面阔26.95米，进深18.5米，高9米，占地面积498.11平方米。全殿共采用28根柱作承重结构，其中22根是整块青石凿磨而成，是古建筑中十分特殊的石木构架承重结构。

❸“石龙抱柱”是用整块青石雕刻而成，上面包含有：高浮雕和镂空雕。

❹ 礼门和义路两坊原为木制牌坊，清顺治四年（1647年）毁于战火，清乾隆二十九年（1764年）重建为石牌坊。礼门和义路取意于《礼记》：“圣人修义之柄、礼之序，以治人情。”警示人们的一切行为，都要以礼义行为准则。

❺“孔圣弦诵图碑”具今已有540多年（明天顺年间），高1.5米，宽0.8米。下部表现的是孔子抚琴上课的情景，上部刻有宋高宗皇帝御题孔子赞。其文一共48个字，赞词推崇孔子如尧舜一样贤明，推行其忠恕之道，九能天下和睦，藏兵息武，因此令全国隆重祭祀他。

1

2

3

4

5

地址：云南省建水县文庙管理处　电话：0873-7661575
网址：http://www.wenmiao.net　邮箱：ynjswm@sina.com

查干湖

查干淖尔　渔猎天堂

查干湖景色秀丽，风光迷人，自然与人文原生态保存完好，是中国以蒙古族文化为灵魂，以渔猎文化为特色的湖泊休闲度假旅游区。

查干湖，蒙古语“查干淖尔”意为白色圣洁的湖，位于吉林省松原市前郭尔罗斯蒙古族自治县境内，距松原市区45公里，南距吉林省省会长春150公里，北距黑龙江省省会哈尔滨220公里，长白铁路、302国道、图乌公路等多条国省级干线傍湖而过，交通十分便利，湖区水域面积420平方公里，是国家AAAA级景区、国家水利风景区、国家自然保护区、中国县域旅游品牌百强景区。查干湖蒙古族民俗旅游节被评为中国十大民俗类节庆，查干湖冰雪捕鱼旅游节被评为中国十大生态类节庆。

旅游咨询电话：(0438)2990055　2605077　2607766　网址：http://www.chaganhu.com

景区景点：妙因寺、郭尔罗斯王府、成吉思汗召、时尚运动俱乐部、赛马场、蒙古大营、《圣水湖畔》影视基地、孝庄祖陵陈列馆。

特色餐饮：全鱼宴、全羊宴、烤全羊、特色烤鱼、湖边农家菜

主要游乐项目：草原篝火、圣湖垂钓、竹筏漂流、游艇观湖、龙舟大赛、草原赛马、冰上捕鱼

BROADWAY MANSIONS HOTEL

Shanghai

1934

地址：中国上海北苏州路20号

ADDRESS：No.20 Bei Suzhou Rd.Shanghai China

电话 TEL：63246260 传真 FAX：63065147

邮编 POST CODE：200080

网址 http://www.broadwaymansions.com

信箱 E-mail:service@broadwaymansions.com

上海大厦原名百老汇大厦，1934年为英商投资所建，至今已有70多年历史，是一座具有英式后现代主义风格的建筑，也是国家近代历史文物保护建筑。矗立在黄浦江西畔、外白渡桥北堍的上海大厦，享有得天独厚的地理位置，交通便捷，与上海繁华的商业中心、金融中心紧相毗邻，是旅游、购物、经商的理想之所。尤其是与闻名遐迩的外白渡桥交相辉映，为外滩万国建筑群增添了亮丽的风景。

当时的百老汇大厦曾拥有上海较高的餐厅和较早的楼内停车场，是专供外国人使用的旅馆兼作公寓，1951年5月1日经上海市人民政府批准，正式改名为上海大厦，并于1956年划归机管局领导，以政治接待为主。18楼平台作为外事活动和俯瞰外滩的观景点，曾先后接待了世界各国100多位国家元首或政府首脑、完成了政府代表团的上海市容参观及重要宴请任务。

现隶属于上海衡山（集团）公司的上海大厦，作为上海市政府重要的接待基地，始终奉行“用心做事，精益求精”的服务理念，本着“秉承历史文化、彰显老店魅力”的经营宗旨，按照“历史加功能”的方针打造“经典老饭店”为原则，经过2007至2008近两年的大规模更新改造，既充分挖掘了几十年的文化积淀，较好地保留了酒店原有的历史风貌，又以五星级酒店的经营定位为立足点，对产品结构和功能布局作了拓展和完善。

新改建的上海大厦现拥有豪华、舒适、宽敞的各类客房253间（套），并为宾客提供24小时送餐服务、委托代办（金钥匙）、一键式快捷服务、24小时洗衣加急服务、宽带上网服务、管家式服务、客房媒体等配套服务项目；酒店配套提供各类宴请、中餐零点、风味餐厅、西式餐厅、日本料理、酒吧、茶室等专业餐饮服务；另设大小会议室10个，提供各类会见及会议服务；健康中心拥有健身房、桑拿、棋牌、按摩、乒乓室、形体房、足浴等设施；以及商务中心、商场、书店、精品店、美容美发和行政酒廊等场所为宾客带来五星级的舒适体验。

10月24日上海大厦已通过国家星评委的五星级评定，酒店将热忱为宾客提供更为诚信、舒适、温馨的高品质服务。

黄浦轩中餐厅

珀翁坊法式餐厅

豪华行政房

豪华五开间套房

大堂

香宫（大型宴会厅）

丽宫（大型会议厅）

丹桂宫（贵宾会见厅）

17楼宴会厅

Best Western

THE WORLD'S LARGEST HOTEL CHAIN

白云宾馆 Baiyun Hotel

朝迎日出 白云相伴 万家灯火之上的一片蔚蓝

——广州较高的游泳池，在白云宾馆 33 层闪亮登场

A piece of blueness above myriad twinkling lights welcoming sun rise in the early morning and accompanied by Baiyun Hotel

——The highest swimming pool in Guangzhou City is ceremoniously launched on 33rd floor of Baiyun Hotel.

白云宾馆是一家大型四星级商务酒店，也是全球较大的酒店连锁——美国最佳西方国际酒店集团成员，矗立广州金融商务的心脏地带——繁华的环市东路，近期宾馆在主楼 33 层打造出全广州市较高、风景较独特的游泳池，宾客边戏水、边赏云山、名城风景，轻松惬意，尽显休闲尊贵之时尚。

白云宾馆极具独特的品位及个性，为广大宾客提供细微优质的服务。宾馆交通便利，往火车站、会展中心只需短暂车程。宾馆商场“丽柏广场”与紧邻的友谊商店、世贸中心组成商圈，购物得天独厚，尽览人间锦绣。邻近有知名的风情酒吧街和食街，不仅汇聚潮、粤、湘、川等风味名吃，更集中了世界各地的经典美食，客人可在 5 分钟步程内轻松感受国际化大都市的繁华与魅力。

As a large-scale four-star business hotel and also a member of American Best Western International Hotel Group which is the world largest hotel chain, Baiyun Hotel is situated at the prosperous Huanshi Road East which is Guangzhou's financial and commercial heartland. Recently the hotel has built a highest swimming pool with the most unique landscape in Guangzhou City on the 33rd floor of its main building. Guests can leisurely and pleasingly play with water and enjoy the beautiful scenery of Baiyun Mountain and the famous city. The swimming pool fully represents leisure and nobility.

With unique taste and personality, Baiyun Hotel provides considerate and superior services to all guests. The traffic is very convenient. It is a short drive to the airport, railway station and Exhibition Halls. The hotel marketplace “La Perle Plaza” together with adjacent Friendship Store and World Trade Center forms a top-ranking commercial circle, creating great convenience for shopping and all prosperities around the hotel. There are famous bar and food streets nearby, gathering the Chaozhou savor, Cantonese food, Hunan and Sichuan cuisines together with the classic dainties all over the world. The guests can easily enjoy the prosperity and charm of an international metropolis in five-minute walk.

丰泰苑酒店

汾阳市丰泰苑酒店是汾阳目前投资较多、规模较大、设施较先进、功能较完美的一家酒店。占地面积18000余平方米，建筑面积16000余平方米。有大宴会厅1个，有餐厅包间48间，可一次性容纳800余人就餐。客房部有普通间9间，标准间61间，豪华套间3套，商务间3套，总统套间1套，可供180余人住宿。有大、中、小会议室6个。娱乐中心有大、小歌舞厅7个，桑拿、美容健身设施一应俱全。有停车场3处停车位120余个。酒店2005年经吕梁市卫生局批准为食品卫生B级单位；2006年10月荣膺“全国三星级酒店”；2007年8月酒店传承保护的汾州宴席（八八席）传统工艺，被吕梁市政府审定为非物质文化遗产保护项目，2007年12月，经山西省烹饪协会审定为“山西餐饮名店”。汾州传统宴席，审定为“山西名宴”，并颁发了牌匾，对本店推出的回楼黄小米炖金钩翅荣获2007年餐饮名店十大畅销晋菜。吸收丰泰苑酒店为山西省饭店协会常务理事单位。2008年5月，经中国绿色品牌委员会审核，授予“中华特色餐饮美食名店”。

龙泉国际大酒店是一家汇聚住房、餐饮、娱乐、休闲、健身、商务功能于一体的五星级商务酒店。酒店于2001年1月开始营业，2002年1月通过国家旅游局的评定，正式挂牌成为“五星级旅游饭店”（五星牌证编号［2002］3号）。

酒店坐落于粤港澳的“经济走廊”——广东省东莞市虎门镇，地理位置十分便捷，距东莞市区30分钟车程，距深圳黄田机场和罗湖口岸分别为20分钟和50分钟车程，离广州白云机场60分钟车程。

酒店外观雄伟，气势磅礴。主楼高27层，拥有各类型豪华商务客房647套，房间宽敞舒适、豪华典雅，并设有非吸烟楼层和残疾人套房。客房由国际知名设计师设计，配备电子门锁、宽带网络接口、国际直拨电话、国际卫星频道、电子保险箱、独立调控的中央空调系统等设施。

酒店商务/会议设施齐全。面积达2200平方米的无柱式国际宴会厅可同时接待1500位客人，另设配备同声传译系统的多国语言厅及规格不一的会议室11间。功能齐全的会议设施配合专业高效的会议支援团队，从小型会议到大型豪华宴会，必能协助您成功筹办每一个活动。

在龙泉国际大酒店，您足不出户即可品尝世界美食。富丽堂皇的御龙轩中餐厅提供传统的粤菜和精美的招牌菜式，并适应时令不断推陈出新。绿庭吧咖啡厅24小时烹调中西美食，环境华丽而舒适，配合名酒佳肴，更是相得益彰。极具风情的樱一番日本料理经营至纯正的东瀛美食，定能让爱好美食的您流连忘返。

酒店拥有多样的康乐设施：金花圣地歌舞厅、新浪美容美发沐足中心、保龄球馆、桌球室、乒乓球室、棋牌室、室内/外游泳池、网球场、健身房等，让您轻松享受悠闲与惬意。

地址：广东省东莞市虎门镇连升路金洲段
电话：（0769）85188688　传真：（0769）85113855
Website:www.lungchuen.com　E-mail:user@lungchuan.com

是一家四星级的商务酒店，位于深圳市华侨城片区深南大道旁，西邻沙河高尔夫球会，背靠国家高科技产业园。拥有402间不同类型的客房。交通四通八达，是商务旅游的理想选择。殷情服务、温馨氛围使深圳金晖嘉柏酒店脱颖而出，备受青睐，为宾客营造一个家外之家。

Jinhui Hotel is located on Shennan Avenue in the famous Oversea Chinese Town（OCT）area of Shenzhen.It lies on the eastern side of Shenzhen Sand River Golf Club，which is also close proximity to the National Hi-Tech Centre, the Nantou Hi-Tech Zone.

This grand new four star international hotel has total 402 rooms with different type arrangement.Well arrangement, good services and warm atmosphere make you feel that Jinhui Hotel, your home away from home.

国际市长交流中心　中国.深圳

International Mayor Communication Center, Shennan Avenue, Shenzhen, China
电话Tel：86-755-86100888　传真Fax：86-755-86100666
www.jhjasperhotel.com E-mail:jhhotel@jhjasperhotel.com

太子酒店
CROWN PRINCE HOTEL
东莞太子酒店
全球智能化酒店
Dongguan Crown Prince Hotel
Global luxurious intelligent Hotel
中国广东省东莞市黄江镇江北路　邮编：523749
Jiangbei Road, Huangjiang, Dongguan, Guangdong 523749 China
电话Tel：(86-769) 8336 3333　传真Fax：(86-769) 8336 4422
香港订房热线Hong Kong Reservation Hotline: (852) 9256 2082 / 9256 1782
网址Website：www.crownprincehotel.com
电邮E-mail：rsvn@crownprincehotel.com

OYC
肇庆奥威斯酒店
Zhaoqing OYC Hotel
International Luxury Six Star Hotel
中国广东省肇庆市星湖大道　邮编：526060
Xinghu Avenue, Zhaoqing City, Guangdong, 526060 China
电话Tel:(86-758) 288 8888　传真Fax:(86-758) 218 8888
网址Website:www.oychotel.com

The Seagull On The Bund

海鸥饭店

- 海鸥饭店是四星级商务旅游饭店，坐落在上海黄浦江与苏州河交汇处，风景优美，是浦江两岸景观资源独占的观景酒店。登楼俯瞰，著名的外滩万国建筑、浦江风景、东方明珠广播电视塔、金贸大厦和浦东新貌一览无余。
- 酒店装饰以古典欧式风格与现代化元素相结合，突出精致、温馨、华贵的个性特征，富于文化和艺术氛围。
- 酒店设有各类客房149套及行政楼层，环境舒适优雅，设备先进便捷，是商务、旅游理想的下榻处。其中临江的客房和行政房以其观景的特色而闻名遐迩。
- 酒店拥有各类餐厅分设在两个楼层，全部面临黄浦江，品位高雅、装饰豪华、风格迥异。一楼咖啡厅，其精致的装饰再现了欧式贵族的繁琐与浮华。此外还有海鸥外滩会所、康乐健身中心、美容美发中心和各类娱乐设施等。
- 酒店国际会议中心，拥有各类会议厅和现代化会议设施，信息传输便捷，可举行各种会议、大型酒会和商务洽谈。
- 酒店通过加盟Worldhotels，在全球范围拓展中、高端商务客源市场。酒店也是世界金钥匙酒店联盟成员。
- 酒店以“优美的海鸥在风浪中争第一”为企业精神，追求精致为特色，热忱为宾客提供诚信、舒适、温馨的高品位服务。

化繁为简
坐享其程
PAY
VIP
*专业周到的航空咨询
*尊贵个性的会员礼遇
*方便快捷的在线体验
*化繁为简的电话支付 NEW
*轻松随意的旅游组合
上航销售服务热线10105858
即将开通电话支付新功能，敬请关注！
无须花费时间取票，无须等待送票，无须现金支付，即可享受安全、
方便和快捷的信用卡电话支付服务。
上航销售服务热线
10105858
上海航空公司
SHANGHAI AIRLINES
A STAR ALLIANCE MEMBER

澳门舞蹈协会

▼澳门舞蹈协会成立于一九八六年四月。宗旨为推动澳门舞蹈艺术发展，加强本澳舞蹈工作者与爱好者间的团结和艺术交往，通过互相学习，共同提高，并作为对外交流、联系的桥梁。

▼成立二十二年，曾举办的活动包括：开办各类型舞蹈培训班，协助政府及民间团体筹组活动，慈善探访，举办讲座、工作坊、全澳公开国际标准舞比赛，国际性比赛的地区选拔赛，组织舞蹈队与外地舞蹈团体在不同地区进行交流汇演或比赛，代表澳门派出队伍往外地参加健康舞及国际标准舞国际性赛事，代表澳门与北京舞蹈学院合办『中国舞等级考试』活动，以及对外作交流访问，藉以宣传澳门。

踏入二千年，协会重点活动以交流汇演、学习为主。继续举办两岸四地舞蹈精英荟萃与『舞韵风华』专题摄影比赛及展览，与珠海市舞蹈家协会合作，每年在两地交替合办综合性座谈，工作坊、汇演等交流活动，每年暑假期间组织澳门学界舞蹈队与本地舞蹈团体往国内参加中国儿童歌舞学会举办的学术交流与汇演活动，而『中国舞等级考试』教师培训暨学生文凭考试已踏入第十三年，在每年的六月与七月间举行，更经常组织会员参与澳门体育舞蹈总会组织或主办的地区性及国际性赛事。协会为澳门目前较具代表性及功能较全面的舞蹈团体，竭诚为社会服务。

●本会的舞蹈队应邀前往厦门参加「二零零二中华民族儿童歌舞周」。

●由邓锦嫦主席主编的《澳门舞蹈发展二十年》（一九八零—二零零零）一书举行发行仪式。

●长期举办的排排舞兴趣班增进了学员的感情，提升了身体的素质。

●「第四届澳珠欢舞贺新春」二零零七年于澳门举行。

●每年举办的「中国舞等级考试教师培训暨学生文凭考试」培训了逾二千教师与学生。

●舞协成立二十周年联欢晚会嘉宾与理监事进行祝酒仪式。

●二零零八「舞韵风华」专题摄影比赛获奖者与嘉宾合照。

●每年举办的「两岸四地舞蹈精英荟萃」获各界一致好评。

“泰安观止”是极简主义的经典建筑，亲水模与玻璃架构了整个建筑外观，长廊的外沿，竖立一根一根不甚规则排列的铁木屏栅带来的律动效果，让您有建筑物律动位移的感受。特别在日落的黄昏，以及夜间灯光投影下，建筑物仿佛在呼吸！

全馆大量采用台湾独有的瑰宝——肖楠原木，简约质朴，各具独特创意。从进入房间起，您就如进入充满芬多精的森林般，不由自主地，您会贪婪地来几下深呼吸，只因为，无法拒绝芬多精动人的诱惑。

这种令人印象深刻的质朴，丝毫不会减少心中的悸动，直到触摸房间内的每一份细腻后，典雅浪漫酿造出满满的幸福喜悦。

驻足泰安 品味观止

泰安观止拥有优质的碳酸温泉，夏天戏水避暑，冬天泡汤驱寒，而所属的苗栗县泰安乡属中北部气候，保有四季分明的动植物生态，春天看萤火、初夏赏桐花、秋天观枫红、年冬采莓乐，不同的美景能表现典型的宝岛风光。

中信观光品牌故事 CHINATRUST HOTELS

中信观光开发股份有限公司在台湾地区创立第一个连锁旅馆品牌，累积三十年连锁饭店的经营基础，主要从事旅馆事业的开发、经营和周边相关事业。“加盟”是全球连锁饭店经营的一个重要方向，中信观光开发股份有限公司于 1998 年起开始发展加盟业务，目前我们针对加盟或委托经营管理的饭店提供开业前规划技术服务、筹备服务以及开业后加盟或委托经营管理服务。目前旗下所属的旅馆品牌有“中信旅馆系统 CHINATRUST HOTELS”和“泛丽雅酒店 FENISIA HOTELS”。

桃园中信酒店外观

“中信旅馆系统”因应不同顾客的需求，共分为酒店、饭店、商务会馆、客栈四种类型，满足不同商旅顾客的住房、餐饮和会议需求。现已有 12 家连锁旅馆，包含 6 家加盟馆；提供服务的据点有淡水、北投、新店、桃园、中坜、台中、嘉义、台南、高雄、垦丁、礁溪、花莲等，遍布台湾各地。此外，“中信旅馆系统”也积极开拓中国大陆据点，目前福建厦门中信酒店已经加入连锁营运的行列；国外的经营触角也延伸至美国洛杉矶的托伦斯南湾区。未来几年内陆续将有多家饭店加入连锁服务行列。

美国托伦斯南湾双树饭店

大陆厦门中信枫悦酒店

“FENISIA HOTELS”为中信观光开发股份有限公司于 2007 年精心推出的全新饭店品牌。中信观光开发董事长黄炳彰先生，有感于台湾旅馆业的发展状况，希望能打造一个足以推向国际市场的台湾旅馆品牌，于是在公司内部成立专案小组，收集全球知名酒店的软硬体资讯，结合台湾当地与国际旅游市场对酒店的需求，并委托国际知名的品牌策略公司 I-Group 集团，经过近三年的规划，终于诞生了全新酒店品牌。目前位于日月潭半岛上的日月潭泛丽雅酒店，为 FENISIA HOTELS 旗下第一间酒店。

日月潭泛丽雅酒店外观

为适应网路化潮流与提供客房更便利的服务，中信观光开发股份有限公司于 2000 年底推出旅游网站，提供丰富完善的旅游情报、美食料理资讯、线上即时订房、订餐，并提供网友各项超值优惠等讯息。此外经由留言版、电子报等社群机制，创造与网友的高度互动及忠诚度，可说是国内服务涵盖面较完整的饭店网站。

中信饭店雅致单人客房

本着回馈顾客的精神，中信观光开发股份有限公司于 2004 年成立了会员制的专属俱乐部 Cozy Club，只要顾客加入会员，在台湾地区十多家 Cozy Club 特约饭店住宿消费，即享红利积点回馈，还有会员专属服务及各项优惠，包括：积点兑换免费住宿、餐馆折价优惠、会员专属接待窗口、快速 Check-in、延后 Check-out、免费使用饭店休闲设施、会员专属特惠活动信息通知，以及兑换 Cozy Club 特约饭店的餐券及精美礼品等。不论是商务出差或家庭旅游，Cozy Club 秉持着尊重、关怀及用心的理念，让会员不仅拥有在家般的自在贴心，同时提供会员温馨、舒适的饭店体验。

花莲中信大酒店游泳池

台南中信桂田酒店大厅

台南桂田中信酒店夜景

45°的热情　感受恰到好处
让角度别有用心，只为表达我们的贴心。
一想到能帮您的舒适选对角度，我们的内心就雀跃起来！
转一下、让座椅呈45°角、靠进去　我们多一个动作，您入座更容易。

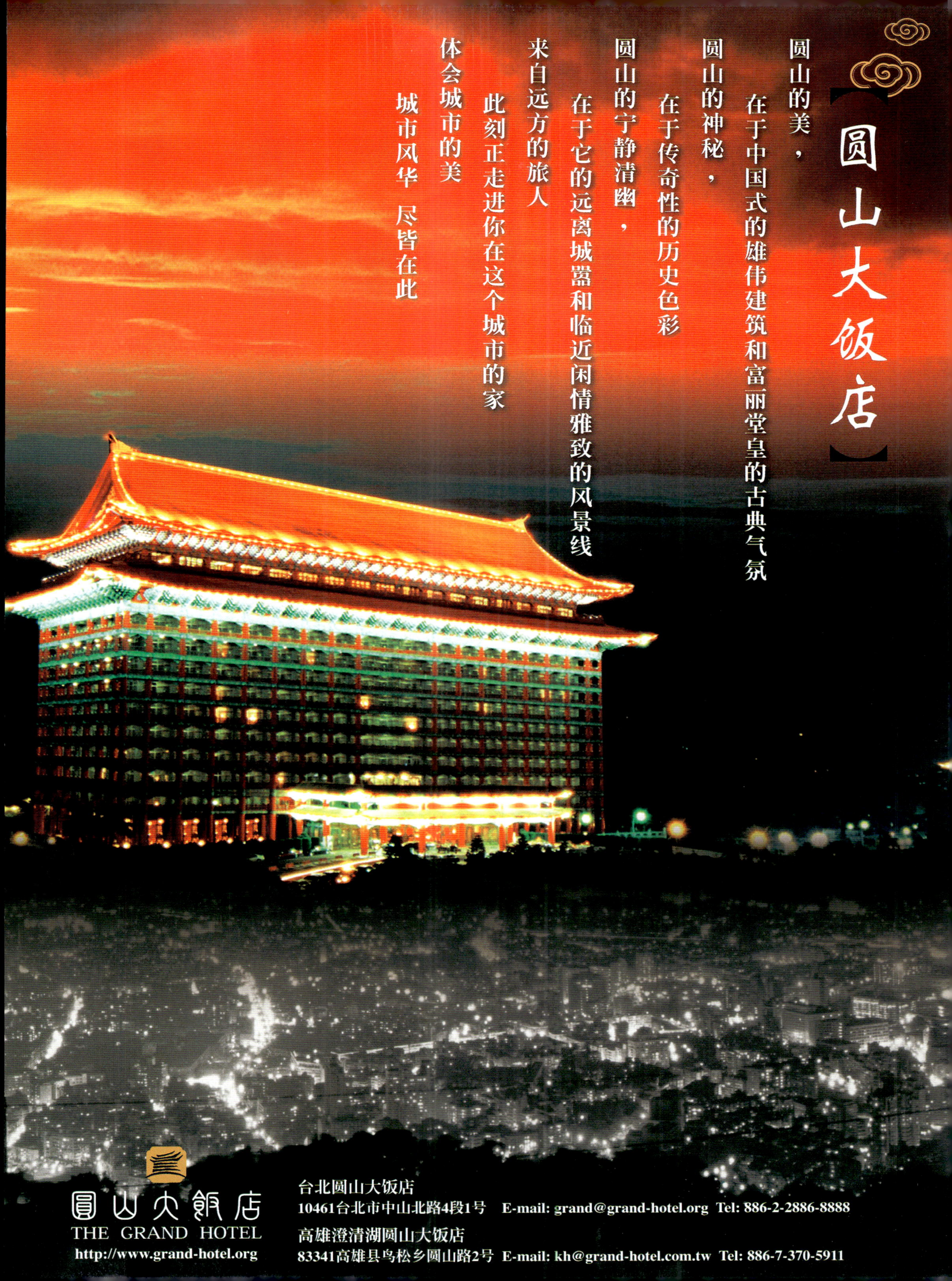

圆山大饭店
圆山的美，
在于中国式的雄伟建筑和富丽堂皇的古典气氛
圆山的神秘，
在于传奇性的历史色彩
圆山的宁静清幽，
在于它的远离城嚣和临近闲情雅致的风景线
来自远方的旅人
此刻正走进你在这个城市的家
体会城市的美
城市风华 尽皆在此
圓山大飯店
THE GRAND HOTEL
http://www.grand-hotel.org
台北圆山大饭店
10461台北市中山北路4段1号 E-mail: grand@grand-hotel.org Tel: 886-2-2886-8888
高雄澄清湖圆山大饭店
83341高雄县鸟松乡圆山路2号 E-mail: kh@grand-hotel.com.tw Tel: 886-7-370-5911

两岸黄金之门

金门

金门县政府网站
http://www.kinmen.gov.tw
联络电话 886-82-324174

曾经来过金门的人，相信无不为她的自然与人文之美，而惊叹不已，更将发现，她是一个值得人们深入感动之秘境；她的美，绝非走马看花就可以尽得真实。金门岛地，遍布各式各样遗迹，当你身处其中，沉浸在传统闽南建筑、洋楼建筑与战役遗迹中，仿佛进入了历史长廊，美不胜收，令人流连忘返；至若乡间水路，也蕴藏着浓郁的当地人情与珍贵的民俗仪节，让人目不暇接。

这是一个迥异于他地之处，不论是自然与人文，触目所及，俱为大观。这些都只是因为她的历史境遇，造就了她的独特身世。凡乃莅金者，系不能错过之选；环岛净洁沙滩，波光粼粼，海天一线，宛若置身仙境……多样的自然景致、精彩的人文历史，舞动出金门深厚的观光魅力。

金门之美，就在于你停下脚步的那一刻，此时，美正充塞于眼中、耳中、手中，也在于你自己心中，来一趟金门，将会让你感受深刻的心底悸动。

慈堤落日

2008

金门新五星十景

新5星10景经典游 浯岛新风貌

莒光楼

金门风狮

双鲤环抱

西园监场文化馆

慈湖解说站

翟山神工(翟山坑道)

得月楼与黄辉煌洋楼

建功砥柱

水头侨居

山后海珠

汶浦水岸

金城民防坑道

慈湖三角堡

金汤观海

南竿北海坑道

为马祖战地工事的代表，坑道内的灯光倒影与水流波动互相辉映，似乎隐藏着一股神秘又难捉摸的气质。

南竿铁堡

是一座独立岩礁上的军事要塞，外观看似山水国画景色，是一处旅游体验理想景点。

马祖酒厂

以甘美清净泉质所酿造盛名远播，一靠近这里便闻到令人陶醉的酒香，尤其陈年高粱大曲、老酒及“八八坑道”系列受青睐。

北竿芹壁聚落

是马祖保存较完整的传统聚落。阳光、海景、石头屋相互辉映，宛如走入希腊的爱琴海。

北竿沙连岛

北竿塘沃沙滩细白如沙，绵延数百米，横亘于塘岐及后沃，形成沙连岛自然景观。

马祖东引灯塔

拥有百年历史，建于清朝年间，系由英国人建造，灯塔洋溢19世纪欧洲建筑优雅，有“东引白宫”之美誉。

东引烈女义坑

为一条海蚀沟地形，两边悬崖壁立，令人感到震撼及大自然的奥妙，背后的故事更是诉说烈女节操的哀与愁。

东莒灯塔与福正聚落

东莒灯塔位于岛上老头山山顶，负责导引航道，塔身白色加上湛蓝天空、绿草如茵，令游客忘情沉醉，福正聚落位于灯塔下方，沙滩、港湾环绕，是游客寻幽踏青好去处。

体验深度

文化

CULTURE

古迹精神

玩·美桃園
The Wonderful TAOYUAN!
畅游优胜美地
遍尝特色
物产
飨宴
PRODUCTS
www.tycg.gov.tw
TAOYUAN
畅游桃园
自然
壮丽风光
NATURE

飞扬综合旅行社有限公司

FLYING TOURS

董事长／黄金祥

曾任／高雄市旅行商业同业公会理事长

现任／高雄市观光协会创会理事长

台湾旅游业品质保障协会副理事长

中华两岸旅行协会副理事长

高雄市旅行商业同业公会监事会召集人

映涵度假饭店
www.einhanresort.com.tw

剑湖山王子饭店
www.janfusun.com.tw

耐斯王子大饭店
www.niceprincehotel.com.tw

汉来饭店
www.grand-hilai.com.tw

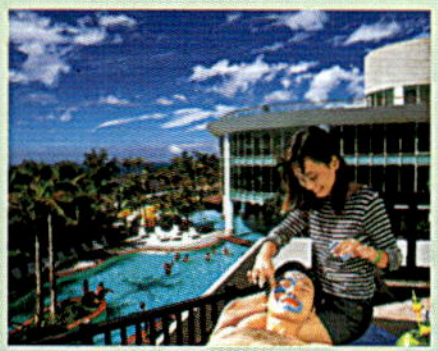

悠活度假村
www.yoho.com.tw

理想大地度假村
www.plcresort.com.tw

富野温泉休闲会馆
www.hoyaresort.com.tw

飞扬旅行社 国旅观光部经理 徐飞翔

台湾高雄市新兴区林森一路189号7F (800)

TEL：886-7-2358411

FAX：886-7-2363701

MSN： dk516888@hotmail.com

Skype： dk516888

Mobilel： 886-926-818-338

www.fly168.com.tw/cn/

許家班餅舖

手工传承　不断创新的好味道

儿时的回忆\让创办人许茂煌先生立下志愿\一定要自己做出好吃又受欢迎的食品

[台湾特产—凤梨酥 台北伴手礼]

关于许家班

就像一般人小时候玩着模型飞机，心中怀抱着长大时驾着铁鸟遨游天际的梦想，“许家班饼铺”创办人许茂煌先生就是在半世纪前的嘉义小镇，看着父亲经营的“中成商号”杂货店，进进出出各式各样的饼干糖果，嘴角边的口水来不及拭去，就立下志愿，将来一定要自己做出好吃又受欢迎的食品。

从小就爱吃凤梨糕（凤梨酥在台湾早期糕饼市场被称做凤梨糕）的许茂煌先生，在其退伍之后就接下“中成商号”杂货店的经营重担，深深体会凤梨酥不但可以代表台湾食品演进的见证，也可以融入不同水果口味，展现其多元的口感，因此，开始计划筹备开设专门生产凤梨酥的工厂，历经十几年的辛苦及努力，在台湾经济起飞的关键时刻，于1978年正式将“中成商号”改名为“许家班饼铺”，也聘请老师傅现场烘焙凤梨酥贩售，当时凤梨酥出炉的香味随着午后凉爽的微风，弥漫整个小镇，看着络绎不绝的顾客前来品尝他的凤梨酥，许茂煌先生心中更燃起了继续发展的志，要将凤梨酥推广到国外，让全世界的人都爱吃。

在累积了二十年的凤梨酥制作及销售经验后，“许家班饼铺” 于1990年成立了专门生产凤梨酥的加工厂商（英文简称OEM），也进军了免税商店，专门提供国外观光客及国内民众出国的食品礼盒，其出产的凤梨酥口味亦随着季节的变化而有多样的水果滋味，让人咬下一口凤梨酥就像也吃了一个香甜的水果，口齿留香，久久不能散去。

随着消费大众对“吃”的讲究与挑剔，“许家班饼铺”生产环境及设备配合“HACCP”国际食品组织要求及规范，用心严选原料供应商，坚持采用高品质的原料，兼顾现代化机器设备与传统制作工法，让消费者吃得安心，吃了还想再吃。

凤梨酥达人

许家班饼铺于2007年8月9日与台北市政府以及糕饼公会主办的“台北凤梨酥文化节”，此为推广凤梨酥为来台必购之伴手礼。活动分为“创意凤梨大赏”“凤梨酥达人”。

“创意凤梨酥大赏”主题以中西合并的口味为前提，“许家班饼铺”师傅以巧克力凤梨酥为出发点，制作“巧心酥”，以巧克力包裹着凤梨酥，而凤梨酥外观以新型为主，搭配出来的口感十分对味，赢得优选奖。

凤梨酥达人／许金谚
太子创意蛋糕公司

●32人参加比赛必须在8分钟之内不靠任何磅秤制作出凤梨酥外皮且重量不超过规定范围且以最接近的重量即可入围参加选出6位凤梨酥达人，“许家班饼铺以”第二名前六强。

●包馅／入模 且时间虽然限制在3分钟内制作出42个凤梨酥，“许家班饼铺”师傅虽然没有得到前三名，但是在成品的外观、形状、色泽、重量、凤梨酥分布比及口味都拿到相当高的分数，唯独在时间的拿捏下没有夺得满分而失利，但是由于第一次参加比赛有如此杰出的表现难能可贵。

[凤梨酥、茶酥、香蕉酥、水果酥、港式月饼、台湾古早饼、方块饼、蛋卷、牛轧糖、法美丽芬喜饼]

地址：台北市信义区福德街68号

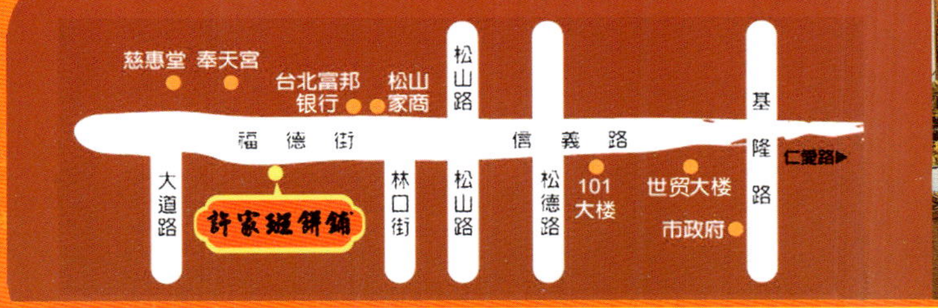

机场、免税店、观光饭店及艺术店均有贩售

维格饼家
vigor kobo
说到伴手礼　就想到维格
品尝人间美味
专业·精致·鉴赏
台湾情，
意如山
· 凤梨酥
比例完美 · 唇齿留香
"台北伴手礼" 评比【人气金赏奖】NO.
维格饼家　网址:www.taiwar-vigor.com.tw　E-mail:vigor.foods@msa.hinet.net
★承德旗舰店★
台北市承德路3段27号
电话：886-2-2586-3816
传真：886-2-2598-9084
★酒泉门市★
台北市酒泉街76号（近台北孔庙）
电话：886-2-2599-7533
传真：886-2-2587-5398
★桃园机场一期分公司★
桃园县大园乡航站南路15号3楼（第一航厦
电话：886-3-398-3899
传真：886-3-398-3892

曾記麻糬
www.1314.com.tw
将曾记事业用一生一世的心来经营
创办人“董椿霳”比喻自己是一只乌龟
没有兔子的体力和脚
只能一步一脚印地朝目标前进
曾記麻糬 遵循传统手工制法
着重手力，以“搓、揉、抛、拍、摔”
之工法，打出糯米的弹性及Q劲
当地的名产　地道的伴手礼
曾記麻糬 将豆馅包裹在内又鼓又圆
且特别讲求皮的Q劲，风味极佳
来到后山（花莲）无论是自己品尝
或带回赠送亲友都是地道的选择
台灣名店
麻吉 magi
曾記麻糬股份有限公司
地球村台湾・97046花莲市广东街96号
TEL:+886-3-8340456　FAX:+886-3-8320911
Http://www.1314.com.tw
Email:1314@tzen.com.tw

再春馆是经营20年以上的历史悠久老铺，20多年来不计其数的中外顾客到本公司购买药品，提供客人健康、保健的服务，显扬汉方医学，得到各界好评。各种药品中受欢迎药效奇佳的药品有：养肤霜、补骨健、家乐健、降脂一号、远红外线贴布、威王等。其他亦有多种信用卓著的药品不胜枚举，另二楼常年研发GMP药品，及开设健康保健课程讲座，由专业健康保健讲师提供权威和全面的健康保健知识及方法。热烈欢迎大陆贵客光临选购，交流指导。

本公司设有“足部反射区健康中心”。经过训练的专门按摩师数十名，能使顾客舒服安全地接受治疗。许多现代人都有腰酸背痛、头痛、失眠等症状，脚底保健是直接刺激末梢神经，利用区域感知身体状况的一种保健养生方式，不但可增加免疫力，更可以减少压力。除了脚底保健之外，全身推拿、精油全身筋络调理可以舒筋活络、促进新陈代谢、养颜美容，再搭配上纯天然的高级植物精油，可带给人放松、舒缓的减压效果，让推拿在享受的同时，更成为养生保健的一种辅助。

本公司并设有中国传统武术教室，以发扬中国传统武术文化为目的。其课程为太极拳及少林拳，由正统武术师直接指导，让学习者得到保身之术及强化身体的目的。

再春館

再春馆企业有限公司

台北市民权东路一段73-77号　B1-1F-2F

TEL：02-2599-3296　　FAX：02-2599-2777

E-mail：sasyunka@ms64.hinet.net

http：www.zcg168.com　　www.sasyunka.com.tw

玉见花莲 石在有礼
花莲好山水
太鲁阁国家公园
~专营~
台湾玉/猫眼石/蓝宝石
七彩玉/玫瑰石/雕刻品
安心 信心 开心
台湾观光协会
品质保证协会
中华两岸协会
推荐商店
SINCE 1965
東洋集團
TOYO GROUP
花莲手工艺品中心.东洋大理石工厂
TEL:002-886-3-826-5533 FAX:002-886-3-826-2525
地址：台湾.花莲县新城乡北埔路146号

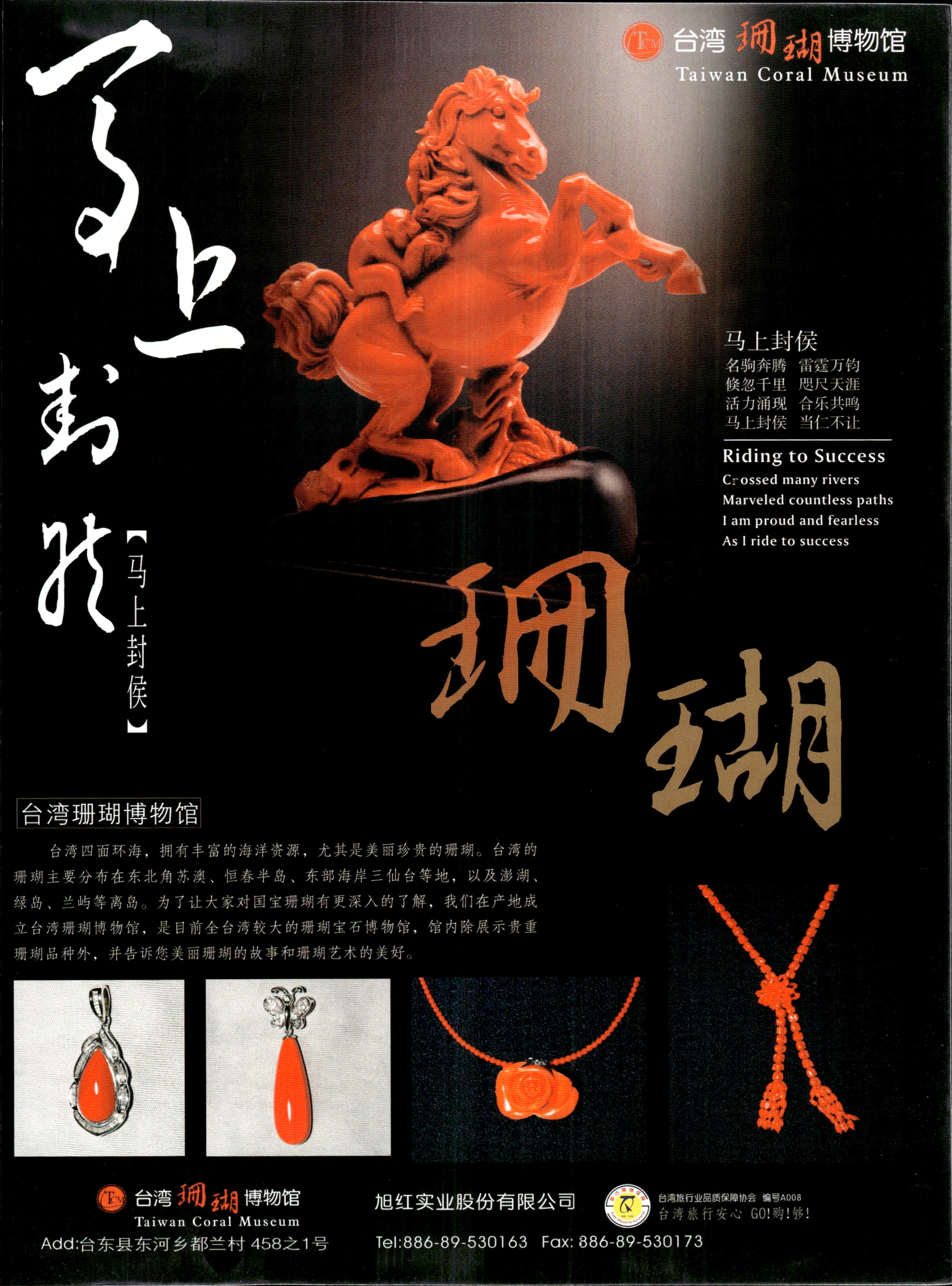
台湾珊瑚博物馆
Taiwan Coral Museum
马上封侯
【马上封侯】
马上封侯
名驹奔腾 雷霆万钧
倏忽千里 咫尺天涯
活力涌现 合乐共鸣
马上封侯 当仁不让
Riding to Success
Crossed many rivers
Marveled countless paths
I am proud and fearless
As I ride to success
珊瑚
台湾珊瑚博物馆
台湾四面环海，拥有丰富的海洋资源，尤其是美丽珍贵的珊瑚。台湾的珊瑚主要分布在东北角苏澳、恒春半岛、东部海岸三仙台等地，以及澎湖、绿岛、兰屿等离岛。为了让大家对国宝珊瑚有更深入的了解，我们在产地成立台湾珊瑚博物馆，是目前全台湾较大的珊瑚宝石博物馆，馆内除展示贵重珊瑚品种外，并告诉您美丽珊瑚的故事和珊瑚艺术的美好。
台湾珊瑚博物馆
Taiwan Coral Museum
Add:台东县东河乡都兰村 458之1号
旭红实业股份有限公司
Tel:886-89-530163 Fax: 886-89-530173
台湾旅行业品质保障协会 编号A008
台湾旅行安心 GO!购!够!

台北门市

大东山珊瑚宝石博物馆

台东门市

企业信誉的坚持
隽永品质的保证

品牌故事

大东山珠宝集团于 1963 年成立，迄今已有 45 年的历史；秉持平实、稳健、诚信的企业文化，并在海内外多处成立行销及生产据点；致力于研发、设计、行销、自创品牌的工作。以专业的经营方向，引导创造国人对珠宝精致文化的鉴赏力，为社会大众的生活品质提供丰富的精神面貌。

全世界好的珊瑚在台湾　since 1963　台湾好的珊瑚在大东山

品牌形象

大东山珠宝在产品研发及行销规划上，已获数届台湾精品标志、优良设计产品、世界包装之星、台湾包装之星、文馨奖及梵蒂冈授权推广禧年文物，并融合各国文化，赋予产品心灵意义层面的精神，祈将台湾精致（Created in Taiwan）精品的形象，推广至全世界。

顾客金质奖

出口优良金球奖

荣获台湾精品标志
SYMBOL OF EXCELLENCE
2004 WINNER

旅行购物保障奖章

优良设计产品
GOOD DESIGN PRODUCT

大东山珊瑚宝石博物馆

大东山珊瑚宝石博物馆，馆藏数百件珊瑚雕刻艺术品，馆内收藏的珊瑚，数量之多，品质之精，造型之美。现今世界上所存十大珊瑚树中，大东山即拥有其中的八件，并包含了珊瑚王、珊瑚后两件；大东山的珊瑚艺术雕刻作品，其中不乏傲视世界的旷世钜作，如“不动明王”，其雕工之精美，气势之慑，诚属世界的杰作，堪称国宝中的国宝。

不动明王
大东山珊瑚宝石博物馆珍藏
L37xW18xH43 cm

大东山更致力于自然的珊瑚材质与人文思想结合，以提升珊瑚艺术品的文化内涵，祈使国宝珊瑚更能传承久远、继往开来。

由于专业的经营形象，大东山珊瑚宝石博物馆被指定为招待贵宾的珊瑚专卖店；因此大东山的珊瑚更成为驻台使节必购的名品。

宋美龄女士佩戴的珊瑚

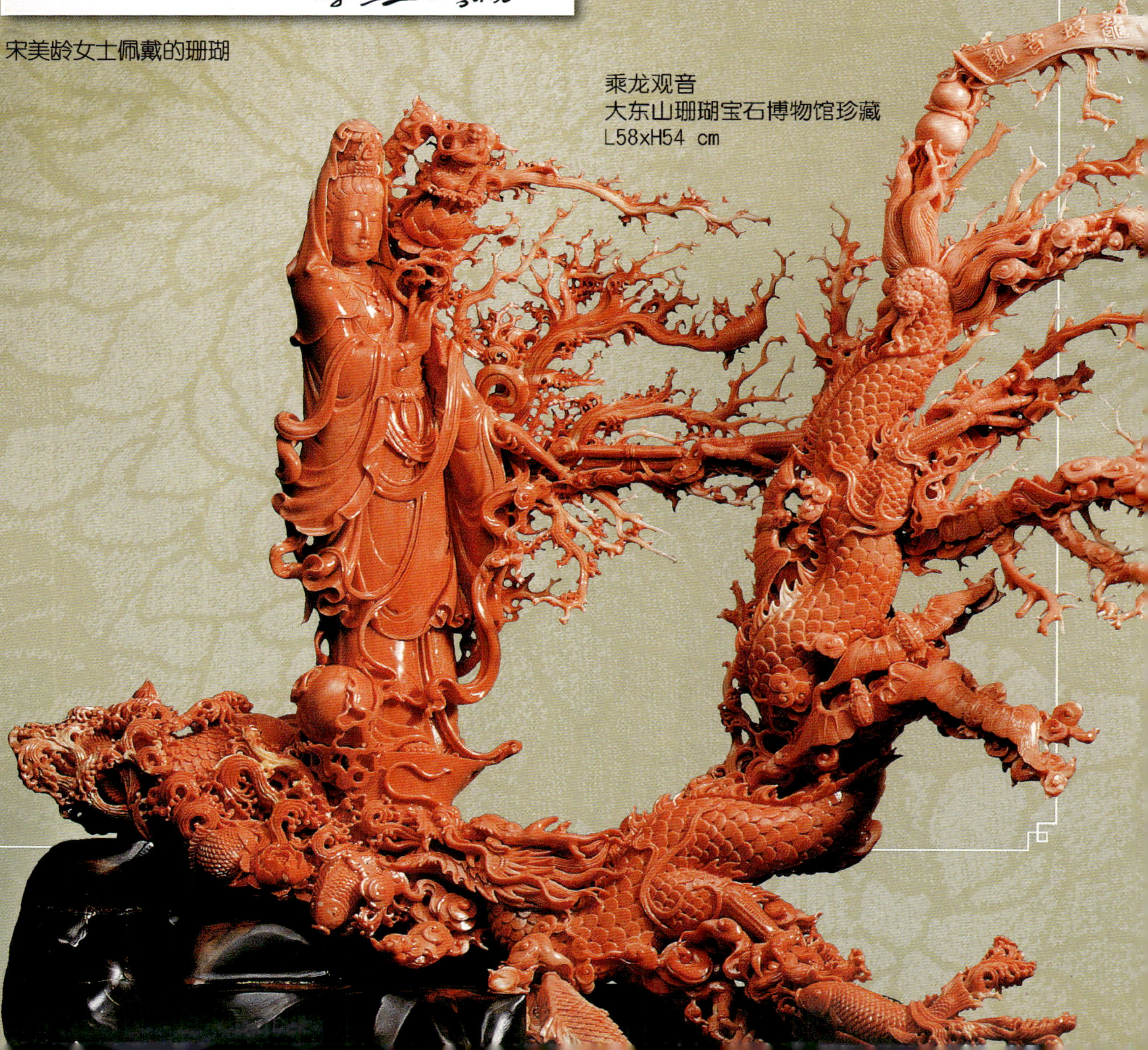

乘龙观音
大东山珊瑚宝石博物馆珍藏
L58xH54 cm

珊瑚的意义

珊瑚代表高贵与权势，象征幸福与永恒。以前中国皇帝在行朝日礼仪时，须系嵌珊瑚带版的朝带和戴珊瑚朝珠，珊瑚也是佛教无量寿经中的佛教七宝之一；西藏教徒们用珊瑚做成神像、佛珠等用来装饰庙宇。

因此人们相信红色的珊瑚是如来佛化身的象征。而美丽迷人的红珊瑚，不只是珍贵的观赏佳品，除了佩戴及观赏价值外，珊瑚的医用价值也很高，《本草纲目》记载红珊瑚有长医、安神、明目、止血、镇惊的功效。

“鸿图大展”
台湾红珊瑚海景

台湾 热情的珊瑚宝岛

Text Ruth Photo 绮丽珊瑚博物馆

TAIWAN CORAL

台湾瑰宝 绮丽珊瑚

葡萄牙人在1544年踏上台湾时，即醉心于台湾的美，称其为“宝岛”。隔着一道蔚蓝海峡，台湾所蕴藏的臻宝之一，便是娇艳欲滴的珊瑚宝石。在海岛型地理环境的优势下，台湾拥有着丰沛的海洋资源，除了发达的渔业技术外，台湾在国际宝石界的地位亦举足轻重，全世界百分之八十以上的珊瑚宝石，即来自于这小小的宝岛。台湾珊瑚宝石的蓬勃发展，使台湾获得了“珊瑚王国”的美誉。

珊瑚宝石与珊瑚礁 大不相同

提到珊瑚，不少人会将珊瑚宝石和珊瑚礁混为一谈，其实这是不正确的观念。台湾海岸固然有丰沛的珊瑚礁，但这些珊瑚礁和珊瑚宝石是不一样的。珊瑚礁对于海洋生态扮演着十分重要的角色，目前受到国际华盛顿公约的保护，况且珊瑚礁过于柔软，并无法琢磨成珠宝雕件。

但是珊瑚宝石就不同了，珊瑚宝石生长于约200米深的海域里，并无造礁能力，亦无法进行光合作用。在人类无法到达的宁静深海里，无数的小小珊瑚虫聚集于一处，这些珊瑚虫只有消化系统而无骨骼，我们所看到美丽珊瑚宝石，其实是珊瑚虫的分泌物经年累月所堆积而成的。

▲「岩洞观音」
天然桃红珊瑚精雕

◀ "蓬岛春风"
天然珊瑚海景

‘珊瑚礁与珊瑚宝石是不一样的’

▶ "喜溢华堂" 台湾红珊瑚海景

‘台湾在国际宝石界的地位举足轻重’

珊瑚神奇的功效

MAGICAL EFFECTS

生长于宁静纯洁的深海里，又贵为佛教七宝之一，多数人相信珊瑚被赋予神奇的功效。

- 专家验证由于珊瑚属天然有机宝石，具有负离子，有探测体质的功能，若越戴光泽越减弱，则代表身体为酸性体质，须加强保养改善体质，反之，若体质为碱性，则会越戴越亮。心脏病及神经系统疾病患者也很适合佩戴，珊瑚对皮肤、指甲、头发等生长都具有帮助。

- 对爱情而言，像珊瑚的红色一般，代表着热情与激情，可加强魅力。有助于打开心胸，接受感情，使人提高心灵层次，有着高度敏感性，对浑沌不清的局势有着调和的作用。

稀有珊瑚·无限未来

根据专业珠宝人士指出，珊瑚已成为收藏家的热门目标。据了解，在过去的20年里，高级的珊瑚宝石已翻涨约34倍。不过，随着地球污染与暖化的关系，导致珊瑚的产量大幅缩减，但是需求并未因此减少，因此在过去的20年里，高级的珊瑚宝石已翻涨约34倍，其未来的增值空间尚很高，可作为投资标的物，不少具有投资眼光的收藏者早已开始收购。

▶ 选用高级AKA赤血红珊瑚，将登峰造极的工艺幻化非凡自信的品味。

TAIWAN NO.1 - CHII LIH CORAL

来台必游景点 — 台北故宫·绮丽珊瑚

Text Ruth　Photo 绮丽珊瑚博物馆

位于风光明媚外双溪的故宫博物院，中国宫殿式的建筑，典藏了历代文物艺术精粹，理所当然地，里头亦展示了由天然珊瑚雕塑而成的"魁星踢斗·独占鳌头"盆景。

欣赏珊瑚理想地标

要想更近一步感受天然珊瑚的魅力，位于台北故宫博物院正对面的"绮丽珊瑚博物馆"，就是代表性地标。距离台北故宫只需数分钟的步行即可到达。在体验故宫古文物薰陶之后，便可到绮丽珊瑚博物馆沉淀一下心灵，细细品味文化的另一种美。

▶ 桃红珊瑚 鼻烟壶精雕

大自然与人文的巧妙结合

踏入绮丽珊瑚博物馆，也就是走进神秘深海的奇幻世界，馆内的每件作品皆象征着大自然与人文的结合，每一件珊瑚宝石作品，均为大自然的珍贵结晶，以变化无穷的色彩、摇曳独特的姿态，展现珊瑚高雅细致的魅力。据专家表示，珊瑚平均每10年才生长1厘米，速度十分缓慢，由此可见，每一件珊瑚宝石皆见证了一段漫长岁月的流逝，意义非凡。

在多位国宝大师的巧手下，任何一件美好的珊瑚精品皆是与众不同的。除了珊瑚素材本身的独特性，雕刻大师的功力更左右了珊瑚工艺的生命，化热情的汗水为永恒的艺术结晶。

◀ "摇曳生姿"
台湾桃红珊瑚海景

"祥龙献瑞" ▶
台湾桃红珊瑚精雕

绮丽珊瑚博物馆（位于台北故宫正对面）

Add 台北市至善路二段202号"至善天下"地下一楼
Tel (02) 8861 3352
Web www.cljewels.com

吉祥瑞宝 保平安

来到绮丽珊瑚博物馆不仅能够欣赏各式不同的珊瑚艺术品，更享有专业导览人员的解说服务，了解珊瑚在历史上崇高的地位。在专业讲师的带领下会发现，原来珊瑚贵为佛教七宝之一，在古代即被视为辟邪保平安的吉祥物，在中国历史上更是只有二品以上的官阶才能够佩戴的，而康熙皇帝与雍正皇帝亦佩戴整串皆由珊瑚制成的朝珠。

以天然桃红珊瑚雕琢而成的弥勒佛，展现其宽阔大量，能够包容天下爱恨嗔痴，并以悲悯之心，笑待世人。弥勒佛欢乐慈善的笑容，与红珊瑚的喜乐相互辉映。

信物推荐！

台湾印记·缤纷时尚

一段旅行的印记，莫过于当地独有的风格信物，而绮丽珊瑚博物馆亦提供一系列既有现代设计感，又保有珊瑚优雅质感的纪念品，每一样产品均附保证书，坚持品质第一，很值得添购保存！

1

2

1风华绝代红珊瑚耳环
2烟花灿烂红珊瑚胸针
3臻爱粉珊瑚玫瑰项链
4姹紫嫣红红珊瑚戒指

3

4

5

5红粉佳人粉珊瑚耳环
6红粉佳人粉珊瑚戒指

7

7风华绝代红珊瑚项链
8状元及第红珊瑚项链
9红粉佳人粉珊瑚项链

9

6

8

《中国旅游资讯大全》

主　　编　黄金山

编　　辑　许晓海　王　军　鲁英委

特约编辑（按姓氏笔画排序）

马　睿	王小青	王文生	王明波
王金玲	王洪国	邓祚礼	尹大勇
许　辉	刘汉洪	刘秀鸾	苏长高
李云涛	张福华	陈维平	武立谦
林震华	周法圳	屈乾娜	赵永芬
党建平	顾　斌	黄　萍	黄启勋
梁春银	梁晓莹	韩泰凡	熊　斌
蔚治国	潘　莉	潘进军	

总目录

国际长途直拨电话区码
IDD Dialing Codes

国家/地区 Country/Area	号码 Code
澳大利亚 AUSTRALIA	61
阿拉斯加 ALASKA	1907
亚美尼亚 ARMENLA	374
阿塞拜疆 AZERBAIJAN	994
阿尔巴尼亚 ALBANIA	355
安道尔 ANDORRA	376
南极 ANTARCTICA	64 672
奥地利 AUSTRIA	43
阿尔及利亚 ALGERIA	213
安哥拉 ANGOLA	244
安圭拉岛(英) ANGUILLA IS.	1264
安提瓜和巴布达 ANTIGUA AND BARBUDA	1268
阿根廷 ARGENTINA	54
阿鲁巴岛 ARUBA IS.	297
阿森松(英) ASCENSION	247
阿富汗 AFGHANISTAN	93
孟加拉国 BANGLADESH	880
白俄罗斯 BELARUS	375
不丹 BHUTAN	975
比利时 BELGIUM	32
波斯尼亚和黑塞哥维那 BOSNIA AND HERZEGOVINA	387
文莱 BRUNEI	673
保加利亚 BULGARIA	359
巴哈马国 BAHAMAS	1242
巴林 BAHRAIN	973
巴巴多斯 BARBADOS	1246
伯利兹 BELIZE	501
贝宁 BENIN	229
百慕大群岛(英) BERMUDA IS.	1441
玻利维亚 BOLIVIA	591

国家/地区 Country/Area	号码 Code
博茨瓦纳 BOTSWANA	267
巴西 BRAZIL	55
布基纳法索 BURKINAFASO	226
布隆迪 BURUNDI	257
加拿大 CANADA	1
柬埔寨 KAMPUCHEA	855
加那利群岛(西) CANARIES IS.	34
圣诞岛 CHRISTMAS IS.	619164
科科斯岛 COCOS IS.	619162
科克群岛(新) COOK IS.	682
克罗地亚 CROATLA	385
塞浦路斯 CYPRUS	357
捷克共和国 CZECH	420
喀麦隆 CAMEROON	237
佛得角 CAPE VERDE	238
开曼群岛(英) CAYMAN IS.	1345
中非 CENTRALAFRICA	236
乍得 CHAD	235
智利 CHILE	56
哥伦比亚 COLOMBIA	57
多米尼克国 COMMONWEALTH OF DOMINICA	1767
科摩罗 COMORO	269
刚果 CONGO	242
哥斯达黎加 COSTA RICA	506
古巴 CUBA	53
朝鲜 D,P,R,KOREA	850
丹麦 DENMARK	45
迪戈加西亚岛 DIEGO GARCIA IS.	246
吉布提 DJIBOUTI	253
多米尼加共和国 DOMINICAN REP.	1809

国家/地区 Country/Area	号码 Code
爱沙尼亚 ESTONIA	372
埃及 EGYPT	20
厄瓜多尔 ECUADOR	593
萨尔瓦多 EL SALVADOR	503
赤道几内亚 EQUATORIAL GUINEA	240
埃塞俄比亚 ETHIOPIA	251
厄立特里亚 ERITREA	291
法罗群岛(丹麦) FAROE IS.	298
福克兰群岛 FALKLAND IS.	500
斐济 FIJI	679
芬兰 FINLAND	358
法国 FRANCE	33
法属波里尼西亚 FRENCH POLYNESIA	689
法属圭亚那 FRENCH GUIANA	594
格鲁吉亚 GEORGIA	995
德国 GERMANY	49
直布罗陀(英) GIBRALTAR	350
希腊 GREECE	30
格陵兰岛 GREENLAND IS.	299
关岛(美) GUAM	1671
加蓬 GABON	241
冈比亚 GAMBIA	220
加纳 GCHANA	233
格林纳达 GRENADA	1473
瓜得罗普岛(法) GUADELOUPE IS.	590
危地马拉 GUATEMALA	502
几内亚比绍 GUINEA-BISSAU	245
几内亚 GUINEA	224
圭亚那 GUYANA	592
夏威夷 HAWAII	1808

国家/地区 Country/Area	号码 Code
匈牙利 HUNGARY	36
洪都拉斯 HONDURAS	504
海地 HAITI	509
印度尼西亚 INDONESIA	62
冰岛 ICELAND	354
伊朗 IRAN	98
伊拉克 IRAQ	964
爱尔兰 IRELAND	353
以色列 ISRAEL	972
意大利 ITALY	39
科特迪瓦 IVORY COAST	225
日本 JAPAN	81
约旦 JORDAN	962
牙买加 JAMAICA	1876
韩国 KOREA	82
哈萨克斯坦 KAZAKHSTAN	7
吉尔吉斯斯坦 KYRGYZSTAN	996
科威特 KUWAIT	965
基里巴斯 KIRIBATI	686
肯尼亚 KENYA	254
拉脱维亚 LATVIA	371
立陶宛 LITHUANLA	370
老挝 LAOS	856
黎巴嫩 LEBANON	961
列支敦士登 LIECHTENSTEIN	423
卢森堡 LUXEMBOURG	352
莱索托 LESOTHO	266
利比里亚 LIBERIA	231
利比亚 LIBYA	218
蒙古 MONGOLIA	976

国家/地区 Country/Area	号码 Code
缅甸 MYANMAR	95
中途岛(美) MIDWAY IS.	1808
摩尔多瓦 MOLDOVA	373
马尔维纳斯群岛 MALVINAS IS.	500
马来西亚 MALAYSIA	60
马尔代夫 MALDIVE	960
马耳他 MALTA	356
马里亚纳群岛 MARIANA IS.	1670
马绍尔群岛 MARSHALL IS.	692
密克罗尼西亚 MICRONESIA	691
摩纳哥 MONACO	377
马其顿 MACEDONIJA	389
马达加斯加 MADAGASCAR	261
马拉维 MALAWI	265
马里 MALI	223
马提尼克(法) MARTINIQUE	596
毛里求斯 MAURITIUS	230
马约特岛 MAYOTIE IS.	269
毛里塔尼亚 MAURITANIA	222
墨西哥 MEXICO	52
蒙特塞拉特岛(英) MONTSERRAT IS.	1664
摩洛哥 MOROCCO	212
莫桑比克 MOZAMBIQUE	258
尼泊尔 NEPAL	977
瑙鲁 NAURU	674
荷兰 NETHERLANDS	31
新喀里多尼亚群岛(法) NEW CALEDONIA IS.	687
新西兰 NEW ZEALAND	64
纽埃岛(新) NIUE IS.	683
诺福克岛(澳) NORFOLK IS.	672

国家/地区 Country/Area	号码 Code	国家/地区 Country/Area	号码 Code	国家/地区 Country/Area	号码 Code	国家/地区 Country/Area	号码 Code	国家/地区 Country/Area	号码 Code
挪威	47	巴勒斯坦	970	瑞典	46	泰国	66	阿拉伯联合酋长国	971
NORWAY		PALESTINE		SWEDEN		THAILAND		THE UNITED ARAB	
纳米比亚	264	卡塔尔	974	瑞士	41	汤加	676	EMIRATES	
NAMIBIA		QATAR		SWITZERLAND		TONGA		瓦努阿图	678
荷属安的列斯群岛	599	俄罗斯	7	叙利亚	963	土耳其	90	VANUATU	
NETHERLAND-		RUSSIA		SYRIA		TURKEY		梵蒂冈	3906698
SANTILLES IS.		罗马尼亚	40	塞内加尔	221	图瓦卢	688	VATICAN	
尼加拉瓜	505	RUMANIA		SENEGAL		TUVALU		委内瑞拉	58
NICARAGUA		留尼汪岛(法)	262	塞舌尔	248	坦桑尼亚	255	VENEZUELA	
尼日尔	227	REUNION IS.		SEY CHELLES		TANZANIA		维尔京群岛(英)	1284
NIGER		卢旺达	250	塞拉利昂	232	多哥	228	VIRGIN IS. (BRITISH)	
尼日利亚	234	RWANDA		SIERRA LEONE		TOGO		维尔京群岛(美)	1340
NIGERIA		新加坡	65	南非	27	托克劳群岛(新)	690	VIRGIN IS. (U. S. A)	
阿曼	968	SINGAPORE		SOUTH AFRICA		TOKELAU IS.		威克岛(美)	1808
OMAN		东萨摩亚(美)	684	索马里	252	特立尼达和多巴哥	1868	WAKE IS.	
巴基斯坦	92	SAMOA EASTERN		SOMALI		TRINIDAD AND TOBAGO		瓦里斯和富士那群岛	1681
PAKISTAN		西萨摩亚	685	圣皮埃尔岛及密克隆岛	508	突尼斯	216	WALLIS AND FUTUNA IS.	
帕劳	680	SAMOAWESTERN		ST. PIERRE AND		TUNISIA		也门共和国	967
PALAU		圣马力诺	378	MIQUELON IS.		特克斯和凯科斯群岛	1649	YEMEN	
巴布亚新几内亚	675	SAN MARINO		圣克里斯托弗和尼维斯	1869	TURKS AND CAICOS IS.		南斯拉夫	381
PAPUA NEW GUINEA		沙特阿拉伯	966	ST. CHRISTOPHER AND		美国(本土)	1	YUGOSLAVIA	
菲律宾	63	SAUDI ARABIA		NEVIS IS.		U. S. A		扎伊尔	243
PHILIPPINES		斯洛伐克	421	圣卢西亚	1758	乌克兰	380	ZAIRE	
波兰	48	SLOVAK		ST. LUCIA		UKRAINE		赞比亚	260
POLAND		斯洛文尼亚	386	圣多美和普林西比	239	乌兹别克斯坦	998	ZAMBIA	
葡萄牙	351	SLOVENIA		SAOTOME AND PRINCIPE		UZBEKISTAN		津巴布韦	263
PORTUGAL		所罗门群岛(英)	677	圣文森特岛(英)	1784	英国	44	ZIMBABWE	
巴拿马	507	SOLOMON IS.		ST YINCENT IS		U. K		桑给巴尔	259
PANAMA		西班牙	34	苏里南	597	乌干达	256	ZANZIBAR	
巴拉圭	595	SPAIN		SURINAME		UGANDA			
PARAGUAY		斯里兰卡	94	斯威士兰	268	乌拉圭	598		
秘鲁	51	SRI LANKA		SWAZILAND		URUGUAY			
PERU		圣赫勒拿	290	塔吉克斯坦	992	越南	84		
波多黎各(美)	1787	ST. HELENA		TAJIKISTAN		VIETNAM			
PUERTO RICO		苏丹	249	土库曼斯坦	993	印度	91		
		SUDAN		TURKMENISTAN		INDIA			

常用、急用电话号码

国际长途直拨电话国家代号	86	报警电话	110
电话查号台	114	火警电话	119
旅游服务热线电话（北京）	12301	天气预报台	12121
急救电话	120、999	报时台	12117

中国主要城市气温表
Temperature of Chinese Main City

都市	项目 \ 月	一月	二月	三月	四月	五月	六月	七月	八月	九月	十月	十一月	十二月
北京	平均气温(℃)	-4.6	-2.2	4.5	13.1	19.8	24.8	25.8	24.4	19.4	12.4	4.1	-2.7
	平均最高气温(℃)	1.4	3.9	10.7	19.6	26.4	30.2	30.8	29.4	25.7	18.9	9.9	2.9
	平均最低气温(℃)	-9.9	-7.4	-1.0	6.6	12.7	17.9	21.5	20.2	13.8	6.9	-0.6	-7.3
天津	平均气温(℃)	-4.0	-1.6	5.0	13.2	20.0	24.1	26.4	25.5	20.8	13.6	5.2	-1.6
	平均最高气温(℃)	1.3	3.9	10.6	19.3	26.2	29.7	30.7	29.8	25.9	19.2	10.3	-3.3
	平均最低气温(℃)	-8.2	-5.7	0.5	8.0	14.4	19.4	22.8	22.0	16.5	9.3	1.4	-5.2
上海	平均气温(℃)	3.5	4.6	8.3	14.0	18.8	23.3	27.8	27.7	23.6	18.0	12.3	6.2
	平均最高气温(℃)	7.6	8.7	12.6	18.5	23.2	27.8	31.8	31.6	27.4	22.4	16.8	10.7
	平均最低气温(℃)	0.3	1.4	4.9	10.4	15.3	20.1	24.7	24.7	20.5	14.3	8.6	2.7
哈尔滨	平均气温(℃)	-19.4	-15.4	-4.8	6.0	14.3	20.0	22.8	21.1	14.4	5.6	-5.7	15.6
	平均最高气温(℃)	-13.2	-8.6	1.5	12.7	21.1	25.9	28.0	20.4	20.7	11.8	-0.1	-9.9
	平均最低气温(℃)	-24.8	-21.5	-10.9	-0.3	7.4	14.1	18.1	16.2	8.9	0.3	-10.5	-20.5
沈阳	平均气温(℃)	-12.0	-8.4	0.1	9.3	16.9	21.5	24.6	23.5	17.2	9.4	0.0	-8.5
	平均最高气温(℃)	-5.6	-2.1	5.8	15.7	23.3	27.0	29.2	28.3	23.6	15.9	5.6	-2.6
	平均最低气温(℃)	-17.3	-13.8	-5.0	3.2	10.6	16.3	20.5	19.2	11.8	4.0	-4.6	-13.3
大连	平均气温(℃)	-4.9	-3.4	2.1	9.1	18.5	19.4	23.0	20.9	20.6	13.6	5.8	-1.3
	平均最高气温(℃)	-1.2	0.3	6.0	13.5	19.9	23.3	26.0	27.0	23.7	17.5	9.6	2.3
	平均最低气温(℃)	-8.2	-6.5	-1.0	5.7	11.9	16.4	20.7	21.4	16.8	10.2	2.4	-4.7
乌鲁木齐	平均气温(℃)	-10.7	-7.7	-0.4	8.4	14.9	19.2	20.9	19.9	14.2	6.3	-2.1	-8.3
	平均最高气温(℃)	-5.4	-0.6	7.3	16.2	22.5	26.2	27.7	27.5	22.3	14.2	4.0	-3.2
	平均最低气温(℃)	-15.2	-13.5	-6.5	1.6	7.7	12.2	14.1	12.6	7.0	-0.1	-7.2	-12.6
青岛	平均气温(℃)	-1.2	0.1	4.5	10.2	15.7	20.0	23.9	25.1	21.4	15.5	8.8	2.0
	平均最高气温(℃)	2.4	3.7	8.5	14.2	19.9	23.7	26.9	28.5	25.3	19.3	12.3	5.3
	平均最低气温(℃)	-4.1	-2.8	1.6	7.2	12.6	17.5	21.8	22.7	18.3	12.7	5.7	-0.9
南京	平均气温(℃)	2.0	3.8	8.4	14.8	19.9	24.5	28.0	27.8	22.7	16.9	10.5	4.4
	平均最高气温(℃)	6.8	8.6	13.4	20.0	25.0	29.2	32.2	32.4	27.3	22.3	15.9	9.7
	平均最低气温(℃)	-1.6	0.1	4.4	10.4	15.6	20.5	24.1	24.3	19.1	12.5	6.3	0.4
合肥	平均气温(℃)	2.1	4.2	9.2	15.5	20.6	25.0	28.3	28.1	22.9	17.0	10.6	4.6
	平均最高气温(℃)	6.5	8.7	13.7	20.2	25.2	29.3	32.4	32.5	27.3	22.2	15.6	0.3
	平均最低气温(℃)	-1.2	0.6	5.5	11.5	16.6	21.3	24.9	24.4	19.3	12.9	6.6	1.0
杭州	平均气温(℃)	3.8	5.1	9.3	15.4	20.2	24.3	28.6	28.0	23.3	17.7	12.1	6.3
	平均最高气温(℃)	8.0	9.3	13.7	20.2	24.7	28.6	33.3	32.7	27.6	22.5	16.9	10.8
	平均最低气温(℃)	0.7	1.9	5.9	11.6	16.6	21.0	25.0	24.6	20.3	14.0	8.4	2.9
南昌	平均气温(℃)	5.0	6.4	10.9	17.1	21.8	25.7	29.6	29.2	24.8	19.1	13.1	7.5
	平均最高气温(℃)	8.8	10.0	14.8	21.1	25.5	29.4	34.0	33.6	29.2	23.5	17.5	11.6
	平均最低气温(℃)	2.0	3.6	7.9	14.0	18.9	22.8	26.0	25.7	21.6	15.7	9.8	4.3
福州	平均气温(℃)	10.5	10.7	13.4	18.2	22.1	25.5	28.8	28.2	26.0	21.7	17.5	13.1
	平均最高气温(℃)	15.0	15.1	18.2	23.0	26.5	29.9	34.0	33.1	30.5	26.2	21.8	17.6
	平均最低气温(℃)	7.0	7.8	10.3	14.9	19.1	22.6	25.2	24.8	23.0	18.7	14.6	10.0
厦门	平均气温(℃)	12.6	12.6	15.0	19.1	23.1	26.1	28.4	28.2	27.0	23.3	19.4	15.2
	平均最高气温(℃)	16.7	16.6	19.1	23.1	26.8	29.5	32.4	32.2	31.0	27.4	23.6	19.4
	平均最低气温(℃)	9.9	10.1	12.3	16.5	20.6	23.7	25.6	25.4	24.2	20.5	16.5	12.3

都市	项目＼月	一月	二月	三月	四月	五月	六月	七月	八月	九月	十月	十一月	十二月
广州	平均气温(℃)	13.3	14.4	17.9	21.9	25.6	27.2	28.4	28.1	26.9	23.7	19.4	15.2
	平均最高气温(℃)	18.3	18.6	21.7	25.6	29.5	31.1	32.6	32.4	31.3	28.5	24.5	20.5
	平均最低气温(℃)	9.7	11.2	15.0	19.0	22.8	24.4	25.2	25.0	23.8	20.1	15.5	11.3
海口	平均气温(℃)	17.2	18.2	21.6	24.9	27.4	28.1	28.4	27.7	26.8	24.8	21.8	18.7
	平均最高气温(℃)	20.9	22.3	26.2	29.8	32.4	32.8	33.2	32.0	30.6	28.3	25.1	22.2
	平均最低气温(℃)	14.6	15.6	18.8	21.9	24.2	25.1	25.1	24.8	24.2	22.1	19.2	16.1
南宁	平均气温(℃)	12.8	14.1	17.6	22.0	26.0	27.4	28.3	27.8	26.6	23.3	18.6	14.7
	平均最高气温(℃)	17.3	18.3	21.5	26.3	30.7	31.9	33.0	32.5	31.6	28.6	24.1	19.9
	平均最低气温(℃)	9.6	11.2	14.8	19.0	22.7	24.4	25.1	24.7	23.3	19.5	14.8	11.0
桂林	平均气温(℃)	7.9	9.1	13.2	18.4	23.0	26.2	28.3	27.7	25.6	20.7	15.1	10.2
	平均最高气温(℃)	12.0	12.9	16.9	22.4	27.1	30.4	32.9	32.9	30.9	25.8	20.1	14.7
	平均最低气温(℃)	5.0	6.5	10.5	15.5	20.1	23.3	25.0	24.3	22.0	17.1	11.8	7.0
贵阳	平均气温(℃)	-4.9	6.5	11.5	16.3	19.5	21.9	24.0	23.4	20.6	16.1	11.4	7.1
	平均最高气温(℃)	9.1	11.1	16.9	21.8	24.2	26.4	28.7	28.5	25.6	20.5	15.8	11.4
	平均最低气温(℃)	2.2	3.6	7.9	12.5	16.1	18.6	20.7	19.8	17.1	13.0	8.5	4.0
成都	平均气温(℃)	5.5	7.5	12.1	17.0	20.9	23.7	25.6	25.1	21.2	16.8	11.9	7.3
	平均最高气温(℃)	9.6	11.5	16.7	22.0	25.7	28.0	30.0	29.9	25.4	20.5	15.6	11.1
	平均最低气温(℃)	2.4	4.4	8.6	13.1	17.3	20.3	22.3	21.7	18.5	14.3	9.3	4.5
重庆	平均气温(℃)	7.5	9.5	14.1	18.8	22.1	25.2	28.6	28.5	23.8	18.6	13.9	9.5
	平均最高气温(℃)	10.4	12.8	18.2	23.5	26.5	29.7	33.6	33.9	28.2	22.1	16.9	12.1
	平均最低气温(℃)	5.4	7.1	11.1	15.3	18.8	21.8	24.7	24.5	20.8	16.3	11.9	7.6
昆明	平均气温(℃)	7.7	9.6	13.0	16.5	19.1	19.5	19.8	19.1	17.5	14.9	11.3	8.2
	平均最高气温(℃)	15.3	17.2	20.8	24.0	24.9	23.8	24.0	23.9	22.6	20.1	17.5	15.2
	平均最低气温(℃)	1.4	2.9	5.7	9.2	13.8	16.1	16.8	15.9	14.1	11.3	6.6	7.9
拉萨	平均气温(℃)	-2.3	1.1	4.5	8.3	12.3	15.4	15.1	14.3	12.7	8.2	2.3	-1.7
	平均最高气温(℃)	6.8	9.2	12.0	15.7	19.7	22.5	21.7	20.7	19.6	16.4	11.6	7.7
	平均最低气温(℃)	-10.2	-6.9	-3.2	0.9	5.1	9.2	9.9	9.4	7.6	1.4	-5.0	-9.1
敦煌	平均气温(℃)	-9.3	-4.1	4.5	12.4	18.3	22.7	24.7	23.5	17.0	8.7	0.2	-7.0
	平均最高气温(℃)	-1.7	4.3	13.3	21.1	26.7	31.0	32.0	32.8	26.5	18.8	8.1	0.2
	平均最低气温(℃)	-15.6	-11.3	-3.4	3.9	9.3	13.5	16.1	14.8	8.2	0.4	-6.0	-12.9
西安	平均气温(℃)	-1.0	2.1	8.1	14.1	19.1	25.2	26.6	25.5	19.4	13.7	6.6	0.7
	平均最高气温(℃)	4.5	7.7	14.3	20.6	25.6	32.1	32.4	31.2	24.8	19.4	12.0	6.0
	平均最低气温(℃)	-5.0	-2.1	3.1	8.5	13.2	18.6	21.7	20.8	15.2	9.3	2.6	-3.1
呼和浩特	平均气温(℃)	-13.1	-9.0	-0.3	7.9	15.3	20.1	21.9	20.0	13.8	6.5	2.7	-11.0
	平均最高气温(℃)	-5.8	-1.5	6.7	15.4	22.6	26.9	28.1	26.1	20.9	14.1	4.1	-4.2
	平均最低气温(℃)	-18.9	-15.4	-6.3	0.5	7.1	12.2	15.5	14.1	7.1	0.4	7.8	-16.4
兰州	平均气温(℃)	-6.9	-2.3	5.2	11.8	16.6	20.3	22.2	21.0	15.8	9.4	1.7	-5.5
	平均最高气温(℃)	1.0	5.4	12.7	19.3	23.8	27.5	29.2	27.6	22.1	16.5	8.8	2.1
	平均最低气温(℃)	-12.6	-8.0	-0.8	5.3	10.2	13.6	16.3	15.3	10.7	4.1	-3.1	-10.4
济南	平均气温(℃)	1.4	1.1	7.6	15.2	21.8	26.3	27.4	26.2	21.7	15.8	7.9	1.1
	平均最高气温(℃)	3.4	6.1	13.1	21.1	27.7	32.1	32.1	30.7	26.9	21.2	12.8	5.7
	平均最低气温(℃)	-5.4	-3.1	2.8	10.0	16.4	21.0	23.2	22.3	17.1	11.1	3.8	-2.8
武汉	平均气温(℃)	3.0	5.0	10.0	16.1	21.3	25.7	28.8	28.2	23.3	17.5	11.1	5.4
	平均最高气温(℃)	7.3	9.7	14.6	20.8	25.3	30.1	33.0	32.9	28.2	22.9	16.4	10.5
	平均最低气温(℃)	-0.9	1.3	6.2	12.1	17.5	22.0	25.4	24.7	19.5	13.3	7.1	1.4

旅游机构

国家旅游局
地址：北京市建国门内大街甲 9 号
电话：010 - 65201114
邮编：100740

中国旅游协会
地址：北京市建国门内大街甲 9 号
电话：010 - 65135383
邮编：100740

中国旅游协会城市分会
地址：北京市建国门内大街甲 9 号
电话：010 - 65201420
邮编：100740

中国旅游协会教育分会
地址：北京市建国门内大街甲 9 号
邮编：100740

中国旅游协会景区分会
地址：北京市建国门内大街甲 9 号
电话：010 - 65201456
邮编：100740

中国旅游协会商品与装备分会
地址：北京市建国门内大街甲 9 号
电话：010 - 65201445
邮编：100740

中国旅游饭店业协会
地址：北京市建国门内大街甲 9 号
电话：010 - 65122905
邮编：100740

中国旅行社协会
地址：北京市建国门内大街甲 9 号
电话：010 - 65594513 65201418
邮编：100740

中国旅游车船协会
地址：北京市建国门内大街甲 9 号
电话：010 - 65201422
邮编：100740

中国旅游报刊协会
地址：北京市建国门内大街甲 9 号
电话：010 - 65201401
邮编：100740

国家旅游局驻外旅游办事处

China National Tourism Administration Overseas Offices

中国驻东京旅游办事处
China National Tourism Administration Tokyo Office
Add：〒105 - 0001 Air China Building 8F, 2 - 5 - 2 Toranomon, Minato-Ku, Tokyo, Japan
Tel：0081 - 3 - 35918686
Fax：0081 - 3 - 35916886
Web：www. cnta. or. jp

中国驻大阪旅游办事处
China National Tourism Administration Osaka Office
Add：〒556 - 0017 OCAT Building 4F, Minatomachi, Naniwa-Ku, Osaka, Japan
Tel：0081 - 6 - 66353280
Fax：0081 - 6 - 66353281
Web：www. cnta-osaka. jp

中国驻新加坡旅游办事处
China National Tourist Office, Singapore
Add：7 Temasek Boulevard, #12 - 02A Suntee Tower One, Singapore 038987
Tel：0065 - 63372220
Fax：0065 - 63380777

中国驻加德满都旅游办事处
China National Tourist Office, Kathmandu
Add：P. O. Box 3639, Heritage Plaza II, Kamaladi, Kathmandu, The Kingdom of Nepal
Tel：00977 - 1 - 4255936
Fax：00977 - 1 - 4267695

中国驻首尔旅游办事处
China National Tourist Office, Seoul
Add：(100 - 706) 15F Daeyongak Bldg., 25 - 5, 1 - Ka, Chungmu-ro, Chung-Ku, Seoul, Korea
Tel：0082 - 2 - 7730393
Fax：0082 - 2 - 7573210

中国驻悉尼旅游办事处
China National Tourist Office, Sydney
Add：11th Floor, 234 George Street, Sydney, NSW 2000, Australia
Tel：0061 - 2 - 92529838
Fax：0061 - 2 - 92522728

中国驻纽约旅游办事处
China National Tourist Office, New York
Add：350 Fifth Avenue, Suite 6413, Empire State Building, New York, NY 10118, USA
Tel：001 - 212 - 7608218
Fax：001 - 212 - 7608809
Web：www. cnto. org

中国驻洛杉矶旅游办事处
China National Tourist Officem, Los Angeles
Add：550 West Brand Boulevard, Suite 910, Glendale, California 91203, USA
Tel：001 - 818 - 5457507
Fax：001 - 818 - 5457506
Web：www. chinadiscoveryvideo. com
E-mail：la@ cnta. gov. cn

中国驻多伦多旅游办事处
China National Tourist Office, Toronto
Add：480 University Ave., Suite 806, Toronto, Ontario M5G1V2, Canada
Tel：001 - 416 - 5996636
Fax：001 - 416 - 5996382

中国驻伦敦旅游办事处
China National Tourist Office, London
Add：71 Warwick Road, SW5 9HB, London, UK
Tel：0044 - 20 - 73730888
Fax：0044 - 20 - 73709989

中国驻巴黎旅游办事处
Office du Tourisme de Chine, Paris
Add：15 Rue de Berri, 75008 Paris, France
Tel：0033 - 1 - 56591010
Fax：0033 - 1 - 53753288

中国驻法兰克福旅游办事处
Fremdenverkehrsant der VR China in Frankfurt
Add：Ilkenhansstrasse 6, D - 60433 Frankfurt /M Deutschland
Tel：0049 - 69 - 520135
Fax：0049 - 69 - 528490
Web：www. fac. de

中国驻马德里旅游办事处
Oficina Nacional de Tourism de China en Madrid
Add：Plaza de Espana 18, Edificio Torre Madrid, Oficina 7 - 13, 28008 Madrid
Tel：0034 - 91 - 5480011
Fax：0034 - 91 - 5480597
Web：www. turismochino. info

中国驻苏黎世旅游办事处
Fremdenverkehrsamt der VR China in Zürich

Add：Genfer - Strasse 21，CH - 8002 Zürich，Schweiz
Tel：0041 - 1 - 2018877
Fax：0041 - 1 - 2018878

中国驻莫斯科旅游办事处
China National Tourist Office，Moscow

Add：Novy Arbat 7，Moscow，119019，Russia
Tel：007 - 495 - 9566612
Fax：007 - 495 - 9566616
Web：www. chinatourism. ru/

亚洲旅游交流中心
Asia Tourism Exchange Centre Limited

Add：B1，20/F，Far East Finance Centre，16 Harcourt Road，Hong Kong
Tel：00852 - 28630000
Fax：00852 - 28611371

中国驻新德里旅游办事处
China National Tourist Office，New Delhi

Add：D - 64，Malcha Marg，Chanakyapuri，New Delhi - 110021，India
Tel：0091 - 11 - 41680540
Fax：0091 - 11 - 41680541

目　录
Contents

黑龙江 HEILONGJIANG

上海 SHANGHAI

江苏 JIANGSU

浙江 ZHEJIANG

安徽 ANHUI

福建 FUJIAN

江西 JIANGXI

山东 SHANDONG

河南 HENAN

湖北 HUBEI

湖南 HUNAN

广东 GUANGDONG

广西 GUANGXI

海南 HAINAN

重庆 CHONGQING

四川 SICHUAN

贵州 GUIZHOU

云南 YUNNAN

西藏 TIBET

陕西 SHAANXI

甘肃 GANSU

青海 QINGHAI

宁夏 NINGXIA

新疆 XINJIANG

北　京

BEIJING

旅游机构

北京市旅游局
地址：北京市建国门外大街 28 号
电话：010－65158249　85162288
传真：010－65158251
邮编：100022
网址：www.bjta.gov.cn

北京市旅行社服务质量监督管理所
地址：北京市建国门外大街 28 号旅游大厦 1404 室
电话：010－65157490　85157050
传真：010－85157053
邮编：100022

东城区旅游局
地址：北京市东城区金宝街 52 号
电话：010－65133305
邮编：100005

西城区旅游局
地址：北京市西城区二龙路 27 号
电话：010－88064372
邮编：100032

崇文区旅游局
地址：北京市崇文区崇外大街 7 号正仁大厦 Ⅱ 段
电话：010－67091096
邮编：100062

宣武区旅游局
地址：北京市宣武区长椿街 9 号
电话：010－63036847
邮编：100053

朝阳区旅游局
地址：北京市朝阳区日坛北街 33 号
电话：010－65099077
邮编：010－65099077

丰台区旅游局
地址：北京市丰台区文体路 2 号商务局
电话：010－63812693
邮编：100071

石景山区旅游局
地址：北京市石景山区石景山路 18 号
电话：010－88699833
邮编：100043

海淀区旅游事业管理局
地址：北京市海淀区四季青路 6 号海淀招商大厦
电话：010－88494709
邮编：100089

门头沟区旅游事业管理局
地址：北京市门头沟区滨河路 72 号
电话：010－69834170
邮编：102300

房山区旅游事业管理局
地址：北京市房山区良乡月华北大街 8 号
电话：010－89352764
邮编：102488

通州区旅游事业管理局
地址：北京市通州区车站路 12 号
电话：010－69744656
邮编：102200

顺义区旅游局
地址：北京市顺义区光明南街 7 号
电话：010－69429918
邮编：101300

昌平区旅游事业管理局
地址：北京市昌平区科技园区创新路 8 号
电话：010－69744656
邮编：102200

大兴区旅游局
地址：北京市大兴区兴政街 31 号科技大厦
电话：010－69245166
邮编：102600

怀柔区旅游事业管理局
地址：北京市怀柔区开放路 56 号
电话：010－69646250
邮编：101400

平谷区旅游事业管理局
地址：北京市平谷区府前街 31 号建设大厦
电话：010－89991991　89991938
邮编：101200

密云县旅游事业管理局
地址：北京市密云县云光环岛东南 100 米
电话：010－69043175
邮编：101500

延庆县旅游事业管理局
地址：北京市延庆县妫水南街 61 号
电话：010－81191198　81194178
邮编：102100

旅行社

中国国际旅行社总社
地址：北京市东城区东单北大街 1 号
电话：010－85228364
邮编：100005
网址：www.cits.cn
许可证号：L-ZY-GJ00001

中国旅行社总社
地址：北京市北三环东路 2 号中旅大厦
电话：010－64612586
邮编：100028
网址：www.ctsho.com
许可证号：L-ZY-GJ00002

中国民间国际旅游公司
地址：北京市霄云路 21 号大通大厦 5 层
电话：010－64476697/98
邮编：100028
网址：www.ccit.com.cn
许可证号：L-ZY-GJ00004

中信旅游总公司
地址：北京市朝阳区建外大街 19 号国际大厦 2 号楼 7 层
电话：010－85263636
邮编：100004
网址：www.citictvl.com
许可证号：L-ZY-GJ00005

中国民族旅行社有限责任公司
地址：北京市海淀区中关村东路 89 号
电话：010－66085572
邮编：100031
网址：www.chints.com
许可证号：L-ZY-GJ00006

中国妇女旅行社
地址：北京市东四南大街 103 号
电话：010－85169988
邮编：100010
网址：www.cwts.com.cn
许可证号：L-ZY-GJ00007

中国铁道旅行社
地址：北京市海淀区羊坊店街北蜂窝路旁门 3 号
电话：010－63986483
邮编：100038
网址：www.crts.com.cn
许可证号：L-ZY-GJ00008

中国太和旅行社
地址：北京市东城区东滨河路甲 1 号大象投资大厦 5 层
电话：010－51099177
邮编：100013
网址：www.cshts.com
许可证号：L-ZY-GJ00009

招商局国际旅行社有限责任公司
地址：北京市朝阳区劲松三区甲 302 号 25 层
电话：010－87722145
邮编：100021
网址：www.cmit.com
许可证号：L-ZY-GJ00011

中国康辉旅行社有限责任公司
地址：北京市农展南路 5 号京朝大厦 11 层
电话：010－65940856　65940881
邮编：100026
网址：www.cct.cn
许可证号：L-ZY-GJ00012

航天国际旅游有限责任公司
地址：北京市海淀区海淀南路 30 号
电话：010－68748326
邮编：100080
许可证号：L-ZY-GJ00014

鑫海国际旅行社
地址：北京市朝阳区建国路 93 号 8 号楼 809 室
电话：010－66418176
邮编：100031
网址：www.xinhaitravel.com
许可证号：L-ZY-GJ00015

北京王府国际旅行社
地址：北京市安慧里四区 15 号中国五矿大厦 318－322 室
电话：010－58603968
邮编：100101
网址：www.cotrit.com
许可证号：L-ZY-GJ00017

中贸国际旅行社有限公司
地址：北京市崇文区广渠门北里乙 73 号
电话：010－65233379
邮编：100062
许可证号：L-ZY-GJ00018

海洋国际旅行社有限责任公司
地址：北京市崇文区东兴隆街 56 号北京商界 633 室
电话：010－67016101
邮编：100062
网址：www.coits.net
许可证号：L-ZY-GJ00019

中卫国际旅行社
地址：北京市黄寺大街 23 号 A-3-502

电话：010－82230658
邮编：100011
许可证号：L-ZY-GJ00020

中福国际旅行社
地址：北京市宣武区白广路7号
电话：010－63577130
邮编：100053
许可证号：L-ZY-GJ00021

港中旅远洋国际旅行社有限公司
地址：北京市宣武区广安门内大街338号港中旅大厦15层
电话：010－51379988
邮编：100053
网址：www.coscotravel.com.cn
许可证号：L-ZY-GJ00022

幸福国际旅行社
地址：北京市广渠门北里甲73号1号楼1204室
电话：010－51356233
邮编：102200
许可证号：L-ZY-GJ00023

森林国际旅行社
地址：北京市东城区和平里东街14号
电话：010－84239122
邮编：100013
网址：www.foresttravel.net
许可证号：L-ZY-GJ00024

中城国际旅行社有限责任公司
地址：北京市东城区安外大街甲88号中联大厦702室
电话：010－84136666
邮编：100011
网址：www.ccits.com
许可证号：L-ZY-GJ00026

四达国际旅行社
地址：北京市朝阳区酒仙桥2号兰维森商务楼217室
电话：010－87664406
邮编：100021
网址：www.cnssits.cn
许可证号：L-ZY-GJ00029

中谊国际旅行社
地址：北京市海淀区白石桥路3号
电话：010－68499157
邮编：100873
网址：www.goodwill.com.cn
许可证号：L-ZY-GJ00030

北京凤凰假期国际旅行社有限公司
地址：北京市朝阳区建国路99号中服大厦21层
电话：010－65816562
邮编：100020
网址：www.51tour.com
许可证号：L-ZY-GJ00031

北京中教国际旅行社有限公司
地址：北京市东城区朝阳门北大街8号富华大厦D-4-B
电话：010－58206665－1062
邮编：100027
网址：www.ceits.com.cn
许可证号：L-ZY-GJ00033

奥利富国际旅行社
地址：北京市西城区西直门南大街6号C座3406室
电话：010－66169262
邮编：100035
许可证号：L-ZY-GJ00034

邮电国际旅行社
地址：北京市朝阳区朝阳北路225号
电话：010－65098509
邮编：100026
许可证号：L-ZY-GJ00035

华龙国际旅行社
地址：北京市东城区建内大街九号北京国际饭店
电话：010－65129043
邮编：100005
许可证号：L-ZY-GJ00036

寰宇国际旅行社有限公司
地址：北京市东城区东交民巷9号
电话：010－85229972
邮编：100005
许可证号：L-ZY-GJ00037

北京中金环球国际旅行社
地址：北京市东城区东四西大街46号后楼101室
电话：010－65224832
邮编：100711
网址：www.toursinosteel.com
许可证号：L-ZY-GJ00038

中商国际旅行社
地址：北京市复兴门内大街45号
电话：010－66094356
邮编：100801
网址：www.ccits-global.com
许可证号：L-ZY-GJ00039

中广国际旅行社有限公司
地址：北京市海淀区羊坊店路9号京门大厦首层
电话：010－63979105
邮编：100038
许可证号：L-ZY-GJ00040

北方国际旅行社（北京）有限公司
地址：北京市宣武区广安门南街甲12号
电话：010－63313998
邮编：100053
许可证号：L-ZY-GJ00041

中电国际旅行社
地址：北京市宣武区白广路二条1号
电话：010－63414167
邮编：100761
网址：www.cepits.com
许可证号：L-ZY-GJ00042

环球商务国际旅行社
地址：北京市西城区复兴门外大街1号
电话：010－68026848
邮编：100860
许可证号：L-ZY-GJ00044

中国天鹅国际旅游公司
地址：北京市朝阳区东三环农光里1号龙辉大厦4层
电话：010－87315001
邮编：100021
网址：www.china-swan.com
许可证号：L-ZY-GJ00045

东华国际旅行社
地址：北京市朝阳区团结湖北里9号楼
电话：010－85981431
邮编：100026
许可证号：L-ZY-GJ00046

中国金桥旅游总公司
地址：北京市西城区地安门西大街171号甲
电话：010－66180543
邮编：100035
许可证号：L-ZY-GJ00047

中国国际体育旅游公司
地址：北京市崇文区体育馆路
电话：010－67117364
邮编：100061
网址：www.chinacist.com
许可证号：L-ZY-GJ00048

江河国际旅行社
地址：北京市朝阳区建国路88号现代城1号楼3104室
电话：010－51288448
邮编：100022
许可证号：L-ZY-GJ00049

科学国际旅行社
地址：北京市海淀区中关村科学院南路55号
电话：010－62571104
传真：010－62571104
邮编：100086
网址：www.caseab.com
许可证号：L-ZY-GJ00050

德宝国际旅行社
地址：北京市西城区三里河南三巷3号
电话：010－68551926
邮编：100820
许可证号：L-ZY-GJ00051

中国航空国际旅行社
地址：北京市东三环北路17号恒安大厦8层
电话：010－52039515
邮编：100027
许可证号：L-ZY-GJ00053

茂发国际旅行社
地址：北京市东城区南河沿大街23号
电话：010－65248972　65266610
邮编：100006
许可证号：L-ZY-GJ00054

赛特国际旅行社
地址：北京市东城区灯市口大街74号
电话：010－65128019
邮编：100009
网址：www.stglcj.com
许可证号：L-ZY-GJ00055

中艺国际旅行社有限责任公司
地址：北京市东三环中路55号
电话：010－58765500－8023
邮编：100002
许可证号：L-ZY-GJ00056

中鹤国际旅行社
地址：北京市朝阳区北三环东路19号
电话：010－64449675
邮编：100029
许可证号：L-ZY-GJ00057

华商国际旅行社有限责任公司
地址：北京市朝阳区建国路95号
电话：010－65830363
邮编：100022
网址：www.hsltravel.com.cn
许可证号：L-ZY-GJ00058

协力国际旅行社
地址：北京市东城区南河沿大街111号

电话：010－66182688
邮编：100035
许可证号：L-ZY-GJ00059

中国虹桥国际旅行社有限公司
地址：北京市安定门外大街183号京宝大厦
电话：010－67103865
邮编：100062
网址：www.china-hq.com
许可证号：L-ZY-GJ00060

北京东星国际旅行社有限公司
地址：北京市朝阳区建国路88号现代城A座913室
电话：010－85800070
邮编：100022
网址：www.95151.com.cn
许可证号：L-ZY-GJ00061

中国职工国际旅行社总社
地址：北京市朝阳区日坛路1号
电话：010－85610361 85615829
邮编：100020
网址：www.cpits.com.cn
许可证号：L-ZY-GJ00062

中国山水旅行社
地址：北京市西城区南礼士路3号海通大厦A座
电话：010－68000628
邮编：100032
许可证号：L-ZY-GJ00063

海峡旅行社
地址：北京市西城区阜外大街甲35号
电话：010－68998981
邮编：100037
网址：www.cststour.com.cn
许可证号：L-ZY-GJ00064

天马国际旅行社
地址：北京市西城区德胜门外东滨河路3号B205
电话：010－62352745
邮编：100011
许可证号：L-ZY-GJ00065

中国文化国际旅行社
地址：北京市东城区东四十条甲25号
电话：010－84038225
邮编：100007
许可证号：L-ZY-GJ00066

同源国际旅行社
地址：北京市东城区东直门外大街48号东方银座D座6层
电话：010－84477045
邮编：100027
许可证号：L-ZY-GJ00067

竹园国际旅行社
地址：北京市西城区旧鼓楼大街小石桥胡同24号
电话：010－64011085
邮编：100032
许可证号：L-ZY-GJ00068

国旅集团北京熊猫旅游有限责任公司
地址：北京市东城区东直门南大街5号中青旅大厦
电话：010－64170468
邮编：100027
许可证号：L-ZY-GJ00070

中青旅控股股份有限公司
地址：北京市海淀区知春路128号泛亚大厦8层
电话：010－58158888
邮编：100007
网址：www.cytsonline.com
许可证号：L-ZY-GJ00071

中海国际旅行社
地址：北京市海淀区翠微路36号中海航宾馆4层
电话：010－63985217
邮编：100080
网址：www.csits.com.cn
许可证号：L-ZY-GJ00072

中唐国际旅行社有限责任公司
地址：北京市东三环南路98号
电话：13146338000
邮编：100027
许可证号：L-ZY-GJ00073

华阳国际商务旅行有限公司
地址：北京市朝阳区建国路89号华贸中心4号楼2501室
电话：010－65305258
邮编：100022
网址：www.huayangtour.com
许可证号：L-ZY-GJ00074

中安国际旅行社（北京）有限公司
地址：北京市东城区和平里青年沟路安信大厦A411室
电话：010－64464999
邮编：100013
许可证号：L-ZY-GJ00075

北京华堂国际旅行社
地址：北京市西城区西交民巷21号
电话：010－67018756
邮编：100062
网址：www.010ts.com
许可证号：L-ZY-GJ00076

中油国际旅行社有限责任公司
地址：北京市西城区六铺炕安德路112号
电话：010－82012181
邮编：100011
网址：www.cnpcit.com
许可证号：L-ZY-GJ00080

环境国际旅行社有限公司
地址：北京市崇文区东打磨厂街7号宝鼎中心701室
电话：010－67081469
邮编：100062
许可证号：L-ZY-GJ00081

锡华国际旅行社有限公司
地址：北京市海淀区西苑草场15号3层
电话：010－65926670
邮编：100020
网址：www.siwa.com.cn
许可证号：L-ZY-GJ00082

交通国际旅行社有限公司
地址：北京市丰台区南苑乡南苑路81－6号
电话：010－67953334
邮编：100071
许可证号：L-ZY-GJ00083

交通公社新纪元国际旅行社有限公司
地址：北京市朝阳区朝外大街18号丰联广场B座708A
电话：010－65884225
邮编：100020
网址：www.ncit.com.cn
许可证号：L-ZY-GJ00084

北京凯撒国际旅行社有限责任公司
地址：北京市朝阳区左家庄1号国门大厦B座5层
电话：010－64601780
邮编：100028
网址：www.caissa.com.cn
许可证号：L-ZY-GJ00085

中国钓鱼台国际旅行社
地址：北京市钓鱼台宾馆西区5楼
电话：010－58591988
邮编：100830
许可证号：L-ZY-GJ00087

中航国际旅行社有限公司
地址：北京市建国门外东三环南路二号瑞赛大厦
电话：010－65665528
邮编：100022
网址：www.avictravel.com
许可证号：L-ZY-GJ00088

中国石化集团国际旅行社有限责任公司
地址：北京市朝阳区慧新东街甲8号
电话：010－64990142
邮编：100029
网址：www.travel.sinopec.com
许可证号：L-ZY-GJ00089

北京海外旅游有限责任公司
地址：北京市朝阳区建国门外大街28号北京旅游大厦501室
电话：010－65158815
邮编：100022
网址：www.chinatravel.sphere.com
许可证号：L-BJ-GJ00001

北京新华国际旅游有限公司
地址：北京市海淀区复兴路甲23号华懋大厦10层102室
电话：010－68214880
邮编：100036
网址：www.leadtravel.com
许可证号：L-BJ-GJ00002

中国和平国际旅游有限责任公司
地址：北京市朝阳区东土城路13号金孔雀商务大厦2层
电话：010－64484500
邮编：100013
网址：www.hply.com
许可证号：L-BJ-GJ00003

北京中国国际旅行社有限公司
地址：北京市朝阳区建国门外大街28号
电话：010－85612321
邮编：100020
网址：www.citsbj.com
许可证号：L-BJ-GJ00004

北京市中国旅行社有限公司
地址：北京市朝阳门南大街18号
电话：010－85612321
邮编：100020
网址：www.cnbcts.com
许可证号：L-BJ-GJ00005

北京北辰国际旅行社有限公司
地址：北京市朝阳区安慧里三区10号
电话：010－64910683
邮编：100020

网址：www. bnsit. com
许可证号：L-BJ-GJ00006

北京捷达假期国际旅行社有限公司
地址：北京市东城区安定门外大街2号安贞大厦4023－4026室
电话：010－64482401
邮编：100013
许可证号：L-BJ-GJ00007

北京方舟国际旅游有限公司
地址：北京市朝阳区建国门外大街28号北京旅游大厦6层
电话：010－65159833
邮编：100022
许可证号：L-BJ-GJ00008

北京青年旅行社股份有限公司
地址：北京市朝阳区潘家园南里12号潘家园大厦3层北区
电话：010－67749066
邮编：100021
网址：www. byts. com. cn
许可证号：L-BJ-GJ00009

北京沃尔德国际旅行社有限公司
地址：北京市朝阳区霄云路36号国航大厦1409室
电话：010－84541111
邮编：100027
网址：www. bwtour. com
许可证号：L-BJ-GJ00010

北京市华远国际旅游有限公司
地址：北京市东城区新中西里13号巨石大厦5层
电话：010－64170299
邮编：100027
网址：www. hytours. com
许可证号：L-BJ-GJ00011

北京金友国际旅行社有限公司
地址：北京市朝阳区亮马桥路光明饭店11层1188室
电话：010－64665130
邮编：100016
许可证号：L-BJ-GJ00012

北京天平国际旅行社
地址：北京市朝阳区东三环中路39号建外SOHO13幢6单元702号
电话：010－58695735
邮编：1000022
网址：www. tiraveltp. com
许可证号：L-BJ-GJ00014

北京金门国际旅行社有限责任公司
地址：北京市海淀区大柳树路6号铁科嘉苑饭店6层
电话：010－67181418
邮编：100081
许可证号：L-BJ-GJ00015

北京京铁国际旅行社有限公司
地址：北京市海淀区北蜂窝路1号
电话：010－51891365
邮编：100038
许可证号：L-BJ-GJ00016

北京森林国际旅行社
地址：北京市西城区北三环中路甲3号大森林酒店2层
电话：010－62370462　62040649
邮编：100029
网址：www. chinaforesttravel. com
许可证号：L-BJ-GJ00017

北京铁路国际旅行社
地址：北京市东城区老钱局胡同16号
电话：010－51835189
邮编：100005
网址：www. brita. . cn
许可证号：L-BJ-GJ00018

北京北奥国际旅行社有限公司
地址：北京市朝阳区惠新东街甲2号北奥大厦2013室
电话：010－84887046
邮编：100029
网址：www. bbaits. com
许可证号：L-BJ-GJ00020

北京中包国际旅行社有限公司
地址：北京市宣武区登莱胡同26号体委办公楼四层
电话：010－83543013
邮编：100053
网址：www. chinapack. net
许可证号：L-BJ-GJ00021

北京市燕都国际旅行社
地址：北京市崇文区西打磨厂248号
电话：010－63174907
邮编：100061
网址：www. yandu. tour. com
许可证号：L-BJ-GJ00022

北京中北国际旅行社有限公司
地址：北京市崇文区崇外大街44号大康大厦505B
电话：010－67174780　67160321
邮编：100062
许可证号：L-BJ-GJ00023

北京长城国际旅行社
地址：北京市西城区北三环中路19号
电话：010－62382690
邮编：100029
许可证号：L-BJ-GJ00025

北京市中侨国际旅游有限公司
地址：北京市朝阳区建国路93号万达广场
电话：010－58206510－17
邮编：100020
许可证号：L-BJ-GJ00026

北京天华国际旅行社有限公司
地址：北京市丰台区卢沟桥城南街77号
电话：010－83895217
邮编：100072
许可证号：L-BJ-GJ00028

北京鸿锦嘉合国际商务旅行社
地址：北京市东四十条24号青蓝大厦1层
电话：010－51295588
邮编：100007
网址：www. jiahewang. com
许可证号：L-BJ-GJ00029

北京龙门国际旅行社
地址：北京市东城区美术馆后街大取灯胡同9号
电话：010－64074616
邮编：100010
许可证号：L-BJ-GJ00030

北京市康迪国际旅行社有限公司
地址：北京市石景山区石景山路33号
电话：010－68863366－7235
邮编：100043
许可证号：L-BJ-GJ00031

北京吉恒星国际旅游有限公司
地址：北京市朝阳区将台路甲2号
电话：010－64376581
邮编：100016
许可证号：L-BJ-GJ00034

北京燕京国际旅行社有限公司
地址：北京市光华路甲14号8层801室
电话：010－51309856
邮编：100061
许可证号：L-BJ-GJ00035

北京市怡安国际旅行社
地址：北京市东城区和平里北街16楼
电话：010－84221870
邮编：100013
许可证号：L-BJ-GJ00036

北京风情国际旅行社
地址：北京市昌平区小汤山镇大柳树村西北
电话：010－61782469
邮编：100013
许可证号：L-BJ-GJ00037

北京北汽国际旅行社
地址：北京市朝阳区顺源里14号楼
电话：010－64652881
邮编：100027
许可证号：L-BJ-GJ00039

北京天安国际旅行社有限责任公司
地址：北京市东城区东直门南大街8号
电话：010－65598850　65598950
邮编：100010
网址：www. taits. com. cn
许可证号：L-BJ-GJ00041

北京职工国际旅行社
地址：北京市东城区台基厂三条3号
电话：010－65261406
邮编：100005
许可证号：L-BJ-GJ00042

北京中信国安国际旅行社
地址：北京市朝阳区关东店北街1号
电话：010－65010841　65010859
邮编：100020
许可证号：L-BJ-GJ00043

北京国际鸿基旅行社
地址：北京市朝阳区潘家园东里21号
电话：010－87774549
邮编：100021
网址：www. hongljits. com. cn
许可证号：L-BJ-GJ00044

北京瑞驰国际旅行社
地址：北京市朝阳区建国路93号万达广场4号楼
电话：010－58206153
邮编：100022
网址：www. richtravel. com. cn
许可证号：L-BJ-GJ00045

北京国际商旅公司
地址：北京市东城区南河沿华龙写字间418室
电话：010－65220978
邮编：100006
许可证号：L-BJ-GJ00046

北京众信国际旅行社有限公司
地址：北京市朝阳区东土城路12号怡和大厦二期4层
电话：010－64489932

邮编：100013
许可证号：L-BJ-GJ00047

北京新大都国际旅行社有限公司
地址：北京市西城区车公庄大街21号4号楼4321室
电话：010－68338756
邮编：100044
网址：www. mandarintour. com
许可证号：L-BJ-GJ00048

北京金色假期国际旅行社
地址：北京市西城区前门西大街75号2层
电话：010－66010279
邮编：100031
许可证号：L-BJ-GJ00049

北京康复国际旅行社
地址：北京市东城区东直门内北新仓18号
电话：010－64035765
邮编：100700
许可证号：L-BJ-GJ00051

北京文物国际旅行社有限公司
地址：北京市东城区安定门东大街28号
电话：010－64097438
邮编：100013
许可证号：L-BJ-GJ00052

北京新都国际旅行社
地址：北京市朝阳区朝阳门南大街16号楼
电话：010－51909223
邮编：100027
网址：www. xdtravel. com
许可证号：L-BJ-GJ00053

北京华安国际旅行社
地址：北京市建国门外大街24号京泰大厦810室
电话：010－65156355
邮编：100022
网址：www. bhats. net
许可证号：L-BJ-GJ00054

北京金台国际旅行社有限公司
地址：北京市朝阳区东土城路4号308室
电话：010－64275361
邮编：100013
许可证号：L-BJ-GJ00055

北京皇冠艺苑国际旅行社有限公司
地址：北京市西长安街丙17号
电话：010－62247363
邮编：100044
网址：www. hg66. com
许可证号：L-BJ-GJ00056

北京天翔国际旅行社有限公司
地址：北京市东城区交道口南大街16号
电话：010－64016602
邮编：100007
许可证号：L-BJ-GJ00058

北京富莱因国际旅行社有限公司
地址：北京市崇文区永外沙子口路76号
电话：010－67251358/59－13
邮编：100075
网址：www. cbfits. com
许可证号：L-BJ-GJ00059

北京大地国际旅行社有限公司
地址：北京市宣武区福长街45号上智宾馆
电话：010－64713404
邮编：100053
许可证号：L-BJ-GJ00060

北京友协国际旅行社有限公司
地址：北京市东城区南河沿大街97号
电话：010－63371656
邮编：100006
许可证号：L-BJ-GJ00061

中旅体育旅行社有限公司
地址：北京市朝外大街17号祥业大厦302/307/309室
电话：010－65802007
邮编：100020
网址：www. cts－ty. com. cn
许可证号：L-BJ-GJ00062

北京加东国际旅行社有限公司
地址：北京市东城区王府井大街138号新东安写字楼二座1005B室
电话：010－65280592
邮编：100006
许可证号：L-BJ-GJ00063

北京八达岭国际旅行社
地址：北京市延庆县八达岭特区办事处综合办公楼4层
电话：010－69121266
邮编：102112
许可证号：L-BJ-GJ00064

北京万里国际旅行社
地址：北京市朝阳区东三环北路10号长城饭店大厅
电话：010－65905566－2357
邮编：100026
许可证号：L-BJ-GJ00065

北京钓鱼台国际旅行社
地址：北京市丰台区草桥赵村店420号
电话：010－87503768
邮编：100067
许可证号：L-BJ-GJ00066

北京金辉国际旅行社有限公司
地址：北京市海淀区阜城路21号
电话：010－88446592
邮编：100037
许可证号：L-BJ-GJ00067

北京神舟国际旅行社集团有限公司
地址：北京市朝阳区建国门外大街28号北京旅游大厦6层
电话：010－65159420
邮编：100022
许可证号：L-BJ-GJ00068

北京星辰方舟国际旅行社有限公司
地址：北京市朝阳区建国门外大街28号旅游大厦802室
电话：010－65150531
邮编：100022
许可证号：L-BJ-GJ00070

北京时尚国际旅行社有限公司
地址：北京市朝阳区八里庄西里97号住邦2000商务中心907室
电话：010－85869719
邮编：100031
网址：www. 2008bjt. com
许可证号：L-BJ-GJ00071

北京首旅雅高旅行社有限公司
地址：北京市建国门外大街28号北京旅游大厦801室
电话：010－65150789
邮编：100022
网址：www. btgaccor travel. com
许可证号：L-BJ-GJ00072

北京正安国际旅行社有限责任公司
地址：北京市朝阳区安惠东里17号成宏酒店内
电话：010－64981901　64981960
邮编：100029
网址：www. c-adventure. com
许可证号：L-BJ-GJ00073

北京中盐国际旅行社有限公司
地址：北京市丰台区西客站南路16号中盐大厦410房间
电话：010－63273366
邮编：100054
许可证号：L-BJ-GJ00074

北京北大国际旅行社有限公司
地址：北京市海淀区海淀路1号
电话：010－62659200
邮编：100871
网址：www. pkuits. com
许可证号：L-BJ-GJ00075

春秋（北京）国际旅行社
地址：北京市东城区朝阳门内大街188号G110
电话：010－65170636
邮编：100010
许可证号：L-BJ-GJ00076

北京中广国际旅行社有限责任公司
地址：北京市海淀区翠微路36号中海航宾馆6层
电话：010－67308828
邮编：100036
许可证号：L-BJ-GJ00077

北京同吉国际旅行社有限责任公司
地址：北京市丰台区西三环南路6号
电话：010－63376180
邮编：100073
网址：www. tjits. com
许可证号：L-BJ-GJ00078

港中旅国际旅行社有限公司
地址：北京市宣武区广安门内大街338号港中旅大厦15层
电话：010－51379988
邮编：100053
网址：www. ctiol. com
许可证号：L-BJ-GJ00080

国旅运通旅行社有限公司
地址：北京市朝阳区西大望路1号温特莱中心A座8层
电话：010－85955016
邮编：100026
许可证号：L-BJ-GJ00081

幸运国际旅行社有限公司
地址：北京市朝阳区东四环中路道家园18号新华联大厦6层
电话：010－65001538
邮编：100025
许可证号：L-BJ-GJ00082

北京福莱森康辉国际旅行社有限公司
地址：北京市朝阳区左家庄路1号国门大厦C座1层
电话：010－58292929
邮编：100028
网址：www. fcmtrave. com
许可证号：L-BJ-GJ00083

北京星空国际旅行社有限公司
地址：北京市朝阳区东三环南路 17 号京瑞大厦 B 座 3D/3G 层
电话：010－67695612
邮编：100021
网址：www. kingwing. com. cn
许可证号：L-BJ-GJ00084

北京东方国际旅行社有限公司
地址：北京市东城区安德路地兴居 9 号中景豪庭 C 座 11 层
电话：010－64478952
邮编：100011
网址：www. orientravel－bj. com
许可证号：L-BJ-GJ00085

北京新日国际旅行社有限公司
地址：北京市东城区王府井大街 99 号世纪大厦 A503
电话：010－85113827
邮编：100006
许可证号：L-BJ-GJ00086

北京北辰关键国际旅行社有限公司
地址：北京市西城区西直门外大街 1 号院 2 号楼 C7/C8/C13
电话：010－58301616
邮编：100044
网址：www. nskk. com. cn
许可证号：L-BJ-GJ00087

北京锦江国际旅行社有限公司
地址：北京市东城区朝阳门内大街 188 号鸿安国际商务大厦 D 座 701 室
电话：010－51260177　51260179
邮编：100010
网址：www. bjjj. com. cn
许可证号：L-BJ-GJ00088

北京华运国际旅行社
地址：北京市西城区月坛南街甲 12 号万丰怡和商务会馆 3A10
电话：010－51870063
邮编：100045
网址：www. hycrt. cn
许可证号：L-BJ-GJ00089

日航国际旅行社（中国）有限公司
地址：北京市朝阳区建国门外大街甲 26 号长富宫中心 2006 室
电话：010－65138785
邮编：100022
许可证号：L-BJ-GJ00090

中旅途易旅游有限公司
地址：北京市建国门内大街 7 号光华长安大厦 9 层 9211 室
电话：010－65171370
邮编：100005
网址：www. tui. cn
许可证号：L-BJ-GJ00091

北京台湾会馆国际旅行社有限责任公司
地址：北京市东城区海运仓 1 号总参一所会议中心 1 层
电话：13901285539
邮编：100027
网址：www. tghall. com
许可证号：L-BJ-GJ00092

北京世纪东方国际旅行社有限公司
地址：北京市朝阳区东大桥路 8 号
电话：010－59200291
邮编：100016
许可证号：L-BJ-GJ00093

全日空国际旅行社（中国）有限公司
地址：北京市朝阳区东三环北路 5 号北京发展大厦新楼 4 层 N401
电话：010－65909186
邮编：100004
许可证号：L-BJ-GJ00094

格里菲旅行社（中国）有限公司
地址：北京市东城区东长安街 1 号东方广场东方经贸城中一办公楼 201－208 室
电话：010－58167000
邮编：100010
网址：www. gta-travel. com
许可证号：L-BJ-GJ00095

北京京都紫禁城国际旅行社有限责任公司
地址：北京市宣武区广安门南街 48 号
电话：010－51759955－2229
邮编：100054
许可证号：L-BJ-GJ00099

银建国际旅行社有限公司
地址：北京市顺义区泗上村南
电话：010－87676733
邮编：100078
网址：www. yinjian. com
许可证号：L-BJ-GJ00100

中土国际旅行社有限公司
地址：北京市海淀区北蜂窝路 6 号北京中土大厦 21 层
电话：010－51848908　51848918
邮编：100038
许可证号：L-BJ-GJ00101

北京翔升国际商务旅行社有限公司
地址：北京市东直门南大街 46 号天恒大厦
电话：010－51203596
邮编：100027
网址：www. fctrip. com
许可证号：L-BJ-GJ00102

北京市中西国际旅行社有限责任公司
地址：北京市王府井大街 45 号
电话：010－87766610
邮编：100022
网址：www. east－west. cn
许可证号：L-BJ-GJ00103

北京坤腾国际旅行社有限公司
地址：北京市海淀区紫竹院路 88 号紫竹花园 F901
电话：010－85864799
邮编：100088
许可证号：L-BJ-GJ00104

北京典超国际旅行社有限责任公司
地址：北京市崇文区东打磨厂 7 号宝鼎中心 A 座 889 室
电话：010－51626302
邮编：100062
许可证号：L-BJ-GJ00105

北京汉唐经典国际商务旅行社有限公司
地址：北京市朝阳区建华南路 11 号 401 室
电话：010－65666909
邮编：100022
许可证号：L-BJ-GJ00106

北京蓝色假日国际旅行社有限公司
地址：北京市丰台区菜户营东街甲 88 号 3A1305
电话：010－63330918
邮编：100054
网址：www. travel114. com. cn
许可证号：L-BJ-GJ00107

中青旅有方国际旅行社有限公司
地址：北京市海淀区知春路 28 号
电话：010－59113000
邮编：100022
网址：www. aoyou. com
许可证号：L-BJ-GJ00108

北京携程国际旅行社有限公司
地址：北京市西城区西直门外大街 6 号中仪大厦 502－505
电话：010－64171616－185
邮编：100044
网址：www. ctrip. com
许可证号：L-BJ-GJ00109

北京嘉和国际旅行社有限责任公司
地址：北京市东城区东四十条甲 22 号南新仓商务大厦 A 座 702 号
电话：010－51690016
邮编：100007
许可证号：L-BJ-GJ00110

北京和众国际旅行社有限公司
地址：北京市朝阳区东四环南路 16 号
电话：010－67789886
邮编：100021
网址：www. hz9886. com
许可证号：L-BJ-GJ00111

北京紫都国际旅行社有限公司
地址：北京市朝阳区朝外大街 22 号泛利大厦 1402 室
电话：010－65885272
邮编：100020
网址：www. destinationchina. biz
许可证号：L-BJ-GJ00112

北京新行者国际旅行社有限公司
地址：北京市朝阳区东大桥路 8 号尚都国际中心 509 单元
电话：010－58701118
邮编：100052
网址：www. xingtravel. com
许可证号：L-BJ-GJ00113

近畿国际旅行社（中国）有限公司
地址：北京市朝阳区建外大街 26 号长富宫中心办公楼 711 室
电话：010－65138561
邮编：100022
许可证号：L-BJ-GJ00114

阪急国际旅行社（中国）有限公司
地址：北京市东城区东直门外大街 48 号东方银座写字楼 7C
电话：010－84549159
邮编：100027
网址：www. hankyu－travel. com
许可证号：L-BJ-GJ00115

北京欣欣翼翔国际旅行社有限公司
地址：北京市朝阳区酒仙桥路 2 号格兰维森商务楼 242－247 室
电话：010－84562890
邮编：100015
网址：www. professional. com. cn
许可证号：L-BJ-GJ00116

北京雅宝国际旅行社有限公司
地址：北京市朝外大街乙 12 号昆泰国际中心 2306 室

电话：010－58797128
邮编：100020
网址：www. byits. com
许可证号：L-BJ-GJ00117

北京鲲鹏国际旅行社有限公司
地址：北京市朝阳区建国路93号万达广场4座（住宅）楼1202室
电话：010－58203802
邮编：100022
网址：www. bjkpits. com
许可证号：L-BJ-GJ00118

北京艺龙国际旅行社有限公司
地址：北京市朝阳区酒仙桥路10号B座205房间
电话：010－58602288－6211
邮编：100016
网址：www. elong. com
许可证号：L-BJ-GJ00119

北京非凡国际旅行社有限责任公司
地址：北京市朝阳区东土城路8号林达大厦A－8B
电话：010－64466707
邮编：100013
网址：www. 777travel. net
许可证号：L-BJ-GJ00120

中坤塔格国际旅行社有限公司
地址：北京市海淀区中关村东路123号
电话：010－62146089
邮编：100086
许可证号：L-BJ-GJ00121

北京东方世纪国际旅行社有限公司
地址：北京市朝阳区望京中环南路甲2号佳境天城B座2003室
电话：010－84721398
邮编：100102
许可证号：L-BJ-GJ00122

北京嘉博国际旅行社有限公司
地址：北京市东城区东中街58号美惠大厦C－801
电话：010－65545349 65543506
邮编：100027
许可证号：L-BJ-GJ00123

北京凯旋国际旅行社有限责任公司
地址：北京市东城区车辇店胡同21号富山宾馆1303房
电话：010－87874001
邮编：100075
许可证号：L-BJ-GJ00124

北京海峡东南国际旅行社有限公司
地址：北京市西城区阜外大街甲35号
电话：13801906549
邮编：100037
许可证号：L-BJ-GJ00125

北京唯亚国际旅行社有限公司
地址：北京市朝阳区东三环北路3号幸福大厦A座508室
电话：010－64603491
邮编：100027
许可证号：L-BJ-GJ00126

北京沛达国际旅行社有限公司
地址：北京市朝阳区建外大街24号5门501室
电话：010－65157506
邮编：100022
网址：www. beta－tours. com
许可证号：L-BJ-GJ00127

北京中巴国际旅行社有限公司
地址：北京市海淀区蓝靛厂东路2号院2#1单元16F室
电话：010－88865738
邮编：100089
许可证号：L-BJ-GJ00128

北京圣辉国际旅行社
地址：北京市房山区良乡镇办事处太平庄西
电话：010－69367300
邮编：102488
网址：www. bshits. com
许可证号：L-BJ-GJ00129

北京尚峰国际旅行社有限公司
地址：北京市朝阳区朝外大街怡景园北里5号楼8层B室
电话：010－85627966
邮编：100020
网址：www. worldlongway. com
许可证号：L-BJ-GJ00130

北京迈途国际旅行社有限公司
地址：北京市朝阳区朝阳路十里堡甲3号2号楼10B室
电话：010－65696552
邮编：100025
许可证号：L-BJ-GJ00132

北京东美国际航空旅行社有限公司
地址：北京市朝阳区东三环中路甲10号赢嘉中心B座1层
电话：010－84571272－6100
邮编：100022
网址：www. 95808. com. cn
许可证号：L-BJ-GJ00133

宏达（北京）国际旅行社有限公司
地址：北京市东城区东直门外48号东方银座D座10层C座
电话：13701082272
邮编：100027
许可证号：L-BJ-GJ00134

北京顺之旅国际旅行社有限公司
地址：北京市东三环南路102号十里河综合楼
电话：010－67359779
邮编：100021
许可证号：L-BJ-GJ00135

北京中欧国际旅行社有限公司
地址：北京市朝阳区建国路98号盛世嘉园2号楼201号
电话：010－85895812
邮编：100022
许可证号：L-BJ-GJ00136

北京仙旅国际旅行社有限公司
地址：北京市西城区新太平胡同甲16号
电话：010－66123753
邮编：100035
网址：www. bfits. com. cn
许可证号：L－BJ－GJ00137

北京星达国际旅行社有限公司
地址：北京市建国门内大街18号恒基中心办一座20层
电话：010－65186235－39
邮编：100005
网址：www. estartrip. com
许可证号：L－BJ－GJ00138

北京道博国际旅行社有限公司
地址：北京市朝外大街17号祥业大厦304室
电话：010－65801552
邮编：100020
网址：www. topchinatour. com
许可证号：L-BJ-GJ00139

北京铭林国际旅行社有限公司
地址：北京市东城区东直门南大街14号保利大厦写字楼572室
电话：010－81607361
邮编：100027
许可证号：L-BJ-GJ00140

北京隆天国际旅行社有限责任公司
地址：北京市朝阳区朝外大街乙12号昆泰国际中心写字楼O－1003B室
电话：010－85627965
邮编：100020
网址：www. worldlongway. com
电子信箱：worldlongway@ vip. sina. com
许可证号：L－BJ－GJ00141

北京环球时尚国际旅行社有限责任公司
地址：北京市朝阳区北辰绿色家园傲城融富中心B座1704
电话：010－84925419
邮编：100107
许可证号：L－BJ－GJ00142

北京龙润国际旅行社有限公司
地址：北京市朝阳区酒仙桥路14号兆维华灯大厦A2区3门A2201
电话：13601121822
邮编：100016
电子信箱：lfx@ dynasty－tours. cn
许可证号：L－BJ－GJ00143

北京七星揽胜国际旅行社有限公司
地址：北京市朝阳区力源里3号宾馆楼113室
电话：010－58133725 58133727
邮编：100025
电子信箱：whl. qxls@ yahoo. com. cn
许可证号：L－BJ－GJ00144

北京九州人国际旅行社有限公司
地址：北京市东城区劳动人民文化宫东门内文华宫1611室
电话：010－65259576
邮编：100006
网址：www. topline－tour. com. cn
电子信箱：topline@ topline－tour. com. cn
许可证号：L－BJ－GJ00145

北京环球畅游国际旅行社有限公司
地址：北京市海淀区港沟15号邮融讯写字楼5层510室
电话：010－81936235
邮编：100080
许可证号：L－BJ－GJ00146

北京广土国际旅行社有限公司
地址：北京市崇文区安化寺幸福家园7号楼201号
电话：13011147696
邮编：100062
电子信箱：BANKTRVEL@ 163. COM
许可证号：L－BJ－GJ00147

北京天元假期国际旅行社有限公司
地址：北京市朝阳区东三环北路1号501室
电话：010－84488767
邮编：100027

电子信箱：yuanhang8068@ 163. com
许可证号：L－BJ－GJ00148

北京新世界国际旅行社有限责任公司
地址：北京市东城区海运仓胡同2号632室
电话：010－84098012
邮编：100007
网址：www. newworltours. cn
电子信箱：zhanglz@ newworldtours. cn
许可证号：L－BJ－GJ00149

北京铭阳益海国际旅行社有限责任公司
地址：北京市朝阳区安慧里中国化工大厦
电话：010－64812230
邮编：100029
许可证号：L－BJ－GJ00153

宾馆酒店

北京饭店 ★★★★★
地址：北京市东城区长安街33号
电话：010－65137766
传真：010－65137307
邮编：100004
网址：www. chinabeijinghotel. com. cn

港澳中心瑞士酒店 ★★★★★
地址：北京市东城区朝阳门北大街2号
电话：010－65532288
传真：010－65012501
邮编：100027
网址：www. beijing. swissotel. com

北京贵宾楼饭店 ★★★★★
地址：北京市东城区东长安街35号
电话：010－65137788
传真：010－65130048
邮编：100006
网址：www. grandhotelbeijing. com

北京国际饭店 ★★★★★
地址：北京市东城区建内大街9号
电话：010－65126688
传真：010－65129972
邮编：100005
网址：www. bih. com. cn
电子信箱：info@ bih. com. cn

北京王府饭店 ★★★★★
地址：北京市东城区金鱼胡同8号
电话：010－65128899
传真：010－65129050
邮编：100006

北京华侨大厦 ★★★★★
地址：北京市东城区王府井大街2号
电话：010－58169999
传真：010－58169988
邮编：100006
网址：www. primehotel. cn
电子信箱：primebc@ phb. com. cn

北京国际艺苑皇冠假日饭店 ★★★★★
地址：北京市东城区王府井大街48号
电话：010－65133388
传真：010－65132513
邮编：100006
网址：www. crowneplaza. com
电子信箱：info@ crowmeplazabj. com

首都大酒店 ★★★★★
地址：北京市东城区前门东大街3号
电话：010－58159988
传真：010－65120309
邮编：100006
网址：www. capitalhotel. com. cn

天伦王朝饭店 ★★★★★
地址：北京市东城区王府井大街50号
电话：010－65138888
传真：010－65137866
邮编：100006
网址：www. tianlunhotel. com
电子信箱：tianlun@ tianlunhotel. com

亚洲大酒店 ★★★★★
地址：北京市东城区工体北路新中西街8号
电话：010－65007788
传真：010－65008001
邮编：100027
网址：www. bj-asiahotel. com. cn

东方君悦大酒店 ★★★★★
地址：北京市东城区东长安街1号
电话：010－85181234
传真：010－85180000
邮编：100738

丽晶酒店（预备5）★★★★★
地址：北京市东城区金宝街99号
电话：010－85221888
传真：010－85221818
邮编：100005
网址：www. theregenexperience. com

金融街洲际酒店 ★★★★★
地址：北京市西城区金融街11号
电话：010－58525888
传真：010－58525959
邮编：100034
网址：www. intercontinental. com

国宾酒店 ★★★★★
地址：北京市西城区阜外大街甲9号
电话：010－58585588
传真：010－68005888
邮编：100037
网址：www. presidentialplaza. com

北京长城饭店 ★★★★★
地址：北京市朝阳区东三环北路10号
电话：010－65905566
传真：010－65905398
邮编：100026

北京希尔顿酒店 ★★★★★
地址：北京市朝阳区东三环东方路1号
电话：010－64662288
传真：010－64653052
邮编：100027
网址：www. beijing. hilton. com
电子信箱：beijing@ hilton. com

京瑞大厦 ★★★★★
地址：北京市朝阳区东三环南路17号
电话：010－67668866
传真：010－67656060
邮编：100021
网址：www. kingwing. com. cn

香格里拉麾下北京嘉里中心饭店
地址：北京市朝阳区光华路1号
电话：010－65618833
传真：010－65612626
邮编：100020
网址：www. shangri-la. com
电子信箱：HBKC@ shnagri-la. com

京广新世界饭店 ★★★★★
地址：北京市朝阳区呼家楼
电话：010－65978888
传真：010－65973333
邮编：100020
网址：www. jingguangcentre. com

中国大饭店 ★★★★★
地址：北京市朝阳区建国门外大街1号
电话：010－65052266
传真：010－65053178
邮编：100004
网址：www. shangri-la. com
电子信箱：cwh@ shangri-la. com

国际俱乐部饭店 ★★★★★
地址：北京市朝阳区建国门外大街21号
电话：010－64606688
传真：010－65321310
邮编：100020
网址：www. stregis. com/beijing

长富宫饭店 ★★★★★
地址：北京市朝阳区建国门外大街26号
电话：010－65125555
传真：010－65139810
邮编：100022
网址：www. cfgbj. com
电子信箱：cfg@ cfgbj. com

北京燕莎中心有限公司凯宾斯基饭店★★★★★
地址：北京市朝阳区亮马桥路50号
电话：010－64653388
传真：010－64653366
邮编：100016
网址：www. kempinski－beijing. com

北京昆仑饭店 ★★★★★
地址：北京市朝阳区新源南路2号
电话：010－65903388
传真：010－65903228
邮编：100004
网址：www. hotel kunlun. com

兆龙饭店 ★★★★★
地址：北京市朝阳区工体北路2号
电话：010－65972299
传真：010－65972288
邮编：100027
网址：www. zhaolonghotel. com. cn

五洲皇冠假日酒店 ★★★★★
地址：北京市朝阳区北四环中路8号
电话：010－84982288
邮编：100101

昆泰嘉华酒店 ★★★★★
地址：北京市朝阳区朝阳门外大街乙12号
电话：010－58285588
传真：010－58285599
邮编：100020
网址：www. kuntairoyalhotel. com

长安戴斯大饭店 ★★★★★
地址：北京市朝阳区华威里27号
电话：010－67731234
传真：010－67733456
邮编：100021
网址：www. dhsbj. com
电子信箱：sales@ mail. dhsbj. com

京都信苑饭店 ★★★★★
地址：北京市海淀区什坊院6号
电话：010－63901166
传真：010－63901273

邮编：100036
网址：www. telehotels. net. cn

北京新世纪日航饭店 ★★★★★
地址：北京市海淀区首体南路6号
电话：010－68492001
传真：010－68491103
邮编：100044
网址：www. newcenturyhotel. com. cn

北京香格里拉饭店 ★★★★★
地址：北京市海淀区紫竹院路29号
电话：010－68412211
传真：010－68418002
邮编：100089
网址：www. shangri－la. com
电子信箱：Slb@ shanri-la. com

西苑饭店 ★★★★★
地址：北京市海淀区三里河路1号
电话：010－68313388
传真：010－68314577
邮编：100044
网址：www. xiyuanhotel. com. cn

北京翠宫饭店 ★★★★★
地址：北京市海淀区知春路76号
电话：010－62628888
传真：010－62638255
邮编：100086
网址：www. jadepalace. com. cn

北京世纪金源大饭店 ★★★★★
地址：北京市海淀区板井路69号
电话：010－88598888
传真：010－88599999
邮编：100089
网址：www. cgrhotel. com
电子信箱：cgrhbc@ cgrhotel. com

香山金源商旅中心酒店 ★★★★★
地址：北京市海淀区北正黄旗59号
电话：010－62868888
传真：010－62595858
邮编：100093
网址：www. fhgrhotel. com
电子信箱：sales@ fhgrhotel. com

金域万豪酒店 ★★★★★
地址：北京市海淀区西三环北路98号
电话：010－68726699
传真：010－68727624
邮编：100037

钓鱼台国宾馆 ★★★★★
地址：北京市海淀区阜成路2号
电话：010－58591188
传真：010－68513362
邮编：100830
网址：www. chinadyt. com
电子信箱：sales@ chinadyt. com

北京龙城丽宫国际酒店 ★★★★★
地址：北京市昌平区回龙观
电话：010－80799988
传真：010－80798866
邮编：102208
电子信箱：cpnbj@ cpnbj. com

北京龙熙温泉度假酒店 ★★★★★
地址：北京市大兴区庞各庄顺景路8号
电话：010－89282222
传真：010－89283333
邮编：102601
网址：www. Longxiresort. com
电子信箱：Longxiresort@ 163. com

瑞海姆田园度假村 ★★★★★
地址：北京市密云县西大桥路2号
电话：010－89098888
传真：010－69020080
邮编：101500
网址：www. rghcm. com
电子信箱：excu@ rghcm. com

北京世豪国际酒店 ★★★★★
地址：北京市密云县鼓楼东大街25号
电话：010－69086666
传真：010－69085531
邮编：101500
网址：www. shihaohotel. com
电子信箱：hir@ shihaohotel. com

保利大厦 ★★★★
地址：北京市东城区东直门南大街14号
电话：010－65001188
传真：010－65010268
邮编：100027
网址：www. polyhotel. com
电子信箱：xsggb@ polyhotel. com

东方花园饭店 ★★★★
地址：北京市东城区东直门南大街6号
电话：010－64168866
传真：010－64150638
邮编：100027
网址：www. bjog. hotel. com

北京东方文化酒店 ★★★★
地址：北京市东城区交道口东大街101号
电话：010－84031188
传真：010－84037160
邮编：100007
网址：www. bochotel. com

北京和平宾馆 ★★★★
地址：北京市东城区王府井金鱼胡同3号
电话：010－65128833
传真：010－65126863
邮编：100006
网址：www. accorhotels－asia. com
电子信箱：novotelp@ 163. bj. com

好苑建国商务酒店 ★★★★
地址：北京市东城区建国门内大街17号
电话：010－65286666
传真：010－65225261
邮编：100005
网址：www. jianguogardenhotel. com
电子信箱：hyjghotel@ 263. net

北方佳苑饭店 ★★★★
地址：北京市东城区王府井大街218－1号
电话：010－65238888
传真：010－65235588
邮编：100006
网址：www. north－garden. com

新侨饭店 ★★★★
地址：北京市东城区东交民巷2号
电话：010－65133366
传真：010－65125126
邮编：100005
网址：www. novotel. com/asia

鑫海锦江大酒店 ★★★★
地址：北京市东城区金宝街61号
电话：010－58163388
邮编：100005

丽亭酒店 ★★★★
地址：北京市东城区金宝街97号
电话：010－85221999
邮编：100005

北京金都假日饭店 ★★★★
地址：北京市西城区北礼士路98号
电话：010－68338822
传真：010－68340696
邮编：100037
网址：www. holiday－inn. com

首创股份新大都饭店 ★★★★
地址：北京市西城区车公庄大街21号
电话：010－68319988
传真：010－68338507
邮编：100044
网址：www. xindadu－hotel. com

德宝饭店 ★★★★
地址：北京市西城区德宝新园22楼
电话：010－68318866
传真：010－68334571
邮编：100044
网址：www. debaohotel. com
电子信箱：sales@ debaohotel. com

金台饭店 ★★★★
地址：北京市西城区地安门西大街38号
电话：010－63099111
传真：010－63099333
邮编：100035
电子信箱：jintai_hotel@ sina. com

北京市民族饭店 ★★★★
地址：北京市西城区复内大街51号
电话：010－66014466
传真：010－66014849
邮编：100031
网址：www. minzuhotel. cn
电子信箱：minzu@ minzuhotel. cn

中国职工之家 ★★★★
地址：北京市西城区真武庙路一号
电话：010－68576699
传真：010－65862251
邮编：100045
网址：www. china-peoples-palace. com.

北京广州大厦有限公司 ★★★★
地址：北京市西城区西单横二条甲3号
电话：010－66078866
传真：010－66077507
邮编：100031
网址：www. bjgzds. com. cn

国谊宾馆 ★★★★
地址：北京市西城区文兴东街1号
电话：010－68316611
传真：010－68352649
邮编：100044
网址：www. guoyihotel. com
电子信箱：guoyihotel@ 126. com

国宏宾馆 ★★★★
地址：北京市西城区木樨地北里甲11号
电话：010－63908866
传真：010－63907269
邮编：100038
网址：www. guohonghotel. com. cn

马哥孛罗酒店 ★★★★
地址：北京市西城区宣武门内大街6号
电话：010－66036688
邮编：100031

天坛饭店 ★★★★
地址：北京市崇文区体育馆路1号
电话：010－67190666
邮编：100061

新联·新世界万怡酒店 ★★★★
地址：北京市崇文区崇外大街3－18号
电话：010－67081188
传真：010－67081808
邮编：100062
网址：www.courtyard.com/bjscy

深圳大厦 ★★★★
地址：北京市宣武区广外大街1号
电话：010－63271188
传真：010－63494219
邮编：100055
网址：www.shenzhen hotel bj.com.cn
电子信箱：hong1204@x263.net

北京大观园酒店 ★★★★
地址：北京市宣武区南菜园88号
电话：010－51818899
传真：010－63539189
邮编：100054
网址：www.gvghotel.com
电子信箱：htl－bc@gvghotel.com

港中旅维景酒店 ★★★★
地址：北京市宣武区广内大街338号
电话：010－63578888
传真：010－63574401
邮编：100053
网址：www.grandmetropark.com
电子信箱：bc@grandmetropark.com

中民大厦 ★★★★
地址：北京市宣武区白广路7号
电话：010－63584971
传真：010－63589988
邮编：100053

建设大厦 ★★★★
地址：北京市宣武区广莲路甲5号
电话：010－63986611
传真：010－63988275
邮编：100055
网址：www.jianshehotel.com
电子信箱：hotel@jianshehotel.com

船舶重工酒店 ★★★★
地址：北京市朝阳区东三环南路100号
电话：010－67353366
传真：010－67353311
邮编：100021
网址：www.plazahotelbj.com

中旅大厦 ★★★★
地址：北京市朝阳区北三环东路2号
电话：010－64622288
传真：010－64612502
邮编：100028
网址：www.ctshotel.com
电子信箱：bc@ctsplaza.com

北京皇家大饭店 ★★★★
地址：北京市朝阳区北三环东路甲6号
电话：010－64663388
传真：010－64653186
邮编：100028
网址：www.radissonsas.com

北京五洲大酒店 ★★★★
地址：北京市朝阳区安定门外北四路北辰东路8号
电话：010－84985588
传真：010－84970107
邮编：100101
网址：www.bcghotel.com
电子信箱：bcgh@bcghotel.com

北京亮马河大厦 ★★★★
地址：北京市朝阳区东三环北路8号
电话：010－65906688
传真：010－65906513
邮编：100004
网址：www.beijinglandmark.com

北京丽都假日饭店 ★★★★
地址：北京市朝阳区首都机场路将台路
电话：010－64376688
传真：010－64376540
邮编：100004
网址：beijing-lido.holiday-inn.com
电子信箱：bc@hilb.net.cn

华润饭店 ★★★★
地址：北京市朝阳区建国路35号
电话：010－51385555
传真：010－51385566
邮编：100025
网址：www.crh.com.cn
电子信箱：crh@crh.com.cn

北京市京伦饭店 ★★★★
地址：北京市朝阳区建外大街3号
电话：010－65002266
传真：010－65002022
邮编：100020
网址：www.jinglunhotel.com
电子信箱：jinglun@public3.bta.net.cn

北京建国饭店 ★★★★
地址：北京市朝阳区建国门外大街5号
电话：010－65002233
传真：010－65002871
邮编：100020
网址：www.hoteljianguo.com
电子信箱：exec@hoteljianguo.com

国贸饭店 ★★★★
地址：北京市朝阳区建外大街1号
电话：010－65052277
传真：010－65050818
邮编：100004
网址：www.shangri－la.com
电子信箱：thb@shangri－la.com

赛特饭店 ★★★★
地址：北京市朝阳区建国门外大街22号
电话：010－65123388
传真：010－65123542
邮编：100004
网址：www.scitechgroup.com
电子信箱：sthotel@sw.com.cn

北京凯莱大酒店 ★★★★
地址：北京市朝阳区建国门南大街2号
电话：010－65158855
传真：010－65158533
邮编：100022

北京珀丽酒店有限责任公司 ★★★★
地址：北京市朝阳区将台西路8号
电话：010－64362288
传真：010－64361818
邮编：100016
网址：www.rosedalebj.com
电子信箱：hotel@rosedalebj.com

北京河南大厦 ★★★★
地址：北京市朝阳区潘家园华威里28号
电话：010－67751188
传真：010－67745644
邮编：100021
网址：www.hnhp.cn
电子信箱：resv@hnhp.cn

渔阳饭店 ★★★★
地址：北京市朝阳区新源西里中街18
电话：010－64669988
传真：010－64666638
邮编：100027
网址：www.yuyanghotel.net
电子信箱：eo@yuyanghotel.net

北京广西大厦 ★★★★
地址：北京市朝阳区潘家园华威里26号
电话：010－67796688
传真：010－67705177
邮编：100021
网址：www.guangxihotel.com

世纪远洋宾馆 ★★★★
地址：北京市朝阳区东三环南路15号
电话：010－67626655
传真：010－87663263
邮编：100021
网址：www.coshot.com
电子信箱：bwibj@coshot.com

福建大厦 ★★★★
地址：北京市朝阳区安贞西里三区十一号
电话：010－64428833
传真：010－64420928
邮编：100029
网址：www.beijingfujianhotel.com

艾维克酒店 ★★★★
地址：北京市朝阳区东三环中路乙10号
电话：010－65661188
传真：010－65678063
邮编：100022
网址：www.avic.cn
电子信箱：mgr@avic.cn

外国专家大厦 ★★★★
地址：北京市朝阳区北四环中路华严北里8号
电话：010－82858888
传真：010－82844179
邮编：100029
网址：www.feb-hotel.com
电子信箱：info.feb-hotel.com

北京四川五粮液龙爪树宾馆 ★★★★
地址：北京市朝阳区小红门路312号
电话：010－87699988
传真：010－87695938
邮编：100078
电子信箱：hsym@21cn.com

大宗饭店 ★★★★
地址：北京市朝阳区麦子店街58号
电话：010－65068888
邮编：100026

北苑宾馆 ★★★★
地址：北京市朝阳区安外北苑双营路12号
电话：010－84932266
传真：010－84922504
邮编：100012
网址：www.by－hotel.com

森根国际大酒店 ★★★★
地址：北京市朝阳区来广营西路 5 号
电话：010－84905555
传真：010－84925590
邮编：100012
网址：www. schengenhotel. com
电子信箱：sales@ schengenhotel. com

国玉大酒店（预备 4）★★★★
地址：北京市朝阳区亚运村惠中里 19 号
电话：010－64969988
邮编：100101

北京南粤苑宾馆 ★★★★
地址：北京市丰台区南三环西路 86 号
电话：010－58053333
传真：010－83686492
邮编：100071
网址：www. hyyhotel. com. cn
电子信箱：hyybg@ 163. com

中成天坛假日酒店 ★★★★
地址：北京市丰台区定安东里一号
电话：010－67626688
邮编：100075

中苑宾馆 ★★★★
地址：北京市海淀区西直门外高梁桥斜街 18 号
电话：010－51568888
传真：010－51566789
邮编：100081
网址：www. centralgardenhotel. com

北京燕山大酒店有限公司 ★★★★
地址：北京市海淀区中关村大街甲 38 号
电话：010－62563388
传真：010－62615730
邮编：100086
网址：www. yanshanhotel. com
电子信箱：you@ yanshanhotel. com

中裕世纪大酒店 ★★★★
地址：北京市海淀区莲花池东路 31 号
电话：010－63989999
传真：010－63954908
邮编：100038

北京长峰假日酒店 ★★★★
地址：北京市海淀区永定路 66 号
电话：010－68132299
传真：010－68280066
邮编：100039
网址：www. holiday-inn. com. cn
电子信箱：hichanganwest@ sohu. com

北京丽亭华苑酒店 ★★★★
地址：北京市海淀区知春路 25 号
电话：010－82356699
传真：010－82356688
邮编：100083
网址：ww. tianhongplaza. com
电子信箱：tph@ radisson-bj. com

北京香山饭店 ★★★★
地址：北京市海淀区香山公园内
电话：010－62591166
传真：010－62591382
邮编：100093
网址：www. xsfd. com
电子信箱：lz@ xsfd. com

北京友谊宾馆 ★★★★
地址：北京市海淀区中关村南大街 1 号
电话：010－68498888
传真：010－68498866
邮编：100873
网址：www. bjfriendshiphotel. com

永兴花园饭店 ★★★★
地址：北京市海淀区阜成路 101 号
电话：010－88111188
传真：010－88138986
邮编：100036
网址：www. yongxing-gardenhotel. com

清华紫光国际文化交流中心 ★★★★
地址：北京市海淀区中关村东路一号院
电话：010－62791888
传真：010－62577066
邮编：100084
网址：www. uniscenter. com
电子信箱：vnct@ uniscenter. com

西郊宾馆贵宾楼 ★★★★
地址：北京市海淀区王庄路 18 号
电话：010－62322288
传真：010－62311142
邮编：100083
网址：www. xijiao-hotel. com. cn

金泰海博大酒店 ★★★★
地址：北京市海淀区西四环北路 136 号
电话：010－88461188
传真：010－88461166
邮编：100089
网址：www. harborhotel. com. cn

景明园宾馆 ★★★★
地址：北京市海淀区香山正白旗 52 号
电话：010－62871117
传真：010－62591386
邮编：100093
网址：www. jingmingyuan. com

金龙潭大饭店 ★★★★
地址：北京市海淀区西三环北路 71 号
电话：010－88811188
邮编：100089

皇苑大酒店 ★★★★
地址：北京市海淀区西三环北路厂洼 19 号
电话：010－68413388
传真：010－68414327
邮编：100089
网址：www. huangyuanhotel. com

金码大酒店 ★★★★
地址：北京市海淀区清华东路 2 号
电话：010－62328899
邮编：100083

新疆饭店 ★★★★
地址：北京市海淀区三里河路 7 号
电话：010－68335599
邮编：100044

铁道大厦 ★★★★
地址：北京市海淀区北蜂窝路 102 号
电话：010－51879199
传真：010－63951915
邮编：100038
网址：www. bj-railwayhotel. com. cn

梅地亚电视中心有限公司 ★★★★
地址：北京市海淀区复兴路乙 11 号
电话：010－68514422
传真：010－68550380
邮编：100038
网址：www. mediacenter. com. cn

北京海淀花园饭店 ★★★★
地址：北京市海淀区花园东路 30 号
电话：010－62011188
传真：010－62019261
邮编：100083
网址：www. huayuangfandian. com

龙泉宾馆 ★★★★
地址：北京市门头沟区水闸北路 21 号
电话：010－69843366
传真：010－69844437
邮编：102300
网址：www. dragonspring. cn

北京天湖会议中心 ★★★★
地址：北京市房山区青龙湖镇小苑上村 150 号
电话：010－60322266
传真：010－60323366
邮编：102400
网址：www. sky-lineresort. com
电子信箱：sky-resort@ sina. com. cn

月亮河度假村 ★★★★
地址：北京市通州区月亮河河滨路 1 号
电话：010－89523737
传真：010－89521535
邮编：101100
网址：www. moonriver. com. cn

运河苑度假村 ★★★★
地址：北京市通州区宋庄镇白庙村
电话：010－69596940
传真：010－69592928
邮编：101118
网址：www. bjyhy. com
电子信箱：yhy@ biyhy. com

亚太花园酒店 ★★★★
地址：北京市通州区玉桥西路 75 号
电话：010－81528822
传真：010－81521999
邮编：101101
网址：www. apghotel. com
电子信箱：mail. apghotel. com

运河人家度假村 ★★★★
地址：北京市通州区西集镇儒林滨河路 6 号
电话：010－61556155
传真：010－61550899
邮编：101108
网址：www. canalfamily. com. cn
电子信箱：canalfamily@ sina. com

北京国都大饭店 ★★★★
地址：北京市顺义区首都机场南小天竺路 6913 信箱
电话：010－64565588
传真：010－64561234
邮编：100621
网址：www. sino-swisshotel. com

顺义顺鑫绿色度假村 ★★★★
地址：北京市顺义区李遂镇西
电话：010－89485588
传真：010－89485603
邮编：100300
网址：www. bjgvv. com
电子信箱：gvvol@ bygvv. com

春晖园文化娱乐公司 ★★★★
地址：北京市顺义区高丽营镇西侧
电话：010－69454433
邮编：101303

水城国际酒店 ★★★★
地址：北京市昌平区北七家镇宏福创业园
电话：010－81788888
传真：010－81787788
邮编：102209
网址：www. 温都水城 . com

北京汤山假日会议中心 ★★★★
地址：北京市昌平区小汤山镇中心街西端
电话：010－61785522
传真：010－61794781
邮编：102211
网址：www. tangshanjiari. com
电子信箱：tangshanjiari@ 163. com

碧水大厦 ★★★★
地址：北京市昌平区回龙观镇碧水庄园
电话：010－80729988
传真：010－69731303
邮编：102206
网址：www. bishui. com

凤山度假村 ★★★★
地址：北京市昌平区水库路东侧
电话：010－60711188
传真：010－60713942
邮编：102200

九华山庄 ★★★★
地址：北京市昌平区小汤山镇
电话：010－61782288
传真：010－61782242
邮编：102211

北京静之湖度假酒店有限公司 ★★★★
地址：北京市昌平区兴寿镇桃峪口
电话：010－61709988
传真：010－61709440
邮编：102212
网址：www. jingzhihu. com. cn
电子信箱：hoteljing@ 163. com

北京昆泰大酒店 ★★★★
地址：北京市昌平区回龙观农场桥东 200 米
电话：010－81795588
传真：010－81793500
邮编：102208
电子信箱：kuntai3500@ 126. com

居庸关长城古客栈 ★★★★
地址：北京市昌平区南口镇居庸关内
电话：010－89795566 69778888
传真：010－69774474
邮编：102202
网址：www. gakezhan. com
电子信箱：bjgkz2002@ 163. com

兴昌商务会馆 ★★★★
地址：北京市昌平区科技园区超前路 16 号
电话：010－89706677
传真：010－89707755
邮编：102200

富来宫温泉山庄 ★★★★
地址：北京市昌平区小汤山镇
电话：010－61785588
传真：010－61785900
邮编：102211

培新宾馆小汤山会议中心 ★★★★
地址：北京市昌平区小汤山镇
电话：010－61785566
传真：010－61786315
邮编：102211
电子信箱：hdgwt@ sina. com

北京锦江富园大酒店 ★★★★
地址：北京市大兴经济技术开发区荣华中路 11 号
电话：010－67800888
传真：010－67800999
邮编：100176
网址：www. jjfy. com. cn
电子信箱：bjjjfy@ sohu. com

星明湖度假村 ★★★★
地址：北京市大兴区半壁店乡
电话：010－89231818
传真：010－89231160
邮编：102611
网址：www. tlxmh. com
电子信箱：tlxmh@ tlxml. com

斯博瑞饭店 ★★★★
地址：北京市大兴区旧宫镇南小街吉畅路2 号
电话：010－67991919
传真：010－67926660
邮编：100076
网址：www. sping-hotel. com

北京峡谷宾馆 ★★★★
地址：北京市怀柔区青龙峡旅游度假区内
电话：010－89696999
传真：010－89696662
邮编：101408
网址：www. gorgehotel. com
电子信箱：gorgehotel@ 163. com

平谷渔阳酒店 ★★★★
地址：北京市平谷区渔阳大街 39 号
电话：010－69989988
传真：010－69987788
邮编：101200

北京华欣绿都国际酒店 ★★★★
地址：北京市平谷区北街 5 号
电话：010－69958562
传真：010－69958565
邮编：101200
网址：www. pehotel. com
电子信箱：gjijd@ 163. com

圣世苑大酒店（预备 4）★★★★
地址：北京市延庆县东外大街 69 号
电话：010－69187775
邮编：102100

江苏大厦 ★★★
地址：北京市东城区安定门外大街 88 号
电话：010－64271188
传真：010－64266400
邮编：100011

三元金安大酒店 ★★★
地址：北京市东城区北京站东街 6 号
电话：010－65265588
传真：010－65268932
邮编：100005

天伦松鹤酒店 ★★★
地址：北京市东城区灯市口大街 88 号
电话：010－65138822
传真：010－65139088
邮编：100006
网址：www. songhehotel. com

平安府宾馆 ★★★
地址：北京市东城区东四十条 100 号
电话：010－64016660
传真：010－84040893
邮编：100007

金健饭店 ★★★
地址：北京市东城区东直门外察慈 2 号
电话：010－64652255
传真：010－64645003
邮编：100027

北京和平里大酒店 ★★★
地址：北京市东城区和平里北街 16 号
电话：010－84225577
传真：010－84227813
邮编：100013

北京宝辰饭店 ★★★
地址：北京市东城区建内大街甲 18 号
电话：010－65266688
传真：010－65274020
邮编：100005
网址：www. hojochina. com

台湾饭店 ★★★
地址：北京市东城区金鱼胡同 5 号
电话：010－65136688
传真：010－65136896
邮编：100006
网址：www. btwhotel. com
电子信箱：business@ btwhotel. com

华风宾馆 ★★★
地址：北京市东城区前门东大街 5 号
电话：010－65247311
传真：65257105
邮编：100006
网址：www. mfits. cn
电子信箱：华风 hf7688@ sina. com

北京凤展大酒店 ★★★
地址：北京市东城区安外大街 57 号
电话：010－64259999
传真：010－64248885
邮编：100011
电子信箱：goldsun-hotel@ sina. com

华美伦酒店 ★★★
地址：北京市东城区邮通街苏州胡同 59 号
电话：010－65285566
传真：010－65599011
邮编：100005
网址：www. harmony-hotel. com
电子信箱：susanzhu@ yeah. net

青蓝大厦 ★★★
地址：北京市东城区东四十条 24 号
电话：010－84021155
传真：010－84020420
邮编：100007

沙滩宾馆 ★★★
地址：北京市东城区沙滩后街 28 号
电话：010－84026688
传真：010－84023013
邮编：100009
网址：www. sthotel. cn
电子信箱：sthotel@ 163. com

北京富豪宾馆 ★★★
地址：北京市东城区王府井大街 45 号
电话：010－65231188
传真：010－65130552
邮编：100006
网址：www. fuhaohotel. com. cn

佳龙阳光酒店 ★★★
地址：北京市东城区朝阳门内大街 75 号
电话：010－64038888
传真：010－64016277

邮编：100010

北京国林宾馆 ★★★
地址：北京市东城区和平里七区24号楼
电话：010－64215309
传真：010－64213403
邮编：100013
电子信箱：pureotch@tom.com
网址：www.bjguolin.com.cn

国二招 ★★★
地址：北京市西城区西直门南大街6号
电话：010－66186688
传真：010－66181380
邮编：100035
网址：www.guoerzhao.com.cn

辽宁饭店 ★★★
地址：北京市西城区德外大街1号
电话：010－62015588
传真：010－62018722
邮编：100088

京滨饭店 ★★★
地址：北京市西城区阜外大街24号
电话：010－68582233
传真：010－68580108
邮编：100037
电子信箱：jingbinhotel@126.com

燕京饭店 ★★★
地址：北京市西城区复外大街19号
电话：010－68536688
传真：010－68526200
邮编：100045

顺成饭店 ★★★
地址：北京市西城区金融大街甲16号
电话：010－66216688
传真：010－66210032
邮编：100032
电子信箱：shuncheng@sohu.com

竹园宾馆 ★★★
地址：北京市西城区旧古楼小石桥24号
电话：010－64032229
传真：010－64012633
邮编：100009
网址：www.bbgh.com.cn
电子信箱：bbgh@bbgh.com.cn

北展宾馆 ★★★
地址：北京市西城区西外大街135号
电话：010－68316633
传真：010－68347450
邮编：100044
网址：www.beizhanhotel.com

北京市圆山大酒店 ★★★
地址：北京市西城区裕民路2号
电话：010－62010033
传真：010－62029893
邮编：100029
网址：www.bjyuanshan-hotel.com

银龙苑宾馆 ★★★
地址：北京市西城区展览馆路甲5号
电话：010－68351166
传真：010－68353310
邮编：100037
电子信箱：ylyhotel@sina.com

珠穆朗玛宾馆 ★★★
地址：北京市西城区鼓楼西大街149
电话：010－64018822
传真：010－64011330
邮编：100009

宁阳大酒店 ★★★
地址：北京市西城区白云观南里9号
电话：010－63450101
传真：010－63479552
邮编：100045
电子信箱：ningyang-983@125.com

什刹海国际公寓 ★★★
地址：北京市西城区地安门西大街57号
电话：010－66187631
邮编：100009

东方宫大酒店 ★★★
地址：北京市西城区三里河北街12号
电话：010－68577777
邮编：100045

明苑酒店 ★★★
地址：北京市西城区复兴门内大街99号
电话：010－58399999
邮编：100800

齐鲁饭店 ★★★
地址：北京市西城区地安门西街103号
电话：010－66180966
传真：010－66137588
邮编：100009
网址：www.qiluhotel.com
电子信箱：bjqiluhotel@sina.com

中油宾馆 ★★★
地址：北京市西城区六铺炕1巷1号院
电话：010－62045522
邮编：100011

哈德门饭店 ★★★
地址：北京市崇文区崇外大街甲2号
电话：010－67112244
传真：010－67116865
邮编：100062
网址：www.hademenhotel.com
电子信箱：bj@hademenhotel.com

北京大宝饭店 ★★★
地址：北京市崇文区龙潭湖北4号
电话：010－67188822
传真：010－67183828
邮编：100061

陶然大厦 ★★★
地址：北京市崇文区马家堡路1号
电话：010－87286688
传真：010－67228848
邮编：100077

崇文门饭店 ★★★
地址：北京市崇文区崇文门西大街2号
电话：010－65122211
传真：010－65122122
邮编：100062

北京培新宾馆 ★★★
地址：北京市崇文区培新街甲5号
电话：010－67125588
传真：010－67185979
邮编：100061
网址：www.peixinhotel.com
电子信箱：xsb@peixinhotel.com

黄河京都大酒店 ★★★
地址：北京市崇文区夕照寺中街29号
电话：010－67135588
传真：010－67118532
邮编：100061

浩年宾馆 ★★★
地址：北京市崇文区永外琉璃井40号
电话：010－67221199
传真：010－67224771
邮编：100075
网址：www.haonianhotel.com
电子信箱：nt@haonianhotel.com

鸿润商务酒店 ★★★
地址：北京市崇文区白桥大街28号
电话：010－67196888
邮编：100062

交通饭店 ★★★
地址：北京市崇文区东玉南路35号
电话：010－67196288
邮编：100061

首府饭店 ★★★
地址：北京市崇文区东四块玉南街11号
电话：010－67153377
传真：010－67123489
邮编：100061
电子信箱：bjllxb@ykjt.cn

金泰绿洲大酒店 ★★★
地址：北京市崇文区永外彭庄甲58号
电话：010－83106666
传真：010－51332266
邮编：100054
网址：www.bjjtlz.com
电子信箱：goldenoasis@sohu.com

玉华宫宾馆 ★★★
地址：北京市宣武区右安门内大街内4号
电话：010－83525566
传真：010－83520626
邮编：100054

潇湘大厦 ★★★
地址：北京市宣武区北纬路42号
电话：010－83161188
传真：010－63044870
邮编：100050 B014

诺林大酒店 ★★★
地址：北京市宣武区广安门南街甲12号
电话：010－63551188
传真：010－63547592
邮编：100053 B014
网址：www.norlin-hotel.com
电子信箱：norlin@norlin-hotel.com

中彩酒店 ★★★
地址：北京市宣武区广安门南街48号
电话：010－63567733
传真：010－63572040/48
邮编：100054 B014
电子信箱：zhongcaihotel@126.com

苏源锦江大厦 ★★★
地址：北京市宣武区广外大街3号
电话：010－63267788
传真：010－63446099
邮编：100055
网址：www.suyuanjinjianghotel.com

越秀大饭店 ★★★
地址：北京市宣武区宣武门东大街24号
电话：010－63014499
传真：010－63014609
邮编：100051
网址：www.yuexiuhotel.com

电子信箱：sales@ yuexiuhotel. com

天山雪莲宾馆 ★★★
地址：北京市宣武区宣武门南线阁街35－1号
电话：010－83516655
传真：010－63583855
邮编：100053

紫金万寿宫酒店 ★★★
地址：北京市宣武区白纸坊东街甲29号
电话：010－63556688
传真：010－63537931
邮编：100054

陶然花园酒店 ★★★
地址：北京市宣武区太平街19号
电话：010－63543366
传真：010－63543353
邮编：100050
网址：www. taorangardenhotel. com

东方饭店 ★★★
地址：北京市宣武区万明路11号
电话：010－63014466
传真：010－63044801
邮编：100050

新北纬饭店 ★★★
地址：北京市宣武区西经路11号
电话：010－63012266
传真：010－63011366
邮编：100050
网址：www. rainbowhotel. com. cn

前门饭店 ★★★
地址：北京市宣武区永安路175号
电话：010－63016688
传真：010－63013883
邮编：100050
电子信箱：info@ qianmenhotel. com

广运饭店 ★★★
地址：北京市宣武区广安门外大街甲122号
电话：010－51936688
传真：010－51933560
邮编：100055

丰泽园饭店 ★★★
地址：北京市宣武区珠市口西大街83号
电话：010－63186688
传真：010－63084271
邮编：100050

金色夏日商务酒店 ★★★
地址：北京市宣武区西便门内大街85号
电话：010－63025273
传真：010－63020756
邮编：100053
网址：www. jsxrhotel. com
电子信箱：jsxr883@ sohu. com

广安宾馆 ★★★
地址：北京市宣武区广内大街
电话：010－83153388
传真：010－83157519
邮编：100053

气象宾馆 ★★★
地址：北京市宣武区马连道南街12号
电话：010－63266688
邮编：100055

吉林大厦 ★★★
地址：北京市朝阳区安苑北里25号楼
电话：010－64916677
传真：010－64912703
邮编：100029
网址：www. jlds. cn
电子信箱：jlds@ 263. net

凯迪克大酒店 ★★★
地址：北京市朝阳区北辰东路18号
电话：010－84971188
传真：010－84970887
邮编：100101
网址：www. caticplazahotel. com
电子信箱：caticplazahotel. com

西藏大厦 ★★★
地址：北京市朝阳区北四环东路118号
电话：010－64981133
传真：010－64895501
邮编：100029
网址：www. tibethotel. com. cn
电子信箱：service@ tibethotel. com

劳动大厦 ★★★
地址：北京市朝阳区大屯路甲1号
电话：010－64874433
传真：010－64872562
邮编：100101
电子信箱：ldds2562@ yahoo. com. cn

北京胜利饭店 ★★★
地址：北京市朝阳区德外北沙滩3号
电话：010－64871155
传真：010－64873619
邮编：100085
网址：www. shenglihotel. com

天照饭店 ★★★
地址：北京市朝阳区工体东路18号
电话：010－65080088
传真：010－65956752
邮编：100020
电子信箱：BJTzhotel@ sina. com

北京城市宾馆有限公司 ★★★
地址：北京市朝阳区工人体育场东路4号
电话：010－65007799
传真：010－65007668
邮编：100027
网址：www. cityhotel. com. cn
电子信箱：eo@ cityhotel. com. cn

北京重庆饭店 ★★★
地址：北京市朝阳区西坝河光熙门北里15号
电话：010－64228888
传真：010－64221189
邮编：100028
网址：www. bjcqhotel. com. cn
电子信箱：sales@ bjcqhotel. com. cn

北京国门路大饭店 ★★★
地址：北京市朝阳区和平路2号
电话：010－84702266
传真：010－84704320
邮编：100015
网址：www. guomen-hotel. com. cn

京民大厦 ★★★
地址：北京市朝阳区华严里10号
电话：010－62020011
传真：010－62380040
邮编：100029

惠侨饭店 ★★★
地址：北京市朝阳区惠新东街19号
电话：010－64918811
传真：010－64198117
邮编：100101
网址：www. huiqiaohotel. cn

丰乐金港大酒店 ★★★
地址：北京市朝阳区惠新西街1号
电话：010－64965588
传真：010－64956100
邮编：100029

华汇金润酒店 ★★★
地址：北京市朝阳区慧忠北里214号
电话：010－64809988
传真：010－64808036
邮编：100012
电子信箱：hhjrjd@ 126. com

京都苑宾馆 ★★★
地址：北京市朝阳区建国门南大街8号
电话：010－65291166
传真：010－65291882
邮编：100022
网址：www. jdyhotel. net

吉利大厦 ★★★
地址：北京市朝阳区雅宝路街甲5号
电话：010－85628888
传真：010－85621080
邮编：100020
网址：www. jiliplaza. com
电子信箱：renshibu@ jiliplaza. com

燕翔饭店 ★★★
地址：北京市朝阳区将台路甲2号
电话：010－51389988
传真：010－51389000
邮编：100016
网址：www. yanxianghotel. com

光明饭店 ★★★
地址：北京市朝阳区亮马桥路
电话：010－64678822
传真：010－64677682
邮编：100016
网址：www. guangming－hotel. com. cn

二十一世纪饭店 ★★★
地址：北京市朝阳区亮马桥路40号
电话：010－64683311
传真：010－64664812
邮编：100016
网址：www. 21-hotel，com
电子信箱：renshibu@ 21-hotel. com

华清温泉宾馆 ★★★
地址：北京市朝阳区立水桥甲2号
电话：010－84826665
传真：010－84819167
邮编：102218
网址：www. hqwqhotel. com
电子信箱：sales@ hqwqhotel. com

永安宾馆 ★★★
地址：北京市朝阳区农展馆北路甲5号
电话：010－65011188
传真：010－65015634
邮编：100026
网址：www. yonganhotel. com
电子信箱：eo@ yonganhotel. com

北京日坛宾馆 ★★★
地址：北京市朝阳区日坛路1号
电话：010－85635588
传真：010－85628669
邮编：100020
网址：www. cpits. com. cn

实华饭店 ★★★
地址：北京市朝阳区西坝河东里14号
电话：010－64665522
传真：010－64631437
邮编：100028
电子信箱：shihuafandian@sina.com

北京温特莱酒店 ★★★
地址：北京市朝阳区西大望路甲1号
电话：010－65812288
传真：010－65812600
邮编：100026
网址：www.winterlesshotel.com

枫园宾馆 ★★★
地址：北京市朝阳区建外建华南路11号
电话：010－65688866
传真：010－65674846
邮编：100022

华都饭店 ★★★
地址：北京市朝阳区新源南路8号
电话：010－65971166
传真：010－65971615
邮编：100027

北京贵州大厦 ★★★
地址：北京市朝阳区和平西桥樱花西街18号
电话：010－64444466
传真：010－64414154
邮编：100029

首都国际机场宾馆 ★★★
地址：北京市朝阳区首都机场内
电话：010－64577788
传真：010－64564563
邮编：100621
网址：www.bjcah.com
电子信箱：airporthotel@eyou.com

东方宫霄酒店 ★★★
地址：北京市朝阳区关东店28号
电话：010－65068866
传真：010－65010301
邮编：100020

假日花园酒店 ★★★
地址：北京市朝阳区红庙柴家湾7号
电话：010－65951166
传真：010－65085952
邮编：100025
网址：www.jrhy.net
电子信箱：jrhy@jrhy.net

北京南航大酒店 ★★★
地址：北京市朝阳区东三环中路10号
电话：010－65676688
传真：010－65672210
邮编：100022
电子信箱：irasilver6307@sina.com

北京国安宾馆 ★★★
地址：北京市朝阳区关东店北街1号
电话：010－65007700
传真：010－65004568
邮编：100020
网址：www.guoanhotel.com
电子信箱：sales@guoanhotel.com

华康宾馆 ★★★
地址：北京市朝阳区麦子店街78号
电话：010－65955588
传真：010－65072992
邮编：100026

成宏酒店 ★★★
地址：北京市朝阳区安惠东里小营17号
电话：010－64929997
传真：010－64926893
邮编：100101
网址：www.ChengHong-Hotel.com

吐哈石油宾馆 ★★★
地址：北京市朝阳区安苑东里三区2号
电话：010－64980077
传真：010－64978287
邮编：100029
网址：www.tuhahotel.net
电子信箱：tuhahotel@vip.163.com

将台酒店 ★★★
地址：北京市朝阳区酒仙桥路甲12号
电话：010－64345588
传真：010－64388777
邮编：100016
电子信箱：bjjthotel@126.com

成远饭店 ★★★
地址：北京市朝阳区建外大街建华南路19号
电话：010－65677799
传真：010－65662072
邮编：100022
电子信箱：chengyuan2002@sina.com

远方饭店 ★★★
地址：北京市朝阳区光熙门北里22号
电话：010－64225588
传真：010－64222343
邮编：100028

明宫宾馆 ★★★
地址：北京市朝阳区西坝河西里16号
电话：010－64273355
传真：010－64207791
邮编：100028

龙强大酒店 ★★★
地址：北京市朝阳区安外安苑里1号
电话：010－64917666
邮编：100029

樱花宾馆 ★★★
地址：北京市朝阳区惠新东街17号
电话：010－64934455
传真：010－64918628
邮编：100029
网址：www.yinghuahotel.com

大东北饭店 ★★★
地址：北京市朝阳区樱花东街14号
电话：010－64217988
邮编：100029

贵国酒店 ★★★
地址：北京市朝阳区左家庄1号
电话：010－84513388
邮编：100075

朝阳宾馆 ★★★
地址：北京市朝阳区小庄金台西路8号
电话：010－65014433
传真：010－65014041
邮编：100026
网址：cyhotel.com
电子信箱：cybg@cyhotel.com

巴渝宾馆 ★★★
地址：北京市朝阳区安定门外北苑路甲1号301幢
电话：010－52016001
邮编：100012

金质酒店 ★★★
地址：北京市朝阳区芳草地西街15号
电话：010－85637744
邮编：100020

上东国际酒店 ★★★
地址：北京市朝阳区石佛营东里甲1号
电话：010－51096666
邮编：100025

蟹岛绿色生态度假村 ★★★
地址：北京市朝阳区蟹岛路一号
电话：010－84335566
传真：010－84336688
邮编：100018
网址：www.xiedao.com
电子信箱：xdfuxiu ping@163.com

建银大厦 ★★★
地址：北京市丰台区北京西站南路2号
电话：010－63266633
传真：010－63485880
邮编：100073
电子信箱：office@jianyinfenhui.org

京铁大酒店 ★★★
地址：北京市丰台区广莲路13号
电话：010－63955511
传真：010－63959885
邮编：100055

华夏明珠宾馆 ★★★
地址：北京市丰台区莲花池120－1
电话：010－63955588
传真：010－51825137
邮编：100055

悦都大酒店 ★★★
地址：北京市丰台区六里桥甲1号
电话：010－63497722
传真：010－63265468
邮编：100073

京蒙蒙电大厦 ★★★
地址：北京市丰台区骆驼湾188号
电话：010－63487755
传真：010－63265900
邮编：100073
电子信箱：jingmenghotel@163.com

北京洋桥大厦 ★★★
地址：北京市丰台区马家堡东路88号
电话：010－51215588
传真：010－51215158
邮编：100077
网址：www.yangqiaohotel.com
电子信箱：yangqiaohotel@126.com

金三环宾馆 ★★★
地址：北京市丰台区南木樨园18号
电话：010－67237711
传真：010－67259910
邮编：100075

北京章丘大厦 ★★★
地址：北京市丰台区西客站南广场莲花池南里22号
电话：010－63496688
传真：010－63282539
邮编：100055
电子信箱：nst836@sohu.com

中盐饭店 ★★★
地址：北京市丰台区西客站南广场

电话：010－63273366
传真：010－63272278
邮编：100055

北京商务会馆 ★★★
地址：北京市丰台区右安门外玉林里1号
电话：010－63292244
传真：010－63292140
邮编：100054
网址：www.bjswhghotel.com
电子信箱：hg@bjswhghotel.com

燕岭宾馆 ★★★
地址：北京市丰台区槐树岭4号院
电话：010－83803355
传真：010－83803150
邮编：100072
网址：www.yanlinghotel.com

侨园饭店北楼 ★★★
地址：北京市丰台区右安门外开阳路6号
电话：010－83109780
邮编：100069

华辰饭店 ★★★
地址：北京市丰台区西局南街甲15号
电话：010－63825566
传真：010－63825566－8615
邮编：100073
网址：www.bjhuachen.com

弘利苑大厦 ★★★
地址：北京市丰台区六里桥1号
电话：010－63497711
邮编：100073

天宝酒店 ★★★
地址：北京市丰台区宋家庄政馨家园2号楼
电话：010－87635000
邮编：100071

万商花园酒店 ★★★
地址：北京市石景山区石景山路22号
电话：010－68681188
传真：010－68666324
邮编：100043

京燕饭店 ★★★
地址：北京市石景山区石景山路29号
电话：010－68876666
传真：010－68878990
邮编：100043

海特饭店 ★★★
地址：北京市石景山区实兴东街1号
电话：010－88791188
传真：010－88792031
邮编：100041
网址：www.bjhthotel.com
电子信箱：haitehotel@126.com

大江南花园酒店 ★★★
地址：北京市石景山区八大处路58号
电话：010－88703388
传真：010－88701302
邮编：100041

裕龙大酒店 ★★★
地址：北京市海淀区阜成路40号
电话：010－68415588
传真：010－68413108
邮编：100036

中土大厦 ★★★
地址：北京市海淀区北蜂窝6号
电话：010－51918888
传真：010－63260899
邮编：100038

北京铁道大厦 ★★★
地址：北京市海淀区北蜂窝路102号
电话：010－51879199
传真：010－63951915
邮编：100038
网址：www.bj-railwayhotel.com.cn

天佑丰顺宾馆 ★★★
地址：北京市海淀区北蜂窝路甲15号
电话：010－51829000
传真：010－51829500
邮编：100038
电子信箱：Tianyouhotel.com.cn

北京通联太和大酒店 ★★★
地址：北京市海淀区北蜂窝中路17号
电话：010－63966688
传真：010－63956830
邮编：100038

铁科嘉苑饭店 ★★★
地址：北京市海淀区大柳树路6号
电话：010－62272288
传真：010－62270819
邮编：100081

中国科技会堂 ★★★
地址：北京市海淀区复兴路3号
电话：010－68518822
传真：010－68515611
邮编：100038
网址：www.chst-hotel.com.cn
电子信箱：kjht@cast.org.cn

北京颐泉山庄宾馆 ★★★
地址：北京市海淀区黑山沪羊场1号
电话：010－62895533
传真：010－62895773
邮编：100094
网址：www.yqhotel.com.cn

岭南饭店 ★★★
地址：北京市海淀区岭南路34号
电话：010－68412288
传真：010－68414392
邮编：100037
电子信箱：bjlnhotel@yahoo.com.cn

实创西山科技培训中心 ★★★
地址：北京市海淀区苏家坨镇凤凰岭路17号
电话：010－62459811
传真：010－62459830
邮编：100095
网址：www.strongpxzx.com
电子信箱：hqhmail@126.com

理工国际教育交流大厦 ★★★
地址：北京市海淀区北三环西路66号
电话：010－68945611
传真：010－68945798
邮编：100081
电子信箱：gi5548@163.com

西郊宾馆 ★★★
地址：北京市海淀区王庄路18号
电话：010－62322288
传真：010－62312963
邮编：100083
网址：www.xijiao－hotel.com.cn

新兴宾馆 ★★★
地址：北京市海淀区西三环中路17号
电话：010－68166688
传真：010－68171669
邮编：100036
网址：www.xinxinghotel.com
电子信箱：sales@xinxinghotel.com

泰山饭店 ★★★
地址：北京市海淀区西三旗安宁北里8号
电话：010－62919988
传真：010－62911066
邮编：100085
网址：www.bjtaishanhotel.com

太伟酒店 ★★★
地址：北京市海淀区西三旗建材城
电话：010－82915599
传真：010－82920650
邮编：100096

锡华海体酒店 ★★★
地址：北京市海淀区西苑操场15号
电话：010－62646688
传真：010－62640533
邮编：100080
网址：www.siwaclub.com.cn
电子信箱：siwa@public.east.cn.net

北京资源燕园宾馆 ★★★
地址：北京市海淀区颐和园路1号
电话：010－62757199
传真：010－62750102
邮编：100080
网址：www.zyhotel.com.cn
电子信箱：zyhotel@sina.com.cn

田园庄饭店 ★★★
地址：北京市海淀区圆明园西路18号
电话：010－62976688
传真：010－62970887
邮编：100094

紫玉饭店 ★★★
地址：北京市海淀区增光路55号
电话：010－68411188
传真：010－68413188
邮编：100037
网址：www.ziyu－hotel.com
电子信箱：kfjl@ziyu－hotel.com

湖北大厦 ★★★
地址：北京市海淀区中关村南大街36
电话：010－62172288
传真：010－62175190
邮编：100081
网址：www.hubeihotel.com.cn
电子信箱：info@hubeihotel.com

北邮科技文化交流中心 ★★★
地址：北京市海淀区西土城路10号
电话：010－62258866
传真：010－62281965
邮编：100876
网址：www.bykjds.com
电子信箱：bykjds@sohu.com

瑞成大酒店 ★★★
地址：北京市海淀区西翠路9号
电话：010－68132255
传真：010－68239838
邮编：100036
网址：www.ruichenghotel.cn

香青园商务会馆 ★★★
地址：北京市海淀区蓝靛厂南路5号
电话：010－88446688

传真：010－88452816
邮编：100089

北京凯瑞大酒店 ★★★
地址：北京市海淀区羊坊店西路（空军司令部东南门右侧）
电话：010－63967640
传真：010－63967640－2120
邮编：100038

万寿庄宾馆 ★★★
地址：北京市海淀区万寿路西街7号
电话：010－68271919
传真：010－68276794
邮编：100036
电子信箱：wszbg@ sina. com

北京上园饭店 ★★★
地址：北京市海淀区高梁桥斜街40号
电话：010－62251166
传真：010－62255643
邮编：100044
网址：www. shangyuanhotel. com. cn

卧佛山庄 ★★★
地址：北京市海淀区香山卧佛寺路
电话：010－62591459
传真：010－62591459
邮编：100093
电子信箱：hyj389@ sohu. com

北京天天假日饭店 ★★★
地址：北京市海淀区万寿路17号
电话：010－68151133
传真：010－68211560或68219463
邮编：100036
电子信箱：ttjrbgs@ sohu. com

达园宾馆 ★★★
地址：北京市海淀区福缘门甲1号
电话：010－62561115
传真：010－62554104
邮编：100091

鑫泽饭店 ★★★
地址：北京市海淀区永定路24号
电话：010－68282244
传真：010－68184328
邮编：100039

牡丹宾馆 ★★★
地址：北京市海淀区花园东路31号
电话：010－62025544
传真：010－62016679
邮编：100083
网址：www. peonyhotel. com. cn
电子信箱：sales@ peonyhotel. com. cn

松麓饭店 ★★★
地址：北京市海淀区田村路8号
电话：010－68221133
传真：010－68274953
邮编：100039

梦溪宾馆 ★★★
地址：北京市海淀区学院路20号
电话：010－62325588
传真：010－62092175
邮编：100083
网址：www. mxbg. com
电子信箱：wg@ mxbg. com

清华园宾馆贵宾楼 ★★★
地址：北京市海淀区成府路45－1号
电话：010－62573355
传真：010－62562421
邮编：100083
网址：www. tsinghuahotel. com
电子信箱：qhyhotel@ 163bj. com

红果园宾馆 ★★★
地址：北京市海淀区西直门外上园村3号北方交大院内
电话：010－51685100
邮编：100044

北京中粮龙泉山庄 ★★★
地址：北京市门头沟区龙泉务村北
电话：010－60811616
传真：010－60811802
邮编：102300
网址：www. zlsz. com

京西晨光饭店 ★★★
地址：北京市门头沟区双峪路1号
电话：010－69858383
传真：010－69834269
邮编：102300
网址：www. jxchenguang. com
电子信箱：cgfd@ vip. 163. com

碧溪温泉饭店 ★★★
地址：北京市房山区长阳镇张家场
电话：010－80352599
传真：010－80352168
邮编：102401
网址：www. bixi. com. cn
电子信箱：computer@ bixi. com. cn

北京德宝会议中心 ★★★
地址：北京市房山区良乡多宝路1号
电话：010－69375500
传真：010－69375323
邮编：102401
网址：www. bjdebao. com
电子信箱：zjxserver@ 263. net

昊天假日酒店 ★★★
地址：北京市房山区良乡拱臣北大街
电话：010－89350188
传真：010－89350810
邮编：102488
网址：www. haotianhotel. com

北京北方温泉会议中心 ★★★
地址：北京市房山区良乡镇梅花街7号
电话：010－61353521
传真：010－61353632
邮编：102401
网址：www. bfwqhotel. com
电子信箱：info@ bfwqhotel. com

笔架山培训中心 ★★★
地址：北京市房山区十渡镇十渡村
电话：010－61340240
传真：010－61340235
邮编：102411

圣聚城大酒店 ★★★
地址：北京市房山区琉璃河镇
电话：010－89389898
传真：010－89389898
邮编：102400

北京欣福良苑假日酒店 ★★★
地址：北京市房山区良乡镇苏庄东街9号
电话：010－69379210
传真：010－69372004
邮编：102488

锦绣山庄旅游度假村 ★★★
地址：北京市房山区青龙湖镇崇清水库主坝东侧
电话：010－60321888
邮编：102447

圣辉度假山庄 ★★★
地址：北京市房山区史家营乡金鸡台村圣米石塘
电话：010－60319511
邮编：102461

东阳大酒店 ★★★
地址：北京市房山区良乡长虹东路2号
电话：010－69372288
邮编：102401

五龙豪苑大酒店 ★★★
地址：北京市房山区良乡南关
电话：010－69366666
邮编：102401

北京惠翔园 ★★★
地址：北京市房山区良乡镇固村
电话：010－81387192
邮编：102488

大运河俱乐部 ★★★
地址：北京市通州区胡各庄
电话：010－89582988
传真：010－89582288
邮编：101118

北京东方宾馆 ★★★
地址：北京市通州区车站路12号
电话：010－69546870
传真：010－69543550
邮编：101110
电子信箱：tzdfhl@ sina. com. cn

星湖园绿色生态观光园 ★★★
地址：北京市通州区台湖镇台湖村
电话：010－61531111
邮编：100016

天驿宾馆 ★★★
地址：北京市顺义区南平街1号
电话：010－64577711
传真：010－64560433
邮编：100621

空港花园酒店 ★★★
地址：北京市顺义区首都国际机场道口
电话：010－64563388
传真：010－64562991
邮编：100621
网址：www. kghy. com. cn
电子信箱：sales@ kghy. com. cn

空港蓝天酒店 ★★★
地址：北京市顺义区空港工业区A区
电话：010－80489108
传真：010－80480714
邮编：101312
网址：www. kghy. com. cn
电子信箱：sales@ kghy. com. cn

北京顺义宾馆 ★★★
地址：北京市顺义区府前中街
电话：010－69444815
传真：010－69440585
邮编：101300
网址：www. shunyihotel. com

东航锦江大酒店 ★★★
地址：北京市顺义区小天竺路1号

电话：010－64575588
传真：010－64578781
邮编：100621
网址：www.eajjholel.com
电子信箱：dj-hotel@yahoo.com

北京市京林空港培训中心 ★★★
地址：北京市顺义区首都机场南平东里乙一号
电话：010－64572626
传真：010－64583722
邮编：100621
电子信箱：jinglinhotel@163.com

安利隆生态农业旅游山庄 ★★★
地址：北京市顺义区龙湾屯镇山里辛庄
电话：010－60462323
传真：010－60463583
邮编：101309
网址：www.anlilong.com
电子信箱：Beijing anlilong@163.com

天龙宾馆 ★★★
地址：北京市顺义区后沙峪枯柳树村西
电话：010－80494399
邮编：101300

望潮苑民俗度假村 ★★★
地址：北京市顺义区河南村村东
电话：010－89491980
邮编：101300

十三陵石油工人疗养院 ★★★
地址：北京市昌平区长陵镇碓石口村
电话：010－89721468
传真：010－89721477
邮编：102213
网址：www.tsgbgp.com

昌平区财政局财会之家 ★★★
地址：北京市昌平区城区镇北环路
电话：010－69716688
传真：010－69724001
邮编：102200

瑶台山庄 ★★★
地址：北京市昌平区崔村镇棉山村北
电话：010－60721188
传真：010－60721545
邮编：102212
网址：www.yaotai.com.cn
电子信箱：office@yaotai.com.cn

北方长城宾馆 ★★★
地址：北京市昌平区南口镇马坊
电话：010－89798046
传真：010－89798046
邮编：102202
网址：www.bfshoot.com

赛迪大酒店 ★★★
地址：北京市昌平区沙河定泗路信苑
电话：010－69735533
传真：010－69739654
邮编：102206

中石化昌平会议中心 ★★★
地址：北京市昌平区水库路
电话：010－60713015
传真：010－60713828
邮编：102200
电子信箱：ZSHHYZX@sohu.com

北京地铁度假村 ★★★
地址：北京市昌平区水库路东侧
电话：010－60712288
传真：010－60713237
邮编：102200
网址：www.bjdtdjc.com.cn

军都旅游度假村 ★★★
地址：北京市昌平区水库路东侧
电话：010－60713338
传真：010－60713743
邮编：102200
网址：www.jddj.com.cn
电子信箱：jd@jddj.com.cn

华能培训中心 ★★★
地址：北京市昌平区小汤山镇常兴庄
电话：010－61781166
传真：010－61783471
邮编：102211

北京蟒山旅游度假村 ★★★
地址：北京市昌平区水库路东侧
电话：010－60713833
传真：010－60713692
邮编：102200

北京阳坊大都饭店 ★★★
地址：北京市昌平区阳坊镇
电话：010－69768825
传真：010－69768829
邮编：102205
网址：www.yfdd.net.cn
电子信箱：yfdd@yfdd.net.cn

昆钰酒店 ★★★
地址：北京市昌平区沙河镇沙阳路11号
电话：010－51529388
邮编：102206

龙山度假村 ★★★
地址：北京市昌平区昌怀路153号
电话：010－89719306
邮编：102200

北汽福田培训中心 ★★★
地址：北京市昌平区沙河镇沙阳路北
电话：010－69738888
邮编：102206

大兴宾馆 ★★★
地址：北京市大兴区黄村镇兴丰大街（三段）118号
电话：010－69242356
传真：010－69258899
邮编：102600
网址：www.hotel.dxic.gov.cn
电子信箱：hotel@dxic.gov.cn

红恩度假村 ★★★
地址：北京市大兴区亦庄镇小羊坊
电话：010－87396660
传真：010－87396867
邮编：100023
电子信箱：hong_en@263.net

兴丰团河苑会议服务中心 ★★★
地址：北京市大兴区西红门镇团河农场北50米
电话：010－61299988
邮编：102600

元亨苑林山庄 ★★★
地址：北京市怀柔区雁栖湖雁水路4号
电话：010－69661669
邮编：101408

红螺园饭店 ★★★
地址：北京市怀柔区东四村西
电话：010－60681188
传真：010－60681772
邮编：101400
网址：www.hongluoyuan.com.cn

红螺钟磬山庄 ★★★
地址：北京市怀柔区红螺路5号
电话：010－60681145
传真：010－60681138
邮编：101400
网址：www.zqsz.com.cn
电子信箱：service@zqsz.com.cn

碧湖宾馆 ★★★
地址：北京市怀柔区湖光小区37号
电话：010－69625088
传真：010－69625116
邮编：101400

双阳职工培训中心 ★★★
地址：北京市怀柔区青春路41号
电话：010－69642706
传真：010－69642709
邮编：101400

鸿达大厦 ★★★
地址：北京市怀柔区雁栖湖雁秀路1号
电话：010－69663366
传真：010－69662986
邮编：101408
网址：www.csceczjhd.com
电子信箱：zjhdds@126.com

栖湖饭店 ★★★
地址：北京市怀柔区雁栖湖雁秀路11号
电话：010－69661188
传真：010－69662841
邮编：101408
网址：www.qihuhotel.com
电子信箱：qihu@qihuhotel.com

云岫山庄 ★★★
地址：北京市怀柔区雁栖湖雁水路2号
电话：010－69662338
传真：010－69661514
邮编：101408
网址：www.yunxiu.com
电子信箱：yunxiu@yunxiu.com

松秀园度假村 ★★★
地址：北京市怀柔区雁栖湖雁青路13号
电话：010－69662306
传真：010－69661643
邮编：101407
网址：www.sxgarden.com
电子信箱：shangwu@sxgardeh.com

金雁饭店 ★★★
地址：北京市怀柔区雁水路18号
电话：010－69661774
传真：010－69661011
邮编：101407
电子信箱：jyfd1518@yahoo.com

普岚山庄饭店 ★★★
地址：北京市怀柔区雁栖湖雁秀路13号
电话：010－69662817
传真：010－69661615
邮编：101408

冶地技术培训中心 ★★★
地址：北京市怀柔区雁山路15号
电话：010－69661478
传真：010－69661440
邮编：101407

硕泽度假村 ★★★
地址：北京市怀柔区雁栖湖水上乐园路东
电话：010－69665866
传真：010－69664686
邮编：101408

北京团圆假日饭店 ★★★
地址：北京市怀柔区青春路45号
电话：010－69620999
邮编：101400

天昊源度假村 ★★★
地址：北京市平谷区峪口经济开发区峰云街5号
电话：010－61988899
邮编：101205

东晓新越酒店 ★★★
地址：北京市平谷区乐园西小区17号
电话：010－89992188
传真：010－69988855
邮编：101200

北京育新苑宾馆 ★★★
地址：北京市平谷区金海湖风景区内
电话：010－69991723
传真：010－69994524
邮编：101201
电子信箱：yxy6888@ sina. com

碧海山庄 ★★★
地址：北京市平谷区平谷金海湖畔
电话：010－69991201
传真：010－69991920
邮编：101201

南华山庄 ★★★
地址：北京市平谷区金海湖副坝南侧
电话：010－60980288
传真：010－60980288－8000
邮编：101201

中外运培训中心 ★★★
地址：北京市密云县穆家岭镇九松山副坝西侧
电话：010－60321888
邮编：102447

世纪阳光假日酒店 ★★★
地址：北京市密云县滨河路26号
电话：010－89088888
邮编：101500

信远福缘酒店 ★★★
地址：北京市密云县鼓楼东大街27号
电话：010－69099666
邮编：101500

云水建国假日酒店 ★★★
地址：北京市密云县鼓楼西大街5号
电话：010－69086622
邮编：101500

云湖度假村 ★★★
地址：北京市密云县水库内湖
电话：010－61021992
传真：010－61021574
邮编：101512

云佛山旅游度假村 ★★★
地址：北京市密云县溪翁庄镇
电话：010－89032255
传真：010－89032606
邮编：101512
网址：www. yunfoshan. com
电子信箱：bjjfs@ yunfoshan. com

北京密云雾灵山庄 ★★★
地址：北京市密云县新城子镇遥桥峪水库北岸
电话：010－81022883
传真：010－81022309
邮编：101506
网址：www. wlsz. net
电子信箱：wlsz@ 8383. net

水库宾馆 ★★★
地址：北京市密云县溪翁庄镇溪翁庄村
电话：010－69016116
传真：010－69016116
邮编：101512
网址：www. myskhotel. com. cn

云蒙山庄 ★★★
地址：北京市密云县水库白河主坝
电话：010－69011341
传真：010－69013405
邮编：101512

北京八达岭温泉度假村 ★★★
地址：北京市延庆县妫水北街1号
电话：010－69148833
传真：010－69180001
邮编：102100
网址：www. bhsr. com
电子信箱：manager@ bhsr. com

中银酒店 ★★★
地址：北京市延庆县庆园街12号
电话：010－69171701
传真：010－69171717
邮编：102100

北京八达岭华风温泉大城堡 ★★★
地址：北京市延庆县庆园街2号
电话：010－69182266
传真：010－69182266－3055
邮编：102100
网址：www. hfcastle. com
电子信箱：mail. htcastle. com

昊龙宾馆 ★★★
地址：北京市延庆县龙庆峡
电话：010－69191166
传真：010－691911998
邮编：102109

北京快乐假日大酒店 ★★★
地址：北京市延庆县龙庆峡风景区
电话：010－51055868
传真：010－51055566
邮编：102100
网址：www. happyholiday. com. cn

声屏苑培训中心 ★★★
地址：北京市延庆县龙庆峡南口
电话：010－69192233
传真：010－69191963
邮编：102100

旅游景区

故宫博物院 AAAAA
地址：北京市东城区景山前街4号
电话：010－65132255
邮编：100009

北京国子监 AA
地址：北京市东城区国子监街15号
电话：010－64062418
邮编：100007

中国科学技术馆 AAAA
地址：北京市西城区北三环中路1号
电话：010－62371177
邮编：100029
网址：www. cstm. org. cn

景山公园 AAAA
地址：北京市西城区景山西街44号
电话：010－64033225
邮编：100009

北海公园 AAAA
地址：北京市西城区文津街1号
电话：64033225
邮编：100034

北京动物园 AAAA
地址：北京市西城区西直门外大街137号
电话：010－68314411
邮编：100044

恭王府花园 AAAA
地址：北京市西城区柳荫街甲14号
电话：010－66168149
邮编：100009

宋庆龄故居 AA
地址：北京市西城区后海北沿46号
电话：010－64044205
邮编：100009

徐悲鸿纪念馆 AAAA
地址：北京市西城区新街口北大街53号
电话：010－62252042　62252187
邮编：100035

北京天文馆 AAA
地址：北京市西城区西外大街138号
电话：010－68312517
邮编：100032
网址：www. bjp. org. cn

中国地质博物馆 AAA
地址：北京西城区羊肉胡同15号
电话：010－66557858
邮编：100034

历代帝王庙 AA
地址：北京市西城区阜成门内大街131号
电话：010－66161141
邮编：100034
网址：www. lddwm. com. cn

天坛公园 AAAA
地址：北京市崇文区天坛公园
电话：010－67028866
邮编：100050

北京市规划展览馆 AAAA
地址：北京市崇文区前门东大街20号（老北京火车站东侧）
电话：010－67024559　67017074
网址：www. bjghzl. com. cn

北京游乐园 AAA
地址：北京市崇文区左安门内大街19号
电话：010－67146909
邮编：100061

陶然亭公园 AAAA
地址：北京市宣武区太平街19号
电话：010－63536455　63532385
邮编：100050

北京古代建筑博物馆 AA
地址：北京市宣武区东经路21号

电话：010－63172150
邮编：100050

中华民族园 AAAA
地址：北京市朝阳区民族园路1号
电话：010－62063618
邮编：100101

中国紫檀博物馆 AAAA
地址：北京市朝阳区建国路23号
电话：010－85752818
邮编：100025

欢乐谷 AAAA
地址：北京朝阳区东四环小武基北路
电话：010－67383333
邮编：100020

日坛公园 AAA
地址：北京市朝阳区朝外日坛北路6号
电话：010－85635038
邮编：100020

朝阳公园 AAAA
地址：北京市朝阳区农展南路1号
电话：010－65060339
邮编：100026

团结湖公园 AAA
地址：北京市朝阳区团结湖南里16号
电话：010－85973603
邮编：100026

红领巾公园 AAA
地址：北京市朝阳区后八里庄5号
电话：010－85819548
网址：www. hljpark. com
邮编：100025

元大都城垣遗址公园 AAAA
地址：北京市朝阳区安外小关樱花西街甲38号
电话：010－64222821
邮编：100029

北京世界公园 AAAA
地址：北京市丰台区丰葆路158号
电话：010－83613344
邮编：100070

北京北宫国家森林公园 AAAA
地址：北京市丰台区长辛店大灰厂村
电话：010－83840830 83866666
邮编：100071

北京大葆台汉墓 AA
地址：北京市丰台区大葆台
邮编：100070

莲花池公园 AA
地址：北京市丰台区莲花池48号
电话：010－63972892
邮编：100055

万芳亭公园 AA
地址：北京市丰台区洋桥西里甲2号
电话：010－67215333
邮编：100077

鹰山森林公园 AA
地址：北京市丰台区长辛店乡芦井村北
电话：010－83876953
邮编：100072

北京市南宫旅游景区 AAAA
（全国农业旅游示范点）
地址：北京市丰台区王佐镇南宫村
电话：010－87010884
邮编：100071

中国人民抗日战争纪念雕塑园 AAA
地址：北京市丰台区卢沟桥城南街77号
电话：010－83894614
邮编：100072

青龙湖公园 AAA
地址：北京市丰台区王佐乡怪村西200米
电话：83310645
邮编：100074

石景山游乐园 AAAA
地址：北京市石景山区石景山路25号
电话：010－68862547
邮编：100043

石景山妇女儿童活动中心 AA
地址：北京市石景山区八角西街
电话：010－68875501
邮编：100043

石景山希望公园 AA
地址：北京市石景山区西黄村
邮编：100041

八大处公园 AAAA
地址：北京市石景山区西山八大处公园
电话：010－88964661
邮编：100041

北京海洋馆 AAAA
地址：北京市海淀区高梁桥斜街乙18号（动物园北门）
电话：010－62176655－6750/6738
邮编：100081

北京市植物园 AAAA
地址：北京市海淀区香山卧佛寺路
电话：010－62591561
邮编：100093

中国蜜蜂博物馆 A
地址：北京市香山卧佛寺西侧中国农科院蜜蜂所
电话：010－82594910
邮编：100093

颐和园 AAAAA
地址：北京市海淀区颐和园
电话：010－62881144
邮编：100091

香山公园 AAAA
地址：北京市海淀区香山
电话：010－62591155－6523
邮编：100093

中央电视塔 AAAA
地址：北京市海淀区西三环中路11号
电话：010－68450715
邮编：100036

玉渊潭公园 AAA
地址：北京市海淀区三里河路
电话：010－68525536
邮编：100038

北京太平洋海底世界博览馆 AAA
地址：北京市海淀区西三环中路11号中央电视塔下
电话：010－68461173
邮编：100036

北京紫竹院公园 AAA
地址：北京市海淀区中关村南大街35号
电话：010－68425851
邮编：100044

凤凰岭自然风景区 AA
地址：北京市海淀区苏家坨镇
电话：010－62459492
邮编：100095
网址：www. bjfhl. gov. cn

百望山森林公园 AA
地址：北京市海淀区黑山扈北口19号
电话：010－62884508
邮编：100094

鹫峰国家森林公园 AA
地址：北京市海淀区北安河西山林场
电话：010－62455816
邮编：100095

西山大觉寺 AA
地址：北京市海淀北安河乡
电话：010－62456163
邮编：100095

锦绣大地农业观光园 AAA
（全国农业旅游示范点）
地址：北京市海淀区四季青乡廖公庄
电话：010－88702172
邮编：100049

潭柘戒台风景区 AAAA
地址：北京市门头沟区永定镇
电话：010－69802232 69806611
邮编：102308

门头沟百花山自然风景区 AA
地址：北京市门头沟区清水镇黄塔办事处百花山林场
电话：010－61826110
邮编：102311

门头沟珍珠湖风景区 AA
地址：北京市门头沟区雁翅镇珠窝村
电话：010－61838322
邮编：102311

灵山自然风景区 AA
地址：北京市门头沟区清水镇灵山管理处
电话：010－61827994 61829504
邮编：102311

门头沟小龙门国家森林公园 AA
地址：北京市门头沟区清水镇水龙门林场
电话：010－61827665
邮编：102311

门头沟爨底下村景区 A
地址：北京市门头沟区斋堂镇爨底下村
电话：010－69819090
邮编：102309

门头沟龙门涧风景区 A
地址：北京市门头沟区清水镇燕家台村
电话：010－61828116
邮编：102311

妙峰山风景名胜区 AAA
地址：北京市门头沟区峰山乡涧沟村
电话：010－61882936
邮编：102300

云居寺 AAAA
地址：北京市房山区南尚乐镇水头村
电话：010－61389612
邮编：102407

石花洞风景区 AAAA
地址：北京市房山区河北镇南车营村

电话：010－60312170
邮编：102416

房山区银狐洞风景区 AA
地址：北京市房山区佛子庄乡下英水村
电话：010－60363236
邮编：102417

韩村河旅游景村 AAA
（全国农业旅游示范点）
地址：北京市房山区韩村河镇韩村河村
电话：010－80380015 80380066
邮编：102423

上方山国家森林公园 AA
地址：北京市房山区韩村河镇圣水峪村
电话：010－61315518 61315542
邮编：102414

十渡风景名胜区 AAAA
地址：北京市房山区十渡镇
电话：010－61349009 61349871
邮编：102411

房山青龙湖水上游乐园 AA
地址：北京市房山青龙湖镇青龙头村西
电话：010－60321706
邮编：102447

房山仙栖洞风景区 AA
地址：北京市房山区张坊镇东关上村
电话：010－61338226
邮编：102409

房山龙仙宫 AA
地址：北京市房山区张坊镇东关村
电话：010－61331933
邮编：102488

皇姑坨旅游风景区 AA
地址：北京市房山区张坊镇大峪沟村
电话：010－61339968
邮编：102409

将军坨风景区 A
地址：北京市房山区河北镇檀木港村
电话：010－60378958
邮编：102417

西周燕都遗址博物馆 A
地址：北京市房山区琉璃河镇董家林村
电话：010－89381435
邮编：102403

北京张坊古城古战道遗址游乐园 A
地址：北京市房山区张坊镇
电话：010－61331451
邮编：102400

圣莲山风景度假区 AAAA
地址：北京市房山区史家营镇柳林水村
电话：010－60319128
邮编：102461

中国民兵武器装备陈列馆 AAA
地址：北京市通州区焦王庄
电话：010－89590788
邮编：101101

北京乡村高尔夫俱乐部 AA
地址：北京顺义区马坡镇潮白河西岸
电话：010－69403368
邮编：101300

春晖园温泉度假村 AA
地址：北京顺义区高丽营镇于庄村西
电话：010－69454433
邮编：101303

顺鑫绿色度假村 AA
地址：北京市顺义区李遂镇西
电话：010－89481740
邮编：101300

焦庄户地道战遗址纪念馆 A
地址：北京市顺义区龙湾屯镇焦庄户村
电话：010－60461906
邮编：101306

明十三陵 AAAA
地址：北京市昌平区十三陵特区办事处
电话：010－60761423
邮编：102213

九龙游乐园 AAAA
地址：北京市昌平区十三陵水库
电话：010－60713002
邮编：102200

居庸关长城景区 AAAA
地址：北京市昌平区南口镇居庸关村
电话：010－69771665
邮编：102202

银山塔林风景区 AAAA
地址：北京市昌平区兴筹镇西湖村
电话：010－89726426
邮编：102213

虎峪自然风景区 A
地址：北京市昌平区南口镇虎峪村
电话：010－69771720
邮编：102201

碓臼峪自然风景区 A
地址：北京市昌平区长陵镇碓臼峪旅游风景区
电话：010－89721775
邮编：102213

双龙山国家森林公园 A
地址：北京昌平区长陵镇碓臼峪村西 2 公里
电话：010－89721862
邮编：102213

蟒山国家森林公园 AAA
地址：北京市昌平区水库路
电话：010－60713818
邮编：102200

小汤山现代农业科技示范园 AAAA
（全国农业旅游示范点）
地址：北京市昌平区小汤山
电话：010－61291792
邮编：102200

中国航空博物馆 AAAA
地址：北京市昌平区小汤山镇
电话：010－61784882 61784883
邮编：102200

天龙源温泉家园 AAAA
地址：北京市昌平区昌平镇邓庄村西
电话：010－51650066 65211055
邮编：102200

北京龙脉温泉度假村 AAAA
地址：北京昌平区小汤山
电话：010－61794634 61794659
邮编：102200

定陵博物馆 AAAA
地址：北京市昌平区十三陵定陵
电话：010－60761424
邮编：102213

明长陵 AAAA
地址：北京市昌平区十三陵长陵
电话：010－60761888
邮编：102213

神道博物馆 AAAA
地址：北京市昌平区十三陵神路
电话：010－69741383
邮编：102200

北京天池风景区 AA
地址：北京市昌平区十三陵水库左岸蟒山
电话：010－60713691
邮编：102200

北京蟒山地下千米电力科普长廊 A
地址：北京市昌平区
邮编：102200

北京昌平菩萨山风景区 AAA
地址：北京市昌平区流村镇菩萨鹿村
电话：010－89778723
邮编：102200

北京留民营生态农场 AA
（全国农业旅游示范点）
地址：北京市大兴区长子营镇留民营村
电话：010－80266005 80265464
邮编：102615

中国印刷博物馆 AA
地址：北京市大兴区黄村镇兴华北路 25 号（印刷学院内）
电话：010－60261238
邮编：102600

中华文化园 AAA
地址：北京市大兴区黄村镇明春苑春泽院 2 号
电话：010－61224629
邮编：102200

北京大兴御林古桑园 AA
地址：北京市大兴区安定镇前野厂村
电话：010－80231404
邮编：102600

红螺寺旅游区 AAAA
地址：北京市怀柔区红螺东路 2 号
电话：010－60681639
邮编：101400

雁栖湖水上乐园 AAAA
地址：北京市怀柔区雁栖湖
电话：010－69663595
邮编：101408

慕田峪长城旅游区 AAAA
地址：北京怀柔区渤海镇慕田峪村
电话：010－61626505
邮编：101405

青龙峡旅游度假区 AAAA
地址：北京市怀柔区怀北镇大水峪水库管理处
电话：010－89696938
邮编：101408

北京湖景水上乐园 AAA
地址：北京怀柔区雁栖镇泉水头村 118 号
电话：010－69645232
邮编：101407

怀柔神堂峪自然风景区 AA
地址：北京市怀柔区雁栖镇神堂峪
邮编：101407

怀柔生存岛旅游新概念基地 AA
地址：北京市怀柔区怀柔镇东四村
电话：010－60681616
邮编：101400

幽谷神潭自然风景区 AA
地址：北京市怀柔区怀北镇椴树岭
电话：010－61622569
邮编：101408

怀柔响水湖自然风景区 AA
地址：北京市怀柔区渤海镇大榛峪村东
电话：010－61632539
邮编：101405

怀柔百泉山自然风景区 AA
地址：北京市怀柔区怀北镇北台子 1 号
电话：010－61622944
邮编：101408

青龙山旅游区 AAAA
地址：北京市平谷区东高村镇大旺务村
邮编：101201

平谷湖洞水自然风景区 AA
地址：北京市平谷区黄松峪乡
电话：010－60988154
邮编：101201

平谷老象峰旅游景区 AA
地址：北京市平谷区大华山镇小峪子村
电话：010－61940273
邮编：101207

京东大溶洞风景区 AAAA
地址：北京市平谷区黄松峪乡黑豆峪村
电话：010－60971708
邮编：101201

京东大峡谷旅游区 AAA
地址：北京市平谷区山东庄镇鱼子山村
电话：010－60968317
邮编：101211

八达岭野生动物世界 AAAA
地址：北京市延庆县八达岭中心停车场南侧
电话：010－69121842
邮编：102112

八达岭长城 AAAAA
地址：北京市延庆县八达岭特区办事处
电话：010－69121423
邮编：102112

龙庆峡旅游区 AAAA
地址：北京市延庆县古城村北
电话：010－69191020　69192545
邮编：102109

松山森林旅游区 AA
地址：北京市延庆县张山营镇松山
电话：010－69112634　69112020
邮编：102115

八达岭残长城自然风景区 AA
地址：北京市延庆县八达岭镇东沟村
电话：010－69120990
邮编：102112

石京龙滑雪场 AA
地址：北京市延庆县张山营镇
电话：010－69191615
邮编：102100

古崖居风景名胜区 AA
地址：北京市延庆县张山营镇东门营村北
电话：010－69110333
邮编：102115

康西草原 AA
地址：北京市延庆县康庄镇西
电话：010－69131601
邮编：102101

司马台长城旅游风景区 AAAA
地址：北京市密云县古北口镇司马台村北
电话：010－69031051
邮编：101508

密云白龙潭自然风景区 AA
地址：北京市密云县太师屯镇白龙潭
电话：010－69038558
邮编：101504

桃源仙谷风景名胜区 AAA
地址：北京市密云县石城乡南石城村
电话：010－61025667
邮编：101513

密云清凉谷自然风景区 AA
地址：北京市密云县石城乡清凉谷
电话：010－69015208
邮编：101513

云蒙山森林公园 AAA
地址：北京市密云县云蒙山林场
电话：010－61622381
邮编：101409

密云云岫谷游猎自然风景区 AA
地址：北京市密云县新城子镇遥桥峪村
电话：010－81022367
邮编：101506

密云九道弯大峡谷自然风景区 AA
地址：北京市密云县石城镇北石城村
电话：010－61025040
邮编：101513

北京云峰山自然风景区 A
地址：北京市密云县不老屯镇
电话：010－81090865
邮编：101516

北京黑龙潭自然风景区 AAA
地址：北京市密云县石城子乡
电话：010－61025028
邮编：101513

餐　馆

北京肯德基有限公司
地址：北京市东城区朝阳门北大街 8 号 A 座
电话：010－65545888
邮编：100010

北京麦当劳食品有限公司
地址：北京市东城区王府井大街 200 号
电话：010－65281188
邮编：100005

北京隆福寺餐饮有限公司
地址：北京东城区东四北大街 442 号
电话：010－84035181
邮编：100006

新海派酒店
地址：北京市东城区北河沿大街乙
电话：010－65252115
邮编：100010

山水居湘粤菜餐厅
地址：北京市东城区东长安街
电话：010－85185173
邮编：100005

贵州箩箩酸汤鱼餐厅
地址：北京市东城区东直门内大街
电话：010－64051717
邮编：100007

苗岭酸汤鱼餐厅
地址：北京市东城区东直门内大街
电话：010－64049765
邮编：100027

马来西亚餐厅
地址：北京市东城区豆腐池胡同
电话：010－64004875
邮编：100009

荷花泰菜餐厅
地址：北京市东城区新中街
电话：010－84477163
邮编：100007

丽宫餐厅
地址：北京市东城区东直门南大街
电话：010－65001188－5466
邮编：100007

蒙娜丽莎餐厅
地址：北京市东城区朝阳门富华大厦
电话：010－65544088
邮编：100007

娃哈哈大酒家
地址：北京市东城区隆福寺街 99 号金隆基大厦内
电话：010－84095855
邮编：100010

长江俱乐部海鲜城
地址：北京市东城区安外大街 2 号
电话：010－64482222
邮编：100013

四川饭店二分店
地址：北京市东城区东安门大街甲 37 号
电话：010－65137591
邮编：100006

蒙古人莜面美食村
地址：北京市东城区建内大街 15 号
电话：010－65229500
邮编：100005

巴国布衣风味酒楼地安门店
地址：北京市东城区地安门东大街 89－3 号
电话：010－64008888
邮编：100009

皇家友谊商店餐厅
地址：北京市东城区东长安街 16 号
电话：010－65274787
邮编：100006

天安门全聚德烤鸭店
地址：北京市东城区东交民巷 44 号
电话：010－65122265
邮编：100010

天安门东来顺饭庄
地址：北京市东城区东交民巷 44 号
电话：010－65220591
邮编：100006

绿色天食餐厅
地址：北京市东城区灯市口大街 57 号
电话：010－65222805
邮编：100006

美丽都大酒店
地址：北京市东城区交道口大街 111 号
电话：010－64030726
邮编：100007

铭轩居
地址：北京市东城区东直门内大街 144 号
电话：010－64066246
邮编：100007

万方同利园酒楼
地址：北京市东城东直门内大街 201 号
电话：010－64013636
邮编：100007

福轩居
地址：北京市东城区东直门内大街 10 号楼 7 号
电话：010－84073084
邮编：100007

民福居酒楼
地址：北京市东城区灯市口西街 32 号
电话：010－64928222
邮编：100006

奥瑞莉餐饮有限公司
地址：北京市建内大街 18 号恒基中心南
电话：010－65594238
邮编：100005

同盛祥泡馍馆
地址：北京市东城区霞公府 7 号
电话：010－65137766
邮编：100006

花家怡园餐饮有限公司
地址：北京市东城区东直门大街 235 号
电话：010－64051908
邮编：100007

松鹤楼菜馆
地址：北京市东城区台基厂大街 10 号
电话：010－65241815
邮编：100005

金都顺天餐饮有限公司
地址：北京市东城区和平里中街
电话：010－84218828
邮编：100013

五湘斋饭庄
地址：北京市东城区王府井大街 198 号
电话：010－65253562
邮编：100006

德福瑞酒楼
地址：北京市东城区和平里北街 14 号
电话：010－84290810
邮编：100013

房地亨大酒楼
地址：北京市东城区美术馆后街 63 号
电话：010－64021668
邮编：100010

三千里烤肉城大雅宝店
地址：北京市东城区大雅宝 1 号
电话：010－65211167
邮编：100730

天都楼酒店
地址：北京市东城区南河沿华龙街 E 座
电话：010－65129183
邮编：100006

园中楼烤鸭店
地址：北京市东城区劳动人民文化宫西门
电话：010－65284196
邮编：100006

金星鸭烤鸭店
地址：北京市东城区和平里东街 3 号楼 1－2 层
电话：010－84215952
邮编：100013

方泽轩神库餐厅
地址：北京市东城区地坛公园南门内
电话：010－64241894
邮编：100010

北京饭店谭家厅
地址：北京市东长安街 33 号北京饭店 C 座 7 层
电话：010－65137766　138965281039
邮编：100010

全聚德烤鸭店王府井店
地址：北京市王府井大街帅府园胡同 9 号
电话：010－65253310　65228423
邮编：100010

天安门仿膳饭庄
地址：北京市东交民巷 44 号
电话：010－65233105　65233106
邮编：100010

奶酪魏王府井店
地址：北京市王府井大街 138 号新东安市场地下 1 层
邮编：100010

东来顺饭庄建国门店
地址：北京市建国门内大街小羊毛胡同 2 号
电话：010－65241387
邮编：100020

东来顺饭庄新东安总店
地址：北京市王府井大街 138 号新东安大厦 5 层
电话：010－65280932　65280501
邮编：100010

东来顺饭庄王府井店
地址：北京市王府井大街 198 号
电话：010－65253562
邮编：100010

全素斋
地址：北京市王府井大街 213 号
电话：010－65250741
邮编：100010

瑞珍厚饭庄
地址：北京市东四南大街 1 号
电话：010－65255913
邮编：100010

萃华楼饭庄
地址：北京市王府井大街 58 号
电话：010－65134970　65254581
邮编：100010

楼外楼饭庄
地址：北京市朝内北小街甲 71 号
电话：010－64071680
邮编：100010

国强兰州面馆王府井店
地址：北京市王府井大街 187 号
电话：010－65597941
邮编：100010

聚德华天控股有限公司
地址：北京市西城区德外大街新明同甲 8 号
电话：010－62024672
邮编：100088

黎昌海鲜大酒楼（海鲜世界店）
地址：西城区护国寺大街 137 号
电话：66186888　66182048
邮编：100032

万兴居鼓楼店
地址：北京市鼓楼东大街
邮编：100032

馄饨侯鼓楼店
地址：北京市鼓楼东大街 309 号
电话：010－64042021
邮编：100032

鸿宾楼饭庄
地址：北京市西城区展览馆路 11 号
电话：010－68992569　68994563
邮编：100032

谭府大酒楼
地址：北京市西城区西直门内大街 188 号
电话：010－66183162　66181648
邮编：100032

穆斯林餐厅
地址：北京市西城区南礼士路月坛公园北门
电话：010－65025985
邮编：100037

顺峰金阁酒店有限责任公司
地址：北京市西城区莲花池东路甲
电话：010－63402288
邮编：100045

大连渔港餐饮有限公司
地址：北京市西城区西安门大街
电话：010－66510089－8000
邮编：100032

汗腾格里清真餐厅
地址：北京市西城区三里河路
电话：010－68335599－8115
邮编：100044

厉家菜餐厅
地址：北京市西城区德胜门内大街羊房胡同
电话：010－66180107
邮编：100009

四川饭店
地址：北京市西城区柳荫街甲
电话：010－66156925
邮编：100009

小白桦西餐厅
地址：北京市西城区阜成门外大街
电话：010－68582233－1666
邮编：100045

皇朝玉园餐厅
地址：北京市西城区阜成门外大街甲
电话：010－68005588－8620
邮编：100037

东北菜餐厅
地址：北京市西城区南礼士路
电话：010－51843808
邮编：100101

四季湖湘餐厅
地址：北京市西城区月坛西街
电话：010－68020599
邮编：100045

伏尔加西餐厅
地址：北京市西城区西直门外大街
电话：010－68316633－7011
邮编：100032

翠珍坊餐厅
地址：北京市西城区南礼士路甲
电话：010－68058840
邮编：100037

甲秀楼缘餐厅
地址：北京市西城区西直门南小街国英园
电话：010－66131442
邮编：100035

官园中餐厅
地址：北京市西城区北礼士路
电话：010－68338822－7224
邮编：100032

辽宁饭店餐厅
地址：北京市西城区德胜门外大街
电话：010－62015588－236
邮编：100011

民族好世界海鲜大酒楼
地址：北京市西城区复兴门内大街49号
电话：010－66017948
邮编：100031

莫斯科餐厅
地址：北京市西城区西直门外大街135号
电话：010－68354454
邮编：100044

仿膳饭庄
地址：北京市西城区文津街1号
电话：010－64042573
邮编：100034

潮皇食府
地址：北京市西城区莲花池东路1号
电话：010－63392228
邮编：100045

金银港酒楼
地址：北京市西城区金融街23号平安大厦3层
电话：010－66210701
邮编：100032

山釜餐厅
地址：北京市西城区德胜门西大街甲58号
电话：010－66180362
邮编：100035

金湖湾酒楼
地址：北京市西城区金融街乙16号
电话：010－66210888
邮编：100032

四川饭店一分店
地址：北京市西城区柳荫街甲14号
电话：010－66157061
邮编：100009

砂锅居饭庄
地址：北京市西城区西四南大街60号
电话：010－66061873
邮编：100034

烤肉季饭庄
地址：北京市西城区前海东沿14号
电话：010－64012170
邮编：100009

壮乡府
地址：北京市西城区北三环中路18号
电话：010－62055276
邮编：100011

宏伟水晶宫海鲜酒楼
地址：北京市西城区南礼士路15号
电话：010－68033140
邮编：100045

天津百饺园餐饮有限公司
地址：北京市西城区新文化街甲12号
电话：010－66059371
邮编：100031

京巴烤肉店
地址：北京市西城区复兴门内大街46号
电话：010－66081328
邮编：100031

孔雀御膳酒楼
地址：北京市西城区德外东滨河路A3号
电话：010－62072412
邮编：100011

双兴巴国布衣酒楼
地址：北京市西城区西直门南小街68号
电话：010－66152231
邮编：100035

起士林西餐厅
地址：北京市南河沿华龙街中段二楼206号
电话：010－65597735
邮编：100010

华天峨嵋酒家
地址：北京市北礼士路58号
电话：010－88374437
邮编：100032

华天大地餐厅
地址：北京市西四南大街44号
电话：010－66020738
邮编：100032

曲园酒楼
地址：北京市展览馆路48号
电话：010－68318502
邮编：100032

同和居饭庄
地址：北京市月坛南街乙71号
电话：010－68522917
邮编：100032

庆丰包子铺新街口店
地址：北京市新街口南大街16号
电话：010－66182636
邮编：100032

庆丰包子铺府右街店
地址：北京市西安门大街85号
电话：010－66175487
邮编：100032

庆丰包子铺木樨地店
地址：北京市木樨地24号楼后
电话：010－63481988
邮编：100080

来今雨轩饭庄
地址：北京市西长安街中山公园西门内
电话：010－66056676　66063507
邮编：100010

海碗居牡丹园店
地址：北京市花园路2号
电话：010－82070488
邮编：100080

老西安饭庄
地址：北京市新街口南大街20号
电话：010－6618147666181748
邮编：100032

烤肉宛饭庄南礼士路店
地址：北京市南礼士路58号
电话：010－68028180
邮编：100032

炒肝焦
地址：北京市西直门内大街123号
电话：010－62252929
邮编：100032

华天延吉餐厅西四总店
地址：北京市西四北大街181号
电话：010－66153293
邮编：100032

锦芳小吃店
地址：北京市崇文区天坛路54号
电话：010－67025495
邮编：100061

舫华轩清真餐饮有限公司
地址：北京市崇文区广渠门白桥大街
电话：010－67184064
邮编：100061

花坛餐厅
地址：北京市崇文区天坛东侧路
电话：010－67112660
邮编：100061

老正兴饭庄
地址：北京市崇文区前门大街
电话：010－65112145
邮编：100051

颐之海餐饮有限公司
地址：北京市崇文区龙潭湖北侧路1号
电话：010－67130887
邮编：100061

咸亨酒店
地址：北京市崇文区体育馆路8号
电话：010－67187979
邮编：100061

东来顺新世界饭庄
地址：北京市崇文区崇文门外大街5号
电话：010－67089533
邮编：100062

便宜坊西号
地址：北京市崇文区天坛东路73号
电话：010－67020904
邮编：100061

洪鑫乳鸽餐饮有限公司
地址：北京市花市北里中区15号楼1层
电话：010－67178599
邮编：100062

御膳饭店
地址：北京市崇文区天坛路 87 号
电话：010－67014280
邮编：100050

傣家村天坛分店
地址：北京市崇文区体育馆路 13 号
电话：010－67111616
邮编：100061

人人大酒楼
地址：北京市崇文区前门东大街
电话：010－67031689
邮编：100051

旻园御膳饭庄
地址：北京市崇文区天坛公园内西二门北
电话：010－67020422
邮编：100050

纳尔三六三杭州菜
地址：北京市崇文区崇外大街 1 号
电话：010－67058990
邮编：100062

崇兴园烤鸭店
地址：北京市崇文区东打磨厂街 3 号
电话：010－67083690
邮编：100062

全鑫园烤鸭店
地址：北京市崇文区体育馆路 10 号
电话：010－67151058
邮编：100061

湄洲湾餐饮有限公司
地址：北京市崇文区宝华里沙子口街 72 号
电话：010－87276068
邮编：100062

北京马克西姆西餐厅
地址：北京市崇文门西大街 2 号崇文门饭店 2 层
电话：010－65121992
邮编：100061

全聚德烤鸭店前门店
地址：北京市前门大街 32 号
电话：010－65112418　67011379
邮编：100054

便宜坊烤鸭店崇文门店
地址：北京市崇文门外大街甲 2 号哈德门饭店 1 层
电话：010－67112244
邮编：100061

锦馨回民豆汁儿店
地址：北京市广渠门内大街 193 号
电话：010－67123690
邮编：100020

砂锅居饭庄双榆树店
地址：北京市双榆树东里 40 号
电话：010－82136710　62626710
邮编：100080

老磁器口豆汁儿店天坛店
地址：北京市天坛北门对面
电话：010－67035725
邮编：100051

丰泽园饭庄
地址：北京市宣武区珠市口西大街 83 号
电话：010－63186688
邮编：100050

老舍茶馆
地址：北京市宣武区前门西大街正阳市场 3 号楼
电话：010－63036506
邮编：100054

晋阳饭庄（总店）
地址：北京市宣武区珠市口西大街 241 号
电话：010－6303166963037636－100
邮编：100050

百万庄园投资集团有限公司
地址：北京市宣武区广外大街 377 号
电话：010－6346888863272180
邮编：100055

苏轼轩酒楼
地址：北京市右安门外
电话：010－63580009
邮编：100078

淮扬人家餐馆
地址：北京市宣武区广安门内大街
电话：010－83535806
邮编：100053

金色黑土地餐馆
地址：北京市宣武区广安门内大街
电话：010－63156555
邮编：100053

湘君府餐饮有限责任公司
地址：北京市宣武区广安门外南滨河路
电话：010－63287777
邮编：100055

金加利海鲜大酒楼
地址：北京市宣武区广内大街 6 号
电话：010－63512288
邮编：100053

丽晶皇城老妈有限公司
地址：北京市宣武区长椿街 3 号
电话：010－63173369
邮编：100053

长江国际俱乐部
地址：北京市宣武区天宁寺前街 1 号
电话：010－63487788
邮编：100055

红莲烤鸭店
地址：北京市宣武区红莲北里甲 11 号
电话：010－63263336
邮编：100055

虎坊桥谭鱼头饮食有限公司
地址：北京市宣武区珠市口西大街 25 号
电话：010－63018885
邮编：100050

广利源餐饮有限公司
地址：北京市宣武区南滨河路 5 号
电话：010－63491945
邮编：100055

南来顺饭庄
地址：北京市宣武区南菜园街 12 号
电话：010－63547846
邮编：100054

顺水楼宣武分店
地址：北京市宣武区长椿街三庙大院 3 号
电话：010－63010281
邮编：100053

天华毛家菜馆
地址：北京市宣武区莲花池东路 20 号
电话：010－63486438
邮编：100055

紫玉兰宫廷菜食府
地址：北京市宣武区珠市口西大街
电话：010－63165068
邮编：100050

华福阁酒楼
地址：北京市宣武区南线阁 8 号
电话：010－63548421
邮编：100053

顺潮龙大酒楼
地址：北京市宣武区前门西大街正阳市场 3 号楼
电话：010－63036200
邮编：100051

天畅轩饭庄
地址：北京市宣武区永安路 26 号
电话：010－83136191
邮编：100050

大碗茶酒家
地址：北京市宣武区前门西大街正阳市场 3 号楼
电话：010－63021717
邮编：100051

福鸭园餐饮有限公司
地址：北京市宣武区菜市口南大街
电话：010－83516667
邮编：100052

大观楼酒家
地址：北京市宣武区南菜园西街 12 号
电话：010－63545056
邮编：100054

庐州酒家
地址：北京市宣武区南菜园街 12 号
电话：010－63587696
邮编：100054

吐鲁番餐厅
地址：北京市宣武区广内大街临 65 号
电话：010－83165540
邮编：100053

泰丰楼饭庄
地址：北京市宣武区前门西大街 2 号楼
电话：010－63010153
邮编：100051

湖广会馆饭庄
地址：北京市宣武区虎坊桥 3 号
电话：010－63553114
邮编：100052

皇宫烤鸭店
地址：北京市宣武区西便门西里 3 号楼
电话：010－63022568
邮编：100053

京都国华酒楼
地址：北京市宣武区右安门内大街 26 号
电话：010－83535272
邮编：100054

水族浒记饮食公司
地址：北京市宣武区南新华街 58 号
电话：010－63043078
邮编：100052

山城饭庄
地址：北京市宣武区长椿街北口西侧
电话：010－63016605
邮编：100053

华冠园餐饮有限责任公司
地址：北京市宣武区白纸坊西街17号
电话：010－63583322
邮编：100053

金祥龙家酒楼
地址：北京市宣武区右安门内大街59号
电话：010－83526390
邮编：100054

天王阁饮食公司
地址：北京市宣武区永安路南四楼旁
电话：010－63031580
邮编：100050

全聚德烤鸭店和平门店
地址：北京市前门西大街14号楼
电话：010－6301883363023062
邮编：100054

晋阳饭庄
地址：北京市珠市口西大街241号
电话：010－63031669
邮编：100054

小肠陈饭庄宣武店
地址：北京市南横东街128号
电话：010－63544478
邮编：100054

奶酪魏牛街店
地址：北京市牛街北口西侧1号商业楼牛街清真超市2层
电话：010－58376788
邮编：100054

爆肚冯
地址：北京市菜市口十字路口西南
电话：010－83558088
邮编：100054

羊羯子李西便门老店
地址：北京市西便门西里7号
电话：010－63044265
邮编：100054

聚宝源
地址：北京市牛街西里商业1号楼
电话：010－83545602
邮编：100054

护国寺小吃店护国寺店
地址：北京市护国寺大街93号
电话：010－66181705　66181805
邮编：100032

功德林素菜饭庄
地址：北京市前门南大街158号
电话：010－65112542　67020867
邮编：100054

晋阳饭庄白广路店
地址：北京市白广路10号
电话：010－63541107　83547552
邮编：100054

庆丰包子铺和平门店
地址：北京市和平门北新华街63号
电话：010－66056150
邮编：100010

瑞宾楼
地址：北京市前门大栅栏门框胡同9号
电话：010－63031100
邮编：100054

能仁居饭庄前门店
地址：北京市前门西大街135号
电话：010－66016031
邮编：100054

都一处烧麦馆前门店
地址：北京市前门大街36号
电话：010－65112093　67021555
邮编：100054

贾三灌汤包子馆
地址：北京市白云观街1号
电话：010－63311455
邮编：100032

泰丰楼
地址：北京市前门西大街2号
电话：010－63010153　63023174
邮编：100054

顺峰饮食酒店管理有限公司
地址：北京市朝阳区东三环北路16号
电话：010－65081214
邮编：100026

北京兄弟牛（黄记煌）餐饮管理有限公司
地址：北京市朝阳区建国路93号万达广场A1座10号楼
电话：010－58207850
邮编：100026

北京俏江南餐饮有限公司
地址：北京市朝阳区东大桥路8号尚都国际中心大厦A座2902室
电话：010－58701299
邮编：100026

北京索迪斯餐饮服务有限公司
地址：北京市朝阳区亮马桥路32号高澜大厦
电话：010－64603636
邮编：100026

竹林山庄餐饮有限公司
地址：北京市朝阳区北苑路
电话：010－64962048
邮编：100102

蜀道谭鱼头餐饮企业管理有限公司
地址：北京市朝阳区安立路慧忠北里
电话：010－64848880
邮编：100020

东北农家院餐饮有限公司
地址：北京市朝阳区白家庄路甲
电话：010－65015188
邮编：100026

川老大餐饮有限责任公司
地址：北京市朝阳区道家园
电话：010－65017850
邮编：100025

乔家大院餐饮文化有限责任公司
地址：北京市朝阳区小红门肖村桥
电话：010－87606664
邮编：100076

伊斯坦布尔西餐厅
地址：北京市朝阳区建国门外秀水南街
电话：010－65032700
邮编：100020

杰斯汀西餐厅
地址：北京市朝阳区建国门外大街
电话：010－65002233－8039
邮编：100020

青叶台湾餐厅
地址：北京市朝阳区工体北路
电话：010－65972299－2102
邮编：100026

东方餐厅
地址：北京市朝阳区建国门外大街
电话：010－65052277－34
邮编：100004

古越人家餐厅
地址：北京市朝阳区大屯
电话：010－64810812
邮编：100101

京都肉饼大王餐厅
地址：北京市朝阳区大屯乡北顶村
电话：010－64879207
邮编：100101

玫瑰轩餐厅
地址：北京市朝阳区安慧北里安园
电话：010－64953682
邮编：100101

紫云轩餐厅
地址：北京市朝阳区工体西路
电话：010－6552830
邮编：100020

墨西哥风味餐厅有限公司
地址：北京市朝阳区光华路
电话：010－65935972
邮编：100020

澳洲杰克西餐厅
地址：北京市朝阳区枣营路
电话：010－58670227
邮编：100026

哈瓦那餐厅
地址：北京市朝阳区工体北门
电话：010－65866166
邮编：100020

蜀地传说餐厅
地址：北京市朝阳区朝阳门外大街
电话：010－85627590
邮编：100020

河畔餐厅
地址：北京市朝阳区三里屯北小街
电话：010－84541031
邮编：100020

山姆叔叔餐厅
地址：北京市朝阳区建国门外大街
电话：010－65150384
邮编：100022

巴西烤肉餐厅
地址：北京市朝阳区北四环中路
电话：010－84982288－6178
邮编：100101

赛纳河法国餐厅
地址：北京市朝阳区建国路
电话：010－65669363
邮编：100022

冰火世纪台湾雪锅餐厅
地址：北京市朝阳区西坝河南路

电话：010－64403078
邮编：100022

彩碟轩餐厅
地址：北京市朝阳区静安路
电话：010－84480641
邮编：100022

大屿山茶餐厅
地址：北京市朝阳区北三环中路
电话：010－64603126
邮编：100028

东方渝乡餐厅
地址：北京市朝阳区建华南路
电话：010－65661478
邮编：100022

东坡鱼坊餐厅
地址：北京市朝阳区西坝河中里
电话：010－84513133
邮编：100028

泰明珠餐厅
地址：北京市朝阳区建国门外大街贵友大厦
电话：010－65954885
邮编：100022

小不点茶餐厅
地址：北京市朝阳区东土城路甲
电话：010－51099682
邮编：100022

川老爹餐厅
地址：北京市朝阳区工体西路
电话：010－65535277
邮编：100026

金彩湾餐厅
地址：北京市朝阳区甜水园东街
电话：010－65083272
邮编：100026

太白楼餐厅
地址：北京市朝阳区和平街
电话：010－64295701
邮编：100026

京城大上海餐厅
地址：北京市朝阳区团结湖南里一巷
电话：010－65959762
邮编：100026

上海豫园绿波廊餐厅
地址：北京市朝阳区东三环北路
电话：010－65900510
邮编：100004

云龙金阁大饭店
地址：北京市朝阳区东三环南路十里河桥方庄东区
电话：010－67318666
邮编：100021

眉州东坡酒楼亚运村店
地址：北京市朝阳区惠中北里111号楼
电话：010－64800775
邮编：100012

大董烤鸭店
地址：北京市朝阳区团结湖北口3号楼
电话：010－65822592
邮编：100026

潮福园名人鲍鱼翅酒楼
地址：北京市朝阳区安苑北里14号
电话：010－64926710
邮编：100029

鸭王烤鸭店左家庄分店
地址：北京市朝阳区西坝河南路4号
电话：010－84498671
邮编：100028

北方红子鸡餐饮有限公司
地址：北京市朝阳区霄云路35号
电话：010－64683360
邮编：100027

顺峰酒楼
地址：北京市朝阳区东三环北路16号
电话：010－65070554
邮编：100026

北方凯悦餐饮有限公司
地址：北京市朝阳区工人体育场北路4号机电研究院
电话：010－85236888
邮编：100027

都王烤鸭店
地址：北京市朝阳区惠中里201楼
电话：010－64919665
邮编：100004

汇珍楼饭庄
地址：北京市朝阳区北四环中路8号
电话：010－62064077
邮编：100101

北京机场饮食服务有限公司
地址：北京市朝阳区首都国际机场
电话：010－64597411
邮编：100621

鸭王建国门烤鸭店
地址：北京市朝阳区建外24号
电话：010－65156909
邮编：100022

京信全聚德烤鸭店
地址：北京市朝阳区东三环北路甲2号
电话：010－64660895
邮编：100027

香满楼酒家
地址：北京市朝阳区新源西里东街
电话：010－84513644
邮编：100027

红京鱼餐饮有限公司麦子店分店
地址：北京市朝阳区蒋台乡安家楼鲤鱼门美食街A1
电话：010－64289279
邮编：100026

蜀地传说餐饮管理有限公司
地址：北京市朝阳区蒋台乡安家楼村
电话：010－84543276
邮编：100026

凯普餐饮有限公司——西迷魂阵村
地址：北京市朝阳区天泽路26号
电话：010－84545539
邮编：100016

村屋火锅城
地址：北京市朝阳区天泽路26－5号
电话：010－84488798
邮编：100016

绿松岛酒楼
地址：北京市朝阳区女人街对面东方七彩口内B座
电话：010－84540289
邮编：100017

将台忆澜轩餐厅
地址：北京市将台乡安家楼村西莱太美食街
电话：010－84540238
邮编：100019

丽水名谣餐饮有限公司
地址：北京市朝阳区蒋台乡天津路22号
电话：010－64676676
邮编：100026

那梦餐饮有限公司
地址：北京市朝阳区天泽路26－6号
电话：010－64656681
邮编：100016

沸腾鱼乡建国门分店
地址：北京市朝阳区建外大街乙24号
电话：010－65159600
邮编：100027

沸腾鱼乡餐饮有限责任公司
地址：北京市朝阳区工体北路1号
电话：010－64174988
邮编：100027

阿文上海菜大北窑店
地址：北京市朝阳区东三环南路2号
电话：010－65676283
邮编：100020

重庆味苑酒楼
地址：北京市朝阳区建国门外大街12号
电话：010－65682606
邮编：100022

亨运春饭庄
地址：北京市朝阳区劲松九区907号楼
电话：010－87776513
邮编：100020

全聚德烤鸭店亚运村店
地址：北京市慧忠北里309号天创世缘A座1－3层
电话：010－64801686　64801685
邮编：100012

便宜坊烤鸭店安华店
地址：北京市北三环中路6号
电话：010－82081019
邮编：100020

小肠陈饭庄安定门店
地址：北京市外馆斜街45号
电话：010－64260208
邮编：100010

东来顺饭庄望京店
地址：北京市望京南湖东园221号楼
电话：010－64756804　64756805
邮编：100020

望德楼清真餐厅
地址：北京市地安门外大街26号
电话：010－64041818
邮编：100032

华天又一顺饭庄
地址：北京市黄寺大街28号
电话：010－82022934　62005848
邮编：100032

老上海城隍庙小吃安苑路店
地址：北京市亚运村安苑路1号院
电话：010－64980057

邮编：100020

全聚德烤鸭店方庄店
地址：北京市蒲方路 18 号
电话：010－67602008
邮编：100071

小肠陈饭庄
地址：北京市丰台区草桥东路 8 号院
电话：010－67887815
邮编：100071

太阳岛饺子城
地址：北京市丰台区方庄方星一区
电话：010－67614050
邮编：100078

蜀国演义餐饮文化发展有限公司
地址：北京丰台区西三环六里桥北里甲 3 号
电话：010－63406208
邮编：100073

金鼎轩酒楼第二分店
地址：北京市丰台区方庄蒲芳路 16 号
电话：010－67617161
邮编：100078

兆丰苑桥头火锅城
地址：北京市丰台区莲花西里 28 号
电话：010－63988796
邮编：100073

尚谦酒楼
地址：北京市广安门外南滨河路莱户营东街
电话：010－63427617
邮编：100054

京泓阳光餐饮有限公司
地址：北京丰台右外大街开阳里五区 6 号
电话：010－63516188
邮编：100055

都一处烧麦馆方庄分店
地址：丰台区方庄芳城园美食街
电话：010－67606235
邮编：100078

德顺斋餐厅
地址：北京市石景山区古城南路 27 号
电话：010－68831818
邮编：100043

大东北喜神生日酒楼
地址：北京市石景山区八角西街 38 号
电话：010－68818181
邮编：100043

仙鹤楼酒店有限公司
地址：北京市石景山区鲁谷路京原路口
电话：010－68661188
邮编：100043

碧海蓝鲸餐饮有限责任公司
地址：北京市石景山区晋元庄 6 号
电话：010－88297166
邮编：100043

京石福华火锅城
地址：北京市石景山区古城北路甲 4 号
电话：010－68840054
邮编：100043

天客来餐馆
地址：北京市石景山区晋元庄路首钢勘察院门口
电话：010－68880530
邮编：100041

黎昌海鲜大酒楼（海鲜皇宫店）
地址：北京市海淀区阜城路 81 号
电话：010－88130251
邮编：100036

红岩重庆菜餐厅
地址：北京市海淀区小南庄
电话：010－62610006
邮编：100083

集天小吃餐馆
地址：北京市海淀区三里河路甘家口大厦
电话：010－68365888
邮编：100086

芙蓉酒家
地址：北京市海淀区学院路
电话：010－62311278
邮编：100083

巴比诺意大利餐厅
地址：北京市海淀区紫竹院路
电话：010－68412211－2727
邮编：100089

一品新东北菜餐厅
地址：北京市海淀区北洼路
电话：010－68475422
邮编：100089

海之恋海鲜饺子家常菜餐厅
地址：北京市海淀区保福寺财智大厦
电话：010－62520531
邮编：100086

紫金云顶西餐厅
地址：北京市海淀区三里河路甲
电话：010－68313388－12502
邮编：100086

周鲶鱼山庄
地址：北京市海淀区阜石路
电话：010－68184219
邮编：100037

阿健泡菜鱼餐馆火锅城
地址：北京市海淀区清华南路
电话：010－62752065
邮编：100084

翠园餐厅
地址：北京市海淀区知春里白塔庵
电话：010－62575375
邮编：100083

成记鲤鱼门餐厅
地址：北京市海淀区西直门北大街
电话：010－62251431
邮编：100083

红麻辣餐厅
地址：北京市海淀区万泉庄路
电话：010－82650886
邮编：100083

川味馆餐厅
地址：北京市海淀区北洼路
电话：010－88589352
邮编：100083

蜀湘新景餐厅
地址：北京市海淀区北洼路
电话：010－68430161
邮编：100083

巴蜀朝天门餐厅
地址：北京市海淀区翠微路翠微大厦
电话：010－68167789
邮编：100036

大上海餐厅
地址：北京市海淀区阜成路
电话：010－68415588－20043
邮编：100037

佛罗伦萨意大利餐厅
地址：北京市海淀区永定路
电话：010－68132299－6372
邮编：100036

三禾园东北虎餐厅
地址：北京市海淀区阜成路
电话：010－88110447
邮编：100036

腾格里塔拉酒楼
地址：北京市海淀区万寿路 2 号
电话：010－68150808
邮编：100036

白家大宅门食府
地址：北京市海淀区苏州街 29 号
电话：010－62654186
邮编：100080

听鹂馆饭庄
地址：北京市海淀区颐和园内
电话：010－62881955
邮编：100091

凤凰城餐饮有限公司
地址：北京市海淀区知春路 17 号
电话：010－82311306
邮编：100083

海富门美食城
地址：北京市海淀区三里河路 17 号
电话：010－88392484
邮编：100037

潮泰海鲜楼
地址：北京市海淀区知春路 55 号
电话：010－62643148
邮编：100080

烤肉宛饭庄
地址：北京市海淀区万泉河路 69 号
电话：010－62576888
邮编：100089

烤肉宛饭庄万泉河店
地址：北京市万泉河路 9 号
电话：010－62576888
邮编：100080

金翅鸟大酒楼
地址：北京市海淀区中关村南大街 6 号
电话：010－62501028
邮编：100086

太古城杭州菜分店
地址：北京市海淀区北三环中路 40 号
电话：010－82081010
邮编：100088

四川饭店中软分店
地址：北京市海淀区学院南路 55 号
电话：010－62186618
邮编：100081

蒙古人莜面美食村牡丹环岛分店
地址：北京市海淀区牡丹园西里 11 号
电话：010－62028998
邮编：100083

海畅园餐饮有限公司
地址：北京市海淀区西三环北路 21 号
电话：010－68404797
邮编：100089

美炉村餐饮有限公司一分店
地址：北京市海淀区苏州街 29 号
电话：010－62538886
邮编：100080

蔚秀苑酒楼
地址：北京市海淀区阜成路 11 号
电话：010－68980692
邮编：100037

鱼翅宴酒楼有限责任公司
地址：北京市海淀区万泉河路 68 号紫金庄园 118 号
电话：010－82656568
邮编：100086

鸭好味烤鸭店
地址：北京市海淀区北四环中路 229 号海泰大厦 1 层
电话：010－82884363
邮编：100083

美炉村餐饮有限公司
地址：北京市海淀区空军指挥学院北门外 2 号楼
电话：010－88457838
邮编：100089

京湘岳餐饮有限公司
地址：北京市海淀区北太平庄路 25 号
电话：010－62388953
邮编：100080

消夏园餐厅
地址：北京市海淀区北土城西路 179 号
电话：010－62063489
邮编：100083

樾林居酒楼
地址：北京市海淀区樾林小区 3 号楼
电话：010－68516586
邮编：100038

聚欣全聚德烤鸭店
地址：北京市海淀区羊坊店路 6 号
电话：010－63956378
邮编：100038

鸿运天外天第七分店
地址：北京市海淀区北峰窝 102 号
电话：010－63984391
邮编：100038

圆明园旅游服务公司
地址：北京市海淀区圆明园公园内桃园中路
电话：010－62569688
邮编：100084

京城汗府餐饮有限公司
地址：北京市海淀区亮甲店 130 号
电话：010－88125282
邮编：100080

永阳酒楼
地址：北京市海淀区昆明湖南路 11 号
电话：010－88438485
邮编：100080

乖乖羊特色滋补火锅
地址：北京市海淀区西三旗东新都车站路南
电话：010－82924022
邮编：100096

全聚德烤鸭店玉泉路店
地址：北京市复兴路 44 号
电话：010－68276551
邮编：100080

东来顺饭庄奥运村店
地址：北京市北沙滩甲 1 号
电话：010－64841666
邮编：100020

东来顺饭庄城乡店
地址：北京市复兴路甲 23 号城乡贸易中心 5 层
电话：010－68296775
邮编：100080

老边饺子馆
地址：北京市远大路 1 号金源时代购物中心 5 层
电话：010－88874912
邮编：100080

葵苑饭庄
地址：北京市门头沟区石龙业路
电话：010－69803888
邮编：102308

鲁兴源饭店
地址：北京市门头沟区潭柘寺镇鲁家滩村北
电话：010－60863320
邮编：102308

西部福华肥牛城
地址：北京市门头沟区城子大街 94 号
电话：010－69833200
邮编：102300

赤壁人家湖北风味酒楼
地址：北京市房山区良乡西潞南大街 18 号
电话：010－69381685
邮编：102401

燕山天宫海鲜酒家
地址：北京市房山区燕山迎风一巷 1 号
电话：010－69345200
邮编：102500

金越秀酒楼
地址：北京市房山区良乡拱辰北大街 13 号
电话：010－89351081
邮编：102488

泰和楼饭庄
地址：北京房山区良乡西路北大街甲 83 号
电话：010－69354547
邮编：102488

禹王轩大酒店
地址：北京市通州区张家湾镇
电话：010－81556818
邮编：101100

馨紫宸酒楼
地址：北京市顺义区天竺镇府前街 24 号
电话：010－64570173
邮编：101312

天顺园饮食中心
地址：北京市顺义区陶泉坟村南
电话：010－89407540
邮编：101300

田源鸡餐饮有限公司顺义分公司
地址：北京顺义区中山西街 22 号路南
电话：010－81490380
邮编：101300

阳坊胜利涮羊肉胜利总店
地址：北京市昌平区阳坊商业街东侧
电话：010－69760365　69760354
邮编：102200

李连贵熏肉大饼餐馆
地址：北京市昌平区天通东苑
电话：010－67147427
邮编：102218

煌潮大酒店
地址：北京昌平区高科技园区永安路 47 号
电话：010－89748827
邮编：102200

金殿国际餐厅
地址：北京市昌平区南口镇龙虎台
电话：010－69777888
邮编：102202

龙地友谊餐饮有限公司
地址：北京市昌平区政府街西路 2 号
电话：010－89747449
邮编：102200

圣菌美食广场
地址：北京市昌平区西三旗东路口北
电话：010－82936868
邮编：100096

信祥旅游中心
地址：北京市昌平区西关环岛
电话：010－69709866
邮编：102200

一手东北菜餐饮有限公司
地址：北京市昌平区亢山路北段 8 号
电话：010－69726200
邮编：102200

湖汕黄氏大酒楼
地址：北京市昌平区南桥环岛西侧
电话：010－89716666
邮编：102200

福运多烤鸭店
地址：北京市昌平区回龙观镇二拨子路东
电话：010－81795666
邮编：102601

蓬海楼餐厅
地址：北京市大兴区旧宫镇南小街
电话：010－67959428
邮编：100076

来子饮食有限责任公司
地址：北京市大兴区康庄路口 2 号
电话：010－60205518
邮编：102600

黄村兴兴福华肥牛城
地址：北京市大兴区黄村镇清源路 16 号
电话：010－69239337
邮编：102617

大兴富强大酒店
地址：北京市大兴区兴丰大街 28 号
电话：010－69247040
邮编：102600

小顺风酒楼
地址：北京市大兴区黄村海北路 17 号
电话：010－69295811
邮编：102600

九州方圆食府
地址：北京市大兴区黄村海北路 1 号
电话：010－69202266
邮编：102600

丰兴园饭庄
地址：北京市大兴区黄村镇市场路 4 号
电话：010－69243316
邮编：102600

京南燕兴楼烤鸭店
地址：北京市大兴区榆垡镇福顺街 33 号
电话：010－89218066
邮编：102602

薛家营长松涮肉坊
地址：北京市大兴区庞各庄薛家营村西
电话：010－89281538
邮编：102601

采育葡萄技术培训中心
地址：北京市大兴区采育镇万亩葡萄采摘园
电话：010－80273509
邮编：102606

溢香园小肥羊餐饮有限公司
地址：北京市怀柔区开放路 9 号
电话：010－69689199
邮编：101400

翼松楼餐厅
地址：北京市怀柔区慕田峪
电话：010－61626814
邮编：101405

怀柔全聚德烤鸭店
地址：北京市怀柔区青春路 33 号
电话：010－69624789
邮编：101400

北竹园烤鸭店
地址：北京市怀柔区南大街 27 号
电话：010－69624391
邮编：101400

迎宾天天向上大酒楼
地址：北京市怀柔区迎宾中路 42 号
电话：010－69624669
邮编：101400

永盛福成肥牛火锅城
地址：北京市平谷区新平东路 1 号
电话：010－89989988
邮编：101200

君来顺兴酒楼
地址：北京市平谷区新平北路 14 号
电话：010－69973666
邮编：101200

眉州东坡酒楼
地址：北京市密云县鼓楼东大街山水大厦西侧 1 层
电话：010－69085699
邮编：101500

假日绿苑餐饮有限公司
地址：北京市密云县长城环岛北侧长城大厦 3 层
电话：010－69059733
邮编：101500

佰璐庄酒楼
地址：北京市密云县康居南区综合楼甲1 号
电话：010－69055191
邮编：101500

京东福华肥牛城
地址：北京市密云县西滨河云光商场西楼
电话：010－69069109
邮编：101500

蜀都东坡酒楼
地址：北京市密云县鼓楼南大街 26 号
电话：010－69046691
邮编：101500

舟海洲美食城
地址：北京市密云县溪翁庄镇七孔桥路南
电话：010－69016956
邮编：101500

香园楼美食屋
地址：北京市密云县康居小区
电话：010－69042188
邮编：101500

宏英鑫居
地址：北京市密云县长城环岛西侧
电话：010－69051030
邮编：101500

客传客美食城
地址：北京市密云县新南路 11 号
电话：010－69068622
邮编：101500

万和居饭庄
地址：北京市密云县果园中区
电话：010－69087800
邮编：101500

春光饭店
地址：北京市密云县西大桥商住楼 20 号
电话：010－89095259
邮编：101500

旅游用品

北京工美集团有限责任公司
地址：北京市东城区王府井大街
电话：010－65288866
邮编：100010

天德轩古玩玉器商店
地址：北京市东城区东土城路
电话：010－64489088
邮编：100013

北京市梦达珠宝玉器厂
地址：北京市西城区鼓楼西大街
电话：010－64053542
邮编：100032

北京长城手工艺品厂
地址：北京市西城区西四大院胡同
电话：010－66175992
邮编：100032

北京市宇海工艺美术品厂
地址：北京市西城区月坛西街
电话：010－68011092
邮编：100032

北京市金属工艺品厂
地址：北京市西城区德胜门外大街
电话：010－62024337
邮编：100032

北京市地毯五厂
地址：北京市西城区大半截胡同
电话：010－66189027
邮编：100032

五寰珠宝市场
地址：北京市西城区新街口南大街乙
电话：010－66167241
邮编：100035

七彩云南翡翠珠宝商城有限公司
地址：北京市西城区月坛北街
电话：010－58566060
邮编：100045

天府珠宝商城
地址：北京市崇文区体育馆路
电话：010－67140284
邮编：100061

北京玉器二厂
地址：北京市崇文区花市上二条
电话：010－67111318
邮编：100061

北京市玉器厂
地址：北京市崇文区光明路
电话：010－67115310
邮编：100061

北京市珐琅厂有限责任公司
地址：北京市崇文区安乐林路
电话：010－87281155　67211844
邮编：100061

北京市崇文工艺绣品厂
地址：北京市崇文区民主东街
电话：010－67225872
邮编：100061

北京宣武区玉器厂
地址：北京市宣武区教子胡同门楼巷
电话：010－63529543
邮编：100054

北京宝元钻石首饰厂
地址：北京市宣武区广义街 4 号
电话：010－63038342
邮编：100054

北京市宣武区太平工艺美术厂
地址：北京市宣武区太平街西巷
电话：010－63539236
邮编：100054

北京古玩城有限公司
地址：北京市朝阳区东三环南路
电话：010－67747711
邮编：100020

北京市美吉瑞珠宝首饰厂
地址：北京市朝阳区东坝西门外 132 号
电话：010－84311429
邮编：100018

北京市朝阳双桥京艺首饰厂
地址：北京市朝阳区豆各庄乡
电话：010－69502645
邮编：100020

北京禄颖兰釉艺工艺品有限公司
地址：北京市朝阳区和平里惠新东街 8 号设计大厦 801 室
电话：010－84637463　67136258
邮编：100020

北京鑫融基铂金首饰制造有限责任公司
地址：北京市朝阳区永安里
电话：010－65681406

邮编：100020

北京工美集团有限责任公司工艺品分厂
地址：北京朝阳区东土城路
电话：010－64215431　64201522
邮编：100020

北京市双桥宫灯厂
地址：北京市朝阳区双桥农场
电话：010－85391582
邮编：100020

北京市特种工艺装饰品厂
地址：北京市朝阳区北沙滩大屯路2号
电话：010－64879879
邮编：100101

北京文朝阳区继古斋特种工艺雕漆厂
地址：北京市朝阳区孙河镇
电话：010－84592752
邮编：100020

北京华艺金漆镶嵌厂
地址：北京市朝阳区六里屯东口
电话：010－65074164
邮编：100020

北京合群工艺雕刻厂
地址：北京市朝阳区北苑
电话：010－81557412
邮编：100020

北京芳草工艺品厂
地址：北京市朝阳区蒋台洼
电话：010－84301832
邮编：100020

北京金漆镶嵌厂
地址：北京市朝阳区小红门乡红寺村
电话：010－67661921
邮编：100020

北京春艺木刻厂
地址：北京市朝阳区定福庄村南
电话：010－69733074
邮编：100020

北京市绢花厂
地址：北京市朝阳区潘家园路
电话：010－67712327
邮编：100020

北京市地毯九厂
地址：北京市朝阳区和平街八大公坟
电话：010－64200373
邮编：100020

北京市挑补绣花厂
地址：北京市朝阳区关东店南街
电话：010－65024419
邮编：100020

北京古玩城亚运村市场
地址：北京市朝阳区小关北里
电话：010－64987272
邮编：100029

北京市东郊首饰工艺品厂
地址：北京市朝阳区来广营东路
电话：010－84703965
邮编：100020

北京三星工艺装饰厂
地址：北京市丰台区六里桥南里
电话：010－63838386
邮编：100071

北京市金葵工艺制品厂
地址：北京市丰台区花乡巴庄子
电话：010－63783927
邮编：100071

北京泥人张博古陶艺厂
地址：北京市丰台区杜家坎
电话：010－83871427
邮编：100071

北京中京蜡烛制造有限公司
地址：北京海淀区四季青廖公庄工业区
电话：010－82596266
邮编：100080

北京凌云雕漆厂
地址：北京市海淀区永丰路
电话：010－62475251
邮编：100080

坤博院古玩店
地址：北京市海淀区大钟寺市场
电话：010－51162347
邮编：100080

世和草堂古玩店
地址：北京市海淀区大钟寺国际古玩收藏品市场
电话：010－62028040
邮编：100080

北京市良乡光华玉器厂
地址：北京市房山区詹庄村
电话：010－89357854
邮编：102488

北京石窝雕刻厂
地址：北京市房山区石窝村
电话：010－6323356
邮编：102488

北京市房山区祥达工艺雕刻厂
地址：北京市房山区大石窝镇高庄村
电话：010－61381231
邮编：102488

北京市南尚乐恒通大理石雕刻厂
地址：北京市房山区大石窝镇下庄村
电话：010－61383509
邮编：102488

北京市高庄万顺达工艺品厂
地址：北京市房山区大石窝镇
电话：010－61381219
邮编：102488

北京房山南关景泰蓝厂
地址：北京市房山区南关新农街
电话：010－69314586
邮编：102488

北京市银玉工艺品有限责任公司
地址：北京市通州区北神树村
电话：010－81501418
邮编：101149

北京双埠头珐琅厂
地址：北京市通州区双埠头村
电话：010－89567636
邮编：101149

北京东方艺珍花丝镶嵌厂
地址：北京市通州区外河沿
电话：010－69544610
邮编：101149

北京市艺海工艺厂
地址：北京市通州区西集镇西防路
电话：010－61576209
邮编：101149

北京市桂通玉器厂
地址：北京市通州区桂家坟村
电话：010－69503686
邮编：101149

北京市通州区兴蓉工艺品厂
地址：北京市通州区
电话：010－61532850
邮编：101149

北京市通州区兰特工艺品厂
地址：北京市通州区杨堤村西
电话：010－80586594
邮编：101149

北京市通州龙腾工艺品厂
地址：北京市通州区次渠镇
电话：010－81501239
邮编：101149

北京市通州明慧景泰蓝厂
地址：北京市通州区马驹桥镇
电话：010－60509443
邮编：101149

北京艺兰珠宝厂
地址：北京市顺义区牛栏山镇北
电话：010－69412288
邮编：101300

北京市顺义李遂首饰厂
地址：北京市顺义区柳各庄村南
电话：010－89481702
邮编：101300

北京自强玉器厂
地址：北京市顺义区南彩镇
电话：010－89469453
邮编：101300

北京市良山珐琅厂
地址：北京市顺义区张镇良山村
电话：010－61480646
邮编：101300

北京市顺义薛家庄工艺品厂
地址：北京市顺义区大孙各庄镇
电话：010－61432167
邮编：101300

北京市昌平区长龙工艺美术厂
地址：北京市昌平区商业街
电话：010－69741183
邮编：102200

北京卉隆干燥花有限责任公司
地址：北京市昌平区沙河镇松兰堡
电话：010－69732149
邮编：102200

北京宝典泛欧工艺制品有限公司
地址：北京市大兴区采育科技园
电话：010－80278091　84833381
邮编：102600

北京市第一绣花厂
地址：北京市大兴区西红门科技工业园
电话：010－60250339
邮编：102600

北京市高两河陶瓷彩绘厂
地址：北京市怀柔区庙城镇高两河村
电话：010－89609489
邮编：101400

北京市平谷区京峪工艺品厂
地址：北京市平谷区峪口镇
电话：010－61906012
邮编：101200

旅游交通

中国国际旅行社总社车管处
地址：北京市东城区东单
电话：010－85228888
邮编：100006

中国青旅股份有限旅游服务分公司
地址：北京市东城区东交民巷丙23号
电话：010－65288558
邮编：100006

北京火车站
地址：北京市东城区
电话：010－65129525
邮编：100007

北京火车西站
地址：北京市西城区
电话：010－63216253
邮编：100031

北京火车北站
地址：北京市西城区
电话：010－51866223
邮编：100031

北京京交旅游汽车服务中心
地址：北京市西城区月坛南街46号
电话：010－63836021
邮编：100031

北京火车南站
地址：北京市崇文区
电话：010－63030031
邮编：100077

大陆汽车俱乐部
地址：北京市宣武区广安门南街4号
电话：010－68465656
邮编：100053

北京市旅游汽车公司
地址：北京市朝阳区枣营路甲3号
电话：010－65011122
邮编：100026

中旅旅游汽车公司
地址：北京市朝阳区南湖渠望京西路
电话：010－64366155
邮编：100102

北京天马旅游汽车公司
地址：北京市朝阳区南湖渠望京西路
电话：010－64364406
邮编：100102

北京首都国际机场
地址：北京市朝阳区
电话：010－64571666
邮编：100025

北京华夏汽车服务公司
地址：北京市丰台区西三环南路9号
电话：010－63863512
邮编：100073

北京旅行车有限股份公司
地址：北京市永定门外大红门西路26号
电话：010－67211558
邮编：100075

旅游院校

北京教育学院
职业教育学院旅游管理系
地址：北京市东城区鼓楼外大街56号
电话：010－84114607
邮编：100011

北京财贸职业学院
旅游系
地址：北京市东城区东四南大街礼士胡同41号
电话：010－65231520
邮编：100010

北京旅游行业考试培训中心
地址：北京市建国门外大街28号
电话：010－65150212
传真：65158263
邮编：100022

北京工商大学
旅游系
地址：北京市阜城路33号
电话：010－68904534
邮编：100037

北京外事旅游职业高中
地址：北京市西单太仆寺街69号
电话：010－66011207　66188663
邮编：100031

北京第二外国语学院（中国旅游学院）
旅游管理学院、国际文化交流学院、成人教育学院、高等职业技术学院、国际经济与贸易系、中文系、外语系、英语系、日语系；英、日、法、西、德、俄、阿拉伯语、朝鲜语
地址：北京市朝阳区定福庄南里1号
电话：010－65778005
邮编：100024

北京联合大学
北京旅游学院
旅游管理系、旅游英语系、旅游日语系、餐饮工艺系
地址：北京市朝阳区北四环东路99号
电话：010－64914433
邮编：100101

首都经济贸易大学
工商管理学院旅游管理系
地址：北京市朝阳门外红庙金台里2号
电话：010－65976420
邮编：100026

北京市经济管理干部学院
工商管理系旅游管理专业
地址：北京市朝阳区花家地街19号
电话：010－80644560
邮编：100102

丽都饭店专业技术学校
地址：北京市酒仙桥一街坊甲2号
电话：010－64371943
邮编：100004

北京振华旅游学校
地址：北京市丰台区小屯村1号
电话：010－68228332
邮编：100071

古城旅游服务职业高中
地址：北京市古城西路
电话：010－68874914
邮编：100043

北京交通大学
旅游系
地址：北京市海淀区西直门外上园村3号
电话：010－62263322
邮编：100044

中国青年政治学院
职业教育学院旅游管理专业
地址：北京市西三环北路20号
电话：010－88567861
邮编：100089

中国劳动关系学院
旅游与饭店管理专业
地址：北京市海淀区增光路45号
电话：010－88561951
邮编：100037

首都师范大学
资源环境与旅游学院旅游系
地址：北京市西三环北路105号
电话：010－68902376
邮编：100037

北京林业大学
旅游管理系
地址：北京市海淀区清华东路35号
电话：010－62338222
邮编：100083

北京东方大学
旅游系
地址：北京市海淀区永丰中路
电话：010－62481248－8019
邮编：100094

北京城市学院
旅游专业
地址：北京市北四环中路269号
电话：010－62322620
邮编：100083

海淀旅游服务高中
地址：北京市海淀区甘家口185号
电话：010－68351832
邮编：100037

北京科技职业学院
旅游学院
地址：北京市昌平区沙河沙阳路18号
电话：010－80726594
邮编：102206

北京交通职业技术学院
旅游管理专业
地址：北京市昌平区西关环岛
电话：010－89707874
邮编：102200

北京石油化工学院
旅游系
地址：北京市大兴区黄村镇青园北路19号
电话：010－81292257
邮编：102617

天津

TIANJIN

旅游机构

天津市旅游局
地址：天津市河西区友谊路18号
电话：022－28358812
传真：022－28352324
邮编：300074
网址：www.tjtour.cn
电子信箱：zcfgc@tjtour.cn

天津市旅游质量监督管理所
地址：天津市河西区友谊路18号
电话：022－28359093
传真：022－28136770
邮编：300074

和平区文化和旅游局
地址：天津市和平区沙市道福林里3－4号
电话：022－23112006
传真：022－23112006
邮编：300051
电子信箱：liumei0221@163.com

河东区文化和旅游局
地址：天津市河东区八纬路129号
电话：022－24125643
传真：022－24126402
邮编：300171

河西区文化局
地址：天津市河西区绍兴道4号
电话：022－23278815
传真：022－23278815
邮编：300202

南开区文化和旅游局
地址：天津市南开区黄河道487号
电话：022－27631800
传真：022－27630596
邮编：300110
电子信箱：nkqlyj@163.com

河北区旅游管理办公室
地址：天津市河北区民族路46号
电话：022－24457092
传真：022－24457092
邮编：300010

塘沽区旅游局
地址：天津市塘沽区营口道734号政通大厦A座2402
电话：022－66896398
传真：022－66896398
邮编：300450
网址：www.tglyj.gov.cn
电子信箱：tglyj@starinfo.net.cn

汉沽区旅游局
地址：天津市汉沽区新开中路65号（政府大楼6楼）
电话：022－25694127
传真：022－25694127
邮编：300480
网址：www.hangu.com.cn
电子信箱：hangu@126.com

大港区旅游局
地址：天津市大港区振兴路12号
电话：022－25992626
传真：022－25992626
邮编：300270
电子信箱：dgqlyj@163.com

东丽区旅游局
地址：天津市东丽区东丽湖旅游度假区内
电话：022－24880668
传真：022－24889736
邮编：300301
网址：www.tj－dlh.com

西青区旅游局
地址：天津市西青区杨柳青镇西青道284号
电话：022－27945660
传真：022－27945660
邮编：300380
电子信箱：xqlyj@163.com

津南区旅游办公室
地址：天津市津南区咸水沽镇津沽路174号
电话：022－28518361
传真：022－28390696
邮编：300350

北辰区商业委员会
地址：北辰区北医道3号
电话：022－26391603
传真：022－26391107
邮编：300400

武清区旅游管理办公室
地址：天津市武清区雍阳东道18号
电话：022－29342567
邮编：301700

宝坻区旅游局
地址：天津市宝坻区城关镇商业街7号
电话：022－29241029
传真：022－29241029
邮编：301800
电子信箱：baodilvyouiju@163.com

蓟县旅游经济委员会
地址：天津市蓟县渔阳古街15号
电话：022－29140240
传真：022－29191500
邮编：301900
网址：www.jx－travel.com
电子信箱：jixianlvyou@126.com

宁河县商务委员会
地址：天津市宁河县芦台镇光明路36号
电话：022－69593551
传真：022－69593786
邮编：301500

静海县旅游工作管理办公室
地址：天津市静海县团泊镇北侧
电话：022－68504706
邮编：301636

开发区社会发展局
地址：天津经济技术开发区宏达街19号C1区6楼
电话：022－25202201
传真：022－25202316
邮编：300457
电子信箱：zhangjg@teda.gov.cn

保税区社会发展局
地址：天津港保税区通达广场1号
电话：022－25763869
传真：022－25760424
邮编：300456
网址：www.tjftz.gov.cn

旅行社

天津市海外旅游总公司
地址：天津市河西区友谊路22号
电话：022－28109918
邮编：300074
网址：www.tj－cits.com
许可证号：L－TJ－GJ00001

天津中国国际旅行社
地址：天津市河西区友谊路22号
电话：022－28109988
邮编：300074
网址：www.tj－cits.com
许可证号：L－TJ－GJ00002

天津市中国旅行社
地址：天津市河西区平山道16号
电话：022－23523777
邮编：300074
网址：www.tjcts.com.cn
许可证号：L－TJ－GJ00003

天津康辉旅行社有限责任公司
地址：天津市河西区友谊北路51号合众大厦A座7层
电话：022－28371875
邮编：300204
许可证号：L－TJ－GJ00004

天津市天津旅行社
地址：天津市河西区友谊路22号
电话：022－28109988
邮编：300074
网址：www.tj－cits.com
许可证号：L－TJ－GJ00005

天津中国青年旅行社
地址：天津市和平区荣业大街新文化花园新典居2号楼3层
电话：022－27316688
邮编：300201
网址：www.cyts_tj.com
许可证号：L－TJ－GJ00006

天津海峡旅行社
地址：天津市和平区大沽北路138号金融广场大厦A座5层
电话：022－83698977
邮编：300040
许可证号：L－TJ－GJ00007

中国职工天津旅行社
地址：天津市和平区营口道9号
电话：022－23030296
邮编：300040
许可证号：L－TJ－GJ00008

天津教育国际旅行社
地址：天津市南开大学
电话：022－23710909
邮编：300040
许可证号：L－TJ－GJ00010

天津市中贸国际旅行社有限责任公司
地址：天津市和平区湖北路33号
电话：022－23035625
邮编：300040
网址：www.citts.com
许可证号：L－TJ－GJ00011

招商局天津国际旅行社有限公司
地址：天津市河西区友谊路32号

电话：022－28351333
邮编：300061
许可证号：L－TJ－GJ00013

天津协通国际旅行社
地址：天津市河西区解放路273号
电话：022－23315813
邮编：300042
许可证号：L－TJ－GJ00014

天津友好国际旅行社有限公司
地址：天津市河西区友谊北路广银大厦1层
电话：022－28016013
邮编：300074
许可证号：L－TJ－GJ00015

天津中广国际旅行社
地址：天津市河西区卫津南路1号
电话：022－23523670
邮编：300060
许可证号：L－TJ－GJ00016

天津市通宇国际旅行社有限公司
地址：天津市和平区睦南道153号
电话：022－23323750
邮编：300050
网址：www. tjwits. com
许可证号：L－TJ－GJ00018

天津紫金国际旅行社
地址：天津市河西区紫金山路36号
电话：022－28354938
邮编：300074
许可证号：L－TJ－GJ00019

天津市经典假期国际旅行社有限公司
地址：天津市河西区南京路66号凯旋门大厦B－27－C
电话：022－23062062
邮编：300042
网址：www. chts. com. cn
许可证号：L－TJ－GJ00021

天津天新国际旅游有限公司
地址：天津市河西区友谊路22号
电话：022－28109988
邮编：300074
网址：www. tstours. com. cn
许可证号：L－TJ－GJ00022

天津中信国际旅行社有限公司
地址：天津市和平区郑州道18号港澳大厦1001－64号
电话：022－23161078
邮编：300050
许可证号：L－TJ－GJ00023

天津市仙百合国际旅行社有限公司
地址：天津市河西区围堤道146号
电话：022－88238099
邮编：300201
网址：www. lily365. com
许可证号：L－TJ－GJ00024

天津市大亚国际旅行社有限公司
地址：天津市河西区解放南路
电话：022－88218128
邮编：300202
网址：www. tjdaya. com
许可证号：L－TJ－GJ00025

天津市方舟国际旅行社有限公司
地址：天津市河西区汕头路新3号
电话：022－23063339
邮编：300204
许可证号：L－TJ－GJ00026

天津市三源电力国际旅行社
地址：天津市河西区九龙路74号
电话：022－23062651
邮编：300204
许可证号：L－TJ－GJ00027

天津开发区华泰国际旅行社有限公司
地址：天津市和平区重庆道66号
电话：022－23119358
邮编：300050
网址：www. tjhuatai. com
许可证号：L－TJ－GJ00028

天津市金龙国际旅行社有限责任公司
地址：天津市和平区福安大街新文化花园新丽居2－D－510室
电话：022－23068666
邮编：300021
网址：www. gdts. com. cn
许可证号：L－TJ－GJ00029

天津开发区泰达国际旅行社有限公司
地址：天津开发区第一大街晓园西路4号
电话：022－62003218
邮编：300457
网址：www. tedatravel. com
许可证号：L－TJ－GJ00030

天津凤凰国际旅行社有限公司
地址：天津友谊路65号银丰花园A座1304室
电话：022－58791056/57
邮编：300204
许可证号：L－TJ－GJ00032

宾馆酒店

天津喜来登大酒店 ★★★★★
地址：天津市河西区紫金山路
电话：022－23343388
传真：022－23358740
邮编：300074
网址：www. sheraton. com/tianjin

金皇大酒店 ★★★★★
地址：天津市河西区南京路18号
电话：022－23038866
传真：022－23038899
邮编：300202
网址：www. gcthotel. com
电子信箱：jh@ gcthotel. com

天津泰达国际会馆 ★★★★★
地址：天津市南开区富康路7号增2号
电话：022－58695555
传真：022－23065555
邮编：300074
网址：www. tedatjclub. com
电子信箱：tc_inif@ tedahotels. com

泰达国际酒店暨会馆 ★★★★★
地址：天津市经济技术开发区二大街8号
电话：022－25326000
传真：022－25326167
邮编：300457
网址：www. tedahotel. com
电子信箱：tihg002@ starinfo. net. cn

万丽泰达酒店 ★★★★★
地址：天津市经济技术开发区二大街29号
电话：022－66218888
传真：022－66219999
邮编：300457
网址：www. renaissancehotels. com

天津天保国际酒店 ★★★★★
地址：天津市保税区京门大道368号
电话：022－25761588
传真：022－25761688
邮编：300461
网址：www. tbhotel. com
电子信箱：sales. tianjin@ tbhotel. com

天津舒泊花园大酒店 ★★★★
地址：天津市和平区荣业大街2号
电话：022－58997778
传真：022－58997733
邮编：300021
网址：www. supergarden. net
电子信箱：tjsupergarden@ 163. com

天津利顺德大厦 ★★★★
地址：天津市和平区台儿庄路32号
电话：022－23032888
传真：022－23033358
邮编：300040
网址：www. astor-plaza. com

天津凯悦饭店 ★★★★
地址：天津市和平解放北路219号
电话：022－23301234
传真：022－23312205
邮编：300042
网址：tianjin. regency. hyatt. cn

天津利顺德大饭店 ★★★★
地址：天津市和平区台儿庄路33号
电话：022－23311688
传真：022－23316282
邮编：300042
网址：www. astorhotel. com. cn
电子信箱：admin@ astorhotel. com

天津君悦酒店 ★★★★
地址：天津市和平区贵州路16号
电话：022－23088888
传真：022－23088686
邮编：300051
网址：www. junyuehotel. com
电子信箱：de@ junyuehotel. com

天津市天宇大酒店 ★★★★
地址：天津市和平区电台道19号
电话：022－23603388
传真：022－23603164
邮编：300070
网址：www. ty-hotel. com
电子信箱：tyhotel@ eyou. com

天津津利华大酒店 ★★★★
地址：天津市河西区友谊路32号
电话：022－28352222
传真：022－28359864
邮编：300061
网址：www. tjtwtc. com

天津世纪酒店 ★★★★
地址：天津市河西区黑牛城道179号
电话：022－88291888
传真：022－88290578
邮编：300061

天津水晶宫饭店 ★★★★
地址：天津市河西区友谊路宾水道
电话：022－28356888
传真：022－28358886

邮编：300074
网址：www. tcph. cn

天津市美都大酒店 ★★★★
地址：天津市河西区围堤道117号
电话：022－28361818
传真：022－28356600
邮编：300074

天津君豪大酒店 ★★★★
地址：天津市河西区环湖中路与黑牛城道交口
电话：022－23388988
传真：022－23388488
邮编：300060

天津市水上会宾园饭店 ★★★★
地址：天津市南开区水上公园北路46号
电话：022－23369486
传真：022－23617890
邮编：300191
网址：www. huibinyuanhotel. cn
电子信箱：hby. hotel@ yahoo. com. cn

天津凯德大酒店 ★★★★
地址：天津市河北区自由道15号
电话：022－24451777－66 24407841
传真：022－24453734
邮编：300010
电子信箱：kindhotel@ 163. com

天津假日饭店 ★★★★
地址：天津市河北区中山路288号
电话：022－26288888
传真：022－26286666
邮编：300141
网址：www. holiday-inn. com
电子信箱：hotel@ mail. hitianjin. com

天津胜利宾馆 ★★★★
地址：天津市塘沽区津塘公路1369号
电话：022－25345833
传真：022－25344570
邮编：300451
网址：www. victoryhotel. com
电子信箱：info@ victoryhotel. com

天津泰达中心酒店 ★★★★
地址：天津市开发区第三大街16号
电话：022－25206666
传真：022－25206665
邮编：300457
网址：www. tj. xinhuanet. com
电子信箱：tedazp@ 163. com

天津惠中酒店 ★★★★
地址：天津市开发区第三大街南海路口芳林泰达园A座
电话：022－59811111
传真：022－59810931
邮编：300457
网址：www. elegancehotel. cn
电子信箱：sm@ elegancehotel. cn

天津美华酒店 ★★★★
地址：天津市经济技术开发区黄海路10号
电话：022－25281000
传真：022－25288686
邮编：300457
网址：www. mayfair. com. cn

天津君汇度假大酒店 ★★★★
地址：天津市大港区学府路88号
电话：022－63302288
传真：022－63302099
邮编：300270

天鹅湖温泉度假村 ★★★★
地址：天津市武清开发区福源道20号
电话：022－82115588
传真：022－82113935
邮编：301700
网址：www. swanlake. com. cn
电子信箱：tianehuce@ 126. com

天津市华富宫大饭店 ★★★
地址：天津市和平区南市旅馆街
电话：022－27350066
传真：022－27347358
邮编：300021
网址：hotel. tw128. com/12111
电子信箱：trade@ hfghotel. com. cn

天津市友谊宾馆 ★★★
地址：天津市和平区南京路94号
电话：022－23310372
传真：022－23310616
邮编：300040
网址：www. etjtg. com
电子信箱：tjfshotel@ sina. com

天津富蓝特大酒店 ★★★
地址：天津市和平区新华路231号
电话：022－83326399
传真：022－23125446
邮编：300041
电子信箱：flante@ eyou. com

天津皇宫饭店 ★★★
地址：天津市和平区解放北路177号
电话：022－23190888
传真：022－23190222
邮编：300042
电子信箱：imphotel@ shell. tjvan. com. cn

天津第一饭店 ★★★
地址：天津市和平区解放北路158号
电话：022－23309988
传真：022－23123000
邮编：300042

和平宾馆 ★★★
地址：天津市和平区大理道66号
电话：022－23308828
传真：022－23313535
邮编：300050

天津东亚大酒店 ★★★
地址：天津市和平区昆明路86号
电话：022－27838888
传真：022－27832929
邮编：300051

天津天波大酒店 ★★★
地址：天津市河东区六经路11号
电话：022－85580888
传真：022－85580229
邮编：300012
网址：www. tb-hotel. cn
电子信箱：tianbo88@ eyou. com

大通会馆酒店 ★★★
地址：天津市河东区中环线红星路东
电话：022－58999798
传真：022－58999788
邮编：300161

龙凤酒店 ★★★
地址：天津市河东区光华路甲1号
电话：022－84268888
传真：022－85588600
邮编：300182

天津宾馆 ★★★
地址：天津市河西区友谊路
电话：022－28359000
传真：022－28359822
邮编：300061

天津凯撒皇宫大酒店 ★★★
地址：天津市河西区气象台路46号
电话：022－23375995
传真：022－23374922
邮编：300074

天津市天水大酒店 ★★★
地址：天津市河西区平山道25号
电话：022－23011088
传真：022－24902490
邮编：300074

天津金桥宾馆 ★★★
地址：天津市河西区卫津路241号
电话：022－23540522
传真：022－23540324
邮编：300074

天津科技大厦 ★★★
地址：天津市河西区友谊路25号
电话：022－28358888
传真：022－28359389
邮编：300221
网址：www. intertech-hotel. com

天津长青温泉宾馆 ★★★
地址：天津市河西区新围堤道1－3号
电话：022－28309922
传真：022－28309977
邮编：300211
电子信箱：bskim@ 163. net

天津市柳林宾馆 ★★★
地址：天津市河西区柳林东
电话：022－28124848
传真：022－60283115
邮编：300222

天津金禧国际大酒店 ★★★
地址：天津市南开区3马路2号
电话：022－27351688
传真：022－27352920
邮编：300100
网址：www. cairnhill. net. cn

天津双鹿大厦 ★★★
地址：天津市南开区3马路165号
电话：022－27318888
传真：022－27312708
邮编：300100

天津市华城宾馆 ★★★
地址：天津市南开区红旗路253号
电话：022－23369219
传真：022－23368395
邮编：300191
网址：www. tjhc-hotel. com
电子信箱：tjhc@ tjhc-hotel. com

天津市体育宾馆 ★★★
地址：天津市南开区卫津南路90号
电话：022－23935800
传真：022－23916208
邮编：300381

天津市红楼大酒店 ★★★
地址：天津市南开区卫津南路38号
电话：022－23950018
传真：022－23412066
邮编：300381
网址：www.tj-honglou-hotel.com.cn
电子信箱：honglou@public.tpt.tj.cn

天津市枫林宾馆 ★★★
地址：天津市南开区宾水西道6号
电话：022－23911888
传真：022－23948512
邮编：300381
电子信箱：fenglinhotel@163.com

天津鑫茂天财酒店 ★★★
地址：天津市南开区华苑产业园区榕苑路1号
电话：022－23079800
传真：022－23080997
邮编：300384

天津正达酒店 ★★★
地址：天津市河北区万柳村大街6号
电话：022－60590888
传真：022－60590188
邮编：300240
网址：www.zhengdahotel.com
电子信箱：wxb@zhengdahotel.com

天津远洋宾馆 ★★★
地址：天津市河北区海河东路远洋广场5号
电话：022－24205518
传真：022－24205516
邮编：300010
网址：www.oceanhoteltj.com/home.asp
电子信箱：lihjian@notes.cosbulk.com

天津市中泰大酒店 ★★★
地址：天津市塘沽区和平路558号
电话：022－65271788
传真：022－25886788
邮编：300450
网址：www.zhongtaihotel.com

渤海度假村 ★★★
地址：天津市塘沽区新北公路21号
电话：022－25213211
传真：022－25213329
邮编：300451

天津北方宾馆 ★★★
地址：天津市塘沽区东沽闸北路1号
电话：022－25311301
传真：022－25311322
邮编：300452

夏日酒店 ★★★
地址：天津市塘沽区滨海游乐城内
电话：022－25319118
邮编：300452

天津市新业国际饭店 ★★★
地址：天津市塘沽区新港路129号
电话：022－66705688
传真：022－25787050
邮编：300456
网址：www.tjxinye.com.cn
电子信箱：tjxinye@china.com

天津金世界酒店 ★★★
地址：天津市塘沽区新港二号路2169号
电话：022－25788088
传真：022－25788889
邮编：300456
网址：www.jinshijiehotel.com
电子信箱：jinshijiehotel@163.com

天津市金帆酒店 ★★★
地址：天津市开发区第一大街49号
电话：022－25326666
传真：022－25324992
邮编：300457

华海大酒店 ★★★
地址：天津市经济技术开发区第3大街9号
电话：022－65292222
传真：022－65292549
邮编：300457

鸿发大厦 ★★★
地址：天津市开发区洞庭路41号
电话：022－25328886
传真：022－25321085
邮编：300457
网址：www.hfigc.com/dasha.htm
电子信箱：group@hfigc.com

太阳雨大酒店 ★★★
地址：天津市开发区第一大街明园路渤化小区
电话：022－25288998
传真：022－25288588
邮编：300457

天津升云大酒店 ★★★
地址：天津市大港区上古林海鲜街888号
电话：022－63228789
传真：022－63231808
邮编：300270
电子信箱：sy63231808@163.com

天津石化天华宾馆 ★★★
地址：天津市大港区北围堤路（西）68号
电话：022－63804780
传真：022－63802888
邮编：300271
网址：www.tjthbg.cn
电子信箱：admin@thbg.com.cn

海得润滋酒店 ★★★
地址：天津市大港区津岐公路千米桥北侧
电话：022－63348888
传真：022－63346558
邮编：300272
网址：www.easytour.com.cn
电子信箱：hdrzhotel@126.com

大港油田宾馆 ★★★
地址：天津市大港油田3号院
电话：022－25922233
传真：022－25923288
邮编：300280
电子信箱：gxdb@tjdgoil.com

天津市东丽湖度假村 ★★★
地址：天津市东丽区东丽湖北侧
电话：022－24888888
传真：022－24888109
邮编：300300
网址：www.51766.com/img/dlhdjc

银河大酒店 ★★★
地址：天津市东丽区津塘公路十号桥
电话：022－84451999
传真：022－84452211
邮编：300301
网址：www.yinhehotel.net.cn

天津市麓琳宾馆 ★★★
地址：天津市东丽区卫国道216号（余门）
电话：022－24718888
传真：022－24786662
邮编：300381
网址：www.lulin－hotel.com.cn
电子信箱：lulin@public.tpt.tj.cn

天津月坛酒店 ★★★
地址：天津市津南区咸水沽为民路四号
电话：022－28578888
传真：022－28578018
邮编：300350
电子信箱：tjytjt@126.com

天津东方之珠188酒店 ★★★
地址：天津市北辰区京津公路天重道交口
电话：022－86562222
传真：022－86562288
邮编：300400
网址：www.dfzz-tj.com
电子信箱：dfzzhr@163.com

天津市武清区雍阳宾馆 ★★★
地址：天津市武清区杨村镇雍阳东道16号
电话：022－29341219
传真：022－29381001
邮编：301700
网址：www.tjyybg.com

天津市宝坻宾馆 ★★★
地址：天津市宝坻区广川街23号
电话：022－29242828
传真：022－29267266
邮编：301888
网址：www.bdhotel.cn

天津建设大厦 ★★★
地址：天津市蓟县中昌北路
电话：022－29192222
传真：022－29146927
邮编：301900
网址：www.jx-travel.com
电子信箱：tjisds@sohu.com

天津市蓟县渔阳宾馆 ★★★
地址：天津市蓟县迎宾路12号
电话：022－29142814
传真：022－29149831
邮编：301900
网址：www.yyhotel.cn
电子信箱：yuyang@yyhotel.cn

天城度假村 ★★★
地址：天津市蓟县逯庄子乡东大屯北
电话：022－82891775
传真：022－82891856
邮编：301900

天津憩园山庄 ★★★
地址：天津市蓟县官庄镇营房村北
电话：022－29821930
传真：022－29821847
邮编：301915
网址：www.tjpanshan.com
电子信箱：qysz@tjpanshan.com

天津市宁河县贵达宾馆 ★★★
地址：天津市宁河县苗庄镇刘庄村
电话：022－69225210
传真：022－69225212
邮编：301500
网址：www.guida.cn
电子信箱：guida@guida.cn

天津尧舜大酒店 ★★★
地址：天津市静海县大邱庄镇乾隆湖南岸
电话：022－59517988

传真：022－59517979
邮编：301606

天津市津海大酒店 ★★★
地址：天津市静海县大邱庄镇黄山路8号
电话：022－60730888
传真：022－60730566
邮编：301606

旅游景区

华蕴博物馆 AAA
地址：天津市和平区河北路283号
邮编：300050

中华石园 AA
地址：天津市河西区小海镇微山路（外环线64公里处）
电话：022－88170109
邮编：300350

天津科学技术馆 AAA
地址：天津市河西区隆昌路94号
电话：022－28320315
邮编：300201

天塔湖风景区 AAAA
地址：天津市河西卫津南路
电话：022－23343557　23355310
邮编：300070

天津图书大厦 AA
地址：天津市河西区大沽南路362号
电话：022－23062001
邮编：300203

隽祯博物馆 AA
地址：天津市河西区北道8号
电话：022－23952000
邮编：300202

古雅博物馆 A
地址：河西区马场道8号
电话：022－23357799
邮编：300074

天津鼓楼 AA
地址：天津市南开区鼓楼商业街中心
电话：022－27272978
邮编：30090

水上乐园 AAAA
地址：天津市南开区水上公园北路33号
电话：022－23358452
邮编：300191

古文化街旅游区 AAAAA
地址：天津市南开区通北路古文化街
电话：022－27275199　27358682
邮编：300090

天津民俗博物馆（天后宫）AAA
地址：天津市南开区古文化街
电话：022－27356424
邮编：300090

天津戏剧博物馆（广东会馆）AAA
地址：天津市南开区鼓楼商业街东街
电话：022－27272978
邮编：300090

鼓楼 AA
地址：天津市南开区鼓楼商业街中心
电话：022－27272978
邮编：300090

老城博物馆 AAA
地址：天津市南开区鼓楼商业街东街202号
电话：022－27283899
邮编：300090

天津海滨旅游度假区 AAAA
地址：天津市塘沽区海滨大道南端
电话：022－25319888
邮编：300452

潮音寺 AA
地址：天津市塘沽区西沽潮音寺大街增1号
电话：022－25311882
邮编：300452

天津杨柳青博物馆 AA
地址：天津市西青区杨柳青镇估衣街47号
电话：022－27391617
邮编：300380

天津市中华医圣文化苑 AA
地址：天津市西青区大寺镇王村
电话：022－83962669
邮编：300382

峰山药王庙 AA
地址：天津市西青区大寺镇王村
电话：022－83962669　27912712
邮编：300380

天津热带植物观光园 AAAA
地址：天津市西青区外环线七号桥北300米
电话：022－27948012
邮编：300112

霍元甲纪念馆 AA
地址：天津市西青区南河镇小南河村
电话：022－23986526
邮编：300382

宝成奇石园 AAA
地址：天津市津南区双桥河镇海河二道闸南
电话：022－28698888
邮编：300352

天津宝成博物苑 AAAA
地址：天津市津南区双桥河镇宝成奇石园内
邮编：300352

津南国家农业科技园 AAA
（全国农业旅游示范点）
地址：天津市津南区八里台镇津港公路28－30公里处
电话：022－28751388
邮编：300350

杨村小世界游乐园 AA
地址：天津市武清区雍阳道
电话：022－82115267
邮编：301700

武清杨村小世界 AA
地址：天津市武清区雍阳西道区政府西
电话：022－82112269
邮编：301700

武清区南湖游乐园 AA
地址：天津市武清区下朱庄街道于庄水库
电话：022－29341763
邮编：301700

盘山风景名胜区 AAAAA
地址：天津市蓟县渔阳南路
电话：022－29186068
邮编：301900

独乐寺 AAAA
地址：天津市蓟县城内武定街
电话：022－29142904　29142907
邮编：301900

九山顶自然风景区 AA
地址：天津市蓟县下营镇常州村
电话：022－29718109
邮编：301913

八仙山国家自然保护区 AAA
地址：天津市蓟县下营镇小港村北
电话：022－22711044　22711034
邮编：301909

龙泉山游乐园 AA
地址：天津市蓟县下营镇道古峪村西
电话：022－22711226
邮编：301909

天津黄崖关长城风景游览区 AAAA
地址：天津市蓟县下营镇黄崖关
电话：022－22718106
邮编：301913

九龙山国家森林公园 AAA
地址：天津市蓟县穿芳峪乡果香峪村北
电话：022－29742069　29742072
邮编：301909

毛家峪元古奇石林风景区 AA
地址：天津市蓟县穿芳峪乡毛家峪村
电话：022－22762003
邮编：301909

餐　馆

玉华台大酒楼
地址：天津市和平区山西路284号
电话：022－23113976
传真：022－23117762
邮编：300051

正阳春
地址：天津市和平区辽宁路146号
电话：022－27317001　27303335
邮编：300041

天津白记餐饮公司
地址：天津市新兴路香榭里7号楼
电话：022－27830029
邮编：300041

狗不理酒楼
地址：天津市和平区新华路175号
电话：022－27112290　27119911
传真：27113644
邮编：300022

起士林
地址：天津市和平区浙江路33号
电话：022－23300330
邮编：300041

登瀛楼
地址：天津市和平区山西路284号
电话：022－23396668
邮编：300041

利顺德大饭店
地址：天津市和平区台儿庄路33号
电话：022－23311688
邮编：300041

果仁张
地址：天津市和平区南市食品街4区2楼87号
电话：022－27270198
邮编：300041

石头门坎素包店
地址：天津市和平区南市食品街1区24号
电话：022－27353220
邮编：300041

宴宾楼饭庄
地址：天津市和平区辽宁路135号
电话：022－27308353
邮编：300041

桂顺斋一店
地址：天津市和平区和平路101号
电话：022－27010626
邮编：300041

巴渝人家餐饮有限公司
地址：天津市和平区宜昌道
电话：022－23511818
邮编：300041

庄妈妈餐饮有限公司
地址：天津市和平区湖北路
电话：022－23125978
邮编：300041

钻石佳人餐饮有限公司
地址：天津市和平区南京路
电话：022－23394524
邮编：300041

白记餐饮责任有限公司
地址：天津市和平区新兴路香榭里
电话：022－27830029
邮编：300041

怡中园餐饮有限公司
地址：天津市和平区新兴街同安南里
电话：022－23374517
邮编：300041

天津市饮食服务公司
地址：天津市和平区拉萨道
电话：022－27836135
邮编：300041

天津市狗不理包子总店
地址：天津市和平区山东路77号
电话：022－27300810
邮编：300041

致翔小南国美食发展有限公司
地址：天津市和平区福安大街
电话：022－27309977
邮编：300041

桂发祥十八街麻花总店
地址：天津市河西区大沽南路566号
电话：022－28309298
邮编：300202

砂锅李
地址：天津市河西区九江路46号（苏州道口）
电话：022－23260075
邮编：300202

天津唐轩美食公司
地址：天津市马场道125号
电话：022－23256000
邮编：300202

迎宾楼
地址：天津市河西区佟楼围堤道202号
电话：022－23574447
邮编：300202

鸿起顺餐饮有限责任公司
地址：天津市河西区大沽南路
电话：022－28327956
邮编：300202

万顺阿鱼鲍餐饮有限公司
地址：天津市河西区黄埔南路
电话：022－28012253
邮编：300202

摩周源餐饮有限公司
地址：天津市河西区环湖中路
电话：022－23524510
邮编：300202

沸腾鱼乡餐饮有限公司
地址：天津市河西区广东路
电话：022－83813595
邮编：300202

翠亨村餐饮有限公司
地址：天津市河西区围堤道
电话：022－88238981
邮编：300202

好德餐饮有限公司
地址：天津市河西区南京路
电话：022－23305708
邮编：300202

中拓餐饮就业服务有限公司
地址：天津市河西区解放南路
电话：022－23232872
邮编：300302

九鼎轩餐饮有限公司
地址：天津市河西区广东路
电话：022－23240067
邮编：300202

萨拉伯尔酒店有限公司
地址：天津市河西区大沽南路
电话：022－28335588
邮编：300211

金太阳餐饮有限公司
地址：天津市河西区友谊路
电话：022－83280598
邮编：300202

东来顺
地址：天津市南开区南丰路188号
电话：022－27456665
邮编：300041

海岛渔村百饺园
地址：天津市南开区兴安路
电话：022－27351155
邮编：300110

聚福阁餐饮有限公司
地址：天津市河北区中山北路
电话：022－26425512
邮编：300143

摩天酒楼餐饮发展有限公司
地址：天津市河北区金纬路
电话：022－26238888
邮编：300143

天北餐饮有限公司
地址：天津市河北区三马路三阳里
电话：022－26351436
邮编：300143

金天地餐饮有限公司
地址：天津市河北区金纬路
电话：022－26295588
邮编：300143

聚华轩餐饮服务有限公司
地址：天津市河北区金纬路明华苑
电话：022－26231602
邮编：300143

农家乐土菜馆
地址：天津市河北区日纬路与二马路
电话：022－26215958
邮编：300143

新华轩食府有限公司
地址：天津市河北区宙纬路
电话：022－27351888
邮编：300143

天一坊饭庄
地址：天津市红桥大胡同新开路
电话：022－27261442
邮编：300131

耳朵眼总店
地址：天津市红桥区北门外大街37号
电话：022－27270069
邮编：300131

天津狗不理包子速冻食品有限公司
地址：天津市北辰区双街镇郎园村
电话：022－26971446　26970068
邮编：300400
网址：www.tjguobuli.com
电子信箱：goubuli@tjgoubuli.com

新家园海洋餐饮有限公司
地址：天津市北辰区双街
电话：022－26974650
邮编：300410

京舞子餐饮有限公司
地址：天津市经济技术开发区世纪新村
电话：022－65299522
邮编：300457

香厨坊餐饮有限公司
地址：天津市经济技术开发区
电话：022－66290482
邮编：300457

旅游用品

百信珠宝金楼
地址：天津市和平区滨江道
电话：022－87307336
邮编：300041

天津地矿珠宝公司第1店
地址：天津市和平区佳木斯道
电话：022－27822480
邮编：300041

金刚工艺品公司钻石城
地址：天津市和平区南市食品街四区一楼
电话：022－27275007
邮编：300041

天津金鸥表业有限公司
地址：天津市河西区平山道16号增6号

电话：022－23559733　89781958
邮编：300202

天津三达干燥花有限公司
地址：天津市武清区曹子里开发区
电话：022－23790299
邮编：301700

天津亿豪圣诞树工艺品厂
地址：天津市武清区曹子里开发区
电话：022－29323245
邮编：301700

天津市武清小久花厂
地址：天津市武清区曹子里乡政府大院
电话：022－29555289
邮编：301700

天津市制花厂
地址：天津市武清区曹子里乡政府大院
电话：022－26430772
邮编：301700

天津星宇工艺制品有限公司
地址：天津市武清区花城经济区 A－5
电话：022－29550788
邮编：301700

苹果制花厂
地址：天津市
电话：022－29558268
邮编：300041

天津地矿珠宝公司
地址：天津市
电话：022－27819955
邮编：300041

天津皇宝珠宝有限公司
地址：天津市
电话：022－83280868
邮编：300041

天津爱宝金店有限公司
地址：天津市
电话：022－27301728
邮编：300041

天津隆兴集团黄金珠宝有限公司
地址：天津市
电话：022－27318536
邮编：300041

吉泰珠宝有限公司
地址：天津市
电话：022－23041808　23042412
邮编：300041

泛洋宝石工业（天津）有限公司
地址：天津市
电话：022－23790363
邮编：300041

天津市工艺雕刻厂
地址：南开区冶金路 20 号
电话：022－27366071
邮编：300041

天津市工艺镶嵌厂
地址：天津市
电话：022－88630713
邮编：300041

大口屯地毯厂
地址：天津市
电话：022－29689639
邮编：300041

开源地毯厂
地址：天津市
电话：022－29571227
邮编：300041

天津市地毯一厂
地址：天津市
电话：022－24390274
邮编：300041

天津市地毯五厂
地址：天津市
电话：022－27124648
邮编：300041

天津市地毯十二厂
地址：天津市
电话：022－29561023
邮编：300041

天津市武清区江华地毯厂
地址：天津市
电话：022－82206066
邮编：300041

天津市恒源地毯有限公司
地址：天津市
电话：022－82206116
邮编：300041

天津市隆兴地毯有限公司
地址：天津市
电话：022－23554318
邮编：300041

天津市腾悦地毯有限公司
地址：天津市
电话：022－82207166
邮编：300041

中三地毯厂
地址：天津市
电话：022－29571317
邮编：300041

长江地毯厂
地址：天津市
电话：022－29611389
邮编：300041

长城地毯有限公司
地址：天津市
电话：022－29635018
邮编：300041

月亮地毯厂
地址：天津市
电话：022－82241060
邮编：300041

双增地毯有限公司
地址：天津市
电话：022－82219840
邮编：300041

东亚平针地毯厂
地址：天津市
电话：022－22578155
邮编：300041

华龙毯厂
地址：天津市
电话：022－29571713
邮编：300041

华瑞地毯厂
地址：天津市
电话：022－82241110
邮编：300041

后巷西地毯厂
地址：天津市
电话：022－82205683
邮编：300041

创新地毯厂
地址：天津市
电话：022－22251024
邮编：300041

江北地毯厂
地址：天津市
电话：022－29571314
邮编：300041

兴达地毯厂
地址：天津市
电话：022－82241187
邮编：300041

兴海地毯厂
地址：天津市
电话：022－29570888
邮编：300041

克强地毯厂
地址：天津市
电话：022－29573888
邮编：300041

苏成光地毯厂
地址：天津市
电话：022－29578585
邮编：300041

助民地毯厂
地址：天津市
电话：022－29572324
邮编：300041

武清区一街地毯厂
地址：天津市
电话：022－29571117
邮编：300041

林宝地毯有限公司
地址：天津市
电话：022－29571388
邮编：300041

金凤地毯有限公司
地址：天津市
电话：022－29678888
邮编：300041

店子村地毯厂
地址：天津市
电话：022－29571032
邮编：300041

卷子绣花厂
地址：天津市
电话：022－29611340
邮编：300041

宝坻宏源地毯厂
地址：天津市
电话：022－22571405　22572258
邮编：300041

津堡地毯厂
地址：天津市
电话：022－82241189
邮编：300041

黄庄乡地毯厂
地址：天津市
电话：022－82579164
邮编：300041

崔中地毯厂
地址：天津市
电话：022－29571250
邮编：300041

崔黄口镇地毯十四厂
地址：天津市
电话：022－29571124
邮编：300041

崔黄口镇晴纶毯厂
地址：天津市
电话：022－82205514
邮编：300041

崔黄口镇幌刘庄毯厂
地址：天津市
电话：022－29571220
邮编：300041

奥尼地毯厂
地址：天津市
电话：022－22146455
邮编：300041

富达地毯厂
地址：天津市
电话：022－82241169
邮编：300041

天津翰墨书画店
地址：天津市塘沽区上海道 2271 号（总店）
电话：022－25894063
邮编：300450

大庄子工艺品厂
地址：天津市
电话：022－68523026
邮编：300041

大信工艺品有限公司
地址：天津市
电话：022－82218624
邮编：300041

天津东映工艺品有限公司
地址：天津市
电话：022－88659706
邮编：300041

天津市工艺美术厂
地址：天津市
电话：022－27365855
邮编：300041

天津市东方工艺品厂
地址：天津市
电话：022－24361893
邮编：300041

天津市光华工艺品厂
地址：天津市
电话：022－24671455
邮编：300041

天津市红桥区华艺特种工艺品厂
地址：天津市
电话：022－26653613
邮编：300041

天津市金刚石工艺品公司
地址：天津市
电话：022－27351930
邮编：300041

天津市河东区金龙工艺制品厂
地址：天津市
电话：022－24314242
邮编：300041

天津市银丰金属工艺制品厂
地址：天津市
电话：022－26455057
邮编：300041

天津台征工艺有限公司
地址：天津市
电话：022－25212430
邮编：300041

天津创美工艺品有限公司
地址：天津市
电话：022－24999331
邮编：300041

天津和平区景瓷苑
地址：天津市
电话：022－27114249
邮编：300041

天津泥人张彩塑工作室
地址：天津市
电话：022－23374085
邮编：300041

天津相荣工艺品有限公司
地址：天津市
电话：022－24393691
邮编：300041

艺展（天津）工艺品有限公司
地址：天津市
电话：022－84890060
邮编：300041

正大工艺品厂
地址：天津市
电话：022－68523228
邮编：300041

田庄坨工艺厂
地址：天津市
电话：022－69469246
邮编：300041

宁河县宝珠仿古工艺厂
地址：天津市
电话：022－69231468
邮编：300041

华纳（天津）工艺品有限公司
地址：天津市
电话：022－26994956
邮编：300041

华林工艺品厂
地址：天津市
电话：022－68517330
邮编：301600

兴坨工艺厂
地址：天津市
电话：022－69339013
邮编：300041

利帮工艺品厂
地址：天津市
电话：022－68372222
邮编：300041

新艺苑工艺品厂
地址：天津市
电话：022－68523035
邮编：300041

新艺美工艺制品（天津）有限公司
地址：天津市
电话：022－82122055
邮编：300041

潭宝工艺品有限公司
地址：天津市
电话：022－82478297　82478298
邮编：300041

天津市宁河县金盛林金饰有限公司
地址：天津市
电话：022－27355975
邮编：300041

天津市宁河县金麒麟金饰有限公司
地址：天津市
电话：022－69592169　27359615
邮编：300041

旅游交通

天解客运旅游服务公司
地址：天津市和平区大沽北路 61 号
电话：022－27126392
邮编：300041

天津市岩木游船游览有限公司
地址：天津市和平区河北路 235 号
电话：1382106866
邮编：300050

天津火车南站
地址：天津市河东区大王庄十经路 21 号
电话：022－24210749
邮编：300171

天津市旅游汽车公司
地址：天津市河西区紫金山路 36 号
电话：022－23376779
邮编：300074

天津市南仓火车站
地址：天津市河北区铁东路
电话：022－26197332
邮编：300143

天津火车西站
地址：天津市红桥区西站前街 1 号
电话：022－26189803
邮编：300131

天津市泰通客运有限公司塘沽旅游包车分公司
地址：天津市塘沽区大连道 28 号
电话：022－65271400
邮编：300450

天津港
地址：天津塘沽新港二号路 35 号
电话：022－57075505　792985
邮编：300456

天津塘沽机场
地址：天津市塘沽区驴驹河
电话：022－24901114
邮编：300450

天津滨海国际机场
地址：天津市东丽区张贵庄

电话：022－27305888
邮编：300300

北电客运出租汽车旅游服务公司
地址：天津市北辰区北仓镇
电话：022－26392249
邮编：300400

天津可隆旅游客运有限公司
地址：天津市北辰区普济河道3号
电话：022－26626650
邮编：300400

宝坻区火车站
地址：天津市宝坻区城关镇
电话：022－29242406
邮编：301800

蓟县火车站
地址：天津市蓟县火车站
电话：022－29142844
邮编：301900

汉沽火车站
地址：天津市宁河县芦汉路
电话：022－25694321
邮编：301500

旅游院校

天津旅游职业中学
地址：天津市和平区贵阳路2号
电话：022－27315535
邮编：300052

天津礼仪职业中专学校
地址：天津市和平区柳州路26号
电话：022－23300480
邮编：300051

中国旅游管理干部学院
饭店管理、旅游管理、旅行社管理、旅游英语
地址：天津市河西区紫金山路38号
电话：022－23012806
邮编：300074

天津财经大学
旅游系
地址：天津市河西区珠江道25号
电话：022－28171399
邮编：300222

南开大学
旅游学系
地址：天津市南开区卫津路94号
电话：022－23501314
邮编：300071

天津师范大学
历史与文化学院
地址：天津市南开区六里台
电话：022－23540950
邮编：300073

中国民用航空学院
职业技术学院
旅游与酒店管理专业
地址：天津市津北公路2898号
电话：022－23012273
邮编：300300

天津商学院
旅游管理系
地址：天津市津霸公路东口
电话：022－26669563
邮编：300400

河　北

HEBEI

旅游机构

河北省旅游局
地址：石家庄市育才街175号
电话：0311－85814405
传真：0311－85873094
邮编：050021
网址：www.hebeitour.com.cn
电子信箱：hbslyj@hebeitour.com.cn

河北省旅游质量监督管理所
地址：石家庄市育才街175号
电话：0311－85814239
传真：0311－85873094
邮编：050021

石家庄市旅游局
地址：石家庄市中山东路216号
电话：0311－86689195
传真：0311－86689195
邮编：050011
网址：www.lvyou.sjz.net.cn
电子信箱：sjzslyj@hebitour.com.cn

井陉矿区旅游局
地址：石家庄市井陉矿区市南街57号
电话：0311－82080899
邮编：050100

藁城市旅游局
地址：石家庄藁城市新华街45号
电话：0311－88155569
邮编：052160

新乐市旅游局
地址：石家庄新乐市县城
电话：0311－88587791
邮编：050500

鹿泉市旅游局
地址：石家庄鹿泉市北斗路
电话：0311－82012008
邮编：050200

井陉县旅游局
地址：石家庄市井陉县城新光大厦5楼
电话：0311－82020816
邮编：050300

正定县旅游局
地址：石家庄市正定县常山路
电话：0311－88012766
邮编：050063

灵寿县旅游局
地址：石家庄市灵寿县城西北街85号
电话：0311－82525788
邮编：050500

赞皇县旅游局
地址：石家庄市赞皇县城内大街1号
电话：0311－84228060
邮编：051230

平山县旅游局
地址：石家庄市平山县政府2号楼
电话：0311－82910116
邮编：050400

元氏县旅游局
地址：石家庄市元氏县人民路7号
电话：0311－84621001
邮编：051130

赵县旅游局
地址：石家庄市赵县赵州桥公园
电话：0311－84902449
邮编：051530

张家口市旅游局
地址：张家口长青路7号
电话：0313－8029390
传真：0313－8029390
邮编：075000
网址：www.gotozjk.com
电子信箱：zjkslyj@hebitour.com.cn

桥西区文化旅游局
地址：张家口市桥西区
电话：0313－4038399
邮编：075061

下花园区文体旅游局
地址：张家口市下花园区
电话：0313－5052565
邮编：075300

宣化县开放旅游局
地址：张家口市宣化县
电话：0313－3015089
邮编：075100

张北县旅游局
地址：张家口市张北县城
电话：0313－5216138
邮编：076450

康保县文体旅游局
地址：张家口市康保县康保镇
电话：0313－5512410
邮编：076650

沽源县开放旅游局
地址：张家口市沽源县平定堡镇
电话：0313－5816668
邮编：076550

尚义县文化旅游局
地址：张家口市尚义县南壕堑镇
电话：0313－4327869
邮编：076750

蔚县旅游局
地址：张家口市蔚县蔚州镇
电话：0313－7011055
邮编：075700

阳原县旅游事业管理局
地址：张家口市阳原县西城镇
电话：0313－7382908
邮编：075800

怀安县文化旅游局
地址：张家口市怀安县柴沟堡镇
电话：0313－7812238
邮编：076150

万全县文体旅游局
地址：张家口市万全县孔家庄镇
电话：0313－4233626
邮编：076250

怀来县开放招商旅游局
地址：张家口市怀来县沙城镇
电话：0313－6860981
邮编：075400

涿鹿县旅游局
地址：张家口市涿鹿县涿鹿镇
电话：0313－6534690
邮编：075600

崇礼县文化旅游局
地址：张家口市崇礼县西湾子镇
电话：0313－4612345
邮编：076350

承德市旅游局
地址：承德市武烈路市政府3号楼
电话：0314－2024548
邮编：067000
电子信箱：cdslyj@hebeitour.com.cn

双桥区文化旅游局
地址：承德市双桥区
电话：0314－2288623
邮编：067000

双滦区旅游局
地址：承德市双滦区
电话：0314－5915991
邮编：067000

承德县文化旅游局
地址：承德市承德县下板城镇
电话：0314－3110521
邮编：067000

兴隆县旅游局
地址：承德市兴隆县兴隆镇
电话：0314－5052791
邮编：067000

平泉县文化旅游局
地址：承德市平泉县平泉镇
电话：0314－6082826
邮编：067000

滦平县文化旅游局
地址：承德市滦平县滦平镇
电话：0314－8582809
邮编：067000

隆化县文化旅游局
地址：承德市隆化县隆化镇
电话：0314－7063979
邮编：067000

丰宁满族自治县旅游局
地址：承德市丰宁县大阁镇
电话：0314－8013640
邮编：067000

宽城满族自治县文化旅游局
地址：承德市宽城县宽城镇
电话：0314－6862130
邮编：067000

围场满族蒙古族自治县旅游
地址：承德市围场县围场镇
电话：0314－7516631
邮编：067000

秦皇岛市旅游局
地址：秦皇岛市海港区港城大街55号
电话：0335－3661033
传真：0335－3661030
邮编：066000
网址：www.qhdta.gov.cn
电子信箱：qhdslyj@hebeitour.com.cn

海港区旅游局
地址：秦皇岛市海港区南山街56号
电话：0335－3415488
邮编：066000

山海关区旅游局
地址：秦皇岛市山海关区东六条 1 号
电话：0335－5050088
邮编：066200

北戴河区旅游局
地址：秦皇岛市北戴河区联峰北路 88 号
电话：0335－4186313
邮编：066100

昌黎县旅游局
地址：秦皇岛市昌黎县黄金海岸一纬路
电话：0335－2289098
邮编：066607

抚宁县旅游局
地址：秦皇岛市抚宁县南戴河环游世界宫
电话：0335－4052669
邮编：066311

卢龙县旅游局
地址：秦皇岛市卢龙县新城大街
电话：0335－7316328
邮编：066400

青龙满族自治县旅游局
地址：秦皇岛市青龙县青龙镇燕山路 43 号
电话：0335－7881343
邮编：066500

唐山市旅游局
地址：唐山市西山道 5 号
电话：0315－2802102
邮编：063000
电子信箱：tsslyj@ hebeitour. com. cn

丰润区旅游局
地址：唐山市丰润区端广路 24 号
电话：0315－5122586
邮编：063000

遵化市旅游局
地址：唐山遵化市政府院内
电话：0315－6626755
邮编：063000

迁安市旅游局
地址：唐山迁安市花园街
电话：0315－7303918
邮编：063000

乐亭县旅游局
地址：唐山市乐亭县城关东大街
电话：0315－4616619
邮编：063000

迁西县旅游局
地址：唐山市迁西县兴城三街
电话：0315－5622960
邮编：063000

玉田县文体局
地址：唐山市玉田县玉田镇
电话：0315－6165826
邮编：063000

廊坊市旅游局
地址：廊坊市第五大街西段 G 座 8 栋
电话：0316－2190162
邮编：065000
电子信箱：lfslyj@ hebeitour. com. cn

安次区外旅侨办公室
地址：廊坊市安次区
电话：0316－2133201－330
邮编：065000

霸州市外旅侨办公室
地址：廊坊霸州市
电话：0316－7867398
邮编：065700

三河市外旅侨办公室
地址：廊坊三河市
电话：0316－3212441
邮编：065200

永清县旅游开发办公室
地址：廊坊市永清县永清镇
电话：0316－6685918
邮编：065600

文安县外旅侨办公室
地址：廊坊市文安县文安镇
电话：0316－5236592
邮编：065800

保定市旅游局
地址：保定市新北街 129 号
电话：0312－5086056
传真：0312－5012266
邮编：071000
网址：www. bdlyj. gov. cn
电子信箱：bdslyj@ hebeitour. com. cn

定州市文物旅游局
地址：保定定州市
电话：0312－2587593
邮编：073000

涿州市旅游文物局
地址：保定涿州市南关大街 105 号
电话：0312－3658486
邮编：072750

安国市文体旅游局
地址：保定安国市祁州路 94 号
电话：0312－3521285
邮编：071200

满城县旅游文物局
地址：保定市满城县满城汉墓景区内
电话：0312－7160188
邮编：072150

清苑县文化体育局
地址：保定市清苑县政府大院
电话：0312－7950159
邮编：071100

易县旅游局
地址：保定市易县开元北大街 35 号
电话：0312－8212922
邮编：074200

涞源旅游局
地址：保定市涞源县阁院路
电话：0312－7325748
邮编：074300

顺平旅游文物局
地址：保定市顺平县平安街 1 号
电话：0312－7616000
邮编：072250

唐县旅游局
地址：保定市唐县政府院
电话：0312－6416918
邮编：072350

涞水旅游局
地址：保定市涞水县政府
电话：0312－4522138
邮编：074100

安新文化旅游局
地址：保定市安新县东大街 107 号
电话：0312－5116398
邮编：071600

雄县旅游文物局
地址：保定市雄县县城
电话：0312－5866235
邮编：071800

曲阳县文化文物旅游局
地址：保定市曲阳县政府大院
电话：0312－4312335
邮编：073100

阜平旅游局
地址：保定市阜平县中兴街
电话：0312－7221801
邮编：073200

沧州市旅游局
地址：沧州市西环中路 88 号
电话：0317－2037876
邮编：061001
电子信箱：czslyj@ hebeitour. com. cn

任丘市旅游局
地址：沧州任丘市裕华中路 56 号
电话：0317－2225255
邮编：062550

黄骅市旅游局
地址：沧州黄骅市满海路政府大楼
电话：0317－5317352
邮编：061100

河间市旅游局
地址：沧州河间市
电话：0317－3666379
邮编：062450

沧县旅游局
地址：沧州市新华区
电话：0317－3053410
邮编：061000

东光县旅游局
地址：沧州市东光县东光镇
电话：0317－7721869
邮编：061600

吴桥县旅游局
地址：沧州市吴桥县桑园镇
电话：0317－7341735
邮编：061800

献县旅游局
地址：沧州市献县县城
电话：0317－4636808
邮编：062250

衡水市旅游局
地址：衡水市新华东路 11 号
电话：0318－2055869
邮编：053200
电子信箱：qhdslyj@ hebeitour. com. cn

桃城区文化体育旅游局
地址：衡水市桃城区
电话：0318－5236616
邮编：053800

冀州市旅游局
地址：衡水冀州市冀新路 77 号
电话：0318－8632169

邮编：053200

深州市外旅侨办公室
地址：衡水深州市
电话：0318－3312965
邮编：053800

枣强县外旅侨办公室
地址：衡水市枣强县城
电话：0318－8585429
邮编：053100

武邑县外旅侨办公室
地址：衡水市武邑县城
电话：0318－5712849
邮编：053400

武强县外旅侨办公室
地址：衡水市武强县城
电话：0318－3826010
邮编：053300

饶阳县外旅侨办公室
地址：衡水市饶阳县城
电话：0318－7238698
邮编：053900

安平县外旅侨办公室
地址：衡水市安平县城
电话：0318－7524145
邮编：053600

故城县外旅侨办公室
地址：衡水市故城县城
电话：0318－5322636
邮编：053800

景县外旅侨办公室
地址：衡水市景县县城
电话：0318－4222209
邮编：053500

阜城县外旅侨办公室
地址：衡水市阜城县城
电话：0318－4622031
邮编：053700

邢台市旅游局
地址：邢台市红星街133号
电话：0319－5212000
邮编：054001
电子信箱：xtslyj@hebeitour.com.cn

沙河市旅游局
地址：邢台沙河市太行大街51号
电话：0319－8921853
邮编：054100

邢台县旅游局
地址：邢台市邢台县顺德路130号
电话：0319－3661648
邮编：054052

临城县旅游局
地址：邢台市临城县北环路白云宾馆
电话：0319－7162526
邮编：054300

内丘县旅游局
地址：邢台市内丘县西街5号
电话：0319－6863677
邮编：054200

邯郸市旅游局
地址：邯郸市中华北大街98号
电话：0310－3023834
邮编：056004
电子信箱：hdslyj@hebeitour.com.cn

峰峰矿区文体旅游局
地址：邯郸市峰峰矿区保卫路
电话：0310－5182581
邮编：056200

武安市旅游局
地址：邯郸武安市塔西路13号
电话：0310－5553693
邮编：056300

邯郸县文化旅游局
地址：邯郸市邯郸县文化局
电话：0310－8031919
邮编：056001

大名县旅游局
地址：邯郸市大名县大名镇
电话：0310－6575006
邮编：056900

涉县文物旅游局
地址：邯郸市涉县振兴路41号
电话：0310－3828388
邮编：056400

磁县旅游局
地址：邯郸市磁县县城
电话：0310－2390882
邮编：056500

馆陶县旅游局
地址：邯郸市馆陶县政府街66号
电话：0310－2826588
邮编：057750

旅行社

河北省中国国际旅行社有限公司
地址：石家庄市东岗路26号
电话：0311－85814766
邮编：050021
网址：www.citshb.com.cn
许可证号：L－HEB－GJ00001

河北省中国旅行社有限责任公司
地址：石家庄市育才街175号
电话：0311－85814570
邮编：050021
网址：www.hbcts.cn
许可证号：L－HEB－GJ00002

承德中国国际旅行社有限责任公司
地址：承德市中华路11号市政府综合楼
电话：0314－2022274
邮编：067000
网址：www.citscd.com
许可证号：L－HEB－GJ00003

秦皇岛国际旅行社有限公司
地址：秦皇岛市海港区文化路277－1号
电话：0335－3261122
邮编：066000
网址：www.qitsqhd.com
许可证号：L－HEB－GJ00004

河北省东方国际旅行社
地址：石家庄市槐中路116号华脉新村5－403室
电话：0311－86012911
邮编：050021
网址：www.orientour.com
许可证号：L－HEB－GJ00005

京承承德国际旅行社有限公司
地址：承德市瀚明大酒店
电话：0314－2250789
邮编：067000
许可证号：L－HEB－GJ00006

遵化中国国际旅行社
地址：唐山遵化市北二环西路49号
电话：0315－6611718
邮编：064200
许可证号：L－HEB－GJ00007

唐山中国国际旅行社
地址：唐山市西山道266号
电话：0315－5901177
邮编：063000
许可证号：L－HEB－GJ00009

邯郸中国国际旅行社
地址：邯郸市中华北大街98号
电话：0310－3020635
邮编：056004
网址：www.citshd.com
许可证号：L－HEB－GJ00010

石家庄国际旅行社
地址：石家庄市槐中路116号华脉新村5号楼806室
电话：0311－86128825
邮编：050021
许可证号：L－HEB－GJ00012

承德友好国际旅行社
地址：承德市火神庙德汇大厦A座806室
电话：0314－2031234
邮编：067000
许可证号：L－HEB－GJ00013

河北省中国青年旅行社
地址：石家庄市裕华西路359号
电话：13933092808
邮编：050051
许可证号：L－HEB－GJ00014

秦皇岛北戴河金山国际旅行社有限公司
地址：秦皇岛北戴河金山嘴路4号
电话：0335－4033598
邮编：066100
网址：www.bdhits.com.cn
电子信箱：bits@0335.net
许可证号：L－HEB－GJ00015

中国国旅保定国际旅行社
地址：保定市裕华西路303号
电话：0312－3061111
邮编：071000
许可证号：L－HEB－GJ00016

秦皇岛市海燕国际旅行社有限公司
地址：秦皇岛市海港区河北大街秦新花园A座4号
电话：0335－3056600
邮编：066000
网址：www.beidaihe.com.cn
许可证号：L－HEB－GJ00019

秦皇岛市招商国际旅行社有限公司
地址：秦皇岛市建设大街204号轻工大厦
电话：0335－3033859
邮编：066000
网址：www.gizs.cn
许可证号：L－HEB－GJ00021

保定市金台国际旅行社
地址：保定市裕华西路594号
电话：0312－2029204
邮编：071000
许可证号：L－HEB－GJ00022

保定市中国旅行社有限公司
地址：保定市恒祥北大街109号
电话：0312－5999766
邮编：071000
许可证号：L－HEB－GJ00023

河北省友好国际旅行社
地址：石家庄市育才街179号
电话：0311－86572203
邮编：050021
网址：www.hbyouhao.com.cn
许可证号：L－HEB－GJ00028

廊坊市虹宇国际旅行社有限公司

沧州天元国际旅行社
地址：沧州市解放西路33号
电话：010－2100777
邮编：061000
网址：www.tyzfz.com
许可证号：L－HEB－GJ00031

河北京铁昌龙国际旅行社有限公司
地址：石家庄市水源街89号
电话：0311－87815366
邮编：050000
许可证号：L－HEB－GJ00032

邢台辰光国际旅行社
地址：邢台市中兴西大街199号
电话：0319－5910009
邮编：054000
网址：www.chenguangguolv.com
许可证号：L－HEB－GJ00034

河北康辉国际旅行社有限责任公司
地址：石家庄市中山东路97号铁道大厦
电话：0311－86076666
邮编：050011
网址：www.hbcct.com
许可证号：L－HEB－GJ00035

秦皇岛市长城国际旅行社有限公司
地址：秦皇岛市燕山大街147号
电话：0335－3693165
邮编：066001
网址：www.qhdccits.com
许可证号：L－HEB－GJ00037

承德中旅国际旅行社有限公司
地址：承德市武烈路市委综合楼二楼
电话：0314－2022205
邮编：067000
网址：www.hbcdcts.cn
许可证号：L－HEB－GJ00039

承德海外国际旅游有限公司
地址：承德市武烈路体育馆1楼
电话：0314－2020945　2036927
邮编：067000
网址：www.cdoitc.com
许可证号：L－HEB－GJ00040

承德市天和国际旅行社有限公司
地址：承德市双桥区钟鼓楼小区4号楼
电话：0314－5902457
邮编：0670000
网址：www.cdt168.com
许可证号：L－HEB－GJ00041

河北天鹅国际旅行社有限责任公司
地址：石家庄市四中路16号
电话：0311－89623668
邮编：050051
许可证号：L－HEB－GJ00042

河北航空国际旅行社
地址：石家庄市中山东路471号
电话：0311－87287777
邮编：050031
网址：www.hebeiairport.cn
许可证号：L－HEB－GJ00043

承德市青年国际旅行社有限公司
地址：承德市南营子大街温家沟
电话：0314－2108160
邮编：0670000
许可证号：L－HEB－GJ00044

唐山航空国际旅行社有限公司
地址：唐山市建设北路25号
电话：0315－2820030
邮编：063000
网址：www.tshk0315.com
许可证号：L－HEB－GJ00045

沧州市国际旅行社
地址：沧州市解放中路
电话：0317－3021234
邮编：061000
许可证号：L－HEB－GJ00046

唐山市假日国际旅行社有限公司
地址：唐山市北新西道1号
电话：13803322669
邮编：063000
许可证号：L－HEB－GJ00047

承德云山国际旅行社
地址：承德市双桥区半壁山路2号
电话：0314－2055666
邮编：067000
网址：www.cdyunshan.com
许可证号：L－HEB－GJ00048

秦皇岛康乐国际旅行社有限责任公司
地址：秦皇岛市迎宾路61号阳光大厦1楼B座
电话：13582451542
邮编：066001
许可证号：L－HEB－GJ00049

秦皇岛夏都国际旅行社
地址：秦皇岛市北戴河区海宁路84号
电话：0335－4045522
邮编：066100
网址：www.xiadutravel.com
电子信箱：xiadutravel@sina.com
许可证号：L－HEB－GJ00050

廊坊市虹宇国际旅行社有限公司
地址：廊坊市新世纪步行街第三大街A－192号
电话：0316－2091102
邮编：065000
网址：www.mail.lfhylxs.net
许可证号：L－HEB－GJ00051

唐山市凤凰国际旅行社
地址：唐山市路北区华岩路28号
电话：0315－5910786
邮编：063000
网址：www.tpts2000.com
电子信箱：tpts2000@163.com
许可证号：L－HEB－GJ00052

秦皇岛市永康安泰国际旅行社有限公司
地址：秦皇岛市海港区东方大厦7层
电话：0335－3214122
邮编：066000
许可证号：L－HEB－GJ00053

张家口市国际旅行社
地址：张家口市桥东区胜利南路2号蓝鲸大厦辅楼
电话：0313－4072818
邮编：075000
电子信箱：Zjkgilxs@zjktour.gov.cn
许可证号：L－HEB－GJ00054

张家口金凤国际旅行社有限公司
地址：张家口市清水桥西街1号
电话：0313－8080688
邮编：075000
网址：www.hbjfjt.com
电子信箱：jingfgilxs@zjktour.gov.cn
许可证号：L－HEB－GJ00055

河北博闻国际旅行社有限责任公司
地址：石家庄市新华区中华北大街98号通利商务楼601－604
电话：0311－87289810
邮编：050032
许可证号：L－HEB－GJ00056

宾馆酒店

石家庄世贸广场酒店 ★★★★★
地址：石家庄市中山东路303号
电话：0311－86678888
传真：0311－86671694
邮编：050011
网址：www.wtphotels.com
电子信箱：wtp@wtphotels.com

河北世纪大饭店 ★★★★★
地址：石家庄市中山西路145号
电话：0311－87036699
传真：0311－87068866
邮编：050051
网址：www.hebei-centuryhotel.com

燕苑国际度假酒店 ★★★★★
地址：北京东燕郊经济技术开发区燕顺路8号
电话：010－61592299
传真：010－61590072
邮编：06520
网址：www.yanoasis.com
电子信箱：sales@yanoasis.com

河北中国大酒店 ★★★★
地址：石家庄市自强路127号
电话：0311－87025931
传真：0311－87024034
邮编：050000
网址：www.hb-chinahotel.com

石家庄燕春花园酒店 ★★★★
地址：石家庄市中山东路195号
电话：0311－86671188
传真：0311－86048689
邮编：050011
网址：www.gardenhotel.com.cn
电子信箱：bgs051305@126.com

石家庄西美商务酒店 ★★★★
地址：石家庄市建设南大街6号

电话：0311－86918888
传真：0311－86918899
邮编：050011
网址：www.ximeihotel.com
电子信箱：www.xm-jd@163.com

河北金谷大厦 ★★★★
地址：石家庄市自强路37号
电话：0311－87028877
传真：0311－87038145
邮编：050000
电子信箱：Jinguhotel@Hebeitour.com

河北汇文大酒店 ★★★★
地址：石家庄市站前街6号
电话：0311－87879988
传真：0311－87865500
邮编：050000
网址：www.hwhotel.cn
电子信箱：service@hwhotel.cn

金圆大厦 ★★★★
地址：石家庄市中华北大街3号
电话：0311－88614888
传真：0311－88614777
邮编：050000
网址：www.jinyuanhotel.com.cn
电子信箱：hejy@jinyuanhotel.com.cn

石家庄国际大厦 ★★★★
地址：石家庄市中山东路301号
电话：0311－85919999
传真：0311－85919988
邮编：050011
网址：www.guoda-hotel.com
电子信箱：sjzguodahotel@sina.com.cn

石家庄国宾大酒店 ★★★★
地址：石家庄市中山东路99号
电话：0311－86911666
传真：0311－86911688
邮编：050011
网址：www.guobin-hotel.com
电子信箱：gbdjd1998@163.com

燕山大酒店 ★★★★
地址：石家庄市裕华西路158号
电话：0311－87012233
传真：0311－87017788
邮编：050000
网址：www.yshotel.com.cn
电子信箱：Yshotel8@heinfo.net

石家庄凯旋金锐大酒店 ★★★★
地址：石家庄市东大街9号
电话：0311－85268888
传真：0311－85377777
邮编：050000

石家庄华北大厦 ★★★★
地址：石家庄市体育北大街56号
电话：0311－86915888
传真：0311－86685571
邮编：050015
网址：www.hbhotel.com.cn

河北阳光大厦 ★★★★
地址：石家庄市平安南大街33号
电话：0311－88625566
传真：0311－88625600
邮编：050021
网址：www.hbsunshine.com
电子信箱：webmaster@hbsunshine.com

石家庄亚太大酒店 ★★★★
地址：石家庄市青园街215号
电话：0311－85999999
传真：0311－85811071
邮编：050021
网址：www.ythotel.com
电子信箱：yt6012hotel@163.com

河北宾馆 ★★★★
地址：石家庄市育才街168号
电话：0311－85266666
传真：0311－85814092
邮编：050021
网址：www.hb-hg.com
电子信箱：hotel@hb-hg.com

新东方商务酒店 ★★★★
地址：石家庄市高新技术开发区黄河大道141号
电话：0311－85380000
传真：0311－85383300
邮编：050035
网址：www.nobhotel.cn
电子信箱：office@nobhotel.cn

石家庄金星假日大酒店 ★★★★
地址：石家庄市正定县旺泉南街58号
电话：0311－88258888
传真：0311－88258111
邮编：050800

正定国豪大酒店 ★★★★
地址：石家庄市正定县华安西路37号
电话：0311－88017666
传真：0311－88017359
邮编：050800
网址：www.hbzhjt.com
电子信箱：guohaohotel@126.com

承德天宝假日酒店 ★★★★
地址：承德市新华路1号
电话：0314－2090888　2090188
传真：0314－2090166
邮编：067000
网址：www.tianbaoholidayhotel.com
电子信箱：tianbao009@126.com

承德宾馆 ★★★★
地址：承德市南营子大街19号
电话：0314－5901888
传真：0314－5901222
邮编：067000
网址：www.chengdehotel.com

承德云山饭店有限公司 ★★★★
地址：承德市南园东路6号
电话：0314－2055888
传真：0314－2055885
邮编：067000
网址：www.cdyunshan.com

承德市盛华大酒店 ★★★★
地址：承德市武烈路22号
电话：0314－2271000
传真：0314－2271112
邮编：067000
网址：www.shenghuahotel.com
电子信箱：smd@shenghuahotel.com

承德锦江文冠饭店 ★★★★
地址：承德市僧冠峰风景区
电话：0314－2295588　2295699
传真：0314－2295566
邮编：067000
网址：www.cd-jjwghotel.com

秦皇岛国际饭店 ★★★★
地址：秦皇岛市文化路330号
电话：0335－3083083
传真：0335－3604783
邮编：066000
网址：www.qhdin.com

秦皇岛长城酒店 ★★★★
地址：秦皇岛市燕山大街202号
电话：0335－3061666
传真：0335－3061075
邮编：066000
网址：www.qhdin.com
电子信箱：qhdgwh@heinfo.net

秦皇岛大酒店 ★★★★
地址：秦皇岛市迎宾路96号
电话：0335－3855088
传真：0335－3855118
邮编：066000
网址：www.qhdgrandhotel.com
电子信箱：qhd_hotel@163.com

秦皇岛国贸饭店 ★★★★
地址：秦皇岛市民族路190号
电话：0335－3201888
传真：0335－3223811
邮编：066001
网址：www.qhdith.com.cn
电子信箱：guomaofandian@163.com

秦皇岛晨砻大酒店 ★★★★
地址：秦皇岛市建设大街东段89号
电话：0335－3108888
传真：0335－3100560
邮编：066003
网址：www.chenlonghotel.com.cn

山海关海盛花园酒店 ★★★★
地址：秦皇岛市山海关区南海西路118号
电话：0335－5172999
传真：0335－5172988
邮编：066200
网址：www.hshy.com
电子信箱：hshy@heinfo.net

北戴河海滨花园大酒店 ★★★★
地址：秦皇岛市北戴河区安四路54号
电话：0335－5929000
传真：0335－5929104
邮编：066100
网址：www.gjfgwbp.cn
电子信箱：bdhzt@gjfgwbp.cn

北戴河新华假日酒店 ★★★★
地址：秦皇岛市北戴河区安二路二号
电话：0335－4280888
传真：0335－4280116
邮编：066100
网址：www.xinhuaholiday.com
电子信箱：Xinhuaholiday@126.com

北京电视台记者培训中心 ★★★★
地址：秦皇岛市昌黎县黄金海岸三纬路
电话：0335－2289911
传真：0335－2289850
邮编：066600
网址：www.btvhotel.com

唐山锦江贵宾楼饭店 ★★★★
地址：唐山市建设南路46号
电话：0315－3729228
传真：0315－2827474
邮编：063000

网址：www. ts-hotelgroup. com. cn
电子信箱：tsjjsw88@ sina. com

迁安锦江饭店 ★★★★
地址：唐山迁安市泉大街中段
电话：0315－7286666
传真：0315－7174868
邮编：064400
网址：www. qiananjinjianghotel. com. cn
电子信箱：qiananjinjiang@ sina. com

乐亭承启大酒店 ★★★★
地址：唐山市乐亭县大钊路21号
电话：0315－4627777
传真：0315－4627866
邮编：063600
网址：www. chengqihotel. com
电子信箱：Chengqihotel@ 163. com

廊坊国际饭店 ★★★★
地址：廊坊市和平路81号甲
电话：0316－2173456　2075350办
传真：0316－2073456
邮编：065000
网址：www. gjfd. com
电子信箱：lfguojifandian@ 163. com

廊坊市天都大酒店 ★★★★
地址：廊坊市广阳道188号
电话：0316－2119998
传真：0316－2119999
邮编：065000
网址：www. paradise city hotel. com

廊坊北京外企联谊中心 ★★★★
地址：廊坊经济技术开发区华祥路
电话：0316－6076100
传真：0316－6076105
邮编：065000
网址：www. fescolyclub. com
电子信箱：fescobg@ 163. com

思菩兰国际会议中心 ★★★★
地址：廊坊三河市燕郊经济技术开发区
电话：010－61590218
传真：010－61597410
邮编：065200
网址：www. spl-splendor. com
电子信箱：spl-splendor@ 163. com

汇福大酒店 ★★★★
地址：廊坊三河市燕郊镇汇福路8号
电话：0316－3329999－6810
传真：010－61598999
邮编：065200
网址：www. huifu－hotel. com. cn

保定国际俱乐部 ★★★★
地址：保定市天鹅西路199号
电话：0312－3169999
传真：0312－3106859
邮编：071000
网址：www. bdinterclub. com

保定中银大厦 ★★★★
地址：保定市朝阳路59号
电话：0312－3098888
传真：0312－3098999
邮编：071051
网址：www. zyds. com. cn
电子信箱：zyds@ zyds. com. cn

星光国际商务酒店 ★★★★
地址：保定市高新技术开发区朝阳北大路999号
电话：0312－3339999
传真：0312－3339998
邮编：071051
网址：www. starlightbaoding. com
电子信箱：xg-xzb@ 163. com

华中假日酒店 ★★★★
地址：保定市高开区朝阳北大街200号
电话：0312－3106592
传真：0312－3106669
邮编：071051

恒通财富中心酒店 ★★★★
地址：保定市朝阳北大街709号
电话：0312－3321782
传真：0312－3321555
邮编：071051
网址：www. ht－center. com. cn

河北诚信大厦 ★★★★
地址：保定涿州市建设东路84号
电话：0312－3850531
传真：0312－3850525
邮编：072750
网址：http：//www. cxhotel. com
电子信箱：cxoffice@ cxhotel. com

沧州颐和大酒店 ★★★★
地址：沧州市西二环
电话：0317－5528358
传真：0317－5502888
邮编：061001
网址：www. yhdjd. com
电子信箱：yhdjd110@ 126. com

神华海港国际饭店 ★★★★
地址：沧州市黄骅港开发区
电话：0317－5387555
传真：0317－5387556
邮编：061113
电子信箱：hotelss@ 163. com

任丘五洲大酒店 ★★★★
地址：沧州任丘市裕华中路
电话：0317－3388358
传真：0317－3388268
邮编：062550

新世纪国际酒店 ★★★★
地址：沧州任丘市会战道总部桥头
电话：0317－3333333
传真：0317－3333666
邮编：062552
网址：www. xsjhotel. net
电子信箱：xinshiji-hotel@ 163. com

东光富翔大酒店 ★★★★
地址：沧州市东光县城
电话：0317－7792999
传真：0317－7898515
邮编：061600
网址：www. fuxianghotel. com
电子信箱：fuxianghotel@ 126. com

肃宁华阳大酒店 ★★★★
地址：沧州市肃宁县泽城东路
电话：0317－5019999
传真：0317－5019911　5019966
邮编：062350
网址：www. hydjd. com
电子信箱：zb5019977@ 163. com

衡水阳光大酒店 ★★★★
地址：衡水市新华西路158号
电话：0318－2113403
传真：0318－2113106
邮编：053000
网址：www. hs-sunhotel. com
电子信箱：vgsyw@ 163. com

邢台辰光大酒店有限公司 ★★★★
地址：邢台市中兴西大街319号
电话：0319－2120006
传真：0319－2120011
邮编：054000
电子信箱：Cgswzx30@ yahoo. com. cn

邯郸宾馆 ★★★★
地址：邯郸市中华北大街74号
电话：0310－3086888
传真：0310－3013168
邮编：056002
电子信箱：hdbgbgs168@ 163. com

汇宾大酒店 ★★★
地址：石家庄市裕华西路160号
电话：0311－87688888
传真：0311－87688998
邮编：050000
网址：www. huibin hotel. com
电子信箱：huibin@ huibinhotel. com

中山宾馆 ★★★
地址：石家庄市市庄路57号
电话：0311－85987666
传真：0311－85987855
邮编：050000
网址：www. zhongshanhotel. cn
电子信箱：kelseywoo@ sina. com

绿苑大厦 ★★★
地址：石家庄市体育南大街
电话：0311－85998114
传真：0311－85998648
邮编：050015

汇源大酒店 ★★★
地址：石家庄市中华南大街85号
电话：0311－87011001
传真：0311－87025417
邮编：050051
网址：www. huiyuanhotel. cn
电子信箱：huiyuan@ huiyuanhotel. cn

河北宏苑宾馆 ★★★
地址：石家庄市自强路55号
电话：0311－87872211
传真：0311－88600111
邮编：050000
电子信箱：hongyuanhotel@ sina. com

河北人防大厦 ★★★
地址：石家庄市平安南大街85号
电话：0311－86116666
传真：0311－86018825
邮编：050021
电子信箱：Longshan Hotel@ sine. com

石家庄柏林大厦 ★★★
地址：石家庄市站前街24号
电话：0311－85985588
传真：0311－85985599
邮编：050000
电子信箱：Blds xgl@ vip. sina. com

新世隆宾馆 ★★★
地址：石家庄市建设南大街117号
电话：0311－86122288
传真：0311－86011685
邮编：050000

网址：www. xsl123. com
电子信箱：xsl@ xsl123. com

科技宾馆 ★★★
地址：石家庄市东大街60号
电话：0311－86069999
传真：0311－86043424
邮编：050000
网址：www. hebSt. ，gov. cn
电子信箱：kejihotel. 163. net

华石宾馆 ★★★
地址：石家庄市红旗大街52号
电话：0311－85239818
传真：0311－85239100
邮编：050000

石家庄燕春饭店 ★★★
地址：石家庄市中山东路189号
电话：0311－86096666
传真：0311－86033708
邮编：050011
网址：www. yanchun. com
电子信箱：djb1818@ 126. com

石家庄市中京大酒店 ★★★
地址：石家庄市中山东路176号
电话：0311－85116688
传真：0311－85116627
邮编：050011
网址：www. zhongjinghotel. com
电子信箱：root@ zhongjinghotel. cn

石家庄东方龙大酒店 ★★★
地址：石家庄市建设南大街128号
电话：0311－86118811
传真：0311－86126366
邮编：050011
网址：www. dongfanglong. com. cn

石家庄怀特大厦 ★★★
地址：石家庄市体育南大街221号
电话：0311－85911555
传真：0311－85911600
邮编：050021
网址：www. huaite. cn

石家庄市富华大酒店 ★★★
地址：石家庄市建华北大街19号
电话：0311－85079888
传真：0311－85031788
邮编：050031

石家庄凯旋门大酒店 ★★★
地址：石家庄市天山大街238号
电话：0311－85901768
传真：0311－85901788
邮编：050031

河北民航大酒店 ★★★
地址：石家庄市中山东路473号
电话：0311－85068888
传真：0311－85281106
邮编：050031
网址：www. hbmh-hotel. com

北方大厦 ★★★
地址：石家庄市胜利北大街309号
电话：0311－85918888
传真：0311－85918877
邮编：050041
网址：www. beifanggrandhotel. com
电子信箱：beifangdasha@ sina. com

西山宾馆 ★★★
地址：石家庄市中山西路
电话：0311－83986628
传真：0311－83986617
邮编：050227
网址：www. xsbg. cn
电子信箱：hotel@ xsbg. cn

辛集市金皇冠大酒店 ★★★
地址：石家庄市辛集市迎宾路
电话：0311－83282888
传真：0311－83282500
邮编：052300

辛集市东明大酒店 ★★★
地址：石家庄市辛集市错营制革工业区
电话：0311－83208999
传真：0311－83206806
邮编：052300
网址：www. dongming. com
电子信箱：hotel@ dong ming. com

藁城市藁城宾馆 ★★★
地址：石家庄市藁城市府西路1号
电话：0311－88154422
传真：0311－88045322
邮编：052100

鹿泉市河北敬业大酒店 ★★★
地址：石家庄市鹿泉市开发区昌盛大街110号
电话：0311－82017680
传真：0311－82016277
邮编：050200
网址：www. jydjd. cn

井陉县张河湾宾馆 ★★★
地址：石家庄市井陉县测鱼镇
电话：0311－85132366
传真：0311－85939882
邮编：050300

正定县华阳假日酒店 ★★★
地址：石家庄市正定县常山西路2号
电话：0311－88012626
传真：0311－88022410
邮编：050800
网址：www. hbzhjt. com

西苑温泉度假村迎宾楼 ★★★
地址：石家庄市平山县温塘镇
电话：0311－82813168
传真：0311－82813136
邮编：050400

张家口市新华大厦 ★★★
地址：张家口市桥西区至善街33号
电话：0313－8086818
传真：0313－8072748
邮编：075000
电子信箱：xinhds@ zjktour. gov. cn

张家口市迎宾馆 ★★★
地址：张家口市桥东区五一大街72号
电话：0313－2088916
传真：0313－2013475
邮编：075000
网址：www. zjksybg-hotel. com
电子信箱：yingbg@ zjktour. gov. cn

张家口宾馆 ★★★
地址：张家口市桥东区解放大街13号
电话：0313－2015493
传真：0313－2014414
邮编：075000
网址：www. zjkbg. ht. cninfo. net
电子信箱：zjkbg@ zjktour. gov. cn

交通大酒店 ★★★
地址：张家口市桥东区胜里北路80号甲
电话：0313－2085018
传真：0313－2085018
邮编：075000
电子信箱：jiaotdjd@ zjktour. gov. cn

宣化宾馆 ★★★
地址：张家口市宣化区牌楼西街55号
电话：0313－3181549
传真：0313－3181400
邮编：075100
网址：www. xuanhua-hotel. com
电子信箱：xuanhbg@ zjktour. gov. cn

蔚州大酒店 ★★★
地址：张家口市蔚县城西大街
电话：0313－7215999
传真：0313－7214145
邮编：075700
网址：www. yuxian. gov. cn
电子信箱：yuzdjd@ zjktour. gov. cn

蔚县正和大酒店 ★★★
地址：张家口市蔚县城前进路
电话：0313－72338890
传真：0313－7238897
邮编：075700
电子信箱：zhenhfd@ zjktour. gov. cn

怀来明珠大厦 ★★★
地址：张家口市怀来沙城镇京张公路西大街1号
电话：0313－6230745
传真：0313－6230735
邮编：075400
网址：www. farmer. gov. cn/mingzhu/
电子信箱：mingzdjd@ zjktour. gov. cn

涿鹿轩辕大厦 ★★★
地址：张家口市涿鹿县轩辕路22号
电话：0313－6531526
传真：0313－6531520
邮编：075600
网址：www. zlxlsj. 51. net
电子信箱：xuanyds@ zjktour. gov. cn

赤城紫电宾馆 ★★★
地址：张家口市赤城温泉度假村
电话：0313－6481258
传真：0313－6481256
邮编：075500
电子信箱：zidbg@ zjktour. gov. cn

赤城财政宾馆 ★★★
地址：张家口市赤城温泉度假村
电话：0313－6481030
传真：0313－6481234
邮编：075500
电子信箱：caizbg@ zjktour. gov. cn

承德市乾阳大酒店 ★★★
地址：承德市环城东路8号
电话：0314－5907188
传真：0314－2057777
邮编：067000
网址：www. cdqianyang. com. cn

承德山庄宾馆 ★★★
地址：承德市小南门127号
电话：0314－2025588
传真：0314－2034143
邮编：067000
网址：www. hemvhotel. com

电子信箱：mvhotel@ heinfo. net

承德露露大酒店有限公司 ★★★
地址：承德市翠桥路南 6 号
电话：0314－5908888 5922904
传真：0314－5903112
邮编：067000
网址：www. lolohotel. com
电子信箱：lolohotel@ 163. com

承德会龙大厦 ★★★
地址：承德市车站路
电话：0314－2085369
传真：0314－2082404
邮编：067000
网址：cd-www. he cninfo. net

承德碧峰饭店 ★★★
地址：承德火神庙德汇大厦 B 座
电话：0314－2050688 2051198
传真：0314－2050693
邮编：067000
网址：www. bifenghotel. com. cn
电子信箱：bifengdd@ heinfo. net

承德白楼宾馆 ★★★
地址：承德市京承公路 28 号
电话：0314－5928888 5909399
传真：0314－5909395
邮编：067000
网址：www. bailou. com
电子信箱：cdbl@ cd-bl. com

承德钢铁集团有限公司宾馆 ★★★
地址：承德市双滦区宾馆路 1 号
电话：0314－4076888
传真：0314－4076588
邮编：067002
网址：www. chengganghotel. com

龙骧大酒店 ★★★
地址：承德市隆化县建设街中段
电话：0314－7088888
传真：0314－7089688
邮编：068150
网址：www. longxianghotel. cn

银河温泉度假村 ★★★
地址：承德市丰宁县汤河乡洪汤寺
电话：0314－8212020
传真：0314－8212020
邮编：068350
网址：www. yinhetour. com
电子信箱：yinhetengda@ tom. com

怡园山庄 ★★★
地址：承德市丰宁县汤河乡洪汤寺
电话：0314－8212222
传真：0314－8212372
邮编：068350

围场宾馆 ★★★
地址：承德市围场县木兰中路 150 号
电话：0314－7521112
传真：0314－7521114
邮编：068450
网址：www. weichanghotel. com

秦发假日酒店 ★★★
地址：秦皇岛市迎宾路 121 号
电话：0335－3851588
传真：0335－3060090
邮编：066000
网址：www. qinfa. com. cn
电子信箱：hotel@ qinfa. com. cn

羊城大酒店 ★★★
地址：秦皇岛市迎宾路 132 号
电话：0335－3853555
传真：0335－3635123
邮编：066000
网址：www. ychotel. com
电子信箱：yc@ ychotel. com

夏都宾馆 ★★★
地址：秦皇岛市红旗路 48 号
电话：0335－3280666
传真：0335－3281110
邮编：066000
网址：www. qhdxiaduhotel. com
电子信箱：qhdxiadu@ sohu. com

天华大酒店 ★★★
地址：秦皇岛市河北大街 152 号
电话：0335－3035500
传真：0335－3280688
邮编：066000
网址：www. qhdhlsc. com. cn
电子信箱：qhdthjd@ 0335. net

秦皇岛中煤大厦 ★★★
地址：秦皇岛市民族路 299 号
电话：0335－3858666
传真：0335－3858686
邮编：066000
网址：www. zhongmei-hotel. com
电子信箱：zmchangjie@ hotmail. com

绿洲大酒店 ★★★
地址：秦皇岛市文化路 279 号
电话：0335－3888888
传真：0335－3855555
邮编：066000
网址：www. oasisse2. com. cn
电子信箱：lzdjd@ 126. com

金龙源大酒店 ★★★
地址：秦皇岛市红旗路 229 号
电话：0335－3252555
传真：0335－7920588
邮编：066000
网址：www. jlongyuan. com

佳伦酒店 ★★★
地址：秦皇岛市迎宾路 181 号
电话：0335－3065888
传真：0335－3067306
邮编：066000
电子信箱：jialun@ heinfo. net

扬州饭店 ★★★
地址：秦皇岛市开发区长江东道 66 号
电话：0335－8071630
传真：0335－8071633
邮编：066004
网址：www. yangzhoufandian. com
电子信箱：web@ yangzhoufandian. com

山海关凯莱度假村 ★★★
地址：秦皇岛市山海关开发区云南南路
电话：0335－5081666
传真：0335－5081919
邮编：066200
网址：www. gloriahotel. com
电子信箱：ghv-qhd@ 163. net

山海关龙源酒店 ★★★
地址：秦皇岛市山海关开发区淮海南路
电话：0335－5083355
传真：0335－5081566
邮编：066206
网址：www. longyuanhotel. net
电子信箱：longyuanhotel@ sohu. com

山海关海源大酒店 ★★★
地址：秦皇岛市山海关正大环路 2 号
电话：0335－5083888
传真：0335－5083666
邮编：066206
网址：www. hotelhy. com
电子信箱：hy@ hotelhy. com

北戴河鸥鹏宾馆 ★★★
地址：秦皇岛市北戴河区滨海大道 1 号
电话：0335－4042090
传真：0335－4042090
邮编：066100
电子信箱：opjd2004@ yahoo. com. cn

中国煤炭工人北戴河疗养院 ★★★
地址：秦皇岛市北戴河区保二路 13 号
电话：0335－4041017
传真：0335－4041595
邮编：066104
电子信箱：bdhsccm@ heinfo. net

华北电网有限公司北戴河疗养院 ★★★
地址：秦皇岛市北戴河区海宁路 31 号
电话：0335－4042653
传真：0335－4041837
邮编：066100
网址：www. power73. com
电子信箱：hbdi1325@ yahoo. com. cn

北戴河悦华宾馆 ★★★
地址：秦皇岛市北戴河区东经路 90 号
电话：0335－4020999
传真：0335－4030788
邮编：066100
网址：www. bdhyh. com
电子信箱：qhdol@ qhdol. com

北戴河友谊宾馆 ★★★
地址：秦皇岛市北戴河区鹰角路 1 号
电话：0335－4041747
传真：0335－4041945
邮编：066100
网址：www. beidaihefriendshiphotel. com

北戴河燕山大厦 ★★★
地址：秦皇岛市北戴河区鸽赤路
电话：0335－4042026
传真：0335－4044265
邮编：066100
网址：www. yanshanhotel. com. cn
电子信箱：yashadasha@ 163. com

北戴河石油宾馆 ★★★
地址：秦皇岛市北戴河区东经路副 4 号
电话：0335－4041596
传真：0335－4042950
邮编：066100
电子信箱：bdhsybg@ sohu. com

北戴河金海湾度假村 ★★★
地址：秦皇岛市北戴河区东经路 201 号
电话：0335－4034739
传真：0335－4034739
邮编：066100
电子信箱：jhwdjc@ tom. com

北戴河华北电力大厦 ★★★
地址：秦皇岛市北戴河区联峰路 163 号
电话：0335－4042653
传真：0335－4042653

邮编：066100
网址：www. power73. com
电子信箱：gdbdb@ 163. net

北戴河海明月宾馆 ★★★
地址：秦皇岛市北戴河区宝石路3号
电话：0335－4265100
传真：0335－5922666
邮编：066100
电子信箱：bdhly@ 126. com

北戴河联峰假日宾馆 ★★★
地址：秦皇岛市北戴河区联峰北路27号
电话：0335－4024999
传真：0335－4024111
邮编：066100
电子信箱：beidaihelianfeng@ eyou. com

北戴河金山宾馆 ★★★
地址：秦皇岛市北戴河区东三路
电话：0335－4041338
传真：0335－4042478
邮编：066100
网址：www. jinshan@ heinfo. net
电子信箱：www. jinshanhotel. net

北戴河国林宾馆 ★★★
地址：秦皇岛市北戴河区黑石路3号
电话：0335－4022188
传真：0335－4022005
邮编：066100
网址：www. glhotel. com. cn
电子信箱：gl@ glhotel. com. cn

北戴河广电宾馆 ★★★
地址：秦皇岛市北戴河区联峰路155号
电话：0335－4022111
传真：0335－4024770
邮编：066100
网址：www. gdhouqin. com/bdh/
电子信箱：bdhgzz@ 163. com

中技黄金海岸度假村 ★★★
地址：秦皇岛市昌黎县黄金海岸一经路
电话：0335－2288988
传真：0335－2289108
邮编：066600
网址：www. zhj-resort. com. cn
电子信箱：niuxuedong@ genertec. com. cn

大田园宾馆 ★★★
地址：秦皇岛市昌黎县黄金海岸一纬路
电话：0335－2288666
传真：0335－2289996
邮编：066607
网址：www. tian-s. com
电子信箱：ts－group@ 163. com

南戴河日月湖宾馆 ★★★
地址：秦皇岛市南戴河观海路东段8号
电话：0335－4052288
传真：0335－4051288
邮编：066311
网址：www. riyuehe. cn
电子信箱：aqsiqndh@ vip. sina. com

唐山开滦大酒店 ★★★
地址：唐山市新华西道76号
电话：0315－2315588
传真：0315－2328594
邮编：063000
电子信箱：jljt@ kailuan. com

唐山金槟酒店 ★★★
地址：唐山市建设南路48－8号
电话：0315－2846711
传真：0315－2847990
邮编：063000
电子信箱：tsjb2007@ 163. com

唐山饭店 ★★★
地址：唐山市建设南路46号
电话：0315－2821611
传真：0315－2827238
邮编：063000
网址：www. ts-hotelgroup. com. cn

唐山大酒店 ★★★
地址：唐山市新华西道3号
电话：0315－2825711
传真：0315－2825711－2117
邮编：063000
网址：www. tsdjd. cn
电子信箱：tsdjd@ sina. com

唐山长城大酒店 ★★★
地址：唐山市长宁道168号
电话：0315－2026946
传真：0315－2026946－6201
邮编：063000

唐山宾馆 ★★★
地址：唐山市建设北路25号
电话：0315－2822210
传真：0315－2828712
邮编：063000
网址：www. ts-hotelgroup. com. cn
电子信箱：tangshanhotel@ 163. com

唐钢宾馆 ★★★
地址：唐山市新华东道28号
电话：0315－2705600
传真：0315－2705809
邮编：063000
网址：www. tgbg. com. cn

顺天龙大酒店 ★★★
地址：唐山市北新西道107号
电话：0315－2223300
传真：0315－2241000
邮编：063000
电子信箱：Dingxiufeng001@ sina. com

石油宾馆 ★★★
地址：唐山市新华西道
电话：0315－8768347
传真：0315－8768347
邮编：063000
网址：www. tssyby. com

蓝天大酒店 ★★★
地址：唐山市西山道131号
电话：0315－2342266
传真：0315－2342511
邮编：063000
网址：www. lt-hotel. com
电子信箱：Lt-hotel@ 163. com

远洋宾馆 ★★★
地址：唐山经济开发区港兴大街
电话：0315－2914001
传真：0315－2914368
邮编：063600
网址：www. tangshanyuanyang. com
电子信箱：yy@ tangshanyuanyang. com

丰润宾馆 ★★★
地址：唐山市丰润区咸宁里街3号
电话：0315－5182711
传真：0315－5182382
邮编：064000

遵化鑫泰酒店 ★★★
地址：唐山遵化市文柏路
电话：0315－6688888
传真：0315－6682302
邮编：064200

遵化建国大酒店 ★★★
地址：唐山遵化市建设南路30号
电话：0315－6658888
传真：0315－6651253
邮编：064200

遵化国际饭店 ★★★
地址：唐山遵化市北二环路49号
电话：0315－6680088
传真：0315－6680099
邮编：064200
电子信箱：ZHGJFD@ vip. 163. com

遵化宾馆 ★★★
地址：唐山遵化市建设南路9号
电话：0315－6619509
传真：0315－6619507
邮编：064200

御苑山庄 ★★★
地址：唐山遵化市马兰峪镇
电话：0315－6945348
传真：0315－6947626
邮编：064206

迁安凯奇饭店 ★★★
地址：唐山迁安市首钢三角地西
电话：0315－7082666
传真：0315－7285666
邮编：064400

迁西宾馆 ★★★
地址：唐山市迁西县凤凰东街21号
电话：0315－5624999
传真：0315－5612928
邮编：064300

盛通大酒店 ★★★
地址：廊坊市建国道418号
电话：0316－2035888
传真：0316－2025888
邮编：065000

碧海宾馆 ★★★
地址：廊坊市广阳道156号
电话：0316－2335888　2336622办
传真：0316－2335999
邮编：065000

廊坊迎宾馆 ★★★
地址：廊坊市金光道15号
电话：0316－2012961
传真：0316－2055057
邮编：065200
网址：www. lfybg. com
电子信箱：vip@ lfybg. com

新奥贵宾楼 ★★★
地址：廊坊市开发区友谊路
电话：0316－6089999
传真：0316－6080111
邮编：065000
网址：www. xinaogroup. com
电子信箱：xinaosw@ 126. com

京津花园 ★★★
地址：廊坊市开发区创业路6号
电话：0316－6089702

传真：0316－6088081
邮编：065000
电子信箱：jingjin_huayuan@163.com

华糖大酒店 ★★★
地址：廊坊市开发区云鹏道
电话：0316－6084518
传真：0316－6084518
邮编：065000

新华昆仑大酒店 ★★★
地址：廊坊霸州市西环路
电话：0316－7211888
传真：0316－7221818
邮编：65000
网址：www.xhkl.com
电子信箱：hotel@xhkl.com

行宫宾馆 ★★★
地址：廊坊三河市燕郊镇迎宾北路17号
电话：0316－3312382
传真：010－61594646
邮编：065200
电子信箱：hdxinggong@sina.com

奇丽国际大厦 ★★★
地址：廊坊三河市燕郊镇迎宾路2号
电话：0316－3320298
传真：010－61598375
邮编：065200

福成名厨大酒店 ★★★
地址：廊坊三河市燕郊开发区燕高路1号
电话：0316－3311260
传真：010－61595615
邮编：065200

天都大酒店永清分店 ★★★
地址：廊坊市永清县武隆路
电话：0316－6699888
传真：0316－6696221
邮编：065600

新园酒店 ★★★
地址：廊坊市香河第一城内
电话：0316－8588888－66607
邮编：065400

香安宾馆 ★★★
地址：廊坊市香河县安平开发区
电话：0316－8219999
传真：0316－8219666
邮编：065400
网址：www.cnxabg.com

顺隆宾馆 ★★★
地址：廊坊市香河县永泰路
电话：0316－8580658
传真：0316－8580663
邮编：065400

文安宾馆 ★★★
地址：廊坊市文安县政通道
电话：0316－5252666
传真：0316－5251908
邮编：065800

腾达大酒店 ★★★
地址：保定市建华南大街711号
电话：0312－7508888
传真：0312－8921789
邮编：071000
网址：www.365zdh.com

东方大酒店 ★★★
地址：保定市红阳路100号
电话：0312－5072890
传真：0312－5072900
邮编：071000
网址：www.bddongfangdajiudian.com.cn

保定海诺大酒店 ★★★
地址：保定市裕华路45号
电话：0312－2082500
传真：0312－2038202
邮编：071000

亚华大酒店 ★★★
地址：保定市建设南路2号
电话：0312－3209500
传真：0312－3209509
邮编：071051
网址：www.yahuahotel.com

华侨宾馆 ★★★
地址：保定市高开区天鹅路111号
电话：0312－3102096
传真：0312－3102096
邮编：071051
网址：www.bdhqbg.com

东方大都会 ★★★
地址：保定市东风东路36号
电话：0312－5072999
传真：0312－5032029
邮编：071051
网址：www.bddfddh.com

涿州东方宾馆 ★★★
地址：保定涿州市长城桥北
电话：0312－3623760
传真：0312－3623999
邮编：072750

阳光休闲俱乐部 ★★★
地址：保定涿州市范阳东路高速路东出口
电话：0312－3863354
传真：0312－3863317
邮编：072750

石油会议中心 ★★★
地址：保定涿州市
电话：3825800转6119
邮编：072750

药都大酒店 ★★★
地址：保定安国市东方西路
电话：0312－3599999
传真：0312－3538888
邮编：071200
网址：www.yaoduhotel.cn

中山宾馆 ★★★
地址：保定市满城县燕赵南街
电话：0312－7077320
传真：0312－7077320
邮编：072150

黄金台宾馆 ★★★
地址：保定市定兴县开发区东路156号
电话：0312－6926737
传真：0312－6926737
邮编：072650

天硕大酒店 ★★★
地址：保定市涞水县三坡镇金三角
电话：0312－4565888
传真：0312－4565559
邮编：074100
网址：www.yspts.com

野三坡交警培训中心 ★★★
地址：保定市涞水县三坡镇苟各庄
电话：0312－4563666
传真：0312－4563999
邮编：074100

新宇大厦 ★★★
地址：保定市安新县城北关外
电话：0312－5328358
传真：0312－5323707
邮编：071600
网址：www.xinyudasha.com

白洋淀温泉宾馆 ★★★
地址：保定市安新县旅游路
电话：0312－5117337
传真：0312－5117139
邮编：071600
网址：www.bydwqbg.com

安新虹奥大酒店 ★★★
地址：保定市安新县城建设大街
电话：0312－5351888
传真：0312－5350731
邮编：071600
网址：www.haohotel.cn

雄州宾馆 ★★★
地址：保定市雄县温泉路102号
电话：0312－5817080
传真：0312－5813572
邮编：071800
网址：www.bdsxxxzbg.bip.und.cn

沧州饭店 ★★★
地址：沧州市新华东路16号
电话：0317－3053068
传真：0317－3053001
邮编：601000
电子信箱：cchotel@126.com

鸿信宾馆 ★★★
地址：沧州市新华中路80号
电话：0317－3026559
传真：0317－3026565－2636
邮编：061000

洋帆大酒店 ★★★
地址：沧州市浮阳北大道16号
电话：0317－2089888
传真：0317－2081999
邮编：061001
网址：www.yangfandajiudian.cn
电子信箱：info@hotel.yf.com

花园酒店 ★★★
地址：沧州市浮阳北大道5号
电话：0317－5526666
传真：0317－5526779
邮编：061001
网址：www.garden-hotel.net.cn/
电子信箱：hyxsb01@yahoo.com.cn

泊头宾馆 ★★★
地址：沧州泊头市火车站街100号
电话：0317－8268888
传真：0317－8222751
邮编：062150
电子信箱：zhaojian3600@163.com

源平大酒店 ★★★
地址：沧州任丘市渤海东路
电话：0317－2228888
传真：0317－2251888
邮编：062550

吴桥百盛庄园假日酒店 ★★★
地址：沧州市吴桥县太行道9号
电话：0317-7365888
传真：0317-7365398
邮编：061800
网址：www.21sjzg.com

献县献王大酒店 ★★★
地址：沧州市献县西大街5号
电话：0317-4629999
传真：0317-4622348
邮编：062250
网址：www.xxlsy.com.tiv
电子信箱：jfydgd@163.

孟村少数民族干部培训中心 ★★★
地址：沧州市孟村县东
电话：0317-6762888
传真：0317-6762228
邮编：061400

衡水迎宾馆 ★★★
地址：衡水市人民西路69号
电话：0318-6888888
传真：0318-2022094
邮编：053000

衡水香龙大酒店 ★★★
地址：衡水市胜利西路140号
电话：0318-2993666
传真：0318-2990666
邮编：053000
电子信箱：anmei826@163.com

衡水金山大酒店 ★★★
地址：衡水市中心大街606号
电话：0318-2186929
传真：0318-2186915
邮编：053000
网址：www.hs-hotel.com
电子信箱：zhaosirlove@163.com

衡水华澳大酒店 ★★★
地址：衡水市红旗大街28号
电话：0318-2103090
传真：0318-2101855
邮编：053000
电子信箱：huaao2008@sina.com

深州牛得草大酒店 ★★★
地址：衡山深州市长江东路189号
电话：0318-326888-8412
传真：0318-3325888
邮编：053000
电子信箱：wuzong1231@pom.com

新光大酒店 ★★★
地址：邢台市钢铁南路155号
电话：0319-2046401
传真：0319-2046406
邮编：054000
电子信箱：xinguanghotel@yahoo.com.cn

邢台烟草大厦 ★★★
地址：邢台市火车站广场10号
电话：0319-3292888
传真：0319-3092666
邮编：054001

河北邢台宾馆 ★★★
地址：邢台市顺德路201号
电话：0319-3666666
传真：0319-3666688
邮编：054001
网址：www.xingtaihotel.com
电子信箱：xingtaibinguan@163.com

沙河市华沙大酒店 ★★★
地址：邢台市沙河市京广路29号
电话：0319-8700188
传真：0319-8700027
邮编：054100
电子信箱：meyyb@163.com

天颐温泉花园酒店 ★★★
地址：邢台市内丘县康庄西路
电话：0319-6930000
传真：0319-6930466
邮编：054200
网址：www.tianyiwenquan.com
电子信箱：tianyiwenquan@126.com

晶龙宾馆 ★★★
地址：邢台市宁晋县天宝西街
电话：0319-5808888
传真：0319-5808888
邮编：055550
网址：www.jinglong.net
电子信箱：zhaozhiqing@163.com

华丰宾馆 ★★★
地址：邢台市巨鹿县新华街3号
电话：0319-4326888
传真：0319-4326668
邮编：0555250

亿力大厦 ★★★
地址：邢台市清河县武松东街
电话：0319-8168888
传真：0319-8168028
邮编：054800

京九国际大酒店 ★★★
地址：邢台市清河县太行中路66号
电话：0319-8167777
传真：0319-8163866
邮编：054800
电子信箱：jingjiuguoji@126.com

河北省清河宾馆 ★★★
地址：邢台市清河县祥和大街36号
电话：0319-8299999
传真：0319-8189509
邮编：054800
网址：www.qhbg.com
电子信箱：qhbgsw@163.com

迎宾国际饭店 ★★★
地址：邯郸市人民路159号
电话：0310-3010980
传真：0310-3011793
邮编：056001
网址：www.hd-gjhotel.com

邯郸市紫金山饭店 ★★★
地址：邯郸市和平路北胡同25号
电话：0310-6268888
传真：0310-6268998
邮编：056002
网址：www.hd-zjshotel.com
电子信箱：qiongmei2008@126.com

邯郸市冀南宾馆 ★★★
地址：邯郸市展览路2号
电话：0310-6265889
传真：0310-6265900
邮编：056002

邯郸大酒店 ★★★
地址：邯郸市人民路117号
电话：0310-6266666
传真：0310-3051760
邮编：056002
电子信箱：zfez@jmk.hd.cn

赵王宾馆 ★★★
地址：邯郸市复兴路19号
电话：0310-4044408
传真：0310-4044403
邮编：056003
网址：www.zhaowanghotel.com.cn

邯钢宾馆 ★★★
地址：邯郸市复兴路167号
电话：0310-6071888
传真：0310-6073386
邮编：056003
电子信箱：zghbhgbg@163.com

武安宇宙宾馆 ★★★
地址：邯郸武安市桥西路589号
电话：0310-5551266
传真：0310-5551222
邮编：056300

武安宾馆 ★★★
地址：邯郸武安市塔西路1号
电话：0310-5610289
传真：0310-5610173
邮编：056300

武安白天鹅宾馆 ★★★
地址：邯郸武安市富强大街8号
电话：0310-5610588
传真：0310-5610566
邮编：056430

涉县龙山宾馆 ★★★
地址：邯郸市涉县龙西路
电话：0310-3891888
传真：0310-3892683
邮编：056400
电子信箱：Longshan Hotel@sine.com

旅游景区

石家庄水上公园 AAA
地址：石家庄市联盟路500号
电话：0311-87794504
邮编：050061

石家庄天山海世界 AAAA
地址：石家庄高新技术产业开发区天山大街116号
电话：0311-85389241
邮编：050801

石家庄矿区清凉山景区 AA
地址：石家庄市井陉矿区
邮编：050100

石家庄抱犊寨景区 AAAA
地址：石家庄鹿泉市抱犊寨
电话：0311-82013208
邮编：050200

石家庄苍岩山景区 AAAA
地址：石家庄市井陉县
电话：0311-82022630
邮编：050300

石家庄井陉县仙台山风景区 AA
地址：石家庄市井陉县辛庄乡

电话：0311－2365016
邮编：050300

正定隆兴寺 AAAA
地址：石家庄市正定县
电话：0311－88786560
邮编：050800

荣国府 AAA
地址：石家庄市正定县兴荣路51号
电话：0311－88786107
邮编：050800

石家庄正定县赵云庙 AA
地址：石家庄市正定县
邮编：050800

五岳寨风景旅游区 AAAA
地址：石家庄市灵寿县南营乡
电话：0311－82525722
邮编：050500

石家庄嶂石岩风景名胜区 AAAA
地址：石家庄市赞皇县
电话：0311－84260051
邮编：051230

石家庄西柏坡纪念馆景区 AAAA
地址：石家庄市平山县中部
电话：0311－82851355
邮编：050411

驼梁山风景区 AAAA
地址：石家庄市平山县合河口乡前大地村
电话：0311－82499110　82499010
邮编：050405

石家庄天桂山景区 AAAA
地址：石家庄市平山县北冶乡天桂山
电话：0311－8282720
邮编：050403

石家庄赵县赵州桥 AAA
地址：石家庄市赵县皎河上
电话：0311－4902618
邮编：051530

张家口大境门旅游区 AA
地址：张家口市
邮编：075061

张家口鸡鸣山风景区 AA
地址：张家口市下花园区
邮编：075300

张北县中都草原度假村 AAAA
地址：张家口市张北县三宝营盘
电话：0313－2908016
邮编：076450

张家口沽源塞外庄园 AAAA
地址：张家口市沽源县
电话：0313－5821188
邮编：076550

张家口蒙古大营 AA
地址：张家口市沽源县
邮编：076550

张家口金莲山庄 AA
地址：张家口市沽源县城平定堡镇
电话：0313－5782118
邮编：076550

张家口察汗淖蒙古度假村 AA
地址：张家口市尚义县
邮编：076750

张家口金河口旅游区 AA
地址：张家口市蔚县
电话：0313－7249138
邮编：075400

于洪寺黄龙山庄风景区 AAAA
地址：张家口市怀来县保安镇于洪村
电话：0313－6811309
邮编：075400

张家口中国长城葡萄酒有限公司 AA
地址：张家口市怀来县沙城镇
电话：0313－6232213
邮编：075400

张家口天漠旅游区 AA
地址：张家口市怀来县龙宝山
电话：0313－6217821
邮编：075400

张家口永定河峡谷漂流 AA
地址：张家口市怀来县官厅镇
电话：0313－6875981
邮编：075400

张家口万龙滑雪场 AAAA
地址：张家口市崇礼县红花梁
电话：0313－4617676
邮编：076350

张家口塞北滑雪场 AA
地址：张家口市崇礼县四台嘴乡
电话：0313－4772012
邮编：076350

承德普陀宗乘之庙 AAAA
地址：承德市狮子沟
电话：0314－2163072
邮编：067000

承德普宁寺 AAAA
地址：承德市普宁寺
电话：0314－2058366
邮编：067000

承德避暑山庄 AAAAA
地址：承德市避暑山庄管理理处
电话：0314－2058366
邮编：067000

承德关帝庙景区 AA
地址：承德市避暑山庄正门西南
邮编：067000

承德城隍庙景区 AA
地址：承德市中心西大街路北
邮编：067000

承德魁星楼景区 AAA
地址：承德市半壁山之巅
电话：0314－2155853
邮编：067000

承德冰雪城景区 AA
地址：承德市半壁山路魁星楼下
电话：0314－2159927
邮编：067000

磬棰峰国家森林公园 AAAA
地址：承德市内武烈河东岸
电话：0314－2057090
邮编：067000

承德双塔山风景区 AAA
地址：承德市双塔山镇
电话：0314－4041575
邮编：067000

兴隆县金牛洞景区 AA
地址：承德市兴隆县北水泉
电话：0314－5520391
邮编：067300

承德兴隆县青龙潭景区 AA
地址：承德市兴隆县六道河镇古庆村
电话：0314－565285
邮编：067300

金山岭长城风景区 AAAA
地址：河北滦平县金山岭长城风景区
电话：0314－8830222
传真：0314－8830222
邮编：068254

隆化县龙凤洞旅游区 AA
地址：承德市隆化县中关村
电话：0314－7228083
邮编：068150

承德隆化县茅荆坝森林公园 AA
地址：承德市隆化县城茅荆坝乡
电话：0314－7259055
邮编：068150

董存瑞烈士陵园 AA
地址：承德市隆化县城西北苔山下伊逊河东
电话：0314－706397
邮编：068150

承德宽城县塞外“蟠龙湖”景区 AA
地址：承德市宽城县
电话：0314－6987071
邮编：067600

白云古洞 AAA
地址：承德市丰宁县南部莲花山
邮编：068350

丰宁京北第一草原 AAAA
地址：承德市丰宁县北部
电话：0314－8013640
邮编：068350

承德九龙松景区 AA
地址：承德市丰宁县五道营乡
邮编：068350

塞罕坝国家森林公园 AAAA
地址：承德市围场县
电话：0314－7802264　7802671
邮编：068466

御道口牧场草原森林风景区 AAAA
地址：承德市围场县
电话：0314－7996614
邮编：068463

秦皇岛野生动物园 AAAA
地址：秦皇岛市滨海大道中段
电话：0335－4182208
邮编：066000

南戴河国际娱乐中心 AAAA
地址：秦皇岛市南戴河旅游度假区第三小区
电话：0335－4082333
邮编：066311

秦皇岛集发农业观光园 AAAA
（全国农业旅游示范点）
地址：秦皇岛市北戴河海北路中段
电话：0335－4019002
邮编：066102

网址：www.51jifa.com.cn

怪楼奇园景区 AA
地址：秦皇岛市北戴河区联峰路
电话：0335－4042960　4041774
邮编：066100

老虎石海上公园 AA
地址：秦皇岛市北戴河区中海滩路
电话：0335－4044470
邮编：066100

燕塞湖景区 AAAA
地址：秦皇岛市石河水库
电话：0335－5052355
邮编：066200

秦皇岛新澳海底世界 AAAA
地址：秦皇岛市海港区河滨路81号
电话：0335－8065699
邮编：066004

秦皇岛山海关旅游景区 AAAAA
地址：秦皇岛市山海关区东六条1号
电话：0335－5051737
邮编：066200

河北天下第一关 AAAA
地址：秦皇岛市山海关区天下第一关景区
电话：0335－5051106
邮编：066200

秦皇求仙入海处景区 AAAA
地址：秦皇岛市海港区东浴场附近
邮编：066000

山海关欢乐海洋公园 AAAA
地址：秦皇岛市山海关区龙源大道南侧
电话：0335－8863910　5938206
邮编：066000

山海关长寿山风景旅游区 AAAA
地址：秦皇岛市山海关城东北
邮编：066200

秦皇岛山海关望峪山庄景区 AA
地址：河北省秦皇岛市山海关石河镇新建村
电话：0335－516277
邮编：066200

鸽子窝公园 AAA
地址：秦皇岛市北戴河区东山
电话：0335－4041774
邮编：066100

联峰山景区 AA
地址：秦皇岛市北戴河区联峰路与健秋路交汇点
电话：0335－404159
邮编：066100

唐山丰润燕东生态观光园 AA
地址：唐山市丰润区西杨家营村
电话：0315－5580978
邮编：064000

唐山丰润区潘家峪惨案纪念馆红色旅游景区 AA
地址：唐山市丰润区
电话：0315－5184733
邮编：064000

遵化清东陵 AAAA
地址：唐山遵化市清东陵文物管理处
电话：0315－6944467
邮编：064206

遵化万佛园景区 AAAA
地址：唐山遵化市清东陵西侧
电话：0315－6948299
邮编：064200

唐山遵化鹫峰山风景旅游区 AA
地址：唐山遵化市侯家寨乡
电话：0315－6900440
邮编：064200

唐山迁安市白羊峪长城旅游区 AA
地址：唐山迁安市大崔庄镇
邮编：064400

乐亭县李大钊纪念馆及故居 AAAA
地址：唐山市乐亭县新城区
邮编：063600

唐山乐亭县浅水湾浴场 AA
地址：唐山市乐亭县
邮编：063600

唐山乐亭县祥云湾海滨温泉度假村 AA
地址：唐山市乐亭县
邮编：063600

迁西县景忠山旅游区 AAAA
地址：唐山市迁西县三屯营镇
电话：0315－5844041
邮编：064300

迁西县青山关旅游区 AAAA
地址：唐山市迁西县上营乡
邮编：064300

唐山迁西县雄关大刀风景园 AA
地址：唐山市迁西县
邮编：064300

天下第一城 AAAA
地址：廊坊市香河县安平经济技术开发区
电话：0716－858888
邮编：065402

廊坊市文化艺术中心 AAAA
地址：廊坊市
邮编：065000

廊坊市自然公园 AAAA
地址：廊坊市
邮编：065000

廊坊茗汤温泉度假村景区 AAAA
地址：廊坊霸州市经济技术开发区106国道东
邮编：065700

保定市古莲花池 AAA
地址：保定市裕华西路160号
电话：0312－2022579
邮编：071052

保定市大慈阁 AA
地址：保定市北大街
电话：0312－2024131
邮编：071052

保定直隶总督署博物馆 AAAA
地址：保定市裕华西路99号
电话：0312－2038020－8011
邮编：071052

留法勤工俭学运动纪念馆 AA
地址：保定市北市区金台驿街
电话：0312－2025444
邮编：071000

涿州市三义宫 AA
地址：保定涿州市松林店镇楼桑庙村东
电话：0312－3957902
邮编：072750

保定满城汉墓景区 AAAA
地址：保定市满城县
电话：0312－7072035
邮编：072150

易县清西陵 AAAA
地址：保定市易县梁格庄镇行宫
电话：0312－4710012
邮编：074213

保定市易县狼牙山风景区 AAAA
地址：保定市易县西南
邮编：074200

白石山风景区（国家地质公园）AAAA
地址：保定市涞源县城南15公里处
邮编：074300

野三坡风景名胜区 AAAA
地址：保定市涞水县西北部
电话：0312－4568106
邮编：074104

野三坡百里峡景区 AAAA
地址：保定市涞水县
电话：0312－4522138
邮编：074100

野三坡龙门天关－白草畔风景旅游区 AAAA
地址：保定市涞水县
电话：0312－4552132
邮编：074100

安新白洋淀景区 AAAAA
地址：保定市安新县旅游路
电话：0312－5116352
邮编：071600

阜平天生桥瀑布风景区 AAA
地址：保定市阜平县朱家营村
电话：0312－7855088
邮编：073200

保定晋察冀边区革命纪念馆 AAAA
地址：保定市阜平县城南庄
电话：0312－7888372
邮编：073204

沧州市铁狮子文物管理处 AA
地址：沧州市旧州镇东关
电话：0317－4743270
邮编：061001

沧州泊头清真寺 AA
地址：沧州泊头市寺门村镇阁上村
电话：0317－8180549
邮编：062150

沧州东光县铁佛寺景区 AA
地址：沧州市东光县
邮编：061600

沧州盐山千童祠 AA
地址：沧州市盐山县千童镇
邮编：061300

沧州青县青云观 AA
地址：沧州市青县金牛镇觉道庄
电话：0317－4087002
邮编：062650

中国吴桥杂技大世界 AAAA
地址：沧州市吴桥县京福路1号104国道西侧
电话：0317－7341730
邮编：061800

衡水宝云寺 AA
地址：衡水市
电话：0318－3826010
邮编：053000

衡水市内画展览馆 AA
地址：衡水市人民中路35号
电话：0318－2155855
邮编：053000

衡水冀州灵秀山庄 AA
地址：衡水市
邮编：053000

衡水市武强县年画博物馆 AA
地址：衡水市武强县武强镇新开街1号
电话：0318－3822491
邮编：0533000

衡水安平县党支部纪念馆 AA
地址：衡水市安平县台城村
邮编：053600

邢台天梯山景区 A
地址：邢台市东牛庄
邮编：054001

临城崆山白云洞旅游区 AAAA
地址：邢台市临城县白坚乡
电话：0319－7098688
邮编：054300

前南峪生态观光园 AAA
（全国农业旅游示范点）
地址：邢台市邢台县前南峪
邮编：054001

邢台市邢台县紫金山旅游区 A
地址：邢台市邢台县白岸乡前坪村
电话：0319－2716568
邮编：054001

邢台太行奇峡群景区 A
地址：邢台市邢台县西南路罗镇贺家坪村
邮编：054001

邢台内邱县扁鹊庙风景名胜区 A
地址：邢台市内丘县和庄乡绅头村
邮编：054200

邯郸从台公园 AAA
地址：邯郸市中华大街中段
电话：0310－3017270
邮编：056002

邯郸黄粱梦吕仙祠 AAA
地址：邯郸市黄粱梦镇
电话：0310－7163114
邮编：056002

邯郸响堂山风景名胜区 AAA
地址：邯郸峰峰矿区境内
邮编：056200

邯郸峰峰矿区磁州窑富田遗址 AA
地址：邯郸市峰峰矿区彭城镇
电话：0310－5016315
邮编：056200

邯郸市武安京娘湖风景区 AAAA
地址：邯郸武安市西北部
邮编：056300

邯郸朝阳沟旅游风景区 AAA
地址：邯郸武安市管陶乡列江村
邮编：056300

邯郸东山文化公园 AAAA
地址：邯郸武安市区东北角
电话：0310－5566900
邮编：056300

邯郸大名县石刻博物馆 AA
地址：邯郸市大名县五里屯
电话：0310－6591652
邮编：056900

邯郸娲皇宫景区 AAAA
地址：邯郸市涉县西北峧山腰
邮编：056400

邯郸八路军一二九师司令部旧址 AAA
地址：邯郸市涉县赤岸村
电话：0310－3832647
邮编：056400

餐　馆

燕风楼爆肚王
地址：石家庄市红旗大街
电话：0311－83819168
邮编：050011

石家庄红星饭庄
地址：石家庄市长安西路
电话：0311－6048619
邮编：050011

北京东来顺石家庄分店
地址：石家庄市胜利北街16号
电话：0311－6047445
邮编：050011

东泰餐饮服务有限公司
地址：石家庄市裕华区裕华东路
电话：0311－85673245
邮编：050021

河北美食美客餐饮有限公司
地址：石家庄市桥西区新石南路
电话：0311－83811111
邮编：050096

鲜粉世家餐饮集团
地址：石家庄市新华区新华路
电话：0311－85365149
邮编：050081

日月餐饮有限公司
地址：石家庄市新华区和平西路
电话：0311－87023086
邮编：050061

经典世家咖啡餐饮有限公司
地址：石家庄市桥东区中山东路
电话：0311－86967080
邮编：050011

裕园海天餐饮有限公司
地址：石家庄市桥西区裕华西路
电话：0311－85239911
邮编：050000

新喜朵餐饮有限公司
地址：石家庄市新华区新华西路
电话：0311－87878147
邮编：050061

海星餐饮有限公司
地址：石家庄市新华区和平西路
电话：0311－87044807
邮编：050061

大伟力餐饮公司
地址：石家庄市长安区建设北大街
电话：0311－85338009
邮编：050041

汇特蒙羊餐饮连锁有限公司
地址：石家庄市长安区裕华东路
电话：0311－85685718
邮编：050031

石家庄饮食（集团）公司
地址：石家庄市长安区和平东路
电话：0311－86048327
邮编：050031

广源海鲜饮食有限公司
地址：石家庄市长安区广安大街
电话：0311－85115056
邮编：050031

金伯帆饮食有限公司
地址：石家庄市新华区新华西路
电话：0311－87872666
邮编：050061

小蜜蜂餐厅
地址：石家庄市长安区建华大街
电话：0311－85659222
邮编：050031

红宾饮食娱乐有限公司
地址：石家庄市裕华区体育大街
电话：0311－85252118
邮编：050021

燕风楼烤鸭店
地址：石家庄市长安区建设北大街105号
电话：0311－86044833
邮编：050011

河北白楼宾馆
地址：石家庄市维明北大街28号
电话：0311－87888888　87883166
邮编：050051

石家庄新燕春集团有限责任公司
地址：石家庄市中山东路189号
电话：0311－6034648
邮编：050011

上海大饭店
地址：石家庄市友谊北大街116号
电话：0311－87897222
邮编：050011

火凤凰酒家
地址：石家庄市合作路24号
电话：0311－87051858
邮编：050011

锦亭家园津味酒家
地址：石家庄市泰华街375号
电话：0311－87821223
邮编：050011

美膳酒家
地址：石家庄市合作路
电话：0311－87056679
邮编：050011

牡丹峰酒家
地址：石家庄市新华路785号

电话：0311－83627874
邮编：050011

川泸酒家
地址：石家庄市休门街20号
电话：0311－86978690
邮编：050011

锦绣俏江南酒家
地址：石家庄市裕华东路科技宾馆内
电话：0311－86217880
邮编：050011

长安京川酒家
地址：石家庄市体育南大街28号
电话：0311－85822664
邮编：050011

新大地生态美食广场
地址：石家庄市友谊北大街166号
电话：0311－87821000
邮编：050011

今食尚酒楼
地址：石家庄市康乐街14号
电话：0311－87886777
邮编：050011

石家庄群膳堂饭店
地址：石家庄市自强路96号
电话：0311－87015461
邮编：050011

湘菜王酒楼
地址：石家庄市南花园步行街D座3楼
电话：0311－87880858
邮编：050011

阿瓦山寨
地址：石家庄市水源街62号
电话：0311－87830283
邮编：050011

荟萃酒楼
地址：石家庄市和平西路
电话：0311－86024650
邮编：050011

京华饭店
地址：石家庄市站前街14号
电话：0311－87025068
邮编：050011

法国西堤岛咖啡厅
地址：石家庄市中华北大街98号
电话：0311－88837988
邮编：050011

西域食府
地址：石家庄市新华路
电话：0311－87018829
邮编：050011

大清花饺子城
地址：张家口市宣化路4号
电话：0313－2028888
邮编：075061

张家口康乐福成肥牛城
地址：张家口市西河沿大街18号
电话：0313－2186428
邮编：075061

东圣酒楼
地址：张家口市胜利北路
电话：0313－2122666
邮编：075061

东方饭庄
地址：张家口市工业路
电话：0313－2021079
邮编：075061

东方饺子城
地址：张家口市工业路
电话：0313－2015980
邮编：075061

穆斯林饭庄
地址：张家口市明德南街
电话：0313－8077326
邮编：075061

张家口市桥西清雅斋饭庄
地址：张家口市明德北街
电话：0313－8024738
邮编：075061

张家口市伊斯兰饭庄
地址：张家口市宝善街72号
电话：0313－2049528
邮编：075061

张家口市鸿宾楼回民饭庄
地址：张家口市北武城街52号
电话：0313－8023134
邮编：075061

燕春楼
地址：承德市北兴隆街
电话：0314－2161928　2166928
邮编：067000

万丰酒楼
地址：承德市山庄路两宫门后街
电话：0314－2027766　2029777
邮编：067000

大清花山庄分店
地址：承德市丽正路19号
电话：0314－2036111　2036222
邮编：067000

大三和酒楼
地址：承德市钟鼓楼大街7号
电话：0314－2033166
邮编：067000

田园鸡火锅城
地址：承德市北兴隆街21号
电话：0314－2272562　5925929
邮编：067000

塞外酒家
地址：承德市小南门西侧
电话：0314－2028866
邮编：067000

大清花饺子总店
地址：承德市中兴路二条胡同
电话：0314－2108877　2108878
邮编：067000

王府饺子馆
地址：承德市小佟沟路北13号
电话：0314－2886363　2890055
邮编：067000

清宫宴酒楼
地址：承德市南营子大街小佟沟口
电话：0314－2076188
邮编：067000

水乡缘
地址：承德市桃李街南园西口4号
电话：0314－2153333
邮编：067000

庆元亨大酒楼
地址：承德市两宫门商业街2号
电话：0314－2021528　2029669
邮编：067000

河北天然居餐饮有限责任公司
地址：秦皇岛市山海关南海西路98－105号
电话：13903353229
邮编：066000

豆花酒楼
地址：秦皇岛市港城大街123号
电话：0335－3063366
邮编：066000

五粮液酒家
地址：秦皇岛市红旗路116号
电话：0335－3050444
邮编：066000

海港区秦皇居酒家
地址：秦皇岛市南山街56号
电话：0335－3092678
邮编：066000

秦皇岛市天水草堂美食有限责任公司
地址：秦皇岛市港城大街55号
电话：0335－3076900
邮编：066000

福华肥牛城全国连锁秦皇岛店
地址：秦皇岛市红旗路229号
电话：0335－3259899
邮编：066000

温馨饭庄
地址：秦皇岛市迎宾东路
电话：0335－8611590
邮编：066000

燕明圆饭庄
地址：秦皇岛市海阳路
电话：0335－3030678
邮编：066000

红梅园饭店
地址：秦皇岛市海阳路
电话：0335－8828160
邮编：066000

洋洋食府
地址：秦皇岛市迎宾路
电话：0335－3615598
邮编：066000

三晋饭店
地址：秦皇岛市海阳路
电话：0335－3020299
邮编：066000

钱柜渔村菜馆
地址：秦皇岛市河北大街中段
电话：0335－3036000
邮编：066000

庆功楼
地址：秦皇岛市和平大街
电话：0335－5919111
邮编：066000

松花江鱼馆
地址：秦皇岛市建设大街
电话：0335－3209288
邮编：066000

东坡府酒楼
地址：秦皇岛市建国路
电话：0335－3262345
邮编：066000

凤凰园美食城
地址：唐山市卫国路5号
电话：0315－2041118　2041128
邮编：063006

翠花酸菜楼
地址：唐山市建华西道
电话：0315－2834485
邮编：063006

会丰园
地址：唐山市建华西道
电话：0315－2108621
邮编：063006

长江美食城
地址：唐山市卫国路
电话：0315－2041192
邮编：063006

盛泉餐厅
地址：唐山市建设南路36号
电话：0315－2676351
邮编：063006

福盛阁
地址：唐山市大里路
电话：0315－2310088
邮编：063006

阿凡提餐厅
地址：唐山市华严园西街
电话：0315－5917396
邮编：063006

瑞香园饭庄
地址：唐山市华严园西街
电话：0315－2025963
邮编：063006

京味烤鸭店
地址：唐山市文化路
电话：0315－2821571
邮编：063006

穆斯林饭庄
地址：唐山市文化路50号
电话：0315－2824102
邮编：063006

豆花饭庄
地址：唐山市文化路52号
电话：0315－2812855
邮编：063006

杏华餐厅
地址：唐山市文化路32号
电话：0315－2816727
邮编：063006

唐山市食品总公司华林饭庄
地址：唐山市文化路20号
电话：0315－2824502
邮编：063006

唐山宫廷姜母鸭酒楼
地址：唐山市建华东道
电话：0315－2034174
邮编：063006

东北农家饭庄
地址：唐山市南新西道
电话：0315－2831710
邮编：063006

红楼饭庄
地址：唐山市友谊路
电话：0315－2215368
邮编：063006

世纪星酒楼
地址：唐山市建设北路
电话：0315－2049888
邮编：063006

知味轩酒楼
地址：唐山市燕新路
电话：0315－2169757
邮编：063006

西子居酒楼
地址：唐山市长虹道
电话：0315－2042483
邮编：063006

廊坊银潭酒店银洲轩酒家
地址：廊坊市新华路
电话：0316－2027249
邮编：065000

玉兰香保定会馆饮食有限公司
地址：保定市乐凯南大街333号
电话：0312－5936810
邮编：071052

新市区世纪缘酒家
地址：保定市东风中路50号
电话：0312－3073769
邮编：071052

新市区福华肥牛城
地址：保定市五四西路
电话：0312－3010188
邮编：071052

鱼香苑
地址：保定市新北街346号
电话：0312－5068860
邮编：071052

聚乐园大酒家
地址：沧州市南环中路
电话：0317－3044540
邮编：061001

红房子餐馆
地址：沧州市解放西路
电话：0317－2037186
邮编：061001

沧州市鱼味斋饭店
地址：沧州市解放路
电话：0317－3024231
邮编：061001

宴宾楼饭店
地址：沧州市东风路114号
电话：0317－3034309
邮编：061001

沧州市香江食府有限公司
地址：沧州市南新村61号
电话：0317－2023794
邮编：061001

沧州黄鹤楼餐饮有限公司
地址：沧州市人民公园南门西侧
电话：0317－2030536
邮编：061001

沧州第一饮食服务总公司
地址：沧州市新华路
电话：0317－2024468
邮编：061001

沧州第二饮食服务总公司南门饭店
地址：沧州市运河区顺城
电话：0317－3030899
邮编：061001

沧州第二饮食服务总公司惠芳园饭店
地址：沧州市新华路
电话：0317－2024468
邮编：061001

沧州第二德隆都餐饮有限公司
地址：沧州市朝阳西街12号
电话：0317－2016008
邮编：061001

沧州渤海酒楼
地址：沧州市解放中路
电话：0317－2024407
邮编：061001

沧州国美海天霸餐饮有限公司
地址：沧州市建设南街45号
电话：0317－3041389
邮编：061001

天元火锅城
地址：衡水市榕花大街
电话：0318－2034888
邮编：053000

福德和饭庄
地址：衡水市站前东路
电话：0318－7907778
邮编：053000

祥悦楼
地址：衡水市胜利西路
电话：0318－2136860
邮编：053000

三峡人家
地址：衡水市中心大街
电话：0318－5225338
邮编：053000

湘淮情
地址：衡水市育才南大街
电话：0318－2997979
邮编：053000

大清花饺子衡水分店
地址：衡水市和平西路
电话：0318－6010000
邮编：053000

温州海鲜馆
地址：邢台市新华北路
电话：0319－7352388
邮编：054001

阿瓦山寨风情食街
地址：邢台市中兴东大街
电话：0319－3869888
邮编：054001

邯郸市振兴饭庄
地址：邯郸市人民路图书馆西侧
电话：0310－3027142
邮编：056002

烤鱼坊
地址：邯郸市滏西南大街391号

电话：0310－5517859
邮编：056002

古城饭店
地址：邯郸市陵园路
电话：0310－8079980
邮编：056002

大光明美食广场
地址：邯郸市光明北大街16号
电话：0310－3095928
邮编：056002

老天津卫饭庄
地址：邯郸市建设大街
电话：0310－4067622
邮编：056002

旅游用品

石家庄宝泉金银制品有限公司
地址：石家庄市中山西路
电话：0311－87027266
邮编：050011

河北联艺城市雕塑有限公司
地址：石家庄市光华路
电话：0311－86216467
电话：050011

石家庄中盛地毯有限公司
地址：石家庄市和平西路
电话：0311－87816024　87816438
邮编：050011

石家庄燕京地毯有限公司
地址：石家庄市东风路
电话：0311－86128665
邮编：050011

石家庄市古林工艺厂
地址：石家庄市跃进路
电话：0311－85051005　85081788
邮编：050011

三八绣品厂
地址：石家庄市晋州市寺头
电话：0311－84410043
邮编：052260

石家庄东方紫铜浮雕工艺品有限公司
地址：石家庄市晋州市工业路168号
电话：0311－84499836
邮编：052260

商业编织地毯厂
地址：石家庄市晋州市通达路
电话：0311－84322928
邮编：052260

正莫石玉工艺品厂
地址：石家庄新乐市正莫
电话：0311－88511047
邮编：050700

张家口市宝石公司
地址：张家口市新华前街106号
电话：0313－8032960
邮编：075061

张家口市戴尔雅铂金钻石有限公司
地址：张家口市纬一路
电话：0313－4055780
邮编：075061

承德市工艺美术厂
地址：承德市温家沟2号
电话：0314－2075436
邮编：067000

秦皇岛市吉蓓迩工艺制品有限公司
地址：秦皇岛市东白塔岭
电话：0335－8050423
邮编：066000

秦皇岛艺福珠宝首饰有限公司
地址：秦皇岛市道德街25号
电话：0335－3022111
邮编：066000

秦皇岛市岫岩珠宝玉器有限公司
地址：秦皇岛市东环路133号
电话：0335－3250793
邮编：066000

青龙满族自治县工艺美术厂
地址：秦皇岛市青龙县中兴路
电话：0335－7863314
邮编：066500

金属工艺厂
地址：唐山市复兴北路
电话：0315－2861937
邮编：063006

装饰艺术旅游品公司
地址：唐山市长宁东道
电话：0315－2036573

外贸工艺品厂
地址：廊坊三河市
电话：0316－3114040
邮编：065200

顺旺工艺品厂
地址：廊坊三河市
电话：0316－3710820
邮编：065200

爱宝首饰股份有限公司
地址：廊坊市香河县府前街6号
电话：0316－8311642
邮编：065400

博远玉嵌有限公司
地址：廊坊市香河县
电话：0316－8628337
邮编：065400

天奇工艺品有限公司
地址：廊坊市永清县
电话：0316－6625103
邮编：065600

外贸工艺品公司
地址：廊坊市永清县
电话：0316－6624935
邮编：065600

民族工艺品厂
地址：廊坊市大厂县陈府
电话：0316－8980550
邮编：065300

窖坡珐琅厂
地址：廊坊市大厂县
电话：0316－8941555
邮编：065300

雕塑厂
地址：廊坊市大厂县谭台
电话：0316－8967574
邮编：065300

艺大工艺品公司
地址：廊坊霸州市
电话：0316－7212602
邮编：065700

地毯公司
地址：廊坊霸州市信安
电话：0316－7451998
邮编：065700

利民工艺品厂
地址：廊坊霸州市信安
电话：0316－7451537
邮编：065700

利民街地毯厂
地址：廊坊霸州市信安
电话：0316－7451160
邮编：065700

法奇铁艺
地址：廊坊霸州市
电话：0316－7228601
邮编：065700

爱国街地毯厂
地址：廊坊霸州市信安
电话：0316－7451184
邮编：065700

精新工艺品厂
地址：廊坊霸州市信安
电话：0316－7452831
邮编：065700

霸州市顺发蜡业有限公司
地址：廊坊霸州市堂二里
电话：0316－7495188
邮编：065700

北市区丽华绢花厂
地址：保定市韩庄路7号
电话：0312－5067375
邮编：071052

保定市福林珠宝有限公司
地址：保定市裕华东路78号
电话：0312－2020238
邮编：071052

北市区艺海工艺品厂
地址：保定市韩庄乡王庄村
电话：0312－5097008
邮编：071052

保定北方工艺品有限责任公司
地址：保定市韩村路
电话：0312－3163226
邮编：071052

保定市工艺美术工业公司
地址：保定市西关大街63号
电话：0312－2023060
邮编：071052

保定市艺术蜡烛厂
地址：保定市支农路
电话：0312－2135367
邮编：071052

保定市清苑县华星工艺蜡香制品有限公司
地址：保定市京石高速公路保定市南出站口平陵
电话：0312－8049988　8049188
邮编：071052

保定市雅润工艺品公司
地址：保定市红星路139号
电话：0312－2029337
邮编：071052

保定市镜箱工艺美术厂
地址：保定市穿行楼南街16号
电话：0312－2023994
邮编：071052

保定金萨工艺品有限公司
地址：保定市邵七店村
电话：0312－3271859
邮编：071052

保定福雅工艺品有限公司
地址：保定市七一东路
电话：0312－5013660
邮编：071052

涿州市义和庄乡兴华地毯厂
地址：保定涿州市义和庄乡
电话：0312－3762120
邮编：072750

涿州市林屯玉器厂
地址：保定涿州市林屯乡
电话：0312－3958038
邮编：072750

涿州市南关挂毯厂
地址：保定涿州市南关居委会
电话：0312－3632736
邮编：072750

建筑材料公司绢花厂
地址：保定市满城县
电话：0312－7077438
邮编：072150

满城外贸远洋绢花厂
地址：保定市满城县
电话：0312－7064339
邮编：072150

满城县红人造花厂
地址：保定市满城县
电话：0312－7081298
邮编：072150

满城县东方工艺厂
地址：保定市满城县
电话：0312－7088118
邮编：072150

保定利美工艺品有限公司
地址：保定市顺平县大城北
电话：0312－7621163
邮编：072250

唐县东方园林雕刻厂
地址：保定市唐县北城子
电话：0312－4957722
邮编：072350

唐县岳岭玉秀玻璃工艺品厂
地址：保定市唐县岳岭
电话：0312－4930948
邮编：072350

涞水县民族工艺品厂
地址：保定市涞水县泰安路
电话：0312－4522529
邮编：074100

涞水县诚信工艺品厂
地址：保定市涞水县北义安村
电话：0312－4699810
邮编：074100

涞水县城关珐琅厂
地址：保定市涞水县永安大街
电话：0312－45522435
邮编：074100

涞水县南桥头金属工艺品厂
地址：保定市涞水县南桥头
电话：0312－4581819
邮编：074100

高阳县平兴电脑绣花厂
地址：保定市高阳县小庙街
电话：0312－6625843
邮编：071500

安新县北边吴明珠工艺美术厂
地址：保定市安新县北边吴村
电话：0312－5290183
邮编：071600

安新县明珠工艺品公司
地址：保定市安新县同口村
电话：0312－5273098
邮编：071600

博野县圣奥烛业有限公司
地址：保定市博野县
电话：0312－8348828
邮编：071300

博野县阳光烛业有限公司
地址：保定市博野县博温路9号
电话：0312－8321148
邮编：071300

沧州市兴隆工艺品有限公司
地址：沧州市西环中街
电话：0317－2108658
邮编：061001

沧州市运西东方雕刻厂
地址：沧州市朝阳南路
电话：0317－2050031
邮编：061001

沧州市工艺美术厂
地址：沧州市南环中路
电话：0317－3041544
邮编：061001

沧州市长生工艺制品有限公司
地址：沧州市南环东路
电话：0317－3092389
邮编：061001

河间市艳丽绣品厂
地址：沧州河间市10街
电话：0317－3221967
邮编：062450

河间市第二工艺绣品厂
地址：沧州河间市11街
电话：0317－3222718
邮编：062450

河间市新城工艺绣品厂
地址：沧州河间市四街
电话：0317－3221319
邮编：062450

西村壁画厂
地址：沧州河间市西村
电话：0317－3851403
邮编：062450

旧州绣花厂
地址：沧州市沧县旧州镇
电话：0317－4743162
邮编：061000

东光县连镇镇地毯厂
地址：沧州市东光县连镇镇
电话：0317－7752146
邮编：061600

肃宁县师素镇东龙工艺毯厂
地址：沧州市肃宁县师素镇
电话：0317－5079581
邮编：061200

献县工艺制品厂
地址：沧州市献县
电话：0317－4624386
邮编：062250

献县工艺装饰品厂
地址：沧州市献县
电话：0317－4624238
邮编：062250

献县东环锈品厂
地址：沧州市献县
电话：0317－4622661
邮编：062250

献县乐寿挑补花厂
地址：沧州市献县
电话：0317－4622512
邮编：062250

献县乐寿锈品厂
地址：沧州市献县北环
电话：0317－4623451
邮编：062250

献县补花厂
地址：沧州市献县东大街
电话：0317－4623481
邮编：062250

献县草织品厂
地址：沧州市献县
电话：0317－4623463
邮编：062250

献县商林工艺绣品厂
地址：沧州市献县商林
电话：0317－4661237
邮编：062250

孟村回族自治县津孟挂毯厂
地址：沧州市孟村县
电话：0317－6721567
邮编：061400

衡水外贸地毯厂
地址：衡水市京大路4号
电话：0318－2125570
邮编：053000

衡水地毯有限责任公司
地址：衡水市人民中路21号
电话：0318－2022804
邮编：053000

衡水市民间工艺品厂
地址：衡水市商贸城C座1层
电话：0318－2023599
邮编：053000

衡水市特种工艺厂
地址：衡水市新华中路53号

电话：0318－6013394
邮编：053000

衡水振明特种工艺美术厂
地址：衡水市三徐庄
电话：0318－2132180
邮编：053000

衡水智新特种工艺美术厂
地址：衡水市衡牛佐村
电话：0318－2032116
邮编：053000

冀州市地毯厂
地址：衡水冀州市昌盛路
电话：0318－8612601
邮编：053200

冀州市花丝厂
地址：衡水冀州市冀新路
电话：0318－8613175
邮编：053200

冀州市雕刻厂
地址：衡水冀州市南午村镇
电话：0318－8715312
邮编：053200

深州市北杏园工艺美术厂
地址：衡水深州市辰时北杏园村
电话：0318－3599659
邮编：053800

枣强县大营地毯厂
地址：衡水市枣强县大营
电话：0318－8323265
邮编：053100

枣强县地毯厂
地址：衡水市枣强县枣强
电话：0318－8224543
邮编：053100

枣强县红光地毯厂
地址：衡水市枣强县大营南王庄
电话：0318－8323936
邮编：053100

饶阳县大官厅乡西迁民振方珐琅厂
地址：衡水市饶阳县
电话：0318－7312396
邮编：053900

饶阳县徐庄珐琅厂
地址：衡水市饶阳县
电话：0318－7319616
邮编：053900

故城县兴华地毯厂
地址：衡水市故城县故城镇
电话：0318－5686008
邮编：053900

故城县青罕镇千户庄地毯厂
地址：衡水市故城县千户庄
电话：0318－5601524
邮编：053900

邢台市工艺美术公司
地址：邢台市中兴路
电话：0319－2022484
邮编：054001

美雅工艺品有限公司
地址：邢台市贾村
电话：0319－2678598
邮编：054001

旅游交通

河北省旅游汽车公司
地址：石家庄市仓兴街 11 号
电话：0311—86015044
邮编：050011

石家庄运输总公司旅游客运分公司
地址：石家庄市汇通路 124 号
电话：0311－86118080
邮编：050011

石家庄新干线旅游巴士有限公司
地址：石家庄市和平西路 575 号
电话：0311－87750288
邮编：050011

石家庄燕赵旅游汽车运输有限公司
地址：石家庄市富强大街 3 号
电话：0311－86215286
邮编：050011

石家庄火车站
地址：石家庄市
电话：0311－87022790
邮编：050011

辛集市火车站
地址：石家庄市辛集市兴华路南头
电话：0311－83221896
邮编：052360

藁城市火车
地址：石家庄市藁城市永安路
电话：0311－88041739
邮编：052160

新乐市火车站
地址：石家庄市新乐市
电话：0311－88581267
邮编：050700

正定旅游飞机场
地址：石家庄市正定县
电话：0311－88786670
邮编：050800

张家口火车南站
地址：张家口市
电话：0313－7903738
邮编：075061

张家口火车北站
地址：张家口市
电话：0313－7915738
邮编：075061

承德火车站
地址：承德市双桥区车站路
电话：0314－7622602
邮编：067001

秦皇岛澳秦旅游汽车客运公司
地址：秦皇岛市联峰路
电话：0335－4036580
邮编：066000

秦皇岛火车站
地址：秦皇岛市海港区北环路
电话：0335－3062230
邮编：066001

龙王庙火车站
地址：秦皇岛市青龙满族自治县龙王庙村
电话：0335－7750116
邮编：066500

秦皇岛秦皇游船有限公司
地址：秦皇岛市海港区南山街 56 号
电话：0335－3418005　3419200
邮编：066001

秦皇岛港
地址：秦皇岛市海滨路 2 号
电话：0335－3093522
邮编：066012

秦皇岛山海关机场
地址：秦皇岛市山海关区机场路
电话：0335－5053241　5053196
邮编：066200

唐山火车站
地址：唐山市西站
电话：0315－2324113
邮编：063001

唐山开平火车站
地址：唐山市开平区车站路
电话：63446
邮编：063021

唐山古冶火车站
地址：唐山市古冶区北货场
电话：0315－3511617
邮编：063104

京唐港
地址：唐山海港开发区
电话：0315－2916888
邮编：063611

廊坊火车站
地址：廊坊市
电话：0316－2012994
邮编：065000

保定火车站
地址：保定市
电话：0312－2022160　2035001
邮编：071000

沧州火车站
地址：沧州市
电话：0317－1600868
邮编：061001

衡水市旅游公司
地址：衡水市新华东路 28 号
电话：0318－2052993
邮编：053000

衡水火车站
地址：衡水市
电话：0318－1600080
邮编：053001

邢台火车站
地址：邢台市
电话：0319－7308022
邮编：054001

邯郸市天地汽车租赁旅游服务有限公司
地址：邯郸市陵园路 11 号
电话：0310－3225920
邮编：056002

邯郸火车站
地址：邯郸市
电话：0310－3023233
邮编：056000

旅游院校

河北师范大学
历史文化学院旅游管理系
地址：石家庄市红旗大街105号
电话：0311－86263756
邮编：050091

河北经贸大学
餐旅系
地址：石家庄市槐北中路6号
电话：0311－87608922
邮编：050011

河北省旅游培训中心
地址：石家庄市育才街175号
电话：0311－85820918
传真：85809874
邮编：050021

石家庄职业技术学院
管理系旅游专业
地址：石家庄市中山西路长兴街12号
电话：0311－83616611
邮编：050081

石家庄市旅游学校
地址：石家庄市平安南大街141号
电话：0311－86013850
邮编：050021

河北旅游管理中等专业学校
地址：石家庄市育才街168号
电话：0311－85086078
邮编：050021

承德旅游职业学院
旅游管理系、导游系、设计开发系、酒店管理系、经济系
地址：承德市大佛寺前
电话：0314－2161974
邮编：067000

承德职业学院
旅游系
地址：承德市小佟沟
电话：0314－2073595
邮编：067000

承德民族师范高等专科院校
旅游管理专业
地址：承德市桃李街
电话：0314－2152730
邮编：067000

燕山大学
经济管理学院旅游系
地址：秦皇岛市河北大街西段438号
电话：0335－8057025
邮编：066004

河北建材职业技术学院
旅游系
地址：秦皇岛市河北大街西段104号
电话：0335－8070217
邮编：066004

河北职业技术学院
旅游专业
地址：秦皇岛市河北大街西段360号
电话：0335－8058253
邮编：066004

秦皇岛职业技术学院
旅游系
地址：秦皇岛市北戴河区联峰北路90号
电话：0335－5926960
邮编：066100

秦皇岛外事旅游职业学校
地址：秦皇岛市海港区东华里中心区北2号
电话：0335－8837327
邮编：066000

河北石油职业技术学院
旅游专业
地址：廊坊市永兴路2号
电话：0316－2070462
邮编：065000

河北廊坊师范学院
管理学院旅游专业
地址：廊坊市爱民西路100号
电话：0316－2197042
邮编：065000

河北大学
旅游管理专业
地址：保定市合作路1号
电话：0312－5079304
邮编：071002

河北农业大学
园林与旅游学院
地址：保定市建设南路215号
电话：0312－7528789
邮编：071001

沧州高等师范专科学校
旅游专业
地址：沧州市黄河路28号
电话：0317－2180589
邮编：061001

邢台学院
旅游专业
地址：邢台市师专街3号
电话：0319－7300842
电话：054000

邢台职业技术学院
旅游专业
地址：邢台市钢铁北路552号
电话：0319－2273042
邮编：054035

邯郸学院
地理与旅游系
地址：邯郸市学院北路530号
电话：0310－6260162
邮编：056005

邯郸职业技术学院
旅游专业
地址：邯郸市渚河路141号
电话：0310－6026576
邮编：056005

邯郸市旅游职业学校
地址：邯郸市中华北大街北仓路14号
电话：0310－7026198
邮编：056004

山西
SHANXI

西山

旅游机构

山西省旅游局
地址：太原市平阳路55号
电话：0351－7322259　7322260
邮编：030012

太原市旅游局
地址：太原市新建路155号市政府
电话：0351－5679000
邮编：030082

杏花岭区文体局
地址：太原市杏花岭区
电话：0351－3080421
邮编：030001

小店区文体局
地址：太原市小店区
电话：0351－7191968
邮编：030032

迎泽区文体委
地址：太原市迎泽区
电话：0351－4030038
邮编：030024

尖草坪区文物旅游局
地址：太原市尖草坪区
电话：0351－5648212
邮编：030003

万柏林区文体局
地址：太原市万柏林区
电话：0351－6265127
邮编：030027

晋源区文物旅游局
地址：太原市晋源区
电话：0351－6592019
邮编：030025

古交市旅游局
地址：太原古交市
电话：0351－5141943
邮编：030200

清徐县文体委
地址：太原市清徐县
电话：0351－5722423
邮编：030400

阳曲县文物旅游局
地址：太原市阳曲县
电话：0351－5521271
邮编：030100

娄烦县旅游办公室
地址：太原市娄烦县
电话：0351－5325020
邮编：030300

大同市旅游局
地址：大同市迎宾东路21号
电话：0352－5101398
邮编：037008

大同市城区旅游局
地址：大同市帅府街36号
电话：0352－2060933
邮编：037004

大同市南郊区旅游局
地址：大同市新开西二路2号
电话：0352－2017963
邮编：037006

大同市新荣区旅游局
地址：大同市新荣区长城西街
电话：0352－3075196
邮编：037002

阳高县旅游局
地址：大同市阳高县政府大院
电话：0352－6625500
邮编：038100

天镇县旅游局
地址：大同市天镇县政府大楼
电话：0352－6827900
邮编：038200

广灵县旅游局
地址：大同市广灵县水神堂
电话：0352－8822687
邮编：037500

浑源县恒山管理委员会
地址：大同市浑源县城恒山南路
电话：0352－8322142
邮编：037400

左云县旅游局
地址：大同市左云县府西街6号
电话：0352－3821349
邮编：037100

大同县旅游服务中心
地址：大同市大同县政府院
电话：0352－8019538
邮编：037300

朔州市外事办公室（旅游局）
地址：朔州市市府街1号
电话：0349－2022693
邮编：038500

山阴县文物旅游局
地址：朔州市山阴县乳品集团五楼东
电话：0349－6654109
邮编：036900

应县外事旅游局
地址：朔州市应县政府大楼
电话：0349－5022443
邮编：037600

右玉县发展改革局（旅游局）
地址：朔州市右玉县政府大楼
电话：0349－8022306
邮编：037200

怀仁县文化体育局（旅游局）
地址：朔州市怀仁县政府大楼
电话：0349－3029777
邮编：038300

阳泉市外事旅游局
地址：阳泉市政府大楼
电话：0353－2293609
邮编：045000

郊区文体局
地址：阳泉市郊区荫营东大街
电话：0353－5052447
邮编：045011

平定县文物旅游局
地址：阳泉市平定县东大街政协楼
电话：0353－6161740
邮编：045200

盂县文物旅游局
地址：阳泉市盂县宾馆前四楼
电话：0353－8093685
邮编：045100

长治市文物旅游局
地址：长治市英雄中路68号政府大院3号楼
电话：0355－2035096
邮编：046000

城区文物旅游发展中心
地址：长治市紫金东路48号
电话：0355－2035880
邮编：046000Z

潞城市文物旅游发展中心
地址：长治市潞城市府前广场
电话：0355－6762689
邮编：047500

长治县旅游开发公司
地址：长治市长治县宾馆7楼
电话：0355－8080834
邮编：047100

襄垣县文物旅游发展中心
地址：长治市襄垣县迎宾街66号
电话：0355－7229110
邮编：046200

屯留县文物旅游开发中心
地址：长治市屯留县麒峰东大街51号
电话：0355－7522782
邮编：046100

平顺县文物旅游发展中心
地址：长治市平顺县青羊街县政府
电话：0355－8925906
邮编：047400

黎城县旅游发展中心
地址：长治市黎城县河下西街11－2号
电话：0355－6561005
邮编：047600

壶关县旅游局
地址：长治市壶关县健康街
电话：0355－8776043
邮编：047300

长子县旅游开发中心
地址：长治市长子县政府大院
电话：0355－8336803
邮编：046600

武乡县旅游开发管理局
地址：长治市武乡县城红旗街70号
电话：0355－6388700
邮编：046300

沁县文化旅游中心
地址：长治市沁县红旗街65号
电话：0355－7028464
邮编：046400

沁源县旅游局
地址：长治市沁源县沁河镇胜利路
电话：0355－7839888
邮编：046100

晋城市旅游文物局
地址：晋城市红星街东段
电话：0356－2057555
邮编：048000

城区文体旅游局
地址：晋城市新市西街城区政府

电话：0356－2029957
邮编：048000

高平市文体旅游局
地址：晋城高平市长平西街市政府2楼
电话：0356－5224185
邮编：048400

泽州县旅游局
地址：晋城市泽州县泽州路计生楼5楼
电话：0356－2055001
邮编：048012

沁水县旅游局
地址：晋城市沁水县新建街130号
电话：0356－7028386
邮编：048200

阳城县旅游局
地址：晋城市阳城县凤凰东街
电话：0356－4220149
邮编：048100

陵川县旅游局
地址：晋城市陵川县梅园西街县政府1楼
电话：0356－6208396
邮编：048300

忻州市外事旅游局
地址：忻州市七一北路
电话：0350－3031715
邮编：034000

忻府区旅游局
地址：忻州市忻府区
电话：0350－2021765
邮编：034000

定襄县文物旅游管理中心
地址：忻州市定襄县河边民俗馆
电话：0350－6028478
邮编：035400

五台县旅游局
地址：忻州市五台县政府大院
电话：0350－6524664
邮编：135500

五台山旅游局
地址：忻州市五台县台怀镇
电话：0350－6543133
邮编：035515

代县旅游局
地址：忻州市代县招待所院内
电话：0350－5227354
邮编：034200

繁峙县旅游局
地址：忻州市繁峙县县城
电话：0350－5529434
邮编：034300

宁武县旅游局
地址：忻州市宁武县凤凰街
电话：0350－4721369
邮编：036700

五寨县旅游办公室
地址：忻州市五寨县砚城镇
电话：0350－4333731
邮编：036200

河曲县旅游办公室
地址：忻州市河曲县县城
电话：0350－7222332
邮编：036500

偏关县旅游办公室
地址：忻州市偏关县县城
电话：0350－7655665
邮编：036400

晋中市外事旅游局
地址：晋中市羊毫街114号政府大院东楼
电话：0354－2636533
邮编：030600

榆次区文物旅游局
地址：晋中市迎宾西路区政府办公楼3层
电话：0354－3368280
邮编：030600

介休市旅游局
地址：晋中介休市西大街139号
电话：0354－7214412
邮编：031200

榆社县旅游局
地址：晋中市榆社县东大街县政府大院
电话：0354－6630624
邮编：031800

左权县旅游事业发展局
地址：晋中市左权县北大街23号
电话：0354－8630929
邮编：032600

和顺县旅游局
地址：晋中市和顺县中和街92号
电话：0354－8286278
邮编：032700

昔阳县旅游局
地址：晋中市昔阳县新建南路政府大院
电话：0354－4121570
邮编：045300

寿阳县文化旅游局
地址：晋中市寿阳县城内街23号
电话：0354－4622897
邮编：045400

太谷县文物旅游局
地址：晋中市太谷县南寺街2号党校院内
电话：0354－6228605
邮编：030800

祁县文物旅游局
地址：晋中市祁县城内北大街97号
电话：0354－5243703
邮编：030900

平遥县旅游局
地址：晋中市平遥县顺城路154号
电话：0354－5621411
邮编：031100

灵石县文化旅游局
地址：晋中市灵石县新建街北79号
电话：0354－7623583
邮编：031300

临汾市外事旅游局
地址：临汾市解放路15号
电话：0357－2015547
邮编：041000

尧都区文物旅游局
地址：临汾市尧都区博物馆
电话：0357－2591065
邮编：041000

侯马市外事旅游局
地址：临汾侯马市政府院内
电话：0357－4224136
邮编：043000

霍州市旅游局
地址：临汾霍州市人大院内
电话：0357－5629111
邮编：031400

曲沃县文物旅游局
地址：临汾市曲沃县政府院内
电话：0357－4522324
邮编：043400

翼城县旅游局
地址：临汾市翼城县政府内
电话：0357－4933510
邮编：043500

襄汾县外事旅游局
地址：临汾市襄汾县政府内
电话：0357－3622404
邮编：041500

洪洞县文物旅游局
地址：临汾市洪洞县政府9楼
电话：0357－6226653
邮编：041600

古县文化体育局
地址：临汾市古县文化西路16号
电话：0357－8321466
邮编：042400

安泽县文化体育局
地址：临汾市安泽县府前东街16号
电话：0357－8522472
邮编：042500

浮山县政府办公室
地址：临汾市浮山县天坛路65号
电话：0357－8122123
邮编：042600

吉县旅游局
地址：临汾市吉县政府四楼
电话：0357－7922693
邮编：042200

乡宁县旅游局
地址：临汾市乡宁县政府内
电话：0357－6827195
邮编：042100

蒲县文物旅游局
地址：临汾市蒲县柏山路8号
电话：0357－5328580
邮编：041200

大宁县旅游局
地址：临汾市大宁县东河沿18号
电话：0357－7725129
邮编：042300

永和县文化体育局
地址：临汾市永和县正大街
电话：0357－7522218
邮编：041400

隰县文物旅游局
地址：临汾市隰县小西关沟
电话：0357－7321477
邮编：041300

汾西县文物旅游局
地址：临汾市汾西县新建街1号
电话：0357－5123367
邮编：031500

运城市旅游局
地址：运城市红旗东街 374 号
电话：0359 - 2022380
邮编：044000

盐湖区文物旅游局
地址：运城市盐湖区政府东 1 楼
电话：0359 - 2278289
邮编：044000

永济市旅游局
地址：运城永济市府西街 11 号
电话：0359 - 8022804
邮编：044500

河津市外事旅游局
地址：运城河津市通岭街北端
电话：0359 - 5060464
邮编：043300

芮城县旅游局
地址：运城市芮城县大禹东街政府办公楼
电话：0359 - 3035163
邮编：044600

万荣县文物旅游局
地址：运城市万荣县西大街 8 号东岳庙内
电话：0359 - 4527977
邮编：044200

新绛县文物旅游局
地址：运城市新绛县龙兴路 2 号
电话：0359 - 7030089
邮编：043100

稷山县旅游局
地址：运城市稷山县政府三楼
电话：0359 - 5528957
邮编：043200

闻喜县文物旅游管理中心
地址：运城市闻喜县政府招待所前楼 228 号
电话：0359 - 7031300
邮编：043800

夏县文物旅游服务中心
地址：运城市夏县东风西街政府大楼
电话：0359 - 8531289
邮编：044400

垣曲县旅游局
地址：运城市垣曲县黄河路 1 号
电话：0359 - 6023173
邮编：043700

吕梁市文物旅游局
地址：吕梁市龙凤南大街汉画像石博物馆
电话：0358 - 8232703
邮编：033000

离石区文物旅游开发管理中心
地址：吕梁市离石区政府院内
电话：0358 - 8222903
邮编：033000

孝义市旅游局
地址：吕梁孝义市政府前街 1 号
电话：0358 - 7626785
邮编：032300

汾阳市文物旅游开发管理中心
地址：吕梁汾阳市政府招待所 2 楼
电话：0358 - 7222689
邮编：032200

文水县文物旅游开发管理中心
地址：吕梁市文水县卫生局 4 楼
电话：0358 - 3020109
邮编：032100

中阳县文物旅游局
地址：吕梁市中阳县原文物管理所
电话：0358 - 5022360
邮编：033400

兴县文物旅游开发管理中心
地址：吕梁市兴县
电话：0358 - 6322381
邮编：033600

临县文物旅游局
地址：吕梁市临县文化馆院内
电话：0358 - 4422515
邮编：033200

方山县文物局
地址：吕梁市方山县政府院内
电话：0358 - 6023374
邮编：033600

柳林县文物旅游开发管理中心
地址：吕梁市柳林县新县委院内
电话：0358 - 4022666
邮编：033300

岚县文物旅游开发管理中心
地址：吕梁市岚县
电话：0358 - 6722490
邮编：035200

交城县文物旅游开发管理中心
地址：吕梁市交城县政府 4 楼
电话：0358 - 3522425
邮编：030500

交口县文物旅游发展管理中心
地址：吕梁市交口县商贸 3 楼
电话：0358 - 5422258
邮编：032400

石楼县文物旅游发展管理中心
地址：吕梁市石楼县
电话：0358 - 5723147
邮编：032500

旅行社

山西省中国青年旅行社
地址：太原市青年路 8 号
电话：0351 - 4197112
邮编：030001
网址：www. sxcyts. com. cn
许可证号：L - SX - GJ00001

山西省中国国际旅行社
地址：太原市平阳路 38 号
电话：0351 - 8211109
邮编：030012
网址：www. SXCITS. COM. CN
许可证号：L - SX - GJ00002

大同中国国际旅行社有限责任公司
地址：大同市迎宾东路 21 号
电话：0352 - 5102364
邮编：037008
网址：www. datongcits. com
许可证号：L - SX - GJ00003

五台山中国国际旅行社
地址：五台山明清街 18 号
电话：0350 - 6542142
邮编：035515
网址：www. wutai shan-cita. com
许可证号：L - SX - GJ00004

山西省中国旅行社
地址：太原市新建南路 8 号
电话：0351 - 4049274
邮编：030001
网址：www. sxcts. com
许可证号：L - SX - GJ00005

大同中国青年旅行社
地址：大同市南关北街 68 号
电话：0352 - 2068192
邮编：037006
网址：www. ypall. com/dtql
许可证号：L - SX - GJ00006

山西康辉国际旅行社有限责任公司
地址：太原市双塔西街 133 号迎泽家园 B 座 201 室
电话：0351 - 4605518
邮编：030012
网址：www. sxtycct. com
许可证号：L - SX - GJ00007

太原市中国旅行社
地址：太原市杏花岭区府西街 135 号
电话：0351 - 3533258
邮编：030002
网址：www. TYCTS. COM
许可证号：L - SX - GJ00008

山西东方国际旅行社有限公司
地址：太原市新建南路 15 号
电话：0351 - 4043968
邮编：030001
网址：www. EASTHOLIDAYS. NET
许可证号：L - SX - GJ00009

大同市同煤晋华国际旅行社有限公司
地址：大同市晋华宫矿招待所
电话：0352 - 7086777
邮编：037016
许可证号：L - SX - GJ00010

临汾中国国际旅行社有限责任公司
地址：临汾市解放西路 20 号
电话：0357 - 2086538
邮编：041000
网址：www. lfcits. com. cn
许可证号：L - SX - GJ00011

山西运城中国国际旅行社
地址：运城市河东东街河东商务中心
电话：0359 - 2024779
邮编：044000
网址：www. citsyc. com
许可证号：L - SX - GJ00012

晋城友好国际旅行社
地址：晋城市新市西街 138 号（太行饭店一楼）
电话：0356 - 3033973
邮编：048000
网址：www. jcyhgl. yahtony. com
许可证号：L - SX - GJ00013

山西万景国际旅行社有限公司
地址：太原市桃园南路甲 52 号
电话：0351 - 4198700
邮编：030001
许可证号：L - SX - GJ00014

山西和平国际旅行社有限公司
地址：太原市文化街58号文苑大厦8层
电话：0351－2221628
邮编：030032
许可证号：L－SX－GJ00015

山西商务国际旅行社（有限公司）
地址：太原市并州路35号金港国际商务中心C座1001室
电话：13903431962
邮编：030001
网址：www. SXCITC. COM
许可证号：L－SX－GJ00016

山西安泰国际旅行社有限公司
地址：太原市长兴中路东侧永祥楼南1号
电话：0351－2032223
邮编：（Zip）030006
网址：www. antaiguoup. com
许可证号：L－SX－GJ00017

港中旅国际（山西）旅行社有限公司
地址：太原市并州北路35号金港商务中心A座21层
电话：0351－4728328
邮编：030012
网址：www. sxctiol. com
许可证号：L－SX－GJ00018

山西晋中佳新国际旅行社有限公司
地址：晋中市榆次区道北街28号
电话：0354－3028288
邮编：030600
许可证号：L－SX－GJ00019

港中旅国际（大同）旅行社有限公司
地址：大同市迎宾东路21号
电话：0352－5101032
邮编：037004
网址：www. dthome. com
许可证号：L－SX－GJ00021

山西临汾华尧国际旅行社有限公司
地址：临汾市鼓楼东大街119号
电话：0357－2036667
邮编：041000
许可证号：L－SX－GJ00023

大同和平国际旅行社有限公司
地址：大同市帅府街36号
电话：0352－2060933
邮编：037004
网址：www. sxskyler. com
许可证号：L－SX－GJ00025

大同市魏都国际旅行社有限责任公司
地址：大同市南关南街18号楼
电话：0352－2451234
邮编：037008
网址：www. dtwdits. com
许可证号：L－SX－GJ00027

大同京铁国际旅行社有限公司
地址：大同市铁路新华南街2号
电话：0352－28102626
邮编：037005
网址：www. dtjtyahtour. com
许可证号：L－SX－GJ00028

山西太行国际旅行社有限责任公司
地址：晋城市建设北路
电话：0356－2051918
邮编：048000
网址：shan xi taihang yahtour. com
电子信箱：sx. th－ZB@ shan xi taihang
许可证号：L－SX－GJ00029

山西阳城好时光国际旅行社有限公司
地址：晋城市阳城县新阳东街118号
电话：0356－4229989
邮编：048100
许可证号：L－SX－GJ00030

长治东方国际旅行社有限公司
地址：长治市英雄中路495号
电话：0355－2051098
邮编：046000
网址：www. czdfgl. com
许可证号：L－SX－GJ00031

山西皇城相府国际旅行社有限公司
地址：晋城市黄华街E1区
电话：0356－2023055
邮编：048000
许可证号：L－SX－GJ00032

运城市青之旅国际旅行社有限公司
地址：运城市中银大道甲350号
电话：0359－2810502
邮编：044000
网址：www. ycqzl. com
许可证号：L－SX－GJ00033

山西铁路国际旅行社有限公司
地址：太原市公寓路19号
电话：0351－2639982
邮编：030012
许可证号：L－SX－GJ00035

朔州飞马国际旅行社有限责任公司
地址：朔州市鄯阳街马邑文化广场东上8号
电话：0－13934954591
邮编：036002
网址：www. FMGL. cn
许可证号：L－SX－GJ00036

运城市中国旅行社有限公司
地址：运城市红旗东街84号
电话：0359－2086001
邮编：044000
许可证号：L－SX－GJ00037

晋中喜洋洋国际旅行社有限公司
地址：晋中市榆次西顺城街55号
电话：13903443896
邮编：030600
网址：www. 369666. com
许可证号：L－SX－GJ00038

山西天马国际旅行社有限公司
地址：太原市学府东街80号
电话：0351－7019998
邮编：030006
网址：www. tahtour tian ma. com
许可证号：L－SX－GJ00039

长治赛福国际旅行社有限公司
地址：长治市长兴中路515号
电话：0355－2119217
邮编：046000
网址：www. 51766. com/img/cysfly/
许可证号：L－SX－GJ00040

忻州市天缘国际旅行社有限责任公司
地址：忻州市七一北路32号职工俱乐部二楼
电话：0350－3031181
邮编：034000
网址：www. tylxs. com
许可证号：L－SX－GJ00043

中国国旅（山西）国际旅行社有限公司
地址：太原市五一东街155号
电话：13703517929
邮编：030001
电子信箱：shanxigl@ cits. com. cn
许可证号：L－SX－GJ00044

山西世达国际旅行社有限公司
地址：太原市双塔西街130号金广大厦
电话：0351－7924882
邮编：030012
网址：www. sxsts. com
许可证号：L－SX－GJ00045

山西吕梁龙之旅国际旅行社有限公司
地址：吕梁市离石区滨河东路吕梁国际宾馆
电话：0358－8238488
邮编：033000
许可证号：L－SX－GJ00046

山西五台山青年国际旅行社有限公司
地址：忻州市七一南路31号
电话：0350－3029506　3029516　3038036
邮编：034000
网址：www. swyits. com
电子信箱：swyits. 3029506@ yahoo. com. cn
许可证号：L－SX－GJ00047

宾馆酒店

山西国贸大饭店 ★★★★★
地址：太原市府西街69号
电话：0351－8688888
传真：0351－8689888
邮编：030002
网址：www. jinjianghotels. com
电子信箱：wtchotel@ sxwtc. com

云冈国际酒店 ★★★★★
地址：大同市大西街38号
电话：0352－5869999
传真：0352－5869666
邮编：037004
网址：www. ygih. com
电子信箱：yggjjd. @ 163. com

天贵国际酒店（预备5）★★★★★
地址：大同市新开南路133号
电话：0352－5685888
传真：0352－5685599
邮编：037006
网址：www. tggj. com. cn
电子信箱：tggj133@ 163. com

金鑫大酒店 ★★★★★
地址：运城市槐东南路88号
电话：0359－2258709
传真：0359－2258018
邮编：044000
网址：www. jx-hotel. com
电子信箱：ycjxdjd@ 163. com

山西大酒店 ★★★★
地址：太原市新建南路5号
电话：0351－8829999
传真：0351－4043525
邮编：030001
网址：www. sxgh. com
电子信箱：info@ sxgh. com

山西愉园大酒店 ★★★★
地址：太原市开化寺148号
电话：0351－8823333
传真：0351－2024433
邮编：030002
网址：www. yuyuan hotel. com
电子信箱：yydjd@ public. ty. sx. en

山西阳光大酒店 ★★★★
地址：太原市北大街47号
电话：0351－3099999
传真：0351－3099999
邮编：030009
网址：www. sxssh. com

山西晋协宾馆 ★★★★
地址：太原市东缉虎营35号
电话：0351－3086888
传真：0351－3030988
邮编：030009

世纪王朝·商务会馆 ★★★★
地址：太原市长治路88号
电话：0351－5691111
传真：0351－7338226
邮编：030082

黄河京都大酒店 ★★★★
地址：太原市平阳路55号
电话：0351－7322222
传真：0351－7088888
邮编：030012

山西滨河饭店 ★★★★
地址：太原市府西街271号
电话：0351－3332222
传真：0351－3332488
邮编：030024

三晋国际饭店 ★★★★
地址：太原市迎泽大街30号
电话：0351－8827777
传真：0351－4129360
邮编：030001
电子信箱：sanjin bc8205@ 163. com

山西迎泽宾馆西楼 ★★★★
地址：太原市迎泽大街189号
电话：0351－8828888
传真：0351－8826688
邮编：030001

御花园假日酒店 ★★★★
地址：太原市迎泽大街186号
电话：0351－4812000
传真：0351－4720513
邮编：030001

花园大饭店 ★★★★
地址：大同市大南街59号
电话：0352－5865888
传真：0352－5868800
邮编：037004

大同宾馆 ★★★★
地址：大同市迎宾西路37号
电话：0352－5868666
传真：0352－5868200
邮编：037008
网址：www. datonghotel. com
电子信箱：infor@ datonghotel. com

宏安国际酒店 ★★★★
地址：大同市迎宾西路28号
电话：0352－5866655
传真：0352－2094371
邮编：037008

五洲大酒店 ★★★★
地址：大同市迎宾西路宾西街88号
电话：0352－5868888
邮编：037008

浩海国际酒店 ★★★★
地址：大同市新建南路46号
电话：0352－5686888
传真：0352－5865894
邮编：037008

京原迎宾馆 ★★★★
地址：大同市拥军南路甲3号
电话：0352－5368000
传真：0352－2884458
邮编：037011
网址：www. jingyuanhotel. com
电子信箱：jy@ jingyuanhotel. com

雁北宾馆 ★★★★
地址：大同市御河北路甲1号
电话：0352－5860101
传真：0352－5686880
邮编：037044
网址：www. yanbeihotel. yahtour. com
电子信箱：lixuemei5@ 126. com

北方宾馆 ★★★★
地址：朔州市古北东街18号
电话：0349－2036254
传真：0349－2085006
邮编：036002
网址：www. shuozhou. gov. cn

万通源大酒店 ★★★★
地址：朔州市开发北路68号
电话：0349－5666616
传真：0349－5666686
邮编：036002

平朔宾馆 ★★★★
地址：朔州市平朔生活区
电话：0349－2052255
传真：0349－2052356
邮编：036006
网址：psbg. hotel. und. cn
电子信箱：sxpsmm@ 163. com

鹏宇国际大酒店 ★★★★
地址：长治市长兴中路509号
电话：0355－2199999
传真：0355－2199222
邮编：046000
网址：www. pengyuhotel. com

财苑大厦 ★★★★
地址：长治市长兴中路305号
电话：0355－2200180
传真：0355－2118511
邮编：046000

富景国际饭店 ★★★★
地址：晋城市新市东街81号
电话：0356－2088881
传真：0356－2088881
邮编：048000
网址：www. fujinghotel. com. cn
电子信箱：fujinghotel@ fujinghotel. com. cn

晋城大酒店 ★★★★
地址：晋城市凤台西街88号
电话：0356－2228992
传真：0356－2028887
邮编：048000

晋城太平洋大厦 ★★★★
地址：晋城市凤台西街59号
电话：0356－2199999
传真：0356－2069999
邮编：048000

颐宾楼大酒店 ★★★★
地址：晋城市前进路1428号
电话：0356－3068888

金辇大酒店 ★★★★
地址：晋城市泽州南路
电话：0356－2228485
传真：0356－2024766
邮编：048000
网址：www. jinnianhotel. yahtout. com
电子信箱：jnhotel@ 163. com

山西邮电忻州培训中心 ★★★★
地址：忻州市顿村度假路4号
电话：0350－3610880
传真：0350－3610889
邮编：034015

五台山银海山庄 ★★★★
地址：忻州市五台山台怀镇
电话：0350－6542676
传真：0350－6542949
邮编：035515
电子信箱：zwf4761@ sina. com

五台山五峰宾馆 ★★★★
地址：忻州市台怀镇龙泉寺
电话：0350－6542998
传真：0350－6542988
邮编：035515
网址：www. com. cn/wftg/index. hem
电子信箱：sxz968@ 163. com

颐景国际大酒店 ★★★★
地址：晋中市榆次区西顺城街71号
电话：0354－2088888
传真：0354－2055555
邮编：030600
网址：www. edenhotel188. com
电子信箱：edenhotel@ vip. sina. com

百乐泰度假城 ★★★★
地址：晋中介休市义安镇安泰工业区
电话：0354－7561288
传真：0354－7536866
邮编：032000
电子信箱：bailetai168@ 163. com

唐尧大酒店 ★★★★
地址：临汾市经济开发区中大街
电话：0357－2069999
传真：0357－2069888
邮编：041000

侯马华翔大酒店 ★★★★
地址：临汾市侯马市火车站南侧
电话：0357－4229688
传真：0357－4212299
邮编：043000

通宝国际酒店 ★★★★
地址：运城市禹都经济技术开发区机场路北
电话：0359－2580656
传真：0359－2581868
邮编：044000

运城宾馆 ★★★★
地址：运城市红旗东街 84 号
电话：0359－2291888
传真：0359－2020771
邮编：044000

运城大酒店 ★★★★
地址：运城市红旗东街 376 号
电话：0359－2020508
传真：0359－2023056
邮编：044000
网址：www. ycyhhotel. com

新耿大酒店 ★★★★
地址：运城河津市新耿北街
电话：0359－5068888
传真：0359－5062888
邮编：043300

天都大酒店 ★★★★
地址：运城河津市振兴东路
电话：0359－5168888
传真：0359－5168588
邮编：043300

吕梁国际宾馆 ★★★★
地址：吕梁市离石区滨河南东路 2 号
电话：0358－8221169
传真：0358－8223038
邮编：033000
网址：www. llgjbg. com

太原西山酒店 ★★★
地址：太原市柳巷北口 106 号
电话：0351－4132222
传真：0351－4036855
邮编：030002
网址：www. xishanhotel. yahtour. com

山西煤炭大厦 ★★★
地址：太原市府西街 46 号
电话：0351－8822222
传真：0351－4185961
邮编：030002
电子信箱：htds@ public. ty. sx. cn

山西三桥大厦 ★★★
地址：太原市旱西关 4 号
电话：0351－3833033
传真：0351－3351286
邮编：030002
网址：www. shanxi. gov. cn
电子信箱：sxsqhotel@ sina. com

太原金犨酒店 ★★★
地址：太原市滨河东路小区一号楼
电话：0351－4157708
传真：0351－4157716
邮编：030002

山西煤乡酒店 ★★★
地址：太原市西羊市街 48 号
电话：0351－4082754
传真：0351－4082751
邮编：030002
电子信箱：sxmxjd@ 163. com

云水榭大酒店 ★★★
地址：太原市平阳路 341 号
电话：0351－7340116
传真：0351－7340066
邮编：030006

金三元宾馆 ★★★
地址：太原市坞城路 669 号
电话：0351－8718138
传真：0351－8718035
邮编：030006
网址：www. sxjsy. com
电子信箱：sxjsy2002@ 163. com

太航大酒店 ★★★
地址：太原市亲贤北街 94 号
电话：0351－7589518
传真：0351－7054631
邮编：030006
电子信箱：chengjinhong829. hotmail. com

海上绿洲大酒店 ★★★
地址：太原市亲贤北街 368 号
电话：0351－7322111
传真：0351－7329659
邮编：030006

钱江大酒店 ★★★
地址：太原市亲贤北街 97 号
电话：0351－7583279
传真：0351－7583286
邮编：030006

新纪元大酒店 ★★★
地址：太原市长风街 28 号
电话：0351－7650008
传真：0351－7040545
邮编：030006
电子信箱：xjy－yd@ public. ty. sx. cn

红海湾大酒店 ★★★
地址：太原市建设南路 464 号
电话：0351－7046666
传真：0351－7629751
邮编：030006

鑫上海滩国际会馆 ★★★
地址：太原市并州南路 98 号
电话：0351－7111111
传真：0351－7591204
邮编：030006

银龙酒店 ★★★
地址：太原市东缉虎营 6 号
电话：0351－3180888
传真：0351－3085239
邮编：030009
网址：www. sddragon. com
电子信箱：ylhotel@ sddragon. com

福来特酒店 ★★★
地址：太原市胜利街 529 号
电话：0351－3188888
传真：0351－3094529
邮编：030009

太原黄河大酒店 ★★★
地址：太原市胜利街 385 号
电话：0351－3040888
传真：0351－3092888
邮编：030009

山西省职工活动中心 ★★★
地址：太原市三墙路 51 号
电话：0351－3182227
传真：0351－8380682
邮编：030009

杰特曼国际俱乐部 ★★★
地址：太原市南内环街 33 号
电话：0351－4880900
传真：0351－4295888
邮编：030012

水利大厦 ★★★
地址：太原市南内环街 391 号
电话：0351－8715420
传真：0351－7230754
邮编：030012

青龙大酒店 ★★★
地址：太原市南内环街 302 号
电话：0351－8710336
传真：0351－8710345
邮编：030012

山西邮电大厦 ★★★
地址：太原市双塔西街 17 号
电话：0351－4091681
传真：0351－4092500
邮编：030012

山西经贸宾馆 ★★★
地址：太原市新民北街 36 号
电话：0351－3100238
传真：0351－3033310
邮编：030013

悦宾酒店 ★★★
地址：太原市西渠路 28 号
电话：0351－8826018
传真：0351－6185988
邮编：030024

天心宾馆 ★★★
地址：太原市晋祠路 1 段 88 号
电话：0351－6016097
传真：0351－6181848
邮编：030024

银苑会议中心 ★★★
地址：太原市南内环西街 9 号
电话：0351－8821100
传真：0351－8265086
邮编：030024

太星酒店 ★★★
地址：太原市千峰南路 50 号
电话：0351－6582303
传真：0351－6582410
邮编：030024

嘉润饭店 ★★★
地址：太原市晋祠路一段纺织街 1 号
电话：0351－8618001
传真：0351－8618666
邮编：030024

太原太重宾馆 ★★★
地址：太原市前进路 58 号
电话：0351－6194402
传真：0351－6177700
邮编：030024

太原并州饭店 ★★★
地址：太原市迎泽大街 118 号
电话：0351－8821188
传真：0351－4033540
邮编：030001

山西电力大厦 ★★★
地址：太原市迎泽大街 39 号
电话：0351－3117850
传真：0351－4040777
邮编：030001

山西华苑宾馆 ★★★
地址：太原市迎泽大街 9 号
电话：0351－4046201

传真：0351－4046980
邮编：030001

山西饭店 ★★★
地址：太原市纯阳宫51号
电话：0351－8821111
传真：0351－2024219
邮编：030001

山西银海宾馆 ★★★
地址：太原市迎泽大街145号
电话：0351－4037569
传真：0351－4048879
邮编：030001

迎西大厦 ★★★
地址：太原市迎泽西大街53号
电话：0351－8610027
传真：0351－8610255
邮编：030024

大友宾馆 ★★★
地址：大同市新平旺纬五路1号
电话：0352－7012251
传真：0352－7012023
邮编：037003

大同红旗大饭店 ★★★
地址：大同市站前街（火车站北）11号
电话：0352－5366566
传真：0352－5366988
邮编：037005
网址：www. hongqihotel. com
电子信箱：info@ hongqihotel. com

云冈宾馆 ★★★
地址：大同市迎宾东路21号
电话：0352－5863888
传真：0352－5024927
邮编：037008

唐都大酒店 ★★★
地址：大同市新开南路迎泽街西
电话：0352－2012299
传真：0352－2027454
邮编：037008
网址：www. dttd. yahtour. com
电子信箱：dttd@ pubic. dt. sx. cn

泰和春贵宾楼 ★★★
地址：大同市御河北路1号
电话：0352－6082999
传真：0352－6082688
邮编：037044
网址：www. hxthc. com
电子信箱：hxthc@ 163. com

三源大酒店 ★★★
地址：朔州市民福东街
电话：0349－2163999
传真：0349－2160345
邮编：036002

光华大酒店 ★★★
地址：朔州市民福东街
电话：0349－2168666
传真：0349－2168168
邮编：036002

渤海湾宾馆 ★★★
地址：朔州市开发南路9号
电话：0349－8181966
传真：0349－8181666
邮编：036002

国利大酒店 ★★★
地址：朔州市怀仁县城
电话：0349－3053588
传真：0349－3053490
邮编：038300

阳泉宾馆 ★★★
地址：阳泉市北大街119号
电话：0353－2024800
传真：0353－2022951
邮编：045000

万水千山大酒店 ★★★
地址：阳泉市桃南东路256号
电话：0353－2022222
传真：0353－2058982
邮编：045000

国税宾馆 ★★★
地址：长治市城西北路35号
电话：0355－2085608
传真：0355－2085697
邮编：046000

长治宾馆 ★★★
地址：长治州英雄中路110号
电话：0355－2188037
传真：0355－2022957
邮编：046000
网址：www. cz-hotel. com
电子信箱：czbg@ cz－hotel. com

清华宾馆 ★★★
地址：长治市清华街42号
电话：0355－3912508
传真：0355－3912502
邮编：046012
网址：www. 126. com
电子信箱：qhbgzw@ 126. com

晋城高都大酒店 ★★★
地址：晋城市新市东街8号
电话：0356－2051598
传真：0356－2027173
邮编：048000

晋城阳光大酒店 ★★★
地址：晋城市泽州路76号
电话：0356－2229199
传真：0356－2039729
邮编：048000
网址：www. jcygdjd. yahtour. com
电子信箱：yg. jcygjd. yahtour. com

晋城宾馆 ★★★
地址：晋城市前西街58号
电话：0356－3039866
传真：0356－3033741
邮编：048000

晋城煤海宾馆 ★★★
地址：晋城市泽州路426号
电话：0356－2088022
传真：0356－2055410
邮编：048000
电子信箱：majianmei2000@ sina. com

九龙大酒店 ★★★
地址：晋城高平市长平东街8号
电话：0356－5244239
传真：0356－5242879
邮编：048400

环城大酒店 ★★★
地址：晋城市阳城县环城南路
电话：0356－4228046
传真：0356－4224166
邮编：048100
网址：www. ychcsy. com
电子信箱：qqfyf@ 163. com

相府宾馆 ★★★
地址：晋城市阳城县北留镇
电话：0356－4858180
传真：0356－4858281
邮编：048102
网址：www. hcxf. com. cn
电子信箱：xfhotel@ 126. com

五台山大酒店 ★★★
地址：忻州市新建北路65号
电话：0350－3070538
传真：0350－3070612
邮编：034000
网址：www. sxwutaishanhotel. yahtour. com

愉园温泉度假村 ★★★
地址：忻州市顿村度假路2号
电话：0350－3610201
传真：0350－3610202
邮编：034014
网址：www. yydjc. com

交通职工顿村培训中心 ★★★
地址：忻州市顿村迎宾路
电话：0350－3619100
传真：0350－3618350
邮编：034014

银苑大厦 ★★★
地址：忻州市顿村温泉度假村
电话：0350－3610500
传真：0350－3610543
邮编：034014

原平市东大酒店 ★★★
地址：忻州原平市前进东街9号
电话：0350－8277888
传真：0350－8225478

五台县碧涛苑大酒店 ★★★
地址：忻州市五台县古城
电话：0350－3358888
传真：0350－3358999
邮编：035500

五台山银都山庄 ★★★
地址：忻州市五台山台怀镇
电话：0350－6542888
传真：0350－6542222
邮编：035515

五台山凉城山庄 ★★★
地址：忻州市台怀镇明清街1号
电话：0350－6542418
传真：0350－6542576
邮编：035515

五台山云峰宾馆 ★★★
地址：忻州市五台山台怀镇
电话：0350－6548788
传真：0350－6549799
邮编：035515

金融大酒店 ★★★
地址：晋中市榆次区道北街71号
电话：0354－3111888
传真：0354－3112233
邮编：030600

网址：www. yz. sx. cn/qyfc/jrdjd/imdex. htm
电子信箱：fycjrdjd@ public. yz. sx. cn

金华苑宾馆 ★★★
地址：晋中市榆次区迎宾路 99 号
电话：0354 – 3066988
传真：0354 – 3063668
邮编：030600

浅水湾大酒店 ★★★
地址：晋中市榆次区榆太路 188 号
电话：0354 – 2442698
传真：0354 – 2442698
邮编：030621

世纪园度假村 ★★★
地址：晋中介休市罗王庄村北
电话：0354 – 7236188
传真：0354 – 7236189
邮编：032000

丽泽大酒店 ★★★
地址：晋中介休市新建东路 238 号
电话：0354 – 7214588
传真：0354 – 7236189
邮编：032000

鑫隆大酒店 ★★★
地址：晋中市太谷县 108 国道路南
电话：0354 – 6259666
传真：0354 – 6252066
邮编：030800

乔家宾馆 ★★★
地址：晋中市祁县乔家堡村
电话：0354 – 5321559
传真：0354 – 5321555
邮编：030900

翠峰山庄 ★★★
地址：晋中市灵石县城翠峰公园
电话：0354 – 3068889
传真：0354 – 7621139
邮编：031300

麒麟大酒店有限责任公司 ★★★
地址：晋中市灵石县新建街南 49 号
电话：0354 – 7624116
传真：0354 – 7624002
邮编：031300

宏源大酒店 ★★★
地址：晋中市灵石县天石广场西侧
电话：0354 – 7610418
传真：0354 – 7610488
邮编：031300

天星假日酒店 ★★★
地址：晋中市灵石县城新建街 31 号
电话：0354 – 7624581
传真：0354 – 7624560
邮编：031300

临汾五洲酒店 ★★★
地址：临汾市解放路 33 号
电话：0357 – 2089222
传真：0357 – 2030244
邮编：041000

临汾绿苑大酒店 ★★★
地址：临汾市平阳北街 18 号
电话：0357 – 2088416
传真：0357 – 2088158
邮编：041000
电子信箱：zhg – 8896@ 163. com

临汾黄河大酒店 ★★★
地址：临汾市临钢路 24 号
电话：0357 – 2081099
传真：0357 – 3019296
邮编：041000

临汾红楼大酒店 ★★★
地址：临汾市贡院街 7 号
电话：0357 – 2089999
传真：0357 – 2089888
邮编：041000
网址：www. honglou9999. com
电子信箱：sxlfhonglou@ msn. com

五洲休闲广场 ★★★
地址：临汾市经济开发区中大街
电话：0357 – 2881588
传真：0357 – 2881872
邮编：041000

临汾宾馆 ★★★
地址：临汾市解放路 7 号
电话：0357 – 2091782
传真：0357 – 2091782
邮编：041000

临汾育花园大酒店 ★★★
地址：临汾市鼓楼西大街
电话：0357 – 2685558
传真：0357 – 2685500
邮编：041000

临汾金大都大酒店 ★★★
地址：临汾市鼓楼北大街 600 号
电话：0357 – 2258216
传真：0357 – 2258229
邮编：041000

红楼国际青年旅馆 ★★★
地址：临汾市贡院街 7 号
电话：0357 – 2082222
传真：0357 – 2082200
邮编：041000

尧都大酒店 ★★★
地址：临汾市尧都区秦蜀路南口
电话：0357 – 2510668
传真：0357 – 2510559
邮编：041000

侯马银湖大酒店 ★★★
地址：临汾侯马市呈王东路 69 号
电话：0357 – 4289391
传真：0357 – 4289392
邮编：041000

侯马市凯悦酒店 ★★★
地址：临汾侯马市呈王路 24 号
电话：0357 – 4218288
传真：0357 – 4218298
邮编：043000

曲沃宾馆 ★★★
地址：临汾市曲沃县西大街 2 号
电话：0357 – 4511118
传真：0357 – 4511129
邮编：043400

翼城宾馆 ★★★
地址：临汾市翼城县红旗街中段
电话：0357 – 4934503
传真：0357 – 4934567
邮编：043500

运城市银湖饭店 ★★★
地址：运城市凤凰北路 268 号
电话：0359 – 2023095
传真：0359 – 2264129
邮编：044000
网址：www. ycyhhotel. com

钻石时代酒店 ★★★
地址：运城市河东东街 330 号
电话：0359 – 2096418
传真：0359 – 2094011
邮编：044000

夹马口大厦 ★★★
地址：运城市禹都东街 128 号
电话：0359 – 6352088
传真：0359 – 6352119
邮编：044000

丰喜大酒店 ★★★
地址：运城市黄河大道 279 号
电话：0359 – 6300880
传真：0359 – 6300270
邮编：044000

永济电机宾馆 ★★★
地址：运城永济市电机大楼 17 号
电话：0359 – 8072352
传真：0359 – 8075147
邮编：044502

永济云峰阁宾馆 ★★★
地址：运城永济市五老峰棋盘山
电话：0359 – 8295088
传真：0359 – 8295066
邮编：044514

河津晋铝宾馆 ★★★
地址：运城河津市山西铝厂 13 号楼
电话：0359 – 5042039
传真：0359 – 5260961
邮编：043304

稷山红楼宾馆 ★★★
地址：运城市稷山县稷峰东街 16 号
电话：0359 – 5532200
传真：0359 – 5532266
邮编：043200

夏县瑶池温泉山庄 ★★★
地址：运城市夏县瑶峰镇南山底村
电话：0359 – 8939001
传真：0359 – 8938628
邮编：044000

吕梁大酒店 ★★★
地址：吕梁市离石区滨河北东路
电话：0358 – 2266408
传真：0358 – 8228444
邮编：033000

新世纪大酒店 ★★★
地址：吕梁市离石区世纪广场
电话：0358 – 8250888
传真：0358 – 8250599
邮编：033000

万方科技大厦 ★★★
地址：吕梁孝义市铁北街
电话：0358 – 2139999
传真：0358 – 2139555
邮编：032300

汾阳市宾馆 ★★★
地址：吕梁汾阳市英雄北路北口
电话：0358 – 7221222

传真：0358－7224568
邮编：032200

丰泰苑酒店 ★★★
地址：吕梁汾阳市西关
电话：0358－7224988
传真：0358－7321425
邮编：032200

柳林宾馆 ★★★
地址：吕梁市柳林县城东街86号
电话：0358－4029888
传真：0358－4022666
邮编：033300

交城天宁宾馆 ★★★
地址：吕梁市交城县城天宁街31号
电话：0358－3532001
传真：0358－3522681
邮编：030500

旅游景区

太原市中国煤炭博物馆 AAAA
地址：太原市万柏林区迎泽西大街2号
电话：0351－4117829　6066256
邮编：030027

太原碑林公园 AA
地址：太原市康乐街50号
电话：0351－4044248
邮编：030001

太原晋祠旅游区 AAAA
地址：太原市晋源区晋祠镇
电话：0351－6020014
邮编：030025

大同煤矿展览馆 AA
地址：大同市新平旺煤峪口展览馆
电话：0352－7804892
邮编：037003

大同云冈石窟旅游区 AAAAA
地址：大同市南郊区云冈镇
电话：0352－3025005
邮编：037007

灵丘桃花山景区 A
地址：大同市灵丘县红石楞乡沙湖村
电话：0352－8524666
邮编：034400

浑源恒山风景名胜区 AAAA
地址：大同市浑源县恒山南路
电话：0352－8322142
邮编：037400

应县木塔 AAAA
地址：朔州市俏应县辽代文化城
电话：0349－5035244
邮编：037600

阳泉市翠枫山自然风景区 AAAA
地址：阳泉市郊区平坦镇前庄村
电话：0353－7012755　4023478
邮编：045008

阳泉郊区关王庙景区 AA
地址：阳泉市荫营镇玉泉山关王庙
电话：0353－5031839
邮编：045017

平定娘子关景区 AA
地址：阳泉市平定县娘子关镇
电话：0353－6031454
邮编：045203

平定冠山森林公园 A
地址：阳泉市平定县冠山森林公园管理处
电话：0353－6068700
邮编：045200

盂县藏山旅游风景名胜区 AA
地址：阳泉市盂县
电话：0353－8140328
邮编：045100

长治始祖百草堂景区 AA
地址：长治市老顶山国家森林公园
电话：0355－2160711
邮编：046011

黎城黄崖洞景区 AA
地址：长治市黎城县旅游事业发展中心
电话：0355－6561005　6680001
邮编：047600

壶关太行大峡谷黑龙潭景区 AA
地址：长治市壶关县
电话：0355－4270056
邮编：047300

壶关县太行山大峡谷自然风光旅游区 AAAA
地址：长治市壶关县
电话：0355－8776043
邮编：047300

壶关太行大峡谷十八盘景区 A
地址：长治市壶关县
邮编：047300

壶关太行大峡谷红豆峡谷 A
地址：长治市壶关县
邮编：047300

沁源灵空山景区 AA
地址：长治市沁源县
电话：0355－4190027
邮编：046500

高平炎帝陵 AA
地址：晋城高平市神农镇庄里村
邮编：048400

晋城青莲寺 AA
地址：晋城市泽州县
邮编：048012

泽州珏山 AA
地址：晋城市泽州县铺头乡
邮编：048012

泽州山里泉 AA
地址：晋城市泽州县山河镇
电话：0356－2055645
邮编：048012

沁水柳氏民居 AA
地址：晋城市沁水县土沃乡西文兴村
电话：0356－7029878
邮编：048200

沁水示范牧场 AA
地址：晋城市沁水县郑庄镇杨家河村
电话：0356－7880150
邮编：048200

阳城皇城相府旅游区 AAAA
地址：晋城市阳城县北留镇皇城村
电话：0356－4858062
邮编：048102
网址：www. hcxf. com

阳城海会寺 AA
地址：晋城市阳城县北留镇大桥村
电话：0356－4852387
邮编：048102

陵川棋子山 AA
地址：晋城市陵川县候庄乡
邮编：048300

陵川凤凰欢乐谷 AA
地址：晋城市陵川县奇火乡凤凰村
电话：0356－6200637
邮编：048300

王莽岭自然保护区 AAAA
地址：晋城市陵山县古郊乡
电话：0356－6204271　6881200
邮编：048300

原平大营温泉景区 A
地址：忻州原平市大营温泉开发管理处
电话：0350－8224014
邮编：034100

五台山风景名胜区 AAAAA
地址：忻州市五台山台怀镇
电话：0350－6543689
邮编：035515

宁武管涔山情人谷景区 AA
地址：忻州市宁武县凤凰东街99号
电话：0350－4788402
邮编：036700

常家庄园 AAAA
地址：晋中市榆次区东阳镇车辋村
电话：0354－2756789
邮编：030600

介休绵山风景名胜区 AAAA
地址：晋中介休市绵山
电话：0354－7055015　7055018
邮编：031200

祁县乔家大院旅游区 AAAA
地址：晋中市祁县乔家堡
电话：0354－5321045
邮编：030900

平遥县中国票号博物馆 AAAA
地址：晋中市平遥县
电话：0354－5683261
邮编：031100

晋中市平遥县衙博物馆 AAAA
地址：晋中市平遥县衙门街
电话：0354－5636808
邮编：031100

晋中市平遥文庙学宫博物馆 AAAA
地址：晋中市平遥县
邮编：031100

平遥县双林寺彩塑艺术馆 AAAA
地址：晋中市平遥县南政村桥头村
电话：0354－5779566
邮编：031100

平遥镇国寺 AAAA
地址：晋中市平遥县郝洞村
电话：0354－5848041
邮编：031100

平遥城隍庙财神庙 AAAA
地址：晋中市平遥县

电话：0354－5682250
邮编：031100

平遥协同庆钱庄博物馆 AAAA
地址：晋中市平遥县南大街45号
电话：0354－5683589
邮编：031100

灵石王家大院旅游区 AAAA
地址：晋中市灵石县静升村王家大院
电话：0354－7722122
邮编：031308

临汾姑射山风景名胜区 AA
地址：临汾市尧都区坂下十字口东南角
电话：0357－6122102
邮编：031500

临汾尧庙游览区 AAAA
地址：临汾市尧都区尧庙镇尧庙村
电话：0357－2591291
邮编：041000

洪洞明代监狱 AA
地址：临汾市洪洞县古槐路
电话：0357－6226127
邮编：013600

洪洞县大槐树寻根祭祖园旅游景区 AAAA
地址：临汾市洪洞县古槐北路公园街2号
电话：0357－6222535
邮编：041600

吉县黄河壶口瀑布旅游区 AAAA
地址：临汾市吉县黄河壶口瀑布风景旅游区七郎窝
电话：0357－7986118
邮编：042200

解州关帝庙旅游区 AAAA
地址：运城市解州镇五一路145号
电话：0359－2800310－8868
邮编：044001

永济普救寺旅游区 AAAA
地址：运城永济市蒲州镇西厢村
电话：0359－8485263　8485264
邮编：044500

旅游胜地万固寺 AA
地址：运城永济市
电话：0359－8496182
邮编：044500

永济唐铁牛博物馆 AA
地址：运城永济市蒲州镇
邮编：044000

永乐宫旅游区 AAAA
地址：运城市芮城县永乐宫管理所
电话：0359－3022821
邮编：044600

万荣东岳庙景区 A
地址：运城市万荣县西大街8号
电话：0359－4527977
邮编：044200

临县碛口黄河景区 A
地址：吕梁市临县碛口镇
电话：0358－4466016
邮编：033200

方山北武当山景区 AA
地址：吕梁市方山县武当镇武当村
电话：0358－6071017
邮编：033100

交城玄中寺景区 AA
地址：吕梁市交城县玄中寺景区
电话：0358－3526886
邮编：030500

交城卦山景区 A
地址：吕梁市交城县卦山风景区
电话：0358－3223248
邮编：030500

餐　馆

六味斋
地址：太原市桃园南路116号
电话：0351－7035018　7035023
邮编：030001

林香斋
地址：太原市解放路125号
电话：0351－2028842
邮编：030082

太原面食店
地址：太原市解放路17号
电话：0351－2022230
邮编：030082

鸿宾楼鸭店
地址：太原市解放路22号
电话：0351－2027118
邮编：030082

晋阳饭店
地址：太原市并州北路11号
电话：0351－4043700
传真：4126301
邮编：030001

清和元
地址：太原市桥头街73号
电话：0351－2029160
邮编：030082

认一力饺子馆
地址：太原市桥头街102号
电话：0351－2029179
邮编：030082

山西江南餐饮集团有限公司
地址：太原市开化寺街
电话：0351－4153956
邮编：030002

北京满福楼太原分店山西满福楼餐饮有限公司
地址：太原市新建南路
电话：0351－7244746
邮编：037006

太原全聚德餐饮有限公司
地址：太原市新建南路
电话：0351－4132468
邮编：037006

太原市大福罐罐饺子餐饮有限公司
地址：太原市小店区亲贤北街
电话：0351－7587111
邮编：030000

海外海餐饮有限公司
地址：太原市迎泽大街
电话：0351－4064488
邮编：030001

山西省饮食服务公司
地址：太原市解放南路
电话：0351－4085400
邮编：030000

太原察院后饮食发展有限公司
地址：太原市桃园南路
电话：0351－4037777
邮编：030001

太原市饮食服务公司
地址：太原市新建路
电话：0351－4227890
邮编：030082

山西华都饮食有限公司
地址：太原市新建路
电话：0351－3043857
邮编：030000

太原市山釜餐厅
地址：太原市食品街
电话：0351－2021081
邮编：030000

山西鹏程海外海餐饮有限公司
地址：太原市迎泽大街236号
电话：0351－4064488
邮编：030082

会仙楼
地址：太原市和平南路80号
电话：0351－6063125
邮编：030082

五味鱼餐馆
地址：太原市新建南路22号
电话：0351－2021777
邮编：030082

太原市南城晋圣大酒家
地址：太原市新建南路4号
电话：0351－4077071
邮编：030082

北城区粤香楼酒家
地址：太原市桃园北路84号
电话：0351－3043343
邮编：030082

咸亨酒家
地址：太原市和平北路48号
电话：0351－6046063
邮编：030082

广东酒家鲍翅海鲜楼
地址：太原市漪汾街12号
电话：0351－6164028
邮编：030082

太原市山城酒家
地址：太原市和平北路88号
电话：0351－6260516
邮编：030082

长江绿杨村酒家
地址：太原市水西门街33号
电话：0351－4051118
邮编：030082

味不同酒家
地址：太原市双塔西街103号
电话：0351－8983564
邮编：030082

山西杏花村汾酒大厦有限责任公司海鲜大酒家
地址：太原市解放路38号

电话：0351－8213118
邮编：030082

长江岳阳楼酒家
地址：太原市市府西街131号
电话：0351－3530828
邮编：030082

天香楼酒家
地址：太原市食品街29号
电话：0351－4035355
邮编：030082

山西华都酒家
地址：太原市柳巷南路54号
电话：0351－4038463
邮编：030082

迎春楼广东酒家
地址：太原市府东街98号
电话：0351－4123720
邮编：030082

又一村酒家
地址：太原市西矿街
电话：0351－6212072
邮编：030082

马大姐清真餐馆
地址：太原市五一东街111号
电话：0351－8088210
邮编：030082

香泰园酒家
地址：太原市上马街13号
电话：0351－4037328
邮编：030082

山西东海海鲜酒家
地址：太原市府东街263号
电话：0351－3198888
邮编：030082

太原市晋蓉酒家
地址：太原市北大街47号
电话：0351－3044198
邮编：030082

温州鹿城海鲜阁
地址：大同市新开西二路42号
电话：13753282299
邮编：037008

同泽园特色食府
地址：大同市西宾街93号1号楼
电话：0352－2099211　2099311
邮编：037008

常来顺餐饮有限责任公司
地址：大同市新开西二路1号
电话：0352－2027088　2031818
邮编：037008

源一元涮房
地址：大同市迎宾西路3号
电话：0352－5040532
邮编：037008

重庆老鸭汤大同店
地址：大同市操场城街
电话：0352－7625777
邮编：037008

晋福楼
地址：大同市新开南路179号
电话：0352－2021230
邮编：037008

朔州阿瓦山寨饭店
地址：朔州市平朔北路
电话：0349－6680999
邮编：038500

朔州德克士餐饮有限公司
地址：朔州市北关路
电话：0349－4062238
邮编：038500

乡巴佬
地址：朔州市鄯阳街
电话：0349－2037750
邮编：038500

一品香饺子王
地址：朔州市古北西街
电话：0349－2029477
邮编：038500

右玉庄户人家
地址：朔州市北关路
电话：0349－2038983
邮编：038500

金满楼大酒店
地址：朔州市平朔路
电话：0349－2280288
邮编：038500

五福茶艺馆
地址：朔州市振华街振华小区9号楼
电话：0349－2058190
邮编：038500

朔州市沁园饮食有限责任公司
地址：朔州市振华东街雅秀园2号楼
电话：0349－2167077
邮编：038500

朔州市民间美食城有限责任公司
地址：朔州市古北街
电话：0349－2023319
邮编：038500

朔州市北方康乐美食有限责任公司
地址：朔州市古北东街
电话：03492028581
邮编：038500

朔州市麦德利餐饮有限责任公司
地址：朔州市古北西大街48号
电话：0349－2028173
邮编：038500

朔州市草原美食城有限责任公司
地址：朔州市古北西街
电话：0349－2074068
邮编：038500

朔州市嘉美饮食有限责任公司
地址：朔州市开发北路
电话：0349－2163265
邮编：038500

朔州市江洋酒楼有限责任公司
地址：朔州市开发北路
电话：03492164582
邮编：038500

阳泉鹿鼎庄餐饮有限公司
地址：阳泉市泉中路126号
电话：0353－2025240
邮编：045000

阳泉市恒利源餐饮有限公司
地址：阳泉市南大街271号
电话：0353－2053388
邮编：045000

阳泉江南餐饮娱乐有限公司
地址：阳泉市泉中路
电话：0353－2033609
邮编：045000

阳泉景豪餐厅
地址：阳泉市天成巷59号
电话：0353－2037955
邮编：045000

阳泉全香酒家
地址：阳泉市复寿街17号
电话：0353－2026859
邮编：045000

阳泉市鸿腾大酒家
地址：阳泉市南大街154号
电话：0353－2049187
邮编：045000

阳泉饮食服务有限公司东风酒家
地址：阳泉市北马路1号
电话：0353－4066801
邮编：045000

阳泉市泉城酒家
地址：阳泉市南大街481号
电话：0353－2034434
邮编：045000

阳泉饮食服务公司阳泉面食馆
地址：阳泉市德胜街53号
电话：0353－2024630
邮编：045000

阳泉饮食服务公司苏州馄饨馆
地址：阳泉市泉中路41号
电话：0353－2011593
邮编：045000

阳泉福满楼大酒店
地址：阳泉市新华东街50号
电话：0353－2027440
邮编：045000

阳泉市田园酒家
地址：阳泉市南大街75号
电话：0353－2022974
邮编：045000

阳泉市银海酒家
地址：阳泉市南大街125号
电话：0353－2020330
邮编：045000

阳泉市华夏酒家
地址：阳泉市德胜东街180号
电话：0353－2024497
邮编：045000

阳泉市人人大酒家
地址：阳泉市德胜东街216号
电话：0353－2034421
邮编：045000

阳泉银龙酒家
地址：阳泉市南大街130号
电话：0353－2010012
邮编：045000

阳泉市蓬莱酒家
地址：阳泉市长顺街12号
电话：0353－2032241
邮编：045000

阳泉市天和元酒楼
地址：阳泉市南大街 212 号东侧
电话：0353－2016300
邮编：045000

阳泉市小安（穆斯林）饭店
地址：阳泉市城区新建路
电话：0353－2015551
邮编：045000

长治市三峡大酒楼
地址：长治市太西路
电话：0355－2082576
邮编：046000

长治市云桂酒家
地址：长治市紫金东路
电话：0355－2033218
邮编：046000

长治市东海渔村
地址：长治市太行西街
电话：0355－2044198
邮编：046000

长治市北京涮锅楼
地址：长治市府西街
电话：0355－2030809
邮编：046000

长治市泸州老窑酒家
地址：长治市长信中路
电话：0355－2049964
邮编：046000

长治市家家乐美食城
地址：长治市长兴中路 26 号
电话：0355－2034300
邮编：046000

长治市稻香春酒家
地址：长治市英雄北路
电话：0355－2022643
邮编：046000

蓝星酒家
地址：长治市府后街
电话：0355－2014086
邮编：046000

长治市晋香斋饭庄
地址：长治市大庆南路 9 号
电话：0355－2050953
邮编：046000

长治市清真饭庄
地址：长治市紫金东路 95 号
电话：0355－2026566
邮编：046000

长治市新园饭庄
地址：长治市解放西路 32 号
电话：0355－3013389
邮编：046000

长治市粗粮美食城
地址：长治市延安中路 69 号
电话：0355－2010700
邮编：046000

长治市清真饭店
地址：长治市府后街
电话：0355－2035217
邮编：046000

长治市陶然居餐饮有限公司
地址：长治市英雄南路中南花园
电话：0355－3506777
邮编：046000

长治市山村餐饮服务有限公司
地址：长治市延安南路 23 号
电话：0355－3014258
邮编：046000

长治市陇翠堂餐饮有限公司
地址：长治市环东路 26 号
电话：0355－3555417
邮编：046000

长治市湘菜苑大酒店
地址：长治市府后街 32 号
电话：0355－2057889
邮编：046000

长治市新唐都酒楼有限公司
地址：长治市太东路 86 号
电话：0355－2038366
邮编：046000

长治市江汉人家酒店有限公司
地址：长治市延安中路 21 号
电话：0355－2058556
邮编：046000

长治市泸州人家餐饮有限公司
地址：长治市长兴中路 19 号
电话：0355－2067467
邮编：046000

长治市一亩园饮食服务有限公司
地址：长治市长兴街 10 号
电话：0355－3016424
邮编：046000

长治市名都餐饮服务有限公司
地址：长治市城北街 1 号
电话：0355－2083057
邮编：046000

长治市港澳渔村饮食健身有限公司
地址：长治市长兴中路
电话：0355－2028596
邮编：046000

长治市翠竹园大酒楼
地址：长治市府西街甲 5 号
电话：0355－2019899
邮编：046000

长治市饮食公司
地址：长治市大北街 44 号
电话：0355－2023402
邮编：046000

长治市汉宫姜母鸭酒楼
地址：长治市环东路
电话：0355－2093988
邮编：046000

长治市饮食公司丰园酒家
地址：长治市大北街 113 号
电话：0355－2040041
邮编：046000

长治市四川酒家
地址：长治市太行西路 16 号
电话：0355－2084628
邮编：046000

晋城市七十二行民俗酒楼
地址：晋城市红星街与东环路交叉口
电话：0356－2066699
邮编：048000

晋城市塞外名吃酒店
地址：晋城市南环东路 64 号
电话：0356－2027238
邮编：048000

晋城市城区华清园大酒楼
地址：晋城市新市东街
电话：0356－2223506
邮编：048000

晋城市海鲜大酒店有限公司
地址：晋城市南环东路 85 号
电话：0356－2037066
邮编：048000

晋城市金和餐饮有限公司
地址：晋城市凤台东街
电话：0356－2196250
邮编：048000

晋城小天鹅餐饮有限公司
地址：晋城市泽州北路
电话：0356－2057666
邮编：048000

晋城市怪味楼饮食服务有限公司
地址：晋城市新市东街
电话：0356－2055956
邮编：048000

晋城市红玫瑰餐饮有限公司
地址：晋城市瑞丰路 1 号
电话：0356－2050466
邮编：048000

晋城市饮食服务有限公司
地址：晋城市新市西街 169 号
电话：0356－3035842
邮编：048000

晋城乐清湾海鲜楼
地址：晋城市泽州路 362 号
电话：0356－2057988
邮编：048000

晋城市津天食府有限公司
地址：晋城市南环街东段 45 号
电话：0356－2030102
邮编：048000

晋城市翠园酒楼
地址：晋城市建设路西 13 号
电话：0356－2026220－386
邮编：048000

忻州市大宅门餐饮有限公司
地址：忻州市新建路 21－4 号
电话：0350－3032288
邮编：034000

忻州大滇园烟辣鱼火锅城有限公司
地址：忻州市七一北路 56 号
电话：0350－3046898
邮编：034000

忻州市时代美食康乐有限公司
地址：忻州市长征街 1 号
电话：0350－3815571
邮编：034000

忻州地区阿静酒楼有限公司
地址：忻州市七一南路八一大厦
电话：0350－2110968
邮编：034000

忻州市饮食服务公司
地址：忻州市北关大街 16 号

电话：0350－2022862
邮编：034000

忻州市宏海酒家
地址：忻州市长征西路 22 号
电话：0350－3034415
邮编：034000

东北食府
地址：忻州市和平路
电话：0350－3040558
邮编：034000

晋中市淮扬风味酒楼
地址：晋中市榆次区东湖井 31 号
电话：0354－8869480
邮编：030600

晋中市老洋房私房菜馆
地址：晋中市榆次区榆太路 169 号
电话：0354－3256555
邮编：030600

榆次富丽宫餐饮娱乐有限公司
地址：晋中市榆次区榆太路 39 号
电话：0354－3983222
邮编：030600

晋中市小天鹅饮食有限公司
地址：晋中市榆次区东湖井一字街 83 号
电话：0354－2088378
邮编：030600

临汾市王府酒楼
地址：临汾市体育北街 22 号
电话：0357－2032366
邮编：041000

临汾市杏花酒楼有限公司
地址：临汾市解放东路 32 号
电话：0357－2030443
邮编：041000

临汾唐宫餐饮服务有限责任公司
地址：临汾市鼓楼南大街 19 号
电话：0357－2118338
邮编：041000

临汾地区阳春酒家
地址：临汾市迎春北街 2 号
电话：0357－2118579
邮编：041000

临汾金元太酒楼有限公司
地址：临汾市平阳北街 16 号
电话：0357－2016689
邮编：041000

临汾地区桃源阁酒家
地址：临汾市广宣街 18 号
电话：0357－2119782
邮编：041000

临汾汉宫姜母鸭酒楼
地址：临汾市鼓楼北大街
电话：0357－2022555
邮编：041000

临汾三千里餐饮有限公司
地址：临汾市尧都区鼓楼北大街 86 号
电话：0357－2115511
邮编：041000

尧都区君悦餐饮餐饮有限公司
地址：临汾市体育南街 75 号
电话：0357－2015585
邮编：041000

临汾市裕华酒楼有限公司
地址：临汾市解放西路 20 号
电话：0357－2036388
邮编：041000

临汾尧都区成都香餐饮有限公司
地址：临汾市鼓楼北 100 号
电话：0357－2022555
邮编：041000

临汾市日月红餐饮服务有限责任公司
地址：临汾市秦蜀路 75 号
电话：0357－2889616
邮编：041000

临汾市红福园餐饮有限公司
地址：临汾市临钢路 24 号
电话：0357－2081175
邮编：041000

临汾金海湾大酒楼有限公司
地址：临汾市向阳西路
电话：0357－2056191
邮编：041000

运城市贵府山庄餐饮有限公司
地址：运城市人民北路 536 号
电话：0359－8289282
邮编：044000

运城市七星餐饮娱乐有限公司
地址：运城市南风广场
电话：0359－8697112
邮编：044000

运城市三味菜餐饮有限公司
地址：运城市中银大道
电话：0359－6382667
邮编：044000

运城市今日世界海鲜餐饮有限公司
地址：运城市河东街中段
电话：0359－8656197
邮编：044000

运城市一枝花餐饮有限公司
地址：运城市工农西街 7 号
电话：0359－2122375
邮编：044000

运城市盐湖区北城巴蜀风酒楼
地址：运城市工农东路 381 号
电话：0359－2162000
邮编：044000

运城市禹都菊花酒楼
地址：运城市禹都十一区西楼 1 号
电话：0359－2582927
邮编：044000

运城市盐湖区北城京川阁饭店
地址：运城市中银大道
电话：0359－2088388
邮编：044000

运城市清水湾餐饮娱乐有限公司
地址：运城市工农东街 370 号
电话：0359－2125353
邮编：044000

运城市福临门餐饮有限公司
地址：运城市人民北路 82 号甲
电话：0359－2089485
邮编：044000

运城市毛公餐饮文化有限公司
地址：运城市禹都大道 7 号
电话：0359－2068887
邮编：044000

运城市添福顺餐饮有限公司
地址：运城市中银大道 245 号
电话：13834705890
邮编：044000

运城市龙太子餐饮有限公司
地址：运城市解放南路 102 号
电话：0359－2023008
邮编：044000

运城市饮食服务有限责任公司
地址：运城市钟楼巷 5 号
电话：0359－2024840
邮编：044000

运城市凯仕豪酒楼有限公司
地址：运城市人民路 76 号
电话：0359－2060666
邮编：044000

运城市千代田饮食有限公司
地址：运城市中银大道 245 号
电话：0359－2090545
邮编：044000

运城市饮食公司
地址：运城市解放中路 298 号
电话：0359－2022326
邮编：044000

运城市金融酒家
地址：运城市人民中路 2 号
电话：0359－2021660
邮编：044000

运城市园外园饮食有限公司
地址：运城市红旗西街 358 号
电话：0359－2024368
邮编：044000

运城市饮食公司迎宾餐馆
地址：运城市双桥路 84 号
电话：0359－2023038
邮编：044000

万福酒楼
地址：吕梁市离石区久安路
电话：0358－8235678
邮编：033000

吕梁市滨河酒家
地址：吕梁市建设路
电话：0358－8223883
邮编：033000

吕梁市饮食服务公司
地址：吕梁市兴隆街 27 号
电话：0358－8222494
邮编：033000

旅游用品

山西万德福珠宝有限公司
地址：太原市桃园北路 19 号
电话：0351－4019669
邮编：030400

山西宏艺首饰股份有限公司
地址：太原市新建路 115 号
电话：0351－3082250
邮编：030400

山西真玉坊珠宝首饰有限公司
地址：太原市解放路18号楼73号
电话：0351－4034566
邮编：030400

山西萃丰珠宝有限公司
地址：太原市解放路18号（鸿宾楼对面）
电话：0351－4162888
邮编：030400

山西银河金银珠宝有限责任公司
地址：太原市迎泽大街121号
电话：0351－4069842
邮编：030400

山西晶茂工艺品公司
地址：太原市五龙口街589号
电话：0351－4946185
邮编：030400

太原市首饰工艺厂
地址：太原市上三桥街51号
电话：0351－3530581
邮编：030400

山西晋康合线地毯厂
地址：太原市解放路韶九巷10号
电话：0351－2021392
邮编：030400

太原五方地毯有限公司
地址：太原市胜利东街66号
电话：0351－3273116
邮编：030400

太原双琪地毯厂
地址：太原市兴华街153号
电话：0351－6278143
邮编：030400

太原市达美艺术挂毯厂
地址：太原市胜利桥西兴华北小区
电话：0351－6272452
邮编：030400

太原美术地毯总厂
地址：太原市平阳路373号
电话：0351－7024402
邮编：030400

太原市迎泽区雪玉轩书画社
地址：太原市南宫文化市场东1号
电话：0351－4031685
邮编：030400

山西龙升青铜器仿古工艺品铸造厂
地址：太原市长风街100号
电话：0351－7234588
邮编：030400

山西龙升玻璃钢雕塑总厂
地址：太原市太行南路
电话：0351－8817666
邮编：030400

山西吉福特工艺品有限公司
地址：太原市水西关南街18号
电话：0351－4044603
邮编：030400

山西鼎盛经典艺术石艺有限公司
地址：太原市平阳路297号
电话：0351－7332736
邮编：030400

太原市工艺厂
地址：太原市五一路东夹巷21号
电话：0351－4065927
邮编：030400

太原市艺术木器厂
地址：太原市大马村
电话：0351－7025513
邮编：030400

珍珠岩厂
地址：太原市清徐县同戈站
电话：0351－5960020
邮编：030400

大同市工艺美术厂
地址：大同市
电话：0352－2052822
邮编：037008

大同市云冈工艺美术厂
地址：大同市
电话：0352－3023620　3026655
邮编：037008

大同市艺美刻印厂
地址：大同市
电话：0352－2063954
邮编：037008

浑源县地毯厂
地址：大同市浑源县
电话：0352－8322944
邮编：037400

大同县地毯厂
地址：大同市大同县
电话：0352－8012405
邮编：037300

朔城区工艺美术厂
地址：朔州市
电话：0349－2023659
邮编：038500

阳泉明珠地毯厂
地址：阳泉市小南坑
电话：0353－7021073
邮编：045000

阳泉萃丰珠宝有限公司
地址：阳泉市新建路9号
电话：0353－2022828
邮编：045000

阳泉市工艺美术厂
地址：阳泉市北大街
电话：0353－4043451
邮编：045000

阳泉市平坦工艺美术厂
地址：阳泉市洪城路65号
电话：0353－7075625
邮编：045000

阳泉市刻字工艺厂
地址：阳泉市复寿街
电话：0353－2034980
邮编：045000

长治县地毯厂
地址：长治市长治县韩店西街
电话：0355－8089148　8089351
邮编：047100

晋城市典绣堂手工艺刺绣厂
地址：晋城市周村
电话：0356－3803018
邮编：048000

五台县东冶地毯厂
地址：忻州市五台县东冶
电话：0350－6551055
邮编：035500

五台山工艺美术公司
地址：忻州市五台县台怀镇
电话：0350－6545263
邮编：035500

五寨县地毯厂
地址：忻州市五寨县新建路
电话：0350－4332271
邮编：036200

河曲县巡镇地毯厂
地址：忻州市河曲县巡镇河北
电话：0350－7256527
邮编：036500

晋中市中宇发展有限公司晋华地毯厂
地址：晋中市通窑巷51号
电话：0354－2026577
邮编：030600

榆社县车木工艺厂
地址：晋中市榆社县新建路
电话：0354－6635445
邮编：031800

昔阳县地毯厂
地址：晋中市昔阳县新东街
电话：0354－4122433
邮编：045300

太谷县工艺美术厂
地址：晋中市太谷县东街
电话：0354－6223612
邮编：030800

平遥县福利公司工艺美术厂
地址：晋中市平遥县东大街鹦鹉巷15号
电话：0354－5683697
邮编：031100

平遥木雕有限公司
地址：晋中市平遥县南政乡南政村红旗街30号
电话：0354－5712678
邮编：031100

山西亚宝钻石工业有限公司
地址：临汾市广宣街26号
电话：0357－2033405
邮编：041000

临汾市工艺美术总厂
地址：临汾霍州市解放东路
电话：0357－2012587　2313154
邮编：031400

洪洞县赵城永乐工艺厂
地址：临汾市洪洞县赵城
电话：0357－6564637　6560018
邮编：031600

运城银鹰金店有限公司
地址：运城市红旗东街219号
电话：0359－2233562　2069566
邮编：044000

临晋漆器工艺厂
地址：运城市临猗县
电话：0359－4321619
邮编：044100

楚候工艺厂
地址：运城市临猗县
电话：0359－4382261
邮编：044100

立体工艺美术厂
地址：运城市平陆县辛下路
电话：0359－3521522
邮编：044300

孝义市金银珠宝有限公司
地址：吕梁孝义市府前街336号
电话：0358－7622975
邮编：032300

孝义市地毯厂
地址：吕梁孝义市新义东街
电话：0358－7621447
邮编：032300

临县地毯厂
地址：吕梁市临县革命街
电话：0358－4422795
邮编：033200

东街玉雕厂
地址：吕梁市交城县新东街
电话：0358－3523696
邮编：030500

旅游交通

山西省外事旅游汽车公司
地址：太原市平阳路西二巷27号
电话：0351－7238114
邮编：030082

太原火车站
地址：太原市建设北路2号
电话：0351－2233611　3322622
邮编：030082

北营东站
地址：太原市北营晋阳街38号
电话：0351－7122082
邮编：030082

太原武宿机场
地址：太原市
电话：0351－7012355
邮编：030082

古交火车站
地址：太原古交市西曲
电话：0351－5366853
邮编：030200

阳曲火车站
地址：太原市阳曲县
电话：0351－5521343
邮编：030100

大同市旅游汽车公司
地址：大同市民航街14号
电话：0352－5100452
邮编：037008

大同九龙出租汽车有限责任公司旅游分公司
地址：大同市南向阳里工农路乙12号
电话：0352－5033888
邮编：037008

大同火车站
地址：大同市站前街1号
电话：0352－6082747
邮编：037008

口泉火车站
地址：大同市口泉镇泉新路
电话：0352－7150400
邮编：037008

大同机场
地址：大同市民航街57号
电话：0352－5101748
邮编：037008

安家岭车站
地址：朔州市安家岭
电话：0349－2051289
邮编：038300

怀仁县火车站
地址：朔州市怀仁县
电话：0349－3024346
邮编：038300

阳泉火车站
地址：阳泉市新建路130号
电话：0353－2038377
邮编：045000

白羊墅车站
地址：阳泉市白羊墅
电话：0353－2160800
邮编：045000

长治火车站
地址：长治市五一路
电话：0355－6062245
邮编：046000

长治火车北站
地址：长治市长北
电话：0355－5822222
邮编：046000

长治王村机场
地址：长治市
电话：0355－2079079
邮编：046000

潞城市火车站
地址：长治市潞城县站前路
电话：0355－6762445
邮编：046000

晋城火车站
地址：晋城市开发区
电话：0356－3880006
邮编：048000

高平市火车站
地址：晋城市高平市
电话：0356－5244054
邮编：048400

忻州火车站
地址：忻州市云中路
电话：0350－3151922
邮编：034000

原平火车站
地址：忻州市原平市永兴南路
电话：0350－8242445
邮编：034100

五台山火车站
地址：忻州市繁峙县京源铁路
电话：0350－5555980
邮编：034300

榆次火车站
地址：晋中市火车站
电话：0354－3062207
邮编：030600

介休火车站
地址：晋中市介休市新建西路
电话：0354－7227818
邮编：031200

临汾火车站
地址：临汾市
电话：0357－2093662
邮编：041000

侯马市火车站
地址：临汾侯马市北站西路
电话：0357－4290705
邮编：043007

霍州市火车站
地址：临汾霍州市
电话：0357－5620114
邮编：031400

运城火车站
地址：运城市
电话：0359－2081202
邮编：044000

河津火车站
地址：运城河津市
电话：0359－5233237
邮编：043300

孝西火车站
地址：吕梁孝义市府南街
电话：0358－7621949
邮编：032300

孝南火车站
地址：吕梁孝义市汾介路东
电话：0358－7671099
邮编：032300

旅游院校

山西旅游职业学院
旅游管理系、旅游文化与艺术系、旅游外语系、国际经济与贸易系、经济管理系、法学系、计算机科学系、公共教学部、成人教育学院
地址：太原市许坦东街29号
电话：0351－7973273
邮编：030031

太原旅游职业学院
设有导游、饭店服务与管理、旅游服务与管理、外事接待与管理、英语导游、日语导游、韩语导游、旅游文秘、航空乘务与旅游管理、旅游艺术等专业
地址：太原市狄村街65号（建设南路13号）
电话：0351－7583527　7583529
邮编：030006（030012）

山西大学
旅游学院
地址：太原市坞城路36号
电话：0351－7010477
邮编：030006

山西财经大学
旅游系
地址：太原市南内环街339号

电话：0351－7221309
邮编：030012

山西省旅游培训中心
地址：太原市平阳路西二巷27号
电话：0351－7240856
邮编：030012

太原大学
旅游系
地址：太原市坝陵北街2号
电话：0351－3366328
邮编：030009

山西煤炭管理干部学院
旅游专业
地址：太原市许坦西街69号
电话：0351－7082670
邮编：030006

山西林业职业技术学院
旅游专业
地址：太原市胜利西街131号
电话：0351－3438950
邮编：030009

山西经济管理干部学院
旅游专业
地址：太原市南内环西街9号
电话：0351－6337471
邮编：030024

山西青年管理干部学院
旅游专业
地址：太原市青年路51号
电话：0351－8505551
邮编：030001

山西戏剧职业学院
旅游专业
地址：太原市南内环街189号
电话：0351－2279367
邮编：030012

山西综合职业技术学院
旅游专业
地址：太原市坞城路115号
电话：0351－7015557
邮编：030006

山西财贸职业技术学院
旅游专业
地址：太原市民航南路26号
电话：0351－7976758
邮编：030031

山西工商职业学院
旅游专业
地址：太原市坞城南路639号
电话：0351－2218126
邮编：030006

山西大同大学
历史系旅游专业
地址：大同市
电话：0352－6090083
邮编：037008

大同职业技术学院
旅游专业
地址：大同市向阳东街1号
电话：0352－5100082
邮编：037008

晋城职业技术学院
旅游专业
地址：晋城市凤台西街
电话：0356－2192981
邮编：048000

忻州师范学院
地理系旅游专业
地址：忻州市和平路
电话：0350－3048256
邮编：034000

晋中学院
政法系旅游专业
地址：晋中市学苑路2号
电话：0354－3032523
邮编：030600

山西师范大学
旅游学院
地址：临汾市尧都区贡院街1号
电话：0357－2051170
邮编：041000

临汾旅游外事学校
地址：临汾市新开路24号
电话：0357－3017267
邮编：041000

运城市旅游学校
地址：运城市工农西路305号
电话：0359－6300806
邮编：044000

内蒙古

INNER MONGOLIA

旅游机构

内蒙古自治区旅游局
地址：呼和浩特市新华大街1号大院5号楼2楼
电话：0471－6965978
传真：0471－6968561
邮编：010055

内蒙古自治区旅游质量监督管理所
地址：呼和浩特市新华大街1号大院5号楼2楼
电话：0471－6282653
传真：0471－6282653
邮编：010055

呼和浩特市旅游局
地址：呼和浩特市机场路市政府办公楼9楼
电话：0471－4606515
传真：0471－4606528
邮编：010010

新城区旅游局
地址：呼和浩特呼伦北路北端新城区政府办公楼
电话：0471－2268114
传真：0471－2268114
邮编：010010

玉泉区旅游局
地址：呼和浩特市昭君路西菜园信用社3楼
电话：0471－5970877
传真：0471－5970877
邮编：010030

回民区旅游局
地址：呼和浩特市钢铁路回民区政府楼内
电话：0471－3821115
传真：0471－6875885
邮编：010030

赛罕区旅游局
地址：呼和浩特市昭乌达路南段赛罕区政府楼内
电话：0471－4211096
传真：0471－4211623
邮编：010020

和林格尔县旅游局
地址：呼和浩特市和林格尔县城关镇盛乐百亭园门北
电话：0471－7190088
传真：0471－7194698
邮编：011500

托克托县旅游局
地址：呼和浩特市托克托县城关镇云中南路
电话：0471－8518488
传真：0471－8512450
邮编：010200

土默特左旗旅游局
地址：呼和浩特市土默特左旗察素齐镇人民政府广场西街
电话：0471－8122526
传真：0471－8122518
邮编：010100

武川县旅游局
地址：呼和浩特市武川县可镇
电话：0471－8819784
传真：0471－8819725
邮编：011700

包头市旅游局
地址：包头市昆都仑区市政府大院西附楼
电话：0472－5148358
传真：0472－5148345
邮编：014025

达茂旗旅游局
地址：包头市达茂旗百灵庙镇
电话：0472－8313108
传真：0472－8313132
邮编：011900

石拐区旅游中心
地址：包头市石拐区
电话：0472－8711944
邮编：014000

白云区旅游中心
地址：包头市白云区
电话：0472－8517967
邮编：014000

呼伦贝尔市旅游局
地址：呼伦贝尔市海拉尔区阿里河路17号
电话：0472－8250068
传真：0472－8224016
邮编：021008

满洲里市旅游局
地址：满洲里市五道街世纪广场西侧
电话：0470－6223806
传真：0470－6225917
邮编：021400

海拉尔区旅游局
地址：呼伦贝尔市海拉尔区伊敏大街区水利局办公楼
电话：0470－8293998
传真：0470－8293996
邮编：021000

牙克石市旅游局
地址：呼伦贝尔牙克石市兴安西路城建局院内
电话：0470－7210396
传真：0470－7210396
邮编：022150

额尔古纳市旅游局
地址：呼伦贝尔额尔古纳市拉布达林镇西山宾馆
电话：0470－6821166
邮编：022250

根河市旅游局
地址：呼伦贝尔根河市中央大街粮贸大楼
电话：0470－5222578
传真：0470－5222578
邮编：022350

扎兰屯市旅游局
地址：呼伦贝尔扎兰屯市明月街24号
电话：0470－3203437
传真：0470－3203437
邮编：162650

陈巴尔虎旗旅游局
地址：呼伦贝尔市陈巴尔虎旗巴彦库仁镇
电话：0470－6712949
传真：0470－6712949
邮编：021500

鄂温克族自治旗旅游局
地址：呼伦贝尔市鄂温克族自治旗巴彦托海镇中央街政府综合楼
电话：0470－8814112
邮编：021000

鄂伦春自治旗旅游局
地址：呼伦贝尔市鄂伦春自治旗阿里河镇中央街
电话：0470－5622004－8250
邮编：165450

莫力达瓦达斡尔族自治旗旅游局
地址：呼伦贝尔市莫力达瓦达斡尔族自治旗尼尔基镇
电话：0470－4612162
邮编：162850

新巴尔虎右旗旅游局
地址：呼伦贝尔市新巴尔虎右旗阿拉坦额莫勒镇旗政府大楼
电话：0470－6404484
传真：0470－6403512
邮编：021300

新巴尔虎左旗旅游局
地址：呼伦贝尔市新巴尔虎左旗阿木古郎镇中央街政府大楼
电话：0470－6606665
传真：6603117
邮编：021200

阿荣旗旅游局
地址：呼伦贝尔市阿荣旗那吉镇中央大街77号
电话：0470－4217383
传真：0470－4217383
邮编：162750

内蒙古森工集团公司旅游局
地址：呼伦贝尔牙克石市兴安中街29号
电话：0470－7425413
传真：0470－7425413
邮编：022150

兴安盟旅游局
地址：兴安盟乌兰浩特市兴安北大路13号
电话：0482－8212616
传真：0482－8212616
邮编：137401

乌兰浩特市旅游局
地址：兴安盟乌兰浩特市五一路
电话：0482－8299086
传真：0482－8299086
邮编：137400

阿尔山市旅游局
地址：兴安盟阿尔山市温泉路共建街23号
电话：0482－7125126
传真：0482－7125126
邮编：137801

科右前旗旅游局
地址：兴安盟乌兰浩特市兴安北大路7号
电话：0482－8212314
传真：0482－8212763
邮编：137400

科右中旗旅游局
地址：兴安盟科右中旗白音胡硕镇霍林河大街
电话：0482－4127921
传真：0482－4127921
邮编：029400

扎赉特旗旅游局
地址：兴安盟扎赉特旗音德尔镇五四街政府大楼
电话：0482－6122762

传真：0482－6122762
邮编：137600

通辽市旅游局
地址：通辽市科尔沁区新兴大街 90 号
电话：0475－8237033
传真：0475－8233516
邮编：028000

科尔沁区旅游局
地址：通辽市科尔沁区建国路 66 号
电话：0475－8319288
邮编：028000

霍林郭勒市旅游局
地址：通辽市霍林郭勒市滨河路
电话：0475－7925865
邮编：029200

奈曼旗旅游局
地址：通辽市奈曼旗大沁他拉镇
电话：0475－4213800
传真：0475－4212542
邮编：028300

扎鲁特旗旅游局
地址：通辽市扎鲁特旗鲁北镇霍林河大街
电话：0475－7222161
邮编：029100

科左后旗旅游局
地址：通辽市科左后旗甘旗卡镇
电话：0475－5220274
邮编：028100

科左中旗旅游局
地址：通辽市科左中旗保康镇科尔沁大街
电话：0475－3217027
邮编：029300

开鲁县旅游局
地址：通辽市开鲁县
电话：0475－6230088
邮编：028100

库伦旗旅游局
地址：通辽市库伦旗库伦镇中心街
电话：0475－4913010
邮编：028200

赤峰市旅游局
地址：赤峰市红山区昭乌达路 12 号
电话：0476－8380585
传真：0476－8333058
邮编：024001

红山区招商旅游局
地址：赤峰市红山区政府院内
电话：0476－8222204
传真：0476－8240060
邮编：024000

元宝山区文体广电旅游局
地址：赤峰市元宝山区平庄镇党政综合大楼
电话：0476－3510024
传真：0476－3510024
邮编：024020

松山区招商旅游局
地址：赤峰市松山区政府综合办公楼
电话：0476－8440317
传真：0476－8446805
邮编：024000

喀喇沁旗旅游局
地址：赤峰市喀喇沁旗锦山镇
电话：0476－3752985
传真：0476－3758218
邮编：024400

宁城县旅游局
地址：赤峰市宁城县天义镇
电话：0476－4233771
传真：0476－4233771
邮编：024200

敖汉旗旅游局
地址：赤峰市敖汉旗新惠镇
电话：0476－4332703
传真：0476－4332800
邮编：024300

克什克腾旗旅游局
地址：赤峰市克什克腾旗经棚镇
电话：0476－5220746
传真：0476－5226929
邮编：025350

翁牛特旗旅游局
地址：赤峰市翁牛特旗乌丹镇
电话：0476－6322293
传真：0476－6337065
邮编：024500

巴林左旗旅游局
地址：赤峰市巴林左旗林东镇党政综合楼
电话：0476－7860911
传真：0476－7860911
邮编：025450

巴林右旗旅游局
地址：赤峰市巴林右旗大板镇查干沐沦街
电话：0476－6222300
传真：0476－6226002
邮编：025150

林西县旅游局
地址：赤峰市林西县林西镇
电话：0476－5322449
传真：0476－5328347
邮编：025250

阿鲁科尔沁旗旅游局
地址：赤峰市阿鲁科尔沁旗天山镇
电话：0476－7213720
传真：0476－7217484
邮编：025550

锡林郭勒盟旅游局
地址：锡林郭勒盟锡林浩特市宝登图街 5 组 2 号
电话：0479－8268001
传真：0479－8268009
邮编：026000

二连浩特市旅游局
地址：锡林郭勒盟二连浩特市友谊北路西侧口岸楼
电话：0479－7538912
传真：0479－7538164
邮编：011100

锡林浩特市旅游局
地址：锡林郭勒盟锡林浩特市那达慕大街 28 号
电话：0479－8224986
传真：0479－8224986
邮编：026000

正蓝旗旅游局
地址：锡林郭勒盟正蓝旗上都镇
电话：0479－4224004
邮编：027200

多伦县旅游局
地址：锡林郭勒盟多伦县多伦镇
电话：0479－4532821
传真：0479－4522708
邮编：026200

太仆寺旗旅游局
地址：锡林郭勒盟太仆寺旗宝昌镇
电话：0479－5231219
传真：0479－5226300
邮编：027000

阿巴嘎旗旅游局
地址：锡林郭勒盟阿巴嘎旗别里古台街 1 号
电话：0479－2022260
传真：0479－2022815
邮编：011400

苏尼特右旗旅游局
地址：锡林郭勒盟苏尼特右旗赛汉塔拉镇
电话：0479－7225493
邮编：011200

苏尼特左旗旅游局
地址：锡林郭勒盟苏尼特左旗满都拉图镇达尔罕大街
电话：0479－2522240
传真：0479－2522103
邮编：011300

西乌珠穆沁旗旅游局
地址：锡林郭勒盟西乌珠穆沁旗巴彦乌拉镇
电话：0479－3525114
传真：0479－3525114
邮编：026200

东乌珠穆沁旗旅游局
地址：锡林郭勒盟东乌珠穆沁旗乌里雅斯太镇
电话：0479－3222172
传真：0479－3222003
邮编：026300

镶黄旗旅游局
地址：锡林郭勒盟镶黄旗
电话：0479－6224519
传真：0479－6222214
邮编：013200

正镶白旗旅游局
地址：锡林郭勒盟正镶白旗察汗淖尔镇
电话：0479－6520979
传真：0479－6521349
邮编：013800

乌拉盖开发区旅游局
地址：锡林郭勒盟东乌珠穆沁旗乌拉盖开发区巴音胡硕镇
电话：0479－3351073
传真：0479－3352725
邮编：026200

乌兰察布市旅游局
地址：乌兰察布市集宁区新区市党政大院 4 号楼
电话：0474－8320245
传真：0474－8321145
邮编：012000

集宁区旅游局
地址：乌兰察布市集宁区怀远南路
电话：0474－8241895
邮编：012000

丰镇市旅游局
地址：乌兰察布市丰镇市
电话：0474－3259669
传真：0474－3252094
邮编：012100

凉城县旅游局
地址：乌兰察布市凉城县城关镇
电话：0474－4201165
传真：0474－4201165
邮编：013750

卓资县旅游局
地址：乌兰察布市卓资县
电话：0474－4902202
传真：0474－4902202
邮编：012300

兴和县旅游局
地址：乌兰察布市兴和县
电话：0474－7212074
传真：0474－7212026
邮编：013600

商都县旅游局
地址：乌兰察布市商都县
电话：0474－6910354
传真：0474－6910845
邮编：013400

化德县旅游局
地址：乌兰察布市化德县
电话：0474－7904002
传真：0474－7902107
邮编：013300

察右前旗旅游局
地址：乌兰察布市察右前旗土贵乌拉镇
电话：0474－3903470
传真：0474－3903677
邮编：012200

察右中旗旅游局
地址：乌兰察布市察右中旗科布尔镇
电话：0474－5902875
传真：0474－5903127
邮编：013500

察右后旗旅游局
地址：乌兰察布市察右后旗
电话：0474－6202547
邮编：012400

四子王旗旅游局
地址：乌兰察布市四子王旗乌兰花镇
电话：0474－5212878
传真：0474－5202347
邮编：011800

鄂尔多斯市旅游局
地址：鄂尔多斯市东胜区准格尔北路5号
电话：0477－8327108
传真：0477－8346547
邮编：017000

东胜区旅游局
地址：鄂尔多斯市东胜区政府大楼
电话：0477－8334212
邮编：014300

达拉特旗旅游局
地址：鄂尔多斯市达拉特旗树林召镇
电话：0477－5212355
邮编：014300

准格尔旗旅游局
地址：鄂尔多斯市准格尔旗薛家湾镇准格尔大街党政办公大楼
电话：0477－4212944　4211944
邮编：017100

杭锦旗旅游局
地址：鄂尔多斯市杭锦旗锡尼镇
电话：0477－6223399
邮编：017400

伊金霍洛旗旅游局
地址：鄂尔多斯市伊金霍洛旗阿勒腾席热镇
电话：0477－8684524
传真：0477－8684524
邮编：014300

乌审旗旅游局
地址：鄂尔多斯市乌审旗达布察克镇
电话：0477－7212821
邮编：014300

鄂托克旗旅游局
地址：鄂尔多斯市鄂托克旗乌兰镇
电话：0477－6212375
邮编：014300

鄂托克前旗旅游局
地址：鄂尔多斯市鄂托克前旗敖勒召其镇
电话：0477－7622323
邮编：014300

巴彦淖尔市旅游局
地址：巴彦淖尔市临河区新华东街2号
电话：0478－7900820
传真：0478－7900828
邮编：015000

乌拉特前旗旅游局
地址：巴彦淖尔市乌拉特前旗西山咀镇
电话：0478－3213295
传真：0478－3213295
邮编：014400

乌拉特中旗旅游局
地址：巴彦淖尔市乌拉特中旗海流图镇迎宾路
电话：0478－5916077
邮编：015300

乌拉特后旗旅游局
地址：巴彦淖尔市乌拉特后旗赛乌素镇
电话：0478－4912549
传真：0478－4912508
邮编：015500

磴口县旅游局
地址：巴彦淖尔市磴口县
电话：0478－4218154
邮编：015200

乌海市旅游局
地址：乌海市海勃湾区市建委旅游中心
电话：0473－2999671
传真：0473－2999606
邮编：016000

阿拉善盟旅游局
地址：阿拉善盟巴彦浩特镇额鲁特西路9号盟行政公署大院
电话：0483－8341727
传真：0483－8341727
邮编：750306

阿拉善左旗旅游局
地址：阿拉善盟巴彦浩特镇西花园街
电话：0483－8222525
邮编：750300

阿拉善右旗旅游局
地址：阿拉善盟阿拉善右旗额肯胡都格镇
电话：0483－6024316
传真：0483－6024316
邮编：737300

额济纳旗旅游局
地址：阿拉善盟额济纳旗达来呼布镇
电话：0483－6521928
传真：0483－6521928
邮编：735400

旅行社

内蒙古中国旅行社有限责任公司
地址：呼和浩特市新城区艺术厅南街95号
电话：0471－6926774
邮编：010010
网址：www.imcts.com.cn
许可证号：L－NMG－GJ00001

内蒙古中国国际旅行社有限责任公司
地址：呼和浩特市新城区艺术厅南街95号旅游大厦三层
电话：0471－6297047
邮编：010010
许可证号：L－NMG－GJ00002

呼伦贝尔海外旅游有限公司
地址：满洲里市二道街40号
电话：0470－6222982
邮编：021400
网址：www.mzlhw.com
许可证号：L－NMG－GJ00003

内蒙古中青旅国际旅行社有限责任公司
地址：呼和浩特市赛罕区学府花园商务楼405号
电话：0471－4345118
邮编：010019
网址：www.nmcytsi.com
许可证号：L－NMG－GJ00004

满洲里中国国际旅行社
地址：满洲里市道北二道街35号
电话：0470－6248188
邮编：021400
网址：www.mzlcits.com
许可证号：L－NMG－GJ00005

二连浩特中国国际旅行社有限责任公司
地址：二连浩特市友谊北路2号外事大楼
电话：0479－7538464
邮编：011100
网址：www.elcits.com
许可证号：L－NMG－GJ00006

内蒙古新世纪康辉国际旅行社有限责任公司
地址：呼和浩特市中山东路91号数码大厦12层
电话：0471－6921177
邮编：010020
网址：www.cctnm.com
许可证号：L－NMG－GJ00007

包头中国国际旅行社
地址：包头市昆区少先路16号街坊荣姿梦乡小区14号
电话：0472－5116824
邮编：014010

网址：www. sunark. com
许可证号：L – NMG – GJ00008

呼伦贝尔中国国际旅行社
地址：呼伦贝尔市海拉尔区阿里路22号
电话：0470 – 8221728
邮编：021008
许可证号：L – NMG – GJ00009

额尔古纳国际旅行社有限责任公司
地址：呼伦贝尔市额尔古纳拉布大林西山宾馆
电话：0470 – 6822687
邮编：022250
许可证号：L – NMG – GJ00010

赤峰国际旅行社有限公司
地址：赤峰市红山区昭乌达路宏兴大厦6层
电话：13304764001
邮编：024020
许可证号：L – NMG – GJ00011

内蒙古铁道国际旅行社
地址：呼和浩特市锡林北路26号
电话：0471 – 2244822
邮编：010057
网址：www. tglint. com
许可证号：L – NMG – GJ00012

内蒙古民族旅行社
地址：呼和浩特市回民区文化宫街9号天时综合楼5楼
电话：0471 – 6962001
邮编：010030
网址：www. imnits. com
许可证号：L – NMG – GJ00013

锡林郭特国际旅行社
地址：锡林浩特市
电话：13904796923
邮编：026021
网址：www. xmguolv. com
许可证号：L – NMG – GJ00014

呼伦贝尔中国旅行社有限公司
地址：呼伦贝尔市海拉尔区胜利大街2号
电话：0470 – 8232986
邮编：021008
网址：www. ctshlbr. com
许可证号：L – NMG – GJ00015

满洲里中国旅行社
地址：满洲里市市政路7号
电话：0470 – 6233242
邮编：021400
网址：www. ctsmzl. com
许可证号：L – NMG – GJ00016

满洲里绿洲国际旅行社
地址：满洲里市北区一道街东方公寓单元201室
电话：0470 – 6229958
邮编：021400
网址：www. oasis. yahtour. com
许可证号：L – NMG – GJ00018

满洲里外运国际旅行社
地址：满洲里市四道街旅游服务大厅
电话：0470 – 3986728
邮编：021400
许可证号：L – NMG – GJ00019

满洲里口岸国际旅行社有限责任公司
地址：满洲里市区二道街38号
电话：0470 – 6247858
邮编：021410
网址：www. mzlport. com
许可证号：L – NMG – GJ00020

满洲里天鹅国际旅行社
地址：满洲里市四道街旅游外事综合服务大厅
电话：0470 – 6240370
邮编：021400
许可证号：L – NMG – GJ00021

内蒙古中信国际旅行社有限责任公司
地址：呼和浩特市回民区战备路南口金沙大厦六楼
电话：0471 – 6263222
邮编：010030
许可证号：L – NMG – GJ00023

内蒙古协力国际旅行社有限责任公司
地址：呼和浩特市新城北街2号草原明珠酒店5层
电话：0471 – 6910682　6910668
邮编：010010
许可证号：L – NMG – GJ00024

内蒙古兴源国际旅行社有限责任公司
地址：呼和浩特市中山西路126号国贸大厦
电话：0471 – 6929971
邮编：010020
网址：www. nmxy. cn
许可证号：L – NMG – GJ00025

内蒙古五洲国际旅行社有限责任公司
地址：呼和浩特市新城区北恒东街28号北恒大厦3楼
电话：0471 – 4815045
邮编：010010
许可证号：L – NMG – GJ00026

锡林郭勒中油国际旅行社有限责任公司
地址：锡林浩特市阿日嘎郎图大街
电话：0479 – 8292575
邮编：026000
许可证号：L – NMG – GJ00028

呼和浩特海外旅游有限责任公司
地址：呼和浩特市乌兰察布西路内蒙古饭店内
电话：0471 – 6204729
邮编：010010
许可证号：L – NMG – GJ00030

内蒙古海外旅游（旅行社）有限公司
地址：呼和浩特新城区财神庙街8号
电话：0471 – 6283055
邮编：010010
网址：www. overseas – tour. net
许可证号：L – NMG – GJ00031

满洲里扎赉诺尔金桥国际旅行社有限公司
地址：满洲里市扎赉诺尔人民路29号
电话：0470 – 6237277
邮编：021400
许可证号：L – NMG – GJ00032

二连浩特中国旅行社有限责任公司
地址：二连浩特市烟草饭店一楼
电话：0479 – 7522650
邮编：011100
网址：www. elcts. com
许可证号：L – NMG – GJ00033

二连海丰国际旅行社
地址：二连浩特市新华街2号
电话：0479 – 7526346
邮编：011100
许可证号：L – NMG – GJ00034

内蒙古绿野国际旅行社有限责任公司
地址：呼和浩特市新华大街金沙大厦605室
电话：0471 – 6267317
邮编：010050
网址：www. nm – lvyetravel. com
许可证号：L – NMG – GJ00035

内蒙古巴运汽车运输有限责任公司国际旅行社
地址：巴彦淖尔市临河区胜利北路60号
电话：0478 – 8248049
邮编：015001
网址：www. bayun. com. cn
许可证号：L – NMG – GJ00036

满洲里边城明珠国际旅行社有限公司
地址：满洲里市兴华街4号明珠饭店
电话：0470 – 6249000
邮编：021400
许可证号：L – NMG – GJ00037

二连浩特铁道国际旅行社
地址：二连浩特市迎宾北路恒诺宾馆一楼
电话：0479 – 2225086
邮编：011100
网址：www. eltg. com. cn
许可证号：L – NMG – GJ00038

通辽市阳光国际旅行社有限公司
地址：通辽市永清大街中段政府小区
电话：0475 – 8265678
邮编：028000
许可证号：L – NMG – GJ00039

通辽市环宇国际旅行社有限责任公司
地址：通辽市永清大街228号
电话：0475 – 8212846　8212848
邮编：028000
网址：www. tlhuanyu. com
许可证号：L – NMG – GJ00040

内蒙古康弗尔国际旅行社有限责任公司
地址：赤峰市红山区昭乌达路四段
电话：0476 – 8343100
邮编：024000
网址：www. cfkfer. com
许可证号：L – NMG – GJ00041

满洲里蓝天国际旅行社有限公司
地址：满洲里市北区中苏街富华公寓二层7号
电话：0470 – 6223003
邮编：021400
许可证号：L – NMG – GJ00043

满洲里华夏国际旅行社有限公司
地址：满洲里市海兴路8号江南大酒店一楼
电话：0470 – 6226575
邮编：021400
许可证号：L – NMG – GJ00044

内蒙古光大国际旅行社有限责任公司
地址：呼和浩特市建设西街48号吉祥大厦
电话：0471 – 6903292
邮编：010010
电子信箱：gdlxs_ nm@ 163. com
许可证号：L – NMG – GJ00047

内蒙古春秋国际旅行社有限公司
地址：呼和浩特市赛罕区大学西路长兴大厦六层
电话：0471 – 6688876
邮编：010050
电子信箱：nmgchunqiulvyou@ 163. com
许可证号：L – NMG – GJ00048

内蒙古铁运国际旅行社有限责任公司
地址：呼和浩特市新城区车站西街（呼铁局客运公司南一楼）
电话：0471－2259348
邮编：010050
电子信箱：tyts@ publichhnm. cn
许可证号：L－NMG－GJ00049

内蒙古同源国际旅行社有限责任公司
地址：呼和浩特市锡林南路39号
电话：0471－6688101
邮编：010020
网址：www. nmgty. com
许可证号：L－NMG－GJ00050

鄂尔多斯市星光国际旅行社有限责任公司
地址：鄂尔多斯市准格尔南路11号
电话：0477－8323299
邮编：017000
电子信箱：duyu96188@ 163. com
许可证号：L－NMG－GJ00051

鄂尔多斯市天下游国际旅行社有限公司
地址：鄂尔多斯市康巴什新区聚能大厦一楼
电话：0477－3988829
邮编：017000
网址：www. jnig. cn
电子信箱：wangzm4921@ 126. com
许可证号：L－NMG－GJ00052

阿尔山神泉国际旅行社
地址：兴安盟阿尔山疗养院新楼
电话：0482－7126855
邮编：137800
网址：www. haishencn. cn
电子信箱：boyunli_ 30@ 163. com
许可证号：L－NMG－GJ00053

兴安盟天宝国际旅行社有限责任公司
地址：乌兰浩特市兴安北大路24号盟老干部局（原市委楼）
电话：0482－8220999
邮编：137400
网址：www. tblxs. com
许可证号：L－NMG－GJ00054

宾馆酒店

内蒙古饭店 ★★★★★
地址：呼和浩特市乌兰察布西路
电话：0471－6938888
传真：0471－6961478
邮编：010010
网址：www. nmghtoel. com

新城宾馆 ★★★★★
地址：呼和浩特市呼伦南路40号
电话：0471－6660888
传真：0471－6292334
邮编：010010
网址：www. xincheng-hotel. com. cn

神华国际大酒店 ★★★★★
地址：包头市昆区阿尔丁大街1号
电话：0472－5368888
传真：0472－5120077
邮编：014010
网址：www. shenhuahotel. com. cn
电子信箱：btdjd@ sina. com

宾悦大酒店 ★★★★
地址：呼和浩特市赛罕区昭乌达路52号
电话：0471－6605588
传真：0471－4310808
邮编：010020
网址：www. binyuehotel. com

呼和浩特假日酒店 ★★★★
地址：呼和浩特市中山西路185号
电话：0471－6351888
传真：0471－6351888
邮编：010020
网址：www. ichotelsgroup. com

伊泰大酒店 ★★★★
地址：呼和浩特市赛罕区东影南路1号
电话：0471－2233388
传真：0417－4931399
邮编：010010
网址：www. yt-hotel. com
电子信箱：info@ yt-hotel. com. cn

金岁大酒店 ★★★★
地址：呼和浩特市大台西路中段
电话：0471－6606688
传真：0471－6606699
邮编：010010
网址：www. jinsui-hotel. com. cn

国航大厦 ★★★★
地址：呼和浩特市新城北街
电话：0471－6608888
传真：0471－6929559
邮编：010010
网址：www. ni-phoenix. com. cn
电子信箱：info@ ni-phoenix. com. cn

天外天大酒店 ★★★★
地址：包头市青山区呼得木林大街50号
电话：0472－5361888
传真：0472－5361800
邮编：041030
网址：ww. twthotel. com
电子信箱：twt@ 163. com

赤峰宾馆 ★★★★
地址：赤峰市昭乌达路中段
电话：0476－8334472
传真：0476－8330677
邮编：024000
网址：www. chifenghotel. com
电子信箱：cfbg@ chifenghotel. com

新世纪大酒店 ★★★★
地址：通辽市科尔沁区和平路20号
电话：0475－8266666
传真：0475－8281222
邮编：028000
网址：www. tlxsj. net
电子信箱：tongliaoxsj@ 163. com

鄂尔多斯饭店 ★★★★
地址：鄂尔多斯市东胜区伊金霍洛西街
电话：0477－8385588
传真：0477－8385789
邮编：017000
网址：www. erduoshotel. com. cn
电子信箱：dsrmzzgs@ pudllc. hh. nm. cn

大天酒店 ★★★
地址：呼和浩特市锡林北路1号
电话：0471－2263888
传真：0471－2263999
邮编：010010
网址：www. nmbbs. com/dtjd

巴彦塔拉饭店 ★★★
地址：呼和浩特市锡林北路42号
电话：0471－6963344
传真：0471－6967390
邮编：010010
网址：www. bayantala. com
电子信箱：maqizhi@ bayantala. con

天元大酒店 ★★★
地址：呼和浩特市中山西路98号
电话：0471－6601101
传真：0471－6960047
邮编：010010
网址：www. nmtyhotel. com

华天大酒店 ★★★
地址：呼和浩特市呼伦北路22号
电话：0471－6639688
传真：0471－6638689
邮编：010010

世奥酒店 ★★★
地址：呼和浩特市中山西路9号
电话：0471－6625555
传真：0471－6625500
邮编：010020
电子信箱：webmaster@ 51766. com

满都拉宾馆 ★★★
地址：呼和浩特市锡林南路159号
电话：0471－6226666
传真：0471－6969004
邮编：010020
网址：www. mnmdl. com
电子信箱：zk7580@ 163. com

蒙达宾馆 ★★★
地址：呼和浩特市中山东路117号
电话：0471－6600500
传真：0471－6962766
邮编：010020
网址：www. ichotelsgroup. com

昭君大酒店 ★★★
地址：呼和浩特市新华大街53号
电话：0471－6668888
传真：0471－6968825
邮编：010050
网址：www. zhaojunhotel. com. cn

金辉大厦 ★★★
地址：呼和浩特市锡林北路105号
电话：0471－6940099
传真：0471－6940088
邮编：010050
网址：www. jh-hotel. com
电子信箱：info_jh@ 126. com

白塔机场宾馆 ★★★
地址：呼和浩特市白塔机场
电话：0471－4942777
传真：0471－4942766
邮编：010070

草原明珠大酒店 ★★★
地址：呼和浩特市新华北街2号
电话：0471－3399888
传真：0471－6910499
邮编：010010
网址：www. pearl-hotel. com

金蓝港大酒店 ★★★
地址：呼和浩特市回民区光明大街136号
电话：0471－2202099
传真：0471－2202177

邮编：010010
网址：www. jinlangang. com. cn

有信大酒店 ★★★
地址：呼和浩特市托克托县工业园区大唐托电对面
电话：0471－8627777
传真：0471－8627775
邮编：010010
电子信箱：youxindjd@ yaho. com. cn

和林格尔巨华宾馆 ★★★
地址：呼和浩特市和林格尔县红卫街北3号
电话：0471－7199688
传真：0471－7199688
邮编：011500

包头宾馆 ★★★
地址：包头市钢铁大街33号
电话：0472－5154641
传真：0472－5156655
邮编：014030
网址：www. baotouhotle. com. cn
电子信箱：btbg@ baotou. cn

邮电大厦 ★★★
地址：包头市钢铁大街64号
电话：0472－2129988
传真：0472－2166768
邮编：041010
网址：www. btydhotel. com

包头新桃源度假村 ★★★
地址：包头市建设路中段九原区交警大队北
电话：0472－3394284
传真：0472－3394004
邮编：041030
网址：www. nmxty. com
电子信箱：xintaoyuan@ 163. com

包钢宾馆 ★★★
地址：包头市昆都仑区钢铁大街32号
电话：0472－2524488
传真：0472－2126228
邮编：041010
电子信箱：zzyypp_55@ yahoo. com. cn

华资宾馆 ★★★
地址：包头市东河区东兴二街
电话：0472－4197788
传真：0472－2208188
邮编：041040
网址：www. huazi. com
电子信箱：hzsy@ huazi. com

金驼酒店 ★★★
地址：包头市东河区工业路解放菜园甲1号
电话：0472－4181666
传真：0472－4111603
邮编：041040

青山宾馆 ★★★
地址：包头市青山区迎宾路
电话：0472－5156001
传真：0472－3331199
邮编：014030
网址：www. qingshanhotel. com. cn

兵工新世纪宾馆 ★★★
地址：包头市青山区青山路9号
电话：0472－3116289
传真：0472－3116470
邮编：041030
电子信箱：lpc6290@ sina. com

包头金顶大酒店 ★★★
地址：包头市青山区少先路口岸花苑南门西侧
电话：0472－5912555
传真：0472－5912599
邮编：041030

达茂宾馆 ★★★
地址：包头市达茂旗百灵镇大街
电话：0472－8428866
传真：0472－8428866
邮编：014500
电子信箱：79771323@ 163. com

星云酒店 ★★★
地址：乌海市海勃湾区狮城东街
电话：0473－2050111
传真：0473－2035749
邮编：016000

新泰和宾馆 ★★★
地址：赤峰市昭乌达路中段
电话：0476－8753111
传真：0476－8380222
邮编：024000
网址：www. cfxthbg. com
电子信箱：xth@ cfxthbg. com

银河宾馆 ★★★
地址：赤峰市松山大街1号
电话：0476－8468388
传真：0476－8468386
邮编：024005
网址：www. cfly. net

黄金大厦 ★★★
地址：赤峰市红山区哈达街西段
电话：0476－8751111
传真：0476－8751922
邮编：024000
网址：www. hjdshotel. com
电子信箱：hjda@ hotel. com

环保宾馆 ★★★
地址：赤峰市克什克腾旗热水开发区
电话：0476－5103288
传真：0476－5103288
邮编：025357
网址：www. 777cai. com

通辽市宾馆有限责任公司 ★★★
地址：通辽市西拉木伦大街西30号
电话：0475－8280000
传真：0475－8310947
邮编：028000
网址：www. tlshote. com
电子信箱：tlshotel@ 163. com

中电投霍林河煤电公司宾馆 ★★★
地址：通辽市滨河路南段
电话：0475－2353971
传真：0475－2352305
邮编：029200
电子信箱：zdhmbg@ 163. com

天泽大酒店 ★★★
地址：通辽市科尔沁大街15号
电话：0475－8233333
传真：0475－8220999
邮编：028000
网址：www. tltz. net
电子信箱：tianzehotel@ 163. com

威士大酒店 ★★★
地址：通辽市科尔沁大街中段
电话：0475－8216600
传真：0475－8248929
邮编：028000
网址：tlws. china315. com
电子信箱：tlws@ china315. com

贝尔大酒店 ★★★
地址：呼伦贝尔市海拉尔区中央大街36号
电话：0470－8351388
传真：0470－8334960
邮编：021000
网址：www. buirgroup. com
电子信箱：hlbe2007@ 126. com

伊敏煤电宾馆 ★★★
地址：呼伦贝尔市海拉尔区西四道街37号
电话：0470－3997777
传真：0470－3997778
邮编：021000
网址：www. ymmdbg. com
电子信箱：ymmdbg@ 163. com

国府商务酒店 ★★★
地址：呼伦贝尔市海拉尔区中央大街35号
电话：0470－8359999
传真：0470－8359900
邮编：021000
网址：www. guofuhotel. com
电子信箱：hlbrguofuhotel@ 126. com

呼伦贝尔宾馆 ★★★
地址：呼伦贝尔市海拉尔区胜利大街32号
电话：0470－8211000
传真：0470－8221123
邮编：021008
网址：www. 0470tour. net
电子信箱：hlbrbg@ sina. com

金融大酒店 ★★★
地址：呼伦贝尔市海拉尔区阿里河路32号
电话：0470－8291000
传真：0470－8291080
邮编：021008
网址：www. hlbrjrdjd. com
电子信箱：jrdjd666@ hotmail. com

满洲里国际饭店 ★★★
地址：呼伦贝尔满洲里市二道街35号
电话：0470－6248188
传真：0470－6222976
邮编：021400
网址：www. mzlcits. com
电子信箱：mzlcits@ 163. com

友谊宾馆 ★★★
地址：呼伦贝尔满洲里市北区一道街26号
电话：0470－6248817
传真：0470－6223664
邮编：021400
电子信箱：yylxs8677@ hotmail. com

满洲里明珠饭店 ★★★
地址：呼伦贝尔满洲里市兴华街四号
电话：0470－6249000
传真：0470－6223261
邮编：021400
网址：www. mingzhufandian@ 126. com
电子信箱：mzfd9000@ yahoo. com. cn

满洲里口岸国际大酒店 ★★★
地址：呼伦贝尔满洲里市二道街38号
电话：0470－6247777
传真：0470－6249998

邮编：021400
网址：www. mzlhotel. com
电子信箱：mzkouan8888@. 163. com

满洲里北国商务宾馆 ★★★
地址：呼伦贝尔满洲里中苏街 7 号
电话：0470 - 6239000
传真：0470 - 6239008
邮编：021400
网址：www. mzlhotel. com
电子信箱：mzlbeiguo9000@ 126. com

金百灵大酒店 ★★★
地址：呼伦贝尔扎兰屯市布特哈北路 76 号
电话：0470 - 3201234
传真：0470 - 3204200
邮编：162650
网址：www. zltlvw. com

牙克石宾馆 ★★★
地址：呼伦贝尔牙克石市康乐西街 11 号
电话：0470 - 7425031
传真：0470 - 7425031
邮编：022150

伊敏河宾馆 ★★★
地址：呼伦贝尔市鄂温克族自治旗伊敏河镇新源区
电话：0470 - 8726578 0470 - 8726579
传真：0470 - 8791573
邮编：021134

蒙西大酒店 ★★★
地址：鄂尔多斯市蒙西高薪技术工业园
电话：0473 - 2551888
传真：0473 - 2554368
邮编：017000
网址：www. mengxigroup. com
电子信箱：mxjdsw@ mengxigroup. com

神东宾馆 ★★★
地址：鄂尔多斯市神东矿区
电话：0477 - 8275588
传真：0477 - 8275222
邮编：017000
网址：www. forwardslong. net
电子信箱：sdmtgssdbg@ 126. com

天骄大酒店 ★★★
地址：鄂尔多斯市东胜区达拉特南路 102 号
电话：0477 - 8543362
传真：0477 - 8543362
邮编：017000
电子信箱：dbddnn1@ 163. com

东胜大酒店 ★★★
地址：鄂尔多斯市东胜区杭锦北路 1 号
电话：0477 - 3996688
传真：0477 - 3996111
邮编：017000

民生大酒店 ★★★
地址：鄂尔多斯市东胜区鄂尔多斯西街
电话：0477 - 8341774
传真：0477 - 8341917
邮编：017000
电子信箱：minshenghotel@ sina. com

富凯龙大酒店 ★★★
地址：鄂尔多斯市东胜区天骄北路 82 号
电话：0477 - 8561399
传真：0477 - 3988889
邮编：017000
网址：www. forwardslong. net

集宁映山大厦 ★★★
地址：乌兰察布市集宁区映山路 1 号
电话：0474 - 8228866
传真：0474 - 8227392
邮编：012000
网址：www. nmgys. com
电子信箱：nmgys@ sohu. com

兴安盟红城万豪酒店 ★★★
地址：兴安盟乌兰浩特市兴安南大路 1 号
电话：0482 - 8239100
传真：0482 - 8239299
邮编：137400
网址：www. hcwanhao. com
电子信箱：live6140@ 163. com

锡林郭勒宾馆 ★★★
地址：锡林郭勒盟锡林浩特市中央大街
电话：0479 - 8240000
传真：0479 - 8223090
邮编：026000

海丰大酒店 ★★★
地址：锡林郭勒盟二连浩特市新华街 2 号
电话：0479 - 7521000
传真：0479 - 7537392
邮编：011100

阿拉善龙信大酒店 ★★★
地址：阿拉善盟阿拉善左旗巴彦浩特镇西花园街 4 号
电话：0483 - 8180198
传真：0483 - 8180371
邮编：750300

旅游景区

乌兰夫纪念馆 AAA
地址：呼和浩特市钢铁路
电话：0471 - 3954260
邮编：010030

乌素图国家森林公园 AAA
地址：呼和浩特市回民区乌素图
电话：0471 - 3679093
邮编：010030

昭君墓 AAA
地址：呼和浩特市玉泉区桃花乡
电话：0471 - 5150061
邮编：010070

大召寺 AAA
地址：呼和浩特市玉泉区大召
电话：0471 - 5973154
邮编：010070

内蒙古敕勒川哈素海旅游度假区 AAA
地址：呼和浩特市土默特左旗哈素海
电话：0471 - 8312288
邮编：010070

新世纪青年生态园 AAA
地址：包头市建设路中段北侧
电话：0472 - 7910515
邮编：014060

内蒙古希拉穆仁草原旅游中心 AAA
地址：包头市达茂联合旗希拉穆仁苏木
电话：0472 - 8313108
邮编：014515

包头市庙法寺 AA
地址：包头市
邮编：014025

包头市西河水库旅游度假村 A
地址：包头市
邮编：014025

包头市梅力更风景旅游区 AAA
地址：包头市昆都仑区
邮编：014010

南海旅游风景区 AAA
地址：包头市东河区南海公园管理处
电话：0472 - 4602152
邮编：014040

包头市北方兵器城 AAAA
地址：包头市青山区兵工路西部路南
电话：0472 - 3303121
邮编：014030

石门风景区 AAA
地址：包头市青山区团结大街 33 号
邮编：014030

五当召 AAAA
地址：包头市石拐区五当召
电话：0472 - 8711529
邮编：014070

美岱召文物旅游点 AAA
地址：包头市土默特右旗美岱召文物保管所
电话：0472 - 8850012
邮编：014111

赤峰市植物园 AA
地址：赤峰市红山区东城大街 12 号
电话：0476 - 8667385
邮编：024020

赤峰市红山区红山公园 AA
地址：赤峰市红山区北环路 5 号
电话：0476 - 8224483
邮编：024020

赤峰市巴林左旗召庙 AA
地址：赤峰市巴林左旗林东镇
邮编：025450

赤峰市巴林右旗巴林蒙古部落 A
地址：赤峰市巴林右旗
电话：0476 - 6109999
邮编：025150

赤峰市克什克腾世界地质公园阿斯哈图花岗岩石林园区 AAAA
地址：赤峰市克什克腾旗境内
邮编：025350

赤峰市曼坨山庄 AAA
地址：赤峰市克什克腾旗境内
电话：0476 - 5095090
邮编：025350

达里湖旅游区 AA
地址：赤峰市克什克腾旗达里诺日苏木
电话：0476 - 5090066
邮编：025309

特布日敦沙漠旅游区 AA
地址：赤峰市翁牛特旗朝格温都苏木布日敦嘎查
电话：0476 - 6369007
邮编：024500

赤峰特勒隆克沙漠旅游区 A
地址：赤峰市翁牛特旗朝格温都苏木布日敦嘎查
电话：0476－8222939
邮编：024000

赤峰市翁牛特旗红山湖 AA
地址：赤峰市翁牛特旗
邮编：024500

赤峰市喀喇沁亲王府 AAAA
地址：赤峰市喀喇沁旗王爷镇
邮编：024400

通辽市霍林郭勒市静湖度假村 AA
地址：通辽霍林郭勒市
邮编：029200

通辽市霍林郭勒市怪山风景旅游区 AA
地址：通辽霍林郭勒市
邮编：029200

珠日河草原旅游区 AA
地址：通辽市科尔沁左翼中旗日河牧场
电话：0475－3889146　8233516
邮编：029300

大青沟自然保护区 AAAA
地址：通辽市科左后旗大青沟国家级自然保护区
电话：0475－5582019　5582213
邮编：028121

呼伦贝尔市绰源国家森林公园 AA
地址：呼伦贝尔市
邮编：021008

呼伦贝尔市鹿鸣山庄 AA
地址：扎兰屯市鄂伦春族乡
邮编：163650

海拉尔西山国家森林公园 AAA
地址：呼伦贝尔市海拉尔区
电话：0470－8347165
邮编：021000

呼伦贝尔日伪军要塞遗址 AA
地址：呼伦贝尔市海拉尔区北山遗址
电话：0470－8343198
邮编：021000

满洲里中俄互市贸易区 AAAA
地址：呼伦贝尔满洲里市
电话：0470－6260152
邮编：021400

满洲里俄罗斯套娃广场 AAAA
地址：呼伦贝尔满洲里市西郊
电话：0470－6223806
邮编：021400

达赉湖旅游区 AA
地址：呼伦贝尔满洲里市扎赉诺尔
电话：0470－630716
邮编：021400

扎兰屯秀水山庄 AAA
地址：呼伦贝尔扎兰屯市秀水山庄
电话：0470－3256658
邮编：162650

扎兰屯吊桥公园 AAAA
地址：呼伦贝尔扎兰屯市
邮编：162650

牙克石凤凰山庄旅游区 AA
地址：呼伦贝尔牙克石市迎宾西街 4 号
电话：0470－7354787
邮编：022150

呼伦贝尔市牙克石凤凰山滑雪场 AA
地址：呼伦贝尔雅克石市东南郊
电话：0470－7354787
邮编：022150

内蒙古大兴安岭莫尔道嘎国家森林公园 AAA
地址：内蒙古额尔古纳市莫尔道嘎镇
电话：0470－6915715　66810566
邮编：022191

呼和诺尔草原旅游度假区 AAAA
（全国农业旅游示范点）
地址：呼伦贝尔市陈巴尔虎旗
电话：0470－6713447
邮编：021500

呼伦贝尔市陈巴尔虎旗金帐汗蒙古部落 AA
地址：呼伦贝尔市陈巴尔虎旗莫日格勒河畔
电话：0470－6712400
邮编：021500

呼伦贝尔市鄂伦春博物馆 AA
地址：呼伦贝尔市鄂伦春自治旗阿里河镇
电话：0470－5623547
邮编：165450

呼伦贝尔市布苏里度假山庄 AAA
地址：呼伦贝尔市鄂伦春自治旗阿里河镇东
邮编：165450

嘎仙洞景区 AA
地址：呼伦贝尔市鄂伦春旗
电话：0470－5623547
邮编：165450

红花尔基国家森林公园 AAA
地址：呼伦贝尔市鄂温克旗
电话：0470－8942312
邮编：021100

巴彦呼硕草原旅游区 AA
地址：呼伦贝尔市鄂温克旗
电话：0470－8812981　8812110
邮编：021000

呼伦贝尔市中国达斡尔民族园 AAA
地址：呼伦贝尔市莫旗尼尔基水库北侧
电话：0470－4681033
邮编：162850

鄂尔多斯世珍园旅游区 AAA
地址：鄂尔多斯市泊江海镇世珍园旅游区
电话：0477－8181032
邮编：017000

鄂尔多斯市九成功生态园 AAA
地址：鄂尔多斯市
邮编：017004

鄂尔多斯市巴图湾旅游区 AAA
地址：鄂尔多斯市
邮编：017004

鄂尔多斯市陶亥召 AA
地址：鄂尔多斯市
邮编：017004

鄂尔多斯市柒开淖旅游区 AA
地址：鄂尔多斯市
邮编：017004

鄂尔多斯市昭君城旅游区 AA
地址：鄂尔多斯市达拉特旗昭君坟河畔中村
电话：0477－3960887
邮编：014300

鄂尔多斯市七星湖沙漠生态旅游区 AAA
地址：鄂尔多斯市杭锦旗境内
邮编：017400

鄂尔多斯草原旅游区 AAA
地址：鄂尔多斯市杭锦旗境内
邮编：017400

恩格贝旅游区 AAAA
（全国农业旅游示范点）
地址：鄂尔多斯市达拉特旗恩格贝
电话：0477－5211448
邮编：014321

响沙湾旅游区 AAAAA
地址：鄂尔多斯市达拉特旗响沙湾
电话：0477－5229095
邮编：014321

鄂尔多斯苏勒德文化旅游村 AAAA
地址：鄂尔多斯市鄂托克前旗布拉格苏木特布德嘎查
电话：0477－7872038
邮编：016215

成吉思汗陵旅游区 AAAA
地址：鄂尔多斯市伊金霍洛旗
电话：0477－8961009
邮编：017208

鄂尔多斯市绿洲宾馆旅游区 AA
地址：鄂尔多斯市伊金霍洛旗乌兰木伦镇马家塔复垦区
电话：0477－8284017
邮编：017209

乌兰察布是集宁老虎山公园 AA
地址：乌兰察布市集宁区
邮编：029400

乌兰察布市辉腾锡勒外事旅游中心 AA
地址：乌兰察布市卓资县辉腾锡勒
邮编：012000

乌兰察布市辉腾锡勒铁骑旅游中心 AA
地址：乌兰察布市卓资县辉腾锡勒
电话：13654748637
邮编：012300

凉城县草原岱海自然生态旅游度假区 AA
地址：乌兰察布市凉城县
电话：0474－4208887
邮编：013750

辉腾锡勒草原旅游区明珠接待中心 AAA
地址：乌兰察布市察右中旗辉腾锡勒
电话：0474－8219068
邮编：013502

乌兰察布市辉腾锡勒草原旅游中心 AA
地址：乌兰察布市察右中旗辉腾锡勒
电话：0474－8219068
邮编：013502

乌兰察布市阿贵庙旅游点 AA
地址：乌兰察布市察右后旗
邮编：012400

格根塔拉草原旅游中心 AAAA
（全国农业旅游示范点）
地址：乌兰察布市四子王旗
电话：0474－5448088
邮编：011800

巴彦淖尔市镜湖生态旅游区 AA
地址：巴彦淖尔市农垦局临河农场西侧
邮编：015001

巴彦淖尔市维信国际高尔夫度假村 AAAA
地址：巴彦淖尔市乌拉特前旗巴音花镇
电话：0478－3622888
邮编：014400

成吉思汗庙景区 AAA
地址：兴安盟乌兰浩特市兴安北大路 82 号
电话：0482－8415080
邮编：137400

阿尔山海神圣泉旅游度假区 AAAA
地址：兴安盟阿尔山市温泉街
电话：0483－7123463
邮编：137800

阿尔山国家森林公园 AA
地址：兴安盟阿尔山市林海街 66 号
电话：0482－7430556
邮编：137801

兴安盟科右前旗万豪蒙古大营 AAA
地址：兴安盟科尔沁右翼前旗
邮编：137423

兴安蒙古包旅游村 AA
地址：兴安盟科右前旗察尔森镇白音嘎查
邮编：137400

兴安盟科右中旗翰嘎利湖生态景区 AA
地址：兴安盟科右中旗
邮编：029400

兴安盟科右中旗梦格罕山生态旅游景区 AA
地址：兴安盟科右中旗
邮编：029400

锡林郭勒盟赛汗塔拉旅游娱乐园 AAA
地址：锡林郭勒盟
邮编：026000

锡日塔拉草原旅游度假村 AA
地址：锡林郭勒盟锡林浩特市 207 国道 16 公里处路东
电话：0479－8226622
邮编：026000

葛根敖包草原旅游度假村 AA
地址：锡林郭勒盟锡林浩特市锡西路南 4 公里处
电话：0479－8209644
邮编：026000

多伦南沙梁旅游区 AA
地址：锡林郭勒盟多伦县城南 3 公里处
电话：0479－4522766
邮编：027300

滦源殿旅游度假村 AA
地址：锡林郭勒盟多伦县城东 18 公里大河口水库
电话：0479－4522766
邮编：027300

苏尼特右旗社保局旅游点 A
地址：锡林郭勒盟苏尼特右旗社保局
邮编：011200

锡林郭勒盟西乌珠穆沁旗蒙古汗城 AAA
（全国农业旅游示范点）
地址：锡林郭勒盟西乌珠穆沁旗西乌镇
电话：0479－3914028
邮编：026200

阿拉善盟通湖草原旅游区 AAA
地址：阿拉善盟阿拉善左旗
电话：0483－7698558
邮编：750300

贺兰山南寺生态旅游区 AAAA
地址：阿拉善盟阿拉善左旗贺兰山南寺
电话：0483－8639878
邮编：750306

腾格里沙漠月亮湖旅游区 AAAAA
地址：阿拉善盟额济纳旗
邮编：750306

餐　馆

麦香村
地址：呼和浩特市旧城大北街 44 号
电话：0471－6915068
邮编：010000

新城饭店
地址：呼和浩特市新城南街
电话：0471－6926572
邮编：010000

巴彦塔拉饭店
地址：呼和浩特市锡林北路 42 号
电话：0471－6963344 转 6116
邮编：010000

内蒙古饮食服务总公司
地址：呼和浩特市锡林北路
电话：0471－6966191
邮编：010020

呼和浩特市饮食服务公司
地址：呼和浩特市南马路
电话：0471－6925447
邮编：010050

呼和浩特市千鹤餐饮有限公司
地址：呼和浩特市爱民路
电话：0471－6529966

鸭绿江餐饮有限公司
地址：呼和浩特市海东路
电话：0471－6524096
邮编：010051

鸿烨楼餐厅
地址：呼和浩特市锡林南路
电话：0471－6282015
邮编：010020

呼和浩特市饮食服务公司三和星大酒家
地址：呼和浩特市锡林北路 70 号
电话：0471－6966117
邮编：010000

万兴酒家
地址：呼和浩特市公园西路 100 号
电话：0471－6922985
邮编：0100200

柏松楼酒家
地址：呼和浩特市公园南路 113 号
电话：0471－6959652
邮编：010020

温州红楼酒家
地址：呼和浩特市文化宫街
电话：0471－6671122
邮编：010030

园丁酒家
地址：呼和浩特市呼伦南路 10 号
电话：0471－6921166
邮编：010020

瑞福园饭馆
地址：呼和浩特市呼伦南路 105 号
电话：0471－6261853
邮编：010020

敬宾阁饭馆
地址：呼和浩特市新城区南马路 27 号
电话：0471－6950610
邮编：010050

长富饭馆
地址：呼和浩特市新城区南马路复兴巷 29 号
电话：0471－6952662
邮编：010050

迎宾酒家
地址：呼和浩特市迎宾北路 15 号 2 楼
电话：0471－6962625
邮编：010000

新城区江苏酒家
地址：呼和浩特市水源街 11 号
电话：0471－4962905
邮编：010050

凯悦大酒家
地址：呼和浩特市昭乌达路 88 号凯旋广场
电话：0471－4933298
邮编：010020

萨拉伯尔酒家
地址：呼和浩特市新华广场东侧
电话：0471－6269111
邮编：010030

民族饭店
地址：呼和浩特市中山西路 146 号
电话：0471－6655180
邮编：010030

包钢林荫饭店
地址：包头市昆都仑区林荫路中段 8 号
电话：0472－2107082
邮编：014010

食尚商务酒楼
地址：包头市府东路 168 号
电话：0472－5178888
邮编：014025

聚龙美食娱乐广场
地址：包头市政府西路 30 号
电话：0472－5176183
邮编：014025

陶然轩
地址：包头市民族东路 20－23 号
电话：0472－5910685
邮编：014025

金帝大酒店
地址：包头市科学路中段
电话：0472－3102222
邮编：014025

天外天大酒店中餐馆
地址：包头市呼得木林大街
电话：0472－5361888
邮编：014025

兴苑大酒店
地址：包头市钢铁大街 28 号

电话：0472－5128888
邮编：014025

乌海市海勃湾东北美食城
地址：乌海市凤凰岭东街
电话：0473－2011602
邮编：016000

乌海市银川渔村美食林乌海分店
地址：乌海市海河北路西
电话：0473－2022592
邮编：016000

乌海市小白楼餐业有限责任公司
地址：乌海市千里山东街
电话：0473－2018650
邮编：016000

乌海市神鹿饮食服务有限责任公司
地址：乌海市新华东街
电话：0473－2024711
邮编：016000

乌海市哈达餐饮有限责任公司
地址：乌海市海拉北路66号
电话：0473－2045886
邮编：016000

乌海市黄鹤楼餐饮有限责任公司
地址：乌海市海北大街1号
电话：0473－2039999
邮编：016000

乌海市龙福餐饮有限责任公司
地址：乌海市凤凰岭东街3号
电话：0473－2889568
邮编：016000

乌海市八鲜餐饮有限责任公司
地址：乌海市新华大街
电话：13947305205
邮编：016000

乌海市美滋味酒楼有限责任公司
地址：乌海市海拉南路81号
电话：0473－2091655
邮编：016000

赤峰高奇川老板火锅城
地址：赤峰市园林路中段
电话：0476－8359298
邮编：024000

赤峰西盟餐厅
地址：赤峰市三西街湘临天下一楼北侧
电话：0476－8230617
邮编：024000

石锅鱼
地址：赤峰市六西街百合花园西200米路南
电话：0476－2342266
邮编：024000

赤峰饮食服务公司新华餐厅
地址：赤峰市新华路中段
电话：0476－8224437
邮编：024000

通辽市宴桃园酒楼
地址：通辽市建国路北段
电话：0475－8237105
邮编：028000

通辽市正隆食品有限责任公司五谷香餐馆
地址：通辽市中心大街136号
电话：0475－8233216
邮编：028000

通辽市卓园酒楼有限公司
地址：通辽市永清大街综合楼1号
电话：0475－8265878
邮编：028000

通辽市千氏餐饮有限责任公司
地址：通辽市和平路北段
电话：0475－8265187
邮编：028000

内蒙古小肥羊餐饮连锁有限公司通辽市分店
地址：通辽市民主路南段
电话：0475－8267360
邮编：028000

通辽市长城餐饮有限公司
地址：通辽市永清大街中段
电话：0475－8255550
邮编：028000

通辽市枫丹白露餐饮有限责任公司
地址：通辽市新建大街东段名仕花园小区南
电话：0475－8255088
邮编：028000

通辽市吉野快餐有限公司
地址：通辽市民主路北段
电话：13947350866
邮编：028000

通辽市华夏第一村餐饮有限公司
地址：通辽市科尔沁区经济技术开发区
电话：13754055055
邮编：028000

科尔沁区河姆渡饮食山庄
地址：通辽市和平路南段
电话：0475－8278938
邮编：028000

科尔沁区千籽莲酒楼
地址：通辽市和平路南段
电话：0475－8273121
邮编：028000

天府火锅城
地址：通辽市和平路20号
电话：0475－8261035
邮编：028000

海拉尔区欧罗巴西餐厅
地址：呼伦贝尔市开发区美食街1号
电话：0470－8351088
邮编：021008

呼伦贝尔市友好农家山庄餐饮有限公司
地址：呼伦贝尔市奋斗镇友好村
电话：0470－8278921
邮编：021008

呼伦贝尔西部餐饮娱乐有限公司
地址：呼伦贝尔市满洲里路
电话：0470－8230001
邮编：021008

呼伦贝尔汉威餐饮有限公司
地址：呼伦贝尔市诺敏路
电话：0470－8680598
邮编：021008

呼伦贝尔市德盛城海鲜美食广场
地址：呼伦贝尔市开发区109大厦
电话：0470－8352555
邮编：021008

呼伦贝尔瑞泽酒楼
地址：呼伦贝尔市满洲里
电话：0470－8806698
邮编：021008

呼伦贝尔不夜城饮食服务有限责任公司
地址：呼伦贝尔市开发区不夜城101号
电话：0470－8351226
邮编：021008

呼伦贝尔宾馆海霸王餐厅
地址：呼伦贝尔市胜利大街2号
电话：0470－8222212－4481
邮编：021008

何记特色美食楼
地址：鄂尔多斯市棋盘井北
电话：0477－6480784
邮编：017004

鄂尔多斯长虹大酒家有限责任公司
地址：鄂尔多斯市伊金霍洛西街
电话：0477－8330999
邮编：017004

鄂尔多斯鑫鑫美食城有限公司
地址：鄂尔多斯市西街
电话：0477－8344604
邮编：017004

华尔餐业有限公司餐饮广场
地址：鄂尔多斯市东街
电话：0477－8344878
邮编：017004

万福居餐饮有限责任公司
地址：鄂尔多斯市达拉特南路西10号
电话：0477－8538877
邮编：017004

逸云餐饮有限责任公司
地址：鄂尔多斯市罕台镇
电话：0477－8375455
邮编：017004

刘氏美食大团圆餐饮娱乐有限责任公司
地址：鄂尔多斯市伊金霍洛西街7号
电话：0477－8334966
邮编：017004

白金汉宫餐饮服务有限责任司
地址：鄂尔多斯市西街北
电话：0477－8372090
邮编：017004

万锦萃餐饮服务有限责任公司
地址：鄂尔多斯市乌审西街南
电话：0477－8528777
邮编：017004

鄂尔多斯宏扬餐饮有限责任公司
地址：鄂尔多斯市东街2号
电话：0477－8327778
邮编：017004

红鑫隆饮食服务有限责任公司
地址：鄂尔多斯市乌审西街17号
电话：0477－8525948
邮编：017004

鄂尔多斯市陈家砂锅涮园
地址：鄂尔多斯市乌审西街
电话：0477－8520199
邮编：017004

麻辣诱惑餐饮有限公司
地址：鄂尔多斯市东胜区罕台镇
电话：13150857878
邮编：017004

鄂尔多斯小乳羊餐饮有限责任公司
地址：鄂尔多斯市东胜区吉劳庆北路66号
电话：13848475887
邮编：017004

乌兰察布盟食品饮食餐厅
地址：乌兰察布市集宁区恩和路14号
电话：0474－8223787
邮编：012000

内蒙古集宁饭店
地址：乌兰察布市怀远路南站南侧
电话：0474－8225546
邮编：012000

集宁翱翔九头鸟酒楼
地址：乌兰察布市建设街26号
电话：0474－8241108
邮编：012000

金苹果大酒楼
地址：巴彦淖尔市临河区胜利南路
电话：0478－8221359
邮编：015001

巴彦淖尔市宾馆河套美食城
地址：巴彦淖尔市临河区胜利南路94号
电话：0478－8212249　8208180
邮编：015001

巴彦淖尔市宾馆贵宾楼餐厅
地址：巴彦淖尔市临河区胜利南路94号
电话：0478－8212249　8208180
邮编：015001

乌兰浩特市大红船酒店
地址：兴安盟乌兰浩特市都林大街9号
电话：0482－8313888
邮编：137401

乌兰浩特市方圆九洲酒楼
地址：兴安盟乌兰浩特市五一街新世纪小区
电话：0482－8295519
邮编：137401

乌兰浩特市威王饮食服务有限公司
地址：兴安盟乌兰浩特市查干街路南
电话：0482－8213877
邮编：137401

乌兰浩特市凯槟美丽城餐饮有限公司
地址：兴安盟乌兰浩特市罕山东街
电话：0482－8251111
邮编：137401

乌兰浩特市梦幻都市美食城
地址：兴安盟乌兰浩特市胜利街
电话：0482－8237567
邮编：137401

乌兰浩特市东兴美食城
地址：兴安盟乌兰浩特市胜利街18组
电话：0482－8237350
邮编：137401

乌兰浩特市金达莱酒楼
地址：兴安盟乌兰浩特市兴安南大路22号
电话：0482－8240333
邮编：137401

乌兰浩特市百合狗肉火锅城
地址：兴安盟乌兰浩特市胜利街文化路
电话：0482－8215508
邮编：137401

乌兰浩特市华红酒楼
地址：兴安盟乌兰浩特市陵园路
电话：0482－8236699
邮编：137401

乌兰浩特市兴安美食城
地址：兴安盟乌兰浩特市兴安北大路
电话：0482－8226725
邮编：137401

乌兰浩特市金海湾海鲜自助城
地址：兴安盟乌兰浩特市兴安街
电话：0482－8221196
邮编：137401

乌兰浩特市金山海鲜烧烤美食城
地址：兴安盟乌兰浩特市兴安街
电话：0482－8218969
邮编：137401

乌兰浩特市肥牛火锅城
地址：兴安盟乌兰浩特市复兴街
电话：0482－8223358
邮编：137401

乌兰浩特市饮食服务公司
地址：兴安盟乌兰浩特市和平街1委10组
电话：0482－8215249
邮编：137401

乌兰浩特市美食城酒楼
地址：兴安盟乌兰浩特市兴安小区37栋楼
电话：0482－8218696
邮编：137401

乌兰浩特市罕山火锅城
地址：兴安盟乌兰浩特市罕山中街46号
电话：0482－8216766－384
邮编：137401

乌兰浩特市大亨酒家
地址：兴安盟乌兰浩特市胜利街57组
电话：0482－8217922
邮编：137401

锡林郭勒盟黄鹤楼酒店有限责任公司
地址：锡林郭勒盟锡林浩特市大街58号
电话：0479－8211777
邮编：026000

锡林浩特市民康饮食服务有限责任公司
地址：锡林郭勒盟锡林浩特市大街30号
电话：0479－8223826
邮编：026000

锡林浩特市翔和宫餐厅
地址：锡林郭勒盟锡林浩特市那达慕街23号
电话：0479－8227454
邮编：026000

锡盟草原味不同餐饮有限公司
地址：锡林郭勒盟锡林浩特市满都海街8组3号
电话：0479－8242530
邮编：026000

阿拉善盟唐都食府
地址：阿拉善盟巴彦浩特镇额鲁特东路
电话：0483－8339909
邮编：750306

阿拉善左旗饮食服务公司民族餐厅
地址：阿拉善盟巴彦浩特镇银巴路西侧
电话：0483－8222582
邮编：750306

阿拉善左旗王府大酒楼
地址：阿拉善盟巴彦浩特镇腾格里路20号
电话：0483－8222443
邮编：750306

阿拉善左旗饮食服务公司
地址：阿拉善盟巴彦浩特镇南梁街
电话：0483－8222997
邮编：750306

阿拉善左旗新浩特大自然酒楼
地址：阿拉善盟巴彦浩特镇新浩特和硕特路
电话：0483－8338028
邮编：750306

旅游用品

内蒙古华地宝玉石厂
地址：呼和浩特市机场路
电话：0471－4612807
邮编：010010

内蒙古天龙珠宝有限责任公司
地址：呼和浩特市中山西路
电话：0471－6962669
邮编：010020

内蒙古金华丽珠宝有限公司
地址：呼和浩特市如意开发区
电话：0471－4614309
邮编：010010

呼和浩特市北方珠宝有限公司
地址：呼和浩特市锡林南路
电话：0471－010020
邮编：010020

呼和浩特金店
地址：呼和浩特市中山西路
电话：0471－6969980
邮编：010020

呼和浩特市地毯厂
地址：呼和浩特市石羊桥
电话：0471－5974400
邮编：010020

呼和浩特市第二地毯厂
地址：呼和浩特市通顺南街
电话：0471－5972129
邮编：010031

内蒙古外贸工艺品厂
地址：呼和浩特市石羊桥
电话：0471－5958127　5971365
邮编：010020

内蒙古民族特种工艺品厂
地址：呼和浩特市赛罕路
电话：0471－6513779
邮编：010051

呼和浩特市工艺美术厂
地址：呼和浩特市钢铁路
电话：0471－3964821　3964871
邮编：010050

呼和浩特市蒙亮工艺品厂
地址：呼和浩特市
电话：0471－3967681　6968702
邮编：010010

呼和浩特市玉泉区工艺美术厂
地址：呼和浩特市小召夹道
电话：0471－6305905
邮编：010031

呼和浩特市西菜园民族工艺品厂
地址：呼和浩特市呼托公路
电话：0471－5976802
邮编：010070

呼和浩特市新城区国石工艺美术店
地址：呼和浩特市新城西街
电话：0471－6269544
邮编：010010

内蒙古民政福利工艺厂
地址：呼和浩特市呼哈公路
电话：0471－6587865
邮编：010070

清水河县韭菜庄骨制品厂
地址：呼和浩特市韭菜庄乡
电话：0471－7855088
邮编：011600

呼和浩特市珠宝城
地址：呼和浩特市新城北街
电话：0471－6969523
邮编：010010

包头金店
地址：包头市钢铁大街
电话：0472－2123645　4139558
邮编：014040

天泽龙泰珠宝城
地址：包头市钢铁大街
电话：0472－2511631
邮编：014010

包头市汉宫地毯有限责任公司
地址：包头市巴彦塔拉大街
电话：0472－4352063　4351033
邮编：014040

包头市三丰地毯有限责任公司
地址：包头市
电话：0472－4143683　4173094
邮编：014040

包头市第二地毯厂
地址：包头市吕祖庙街
电话：0472－4171002
邮编：014040

包头市昆区丽花工艺美术厂
地址：包头市八一南市场
电话：0472－2126734
邮编：014010

包头市彩虹美术工艺厂
地址：包头市白彦道
电话：0472－2124953
邮编：014010

包头市青山区文宇工艺美术厂
地址：包头市昌福窑村
电话：0472－3635316
邮编：014030

土默特右旗金利来首饰店
地址：包头市大南街
电话：0472－8921644
邮编：014100

土默特右旗三鑫金店
地址：包头市大东街
电话：0472－8914409
邮编：014100

土默特右旗地毯厂
地址：包头市大东街
电话：0472－8912433　8912268
邮编：014100

固阳县坝梁乡刘大明金店
地址：包头市坝梁乡
电话：0472－8284040
邮编：014213

固阳县地毯厂
地址：包头市光明路
电话：0472－8112901
邮编：014200

乌海市天骄珠宝有限责任公司
地址：乌海市新华西街
电话：0473－2085166
邮编：016000

乌海市海勃湾地毯厂
地址：乌海市黄河西街
电话：0473－2046335
邮编：016000

乌海市海勃湾民族雕漆工艺厂
地址：乌海市乌兰北路
电话：0473－2035906
邮编：016000

赤峰鑫铂首饰城
地址：赤峰市哈达街
电话：0476－8224077　8253116
邮编：024000

红山区华琳珠宝首饰店
地址：赤峰市钢铁街
电话：0476－8343606
邮编：024000

金元黄金城
地址：赤峰市哈达街
电话：0476－8232658
邮编：024000

赤峰万宝楼珠宝首饰厂
地址：赤峰市哈达街
电话：0476－8238044　8250837
邮编：024000

松山区金达金店
地址：赤峰市建设街
电话：0476－8440420　8445073
邮编：024000

赤峰红兴雕刻厂
地址：赤峰市长青街
电话：0476－8222946
邮编：024000

赤峰长城地毯有限责任公司
地址：赤峰市哈达街
电话：0476－8661580　8661581
邮编：024000

初头朗镇地毯厂
地址：赤峰市
电话：0476－8580057
邮编：024000

大夫营子乡地毯厂
地址：赤峰市
电话：0476－8150012
邮编：024000

五三镇地毯厂
地址：赤峰市
电话：0476－8020144
邮编：024000

山前村地毯厂
地址：赤峰市巴林右旗
电话：0476－6222352
邮编：025150

林西县天然水晶制品开发公司
地址：赤峰市林西县
电话：0476－5322242
邮编：025250

翁牛特旗兴达工艺制品厂
地址：赤峰市翁牛特旗
电话：0476－6325927
邮编：024500

桥头镇柳编厂
地址：赤峰市翁牛特旗
电话：0476－6518321　6518290
邮编：024500

新惠镇地毯厂
地址：赤峰市敖汉旗
电话：0476－4333040
邮编：024300

羊场乡地毯厂
地址：赤峰市敖汉旗
电话：0476－4558059
邮编：024300

通辽市泰来金银珠宝有限公司
地址：通辽市
电话：0475－8232581　8232580
邮编：028000

库伦旗地毯厂
地址：通辽市库伦旗
电话：0475－4912613　4912656
邮编：028200

呼伦贝尔市鑫鑫金银珠宝有限责任公司
地址：呼伦贝尔市海拉尔区兴安东路
电话：0470－8338934　8332382
邮编：021000

呼伦贝尔市亚东珠宝有限公司
地址：呼伦贝尔市海拉尔区中央街
电话：0470－8320693　8330070
邮编：021000

扎兰屯市刺绣社
地址：呼伦贝尔扎兰市葛根路
电话：0470－3202452
邮编：162650

牙克石市地毯厂
地址：呼伦贝尔牙克石市翠杨路
电话：0470－7371256　7372358
邮编：022100

免渡河镇地毯厂
地址：呼伦贝尔牙克石市
电话：0470－7732273
邮编：022176

根河市广宇工艺美术厂
地址：呼伦贝尔根河市中央街
电话：0470－5223710
邮编：022350

大杨树镇金利金银珠宝行
地址：呼伦贝尔市鄂伦春自治旗街西
电话：0470－5716078
邮编：165456

吉文镇林海工艺品厂
地址：呼伦贝尔市鄂伦春自治旗文化街

电话：0470－5933279
邮编：165463

鄂尔多斯市时尚珠宝首饰有限公司
地址：鄂尔多斯市东胜区鄂尔多斯西街
电话：0477－8524318
邮编：017000

沙圪堵镇地毯厂
地址：鄂尔多斯市准格尔旗八一北路
电话：0477－4921361
邮编：010400

纳林地毯厂
地址：鄂尔多斯市准格尔旗
电话：0477－4851030
邮编：010412

伊金霍洛旗金店
地址：鄂尔多斯市伊金霍洛旗文明路
电话：0477－8686153
邮编：017200

伊金霍洛旗就业局地毯厂
地址：鄂尔多斯市伊金霍洛旗文明路
电话：0477－8681324
邮编：017200

丰镇市第二地毯厂
地址：乌兰察布丰镇市西新建街
电话：0474－3252454
邮编：012100

丰镇市工艺美术厂
地址：乌兰察布丰镇市城隍庙前街
电话：0474－3203253
邮编：012100

卓资县地毯厂
地址：乌兰察布丰镇市东街
电话：0474－4902032
邮编：012300

兴和县新华地毯厂
地址：乌兰察布丰镇市后河
电话：0474－7202839
邮编：013650

察右后旗地毯厂
地址：乌兰察布丰镇市
电话：0474－6202175
邮编：012400

四子王旗格根塔拉工艺品厂
地址：乌兰察布市四子王旗建设路
电话：0474－5204489
邮编：011800

四子王旗锦华编织厂
地址：乌兰察布市四子王旗文化路
电话：0474－5209007
邮编：011800

巴彦淖尔盟金店有限责任公司
地址：巴彦淖尔市临河区新华东街
电话：0478－8261330　8213697
邮编：015000

巴彦淖尔盟地毯厂
地址：巴彦淖尔市临河区光明西街
电话：0478－8213253
邮编：015000

临河地毯厂
地址：巴彦淖尔市临河区庆丰西街
电话：0478－8313187
邮编：015000

五原县地毯厂
地址：巴彦淖尔市五原县富原路
电话：0478－5212842
邮编：015100

乌拉特前旗海融金店
地址：巴彦淖尔市乌拉特前旗东风大街
电话：0478－3211864
邮编：014400

乌拉特前旗海莲金店
地址：巴彦淖尔市乌拉特前旗红旗大街
电话：0478－3218546
邮编：014400

乌拉特前旗旧毛线加工新毛毯厂
地址：巴彦淖尔市乌拉特前旗红旗大街
电话：0478－3260259
邮编：014400

乌拉特前旗地毯厂
地址：巴彦淖尔市乌拉特前旗红旗大街
电话：0478－3212768
邮编：014400

巴音花镇团结编织厂
地址：巴彦淖尔市乌拉特前旗
电话：0478－3626277
邮编：014400

巴音花镇和顺庄编织厂
地址：巴彦淖尔市乌拉特前旗
电话：0478－3625205
邮编：014400

乌兰浩特市地毯厂
地址：兴安盟乌兰浩特市乌兰哈达
电话：0482－8512442
邮编：137400

科尔沁右翼中旗地毯厂
地址：兴安盟科尔沁右翼中旗兴安路
电话：0482－4162055
邮编：029400

科尔沁右翼中旗铅矿地毯厂
地址：兴安盟科尔沁右翼中旗
电话：0482－4581196
邮编：029418

锡林浩特市玻璃雕花工艺
地址：锡林郭勒盟锡林浩特市宝昌路
电话：0479－8221508
邮编：026000

锡林郭勒盟金店
地址：锡林郭勒盟锡林浩特市光明路
电话：0479－8230386
邮编：026000

锡林浩特市无纺条纹地毯厂
地址：锡林郭勒盟锡林浩特市额尔敦路
电话：0479－8222977
邮编：026000

多伦县玛瑙制品厂
地址：锡林郭勒盟多伦县
电话：0479－4526815
邮编：027300

阿拉善盟宝玉石民族制品有限公司
地址：阿拉善盟腾格里路
电话：0483－8221269　8227229
邮编：750300

金鑫水晶宝石品有限公司
地址：阿拉善盟王府街
电话：0483－8222096
邮编：750300

阿左旗蓝宝石工艺厂
地址：阿拉善盟新华街
电话：0483－8223364
邮编：750300

阿左旗地毯毛纺厂
地址：阿拉善盟王府街
电话：0483－8222461　8222266
邮编：750300

阿拉善右旗地毯厂
地址：阿拉善盟巴丹吉林路
电话：0483－6022638
邮编：737300

旅游交通

内蒙古旅游车队
地址：呼和浩特市新城区桥靠北街30号
电话：0471－4951171
邮编：010051

呼和浩特市白塔国际机场
地址：呼和浩特市
电话：0471－4941235
邮编：010070

包头市旅游车队
地址：包头市昆都仑区钢铁大街19号
电话：0472－5154049
邮编：014010

包头火车东站
地址：包头市东站
电话：0472－4143224
邮编：014040

包头火车西站
地址：包头市阿吉拉
电话：0472－5330227
邮编：014010

新贤城车站
地址：包头市新贤城
电话：0472－3333634
邮编：014030

包头机场
地址：包头市
电话：0472－4600160
邮编：014025

土默特右旗萨拉齐火车站
地址：包头市土默特右旗站前街
电话：0472－8912471
邮编：014100

乌海西火车站
地址：乌海市乌达区三道坎
电话：0473－3440603
邮编：016040

乌海市西卓子山水泥厂火车站
地址：乌海市海南区水泥厂
电话：0473－4663812
邮编：016030

赤峰火车站
地址：赤峰市昭乌达路
电话：0476－8333520
邮编：024000

赤峰机场
地址：赤峰市城区近郊西南地材
电话：0476－8342722
邮编：024000

阿鲁科尔沁旗查布嘎火车站
地址：赤峰市阿鲁科尔沁旗查布嘎
电话：0476－7215440
邮编：025550

阿鲁科尔沁旗大板火车站
地址：赤峰市阿鲁科尔沁旗大板
电话：0476－7214288
邮编：025550

巴林左旗火车站
地址：赤峰市巴林左旗
电话：0476－7960277
邮编：025450

克什克腾旗火车站
地址：赤峰市克什克腾旗
电话：0476－5220014
邮编：025350

喀喇沁旗乃林镇火车站
地址：赤峰市喀喇沁旗乃林镇
电话：0476－3450207
邮编：024400

通辽机场
地址：通辽市
电话：0475－8501338
邮编：028000

霍林郭勒市珠斯花火车站
地址：通辽霍林郭勒市
电话：0475－7824153
邮编：029200

开鲁县火车站
地址：通辽市开鲁县
电话：0475－6216541
邮编：038400

扎鲁特旗火车站
地址：通辽市扎鲁特旗
电话：0475－7512225
邮编：029100

科尔沁左翼中旗舍伯吐镇火车站
地址：通辽市科尔沁左翼中旗舍伯吐镇
电话：0475－3821059
邮编：029300

呼伦贝尔市海拉尔火车站
地址：呼伦贝尔市
电话：0470－2228944
邮编：021013

海拉尔机场
地址：呼伦贝尔市
电话：0470－8275432
邮编：021400

扎兰屯火车站
地址：呼伦贝尔市扎兰屯市站前街
电话：0470－3202040
邮编：162650

薛家湾准东铁路有限责任公司海子塔火车站
地址：鄂尔多斯市薛家湾海子塔
电话：0477－4785501
邮编：010317

杭锦旗巴拉贡镇火车站
地址：鄂尔多斯市杭锦旗巴拉贡镇
电话：0477－6851567
邮编：017423

丰镇市火车站
地址：乌兰察布丰镇市
电话：0474－3202312
邮编：012100

临河市火车站
地址：巴彦淖尔临河市胜利南路
电话：0478－8228014
邮编：015000

乌兰浩特机场
地址：兴安盟乌兰浩特市
电话：0482－3982018/8215166
邮编：137401

阿尔山市明水铁路车站
地址：兴安盟阿尔山市明水
电话：0482－7940020
邮编：137805

科尔沁右翼中旗西哲里木苏木火车站
地址：兴安盟科尔沁右翼中旗西哲里木苏木镇
电话：0482－4761166
邮编：029425

科尔沁右翼中旗哈日努拉苏木火车站
地址：兴安盟科尔沁右翼中旗哈日努瓣苏木
电话：0482－4781039
邮编：029400

锡林浩特机场
地址：锡林郭勒盟锡林浩特市桥西街
电话：0479－8200998
邮编：026000

巴彦苏图镇火车站
地址：锡林郭勒盟苏尼特右旗巴彦苏图镇
电话：0479－7311486
邮编：011200

朱日和火车站
地址：锡林郭勒盟苏尼特右旗朱日和镇
电话：0479－7480198
邮编：011200

旅游院校

内蒙古大学
旅游系
地址：呼和浩特市赛罕区大学西路235号
电话：0471－4954332
邮编：010020

内蒙古师范大学
旅游学院
地址：呼和浩特市昭乌达路295号
电话：0471－6806276
邮编：010022

内蒙古财经学院
旅游经济管理系
地址：呼和浩特市海东路137号
电话：0471－3677214
邮编：010051

内蒙古旅游培训中心
地址：呼和浩特市新城区艺术厅南街95号
电话：0471－6282633
传真：6968561
邮编：010010

呼和浩特职业学院
政史系旅游专业
地址：呼和浩特市赛罕路186号
电话：0471－6586250
邮编：010051

辽　宁

LIAONING

旅游机构

辽宁省旅游局
地址：沈阳市皇姑区黄河南大街113号
电话：024-86136666
邮编：110031

辽宁省旅游质量监督管理所
地址：沈阳市皇姑区长江街15号
电话：024-86209110
邮编：110031

沈阳市旅游局
地址：沈阳市沈河区中山路355号
电话：024-22818229
邮编：110013

沈阳市大东区旅游局
地址：沈阳市大东区小什字街
电话：024-88727320
邮编：110042

沈阳市和平区旅游局
地址：沈阳市和平区皇寺路166号
电话：024-22532648
邮编：110003

沈阳市东陵区旅游局
地址：沈阳市东陵区文化东路20号
电话：024-22725132
邮编：110015

沈阳市沈河区旅游局
地址：沈阳市沈河区沈阳路211号
电话：024-31005601
邮编：110011

沈阳市于洪区旅游局
地址：沈阳市于洪区文化东路20号
电话：024-25321117
邮编：110141

沈阳市铁西区旅游局
地址：沈阳市铁西区兴华北街34号甲
电话：024-25651988
邮编：110021

沈阳市皇姑区旅游局
地址：沈阳市皇姑区庐山路3号
电话：024-86861088
邮编：110031

沈阳新民市旅游局
地址：沈阳新民市市府路12号
电话：024-87507288
邮编：110300

沈阳市新城子区旅游局
地址：沈阳市新城子区杭州路83-3号
电话：024-89864177
邮编：110121

沈阳市苏家屯区旅游局
地址：沈阳市苏家屯区枫杨路42号
电话：024-89813846
邮编：110101

沈阳市辽中县旅游局
地址：沈阳市辽中县政府路126号
电话：024-87883295
邮编：110200

沈阳市康平县旅游局
地址：沈阳市康平县政府1楼
电话：024-87333548
邮编：110500

沈阳市法库县旅游局
地址：沈阳市法库县正阳街道200号
电话：024-87100356
邮编：110400

大连市旅游局
地址：大连市人民广场1号
电话：0411-83621437
邮编：116012

大连市中山区旅游局
地址：大连市中山区一德街83号
电话：0411-82647298
邮编：116001

大连市西岗区旅游局
地址：西岗区北京街77号
电话：0411-83643447
邮编：116012

大连市沙河口区旅游局
地址：沙河口区政府
电话：0411-84318504
邮编：116021

大连市甘井子区经贸局旅游科
地址：大连市甘井子区大连门广场1号
电话：0411-86665384
邮编：116033

大连市金州区旅游局
地址：金州区斯大林路697号
电话：0411-87675511
邮编：116100

大连市旅顺口区旅游局
地址：旅顺口区红光街7号
电话：0411-86628507
邮编：116041

大连庄河市旅游局
地址：大连庄河市向阳路296号
电话：0411-87696928
邮编：116400

大连瓦房店市旅游局
地址：大连瓦房店市世纪广场1号
电话：0411-85617191
邮编：116300

大连普兰店市旅游局
地址：大连普兰店市福全路12号
电话：0411-83113148
邮编：116200

大连长海县旅游局
地址：大连市长海县大长山岛镇
电话：0411-88682788
邮编：116500

鞍山市旅游局
地址：鞍山市铁东区二一九路36号
电话：0412-5514566
邮编：114002

鞍山市玉佛山风景区管委会
地址：鞍山市二一九公园内
电话：0412-5533425
邮编：114002

鞍山千山区旅游局
地址：鞍山市千山区鞍海路28号
电话：0412-2312730
邮编：114002

海城市旅游局
地址：鞍山海城市
电话：0412-3605799
邮编：114200

鞍山市台安县旅游局
地址：鞍山市台安县政府
电话：0412-4890320
邮编：11400

鞍山市岫岩满族自治县旅游局
地址：鞍山市岫岩满族自治县政府院内
电话：0412-7831880
邮编：114300

抚顺市旅游局
地址：抚顺市政府大楼
电话：0413-7500526
邮编：113007

抚顺市顺城区旅游局
地址：抚顺市顺城区政府
电话：0413-7503690
邮编：113006

抚顺市抚顺县旅游局
地址：抚顺市抚顺县政府
电话：0413-7692041
邮编：113006

抚顺市清原满族自治县旅游局
地址：抚顺市清原满族自治县政府
电话：0413-3022264
邮编：113300

抚顺市新宾满族自治县旅游局
地址：抚顺市新宾满族自治县政府一楼
电话：0413-5080159
邮编：113200

抚顺市东洲区旅游局
地址：抚顺市新抚区西二街8号
电话：0413-2630909
邮编：113008

抚顺市经济开发区旅游局
地址：抚顺市经济开发区
电话：0413-6601476
邮编：113122

抚顺市望花区旅游局
地址：抚顺市望花区政府
电话：0413-6888066
邮编：113001

抚顺市胜利经济开发区招商局（旅游局）
地址：抚顺市胜利经济开发区
电话：0413-4201447
邮编：113009

本溪市旅游局
地址：本溪市政府大楼
电话：0414-2846962
邮编：117100

本溪市南芬区旅游局
地址：本溪市南芬区政府大楼
电话：0414-3834406
邮编：117014

本溪市溪湖区旅游局
地址：本溪市溪湖区政府二楼
电话：0414-5800005
邮编：117002

本溪市本溪满族自治县旅游局
地址：本溪市本溪满族自治县政府路

电话：0414－6832379
邮编：117100

本溪市桓仁满族自治县旅游局
地址：本溪市桓仁满族自治县中心街
电话：0414－8828967
邮编：117200

丹东市旅游局
地址：丹东市边境经济开发区B区
电话：0415－3147949
邮编：118000

丹东东港市旅游局
地址：丹东东港市
电话：0415－7147003
邮编：118300

丹东市宽甸满族自治县旅游局
地址：丹东市宽甸县宽甸镇过街楼西街9号
电话：0415－5120650
邮编：118200

丹东凤城市旅游局（凤凰山风景名胜区管理局）
地址：丹东凤城市
电话：0415－8126043
邮编：118100

丹东市振安区旅游局
地址：丹东市振安区
电话：0415－4134687 4145415
邮编：118001

锦州市旅游局
地址：锦州市市府路68号
电话：0416－2910125
邮编：121013

锦州凌海市文化旅游局
地址：锦州凌海市
电话：0416－8122569
邮编：121200

锦州北宁市旅游局
地址：锦州北宁市北阁路
电话：0416－6633215
邮编：121300

锦州市义县文化旅游局
地址：义县县城
电话：0416－7732350
邮编：121100

锦州市黑山县文化旅游管理中心
地址：锦州市黑山县中央大街67号
电话：0416－5523591
邮编：121400

营口市旅游局
地址：营口市渤海大街西7号
电话：0417－2998476
邮编：115003

营口市鲅鱼圈区旅游局
地址：营口市鲅鱼圈区
电话：0417－6251992
邮编：115007

营口盖州市文体旅游局
地址：营口盖州市政府
电话：0417－7813780
邮编：115200

营口大石桥市经贸局旅游科
地址：营口大石桥市政府大楼
电话：0417－5613229
邮编：115100

阜新市旅游局
地址：阜新市海州区矿工路36号
电话：0418－3324708
邮编：123000

阜新蒙古族自治县旅游局
地址：阜新市阜新蒙古族自治县县政府
电话：0418－8810633
邮编：123001

阜新市彰武县旅游局
地址：阜新市彰武县政府
电话：0418－7726994
邮编：123100

阜新细河区旅游局
地址：阜新市细河区政府
电话：0418－2811784
邮编：123000

辽阳市旅游局
地址：辽阳市民主路38号
电话：0419－2120598
邮编：111000

辽阳市弓长岭区旅游局
地址：辽阳市弓长岭区
电话：0419－5114146
邮编：111008

辽阳市辽阳县旅游局
地址：辽阳市辽阳县城
电话：0419－7777228
邮编：111200

辽阳灯塔市旅游办公室
地址：辽阳灯塔市政府
电话：0419－8187185
邮编：111300

铁岭市旅游局
地址：铁岭市市府路
电话：0410－4194776
邮编：112000

铁岭市清河区旅游局
地址：铁岭市清河区
电话：0410－2177717
邮编：112003

铁岭调兵山市旅游局
地址：铁岭调兵山市
电话：0410－6986234
邮编：112700

铁岭西丰县旅游局
地址：铁岭市西丰县政府
电话：0410－7844106
邮编：112400

朝阳市旅游局
地址：朝阳市双塔区珠江路3段2号
电话：0421－2911947
邮编：122000

朝阳市朝阳县旅游局
地址：朝阳市朝阳县朝阳大街7段15号
电话：0421－2628143
邮编：122000

朝阳凌源市旅游局
地址：朝阳凌源市市府西大街
电话：0421－6823591
邮编：122000

朝阳北票市旅游局
地址：朝阳北票市新华路
电话：0421－5814966
邮编：122100

朝阳市喀喇沁左翼蒙古族自治县旅游局
地址：朝阳市喀左县大城子镇清安路1号
电话：0421－4821343
邮编：122300

盘锦市旅游局
地址：盘锦市兴隆台区惠宾大街
电话：0427－2810995
邮编：124010

盘锦市盘山县旅游局
地址：盘锦市盘山县政府大楼
电话：0427－3581137
邮编：124000

盘锦市大洼县旅游局
地址：盘锦市大洼县政府大楼
电话：0427－6862538
邮编：124200

葫芦岛市旅游局
地址：葫芦岛市海关大楼
电话：0429－3126907
邮编：125000

葫芦岛市连山区文化旅游局
地址：葫芦岛市连山区站前街
电话：0429－2125538
邮编：125001

葫芦岛市龙港区文化旅游局
地址：龙港区新基地锦葫路66号
电话：0429－2107499
邮编：125003

葫芦岛兴城市旅游局
地址：葫芦岛兴城市南门口
电话：0429－5153720
邮编：125100

葫芦岛市绥中县文化旅游局
地址：葫芦岛市绥中县中央路
电话：0429－3956808
邮编：125200

旅行社

辽宁海外国际旅行社有限公司
地址：沈阳市皇姑区北陵大街26甲1
电话：024－86863959
邮编：110031
网址：www. lotc. cn.
许可证号：L－LN －GJ00001

沈阳市海外国际旅行社有限公司
地址：沈阳市和平区和平南大街39号
电话：024－31875808
邮编：110003
网址：www. syoits. com
许可证号：L－LN －GJ00002

大连市海外旅游有限公司
地址：大连市西岗区新开路82号
电话：0411－83689032
邮编：116012
网址：www. dlotc. com
许可证号：L－LN －GJ00003

辽宁省中国国际旅行社
地址：沈阳市黄河南大街133号
电话：024－86806980

邮编：110031
网址：www. lncits. com
许可证号：L－LN －GJ00004

大连中国国际旅行社有限公司
地址：大连市西岗区畅通街1号
电话：0411－83687956
邮编：116011
网址：www. citsdl. com
许可证号：L－LN －GJ00005

丹东中国国际旅行社
地址：丹东市振兴区十纬路20－2号
电话：0415－2132237
邮编：118000
网址：www. ddcits. com
许可证号：L－LN －GJ00006

大连中国青年旅行社
地址：大连市西岗区沈阳路94号
电话：0411－83676511
邮编：116011
网址：www. ctysdl. cn
许可证号：L－LN －GJ00007

辽宁中辽国际旅行社有限公司
地址：沈阳市和平区光荣街35号
电话：024－23240335
邮编：110003
网址：www. lntour. net
许可证号：L－LN －GJ00008

沈阳市中国旅行社
地址：沈阳市沈河区市府大路189号1号楼
电话：024－22822283
邮编：110013
许可证号：L－LN －GJ00009

辽宁省中国青年旅行社有限公司
地址：沈阳市和平区北四经街28号
电话：024－22861908
邮编：110003
网址：www. lsychuangxin. com
许可证号：L－LN －GJ00010

中国金桥旅游大连公司
地址：大连市西岗区新开路87号金福星大厦A座30层
电话：0411－83787745
邮编：116011
许可证号：L－LN －GJ00011

辽宁新亚国际旅行社
地址：沈阳市北陵大街56号
电话：024－86852401
邮编：110032
许可证号：L－LN －GJ00012

大连中妇旅国际旅行社有限责任公司
地址：大连市中山区柳林街12－1号
电话：0411－82813592
邮编：116001
网址：www. dcwits. com
许可证号：L－LN －GJ00013

鞍山中国国际旅行社
地址：鞍山市铁东区二一九路64－1号
电话：04121－5526363
邮编：114001
许可证号：L－LN －GJ00014

沈阳铁道国际旅行社（集团）有限公司
地址：沈阳市和平区平南大街52号
电话：024－22533143
邮编：110005
许可证号：L－LN －GJ00016

辽宁省中国旅行社
地址：沈阳市黄姑区岐山中50号
电话：024－86869098
邮编：110002
网址：www. lncts. com
许可证号：L－LN －GJ00017

沈阳金桥国际旅行社有限公司
地址：沈阳市沈河区中山路355号高登国际大厦601室
电话：024－22818383
邮编：110014
网址：www. gbtow. com
许可证号：L－LN －GJ00018

辽宁省国际体育旅行社
地址：沈阳市和平区和平南大街24号
电话：024－62110555
邮编：110001
许可证号：L－LN －GJ00019

辽宁省职工国际旅行社
地址：沈阳市和平区北五经街1号
电话：024－22855597
邮编：110002
许可证号：L－LN －GJ00020

大连渤海国际旅游总公司
地址：大连市中山区中山路124号
电话：0411－83696133
邮编：116001
网址：www. dlbhgl. com
许可证号：L－LN －GJ00021

大连中铁国际旅行社有限公司
地址：大连市旅顺口区
电话：0411－62628870
邮编：116041
许可证号：L－LN －GJ00023

抚顺中国国际旅行社
地址：抚顺市新抚区永宁街4号
电话：0413－2438659
邮编：113008
许可证号：L－LN －GJ00024

铁岭市中国国际旅行社
地址：铁岭市银州区光荣街19号
电话：0410－4194777
邮编：112000
许可证号：L－LN －GJ00025

大连中国旅行社有限公司
地址：大连市中山区五五路12号良运紫阁七楼
电话：0411－82589456
邮编：116001
网址：www. dlcts. net
许可证号：L－LN －GJ00026

辽宁国际商务旅行社有限公司
地址：沈阳市和平区和平北大街59号
电话：024－22833399
邮编：110003
网址：www. ln－lbts. com
许可证号：L－LN －GJ00027

葫芦岛国际旅行社
地址：葫芦岛市连山区中央大街2号
电话：0429－2226000 2227000
邮编：125001
许可证号：L－LN －GJ00028

沈阳园林国际旅行社
地址：沈阳市和平区南一马路121号
电话：024－23868885
邮编：110001
网址：www. syylgjlxs. com
许可证号：L－LN －GJ00029

沈阳新世纪国际旅行社有限公司
地址：沈阳市皇姑区长江街59号
电话：024－86297188
邮编：110031
网址：www. ly114. com
许可证号：L－LN －GJ00030

沈阳青年国际旅行社有限公司
地址：沈阳市和平区中山路111号
电话：024－22895506
邮编：110003
网址：www. cntour365. com
许可证号：L－LN －GJ00031

辽宁世纪国际旅行社有限公司
地址：沈阳市和平区广州街81号
电话：024－22870590
邮编：110002
网址：www. lnshiji. com
许可证号：L－LN －GJ00033

辽宁电力国际旅游（旅行社）有限公司
地址：大连市中山区中山路102号
电话：0411－82613522/82613000
邮编：116001
许可证号：L－LN －GJ00034

大连交通国际旅行社有限公司
地址：大连市中山区港湾街1号
电话：0411－82623701
邮编：116001
网址：www. dits. cn
许可证号：L－LN －GJ00035

大连航空国际旅行社有限公司
地址：大连市西岗区中山路143号
电话：0411－83644088
邮编：116011
网址：www. dlaits. com
许可证号：L－LN －GJ00038

大连富丽华国际旅行社有限公司
地址：大连市中山区人民路60号
电话：0411－82810001
邮编：116001
许可证号：L－LN －GJ00039

丹东金方舟国际旅行社
地址：丹东市振兴区十纬路2号
电话：0415－2140546
邮编：118000
网址：www. golden－tour. net
许可证号：L－LN －GJ00040

本溪水洞国际旅行社
地址：本溪市平山区平山路30号
电话：0414－2808119
邮编：117000
网址：www. bxtourism. com
许可证号：L－LN －GJ00041

丹东铁道国际旅行社
地址：丹东市振兴区十一纬路3－4号
电话：0415－2023400
邮编：118000
网址：www. lntgroup. com
许可证号：L－LN －GJ00042

丹东中青国际旅行社有限公司
地址：丹东市振兴区头道小区5号楼
电话：0415－2145099
邮编：118000
许可证号：L－LN －GJ00043

丹东海外旅行社
地址：丹东市商贸旅游区B区14号101室
电话：0415－3170777
邮编：118000
网址：www. jinhai. com. cn
许可证号：L－LN －GJ00044

锦州市中国旅行社
地址：锦州市古塔区山西63号
电话：0416－2326437
邮编：121000
网址：www. jzcts. com
许可证号：L－LN －GJ00045

鞍山玉佛国际旅行社服务有限公司
地址：鞍山市鞍千路东山乐园北门
电话：0412－5519689
邮编：114004
许可证号：L－LN －GJ00046

营口海外旅行社
地址：营口市盼盼路17－17号
电话：0417－2626900
邮编：115003
许可证号：L－LN －GJ00047

辽宁瑞得国际旅行社有限公司
地址：大连市中山区新安街15号
电话：0411－88858800
邮编：116011
许可证号：L－LN －GJ00048

阜新中国国际旅行社
地址：阜新市矿工大街36号
电话：0418－3324940
邮编：123000
网址：www. fxcits. com
许可证号：L－LN －GJ00050

辽宁北方国际旅行社有限公司
地址：大连市中山区保定街2号嘉和大厦9A
电话：0411－82776000
邮编：116001
许可证号：L－LN －GJ00052

大连东北国际旅行社
地址：大连市中山区长江路228号宏孚国际大厦805
电话：0411－88902008
邮编：116001
网址：www. ne－tourist. com
许可证号：L－LN －GJ00053

大连东来国际旅行社有限公司
地址：大连市中山区友好路158号
电话：0411－82823131
邮编：116001
网址：www. dlot. com. cn
许可证号：L－LN －GJ00054

大连铁道国际旅行社
地址：大连市西岗区胜利街40号
电话：0411－82832807
邮编：116001
许可证号：L－LN －GJ00055

大连康辉国际旅行社有限公司
地址：大连市中山区鲁迅路35号盛世大厦1808A区
电话：0411－82109255
邮编：116001
网址：www. dlcct. com
许可证号：L－LN －GJ00057

中国国旅（大连）国际合作旅行社有限公司
地址：大连市西岗区黄河路219号
电话：0411－83780922
邮编：116011
网址：www. citsdlgh. com
许可证号：L－LN －GJ00058

大连浪漫时代国际旅行社有限公司
地址：大连市西岗区中山路171号
电话：0411－83657980
邮编：116011
许可证号：L－LN －GJ00059

丹东金华国际旅行社
地址：丹东市振兴区江城大街15号
电话：0415－2103293
邮编：118000
许可证号：L－LN －GJ00060

沈阳国际旅行社有限公司
地址：沈阳市沈河区沈洲路99号太和大厦A座10层
电话：024－22958888
邮编：110014
网址：www. syits. com
许可证号：L－LN －GJ00061

葫芦岛市交通国际旅行社有限公司
地址：葫芦岛市连山区站前街永昌路
电话：0429－3901112
邮编：125001
许可证号：L－LN －GJ00062

大连古莲国际旅行社有限公司
地址：大连市西岗区联合路142号
电话：0411－82111109
邮编：116021
网址：www. dl－gulian. com
许可证号：L－LN －GJ00063

大连信利汇丰国际旅行社有限公司
地址：大连市沙河口区五一路37－2号
电话：0411－84608600
邮编：116021
网址：www. dicitc. com
许可证号：L－LN －GJ00064

大连新世界国际旅行社有限公司
地址：大连市沙河口区五一路99号
电话：0411－84586700　84586701
邮编：116001
网址：www. doliantrip. com
许可证号：L－LN －GJ00065

沈阳文教国际旅行社有限责任公司
地址：沈阳市沈河区青年大街48甲1号
电话：024－22718217
邮编：110016
网址：www. 0086tour. com. cn
许可证号：L－LN －GJ00066

大连外运和平国际旅行社
地址：中山区益民街3号
电话：0411－82552258
邮编：116001
许可证号：L－LN－GJ00067

丹东谊江国际旅行社有限公司
地址：丹东市元宝区江城大街163－2号
电话：0415－2877770
邮编：118216
许可证号：L－LN －GJ00068

大连金石高尔夫国际旅行社有限公司
地址：大连市中山区上海路45号宏孚大厦2002－1室
电话：0411－82691106
邮编：116001
网址：www. dlgits. cn
许可证号：L－LN －GJ00069

辽宁康辉国际旅行社有限公司
地址：沈阳市和平区和平北大街69号
电话：024－22813091
邮编：110003
网址：www. lncct. com
许可证号：L－LN －GJ00070

大连华商国际旅行社有限公司
地址：大连市沙河口区永平街71号
电话：0411－84629796
邮编：116021
许可证号：L－LN －GJ00071

辽宁四方蓝天国际旅行社有限公司
地址：沈阳市和平区十一纬路88号
电话：024－22875225　22895888
邮编：110003
电子信箱：sfbs@163. com
许可证号：L－LN－GJ00072

朝阳新时代国际旅行社有限公司
地址：朝阳市朝阳大街二段18号
电话：0421－2805522
邮编：122000
许可证号：L－LN －GJ00073

辽宁人才国际旅行社有限责任公司
地址：沈阳市和平区哈尔滨路50号
电话：024－22503925
邮编：110002
电子信箱：LNRC@SINA. COM
许可证号：L－LN－GJ00074

辽宁东电茂霖国际旅行社有限公司
地址：沈阳市和平区宁波路18号
电话：024－22857370
邮编：110006
许可证号：L－LN－GJ00075

大连北方天马国际旅行社有限公司
地址：大连市沙河口区白山路76号
电话：0411－84311530
邮编：116021
网址：www. bftm. com. cn
电子信箱：shanshuangabc@sina. com
许可证号：L－LN－GJ00076

辽宁白马国际旅行社有限公司
地址：沈阳市和平区北三经街22号
电话：024－23181157
邮编：110003
网址：www. liaoningbaima. com
电子信箱：fengchen268@sina. com
许可证号：L－LN－GJ00077

辽宁汇点国际旅行社有限公司
地址：沈阳市沈河区沈阳路68号
电话：024－24852678
邮编：110011
电子信箱：changhxt@163. com
许可证号：L－LN－GJ00078

辽宁天兴国际旅行社有限公司
地址：沈阳市和平区文化路48－1号281

电话：024－62680259
邮编：110013
网址：www. lntxgj. com
许可证号：L－LN－GJ00079

葫芦岛妇女国际旅行社
地址：葫芦岛市龙湾大街26号
电话：0429－3101968
邮编：125000
网址：www. cnlyw. com
许可证号：L－LN－GJ00080

辽宁欧美亚国际旅行社有限公司
地址：沈阳市和平区绍兴街18号
电话：024－81028553 13804980137
邮编：110006
电子信箱：WZL_ 05@163. com
许可证号：L－LN－GJ00081

大连新浪国际旅行社有限公司
地址：大连市中山区麒麟东巷13号
电话：0411－82306230
邮编：116001
许可证号：L－LN－GJ00082

鞍山恒通国际旅行社有限责任公司
地址：鞍山市铁东区南胜利路68甲7号
电话：0412－2211909
邮编：114001
许可证号：L－LN－GJ00083

桓仁凤鸣国际旅行社有限公司
地址：本溪市桓仁县桓仁镇中心街老干部活动中心二楼
电话：0414－8870133
邮编：117200
许可证号：L－LN－GJ00084

辽宁火车头国际旅行社有限责任公司
地址：铁煤集团蒸汽机车博物馆旅游景区
电话：0410－6826666
邮编：112702
网址：www. steam－locomotive. cn
电子信箱：liucs@ tfcoal. com
许可证号：L－LN－GJ00085

宾馆酒店

沈阳丽都喜来登饭店 ★★★★★
地址：沈阳和平区青年大街386号
电话：024－23188888
传真：024－23188318
邮编：110004
网址：www. sheraton. com/shenyangcn

沈阳皇朝万豪酒店 ★★★★★
地址：沈阳和平区青年大街388号
电话：024－23883456
传真：024－23880677
邮编：110003
网址：www. marriott. com

沈阳洲际酒店 ★★★★★
地址：沈阳和平区南京北街204－208号
电话：024－23341999
传真：024－23341198
邮编：110001
网址：www. intercontinental. com
电子信箱：shenyang@ interconti. com

沈阳黎明国际酒店 ★★★★★
地址：沈阳大东区长安路10号
电话：024－24359999
传真：024－24359000
邮编：110042
网址：www. sunrisehotel. cn

沈阳绿岛森林公园 ★★★★★
地址：沈阳苏家屯区梧桐大街2号
电话：024－89579797
传真：024－89579500
邮编：110169

富虹国际饭店 ★★★★★
地址：辽阳市辽鞍路5－6段
电话：0419－2268944
传真：0419－2268196
邮编：111000

鞍山五环大酒店 ★★★★★
地址：鞍山市铁东区胜利路43号
电话：0412－5520888
传真：0412－5549999
邮编：114001
网址：wuhan. hotel. com. cn
电子信箱：wuhuan 5520888@163. com

鞍山国际大酒店有限公司 ★★★★★
地址：鞍山市铁东区园林路219号
电话：0412－5555888
传真：0412－5555988
邮编：114001
网址：www. ashotel. com. cn
电子信箱：ashotel@ mail. asptt. ln. cn

大连香格里拉大饭店 ★★★★★
地址：大连市人民路66号
电话：0411－82525000
传真：0411－82524750
邮编：116001
网址：www. shangri-la. com
电子信箱：slda@ shangri-la. com

大连富丽华大酒店 ★★★★★
地址：大连市人民路60号
电话：0411－82630888
传真：0411－82804455
邮编：116001
网址：www. furama. com. cn
电子信箱：furama@ furama. com. cn

大连日航饭店 ★★★★★
地址：大连市中山区长江路123号
电话：0411－82529999
传真：0411－82529900
邮编：116001
网址：www. nikkodalian. com. cn
电子信箱：mail. nikkodalian. com. cn

最佳西方（精品）大连海景酒店 ★★★★★
地址：大连市中山区港湾街2号
电话：0411－82728888
传真：0411－82729999
邮编：116001
网址：www. bwharbourview. com. cn

大连瑞士酒店 ★★★★★
地址：大连市中山区五惠路21号
电话：0411－82303388
传真：0411－82302266
邮编：116001
网址：www. swisshotel. com. cn
电子信箱：emailus@ swisshotel. com. cn

沈阳凯莱大酒店 ★★★★
地址：沈阳沈河区北站迎宾街32号
电话：024－22528855
传真：024－22528301
邮编：110013
网址：www. ghpShenyang，Liaoning. com

沈阳格林大饭店 ★★★★
地址：沈阳沈河区北站路72号
电话：024－22576688
传真：024－22522288
邮编：110013
网址：www. greenhotel. com. cn
电子信箱：green50002004@163. com

沈阳时代广场酒店 ★★★★
地址：沈阳沈河区北站路99号
电话：024－22532828
传真：024－22531950
邮编：110013
网址：www. timesplaza-sy. com. cn

沈阳高登大酒店 ★★★★
地址：沈阳沈河区青年大街52号
电话：024－22818888
传真：024－22818866
邮编：110014
网址：www. goldensy. com. cn

沈阳房地产大厦 ★★★★
地址：沈阳沈河区大西路287－1号
电话：024－82978888
传真：024－82978822
邮编：110014

沈阳玫瑰大酒店 ★★★★
地址：沈阳沈河区中街路201号
电话：024－24898188
传真：024－24898011
邮编：110011
网址：www. rosehotel. com. cn
电子信箱：net@ rosehotel. com. cn

沈阳新世界酒店 ★★★★
地址：沈阳和平区南京南街2号
电话：024－23869888
传真：024－23860018
邮编：110001
电子信箱：gm@ nwhsy. china. com

沈阳商贸饭店 ★★★★
地址：沈阳和平区中华路68号
电话：024－23412288
传真：024－23409401
邮编：110001
网址：www. shangri-la. com
电子信箱：tshy@ shangri-la. com

沈阳金都饭店 ★★★★
地址：沈阳和平区太原南街189号
电话：024－23510888
传真：024－23856888
邮编：110001
网址：www. 沈阳金都 . com
电子信箱：kingdom@ pub. sy. ln. cn

沈阳假日酒店 ★★★★
地址：沈阳和平区南京北街204号
电话：024－23341888
传真：024－23341188
邮编：110001
网址：www. holidayin. com. cn

沈阳七宝山饭店 ★★★★
地址：沈阳和平区十一纬路79－81号
电话：024－31602888
传真：024－23227645

邮编：110003
网址：www. chilbosan. com. cn
电子信箱：mailchilbosan. com. cn

沈阳皇城商务酒店 ★★★★
地址：沈阳和平区十一纬路82号
电话：024－22853838
传真：024－22856366
邮编：110003

辽宁大厦 ★★★★
地址：沈阳皇姑区黄河南大街105号
电话：024－86081166
传真：024－86809355
邮编：110031
网址：www. lnmansion. com
电子信箱：lnmansion@163. com

辽宁政协会馆 ★★★★
地址：沈阳皇姑区崇山东路73号
电话：024－86293888
传真：024－86293555
邮编：110032
网址：www. lnzxhg. cn

辽宁凤凰饭店 ★★★★
地址：沈阳皇姑区黄河南大街109号
电话：024－86105858
传真：024－86105340
邮编：110031
网址：www. phoenixhotel. com. cn
电子信箱：ln@phoenixhotel. com. cn

沈阳世星国际饭店 ★★★★
地址：沈阳铁西区启工街8号
电话：024－62135555
传真：024－62135888
邮编：110026
网址：www. worldstar. com. cn

燕都国际 ★★★★
地址：朝阳市新华路二段77号
电话：0421－6689999
传真：0421－6689668
邮编：122000
电子信箱：cyydgjjd@. 163. com

中林国际酒店 ★★★★
地址：阜新市海州区中华路166号
电话：0418－2288888
传真：0418－2288666
邮编：123000
网址：www. zi_hotel. com

铁岭天兴酒店有限公司 ★★★★
地址：铁岭市银州区广裕街38号
电话：0410－4019999
传真：0410－4019999
邮编：112000
电子信箱：txhotel@163. com

抚顺友谊宾馆 ★★★★
地址：抚顺市永宁街4号
电话：0413－2810000
传真：0413－2810001
邮编：113008
网址：www. fsyyhotel. cn

明珠大酒店 ★★★★
地址：本溪市平山区胜利路4号
电话：0414－2832888
传真：0414－2840054
邮编：117000
网址：www. mingzhuhotel. com

万豪国际大酒店 ★★★★
地址：本溪市明山区地工路43号
电话：0414－2877777
传真：0414－3860222
邮编：117000

鞍山寰球大酒店 ★★★★
地址：鞍山市铁东区文化街1号
电话：0412－2988888
传真：0412－2216488
邮编：114001
网址：huanqiu. cnsunshine. com
电子信箱：huanqiu88888@163. com

鞍钢东山宾馆 ★★★★
地址：鞍山市铁东区东风街108号
电话：0412－5592505
传真：0412－5536207
邮编：114010
网址：www. asdshotel. com
电子信箱：agdshotel@126. com

海城大酒店 ★★★★
地址：鞍山海城市北顺城路12号
电话：0412－3220888
传真：0412－3222777
邮编：114200
网址：www. haichenghotel. com

丹东中联大酒店 ★★★★
地址：丹东市滨江中路62号
电话：0415－2333333
传真：0415－2333888
邮编：118000
网址：www. zlhotel. com
电子信箱：zlhotel0415@163. com

丹东鸭绿江大厦 ★★★★
地址：丹东市振兴区九纬路87号
电话：0415－2125901
传真：0415－2126180
邮编：118000
网址：www. yaluriverhotel. cn
电子信箱：yrhc@yaluriverhotel. cn

丹东假日阳光酒店 ★★★★
地址：丹东市元宝区县前街1号
电话：0415－2883333
传真：0415－2887999
邮编：118000
网址：www. jryg hotel. com
电子信箱：jryg2005@163. com

大连东方大厦有限公司 ★★★★
地址：大连经济技术开发区辽河西路67号
电话：0411－87612988
传真：0411－87614416
邮编：116600
网址：www. dalianeasthotel. com
电子信箱：email@dalianeasthotel. com

大连万达国际饭店 ★★★★
地址：大连市长江路539号
电话：0411－83628888
传真：0411－83639696
邮编：116011
网址：www. wdih. com
电子信箱：hotel@wdih. com

大连银帆宾馆 ★★★★
地址：大连经济技术开发区金马路135号
电话：0411－88968888
传真：0411－87611322
邮编：116600
网址：www. innfinehotel. cn
电子信箱：innfine@innfinehotel. cn

大连新海天国际酒店
地址：大连经济技术开发区黄海西路136号
电话：0411－87629999
传真：0411－87922508
邮编：116600
网址：www. newseaview. com
电子信箱：newseaviewhotel@126. com

大连凯伦饭店 ★★★★
地址：大连经济技术开发区金马路186号
电话：0411－87621188
传真：0411－87621888
邮编：116600
网址 www. kerrenhotel. com
电子信箱：kerren@mail. dlptt. ln. cn

大连香洲大饭店 ★★★★
地址：大连市西岗区中山路145号
电话：0411－83699988
传真：0411－83622688
邮编：116011
网址：www. xiangzhou. com

仲夏花园酒店 ★★★★
地址：大连西岗区八一路222号
电话：0411－82492222
传真：0411－82497002
邮编：116013
网址：www. zhongxiahotel. com
电子信箱：zxks@zhongxiahotel. com

九州华美达大酒店 ★★★★
地址：大连市中山区胜利广场18号
电话：0411－82808888
传真：0411－82809704
邮编：116001
网址：www. ramada. com

良运大酒店 ★★★★
地址：大连市中山区五五路12号
电话：0411－82589188
传真：0411－82589238
邮编：116001
网址：www. liangyunhotel. com
电子信箱：liangyun06@126. com

大连市船舶丽湾大酒店 ★★★★
地址：大连市中山区民主广场8号
电话：0411－82123888
传真：0411－82123555
邮编：116001
网址：www. dlleewan. com

大连心悦大酒店有限公司 ★★★★
地址：大连中山区人民路81号
电话：0411－82809000
传真：0411－82809222
邮编：116001
网址：www. delighthotel－dalian. com

大连嘉信国际酒店 ★★★★
地址：大连市中山区五五路53号
电话：0411－82727999
传真：0411－82705959
邮编：116001
网址：www. dljiaxin. com
电子信箱：fb@dljiaxin. com

大连文园大酒店 ★★★★
地址：大连市中山区职工街58号
电话：0411－88818888
传真：0411－88992999

邮编：116001
网址：www. weigelahotel. com

大连丽景（嘉柏）大酒店有限公司 ★★★★
地址：大连市中山区滨海东路15号
电话：0411－82892811
传真：0411－82893510
邮编：116015

大连十洲云水大酒店 ★★★★
地址：大连市沙河口区长江路839号
电话：0411－88808888
传真：0411－88808889
邮编：116021
网址：www. szys. com

大连昱圣苑国际酒店 ★★★★
地址：大连市沙河口区太原街6号
电话：0411－88828888
传真：0411－88828811
邮编：116021
网址：www. ysyhotel. com
电子信箱：ysy@ hotel. com

大连星海高尔夫酒店 ★★★★
地址：大连市沙河口区星河路29号
电话：0411－82193333
传真：0411－84800688
邮编：116021
网址：www. xhgolfhotel. cn

大连国际机场宾馆 ★★★★
地址：大连市甘井子区迎客路98号
电话：0411－86659888
传真：0411－86655396
邮编：116033
网址：www. dliah. com
电子信箱：mm6006@ sohu. com

大连市阿尔滨金山宾馆 ★★★★
地址：大连市金州区五一路82号
电话：0411－87682288
传真：0411－87681115
邮编：116100
网址：www. aerbinhotel. cn
电子信箱：aerbinguozong@ sina. com

港丰大酒店 ★★★★
地址：营口市经济技术开发区
电话：0417－6269888
传真：0417－6259512
邮编：115007
网址：www. gangfenghotel. com

国贸大饭店 ★★★★
地址：营口市站前区新兴大街东1号
电话：0417－2655555
传真：0417－2600000
邮编：115000
网址：www. ykgmhotel. com
电子信箱：hotel@ ykgmhotel. com

河畔花园酒店 ★★★★
地址：营口市站前区辽河大街
电话：0417－2658176
传真：0417－2658177
邮编：115001
网址：www. hepanhotel. com

金都大酒店 ★★★★
地址：营口盖州市红旗大街
电话：0417－7698888
传真：0417－7698000
邮编：115200
电子信箱：liaoningjindu@ 163. com

盘锦国际酒店 ★★★★
地址：盘锦市兴隆台区泰山路116号
电话：0427－7268888
传真：0427－2288999
邮编：124010
网址：www. ihpj. com

辽宁紫澜门国际酒店 ★★★★
地址：盘锦市兴隆台区兴隆大街124号
电话：0427－3208888
传真：0427－3208889
邮编：124010
电子信箱：lnzlm@ hotmail. com

盘锦国贸饭店 ★★★★
地址：盘锦市兴隆台区中兴路7号
电话：0427－2816688
传真：0427－2815566
邮编：124010
网址：www. pjguomao. com

辽河油田辽河宾馆 ★★★★
地址：盘锦市兴隆台区惠宾街
电话：0427－7804797
传真：0427－7822374
邮编：124010
电子信箱：lhbg8800@ 163. com

盘锦生态酒店 ★★★★
地址：盘锦市兴隆台区双兴路
电话：0427－2958888
传真：0427－2950066
邮编：124010
网址：www. pjsty. com
电子信箱：shengtaijiudian@ 126. com

笔架山庄
地址：锦州经济技术开发区滨海路
电话：0416－3584590
传真：0416－3584050
邮编：121007

凌海花园酒店 ★★★★
地址：锦州凌海市锦凌大街
电话：0416－8182222
传真：0416－8190066
邮编：121200
网址：www. lngardenhotel. com

国际酒店 ★★★★
地址：葫芦岛市龙港区龙警街14号
电话：0429－3119999
传真：0429－3118717
邮编：125000

沈阳鸿宇山庄 ★★★
地址：棋盘山市国际旅游度假区秀湖北岸
电话：024－88055051
传真：024－88055065
邮编：110164
网址：www. hongyuhotel. com
电子信箱：johnnyhfm@ 163. com

沈阳北辰大酒店 ★★★
地址：沈阳市沈河区惠工街169号
电话：024－88522425
传真：024－88556428
邮编：110013

沈阳金利宾馆 ★★★
地址：沈阳市沈河区文化路83号
电话：024－23911171
传真：024－23051690
邮编：110016

辽宁科技宾馆 ★★★
地址：沈阳市沈河区文艺路44号
电话：024－62129088
传真：024－62129087
邮编：110016
网址：www. lnkjg. com
电子信箱：lnskjg@ tom. com

沈阳市荣达饭店 ★★★
地址：沈阳市沈河区南关路116号
电话：024－24109999
传真：024－24109000
邮编：110015
电子信箱：rdhotel@ syrongda. cn

沈阳毓英楼宾馆 ★★★
地址：沈阳市沈河区六纬路23号
电话：024－31297888
传真：024－31297888
邮编：110014

辽宁大剧院宾馆 ★★★
地址：沈阳市沈河区市府大路363号
电话：024－22735688
传真：024－22726077
邮编：110013
网址：www. lntheatre. com
电子信箱：wyluckyoozo@ sina. com. cn

沈阳正兴宾馆 ★★★
地址：沈阳市沈河区一经街二纬路23号
电话：024－22829988
传真：024－22710513
邮编：110013

沈阳铁路大酒店 ★★★
地址：沈阳市沈河区北站路102号
电话：024－62231888
传真：024－62232888
邮编：110013

沈阳雷格酒店 ★★★
地址：沈阳市沈河区沈洲路2号
电话：024－22946666
传真：024－22919998
邮编：110011

沈阳鸿翔宾馆 ★★★
地址：沈阳市沈河区万柳塘路53号
电话：024－24018888
传真：024－24118855
邮编：110015
电子信箱：syhongxiang@ sohu. com

沈阳雍伦大酒店 ★★★
地址：沈阳市沈河区热闹路58号甲
电话：024－24128888
传真：024－24142828
邮编：110011
网址：www. yonglun. com
电子信箱：yonglunhotel@ 163. com

沈阳邮政大厦 ★★★
地址：沈阳市沈河区北站路78号
电话：024－22593333
传真：024－22593077
邮编：110013

沈阳科隆酒店 ★★★
地址：沈阳市沈河区朝阳街238号
电话：024－24896666
传真：024－24896699
邮编：110011

沈阳迎宾馆 ★★★
地址：沈阳市沈河区北三经街 9 号
电话：024－22805588
传真：024－22805605
邮编：110013
电子信箱：syybg@ yahoo. com. cn

瑞心城市酒店 ★★★
地址：沈阳市沈河区敬宾街 3－3 号
电话：024－88598588
传真：024－88554651
邮编：110013

辽宁东盛大厦 ★★★
地址：沈阳市沈河区北京街 9 号
电话：024－62236666
传真：024－62236565
邮编：110013
网址：www. lndsds. com
电子信箱：lndsds@ 126. com

沈阳瑞心东方酒店 ★★★
地址：沈阳市沈河区北站路 112 号
电话：024－22583333
传真：024－22583222
邮编：110013
网址：www. rxhotels. com

沈阳亚泰大酒店 ★★★
地址：沈阳市沈河区沈阳路 265 号
电话：024－24897777
传真：024－24897878
邮编：110011

沈阳大民族饭店 ★★★
地址：沈阳市和平区南三好街 112 号
电话：024－83959898
传真：024－83959848
邮编：110003

沈阳瑞心东旭商务酒店 ★★★
地址：沈阳市和平区南京南街 40 号
电话：024－23299188
传真：024－23299088
邮编：110001
网址：www. rxhotels. com

辽宁天都饭店 ★★★
地址：沈阳市和平区南五马路 238 号
电话：024－23296666
传真：024－23296166
邮编：110006

辽宁金秋宾馆 ★★★
地址：沈阳市和平区新华路 10 号
电话：024－62107777
传真：024－23873576
邮编：110005
网址：www. jinqinhotel. cn
电子信箱：jinqiuhotel@ 163. com

沈阳七月宾馆 ★★★
地址：沈阳市和平区南京南街 100 号
电话：024－23583333
传真：024－23583030
邮编：110005

沈阳金辉大厦 ★★★
地址：沈阳市和平区南八马路 27 号
电话：024－62256666
传真：024－62256153
邮编：110005

辽宁金科大厦 ★★★
地址：沈阳市和平区文化路 19 号
电话：024－23898880
传真：024－23907788
邮编：110004
网址：www. jinkecn. com
电子信箱：hezhe555@ sohu. com

南湖大酒店 ★★★
地址：沈阳市和平区文化路 63 号
电话：024－23843939
传真：024－23841129
邮编：110003

辽宁省辽展饭店 ★★★
地址：沈阳市和平区文化路 58 号
电话：024－62129999
传真：024－62124444
邮编：110003
网址：www. lnzmjt. com
电子信箱：liaozhanhotel@ hotmail. com

沈阳金城宾馆 ★★★
地址：沈阳市和平区太原北街 1 号
电话：024－23168888
传真：024－23168777
邮编：110001

辽宁宾馆 ★★★
地址：沈阳市和平区中山路 97 号
电话：024－23839166
传真：024－23839103
邮编：110001

沈阳金杯汽车大厦 ★★★
地址：沈阳市和平区中华路 57 号
电话：024－23868888
传真：024－23879582
邮编：110001

沈阳金山宾馆 ★★★
地址：沈阳市和平区昆山北街 62 号
电话：024－23409216
传真：024－23409216
邮编：110001
网址：www. jsbg. cn
电子信箱：mayan0529@ sina. com

辽宁省老道口大厦 ★★★
地址：沈阳市和平区胜利北街 1 号
电话：024－62100399
传真：024－23404508
邮编：110001
电子信箱：sydg1018@ 126. com

辽宁金三角饭店 ★★★
地址：沈阳市和平区中华路 43 号
电话：024－23292288
传真：024－23292188
邮编：110001

辽宁丽晶大酒店 ★★★
地址：沈阳市和平区同泽北街 5 号
电话：024－23298888
传真：024－23298688
邮编：110001

沈阳市和平宾馆 ★★★
地址：沈阳市和平区胜利北街 104 号
电话：024－23498888
传真：024－23498000
邮编：110001 B0612
网址：www. hpbg. com. cn
电子信箱：hpbg@ Liaoning. com

沈阳金星宾馆 ★★★
地址：沈阳市和平区太原北街 9 号
电话：024－62101111
传真：024－62101234
邮编：110001

沈阳民航宾馆 ★★★
地址：沈阳市大东区小河沿路 3 号
电话：024－88291888
传真：024－88291333
邮编：110043
网址：www. hybg. com
电子信箱：symhbg@ 163. com

沈阳兰亭宾馆 ★★★
地址：沈阳市皇姑区北陵大街 37 号
电话：024－86395888
传真：024－86395877
邮编：110032

辽宁国大酒店 ★★★
地址：沈阳市皇姑区昆山东路 28 号
电话：024－86399000
传真：024－86398898
邮编：110032

辽宁省华峰宾馆 ★★★
地址：沈阳市皇姑区崇山东路 32 号
电话：024－31519322
传真：024－31207819
邮编：110032

辽宁工会大厦 ★★★
地址：沈阳市皇姑区崇山东路 40 号
电话：024－62235999
传真：024－62234828
邮编：110032
网址：www. lnghds. com
电子信箱：lnghds@ lnghds. com

沈后金辉宾馆 ★★★
地址：沈阳市铁西区沈辽东路 34 号
电话：024－25688688
传真：024－25688666
邮编：110021

沈阳市紫薇仙庄 ★★★
地址：沈阳市苏家屯区紫微路 1 号
电话：024－89591100
传真：024－89591122
邮编：110003

荣利达大厦 ★★★
地址：沈阳市苏家屯区雪松路 21 号
电话：024－62190051
传真：024－89135604
邮编：110101

沈阳华苑大酒店 ★★★
地址：沈阳市苏家屯区海棠街 39 号
电话：024－89135632
传真：024－89135647
邮编：110101
电子信箱：hysygc@ yahoo. com. cn

沈阳市新城饭店 ★★★
地址：沈阳市苏家屯区枫杨路 26 号
电话：024－89819999
传真：024－89119999
邮编：110101

沈阳空港来登饭店 ★★★
地址：沈阳市东陵区沈阳桃仙国际机场
电话：024－89398866
传真：024－89398948
邮编：110169
网址：www. landhotel. com. cn

电子信箱：Serve@ landhotel. com. cn

辽宁省柳湖宾馆 ★★★
地址：沈阳市于洪区崇山东路 30 号
电话：024－31015566
传真：024－86895756
邮编：110032

沈阳金海岸大酒店 ★★★
地址：沈阳市于洪区黄海路 35 号
电话：024－25300688
传真：024－25305688
邮编：110141

辽宁金剑宾馆 ★★★
地址：沈阳市于洪区崇山东路 8 号
电话：024－86686666
传真：024－62269699
邮编：110032

辽宁省人民大厦 ★★★
地址：沈阳市于洪区崇山东路 41 号
电话：024－86681666
传真：024－86223148
邮编：110032

新民市迎宾馆 ★★★
地址：沈阳新民市辽河大街 135 号
电话：024－87856427
传真：024－87859928
邮编：110300

沈阳文华酒店 ★★★
地址：沈阳市辽中县东环街 59 号
电话：024－87888886
传真：024－87898889
邮编：110200

圣都宾馆 ★★★
地址：朝阳市新华路三段 11—5 号
电话：0421－2829898
传真：0421－2829898
邮编：122000

北票宾馆 ★★★
地址：朝阳北票市南山街 21 号
电话：0421－5821649
传真：0421－5822728
邮编：122100
网址：www. bp. gov. cn
电子信箱：bphotel@ hotmail. com

龙回首宾馆 ★★★
地址：朝阳凌源市红山路西段
电话：0421－6988866
传真：0421－6988877
邮编：122500

喀左宾馆 ★★★
地址：朝阳市喀左大城子青年街 1 号
电话：0421－4822666
传真：0421－4829159
邮编：122300
电子信箱：kazuobinguan@ 126. com

利州宾馆 ★★★
地址：朝阳市喀左大城子建设路中段
电话：0421－4824210
传真：0421－4824213
邮编：122300

国泰酒店 ★★★
地址：阜新市海州区解放大街 56 号
电话：0418－2898899
传真：0418－2898757
邮编：123000

鸿宇宾馆 ★★★
地址：阜新市海州区解放大街 47 号
电话：0418－3990101
传真：0418－3990200
邮编：123000
电子信箱：lnfxhybg@ 163. com

中南大酒店 ★★★
地址：阜新市海州区解放大街 58 号
电话：0418－2898666
传真：0418－2896688
邮编：123000

星光大酒店 ★★★
地址：阜新市太平区创业路 73 号
电话：0418－5592700
传真：0418－5592719
邮编：123000

铁岭市龙山宾馆 ★★★
地址：铁岭市银州区南马路 88 号
电话：0410－2219000
传真：0410－2219057
邮编：112000
电子信箱：tlliuqi1234@ 163. com

铁岭铁源大酒店 ★★★
地址：铁岭市银州区银州路 1 号
电话：0410－4841551
传真：0410－4199001
邮编：112000

铁岭市清河区丽景饭店 ★★★
地址：铁岭市清河区虹光街 15 号
电话：0410－2112010
传真：0410－2170018
邮编：112003
网址：www. ljfd. net

铁岭云松大酒店 ★★★
地址：铁岭市清河区红旗街旅游路 2 号
电话：0410－2181155
传真：0410－2181155
邮编：112003

铁法煤业（集团）有限责任公司宾馆 ★★★
地址：铁岭调兵山市铁煤集团宾馆
电话：0410－6866536
传真：0410－6870440
邮编：112700

调兵山市溯源宾馆有限责任公司 ★★★
地址：铁岭调兵山市人民路东段
电话：0410－6991666
传真：0410－6990518
邮编：112700
电子信箱：suyuanct@ sina. com

辽宁新创集团公司天宝酒店 ★★★
地址：铁岭开原市解放路 170－1 号
电话：0410－6309999
传真：0410－6301111
邮编：112300

铜锣湾宾馆 ★★★
地址：抚顺市经济开发区顺福路 81 号
电话：0413－6708210
传真：0413－6708166
邮编：113122

抚顺石化宾馆 ★★★
地址：抚顺市顺城区浑河北路 6 号
电话：0413－7680000
传真：0413－7680038
邮编：113006

煤都宾馆 ★★★
地址：抚顺市新抚区迎宾路 1 号
电话：0413－2532333
传真：0413－2532331
邮编：113008

天宝大厦 ★★★
地址：抚顺市新抚区西一路 2 号
电话：0413－2537333
传真：0413－2537337
邮编：113008
网址：www. fkjt. com. cn
电子信箱：jttbds@ fkjt. com. cn

罗台山庄疗养院 ★★★
地址：抚顺市东州区萨尔湖南路 2 号
电话：0413－460333
传真：0413－4460175
邮编：113007
网址：fsltsz. 5166. info
电子信箱：fsltsz@ 163. com

南海绿洲大酒店 ★★★
地址：抚顺市望花区丹东路 68 号
电话：0413－6656888
传真：0413－6651666
邮编：113001
网址：nhlz. fsit. com

兴京宾馆 ★★★
地址：抚顺市新宾满族自治县兴京街 30 号
邮编：113200

启运宾馆 ★★★
地址：抚顺市新宾满族自治县和平街
电话：0413－5030111
传真：0413－5025919
邮编：113200

紫荆饭店 ★★★
地址：抚顺市清原满族自治县紫荆饭店
电话：0413－3051789
传真：0413－3051700
邮编：113300

东方花园酒店 ★★★
地址：本溪市石桥子开发区
电话：0414－5850198
传真：0414－5869285
邮编：117019

万顺达饭店 ★★★
地址：本溪市平山区解放南路
电话：0414－2321121
传真：0414－2335999
邮编：117000
网址：wsd. yp. sina. net

北钢宾馆 ★★★
地址：本溪市平山区北台镇
电话：0414－2529666
传真：0414－2529664
邮编：117017
网址：1605074. 71ab. com

金山宾馆 ★★★
地址：本溪市明山区北光路 65 号
电话：0414－3282388
传真：0414－3282280
邮编：117000

富佳大酒店 ★★★
地址：本溪市明山区地工路43号
电话：0414－4835888
传真：0414－4837988
邮编：117022
网址：fjjd. yp. sina. net

贺新乐园 ★★★
地址：本溪市本溪县小市镇过境路
电话：0414－6883288
传真：0414－6883288
邮编：117100
网址：www. hexinland. com

假日大酒店 ★★★
地址：本溪市桓仁县民族一条街
电话：0414－8838188
传真：0414－8838189
邮编：117200

正方宾馆 ★★★
地址：本溪市桓仁县沿河街
电话：0414－8865918
传真：0414－8865915
邮编：117201
网址：www. lnzfbg. ccoo. cn
电子信箱：zfbg@ 163. com

辽化宾馆 ★★★
地址：辽阳市青年街40号
电话：0419－4229834
传真：0419－4133339
邮编：111000

银梦大酒店 ★★★
地址：辽阳市民主路49号
电话：0419－2139808
传真：0419－2153466
邮编：111000
电子信箱：wysaf@ sohu. com

辽阳宾馆 ★★★
地址：辽阳市中华大街一段61号
电话：0419－2288233
传真：0419－2140083
邮编：111000
电子信箱：liaoyanghotel@ 163. com

汀洲大酒店 ★★★
地址：辽阳市白塔区熊家街1号
电话：0419－2258955
传真：0419－2258900
邮编：111000
网址：www. tingzhouhotel. com

弓长岭宾馆 ★★★
地址：辽阳市弓长岭区平安西街
电话：0419－5116008
传真：0419－5113316
邮编：111008

金都大酒店 ★★★
地址：辽阳市辽阳县首山镇人民街交通局东侧
电话：0419－7370888
传真：0419－7370888
邮编：111200

龙宫温泉酒店 ★★★
地址：鞍山市汤岗子疗养院院内
电话：0412－2415666
传真：0412－2415666
邮编：114048
电子信箱：longgong@ sina. com. cn

鞍山市田园酒店 ★★★
地址：鞍山市铁东区南建国路43号
电话：0412－2987777
传真：0412－2987722
邮编：114001
网址：www. huaworld. com. cn
电子信箱：tyjd2108@ yahoo. com. cn

鞍山华世博际俱乐部 ★★★
地址：鞍山市铁东区胜利南路35甲
电话：0412－5559888
传真：0412－5535686
邮编：114009
网址：www. ashsbj. com
电子信箱：mail. ashsbj. com

辽宁鑫丰酒店 ★★★
地址：鞍山市千山风景区丁香峪地税培训中心
电话：0412－5412233
传真：0412－5418088
邮编：114045
电子信箱：pxzx5418009@ 126. com

鞍钢天座宾馆 ★★★
地址：鞍山市千山温泉站
电话：0412－2512000
传真：0412－2515288
邮编：114045
电子信箱：285355@ 163. com

东电宾馆 ★★★
地址：鞍山市千山倪家台温泉
电话：0412－2512588
传真：0412－2512578
邮编：114045
电子信箱：ddqsbg. pinsou. com

鞍山市秋实宾馆 ★★★
地址：鞍山市千山区汤岗子温泉街1甲
电话：0412－2410272
传真：0412－2415588
邮编：114048
网址：www. lgbly. com
电子信箱：lgbly123@ 163. com

富豪大酒店 ★★★
地址：鞍山海城市永安路33号
电话：0412－3305888
传真：0412－3331778
邮编：114200
网址：www. hcdfh. com
电子信箱：fhdjdzi_2004@ 163. com

海城市春雷商务大厦 ★★★
地址：鞍山海城市永安路23号
电话：0412－3208888
传真：0412－3227088
邮编：114200
电子信箱：haicheng-chunlei@ 163. com

贺临假日酒店 ★★★
地址：鞍山市岫岩县站前大街
电话：0412－7887888
传真：0412－7887666
邮编：114300
电子信箱：helinjiari@ 163. com

岫岩宾馆 ★★★
地址：鞍山市岫岩县中心街25号
电话：0412－7805999
传真：0412－7806999
邮编：114300

丹东国门酒店 ★★★
地址：丹东市边境经济合作区A区
电话：0415－3895333
传真：0415－3895222
邮编：118000

丹东江滨酒店 ★★★
地址：丹东市沿江开发区房坝5号楼
电话：0415－3153748
传真：0415－3152835
邮编：118000
电子信箱：ddjb@ 163. com

丹东谊江宾馆 ★★★
地址：丹东市江城大街165号
电话：0415－2851933
传真：0415－2851734
邮编：118000

丹东鑫鸿大酒店 ★★★
地址：丹东市七纬路78号
电话：0415－2166888
传真：0415－2166888
邮编：118000
电子信箱：ddxinhong@ 126. com

丹东泓苑大酒店 ★★★
地址：丹东市锦山大街4号
电话：0415－3877777
传真：0415－3877778
邮编：118000
网址：www. hongyuanhotel. com

丹东普利玛酒店 ★★★
地址：丹东市开发区M区73号
电话：0415－3150999
传真：0415－3170842
邮编：118000
电子信箱：pimahotel@ 163. com

丹东雷迪森商务酒店 ★★★
地址：丹东市振兴区山上街99号
电话：0415－2189999
传真：0415－2188999
邮编：118000

丹东花园宾馆 ★★★
地址：丹东市振兴区人民路1号
电话：0415－3179000
传真：0415－3179789
邮编：118000

丹东中联丹铁大酒店 ★★★
地址：丹东市振兴区十一纬路3号
电话：0415－2307777
传真：0415－2305398
邮编：118000
网址：www. dtdhotel. com

丹东良茂商务酒店 ★★★
地址：丹东市振兴区江沿路81号
电话：0415－2146888
传真：0415－2215613
邮编：118000
网址：www. ddlm hotel. cn
电子信箱：sig19650123@ 163. com

丹东好旺角商务酒店 ★★★
地址：丹东市振兴区山上街1号
电话：0415－2198888
传真：0415－2186666
邮编：118000
网址：www. haowangjiaohotel. com

丹东安东大世界 ★★★
地址：丹东市振兴区六经街29号
电话：0415－2166666

传真：0415－2165632
邮编：118000

丹东中联商务酒店 ★★★
地址：丹东市振兴区五经街13－5号
电话：0415－2533888
传真：0415－2533777
邮编：118000
网址：www.ddtlhotel.com
电子信箱：ddzhonglian-415@163.com

丹东樱花大酒店 ★★★
地址：丹东市振兴区六纬路2号
电话：0415－2100999
传真：0415－2100666
邮编：118000
网址：www.ddvhhotel.com
电子信箱：yinghuahotel.@sina.com

丹东樱花宾馆 ★★★
地址：丹东市振兴区七经街8号
电话：0415－2178888
传真：0415－2134241
邮编：118000
网址：www.ddvhhotel.com
电子信箱：yinghuahotel.@sina.com

丹东银杏园酒店 ★★★
地址：丹东市振兴区六纬路18号
电话：0415－2135555
传真：0415－2162009
邮编：118000
电子信箱：yxybg@sohu.com

丹东嘉豪商务酒店 ★★★
地址：丹东市元宝区锦山大街87－2号
电话：0415－2855555
传真：0415－2871166
邮编：118000
电子信箱：jhswjd@sina.com

丹东国际酒店 ★★★
地址：丹东市元宝区新安街88号
电话：0415－2817788
传真：0415－2816644
邮编：118000
网址：www.dd-hotel.com
电子信箱：ddgj8801@mail.ddptt.ln.cn

丹东高尔夫俱乐部会馆 ★★★
地址：丹东市振安区楼房镇梨树沟村
电话：0415－4171858
传真：0415－4171136
邮编：118000

凤城百汇国际酒店 ★★★
地址：丹东凤城市凤山路65号
电话：0415－8155555
传真：0415－8155988
邮编：118100
网址：www.bhgjhotel.com
电子信箱：baihuizi_hotel2007@126.com

丹东华能宾馆 ★★★
地址：丹东东港市东港南路157号
电话：0415－6618888
传真：0415－6618777
邮编：118300
网址：www.hn-hotetl.com
电子信箱：hnbglxs@163.com

东港东盛商务酒店 ★★★
地址：丹东东港市商业一条街
电话：0415－6606666
传真：0415－6606111
邮编：118300
网址：www.dshotel.cn
电子信箱：dsjd@dshotel.cn

东港宾馆 ★★★
地址：丹东东港市东港路15号
电话：0415－7556666
传真：0415－7550011
邮编：118300

宽甸东泰大世界 ★★★
地址：丹东市宽甸县中心路63号
电话：0415－5121818
传真：0415－5123101
邮编：118000
网址：www.dongtai.com
电子信箱：kddtdsj@yahoo.com.cn

宽甸万豪商务酒店 ★★★
地址：丹东市宽甸满族自治县中心路南段6组7号
电话：0145－6555555
传真：0415－6555519
邮编：118000

宽甸龙都酒店 ★★★
地址：丹东市宽甸县城东街
电话：0415－5168888
传真：0415－5167188
邮编：118200
网址：www.lntour.gov.cn
电子信箱：ldjdzi_dd@sina.com

宽甸青山沟东兴大酒店 ★★★
地址：丹东市宽甸县青山沟镇
电话：0415－5850053
传真：0415－5850601
邮编：118203
网址：www.dxdjd.cn

大连维多利亚国际酒店有限公司 ★★★
地址：大连经济开发区黄海西路140号
电话：0411－87339999
传真：0411－87339888
邮编：116600
网址：www.dlwdly.com
电子信箱：wdlyjd@163.com

大连港鲇鱼湾度假村 ★★★
地址：大连市保税区新港街道大连港鲇鱼湾度假村
电话：0411－87597788
传真：0411－87597799
邮编：116601
网址：www.dldjc.com
电子信箱：dldjc@dldjc.com

西太平洋酒店 ★★★
地址：大连市保税区东北大街359号
电话：0411－87516611
传真：0411－87516622
邮编：116600
电子信箱：dlxtpyhotel@163.com

马桥宾馆 ★★★
地址：大连市开发区金桥小区16号
电话：0411－87638616
传真：0411－87651218
邮编：116600

大连金港大酒店 ★★★
地址：大连市经济技术开发区五彩城K区1号
电话：0411－87538111
传真：0411－87538925
邮编：116600
网址：www.jinganghotel.com

大连友谊宾馆 ★★★
地址：大连市人民路91号
电话：0411－82634121
传真：0411－82815277
邮编：116001
网址：www.dlfsh.cn
电子信箱：friendshiphotel@163.com

中国华录宾馆 ★★★
地址：大连市高新园区华路31#
电话：0411－84793888
传真：0411－84791936
邮编：116023
网址：www.hualuhotel.com
电子信箱：zouqg@hualu.com.cn

大连不夜城大酒店 ★★★
地址：大连市开发区辽河西路99号
电话：0411－87338888
传真：0411－87338848
邮编：116600
电子信箱：dlbyc@everbright-hotel

唐银酒店 ★★★
地址：大连市西岗区兴业街10－12号
电话：0411－83699999
传真：0411－83763336
邮编：116011

大显酒店 ★★★
地址：大连市西岗区胜利路98号
电话：0411－84314777
传真：0411－84313630
邮编：116021
电子信箱：jiangyongdl@126.com

白云假日酒店 ★★★
地址：大连市西岗区彩云路4号
电话：0411－84331588
传真：0411－84332283
邮编：116013
网址：www.baiyun holiday hotel.com
电子信箱：423371@163.com

大连三寰大酒店有限公司 ★★★
地址：大连市西岗区仲夏路159号
电话：0411－82400488
传真：0411－82400848
邮编：116013
网址：www.sanhuanhotel.com（cn）
电子信箱：wqmail2000@163.com

大连川王府阳光酒店中山路店 ★★★
地址：大连市西岗区中山路143－2号
电话：0411－83614999
传真：0411－83620399
邮编：116011
网址：www.chuangwangfu.com

大连亿成商务酒店 ★★★
地址：大连市西岗区凤光街31号
电话：0411－39608777
传真：0411－39608555
邮编：116011
网址：www.yichenghotel.com
电子信箱：mingmoujun@gmail.com

大连川王府阳光酒店 ★★★
地址：大连市西岗区胜利路78号
电话：0411－83630999
传真：0411－83610082
邮编：116021
网址：www.chuanwangfu.com

电子信箱：group@ chuanwangfu. com

大连农垦宾馆 ★★★
地址：大连市西岗区中山路141－3号
电话：0411－88819888
传真：0411－88819828
邮编：116011
电子信箱：dlzi_nk888@ yahoo. com. cn

仙源大酒店 ★★★
地址：大连市西岗区长春路118号
电话：0411－83621222
传真：0411－83675748
邮编：116011

雅苑大酒店 ★★★
地址：大连市西岗区五四路80号
电话：0411－83671888
传真：0411－83672624
邮编：116021

天和玉大酒店 ★★★
地址：大连市西岗区新开路56号
电话：0411－83636888
传真：0411－83633018
邮编：116011

大连心族大酒店有限公司 ★★★
地址：大连市西岗区长江路586号
电话：0411－83799999
传真：0411－83636634
邮编：116011
网址：www. dalian sunjoyhotel. com
电子信箱：dlsunjoy@ 163. com

大连民航大厦有限公司 ★★★
地址：大连市西岗区中山路143号
电话：0411－83633111
传真：0411－83637498
邮编：116011
网址：www. dlroyal-hotel. com
电子信箱：dlrh@ mail. dlptt. ln. cn

嘉源商旅酒店 ★★★
地址：大连市西岗区胜利街37号
电话：0411－82549999
传真：0411－82548899
邮编：116001

大连期望集团豫园商务酒店有限公司 ★★★
地址：大连市西岗区新开路78号
电话：0411－88865555
传真：0411－88865000
邮编：116011
电子信箱：whyzi_3687102@ hotmail. com

金海岸大酒店 ★★★
地址：大连市西岗区八一路
电话：0411－82401000
传真：0411－82402591
邮编：116013

国信大酒店 ★★★
地址：大连市中山区友好路155号
电话：0411－82825222
传真：0411－82800050
邮编：116001
网址：www. dlgxhotel. com

大连金海湾酒店 ★★★
地址：大连市中山区鲁迅路76号
电话：0411－82718899
传真：0411－82700083
邮编：116001
网址：www. jinhaiwanhotel. com

电子信箱：sunlin1216@ 126. com

大连五一国际酒店 ★★★
地址：大连市中山区解放街2号
电话：0411－82825151
传真：0411－82824492
邮编：116001
网址：www. dlwyhotei. com

大连徐园饭店 ★★★
地址：大连市中山区人民路96号
电话：0411－82596888
传真：0411－82803659
邮编：116001
网址：www. dlxuyuan. com
电子信箱：goldstar888@ 163. com

大连丽月湾商务酒店 ★★★
地址：大连市中山区致富街26－28号
电话：0411－39859666
传真：0411－39805111
邮编：116001
网址：www. leewanhotel. com
电子信箱：dlleewan@ 163. com

宏孚商旅酒店 ★★★
地址：大连市中山区长江路228号
电话：0411－82533999
传真：0411－82533998
邮编：116001

大连美罗大酒店 ★★★
地址：大连市中山区中山路112号
电话：0411－83631991
传真：0411－83672399
邮编：116001
网址：www. merrohotel. cn

辽宁万恒假日酒店有限公司 ★★★
地址：大连市中山区八一路260号
电话：0411－82400295
传真：0411－82402289
邮编：116013
网址：www. wanheng hotel. cn/com
电子信箱：zyzi_217@ 163. com

丰源酒店 ★★★
地址：大连市中山区青泥街2号
电话：0411－82807718
传真：0411－82654066
邮编：116001

集贝港湾大酒店 ★★★
地址：大连市中山区八一路266号
电话：0411－82406888
传真：0411－82402152
邮编：116013

大连海桥大酒店有限公司 ★★★
地址：大连市中山区人民路21号
电话：0411－39769999
传真：0411－82659244
邮编：116001
网址：www. haiqiao-hotel. com
电子信箱：sales@ haiqiao-hotel. com

大连双盛园大饭店 ★★★
地址：大连市中山区勤俭街27号
电话：0411－82727777
传真：0411－82712666
邮编：116001
网址：www. ssyLiaoning. com
电子信箱：master@ ssyLiaoning. com

北良大厦 ★★★
地址：大连市中山区鲁迅路50号
电话：0411－82726699
传真：0411－82718181
邮编：116001
网址：www. beilianghotel. com
电子信箱：addyno1@ 163. com

大连凯莱酒店 ★★★
地址：大连市中山区一德街5号
电话：0411－82808855
传真：0411－82808533
邮编：116001
网址：www. gphdalian. com
电子信箱：gloria@ gphdalian. com

日月潭大酒店 ★★★
地址：大连市中山区新安街1号
电话：0411－82810988
传真：0411－82810890
邮编：116001
网址：www. dalianhotel. com
电子信箱：hotel@ dalianhotel. com

恒元大酒店有限公司 ★★★
地址：大连市解放路223号
电话：0411－82306666
传真：0411－82309787
邮编：116001
电子信箱：hengyuanhotel@ 163. com

大连北方大酒店有限公司 ★★★
地址：大连市中山区人民路19号
电话：0411－82818388
传真：0411－82634383
邮编：116001
网址：www. norinco-hotel. com

大连宾馆 ★★★
地址：大连市中山广场4号
电话：0411－82633111
传真：0411－82634363
邮编：116001
网址：dl-hotel. com
电子信箱：dlhotel@ Liaoning. com

大连园滙店 ★★★
地址：大连市中山区五五路14号
电话：0411－82128333
传真：0411－82703010
邮编：115001
网址：www. dlyhotel. com
电子信箱：sale@ dlyhotel. com

大连博览大酒店 ★★★
地址：大连市中山区解放街1号
电话：0411－82806161
传真：0411－82806980
邮编：116001
电子信箱：dlgrandhotel@ sina. com

大连盛兴大酒店 ★★★
地址：大连沙河口区中长街2号
电话：0411－84525888
传真：0411－84620096
邮编：116021
网址：www. daliancaliahotel. com

大连锦绣人家大酒店有限公司 ★★★
地址：大连市沙河口区西北路253号
电话：0411－86830999
传真：0411－86838511
邮编：116033
网址：www. daliancai. com/jinxiurenjia

电子信箱：jinxiuhotel5537@ 163. com

绿之都大酒店 ★★★
地址：大连市沙河口区西北路11号
电话：0411－86840999
传真：0411－86842828
邮编：116033
电子信箱：yeyuandtiny@ 163. net

大连欣半岛酒店有限公司 ★★★
地址：大连市沙河口区黄浦路199号
电话：0411－84681388
传真：0411－84677088
邮编：116023
网址：www. xbd. 86114. cn
电子信箱：xinbandaozi_hr@ sina. com

海泉大酒训 ★★★
地址：大连市沙河口区红旗东路7号
电话：0411－84793888
传真：0411－84791936
邮编：116021
电子信箱：zouqg@ hualu. com. cn

景山宾馆 ★★★
地址：大连市沙河口区景山巷1号
电话：0411－84691223
传真：0411－84671478
邮编：116023

祥源大酒店 ★★★
地址：大连市沙河口区红旗东路7号
电话：0411－84211888
传真：0411－84231698
邮编：116021

大连永嘉大酒店有限公司 ★★★
地址：大连市沙河口区长江路938号
电话：0411－82191666
传真：0411－84610710
邮编：116021
电子信箱：dlyihotel@ 126. com

国航大厦 ★★★
地址：大连市沙河口区中山路578号
电话：0411－84801188
传真：0411－84801189
邮编：116021

大连顺发大酒店 ★★★
地址：大连市甘井子区东纬路53号
电话：0411－86592083
传真：0411－86601193
邮编：116033
电子信箱：dlsfhotel@ sina. com

华录宾馆 ★★★
地址：大连市甘井子区七贤岭
电话：0411－84793888
传真：0411－84791936
邮编：116023
电子信箱：zouqg@ hualu. com. cn

大连航空宾馆 ★★★
地址：大连市甘井子区迎宾路69号
电话：0411－86665558
传真：0411－86663318
邮编：116033

新纪元大酒店 ★★★
地址：大连市旅顺口区洞庭街19号
电话：0411－86369222
传真：0411－86369948
邮编：116041
电子信箱：xjydjd. happy@ 163. com

大连水上人间国际假日酒店 ★★★
地址：大连市旅顺南路999号
电话：0411－86299999
传真：0411－86299666
邮编：116044
网址：www. water-paradise. com
电子信箱：ssrj@ water-paradise. com

营港大酒店 ★★★
地址：大连市旅顺口区白山街101号
电话：0411－86382218
传真：0411－86380279
邮编：116041

三明聚大酒店 ★★★
地址：大连市旅顺口区水师营小南村
电话：0411－86238998
传真：0411－86239167
邮编：116041

大连金州宾馆 ★★★
地址：大连市金州区斯大林路412号
电话：0411－87692172
传真：0411－87690146
邮编：116100

大连金华大酒店 ★★★
地址：大连市金州区友谊街道和平路35号
电话：0411－87818888
传真：0411－87811888
邮编：116100
网址：www. jinhuahotel. com. cn
电子信箱：jinhua. hotel@ 163. com

大连东方渔港大酒店 ★★★
地址：大连市金州区国防路427号
电话：0411－87869999
传真：0411－87136888
邮编：116100

天河酒店 ★★★
地址：大连瓦房店市东长春路北段14号
电话：0411－85673333
传真：0411－85673586
邮编：116300

瓦房店宾馆 ★★★
地址：大连瓦房店市公园路185号
电话：0411－85609888
传真：0411－85608388
邮编：116300

富仕林大酒店 ★★★
地址：大连普兰店市中心路3段35号
电话：0411－83118288
传真：0411－83129757
邮编：116200

大连安波温泉度假村有限公司 ★★★
地址：大连普兰店市安波镇安波社区
电话：0411－83200153
传真：0411－83200119
邮编：116211
网址：www. dltour, gov. cn
电子信箱：lyj@ dl. gov. cn

丽源宾馆 ★★★
地址：大连庄河市新华路二段29号
电话：0411－89821818
传真：0411－89705166
邮编：116400
网址：lyhotel. dljlyjt. com

丽森大酒店 ★★★
地址：大连庄河市商业步行街东端
电话：0411－89831719
邮编：116400

新时代大酒店 ★★★
地址：大连庄河市黄海大街一段368号
电话：0411－89705555
传真：0411－89705666
邮编：116400

黄海岸大酒店 ★★★
地址：大连庄河市黄海大街一段362号
电话：0411－89702200
传真：0411－89702222
邮编：116400
网址：www. huanghaian. com

庄河大酒店 ★★★
地址：大连庄河市黄海大街1段349号
电话：0411－89820888
传真：0411－89702158
邮编：116400 B06a9

凯恩大饭店 ★★★
地址：大连庄河市昌盛大街85号
电话：0411－89875555
传真：0411－89849118
邮编：116400

长海宏达宾馆 ★★★
地址：大连市长海县大长山岛镇长海路
电话：0411－89882791
传真：0411－89882831
邮编：116500

光前酒店 ★★★
地址：大连市长海县大长山岛和风街
电话：0411－89887555
传真：0411－89884999
邮编：116500

金海湾大酒店 ★★★
地址：营口市经济技术开发区
电话：0417－6205001
传真：0417－6205188
邮编：115007

华能营口宾馆 ★★★
地址：营口市经济技术开发区
电话：0417－6882888
传真：0417－6882866
邮编：115007
电子信箱：hnykbg@ 163. com

鲅鱼圈邮政大厦 ★★★
地址：营口市经济技术开发区
电话：0417－6257890
传真：0417－6257890
邮编：115007
网址：www. post hotel. com. cn
电子信箱：byqposthotel@ 163. com

鹤月嘉华酒店 ★★★
地址：营口市站前区园林里40号
电话：0417－2229678
传真：0417－2229555
邮编：115000

天辅兴酒店 ★★★
地址：营口市站前区履和门街少年宫里51号
电话：0417－2999799
传真：0417－2999688
邮编：115000
电子信箱：love. sz@ 263. net

锦绣佳缘大酒店 ★★★
地址：营口市站前区大庆路

电话：0417－3697788
传真：0417－3697800
邮编：115001

裕龙阁饭店 ★★★
地址：营口市站前区学府路
电话：0417－2990675
传真：0417－2990555
邮编：115000
网址：www. ylghotel. com
电子信箱：ylg@ ylghotel. com

华夏大酒店 ★★★
地址：营口市西市区新兴大街西58号
电话：0417－4892499
传真：0417－4892660
邮编：115001
电子信箱：wangsiyuzi_2000@ 126. com

鹏源大酒店 ★★★
地址：营口大石桥市哈大路中段
电话：0417－5836666
传真：0417－5836801
邮编：115100

龙泉山庄 ★★★
地址：营口大石桥市蟠龙山公园里
电话：0417－5665988
传真：0417－5665999
邮编：115100

大石桥宾馆 ★★★
地址：营口大石桥市人民大街
电话：0417－5613281
传真：0417－5616628
邮编：115100

仙侣山庄 ★★★
地址：营口盖州市仙人岛仙侣山庄
电话：0417－2287555
传真：0417－2287666
邮编：115200
网址：www. ykgdgs. com. cn

辽河油田芳华宾馆 ★★★
地址：盘锦市兴隆台区石油大街96号
电话：0427－7800472
传真：0427－7823402
邮编：124010

盘锦大众花园宾馆 ★★★
地址：盘锦市兴隆台区泰山路
电话：0427－2839345
传真：0427－6832477
邮编：124010
网址：www. pjdzhy. com
电子信箱：dzhy99@ 163. com

盘锦华锦宾馆 ★★★
地址：盘锦市双台子区红旗大街258号
电话：0427－5855835
传真：0427－5853988
邮编：124010
网址：www. huajinhotel. xinwen365. net
电子信箱：lnpjhjbg@ sina. com

辽河油田双兴宾馆 ★★★
地址：盘锦市双兴路
电话：0427－2899718
传真：0427－2897012
邮编：124010
电子信箱：lnpjsxbg@ vip. 163. com

大厦宾馆 ★★★
地址：锦州市中央大街58号
电话：0416－2123530
传真：0416－2131791
邮编：121000
网址：www. dasha. com

沟帮子大和酒店 ★★★
地址：锦州北镇市沟帮子沟广大街18号
电话：0416－6661666
传真：0416－6652855
邮编：121308
网址：www. dahE-hotel. com
电子信箱：info@ dahE-hotel. com

金秋酒店 ★★★
地址：锦州市中央大街二段33号
电话：0416－3148888
传真：0416－3148888
邮编：121000
网址：www. jzjqyg. com
电子信箱：jqjd8888@ yahoo. com. cn

北山宾馆 ★★★
地址：锦州市北京路三段12号
电话：0416－4168155
传真：0416－4166521
邮编：121000
网址：www. beishanhotel. com

天港国际酒店 ★★★
地址：锦州市开发区锦港大街一段10号
电话：0416－3589888
传真：0416－3589222
邮编：121000
网址：www. jztggs. com
电子信箱：tg@ jztggs. com

阳光酒店 ★★★
地址：锦州市太和区市府路97号
电话：0416－3885555
传真：0416－3880333
邮编：121000
网址：www. jzjqyg. com
电子信箱：ygjd8888@ yahoo. com. cn

西苑饭店 ★★★
地址：锦州市太和区和金里9号
电话：0416－7183754
传真：0416－7185900
邮编：121005
网址：www. jzthj. com
电子信箱：thj@ jzthj. com

松山宾馆 ★★★
地址：锦州市凌南新区松山村
电话：0416－3562666
传真：0416－3562999
邮编：121219

凌海国际酒店 ★★★
地址：锦州凌海市锦凌大街1号
电话：0416－8137777
传真：0416－8808337
邮编：121200
电子信箱：lachgiid@ jzptt. ln. cn

凌河宾馆 ★★★
地址：锦州凌海市中央大街
电话：0416－8122682
传真：0416－8123203
邮编：121200
网址：www. lhmers777@ 163. com
电子信箱：lhbg-888@ 163. com

北宁大厦 ★★★
地址：锦州北镇市北阁路
电话：0416－6632388
传真：0416－6622703
邮编：121300
电子信箱：jianer1998@ 163. com

姜城宾馆 ★★★
地址：锦州市黑山县光荣街70号
电话：0416－5599999
传真：0416－5599555
邮编：121400

富都宾馆 ★★★
地址：葫芦岛市龙湾新区海星路中段
电话：0429－3152222
传真：0429－3152111
邮编：125100
网址：www. hldfd. up. sina. net
电子信箱：fd3152222@ 163. com

葫芦岛渤船宾馆 ★★★
地址：葫芦岛市龙港区海丰路11号
电话：0429－2081111
传真：0429－2081851
邮编：125003

海洋假日酒店 ★★★
地址：葫芦岛市龙湾新区海星路21号
电话：0429－3120000
传真：0429－3162333
邮编：125000
网址：www. ehuludao. com
电子信箱：hldsea@ 163. com

葫芦岛海军宾馆 ★★★
地址：葫芦岛市龙湾新区海滨路
电话：0429－3131999
传真：0429－2737900
邮编：125000

龙湾渔村 ★★★
地址：葫芦岛市龙港区龙程路15号
电话：0429－3128888
传真：0429－3124277
邮编：125000

钓鱼台宾馆 ★★★
地址：葫芦岛兴城市海滨风景区内
电话：0429－5417777
传真：0429－5417777
邮编：125100

江天大酒店 ★★★
地址：葫芦岛兴城市海滨风景区内
电话：0429－5412999
传真：0429－5414567
邮编：125100
电子信箱：jingtianzi_hotel@ 163. com

沈工兴城疗养院 ★★★
地址：葫芦岛兴城市兴海路3段38号
电话：0429－3915624
传真：0429－3915427
邮编：125100

兴城海逸假日酒店 ★★★
地址：葫芦岛兴城市兴海公园内左转188米
电话：0429－5419999
传真：0429－5413131
邮编：125100
电子信箱：xczi_hy@ Liaoning. com

水调歌头大酒店 ★★★
地址：葫芦岛兴城市兴海南路三段19号
电话：0429－3911111
传真：0429－3910555

邮编：125100

兴城新世纪商务大酒店 ★★★
地址：葫芦岛兴城市兴海路一段物资交通岗南侧
电话：0429－5112222
传真：0429－5154377
邮编：125100
网址：www.xsjhhtel.cn

通宝宾馆 ★★★
地址：葫芦岛市绥中县新兴街1段11号
电话：0429－3655555
传真：0429－3655118
邮编：125400
电子信箱：gaoyuzhi002@163.com

宏跃大酒店 ★★★
地址：葫芦岛市绥中县和平街100号
电话：0429－6196666
传真：0429－6196666
邮编：125200

旅游景区

沈阳故宫博物院 AAAA
地址：沈阳市沈河区沈阳路171号
电话：024－24844192
邮编：110011

辽宁省博物馆 AAAA
地址：沈阳市沈河区市府大路363号
电话：024－22821903
邮编：110013

沈阳科学宫 AAAA
地址：沈阳市沈河区青年大街201号
电话：024－23978026　23978029
邮编：110015
网址：www.sykxg.org

沈阳兴隆室内公园 AA
地址：沈阳市沈河区中街路115号
电话：024－24865142
邮编：110011

张氏帅府博物馆 AAAA
地址：沈阳市沈河区朝阳街少帅府巷46号
电话：024－24842454
邮编：110011

沈阳“九·一八”历史博物馆 AAAA
地址：沈阳市大东区望花南街46号
电话：024－88320918
邮编：110044

沈阳航空博物馆 AAAA
（全国工业旅游示范点）
地址：沈阳市皇姑区陵北街1号
电话：024－86599602　86599069
邮编：110034

沈阳新乐遗址博物馆 AAA
地址：沈阳市皇姑区黄河北大街龙山路1号
电话：024－86130755
邮编：110031

沈阳绿岛旅游度假区 AAAA
地址：沈阳市苏家屯区枫杨路42号
电话：024－89592288
邮编：110101

沈阳水洞风景区 AA
地址：沈阳市苏家屯区白清寨乡
电话：024－89551424
邮编：110114

沈阳棋盘山国际风景旅游开发区 AAAA
地址：沈阳市东陵区棋盘山
电话：024－88050578
邮编：110463

沈阳冰川动物乐园 AAAA
地址：沈阳棋盘山国际风景旅游开发区
电话：024－88050808
邮编：110463

沈阳市植物园 AAAAA
地址：沈阳市东陵区双园路301号
电话：024－24782000　88038018
邮编：110163

沈阳古陨石科普基地旅游区 AA
地址：沈阳市东陵区李相镇滑石台村
电话：024－24740283
邮编：110015

沈阳怪坡风景区 AAAA
地址：沈阳市新城子区杭州路83－3号
电话：024－89758143
邮编：110121

沈阳七星山旅游风景区 AA
地址：沈阳市新城子区石佛寺乡
电话：024－89686165
邮编：110134

辽宁三利生态农业观光园 AA
地址：沈阳市新城子区马刚乡曾家沟村
电话：024－89770684
邮编：110121

沈阳三农博览园 AAAA
地址：沈阳新民市境内大柳屯镇
邮编：110300

沈阳仙子湖旅游度假区 AAA
地址：沈阳市新民市前进堡镇
电话：024－87630067　87630208
邮编：110328

沈阳中小学生农业实践基地示范园 AA
地址：沈阳新民市大柳屯镇
电话：024－87853613
邮编：110300

沈阳法库五龙山风景区 AA
地址：沈阳市法库县丁家房镇
电话：024－87165666
邮编：110411

朝阳凤凰山国家森林公园 AAA
地址：朝阳市朝阳郊区大凌河东
电话：0421－2860179
邮编：122000

朝阳劈山沟风景区 AA
地址：朝阳市朝阳大街15号
电话：0421－2623886
邮编：122000

朝阳清风岭风景区 AA
地址：朝阳市朝阳大街三段15号
电话：0421－2623886
邮编：122000

北票大黑山国家森林公园 AA
地址：朝阳北票市大黑山
电话：0421－5155201
邮编：122127

朝阳北票白石水库风景区 AA
地址：朝阳北票市上园镇白石水库
电话：0421－5998078
邮编：122115

朝阳桃花山风景区 AA
地址：朝阳北票市桃花吐镇
邮编：122100

天成观 AA
地址：朝阳市喀左县大城子镇
电话：0421－4822583
邮编：122300

阜新市海棠山风景区 AAA
地址：阜新市阜新县大板乡
电话：0418－8210034
邮编：123122

阜新市乌兰木图山风景区 AA
地址：阜新市阜新县八家子乡
电话：0418－8838076
邮编：123104

阜新市三塔沟生态旅游区 AA
地址：阜新市阜新县大板林场
电话：0418－8210338
邮编：123122

铁岭市博物馆 AAA
地址：铁岭市银州区文化街88号
电话：0410－2823205　2804596
邮编：112000

银岗书院（周恩来少年读书旧址纪念馆）AAA
地址：铁岭市银州区红旗街
电话：0410－2823122
邮编：112000

铁岭清河省级旅游度假区 AAAA
地址：铁岭市清河区
电话：0410－2177820
邮编：112003

铁岭调兵山风景区 AA
地址：铁岭调兵山市人民路
电话：0410－6986234
邮编：112700

铁岭调兵山市蒸汽机车博物馆 AA
地址：铁岭调兵山市
电话：0410－6826222
邮编：112702

铁岭象牙山风景区 AA
地址：铁岭开原市松山乡境内
电话：0410－3291005
邮编：112000

抚顺战犯管理所旧址陈列馆 AAA
地址：抚顺市顺城区宁道所怀德路20号
电话：0413－7673307
邮编：113000

抚顺市萨尔浒风景区 AAA
地址：抚顺市东洲区新太河街萨尔浒南路6号
电话：0413－4461662
邮编：113007

抚顺雷锋纪念馆 AAAA
地址：抚顺市望花区和平路东段61号
电话：0413－6658806
邮编：113001

抚顺元帅林风景区 AAA
地址：抚顺市抚顺县章党乡

电话：0413－4065088
邮编：113006

抚顺赫图阿拉城 AAAA
地址：抚顺市新宾县永陵镇南
电话：0413－5154706
邮编：113200

新宾猴石森林公园 AAAA
地址：抚顺市新宾县木奇镇赵家林场
电话：0413－5150119
邮编：113214

清源红河峡谷漂流 AAAA
地址：抚顺市清源县红河谷森林公园内
邮编：113300

本溪金海水晶宫旅游区 AA
地址：本溪市
邮编：117000

本溪市绿色生态园 AA
（全国农业旅游示范点）
地址：本溪市高台子镇生态园
电话：0414－86041446
邮编：117000

本溪湖公园 AA
地址：本溪市溪湖区湖前街
电话：0414－5836627
邮编：117002

本溪东风湖旅游度假村 AA
地址：本溪市溪湖区东风街道办事处
电话：0414－5882888
邮编：117019

本溪小华山公园 AA
地址：本溪市明山区向阳山
电话：0414－4822369
邮编：117000

本溪爱河旅游度假村 AA
地址：本溪市明山区胜光街
电话：0414－4837629
邮编：117021

本溪市虹鳟鱼养殖旅游区 AA
地址：本溪市南芬区昆山岭乡杨木沟村
电话：0414－2640706
邮编：117003

本溪市山河天然浴场旅游区 A
地址：本溪市南芬区思山岭乡三道河村
电话：0414－2640778
邮编：117000

本溪关门山水库风景区 AAAA
地址：本溪市关门山水库管理处
电话：0414－6835265
邮编：117100

本溪关门山国家森林公园 AAAA
地址：本溪市本溪县山城子镇陈英村
电话：0414－6358066
邮编：117100

本溪水洞国家风景名胜区 AAAA
地址：本溪市本溪县小市家崴子村
电话：0414－4891160
邮编：117000

本溪天龙洞风景区 AA
地址：本溪市本溪县小市镇乡磨村
电话：0414－6882829
邮编：117100

本溪九顶铁刹山风景区 AA
地址：本溪市本溪县南甸镇
电话：0414－6150106
邮编：117104

桓仁五女山风景区 AAAA
地址：本溪市桓仁县桓仁镇刘家沟村
电话：0414－8914168
邮编：117200

桓仁望天洞风景区 AAA
地址：本溪市桓仁县雅河乡湾川村
电话：0414－8202332
邮编：117200

辽阳广佑寺景区 AAAA
地址：辽阳市白塔西区中华大街 61 号
电话：0419－21220883　2896665
邮编：111000

辽阳白塔公园 AA
地址：辽阳市中华大街一段 60 号
电话：0419－2126429
邮编：111000

辽阳曹雪芹纪念馆 A
地址：辽阳市文圣区武圣路卧狮胡同 2 号
电话：0419－2158077
邮编：111000

辽阳市弓长岭区汤河风景区 AA
地址：辽阳市弓长岭区安平乡
电话：0419－5107818
邮编：111008

辽阳市弓长岭区冷热地公园 AA
地址：辽阳市弓长岭区姑嫂城村
电话：0419－5607797
邮编：111008

辽阳市龙峰山风景区 AA
地址：辽阳市辽阳县下达河乡
邮编：111200

鞍山玉佛苑 AAAA
地址：鞍山市铁东区绿化街 58 号
电话：0412－5550382
邮编：114004
网址：www.yufo.com

鞍山罗汉圣地 AA
地址：鞍山市铁东区千山路 39 号
电话：0412－5536788
邮编：114003

鞍山汤岗子温泉旅游度假区 AAA
地址：鞍山市千山区汤岗子镇温泉街 1 号
电话：0412－2414666
邮编：114048

鞍山千山国家风景名胜区 AAAA
地址：鞍山市千山风景名胜区
电话：0412－5412121
邮编：114045
网址：www.qianshan.ln.cn

海城九龙川自然保护区 AA
地址：鞍山海城市接文镇三家堡村
电话：0412－3762070
邮编：114200

海城市白云山风景区 AA
地址：鞍山海城市孤山镇政府
邮编：114212

台安西平省级森林公园 A
地址：鞍山市台安县西平林场
电话：0412－4657206
邮编：114100

张学良将军出生地纪念馆 A
地址：鞍山市台安县桓洞镇
电话：0412－4661205
邮编：114101

岫岩药山风景区 AA
地址：鞍山市岫岩县
电话：0412－7835187
邮编：114300

鞍山岫岩清凉山风景区 A
地址：鞍山市岫岩县清凉山
电话：0412－7799099
邮编：114300

岫岩龙潭湾风景区 AA
地址：鞍山市岫岩县城东财会培训中心
邮编：114300

卧鹿山效圣寺旅游区 A
地址：鞍山市岫岩县杨家堡乡松树秧村
邮编：114001

鞍山岫岩罗圈背风景区 A
地址：鞍山市岫岩县洋河镇
邮编：114300

丹东鸭绿江国家风景名胜区 AAAA
地址：丹东市振兴区兴一路南端 10 号
电话：0415－3124767
邮编：118000

丹东抗美援朝纪念馆 AAAA
地址：丹东市锦江山大街 68 号
电话：0415－3876305
邮编：118000

丹东五龙山风景区 AAAA
地址：丹东市振安区五龙背镇老古沟村
电话：0415－4107130
邮编：118005

丹东大孤山风景区 AAA
地址：丹东东港市孤山镇
电话：0415－7515727
邮编：118300

凤凰山国家风景名胜区 AAAA
地址：丹东凤城市凤凰城区凤凰大街
电话：0415－8140736
邮编：118100

东港大鹿岛风景区 AAA
地址：丹东东港市大鹿岛村旅游公司
电话：0415－7599689
邮编：118300

辽宁天华山风景名胜区 AAAA
地址：丹东市宽甸县灌水镇
电话：0415－5197087　5191330
邮编：118223

宽甸黄椅山森林公园 AAA
地址：丹东市宽甸县黄椅山大街 197 号
电话：0415－5122142
邮编：118200

宽甸县天桥沟国家森林公园 AAAA
地址：丹东市宽甸县双山子
电话：0415－5959868
邮编：118200

大连森林动物园 AAAA
地址：大连市石道街迎春路

电话：0411－82480694
邮编：116013

大连世界和平公园 AAAA
地址：大连市旅顺经济开发区滨港路 888 号
电话：0411－86207166
邮编：116041

大连金石滩国家旅游度假区 AAAA
地址：大连市金石滩国家旅游度假区
电话：0411－87900139 87900241
邮编：116600

大连虎滩乐园 AAAA
地址：大连市中山区滨海中路 9 号
电话：0411－82686214
邮编：116013

大连老虎滩海洋公园 AAAAA
地址：大连市中山区滨海中路
电话：0411－82684335
邮编：110613

大连老虎滩极地海洋动物馆 AAAAA
地址：大连市中山区虎滩街 3 号
电话：0411－82886000
邮编：116013

大连广播电视塔 AAA
地址：大连中山区绿山巷 99 号
电话：0411－83638345
邮编：116001

大连女子骑警基地 AAA
地址：大连市中山区中青街
邮编：116001

大连圣亚海洋世界 AAAA
地址：大连市沙河口区中山路 608－6 号
电话：0411－84685224
邮编：116023

大连现代博物馆 AAAA
地址：大连沙河口区会展路 10 号
电话：0411－84800188
邮编：116023

大连自然博物馆 AAAA
地址：大连市沙河口区黑石礁西村街 40 号
电话：0411－84691290
邮编：116023

旅顺东鸡冠山景区 AAAA
地址：大连市旅顺口区红光街 7 号
电话：0411－86280229
邮编：116041

旅顺白玉山景区 AAAA
地址：大连市旅顺口区白玉街
电话：0411－86612479 86621445
邮编：116041

大连仙峪湾旅游度假区 AAA
地址：大连市瓦房店市仙峪湾镇望海村
电话：0411－85125555
邮编：116315
电子信箱：skiing@ public. wl. xj. cn

大连安波温泉旅游度假区 AAA
地址：大连市普兰店市安波镇
电话：0411－83200010
邮编：116200

大连冰峪省级旅游度假区 AAAA
地址：大连庄河市仙人洞顶
电话：0411－89226000
邮编：116407

网址：www. bingyu. com. cn

营口熊岳望儿山风景旅游区 AAA
地址：营口市熊岳镇望儿山村
电话：0417－7012999
邮编：115214

盘锦苇海鼎翔旅游度假区 AAAA
地址：盘锦市兴隆台区新生街
电话：0427－5639868
邮编：124106

盘锦中兴公园 AAA
地址：盘锦市兴隆台区泰山路 100 号
电话：0427－2881561
邮编：124010

盘锦湖滨公园 AAA
地址：盘锦市双台子区旌旗街
电话：0427－3870196
邮编：124000

盘锦红海滩风景区 AAAA
地址：盘锦市大洼县双台子河口
电话：0427－2825411
邮编：124000

大洼西安生态养殖场 AA
地址：盘锦市大洼县西安镇
电话：0427－8892519
邮编：124002

锦州笔架山风景区 AAAA
地址：锦州市笔架山经济技术开发区渤海大街 1 号
电话：0416－3582477
邮编：121007

锦州北普陀山风景名胜区 AAAA
地址：锦州市太和区钟屯乡
电话：0416－4677835
邮编：121001

锦州市凌河公园 AAA
地址：锦州市凌河区安乐里 8 号
电话：0416－3121345
邮编：121000

锦州市博物馆 AAAA
地址：锦州市古塔区北三里 1 号
电话：0416－2692358
邮编：121000

锦州辽沈战役纪念馆 AAAA
地址：锦州市凌河区北京路五段 1 号
电话：0416－3839610
邮编：121001

辽宁义县奉国寺 AAA
地址：锦州市义县东街 54 号
电话：0416－7721535
邮编：121100

圣水寺 AA
地址：葫芦岛市杨家杖经济开发区莲花山社区
电话：0429－4428531
邮编：125000

葫芦岛龙湾海滨滑雪场 AAA
地址：葫芦岛市龙港区龙湾海滨管理处
电话：0429－3132208
邮编：125000

葫芦岛市葫芦山庄 AA
地址：葫芦岛市龙港区笊笠村
电话：0429－2077655
邮编：125003

葫芦岛市人文纪念公园 AA
地址：葫芦岛市连山区影壁山麓
电话：0429－2620572
邮编：125001

葫芦岛凉水井子灵山寺 A
地址：葫芦岛市连山区旅游局
电话：0429－2130998
邮编：125011

兴城古城 AAAA
地址：葫芦岛兴城市内
电话：0429－5153558 5452870
邮编：125100

兴城龙湾海滨风景区 AAAA
地址：葫芦岛兴城市
电话：0429－3132108
邮编：125100

菊花岛风景区 AAA
地址：葫芦岛兴城市菊花岛乡
电话：0429－5621004
邮编：125100

兴城海滨国家风景名胜区 AAAA
地址：葫芦岛兴城市海滨风景区内
电话：0429－5410345
邮编：125100

绥中九门口长城 AAA
地址：葫芦岛市绥中县李家堡乡
电话：0429－6491155
邮编：125200

餐 馆

马家烧卖馆
地址：沈阳市沈河区正阳街 24 号
电话：024－24845218
邮编：110011

沈阳大连渔港餐饮娱乐有限公司
地址：沈阳市兴华北街 29 号
电话：024－85617676
邮编：110000

沈阳盛京饭店老边饺子馆
地址：沈阳市沈河区中街路 206 号
电话：024－24843956
邮编：110011

马家烧麦馆
地址：沈阳市沈河区正阳街 88 号
电话：024－24845218
邮编：110011

沈阳市慈怀斋素菜饭庄
地址：沈阳市沈河区大南街 287 号
电话：024－24133644
邮编：110011

萨拉伯尔餐饮有限公司
地址：沈阳市沈河区小西路
电话：024－22742828
邮编：110013

明茶秋豪茶艺餐饮有限公司
地址：沈阳市沈河区沈阳路
电话：024－24847399
邮编：110014

老八件餐饮有限公司
地址：沈阳市沈河区文艺路

电话：024－23930269
邮编：110015

德兴餐饮有限公司
地址：沈阳市沈河区青年大街
电话：024－86903761
邮编：110011

大连天天渔港餐饮有限公司
地址：沈阳市沈河区惠工街
电话：024－88519866
邮编：110011

海馨龙宫餐饮有限公司
地址：沈阳市沈河区市府大路
电话：024－22728888
邮编：110011

鹿鸣春
地址：沈阳市和平区十一纬路40号
电话：024－22838888 22890770
邮编：110001

皇城老妈
地址：沈阳市和平区十四纬路40号
电话：024－23226938
邮编：110001

沈阳吉路餐饮有限公司
地址：沈阳市和平区西塔街86号
电话：024－23408081
邮编：110001

老正兴菜馆
地址：沈阳市和平区和平北大街52号
电话：024－22891488
邮编：110001

新南国美食餐饮有限公司
地址：沈阳市和平区十一纬路
电话：024－23871533
邮编：110001

沈阳腾龙海港餐饮有限公司
地址：沈阳市和平区同泽北街
电话：024－31603505
邮编：110001

华夏民俗村餐饮有限公司
地址：沈阳市和平区北五马路
电话：024－23409334
邮编：110001

辽宁周记广东海鲜餐饮有限公司
地址：沈阳市和平区南一马路
电话：024－23227888
邮编：110001

辽菜楼餐饮有限公司
地址：沈阳市和平区光荣街十四纬路
电话：024－23236999
邮编：110001

玄风牛老汤餐饮有限公司
地址：沈阳市和平区西塔街
电话：024－23460523
邮编：110001

杜大胡子传统风味城
地址：沈阳市和平区胜利北街
电话：024－23498999
邮编：110001

小背篓餐饮娱乐有限公司
地址：沈阳市和平区南京南街
电话：024－23513872
邮编：110001

广富阿福仔烧鹅美食新天地有限公司
地址：沈阳市和平区文体路
电话：024－23887058
邮编：110001

红房子西餐厅
地址：沈阳市和平区北二马路
电话：024－23341088
邮编：110001

小橡树西餐厅
地址：沈阳市和平区长德街
电话：024－23262506
邮编：110001

金刚山风味餐厅
地址：沈阳市和平区西塔街新开道8甲
电话：024－23467015
邮编：110001

鹿鸣春饭庄
地址：沈阳市和平区十一纬路
电话：024－22890745
邮编：110001

麻蒲韩式烧烤餐馆
地址：沈阳市和平区珲春路
电话：024－23470510
邮编：110001

沈阳市乐山大饭店
地址：沈阳市皇姑区黄河南大街118号
电话：024－86808155
邮编：110031

沈阳小木屋餐厅
地址：沈阳市皇姑区黄河南大街96号
电话：024－86808207
邮编：110031

辽宁国际旅游实业有限公司八角楼餐厅
地址：沈阳市皇姑区黄河南大街115号
电话：024－86807401
邮编：110031

沈阳都市餐饮娱乐有限公司
地址：沈阳市皇姑区长江南55号
电话：024－86863141
邮编：110031

沈阳太极餐饮娱乐有限公司
地址：沈阳市皇姑区黄河南大街29号
电话：024－86859174
邮编：110031

红樱桃青菜馆
地址：沈阳市皇姑区长江街105号
电话：024－86855577 86864594
邮编：110031

沈阳市甘露饺子馆
地址：沈阳市铁西区建设东路43号
电话：024－25874675
邮编：110021

朝阳市粤海明珠美食城
地址：朝阳市双塔区朝阳大街三段86号
电话：0421－2630838
邮编：122000

凤鸣春餐厅
地址：朝阳市朝阳大街
电话：0421－2721251
邮编：122000

朝阳市凤凰酒楼
地址：朝阳市朝阳大街二段83号
电话：0421－2806772
邮编：122000

朝阳市泰隆酒楼
地址：朝阳市双塔区前营州路三段
电话：0421－2813198
邮编：122000

阜新环宇餐饮有限公司
地址：阜新市八一路电工街27号
电话：0418－2908006
邮编：123000

阜新市紫兰门餐饮有限公司
地址：阜新市经纬路
电话：0418－3312666
邮编：123000

阜新市鹤鸣酒楼
地址：阜新市新华路121号
电话：0418－2821048
邮编：123000

广宇海鲜皇宫
地址：阜新市中华路78号
电话：0418－3313918
邮编：123000

广宇海鲜鱼翅酒楼
地址：阜新市解放大街47号
电话：0418－3313918
邮编：123000

沈阳沸腾鱼乡餐饮有限公司阜新店
地址：阜新市文化街9号
电话：0418－2829958
邮编：123000

阜新釜山韩式餐饮有限公司
地址：阜新市莱市街10－103号
电话：0418－3335818
邮编：123000

阜新市海州区万鱼村海鲜宫
地址：阜新市街心路7号
电话：0418－3316115
邮编：123000

阜新大府酒楼
地址：阜新市从民大街45号
电话：0418－2462199
邮编：123000

阜新市饮食服务公司
地址：阜新市中华路117号
电话：0418－2264198
邮编：123000

阜新新盛酒楼有限公司
地址：阜新市中华路82号
电话：0418－3325247
邮编：123000

阜新南海渔村饮食康乐有限公司
地址：阜新市新华街86号
电话：0418－2821935
邮编：123000

济洲岛饭店
地址：铁岭市银州区惠源小区11号
电话：0410－4010788
邮编：112000

铁岭清真回味饭店
地址：铁岭市银州区工人街
电话：0410－4831683
邮编：112000

韩一馆
地址：铁岭市银州区花园小区8号
电话：0410－2208163
邮编：112000

广东烧鹅美食城
地址：铁岭市银州区前八里
电话：0410－2650888
邮编：112000

北京烤鸭店
地址：铁岭市银州区光荣街11号
电话：0410－4851084
邮编：112000

老农民饭店
地址：抚顺市顺城路西段7号
电话：0413－7689075
邮编：113008

好望角饭店
地址：抚顺市东一路31号
电话：0413－2614374
邮编：113008

阳光酒家
地址：抚顺市礼泉路10号
电话：0413－2434188
邮编：113008

北京饺子园
地址：抚顺市新华一路10号
电话：0413－7690977
邮编：113008

新世界美食广场
地址：抚顺市东四路18号
电话：0413－2638818
邮编：113008

新屯回民饭店
地址：抚顺市东洲区新屯中街8号
电话：0413－2551785
邮编：113008

香雪居饭店
地址：抚顺市搭连街塔湾三路1号
电话：0413－4601112
邮编：113008

百帝尼园酒楼
地址：抚顺市新城路西段9号
电话：0413－7734567
邮编：113008

鲜蟹湾小渔村
地址：本溪市水塔路
电话：0414－3864788
邮编：117000

本溪市府馨园餐饮中心
地址：本溪市人民路18号
电话：0414－2824863
邮编：117000

沸腾鱼乡本溪店
地址：本溪市解放南路
电话：0414－2331788
邮编：117000

本溪市溪湖穆斯林餐厅
地址：本溪市
电话：0414－5834888
邮编：117000

明山区新西兰海鲜肥牛城
地址：本溪市体育路11号
电话：0414－3840777
邮编：117000

本溪市龙山泉啤酒屋
地址：本溪市解放北路94号
电话：0414－3856997
邮编：117000

本溪天天渔港
地址：本溪市解放北路145号
电话：0414－3843699
邮编：117000

辽阳阿里山烧烤餐饮有限公司
地址：辽阳市文圣区东大街138号
电话：0419－3126666
邮编：111000

辽阳东蜀火锅城
地址：辽阳市南郊街50号
电话：0419－4138288
邮编：111000

辽阳华香村餐饮有限公司
地址：辽阳市文圣路222号
电话：0419－4126939
邮编：111000

辽阳陶仙居酒楼
地址：辽阳市文圣区中心路67号
电话：13898269499
邮编：111000

辽阳农家菜馆有限公司
地址：辽阳市熊家街8号
电话：0419－2256333
邮编：111000

辽阳名都餐饮有限公司
地址：辽阳市新运大街124号
电话：0419－2138019
邮编：111000

辽阳湘菜王大酒店
地址：辽阳市新运大街356号
电话：0419－4139999
邮编：111000

文圣区大世界食府
地址：辽阳市中华大街210号
电话：0419－3151888
邮编：111000

辽阳江源餐饮有限公司
地址：辽阳市繁荣路204号
电话：0419－2385188
邮编：111000

辽阳大府酒楼万圣园鲍翅炖品馆
地址：辽阳市文圣路158号
电话：0419－3155888
邮编：111000

文圣区王宫鲍翅食府
地址：辽阳市文圣路东顺城279号
电话：0419－4129999
邮编：111000

白塔区小蒙羊火锅店
地址：辽阳市武圣路100号
电话：0419－2250688
邮编：111000

辽阳天慧餐饮有限责任公司
地址：辽阳市民主路9号
电话：0419－2125058
邮编：111000

辽阳毛家菜大酒店
地址：辽阳市南郊路135号
电话：0419－4139698
邮编：111000

辽阳天都酒楼
地址：辽阳市卫国路16号
电话：0419－2140999
邮编：111000

辽阳依然餐饮有限公司
地址：辽阳市新运大街93号
电话：0419－2123288
邮编：111000

辽阳清真餐饮中心
地址：辽阳市西二道街60号
电话：0419－2127379
邮编：111000

辽阳市饮食服务公司
地址：辽阳市新运大街44号
电话：0419－2126447
邮编：111000

辽阳西关大酒楼
地址：辽阳市民主路56号
电话：0419－2158770
邮编：111000

天天渔港
地址：鞍山市南中华路171号
电话：0412－5531561
邮编：114001

北京万家灯火酒楼有限公司鞍山分公司
地址：鞍山市南胜利路42号
电话：0412－2213222
邮编：114001

老边饺子馆
地址：鞍山市五一路919号
电话：04125545334
邮编：114001

铁东紫荆花酒楼
地址：鞍山市铁东二道街19号
电话：0412－2227129
邮编：114001

荟宾楼美食广场
地址：鞍山市南中华路151号
电话：0412－5523498
邮编：114001

鞍山市红腾烧鹅仔美食世界
地址：鞍山市南二道街58号
电话：0412－2219139
邮编：114001

鞍山市饮食公司鸣春楼饭店
地址：鞍山市南中华路41号
电话：0412－2622750
邮编：114001

鞍山市饮食公司裕华楼饭店
地址：鞍山市铁西六道街245号甲
电话：0412－8252352
邮编：114001

鞍山市铁东区汉宫姜母鸭酒楼
地址：鞍山市园林路
电话：0412－5848800
邮编：114001

鞍山新府兴海鲜酒城有限公司
地址：鞍山市园林路164号

电话：0412－5912411
邮编：114001

渔人码头海鲜酒楼
地址：鞍山市园林路263甲
电话：0412－6352999
邮编：114001

铁东区江南渔乡酒店
地址：鞍山市常青街2号
电话：0412－5843488
邮编：114001

维多利亚西餐厅
地址：丹东市六纬路少年宫
电话：0415－2171430
邮编：118000

翡翠皇宫酒家
地址：丹东市青年广场小区
电话：0415－2132998
邮编：118000

丹东朝鲜族饭店
地址：丹东市七经街
电话：0415－2131506
邮编：118000

丹东贵宾楼餐饮娱乐有限公司
地址：丹东市七经街
电话：0415－2136798
邮编：118000

长春王记酱骨头炖菜馆
地址：丹东市江城大街
电话：0415－2174888
邮编：118000

丹东快活林春饼家常菜馆
地址：丹东市兴七路
电话：0415－3144364
邮编：118000

丹东潮江春酒楼
地址：丹东市江沿街
电话：0415－2142888
邮编：118000

丹东好望角海鲜城
地址：丹东市山街
电话：0415－2196888
邮编：118000

丹东市馨园迎宾楼
地址：丹东市人民路
电话：0415－6163674
邮编：118000

丹东边境经济合作区黄海渔村酒店
地址：丹东市开发区L区
电话：0415－3156888
邮编：118000

丹东故乡居饭店
地址：丹东市江岸路
电话：0415－2167733
邮编：118000

大连双盛园饭店有限公司
地址：大连市中山区安乐街1号
电话：0415－82647800
邮编：116011

皇城老妈
地址：大连市中山区港湾广场3A
电话：0411－83066666
邮编：116011

东海明珠美食城
地址：大连市中山区
电话：0411－82563366
邮编：116011

新时代粗粮馆
地址：大连市中山区港湾街
电话：0411－82779555
邮编：116011

中山区李连贵酒家
地址：大连市中山区昆明街
电话：0411－82806436
邮编：116011

渝都会
地址：大连市中山区一德街81号
电话：0411－85978268
邮编：116011

韩城狗肉馆
地址：大连市中山区丹东海景2号楼
电话：0411－62889122
邮编：116011

人人居甲鱼火锅城
地址：大连市中山区昆明街迈克大厦北侧
电话：0411－84312298
邮编：116011

御豪轩
地址：大连市友好路101号曼哈顿大厦1座
电话：0411－82537662
邮编：116011

重阳府
地址：大连市中山区解放街39号
电话：0411－82659599
邮编：116011

湘港红馆
地址：大连市中山区七一街
电话：0411－85978888
邮编：116011

皇宾楼餐饮有限公司
地址：大连市中山区胜利广场28号
电话：0411－82502666
邮编：116011

俄罗斯旋转餐厅
地址：大连市解放路3－5号中山大酒店38楼
电话：0411－82812888
邮编：116011

水上鱼乡
地址：大连市中山区昆明街
电话：0411－82822838
邮编：116011

粤豪轩
地址：大连市中山区解放街10－11号
电话：0411－39557799
邮编：116011

万宝海鲜坊
地址：大连市中山区枫林街9号
电话：0411－82815039
邮编：116011

吉拉尔清真餐厅
地址：大连市中山区天津街56号
电话：0411－39801044
邮编：116011

金蝴蝶中餐厅
地址：大连市中山区五惠路21号瑞士酒店7层
电话：0411－82303388
邮编：116011

阿峰香港酒楼
地址：大连市中山区五惠路21号瑞士酒店7层
电话：0411－82312990
邮编：116011

盛海日式料理店
地址：大连市中山区长江路10号
电话：0411－82562807
邮编：116011

半岛茶餐厅
地址：大连市中山区七一街2号
电话：0411－82829359
邮编：116011

大连海味馆
地址：大连市中山区七一街11号银洲大厦6楼
电话：0411－82518529
邮编：116011

百姓村
地址：大连市中山区长江路128号
电话：0411－82580128
邮编：116011

谭家饺子海鲜馆
地址：大连市中山区民意街22号
电话：0411－82653126
邮编：116011

成吉思汗风味餐厅
地址：大连市中山区七七街73号
电话：0411－82649091
邮编：116011

半亩田菜馆
地址：大连市中山区中山路126号
电话：0411－81950959
邮编：116011

红茶房一品店
地址：大连市中山区五惠路113号
电话：0411－83692146
邮编：116011

大连新裕和鲍翅食府
地址：大连市中山区上海路45号
电话：0411－82808588
邮编：116011

橄榄园西餐厅
地址：大连市中山区职工街9号
电话：0411－88819095
邮编：116011

营口市胖嫂饺子王饭店
地址：营口市体育街
电话：0417－2823555
邮编：115003

营口市天府酒楼
地址：营口市少年宫南里22号
电话：0417－2832179
邮编：115003

营口韩城餐饮娱乐有限公司
地址：营口市向阳街启文里
电话：0417－2832179
邮编：115003

营口老边区饮食服务公司
地址：营口市冶金街

电话：0417－3846951
邮编：115003

营口川王府餐饮有限公司
地址：营口市东昌西里
电话：0417－2991998
邮编：115003

营口美食王冠酒楼
地址：营口市市府路健康街
电话：0417－2812218
邮编：115003

营口市饮食服务公司东方红饮食总店
地址：营口市新兴街
电话：0417－3842242
邮编：115003

营口市饮食服务有限公司
地址：营口市健康街福生里
电话：0417－2832447
邮编：115003

营口鹏程餐饮有限公司
地址：营口市渤海大街5号
电话：0417－2832888
邮编：115003

营口牧羊府餐饮有限公司
地址：营口市盼盼路17号楼10－12号
电话：0417－2601606
邮编：115003

营口天天渔港有限公司
地址：营口市盼盼路北22号楼4－9号
电话：0417－2175188
邮编：115003

营口经济技术开发区渤海小渔村餐饮有限公司
地址：营口市昆仑大街北段
电话：0417－6260118
邮编：115003

营口南江春餐饮娱乐有限公司
地址：营口市体育里
电话：0417－2808686
邮编：115003

竹溪园
地址：盘锦市辽河东路
电话：0427－2801985
邮编：124010

盘锦特色风味餐厅
地址：盘锦市兴油街
电话：0427－7850747
邮编：124010

牧羊人家
地址：盘锦市东风街
电话：0427－6618498
邮编：124010

天府鱼庄
地址：盘锦市双兴北路
电话：0427－3880158
邮编：124010

盘山大众炖菜馆
地址：盘锦市辽河商业城西
电话：0427－3826367
邮编：124010

盘锦海王府饭店
地址：盘锦市松山路
电话：0427－2821046
邮编：124010

裕香园饭庄
地址：盘锦市石油大街
电话：0427－3829859
邮编：124010

天山食府
地址：盘锦市红旗大街
电话：0427－2288118
邮编：124010

香江食府
地址：盘锦市迎宾大街
电话：0427－2836618
邮编：124010

又一顺清真饭庄
地址：锦州市南京路二段
电话：0416－2349909
邮编：121000

渔民村海鲜馆
地址：锦州市南京路二段
电话：0416－2364559
邮编：121000

古塔回民饭店
地址：锦州市解放路二段10号
电话：0416－2124552
邮编：121000

凤凰啤酒城
地址：锦州市重庆路
电话：0416－4167518
邮编：121000

秦记香辣蟹
地址：锦州市上海路四段
电话：0416－2137166
邮编：121000

锦州新食代杭州人家酒楼
地址：锦州市北京路五段1号
电话：0416－3832766
邮编：121000

众品鲜风味居
地址：锦州市南宁路四段17号
电话：0416－3120472
邮编：121000

湖南毛家菜馆
地址：锦州市延安路三段7号
电话：0416－2137988
邮编：121000

辣婆婆酒楼
地址：锦州市洛阳路三段
电话：0416－3167315
邮编：121000

锦州金海岸渔港酒楼
地址：锦州市上海路二段76号
电话：0416－2337830
邮编：121000

肥羊王
地址：锦州市延安路三段31号
电话：0416－2132958
邮编：121000

馨怡食府
地址：锦州市解放路五段24号
电话：0416－2832190
邮编：121000

锦州极品素馅饺子馆
地址：锦州市洛阳路四段
电话：0416－3129512
邮编：121000

锦州市凯旋啤酒广场
地址：锦州市人民街二段
电话：0416－3123266
邮编：121000

川号子酒楼
地址：锦州市人民街二段
电话：0416－2366588
邮编：121000

北京口福居饮食有限责任公司
地址：锦州市人民街二段
电话：0416－3158060
邮编：121000

锦州市南海港酒楼
地址：锦州市人民街二段
电话：0416－3156998
邮编：121000

锦州市沸腾渔乡餐饮有限责任公司
地址：锦州市宜昌路二段
电话：0416－2344488
邮编：121000

北京馄饨侯锦州分店
地址：锦州市解放路三段
电话：0416－2143868
邮编：121000

锦州贵福大清皇城文化食府
地址：锦州市解放路三段21号
电话：0416－3143118
邮编：121000

疆海食府
地址：锦州市解放路三段14号
电话：0416－2132999
邮编：121000

兰花风味总店
地址：锦州市洛阳路三段
电话：0416－83162382
邮编：121000

古塔区菜香根饭店
地址：锦州市洛阳路三段
电话：0416－3149455
邮编：121000

名人河鱼馆
地址：锦州市锦山路186号
电话：0416－5186999
邮编：121000

大连风味海鲜舫
地址：葫芦岛市龙湾新区
电话：0429－3111963
邮编：125000

千禧龙饭庄
地址：葫芦岛市龙湾新区
电话：0429－3126870
邮编：125000

葫芦岛世纪食府餐饮有限公司
地址：葫芦岛市龙湾新区海星路
电话：0429－3165111
邮编：125000

葫芦岛龙泽园餐饮服务有限公司
地址：葫芦岛市中央大街4号
电话：0429－2185709
邮编：125000

葫芦岛鲜羔楼餐饮有限公司
地址：葫芦岛市海滨路17号
电话：0429－3114528
邮编：125000

傣家村
地址：葫芦岛市连山区滨河路
电话：0429－2154999
邮编：125000

原味斋烤鸭店葫芦岛分店
地址：葫芦岛市连山区锦葫路
电话：0429－3950066
邮编：125000

四川江湖家常菜馆
地址：葫芦岛市连山区滨河路
电话：0429－3883226
邮编：125000

东兴楼酒店
地址：葫芦岛市连山区连山大街
电话：0429－2125799
邮编：125000

菜根溢香楼
地址：葫芦岛市连山区海滨路
电话：0429－3962288
邮编：125000

旅游用品

澳翔雕塑制品有限公司
地址：沈阳市北海街
电话：024－88438613
邮编：110043

金鼎石雕工艺有限公司
地址：沈阳市小北关街
电话：024－88531025
邮编：110013

龙太木艺有限公司
地址：沈阳市万柳塘路55号
电话：024－24222702
邮编：110015

沈阳市贝雕厂
地址：沈阳市东站街
电话：024－88096497
邮编：110044

沈阳市玉器厂
地址：沈阳市和平南大街
电话：024－23389227
邮编：110006

于洪区西京画苑
地址：沈阳市黄海路22号
电话：024－25835324
邮编：110013

长城刺绣厂
地址：沈阳市沈河区风雨场街136甲1号
电话：024－22910995
邮编：110013

金马电脑刺绣有限公司
地址：沈阳市沈河区南顺城路30－2号
电话：024－24856080
邮编：110011

沈阳市绢花厂
地址：沈阳市北顺城路
电话：024－24844451
邮编：110041

沈阳市绣品厂
地址：沈阳市大东区东站街
电话：024－88090026
邮编：110044

紫丁香人造花厂
地址：沈阳市新城浦西工业园1号
电话：024－8978133389790222
邮编：110127

萃华金银制品实业公司
地址：沈阳市
电话：024－88502140
邮编：110013

广爱珠宝首饰有限公司
地址：沈阳市中街路
电话：024－24849853
邮编：110011

华夏珠宝有限公司
地址：沈阳市铁西区兴华南街8号
电话：024－2484470485630039
邮编：110013

金嘉华珠宝有限公司
地址：沈阳市皇姑区北陵大街29号
电话：024－86227483
邮编：110033

沈阳迪尼文具礼品有限公司
地址：沈阳市风雨坛街24号12门
电话：024－22903690　24323715
邮编：110014

沈阳市铁西区美瑞礼品经营部
地址：沈阳市铁西区北二东路17号博润大厦912室
电话：024－25602396　25650390
邮编：110021

辽银金属工艺品厂
地址：沈阳市小什字街52号
电话：024－24835344
邮编：110042

沈阳市羽毛工艺厂
地址：沈阳市和平南大街96巷3号
电话：024－23382668
邮编：110006

凌源市东城玉器厂
地址：朝阳市东城
电话：0421－6922938
邮编：122500

凌源市玉雕厂
地址：朝阳市凌河大街育才路41号
电话：0421－6882963
邮编：122500

辽西地毯总厂
地址：阜新市八一路
电话：0418－2821681
邮编：123000

阜新东祥金银珠宝有限公司
地址：阜新市解放大街
电话：0418－2829999
邮编：123000

铁岭市天德商贸有限责任公司
地址：铁岭市柴河街
电话：0410－2890049
邮编：112000

抚顺市雕刻厂琥珀制品厂
地址：抚顺市新城路中段3号
电话：0413－7673445
邮编：113006

新宾满族自治县抚顺雅臣工艺品厂
地址：抚顺市永陵镇
电话：0413－5157758
邮编：113006

抚顺市金珠首饰厂
地址：抚顺市新城路中段3号
电话：0413－7671166
邮编：113006

辽阳飞天工艺品有限公司
地址：辽阳市弓长岭
电话：0419－5606587
邮编：111008

广顺工艺品厂
地址：辽阳市南常路
电话：0419－2310366
邮编：111000

辽阳进洋工艺品有限公司
地址：辽阳市太子河区祁家镇唐庄村
电话：0419－2190002
邮编：111000

辽阳市白塔区圣通工艺品厂
地址：辽阳市铁西路
电话：0419－3306528
邮编：111000

辽阳市工艺品厂
地址：辽阳市刚家胡同
电话：0419－3153345
邮编：111000

辽阳市华申人造花果厂
地址：辽阳市河东村
电话：0419－3155831
邮编：111000

辽阳市振兴工艺品有限公司
地址：辽阳市振兴路
电话：0419－3303580
邮编：111000

鞍山市安明工艺制品厂
地址：鞍山市深沟寺
电话：0412－6426405
邮编：114031

鞍山市森琦工艺制品厂
地址：鞍山市山南街2号
电话：0412－2635991
邮编：114001

鞍山钟表总厂
地址：鞍山市北胜利路356号
电话：0412－6614629
邮编：114031

丹东市振兴区东顺工艺品厂
地址：丹东市通乡后街
电话：0415－2805700
邮编：118000

丹东手表工业公司
地址：丹东市表厂路138号
电话：0415－2253425
邮编：118000

丹东市手表东旭工业公司手表厂
地址：丹东市表厂路
电话：0415－2252380
邮编：118000

抚顺市玉器厂
地址：抚顺市新城路中段3号
电话：0413－7672863
邮编：113006

大连贝雕厂
地址：大连市不老街
电话：0411－83682564
邮编：116033

大连市金州区东阳木雕厂
地址：大连市胜利路
电话：0411－87831782
邮编：116033

大连市金州青铜工艺制品厂
地址：大连市向应镇
电话：0411－87297472
邮编：116033

大连绢花厂
地址：大连市光风街
电话：0411－82681645
邮编：116033

大连博文工艺饰品厂
地址：大连市同德路
电话：0411－86587517
邮编：116033

大连达伦特工艺品有限公司
地址：大连市团结街
电话：0411－82544444
邮编：116011

大连工艺美术集团公司
地址：大连市通海街
电话：0411－83607740
邮编：116033

大连佳宜工艺制品有限公司
地址：大连市同兴街
电话：0411－82814949
邮编：116033

大连嘉美工艺品有限公司
地址：大连市鲁迅路
电话：0411－82700876
邮编：116033

大连民政工艺品厂
地址：大连市石门街
电话：0411－86655868
邮编：116033

大连欧美工艺品制造有限公司
地址：大连市辛艺街
电话：0411－86302955
邮编：116033

大连天宝工艺品有限公司
地址：大连市东海路8号
电话：0411－86607742
邮编：116033

大连中国工艺品旅游品交易市场有限公司
地址：大连市致富街
电话：0411－82691579
邮编：116033

大连佐联工艺品厂
地址：大连市新成街
电话：0411－82480905
邮编：116033

普兰店市理石工艺厂
地址：大连市杨树房镇
电话：0411－83454377
邮编：116033

大连手表工业公司
地址：大连市长春路
电话：0411－82485144
邮编：116033

大连手表工业进出口公司
地址：大连市长春路
电话：0411－82485274
邮编：116033

大连中鸥表业有限公司
地址：大连市长春路
电话：0411－82498486
邮编：116033

营口经济技术开发区丰阳工艺品厂
地址：营口市鲅鱼圈蝴蝶泉路
电话：0417－6220242
邮编：115007

营口市工艺美术制品厂
地址：营口市创新里
电话：0417－2833236
邮编：115000

锦州市玉雕厂
地址：锦州市太安里31号
电话：0416－5179961
邮编：121000

试验区长城石材工艺美术厂
地址：锦州市凌海杏山梁屯村
电话：0416－3538128
邮编：121221

锦州地毯厂
地址：锦州市凌南西里
电话：0416－3884413
邮编：121000

中国人民银行锦州东祥珠宝行
地址：锦州市上海路3段51号
电话：0416－2122672
邮编：121000

阳光画苑
地址：锦州市凌河区和平路4段43号楼
电话：0416－2128292
邮编：121000

沈阳市营盘工艺美术厂
地址：锦州市亮甲山1号
电话：0416－4681677
邮编：121000

沈阳市古塔区站二工艺美术制品厂
地址：锦州市凌西大街
电话：0416－5177956
邮编：121000

旅游交通

辽宁省旅游汽车公司
地址：沈阳区皇姑区黄河南大街113号
电话：024－86119788
邮编：110031

安运旅游汽车有限公司
地址：沈阳市九纬路63号
电话：024－22873338
邮编：110001

沈阳火车东站
地址：沈阳市东站街1号
电话：024－88090624
邮编：110044

沈阳仙桃国际机场
地址：沈阳市东陵区仙桃乡
电话：024－89398015
邮编：110015

朝阳火车站
地址：朝阳市
电话：0421－2625586
邮编：122000

北票市火车站
地址：朝阳北票市城关街
电话：0421－5821900
邮编：122100

凌源市火车站
地址：朝阳凌源市红山路
电话：0421－6886971
邮编：122500

阜新火车站
地址：阜新市振兴路
电话：0418－2852913
邮编：123002

铁岭火车站
地址：铁岭市工人街
电话：0410－4834109
邮编：112000

开原市火车站
地址：铁岭开原市站前街
电话：0410－3831286
邮编：112300

抚顺市大官屯火车站
地址：抚顺市千金路56号
电话：0413－2523061
邮编：113015

抚顺市瓢儿屯火车站
地址：抚顺市锦州路东段4号
电话：0413－6659449
邮编：113001

本溪火车站
地址：本溪市站前广场
电话：0414－2822055
邮编：117002

桓仁东方旅游船舶公司
地址：本溪市桓仁县大东沟参茸场
电话：0414－8239215
邮编：117200

辽阳火车站
地址：辽阳市
电话：0419－2261894
邮编：111000

鞍山市长途旅游客运公司
地址：鞍山市南建国路
电话：0412－2222935
邮编：114005

鞍山火车站
地址：鞍山市南建国路

电话：0412－2211412
邮编：114002

鞍山市旧堡火车站
地址：鞍山市鞍海路6号
电话：0412－2313373
邮编：114041

海城市火车站
地址：鞍山海城市站前街
电话：0412－3337404
邮编：114200

丹东旅游客运有限公司
地址：丹东市振兴区上纬路98－8号
电话：0415－2171576
邮编：118000

丹东火车站
地址：丹东市站后路1号
电话：0415－3123697
邮编：118002

丹东浪头机场
地址：丹东市城南浪头镇
电话：0415－2123427
邮编：118000

丹东港
地址：丹东市宁山东路1号
电话：0415－3122088
邮编：110032

前阳火车站
地址：丹东东港市前阳
电话：0415－7162040
邮编：118300

大连市外事旅游汽车服务公司
地址：大连市
电话：0411－84305157
邮编：116000

大连白云旅游汽车出租公司
地址：大连市北岗街
电话：0411－3628272
邮编：116000

大连蓝灯长途客运旅游汽车公司
地址：大连市北海街10号
电话：0411－2546111
邮编：116000

大连旅游汽车散客服务中心
地址：大连市长江路
电话：0411－2824315
邮编：116000

大连市出租汽车公司开发区旅游汽车公司
地址：大连市高尔基路
电话：0411－3609919
邮编：116000

大连火车东站
地址：大连市发达街
电话：0411－82654004
邮编：116000

大连火车西站
地址：大连市鞍山路
电话：0411－83690151
邮编：116000

大连港
地址：大连市中山区港湾街一号
电话：0411－82807147
邮编：116004

大连周水子国际机场
地址：大连市城甘井子区迎宾路100号
电话：0411－83886699
邮编：116033

普兰店火车站
地址：大连普兰店市站前街
电话：0411－83113213
邮编：116000

盖州市九寨镇车站
地址：营口盖州市九寨镇
电话：0417－7100442
邮编：115200

盘锦火车站
地址：盘锦市双台子区
电话：0427－3881538
邮编：124000

营口港
地址：营口市鲅鱼圈区新港大路1号
电话：0417－6251600
邮编：115007

凌海市石山火车站
地址：锦州市石山镇站前
电话：0416－8450472
邮编：121204

锦州港
地址：锦州市经济技术开发区
电话：0416－3127123
邮编：121007

锦州机场
地址：锦州市太和区桃园北里31号
电话：0416－5178601
邮编：121011

北宁市沟帮子火车站
地址：锦州市沟帮子火车站
电话：0416－6652396
邮编：121300

葫芦岛市南票火车站
地址：葫芦岛市南票区
电话：0429－4193409
邮编：125027

锦铁分局绥中火车站
地址：葫芦岛市绥中县站前街
电话：0429－6132694
邮编：125200

旅游院校

辽宁大学
工商管理学院旅游系
地址：沈阳市皇姑区崇山东路66号
电话：024－86864005
邮编：110036

沈阳大学
旅游管理学院
地址：沈阳市大东区联合路54号
电话：024－62268367
邮编：110041

沈阳师范学院
旅游管理学院
地址：沈阳市黄河北大街253号
电话：024－86592402
邮编：110034

沈阳职业技术学院
旅游专业
地址：沈阳市大东区善林路36号
电话：024－62430510
邮编：110042

沈阳航空学院
旅游专业
地址：沈阳市黄河北大街
电话：024－86118732
邮编：110031

沈阳工程学院
外语系旅游专业
地址：沈阳市东陵区文萃路94号
电话：024－31975555
邮编：110015

沈阳市旅游培训中心
地址：沈阳市沈河区青年大街30号
电话：024－22856441
传真：22856445
邮编：110013

沈阳市旅游学校
地址：沈阳市皇姑区崇山路80号
电话：024－86898445
邮编：110032

铁岭师范高等专科学校
旅游英语专业
地址：铁岭市银州区岭东街89号
电话：0410－2216897
邮编：112000

抚顺师范高等专科学校
中文与旅游系
地址：抚顺市高山路17号
电话：0413－7600840
邮编：113006

辽宁科技学院
经济管理系旅游专业
地址：本溪市明山区文化路42号
电话：0414－2127021
邮编：117022

辽阳职业技术学院
经济管理系旅游管理专业
地址：辽阳市铁西路150号
电话：0419－2480095
邮编：111000

鞍山师范学院
财经系旅游管理专业
地址：鞍山市铁东区平安街43号
电话：0412－2960901
邮编：114005

辽宁科技大学
经济系旅游专业
地址：鞍山市千山中路185号
电话：0412－5929377
邮编：114005

鞍山市旅游中等职业技术学校
地址：鞍山市千山区上石桥村
电话：0412－5916160
邮编：114047

辽东学院
旅游管理学院
地址：丹东市振安区临江街116号
电话：0415－4138305

邮编：118001

丹东市旅游职业技术学校
地址：丹东市振兴区兴一路95号
电话：0415－3135201
邮编：118000

大连民族学院
经济管理学院旅游系
地址：大连市经济开发区辽河西路18号
电话：0411－87656123
邮编：116600

大连外国语学院
旅游学院
地址：大连市中山区延安路94号
电话：0411－87300666
邮编：116002

大连大学
旅游学院
地址：大连市经济技术开发区
电话：0411－87402488
邮编：116622

东北财经大学
旅游学院
地址：大连市黑石礁尖山街217号
电话：0411－84710473
邮编：116023

大连海事大学
经济管理学院旅游管理专业
地址：大连市凌海路1号
电话：0411－84729306
邮编：116026

辽宁师范大学
旅游学院
地址：大连市黄河路850号
电话：0411－84258752
邮编：116029

大连旅游职业中专
地址：大连市甘井子区沙跃街90号
电话：0411－86674268
邮编：116031

盘锦职业技术学院
旅游管理专业
地址：盘锦市兴隆台区惠宾大街119号
电话：0427－6655781
邮编：124010

渤海大学
旅游学院
地址：锦州市太和区商大里11号
电话：0416－3400104
邮编：121013

盘锦市外事旅游学校
地址：盘锦市大洼县田家镇
电话：0427－2812499
邮编：124200

吉　林

JILIN

旅游机构

吉林省旅游局
地址：长春市文化胡同66号
电话：0431－88906807
传真：0431－88906828
邮编：130061
网址：www.gotojilin.com

吉林省旅游服务监督管理所
地址：长春市新民大街14号
电话：0431－85653030
邮编：130021

长春市旅游局
地址：长春市民康路1272号
电话：0431－85881996
传真：0431－85881994
邮编：130041

双阳区旅游局
地址：长春市西双阳大街29号
电话：0431－84223002
邮编：130600

榆树市旅游局
地址：长春榆树市华昌路17号
电话：0431－83625366
邮编：130400

德惠市旅游局
地址：长春德惠市西新华街
电话：0431－87222074
邮编：130300

九台市旅游局
地址：长春九台市九台大街31号
电话：0431－82359061
邮编：130500

农安县文体局
地址：长春市农安县农安镇兴华路325号
电话：0431－83224468
邮编：130200

吉林市旅游局
地址：吉林市江湾路4号
电话：0432－2499133
传真：0432－2434569
邮编：132001

桦甸市旅游局
地址：吉林桦甸市桦甸大街100号
电话：0432－6273045
邮编：132400

蛟河市旅游局
地址：吉林蛟河市民主路3号
电话：0432－7224501
邮编：132500

舒兰市旅游管理局
地址：吉林舒兰市人民大路4046号水利局老四楼
电话：0432－8234965
邮编：132600

磐石市旅游局
地址：吉林磐石市政府
电话：0432－5222016
邮编：132300

永吉县经济局
地址：吉林市永吉县政府
电话：0432－4239359
邮编：132200

四平市旅游局
地址：四平市铁西区市府路59号
电话：0434－3266359
传真：0434－3266359
邮编：136000

公主岭市旅游局
地址：四平公主岭市正阳街2号
电话：0434－6215178
邮编：136100

伊通满族自治县旅游局
地址：四平市伊通镇中华东路1号
电话：0434－4222152
邮编：130700

双辽市旅游局
地址：四平双辽市辽河路32号
电话：0434－7239132
邮编：136400

辽源市旅游局
地址：辽源市人民大街217号
电话：0437－3515845
传真：0437－3514742
邮编：136200

通化市旅游局
地址：通化市新大华大街499号
电话：0435－3212539
传真：0435－3212539
邮编：134001

集安市旅游局
地址：通化集安市民主路4号
电话：0435－6224333
邮编：134200

梅河口市旅游办公室
地址：通化梅河口市沿河街5号
电话：0448－4234750
邮编：135000

通化县旅游局
地址：通化市通化县快大茂镇团结路96号
电话：0435－5222930
邮编：134100

辉南县旅游局
地址：通化市辉南县政府
电话：0448－8220347
邮编：135100

柳河县旅游局
地址：通化市柳河县柳河镇柳河大街363号
电话：0448－7222366
邮编：135300

白山市旅游局
地址：白山市浑江大街152号
电话：0439－3252180
传真：0439－3252180
邮编：134300

临江市旅游局
地址：白山临江市临江大街25号
电话：0439－5221669
邮编：134600

抚松县旅游局
地址：白山市抚松县北新区人民政府楼
电话：0439－6212601
邮编：134500

靖宇县旅游局
地址：白山市靖宇县城
电话：0439－7239766
邮编：135200

长白朝鲜族自治县外事旅游局
地址：白山市长白县长白大街51号
电话：0439－8223605
邮编：134400

江源区旅游局
地址：白山市江源区江源大街156号
电话：0439－3724577
邮编：134700

松原市旅游局
地址：松原市经济开发区青年大街4569号
电话：0438－2283358
传真：0438－2283358
邮编：138000

前郭尔罗斯蒙古族自治县旅游局
地址：松原市前郭县城
电话：0438－2174966
邮编：138000

镇赉县旅游局
地址：白城市镇赉县站前街
电话：0436－7239971
邮编：137300

白城市旅游局
地址：白城市文化东路1号
电话：0436－5097509
传真：0436－5097509
邮编：137000

通榆县旅游局
地址：白城市通榆县党校3楼
电话：0436－4224531
邮编：137200

洮南市旅游局
地址：白城洮南市政府
电话：0436－6223868
邮编：137100

延边朝鲜族自治州旅游局
地址：延边州延吉市延西街4号
电话：0433－2714624
传真：0433－2717905
邮编：133002

延吉市旅游局
地址：延边州延吉市太平街195号
电话：0433－2513100
邮编：133000

图们市旅游局
地址：延边州图们市图们大路130号
电话：0433－7225203
邮编：133100

敦化市旅游局
地址：延边州敦化市新华西路1号
电话：0433－6223618
邮编：133700

龙井市旅游局
地址：延边州龙井市龙井街20号
电话：0433－3220006
邮编：133400

珲春市旅游局
地址：延边州珲春市靖和街
电话：0433－7524091

邮编：133300

和龙市旅游局
地址：延边州和龙市文化路 24 号
电话：0433－4228835
邮编：133500

汪清县旅游服务中心
地址：延边州汪清县人川西路 9 号
电话：0433－8813110
邮编：133500

安图县旅游局
地址：延边州安图县明月镇龙安路 42 号
电话：0433－5820806
邮编：133600

旅行社

吉林省海外旅游总公司
地址：长春市新民大街 1296 号
电话：0431－86909709
邮编：130021
许可证号：L－JL－GJ00001

长春市中国旅行社
地址：长春市建设街 1433 号
电话：0431－88544838
邮编：130031
许可证号：L－JL－GJ00002

长春海外旅游有限责任公司
地址：长春市解放大路 659 号
电话：0431－88632224
邮编：130041
网址：www. JL114. com
许可证号：L－JL－GJ00003

吉林省中国国际旅行社
地址：长春市新民大街 1296 号
电话：0431－85656313
邮编：130021
许可证号：L－JL－GJ00004

吉林市中国国际旅行社有限责任公司
地址：吉林市重庆路 2222 号
电话：0433－2435991
邮编：132001
网址：www. jlcits. com
许可证号：L－JL－GJ00005

延边中国国际旅行社有限公司
地址：延吉市延边西街 4 号
电话：0433－2728875
邮编：133001
网址：www. citsyb. com
许可证号：L－JL－GJ00006

吉林省长白山国际旅行社
地址：长春市南湖大路 22 号
电话：0431－85673217
邮编：130000
许可证号：L－JL－GJ00007

吉林省中国青年旅行社
地址：长春市昌平街 799 号
电话：0431－88563378
邮编：130061
网址：www. CYTS－JL. com
许可证号：L－JL－GJ00008

延边中国旅行社
地址：吉林省延边市参花街 12－4－1 号
电话：0433－2510914
邮编：133000
网址：www. ybccts. com
许可证号：L－JL－GJ00010

吉林省中国旅行社
地址：长春市人民大街 1556 号
电话：0431－2717623
邮编：130051
许可证号：L－JL－GJ00011

通化中国国际旅行社
地址：通化市东昌路 533 号
电话：0435－3217052
邮编：134001
许可证号：L－JL－GJ00012

珲春国际旅行社
地址：珲春市珲春街
电话：13944797666
邮编：133300
网址：www. hctour. com
许可证号：L－JL－GJ00014

吉林市中国旅行社有限公司
地址：吉林市重庆街 28 号
电话：0433－2490460
邮编：132001
网址：www. JLCTV. com. cn
许可证号：L－JL－GJ00015

集安国际旅行社有限责任公司
地址：集安市迎宾路 66 号
电话：0435－6217363
邮编：134200
许可证号：L－JL－GJ00016

吉林省旅游集团天马国际商务旅行社
地址：长春市新建街 21 号天马大厦 2F
电话：0431－85615328
邮编：130021
许可证号：L－JL－GJ00017

吉林省海峡旅行社
地址：长春市西安大路 727 号中银大厦 A 座 2509 室
电话：0431－88960021
邮编：130061
许可证号：L－JL－GJ00019

延边太平洋国际旅行社
地址：吉林省延吉市长白路 371 号
电话：0433－2837683
邮编：133000
许可证号：L－JL－GJ00022

延边职工国际旅行社
地址：延吉市进学街 122 号
电话：0433－2524584
邮编：133000
许可证号：L－JL－GJ00023

延吉市金星国际旅游有限公司
地址：延吉市新兴街 162 号
电话：0433－2530717
邮编：133000
许可证号：L－JL－GJ00024

延边海外旅游有限公司
地址：延吉市新兴街 162 号天宇大厦 1305 室
电话：0433－2552566
邮编：133000
网址：www. yb-tour. com
许可证号：L－JL－GJ00025

延边文化国际旅行社有限公司
地址：延吉市参花街 238 号
电话：0433－2537676
邮编：133000
网址：www. btouyc. com/yanbian
许可证号：L－JL－GJ00026

延边铁道国际旅行社
地址：图们市光明街 48 号
电话：0433－3638735
邮编：133100
许可证号：L－JL－GJ00028

延边翔宇国际旅行社有限责任公司
地址：延吉市翔宇酒店
电话：0433－2727665
邮编：133000
许可证号：L－JL－GJ00029

延边白山国际旅行社有限公司
地址：延吉市局子街 333 号
电话：0433－2538833
邮编：133000
网址：www. e－bsits. com
电子信箱：master@ e－bsits. com
许可证号：L－JL－GJ00030

延边阿里郎国际旅行社有限公司
地址：珲春市新安街
电话：0440－7519133
邮编：133300
网址：www. yb777. com
许可证号：L－JL－GJ00031

延边远东国际旅行社
地址：珲春市电力大厦二楼
电话：0440－7527769
邮编：133300
许可证号：L－JL－GJ00032

延边长白山森林国际旅行社
地址：珲春市新安街园丁路
电话：13804430612
邮编：133300
许可证号：L－JL－GJ00033

延边海兰江国际旅行社
地址：龙井市龙井街 23 号
电话：0433－3220006
邮编：133400
许可证号：L－JL－GJ00034

长春铁路国际旅行社
地址：长春市辽宁路 18－1 号
电话：0431－86121875
邮编：130051
许可证号：L－JL－GJ00037

集安市翠园国际旅行社
地址：集安市胜利西路 47 号
电话：0435－6222128
邮编：134200
许可证号：L－JL－GJ00039

吉林省青年商务国际旅行社有限责任公司
地址：长春市建设街普庆路 169 号
电话：0431－85089528
邮编：130061
许可证号：L－JL－GJ00040

吉林省康辉国际旅行社有限公司
地址：长春市新民大街 626 号
电话：0431－85645171
邮编：130021
许可证号：L－JL－GJ00041

吉林省华侨国际旅行社
地址：长春市西安大路1366号
电话：0431－88564698
邮编：130062
许可证号：L－JL－GJ00042

延边大信国际旅行社有限公司
地址：延吉市光明街136号
电话：0433－2568888
邮编：133000
网址：www. dxtowr. com
许可证号：L－JL－GJ00043

延边泰达国际旅行社有限公司
地址：珲春市新安街
电话：0440－7513825
邮编：133300
许可证号：L－JL－GJ00044

珲春森林山国际旅行社有限公司
地址：珲春市春城路
电话：0440－7501777
邮编：133300
网址：www. hcglsgl. ccbip. net
许可证号：L－JL－GJ00045

延边天波国际旅行社有限公司
地址：延吉市参花街144号
电话：13804485111
邮编：133000
许可证号：L－JL－GJ00046

延边天池国际旅行社有限公司
地址：延吉市爱丹路金鼎商务中心508室
电话：0433－2538377
邮编：133000
许可证号：L－JL－GJ00047

吉林省东方国际旅行社
地址：延吉市延西街37号
电话：0433－2765111
邮编：133000
许可证号：L－JL－GJ00049

集安云峰国际旅行社
地址：集安经济开发区云峰小区
电话：0435－6232847
邮编：134200
许可证号：L－JL－GJ00050

延边康复国际旅行社
地址：延吉市参花街238号
电话：0433－2536789
邮编：133000
网址：www. ybkl. com
许可证号：L－JL－GJ00051

延边青年国际旅行社有限公司
地址：延吉市参花街17号
电话：0433－2510025
邮编：133000
许可证号：L－JL－GJ00052

延边观光国际旅行社有限公司
地址：延吉市人民路51号
电话：0433－2535960
邮编：133000
许可证号：L－JL－GJ00053

延边假日国际旅行社有限公司
地址：延吉市友谊路2号
电话：13804483199
邮编：133000
许可证号：L－JL－GJ00054

图们市四通国际旅行社有限公司
地址：图们市图们街
电话：0433－3637777
邮编：133000
许可证号：L－JL－GJ00055

珲春三疆国际旅行社有限公司
地址：珲春市宾馆
电话：0440－7520708
邮编：133300
网址：www. jlncsj. ccoo. cn
许可证号：L－JL－GJ00056

白山市长白山假日国际旅行社
地址：白山市天成大厦7楼
电话：0439－3290789
邮编：134300
许可证号：L－JL－GJ00050

珲春宇通国际旅行社有限公司
地址：珲春市新安街龙源社区
电话：0440－7508399
邮编：133300
许可证号：L－JL－GJ00058

延边兆丰国际旅行社有限公司
地址：延吉市河南街18号
电话：0433－5004888
邮编：133000
许可证号：L－JL－GJ00059

临江市鸭绿江国际旅行社
地址：白山临江市正阳路55号
电话：0439－5218333
邮编：134600
网址：www. yljzl. cn
电子信箱：yljgjlxs9185@ yahoo. com. cn
许可证号：L－JL－GJ00062

宾馆酒店

香格里拉大饭店★★★★★
地址：长春市西安大路569号
电话：0431－88981818
传真：0431－88981919
邮编：130061
网址：www. shangri－la. com
电子信箱：slcc@ shangri－la. com

紫荆花饭店★★★★★
地址：长春市人民大街5688号
电话：0431－85687888
传真：0431－85691222
邮编：130021
网址：www. RedbudsHotel. com

名门饭店★★★★★
地址：长春市人民大街4501号
电话：0431－85622888
传真：0431－85665522
邮编：130021
网址：www. noblehotel. com

世纪大饭店★★★★★
地址：吉林大街77号
电话：0432－82168888
传真：0432－84649000
邮编：132013
网址：www. centuryhotel. com. cn

新吉粮大酒店★★★★
地址：长春市人民大街7008号
电话：0431－85598888
传真：0431－85598000
邮编：130022
网址：www. xjihotel. com

松苑宾馆★★★★
地址：长春市新发路21号
电话：0431－82727001
传真：0431－82727621
邮编：130051

吉鹤宾馆★★★★
地址：白城市吉鹤广场北
电话：0436－3677666
传真：0436－3677655
邮编：137000

松原石油大厦★★★★
地址：松原市郭尔罗斯大路1200号
电话：0438－6221000
邮编：138000

松原市宾馆★★★★
地址：松原市临江路388号
电话：0438－3178000
传真：0438－3178888
邮编：138000
网址：www. syshotel. com

磐石白云宾馆★★★★
地址：吉林市磐石大街1111号
电话：0432－525888
传真：0432－525555
邮编：132300

汇丰大酒店★★★★
地址：通化市建设大街2891号
电话：0435－3663999
传真：0435－3962375
邮编：134001

延吉宾馆★★★★
地址：延边州延吉市迎宾路50号
电话：0433－2913608
传真：0433－2913606
邮编：133000

延边洲大酒店★★★★
地址：延边州延吉市铁北路439号
电话：0433－6195555
传真：0433－6195999
邮编：133001

汪清天府大酒店★★★★
地址：汪清县东路2号
电话：0433－8835111
传真：0433－8838382
邮编：133200
网址：www. tianfuhotel. com

安图长白山大厦★★★★
地址：安图县二道白河林业局
电话：0433－5723777
传真：0433－5722908
邮编：133613
网址：www. hotelcbs. com

长客宾馆★★★
地址：长春市西安大路129号
电话：0431－87905168
传真：0431－87925000
邮编：1300620

长春金洲饭店有限公司★★★
地址：长春经济技术开发区深圳街3号
电话：0431－84630200

传真：0431－84644154
邮编：130031

交通宾馆★★★
地址：长春市解放大路84号
电话：0431－85630009
传真：0431－85670347
邮编：130021

杏花山宾馆★★★
地址：长春市石头口门水库景区内
电话：0431－82408777
邮编：130500

长春国贸饭店★★★
地址：长春市人民大街81号
电话：0431－88487888
传真：0431－88487508
邮编：130061

吉林利洋大酒店★★★
地址：长春市建设街19号
电话：0431－88489999
传真：0431－88540830
邮编：130061B071

华洋大饭店★★★
地址：长春市工农大路38号
电话：0431－86199999
传真：0431－86199825
邮编：130051

吉林亚泰饭店★★★
地址：长春市重庆路48号
电话：0431－88931740
传真：0431－88931732
邮编：130051

金融大厦★★★
地址：长春市人民大街2133号
电话：0431－88980099
传真：0431－88945664
邮编：130051

天新饭店★★★
地址：长春市北京大街411号
电话：0431－82091999
传真：0431－82730268
邮编：130051
电子信箱：txfd123@ sina. com

新发宾馆★★★
地址：长春市文化街99号
电话：0431－82701666
传真：0431－82709555
邮编：130051

夏威夷大酒店★★★
地址：长春市自由大路66号
电话：0431－85296368
传真：0431－85296128
邮编：130022

鑫原宾馆★★★
地址：长春市人民大街42号
电话：0431－82700548
传真：0431－82700583
邮编：130051

长春教育宾馆★★★
地址：长春市金州街151号
电话：0431－88992263
邮编：130033

长春大华饭店★★★
地址：长春市自由大路4487号
电话：0431－84633939
传真：0431－84635566
邮编：130031
网址：www. daewa. com
电子信箱：daewahotel@ daewa. com

物贸大酒店★★★
地址：长春市人民大街6969号
电话：0431－85599000
传真：0431－85599333
邮编：130022

长春融和饭店★★★
地址：长春市临河街14号
电话：0431－84915888
传真：0431－84951881
邮编：130031

长春龙达宾馆★★★
地址：长春市吉林大路
电话：0431－84948888
传真：0431－84943240
邮编：130031

长春春海宾馆★★★
地址：长春市东南湖大路1066号
电话：0431－84612542
邮编：130033

展览馆园东宾馆★★★
地址：长春市解放大路1933号
电话：0431－88911247
传真：0431－88911239
邮编：130041

民航长春宾馆★★★
地址：长春市解放大路28号
电话：0431－88650400
传真：0431－88656521
邮编：130022

吉林省金都饭店★★★
地址：长春市西安大路1077号
电话：0431－88482888
传真：0431－88482840
邮编：130041
电子信箱：ccjdhotel@ 163. com

百汇宾馆★★★
地址：长春市解放大路副80号
电话：0431－85622668
传真：0431－85670935
邮编：130021

长春市天翼宾馆★★★
地址：长春市宽城区西三条街9号
电话：0431－82784888
传真：0431－82784888
邮编：130051

军政大酒店★★★
地址：白城市站前爱国街3号
电话：0436－6100666
传真：0436－6100118
邮编：137000

鹤翔宾馆★★★
地址：白城市中兴东大路2号
电话：0436－3267222
传真：0436－3225156
邮编：137000

莫莫格宾馆★★★
地址：白城市莫莫格保护区内
电话：0436－7811545
传真：0436－7811988
邮编：137350

明洙宾馆★★★
地址：松原市长山镇长山热电厂
电话：0438－2915490
传真：0438－2762711
邮编：131109

昊原大酒店★★★
地址：松原市松江大街939号
电话：0438－2285555
传真：0438－2293333
邮编：138000

扶余宾馆★★★
地址：松原市扶余县
电话：0438－5865999
传真：0438－5865999
邮编：131200

长岭宾馆★★★
地址：松原市长岭县长庆路2号
电话：0438－7225591
传真：0438－7223464
邮编：131500

郭尔罗斯宾馆★★★
地址：松原市前郭县乌兰大街21号
电话：0438－2122988
传真：0438－2123608
邮编：138000

神州大厦★★★
地址：吉林市松江东路1号
电话：0432－2161000
传真：0432－2482408
邮编：132001
网址：www. jlsjhotel. cm
电子信箱：szdjd@ jlszhotel. com

江城宾馆★★★
地址：吉林市江弯路4号
电话：0432－2162777
传真：0432－2458973
邮编：132001
网址：www. jlcata. com. cn

国际大酒店★★★
地址：吉林市中兴街20号
电话：0432－6129818
传真：0432－2553788
邮编：132001
网址：www. jlgj. cc
电子信箱：jigizy@ sohu. com

东关宾馆★★★
地址：吉林市江弯路2号
电话：0432－2160115
传真：0432－2499212
邮编：132001

银河大厦★★★
地址：吉林市松江路97号
电话：0432－4841780
传真：0432－4841621
邮编：132011
网址：www. jiyinhe. yeah. net
电子信箱：yuandonghotel@ 126. com

金珠度假村★★★
地址：吉林市吉舒公路7公里
电话：0432－3011088
传真：0432－3011099
邮编：132021

吉林市北都大酒店★★★
地址：吉林市龙潭山区遵义路东路36号
电话：0431－5089200
传真：0431－5089200
邮编：132021

蛟河宾馆★★★
地址：吉林蛟河市民主路
电话：0432－7250888
传真：0432－7250888
邮编：132500

松白大厦★★★
地址：吉林桦甸市桦甸大街272号
电话：0432－6258039
传真：0432－6705611
邮编：132400

舒兰宾馆★★★
地址：吉林舒兰市人民大路3991号
电话：0432－8222141
传真：0432－8222776
邮编：132600
网址：www. gojl. com. cn
电子信箱：bg2744@ mail. jl. cn

四平宾馆★★★
地址：四平市铁西区迎宾街
电话：0434－3624045
传真：0434－3636092
邮编：136000

辽源市宾馆★★★
地址：辽源市龙山北路6号
电话：0437－5088881
传真：0437－3254424
邮编：136200

通化威龙宾馆★★★
地址：通化市建设大街1032号
电话：0435－3959777
邮编：134000

通化万通大酒店★★★
地址：通化市建设大街1022号
电话：0435－3537899
邮编：134000

通化东山宾馆★★★
地址：通化市靖宇路846号
电话：0435－5082505
传真：0435－5082507
邮编：134000
网址：www. th114. net/dsbg
电子信箱：qxx2112@ vip. sina. com

通钢宾馆★★★
地址：通化市东通化大街449号
电话：0434－3773700
传真：0434－3773812
邮编：134003
网址：www. tghotel. com
电子信箱：tgbg@ jltg. com. cn

佟佳江宾馆★★★
地址：通化市柳泉路167号110
电话：0435－3916188
传真：0435－3916199
邮编：134001

集安豪江大酒店★★★
地址：通化集安市经济开发区
电话：0435－6233800
传真：0435－6232839
邮编：134200

集安宾馆★★★
地址：通化集安市迎宾路98号
电话：0435－6269999
传真：0435－6268896
邮编：134200
网址：www. jatravel. com

白山市宾馆★★★
地址：白山市浑江大街102号
电话：0439－3594888
传真：0439－3212735
邮编：134300

长白圣泉大酒店★★★
地址：白山市长白县鸭绿江大街128号
电话：0439－8238815
传真：0439－8238098
邮编：134400

延吉德铭宾馆★★★
地址：延吉市人民路183号
电话：0433－2902088
传真：0433－2910399
邮编：133000

延吉成宝大厦★★★
地址：延吉市解放路50号
电话：0433－2901222
传真：0433－2559954
邮编：133000

开元酒店★★★
地址：延吉市进学街122号
电话：0433－2919393
传真：0433－2919292
邮编：133000

绿园大酒店★★★
地址：延吉市站前街2－1号
电话：0433－28711111
传真：0433－6116215
邮编：133001

新桥大酒店★★★
地址：延吉市光明街96号
电话：0433－5082777
传真：0433－2517457
邮编：133000

图们大厦★★★
地址：延边州图们市图们大路35号
电话：0433－5635840
传真：0433－3624641
邮编：133100

敦化宾馆★★★
地址：延边州敦化市翰章街北大街45号
电话：0433－6223331
传真：0433－6222581
邮编：133700

敦化富临园宾馆★★★
地址：延边州敦化市胜利南大街22号
电话：0433－6220802
传真：0433－6231409
邮编：133700

敦化市京华大酒店★★★
地址：延边州敦化市翰章北大街
电话：0433－6267001
邮编：133700

敦化六顶山大酒店★★★
地址：延边州敦化市六顶山风景区
电话：0433－6303777
传真：0433－6303777
邮编：133700

珲春佰汇大厦★★★
地址：延边州珲春市新安街春粮委
电话：0433－7517666
传真：0433－7504810
邮编：133300

龙井宾馆★★★
地址：延边州龙井市吉安街26号
电话：0433－3223887
传真：0433－3222138
邮编：133400

华鑫旅游度假会议中心★★★
地址：延边州汪清县满天星国家森林公园
电话：0433－8551968
邮编：133200

长白山大宇饭店★★★
地址：延边州安图县二道保护区内
电话：0433－5746011
传真：0433－5746012
邮编：133613

长白山运动员村★★★
地址：延边州安图县二道保护区内
电话：0433－5746088
传真：0433－5746055
邮编：133613

旅游景区

长春净月潭国家森林公园 AAAA
地址：长春市净月大街5840号
电话：0431－84513521
邮编：130117

长春市伪满皇宫博物院 AAAAA
地址：长春市光复北路5号
电话：0431－82868516
邮编：130051

长春世界雕塑公园 AAAA
地址：长春市人民大街9518号
电话：0431－85379003　85379006
邮编：130022

长春电影城 AAAA
地址：长春市正阳街92号
电话：0431－87628864
邮编：130011

长春科技大学博物馆 AA
地址：长春市西民主大街6号
电话：0431－88502476
邮编：130026

长春世界风景园 AA
地址：长春市二道区劝农镇
电话：0431－85630836
邮编：130125

长春莲花山滑雪场 AAAA
地址：长春市二道区四家乡青山村
电话：0431－4803222
邮编：130031
网址：www. lhski. com
电子信箱：webmaster@ 51766. com

长春龙湾生态旅游区 AA
地址：长春市二道区四家乡青山村
电话：0431－4802735
邮编：130031

大安市嫩江旅游度假村 AA
地址：白城大安市内
电话：0436－5225011
邮编：131300

大安市五间房水岛乐园 AA
地址：白城大安市五间房水库
电话：0436－5740101
邮编：131300

镇赉县莫莫格国家自然保护区 AAAA
地址：白城市镇赉县
电话：0436－7811546
邮编：137200

镇赉县哈尔挠旅游景区 AA
地址：白城市镇赉县哈尔挠渔场
邮编：137316

通榆县向海国家级自然保护区 AAAA
地址：白城市通榆县向海乡
电话：0436－4588557
邮编：137200

通榆县兴隆山黄榆景区 AA
地址：白城市通榆县兴隆镇
邮编：137200

查干湖旅游度假区 AAAA
地址：松原市前郭县蒙古屯乡川头村
邮编：131107

吉林松花湖风景名胜区 AAAA
地址：吉林市江湾路 4 号
电话：0432－2499133
邮编：132011

吉林市北山风景区 AAAA
地址：吉林市西北
邮编：132011

吉林市金日成读书纪念室 AA
地址：吉林市松江路 101 号
电话：0432－4833549
邮编：132011

吉林文庙博物馆 AA
地址：吉林市南昌路 2 号
电话：0432－2454333
邮编：132011

吉林市龙潭山公园 AA
地址：吉林市龙潭区遵义路
电话：0432－3093384
邮编：132003

吉林市龙潭山鹿场 AA
地址：吉林市龙潭区鹿场街 7 号
电话：0432－4661587
邮编：132022

吉林市丰满区磨盘山景区 AA
地址：吉林市丰满区二道乡王相村
电话：0432－4721010
邮编：132107

磐石市官马溶洞 AA
地址：吉林磐石市烟筒山镇
电话：0432－5936390
邮编：132300

磐石市黄河水库 AA
地址：吉林磐石市烟筒山镇黄河水库
电话：0432－5814726
邮编：132302

蛟河拉法山国家森林公园 AAAA
地址：吉林蛟河市北部
邮编：132500

蛟河市南胡瀑布 AA
地址：吉林蛟河市庆岭镇解放村
电话：0432－7585198
邮编：132524

蛟河市金蟾岛 A
地址：吉林蛟河市松江镇爱林林场
电话：0432－7996188
邮编：132523

舒兰市森林公园 AA
地址：吉林舒兰市环城街道 1 楼
邮编：132600

舒兰市凤凰山旅游区 AA
地址：吉林舒兰市溪河镇唐屯村
邮编：132600

舒兰市亮甲山旅游风景区 AA
地址：吉林舒兰市亮甲山乡
邮编：132600

吉林北大湖滑雪场 AAAA
地址：吉林市永吉县北大湖镇
电话：0432－4202023
邮编：132224

永吉县兴光朝鲜族民俗村 A
地址：吉林市永吉县春登乡兴光村
电话：0432－4278270
邮编：132200

四平市叶赫那拉城 AAA
地址：四平市叶赫镇
电话：0434－5496131
邮编：136505

四平战役纪念馆 AA
地址：四平市英雄大街 33 号
电话：0434－3266163
邮编：136000

四平市铁东区山门镇二郎山庄 AA
地址：四平市铁东区山门镇内
电话：0434－3300879
邮编：136000

四平市山门水库风景区 AA
地址：四平市铁东区山门镇内
电话：0434－3300657
邮编：136000

公主岭市二十家子旅游度假区 AA
地址：四平公主岭市二十家子水库
电话：0434－6338192
邮编：136100

四平市二龙湖风景区 AA
地址：四平市梨树县石岭镇内
电话：0434－5619235　5619160
邮编：135505
网址：www.taibaimountain.com

伊通满族自治县博物馆 AAAA
地址：四平市伊通满族自治县
邮编：130700

伊通满族自治县牧情谷旅游风景区 AAAA
地址：四平市伊通满族自治县营城子镇郊
邮编：130700

伊通满族自治县大孤山旅游风景区 AA
地址：四平市伊通满族自治县
邮编：130700

伊通县满族民俗馆 AA
地址：四平市伊通县通大街 48 号
电话：0434－4264418
邮编：130700

通化市玉皇山公园 AA
地址：通化市柳泉路 8 号
电话：0435－3213031
邮编：134000

通化市白鸡腰国家森林公园 AA
地址：通化市金厂镇龙头村
电话：0435－3463269
邮编：134001

杨靖宇烈士陵园 AAAA
地址：通化市浑江东岸
电话：0435－3616042
邮编：134000

通化市千叶湖风景区 A
地址：通化市郊 2 公里处
电话：0435－3246639
邮编：134000

梅河口市四季生态园 AA
地址：通化梅河口市
电话：135000

梅河口市五奎山风景名胜区 AA
地址：通化梅河口市
电话：135000

梅河口市鸡冠山景区 A
地址：梅河口市
电话：135000

集安市高句丽文物古迹旅游景区 AAAA
地址：通化集安市
电话：134200

集安市云峰湖旅游度假区 AAA
地址：通化集安市郊 45 公里处
电话：134200

集安五女峰国家森林公园 AA
地址：通化集安市郊 21 公里
电话：0435－6752341
邮编：134200

辉南龙湾群国家森林公园 AAAA
地址：通化市辉南县辉南镇 67 公里
邮编：135100

白山市鸭绿江漂流旅游景区 AA
地址：白山市
电话：0439－5786200
邮编：134300

白山市青山湖省级风景名胜区 AA
地址：白山市八道江区群生村
电话：0439－3226276
邮编：134300

白山市龙山湖省级风景名胜区 AAA
地址：白山市八道江区三道沟镇
邮编：134300

白山市长白山迷宫溶洞 AAA
地址：白山市八道江区六道江镇管委会
邮编：134300

白山临江市花山国家森林公园 AA
地址：白山临江市北山公园管委会
邮编：134600

白山市临江北山公园 AA
地址：白山临江市林业局北山公园管委会
邮编：134600

江源县干饭盆景区 AAA
地址：白山市江源县大阳岔镇小东岔境内
邮编：134700

靖宇县杨靖宇将军殉国地 AAA
地址：白山市靖宇县靖宇崴子恶河南岸
邮编：135200

靖宇县白山湖仁义风景区 AA
地址：白山市靖宇县郊区
电话：0439－7239766
邮编：135200

长白县长白朝鲜族民俗村 AAA
地址：白山市长白县
邮编：134400

白山市长白塔山公园 AA
地址：白山市长白县塔山公园管委会
电话：0439－8226670
邮编：134400

白山市长白石林风景区 AA
地址：白山市长白县十四道沟
电话：0439－8223609
邮编：134402

敦化六顶山风景区 AA
地址：延边州敦化市六顶山风景区
电话：0433－6223618 6258292
邮编：133700

珲春防川风景区 AA
地址：延边州珲春市防川镇
邮编：133300

和龙仙境台风景区 AA
地址：延边州和龙市
电话：0433－4224617
邮编：133500

汪清满天星风景区 AA
地址：延边州汪清县
电话：0433－8855455
邮编：133200

吉林长白山国家自然保护区 AAAAA
地址：延边州安图县二道白河镇
电话：0433－5710888
邮编：133613

餐 馆

长春天圣元
地址：长春市建设街 58 号
电话：0431－8541666
邮编：130061

长春饭店
地址：长春市重庆路 57 号
电话：0431－8918322
邮编：130061

福源馆
地址：长春市大马路 40－1 号
电话：0431－8742139
邮编：130042

吉林老四川餐饮有限责任公司
地址：长春市建设街
电话：0431－8589610
邮编：130061

长春小面点餐饮有限公司
地址：长春市西安胡同
电话：0431－8921851
邮编：130061

长春汉德餐饮有限责任公司
地址：长春市重庆路
电话：0431－8958654
邮编：130041

长春龙洋餐饮有限责任公司
地址：长春市长春大街
电话：0431－8959381
邮编：130042

长春市德欣餐饮有限公司
地址：长春市呼伦路
电话：0431－2726312
邮编：130051

长春市客必胜家常菜餐饮有限责任公司
地址：长春市财神胡同
电话：0431－8732634
邮编：130000

长春北方饮业有限责任公司
地址：长春市幸福街
电话：0431－5303555
邮编：130022

长春西洋饮食有限责任公司
地址：长春市人民大街
电话：0431－5678884
邮编：130000

长春联谊餐厅有限公司
地址：长春市西安胡同
电话：0431－8986715
邮编：130061

华夏餐厅
地址：长春市重庆胡同
电话：0431－8936561
邮编：130041

金磨坊西餐厅
地址：长春市西安大路
电话：0431－8925577
邮编：130061

长春市梦驼玲餐厅
地址：长春市同志街
电话：0431－5656917
邮编：130021

吉林锦秀江山风味餐馆有限公司
地址：长春市平治街
电话：0431－8996369
邮编：130041

蜀香园
地址：长春市建设街 41 号
电话：0431－88544998
邮编：130061

老北京涮肉坊
地址：长春市永昌胡同 19 号
电话：0431－85651166
邮编：130061

老蒙古绿野山庄
地址：长春市工农大路 88 号
电话：0431－85687600
邮编：130061

哈尔滨啤酒城
地址：长春市临河街 188 号
电话：0431－84673111
邮编：130061

陈麻婆川菜馆
地址：长春市同光路 650 号
电话：0431－85666111
邮编：130061

浪淘沙商务餐厅
地址：长春市隆礼路 955 号
电话：0431－85666536
邮编：130061

新王府烤肉城
地址：长春市大经路 2 号
电话：0431－82950888
邮编：130061

李连贵风味大酒楼
地址：长春市建设广场省人才市场南侧
电话：0431－85629811
邮编：130061

久湘居
地址：长春市北安路 928 号
电话：0431－88983533
邮编：130061

天津狗不理包子
地址：长春市建设街 65 号
电话：0431－86138999
邮编：130061

老川号
地址：长春市建设街 2458 号
电话：0431－88520835
邮编：130061

萨拉伯尔餐厅
地址：长春市人民大街 76 号
电话：0431－88488666
邮编：130061

锦汉食府
地址：长春市建设街 44 号
电话：0431－88526444
邮编：130061

华夏一家人
地址：长春市东南湖大路 88 号
电话：0431－5203555
邮编：130061

湘君楼
地址：长春市安达街 341 号
电话：0431－88520999
邮编：130061

楚风楼酒店
地址：长春市宽平大路 1165 号
电话：0431－85919666
邮编：130061

万源美食广场
地址：长春市光复路 6 号
电话：0431－85823366
邮编：130061

辣妹子四川火锅
地址：长春市重庆路 51 号
电话：0431－88935102
邮编：130061

楚天香酒楼
地址：长春市东南湖大路 1882 号

电话：0431－85397866
邮编：130061

王记酱骨头炖菜馆
地址：长春市新民大街17号
电话：0431－88548666
邮编：130061

金苹果西餐咖啡厅
地址：长春市同志街91号
电话：0431－85695888　85695999
邮编：130061

希望田野酒楼
地址：长春市经济开发区深圳街12号
电话：0431－84625118
邮编：130061

大秦瓦罐酒楼
地址：长春市前进大街3号
电话：0431－85540666
邮编：130061

川人码头
地址：长春市抚松路50号
电话：0431－85915878　85963988
邮编：130061

美香谷水煮鱼
地址：长春市西康路26号
电话：0431－85670006
邮编：130061

阿尔汗音乐餐厅
地址：长春市西康路26号
电话：0431－85654198
邮编：130061

红磨坊
地址：长春市桂林路31号
电话：0431－85623994
邮编：130061

上海南翔小笼包
地址：长春市清明街408号
电话：0431－82786666
邮编：130061

味多千拉面
地址：长春市西安大路16号国际大厦A座
电话：0431－8485599
邮编：130061

赛百味
地址：长春市人民大街3388号
电话：0431－88998877
邮编：130061

苏伯鱼馆
地址：长春市同志街西康路716号
电话：0431－85626622
邮编：130061

北航海鲜酒楼
地址：长春市亚泰大街268号
电话：0431－85205988　85207988
邮编：130061

红楼海鲜
地址：长春市新发路5号
电话：0431－82714588
邮编：130061

刚记广州海鲜酒家
地址：长春市北安路1106号
电话：0431－88924333
邮编：130061

大连棒棰岛海鲜城
地址：长春市岳阳街54号
电话：0431－85669849
邮编：130061

松江渔村
地址：长春市岳阳街53－3号
电话：0431－85653232
邮编：130061

吉林省元亨酒家有限责任公司
地址：长春市朝阳区西安胡同32号
电话：0431－88945888
邮编：130061

白城市琼林餐饮有限公司
地址：白城市民生东路64－1号
电话：0436－3239111
邮编：137000

白城市九阳大酒楼
地址：白城市长庆南街2－7号
电话：0436－3328209
邮编：137000

白城市澳洲肥牛火锅城
地址：白城市民生东路90－5号
电话：0436－326522
邮编：137000

白城市名都酒楼
地址：白城市明仁南街17号
电话：0436－3240137
邮编：137000

白城市洮北区饮食服务公司
地址：白城市爱国街11号
电话：0436－3236949
邮编：137000

白城市敬伊海鲜馆
地址：白城市文化西路18号
电话：0436－3334970
邮编：137000

白城市狮子楼大酒店
地址：白城市中兴西大路
电话：0436－3322379
邮编：137000

白城市白城酒家
地址：白城市中兴西大路
电话：0436－3330639
邮编：137000

白城市东北餐厅
地址：白城市辽北路49－18号
电话：0436－3237302
邮编：137000

白城市吉祥村大酒楼
地址：白城市海明东路28号
电话：0436－3224713
邮编：137000

白城市雨晗餐厅
地址：白城市幸福南大街7号
电话：0436－3338849
邮编：137000

松原市怡园酒家
地址：松原市沿江街
电话：0438－2113597
邮编：138000

松原市锦佳食府
地址：松原市繁荣街
电话：0438－2112526
邮编：138000

松原市隆泉餐饮服务有限责任公司
地址：松原市石化街
电话：0438－2181999
邮编：138000

松原市成都川王火锅楼有限公司
地址：松原市繁荣小区14号楼
电话：13904382407
邮编：138000

松原市大东餐饮服务有限公司
地址：松原市宁江区郭旗街999号
电话：0438－2288878
邮编：138000

松原市宫廷餐饮有限责任公司
地址：松原市宁江区团结街
电话：0438－3136606
邮编：138000

松原市饮食服务公司
地址：松原市繁荣路3号
电话：0438－2126043
邮编：138000

松原市吉港饮食服务有限公司
地址：松原市文化街
电话：0438－2117335
邮编：138000

重庆唐肥肠饮食文化有限公司松原唐肥肠酒家
地址：松原市长宁北街
电话：0438－3128828
邮编：138000

吉林市老白肉馆餐饮有限责任公司
地址：吉林市松江西路13－19号
电话：0432－4855555
邮编：132011

吉林市世纪星海鲜酒楼有限公司
地址：吉林市北京路184号
电话：0432－2075777
邮编：132011

吉林市胡同口民间土菜馆
地址：吉林市松江西路临江小区
电话：0432－8644677　5597059
邮编：132011

天津狗不理包子饮食（集团）公司吉林市分店
地址：吉林市北京路91号
电话：0432－2011979
邮编：132011

吉林市东方餐饮娱乐城
地址：吉林市江南华山路81号
电话：0432－4661212
邮编：132011

吉林市丰满区大酒家
地址：吉林市长江路45号
电话：0432－4666234
邮编：132011

吉林市丰满区东顺居饭店
地址：吉林市青年路91号
电话：0432－2431580
邮编：132011

图们江朝族饭店
地址：吉林市吉林大街94－2号
电话：0432－4642288

邮编：132011

四平市铁东区李连贵大酒家
地址：四平市北一纬路1号
电话：0434－3517884
邮编：136000

四平市铁东区清真火锅城
地址：四平市中央东路
电话：0434－3512778
邮编：136000

四平市铁东区饮食总店
地址：四平市北二纬路35号
电话：0434－3516949
邮编：136000

四平市红叶酒家
地址：四平市南一马路73号
电话：0434－3387987
邮编：136000

四平市天马餐饮娱乐有限责任公司
地址：四平市中央西路86号
电话：0434－3625175
邮编：136000

四平市清真炖菜馆
地址：四平市道西八马路
电话：0434－3237799
邮编：136000

四平市铁东区回民饮食总店
地址：四平市二马路
电话：0434－3516949
邮编：136000

四平市金龙阁酒楼
地址：四平市南新华大街84号
电话：0434－3225762
邮编：136000

四平市金帝香港美食王快餐有限责任公司
地址：四平市北二马路1号
电话：0434－3510719
邮编：136000

四平市龙府肥牛火锅城
地址：四平市中央西路78号
电话：0434－3643288
邮编：136000

四平市潮州餐饮娱乐有限公司
地址：四平市英雄大街72号
电话：0434－3240688
邮编：136000

四平市铁西区大连风味酒楼
地址：四平市南迎宾街5号
电话：0434－3638915
邮编：136000

四平市新农家餐饮有限公司
地址：四平市中央西路137号
电话：13694443120
邮编：136000

四平市千代烧肉餐饮有限公司
地址：四平市北市场街中央东路496号
电话：0434－3334666
邮编：136000

四平市百草园餐饮有限公司
地址：四平市海丰大路7号
电话：0434－3266009
邮编：136000

四平市川骄饮食服务公司
地址：四平市迎宾街7号
电话：0434－3627777
邮编：136000

四平市汉朝餐饮有限公司
地址：四平市英雄大街69号
电话：0434－3630987
邮编：136000

四平市长白山餐饮有限公司
地址：四平市海丰大路
电话：0434－3272025
邮编：136000

四平市新华餐饮有限公司
地址：四平市南新华大街27号
电话：0434－3226332
邮编：136000

四平市金海岸餐饮有限公司
地址：四平市北一马路97号
电话：0434－3531350
邮编：136000

四平市李连贵风味大酒楼
地址：四平市南天桥街73号
电话：0434－3224140
邮编：136000

四平市铁西区饮食公司
地址：四平市南仁兴街
电话：0434－3224792
邮编：136000

辽源市聚仙楼饭店
地址：辽源市龙山区北寿大街28号
电话：0435－3225763
邮编：136200

天王府火锅大世界
地址：辽源市
电话：0437－6110333
邮编：136200

都乐府大酒楼
地址：辽源市
电话：0437－6160988
邮编：136200

顺风肥牛火锅城
地址：辽源市
电话：0437－3220762
邮编：136200

通化市东昌区饮食服务公司
地址：通化市靖宇路2号
电话：0435－3960376
邮编：134001

通化市东昌区饮食服务公司立新饭店
地址：通化市玉南胡同52号
电话：0435－3212084
邮编：134001

通化市东昌区饮食服务公司人民饭店
地址：通化市新华大街71号
电话：0435－3213907
邮编：134001

通化市饮食服务公司通化饭店
地址：通化市新华大街23号
电话：0435－3213167
邮编：134001

通化市川味美食有限公司
地址：通化市光明路28号
电话：0435－3255557
邮编：134001

通化市八仙酒楼
地址：通化市新华大街65号
电话：0435－3213132
邮编：134001

通化铁路饮食服务有限公司
地址：通化市建设大街184号
电话：0435－3518035
邮编：134001

通化市滨江大酒楼
地址：通化市沿江路1号
电话：0435－3212612
邮编：134001

通化市东昌区饮食服务公司高丽冷面城
地址：通化市新站街34号
电话：0435－3626090
邮编：134001

沈阳市小土豆餐饮有限公司通化分公司
地址：通化市新华大街98号
电话：0435－3214858
邮编：134001

长春东方饺子王餐饮娱乐有限公司通化分店
地址：通化市新华大街159－5号
电话：13904458688
邮编：134001

东昌区凤凰楼肥牛海鲜火锅城
地址：通化市胜利路27号
电话：0435－3961548
邮编：134001

东昌区东宝渔港海鲜城
地址：通化市佟江路2号
电话：0435－3257118
邮编：134001

东昌区金凤凰酒楼
地址：通化市新华大街162号
电话：0435－3906229
邮编：134001

通化市锦江酒楼
地址：通化市新华大街161号
电话：0435－3928111
邮编：134001

通化市绿洲火锅大世界
地址：通化市民主路774号
电话：0435－3219204
邮编：134001

通化市玫瑰园餐饮娱乐有限公司
地址：通化市新华大街116号
电话：0435－3980155
邮编：134001

通化市天乐宫餐饮有限公司
地址：通化市胜利路27号
电话：0435－5005557
邮编：134001

延吉市延盛酒家
地址：延边州延吉市长白路152号
电话：0433－2820818
邮编：133000

延吉市小蓬莱酒家
地址：延边州延吉市参花街59号
电话：0433－2553518
邮编：133000

川骄火锅城
地址：延边州延吉市人民路170号
电话：0433－2530330
邮编：133000

延吉市全州石锅拌饭馆
地址：延边州延吉市参花街142号
电话：0433－2514297
邮编：133000

延吉市清真饭店
地址：延边州延吉市海兰路
电话：0433－2556493
邮编：133000

延吉市金达莱饭店
地址：延边州延吉市新兴街海兰路42号
电话：0433－2511740
邮编：133000

延吉市红叶餐厅
地址：延边州延吉市天池路201号
电话：0433－2859039
邮编：133000

旅游用品

长春久隆雕塑艺术开发有限责任公司
地址：长春市高新开发区
电话：0431－8126829
邮编：130012

长春市关西电脑刺绣厂
地址：长春市南岭大街48号
电话：0431－5286318
邮编：130031

长春市刺绣工艺厂
地址：长春市解放大路106号
电话：0431－5655561
邮编：130000

长春市梦都美地毯工艺制品有限公司
地址：长春市临河街243号
电话：0431－4636986 4648694
邮编：130031

长春市雅梦思行缝绣品厂
地址：长春市净月旅游开发区
电话：0431－4510976
邮编：130000

长春吉工精密雕刻厂
地址：长春市东岭街24号平房
电话：0431－8636825
邮编：130022

长春市亿联工艺品厂
地址：长春市春城大街21号
电话：0431－7988785 7978561
邮编：130111

长春市百汇工艺制品有限公司
地址：长春市火炬路1260号
电话：0431－7951251
邮编：130000

长春泛太时尚配饰有限公司
地址：长春市火炬路1260号
电话：0431－5172991 5172992
邮编：130000

长春恒丰工艺制品有限公司
地址：长春市银锦路558号
电话：0431－4528805
邮编：130000

长春绣丰工艺制品有限公司
地址：长春市经济技术开发区甲14号
电话：0431－4654872
邮编：130031

吉林丰泽工艺品有限公司
地址：长春市西安大路150号
电话：0431－7820756 7820768
邮编：130000

吉林省科信工艺品有限公司
地址：长春市大经路41号
电话：0431－8952006
邮编：130000

长春市冯宇平工艺品制造有限公司
地址：长春市长政公路5.5公里
电话：0431－7951884 7951847
邮编：130000

长春市伟达建筑工艺有限公司
地址：长春市隆化路24号
电话：0431－7960632
邮编：130000

九台市天河装潢工艺厂
地址：长春市邮电局北侧
电话：0431－2322085
邮编：130500

九台市地质工艺美术厂
地址：长春市水泥厂附近
电话：0431－2324516
邮编：130500

长春三鑫工艺装备有限责任公司
地址：长春市西新大街
电话：0431－7093188 7093088
邮编：130000

长春市工艺美术厂
地址：长春市向阳街8号
电话：0431－288892 12841147
邮编：130000

长春市福利工艺制品厂
地址：长春市长墓公路2号
电话：0431－4830269
邮编：130000

长春志成铁艺制品厂
地址：长春市长白公路西线8.5公里处
电话：0431－7859228
邮编：130000

长春远达礼品工艺制造厂
地址：长春市上海路18号
电话：0431－8973103 4737987
邮编：130041

吉林省长春天然珠宝金店
地址：长春市文化胡同
电话：0431－8968059
邮编：130051

长春市金银珠宝城
地址：长春市人民大街
电话：0431－8943773
邮编：130000

吉林省国际信托投资公司金银珠宝店
地址：长春市重庆路
电话：0431－8973208
邮编：130041

大安市社会福利工艺厂
地址：白城大安市锦华街
电话：0436－5223848
邮编：131300

洮南市制毯厂
地址：白城洮南市广昌东路868号
电话：0436－6223845
邮编：137100

吉林市天利工艺美术厂
地址：吉林市越山路45号
电话：0432－2129060 2123527
邮编：132011

吉林市友谊工艺美术厂
地址：吉林市北京路174号
电话：0432－2017975 2032100
邮编：132084

吉林市铃木人形工艺美术有限公司
地址：吉林市珲春街吉太胡同45号
电话：0432－2021287 2038932
邮编：132000

吉林市隆利达工艺美术品有限公司
地址：吉林市恒山花园小区6－4号
电话：0432－4653199
邮编：132013

吉林市泰华木雕有限责任公司
地址：吉林市长春路培育胡同2号
电话：0432－4855333 4858333
邮编：132000

磐石市图们江根雕厂
地址：吉林市磐石市官马镇
电话：0432－5936478
邮编：132304

桦甸市万达水晶玻璃器皿有限公司
地址：吉林桦甸市站前街27号
电话：0432－6268218
邮编：132400

四平市电脑刺绣厂
地址：四平市铁东区新开路
电话：0434－3387966
邮编：136001

公主岭市怀德镇老成豪华工艺美术厂
地址：四平市公主岭怀德镇
电话：0434－6505760
邮编：136121

四平市铁西区花行工艺制品厂
地址：四平市铁西区海丰大路
电话：0434－3272271
邮编：136000

东丰县天雅地毯制造厂
地址：辽源市镇郊
电话：0437－6220466
邮编：136300

东丰镇福利美术厂
地址：辽源市兴隆街38号
电话：0437－6223259
邮编：136300

东辽县渭津镇工艺地毯厂
地址：辽源市渭津镇
电话：0437－5123303
邮编：136600

东辽县渭津镇地毯厂
地址：辽源市渭津镇
电话：0437－5123458
邮编：136600

通化市工艺美术厂
地址：通化市东昌路20号
电话：0435－3213823
邮编：134001

通化市龙津美术工艺厂
地址：通化市新华大街41号
电话：0435－3258289
邮编：134001

集安市工艺美术厂
地址：通化市集安市光荣路211号
电话：0435－6322767
邮编：134200

延吉市工艺美术厂
地址：延边州光华路147号
电话：0433－2812555
邮编：133000

敦化市宏利刻字工艺厂
地址：延边州胜利街敖东路12号
电话：0433－6222211
邮编：133700

珲春市瑞祥金银饰品有限公司
地址：延边州新安街花园小区
电话：0433－7518650
邮编：133300

和龙市工艺美术厂
地址：延边州泉水路68号
电话：0433－4222860　4224720
邮编：133500

汪清县虹桥美术部
地址：延边州汪清东路
电话：0433－8810476
邮编：133200

旅游交通

吉林省旅游汽车有限责任公司
地址：长春市新民大街16号
电话：0431－5643913
邮编：130021

长春市安运旅游客运有限公司
地址：长春市亚太北街2749号
电话：0431－2934666
邮编：130000

长春火车站
地址：长春市
电话：0431－2799525
邮编：130000

九台市龙家堡火车站
地址：长春九台市龙家堡
电话：0431－2527428
邮编：130500

吉林机场
地址：长春市西安大路131号
电话：0431－8690114
邮编：130000

白城市平安镇火车站
地址：白城市平安镇
电话：0436－3812183
邮编：137002

松原火车站
地址：松原市乌兰大街2号
电话：0438－6116142
邮编：138000

吉林市雾凇旅游汽车出租有限公司
地址：吉林市船营区吉林大街142－3号
电话：0432－2446668
邮编：132011

吉林市平安旅游客运有限责任公司
地址：吉林市文庙街
电话：0432－2439840
邮编：132000

吉林市旅游客运公司
地址：吉林市中康路14号
电话：0432－2557954
邮编：132000

吉林火车站
地址：吉林市火车站
电话：0432－2552132
邮编：132000

吉林火车西站
地址：吉林市长春路156－1－10号
电话：0432－4893965
邮编：132000

吉林二台子机场
地址：吉林市孤店子镇
电话：0432－3513000
邮编：132000

磐石市公路客运总公司旅游出租公司
地址：吉林磐石市
电话：0432－5220625
邮编：132300

磐石市火车站
地址：吉林磐石市
电话：0432－5223012
邮编：132300

蛟河市火车站
地址：吉林蛟河市站前广场1号
电话：0432－7223558
邮编：132500

桦甸市火车站
地址：吉林桦甸市人民路北端
电话：0432－6258681
邮编：132400

四平火车站
地址：四平市铁西区站前街
电话：0434－3234192
邮编：136000

公主岭市火车站
地址：四平公主岭市铁北四长路
电话：0434－6215946
邮编：136100

辽源火车站
地址：辽源市站前
电话：0437－3236450
邮编：136200

通化火车站
地址：通化市建设大街
电话：0435－6122212
邮编：134000

梅河口市火车站
地址：通化梅河口市
电话：0448－4225182
邮编：135000

集安市黄柏火车站
地址：通化集安市太王乡
电话：0435－6751610
邮编：134200

白山市浑江火车西站
地址：白山市向江路1号
电话：0439－3225082
邮编：134300

临江火车站
地址：白山市临江市新市街
电话：0439－5228137
邮编：134600

延吉火车站
地址：延边自治州站前街1号
电话：0433－2814910
邮编：133000

延吉机场
地址：延边自治州延吉市
电话：0433－2234433
邮编：133000

图们火车站
地址：延边自治州图们市向上街
电话：0433－3622456
邮编：133100

珲春铁路西站
地址：延边自治州珲春市英安镇
电话：0440－7806667
邮编：133303

和龙市公交出租旅游汽车有限公司
地址：延边自治州和龙市和龙大街
电话：0433－4222307
邮编：133500

龙井市朝阳川火车站
地址：延边自治州龙井市朝阳川镇
电话：0433－3580120
邮编：133200

和龙市火车站
地址：延边自治州和龙市海兰街6号
电话：0433－4222372
邮编：133500

旅游院校

长春大学
旅游学院
地址：长春市净月潭旅游经济开发区福祉大路1595号
电话：0431－4520198
邮编：130122

吉林大学
旅游系
地址：长春市前卫路10号
电话：0431－8906821
邮编：130012

东北师范大学
历史文化学院旅游管理系
地址：长春市人民大街5268号

电话：0431－5268505
邮编：130024

吉林农业大学
旅游管理专业
地址：长春市新城大街2888号
电话：0431－4533310
邮编：130118

吉林工程技术师范学院
旅游管理专业
地址：长春市凯旋路3050号
电话：0431－6908132
邮编：130052

吉林省经济管理干部学院
基础部旅游管理专业
地址：长春市工农大路869号
电话：0431－6825208
邮编：130021

长春职业技术学院
旅游翻译分院
地址：长春市卫星路东20号
电话：0431－4606134
邮编：130033

吉林商业高等专科学校
餐旅管理系
地址：长春市和平大街2245号
电话：0431－7974155
邮编：130062

吉林省旅游行业考评鉴定中心
地址：长春市新民大街16号
电话：0431－5673436
传真：5673435
邮编：130021

北华大学
经济管理学院旅游系
地址：吉林市华山路3999号
电话：0432－4640077
邮编：132000

吉林市旅游学校
地址：吉林市朝阳街88号
电话：0432－2454049
邮编：132000

吉林师范大学
旅游与地理学院
地址：四平市铁西区海丰大路
电话：0434－3292077
邮编：136000

通化师范学院
历史系旅游专业
地址：通化市师院路151号
电话：0435－3208075
邮编：134001

通化市旅游学校
地址：通化市文教路150号
电话：0435－3313509
邮编：134001

白山市旅游学校
地址：白山市板石镇
电话：0439－3512996
邮编：134304

延边大学
旅游管理系
地址：延吉州延吉市公园路105号
电话：0433－2733038
邮编：133002

黑龙江
HEILONG JIANG

旅游机构

黑龙江省旅游局
地址：哈尔滨市南岗区闽江路 247 号
电话：0451－85978600 85978611
邮编：150009

黑龙江省旅游质量监督管理所
地址：哈尔滨市南岗区中山路 209 号
电话：0451－87010055
传真：0451－87012929
邮编：150001

哈尔滨市旅游局
地址：哈尔滨市松北区世纪大道 1 号
电话：0451－84664600
邮编：150028

五常市旅游局
地址：哈尔滨五常市政府大楼
电话：0451－53523007
邮编：150200

双城市旅游局
地址：哈尔滨双城市政府大楼
电话：0451－53122331
邮编：150109

阿城区旅游局
地址：哈尔滨市阿城区民权大街
电话：0451－53734630
邮编：150300

尚志市旅游局
地址：哈尔滨尚志市政府大楼
电话：0451－53348663
邮编：150601

宾县旅游局
地址：哈尔滨市宾县二龙山风景区
电话：0451－57908598
邮编：150400

延寿县旅游局
地址：哈尔滨市延寿县政府大楼
电话：0451－53022291
邮编：150700

木兰县旅游局
地址：哈尔滨市木兰县人民政府
电话：0451－57082241
邮编：151900

通河县旅游局
地址：哈尔滨市通河县人民政府
电话：0451－57436098
邮编：150900

巴彦县旅游局
地址：哈尔滨市巴彦县
电话：0451－57521583
邮编：151800

方正县旅游局
地址：哈尔滨市方正县文体局 3 楼
电话：0451－57113462
邮编：150800

依兰县旅游办公室
地址：哈尔滨市依兰县人民政府
电话：0451－57220171
邮编：154800

呼兰区建设局
地址：呼兰区公园路 147 号
电话：0451－57321567
邮编：150500

齐齐哈尔市旅游局
地址：齐齐哈尔市建华区新明大街 2 号
电话：0452－2793667
邮编：161006

碾子山区旅游局
地址：齐齐哈尔市兴旺路 2 号
电话：0452－6674659
邮编：161046

牡丹江市旅游局
地址：牡丹江市东地明街 23 号
电话：0453－6837011
邮编：157009

海林市旅游局
地址：牡丹江海林市子荣街
电话：0453－7223714
邮编：157100

宁安市旅游局
地址：牡丹江宁安市外经贸委 4 楼
电话：0453－7688416
邮编：157400

绥芬河市旅游局
地址：绥芬河市新华街 39 号
电话：0453－3925735
邮编：157300

东宁县旅游局
地址：牡丹江市东宁县宏源街 255 号
电话：0453－3626700
邮编：157200

穆棱市旅游局
地址：牡丹江穆棱市市政大楼
电话：0453－3120462
邮编：157500

林口县旅游局
地址：牡丹江市林口县人民政府
电话：0453－3532500
邮编：157600

佳木斯市旅游局
地址：佳木斯市保卫路 101 号
电话：0454－8685499
邮编：154002

富锦市旅游局
地址：佳木斯富锦市人民政府
电话：0454－2333556
邮编：156100

同江市旅游局
地址：佳木斯同江市宾馆 1 楼
电话：0454－2922344
邮编：156400

抚远县旅游局
地址：佳木斯市抚远县
电话：0454－2133317
邮编：156500

桦川县旅游局
地址：佳木斯市桦川县人民政府
电话：0454－3826127
邮编：154300

桦南县旅游局
地址：佳木斯市桦南县政府
电话：0454－6264433
邮编：154400

汤原县外事侨务旅游局
地址：佳木斯市汤原县政府
电话：0454－7623801
邮编：154700

大庆市旅游局
地址：大庆市人民政府西路 9 号
电话：0459－6377330
邮编：163313

萨尔图区旅游局
地址：大庆市萨尔图区
电话：0459－6181934
邮编：163313

杜蒙县旅游局
地址：大庆市杜蒙县城
电话：0459－3422619
邮编：166200

林甸县旅游局
地址：大庆市林甸县城
电话：0459－3322320
邮编：163300

肇源县旅游办公室
地址：大庆市肇源县城
电话：0459－8232399
邮编：166500

鸡西市旅游局
地址：鸡西市红旗路 18 号
电话：0467－2384266
邮编：158100

鸡冠区旅游局
地址：鸡西市鸡冠区
电话：0467－2649439
邮编：158100

鸡东县旅游局
地址：鸡西市鸡东县城
电话：0467－5583511
邮编：158100

密山市旅游局
地址：鸡西密山市东安街 182 号
电话：0467－5223452
邮编：158300

虎林市旅游局
地址：鸡西虎林市运输公司 2 楼
电话：0467－5838752
邮编：158400

双鸭山市旅游局
地址：双鸭山市西平行路 196 号
电话：0469－4241096
邮编：155101

宝清县旅游局
地址：双鸭山市宝清县
电话：0469－5437216
邮编：155600

饶河县旅游局
地址：双鸭山市饶河县饶河镇通江路 10 号
电话：0469－5628694
邮编：156700

伊春市旅游局
地址：伊春市伊春区通河路 10 号
电话：0458－3610022
邮编：153000

嘉荫县旅游局
地址：伊春市嘉荫县政府主楼
电话：0458－2678898
邮编：153200

黑河市旅游局
地址：黑河市通江路1号
电话：0456－8224398
邮编：164300

嫩江县旅游局
地址：黑河市嫩江县
电话：0456－7524727
邮编：161400

逊克县旅游局
地址：黑河市逊克县奇克镇
电话：0456－4454703
邮编：164400

五大连池市旅游局
地址：黑河五大连池市青山镇二道街
电话：0456－6329507
邮编：164100

爱辉区旅游局
地址：黑河市爱辉区海兰街109号
电话：0456－8222665
邮编：164300

七台河市旅游局
地址：七台河市桃山区山湖路12号
电话：0456－8292098
邮编：154600

鹤岗市旅游局
地址：鹤岗市向阳区煤海公园右侧
电话：0468－3210818
邮编：154101

萝北县旅游局
地址：鹤岗市萝北县政府3楼
电话：0468－6822443
邮编：154200

绥化市旅游局
地址：绥化市行署街2号
电话：0455－8388295
邮编：152054

北林区旅游局
地址：绥化市北二西路49号
电话：0455－2882786
邮编：152054

绥棱县旅游局
地址：绥化市绥棱县人民政府内
电话：13349452254
邮编：152201

望奎县旅游局
地址：绥化市望奎县人民政府内
电话：0455－6462816
邮编：152100

安达市旅游局
地址：绥化安达市人民政府内
电话：0455－7346677
邮编：151400

肇东市旅游局
地址：绥化肇东市政府内
电话：0455－7980028
邮编：151100

青冈县招商旅游局
地址：绥化市青冈县政府
电话：0455－3223615
邮编：151600

庆安县旅游局
地址：绥化市庆安县政府内
电话：0455－4322789
邮编：152400

海伦市旅游局
地址：绥化海伦市政府内
电话：0455－5723243
邮编：152300

兰西县旅游局
地址：绥化市兰西县政府
电话：0455－5621171
邮编：151500

大兴安岭地区旅游局
地址：加格达奇市兴安大街行署5号楼
电话：0457－2126905
邮编：165000

漠河县旅游局
地址：大兴安岭地区漠河县
电话：0457－2884146
邮编：165300

旅行社

黑龙江海外旅游总公司
地址：哈尔滨市南岗区海关街182号沪士大厦11F
电话：0451－53634000
邮编：150006
网址：www.hljtourism.com
许可证号：L－HLJ－GJ00001

哈尔滨海外旅游总公司
地址：哈尔滨市中央大街89号
电话：0451－84678920
邮编：150010
许可证号：L－HLJ－GJ00002

黑龙江省中国国际旅行社
地址：哈尔滨市南岗区红军街68号
电话：0451－53661167
邮编：150006
网址：www.hljcits.com
许可证号：L－HLJ－GJ00003

黑河中国国际旅行社有限责任公司
地址：黑河市王肃街128号
电话：0456－8261142
邮编：164300
网址：www.hhgl.com
许可证号：L－HLJ－GJ00004

黑龙江省新世纪国际旅行社有限公司
地址：哈尔滨市道里区红专街道23号
电话：0451－84599292
邮编：150001
网址：www.hrbglobal
许可证号：L－HLJ－GJ00005

哈尔滨国际旅行社有限公司
地址：哈尔滨市南岗区国民街33号
电话：0451－53661685
邮编：150001
网址：www.chits.com.cn
许可证号：L－HLJ－GJ00006

哈尔滨铁道国际旅行社有限责任公司
地址：哈尔滨市南岗区铁路街8号昆仑大酒店七层
电话：0451－53616711
邮编：150006
网址：www.hrits.com
许可证号：L－HLJ－GJ00007

黑龙江招商国际旅游公司
地址：哈尔滨市道外区江畔路142号
电话：0451－88914377
邮编：150020
网址：www.zstravel.com
许可证号：L－HLJ－GJ00008

黑龙江省中国青年旅行社
地址：哈尔滨市南岗区果戈里大街103－1号
电话：0451－82644717
邮编：150001
许可证号：L－HLJ－GJ00009

绥芬河中国国际旅行社有限责任公司
地址：绥芬河市新华街66号
电话：0453－3923764
邮编：157300
许可证号：L－HLJ－GJ00010

伊春中国国际旅行社
地址：伊春松雪旅游大厦
电话：0458－3605201
邮编：153000
许可证号：L－HLJ－GJ00011

黑龙江长城国际旅行社有限公司
地址：哈尔滨市南岗区巴山街35号
电话：0451－82808877
邮编：150001
网址 www.gteatwallt.com
许可证号：L－HLJ－GJ00012

黑河职工国际旅行社有限公司
地址：黑河市商贸大厦
电话：0456－8229148
邮编：164300
许可证号：L－HLJ－GJ00013

大庆中国国际旅行社
地址：大庆市新村纬二路8－8一层商服
电话：0459－6396115
邮编：163311
网址：www.dqgl.com
许可证号：L－HLJ－GJ00014

佳木斯中国国际旅行社
地址：佳木斯市红旗路中段
电话：0454－8224980
邮编：154002
网址：www.citsj.com
许可证号：L－HLJ－GJ00015

牡丹江中国国际旅行社有限责任公司
地址：牡丹江市景福街34号
电话：0453－6950064
邮编：157000
网址：www.citsmdj.com
许可证号：L－HLJ－GJ00016

齐齐哈尔中国国际旅行社有限责任公司
地址：齐齐哈尔市通达街39号
电话：0452－2407638
邮编：161005
网址：www.qqhrcits.com
许可证号：L－HLJ－GJ00017

哈尔滨市阿勒锦国际旅行社有限公司
地址：哈尔滨市道里区工厂街 69 号（经纬大酒店 14 层）
电话：0451－84611980
邮编：150010
网址：www. alejin. com
许可证号：L－HLJ－GJ00018

哈尔滨中国旅行社有限责任公司
地址：哈尔滨市南岗区一曼街 80 号
电话：0451－82543339
邮编：150006
网址：www. hrbcts. com
许可证号：L－HLJ－GJ00019

黑龙江省中旅国际旅行社有限公司
地址：哈尔滨市南岗区玉山路 6 号
电话：0451－82289602
邮编：150006
许可证号：L－HLJ－GJ00020

黑龙江亚布力国际旅行社有限公司
地址：哈尔滨市南岗区邮政街 50 号 301 室
电话：0451－53678986
邮编：150001
网址：www. yabuli ski. com
许可证号：L－HLJ－GJ00021

哈尔滨青年国际旅行社
地址：哈尔滨市道里区斯大林街 4 号
电话：0451－84630225
邮编：150010
网址：www. hyits. com
许可证号：L－HLJ－GJ00022

哈尔滨康辉国际旅行社有限责任公司
地址：哈尔滨市中山路 172 号常青大厦 8 层
电话：0451－82695858
邮编：150040
网址：www. hrbkh. com
许可证号：L－HLJ－GJ00023

黑龙江和平国际旅行社有限公司
地址：哈尔滨市南岗区南通大街 258 号（宣普街 25 号）
电话：0451－82834955
邮编：150001
网址：www. hljhp. com
许可证号：L－HLJ－GJ00024

东宁国际旅行社
地址：东宁县东宁镇宏源街 168 号
电话：0453－3627171
邮编：157200
许可证号：L－HLJ－GJ00025

哈尔滨俄风行国际旅行社有限公司
地址：哈尔滨市南岗区花园街 306 号恒运大厦 A 座 14 层
电话：0451－53603607
邮编：150001
网址：www. efx168. net
许可证号：L－HLJ－GJ00026

黑龙江华夏国际旅行社有限公司
地址：哈尔滨市南岗区西九道街 15 号
电话：0451－88011088
邮编：150010
许可证号：L－HLJ－GJ00027

黑河中国旅行社有限责任公司
地址：黑河市海兰街 129 号
电话：045－8282228
邮编：164300
许可证号：L－HLJ－GJ00028

黑龙江省北疆国际旅行社
地址：哈尔滨市南岗开发区湘江路 88 号
电话：0451－55198557
邮编：150090
许可证号：L－HLJ－GJ00029

黑龙江万达国际旅行社有限公司
地址：哈尔滨市南岗区汉水路 98 号
电话：0451－84887399
邮编：150036
网址：www. wdteip. com
许可证号：L－HLJ－GJ00030

黑龙江省松花江国际旅行社有限公司
地址：哈尔滨市南岗区中山路 207 号
电话：0451－82803077
邮编：150010
许可证号：L－HLJ－GJ00031

黑河大黑河岛国际旅行社有限责任公司
地址：黑河市王肃街 94 号
电话：0456－8285808
邮编：164300
网址：www. hhddsw. com
电子信箱：sushiyue@ 163. com
许可证号：L－HLJ－GJ00032

黑河海外旅行社有限公司
地址：黑河市商贸大厦一楼
电话：0456－8262661
邮编：164300
许可证号：L－HLJ－GJ00033

黑龙江航空国际旅行社
地址：哈尔滨市中山路 103 号
电话：0451－82896516
邮编：150036
网址：www. hkgl. com. cn
许可证号：L－HLJ－GJ00034

哈尔滨铁路国际旅游发展集团有限公司
地址：哈尔滨市南岗区红军街 96 号
电话：0451－86424185
邮编：150001
许可证号：L－HLJ－GJ00035

绥芬河金龙国际旅行社有限公司
地址：绥芬河市山城路 24 号
电话：0453－84689965
邮编：157300
许可证号：L－HLJ－GJ00036

大庆中国旅行社有限责任公司
地址：大庆市萨尔图东风新村经三街 49 号
电话：0459－4667887
邮编：163311
网址：www. dgcts. com
许可证号：L－HLJ－GJ00039

黑龙江春秋国际旅行社有限公司
地址：哈尔滨市南岗区松花江街 14 号
电话：0451－53628080
邮编：150001
许可证号：L－HLJ－GJ00040

哈尔滨观光国际旅行社有限公司
地址：哈尔滨市南岗区马家街 140 号
电话：0451－53623995
邮编：150001
许可证号：L－HLJ－GJ00041

绥芬河三丰国际旅行社有限公司
地址：绥芬河市通天路世纪大厦七层
电话：0453－3925009
邮编：157300
许可证号：L－HLJ－GJ00042

中国国际旅行社总社黑河电力旅行社有限责任公司
地址：黑河市中央街 364 号
电话：0456－8228989
邮编：164300
许可证号：L－HLJ－GJ00045

同江国际旅行社有限责任公司
地址：同江市友谊路西段
电话：0454－2923173
邮编：156400
许可证号：L－HLJ－GJ00046

虎林国际旅行社
地址：虎林市虎林宾馆
电话：0467－5823729
邮编：158400
许可证号：L－HLJ－GJ00047

黑龙江省抚远县国际旅行社有限公司
地址：抚远县旅游局一楼
电话：0454－2133838
邮编：156500
许可证号：L－HLJ－GJ00048

萝北县国际旅行社
地址：萝北县凤翔镇迎宾街 30 号
电话：0468－6828337
邮编：154200
网址：www. 126. com
许可证号：L－HLJ－GJ00049

密山远东国际旅行社有限责任公司
地址：密山市东安大街 52 号
电话：0467－5222344
邮编：159300
许可证号：L－HLJ－GJ00050

大兴安岭国际旅行社
地址：大兴安岭地区加格达奇兴安大街行署 5 号楼
电话：0457－2125605
邮编：165000
网址：www. dxally. com
许可证号：L－HLJ－GJ00051

牡丹江莲花国际旅行社有限责任公司
地址：牡丹江东二条路七星街 42 号
电话：0453－6911678
邮编：157000
许可证号：L－HLJ－GJ00052

鹤岗国际旅行社
地址：鹤岗市东解放路 357 号
电话：0468－3816688
邮编：154101
网址：www. 88－8888. com
许可证号：L－HLJ－GJ00053

东宁亨聚国际旅行社有限责任公司
地址：东宁县东宁镇中华路 8 号
电话：0453－3622185 3627115
邮编：157200
网址：www. dong ning. gov. cn/hj
许可证号：L－HLJ－GJ00054

饶河东方国际旅行社有限公司
地址：饶河县东苑宾馆一楼
电话：0469－5620010
邮编：155700
许可证号：L－HLJ－GJ00055

佳木斯市友谊国际旅行社
地址：佳木斯市杏林路 400 号

电话：0454－8997999
邮编：154002
许可证号：L－HLJ－GJ00056

牡丹江中盐国际旅行社有限责任公司
地址：牡丹江市西一条路 21 号
电话：0453－6226031
邮编：157000
许可证号：L－HLJ－GJ00057

哈尔滨四季国际旅行社有限公司
地址：哈尔滨市南岗区长江路 157 号
电话：0451－87000666
邮编：150090
许可证号：L－HLJ－GJ00058

黑龙江天马国际旅行社有限公司
地址：哈尔滨市南岗区花园街 193 号
电话：0451－53670722
邮编：150001
网址：www.hljtmits.com
许可证号：L－HLJ－GJ00059

哈尔滨报达国际旅行社有限责任公司
地址：哈尔滨市道里区友谊路 399 号
电话：0451－84890018
邮编：150010
许可证号：L－HLJ－GJ00060

绥芬河松江国际旅行社有限公司
地址：绥芬河市站前路迎新街 1 号
电话：0453－3925775
邮编：157300
许可证号：L－HLJ－GJ00061

鸡西兴凯湖国际旅行社有限责任公司
地址：鸡西市鸡冠区中心大街红旗路 78 号
电话：0467－2332868
邮编：158100
许可证号：L－HLJ－GJ00062

黑龙江兄弟国际旅行社有限责任公司
地址：哈尔滨市赣水路 25 号
电话：0451－82283188
邮编：150090
许可证号：L－HLJ－GJ00063

绥芬河新纪元国际旅行社有限公司
地址：绥芬河市新兴街 97 号
电话：0453－3995959
邮编：157300
许可证号：L－HLJ－GJ00064

大庆报业国际旅行社有限公司
地址：大庆市东风新村金穗商城
电话：0459－8106677
邮编：163311
网址：www.baoyely.com
许可证号：L－HLJ－GJ00066

大庆运通公交旅游有限公司
地址：大庆市萨尔图区卡尔加里路 15 号
电话：0459－5673179
邮编：163311
许可证号：L－HLJ－GJ00067

黑龙江省教育国际旅行社
地址：哈尔滨市南岗区学府路 36－2 号
电话：0451－86655655
邮编：150006
许可证号：L－HLJ－GJ00068

牡丹江铁道国际旅行社
地址：牡丹江市西安区光华街 142 号
电话：0453－6286045
邮编：157000
许可证号：L－HLJ－GJ00069

绥芬河春秋国际旅行社有限公司
地址：绥芬河市新华街 56 号
电话：0453－3928075　3926393
邮编：157300
许可证号：L－HLJ－GJ00070

东宁华宇国际旅行社有限责任公司
地址：东宁县东宁镇团结路平安小区
电话：0453－3636123
邮编：157200
网址：www.huayujt.com
许可证号：L－HLJ－GJ00071

黑龙江雪原国际旅行社有限责任公司
地址：哈尔滨市南岗区宣化街 158 号
电话：0451－87022138
邮编：150001
许可证号：L－HLJ－GJ00072

黑龙江省绥芬河凯翔国际旅行社有限责任公司
地址：绥芬河市新安街 19 号
电话：0453－3928159
邮编：157300
许可证号：L－HLJ－GJ00073

大庆油田国际旅行社
地址：大庆市让胡路区西宾路 73 号
电话：0459－5397272
邮编：163453
许可证号：L－HLJ－GJ00074

黑龙江新天地国际旅行社
地址：哈尔滨市香坊区中山路 95－2 号
电话：0451－82269203
邮编：150036
许可证号：L－HLJ－GJ00075

哈尔滨航空假日国际旅行社有限公司
地址：哈尔滨市南岗区红军街 7 号 A 座 7 层
电话：0451－53654700
邮编：150001
许可证号：L－HLJ－GJ00076

绥芬河市卫星国际旅行社有限责任公司
地址：绥芬河市山城路 34 号
电话：0453－3925650
邮编：157300
许可证号：L－HLJ－GJ00077

宾馆酒店

香格里拉大饭店 ★★★★★
地址：哈尔滨市道里区友谊路 555 号
电话：0451－84858888
传真：0451－84621777
邮编：150010
网址：www.shangri-la.com
电子信箱：shar@shangri-la.com

福顺天天大酒店 ★★★★★
地址：哈尔滨市香坊区赣水路 20－22 号
电话：0451－82368888
传真：0451－82367888
邮编：150036
网址：www.fortunedayshotel.com

万达索菲特大酒店 ★★★★★
地址：哈尔滨市香坊区赣水路 68 号
电话：0451－82336888
传真：0451－82331818
邮编：150036
网址：www.sofitel.com

双龙商务酒店 ★★★★
地址：哈尔滨市道里区地段街 173 号
电话：0451－84882666
传真：0451－84890869
邮编：150010
电子信箱：zdl9953@yahoo.com.cn

万达假日酒店 ★★★★
地址：哈尔滨市道里区经纬街 90 号
电话：0451－84226666
传真：0451－84221661
邮编：150010

友谊宫 ★★★★
地址：哈尔滨市道里区友谊路 263 号
电话：0451－84880888
传真：0451－84617132
邮编：150018
网址：www.hrbyyg.com.cn
电子信箱：hrbyyg@0451.com

报业大厦 ★★★★
地址：哈尔滨市道里区友谊路 399 号
电话：0451－84890888
传真：0451－84890889
邮编：150018
网址：www.pressplaza.h7.cn
电子信箱：info@harbindaily.com

黑龙江金谷大厦 ★★★★
地址：哈尔滨市道里区中央大街 185 号
电话：0451－84698700
传真：0451－84698458
邮编：150010
网址：www.jinguhotel.com.cn
电子信箱：Jingu@mail.hrb.hl.cninfo.net

马迭尔宾馆 ★★★★
地址：哈尔滨市道里区中央大街 89 号
邮编：150010
电话：0451－84884000
传真：0451－84614997
电子信箱：group@modern.com.cn
网址：www.modern.com.cn

凤凰大酒店 ★★★★
地址：哈尔滨市南岗区大成街 116 号
电话：0451－86795500
传真：0451－86795547
邮编：150001
网址：www.hljph.com

正明锦江大酒店 ★★★★
地址：哈尔滨市南岗区东大直街 278 号
电话：0451－53618888
传真：0451－53618008
邮编：150001
网址：www.zmjj－hotel.com
电子信箱：zmji Hotel@126.com

华驿大厦 ★★★★
地址：哈尔滨市南岗区松花江街 15 号
电话：0451－53679898
传真：0451－53677088
邮编：150001
网址：www.huayi-hotel.com

昆仑大酒店 ★★★★
地址：哈尔滨市南岗区铁路街 8 号
邮编：150006
电话：0451－53616688
传真：0451－53600888

网址：www. hljkunlun. com

波斯特大酒店 ★★★★
地址：哈尔滨市南岗区邮政街147号
电话：0451－53626888
传真：0451－53626777
邮编：150001

帕弗尔饭店 ★★★★
地址：哈尔滨市南岗区邮政街79号
电话：0451－53657766
传真：0451－53908585
邮编：150001
网址：www. power-tourism. com
电子信箱：info@ power-tourism. com

银河饭店 ★★★★
地址：哈尔滨市南岗区中山路252号
电话：0451－86797777
传真：0451－86797883
邮编：150001
网址：www. yinhE-hotel. com

民航大厦 ★★★★
地址：哈尔滨市南岗区中山路101号
电话：0451－82871188
传真：0451－82871185
邮编：150036
电子信箱：LU1207@ 163. COM

哈尔滨岁宝天鹅饭店有限公司 ★★★★
地址：哈尔滨市香坊区中山路95号
电话：0451－55600888
传真：0451－82304895
邮编：150036
网址：www. hrbswanhotel. com

哈尔滨吉华会所 ★★★★
地址：哈尔滨市宾西卡寿国家森林公园
电话：0451－57922222
传真：0451－57922059
邮编：150431

吉华园大酒店 ★★★★
地址：哈尔滨市宾县二龙山风景区
电话：0451－57908718
传真：0451－57908718
邮编：150400

国脉大厦 ★★★★
地址：齐齐哈尔市铁锋区军校街1号
电话：0452－2410000
传真：0452－2420638
邮编：161000
网址：www. qqhr. hl. cn/main. php
电子信箱：gmds_2007@ 163. com

大庆宾馆 ★★★★
地址：大庆市萨尔图区东风路1号
邮编：163001
电话：0459－6103123
传真：0459－6103124
网址：www. daqing－hotel－hrb. com

石油宾馆 ★★★★
地址：大庆市让胡路区昆仑大街14号
电话：0459－5900999
传真：0459－6350144
邮编：163001
网址：www. dpd. com. cn
电子信箱：dqsybg@ dpd. com. cn

成基大厦 ★★★★
地址：大庆市让胡路区西宾路7号
邮编：163001
电话：0459－5900888
传真：0459－6350076
电子信箱：CHjdasha@ 163. com
网址：www. chengjihotel. com. cn

阳光温泉假日酒店 ★★★★
地址：大庆市杜尔伯特蒙古族自治县天湖公园
电话：0459－3429999
传真：0459－3429777
邮编：166200
网址：www. tkygwq. com
电子信箱：shuguang0723@ 163. com

天湖宾馆 ★★★★
地址：大庆市杜尔伯特自治县泰康镇四道街
电话：0459－3436000
邮编：166200
网址：www. dqhotel. com. cn
电子信箱：Hljdqthhotel@ 163. com

鹤岗龙运大酒店 ★★★★
地址：鹤岗市工农区东解放路10号
电话：0468－3366666
传真：0468－3813133
邮编：154101
电子信箱：longyundasha@ 126. com

飞鹤商务大厦 ★★★★
地址：鹤岗市工农区红旗路
电话：0468－3348488
传真：0468－3350301
邮编：154101

九州大酒店 ★★★★
地址：鹤岗市工农区红旗路165号
电话：0468－3380888
传真：0468－3380789
邮编：154100
电子信箱：weilai5213344@ 163. com

佳木斯大学国际饭店 ★★★★
地址：佳木斯市学府街188号
电话：0454－8603000，6115052
传真：0454－6115064
电子信箱：jimusidxgifd@ 163. com
邮编：154007
网址：www. jmsdxgifd. com. cn

七台河昆仑大酒店 ★★★★
地址：七台河市桃山区山湖路2号
电话：0464－8269999
传真：0464－8291999
邮编：156400
网址：www. kljd. com
电子信箱：kunlunhotel@ 163. com

好时光商务酒店 ★★★★
地址：鸡西虎林市晨光路
电话：0467－5888777
传真：0467－5888555
邮编：158400
网址：www. hsg-hotel. com
电子信箱：hsg-hotel. com

牡丹江北山宾馆 ★★★★
地址：牡丹江市西地明街1号
电话：0453－6525788
传真：0453－6524670
邮编：157011
网址：www. beishanhotel. cn
电子信箱：beishanhotel@ tom. com

牡丹江金鼎国际大酒店 ★★★★
地址：牡丹江市太平路28号（景福街99号）
电话：0453－8939999
传真：0453－8932810
邮编：157000
网址：www. mdjgdihotel. com

夏威夷国际商务酒店 ★★★★
地址：牡丹江市七星街95号
电话：0453－6388888
传真：0453－6389999
邮编：157000
网址：www. hawaii-hotel. com. cn

镜泊湖国际俱乐部 ★★★★
地址：牡丹江宁安市镜泊湖风景区
电话：0453－6270222
传真：0453－6270205
邮编：157438
网址：www. jphguojijulebu. cn
电子信箱：liang-meng@ 126. com

绥化市金长城大酒店 ★★★★
地址：绥化市黄河北路1号
电话：0455－8281111
传真：0455－8281919
邮编：152000
网址：www. wobida. com
电子信箱：wbdyb@ 163. com

大兴安岭北山宾馆 ★★★★
地址：大兴安岭加格达奇区朝阳路39号
电话：0457－2145888
传真：0457－2122800
邮编：165000
网址：www. beishanhotel. cn
电子信箱：sunyin1959@ 163. com

波斯特太阳岛度假村 ★★★
地址：哈尔滨市太阳岛风景区西林街13号
电话：0451－88192255
传真：0451－88192277
邮编：150018
网址：www. vicki. cn/bosite/

观光假日酒店 ★★★
地址：哈尔滨市道里区安隆街1号
电话：0451－85980266
邮编：150010

经纬大酒店 ★★★
地址：哈尔滨市道里区工厂街69号
电话：0451－84654321
传真：0451－84641111
邮编：150010
网址：www. yunma. com. cn
电子信箱：gxs0451@ msn. com

望江宾馆 ★★★
地址：哈尔滨市道里区河图街75号
电话：0451－84880000
传真：0451－84606135
邮编：150076

伟业商务酒店 ★★★
地址：哈尔滨市道里区霁虹街32号
电话：0451－53929999
传真：0451－84615888
邮编：160010

香江饭店 ★★★
地址：哈尔滨市道里区尚志大街212号
电话：0451－84691388
传真：0451－84610894
邮编：150010

林苑宾馆 ★★★
地址：哈尔滨市道里区田地街 118 号
电话：0451－86773166
传真：0451－84671248
邮编：150010
网址：www.lybg0451.com
电子信箱：youdmn@126.com

商大酒店 ★★★
地址：哈尔滨市道里区通达街 138 号
电话：0451－86771000
传真：0451－86771133
邮编：150076

石油大厦 ★★★
地址：哈尔滨市道里区友谊路 276 号
电话：0451－84885888
传真：0451－84885888
邮编：150010
电子信箱：liuhuifang2008@163.com

汇融大厦 ★★★
地址：哈尔滨市道里区兆麟街 13 号
电话：0451－84679911
传真：0451－84670998
邮编：150010

哈尔滨曼哈顿商务酒店 ★★★
地址：哈尔滨市道里区兆麟街 71 号
电话：0451－84889000
传真：0451－84616436
邮编：150010

天植大酒店 ★★★
地址：哈尔滨市道里区中央大街 160 号
电话：0451－84693333
传真：0451－84631111
邮编：150010

松花江凯莱商务酒店 ★★★
地址：哈尔滨市道里区中央大街 58 号
电话：0451－84638855
传真：0451－84638533
邮编：150010
网址：www.giharbin.com
电子信箱：dos@giharbin.com

乐业大厦 ★★★
地址：哈尔滨市南岗区长江路 130 号
电话：0451－86792800
传真：0451－82604682
邮编：150001

龙运宾馆 ★★★
地址：哈尔滨市南岗区春申街 28 号
电话：0451－82830000
传真：0451－53634937
邮编：150001

金桥宾馆 ★★★
地址：哈尔滨市南岗区东大直街 108 号
电话：0451－82590202
传真：0451－82538208
邮编：150001

鑫鑫宾馆 ★★★
地址：哈尔滨市南岗区东大直街 131 号
电话：0451－82525988
传真：0451－82526070
邮编：150001

中艺瑞宝酒店 ★★★
地址：哈尔滨市南岗区东大直街 168 号
电话：0451－82571188
传真：0451－82548813
邮编：150001

金鹤宾馆 ★★★
地址：哈尔滨市南岗区东大直街 226 号
电话：0451－82578300
传真：0451－53635175
邮编：150001
网址：www.jinhE-hotel.com
电子信箱：jinhe@0451.com

西苑宾馆 ★★★
地址：哈尔滨市南岗区法院街 21 号
电话：0451－86417114
传真：0451－86417115
邮编：150001
网址：www.xiyuan.hit.edu.cn
电子信箱：xiyuan@hope.hit.edu.cn

龙工大厦 ★★★
地址：哈尔滨市南岗区奋斗路 345 号
电话：0451－82578000
传真：0451－53622940
邮编：150001

远达商务酒店 ★★★
地址：哈尔滨市南岗区革新街 169 号
电话：0451－82660000
传真：0451－82667709
邮编：150001

大庆宾馆 ★★★
地址：哈尔滨市南岗区国民街 23 号
电话：0451－82577666
传真：0451－53643079
邮编：150001
网址：www.daqing－hotel－hrb.com

秀水宾馆 ★★★
地址：哈尔滨市南岗区果戈里大街 188 号
电话：0451－87018822
传真：0451－53919311
邮编：150001
网址：www.hrbxsbg.cn
电子信箱：hrbxsbg@126.com

果戈里宾馆 ★★★
地址：哈尔滨市南岗区果戈里大街 84 号
电话：0451－82579000
传真：0451－82579001
邮编：150001

哈尔滨龙达瑞吉商务酒店 ★★★
地址：哈尔滨市南岗区海城街 156 号
电话：0451－86477777
传真：0451－84677775
邮编：150006

绿海大厦 ★★★
地址：哈尔滨市南岗区红军街 4 号
电话：0451－53615888
传真：0451－53635618
邮编：150001

龙门大厦 ★★★
地址：哈尔滨市南岗区红军街 85 号
电话：0451－53639701
传真：0451－53639970
邮编：150001
网址：www.hotellm.com
电子信箱：hotellm@hotellm.com

鸿翔宾馆 ★★★
地址：哈尔滨市南岗区鸿翔路 18 号
电话：0451－82608888
传真：0451－82608338
邮编：150001

北极宾馆 ★★★
地址：哈尔滨市南岗区芦家街 83 号
电话：0451－82830800
传真：0451－82830817
邮编：150001
网址：www.163.caizu.com

黑龙江省教育宾馆 ★★★
地址：哈尔滨市南岗区民益街 102 号
电话：0451－53602888
传真：0451－53636376
邮编：150001

鑫城酒店 ★★★
地址：哈尔滨市南岗区文庙街 8 号
电话：0451－82575188
传真：0451－82531506
邮编：150001

绿色大厦 ★★★
地址：哈尔滨市南岗区文平街 35 号
电话：0451－82579500
传真：0451－82608805
邮编：150001

海燕大酒店 ★★★
地址：哈尔滨市南岗区西大直街 19 号
电话：0451－82832222
传真：0451－82833111
邮编：150006

祝成商务酒店 ★★★
地址：哈尔滨市南岗区先锋路 563 号
电话：0451－82560000
传真：0451－82551555
邮编：150001

龙运大厦 ★★★
地址：哈尔滨市南岗区宣化街 200 号
电话：0451－82700000
传真：0451－82734993
邮编：150001

蓝天招待所（蓝天宾馆） ★★★
地址：哈尔滨市南岗区中山路 169 号
电话：0451－82573999
传真：0451－82573126
邮编：150001

哈尔滨星河酒店 ★★★
地址：哈尔滨市道外区承德街 186 号
电话：0451－88021888
传真：0451－88021666
邮编：150020

黑天鹅名人俱乐部 ★★★
地址：哈尔滨市道外区松北镇滨北大街 68 号
电话：0451－88111588
传真：0451－88111055
邮编：150028

绅特酒店 ★★★
地址：哈尔滨市香坊区赣水路 58 号
电话：0451－88027888
传真：0451－82338877
邮编：150036

龙达山水商务酒店 ★★★
地址：哈尔滨市香坊区新乡里街 9 号
电话：0451－88622777
传真：0451－88622822
邮编：150036

珠江宾馆 ★★★
地址：哈尔滨市香坊区珠江路 25 号
电话：0451－82878888
传真：0451－82296989
邮编：150036

雷博尔酒店 ★★★
地址：哈尔滨市香坊区珠江路 31 号
电话：0451－82305326
传真：0451－82305262
邮编：150036

林大专家公寓 ★★★
地址：哈尔滨市动力区和兴路 26 号
电话：0451－82192888
传真：0451－82192111－8777
邮编：150040

双鹤大酒店 ★★★
地址：哈尔滨市动力区民生路 18 号
电话：0451－86798888
传真：0451－86798799
邮编：150040

桃李园宾馆 ★★★
地址：哈尔滨市呼兰区利民开发区师大校区内
电话：0451－88060831
传真：0451－88060891
邮编：150025

电力宾馆 ★★★
地址：哈尔滨尚志市西大街
电话：0451－53944188
传真：0451－53944188
邮编：150600

尚志市宾馆 ★★★
地址：哈尔滨尚志市新闻街 9 号
电话：0451－53322204
传真：0451－53323945
邮编：150600
网址：www. sz－ybl. com/szbg
电子信箱：szhotel55936002@ 163. com

风车山庄 ★★★
地址：哈尔滨尚志市亚布力滑雪旅游区
电话：0451－53455088
传真：0451－53455398
邮编：150601

亚布力电信山庄 ★★★
地址：哈尔滨尚志市亚布力滑雪旅游区
电话：0451－53455398
传真：0451－53455398
邮编：150631
电子信箱：vbldxsz@ 163. com

亚布力青云山庄 ★★★
地址：哈尔滨尚志市亚布力滑雪旅游区
电话：0451－53455030
传真：0451－53455040
邮编：150631
电子信箱：yabulihote@ sina. com

哈同汽车酒店 ★★★
地址：哈尔滨市方正得莫利服务区
电话：0451－57170999
传真：0451－57170156
邮编：150800
电子信箱：ht888r@ sina. com

龙珠贵宾楼 ★★★
地址：哈尔滨市宾县二龙山
电话：0451－57908007
传真：0451－57908333
邮编：150400

白云大厦 ★★★
地址：齐齐哈尔市龙沙路 76 号
电话：0452－2386112
传真：0452－2386117
邮编：161005

民航大厦 ★★★
地址：齐齐哈尔市龙沙区卜奎大街 12 号
电话：0452－2388888
传真：0452－2474605
邮编：161005

嫩江宾馆 ★★★
地址：齐齐哈尔市龙沙区丰恒路 7 号
电话：0452－2472828
传真：0452－2472686
邮编：161005

农垦大厦 ★★★
地址：齐齐哈尔市龙沙区龙华路 73 号
电话：0452－2439447
传真：0452－2439900
邮编：161000
电子信箱：nkds163@ 163. com

白鹤宾馆 ★★★
地址：齐齐哈尔市铁锋区站前大街 85 号
电话：0452－2125258
传真：0452－2127639
邮编：161000

中国一重宾馆 ★★★
地址：齐齐哈尔市富区铁西建华西街 1 号
电话：0452－6819399
传真：0452－6819369
邮编：161042
电子信箱：cfhi_bg@ yahoo. com. cn

黑河国际饭店 ★★★
地址：黑河市王肃街 123 号
电话：0456－8276019
传真：0456－8276039
邮编：164300
网址：www. 1643000. com/gifd
电子信箱：hhgifd@ 163. com

黑河华源商务酒店 ★★★
地址：黑河市中央街 314 号
电话：0456－8276700
传真：0456－8220746
邮编：164300
网址：www. huayuan 0456－114. com
电子信箱：hhhyid@ tom. con

五大连池阳光旅游假日酒店 ★★★
地址：黑河五大连池市迎宾路 18 号
电话：0456－6311800
传真：0456－6329999
邮编：164100

黑鱼湖宾馆 ★★★
地址：大庆市大庆水库
电话：0459－5869633
邮编：163451

凯旋宾馆 ★★★
地址：大庆市开发区火炬新街 8 号
电话：0459－6043999
传真：0459－6289231
邮编：163001

金三角宾馆 ★★★
地址：大庆市开发区市场街
电话：0459－4616006
传真：0459－6292606
邮编：163001
网址：www. dq114. com. cn
电子信箱：yqingy199@ 163. com

波斯特宾馆 ★★★
地址：大庆市萨尔图区东风新村热源街 9 号
电话：0459－6680116
传真：0459－6689673
邮编：163001
电子信箱：sally 724@ sohu. com

兴荣商务酒店 ★★★
地址：大庆市萨尔图区会战西街
电话：0459－6657366
传真：0459－6657168
邮编：163001
网址：www. xingronggroup. com

龙凤宾馆 ★★★
地址：大庆市龙凤区龙凤大街凤 6 路 4 号
电话：0459－6757288
传真：0459－6758891
邮编：163001
电子信箱：daqinglongbin@ 126. com

卧里屯宾馆 ★★★
地址：大庆市龙凤区卧里屯大街 49 号
电话：0459－6741101
传真：0459－6553146
邮编：163001
网址：www. 0459－114. com
电子信箱：wltbg@ sina. com

新科苑宾馆 ★★★
地址：大庆市让胡路区西苑街 36 号
电话：0459－5903600
传真：0459－5593913
邮编：163001
网址：www. 10. 65. 84. 29
电子信箱：yuyongtao@ petrochina. com. cn

昆仑商务酒店 ★★★
地址：大庆市让胡路区西泽路 1 号
电话：0459－5096111
传真：0459－6346111
邮编：163001

新东方商务酒店 ★★★
地址：大庆市让区西宾路副 5 号
电话：0459－5599648
传真：0459－5088371
邮编：163001

伊春市林都宾馆 ★★★
地址：伊春市宾园路 8 号
电话：0458－3081000
传真：0458－3606107
邮编：153000

朗乡宾馆 ★★★
地址：伊春市朗乡林业局
电话：0458－2874886
传真：0458－2582085
邮编：152519

伊春市松雪旅游大厦 ★★★
地址：伊春市新兴中路 70 号
电话：0458－3601831
传真：0458－3602438
邮编：153000
网址：www. ycsxg. com
电子信箱：lp3905882@ sohu. com

红松会馆 ★★★
地址：伊春市乌马河林业局伊东经营所
电话：0458－3075599
传真：0458－3625184
邮编：153000

铁力金骊都宾馆 ★★★
地址：伊春铁力市铁力镇中心路
电话：0458－2230200
传真：0458－2230269
邮编：152500

铁力市松涛宾馆 ★★★
地址：伊春铁力市团结路松涛街
电话：0458－2383434
传真：0458－2381111
邮编：152500

鹤岗市东方宾馆 ★★★
地址：鹤岗市工农区东解放路
电话：0468－3813456
传真：0468－3430088
邮编：154100

如意大厦 ★★★
地址：佳木斯市和平路 86 号
电话：0454－8635999
传真：0454－8635700
邮编：154002

华侨饭店 ★★★
地址：佳木斯市红旗路中段 288 号
电话：0454－8554999，8554888
传真：0454－8554888
邮编：154002
网址：www. citsj. com
电子信箱：yueliang-1974@163. com

八一宾馆 ★★★
地址：佳木斯市杏林路 310 号
电话：0454－8604066
传真：0454－8608772
邮编：154002

金荣大酒店 ★★★
地址：双鸭山市西平行路 273 号
电话：0469－4240867
传真：0469－4240867
邮编：155100

三江大酒店 ★★★
地址：双鸭山市尖山区新兴大街中段 119 号
电话：0469－4230999
传真：0469－4245111
邮编：155100
网址：www. guauglong. cn
电子信箱：mastel@guanglong. cn

名苑大酒店 ★★★
地址：双鸭山市新兴大街 58 号
电话：0469－6101777
邮编：155100

阳霖大酒店 ★★★
地址：双鸭山市集贤县保卫路 88 号
电话：0469－4688888
传真：0469－4693000
邮编：155900
网址：www. yanglin. com. cn
电子信箱：lsl4688888@263. net

金融大厦 ★★★
地址：七台河市桃山区景丰路 38 号
电话：0464－8258678
传真：0464－8266168
邮编：154600

山湖宾馆 ★★★
地址：七台河市桃山区山湖路 32 号
电话：0464－2937008
传真：0464－2937008
邮编：154600

金福宾馆 ★★★
地址：鸡西市桥北开发区建材广场一号楼
电话：0467－2436666
传真：0467－2422299
邮编：158100

虎林宾馆 ★★★
地址：鸡西虎林市解放西路 18 号
电话：0467－5823188
传真：0467－5856352
邮编：158400

兴亚时代广场 ★★★
地址：鸡西密山市安定街 168 号
电话：0467－5240000
邮编：158300
网址：www. xingyajituan. com
电子信箱：xyrqc@163. com

鸡东县鸡东宾馆 ★★★
地址：鸡西市鸡东县鸡东镇
电话：0467－5583443
邮编：158200

鸡西麒麟山宾馆 ★★★
地址：鸡西市鸡东县兴农镇
电话：13089564168
邮编：158100

牡丹江福源大酒店 ★★★
地址：牡丹江市东一条路 55 号
电话：0453－6948777
传真：0453－6948880
邮编：157000
网址：www. fuyuanhotel. com
电子信箱：fuyuan_hotel@sina. com

牡丹江北龙大酒店 ★★★
地址：牡丹江市东一条路 68 号
电话：0453－8107777
传真：0453－6948988
邮编：157000
网址：wangzilou@163. com

牡丹江新东方宾馆 ★★★
地址：牡丹江市光华街 123 号
电话：0453－8935708
传真：0453－8932777
邮编：157000

牡丹江房产公寓 ★★★
地址：牡丹江市七星街 75 号
电话：0453－6923100
传真：0453－6933130
邮编：157000

牡丹江市军供大厦 ★★★
地址：牡丹江市太平路 120 号
电话：0453－6990099
传真：0453－6242718
邮编：157000

牡丹江帕弗尔酒店 ★★★
地址：牡丹江市太平路 128 号
电话：0453－6277777
传真：0453－6277700
邮编：157000

牡丹江新玛特大酒店 ★★★
地址：牡丹江市西长安街 1 号
电话：0453－6296888
传真：0453－6236127
邮编：157000

牡丹江福顺天天大酒店 ★★★
地址：牡丹江市西一条路新安街 108 号
电话：0453－6222226
传真：0453－6266758
邮编：157000

牡丹江嘉林饭店 ★★★
地址：牡丹江市新华路 46 号
电话：0453－6530888
传真：0453－6554888
邮编：157011

绥芬河哈得利大酒店 ★★★
地址：牡丹江市绥芬河市迎新街 74 号
电话：0453－8991819
传真：0453－3921418
邮编：157300
网址：www. hdldjd. com
电子信箱：hade lijiu dian@163. com

镜泊湖宾馆 ★★★
地址：牡丹江宁安市镜泊湖风景区
电话：0453－6270091
邮编：157438

镜泊湖龙府宾馆 ★★★
地址：牡丹江宁安市镜泊湖风景区
电话：0453－6270023
传真：0453－6270023
邮编：157438

镜泊湖龙湖山庄 ★★★
地址：牡丹江宁安市镜泊湖风景区
电话：0453－6270089
传真：0453－7622663
邮编：157438

镜泊湖电力宾馆 ★★★
地址：牡丹江宁安市镜泊湖明珠湾
电话：0453－6946320
传真：0453－6270175
邮编：157426

鑫威花园酒店 ★★★
地址：绥化市中兴东大街 359 号
电话：0455－8266666
传真：0455－8266266
邮编：152000

米都大厦 ★★★
地址：绥化市庆安县解放路 88 号
电话：0455－4341666
传真：0455－4325616
邮编：152400

华融商务酒店 ★★★
地址：大兴安岭地区加格达奇区世纪大道 7 号
电话：0457－2718888
传真：0457－2715557
邮编：165000
电子信箱：123013610@163. com

旅游景区

亚布力滑雪旅游度假区 AAAA
地址：哈尔滨市亚布力滑雪场

电话：0451－53455228
邮编：150631

哈尔滨黑龙江电视塔（龙塔）旅游区 AAAA
地址：哈尔滨市高新技术开发区
邮编：150010

太阳岛公园 AAAAA
地址：哈尔滨市太阳岛风景街 10 号
电话：0451－8819024
邮编：150010

哈尔滨游乐园 AAA
地址：哈尔滨市东大直街 1 号
电话：0451－82525216
邮编：150001

哈尔滨金河旅游公园 AA
地址：哈尔滨市机场路 23 公里处
电话：0451－84697830
邮编：150010

哈尔滨东北虎林园 AAA
地址：哈尔滨市松北区松北街 88 号
电话：0451－88080098
邮编：150028

哈尔滨黑天鹅度假区 AA
地址：哈尔滨市松北新区滨江街 68 号
电话：0451－88111055
邮编：150028

哈尔滨索非亚教堂景区 AAAA
地址：哈尔滨市道里区
邮编：150010

哈尔滨索非亚广场 AAA
地址：哈尔滨市道里区透笼街 88 号
电话：0451－84686904
邮编：150010

北方农业现代都市示范园 AA
（全国农业旅游示范点）
地址：哈尔滨市道里区城乡路 288 号
电话：0451－84302560
邮编：150070

黑龙江省科技馆 AAAA
地址：哈尔滨市南岗区中山路
电话：0451－82633683
邮编：150006

哈尔滨欧亚之窗公园 AAA
地址：哈尔滨市南岗区学府四道街 18 号
电话：0451－86693296
邮编：150080

革命领袖视察黑龙江纪念馆 AAA
地址：哈尔滨市南岗区颐园街 1 号
电话：0451－53643181
邮编：150006

黑龙江省农科院园艺分院 AAA
（全国农业旅游示范点）
地址：哈尔滨市动力区哈平路上
电话：0451－86677477
邮编：150040

萧红故居 AA
地址：哈尔滨呼兰区东南二道街 204
电话：0451－57322998
邮编：150500

森工平山旅游区 AAAA
地址：哈尔滨市阿城区平山镇
邮编：150300

金源文化旅游区 AAAA
地址：哈尔滨阿城区
电话：0451－53734730
邮编：150300

哈尔滨玉泉国际狩猎场 AAA
地址：哈尔滨阿城区玉泉镇
电话：0451－53848053
邮编：150322

阿城会宁公园 AA
地址：哈尔滨阿城区
电话：0451－53729804
邮编：150300

阿城玉泉威虎山森林公园 AA
地址：哈尔滨阿城区玉泉镇
电话：0451－53847236
邮编：150300

五常龙凤山风景名胜区 AA
地址：哈尔滨五常市龙凤山水库管理处
电话：0451－55839043
邮编：150209

文贤庄园旅游度假区 AA
地址：哈尔滨五常市
邮编：150200

五常月牙湖风景区 A
地址：哈尔滨五常市城西 4 公里
电话：0451－53546717
邮编：150200

方正得莫力旅游度假区 AA
地址：哈尔滨市方正县哈同公路得莫力服务区
电话：0451－57170901
邮编：150800

方正莲花湖公园 A
地址：哈尔滨市方正县莲花湖
电话：0451－57172557
邮编：150800

长寿国家森林公园 AA
地址：哈尔滨市宾县宾西镇宾西实验林场
电话：0451－57922045
邮编：150431

二龙山风景区 AAAA
地址：哈尔滨市宾县县城西南 6 公里处路南
电话：0451－57908017
邮编：150400

哈尔滨森林小火车度假区青峰山庄 AA
地址：哈尔滨市巴彦县兴隆林业局
电话：0451－57531567
邮编：151801

木兰县香磨山风景区 AA
地址：哈尔滨市木兰县东兴镇
邮编：151925

黑龙江扎龙国家级自然保护区 AAAA
地址：齐齐哈尔市
邮编：161005

齐齐哈尔市龙沙公园 AAA
地址：齐齐哈尔市公园路 32 号
电话：0452－6672452
邮编：161005

明月岛风景区 AAA
地址：齐齐哈尔市
电话：0452－2453257
邮编：161006

红岸公园 AA
地址：齐齐哈尔市富拉尔基区和平路 1 号
电话：0452－6882618
邮编：161041

水师森林公园 AA
地址：齐齐哈尔市昂昂溪区水师营满族镇东
电话：0452－2311777
邮编：161031

铁农园艺园度假村 AAA
（全国农业旅游示范点）
地址：齐齐哈尔市铁峰区站前大街 24 号
电话：0452－2937909　2937709
邮编：161000

齐齐哈尔蛇洞山风景区 AA
地址：齐齐哈尔市碾子山区
邮编：161046

齐齐哈尔哈拉新村 AA
地址：齐齐哈尔市梅里斯达斡尔族区哈拉新村
邮编：161021

齐齐哈尔青松狩猎场 AA
地址：齐齐哈尔市梅里斯达斡尔族区
电话：0452－6420015
邮编：161021

甘南音河湖旅游风景区 AA
地址：齐齐哈尔市甘南县
电话：0452－5622656
邮编：162100

黑河市瑷珲历史陈列馆 AAA
地址：黑河市爱辉镇
电话：0456－8211007
邮编：164312

黑河市五大连池风景名胜区 AAAA
地址：黑河五大连池市
电话：0456－7296888　7296666
邮编：164155

山口风景区 AAA
地址：黑河市五大连池市
邮编：164100

嫩江农场现代农业旅游区 AAA
地址：黑河市嫩江县
邮编：164312

大庆铁人王进喜纪念馆 AAAA
地址：大庆市解放二街 8 号
电话：0459－5976623
邮编：163311

大庆油田历史陈列馆 AAAA
地址：大庆市萨尔图区中七路 32 号
电话：0459－5980261
邮编：163001

大庆市儿童公园 AA
地址：大庆市萨尔图区友谊大街 7 号
电话：0459－5886643
邮编：163001

大庆广播电视塔 AA
地址：大庆市萨尔图区东风路甲 1 号
电话：0459－4663588
邮编：163311

大庆市龙凤公园 AA
地址：大庆市龙凤区龙凤大街 77 号
电话：0459－6759508
邮编：163711

大庆石油博物馆 AAA
地址：大庆市让胡路区西苑路 18 号
电话：0459－5095828
邮编：163712

大庆市景园公园 AA
地址：大庆市让胡路区昆仑大街
电话：0459－5999625
邮编：163453

省林甸温泉疗养院 AA
地址：大庆市林甸县
邮编：166300

大庆市杜蒙县寿山民俗休闲度假村 AA
地址：大庆市杜蒙县寿山
电话：0459－3449256
邮编：166200

连环湖狩猎场且 AA
地址：大庆市杜蒙县境内
邮编：166200

大庆市杜蒙草原赛马场 AA
地址：大庆市杜蒙县城西 1 公里
电话：0459－3434799
邮编：166200

连环湖旅游区 AA
地址：大庆市杜蒙县西 17 公里
电话：0459－3449256
邮编：166260

伊春五营国家森林公园 AAAA
地址：伊春市五营区
邮编：153033

上甘岭溪水国家森林公园 AAA
地址：伊春市上甘岭区
电话：0458－3883015
邮编：153032

美溪回龙湾度假区 AAA
地址：伊春市美溪区
电话：0458－3637510
邮编：153021

伊春水上公园风景区 AAA
地址：伊春市中心区西侧
电话：0458－3620497
邮编：153000

凉水自然保护区风景旅游区 AAA
地址：伊春市带岭区
邮编：1531056

汤旺河林海奇石风景区 AAAA
地址：伊春市汤旺河区
邮编：153037

小兴安岭石林风景区 AA
地址：伊春市汤旺河区
邮编：153037

峰岩生态旅游区 AA
地址：伊春市金山屯区
邮编：153026

伊春南山风景旅游区 AA
地址：伊春市伊春区
电话：0458－3904075
邮编：134001

朗乡玉兔仙潭风景区 AA
地址：伊春市朗乡镇头道沟林场
邮编：153000

伊春市嘉荫恐龙国家地质公园 AAAA
地址：伊春市嘉荫县
邮编：153200

嘉荫新发岛江上公园乐园 AA
地址：伊春市嘉荫县
邮编：153200

鹤岗国家森林公园 AAA
地址：鹤岗市西北部
邮编：154100

鹤岗市将军石山庄 AAA
地址：鹤岗市红旗乡
邮编：154100

萝北县名山岛风景区 AAA
地址：鹤岗市萝北县名山镇
邮编：154200

佳木斯市水源山公园 AAA
地址：佳木斯市前进区光华街
电话：0454－8782813
邮编：154002

同江街津口赫哲族旅游度假区 AAA
地址：佳木斯同江市街津口赫哲族乡
邮编：156400

同江三江口旅游区 AAA
地址：佳木斯同江市北四公里三江口
邮编：156400

五顶山国家森林公园 AA
地址：佳木斯富锦市
邮编：156100

大亮子河国家森林公园 AAA
地址：佳木斯市小兴安岭南麓汤原县大亮子河红松母树林场境内
邮编：154700

桦南向阳湖风景区 AA
地址：佳木斯市桦南县
邮编：154400

石龙山国家森林公园 AA
地址：七台河市林场施业区
邮编：154600

西大圈旅游区 AA
地址：七台河市勃利县
邮编：154500

净土寺宗教文化旅游区 A
地址：鸡西市城子河区
电话：0457－242561
邮编：158170

鸡西市麒麟山风景区 AA
地址：鸡西市兴农镇
电话：0467－5770599
邮编：158100

当壁镇兴凯湖旅游度假区 AA
地址：鸡西密山市当壁镇
电话：0467－5608802
邮编：158316

鸡东县哈达河风景区 AA
地址：鸡西市鸡东县哈达水库
电话：0467－5740001
邮编：158203

鸡东县八楞河风景区 AA
地址：鸡西市鸡东县八楞山水库
电话：0467－5759452
邮编：158200

镜泊湖风景区 AAAAA
地址：牡丹江市
电话：0453－6996696
邮编：157000

牡丹江黑宝熊乐园度假区 AAA
（全国农业旅游示范点）
地址：牡丹江市三道关
电话：0453－6530527　6530528
邮编：157000

横道东北虎林园 AAA
地址：牡丹江海林市横道河子
电话：0453－7583835
邮编：157100

海林市威虎山城 AAA
地址：牡丹江海林市
电话：029－86691845
邮编：157100

宁安市火山口国家森林公园 AAAA
地址：牡丹江宁安市
电话：0453－8179985
邮编：157400
网址：www.HSK.86114.cn
电子邮件：SZY55099@163.com

宁安渤海风情园 AAA
地址：牡丹江宁安市渤海镇
电话：0453－7957749
邮编：157400

东宁要塞遗址 AA
地址：牡丹江市东宁县三贫口镇
电话：0453－3631630
邮编：157200

三精制药工业园区 AAA
地址：绥化市明水县
电话：0455－6238417
邮编：151700

林枫同志故居纪念馆 AA
地址：绥化市望奎县政府路文明街 12 号
邮编：152100

绥化金龟山庄 AA
地址：绥化市东津镇福兴村
邮编：152000

兴安森林公园 AAA
地址：大兴安岭地区
邮编：165000

华安（集团）公司军工旅游区 AAA
地址：大兴安岭地区
邮编：165000

大兴安岭资源馆 AAA
地址：大兴安岭地区
邮编：155000

加格达奇北山公园 AAA
地址：大兴安岭地区
邮编：165000

餐　馆

天响鱼肉馆
地址：哈尔滨市红旗大街 478 号
电话：0451－57620888　57623888
邮编：150010

老都一处
地址：哈尔滨市道里区西十三道街25号
电话：0451－84615895
邮编：150010

华梅西餐厅
地址：哈尔滨市道里区中央大街112号
电话：0451－84619818
邮编：150010

北来顺饭店友谊路店
地址：哈尔滨市道里区友谊路51号
电话：0451－84613530
邮编：150010

名典西餐厅
地址：哈尔滨市道里区尚志大街214号
电话：0451－84657755
邮编：150010

阿妈妮烤肉店
地址：哈尔滨市道里区经纬六道街25号
电话：0451－82656669　84229088
邮编：150010

山城老妈四川美食广场
地址：哈尔滨市道里区哈药路336号
电话：0451－84801997　84801998
邮编：150010

露西亚西餐厅
地址：哈尔滨市道里区西头道街57号
电话：0451－84563207
邮编：150010

白家馆
地址：哈尔滨市南岗区哈成路328号
电话：0451－55112212
邮编：150006

全聚德烤鸭店
地址：哈尔滨市南岗区先锋路559号
电话：0451－82549900
邮编：150006

枫林休闲吧
地址：哈尔滨市南岗区东大直街338号
电话：0451－53642722
邮编：150006

刘老爹鱼锅府餐饮有限公司
地址：哈尔滨市道外区南极街
电话：0451－87800536
邮编：150036

小华梅酒楼
地址：哈尔滨市香坊区菜艺街143号
电话：0451－82322347
邮编：150036

湘园食府
地址：哈尔滨市呼兰区鸿翔路58号
电话：0451－82804888
邮编：150500

重庆秦妈老火锅
地址：哈尔滨市呼兰区长江路96号
电话：0451－53910016
邮编：150500

齐齐哈尔市北斗肥羊火锅城
地址：齐齐哈尔市建华区西二道街14号
电话：0452－2475951
邮编：161006

齐齐哈尔市峰芒风味餐厅
地址：齐齐哈尔市建华区中华路452号
邮编：161006

齐齐哈尔市富拉尔基区钢花餐厅
地址：齐齐哈尔市富拉尔基区黎明路50号
电话：0452－6802437
邮编：161041

齐齐哈尔市浪花餐厅
地址：齐齐哈尔市龙沙区劳卫路7号
电话：0452－2473380
邮编：161005

齐齐哈尔市牛奶公司喜临门饭店
地址：齐齐哈尔市建华区建设大街2号
电话：0452－2132867
邮编：161000

齐齐哈尔市饮食公司庆云馄饨馆
地址：齐齐哈尔市铁锋区龙华路54号
电话：0452－2428690
邮编：161000

三江野生鱼村
地址：齐齐哈尔市南马路175号
电话：0452－2415000
邮编：161005

大骨头炖菜馆
地址：齐齐哈尔市建华区中华西路
电话：0452－2443399
邮编：161005

李记酱大骨头炖菜馆
地址：齐齐哈尔市龙华路88号
电话：0452－2136291
邮编：161005

清真斋
地址：齐齐哈尔市建华区中华西路83号
电话：0452－2731398
邮编：161005

黑河市索菲娅西餐厅
地址：黑河市迎恩路116号
电话：0456－8268222
邮编：164300

黑河市北江春饭店
地址：黑河市文化街170号
电话：0456－8223202
邮编：164300

黑河市北方餐厅
地址：黑河市文化街14号楼
电话：0456－8224652
邮编：164300

黑河江畔餐厅
地址：黑河市王肃街78号
电话：0456－8227551－25
邮编：164300

黑河市九龙自助餐厅
地址：黑河市兴安街69号
电话：0456－8221106
邮编：164300

刘记砂锅大全总店
地址：黑河市
电话0456－8275488
邮编：164300

大庆市天天海鲜菜馆
地址：大庆市让胡路区西宾路113号
电话：0459－5979088
邮编：163311

大庆市东北王大酒店
地址：大庆市萨尔图区中心街6号
电话：0459－5884008
邮编：163311

三万里烤肉
地址：大庆市西宾路7号
电话：0459－6331592
邮编：163311

瑞和饭庄
地址：大庆市友谊大街
电话：0459－5855875
邮编：163311

伊春市饮食服务公司回民饭店
地址：伊春市正阳街
电话：0458－3603485
邮编：153000

伊春市饮食服务公司
地址：伊春市繁荣路8号
电话：0458－3602702
邮编：153000

伊春市饮食服务公司松春饭店
地址：伊春市繁荣街8号
电话：0458－3602702
邮编：153000

伊春市鸿博饮食服务有限责任公司
地址：伊春市迎宾路1号
电话：13039669188
邮编：153000

东方饺子王
地址：鹤岗市工农区育才路9号
电话：0468－3859599
邮编：154100

汉斯食府
地址：鹤岗市工农区
电话：0468－3459899
邮编：154100

大连渔港
地址：鹤岗市宝泉岭
电话：0468－6890288
邮编：154100

绿芭蕉西餐酒廊
地址：鹤岗市工农区育才路
电话：0468－3361666
邮编：154100

雅香居
地址：鹤岗市南山区北红旗路
电话：0468－3385918
邮编：154100

重庆诸葛烤鱼食府
地址：鹤岗市向阳区胜利街
电话：0468－3286088
邮编：154100

日月红砂锅风味园
地址：鹤岗市工农区四道街
电话：0468－6108678
邮编：154100

白家老居
地址：鹤岗市向阳区南二马路
电话：0468－3211398
邮编：154100

朱记香辣蟹
地址：佳木斯市向阳区长青路

电话：454－8755333
邮编：154002

佳木斯市啤酒厂鲜啤酒家
地址：佳木斯市长安路东段
电话：0454－8347389
邮编：154002

佳木斯市美食园
地址：佳木斯市站前路16号
电话：0454－8225676
邮编：154002

佳木斯市东来顺餐饮有限公司
地址：佳木斯市光复路671号
电话：0454－8679953
邮编：154002

佳木斯市水仙大酒家
地址：佳木斯市福丰街2号
电话：0454－8452111
邮编：154002

佳木斯市天龙酒家
地址：佳木斯市光复路5号
电话：0454－8248357
邮编：154002

佳木斯市澳洲美食城
地址：佳木斯市光复路535号
电话：0454－8220123
邮编：154002

佳木斯市顺峰火锅城
地址：佳木斯市桥南街160号
电话：0454－8673904
邮编：154002

佳木斯市清真饭店
地址：佳木斯市通江街北段
电话：0454－8442935
邮编：154002

佳木斯市樱花饮食文化有限公司
地址：佳木斯市中山路23号
电话：0454－8664501
邮编：154002

佳木斯市金洲大酒楼
地址：佳木斯市安庆路347号
电话：0454－8350199
邮编：154002

佳木斯市好世界美食中心有限公司
地址：佳木斯市光复路607号
电话：0454－8633999
邮编：154002

佳木斯市东方苑餐饮有限公司
地址：佳木斯市沿江街168号
电话：0454－8666168
邮编：154002

北京大自然东北酒楼佳木斯海鲜酒楼
地址：佳木斯市永安街53号
电话：0454－8665500
邮编：154002

佳木斯市好世界美食中心有限公司四海鲍翅楼
地址：佳木斯市兴复路607号
电话：0454－8633999
邮编：154002

佳木斯市光头香辣蟹餐饮有限公司
地址：佳木斯市光复路中段
电话：0454－8651375
邮编：154002

百盛餐饮（沈阳）有限公司佳木斯分公司
地址：佳木斯市中山街111号
电话：0454－8685275
邮编：154002

佳木斯市新纪元餐饮有限公司
地址：佳木斯市长安路655号
电话：0454－8609332
邮编：154002

双鸭山市饮食服务公司宫廷菜馆
地址：双鸭山市新兴大街28号
电话：0469－4224469
邮编：155100

双鸭山市月明楼回民饭店
地址：双鸭山市南小市
电话：0469－4224795
邮编：155100

七台河市满江红中餐厅
地址：七台河市兴华路
电话：0464－8330611
邮编：154600

七台河澳洲美食城
地址：七台河市旭日街
电话：0464－8269713
邮编：154600

七台河市曼哈顿美食娱乐中心
地址：七台河市风采路1号
电话：0464－8267884
邮编：154600

七台河市东峰饮食服务有限公司
地址：七台河市景丰路6号
电话：0464－8277597
邮编：154600

七台河市饮食服务公司桃宾饭店
地址：七台河市大同路55号
电话：0464－8262667
邮编：154600

七台河市文联绿丹兰餐厅
地址：七台河市光明街72号
电话：0464－8269724
邮编：154600

龙江美食城
地址：七台河市景丰路20号
电话：0464－8293866
邮编：154600

七台河市苏大姐老火锅有限责任公司
地址：七台河市
电话：0464－8273111
邮编：154600

五福楼大饭庄
地址：鸡西市祥光路丰泰街8号
电话：0467－2656325
邮编：158100

澳门豆捞海鲜火锅
地址：鸡西市祥光路195号
电话：0467－6182888
邮编：158100

小城故事
地址：鸡西市园林路8号
电话：0467－2332177
邮编：158100

川国演义
地址：鸡西市西山路27号
电话：0467－2381222
邮编：158100

清艺坊咖啡语茶
地址：鸡西市和平北大街87号
电话：0467－2390199
邮编：158100

元太祖
地址：鸡西市和平北大街107号
电话：0467－2360217
邮编：158100

明月楼
地址：鸡西市西山路34号
电话：0467－2384838
邮编：158100

鸡西市茂森饮食服务有限责任公司
地址：鸡西市鸡冠区广益街18号
电话：0467－8853451
邮编：158100

鸡西市得月楼酒家
地址：鸡西市兴国东路93号
电话：0467－2655640
邮编：158100

鸡西市凤凰火锅城
地址：鸡西市西山路12号
电话：0467－2379526
邮编：158100

牡丹江市丰泽园食府
地址：牡丹江市东三条路15号
电话：0453－6920658
邮编：157000

牡丹江市金光美味猪手冷面馆
地址：牡丹江市七星街104号
电话：0453－6288354
邮编：157000

老美味居猪手骨头炖菜总店
地址：牡丹江市东新荣街
电话：0453－6553079
邮编：157000

小来顺涮肉城
地址：牡丹江市东新荣街
电话：0453－6561747
邮编：157000

清真公牛馆
地址：牡丹江市西新安街56号
电话：0453－6229993
邮编：157000

绥化一品肥羊火锅店
地址：绥化市中直北路
电话：0455－8322111
邮编：152000

绥化市湖南毛家菜馆
地址：绥化市中直南路66号
电话：0455－8338757
邮编：152000

绥化市凌云大酒楼
地址：绥化市中直北路17号
电话：0455－8227628
邮编：152000

绥化市西蜀歌舞大酒楼
地址：绥化市西直北路

电话：0455－8233659
邮编：152000

绥化市阿里郎餐馆
地址：绥化市南二东路195号
电话：0455－8323223
邮编：152000

绥化市饮食服务公司
地址：绥化市北二西路67号
电话：0455－8225562
邮编：152000

绥化市丽都歌舞酒楼
地址：绥化市中直北路482号
电话：0455－8260257
邮编：152000

绥化市美国加洲牛肉面大王快餐厅
地址：绥化市中兴东路148号
电话：0455－8265444
邮编：152000

绥化市天都酒楼
地址：绥化市北四西路104号
电话：0455－8237011
邮编：152000

绥化市便宜坊酒楼
地址：绥化市北四西路
电话：0455－8266777
邮编：152000

绥化市清真民族风味餐馆
地址：绥化市中直南路189号
电话：0455－8237106
邮编：152000

旅游用品

哈尔滨佰丝特抽绣品有限公司
地址：哈尔滨市中医街80号
电话：0451－84616098
邮编：150010

哈尔滨冰雪艺术雕塑公司
地址：哈尔滨市江畔路172号
电话：0451－88308550
邮编：150010

哈尔滨抽纱绣品公司
地址：哈尔滨市中医街82号
电话：0451－84693929　84686051
邮编：150010

哈尔滨鼎玉工艺品有限公司
地址：哈尔滨市吉星小区6号楼
电话：0451－82318183
邮编：150010

黑龙江省天鑫礼品有限公司
地址：哈尔滨市南岗区革新街143号4楼
电话：0451－82666958
邮编：150010

哈尔滨创意礼品有限公司
地址：哈尔滨市地段街76号
电话：0451－84656611
邮编：150010

哈尔滨江南工艺礼品有限公司
地址：哈尔滨市道里区友谊路146号
电话：0451－84657654
邮编：150010

哈尔滨金祥礼品公司
地址：哈尔滨市南岗铁路街138号
电话：0451－86235918
邮编：150010

黑龙江省佰佳要工艺礼品有限公司
地址：哈尔滨市经纬大酒店16楼
电话：0451－84883826　84883827
邮编：150010

哈尔滨市灿和礼品有限公司
地址：哈尔滨市中山路172号常青大厦1010室
电话：0451－82695263
邮编：150010

哈尔滨市新时代礼品公司
地址：哈尔滨市友谊路225号
电话：0451－84687618
邮编：150010

哈尔滨市义玮商务礼品有限公司
地址：哈尔滨市南岗区新发展大厦612号
电话：0451－53622096
邮编：150010

哈尔滨市艺美广告礼品公司
地址：哈尔滨市南岗区光芒街96－103号
电话：0451－82605600　88219158
邮编：150010

哈尔滨天地广告礼品有限公司
地址：哈尔滨市道里区河松街绿色锦江家园56号门市
电话：0451－84867388
邮编：150010

哈尔滨天地礼品有限公司
地址：哈尔滨市河松街锦江绿色花园56号门市
电话：0451－84833900
邮编：150010

哈尔滨小神龙礼品有限公司
地址：哈尔滨市南岗区人和街71－3号
电话：0451－88585628
邮编：150010

哈尔滨迅达礼品有限公司
地址：哈尔滨市南岗区学府路66号学府书城829室
电话：0451－86601693
邮编：150010

哈尔滨航科文化艺术品有限责任公司
地址：哈尔滨市花园街331号
电话：0451－53661043
邮编：150010

哈尔滨恒光木制工艺品有限公司
地址：哈尔滨市外经路6号
电话：0451－82926573
邮编：150010

哈尔滨金泰天一艺术品有限责任公司
地址：哈尔滨市南岗区清明七道街
电话：0451－86374054
邮编：150010

哈尔滨康丽工艺制品有限公司
地址：哈尔滨市南岗区十字街131号
电话：0451－82711522
邮编：150010

哈尔滨市飞狮工贸有限公司
地址：哈尔滨市道外区西开源二道街35号
电话：0451－88304616
邮编：150010

哈尔滨度艺美术有限责任公司
地址：哈尔滨市南岗区9－2号
电话：0451－82708586　82724577
邮编：150010

哈尔滨市工艺美术制品厂
地址：哈尔滨市买卖街34号
电话：0451－84675489　84615987
邮编：150010

哈尔滨市龙美木制工艺品厂
地址：哈尔滨市机场路1393号
电话：0451－84101296
邮编：150010

哈尔滨市特种工艺美术厂
地址：哈尔滨市南岗区大成街9－4号
电话：0451－82704735
邮编：150010

哈尔滨市温港创作工艺厂
地址：哈尔滨市道里区地段街40号
电话：0451－84652581
邮编：150010

哈尔滨市新光工艺美术厂
地址：哈尔滨市道外区东南阳巷33号
电话：0451－88383787
邮编：150010

哈尔滨市新光工艺品厂
地址：哈尔滨市太原街102号
电话：0451－88383638　88383787
邮编：150010

哈尔滨市亚东工艺美术制品厂
地址：哈尔滨市田地街69号
电话：0451－84614794　84610573
邮编：150010

哈尔滨市中艺特种工艺美术厂
地址：哈尔滨市南岗区大成街9号
电话：0451－82702554
邮编：150010

哈尔滨亚一工艺饰品有限公司
地址：哈尔滨市道里区金山堡村龙化路
电话：0451－84325620
邮编：150010

黑龙江省华美金银饰品有限公司
地址：哈尔滨市兆麟街78号
电话：0451－84615978
邮编：150010

哈尔滨市龙华谢瑞麟珠宝金行有限公司
地址：哈尔滨市地段街
电话：0451－84699951
邮编：150010

哈尔滨斯普蓝蒂宝石有限公司
地址：哈尔滨市长江路科工贸5号楼
电话：0451－82328177
邮编：150010

哈尔滨珠宝首饰有限公司
地址：哈尔滨市道外区长春街23号
电话：0451－88986395
邮编：150010

哈尔滨恒久钻石有限公司
地址：哈尔滨市奋斗路
电话：0451－53644352
邮编：150010

哈尔滨市皇宝珠宝钟表（集团）公司
地址：哈尔滨市道里区中央大街 57 号
电话：0451－84639985
邮编：150010

哈尔滨京滨钟表有限公司
地址：哈尔滨市安发街
电话：0451－84515726
邮编：150010

哈尔滨市凯时欧钟表有限责任公司
地址：哈尔滨市地段街 60 号
电话：0451－84693364
邮编：150010

哈尔滨手表厂
地址：哈尔滨市和兴路 38 号
电话：0451－82112701 82112702
邮编：150010

哈尔滨钟厂
地址：哈尔滨市东大直街 119 号
电话：0451－82522711 82524140
邮编：150010

哈尔滨市亿达钟表眼镜厂
地址：哈尔滨市靖宇街 399 号
电话：0451－88388890 88381251
邮编：150010

齐齐哈尔光华工艺品有限公司
地址：齐齐哈尔市纺织路
电话：0452－2143350
邮编：161005

齐齐哈尔市中瑞表业公司
地址：齐齐哈尔市卜奎大街
电话：0452－2426872
邮编：161005

大庆让区天青工艺有限公司
地址：大庆市乘风小区
电话：0459－5688642
邮编：163311

大庆市天宝石雕工艺品有限公司
地址：大庆市萨环东路
电话：0459－5828319
邮编：163311

伊春市光明集团永盛工艺品有限公司
地址：伊春市青山西路
电话：0458－3667196
邮编：153000

伊春市恒升工艺品公司
地址：伊春市伊春区新兴西路
电话：0458－3608840
邮编：153000

伊春市美江工艺木雕厂
地址：伊春市乌马河
电话：0458－3652212
邮编：153000

伊春市乌马河红叶工艺品厂
地址：伊春市团结街
电话：0458－3651857
邮编：153000

伊春市宝瀛实木雕刻艺术总厂
地址：伊春市伊春区朝阳路 300 号
电话：0458－3603789
邮编：153000

伊春椿山工艺品有限公司
地址：伊春市新兴西路前卫街
电话：0458－3608524
邮编：153000

伊春乌伊岭红光玉器厂
地址：伊春市乌伊岭区
电话：0458－3522732
邮编：153000

伊春市大明府钟表眼镜公司
地址：伊春市步行街
电话：0458－3618309
邮编：153000

牡丹江市装饰工艺品总厂
地址：牡丹江市维新街
电话：0453－6222875
邮编：157000

牡丹江四海工艺品有限公司
地址：牡丹江市东六条路
电话：0453－6684175
邮编：157000

牡丹江市子瑰珠宝有限责任公司
地址：牡丹江市西牡丹街
电话：0453－6289961
邮编：157000

绥化市民政福利工艺品厂
地址：绥化市通望路 153 号
电话：0455－8310415
邮编：152000

绥化市长城地毯有限公司
地址：绥化市中兴西路 62 号
电话：0455－8224204
邮编：152000

旅游交通

黑龙江省旅游汽车公司
地址：哈尔滨市珠江路副 37 号
电话：0451－82303210
邮编：150010

哈尔滨市旅游汽车公司
地址：哈尔滨市建国街副 263 号
电话：0451－84830344
邮编：150010

哈尔滨市鸿运旅游出租汽车有限责任公司
地址：哈尔滨市和平路
电话：0451－82630655
邮编：150010

哈尔滨滨江火车站
地址：哈尔滨市滨江街 2 号
电话：0451－86432052
邮编：150010

哈尔滨香坊火车站
地址：哈尔滨市通站街 118 号
电话：0451－86434052
邮编：150036

哈尔滨机场
地址：哈尔滨市中山路 168 号
电话：0451－2894114
邮编：150010

齐齐哈尔火车站
地址：齐齐哈尔市
电话：0452－2134567
邮编：161001

齐齐哈尔三家子机场
地址：齐齐哈尔市
电话：0452－2347840
邮编：161001

黑河机场
地址：黑河市
电话：0456－8222596
邮编：164300

大庆市立志火车站
地址：大庆市
电话：0459－6934289
邮编：163000

伊春火车站
地址：伊春市站前街
电话：0458－3603517
邮编：153001

佳木斯机场
地址：佳木斯市
电话：0454－8330268
邮编：154001

牡丹江公交旅游汽车公司
地址：牡丹江市东新荣街
电话：0453－86532658
邮编：157000

牡丹江车站
地址：牡丹江市光华街
电话：0453－6222601
邮编：157000

牡丹江海浪机场
地址：牡丹江市
电话：0453－6481012
邮编：157000

加格达奇铁路车站
地址：加格达奇林海路
电话：0457－2122269
邮编：165001

旅游院校

黑龙江旅游职业技术学院
旅游系、食品系、烹饪系、管理系、工艺美术系、数字技术系、基础部、成人教育部、培训部和计算机中心、数字技术分院
地址：哈尔滨市南岗区学府路 315 号
电话：0451－57833565
邮编：150001

黑龙江大学
旅游学院
地址：哈尔滨市南岗区学府路 74 号
电话：0451－86608594
邮编：150080

东北林业大学
旅游管理系
地址：哈尔滨市动力区和兴路 26 号
电话：0451－82190389
邮编：150040

哈尔滨建筑大学
社科系旅游管理专业
地址：哈尔滨市南岗区海河路 204 号
电话：0451－86282148
邮编：150008

哈尔滨大学
管理系旅游管理专业
地址：哈尔滨市道外区景阳街47号
电话：0451－88384979
邮编：150020

哈尔滨师范大学
历史系旅游管理专业
地址：哈尔滨市利民经济开发区师大南路
电话：0451－88060114
邮编：150080

哈尔滨商业大学
旅游烹饪学院
地址：哈尔滨市道里区通达街138号
电话：0451－84839474
邮编：150076

黑龙江工程学院
旅游管理专业
地址：哈尔滨市道外区红旗大街999号
电话：0451－88028966
邮编：150050

黑龙江旅游培训中心
地址：哈尔滨市香坊区中山路95－2号
电话：0451－82327456
邮编：150036

哈尔滨市旅游职业学校
地址：哈尔滨市香坊区红旗大街227号
电话：0451－55305096
邮编：150001

齐齐哈尔旅游职业学校
地址：齐齐哈尔市龙沙区新民大街13号
电话：0452－2787373
邮编：161005

黑河学院
政史系旅游管理专业
地址：黑河市
电话：0456－8263742
邮编：161005

大庆职业学院
人文学院旅游专业
地址：大庆市萨尔图区火炬路22号
电话：0459－5876423
邮编：163255

伊春职业学院
经济管理系旅游管理专业
地址：伊春市伊春区花园路4号
电话：0458－3647462
邮编：153000

佳木斯大学
外国语学院旅游系
地址：佳木斯市学府街
电话：0454－8617792
邮编：154007

佳木斯旅游职业学校
地址：佳木斯市
电话：0454－6102701
邮编：154001

牡丹江师范学院
旅游系
地址：牡丹江市西地明街68号
电话：0453－6511245
邮编：157000

牡丹江大学
外语系旅游管理专业
地址：牡丹江市西地明街60号
电话：0453－6596600
邮编：157000

上　海

SHANGHAI

旅游机构

上海市旅游事业管理委员会
地址：上海市大沽路100号
电话：021－23115504
邮编：200003

黄浦区旅游事业管理局
地址：上海市延安东路300号西8楼
电话：021－63735660
邮编：200001

卢湾区旅游事业管理局
地址：上海市重庆南路100号8楼
电话：021－63310485
邮编：200020

徐汇区旅游管理局
地址：上海市桂林路128号－1
电话：021－64830899
邮编：200233

长宁区旅游事业管理局
地址：上海市长宁路599号
电话：021－22050826
邮编：200050

静安区旅游事业管理局
地址：上海市陕西北路1058号4楼
电话：021－62278887
邮编：200040

普陀区旅游事业管理局
地址：上海市大渡河路1668号2号楼1004室
电话：021－52564588
邮编：200333

闸北区旅游事业管理局
地址：上海市大统路480号
电话：021－63542571
邮编：200070

虹口区旅游事业管理委员会
地址：上海市飞虹路518号1306室
电话：021－25658301
邮编：200086

闵行区旅游办公室
地址：上海市伟业路229号
电话：021－54999246
邮编：201100

宝山区旅游事业管理局
地址：上海市泰和路245号4号楼
电话：021－56174132
邮编：200940

嘉定区经济委员会（旅游局）
地址：上海市嘉定区博乐南路111号
电话：021－69989155
邮编：201800

浦东新区经贸局旅游会展处
地址：上海市世纪大道2001号4号楼
电话：021－28282719
邮编：200135

金山区旅游局
地址：上海市金一东路1号金山宾馆南大楼7楼
电话：021－57955636
邮编：200540

松江区旅游事业管理委员会
地址：上海市松江区佘山林荫路18号
电话：021－57651895
邮编：201602

青浦区旅游事业管理局
地址：上海市青浦区公园路100号
电话：021－69720008
邮编：201700

南汇区旅游事业管理局
地址：上海市南汇区惠南镇为民路3号
电话：021－58011267
邮编：201300

奉贤区旅游事业管理局
地址：上海市奉贤区南桥镇解放东路123号
电话：021－67182378
邮编：201400

崇明县旅游事业管理局
地址：上海市崇明县城桥镇新崇中路388号
电话：021－39611048
邮编：202150

旅行社

上海国旅国际旅行社有限公司
地址：上海市北京西路1277号
电话：021－62898899
邮编：200040
网址：www.scits.com
许可证号：L－SH－GJ00001

上海锦江国际旅游股份有限公司
地址：上海市北京西路1277号
电话：021－63299090
邮编：200002
网址：www.jjtravel.com
许可证号：L－SH－GJ00002

上海中旅国际旅行社有限公司
地址：上海市澳门路519弄2号华生大厦7－8层
电话：021－62981111
邮编：200060
网址：www.ctish.cn
许可证号：L－SH－GJ00003

上海中国青年旅行社
地址：上海市衡山路2号
电话：021－64330000
邮编：200031
许可证号：L－SH－GJ00004

上海锦江旅游有限公司
地址：上海市长乐路191号
电话：021－64662828
邮编：200020
网址：www.jjtravel.com
许可证号：L－SH－GJ00005

招商局上海国际旅行社有限责任公司
地址：上海市愚园路309－311号紫安大厦1201－1211室
电话：021－61203601
邮编：200040
网址：www.cmit.com
许可证号：L－SH－GJ00006

国旅集团新上海国际旅行社有限公司
地址：上海市长安路1001号1号楼16层
电话：021－63178705
邮编：200070
网址：www.nscits.com
许可证号：L－SH－GJ00007

上海职工国际旅行社有限公司
地址：上海市建国东路525号1016室
电话：021－62959253
邮编：201103
许可证号：L－SH－GJ00008

上海春秋国际旅行社有限公司
地址：上海市定西路1558号
电话：021－62692626
邮编：200335
网址：www.china－sss.com
许可证号：L－SH－GJ00009

上海大世界国际旅游公司
地址：上海市武胜路480号
电话：021－63582450
邮编：200001
许可证号：L－SH－GJ00010

上海航空国际旅游有限公司
地址：上海市江苏路599号3楼
电话：021－62524466
邮编：200050
网址：www.satrip.com
许可证号：L－SH－GJ00011

上海东方航空国际旅游运输有限公司
地址：上海市陕西北路1283弄9号11楼
电话：021－62984696
邮编：200060
许可证号：L－SH－GJ00012

上海华亭海外旅游公司
地址：上海市长乐路191号
电话：021－64662828
邮编：200020
网址：www.jjtavel.com
许可证号：L－SH－GJ00013

上海铁路国际旅行社有限公司
地址：上海市天目东路220号207室
电话：021－51222310
邮编：200071
网址：www.china-srts.com
许可证号：L－SH－GJ00014

上海东湖国际旅行社
地址：上海市淮海东路99号恒积大厦14楼G座
电话：021－63856499
邮编：200021
网址：www.donghu.trave.com
许可证号：L－SH－GJ00016

上海扬子国际旅行社
地址：上海市钦州北路485号
电话：021－64950844
邮编：200233
许可证号：L－SH－GJ00017

上海国际友好旅行社
地址：上海市延安西路129号14楼
电话：021－62491657
邮编：200040
许可证号：L－SH－GJ00018

上海东方航空海外旅行社有限公司
地址：上海市肇嘉浜路376号
电话：021－54661595
邮编：200051
网址：www.95808.com.cn
许可证号：L－SH－GJ00019

上海市东上海国际旅行社有限公司
地址：上海市浦东大道 288 号 3 楼
电话：021－58777998
邮编：200120
网址：www.eshtravel.com
许可证号：L－SH－GJ00021

上海大众国际旅行社有限公司
地址：上海市西藏北路 255 号
电话：021－63531493
邮编：200070
网址：www.dzit.com
许可证号：L－SH－GJ00022

上海商务国际旅行社有限公司
地址：上海市淮海中路 200 号 21 楼
电话：021－53821100
邮编：200021
网址：www.sbit-cn.com
许可证号：L－SH－GJ00023

上海华夏国际旅行社有限公司
地址：上海市天津路 180 号 1505 室
电话：021－53968066
邮编：200001
许可证号：L－SH－GJ00024

上海携程翠明国际旅行社有限公司
地址：上海市四平路 1230 号甲 2 层
电话：021－34064880－2600
邮编：200092
网址：www.ctrip.com
许可证号：L－SH－GJ00025

上海和平国际旅行社有限公司
地址：上海市天目西路 511 号 23 楼
电话：021－63170665
邮编：200070
网址：www.shhplx.com
许可证号：L－SH－GJ00026

上海汉唐国际旅行社有限公司
地址：上海市延安西路 129 号
电话：021－63540979
邮编：200070
许可证号：L－SH－GJ00027

上海东方明珠国际旅行社
地址：上海市浦东世纪大道 1 号
电话：021－68879765　68879764
邮编：200120
许可证号：L－SH－GJ00028

上海中妇旅国际旅行社有限公司
地址：上海市中山西路 2281 号
电话：021－54891066
邮编：200235
许可证号：L－SH－GJ00029

长江轮船海外旅游总公司上海分公司
地址：上海市福州路 625 号
电话：021－63785522
邮编：200001
网址：www.shcjly.com
许可证号：L－SH－GJ00030

上海东星国际旅行社有限公司
地址：上海市浦东新区浦东南路 855 号
电话：021－68885222
邮编：200120
许可证号：L－SH－GJ00031

上海外航国际旅行社有限公司
地址：上海市延安西路 895 号 9 楼
电话：021－52381122
邮编：200050
网址：www.efasco.com
许可证号：L－SH－GJ00032

上海佛教朝山国际旅行社
地址：上海市龙华路 2853 号
电话：021－64578701
邮编：200232
许可证号：L－SH－GJ00033

上海茶恬园国际旅行社有限公司
地址：上海市江宁路 445 号
电话：021－62559080
邮编：200041
许可证号：L－SH－GJ00034

上海实华国际旅行社
地址：上海市浦东大道 1525－1539 号裙房三楼
电话：021－68536702
邮编：200135
网址：www.sits.com.cn
许可证号：L－SH－GJ00035

宝钢集团上海国际旅行社
地址：上海市宝山区牡丹江路 1398 号
电话：021－56124115
邮编：201900
许可证号：L－SH－GJ00037

上海中信国际旅行社有限公司
地址：上海市南京西路 1168 号 1001 室
电话：021－62156215
邮编：200041
网址：www.shcitictravel.com.cn
许可证号：L－SH－GJ00038

上海强生国际旅行社有限责任公司
地址：上海市南京西路 920 号
电话：021－62582909
邮编：200041
许可证号：L－SH－GJ00039

上海科友国际旅行社
地址：上海市长春路 158 号 1 号楼 5 层
电话：021－56962061
邮编：200081
许可证号：L－SH－GJ00040

上海仲盛国际旅行社有限公司
地址：上海市延安西路 2067 号 1602－1603 室
电话：021－61375388
邮编：200336
许可证号：L－SH－GJ00041

上海新康辉国际旅行社有限责任公司
地址：上海市北京西路 1287 号 3 层
电话：021－51168163
邮编：200040
网址：www.gogotrips.com
许可证号：L－SH－GJ00042

上海易达国际旅行社有限公司
地址：上海市中山北路 2000 号 3 楼 A
电话：021－62037070
邮编：200063
网址：www.easytours.cn
许可证号：L－SH－GJ00044

上海东方中旅旅游有限公司
地址：上海市乌鲁木齐北路 425 号静安宾馆 3 号楼 5 楼
电话：021－62499328
邮编：200040
网址：www.E-CTS.com
许可证号：L－SH－GJ00045

日旅国际旅行社有限公司
地址：上海市虹桥开发区兴义路 8 号万都中心大厦 710－712 室
电话：021－52081712
邮编：200040
网址：www.nihonryoko.com.cn
许可证号：L－SH－GJ00046

上海锦江国际 BTI 商务旅行有限公司
地址：上海市西康路 127 号
电话：021－32174700
邮编：200040
网址：www.bti-worldwide.com.
许可证号：L－SH－GJ00047

丽星邮轮旅行社（上海）有限公司
地址：上海市新闸路 1750 号
电话：021－52925608
邮编：200041
网址：www.starcruises.com.cn
许可证号：L－SH－GJ00048

上海巴士国际旅游有限公司
地址：上海市建国东路 525 号
电话：021－63848646　63855106
邮编：200025
网址：www.bashi-travel.com
许可证号：L－SH－GJ00051

上海不夜城国际旅行社有限公司
地址：上海市愚园路 905 号 A 座 3 楼
电话：021－51555279
邮编：200050
网址：www.EBTTRTP.com.
许可证号：L－SH－GJ00052

上海灰线国际旅游有限责任公司
地址：上海市北京西路 1399 号建京大厦楼 A 座
电话：021－62891188
邮编：200040
网址：www.graylineshanghai.com
许可证号：L－SH－GJ00053

上海一日国际旅行社有限公司
地址：上海市中山西路 2368 号 17 楼
电话：021－64811351
邮编：200233
许可证号：L－SH－GJ00054

上海青浦国际旅行社有限公司
地址：上海市定西路 432 号 205 室，青浦公园路 408 号
电话：021－59240606
邮编：201713
许可证号：L－SH－GJ00055

上海兴旅国际旅行社有限公司
地址：上海市长寿路 1118 号悦达国际大厦 B 栋 22 楼 F 座
电话：021－52371048
邮编：200042
网址：www.synwalk.com
许可证号：L－SH－GJ00056

中青旅上海国际旅行社有限公司
地址：上海市浦东新区张杨路 800 号长航大厦 1506
电话：021－50620181
邮编：200122
网址：www.cytsonline.com
电子信箱：zhangj@cytsonline.com
许可证号：L－SH－GJ00057

宾馆酒店

上海外滩中心威斯汀大饭店 ★★★★★
地址：上海市黄浦区河南中路88号
电话：021－63351888
传真：021－63352888
邮编：200002
网址：www.westin.com/shanghai

和平饭店 ★★★★★
地址：上海市黄浦区南京东路20号
电话：021－63216888
传真：021－63290300
邮编：200002
网址：www.shanghaipeacehotel.com

新锦江大酒店 ★★★★★
地址：上海市卢湾区长乐路161号
电话：021－64151188
传真：021－64150045
邮编：200020
网址：www.jjtower.jinjianghotels.com
电子信箱：info@jinjiangtower.com

花园饭店（上海）★★★★★
地址：上海市卢湾区茂名南路58号
电话：021－64151111
传真：021－64158866
邮编：200020
网址：www.gardenhotelshanghai.com

锦江饭店 ★★★★★
地址：上海市卢湾区茂名南路59号
电话：021－32189888
传真：021－64725588
邮编：200020
网址：www.jj.jinjianghotel.com

华亭宾馆 ★★★★★
地址：上海市徐汇区漕溪北路1200号
电话：021－64396000 021－64391000
传真：021－62550830
邮编：200030
网址：www.huating－hotel.com

富豪环球东亚酒店 ★★★★★
地址：上海市徐汇区衡山路516号
电话：021－64155588
传真：021－64458899
邮编：200030
网址：www.regal-eastasia.com
电子信箱：rieah@regal-eastasia.com

虹桥迎宾馆 ★★★★★
地址：上海市长宁区虹桥路1591号
电话：021－62198855
传真：021－62753903
邮编：200336
网址：www.hqstateguesthotel.com
电子信箱：@hqstateguesthotel.com

西郊宾馆 ★★★★★
地址：上海市长宁区虹桥路1921号
电话：021－62198800
传真：021－64336641
邮编：200336
网址：www.xijiao.net

上海万豪虹桥大酒店 ★★★★★
地址：上海市长宁区虹桥路2270号
电话：021－62376000
传真：021－62376222
邮编：200336
网址：www.marriott.com/shaqi
电子信箱：mhrs@shamarriott.com

上海兴国宾馆 ★★★★★
地址：上海市长宁区兴国路78号
电话：021－62129998
传真：021－62129996
邮编：200052
网址：www.radisson.com

上海扬子江万丽大酒店 ★★★★★
地址：上海市长宁区延安西路2099号
电话：021－62750000
传真：021－62750750
邮编：200336
网址：www.renaissancehotels.com/shabr

喜来登豪达上海太平洋大饭店 ★★★★★
地址：上海市长宁区遵义南路5号
电话：021－62758888
传真：021－62755420
邮编：200336
网址：www.sheratongrand-shanghai.com

上海静安希尔顿饭店 ★★★★★
地址：上海市静安区华山路250号
电话：021－62480000
传真：021－62483848 021－62483868
邮编：200040
网址：www.shanghai.hilton.com
电子信箱：shanghai@hilton.com

上海锦沧文华大酒店 ★★★★★
地址：上海市静安区南京西路1225号
电话：021－62791888
传真：021－62792314
邮编：200040
网址：www.jcmandarin.com

上海波特曼丽嘉酒店 ★★★★★
地址：上海市静安区南京西路1376号上海商城
电话：021－62798888
传真：021－62798800
邮编：200040
网址：www.ritzcarlton.com

上海JW万豪酒店 ★★★★★
地址：上海市静安区南京西路399号
电话：021－53594969
传真：021－63755988
邮编：200003
网址：www.marriotthotels.com/SHAJW

上海四季酒店 ★★★★★
地址：上海市静安区威海路500号
电话：021－62568888
传真：021－62565678
邮编：200041
网址：www.fourseasons.com

东方滨江大酒店 ★★★★★
地址：上海市浦东新区滨江大道2727号
电话：021－50370000
传真：021－50370999
邮编：200120
网址：www.shicc.net
电子信箱：hotel@shicc.net

紫金山大酒店 ★★★★★
地址：上海市浦东新区东方路778号
电话：021－68868888
传真：021－68868800
邮编：200122
网址：www.pmhotel.com.cn
电子信箱：mail@pmhotel.com.cn

上海瑞吉红塔大酒店 ★★★★★
地址：上海市浦东新区东方路889号
电话：021－50504567
传真：021－68756789
邮编：200122
网址：www.stregis.com/shanghai

浦东香格里拉大酒店 ★★★★★
地址：上海市浦东新区富城路33号
电话：021－68828888
传真：021－68826688
邮编：200120
网址：www.shangri－la.com
电子信箱：slpu@shangri－la.com

上海金茂君悦大酒店 ★★★★★
地址：上海市浦东新区世纪大道88号
电话：021－50471234
传真：021－50491111
邮编：200121
网址：www.shanghai.grand.hyatt.com
电子信箱：info@hyattshanghai.com

东锦江索菲特大酒店 ★★★★★
地址：上海市浦东新区杨高南路889号
电话：021－50504888
传真：021－58892556
邮编：200127
网址：www.accorhotel.com/asia

上海锦江汤臣洲际大酒店 ★★★★★
地址：上海市浦东新区张杨路777号
电话：021－58356666
传真：021－58357777
邮编：200120
网址：www.shanghaiintercontinental.com
电子信箱：pudong@interconti.com

金外滩宾馆 ★★★★
地址：上海市黄浦区广东路525号
电话：021－63522000
传真：021－63522777
邮编：200001
网址：www.thebundhotel.com
电子信箱：tbh@thebundhotel.com

王宝和大酒店 ★★★★
地址：上海市黄浦区九江路555号
电话：021－53965000
传真：021－53965188
邮编：200001
网址：www.centralhotelshanghai.com

海仑宾馆 ★★★★
地址：上海市黄浦区南京东路505号
电话：021－63515888
传真：021－63514088
邮编：200001
网址：www.sofitel.com/asia

南新雅华美达大酒店 ★★★★
地址：上海市黄浦区南京东路719号/九江路700号
电话：021－63500000
传真：021－63506666
邮编：200001
网址：www.ramadaplazashanghai.com

国际饭店 ★★★★
地址：上海市黄浦区南京西路170号
电话：021－63275225
传真：021－63276958
邮编：200003
网址：www.parkhotel.com.cn

城市酒店（上海）★★★★
地址：上海市卢湾区陕西南路5－7号
电话：021－62551133
传真：021－62550211
邮编：200020
网址：www.cityhotelshanghai.com

上海光大会展中心国际大酒店★★★★
地址：上海市徐汇区漕宝路66号
电话：021－64842500
传真：021－64845595
邮编：200235
网址：www.ebhotel.com
电子信箱：hotel.secec.com

建国宾馆★★★★
地址：上海市徐汇区漕溪北路439号
电话：021－64399299
传真：021－64399433
邮编：200030
网址：www.jianguo.com
电子信箱：rsv@mail.jianguo.com

东湖宾馆★★★★
地址：上海市徐汇区东湖路70号
电话：021－64158158
传真：021－64157759
邮编：200031
网址：www.donghuhotel.com
电子信箱：sales@donghuhotel.com

衡山宾馆★★★★
地址：上海市徐汇区衡山路534号
电话：021－64377050
传真：021－64335732
邮编：200030
网址：www.hotelhengshan.com
电子信箱：hs@hengshanhotel.com

上海富豪东亚酒店★★★★
地址：上海市徐汇区零陵路800号
电话：021－64266888
传真：021－62465888
邮编：200030
网址：www.reagalshanghai.com

斯波特大酒店
地址：上海市徐汇区南丹路15号
电话：021－64382222
传真：021－64386234
邮编：200030
网址：www.sportshotel.cn

上海银星皇冠假日酒店★★★★
地址：上海市长宁区番禺路400号
电话：021－61458888
传真：021－62803353
邮编：200052
网址：www.shanghai.crowneplaza.com
电子信箱：cpsha@cpsha.com

世博会议大酒店★★★★
地址：上海市长宁区虹桥路2106号
电话：021－62703388
传真：021－62704554
邮编：200336
网址：www.conventhotel.com

上海逸和龙柏酒店★★★★
地址：上海市长宁区虹桥路2451号
电话：021－62689111
传真：021－62689333
邮编：200335
电子信箱：yihesha@sh163.net

美仑大酒店★★★★
地址：上海市长宁区武夷路789号
电话：021－52068000
传真：021－52060900
邮编：200051
网址：www.royalton.com.cn
电子信箱：sales@royalton.com.cn

虹桥宾馆★★★★
地址：上海市长宁区延安西路2000号
电话：021－62753388
传真：021－62757244
邮编：200051
网址：www.E-rainbowhotel.com
电子信箱：info@E-rainbowhotel.com

银河宾馆★★★★
地址：上海市长宁区中山西路888号
电话：021－62755888
传真：021－62750039 021－62754413
邮编：200051
网址：www.galaxyhotel.com
电子信箱：ss@galaxyhotel.com

上海宾馆★★★★
地址：上海市静安区乌鲁木齐北路505号
电话：021－62480088
传真：021－62481056
邮编：200040
网址：www.shanghai.jinjianghotels.com

上海美丽园龙都大酒店★★★★
地址：上海市静安区延安西路396号
电话：021－62495588
传真：021－62492287
邮编：200040
网址：www.rendezvoushotels.com.cn

上海国际贵都大饭店★★★★
地址：上海市静安区延安西路65号
电话：021－62481688
传真：021－62481773 021－62484033
邮编：200040
网址：www.equatorial.com
电子信箱：info@sha.equatorial.com

延安饭店★★★★
地址：上海市静安区延安中路1111号
电话：021－61331188
传真：021－61331111
邮编：200040
网址：www.yananhotel.com

上海古井假日酒店★★★★
地址：上海市普陀区长寿路700号
电话：021－62768888
传真：021－62661888
邮编：200060
网址：www.holidayinn.com
电子信箱：shggj@online.sh.cn

上海广场长城假日酒店★★★★
地址：上海市闸北区恒丰路585号
电话：021－63538008
传真：021－63543019
邮编：200070
网址：www.holidayinn.com.cn
电子信箱：hidtsha@public8.sta.net.cn

上海大厦★★★★
地址：上海市虹口区北苏州路20号
电话：021－63246260
传真：021－63065147
邮编：200080
网址：www.broadwaymansions.com
电子信箱：shds@public1.sta.net.cn

远洋宾馆★★★★
地址：上海市虹口区东大名路1171号
电话：021－65458888
传真：021－65458993
邮编：200082
网址：www.oceanhotel.sh.cn
电子信箱：sales@oceanhotel.sh.cn

海鸥饭店★★★★
地址：上海市虹口区黄浦路60号
电话：021－63251500
传真：021－63241263
邮编：200080
网址：www.seagull-hotel.com

上海虹口世纪大酒店★★★★
地址：上海市虹口区溧阳路1111号（四平路257号）
电话：021－36084999
传真：021－65218728
邮编：200081
网址：www.newcenturyhotelsh.com

兰生大酒店★★★★
地址：上海市虹口区曲阳路1000号
电话：021－55888000
传真：021－55888400
邮编：200437
网址：www.radissonsas.com

上海宝隆美爵酒店★★★★
地址：上海市虹口区逸仙路180号
电话：021－35059666
传真：021－56632710
邮编：200434
网址：www.accorhotels.com/asia

瀚海明玉大酒店★★★★
地址：上海市杨浦区周家嘴路1888号
电话：021－61001888
传真：021－61001889
邮编：200082
网址：www.hhmy-hotel.com
电子信箱：hhmy@hhmy-hotel.com

宝钢集团宝山宾馆★★★★
地址：上海市宝山区牡丹江路1813号
电话：021－56698888
传真：021－56601924
邮编：201900
网址：www.bshotel.com

迎园饭店★★★★
地址：上海市嘉定区清河路150号
电话：021－59520952
传真：021－59528665
邮编：201800
网址：www.shyyhotel.com

宝安大酒店★★★★
地址：上海市浦东新区东方路800号
电话：021－51159888
传真：021－51159865
邮编：200122
网址：www.baoanhotel.com
电子信箱：baoan@baoanhotel.com

上海齐鲁万怡大酒店★★★★
地址：上海市浦东新区东方路838号
电话：021－38874500
传真：021－68867889
邮编：200122

上海浦东假日酒店 ★★★★
地址：上海市浦东新区东方路 899 号
电话：021－58306666
传真：021－58305555
邮编：200122
网址：www.holiday-inn.com

上海中油大酒店 ★★★★
地址：上海市浦东新区东方路 969 号
电话：021－68758888
传真：021－68758688
邮编：200122
网址：www.hotelzhongyou.com

上海浦东福朋喜来登由由酒店 ★★★★
地址：上海市浦东新区南路 2111 号
电话：021－50399999
传真：021－58077003
邮编：200127
网址：www.fourpoints.com/pudong

上海海神诺富特大酒店 ★★★★
地址：上海市浦东新区浦东大道 728 号
电话：021－50366666
传真：021－50366677
邮编：200120
网址：www.accorhotels.com/asia
电子信箱：mail@novotelatlantis.com

上海浦东机场华美达大酒店 ★★★★
地址：上海市浦东新区浦东机场启航路 1100 号
电话：021－38494949
传真：021－68852889
邮编：201202
网址：www.ramadaairportpd.com

通茂大酒店 ★★★★
地址：上海市浦东新区松林路 357 号
电话：021－58300000
传真：021－68405898
邮编：200122
网址：www.telehotel.com.cn
电子信箱：songlind@online.sh.cn

上海嘉瑞酒店 ★★★★
地址：上海市浦东新区潍坊路 328 号
电话：021－50812222
传真：021－50580117
邮编：200122
网址：www.greengardenhotel.com

上海浦东华美达大酒店 ★★★★
地址：上海市浦东新区新金桥路 18 号
电话：021－50554666
传真：021－50306622
邮编：201206
网址：www.ramadaplazapd.com
电子信箱：sm@ramadaplazapd.com

悦华大酒店 ★★★★
地址：上海市奉贤区江海路 88 号
电话：021－57181888
传真：021－57181904
邮编：201400
网址：www.yuehuahotel.com.cn

吴宫大酒店 ★★★
地址：上海市黄浦区福州路 431 号
电话：021－63260303
传真：021－63282820
邮编：200001
网址：www.sh-wugong.com
电子信箱：guest@wugong.com.cn

扬子饭店 ★★★
地址：上海市黄浦区汉口路 740 号
电话：021－63517880
传真：021－63516974
邮编：200001
网址：www.E-yangtze.com
电子信箱：yangtze@E-yangtze.com

新城饭店 ★★★
地址：上海市黄浦区江西中路 180 号
电话：021－63213030
传真：021－63217365
邮编：200002
网址：www.metropolehotel-sh.com
电子信箱：gm@metropolehotel-sh.com

上海中福大酒店 ★★★
地址：上海市黄浦区九江路 619 号
电话：021－53594900
传真：021－63601110
邮编：200001
网址：www.charmshotel.com
电子信箱：hotel@mail.snct.sh.cn

金门大酒店 ★★★
地址：上海市黄浦区南京西路 108 号
电话：021－63276226
传真：021－63723634 021－63750350
邮编：200003
网址：www.pacifichotelsh.com

上海兴宇大酒店 ★★★
地址：上海市黄浦区人民路 386 号
电话：021－63338888
传真：021－63330018
邮编：200002
网址：www.xingyu.com.cn/hotel
电子信箱：xingyu0118@126.com

绿苑大酒店 ★★★
地址：上海市黄浦区外咸瓜街 39 号
电话：021－63306060 021－63306610
传真：021－63306057
邮编：200010

青年会宾馆 ★★★
地址：上海市黄浦区西藏南路 123 号
电话：021－63261040
传真：021－63201957
邮编：200021
网址：www.ymcahotel.com
电子信箱：ymcahtl@isdnnet.sta.net.cn

金辰大酒店 ★★★
地址：上海市卢湾区淮海中路 795－809 号
电话：021－64717000
传真：021－64330566
邮编：200020
网址：www.jinchenhotel.com
电子信箱：sales@jinchenghotel.com

美臣大酒店 ★★★
地址：上海市卢湾区淮海中路 935 号
电话：021－64662020
传真：021－64671693
邮编：200020
网址：www.masonhotel.com
电子信箱：mason170@sh163.net

上海明珠大饭店 ★★★
地址：上海市卢湾区肇嘉浜路 212 号
电话：021－64310880
传真：021－64679571
邮编：200020
电子信箱：mzhhotel@online.sh.cn

金岛温莎酒店 ★★★
地址：上海市徐汇区百色路 88 号
电话：021－54350888
传真：021－54354832
邮编：200231
网址：www.windsor evergreenhotel.com

华夏宾馆 ★★★
地址：上海市徐汇区漕宝路 38 号
电话：021－64360100
传真：021－64333724
邮编：200235

华美达兴园宾馆 ★★★
地址：上海市徐汇区漕宝路 509 号
电话：021－54649999
传真：021－64955445
邮编：200233
网址：www.newpark.com.cn
电子信箱：qs@newpark.com.cn

航天大厦 ★★★
地址：上海市徐汇区漕溪路 222 号
电话：021－64708188
传真：021－64829122
邮编：200235
电子信箱：hthotel@sh163c.sta.net.cn

上海建工锦江大酒店 ★★★
地址：上海市徐汇区建国西路 691 号
电话：021－64155688
传真：021－64722827
邮编：200030
电子信箱：jgjjh@online.sh.cn

金轩大酒店 ★★★
地址：上海市徐汇区南丹东路 238 号
电话：021－64682222 021－64270619
传真：021－64698676 021－64270619
邮编：200030

天平宾馆 ★★★
地址：上海市徐汇区天平路 185 号
电话：021－54514567
传真：021－64374650
邮编：200030
网址：www.tianpinghotel.com

西亚宾馆 ★★★
地址：上海市徐汇区天钥桥路 20 号
电话：021－64872000
传真：021－64648145
邮编：200030
电子信箱：xiya@changingtrip.com

田林宾馆 ★★★
地址：上海市徐汇区田林路 1 号
电话：021－64367070
传真：021－64700824
邮编：200233
网址：www.tianlinhotel.com
电子信箱：tianlin@changingtrip.com

建科大酒店 ★★★
地址：上海市徐汇区宛平南路 75 号
电话：021－54524505
传真：021－64040574
邮编：200032
网址：www.jiankehotel.com
电子信箱：jiankehotel@sina.com

青之旅酒店 ★★★
地址：上海市徐汇区文定路 219 号

电话：021－64690808
传真：021－64879797
邮编：200030
网址：www. youthtelshanghai. com
电子信箱：qzlhotel@ sh163. net

上海锦辉宾馆 ★★★
地址：上海市徐汇区吴中路 8 号
电话：021－64282222 64641785
传真：021－64641774
邮编：200336
电子信箱：jinhuihotel@ eastday. com

好望角大饭店 ★★★
地址：上海市徐汇区肇嘉浜路 500 号
电话：021－64716060
传真：021－64710089
邮编：200031
网址：www. hopE-hotel. com
电子信箱：sales@ hopE-hotel. com

青松城大酒店 ★★★
地址：上海市徐汇区肇嘉浜路 777 号
电话：021－64433888
传真：021－64431800
邮编：200032

上海奥林匹克俱乐部 ★★★
地址：上海市徐汇区中山南二路 1800 号
电话：021－54524788
传真：021－64396295
邮编：200030
网址：www. olympic-hotel. com
电子信箱：sales@ olympic-hotel. com

三湘大厦 ★★★
地址：上海市徐汇区中山西路 1243 号
电话：021－62752468
传真：021－62758356
邮编：200051
电子信箱：hnhotel@ 163. com

大众大厦 ★★★
地址：上海市徐汇区中山西路 1515 号
电话：021－64288888
传真：021－64281818
邮编：200235
网址：www. 96822. com
电子信箱：dzhotel@ 96822. com

技贸宾馆 ★★★
地址：上海市徐汇区中山西路 1525 号
电话：021－64645558
传真：021－64642528
邮编：200235
网址：www. shanghaitour. net/html

南华亭酒店 ★★★
地址：上海市徐汇区中山西路 2525 号
电话：021－64813500
传真：021－64390322
邮编：200030
电子信箱：htghmo@ sh163e. sta. net. cn

上海汉森大酒店 ★★★
地址：上海市长宁区番禺路 302 号
电话：021－62830355
传真：021－62830378
邮编：200052
网址：www. jinchenhotel. com
电子信箱：hs-hotel@ citiz. net

虹港大酒店 ★★★
地址：上海长宁区虹桥机场迎宾一路 688 号
电话：021－62681008
传真：021－62681030
邮编：200335
网址：www. hg-hotel. com
电子信箱：xiaosh@ hg-hotel. com

新苑宾馆 ★★★
地址：上海市长宁区虹桥路 1900 号
电话：021－62426688
传真：021－62423256
邮编：200336
网址：www. newgardenhotel. cn
电子信箱：newgarden@ xybg. sin. net

华茂宾馆 ★★★
地址：上海市长宁区虹桥路 2550 号
电话：021－62682266
传真：021－62680277
邮编：200335
电子信箱：huamao-hotel@ 163. com

航友宾馆 ★★★
地址：上海市长宁区迎宾一路 425 号
电话：021－62689999
传真：021－62682258
邮编：200335
网址：www. homeyo-hotel. com

上海国际机场宾馆 ★★★
地址：上海市长宁区虹桥路 2550 号
电话：021－62688866
传真：021－62688393
邮编：200335
网址：www. siah. com
电子信箱：siahotel@ online. sh. cn

兴华宾馆 ★★★
地址：上海市长宁区华山路 1226 号
电话：021－62260123
传真：021－62110203 021－62113038
邮编：200052
网址：www. xinhuahotel. com. cn

上海锦江达华宾馆 ★★★
地址：上海市长宁区延安西路 918 号
电话：021－62512512
传真：021－62512702
邮编：200052
电子信箱：jjdhhotel@ 126. cn

新东纺大酒店 ★★★
地址：上海市长宁区镇宁路 525 号
电话：021－62266800
传真：021－62260012 021－62266801
邮编：200050
网址：www. xdfhs. com

绿洲大厦 ★★★
地址：上海市长宁区中山西路 555 号
电话：021－62865888
传真：021－62862248
邮编：200051
网址：www. oasishotel. com. cn

玉屏宾馆 ★★★
地址：上海市长宁区遵义路 448 号
电话：021－62333448
传真：021－62333428
邮编：200051
电子信箱：yphotel@ online. sh. cn

银发大酒店 ★★★
地址：上海市静安区北京西路 1068 号
电话：021－62556600
传真：021－62563384
邮编：200041

百乐门大酒店 ★★★
地址：上海市静安区南京西路 1728 号
电话：021－62488686
传真：021－62486869
邮编：200040

赣园宾馆 ★★★
地址：上海市静安区余姚路 417 号
电话：021－62727258
传真：021－62719908
邮编：200042

上海泛洋城市度假村 ★★★
地址：上海市静安区余姚路 55 号
电话：021－32204567
传真：021－32204569
邮编：200040
网址：www. fanyang. cn
电子信箱：fanyang@ fanyang. cn

上海金明大酒店 ★★★
地址：上海市普陀区曹阳路 2088 号
电话：021－52781888
传真：021－52759708
邮编：200333
网址：www. jinminggroup. com
电子信箱：zhxc@ jinminggroup. com

华盈元博大酒店 ★★★
地址：上海市普陀区长寿路 1188 号
电话：021－62526858
传真：021－62521656
邮编：200042

金昌大酒店 ★★★
地址：上海市普陀区常德路 1339 号
电话：021－62988899
传真：021－62991516
邮编：200060

清水湾大酒店 ★★★
地址：上海市普陀区凯旋北路 1305 号
电话：021－62609988
传真：021－52687809
邮编：200063
网址：www. riversideshanghai. com

金沙江大酒店 ★★★
地址：上海市普陀区怒江路 257 号
电话：021－62578888
传真：021－62574149
邮编：200062
网址：www. jinshahotel. com
电子信箱：sjsgdjd@ jinshahotel. com

上海港鸿大酒店 ★★★
地址：上海市普陀区武宁路 501 号
电话：021－62868800
传真：021－62854143
邮编：200063
网址：www. ganghonghotel. com. cn

江苏饭店 ★★★
地址：上海市普陀区武宁路 888 号
电话：021－62051888
传真：021－62052223
邮编：200063
网址：www. jshotel. com
电子信箱：zb@ jshotel. com

上海物贸大厦 ★★★
地址：上海市普陀区中山北路 2550 号
电话：021－62570000
传真：021－62577190
邮编：200063

电子信箱：wm-hotel@ shwuzi. com

良安大饭店 ★★★
地址：上海市闸北区长安路 920 号
电话：021 - 63532222
传真：021 - 63532558
邮编：200070
网址：www. sh-la. com
电子信箱：shla@ sh-la. com

上海中土大厦酒店 ★★★
地址：上海市闸北区共和新路 666 号
电话：021 - 56721188
传真：021 - 56325699
邮编：200070
网址：www. shcecc. com
电子信箱：cceccsh@ online. sh. cn

机电大厦远东大酒店 ★★★
地址：上海市闸北区恒丰路 600 号
电话：021 - 63178900
传真：021 - 63176989
邮编：200070
网址：www. fareast-hotel. com. cn
电子信箱：ydhotel@ smeic. online. sh. cn

邮电大厦 ★★★
地址：上海市闸北区恒丰路 601 号
电话：021 - 63178888
传真：021 - 63172217
邮编：200070
网址：www. shpost. com. cn
电子信箱：spthotel@ hotmail. com

龙门宾馆 ★★★
地址：上海市闸北区恒丰路 777 号
电话：021 - 63170000
传真：021 - 63172004
邮编：200070

兆安酒店 ★★★
地址：上海市闸北区恒通路 195 号
电话：021 - 63172221
传真：021 - 63170338
邮编：200070
网址：www. za-hotel. com
电子信箱：hotel@ za-hotel. com

新民大酒店 ★★★
地址：上海市闸北区沪太路 701 号
电话：021 - 56081188
传真：021 - 56081166
邮编：200072

中亚饭店 ★★★
地址：上海市闸北区梅园路 330 号
电话：021 - 63172317
传真：021 - 63172938
邮编：200070
网址：www. zhongyahotel. com
电子信箱：info@ zhongyahotel. com

新梅华东大酒店 ★★★
地址：上海市闸北区天目西路 111 号
电话：021 - 63178000
传真：021 - 63176678
邮编：200070
网址：www. xn-hd. com
电子信箱：echotel@ sohu. com

海烟大酒店 ★★★
地址：上海市虹口区保定路 325 号
电话：021 - 53109888
传真：021 - 65459112
邮编：200052

网址：www. haiyanhotel. com. cn

虹叶酒店 ★★★
地址：上海市虹口区长春路 158 号
电话：021 - 56718800
传真：021 - 56713030
邮编：200081

浦江饭店 ★★★
地址：上海市虹口区黄浦路 15 号
电话：021 - 63246388
传真：021 - 63243179
邮编：200080
网址：www. pujianghotel. com
电子信箱：sales@ pujianghotel. com

九龙宾馆 ★★★
地址：上海市虹口区溧阳路 601 号
电话：021 - 65418228
传真：021 - 65417711
邮编：200080
网址：www. jiulonghotel. net
电子信箱：jihotel@ sh163b. sta. net. . cn

丝绸之路大饭店 ★★★
地址：上海市虹口区曲阳路 777 号
电话：021 - 65549988
传真：021 - 65548528
邮编：200437
网址：www. silkroadhotel. net. cn

上海天鹅宾馆 ★★★
地址：上海市虹口区四川北路 2211 号
电话：021 - 56665666
传真：021 - 63248002
邮编：200081
网址：www. swanhtl. com
电子信箱：swanhtls@ online. sh. cn

新亚大酒店 ★★★
地址：上海市虹口区天潼路 422 号
电话：021 - 63242210
传真：021 - 63566816　021 - 63567906
邮编：200085
网址：www. newasiahotel. com
电子信箱：newasiahotel@ 163. com

金富运大酒店 ★★★
地址：上海市虹口区吴淞路 299 号
电话：021 - 63259800
传真：021 - 63259709
邮编：200080
电子信箱：plhotel@ online. sh. cn

宝丰联大酒店 ★★★
地址：上海市虹口区逸仙路 270 号
电话：021 - 65428800
传真：021 - 65443640
邮编：200434
网址：www. zyue. com
电子信箱：bothland@ zyue. com

上海飘鹰大酒店 ★★★
地址：上海市虹口区乍浦路 71 号
电话：021 - 63240118
传真：021 - 63250696
邮编：200085

上海大庆石油大厦 ★★★
地址：上海市虹口区中山北二路 1515 号
电话：021 - 65559191
传真：021 - 65554032
邮编：200092
网址：www. 11gb. shgchina. com/shanghai/oil
电子信箱：shdqsyds@ 163. com

华晶宾馆 ★★★
地址：上海市杨浦区长阳路 1691 号
电话：021 - 65189988
传真：021 - 65709885
邮编：200090
网址：www. huajinggarden-hotel. net
电子信箱：ly62y@ 163. com

白玉兰宾馆 ★★★
地址：上海市杨浦区四平路 1251 号
电话：021 - 65026888
传真：021 - 65029499
邮编：200092

同济大学专家服务中心 ★★★
地址：上海市杨浦区彰武路 69 号
电话：021 - 65016969
传真：021 - 65023377
邮编：200092
网址：www. tjkjsy. com. cn/tjhotel
电子信箱：tjsce@ online. sh. cn

上海金燕大厦 ★★★
地址：上海市闵行区春申路 3800 号
电话：021 - 54150000
传真：021 - 54152582
邮编：201100
网址：www. jinyanhotel. com
电子信箱：jiaxing@ citiz. net

紫藤宾馆 ★★★
地址：上海市闵行区东川路 3050 号
电话：021 - 64301888
传真：021 - 64301881
邮编：200245
网址：www. wistariahotel. com

上海国际保龄球度假中心 ★★★
地址：上海市闵行区金都路 2938 号
电话：021 - 64582000
传真：021 - 64581918
邮编：201108
电子信箱：sibcpr@ 21cn. com

莘城宾馆 ★★★
地址：上海市闵行区凯城路 199 号
电话：021 - 54151500
传真：021 - 54150270
邮编：201100
网址：www. xinchenghotel. com
电子信箱：lnzx@ mail. stats-sh. gov. cn

上海桔园度假村 ★★★
地址：上海市宝山区长兴岛
电话：021 - 33802508 021 - 33801214
传真：021 - 33801214
邮编：201913
网址：www. qianweily. com
电子信箱：qianweily@ eastday. com

上海大康度假城 ★★★
地址：上海市宝山区共康路 555 号
电话：021 - 56408555
传真：021 - 56409298　021 - 56409030
邮编：200435
网址：www. shdacon. com
电子信箱：dacon@ shdacon. com

宝隆金富门酒店 ★★★
地址：上海市宝山区牡丹江路 1285 号
电话：021 - 56116666
传真：021 - 56123865
邮编：201900
网址：www. jinfumenhotel. com

电子信箱：jfm@ baolong_group. com

北翼大酒店 ★★★
地址：上海市宝山区淞浜路 600 号
电话：021 - 56676868
传真：021 - 56671122
邮编：200940
网址：www. beiyi. com. cn
电子信箱：shbyjt@ yahoo. com. cn

新词大酒店 ★★★
地址：上海市嘉定区安亭墨玉路 29 号
电话：021 - 59568888
传真：021 - 59575357
邮编：201805
网址：www. xincihotel. com

江海宾馆 ★★★
地址：上海市嘉定区宝嘉公路 257 号
电话：021 - 59166258
传真：021 - 59167557
邮编：201822

嘉定宾馆 ★★★
地址：上海市嘉定区博乐路 100 号
电话：021 - 59525512
传真：021 - 59520519
邮编：201800
网址：www. jiadinghotel. com

上海汽车工业活动中心蓝宫大饭店 ★★★
地址：上海市嘉定区博乐南路 125 号
电话：021 - 59161000
传真：021 - 59161825
邮编：201822
网址：www. saiclg. com
电子信箱：lgdfd@ mail. xinlian. com. cn

协通大酒店 ★★★
地址：上海市嘉定区曹安路 4671 号
电话：021 - 59595858
传真：021 - 59599337
邮编：201804
网址：www. xietonghotel. com
电子信箱：xietonghotell@ sina. com

美丽华度假村 ★★★
地址：上海市嘉定区曹安路 5000 号
电话：021 - 59592588
传真：021 - 59592604
邮编：201804
网址：www. mlhyellowpage. com. cn
电子信箱：mlh@ yellowpage. com. cn

上海希望花园大酒店 ★★★
地址：上海市嘉定区马陆镇沪宜公路2599 号
电话：021 - 59158989 021 - 59101919
传真：021 - 59100387
邮编：201801
网址：www. hopegarden. com
电子信箱：www-zap@ 163. com

上海浏岛度假村 ★★★
地址：上海市嘉定区唐行浏岛风景区
电话：021 - 59950464
传真：021 - 59951766
邮编：201816
网址：www. liudaohotel. com
电子信箱：liudaohotel@ 163. com

通欣大酒店 ★★★
地址：上海市嘉定区叶城路 618 号
电话：021 - 59166777
传真：021 - 59169628
邮编：201821
网址：www. tongxinhotel. com

锦丽华大酒店 ★★★
地址：上海市浦东新区川沙路 5007 号
电话：021 - 58923700
传真：021 - 58923500
邮编：201200
网址：www. jlh-pdhotel. com
电子信箱：pudong@ jlh-pdhotel. com

上海桃城度假村 ★★★
地址：上海市浦东新区沪南路 9191 号
电话：021 - 58003158
传真：021 - 58003136
邮编：201300
网址：www. shtaocheng. com

金桥大酒店 ★★★
地址：上海市浦东新区金桥路 1379 号
电话：021 - 58990890
传真：021 - 58995100
邮编：201206
网址：www. jq-hotel. com

亚龙大酒店 ★★★
地址：上海市浦东新区居家桥路 595 号
电话：021 - 50386666
传真：021 - 58710918
邮编：200135

上海中电大酒店 ★★★
地址：上海市浦东新区崂山西路 1029 号
电话：021 - 58798798
传真：021 - 58798929
邮编：200122
网址：www. zdsh. com
电子信箱：zhongdianhotel@ 163. com

仁和宾馆 ★★★
地址：上海市浦东新区浦东大道 2056 号
电话：021 - 58601688
传真：021 - 58605678
邮编：200135
网址：www. renhehotel. com
电子信箱：computer@ renhehotel. com

上海双拥大厦 ★★★
地址：上海市浦东新区浦东大道 2601 号
电话：021 - 58718898
传真：021 - 58719080
邮编：200129
网址：www. shsyhotel. cn
电子信箱：sale@ shsyhotel. cn

高桥石化宾馆 ★★★
地址：上海市浦东新区浦东大道 2998 号
电话：021 - 58712633
传真：021 - 58713203
邮编：201208
电子信箱：gpcchotel@ 126. com

浦东大酒店 ★★★
地址：上海市浦东新区浦东南路 1888 号
电话：021 - 68758800
传真：021 - 68755678
邮编：200122
电子信箱：pudong-hotel@ hotmail. com

江天宾馆 ★★★
地址：上海市浦东新区浦东南路 3456 号
电话：021 - 58705870
传真：021 - 58707902
邮编：200125
网址：www. shjthotel. com
电子信箱：shjthotel@ shjthotel. com

上海外高桥保税区宾馆 ★★★
地址：上海浦东新区外高桥保税区夏碧路8 号
电话：021 - 58620000
传真：021 - 58623128
邮编：200137
电子信箱：hotel@ shwgq. com

上海名人苑宾馆 ★★★
地址：上海市浦东新区张杨路 2988 号
电话：021 - 58852988
传真：021 - 58334858
邮编：200135
网址：www. mryhotel. com
电子信箱：mry2988@ eastday. com

长航美林阁大酒店 ★★★
地址：上海市浦东新区张杨路 818 号
电话：021 - 58355555
传真：021 - 58353222
邮编：200122
网址：www. merrylin. com
电子信箱：chmerrylin@ 163. com

金山宾馆 ★★★
地址：上海市金山区（石化）金一东路 1 号
电话：021 - 57941888
传真：021 - 57940931
邮编：200540
网址：www. sh - jshotel. com
电子信箱：jshotel2004@ sina. com

上海世安海昇大酒店 ★★★
地址：上海市金山区石化杭州湾大道 128 号
电话：021 - 57282828
传真：021 - 57282222
邮编：200540
网址：www. sh-sunrisehotel. com. cn

红楼宾馆 ★★★
地址：上海市松江区普照路 1 号
电话：021 - 57822812
传真：021 - 57823845
邮编：201600
电子信箱：huamao-hotel@ 163. com

森林宾馆 ★★★
地址：上海市松江区佘山
电话：021 - 57651160
传真：021 - 57652130
邮编：201602
网址：www. sh-foresthotel. com
电子信箱：slbg@ hotmail. com

兰笋山庄 ★★★
地址：上海市松江区佘山国家度假区东佘山麓
电话：021 - 57651170
传真：021 - 57651571
邮编：201602
网址：www. sjtravel. org/hotel/lansun

上海老饭店 ★★★
地址：上海市青浦区福佑路 242 号
电话：021 - 63111777 021 - 63552275
传真：021 - 63556284
邮编：200010
网址：www. laofandian. com
电子信箱：wang/vicky@ sina. com

上海东方绿舟度假村 ★★★
地址：上海市青浦区沪青平公路 6888 号
电话：021 - 59233168

传真：021－59233180
邮编：201713
网址：www.opg.cn
电子信箱：zhaoping@opg.cn

淀山湖森林度假村 ★★★
地址：上海市青浦区沪青平公路8185号
电话：021－59291266
传真：021－59291258
邮编：201721

日月岛度假村 ★★★
地址：上海市青浦区沪青平公路8700号
电话：021－59262960
传真：021－59263784
邮编：201718
网址：www.riyuedao.com

南华苑度假村 ★★★
地址：上海市青浦区华腾路969号
电话：021－59794100
传真：021－59794252
邮编：201708
电子信箱：nhholiday@yahoo.com.cn

青浦宾馆 ★★★
地址：上海市青浦区青浦镇城中北路79号
电话：021－59850688
传真：021－59850615
邮编：201700
网址：www.qingpuhotel.com

上实家化培训中心 ★★★
地址：上海市青浦区朱家角镇南环路1号
电话：021－59248100
传真：021－59241576
邮编：201713
网址：www.jahwabibo.com
电子信箱：jahwa1210@sina.com

上海黄金海滨度假村 ★★★
地址：上海市南汇区滨海旅游度假区
电话：021－58058858 021－58058800
传真：021－58058188
邮编：201302

汇苑宾馆 ★★★
地址：上海市南汇区惠南镇城南路398号
电话：021－58020000
传真：021－58021815
邮编：201300
网址：www.hy-hotel.com.cn

衡山康福泰尔大酒店 ★★★
地址：上海市南汇区惠南镇城南路88号
电话：021－58000000
传真：021－58003270
邮编：201300
网址：www.jinchenhotel.com

上海汇亨新亚大酒店 ★★★
地址：上海市南汇区惠南镇通济路168号
电话：021－58010000 021－58015566
传真：021－58015500
邮编：201300
网址：www.jinjianghotel.com
电子信箱：hhhotel@126.com

上海坤明湖度假村 ★★★
地址：上海市奉贤区奉城中心镇（洪庙）洪运路18号
电话：021－57130500
传真：021－57130166
邮编：201411
网址：www.kunminghu.cn

上海古华山庄 ★★★
地址：上海市奉贤区南桥镇解放中路276号
电话：021－67181300
传真：021－57420972
邮编：201400

天鹤大酒店 ★★★
地址：上海市崇明县城桥南门路178号
电话：021－69690000
传真：021－69692679
邮编：202150

上海宝岛度假村 ★★★
地址：上海市崇明县东平国家森林公园南侧
电话：021－59339898
传真：021－59339267
邮编：202177
网址：www.bao-dao.com

旅游景区

上海豫园 AAAA
地址：上海市黄浦区安仁街218号
电话：021－63260830
邮编：200010
网址：www.shyuyuangarden.com
电子信箱：yuyuangarden@hotel.com

上海博物馆 AAAA
地址：上海市黄浦区人民大道201号
电话：021－63723500
邮编：200003

上海城市规划展示馆 AAAA
地址：上海市黄浦区人民大道100号
电话：021－63722077
邮编：200003
网址：www.shgrheatre.com
电子信箱：yoolloo@763.com

上海动物园 AAAA
地址：上海市长宁区虹桥路2381号
电话：021－62687775
邮编：200335

上海共青森林公园 AAAA
地址：上海市杨浦区军工路2000号
电话：021－65740586
邮编：200438
电子信箱：foresspark@citiz.net

上海古猗园 AAAA
地址：上海市嘉定区沪宜公路218号
电话：021－59122225
邮编：201802
网址：www.guyi.gofoueb.com.cn

上海东方明珠广播电视塔 AAAAA
地址：上海市浦东新区世纪大道1号
电话：021－58791888
邮编：200120
网址：www.shpearl.com.cn
电子信箱：dfmzt@online.sh.cn

金茂大厦88层观光厅 AAAA
地址：上海市浦东新区世纪大道88号金茂大厦
电话：021－50470523
邮编：200121
网址：www.jinmao88.com
电子信箱：tour@jinmao88.com

上海世纪公园 AAAA
地址：上海市浦东新区芳甸路666号
电话：021－38760588
邮编：200135

上海科技馆 AAAA
地址：上海市浦东新区世纪大道2000号
电话：021－68622000
邮编：200127
网址：www.sstm.org.cn
电子信箱：scimuseum@sstm.org.cn

上海枫泾古镇旅游景区 AAAA
地址：上海市金山区枫泾镇
电话：021－57355555
邮编：201501

方塔园 AAAA
地址：上海市松江区松江镇中山东路235号
电话：021－57838139
邮编：200540

上海佘山国家森林公园东佘山园 AAAA
地址：上海市松江区佘山塔弄口
电话：021－57651666
邮编：201602

上海市青少年校外活动营地—东方绿舟 AAAA
地址：上海市青浦区沪青公路6888号
电话：021－59233000
邮编：201713

上海太阳岛旅游度假区 AAAA
地址：上海市青浦区朱家角镇沈太路2588号
电话：021－69833888
邮编：201714

陈云故居暨青浦革命历史纪念馆 AAAA
地址：上海市青浦区朱枫公路3516号
电话：021－59255052
邮编：201715

上海大观园 AAAA
地址：上海市青浦区金泽镇青商路701号
电话：021－59262469 59263781
邮编：201718

上海朱家角古镇旅游区 AAAA
地址：上海市青浦区朱家角镇美周路36号
电话：021－59240088 59240077
邮编：201713
网址：www.zhujiajiao.com

上海野生动物园 AAAAA
地址：上海市南汇区南六公路178号
电话：021－58036000
邮编：201300

上海射击俱乐部 AAA
地址：上海市南汇区滨海旅游度假区东首
电话：021－68290068
邮编：201302
网址：www.pdshooting.com
电子信箱：lzsh@pdshooting.com

东平国家森林公园 AAAA
地址：上海崇明县东平林场
电话：021－59338266 59338333
邮编：202177

餐　馆

上海杏花楼（集团）有限公司
地址：上海市西藏中路200号
电话：021－63225257

邮编：200001

小南国（集团）有限公司
地址：上海市淞沪路
电话：021－62101251
邮编：200082

上海王家沙餐饮有限公司
地址：上海市南京西路805号
电话：021－62530404
邮编：200040

上海金萌苏浙汇餐饮有限公司
地址：上海市肇嘉浜路388号华泰大厦1－2楼
电话：021－64159918
邮编：200030

上海绍兴饭店管理有限公司
地址：上海市中山北路988号
电话：021－56315675
邮编：200070

上海老城隍庙饮食有限公司
地址：上海市南市区旧校场路122号－124号
电话：021－63559999
邮编：200001

上海丰收日餐饮管理有限公司
地址：上海市复兴东路789号5楼
电话：021－53831724
邮编：200001

上海领先餐饮管理有限公司
地址：上海市浦东新区陆家嘴西路168号正大广场5F
电话：021－63201001
邮编：200135

上海东亚饭店
地址：上海市南京东路680号
电话：021－63223223
邮编：200002

国际饭店
地址：上海市南京西路170号
电话：021－63275225－555
邮编：200002

上海金門大酒店
地址：上海市南京西路108号
电话：021－63276226
邮编：200002

上海新亚大酒店
地址：上海市天潼路422号
电话：021－63242210
邮编：200085

滩外楼餐饮（上海）有限公司
地址：上海市中山东一路
电话：021－63391188
邮编：200002

肯尼罗杰斯餐饮有限公司
地址：上海市南京西路
电话：021－52929255
邮编：200041

沪翠餐饮有限公司
地址：上海市兴业路
电话：021－63858752
邮编：200021

星岛餐饮有限公司
地址：上海市班溪路
电话：021－56678118
邮编：200940

诺卡餐饮有限公司
地址：上海市凯旋路
电话：021－64811337
邮编：200030

马克西姆餐饮有限公司
地址：上海市黄陂北路
电话：021－63727096
邮编：200003

宝莱纳餐饮有限公司
地址：上海市汾阳路
电话：021－54665700
邮编：200031

乐满家火锅餐饮有限公司
地址：上海市敦化路
电话：021－65512777
邮编：200093

大食代餐饮有限公司
地址：上海市淮海中路
电话：021－63906537
邮编：200021

马大嫂餐饮有限公司
地址：上海市杨树浦路
电话：021－55213345
邮编：200082

海纳百川餐饮有限公司
地址：上海市锦绣路
电话：021－50339191
邮编：200135

芳邻餐饮美食有限公司
地址：上海市宋园路
电话：021－62197534
邮编：200336

印泰餐饮有限公司
地址：上海市瑞金二路
电话：021－64157980
邮编：200020
网址：www.facebars.com

大喜九餐饮有限公司
地址：上海市巨鹿路
电话：021－62870708
邮编：200020

百草传奇餐饮（上海）有限公司
地址：上海市兴业路
电话：021－63866817
邮编：200021

北京联合渝乡人家餐饮有限公司上海分公司
地址：上海市陆家嘴西路
电话：021－50491977
邮编：200120

北京俏江南餐饮有限公司上海分公司
地址：上海市淮海中路
电话：021－63910100
邮编：200021

太熟悉餐馆
地址：上海市天山路
电话：021－62345769
邮编：200336

香港金象苑泰国鱼翅燕窝餐馆
地址：上海市自忠路
电话：021－53835228
邮编：200021

印度小厨西餐厅
地址：上海市永嘉路
电话：021－64731517
邮编：200031

金萌苏浙汇餐饮有限公司
地址：上海市肇嘉浜路
电话：021－64661111
邮编：200031
网址：www.jade388.com

海上黔香阁餐饮有限公司
地址：上海市浦城路
电话：021－58877117
邮编：200120

银河汉江餐馆有限公司
地址：上海市中山西路
电话：021－62198883
邮编：200051

上海人家餐饮管理有限公司
地址：上海市陕西南路
电话：021－54031188
邮编：200040

新雅粤菜馆
地址：上海市南京东路
电话：021－63517788
邮编：200001

米兰咖啡西餐厅
地址：上海市肇嘉浜路
电话：021－64267138
邮编：200030

望星空餐厅
地址：上海市黄陂北路
电话：021－63868686
邮编：200003

湾仔餐厅
地址：上海市宝庆路
电话：021－64332989
邮编：200031

太阳花水煮鱼餐厅
地址：上海市凯旋路
电话：021－62949700
邮编：200052

小城故事餐厅
地址：上海市淮海中路
电话：021－64318027
邮编：200031

东方明珠空中旋转餐厅有限公司
地址：上海市世纪大道
电话：021－58797138
邮编：200122

上海人茶餐厅
地址：上海市陆家嘴环路
电话：021－68411017
邮编：200120

新翠华港式茶餐厅
地址：上海市天山支路
电话：021－52061097
邮编：200051

洪泽湖人家餐厅
地址：上海市控江路
电话：021－65677222
邮编：200093

小浦东茶餐厅
地址：上海市鞍山路
电话：021－65132271
邮编：200082

上海印象餐厅
地址：上海市延安西路
电话：021－52380777
邮编：200050

湖畔阁餐厅
地址：上海市黄陂南路
电话：021－63853300
邮编：200021

港岛避风塘茶餐厅
地址：上海市昌里路
电话：021－68700238
邮编：200126

茉莉香餐厅
地址：上海市巨鹿路
电话：021－62475677
邮编：200040

夜上海餐厅
地址：上海市茂名南路
电话：021－62582582
邮编：200020

川之味餐厅
地址：上海市龙漕路
电话：021－64844647
邮编：200232

太湖美餐厅
地址：上海市迎春路
电话：021－68540939
邮编：200135

尚品食家餐厅
地址：上海市中山西路
电话：021－64283598
邮编：200233

燕云楼
地址：上海市黄浦区广西北路288号
电话：021－63223298
邮编：200001

大富贵酒楼
地址：上海市黄浦区中华路1409号
电话：021－63770322
邮编：200001

上海餐厅
地址：上海市黄浦区九江路555号王宝和大酒店2楼
电话：021－53965000－80826
邮编：200001

绿波廊老店
地址：上海市黄浦区豫园路115号
电话：021－63280602
邮编：200001

绿波廊新店
地址：上海市黄浦区文昌路10号城隍庙
电话：021－63550500
邮编：200001

新雅粤菜馆
地址：上海市黄浦区南京东路719号
电话：021－63224393　63517788
邮编：200001

上海老饭店
地址：上海市黄浦区福佑路242号豫园
电话：021－63111777　63552275
邮编：200001

老正兴菜馆
地址：上海市黄浦区福州路556号
电话：021－63222624
邮编：200001

七重天老上海餐厅
地址：上海市黄浦区南京东路627号
电话：021－63220777－777
邮编：200001

湖心亭
地址：上海市黄浦区豫园路257号
电话：021－63736950
邮编：200001

功德林
地址：上海市黄浦区南京西路445号
电话：021－63270218
邮编：200001

和平饭店中餐厅
地址：上海市黄浦区南京东路20号
电话：021－63216888转
邮编：200001

南新雅大酒店
地址：上海市黄浦区九江路700号南新雅华美达酒店
电话：021－63222246
邮编：200001

南京饭店
地址：上海市黄浦区山西南路200号
电话：021－63222888
邮编：200001

南翔馒头店
地址：上海市黄浦区豫园路85号
电话：021－63554206　63265265
邮编：200001

杏花楼
地址：上海市黄浦区福州路343号
电话：021－63553777　63289740
邮编：200001

洪长兴羊肉馆
地址：上海黄浦区广西北路288号10楼
电话：021－63529700
邮编：200001

松月楼
地址：上海市黄浦区旧校场路99号
电话：021－63553630
邮编：200001

宁波汤团馆
地址：上海市黄浦区豫园路112号
电话：021－63739458
邮编：200001

东海咖啡馆
地址：上海市黄浦区南京东路145号
电话：021－63213944
邮编：200001

老半斋
地址：上海市黄浦区福州路600号
电话：021－63222809　63517868
邮编：200001

小金陵盐水鸭
地址：上海市黄浦区云南南路28号
电话：021－63266436
邮编：200001

人人菜馆
地址：上海市黄浦区天津路488号
电话：021－63510431　63521647
邮编：200001

大富贵酒楼总店
地址：上海市黄浦区中华路1409号
电话：021－63770322
邮编：200001

燕云楼
地址：上海市黄浦区广西北路288号8－9楼
电话：021－63223298
邮编：200001

五芳面馆总店
地址：上海市黄浦区延安东路343号
电话：021－63742787
邮编：200001

松运楼酒楼
地址：上海市黄浦区豫园路98号
电话：021－63739458
邮编：200001

上海锦江饭店
地址：上海市卢湾区茂名南59号路
电话：021－62582582
邮编：200000

老上海
地址：上海卢湾区长乐路161号新锦江大酒店3楼
电话：021－64151188
邮编：200020

光明村大酒家
地址：上海市卢湾区淮海中路588号
电话：021－53067878
邮编：200020

新利查西餐馆
地址：上海市徐汇区广元路196号
电话：021－62828618
邮编：200030

秋霞阁
地址：上海市长宁区定西路591号
电话：021－62803580
邮编：200050

静安宾馆中餐厅
地址：上海市静安区华山路370号静安宾馆
电话：021－62485832
邮编：200040

凯司令西点房
地址：上海市静安区南京西路1001号
电话：021－62535007　62675692
邮编：200040

梅龙镇总店
地址：上海市静安区南京西路1081弄22号
电话：021－62566688　62535353
邮编：200040

美新点心店
地址：上海市静安区陕西北路105号
电话：021－62470030
邮编：200040

玉佛寺素菜馆
地址：上海市静安区江宁路999号
电话：021－62665596　62663668
邮编：200040

四如春食府
地址：上海市普陀区石泉路72号
电话：021－62143292
邮编：200333

德大西餐厅
地址：上海市虹口区四川中路359号
电话：021－63213810　63218499
邮编：200080

四新食苑
地址：上海市虹口区四川北路1908号
电话：021－56661977
邮编：200080

伊斯兰餐厅
地址：上海市虹口区四川北路2035号
电话：021－56710430　56660045
邮编：200080

德兴馆
地址：上海市浦东新区大同路471－477号
电话：021－58617374
邮编：200135

汉花餐饮有限公司
地址：上海市奉贤区南桥镇古华路
电话：021－67118579
邮编：201400

旅游用品

上海红晶工艺制品有限公司
地址：上海市嘉定区马陆大裕村刘村路385号
电话：021－59515433
邮编：201818

上海速达工艺雕刻有限公司
地址：上海市嘉定区沪宜路马陆汽车培训学校对面
电话：13701785328
邮编：201801

久荣工艺品厂
地址：上海市
电话：021－59516574
邮编：200001

广城工艺品厂
地址：上海市
电话：021－65269948
邮编：200001

广荣工艺品厂
地址：上海市
电话：021－64888888
邮编：200001

小绍兴漆器雕刻厂
地址：上海市
电话：021－64765004
邮编：200001

天和工艺品厂
地址：上海市
电话：021－57321454
邮编：200001

天顺工艺品厂
地址：上海市
电话：021－62962278
邮编：200001

友利工艺品厂
地址：上海市
电话：021－62762007
邮编：200001

长运工艺品厂
地址：上海市
电话：021－62520590
邮编：200001

玉光玉石雕刻厂
地址：上海市
电话：021－58241632
邮编：200001

朱泾工艺品厂
地址：上海市
电话：021－57319178
邮编：200001

华艺玉石雕刻厂
地址：上海市
电话：021－58915330
邮编：200001

华升工艺品厂
地址：上海市
电话：021－63064374
邮编：200001

华利工艺品厂
地址：上海市
电话：021－64931248
邮编：200001

华欣工艺品厂
地址：上海市
电话：021－58631546
邮编：200001

华宝装饰工艺厂
地址：上海市
电话：021－56114828
邮编：200001

华美工艺品厂
地址：上海市
电话：021－67725492
邮编：200001

华漕手工艺品厂
地址：上海市
电话：021－62201598
邮编：200001

华鹤陶瓷工艺品厂
地址：上海市
电话：021－58196671
邮编：200001

全聚成贝壳加工场
地址：上海市
电话：021－56137859
邮编：200001

园芳工艺品厂
地址：上海市
电话：021－57213139
邮编：200001

利隆雕塑工艺品厂
地址：上海市
电话：021－54803154
邮编：200001

启石雕塑艺术品制造有限公司
地址：上海市
电话：021－64505722
邮编：200001

陈东工艺美术厂
地址：上海市
电话：021－59281534
邮编：200001

奉贤工艺品厂
地址：上海市
电话：021－57420063
邮编：200001

环龙工艺厂
地址：上海市
电话：021－58171260
邮编：200001

青杏工艺品总厂
地址：上海市
电话：021－59729149
邮编：200001

青浦铜器雕刻厂
地址：上海市
电话：021－59740142
邮编：200001

申博工艺品制造有限公司
地址：上海市
电话：021－56626330
邮编：200001

田苑藤制工艺品厂
地址：上海市
电话：021－62213989
邮编：200001

汇丽工艺品厂
地址：上海市
电话：021－64911064
邮编：200001

宁博工艺品厂
地址：上海市
电话：021－64920143
邮编：200001

永乐工艺制品厂
地址：上海市
电话：021－65348532
邮编：200001

永盛工艺品厂
地址：上海市
电话：021－69130591
邮编：200001

忠林工艺品厂
地址：上海市
电话：021－64110313
邮编：200001

佳友工艺美术品厂
地址：上海市
电话：021－63254502
邮编：200001

侨联民间工艺厂
地址：上海市
电话：021－59555847
邮编：200001

金三角工艺品厂
地址：上海市
电话：021－64891980
邮编：200001

金星工艺品厂
地址：上海市
电话：021－58440545
邮编：200001

金都工艺织物有限公司
地址：上海市金山区廊下镇万春村
电话：021－57391270
邮编：201516

怡通工艺品厂
地址：上海市
电话：021－38190080
邮编：200001

宝岭工艺品厂
地址：上海市
电话：021－56864223
邮编：200001

宝隆玉器工艺厂
地址：上海市
电话：021－63079303
邮编：200001

宜川民间工艺美术厂
地址：上海市
电话：021－56371438
邮编：200001

建新丝织工艺品厂
地址：上海市
电话：021－57371553
邮编：200001

玲璇工艺品厂
地址：上海市
电话：021－59180108
邮编：200001

南洋玻璃工艺品实业有限公司
地址：上海市
电话：021－57230582
邮编：200001

临浦工艺品厂
地址：上海市
电话：021－50821326
邮编：200001

虹创雕刻有限公司
地址：上海市安龙路467弄28号
电话：021－62420349
邮编：200336

香山雕刻制作社
地址：上海市
电话：021－67637117
邮编：200001

顺益欣人造石制品有限公司
地址：上海市
电话：021－59939998
邮编：200001

亭林工艺品厂
地址：上海市
电话：021－57233573
邮编：200001

恒新工艺品厂
地址：上海市
电话：021－59769491
邮编：200001

洪隆工艺品厂
地址：上海市
电话：021－67530116
邮编：200001

海龙工艺品厂
地址：上海市
电话：021－58137572
邮编：200001

骏厦工艺品制品厂
地址：上海市
电话：021－57406277
邮编：200001

理慧工艺制品厂
地址：上海市
电话：021－57108911
邮编：200001

梅陇工艺品厂
地址：上海市
电话：021－64101934
邮编：200001

银虹工艺品厂
地址：上海市
电话：021－64060005
邮编：200001

联洲工艺品厂
地址：上海市
电话：021－57583477
邮编：200001

森忠红木工艺品厂
地址：上海市
电话：021－59371563
邮编：200001

雁亭工艺品厂
地址：上海市
电话：021－63259644
邮编：200001

提篮工艺品厂
地址：上海市
电话：021－65088099
邮编：200001

雅美工艺品厂
地址：上海市
电话：021－65011371
邮编：200001

遗珠阁紫砂艺术制品有限公司
地址：上海市
电话：021－64064132
邮编：200001

集美工艺品厂
地址：上海市
电话：021－63012799
邮编：200001

奇才玻璃工艺品厂
地址：上海市
电话：021－59100768
邮编：200001

富民工艺雕刻厂
地址：上海市
电话：021－63517359
邮编：200001

瑞龙玉石雕刻厂
地址：上海市
电话：021－62052169
邮编：200001

瑞得工艺品厂
地址：上海市
电话：021－69168005
邮编：200001

锦胜工艺品厂
地址：上海市
电话：021－64291045
邮编：200001

新丽工艺品厂
地址：上海市
电话：021－63723441
邮编：200001

新城木器工艺厂
地址：上海市
电话：021－56182490
邮编：200001

新浦工艺品厂
地址：上海市
电话：021－66955698
邮编：200001

新港工艺品厂
地址：上海市
电话：021－58196698
邮编：200001

精华工艺品厂
地址：上海市
电话：021－58007417
邮编：200001

黎明工艺品厂
地址：上海市
电话：021－59972435
邮编：200001

德盛工艺品厂
地址：上海市
电话：021－62304173
邮编：200001

露德蜡烛工艺品厂
地址：上海市唐陆路北园艺场北首
电话：021－58961080
邮编：201203

上海丝织地毯厂
地址：上海市零陵路342号
电话：021－64175564
邮编：200032

上海地毯总厂
地址：上海市漕宝路25号
电话：021－64361713
邮编：200235

上海东之明刺绣厂
地址：上海市浦东耀华路500弄19号
电话：021－58863772
邮编：200126

上品行工艺制品有限公司
地址：上海市吴中路1379号
电话：021－64467501
邮编：201103

珍宝金银饰品厂
地址：上海市川公路 166 号
电话：021－63246548
邮编：200080

海韵人造花有限公司（原上海制花厂）
地址：上海市长阳路 2555 号
电话：021－65695945
邮编：200090

上海晶勋水晶工艺制品有限公司
地址：上海市大连路 740 号
电话：021－65123118
邮编：200082

上海市工艺品进出口公司珠宝玉器商店
地址：上海市南京东路
电话：021－63224957
邮编：200001

圣德娜珠宝礼品商厦有限公司
地址：上海市南京东路
电话：021－63529888
邮编：200001

英皇钟表珠宝店
地址：上海市淮海中路
电话：021－53066795
邮编：200021

静安寺珠宝古玩城
地址：上海市北京西路
电话：021－62517502
邮编：200040

虹桥国际珍珠城有限公司
地址：上海市虹桥路
电话：021－64650000
邮编：201103

老城隍庙珠宝有限公司
地址：上海市中山南路
电话：021－63338568
邮编：200010

旅游交通

上海锦江汽车服务有限公司
地址：上海市吴中路 16 号
电话：021－64381113
邮编：200001

上海青旅上海汽车服务公司
地址：上海市龙吴路 398 号
电话：021－54352610
邮编：200001

上海市东湖汽车服务公司
地址：上海市东湖路 30 号
电话：021－64158158
邮编：200001

长江轮船海外旅游上海公司
地址：上海福州路 623 号
电话：021－64726438
邮编：200001

上海船长旅行社有限公司
地址：上海市中山东二路 191 号
电话：021－61020921
邮编：200002

上海轮渡水上旅游巴士公司
地址：上海中山东二路 127 号
电话：021－63214062
邮编：200002

上海港
地址：上海市中山东一路 13 号
电话：021－63290660
邮编：200002

上海中旅汽车公司
地址：上海市徐汇区漕溪路李家宅 22 号
电话：021－64380130
邮编：200233

上海巴士联谊旅游客运有限公司
地址：上海市徐汇区宛平南路 465 号
电话：021－64641037
邮编：200032

大众新亚出租汽车有限公司旅游分公司
地址：上海市普陀区府村路 445 号
电话：021－62147480
邮编：200061

大众旅游汽车有限公司
地址：上海市虹口区海宁路 1339 号
电话：021－63537288
邮编：200080

上海虹桥国际机场
地址：上海市
电话：021－62683659
邮编：200080

上海铁路分局杨浦站
地址：上海市杨浦区周家嘴路 4041 号
电话：021－65670756
邮编：200093

上海铁路分局闵行站
地址：上海市闵行区昆阳路 1688 号
电话：021－64304222
邮编：201111

上海铁路分局桃浦站
地址：上海市宝山区南大路 319 号
电话：021－62507180
邮编：200043

上海振东汽车服务有限公司
地址：上海市浦东新区崂山东路 689 号七楼
电话：021－68755659
邮编：200122

上海国旅旅游汽车服务公司
地址：上海市浦东大道 580 号
电话：021－64568979
邮编：200001

上海浦东国际机场
地址：上海市
电话：021－96081388
邮编：200135

旅游院校

上海师范大学旅游学院
（上海旅游高等专科学校）
饭店管理系、财务会计系、烹饪餐饮管理系、翻译导游系
地址：上海市奉贤区东门港
电话：021－57169114
邮编：201423

上海交通大学
工商管理系旅游管理专业
地址：上海市法华镇路 535 号
电话：021－62933200
邮编：200052

华东师范大学
旅游系
地址：上海市中山北路 3663 号
电话：021－62233226
邮编：200062

复旦大学
历史系旅游管理专业
地址：上海市邯郸路 220 号
电话：021－65642712
邮编：200433

上海师范大学
旅游学院
地址：上海市桂林路 100 号
电话：021－64322292
邮编：200234

同济大学
风景科学与旅游系
地址：上海市四平路 1239 号
电话：021－65983044
邮编：200092

上海大学
工商管理系旅游管理专业
地址：上海市嘉定城中路 20 号
电话：021－69982626
邮编：201800

上海海事大学
管理系旅游管理专业
地址：上海市浦东大道 1550 号
电话：021－58855200
邮编：200135

上海对外贸易学院
旅游系
地址：上海市湖北路 620 号
电话：021－62748250
邮编：200336

上海财经大学
国际工商管理学院旅游管理系
地址：上海市国定路 777 号
电话：021－65156954
邮编：200433

东华大学
旅游系
地址：上海市延安西路 1882 号
电话：021－67792058
邮编：200051

上海电力学院
外语系旅游专业
地址：上海市平凉路 2103 号
电话：021－27395537
邮编：200090

上海国际旅游职业学校
地址：上海市香禺路 137 号
电话：021－62525822
邮编：200052

上海市旅游服务职业技术学校
地址：上海市四川南路 35 号
电话：021－63214891
邮编：200002

江　苏
JIANGSU

旅游机构

江苏省旅游局
地址：南京市中山北路 255 号
电话：025－83421639
传真：025－83433960
邮编：210003
网址：www.jstour.com

江苏省旅游质量监督管理所
地址：南京市中山北路 255 号
电话：025－83418185
邮编：210003

南京市旅游局
地址：南京市钞库街 15 号
电话：025－52268698
传真：025－52260881
邮编：210001

徐州市旅游局
地址：徐州市津浦西路 202 号
电话：0516－83727991
传真：0516－83722610
邮编：221003

连云港市旅游局
地址：连云港市新浦区海昌北路 28 号
电话：0518－5820380
传真：0518－5820391
邮编：222006

宿迁市旅游局
地址：宿迁市南湖路 1 号
电话：0527－84368039
传真：0527－84368163
邮编：223800

淮安市旅游局
地址：淮安市淮海北路 121 号
电话：0517－3605836
传真：0517－3760053
邮编：223001

盐城市旅游局
地址：盐城市文峰路 37 号
电话：0515－6662434
传真：0515－8192434
邮编：224001

扬州市旅游局
地址：扬州市丰乐上街 8 号
电话：0514－7343638
传真：0514－7343646
邮编：225002

泰州市旅游局
地址：泰州市凤凰东路 58 号
电话：0523－6839295
传真：0523－6839395
邮编：225300

南通市旅游局
地址：南通市世纪大道 6 号
电话：0513－85099206
传真：0513－85099208
邮编：226018

镇江市旅游局
地址：镇江市中山西路 92 号
电话：0511－5237773
传真：0511－5236425
邮编：212004

常州市旅游局
地址：常州市化龙巷 7 号
电话：0519－6188679
传真：0519－6188676
邮编：213003

无锡市旅游局
地址：无锡市南长区清扬路 27 号
电话：0510－85050819
传真：0510－85052575
邮编：214023

苏州市旅游局
地址：苏州市十全街 345 号
电话：0512－65304205
传真：0512－65192980
邮编：215006

旅行社

江苏海外旅游公司/南京中国国际旅行社
地址：南京市中山北路 202－1 号
电话：025－83538734
邮编：210003
网址：www.njview.com
许可证号：L－JS－GJ00001

南京海外旅游有限公司
地址：南京市汉中路 218 号金鹏大厦 C 座 9007 室
电话：025－86292679
邮编：210029
许可证号：L－JS－GJ00002

苏州海外旅游有限公司
地址：苏州市十全街 329 号
电话：0512－65186856
邮编：215006
网址：www.szotc.net
许可证号：L－JS－GJ00003

无锡海外旅游有限公司
地址：无锡市新生路 107 号新鼎球大厦11 层
电话：0510－82712303
邮编：214002
网址：www.otcwuxi.com
许可证号：L－JS－GJ00004

江苏省中旅旅行社有限公司
地址：南京市中山北路 313 号
电话：025－64622288－6610
邮编：210003
网址：www.jscts.com.cn
许可证号：L－JS－GJ00006

苏州中国国际旅行社有限责任公司
地址：苏州市观前街大井巷 18 号
电话：0512－65151160
邮编：215005
网址：www.citssz.com
许可证号：L－JS－GJ00007

苏州中旅国际旅行社有限公司
地址：苏州市干将西路 251 号
电话：0512－65224908
邮编：215128
许可证号：L－JS－GJ00008

无锡中国国际旅行社有限公司
地址：无锡市新生路 7 号
电话：0510－82700416
邮编：214002
网址：www.citswx.com
许可证号：L－JS－GJ00009

无锡市中国旅行社有限责任公司
地址：无锡市车站广场 88 号
电话：0510－82300584
邮编：214005
网址：www.wxcts.com
许可证号：L－JS－GJ00010

江苏金陵商务国际旅行社有限责任公司
地址：南京市广州路 5 号
电话：025－51860969
邮编：210005
网址：www.travel.space.com
许可证号：L－JS－GJ00011

中国康辉无锡旅行社有限责任公司
地址：无锡市中山路 343 号商业大厦东方广场 17 楼
电话：0510－82768164
邮编：214001
网址：www.cctwuxi.com.cn
许可证号：L－JS－GJ00012

扬州中国国际旅行社
地址：扬州市丰乐上街 10 号
电话：0514－7348925
邮编：225000
许可证号：L－JS－GJ00013

南通中国国际旅行社有限公司
地址：南通市南大街 198 号金城大厦 4 楼
电话：0513－85518023
邮编：226001
网址：www.ntcits.com
许可证号：L－JS－GJ00014

徐州中国国际旅行社有限公司
地址：徐州市民主南路 78 号
电话：0516－83822768
邮编：221003
许可证号：L－JS－GJ00015

无锡假日国际旅行社
地址：无锡市中山路 215 号
电话：0510－82731236
邮编：214001
网址：www.wlhits.com
许可证号：L－JS－GJ00016

常州国旅旅行社有限公司
地址：常州市晋陵中路 353 号
电话：0519－8128555
邮编：213003
网址：www.czcits.com
许可证号：L－JS－GJ00017

中青旅江苏国际旅行社有限公司
地址：南京市中山路 268 号汇杰广场 9 楼
电话：025－58158585
邮编：210029
网址：www.CYTS online.com
许可证号：L－JS－GJ00018

江苏招商国际旅游公司
地址：南京市中山北路 313 号
电话：025－8344877
邮编：210003
网址：www.js－zs.com
许可证号：L－JS－GJ00019

中国康辉南京国际旅行社有限责任公司
地址：南京市鼓楼区新模范马路 17 号宏景公寓 02 幢 203 室

电话：025－86636281
邮编：210009
网址：www. cctnj. com. . cn
许可证号：L－JS－GJ00020

江苏金桥旅游社有限公司
地址：南京市中山北路219号宏图大厦9楼
电话：025－83272711
邮编：210009
网址：www. cgbt－js. com
许可证号：L－JS－GJ00021

江苏职工国际旅行社
地址：南京市中山北路202号
电话：025－83412300
邮编：210003
许可证号：L－JS－GJ00022

南京市中国旅行社有限公司
地址：南京市百子亭12号百新大厦三楼
电话：025－83366226
邮编：210009
网址：www. njcts. com
许可证号：L－JS－GJ00023

苏州青年旅行社股份有限公司
地址：苏州市竹辉路278号
电话：0512－65770871
邮编：215006
网址：www. 126. com
许可证号：L－JS－GJ00026

中国康辉苏州国际旅行社有限公司
地址：苏州市乌鹊桥路18－1号
电话：0512－65301538
邮编：215006
网址：www. cctsz. com. cn
许可证号：L－JS－GJ00027

苏州职工国际旅行社有限公司
地址：苏州市竹辉路243－1号
电话：0512－65208085
邮编：215007
网址：www. sz－pits. com
许可证号：L－JS－GJ00028

苏州国际体育旅游有限公司
地址：苏州市三元二村兴元楼
电话：0512－68636411
邮编：215006
网址：www. szsptr. cn
许可证号：L－JS－GJ00029

苏州东吴国际旅行社有限责任公司
地址：苏州市宝带东路392号
电话：0512－65620442
邮编：215128
网址：www. sdits. net
许可证号：L－JS－GJ00030

常熟中国国际旅行社有限公司
地址：常熟市海虞北路38号
电话：0512－51532766
邮编：215500
网址：www. cscits. com
许可证号：L－JS－GJ00031

港中旅国际（无锡）旅行社
地址：无锡市长江北路新地假日广场1号
电话：0510－85226692
邮编：214005
网址：www. m2004. com
许可证号：L－JS－GJ00033

无锡中国青年旅行社有限公司
地址：无锡市五爱北路32号5楼
电话：0510－82711647
邮编：214031
许可证号：L－JS－GJ00034

无锡市职工国际旅行社有限公司
地址：无锡市清扬路1号
电话：0510－85033854 85030839
邮编：214021
许可证号：L－JS－GJ00035

无锡湖滨国际旅行社有限公司
地址：无锡市健康路2号
电话：0510－82710011
邮编：214001
许可证号：L－JS－GJ00036

宜兴中国国际旅行社
地址：宜兴市宜城通贞观路55号
电话：0510－87918877
邮编：2142000
网址：www. yixingcits. com. cn
许可证号：L－JS－GJ00037

镇江中国国际旅行社
地址：镇江市中山西路92号楼
电话：0511－5241487
邮编：212004
许可证号：L－JS－GJ00038

江苏省镇江中国旅行社
地址：镇江市解放路265号
电话：0511－5017911
邮编：212001
网址：www. ctszj. com
许可证号：L－JS－GJ00039

扬州市中国旅行社有限责任公司
地址：扬州市汶河北路18号
电话：0514－7317188
邮编：225002
网址：www. yzcts. com
许可证号：L－JS－GJ00040

扬州中国青年旅行社有限公司
地址：扬州市四望亭路6号
电话：13801451380
邮编：225002
网址：www. yzcyts. com
许可证号：L－JS－GJ00041

南通中国旅行社有限公司
地址：南通市南大街189号鼎典大厦606室
电话：0513－85816887
邮编：226001
网址：www. ntcts. cn
许可证号：L－JS－GJ00042

苏州和平国际旅行社有限公司
地址：苏州市养育巷108号3F
电话：0512－65113438
邮编：215002
网址：www. suzhoupits. com
许可证号：L－JS－GJ00044

无锡江南国际旅行社有限公司
地址：无锡市人民中路69号
电话：0510－82792693
邮编：214002
网址：www. jnlvyou. com
许可证号：L－JS－GJ00045

苏州太湖国际旅行社有限责任公司
地址：苏州市带城桥路25号
电话：0512－65102572
邮编：215006
网址：www. stits. cn
许可证号：L－JS－GJ00046

苏州文化国际旅行社有限公司
地址：苏州市庆元坊A－6号
电话：0512－65220869
邮编：215005
网址：www. 365st. cn
许可证号：L－JS－GJ00047

江苏省中山国际旅行社
地址：南京市中山北路204号
电话：025－81980868
邮编：210003
许可证号：L－JS－GJ00048

南京中北友好国际旅行社有限公司
地址：南京市中山南路400号
电话：025－83116098
邮编：210001
许可证号：L－JS－GJ00049

南京圣和国际旅游有限责任公司
地址：南京市中山路81号
电话：025－84782788
邮编：210029
许可证号：L－JS－GJ00050

江苏省民族国际旅行社有限公司
地址：南京市西流湾27号天羊大酒店2楼
电话：025－86652006
邮编：210009
许可证号：L－JS－GJ00051

常州中旅旅行社有限公司
地址：常州市晋陵中路275号
电话：0519－8152525
邮编：213003
网址：www. czcts. net
许可证号：L－JS－GJ00052

徐州中国旅行社
地址：徐州市彭城路商业街1号国投大厦903室
电话：13905200111
邮编：221003
网址：www. 66xz. com
许可证号：L－JS－GJ00053

常熟中国旅行社有限责任公司
地址：常熟市北门大街言子小筑
电话：0512－52221899
邮编：215500
网址：www. cs. ts. com
许可证号：L－JS－GJ00054

连云港中国国际旅行社有限公司
地址：连云港市新浦区海连中路40－1号
电话：0518－5011095
邮编：222004
网址：www. cytsLYG. com
许可证号：L－JS－GJ00055

江阴市中国旅行社有限公司
地址：江阴市澄江中路2号
电话：0510－86823338
邮编：214431
网址：www. jycts. cn
许可证号：L－JS－GJ00056

无锡阳光国际旅行社有限公司有限公司
地址：无锡市解放东路900号兴盛大厦6F

电话：0510－82322909
邮编：214002
网址：www. cnsits. com
许可证号：L－JS－GJ00057

江苏舜天海外旅游有限公司
地址：南京市湖南路181号轻工大厦20楼
电话：025－83336300
邮编：210009
网址：www. saintytours. com
许可证号：L－JS－GJ00058

江苏海达国际旅行社有限公司
地址：南京市高楼门60号4幢3楼
电话：025－83363620
邮编：210008
网址：www. njview. com
许可证号：L－JS－GJ00059

江苏东方航空国际旅行社有限公司
地址：南京市洪武路334号一、二层
电话：025－84567101
邮编：210002
许可证号：L－JS－GJ00060

南京东方国际旅行社有限公司
地址：南京市玄武区珠江路523号705室
电话：025－83682894
邮编：210018
许可证号：L－JS－GJ00061

南京假日国际旅行社有限公司
地址：南京市洪武路26号
电话：025－84781710
邮编：210002
网址：www. trip365. net
许可证号：L－JS－GJ00062

徐州铁路国际旅行社有限公司
地址：徐州市复兴北路81号
电话：0516－83923588
邮编：221005
许可证号：L－JS－GJ00063

南通招商国际旅行社有限公司
地址：南通市人民中路起凤大楼402室
电话：13815211210
邮编：226001
网址：www. nt－zsgl. com
许可证号：L－JS－GJ00064

宜兴市亚洲国际旅行社有限公司
地址：宜兴市宜城镇通贞观路52号
电话：0510－87902933
邮编：214200
许可证号：L－JS－GJ00065

江苏同源国际商务旅行社有限公司
地址：南京市北京西路99号银城实验公寓1幢
电话：025－83726275
邮编：210013
网址：www. travel99. net
许可证号：L－JS－GJ00066

苏州永安国际旅行社有限公司
地址：苏州市高新区狮山路108号
电话：0512－681269192　68075031
邮编：215004
网址：www. chinayat. com
许可证号：L－JS－GJ00067

江苏友谊国际旅行社
地址：南京市云南路31－1号苏建大厦24层
电话：025－83306123
邮编：210008
网址：www. jifts. com
许可证号：L－JS－GJ00068

张家港国泰国际旅行社有限公司
地址：张家港市长安路176号
电话：0512－58127222
邮编：215600
网址：www. gtig－gl. com
许可证号：L－JS－GJ00069

江苏教育国际旅行社
地址：南京市北京西路15号
电话：025－83335967
邮编：210024
许可证号：L－JS－GJ00070

南京禄口机场国际旅行社有限公司
地址：南京市汉中路180号星汉大厦2楼
电话：025－86799052
邮编：210029
许可证号：L－JS－GJ00071

南京青年国际旅行社
地址：南京市玄武区傅厚岗5号01幢
电话：025－83696163
邮编：210008
网址：www. nyts. com. cn
许可证号：L－JS－GJ00073

江苏锦江华特国际旅行社有限公司
地址：南京市中山路255号－1
电话：025－83378570
邮编：210008
网址：www. hitravels. com
许可证号：L－JS－GJ00074

昆山市青年国际旅行社有限公司
地址：昆山市北后街8号
电话：0512－57555468
邮编：215300
网址：www. ksyts. com
许可证号：L－JS－GJ00075

江苏悦达国际旅行社有限公司
地址：盐城市开放大道80号
电话：0515－8336688
邮编：224002
许可证号：L－JS－GJ00076

镇江春秋国际旅行社有限公司
地址：镇江市梦溪路4号
电话：0511－4402412
邮编：212003
网址：www. zi_cq. com
许可证号：L－JS－GJ00077

淮安市师苑国际旅行社有限公司
地址：淮安市清河区交通路71号
电话：0517－3511345　3511458
邮编：223001
网址：www. hasygl. com
许可证号：L－JS－GJ00078

昆山春秋国际旅行社有限公司
地址：昆山市北后街4号
电话：0512－57558934
邮编：215300
许可证号：L－JS－GJ00079

苏州市乐乡国际旅行社有限公司
地址：苏州市大井巷18号
电话：0512－81889988
邮编：215005
网址：www. szhapply. com
许可证号：L－JS－GJ00080

连云港苏源国际旅行社有限公司
地址：连云港市幸福路13号
电话：0518－5292300
邮编：222003
许可证号：L－JS－GJ00081

江阴市华西国际旅行社
地址：无锡江阴市华西村417号
电话：0510－86216777
邮编：214421
许可证号：L－JS－GJ00082

南京海熙国际商务旅行社有限公司
地址：南京市石鼓路98号7层D座
电话：025－84792188
邮编：210004
许可证号：L－JS－GJ00083

宿迁市东方国际旅行社有限公司
地址：宿迁市幸福路68号道生碱店2楼
电话：15996786666
邮编：223800
许可证号：L－JS－GJ00084

宾馆酒店

南京索菲特钟山高尔夫酒店 ★★★★★
地址：南京市玄武区环陵路9号
电话：025－85408888
传真：025－85400505
邮编：210042

南京维景国际大酒店 ★★★★★
地址：南京市玄武区中山东路319号
电话：025－84808888
传真：025－84809999
邮编：210016
网址：www. metroparkhotels. com

南京金丝利喜来登酒店 ★★★★★
地址：南京市白下区汉中路169号
电话：025－86668888
传真：025－86669999
邮编：210029
网址：www. sheraton-nanjing. com

南京侨鸿皇冠假日酒店 ★★★★★
地址：南京市白下区汉中路89号
电话：025－84718888
传真：025－84719999
邮编：210029
网址：www. crowneplaza. com
电子信箱：crowne@ jsmail. com. cn

南京状元楼酒店 ★★★★★
地址：南京市秦淮区夫子庙状元境9号
电话：025－52202555
传真：025－52201876
邮编：210001
网址：www. njzyl-hotel. com
电子信箱：zylhotel@ publicl. ptt. js. cn

江苏苏宁环球套房饭店 ★★★★★
地址：南京市鼓楼区广州路188号
电话：025－83232888
传真：025－83232333
邮编：210024
网址：www. suningsuitehotel. com
电子信箱：gm@ suningsuitehotel. com

古南都饭店 ★★★★★
地址：南京市鼓楼区广州路 208 号
电话：025－83311999
传真：025－83310978
邮编：210024
网址：www. njgrandhotel. com
电子信箱：smile@ njgrandhotel. com

南京金陵饭店 ★★★★★
地址：南京市鼓楼区汉中路 2 号
电话：025－84711888
传真：025－84711666
邮编：210005
网址：www. jinlinghotel. com

南京名人城市酒店 ★★★★★
地址：南京市鼓楼区中山北路 30 号
电话：025－83123333
传真：025－83123888
邮编：210008
网址：www. yilaicch. com
电子信箱：yilaicch@ yilaicch. com

南京玄武饭店 ★★★★★
地址：南京市鼓楼区中央路 193 号
电话：025－83358888
传真：025－83366777
邮编：210009
网址：www. xuanwu. com
电子信箱：info@ xuanwu. com. cn

泰州宾馆 ★★★★★
地址：泰州市海陵区迎宾路 88 号
电话：0523－6669898
传真：0523－6236146
邮编：225300
网址：www. chunlan. com

南通新有斐大酒店
地址：南通市崇川区濠南路 18 号
电话：0513－85050888
传真：0513－85050999
邮编：226001

常州大酒店 ★★★★★
地址：常州市天宁区延陵西路 65 号
电话：0519－8109988
传真：0519－8107701
邮编：213003
网址：www. czghotel. com
电子信箱：czhotel@ public. cz. js. cn

常州富都商贸饭店 ★★★★★
地址：常州市新北区通江大道 398 号
电话：0519－5168888
传真：0519－5168000
邮编：213022

溧阳市天目湖宾馆 ★★★★★
地址：常州市溧阳天目湖旅游度假区
电话：0519－7168888
传真：0519－7168483
邮编：213333
网址：www. czghotel. com
电子信箱：alytmhbg@ pub. cz. jsinfo. net

无锡湖滨饭店 ★★★★★
地址：无锡市滨湖区环湖路 388 号
电话：0510－85101888
传真：0510－85102637
邮编：214075
网址：www. hubinhotel. com
电子信箱：hbhotel@ public1. wx. js. cn

无锡太湖饭店 ★★★★★
地址：无锡市滨湖区梅园环湖路
电话：0510－85517888
传真：0510－85517737
邮编：214064
网址：www. taihuhotel. com
电子信箱：thhotel@ public1. wx. js. cn

江阴泓苑酒店 ★★★★★
地址：无锡江阴市人民中路 289 号
电话：0510－86707888
传真：0510－86707778
邮编：214400

江阴市海澜大酒店 ★★★★★
地址：无锡江阴市新桥镇陶新中路 18 号
电话：0510－86121388
传真：0510－86123777
邮编：214426
网址：www. heilan. com. cn
电子信箱：hotel@ hailan. com. cn

苏州中茵皇冠假日酒店 ★★★★★
地址：苏州市工业园区金鸡湖畔
电话：0512－67616688
传真：0512－67612288
邮编：215021
网址：www. nszihotel. com

苏州吴宫喜来登大酒店 ★★★★★
地址：苏州市沧浪区新市路 259 号
电话：0512－65103388
传真：0512－65100888
邮编：215007
网址：www. sheraton. com/suzhou

苏州同里湖大饭店 ★★★★★
地址：苏州吴江市同里镇九里湖路 8 号
电话：0512－63337888
传真：0512－63322900
邮编：215217
网址：www. tonglilakeviewhotel. com

太仓花园酒店 ★★★★★
地址：苏州太仓市人民北路 59 号
电话：0512－53531888
传真：0512－53531999
邮编：215400
网址：www. tcgardenhotel. cn

常熟国际饭店 ★★★★★
地址：苏州常熟市黄河路 288 号
电话：0512－52101888
传真：0512－52100308
邮编：215500
网址：www. csihotel. com. cn
电子信箱：csihotel@ csihotel. com. cn

张家港华芳金陵国际酒店 ★★★★★
地址：苏州张家港市长安中路 388 号
电话：0512－58811888
传真：0512－58811999
邮编：215600
网址：www. huafanghotel. com
电子信箱：service@ huafanghotel. com

张家港市馨苑度假村 ★★★★★
地址：苏州张家港市澄杨路 8 号
电话：0512－58818888
传真：0512－58818800
邮编：215600
网址：www. xyhotel. cn
电子信箱：service@ xyhotel. cn

张家港国贸酒店 ★★★★★
地址：苏州张家港市人民中路 42 号
电话：0512－58687788
传真：0512－58687500
邮编：215600
网址：www. guomaohotel. net
电子信箱：zjg@ guomaohotel. net

江苏省国信大酒店 ★★★★
地址：南京市玄武区长江路 88 号
电话：025－84700688
传真：025－84784858
邮编：210005
电子信箱：jlxhotel@ jlonline. com

南京黄埔大酒店 ★★★★
地址：南京市玄武区黄埔路 2－2 号
电话：025－84069999
传真：025－84069958
邮编：210016
网址：www. huangpuhotel. com
电子信箱：hphotel@ vip. 163. com

江苏新世纪大酒店 ★★★★
地址：南京市玄武区龙蟠路 278－2 号
电话：025－86888888
传真：025－86888688
邮编：210037
网址：www. jsnch. com
电子信箱：jsnch@ jsnch. com

江苏省山水大酒店 ★★★★
地址：南京市玄武区龙蟠中路 118 号
电话：025－84811888
传真：025－84811999
邮编：210018
网址：www. ssgh. com
电子信箱：ss@ njshanshui. com

南京国际会议大酒店 ★★★★
地址：南京市玄武区中山陵四方城 2 号
电话：025－84430888
传真：025－84439255
邮编：210014
网址：www. nic-hotel. com
电子信箱：ghzx@ jsmail. com. cn

南京中山大厦 ★★★★
地址：南京市玄武区中山路 200 号
电话：025－83361888
传真：025－83355365
邮编：210008
网址：www. zhongshan-hotel. com

南京东方珍珠饭店 ★★★★
地址：南京市玄武区珠江路 389 号
电话：025－86883888
传真：025－86883800
邮编：210018
网址：www. E-pearlhotel. com

江苏金梦都宾馆 ★★★★
地址：南京市建邺区梦都路 30 号
电话：025－86479999
传真：025－86479809
邮编：210012

华东饭店 ★★★★
地址：南京市鼓楼区北京西路 67 号
电话：025－83709988
传真：025－83709938
邮编：210024
网址：www. huadonghotel. com

南京丁山花园酒店 ★★★★
地址：南京市鼓楼区察哈尔路90号
电话：025－58802888
传真：025－58821729
邮编：210003
网址：www. shangri－la. com
电子信箱：srdn@ shangri－la. com

江苏凤凰台饭店 ★★★★
地址：南京市鼓楼区湖南路47号
电话：025－86838888
传真：025－83223336
邮编：210009
网址：www. pphotel. com. cn
电子信箱：pphotel@ pphotel. com. cn

南京华美达怡华酒店 ★★★★
地址：南京市鼓楼区中山北路45号
电话：025－83308888
传真：025－83309999
邮编：210008
网址：www. Ramadainternational. com
电子信箱：nkgch@ public1. ptt. js. cn

南京新纪元大酒店 ★★★★
地址：南京市鼓楼区中山路251号－1
电话：025－86812222
传真：025－83302777
邮编：210008
网址：www. newerahotel. com
电子信箱：newerahotel@ sohu. com

南京中心大酒店 ★★★★
地址：南京市鼓楼区中山路75号
电话：025－84733888
传真：025－84733999
邮编：210005
电子信箱：njchfo@ jlonline. com

南京大吉温泉度假村 ★★★★
地址：南京市浦口区汤泉镇老山风景区
电话：025－58248088
传真：025－58248068
邮编：211802
网址：www. njdidi. com
电子信箱：mail. njdjdj@ njdjdj. com

南京水秀苑大酒店 ★★★★
地址：南京市江宁区百家湖佳湖西路9号
电话：025－52105588
传真：025－52122188
邮编：211100
网址：www. shuixiuyuan. com

徐州市南郊宾馆 ★★★★
地址：徐州市云龙区和平路55号
电话：0516－83969999
传真：0516－83955666
邮编：221009

徐州市汉园宾馆 ★★★★
地址：徐州市云龙区解放南路246号
电话：0516－87889999
传真：0516－87889600
邮编：221009
网址：www. hanyuan. xznu. edu. cn
电子信箱：hanyuan@ jsmail. com. cn

徐州嘉利国际酒店 ★★★★
地址：徐州市云龙区津浦西路202号
电话：0516－83928888
传真：0516－83928999
邮编：221003
网址：www. xzjl. cn
电子信箱：jialihotel@ sina. com

徐州开元名都大酒店 ★★★★
地址：徐州市泉山区湖西路1号
电话：0516－87888888
传真：0516－85969999
邮编：221006

徐州苏源大酒店 ★★★★
地址：徐州市泉山区淮海西路33号
电话：0516－85808000
传真：0516－83742678
邮编：221003
网址：www. jlsyhotel. com

邳州迎宾馆 ★★★★
地址：徐州邳州市建设北路68号
电话：0516－86288888
传真：0516－86288889
邮编：221300

新沂市苏沂乐乡大酒店 ★★★★
地址：徐州新沂市钟吾路48号
电话：0516－88870888
传真：0516－88917717
邮编：221400
网址：www. sylxhotel. com

连云港九龙国际大酒店 ★★★★
地址：连云港市新浦区解放中路11号
电话：0518－5686888
传真：0518－5686886
邮编：222003

连云港神州宾馆 ★★★★
地址：连云港市连云区海棠北路215号
电话：0518－82310088
传真：0518－82311535
邮编：222042
网址：www. shenzhou-hotel. com. cn

连云港市明珠香榭尔大酒店 ★★★★
地址：连云港市连云区海棠中路36号
电话：0518－2235888
传真：0518－2235999
邮编：222042
网址：www. intel－hotel. com
电子信箱：mzxxe@ intel-hotel. com

宿迁国际饭店 ★★★★
地址：宿迁市宿城区发展大道5号
电话：0527－4358688
传真：0527－4358788
邮编：223800
网址：www. SQIH. com
电子信箱：Sqiho1123@ 163. com

泗阳新世界大酒店 ★★★★
地址：宿迁市泗阳县北京东路23号
电话：0527－5288888
传真：0527－5272677
邮编：223700

淮安迎宾馆 ★★★★
地址：淮安市清河区淮海北路121号
电话：0517－3766666
传真：0517－3764382
邮编：223001

淮安金蝶苑宾馆 ★★★★
地址：淮安市钵池山公园南门内
电话：0517－3777167
传真：0517－3766771
邮编：223002

淮安月季花园酒店 ★★★★
地址：淮安市清浦区淮海南路134号
电话：0517－3183888
传真：0517－3183881
邮编：223002
网址：www. yjhyjd. com
电子信箱：webmaster@ yjhyjd. com

江苏淮安宾馆 ★★★★
地址：淮安市楚州区友谊路2号
电话：0517－5913788
传真：0517－5913799
邮编：223200
网址：www. hahb. com
电子信箱：hahb@ huaian. com

盐城市瀛洲宾馆 ★★★★
地址：盐城市亭湖区开放大道18号
电话：0515－8240000
传真：0515－8330488
邮编：224002
网址：www. ycyzbg. com

盐城悦达国际大酒店 ★★★★
地址：盐城市亭湖区开放大道32号
电话：0515－8336688
传真：0515－8334770
邮编：224002
网址：www. ydihotel. com
电子信箱：Haiyue@ public. yc. js. cn

盐城盐阜宾馆 ★★★★
地址：盐城市亭湖区迎宾南路28号
电话：0515－8880088
传真：0515－8362732
邮编：224001
网址：www. yfhotel. com. cn
电子信箱：83629888@ public. yc. js. cn

扬州西园大酒店 ★★★★
地址：扬州市维扬区丰乐上街1号
电话：0514－7807888
传真：0514－7233870
邮编：225002

扬州花园国际大酒店 ★★★★
地址：扬州市维扬区江阳中路236号
电话：0514－87803333
传真：0514－87888822
邮编：225009
网址：www. yzhyhotel. com
电子信箱：yzhygjdjd@ pub. yz. jsinfo. net

扬州新世纪大酒店 ★★★★
地址：扬州市维扬区维扬路101号
电话：0514－7878888
传真：0514－7871122
邮编：225009
网址：www. yznch. net
电子信箱：yzppss@ suhu. com

扬州京华大酒店 ★★★★
地址：扬州市维扬区文昌中路1号
电话：0514－7322888
传真：0514－7368999
邮编：225009
网址：www. yznch. net
电子信箱：yzppss@ suhu. com

怡景半岛酒店 ★★★★
地址：扬州仪征市滨河西路12号
电话：0514－83235888
传真：0514－83234328
邮编：211900

网址：www. yijingpeninsula. com

扬州京江大酒店 ★★★★
地址：扬州江都市舜天路 168 号
电话：0514－6999999
传真：0514－6999666
邮编：225200
网址：www. jingjianghotel. com. cn
电子信箱：jj-hotel@ 126. com

江苏靖江国际大酒店 ★★★★
地址：泰州靖江市人民南路 179 号
电话：0523－4806888
传真：0523－4806838
邮编：214500
电子信箱：jjguoji163@ 163. com

江苏扬子江大酒店 ★★★★
地址：泰州靖江市中洲路 28 号
电话：0523－84808888
传真：0523－84808161
邮编：214500
网址：www. yangtsehotel. com
电子信箱：yangtsehotel@ vip. sina. com

江苏黄河大酒店 ★★★★
地址：泰州姜堰市人民中路 100 号
电话：0523－88298888
传真：0523－88298555
邮编：225500
网址：www. huang-he. com
电子信箱：manager@ huang-he. com

南通三德大酒店 ★★★★
地址：南通市崇川区段家坝路 1 号
电话：0513－85123888
传真：0513－85199499
邮编：226001
网址：www. santehhotel. com
电子信箱：sthotel@ pub. nt. jsinfo. net

南通大饭店 ★★★★
地址：南通市崇川区青年东路 43 号
电话：0513－85018989
传真：0513－83568996
邮编：226007
网址：www. nthotel. com

南通市文峰饭店 ★★★★
地址：南通市崇川区青年东路 5 号
电话：0513－85011888
传真：0513－85011889
邮编：226007
网址：www. wenfeng. com. cn
电子信箱：business@ public. nt. js. cn

南通光华国际大酒店 ★★★★
地址：南通海门市南海东路 1 号
电话：0513－82188888
传真：0513－82180018
邮编：226100
网址：www. yhhotel. net

启东大酒店 ★★★★
地址：南通启东市启东公园中路 578 号
电话：0513－83329666
传真：0513－83344688
邮编：226200
网址：www. chinapan. cn
电子信箱：qdghotel@ pub. nt. jsinfo. net

启东宾馆 ★★★★
地址：南通启东市民乐中路 490 号
电话：0513－83316621
传真：0513－83349697
邮编：226200
网址：www. qidonghotel. com
电子信箱：qdhotel@ pub. nt. jsinfo. net

如东中天黄海大酒店 ★★★★
地址：南通市如东县掘港镇日晖西路 88 号
电话：0513－84195888
传真：0513－84191888
邮编：226400
电子信箱：zthhh@ 126. com

如东国际大酒店 ★★★★
地址：南通市如东县友谊东路
电话：0513－84159999
传真：0513－84152383
邮编：226400

金海安大酒店 ★★★★
地址：南通市海安县长江东路 2 号
电话：0513－88966666
传真：0513－88936661
邮编：226600
网址：www. hjahotel. com

镇江国际饭店 ★★★★
地址：镇江市京口区解放路 218 号
电话：0511－5021888
传真：0511－5021777
邮编：212001
网址：www. zjgjfd. com
电子信箱：zjgjfd@ pubic. zj. js. cn

镇江宾馆 ★★★★
地址：镇江市润州区中山西路 92 号
电话：0511－5233888
传真：0511－5231055
邮编：212004
电子信箱：zjhotel@ public. zj. js. cn

江苏长江大酒店 ★★★★
地址：镇江扬中市扬子西路 18 号
电话：0511－8268888
传真：0511－8269999
邮编：212200

金陵丹阳饭店 ★★★★
地址：镇江丹阳市云阳路 1 号
电话：0511－6998888
传真：0511－6511222
邮编：212300
网址：www. jinlinghotel. com

常州中天凤凰大酒店 ★★★★
地址：常州市新北区通江大道 555 号
电话：0519－6187888
传真：0519－6182360
邮编：213003

常州明都师源宾馆 ★★★★
地址：常州市钟楼区常锡路西育英路 2 号
电话：0519－6992888
传真：0519－6997755
邮编：213001
网址：www. mdsyhotel. com. cn

常州中油国际大酒店 ★★★★
地址：常州市钟楼区怀德中路 45 号
电话：0519－6606888
传真：0519－6612900
邮编：213002
网址：www. joyouconiferhotel. com

常州市明都大饭店 ★★★★
地址：常州市天宁区和平北路 39 号
电话：0519－8118888
传真：0519－8110118
邮编：213003

常州市和平假日大饭店 ★★★★
地址：常州市天宁区和平南路 151 号
电话：0519－8163388
传真：0519－8110770
邮编：213003
网址：www. hotelren. cn
电子信箱：legendholiday@ sohu. com

金坛市九九宾馆 ★★★★
地址：常州金坛市横街 16－18 号
电话：0519－2838899
传真：0519－2810090
邮编：213200

金坛樱花大酒店 ★★★★
地址：常州金坛市西门大街 88 号
电话：0519－2396666
传真：0519－2398668
邮编：213200
网址：www. sakura. hotel. com
电子信箱：czjtdrf@ public. cz. js. cn

溧阳假日酒店 ★★★★
地址：常州溧阳市罗湾路 99 号
电话：0519－7199999
传真：0519－7196666
邮编：213300

溧阳市天目湖静泊山庄 ★★★★
地址：常州溧阳市天目湖旅游度假区
电话：0519－7169999
传真：0519－7169888
邮编：213333
网址：www. tmh. cn
电子信箱：hthotel@ tmh. cc

溧阳市天目湖华天度假村 ★★★★
地址：常州溧阳市天目湖旅游度假区
电话：0519－7665999
传真：0519－7981699
邮编：213333

金陵溧阳宾馆 ★★★★
地址：常州溧阳市西大街 118 号
电话：0519－87222777
传真：0519－87222404
邮编：213300
网址：www. liyanghotel. net
电子信箱：liyanghotel@ 163. com

无锡新雅大酒店 ★★★★
地址：无锡市崇安区西梁溪路 18 号
电话：0510－88686000
传真：0510－82306288
邮编：214005
网址：www. xinyahotel. com
电子信箱：xinyahotel@ 163. com

无锡市国际饭店 ★★★★
地址：无锡市崇安区县前东街 118 号
电话：0510－82318888
传真：0510－82309271
邮编：214005
网址：www. wuxilntemational. com
电子信箱：wxgi@ publicl. wx. js. cn

无锡锦江大酒店 ★★★★
地址：无锡市崇安区中山路 218 号
电话：0510－82751688
传真：0510－82758186
邮编：214002

网址：www. wuxijinjiang. com

无锡黄金海岸大酒店 ★★★★
地址：无锡市北塘区北大街蔡墅巷1号
电话：0510-82616888
传真：0510-82613226
邮编：214043
网址：www. goldcoasthotel-cn. com
电子信箱：hjha@ public1. wx. js. cn

无锡市锦仑大酒店 ★★★★
地址：无锡市北塘区五爱北路58号
电话：0510-82715858
传真：0510-82718818
邮编：214001
网址：www. jinlun-hotel. com

江苏舜天碧波度假村 ★★★★
地址：无锡市滨湖区碧波支路9号
电话：0510-85996666
传真：0510-85996053
邮编：214092
网址：www. saintylakeside. com
电子信箱：lsgr@ public1. wx. js. cn

无锡山明水秀大饭店 ★★★★
地址：无锡市滨湖区蠡溪路999号
电话：0510-85111888
传真：0510-85111999
邮编：214074

无锡大饭店 ★★★★
地址：无锡市滨湖区梁清路1号
电话：0510-85806789
传真：0510-82700991
邮编：214061
网址：www. panpac. com

无锡太湖花园度假村 ★★★★
地址：无锡市滨湖区漆塘北村8号
电话：0510-85555888
传真：0510-85556909
邮编：214081
网址：www. wuxiresort. com
电子信箱：ipr@ public1. wx. js. cn

无锡锡海花园酒店 ★★★★
地址：无锡市滨湖区苏锡路207号
电话：0510-85401888
传真：0510-85411788
邮编：214073
网址：www. xihaihotel. com
电子信箱：room@ xihaihotel. com

江苏太湖明珠国际大酒店 ★★★★
地址：无锡市滨湖区太湖国家旅游度假区十里明珠堤南首
电话：0510-85998888
传真：0510-85996276
邮编：214092
网址：www. mzgj. com

无锡锡州花园酒店 ★★★★
地址：无锡市锡山区东亭二泉中路68号
电话：0510-88686888
传真：0510-88686800
邮编：214101
网址：www. xizhougardenhotel. cn
电子信箱：xizhou@ public1. wx. js. cn

江阴来富岛大酒店 ★★★★
地址：无锡江阴市朝阳路105号
电话：0510-86700888
传真：0510-86700889
邮编：214431

网址：www. holiday-China. net

江阴国际大酒店 ★★★★
地址：无锡江阴市澄江西路299号
电话：0510-86815000
传真：0510-86818388
邮编：214431
网址：www. jygj. js. cn
电子信箱：jyih@ public1. wx. js. cn

江阴市暨阳山庄 ★★★★
地址：无锡江阴市公园路99号
电话：0510-86851888
传真：0510-86855424
邮编：214431
网址：www. jiyanghotel. com

江阴兴澄大饭店 ★★★★
地址：无锡江阴市人民东路161号
电话：0510-86702888
传真：0510-86706666
邮编：214431

江阴法尔胜大酒店 ★★★★
地址：无锡江阴市体育场路8号
电话：0510-86888666
传真：0510-86890012
邮编：214400

宜兴大酒店 ★★★★
地址：无锡宜兴市东山西路70号
电话：0510-87981999
传真：0510-87981933
邮编：214206
网址：www. yxtour. com
电子信箱：yxght@ 163. com

宜兴国际饭店 ★★★★
地址：无锡宜兴市通贞观路52号
电话：0510-87916888
传真：0510-87900769
邮编：214200

苏州新城花园酒店 ★★★★
地址：苏州市高新区狮山路1号
电话：0512-68182888
传真：0512-68257179
邮编：215011
网址：www. ncghotel. com
电子信箱：sales@ mail. ncy. sz. js. cn

苏州新世纪大酒店 ★★★★
地址：苏州市金阊区广济路23号
电话：0512-68015555
传真：0512-65335798
邮编：215008
网址：www. sz-newcentunyhotel. cn

苏州雅都大酒店 ★★★★
地址：苏州市金阊区三香路156号
电话：0512-68291888
传真：0512-68291838
邮编：215004
网址：www. aster. com. cn
电子信箱：aster@ public1. sz. js. cn

苏州市冠云大酒店 ★★★★
地址：苏州市金阊区桐泾北路538号
电话：0512-68016088
传真：0512-65331660
邮编：215008
网址：www. glamorhotel. com

苏州市会议中心 ★★★★
地址：苏州市沧浪区道前街100号
电话：0512-65226691
传真：0512-65245854
邮编：215002

苏州凯莱大酒店 ★★★★
地址：苏州市沧浪区干将东路535号
电话：0512-65218855
传真：0512-65218533
邮编：215006
网址：www. gphsuzhou. com
电子信箱：gloria@ gphsuzhou. com

苏州胥城大厦 ★★★★
地址：苏州市沧浪区三香路120号
电话：0512-68286688
传真：0512-68271520
邮编：215004
网址：www. castlehotel. com. cn
电子信箱：xc@ castlehotel. com. cn

苏州饭店 ★★★★
地址：苏州市沧浪区十全街345号
电话：0512-65204646
传真：0512-65204015
邮编：215006
网址：www. gb. shgchina. com
电子信箱：szhtl@ suzhou-hotel. com

苏州竹辉饭店 ★★★★
地址：苏州市沧浪区竹辉路168号
电话：0512-65205601
传真：0512-65208778
邮编：215006
网址：www. bamboo. sz. js. cn
电子信箱：bghsz@ public1. sz. js. cn

苏州市乐乡饭店 ★★★★
地址：苏州市平江区大井巷18号
电话：0512-65228888
传真：0512-65244165
邮编：215005
网址：www. gb. shgchina. com

苏州丽都大酒店 ★★★★
地址：苏州市平江区干将西路168号
电话：0512-65119358
传真：0512-65113172
邮编：215006
网址：www. lidu-h. com

苏州雅戈尔富宫大酒店 ★★★★
地址：苏州市平江区观前街宫巷63号
电话：0512-65159998
传真：0512-65215052
邮编：215005
网址：www. sz111. com

苏州天平大酒店 ★★★★
地址：苏州市吴中区金山路168号
电话：0512-66268888
传真：0512-66267802
邮编：215101
网址：www. gb. shgchina. com

苏州中华园大酒店 ★★★★
地址：苏州市吴中区金山路198号
电话：0512-66256666
传真：0512-66253635
邮编：215101
网址：www. chinagardenhotel. com

西山宾馆 ★★★★
地址：苏州市吴中区西山石公山风景区
电话：0512-66278888
传真：0512-66277788

邮编：215112
网址：www. xishanhotel. com. cn
电子信箱：XSbg01@ 163. com

金澄锦江国际酒店 ★★★★
地址：苏州市相城区太平镇兴太路 260 号
电话：0512 - 65431888
传真：0512 - 65431999
邮编：215137

苏州南亚国际会展中心 ★★★★
地址：苏州市相城区阳澄湖东路 1 号
电话：0512 - 65761688
传真：0512 - 65765788
邮编：215131
网址：www. nanyahotel. com. cn

吴江宾馆 ★★★★
地址：苏州吴江市鲈乡南路
电话：0512 - 63420888
传真：0512 - 63425792
邮编：215200
网址：www. wujianghotel. com

吴江市新世纪国际酒店 ★★★★
地址：苏州吴江市平望镇平渡台
电话：0512 - 65059888
传真：0512 - 65059822
邮编：215221

吴江盛虹国际酒店 ★★★★
地址：苏州吴江市盛泽镇舜新南路 112 号
电话：0512 - 63477777
传真：0512 - 63471998
邮编：215228

吴江同里湖度假村 ★★★★
地址：苏州吴江市同里镇东郊
电话：0512 - 63330888
传真：0512 - 63131888
邮编：215217
网址：www. tonglilakeresort. com

吴江汇丰国际花园酒店 ★★★★
地址：苏州吴江市震泽镇南东路
电话：0512 - 63779888
传真：0512 - 63477038
邮编：215231

昆山市富贵大酒店 ★★★★
地址：苏州昆山市朝阳中路 459 号
电话：0512 - 57166888
传真：0512 - 57166688
邮编：215300

昆山嘉顿度假山庄 ★★★★
地址：苏州昆山市马鞍山东路 18 号
电话：0512 - 57161886
传真：0512 - 57575338
邮编：215300
网址：www. gardeninternationalhoterl. com

昆山威尼斯假日酒店 ★★★★
地址：苏州昆山市民权路 18 号
电话：0512 - 86166888
传真：0512 - 86166789
邮编：215347

昆山宾馆 ★★★★
地址：苏州昆山市人民北路 99 号
电话：0512 - 57576888
传真：0512 - 57575888
邮编：215300
网址：www. kunshanhotel. com. cn

常熟市虞城大酒店 ★★★★
地址：苏州常熟市海虞南路 64 号
电话：0512 - 52777777
传真：0512 - 52775484
邮编：215500
网址：www. yucheng hotel. com

常熟华联宾馆 ★★★★
地址：苏州常熟市海虞南路 75 号
电话：0512 - 52798888
传真：0512 - 52773024
邮编：215500
网址：www. cshlbg. com
电子信箱：roombook@ cshlbg. com

常熟森林大酒店 ★★★★
地址：苏州常熟市虞山北路 79 号
电话：0512 - 52102888
传真：0512 - 52102200
邮编：215500
网址：www. sen-lin. com
电子信箱：Woods@ sen-lin. com

江南宾馆 ★★★★
地址：苏州张家港市港区长江中路 2 号
电话：0512 - 58331601
传真：0512 - 58331673
邮编：215633

张家港市沙洲宾馆 ★★★★
地址：苏州张家港市暨阳中路 170 号
电话：0512 - 58221600
传真：0512 - 58227443
邮编：215600
网址：www. shazhouhotel. net
电子信箱：web@ shazhouhotel. net

张家港市长江大酒店 ★★★★
地址：苏州张家港市金港镇长江西路 31 号
电话：0512 - 56908588
传真：0512 - 58332784
邮编：215633

南京汉府饭店 ★★★
地址：南京市玄武区长江路 264 号
电话：025 - 84400400
传真：025 - 84400184
邮编：210018

江苏保险大厦 ★★★
地址：南京市玄武区长江路 69 号
电话：025 - 84715888
传真：025 - 84720709
邮编：210005

榴园宾馆 ★★★
地址：南京市玄武区进香河 38 号
电话：025 - 83600111
传真：025 - 83601199
邮编：210018
网址：www. liuyuan-hotel. com
电子信箱：lybg@ liyuan-hotel. com

白宫大酒店 ★★★
地址：南京市玄武区龙蟠路 2 号
电话：025 - 85509999
传真：025 - 85617214
邮编：210037
电子信箱：wap999@ 263. net

华山饭店 ★★★
地址：南京市玄武区龙蟠中路 81 号
电话：025 - 80886573
传真：025 - 83367224
邮编：210016
网址：www. huashanhotel. cn

南京西宫大酒店 ★★★
地址：南京市玄武区明故宫路 19 号
电话：025 - 84822777
传真：025 - 8112
邮编：210016

南京斯亚花园酒店 ★★★
地址：南京市玄武区太平门东街 2 号
电话：025 - 84805888
传真：025 - 84800666
邮编：210016
网址：www. siyahotel. com

南京太阳宫 ★★★
地址：南京市玄武区阳光路 3 号
电话：025 - 85400888
传真：025 - 85419728
邮编：210042
网址：www. nj - sp. com

南京中央饭店 ★★★
地址：南京市玄武区中山东路 237 号
电话：025 - 84500888
传真：025 - 84516699
邮编：210002

江苏城市休闲酒店 ★★★
地址：南京市玄武区中央路 278 号
电话：025 - 83766666
传真：025 - 83413880
邮编：210037
电子信箱：leisure278@ sina. com

南京年发 168 酒店 ★★★
地址：南京市玄武区珠江路 667 号
电话：025 - 84669168
传真：025 - 84669100
邮编：210016

江苏金宇饭店 ★★★
地址：南京市白下区大光路 35 号
电话：025 - 84611666
传真：025 - 84584708
邮编：210007

南京中央大酒店 ★★★
地址：南京市白下区丰富路 140 号
电话：025 - 84204200
传真：025 - 84202266
邮编：210004

南京民族饭店 ★★★
地址：南京市白下区丰富路 163 号
电话：025 - 86857777
传真：025 - 86857788
邮编：210004
网址：www. nationalityhotel. com
电子信箱：njmz@ nationalityhotel. com

南京汉中饭店 ★★★
地址：南京市白下区虎踞南路 7 号
电话：025 - 86600469
传真：025 - 86600469
邮编：210029

南京悦华大酒店 ★★★
地址：南京市白下区建康路 127 号
电话：025 - 52213888
传真：025 - 52213995
邮编：210001

南京金城西华门饭店 ★★★
地址：南京市白下区龙蟠中路 202 号
电话：025 - 51805888

传真：025－48607986
邮编：210002
网址：www.xihuamenhotel.com

江苏大庆石油大厦 ★★★
地址：南京市白下区秣陵路99号
电话：025－86887888
传真：025－86887777
邮编：210004
网址：www.dpd.com.cn

南京文昌宾馆 ★★★
地址：南京市白下区三条巷文昌宫1号
电话：025－84417666
传真：025－84417663
邮编：210002
网址：www.wenchang-hotel.com
电子信箱：wcbg@sina.com

南京通苑长城大酒店 ★★★
地址：南京市白下区御道街标营2号
电话：025－86952000
传真：025－86952018
邮编：210007

南京杏园大酒店 ★★★
地址：南京市白下区中山东路486号
电话：025－84539888
传真：025－84539666
邮编：210002
网址：www.xingyuan-hotel.com

南京市富建大酒店 ★★★
地址：南京市白下区中山南路187号
电话：025－86918888
传真：025－57915786
邮编：210004

江苏天京大酒店 ★★★
地址：南京市白下区中山南路238号
电话：025－84209888
传真：025－84209149
邮编：210005
网址：www.tianjing-hotel.com
电子信箱：office@tianjing.com

龙珠宾馆 ★★★
地址：南京市秦淮区大明路135号
电话：025－84064222
传真：025－84064205
邮编：210012

南京秦淮人家宾馆 ★★★
地址：南京市秦淮区大石坝街128号
电话：025－52211888
传真：025－52202410
邮编：210001

白鹭宾馆 ★★★
地址：南京市秦淮区大石坝街68号
电话：025－86879999
传真：025－86621895
邮编：210001
网址：www.blhotel.cn

南京秦都大酒店 ★★★
地址：南京市秦淮区升州路23号
电话：025－58072898
传真：025－58072788
邮编：210006

南京星湖饭店 ★★★
地址：南京市建邺区汉中门大街65号
电话：025－86656888
传真：025－86501864
邮编：210029
网址：www.njxinghu.com
电子信箱：gmo@njxinghu.com

南京南方酒店 ★★★
地址：南京市建邺区汉中门大街77号
电话：025－86609888
传真：025－86666634
邮编：210029

江苏学士园酒店 ★★★
地址：南京市鼓楼区草场门大街91号
电话：025－86201888
传真：025－86208209
邮编：210036

瑞迪大酒店 ★★★
地址：南京市鼓楼区广州路223号
电话：025－85828666
传真：025－85828333
邮编：210029

南京金盾饭店 ★★★
地址：南京市鼓楼区虎踞关21号
电话：025－83719939
传真：025－6028
邮编：210024

江苏文苑宾馆 ★★★
地址：南京市鼓楼区江东北路399号
电话：025－86229581
传真：025－86225854
邮编：210036

江苏省京华大酒店 ★★★
地址：南京市鼓楼区山西路53号
电话：025－83128880
传真：025－83128899
邮编：210009
网址：www.jinghuahotel.com.cn

南京江南大酒店 ★★★
地址：南京市鼓楼区新模范马路1－1号
电话：025－83371999
传真：025－83374447
邮编：210009

华江饭店 ★★★
地址：南京市鼓楼区中山北路178号
电话：025－83224488
传真：025－83315893
邮编：210009

南京虹桥饭店 ★★★
地址：南京市鼓楼区中山北路202号
电话：025－83400888
传真：025－83420756
邮编：210003

江苏南京饭店 ★★★
地址：南京市鼓楼区中山北路259号
电话：025－86826666
传真：025－83467677
邮编：210003
网址：www.nanjinghotel.com
电子信箱：njhotel@jlonline.com

江苏物资大厦 ★★★
地址：南京市鼓楼区中山北路283号
电话：025－83423888
传真：025－83423484
邮编：210003

江苏大酒店 ★★★
地址：南京市鼓楼区中山北路28号
电话：025－83329888
传真：025－83303308
邮编：210008
网址：www.js-hotel.cn
电子信箱：njryq@sohu.com

江苏国瑞大酒店 ★★★
地址：南京市鼓楼区中山北路55号
电话：025－83303888
传真：025－83319680
邮编：210008

白云亭宾馆 ★★★
地址：南京市下关区二板桥486号
电话：025－58833666
传真：025－58800480
邮编：210011

南京米兰假日大酒店 ★★★
地址：南京市下关区建宁路7号
电话：025－85500888
传真：025－85500622
邮编：210037
网址：www.njmilano.com
电子信箱：milano@milano.com

科苑宾馆 ★★★
地址：南京市浦口区高新技术开发区
电话：025－58646037
传真：025－58841206
邮编：210061
网址：www.huashanhotel.cn

天泉宾馆 ★★★
地址：南京市浦口区汤泉镇
电话：025－58246888
传真：025－58246888
邮编：211802

南京银泉庄园休闲中心 ★★★
地址：南京市浦口区汤泉镇
电话：025－58244888
传真：025－58246800
邮编：211802

南京扬子宾馆 ★★★
地址：南京市六合区大厂葛关路688号
电话：025－57784888
传真：025－57791682
邮编：210048

南京南炼宾馆 ★★★
地址：南京市栖霞区甘家巷
电话：025－58983721
传真：025－58981614
邮编：210033

南京都市绿洲酒店 ★★★
地址：南京市栖霞区尧新大道368号
电话：025－85562087
邮编：210038

石城饭店 ★★★
地址：南京市雨花区宁双路9号
电话：025－66606000
传真：025－66603768
邮编：210012
电子信箱：lljjff33@sina.com

南京江宁宾馆 ★★★
地址：南京市江宁区东山镇戴家塘8号
电话：025－52281333
传真：025－52281512
邮编：211100
电子信箱：jiangninghotel@sina.com

南京市江宁区金旺宾馆 ★★★
地址：南京市江宁区东山镇金箔路 171 号
电话：025 - 52288999
传真：025 - 809
邮编：211100

南京东山宾馆 ★★★
地址：南京市江宁区东山镇竹山路 159 号
电话：025 - 86833999
传真：025 - 86833000
邮编：211100
网址：www. dongshanhotel. com

南京空港宾馆 ★★★
地址：南京市江宁区禄口国际机场内
电话：025 - 52482266
传真：025 - 52488555
邮编：211113
网址：www. njahotel. com

江苏翠屏山宾馆 ★★★
地址：南京市江宁区天元西路 168 号
电话：025 - 52427896
传真：025 - 52427626
邮编：211100

溧水中心大酒店 ★★★
地址：南京市溧水县永阳镇珍珠北路 16 号
电话：025 - 57226999
传真：025 - 57210788
邮编：211200

溧水国际大酒店 ★★★
地址：南京市溧水县中大街 68 号
电话：025 - 57205888
传真：025 - 57207588
邮编：211200

南京高淳宾馆 ★★★
地址：南京市高淳县淳溪镇南漪路 2 - 8 号
电话：025 - 57310388
传真：025 - 57311968
邮编：211300
网址：www. gaochunhotel. com

高淳电力宾馆 ★★★
地址：南京市高淳县镇兴路 1 号
电话：025 - 57317888
传真：025 - 57320023
邮编：211300

徐州白云大酒店 ★★★
地址：徐州市云龙区复兴北路 12 号
电话：0516 - 83633333
传真：0516 - 83718477
邮编：221005
网址：www. xzby. com
电子信箱：hotel@ xzby. com

徐州恒天酒店 ★★★
地址：徐州市云龙区复兴南路 128 号
电话：0516 - 83908855
传真：0516 - 83813404
邮编：221003
网址：www. hengtianchao. com
电子信箱：htcdjd@ ctha. com. cn

徐州饭店怡宾楼 ★★★
地址：徐州市云龙区淮海东路 201 号
电话：0516 - 83731311
传真：0516 - 83724402
邮编：221005
网址：www. xzfd. com
电子信箱：jsxzfd@ 126. com

徐州汉都大酒店 ★★★
地址：徐州市云龙区建国东路 111 号
电话：0516 - 83800111
传真：0516 - 83803077
邮编：221003

徐州中豪大酒店 ★★★
地址：徐州市云龙区建国东路 1 号
电话：0516 - 83825111
传真：0516 - 83825528
邮编：221003
网址：www. xzzhdjd. com
电子信箱：xzzhdjd@ 163. com

徐州市花园饭店 ★★★
地址：徐州市云龙区解放路 1 号
电话：0516 - 83738740
传真：0516 - 83722905
邮编：221003
网址：www. xzta. com

徐州黄河饭店 ★★★
地址：徐州市鼓楼区大马路 99 号
电话：0516 - 83758678
传真：0516 - 83702674
邮编：221005

徐州市金达花园酒店 ★★★
地址：徐州市泉山区湖北路 36 号
电话：0516 - 85809999
传真：0516 - 85793301
邮编：221006
网址：www. xzta. com
电子信箱：hzhongshui@ sohu. com

徐州友谊宾馆 ★★★
地址：徐州市泉山区淮海西路 241 号
电话：0516 - 85555811
传真：0516 - 85765642
邮编：221006

徐州港务集团金港大酒店 ★★★
地址：徐州市泉山区淮海西路 263 号
电话：0516 - 85725880
传真：0516 - 85725149
邮编：221006

徐州市云泉山庄 ★★★
地址：徐州市泉山区金山东路 18 号
电话：0516 - 87789999
传真：0516 - 87789998
邮编：221008
网址：www. yqsz. com
电子信箱：sales@ yqsz. com

徐州中山饭店 ★★★
地址：徐州市泉山区中山南路 80 号
电话：0516 - 85698900
传真：0516 - 85692233
邮编：221003
电子信箱：zsfd_jd@ yahoo. com. cn

新沂市温州大酒店 ★★★
地址：徐州新沂市南京路 49 号
电话：0516 - 88899999
传真：0516 - 88891521
邮编：221400
电子信箱：wenzhou_hotel@ tom. com

徐州国源宾馆 ★★★
地址：徐州市铜山县北京路
电话：0516 - 82308888
传真：0516 - 82308877
邮编：221116

徐州市华苏大酒店 ★★★
地址：徐州市铜山县徐州发电厂南
电话：0516 - 87253866
传真：0516 - 87253898
邮编：221166

睢宁良元国际酒店 ★★★
地址：徐州市睢宁县八一路北侧 24 - 200 号
电话：0516 - 88348888
传真：0516 - 88348666
邮编：221200

沛县燕山饭店 ★★★
地址：徐州市沛县汤林路汽车站西侧
电话：0516 - 84640888
传真：0516 - 84646869
邮编：221600
电子信箱：yanshan6869@ eyou. com

九州大酒店 ★★★
地址：徐州市丰县林果路 88 号
电话：0516 - 84288888
传真：0516 - 84288808
邮编：221700
电子信箱：jspjjz@ 163. com

连云港振兴桃园宾馆 ★★★
地址：连云港市新浦区苍梧路 36 号
电话：0518 - 5420888
传真：0518 - 5423666
邮编：222001

连云港市东方大酒店 ★★★
地址：连云港市新浦区海昌北路 146 号
电话：0518 - 5466666
传真：0518 - 5462552
邮编：222002

连云港天然居宾馆 ★★★
地址：连云港市新浦区海昌南路 1 号
电话：0518 - 5411688
传真：0518 - 5411851
邮编：222004

连云港杰瑞大厦 ★★★
地址：连云港市新浦区海连东路 16 号
电话：0518 - 5823222
传真：0518 - 5823719
邮编：222006

连云港市嘉悦大酒店 ★★★
地址：连云港市新浦区海连西路 1 号
电话：0518 - 5018888
传真：0518 - 5017770
邮编：222006
网址：www. Kaiyuehotel. com. cn

连云港明珠大酒店 ★★★
地址：连云港市新浦区海连中路 122 号
电话：0518 - 5519888
传真：0518 - 5408343
邮编：222004

连云港天晴大酒店 ★★★
地址：连云港市新浦区巨龙路 6 号
电话：0518 - 5685678
传真：0518 - 5804366
邮编：222006

连云港市千府大酒店 ★★★
地址：连云港市新浦区南极北路 28 号
电话：0518 - 5486888
传真：0518 - 5486611
邮编：222001

连云港登泰大酒店 ★★★
地址：连云港市新浦区通关南路 98 号
电话：0518－5512999
传真：0518－5408343
邮编：222001

连云港苏源大酒店 ★★★
地址：连云港市新浦区幸福路 13 号
电话：0518－5292300
传真：0518－5250643
邮编：222004

连云港北崮山庄 ★★★
地址：连云港市连云区墟沟龙门路 2 号
电话：0518－2318288
传真：0518－2311614
邮编：222042

连云港香海锦泰大饭店 ★★★
地址：连云港市连云区中华西路海景大厦
电话：0518－2309666
传真：0518－2309668
邮编：222042

连云港瑞泰酒店 ★★★
地址：连云港市连云区中山西路 75 号
电话：0518－5423888
传真：0518－5423800
邮编：222042

连云港远洋宾馆 ★★★
地址：连云港市连云区中山中路 195 号
电话：0518－2310285
传真：0518－5422366
邮编：222042

赣榆县新世纪大酒店 ★★★
地址：连云港市赣榆县青口镇黄海东路
电话：0518－6319999
传真：0518－6319990
邮编：222100

赣榆宾馆 ★★★
地址：连云港市赣榆县青口镇黄海路 2 号
电话：0518－6214243
传真：0518－6212819
邮编：222100

连云港市灌云清和园宾馆 ★★★
地址：连云港市灌云县伊山镇向阳路 25 号
电话：0518－8839888
传真：0518－8825101
邮编：222200

连云港天成大酒店 ★★★
地址：连云港市东海县牛山镇钢铁路 79 号
电话：0518－7222677
传真：0518－7222577
邮编：222300
网址：www. hoteleall. com \ tianchenghotel

东海温泉健身会馆 ★★★
地址：连云港市东海县温泉旅游度假区泳馆路 1 号
电话：0518－7848600
传真：0518－7848787
邮编：222301

东海县新世纪温泉度假村 ★★★
地址：连云港市东海县温泉镇温泉南路 16 号
电话：0518－7846888
传真：0518－7846999
邮编：222301

宿迁湖滨新城大酒店 ★★★
地址：宿迁市水杉大道 888 号
电话：0527－4837777
传真：0527－4837799
邮编：223809

宿迁市江海潮大酒店 ★★★
地址：宿迁市宿城区八一中路 2 号
电话：0527－4228800
传真：0527－4228877
邮编：223800

清风苑宾馆 ★★★
地址：宿迁市宿城区发展大道
电话：0527－4355966
传真：0527－4355999
邮编：223800

宿迁京杭大酒店 ★★★
地址：宿迁市宿城区发展大道 68 号
电话：0527－4359000
传真：0527－4359233
邮编：223800
电子信箱：jinghang@ 8. cn

宿迁市翰林府大酒店 ★★★
地址：宿迁市宿城区发展大道 78 号
电话：0527－4382777
传真：0527－4382799
邮编：223800

宿迁市金桥餐饮服务中心 ★★★
地址：宿迁市宿城区洪泽湖路 155 号
电话：0527－4355188
传真：0527－8010706
邮编：223800

宿迁市嘉年华大酒店 ★★★
地址：宿迁市宿城区洪泽湖路 53 号
电话：0527－4359222
传真：0527－4359359
邮编：223800
网址：www. sqjnh. com

宿迁市东来大酒店 ★★★
地址：宿迁市宿城区洪泽湖路 8 号
电话：0527－4366000
传真：0527－4357325
邮编：223800

宿迁市兰亭宾馆 ★★★
地址：宿迁市宿城区太湖路 261 号
电话：0527－4389666
传真：0527－4389555
邮编：223800

宿迁市金地龙都餐饮有限公司 ★★★
地址：宿迁市宿城区西湖路 28 号
电话：0527－4315666
传真：0527－4315999
邮编：223800

宿迁市楚龙大酒店 ★★★
地址：宿迁市宿城区西湖路 389 号
电话：0527－4315888
传真：0527－4315898
邮编：223800

宿迁中心大酒店 ★★★
地址：宿迁市宿城区幸福中路 26 号
电话：0527－4212679
传真：0527－4212126
邮编：223800

沭阳大酒店 ★★★
地址：宿迁市沭阳县内沭河北路 262 号
电话：0527－3589888
传真：0527－3589666
邮编：223600

泗阳大酒店 ★★★
地址：宿迁市泗阳县淮海东路 11 号
电话：0527－5288799
传真：0527－5285028
邮编：223700

虹州宾馆 ★★★
地址：宿迁市泗洪县泗洲中大街 23 号
电话：0527－6202138
传真：0527－6232774
邮编：223900

淮安交通宾馆 ★★★
地址：淮安市清河区大治路 12 号
电话：0517－3593168
传真：0517－3669202
邮编：223001

淮安市东土大酒店 ★★★
地址：淮安市清河区淮海北路 19 号
电话：0517－3941668
传真：0517－3941668
邮编：223001

淮安市幽兰都大酒店 ★★★
地址：淮安市清河区健康东路 36 号
电话：0517－3756888
传真：0517－8006
邮编：223001

淮安市淮州宾馆 ★★★
地址：淮安市清河区健康东路 55 号
电话：0517－3566388
传真：0517－3566332
邮编：223001

淮安市楚天宾馆 ★★★
地址：淮安市清河区健康东路 75 号
电话：0517－3522188
传真：0517－3522189
邮编：223001

淮安梅园宾馆 ★★★
地址：淮安市清河区健康西路 37 号
电话：0517－3592666
传真：0517－3592658
邮编：223001

淮安市东湖宾馆 ★★★
地址：淮安市清河区深圳路 9－1 号
电话：0517－3714988
传真：0517－3714700
邮编：223005

淮安楚州苏源宾馆 ★★★
地址：淮安市楚州区长安西路 1 号
电话：0517－5991777
传真：0517－5806488
邮编：223200

淮安市淮阴宾馆 ★★★
地址：淮安市淮阴区北京东路 30 号
电话：0517－4923818
传真：0517－4967018
邮编：223300
网址：www. ha-ms. com
电子信箱：master@ hams. com

淮安市南海商务酒店 ★★★
地址：淮安市淮阴区黄河东路 1 号
电话：0517－4988888
传真：0517－4988160
邮编：223300

金湖宾馆 ★★★
地址：淮安市金湖县建设路113号
电话：0517－6882988
传真：0517－6882988
邮编：211600

盱眙金谷园饭店 ★★★
地址：淮安市盱眙县金谷园路6号
电话：0517－8214488
传真：0517－8214497
邮编：211700

盱眙宾馆 ★★★
地址：淮安市盱眙县金源大道3号
电话：0517－8336766
传真：0517－8264207
邮编：211700

淮扬府铁山寺森林度假村 ★★★
地址：淮安市盱眙县铁山寺国家森林公园
电话：0517－8762828
传真：0517－8762750
邮编：211723

洪泽天鹅湖宾馆 ★★★
地址：淮安市洪泽县大庆南路4号
电话：0517－7235666
传真：0517－7223366
邮编：223100

洪泽老子山温泉山庄 ★★★
地址：淮安市洪泽县老子山镇湖滨路108号
电话：0517－7215000
传真：0517－2832
邮编：211706

涟水宾馆 ★★★
地址：淮安市涟水县安东路2号
电话：0517－2315300
传真：0517－2321220
邮编：223400

盐城海悦温泉迎宾馆 ★★★
地址：盐城市开发大道东路7号
电话：0515－8281200
传真：0515－8283681
邮编：224002

盐城市盐海宾馆 ★★★
地址：盐城市亭湖区建军东路33号
电话：0515－8241089
传真：0515－8212592
邮编：224002
电子信箱：yhhotel@163.com

盐城饭店 ★★★
地址：盐城市亭湖区建军中路82号
电话：0515－8880666
传真：0515－8308610
邮编：224001

盐城市望海大酒店 ★★★
地址：盐城市亭湖区解放北路26号
电话：0515－8882288
传真：0515－8322549
邮编：224001

盐城市万豪宾馆 ★★★
地址：盐城市亭湖区开放大道93号
电话：0515－8180999
传真：0515－8334990
邮编：224002

盐城市维海大酒店 ★★★
地址：盐城市盐都区解放南路娱乐花园
电话：0515－8887788
传真：0515－8887955
邮编：224001

东台宾馆 ★★★
地址：盐城东台市鼓楼路112号
电话：0515－5219448
传真：0515－5221054
邮编：224200
电子信箱：feilai0772@sina.com

东台凯悦国际大酒店 ★★★
地址：盐城东台市新东东路16号
电话：0515－5299999
传真：0515－5292600
邮编：224200

大丰市丰东大酒店 ★★★
地址：盐城大丰市健康东路36号
电话：0515－3520199
传真：0515－3520122
邮编：224600

大丰市天池国际大酒店 ★★★
地址：盐城大丰市金丰南路8号
电话：0515－3822666
传真：0515－3813751
邮编：224100

大丰市银都大酒店 ★★★
地址：盐城大丰市人民南路48号
电话：0515－3515888
传真：0515－3513922
邮编：224100

射阳新亚士都大酒店 ★★★
地址：盐城市射阳县发宏街9号
电话：0515－2371555
传真：0515－2354133
邮编：224300

江苏兴谷大酒店 ★★★
地址：盐城市阜宁县阜城大街96号
电话：0515－7219888
传真：0515－7212371
邮编：224400
网址：www.fjian.com
电子信箱：Xinggu988@126.com

滨海宾馆 ★★★
地址：盐城市滨海县新建中路88号
电话：0515－4238888
传真：0515－6666
邮编：224500

建湖县冠华苑大酒店 ★★★
地址：盐城市建湖县冠华西路1号
电话：0515－6275188
传真：0515－6270991
邮编：224700

江苏华都饭店 ★★★
地址：盐城市建湖县湖中南路9号
电话：0515－6216607
传真：0515－6222049
邮编：224700

建湖宾馆 ★★★
地址：盐城市建湖县向阳路88号
电话：0515－6214488
传真：0515－6211670
邮编：224700

扬州西湖山庄 ★★★
地址：扬州市平山堂路3号
电话：0514－7313888
传真：0514－7313889
邮编：225002

扬州蓝天大厦 ★★★
地址：扬州市汶河北路42号
电话：0514－7360000
传真：0514－7314101
邮编：225002
网址：www.mail.yzvod.com
电子信箱：yzltds@yzvod.com

鸿翔假日酒店 ★★★
地址：扬州市扬州开发区江阳西路359号
电话：0514－7702555
传真：0514－7702219
邮编：225012

扬州蜀岗西峰大酒店 ★★★
地址：扬州市扬子江北路568号
电话：0514－5128888
传真：0514－5880073
邮编：225008

扬州宾馆 ★★★
地址：扬州市维扬区丰乐上街5号
电话：0514－7805888
传真：0514－7343599
邮编：225002

扬州二十四桥宾馆 ★★★
地址：扬州市维扬区扬子江北路486号
电话：0514－7808999
传真：0514－7328822
邮编：225009
网址：www.essq.net
电子信箱：mail.essq.net

扬州天虹大酒店 ★★★
地址：扬州市维扬区扬子江中路551号
电话：0514－7803000
传真：0514－7803078
邮编：225009

扬州广源丁山大酒店 ★★★
地址：扬州市广陵区南通西路79号
电话：0514－7330777
传真：0514－7359772
邮编：225001

扬州市翠园城市酒店 ★★★
地址：扬州市广陵区文昌中路209号
电话：0514－7801999
传真：0514－7348315
邮编：225002

扬州红杉树酒店 ★★★
地址：扬州市广陵区文昌中路237号
电话：0514－7801888
传真：0514－7315678
邮编：225002
网址：www.yztour.net
电子信箱：yzhssid@yahoo.com.cn

扬州文津宾馆 ★★★
地址：扬州市广陵区盐阜西路18号
电话：0514－7801988
传真：0514－7329268
邮编：225002

扬州金鼎国际酒店 ★★★
地址：扬州市邗江区邗江西路324号
电话：0514－7701888
传真：0514－7868435
邮编：225009

扬州润扬假日酒店 ★★★
地址：扬州市邗江区邗江中路305号

电话：0514－7703777
传真：0514－7703155
邮编：225009

扬州远锦国际大酒店 ★★★
地址：扬州市邗江区华泽路29号
电话：0514－7771888
传真：0514－7840688
邮编：225127

扬州石塔宾馆 ★★★
地址：扬州市邗江区文昌中路246号
电话：0514－7801188
传真：0514－7314125
邮编：225002
网址：www. yzstbg. com
电子信箱：stbg@ yzstbg. com

仪征黎明大酒店 ★★★
地址：扬州仪征市真州路121号
电话：0514－3400088
传真：0514－3400288
邮编：211400
网址：www. liminghotel. com

金叶大酒店 ★★★
地址：扬州江都市长江路236号
电话：0514－6999000
传真：0514－6999076
邮编：225200

江都市大酒店 ★★★
地址：扬州江都市引江路48号
电话：0514－6551988
传真：0514－6555009
邮编：225200
网址：www. jsjdhotel. com
电子信箱：jdhotel@ 163. com

高邮市三星香格里拉大酒店 ★★★
地址：扬州高邮市北门大街6号
电话：0514－4655555
传真：0514－4651809
邮编：225600

北海假日酒店 ★★★
地址：扬州高邮市通湖路189号
电话：0514－5266888
传真：0514－5266006
邮编：225600

高邮夏威夷休闲俱乐部 ★★★
地址：扬州高邮市文游中路168号
电话：0514－4687777
传真：0514－4681568
邮编：225600

宝应县天元大酒店 ★★★
地址：扬州市宝应县苏中路6号
电话：0514－8200777
传真：0514－8200766
邮编：225800

泰州市丽都假日大酒店 ★★★
地址：泰州市海陵区凤凰东路66号
电话：0523－6882000
传真：0523－6883089
邮编：225300

泰州市国泰宾馆 ★★★
地址：泰州市海陵区鼓楼南路516号
电话：0523－6364888
传真：0523－6361299
邮编：225300
网址：www. guotaihotel. net
电子信箱：gt@ guotaihotel. net

泰州会宾楼宾馆 ★★★
地址：泰州市海陵区济川东路101号
电话：0523－6807888
传真：0523－6807999
邮编：225300

江苏原野大酒店 ★★★
地址：泰州市海陵区南通路30号
电话：0523－2101888
传真：0523－6210588
邮编：225300

泰州开泰宾馆 ★★★
地址：泰州市海陵区青年南路19号
电话：0523－6895588
传真：0523－6889911
邮编：225300

泰州市新银河宾馆 ★★★
地址：泰州市海陵区西仓路136号
电话：0523－6226688
传真：0523－6226608
邮编：225300

泰州市新世纪大酒店 ★★★
地址：泰州市海陵区扬州路518号
电话：0523－6601888
传真：0523－6601890
邮编：225300

沃特龙大酒店 ★★★
地址：泰州市高港区杨湾
电话：0523－6988888
传真：0523－6988898
邮编：225321

靖江世纪辉煌酒店 ★★★
地址：泰州靖江市人民南路卫生大楼旁
电话：0523－4877770
传真：0523－4861363
邮编：214500

泰兴国际大酒店 ★★★
地址：泰州泰兴市国庆东路8号
电话：0523－7626241
传真：0523－7634794
邮编：225400
电子信箱：jstx-hotelsina

泰兴市泰通凯悦大酒店 ★★★
地址：泰州泰兴市车站路1号
电话：0523－7720666
传真：0523－7726502
邮编：225400

桥缘宾馆 ★★★
地址：泰州泰兴市黄桥镇
电话：0523－7121088
传真：0523－7121099
邮编：225411

姜堰市苏源国际大酒店 ★★★
地址：泰州姜堰市迎宾西路220号
电话：0523－8248999
传真：0523－8248889
邮编：225500

兴化市喜来居大酒店 ★★★
地址：泰州兴化市五里东路10号
电话：0523－3279999
传真：0523－3329806
邮编：225700

国都大酒店 ★★★
地址：南通市经济技术开发区上海路18号
电话：0513－85921888
传真：0513－85980077
邮编：226010

南通市星海天大酒店 ★★★
地址：南通市崇川区工农路40号
电话：0513－85322222
传真：0513－85229666
邮编：226001

南通华侨宾馆 ★★★
地址：南通市崇川区濠西路39号
电话：0513－85181188
传真：0513－85180157
邮编：226001
电子信箱：nthqbg@ 163. com

南通市金桥大酒店 ★★★
地址：南通市崇川区青年西路21号
电话：0513－83558600
传真：0513－83558666
邮编：226006
网址：www. gbhotel. nt. js. cn
电子信箱：gbhotel@ pub. nt. jsinfo. net

南通华通大酒店 ★★★
地址：南通市崇川区青年中路58号
电话：0513－85107979
传真：0513－85108699
邮编：226006
网址：www. huatonghotel. com
电子信箱：hnhotel@ public. nt. js. cn

南通中城大酒店 ★★★
地址：南通市崇川区人民中路20号
电话：0513－85596666
传真：0513－85528258
邮编：226001

南通长城大饭店 ★★★
地址：南通市崇川区跃龙路30－32号
电话：0513－85597979
传真：0513－85599881
邮编：226006
网址：www. huatonghotel. com
电子信箱：sc_5851776@ 163. com

南通市久发添宝宾馆 ★★★
地址：南通市港闸区外环北路298号
电话：0513－85669898
传真：0513－85678998
邮编：226005

吉斯达狮山大酒店 ★★★
地址：南通海门市狮山路131号
电话：0513－82119999
传真：0513－82315118
邮编：226100

金天宾馆 ★★★
地址：南通海门市秀山东路77号
电话：0513－82229777
传真：0513－82229666
邮编：226100

海门市中海宾馆 ★★★
地址：南通海门市友谊路1号
电话：0513－82101951
传真：0513－82102179
邮编：226100

南通兴都大酒店 ★★★
地址：南通启东市江海中路681号

电话：0513－83340088
传真：0513－83343807
邮编：226200

启东市吕四港大酒店 ★★★
地址：南通启东市吕四港镇水产路231号
电话：0513－83430000
传真：0513－83431287
邮编：226241

启东大唐宾馆 ★★★
地址：南通启东市吕四渔港大唐电厂对面
电话：0513－83401688
传真：0513－83402288
邮编：226241

启东东珠宾馆 ★★★
地址：南通启东市人民中路623号
电话：0513－83322222
传真：0513－83313467
邮编：226200

通州联邦大酒店 ★★★
地址：南通通州市家纺城志浩市场
电话：0513－86801888
传真：0513－86801695
邮编：226315

通州市亚细亚大酒店 ★★★
地址：南通通州市银河路66号
电话：0513－86516888
传真：0513－86523880
邮编：226300

如皋市山水假日酒店 ★★★
地址：南通如皋市海阳中路88号
电话：0513－82156666
传真：0513－82156668
邮编：226500

南通泰华大酒店 ★★★
地址：南通如皋市如城普庆南路2号
电话：0513－87529888
传真：0513－87529976
邮编：226500

江苏江中集团宾馆 ★★★
地址：南通如皋市吴窑镇人民北路188号
电话：0513－87946999
传真：0513－87946222
邮编：226533

海安县海阳国际大酒店 ★★★
地址：南通市海安县长江中路99－1号
电话：0513－88868888
传真：0513－88868998
邮编：226600

海安县海安宾馆 ★★★
地址：南通市海安县海陵路8号
电话：0513－88897888
传真：0513－88812590
邮编：226600
网址：www. hahotel. com. cn

海安县王府宾馆 ★★★
地址：南通市海安县开发区通榆中路98号
电话：0513－88926333
传真：0513－88920333
邮编：226600
电子信箱：hawfhotel@ 126. com

海安县海中宾馆 ★★★
地址：南通市海安县新华东路1号
电话：0513－88826088
传真：0513－88826075
邮编：226600

江苏省镇江东郊宾馆 ★★★
地址：镇江市镇江新区谷阳路1号
电话：0511－8789199
传真：0511－8789190
邮编：212016

观海楼酒店 ★★★
地址：镇江市京口区环城路4号
电话：0511－4402118
传真：0511－4445189
邮编：212003

镇江市转业军官培训中心汇萃园 ★★★
地址：镇江市京口区解放路18号
电话：0511－4424812
传真：0511－4403089
邮编：212001

江苏镇江京口饭店 ★★★
地址：镇江市京口区中山东路407号
电话：0511－5224866
传真：0511－5230056
邮编：212001

镇江丽都假日酒店 ★★★
地址：镇江市润州区电力路16号
电话：0511－8981111
传真：0511－8981100

镇江大酒店 ★★★
地址：镇江市润州区火车站广场西侧
电话：0511－5236666
传真：0511－5230145
邮编：212004

镇江市金鳌苑大酒店 ★★★
地址：镇江市润州区中山西路112号
电话：0511－5229999
传真：0511－5236615
电子信箱：jayhotel@ sina. com
邮编：212004

镇江市金龙大酒店 ★★★
地址：镇江市润州区中山西路90号
电话：0511－5239999
传真：0511－5246240
邮编：212004
电子信箱：zjjinlong@ yeah. ent

扬中市周仔大酒店 ★★★
地址：镇江扬中市江洲东路77号
电话：0511－8264555
传真：0511－8265118
邮编：212200

扬中市扬中宾馆 ★★★
地址：镇江扬中市前进北路52号
电话：0511－8324367
传真：0511－8324371
邮编：212200
网址：www. yangzhong－hotel. com. 8110

扬中国际饭店 ★★★
地址：镇江扬中市扬中大桥工业园区
电话：0511－8421666
传真：0511－8425555
邮编：212212

金叶大酒店 ★★★
地址：镇江扬中市扬子中路141号
电话：0511－8180337
传真：0511－8180362
邮编：212200
网址：www. jy-hotel. com
电子信箱：hjl@ jy-hotel. com

丹阳市丹亚大酒店 ★★★
地址：镇江丹阳市金陵西路117号
电话：0511－6967878
传真：0511－6967883
邮编：212300

丹阳大酒店 ★★★
地址：镇江丹阳市新市口广场1号
电话：0511－6527199
传真：0511－6510554
邮编：212300

句容宾馆 ★★★
地址：镇江句容市华阳北路9号
电话：0511－7263555
传真：0511－7263500
邮编：212400
网址：jrhotel. 363. net
电子信箱：jrhotelsw@ sina. com

句容市正龙大酒店 ★★★
地址：镇江句容市玉清西路
电话：0511－7265555
传真：0511－7268038
邮编：212400

常州世纪长安大酒店 ★★★
地址：常州市青果巷198号
电话：0519－6623388
传真：0519－6688733
邮编：213003

常州亚细亚影视城 ★★★
地址：常州市钟楼区怀德中路21号
电话：0519－6608965
传真：0519－6806200
邮编：213002

常州宾馆 ★★★
地址：常州市钟楼区晋陵中路418号
电话：0519－6600713
传真：0519－6603819
邮编：213003
网址：www. czgbg. com
电子信箱：czgh@ yeah. net

常州市丰泽宾馆 ★★★
地址：常州市钟楼区木梳路经纬巷3号
电话：0519－6960188
传真：0519－6973005
邮编：213015

常州宫苑宾馆 ★★★
地址：常州市钟楼区延陵西路85号
电话：0519－6182100
传真：0519－6600577
邮编：213003

常州市长兴楼宾馆 ★★★
地址：常州市钟楼区邮电路8号
电话：0519－6631888
传真：0519－6671188
邮编：213003
网址：www. cxjt. com
电子信箱：mail. cxjt. com

常州市工会大厦 ★★★
地址：常州市天宁区和平北路9号
电话：0519－8126886
传真：0519－8119991
邮编：213003

常州张生记大酒店 ★★★
地址：常州市天宁区晋陵中路317号

电话：0519－8129688
传真：0519－8100009
邮编：213003
网址：www. zsj－hotel. com
电子信箱：zsjhotel@ 126. com

常州新锦江假日酒店 ★★★
地址：常州市天宁区新丰街14号
电话：0519－8101710
传真：0519－8101074
邮编：213003
网址：www. xjjhotel. com
电子信箱：info@ xjjhotel. com

常州华云大酒店 ★★★
地址：常州市天宁区新民里18号
电话：0519－8175888
传真：0519－8103407
邮编：213003

园外园宾馆 ★★★
地址：常州市天宁区新民路2号
电话：0519－5086188
传真：0519－8107502
邮编：213003
网址：www. ywyhotel. com
电子信箱：ywy@ ywyhotel. com

江南春宾馆 ★★★
地址：常州市天宁区迎宾路39号
电话：0519－6643663
传真：0519－6641498
邮编：213001
网址：www. czjnc. com
电子信箱：czjnch@ public. cz. js. cn

常州市馨雅楼宾馆 ★★★
地址：常州市戚墅堰区戚机厂工房1区1号
电话：0519－8774207
传真：0519－8774207
邮编：213011

常州金陵江南大饭店 ★★★
地址：常州市新北区新区通江大道466号
电话：0519－5119988
传真：0519－5105810
邮编：213022
网址：www. 51kk7. com. cn

常州大地宾馆 ★★★
地址：常州市武进区北太平桥路58号
电话：0519－8100968
传真：0519－8109834
邮编：213003

常州市武进宾馆 ★★★
地址：常州市武进区关河中路38号
电话：0519－5086888
传真：0519－8113118
邮编：213002

武进国瑞宾馆 ★★★
地址：常州市武进区横山桥镇
电话：0519－8603888
传真：0519－8605118
邮编：213119
网址：www. czgr. com
电子信箱：czgrhotel@ 126. com

常州市新苑宾馆 ★★★
地址：常州市武进区湖塘环府路
电话：0519－6312888
传真：0519－6312268
邮编：213159

常州市武进兰新大饭店 ★★★
地址：常州市武进区湖塘镇新常漕路
电话：0519－6569888
传真：0519－6551666
邮编：213161

金坛市南天宾馆 ★★★
地址：常州金坛市东环二路1－1号
电话：0519－2337900
传真：0519－2332428
邮编：213200

溧阳市江南大酒店 ★★★
地址：常州溧阳市平陵中路268号
电话：0519－7217987
传真：0519－7262108
邮编：213300

溧阳市天目湖虹枫美食休闲度假村 ★★★
地址：常州溧阳市天目湖度假区
电话：0519－7167666
传真：0519－7167628
邮编：213333

溧阳市天目水庐宾馆 ★★★
地址：常州溧阳市天目湖度假区
电话：0519－7981798
传真：0519－7981878
邮编：213333
网址：www. tmslhotel. com
电子信箱：web@ tmslhotel. com

天目湖水悦山庄 ★★★
地址：常州溧阳市天目湖旅游度假区
电话：0519－7167888
传真：0519－7168988
邮编：213333

望湖岭山庄 ★★★
地址：常州溧阳市天目湖旅游度假区环湖东路1号
电话：0519－7982786
传真：0519－7982799
邮编：213333
网址：www. whlhotel. com
电子信箱：public@ whlhotel. com

溧阳市云海宾馆 ★★★
地址：常州溧阳市燕山路33号
电话：0519－7179666
传真：0519－7179997
邮编：213300

无锡市欣旺大酒店 ★★★
地址：无锡市新区长江北路18号
电话：0510－85220777
传真：0510－85221820
邮编：214028

无锡市君悦大酒店 ★★★
地址：无锡市新区太湖大道88号
电话：0510－85044888
传真：0510－85052188
邮编：214026

无锡中旅大酒店 ★★★
地址：无锡市崇安区车站路88号
电话：0510－88689888
传真：0510－82304561
邮编：214005
电子信箱：ctsshangwu@ 163. com

无锡市大地宾馆 ★★★
地址：无锡市崇安区崇宁路55号
电话：0510－82702188
传真：0510－82720679
邮编：214002

无锡市吉祥大饭店 ★★★
地址：无锡市崇安区解放北路53号
电话：0510－88687188
传真：0510－82830777
邮编：214001

无锡市物产大酒店 ★★★
地址：无锡市崇安区人民中路185号
电话：0510－82701118
传真：0510－82739673
邮编：214001
电子信箱：wuchan@ public1. wx. js. cn

无锡市梁溪饭店 ★★★
地址：无锡市崇安区中山路177号
电话：0510－88683888
传真：0510－88683690
邮编：214001
电子信箱：lxhotel@ 163. net

无锡鸿运大酒店 ★★★
地址：无锡市崇安区中山路317号
电话：0510－82712222
传真：0510－82710332
邮编：214001

无锡市聚丰园大酒店 ★★★
地址：无锡市崇安区中山路555号
电话：0510－82757888
传真：0510－82705752
邮编：214005

无锡东林大酒店 ★★★
地址：无锡市南长区人民东路33号
电话：0510－82828777
传真：0510－82825235
邮编：214007
网址：www. donglingrandhotel. com

无锡古罗马大酒店 ★★★
地址：无锡市南长区中南路1号
电话：0510－85418989
传真：0510－85418686
邮编：214073
网址：www. romehotel. com. cn
电子信箱：romehtl@ public1. wx. js. cn

无锡海天大酒店 ★★★
地址：无锡市滨湖区湖滨路36号－1
电话：0510－85129988
传真：0510－85108920
邮编：214071

无锡市运河大酒店 ★★★
地址：无锡市滨湖区湖滨路7号
电话：0510－85806909
传真：0510－85867854
邮编：214061

无锡太湖能园度假村 ★★★
地址：无锡市滨湖区蠡园长桥惠巷
电话：0510－85118888
传真：0510－85104099
邮编：214081
网址：www. xn8888. com
电子信箱：lyxing1@ xn8888. sina. net

无锡美丽都大酒店 ★★★
地址：无锡市滨湖区梁溪路2号
电话：0510－85865665
传真：0510－85801668
邮编：214062

网址：wxtour. opchina. com

无锡太湖度假村 ★★★
地址：无锡市滨湖区南泉镇
电话：0510－85951785
传真：0510－85951782
邮编：214128

无锡市横山饭店 ★★★
地址：无锡市滨湖区钱荣路9号
电话：0510－82254000
传真：0510－85515462
邮编：214063

无锡友谊大饭店 ★★★
地址：无锡市滨湖区苏锡路211号
电话：0510－85405838
传真：0510－85406645
邮编：214123
网址：www. friendshiphotel. com. cn

无锡市西郊宾馆 ★★★
地址：无锡市滨湖区太康新村290号
电话：0510－85883588
传真：0510－85802516
邮编：214062
网址：www. xjhotel. com
电子信箱：xjhotel@ public1. wx. js. cn

无锡市惠山区长安宾馆 ★★★
地址：无锡市惠山区堰桥镇长安迎新路135号
电话：0510－82249778
传真：0510－82249177
邮编：214177

无锡市长城大酒店 ★★★
地址：无锡市锡山区东亭锡沪中路82号
电话：0510－88708800
传真：0510－88708977
邮编：214101

无锡双象大酒店 ★★★
地址：无锡市锡山区鸿山镇后宅中路
电话：0510－88991888
传真：0510－88992888
邮编：214145

江阴市云都大酒店 ★★★
地址：无锡江阴市长泾镇人民路83号
电话：0510－86309888
邮编：214411
传真：0510－86309999

江阴新东亚大酒店 ★★★
地址：无锡江阴市虹桥北路142号
电话：0510－86815888
传真：0510－86808175
邮编：214497

江阴新扬子大酒店 ★★★
地址：无锡江阴市虹桥北路171号
电话：0510－86806688
传真：0510－86803738
邮编：214431
网址：www. jycity. com
电子信箱：wxyzh@ yangtze. net. cn

华西金塔宾馆 ★★★
地址：无锡江阴市华西村
电话：0510－86217000
传真：0510－86217183
邮编：214420

江阴市长江饭店 ★★★
地址：无锡江阴市人民东路18号
电话：0510－86708888
传真：0510－86708777
邮编：214431
网址：www. cjhotel. com. cn

江苏阳光集团公司阳光大厦 ★★★
地址：无锡江阴市新桥镇
电话：0510－86121888
传真：0510－86121761
邮编：214426
电子信箱：ygswzx@ public1. wx. js. cn

杜康园大酒店 ★★★
地址：无锡江阴市迎宾路22号
电话：0510－86701888
传真：0510－86701999
邮编：214400

江阴金湾海悦饭店 ★★★
地址：无锡江阴市周庄镇
电话：0510－86903888
传真：0510－86903555
邮编：214423

江阴市长寿度假村 ★★★
地址：无锡江阴市周庄镇长寿路129号
电话：0510－86361000
传真：0510－86360304
邮编：214424

江苏瑰宝集团有限公司瑰宝宾馆 ★★★
地址：无锡江阴市祝塘镇人民路33号
电话：0510－86387777
传真：0510－86381677
邮编：214415

宜兴上海宾馆 ★★★
地址：无锡宜兴市丁蜀镇公园路206号
电话：0510－87401811
传真：0510－87404896
邮编：214221

宜兴市华亭国际酒店 ★★★
地址：无锡宜兴市解放东路169号
电话：0510－87911888
传真：0510－87903364
邮编：214200
网址：www. yxhthotel. com
电子信箱：web@ yxhthotel. com

宜兴市禄漪园大酒店 ★★★
地址：无锡宜兴市人民南路3号
电话：0510－87700888
传真：0510－87700123
邮编：214200

宜兴市陶都大饭店 ★★★
地址：无锡宜兴市人民中路134号
电话：0510－87901818
传真：0510－87909149
邮编：214200

宜兴市新贝斯特国际大酒店 ★★★
地址：无锡宜兴市太隔东路21号
电话：0510－87908866
传真：0510－87906412
邮编：214200

宜兴市大亚达酒店 ★★★
地址：无锡宜兴市阳泉路108号
电话：0510－87933333
传真：0510－87937242
邮编：214200
网址：www. dayada. com
电子信箱：dyd-txz@ vip. 163. com

宜兴市苏源电力宾馆 ★★★
地址：无锡宜兴市阳羡西路88号
电话：0510－87934480
传真：0510－87936638
邮编：214200
电子信箱：bgs3002@ 163. com

苏州宜家开元酒店 ★★★
地址：苏州市金门路485号
电话：0512－65830888
传真：0512－65830005
邮编：215004

苏州市桃园度假村 ★★★
地址：苏州市苏州高新区金山路68号
电话：0512－68255888
传真：0512－68251548
邮编：215011
网址：www. sztydjc. com
电子信箱：sztydjc@ 126. com

苏州乐园度假酒店 ★★★
地址：苏州市苏州高新区狮山路108号
电话：0512－68258258
传真：0512－68241587
邮编：215011
网址：www. avhotel. com
电子信箱：hr@ avhotel. com

苏州金龙大酒店 ★★★
地址：苏州市苏州高新区玉山路28号
电话：0512－68253538
传真：0512－68259992
邮编：215011

苏州市阊门饭店 ★★★
地址：苏州市金阊区阊门内西中市139号
电话：0512－67273208
传真：0512－67274185
邮编：215003
网址：www. changmenhotel. com
电子信箱：uucmfd@ public1. sz. js. cn

苏州定园宾馆 ★★★
地址：苏州市金阊区虎丘路503号
电话：0512－65571666
传真：0512－65319388
邮编：215008

苏州虎丘大酒店 ★★★
地址：苏州市金阊区虎丘路585号
电话：0512－65310959
传真：0512－65310106
邮编：215008
网址：www. sz－hqdjd. com

苏州市园外楼饭店 ★★★
地址：苏州市金阊区留园路99号
电话：0512－65331013
传真：0512－65334559
邮编：215008
网址：www. yuanwailouhotel. com

福马大酒店 ★★★
地址：苏州市金阊区西环路2777号
电话：0512－65339888
传真：0512－65331026
邮编：215008

苏州南林饭店 ★★★
地址：苏州市沧浪区滚绣坊20号
电话：0512－65194641
传真：0512－68015818
邮编：215006
网址：www. nanlin. cn

电子信箱：hotel@ nanlin. cn

苏州杰特漫宾馆 ★★★
地址：苏州市沧浪区南园北路 118 号
电话：0512－67049688
传真：0512－67049678
邮编：215006

苏州市工商会议中心（吴门大酒店）★★★
地址：苏州市沧浪区人民路 149 号
电话：0512－65255972
传真：0512－65251879
邮编：215007

苏州三元宾馆 ★★★
地址：苏州市沧浪区人民路 88 号
电话：0512－65113608
传真：0512－65215182
邮编：215002
网址：www. sanyuanhotel. com
电子信箱：offi@ sanyuanhotel. com

苏州华侨饭店 ★★★
地址：苏州市沧浪区三香路
电话：0512－68261888
传真：0512－68261264
邮编：215004
网址：www. chinayat. com
电子信箱：szhqfd@ qianlong. com

苏州姑苏饭店 ★★★
地址：苏州市沧浪区相王路 5 号
电话：0512－65200566
传真：0512－65199727
邮编：215006
电子信箱：szgs. hotel@ sina. com

苏州友谊宾馆 ★★★
地址：苏州市沧浪区竹辉路 349 号
电话：0512－82118888
传真：0512－65206221
邮编：215007

苏州丽晶水庄大酒店 ★★★
地址：苏州市平江区北园路 83 号
电话：0512－67027777
传真：0512－67122312
邮编：215001

龙凤宾馆 ★★★
地址：苏州市平江区大井巷 9 号
电话：0512－65154800
传真：0512－65154104
邮编：215005
电子信箱：szwjw2004@ 163. com

苏州中山大厦 ★★★
地址：苏州市平江区人民路 559 号
电话：0512－68016008
传真：0512－67289909
邮编：215005
网址：gb. shgchina. com

苏州市富汇大酒店 ★★★
地址：苏州市吴中区东大街 459 号
电话：0512－65205988
传真：0512－65209971
邮编：215002
网址：www. szfhhotel. com. cn

苏州市太湖度假中心 ★★★
地址：苏州市吴中区光福镇太湖长浮街 55 号
电话：0512－66931690
传真：0512－66932127

苏苑酒店 ★★★
地址：苏州市吴中区人民南路 99 号
电话：0512－65251621
传真：0512－65252313
邮编：215007
网址：www. sy-hotel. com

苏州西山银湖山庄 ★★★
地址：苏州市吴中区西山石公山风景区
电话：0512－66277888
传真：0512－66271301
邮编：215112
网址：www. silverlake. com. cn

鲈乡山庄 ★★★
地址：苏州吴江市笠泽路 607 号
电话：0512－63470000
传真：0512－63481214
邮编：215200

吴江市松陵饭店 ★★★
地址：苏州吴江市流虹路 1 号
电话：0512－63420101
传真：0512－63422776
邮编：215200
网址：www. songlinghotel. com

吴江市平望九华宾馆 ★★★
地址：苏州吴江市平望镇黄秧墩
电话：0512－63669888
传真：0512－63665666
邮编：215221
网址：www. jdlinfo. com
电子信箱：wjjiuhua@ 163. com

吴江市虹胜宾馆 ★★★
地址：苏州吴江市盛泽东方丝绸市场
电话：0512－63500888
传真：0512－63562958
邮编：215228
电子信箱：hsehotel@ pub. sz. jsinfo. net

吴江淀山湖红顶度假村 ★★★
地址：苏州吴江市莘塔镇元北路 88 号
电话：0512－63293211
传真：0512－63293140
邮编：215313
网址：www. rr-dcj. com
电子信箱：redroof@ pub. sz. jsinfo. net

吴江市吴都大酒店 ★★★
地址：苏州吴江市中山街 62 号
电话：0512－63427999
传真：0512－63427666
邮编：215200
电子信箱：Wudu8888@ yahoo. com. cn

昆山开发区一醉宾馆 ★★★
地址：苏州昆山市长江中路 450 号
电话：0512－57087777
传真：0512－57087766
邮编：215301

昆山誉兴大酒店 ★★★
地址：苏州昆山市合兴路 555 号
电话：0512－57886666
传真：0512－57886600
邮编：215300

昆山大唐宾馆 ★★★
地址：苏州昆山市前进中路 183 号
电话：0512－57328588
传真：0512－57328699
邮编：215301

昆山开发区一醉大酒店 ★★★
地址：苏州昆山市前进中路 216 号
电话：0512－57338888
传真：0512－57228866
邮编：215301

昆山华利大酒店 ★★★
地址：苏州昆山市前进中路 237 号
电话：0512－57310660
传真：0512－57311341
邮编：215301
电子信箱：huali001@ publicl. sz. js. cn

昆山玉峰大厦 ★★★
地址：苏州昆山市人民南路 132 号
电话：0512－57303216
传真：0512－57304878
邮编：215300

昆山市华晨度假村 ★★★
地址：苏州昆山市石浦宏川路 88 号
电话：0512－57402168
传真：0512－57403358
邮编：215343

昆山市一醉天元宾馆 ★★★
地址：苏州昆山市西街 41 号
电话：0512－57087888
传真：0512－57087666
邮编：215300

昆山新上海威尼斯度假村 ★★★
地址：苏州昆山市正仪镇民权路 18 号
电话：0512－57895000
传真：0512－57891931
邮编：215347

昆山市周庄大酒店 ★★★
地址：苏州昆山市周庄镇大桥北路
电话：0512－57216688
传真：0512－57213028
邮编：215325

昆山周庄宾馆 ★★★
地址：苏州昆山市周庄镇全福路 108 号
电话：0512－57216666
传真：0512－57215555
邮编：215325

太阳城酒店 ★★★
地址：苏州太仓市
电话：0512－53529977
传真：0512－53526677
邮编：215400

鎏渊大酒店 ★★★
地址：苏州太仓市长春南路 166 号
电话：0512－53539666
传真：0512－53530483
邮编：215400

太仓港湾假日酒店 ★★★
地址：苏州太仓市浏河镇郑和路 888 号
电话：0512－53606888
传真：0512－53606887
邮编：215431

太仓市陆渡宾馆 ★★★
地址：苏州太仓市陆渡镇北康富路 8 号
电话：0512－53459890
传真：0512－53459833
邮编：215412

太仓市桃园度假村 ★★★
地址：苏州太仓市太浏线桃园车站
电话：0512－53458888

传真：0512－53458550
邮编：215412

常熟虞山锦江饭店 ★★★
地址：苏州常熟市北门大街8号
电话：0512－52100000
传真：0512－52773567
邮编：215500
网址：www. cba-hotel. com
电子信箱：yushan01@ pub. sz. jsinfo. net

常熟大酒店 ★★★
地址：苏州常熟市金沙江路18号
电话：0512－52882888
传真：0512－52880200
邮编：215500
网址：www. cshotel-kf. com
电子信箱：lx@ cshotel-kf. com

常熟沙家浜大酒店 ★★★
地址：苏州常熟市沙家浜镇西首沙南路101号
电话：0512－52500157
传真：0512－52500015
邮编：215559

常熟尚湖花园酒店 ★★★
地址：苏州常熟市尚湖风景区
电话：0512－52105888
传真：0512－52786001
邮编：215500
电子信箱：www. shanghu－hotel. com

蒋巷宾馆 ★★★
地址：苏州常熟市支塘蒋巷村
电话：0512－52587777
传真：0512－52580540
邮编：215539

张家港市凯悦大酒店 ★★★
地址：苏州张家港市港区江海北路5号
电话：0512－58336688
传真：0512－58331929
邮编：215633
电子信箱：uukaiyue@ publicl. sz. js. cn

张家港市景海宾馆 ★★★
地址：苏州张家港市海关路21号
电话：0512－58695777
传真：0512－58695776

张家港市兴塍苑宾馆 ★★★
地址：苏州张家港市后塍镇文星路2号
电话：0512－58771688
传真：0512－58770117
邮编：215631
网址：www. xcyhotel. com

华芳园酒店 ★★★
地址：苏州张家港市塘桥镇人民南路1号
电话：0512－58441711
传真：0512－58441073
邮编：215611

旅游景区

南京中山陵园风景区 AAAAA
地址：南京市中山门外石象路7号
电话：025－84431258　84446111
邮编：210014

南京市玄武湖景区 AAAA
地址：南京市玄武巷1号
电话：025－83614286
邮编：210009
电子信箱：office@ xuanwuhu. net

南京市银杏湖生态旅游区 AAA
地址：南京市
邮编：210008

南京市龙山上庄园景区 AA
地址：南京市陶吴镇
邮编：210008

南京总统府景区 AAAA
地址：南京市长江路292号
电话：025－84578788
邮编：210018

南京阅江楼风景区 AAAA
地址：南京市建宁路202号
电话：025－58815369　58803977
邮编：210015

南京江心洲民俗村 AA（管理处）
地址：南京市建邺区江心洲镇永定村洲泰路
电话：025－86420787
邮编：210036

南京市朝天宫景区 AAAA
地址：南京市白下区朝天宫6号
邮编：210002

南京市南山湖旅游度假区 AAA
地址：南京市江宁区铜井镇东
电话：025－86124666
邮编：211100

南京市淳化山田牛奶园 AA
地址：南京市江宁区淳化镇
邮编：211100

南京市金牛湖景区 AA
地址：南京市六合区桂子山
电话：025－57566968
邮编：211500

南京市燕子矶公园管理处 AA
地址：南京市燕子矶镇临江街
电话：025－85311337
邮编：210008

南京市夫子庙秦淮风光带 AAAA
地址：南京市秦淮区
电话：025－52219554
邮编：210001

雨花台风景区 AAAA
地址：南京市雨花路215号
电话：025－3932096
邮编：210012

南京将军山旅游名胜区 AAA
地址：南京市雨花台区铁心桥高家库村
电话：025－52894495　52890886
邮编：210021

傅家边农业科技园 AAA
地址：南京市溧水县洪蓝镇
电话：025－57430340
邮编：211221

南京天生桥风景区 AAA
地址：南京市溧水县天生桥公园内
电话：025－57225656
邮编：211200

高淳淳溪老街 AAA
地址：南京市高淳县淳溪镇中山大街114号
电话：025－57325558
邮编：211300

迎湖桃源景区 AA
地址：南京市高淳县永胜圩内
电话：025－57808717
邮编：211311

游子山风景区 AA
地址：南京市高淳县东坝集镇
电话：025－57836036
邮编：211301

南京市高淳县瑶池生态旅游区 AA
地址：南京市高淳县
邮编：211300

淮海战役烈士纪念塔园林 AAAA
地址：徐州市解放南路2号
电话：0516－83840397
邮编：221009

中央电视台外景基地徐州汉城 AA
地址：徐州市九里区汉城西路
电话：0516－85771073
邮编：221141

戏马台 AAA
地址：徐州市户部山项王路
电话：0516－83827740
邮编：221009

徐州市云龙山风景区 AAAA
地址：徐州市和平路
电话：0516－83850780
邮编：221000

滨湖公园 AAA
地址：徐州市云龙湖北岸
电话：0516－85609012
邮编：221000

徐州市云龙湖风景区 AAAA
地址：徐州市中山路延长段
电话：0516－85692691
邮编：221000

徐州龟山汉墓 AAA
地址：徐州市九里区襄王北路
电话：0516－85770107
邮编：221141

马陵山风景区 AAAA
地址：徐州新沂市城岗红峰村
电话：0516－88721358　88733838
邮编：221400

连云港连岛旅游度假区 AAAA
地址：连云港市连岛旅游度假区管委会
电话：0518－2600039
邮编：222041

连云港市连岛海滨浴场 AAAA
地址：连云港市连岛镇大路口
电话：0518－2600240
邮编：222041

连云港市高公岛风景区 AA
地址：连云港市高公岛乡黄窝村
电话：0518－2540540
邮编：222044

连云港市宿城世外桃源风景区 AA
地址：连云港市连云区宿城乡
邮编：222042

连云港花果山风景名胜区 AAAA
地址：连云港市新浦区花果山乡

电话：0518－5720187
邮编：222000

渔湾风景区 AAAA
地址：连云港市云台区云台乡渔湾村
电话：0518－5941666
邮编：222064

连云港孔望山风景区 AAAA
地址：连云港市海州区孔望山
电话：0518－5115167
邮编：222023

桃花涧风景区 AAA
地址：连云港市海州区锦屏镇
电话：0518－5302658
邮编：222023

连云港市海州石棚山景区 AAA
地址：连云港市海州区海孔路
电话：0518－5200033
邮编：222023

灌云县大伊山风景区 AAA
地址：连云港市灌云县
电话：0518－8812360
邮编：222200

连云港市安峰山烈士陵园 AA
地址：连云港市东海县
邮编：222300

连云港市东海猎趣园 AA
地址：连云港市东海县李埝林场森林公园
电话：0518－7836122
邮编：222300

宿迁嶂山森林公园 AA
地址：宿迁市湖滨新城开发区
电话：0527－84832090
邮编：223800

项王故里 AA
地址：宿迁市宿城区博物馆
电话：0527－84240638
邮编：223800
邮箱：sqxwgl@126.com

虞姬公园 AA
地址：宿迁市沭阳县虞姬公园
电话：0527－83553683
邮编：223600

泗水公园 AA
地址：宿迁市泗阳县泗水公园
电话：0527－85212460
邮编：223700

泗洪县烈士陵园 AA
地址：宿迁市泗洪县烈士陵园
电话：0527－86222247
邮编：223900

雪枫墓园 AA
地址：宿迁市泗洪县半城镇
电话：0527－86415167
邮编：223900

周恩来故居 AAAA
地址：淮安市楚州区附马巷7号
电话：0517－5912517
邮编：223200

清晏园 AA
地址：淮安市人民南路92号
电话：0517－3933338
邮编：223002

淮安市桃花坞公园 AA
地址：淮安市
邮编：223001

樱花园公园 AA
地址：淮安市承德路西侧樱花园办公楼
电话：0517－3755577
邮编：223001

勺湖园风景区 AA
地址：淮安市西门大街68号
电话：0517－5912574
邮编：223200

苏皖边区政府旧址纪念馆 AA
地址：淮安市淮海南路30号
电话：0517－3932096
邮编：223002

楚秀园 AA
地址：淮安市淮海南路
电话：0517－3945871
邮编：223001

韩候文化旅游区 AA
地址：淮安市淮阴区码头镇
电话：0517－4269898
邮编：223345

周恩来纪念馆 AAAA
地址：淮安市楚州区桃花垠
电话：0517－5912365
邮编：223001

金湖“万亩荷花荡”AA
地址：淮安市金湖县闵桥镇
电话：0517－6784055
邮编：211600

八仙台风景区 AA
地址：淮安市盱眙县穆店乡西南部
电话：0517－8351188
邮编：211700

铁山寺国家森林公园 AAA
地址：淮安市盱眙县铁山寺
电话：0517－8762808
邮编：211723

涟水五岛湖公园 AA
地址：淮安市涟水县涟城镇公园路11号
电话：0517－2321512
邮编：223400

盐城人民公园 AA
地址：盐城市黄海西路
电话：0515－8311617
邮编：224005

泰山寺 AA
地址：盐城东台市西溪镇民主街1号
电话：0515－8335706
邮编：224200

东台永丰林农业生态园 AA
地址：盐城市东台市新曹镇
电话：0515－5841999
邮编：224200

盐城大丰麋鹿国家级自然保护区 AAA
地址：盐城大丰市林场
电话：0515－3395912
邮编：224136

射阳河口风景区息心寺 AA
地址：盐城市射阳县海通镇
电话：0515－2234737　2235590
邮编：224300

盐城市射阳县发阳渔村 AA
地址：盐城市射阳县黄沙港镇
邮编：224300

九龙口风景区 AA
地址：盐城市建湖县蒋营镇
电话：0515－8335706
邮编：224700

瘦西湖公园 AAAA
地址：扬州市大虹桥路28号
电话：0514－7342901
邮编：225002

扬州大明寺 AAAA
地址：扬州市平山堂路1号
电话：0514－7340720
邮编：225009

个园 AAAA
地址：扬州市盐阜东路10号
电话：0514－7347428
邮编：225001

何园 AAAA
地址：扬州市徐凝门路77号
电话：0514－7612246
邮编：225001

扬州汉广陵王墓博物馆 AAA
地址：扬州市相别路北首
电话：0514－7625587　7610650
邮编：225002

茱萸湾风景名胜区 AAA
地址：扬州市湾头镇北首
电话：0514－7291561
邮编：225002

扬州凤凰岛生态旅游区 AAA（全国农业旅游示范点）
地址：扬州市邗江区泰安镇金泰南路88号
电话：0514－7285018
邮编：225113

江都邵伯湖风景旅游区 AA
地址：扬州江都市邵伯镇
电话：0514－6783500
邮编：225200

江都水利枢纽风景区 A
地址：扬州江都市龙城路133号
电话：0514－6552112
邮编：225200

泰州泰兴市泰兴公园 AA
地址：泰州泰兴市区如泰运河北岸陵园路东侧
电话：0523－7622911
邮编：225300

泰兴独立支部纪念馆 AA
地址：泰州泰兴市横垛镇醒农路
电话：0523－7381671
邮编：225418

溱湖风景区 AAAA
地址：泰州姜堰市溱潼镇
电话：0523－8224788
邮编：225500

泰州姜堰市溱潼古镇旅游区 AA
地址：泰州姜堰市溱潼镇
邮编：225500

郑板桥纪念馆 AA
地址：泰州兴化市四牌楼
电话：0523－3231335
邮编：225700

南通市狼山风景名胜区 AAAA
地址：南通市狼山镇临港路18号
电话：0513－85705219
邮编：226004

南通濠河风景名胜区 AAAA
地址：南通市濠河西路55号
电话：0513－85529670
邮编：226001

南通博物苑 AAAA
地址：南通市濠河南路19号
电话：0513－85516233
邮编：226001

南通市沈寿艺术馆 AA
地址：南通市环城南路23号
电话：0513－85529886
邮编：226001

南通市九发绿色休闲农庄 AA
地址：南通市
邮编：226001

个簃艺术馆 AA
地址：南通市文峰路7号
电话：0513－85517002
邮编：226001

南通海门市快活林山庄 AA
地址：南通海门市
邮编：226100

张謇纪念馆 AA
地址：南通海门市常乐镇
电话：0513－82219806
邮编：226100

水绘园（人民公园、博物馆）AAA
地址：南通如皋市如城城镇西公园边16号
电话：0513－87514850　87514330
邮编：226500

定慧禅寺 AAA
地址：南通如皋市如城镇曙光路17号
电话：0513－87514717
邮编：226500

南通如皋市内外城河风光带 AAA
地址：南通如皋市
邮编：226500

海安县博物馆（韩公馆）AA
地址：南通市海安县海安镇宁海路58号
电话：0513－88815537
邮编：226600

苏中七战七捷纪念馆 AA
地址：南通市海安县长江中路
电话：0513－88918361
邮编：226600

镇江市金山公园 AAAA
地址：镇江市金山路62号
电话：0511－5512992
邮编：212002

焦山风景区 AAAA
地址：镇江市东吴路
电话：0511－8817103
邮编：212003

镇江市博物馆 AAAA
地址：镇江市伯先路85号
电话：0511－5286517
邮编：212002

镇江市民间文化艺术馆 AA
地址：镇江市长江路207号
电话：0511－5278930
邮编：212001

扬中国土公园 A
地址：镇江扬中市扬子河东首
电话：0511－8355367
邮编：212000

镇江丹阳市九里风景区 AA
地址：镇江丹阳市
邮编：212300

镇江茅山风景区 AAAA
地址：镇江句容市茅山镇
电话：0511－7828999
邮编：212446

镇江宝华山国家森林公园 AAAA
地址：镇江句容市宝华镇
电话：0511－7781020
邮编：212445

镇江句容市南山农庄 AA
地址：镇江句容市春城镇
邮编：212400

常州天宁禅寺 AAAA
地址：常州市延陵东路636号
电话：0519－8115647
邮编：213003

常州红梅公园 AAAA
地址：常州市罗汉路1号
电话：0519－8105522
邮编：213003

常州东坡公园 AA
地址：常州市延陵东路水门桥
电话：0519－8815005
邮编：213003

常州荆川公园 AA
地址：常州市清潭路底
电话：0519－6969149
邮编：213015

常州市儿童游乐中心 A
地址：常州市劳动西路1号
电话：0519－6662027
邮编：213001

武进横山白龙观 AA
地址：常州市武进区横山桥镇
电话：0519－8600083
邮编：213003

武进艺林园 AA
地址：常州市武进区夏溪镇厚余新西街
电话：0519－3681109
邮编：213161

张太雷纪念馆 AA
地址：常州市清凉路子和里3号
电话：0519－8873919
邮编：213001

亚细亚影视城 AAAA
地址：常州市怀德中路21号
电话：0519－6608965
邮编：213003

常州中华恐龙园 AAAA
地址：常州市新北区长江东路1号
电话：0519－5116668
邮编：213022

金坛顾龙山景区 AA
地址：常州金坛市
电话：0519－2893326
邮编：213200

华罗庚公园 AAA
地址：常州金坛市府路38号
电话：0519－2822957
邮编：213200

天目湖旅游度假区 AAAA
地址：常州溧阳市天目湖镇
电话：0519－7980495
邮编：213300

溧阳高静园 AA
地址：常州溧阳市溧城镇交通路37号
电话：0519－7281252
邮编：213300

新四军江南指挥部纪念馆 AA
地址：常州溧阳市前马镇水细村
电话：0519－7209255
邮编：213300

南山竹海生态旅游区 AAAA
地址：常州溧阳市横涧镇
电话：0519－7935521
邮编：213335

溧阳凤凰公园 AA
地址：常州溧阳市溧城镇凤凰路
电话：0519－7325765
邮编：213300

无锡市锡惠园林文物名胜区 AAAA
地址：无锡市惠山直街2号
电话：0510－83708324
邮编：214035

无锡灵山景区 AAAA
地址：无锡市滨湖区马山灵山路
电话：0510－85680358
邮编：214091

无锡中视股份三国水浒景区 AAAA
地址：无锡市大浮
电话：0510－85555219
邮编：214081

无锡太湖鼋头渚风景区 AAAA
地址：无锡市太湖鼋头渚风景区
电话：0510－85551544
邮编：214086

无锡太湖龙头渚 AAA
地址：无锡市太湖国家旅游度假区
电话：0510－85680600
邮编：214001

无锡中视股份唐城景区 AAA
地址：无锡市大浮山麓漆塘路1号
电话：0510－85555219
邮编：214081

无锡市龙寺生态园 AAA
地址：无锡市大浮镇北村
电话：0510－85561512
邮编：214001

无锡太湖花卉园 AAA
（全国农业旅游示范点）

地址：无锡市线荣路中段丁巷88号
电话：0510－85516177
邮编：214064

东林书院 AAA
地址：无锡市城区东门内
电话：0510－85680371
邮编：214001

无锡蠡园风景区 AAAA
地址：无锡市青祁村70号
电话：0510－85107616
邮编：214075

无锡市薛福成故居 AAAA
地址：无锡市学前街152号
电话：0510－82733829
邮编：214001

无锡梅村镇泰伯庙 AA
地址：无锡市梅村镇
电话：0510－88150012
邮编：214112

无锡鸿声镇泰伯墓 AA
地址：无锡市鸿声镇
电话：0510－88580383
邮编：214115

无锡市吟园公园管理处 AA
地址：无锡市锡山大桥堍运河北路1号
电话：0510－83708096
邮编：214035

无锡市九龙湾乡村家园 AA
地址：无锡市胡埭镇刘塘村张庄1号
电话：0510－85581779
邮编：214162

无锡市灵山景区 AAAA
地址：无锡市滨湖区马山灵山路
电话：0510－85686166
邮编：214091

江阴市滨江要塞旅游区 AAAA
地址：无锡江阴市公园路
邮编：214400

无锡江阴鹅鼻嘴公园 AAA
地址：无锡江阴市公园路188号
电话：0510－86851598
邮编：214431
网址：www.parkebizui.com

江阴市徐霞客故居 AA
地址：江阴市霞客镇
电话：0510－86523903
邮编：214406

江苏学政文化旅游区 AAAA
地址：无锡江阴市中心地段
邮编：214400

江阴渡江战役纪念馆 AA
地址：江阴市滨江中路
电话：0510－86811294
邮编：214431

宜兴市善卷洞风景区 AAAA
地址：无锡宜兴市善卷洞
电话：0510－87394886
邮编：214233

龙池山风景区 AA
地址：无锡宜兴市龙池山
电话：0510－87349008
邮编：214234

竹海公园 AAA
地址：无锡宜兴市湖滏镇竹海村
电话：0510－87470614　87479600
邮编：214223

宜兴竹海风景区 AAAA
地址：无锡宜兴市湖滏镇
电话：0510－87470999
邮编：214223

宜兴团氿风景区 AAAA
地址：无锡宜兴市宜城镇
电话：0510－7070102
邮编：214200

宜兴市龙背山森林公园 AAAA
地址：无锡宜兴市宜城镇
电话：0510－87972106
邮编：214200

苏州拙政园 AAAAA
地址：苏州市东北街178号
电话：0512－67539869
邮编：215001

苏州乐园 AAAA
地址：苏州市新区狮山路口
电话：0512－68256453
邮编：215011

苏州盘门景区 AAAA
地址：苏州市东大街1号
电话：0512－65260004
邮编：215007

苏州留园 AAAA
地址：苏州市留园路338号
电话：0512－65337903
邮编：215008

苏州网狮园 AAAA
地址：苏州市银杏桥北阔街头巷11号
电话：0512－65293190
邮编：215006

苏州狮子林 AAAA
地址：苏州市园林路23号
电话：0512－67278316
邮编：215001

西山风景区 AAAA
地址：苏州市太湖南部
电话：0512－66276534　66271547
邮编：215111

寒山寺 AAAA
地址：苏州市寒山寺弄24号
电话：0512－65348048　65332689
邮编：215008

苏州虎丘山风景区 AAAA
地址：苏州市虎丘山门内8号
电话：0512－67232305
邮编：215008

苏州市西园戒幢律寺 AAAA
地址：苏州市金阊区西园弄18号
电话：0512－65334359
邮编：215008

苏州角直古镇游览区 AAAA
地址：苏州市吴中区角直镇
电话：0512－65019410
邮编：215127

苏州木渎古镇 AAAA
地址：苏州吴中区木渎镇严家花园东侧
电话：0512－66514902
邮编：215101

苏州同里古镇游览区 AAAA
地址：苏州吴江市同里镇
电话：0512－63331154
邮编：215217

苏州吴江市静思园 AAAA
地址：苏州吴江市吴同公路
电话：0512－63439118
邮编：215200

苏州何山公园 AA
地址：苏州吴江市盛泽镇先蚕祠
电话：0512－65364598
邮编：215129

苏州柳亚子故居 AA
地址：苏州吴江市黎里中心街30号
电话：0512－63616852
邮编：215212

苏州盛泽先蚕祠 AA
地址：苏州吴江市盛泽镇先蚕祠
电话：0512－63556616
邮编：215228

中国第一水乡——周庄古镇游览区 AAAAA
地址：苏州昆山市周庄镇
电话：0512－57211654
邮编：215325

苏州昆山市锦西古镇 AAAA
地址：苏州昆山市
邮编：215300

昆山亭林园 AAAA
地址：苏州昆山市马鞍山东路
电话：0512－57510921　57510070
邮编：215300

太仓公园 AAA
地址：苏州太仓市
邮编：215400

苏州太仓市南园公园 AAA
地址：苏州太仓市
邮编：215400

常熟市虞山—尚湖风景区 AAAA
地址：苏州市常熟市尚湖风景区
电话：0512－52779371
邮编：215500

沙家浜芦苇荡风景区 AAAA
地址：苏州常熟市沙家浜芦苇荡风景区
电话：0512－52506515　52500000
邮编：215000

常熟服装城购物旅游区 AAAA
地址：常熟市古城南端常熟招商城
电话：0512－51531120
邮编：215500

张家港市东渡苑景区 AAA
地址：苏州张家港市塘桥镇
邮编：215600

张家港公园 AA
地址：苏州张家港市杨金镇暨阳中路120号
电话：0512－68221035
邮编：215600

餐　馆

江苏酒家
地址：南京市白下区健康路126号
电话：025-6623698
邮编：210002

曲园酒家
地址：南京市碑亭巷20号
电话：025-86641824
邮编：210002

刘长兴夫子庙总店
地址：南京市白下区建康路127号
电话：025-52213888转
邮编：210002

晚晴楼民俗轩
地址：南京市秦淮区大石坝街126号
电话：025-52301950
邮编：210001

奇芳阁
地址：南京市秦淮区贡院西街12号
电话：025-86623159　86626234
邮编：210001

永和园酒楼
地址：南京市秦淮区贡院街122号
电话：025-86629206
邮编：210001

俏江南餐饮管理有限公司
地址：南京市水西门大街
电话：025-86597799
邮编：210008

侯家餐饮有限公司
地址：南京市程阁老巷
电话：025-84455541
邮编：210008

大娘水饺餐饮有限公司
地址：南京市健康路
电话：025-52249387
邮编：210008

边城热地餐饮有限公司
地址：南京市石头城路
电话：025-83709977
邮编：210008

红船餐饮有限公司
地址：南京市江边路
电话：025-58826001
邮编：210008

大自然村餐饮有限公司
地址：南京市云南北路
电话：025-83244776
邮编：210008

小尾羊餐饮有限公司
地址：南京市长乐路
电话：025-52245277
邮编：210008

渔人庄活鱼锅贴饮食有限公司
地址：南京市华侨路33号
电话：025-84717168
邮编：210008

新新公社餐饮有限公司
地址：南京市汉中路
电话：025-84721566
邮编：210029

江南酒家有限公司
地址：南京市宝塔路
电话：025-57312791
邮编：211300

海上明月饮食有限公司
地址：南京市户部街
电话：025-86895456
邮编：210008

虾公馆餐饮有限公司
地址：南京市石头城
电话：025-83730486
邮编：210008

桃花源美食有限公司
地址：南京市玉泉路
电话：025-83732788
邮编：210008

沸腾鱼香餐饮有限公司
地址：南京市北京东路
电话：025-57718888
邮编：210008

老正兴餐饮有限公司
地址：南京市贡院街
电话：025-86621593
邮编：210001

尼泊尔餐厅
地址：南京市石鼓路
电话：025-86661828
邮编：210008

穆斯林餐厅
地址：南京市广州路
电话：025-83705680
邮编：210008

威尼斯西餐厅
地址：南京市中山路
电话：025-84733888
邮编：210008

金泰正宗泰菜餐厅
地址：南京市秣陵路
电话：025-86887710
邮编：210008

南京金都饮食服务有限公司清真马祥兴菜馆
地址：南京市云南北路32号
电话：025-83286388
邮编：210008

南京清真安乐园菜馆
地址：南京市王府井大街138号
电话：025-57575177
邮编：210008

南京大惠企业发展有限公司
地址：南京市北京西路7号
电话：025-83310818
邮编：210008

南京金色艳阳天餐饮管理有限公司
地址：南京市山西路67号
电话：025-86987777
邮编：210008

张生记
地址：南京市中山东路
电话：025-84721917　84721918
邮编：200008

英格斯牛扒餐厅
地址：南京市汉中路89号
电话：025-84718888
邮编：200008

红杏酒家
地址：南京市凤凰东街150号
电话：025-86666333
邮编：200008

清真韩复兴板鸭店
地址：南京市湖南路110号
电话：025-83326866
邮编：200008

狮子楼
地址：南京市湖南路狮子桥29号
电话：025-83607888　83243282
邮编：200008

云南过桥米线馆
地址：南京市华侨路31号
电话：025-84709012
邮编：200008

秦淮人家酒楼（夫子庙店）
地址：南京市大石坝街128号
电话：025-52211888
邮编：200008

四川酒家
地址：南京市太平南路171号
电话：025-84402038　84402008
邮编：200008

金满湖海鲜酒楼
地址：徐州市凤鸣路3号
电话：0516-83868818
邮编：221003

东方海港大酒店
地址：徐州市凤鸣路
电话：0516-83681567
邮编：221003

徐州样样红海鲜鲍翅楼
地址：徐州市大同街19号
电话：0516-83753555
邮编：221003

徐州大汉楚王府酒店
地址：徐州市户部山
电话：15952162777
邮编：221003

张记小酒馆
地址：徐州市文化城
电话：0516-83868816
邮编：221003

名人名家酒楼
地址：徐州市复兴北路77号
电话：0516-83578777
邮编：221000

老妈妈饭庄
地址：徐州市解放南路238号
电话：0516-83813777
邮编：221000

徐州市酸菜鱼稻香居
地址：徐州市湖北路
电话：0516-85823111
邮编：221003

便宜坊野味馆
地址：徐州市民主路1号楼

电话：0516－82759332
邮编：221003

梅园酒家
地址：徐州市煤建路
电话：0516－85322377
邮编：221003

百味佳餐厅
地址：徐州市中山南路10号2楼
电话：0516－85699358
邮编：221003

蜀秀酒楼
地址：徐州市永安街
电话：0516－85799399
邮编：221003

贵宾楼美食城
地址：连云港市建设东路80号
电话：0518－5519299
邮编：222002

港人酒家
地址：连云港市南极北路
电话：0518－2884003
邮编：222002

南苑酒家
地址：连云港市朝阳中路110号
电话：0518－5486559
邮编：222002

凤凰酒家
地址：连云港市
电话：0518－5911179
邮编：222002

砂锅居
地址：连云港市盐河南路
电话：0518－5518977
邮编：222002

九重天大酒店总店
地址：连云港市盐河南路
电话：0518－5628877
邮编：222002

大众饭店
地址：连云港市青年路
电话：0518－2990022
邮编：222002

贵都酒楼
地址：连云港市朝阳西路
电话：0518－5100003
邮编：222002

家和海鲜馆
地址：连云港市新浦康泰南路45号
电话：0518－5512899
邮编：222002

天方夜潭大酒店
地址：连云港市海连西路17号
电话：0518－5481488
邮编：222002

满庭芳酒店
地址：连云港市解放西路8号
电话：0518－5681777
邮编：222002

富春饭店
地址：连云港市海昌南路16号
电话：0518－5508239
邮编：222002

三星饭庄
地址：连云港市海昌南路
电话：0518－5317600
邮编：222002

老川府酒店
地址：连云港市民主西路
电话：0518－2555073
邮编：222002

东北人家
地址：连云港市通灌南路67号
电话：0518－5411467
邮编：222002

河南食府
地址：连云港市振海路
电话：0518－5206583
邮编：222002

大宅门
地址：连云港市市化路
电话：0518－5458977
邮编：222002

东北农家菜
地址：连云港市市化路
电话：0518－5345789
邮编：222002

乡下人小酒馆
地址：连云港市利民路
电话：0518－5346585
邮编：222002

徐州人家
地址：连云港市建设中路
电话：0518－5175797
邮编：222002

原味斋
地址：连云港市朝阳西路
电话：0518－5209337
邮编：222002

连云港市如意楼美食城
地址：连云港市朝阳中路16号
电话：0518－5408215
邮编：222002

醉仙楼
地址：宿迁市幸福南路200号
电话：0527－4345069
邮编：223800

苏煌餐厅
地址：宿迁市黄运路27号
电话：0527－4233767
邮编：223800

白云餐厅
地址：宿迁市运河路
电话：0527－4212160
邮编：223800

宴春酒楼
地址：宿迁市幸福中路
电话：0527－4233517
邮编：223800

红太阳美食城
地址：宿迁市府东路
电话：0527－4219777
邮编：223800

百姓人家火锅广场
地址：宿迁市幸福路
电话：0527－4217598
邮编：223800

秦淮酒楼
地址：宿迁市解放南路
电话：0527－5236478
邮编：223800

淮阴康乐城有限公司川都美食城
地址：淮安市淮海北路90号
电话：0517－3651606
邮编：223001

淮安市仕菁园菜馆
地址：淮安市健康东路118号
电话：0517－3761304
邮编：223001

楚天新渔馆
地址：淮安市健康东路75号
电话：0517－3945788
邮编：223001

淮安市大娘水饺餐饮有限公司
地址：淮安市淮海北路214号
电话：0517－3931997
邮编：223001

西郊渔村
地址：淮安市北京西路
电话：0517－4971788
邮编：223001

明轩酒楼
地址：淮安市淮海南路48号
电话：0517－3945958
邮编：223001

淮安市久久饭庄
地址：淮安市人民南路108号
电话：0517－3922608
邮编：223001

北方饺子菜馆
地址：淮安市长江西路
电话：0517－4933835
邮编：223001

老川江鱼馆
地址：淮安市槐树路
电话：0517－3270747
邮编：223001

致中和食府
地址：淮安市承德南路99号
电话：0517－3958777
邮编：223001

杉山酒家
地址：盐城市纯化路86号
电话：0515－8322017
邮编：224005

望海大厦餐厅
地址：盐城市解放北路35号
电话：0515－8325448
邮编：224005

竹君酒家
地址：盐城市建军西路210号
电话：0515－8592161
邮编：224005

盐城市饮食服务公司向阳饭店
地址：盐城市建军中路50号
电话：0515－8325225
邮编：224005

盐城市饮食服务公司东风饭店
地址：盐城市建军中路 30 号
电话：0515－8324569
邮编：224005

奥星绿色生态美食园
地址：盐城市解放南路 108 号
电话：0515－8400949
邮编：224005

西部牛扒城
地址：扬州市四望亭路 28 号
电话：0514－7316758
邮编：225002

大娘水饺扬子江店
地址：扬州市扬子江北路 66 号
电话：0514－7877181
邮编：225002

庄户人家
地址：扬州市文昌中路院东街 20 号
电话：0514－7356697
邮编：225002

金陵风家常菜馆
地址：扬州市解放北路 2 号
电话：0514－7240813
邮编：225002

华天酒楼
地址：扬州市扬子江中路 336 号
电话：0514－7885979
邮编：225002

大明寺素菜馆
地址：扬州市平山堂路
电话：0514－7340720
邮编：225002

全聚德酒店总店
地址：扬州市国庆路 454 号
电话：0514－7333777
邮编：225002

上海滩大饭店
地址：扬州市江阳中路 409 号
电话：0514－7863777　7892333
邮编：225002

蒋记香辣蟹
地址：扬州市四望亭路 108 号
电话：0514－7369898
邮编：225002

田园肥牛府
地址：扬州市大虹桥路 26 号
电话：0514－7320777
邮编：225002

大胡子汤馆
地址：扬州市四望亭路 25 号
电话：0514－7320599　7367288
邮编：225002

老树咖啡西餐厅
地址：扬州市四望亭路 187 号
电话：0514－7036186
邮编：225002

巴湘火锅食府
地址：扬州市淮海路 111 号
电话：0514－7313477
邮编：225002

川江冷锅鱼
地址：扬州市淮海路 167 号
电话：0514－7363737
邮编：225002

川王府火锅店
地址：扬州市淮海路 29 号
电话：0514－7340777
邮编：225002

黄师傅鱼头火锅
地址：扬州市淮海路 34 号
电话：0514－7331934
邮编：225002

泰州会宾楼宾馆
地址：泰州市济川东路 101 号
电话：0523－6807888
邮编：225300

百岁鱼餐饮泰州店
地址：泰州市税东街 9－11 号
电话：0523－86212718
邮编：225300

查记素食馆
地址：泰州市鼓楼路
电话：0523－86225000
邮编：225300

金玉乡土菜馆
地址：泰州市鼓楼南路
电话：0523－5582816
邮编：225300

金粟饭庄
地址：泰州市江洲南路
电话：0523－5561855
邮编：225300

宝膳坊
地址：泰州市江洲南路
电话：0523－5591036
邮编：225300

小洞天酒楼
地址：泰州市鼓楼南路
电话：0523－6361879
邮编：225300

无锡酸菜鱼馆
地址：泰州市江洲南路
电话：0523－2085490
邮编：225300

泰州市大洲美食娱乐广场
地址：泰州市青年路 20 号
电话：0523－6334913
邮编：225300

潮州酒楼
地址：泰州市海陵北路
电话：0523－6213977
邮编：225300

迎新春酒楼
地址：泰州市鼓楼北路
电话：0523－5680322
邮编：225300

福记酸菜鱼馆
地址：泰州市江洲北路
电话：0523－6555079
邮编：225300

五一饭庄
地址：泰州市五一路
电话：0523－2930426
邮编：225300

夜上海酒家
地址：南通市青年东路 47 号
电话：0513－85225328
邮编：226001

崇川城南王朝酒家
地址：南通市濠南路 1 号
电话：0513－85105913
邮编：226001

十里飘香餐厅
地址：南通市环城西路
电话：0513－85105179
邮编：226001

亚马逊拉丁餐厅
地址：南通市濠南路 20 号
电话：0513－5519996
邮编：226001

旺角酒家
地址：南通市跃龙南路 12 号江东广场
电话：0513－85109868
邮编：226001

牵手餐厅
地址：南通市青年中路 66 号
电话：0513－85151333
邮编：226001

崇川城南秋韵酒家
地址：南通市青年中路 18 号
电话：0513－85151579
邮编：226001

望月楼酒家
地址：南通市工农路 69 号
电话：0513－85227979
邮编：226001

良辰酒家
地址：南通市青年西路 86 号
电话：0513－83511559
邮编：226001

渝源食府
地址：南通市环城南路 5 号
电话：0513－5107799
邮编：226001

忘不了酒楼
地址：南通市环城南路 7 号
电话：0513－85522679
邮编：226001

红顶鹅馆
地址：南通市跃龙路 48 号
电话：0513－85351777
邮编：226001

钱塘茶人
地址：南通市南园路 12 号
电话：0513－85512966
邮编：226001

功德林大酒店
地址：南通市崇川区跃龙路 28 号
电话：0513－85591833
邮编：226001

濠河人家土菜馆
地址：南通市南大街 88 号
电话：0513－85586790
邮编：226001

牧羊人家
地址：南通市人民东路 157 号

电话：0513－5522333
邮编：226001

金陵人家
地址：南通市青年中路80号
电话：0513－85524828
邮编：226001

四川卞氏菜根香海鲜酒楼南通店
地址：南通市青年中路
电话：0513－85127777
邮编：226001

南通蓝天酒楼
地址：南通市青年中路73号
电话：0513－85526889
邮编：226001

小无锡食府
地址：南通市濠南路191号
电话：0513－85515012
邮编：226001

红玫瑰酒楼
地址：南通市姚港路9号
电话：0513－85517679
邮编：226001

雕刻时光
地址：南通市青年中路16号
电话：0513－85506999
邮编：226001

镇江宾馆中餐厅
地址：镇江市中山西路92号2楼
电话：0511－5233888
邮编：212001

长青藤餐厅
地址：镇江市长江路19号
电话：0511－5270931
邮编：212001

镇江市紫光阁酒家
地址：镇江市解放路17号
电话：0511－4415007
邮编：212001

镇江人家
地址：镇江市电力路47号1－3层
电话：0511－5279778
邮编：212001

东升饭店
地址：镇江市双井路27号
电话：0511－5235969
邮编：212001

川渝香辣馆
地址：镇江市双井路90号
电话：0511－2090277
邮编：212001

德克萨斯啤酒牛扒城
地址：常州市和平北路16号
电话：0519－88115757
邮编：213003

常州丛林酒吧西餐厅
地址：常州市新北区太湖路18号
电话：0519－85650106
邮编：213003

三品苑大酒店
地址：常州市晋陵中路338号
电话：0519－86600778　86600079
邮编：213003

楼上楼餐饮有限公司
地址：常州市晋陵中路329号
电话：0519－88126767　88122777
邮编：213003

新一村川菜馆
地址：常州市和平北路16号
电话：0519－88101597　86103877
邮编：213003

翠花川菜馆（总店）
地址：常州市延陵西路267号
电话：0519－86671877
邮编：213003

翠花川菜馆（分店）
地址：常州市天安工业村
电话：0519－85105777
邮编：213003

亚马逊餐厅
地址：常州市南大街99号2楼
电话：0519－86605777
邮编：213003

渔人码头
地址：常州市和平南路150号
电话：0519－88127998　88127988
邮编：213003

福记大饭店
地址：常州市晋陵中路339号
电话：0519－88155777
邮编：213003

长兴楼饭店
地址：常州市新北区黄山路388号
电话：0519－85159999
邮编：213003

东方海港大酒楼
地址：无锡市崇宁路99号东方巴黎广场
电话：0510－88666777
邮编：214001

星期五餐厅
地址：无锡市中山路218号锦江大酒店内
电话：0510－83737777
邮编：214001

新疆风味西域风情餐厅
地址：无锡市清扬路运河新村196号
电话：0510－88976757
邮编：214001

金谷苑酒家
地址：无锡市杨名路88号
电话：0510－85010777
邮编：214001

香波苑酒楼
地址：无锡市中山路192号2－3楼
电话：0510－82705111
邮编：214001

银花酒家
地址：无锡市长降路46号
电话：0510－82445314
邮编：214001

敦煌酒家
地址：无锡市解放东路803号
电话：0510－82729896
邮编：214001

朝阳春酒家
地址：无锡市解放东路807号
电话：0510－82722624
邮编：214001

半岛花园茶餐厅
地址：无锡市崇宁路1号
电话：0510－82792178
邮编：214001

无锡市朝阳酒家
地址：无锡市中山路10号
电话：0510－82727751
邮编：214001

湖鲜坊酒家
地址：无锡市锡沪路314号
电话：0510－82446978
邮编：214001

无锡市景春酒家
地址：无锡市广瑞路64号
电话：0510－82468131
邮编：214001

无锡市天竹苑酒家
地址：无锡市中山路99号
电话：0510－82706422
邮编：214001

阿里巴巴时尚餐厅
地址：无锡市崇宁路99号东方巴黎1楼
电话：0510－2329998
邮编：214001

沁园春酒家
地址：无锡市清扬路63号
电话：0510－85754795
邮编：214001

贝萨意式餐厅
地址：无锡市中山路后西溪2号
电话：0510－82793318
邮编：214001

香江酒家
地址：无锡市沙文井41号
电话：0510－82727010
邮编：214001

江南酒家
地址：无锡市中山路435号
电话：0510－82711743
邮编：214001

苏州市得月楼餐饮有限公司
地址：苏州市观前街太监弄内
电话：0512－65238940
邮编：224005

苏州饭店
地址：苏州市十全街115号
电话：0512－65204646
邮编：224005

美国星期五餐厅
地址：苏州市干将东路820号玄妙广场
电话：0512－68017777
邮编：224005

苏州市小绍兴酒店有限责任公司
地址：苏州市金阊区桐泾北路22号
电话：0512－68651777
邮编：224005

咸亨酒店
地址：苏州市闻胥路
电话：0512－65584800
邮编：224005

吴门人家
地址：苏州市潘儒巷31号
电话：0512－67288041
邮编：224005

苏州市南园家常餐厅
地址：苏州市十全街249号
电话：0512－65197661
邮编：224005

半园餐厅
地址：苏州市白环东路63号
电话：0512－67286960 67284044
邮编：224005

阳澄湖鲜得蟹渔船舫
地址：苏州市跨塘镇阳澄湖大桥
电话：0512－62756588
邮编：224005

第一印象茶餐厅
地址：苏州市临顿路367号
电话：0512－67286117
邮编：224005

南国酒家
地址：苏州市皮市街118号
电话：0512－67272281
邮编：224005

宴宾楼酒家
地址：苏州市皮市街149号
电话：0512－67270865
邮编：224005

全州拌饭馆
地址：苏州市王天井巷98号
电话：0512－81661940
邮编：224005

锦江大厨
地址：苏州市留园路2号
电话：0512－65331266
邮编：224005

上海人家餐厅
地址：苏州市十全街249号
电话：0512－65201288
邮编：224005

满庭芳餐厅
地址：苏州市莫邪路
电话：0512－65169655
邮编：224005

苏州市沧浪区小三元酒家
地址：苏州市三元坊书院巷12号
电话：0512－65295145
邮编：224005

新疆亚克西酒楼
地址：苏州市十全街
电话：0512－65101663
邮编：224005

旅游用品

兴旺雨花石玛瑙工艺厂
地址：南京市六合区雄洲镇体育路
电话：025－57109790
邮编：210008

玉器厂有限责任公司
地址：南京市孝卫街
电话：025－84879904
邮编：210008

金灿贴金工艺品厂
地址：南京市金箔路
电话：025－52189253
邮编：210008

德嘉翡翠店
地址：南京市山西路
电话：025－83203576
邮编：210008

琢玉行玉器商店
地址：南京市太平南路
电话：025－84650777
邮编：210002

金芝美钻石城有限公司
地址：南京市汉中路
电话：025－84626618
邮编：210008

金沙滩工艺品铸造厂
地址：徐州市丰县师寨镇
电话：0516－84561588
邮编：221700

金丰首饰厂
地址：连云港市海州中大街
电话：0518－2680816
邮编：222002

美松工艺品厂
地址：连云港市解放东路
电话：0518－5466073
邮编：222002

顺发柳编工艺厂
地址：连云港市赣榆县门河镇
电话：0518－6591613
邮编：222100

天爱水晶工艺品厂
地址：连云港市东海县牛山钢铁路
电话：0518－7227289
邮编：222300

东海县牛山雅春水晶制品厂
地址：连云港市东海县徐海中路
电话：0518－7285552
邮编：222300

宝华地毯厂
地址：宿迁市蔡集街东首
电话：0527－4552166
邮编：223800

恒星地毯厂
地址：宿迁市黄墩街
电话：0527－4520027
邮编：223800

晶鑫水晶工艺品厂
地址：宿迁市泗洪县泗洲大街
电话：0527－6246809
邮编：223900

白马湖农场地毯厂
地址：淮安市白马湖农场
电话：0517－5750106
邮编：223800

楚州区丝毯厂
地址：淮安市淮城镇下关新建路
电话：0517－5808165
邮编：223800

楚州区工艺品总厂
地址：淮安市北门大街
电话：0517－5915953
邮编：223800

淮安市水晶厂
地址：淮安市清扬路
电话：0517－3712204
邮编：223800

河网乡地毯厂
地址：淮安市涟水河网
电话：0517－2610342
邮编：223400

徐宋地毯厂
地址：淮安市涟水灰灯乡徐宋村
电话：0517－2530475
邮编：223400

高沟镇地毯厂
地址：淮安市涟水县高沟镇
电话：0517－2426421
邮编：223400

前进工艺品厂
地址：淮安市涟水县前进街
电话：0517－2494444
邮编：223400

永丰镇玻璃工艺制品厂
地址：盐城市永丰镇
电话：0515－8532888
邮编：224005

华鸥实业有限公司工艺礼品厂
地址：盐城市龙冈镇毓龙居委会人民路
电话：0515－8710020
邮编：224005

华鸥玻璃工艺礼品厂
地址：盐城市龙冈镇人民路
电话：0515－8705234
邮编：224005

长兴工艺品厂
地址：盐城市东台市五烈镇
电话：0515－5420093
邮编：224005

龙达工艺品厂
地址：盐城市东台市富安镇
电话：0515－5571103
邮编：224005

东台市日用工艺品厂
地址：盐城市东台市
电话：0515－5213110
邮编：224005

华瑞工艺品厂
地址：盐城市东台市
电话：0515－5721358
邮编：224005

振华工艺品厂
地址：盐城市东台市富安镇
电话：0515－5577329
邮编：224005

祥升工艺品厂
地址：盐城市东台八舍小区
电话：0515－5237188
邮编：224005

丰成工艺品厂
地址：盐城市大丰市三龙镇

电话：0515－3416388
邮编：224005

东华工艺品厂
地址：盐城市大丰市草堰镇
电话：0515－3654855
邮编：224005

同舟工艺品厂
地址：盐城市大丰市白驹镇
电话：0515－3611084
邮编：224005

振民工艺品厂
地址：盐城市大丰市
电话：0515－3914266
邮编：224005

晓宇工艺品厂
地址：盐城市大丰市城区工农路
电话：0515－3932926
邮编：224005

鹿乡工艺品厂
地址：盐城市大丰市城区建业路
电话：0515－3938869
邮编：224005

中艺漆器厂
地址：扬州市孙庄路
电话：0514－7953308
邮编：225002

扬州玉器厂
地址：扬州市广储门
电话：0514－7348877
邮编：225002

龙泉漆器厂
地址：扬州市汤汪龙泉村
电话：0514－7203709
邮编：225002

光华工艺制品厂
地址：扬州市东花园东路
电话：0514－7221585
邮编：225002

创新木塑工艺制品厂
地址：扬州市连运路
电话：0514－7826979
邮编：225002

华成工艺品厂
地址：扬州市西湖镇
电话：0514－7307500
邮编：225002

宏盛工艺品厂
地址：扬州市西湖镇
电话：0514－7306661
邮编：225002

明吉工艺品厂
地址：扬州市赤岸镇振兴路
电话：0514－7751688
邮编：225002

侨友工艺品厂
地址：扬州市施桥镇扬子西路
电话：0514－7583286
邮编：225002

美鑫工艺品厂
地址：扬州市文峰村
电话：0514－7815730
邮编：225002

聚腾工艺品厂
地址：扬州市汶河南路
电话：0514－7343209
邮编：225002

扬州漆器厂
地址：扬州市盐阜东路沿河街
电话：0514－7320222
邮编：225002

扬州漆器二厂
地址：扬州市十巷
电话：0514－7341915
邮编：225002

飞驰工艺品厂
地址：扬州市西湖镇
电话：0514－7637579
邮编：225002

振兴工艺湖笔厂
地址：扬州市施桥镇
电话：0514－7583321
邮编：225002

鸿业工艺礼品厂
地址：扬州市运西镇
电话：0514－7519668
邮编：225002

森鑫木制工艺品厂
地址：扬州市六圩新扬南路
电话：0514－7583663
邮编：225002

雅美工艺漆器厂
地址：扬州市杨庙镇
电话：0514－7831137
邮编：225002

富达工艺品厂
地址：扬州市黄珏镇
电话：0514－7719812
邮编：225002

新谊工艺品厂
地址：扬州市西湖镇
电话：0514－7638678
邮编：225002

大桥旅游用品厂
地址：扬州市杭集镇富民街
电话：0514－7491758
邮编：225002

飞翔旅游用品厂
地址：扬州市杭集镇工业园利民路
电话：0514－7270859
邮编：225002

邗江现代旅游用品厂
地址：扬州市杭集镇富民街
电话：0514－7278226
邮编：225002

江山旅游用品厂
地址：扬州市杭集镇
电话：0514－7273121
邮编：225002

昌杰旅游用品厂
地址：扬州市杭集镇工业园
电话：0514－7274407
邮编：225002

明清旅游用品厂
地址：扬州市杭集镇富民街
电话：0514－7277654
邮编：225002

韩宇旅游用品厂
地址：扬州市杭集镇工业园
电话：0514－7497315
邮编：225002

新飞龙旅游用品厂
地址：扬州市杭集镇
电话：0514－7271337
邮编：225002

扬州市金银制品厂
地址：扬州市星桥街
电话：0514－7360095
邮编：225002

八里玉器厂
地址：扬州市八里镇港电路
电话：0514－7521070
邮编：225002

邗江玉器厂
地址：扬州市湾头镇健康路
电话：0514－7291246
邮编：225002

华丽雅旅游用品厂
地址：扬州市邗江区杭集镇徐桥利民路中段
电话：0514－7277789
邮编：225002

兴鑫旅游用品厂
地址：扬州市邗江区杭集镇新生村
电话：0514－7279917
邮编：225002

远东旅游用品厂
地址：扬州市杭集镇杭府街
电话：0514－7271503
邮编：225002

大红鹰旅游用品厂
地址：扬州市邗江区杭集曙光路车五组 2 号
电话：0514－7272032
邮编：225002

邗江杭集兰天旅游用品厂
地址：扬州市邗江区杭集镇曙光路中段
电话：0514－7271294
邮编：225002

山景旅游用品厂
地址：扬州市杭集镇
电话：0514－7497558
邮编：225002

飞跃旅游用品厂
地址：扬州市杭集镇王集新村 15 号
电话：0514－7275911
邮编：225002

飞程旅游用品厂
地址：扬州市邗江区杭集镇曙光路
电话：0514－7278998
邮编：225002

宏成旅游用品厂
地址：扬州市邗江区杭集镇杭府街 82 号
电话：0514－7491742
邮编：225002

宏鑫旅游用品厂
地址：扬州市杭集镇牙刷城友谊街
电话：0514－7270966
邮编：225002

俊马旅游用品厂
地址：扬州市邗江区杭集曙光路
电话：0514－7272999
邮编：225002

亲亲旅游用品厂
地址：扬州市邗江区杭集镇新生村张庄2号
电话：0514－7273364
邮编：225002

新生旅游用品厂
地址：扬州市杭集镇曙光路
电话：0514－7271161
邮编：225002

潘兴旅游用品厂
地址：扬州市杭集镇曙光路
电话：0514－7497356
邮编：225002

舒雅旅游用品厂
地址：扬州市邗江区杭集镇杭府街62号
电话：0514－7271243
邮编：225002

威博工艺品厂
地址：扬州仪征市渡江路
电话：0514－3455496
邮编：211400

隆盛工艺品厂
地址：扬州仪征市大仪镇北
电话：0514－3865380
邮编：211400

仪征市玉器厂
地址：扬州仪征市新城镇
电话：0514－3630044
邮编：211400

玉虹橡塑工艺品厂
地址：扬州高邮市龙虬镇
电话：0514－4475558
邮编：225600

华通玻璃工艺制品厂
地址：扬州高邮市公园巷
电话：0514－4644750
邮编：225600

佳兴裕工艺品厂
地址：扬州高邮市界首镇盂陵路
电话：0514－4380001
邮编：225600

高邮市地毯厂
地址：扬州高邮市三垛镇邮兴路
电话：0514－4812073
邮编：225600

国泰塑玻工艺品厂
地址：扬州市宝应县小官庄镇官北北路
电话：0514－8805948
邮编：225800

宝应县华威工艺礼品厂
地址：扬州市宝应县船闸南首
电话：0514－8232541
邮编：225800

顺达玻璃工艺品厂
地址：扬州市宝应县天平镇江平东路
电话：0514－8556698
邮编：225800

天源工艺制品厂
地址：泰州市春风村
电话：0523－6846965
邮编：225300

育才艺术品厂
地址：泰州市许庄三星街
电话：0523－6110615
邮编：225300

金晨工艺礼品厂
地址：泰州东南园
电话：0523－6362113
邮编：225300

圣诞礼品厂
地址：泰州口岸镇引江村
电话：0523－6911131
邮编：225300

燎原工艺品厂
地址：泰州泰兴市根思镇
电话：0523－7831283
邮编：224500

华美金银钻宝工艺品厂
地址：泰州姜堰市桥头镇
电话：0523－8781172
邮编：225500

红梅地毯厂
地址：泰州姜堰市梅垛镇
电话：0523－8565017
邮编：225500

姜堰市丝织挂毯厂
地址：泰州姜堰市姜堰镇通扬中路
电话：0523－8807303
邮编：225500

东苑工艺品厂
地址：南通市教育路
电话：0513－83568622
邮编：226001

白雪工艺品制造有限公司
地址：南通市城山路
电话：0513－85592955
邮编：226001

永兴工艺品厂
地址：南通市外环北路
电话：0513－85665518
邮编：226001

九如工艺品厂
地址：南通市姚港路
电话：0513－83527807
邮编：226001

雨荷工艺品厂
地址：南通市海门市余东镇
电话：0513－82786668
邮编：226600

怡和工艺品厂（玩具）
地址：南通市通州市北三环路
电话：0513－86105129
邮编：226600

瑞丰工艺礼品厂
地址：镇江市蒋乔镇
电话：0511－5723608
邮编：212001

扬中化纤地毯厂
地址：镇江市兴隆镇
电话：0511－8451540
邮编：212001

九洲柳制品工艺厂
地址：镇江市象山乡
电话：0511－8837796
邮编：212001

开元工艺品厂
地址：镇江市官塘村
电话：0511－4519558
邮编：212001

天成工艺品厂
地址：镇江市七里村
电话：0511－5610169
邮编：212001

宏达工艺制品厂
地址：镇江市五里村
电话：0511－5613979
邮编：212001

德华工艺品厂
地址：镇江市戳儿巷
电话：0511－5270944
邮编：212001

宏才工艺制品厂
地址：镇江市长旺猫沙村
电话：0511－8522344
邮编：212001

扬中市玉器厂
地址：镇江扬中市港东北路
电话：0511－8321683
邮编：212200

句容市丝织地毯厂
地址：镇江市环城
电话：0511－7211016
邮编：212400

句容市地毯总厂
地址：镇江市建设路
电话：0511－7222304
邮编：212400

兰天工艺丝毯厂
地址：镇江句容市
电话：0511－7651460
邮编：212400

行香地毯厂
地址：镇江句容市
电话：0511－7651081
邮编：212400

阳巷地毯厂
地址：镇江句容市
电话：0511－7567445
邮编：212400

茅山地毯厂
地址：镇江句容市
电话：0511－7828376
邮编：212400

行香针织工艺制品厂
地址：镇江句容市
电话：0511－7651396
邮编：212400

欣欣工艺品厂
地址：镇江郭庄金星村
电话：0511－7563309
邮编：212400

金达利工艺品厂
地址：镇江句容市

电话：0511－7563098
邮编：212400

三岔乡地毯厂
地址：镇江句容市
电话：0511－7508081
邮编：212400

高士达工艺品总厂
地址：镇江句容市
电话：0511－7563198
邮编：212400

郭庄文教工艺品厂
地址：镇江句容市
电话：0511－7563279
邮编：212400

九九工艺品厂
地址：镇江句容市
电话：0511－7833999
邮编：212400

万福达工艺品厂
地址：镇江句容市
电话：0511－7651950
邮编：212400

常州市武进夏溪顺泰工艺品厂
地址：常州市厚余桥东44号
电话：0519－3681421
邮编：213003

常州春光珍珠工艺品厂
地址：常州市隔湖良种场
电话：0519－6361360
邮编：213003

常州市城北工艺品厂
地址：常州市三井乡曹塘村
电话：0519－5106043
邮编：213003

常州市金鑫旅游工艺品厂
地址：常州市北港乡中心小学对面
电话：0519－3270007
邮编：213003

金坛市金建首饰工艺品厂
地址：常州市五叶大吕庄村
电话：0519－2515476
邮编：213200

无锡市工艺品厂
地址：无锡市惠河路7号
电话：0510－5868515
邮编：214001

无锡久一工艺品制造有限公司
地址：无锡市东亭新明中路79号
电话：0510－88210037
邮编：214001

华生珍珠厂
地址：无锡市厚桥镇中心路52号
电话：0510－88721394
邮编：214001

华源日用工艺品厂
地址：无锡市新安城南路北桥旁
电话：0510－85380128
邮编：214001

南泉利丰彩白玉工艺厂
地址：无锡市南泉塘曹周浜上
电话：0510－85950287
邮编：214001

百事好蜡制工艺品厂
地址：无锡市丁蜀镇周墅
电话：0510－87423789
邮编：214001

尧族青瓷工艺厂
地址：无锡市104国道交警中队边
电话：0510－87188810
邮编：214001

金艺工艺品厂
地址：无锡市和桥镇鹅州南路12号
电话：0510－87800100
邮编：214001

太湖珍珠制品厂
地址：无锡市蠡园开发区A4号楼东侧102室
电话：0510－85160034
邮编：214001

河塘胜佳工艺品厂
地址：无锡市河塘镇五介新村54号
电话：0510－86331511
邮编：214001

申港镇如意工艺制品厂
地址：无锡市申港镇于门桥
电话：0510－86626999
邮编：214001

光福旅游工艺品厂
地址：苏州市光福镇工艺街
电话：0512－66231152
邮编：215002

龙芳刺绣工艺品厂
地址：苏州市东渚镇协新村
电话：0512－66899497
邮编：215002

艺丁日用礼品厂
地址：苏州市浒关新区文昌路
电话：0512－65396886
邮编：215002

珍珠工艺厂
地址：苏州市湘城镇里浜村
电话：0512－65421781
邮编：215002

恒达玛瑙制品厂
地址：苏州市藏书镇苏福路
电话：0512－66242109
邮编：215002

渭塘工艺珠宝厂
地址：苏州市渭塘镇沿塘村
电话：0512－65401145
邮编：215002

苏州绣品总厂
地址：苏州市三香路
电话：0512－68262289
邮编：215002

苏州美术地毯厂
地址：苏州市西中市承天寺
电话：0512－67771909
邮编：215002

健康草制品厂
地址：苏州市车坊镇新街
电话：0512－65920802
邮编：215002

通安工艺品厂
地址：苏州市通安镇树山弄
电话：0512－66063724
邮编：215002

新吴工艺美术草织品厂
地址：苏州市车坊镇蔺谊东路
电话：0512－65911624
邮编：215002

苏城工艺品厂
地址：苏州市火车站北花锦村
电话：0512－67228401
邮编：215002

吴县市扇厂
地址：苏州市北桥镇丁家村
电话：0512－65412245
邮编：215002

吴宫扇厂
地址：苏州市虎丘茶花村
电话：0512－65349511
邮编：215002

兴达工艺品厂
地址：苏州市龙苑新村
电话：0512－65253714
邮编：215002

姑苏工艺品厂
地址：苏州市胥门
电话：0512－68280323
邮编：215002

姑苏工艺扇厂
地址：苏州市枫桥
电话：0512－65363994
邮编：215002

政伟工艺品厂
地址：苏州市度假区香山村
电话：0512－66210605
邮编：215002

南胜玉雕工艺厂
地址：苏州市长桥镇
电话：0512－65251081
邮编：215002

洋喜工艺品厂
地址：苏州市太平镇阳西村
电话：0512－65432541
邮编：215002

东山檀香扇厂
地址：苏州市东山镇高田村
电话：0512－66281137
邮编：215002

东方工艺品厂
地址：苏州市胥口镇水桥路
电话：0512－66515108
邮编：215002

永红压克力工艺品厂
地址：苏州市长桥镇新北村
电话：0512－65288836
邮编：215002

民康工艺品厂
地址：苏州市人民南路大竹园
电话：0512－65257470
邮编：215002

圣达工艺制品厂
地址：苏州市胥口镇

电话：0512－66211516
邮编：215002

伟民工艺品厂
地址：苏州市青年路
电话：0512－67229031
邮编：215002

华东工艺品厂
地址：苏州市徐家浜
电话：0512－67267569
邮编：215002

明清工艺品厂
地址：苏州市冬青路
电话：0512－65643117
邮编：215002

一帆工艺扇厂
地址：苏州市白塔东路管家园
电话：0512－67207363
邮编：215002

天立工艺品厂
地址：苏州市东兴路
电话：0512－67158468
邮编：215002

天娇工艺品厂
地址：苏州市庄先湾
电话：0512－67487765
邮编：215002

天都工艺扇厂
地址：苏州市山塘街
电话：0512－65516096
邮编：215002

艺洲扇厂
地址：苏州市南环西路
电话：0512－68156465
邮编：215002

苏州扇厂
地址：苏州市廖家巷
电话：0512－67532680
邮编：215002

越洋工艺品厂
地址：苏州市北桥镇鹅东村
电话：0512－65990840
邮编：215002

瑞华工艺制品厂
地址：苏州市公管弄
电话：0512－67528422
邮编：215002

苏州檀香扇厂
地址：苏州市西北街
电话：0512－67519987
邮编：215002

蠡口扇厂
地址：苏州市蠡口镇姚祥村
电话：0512－65451159
邮编：215002

恒赢蔺草刺绣工艺制品厂
地址：苏州吴江市屯村方港开发区
电话：0512－63377765
邮编：215200

三林礼品厂
地址：苏州吴江市屯村东关路
电话：0512－63376036
邮编：215200

金汤工艺制品厂
地址：苏州吴江市梅堰梅塘村
电话：0512－63681505
邮编：215200

华诚工艺品厂
地址：苏州吴江市盛泽东方大街
电话：0512－63563699
邮编：215200

大世界工艺品厂
地址：苏州昆山市周市镇市北村
电话：0512－57628834
邮编：215300

宏达工艺品厂
地址：苏州昆山市陆家镇合丰村
电话：0512－57879873
邮编：215300

佳虹工艺品厂
地址：苏州昆山市陆家镇泗桥村
电话：0512－57877102
邮编：215300

金封工艺品厂
地址：苏州太仓市太平南路
电话：0512－53569210
邮编：215300

九曲中心工艺品制造厂
地址：苏州太仓市原棉花收购站内
电话：0512－53781196
邮编：215400

龙狮凤美术工艺品厂
地址：苏州太仓市 204 国道新湖路口
电话：0512－53412659
邮编：215400

马桥工艺品厂
地址：苏州常熟市新港镇碧溪老街毛家弄
电话：0512－52690836
邮编：215500

兴隆工艺制品厂
地址：苏州常熟市兴隆泯泾村
电话：0512－52343867
邮编：215500

江南工艺品厂
地址：苏州常熟市练塘镇张桥谢家塘
电话：0512－52461252
邮编：215500

教育工艺品厂
地址：苏州常熟市古里镇白茆联泾村
电话：0512－52536818
邮编：215500

华彩工艺品厂
地址：苏州常熟市练塘镇查林村
电话：0512－52413159
邮编：215500

港区工艺礼品厂
地址：苏州张家港市港区镇
电话：0512－58331179
邮编：215500

张家港市珍珠工艺品厂
地址：苏州张家港市泗港镇童心路
电话：0512－58581394
邮编：215500

凤凰纸木工艺品厂
地址：苏州张家港市凤凰镇凤凰村
电话：0512－58490459
邮编：215500

旅游交通

江苏省外事旅游汽车公司
地址：南京市江北路 88 号
电话：025－6226777
邮编：210008

江苏华龙旅游汽车有限公司
地址：南京市新河村
电话：025－86282643
邮编：210000

鹏运旅游客运有限公司
地址：南京市曹后村
电话：025－85433949
邮编：210000

江苏省外阜旅游汽车公司
地址：南京市江东北路 88 号
电话：025－83235461
邮编：210000

南京火车站
地址：南京市龙蟠路
电话：025－85826262
邮编：210001

南京火车南站
地址：南京市建宁路
电话：025－58805511
邮编：210001

南京火车西站
地址：南京市雨花路
电话：025－52414183
邮编：210001

南京禄口机场
地址：南京市江宁县禄口镇
电话：025－2480482
邮编：210001

南京港
地址：南京下关江边路 19 号
电话：025－8805173
邮编：210011

徐州市汽车旅游出租公司
地址：徐州市复兴南路
电话：0516－83752237
邮编：221000

华泰旅行社有限公司旅游客运分公司
地址：徐州市黄河西路
电话：0516－83715058
邮编：221000

徐州火车站
地址：徐州市津浦东路
电话：0516－83568045
邮编：221000

徐州火车北站
地址：徐州市煤港路
电话：0516－87762789
邮编：221000

邳州市火车站
地址：徐州邳州市解放路
电话：0516－6258205
邮编：221300

徐州观音机场
地址：徐州市睢宁县双沟镇
电话：0516－83068000
邮编：221000

连云港
地址：连云港中山路99号
电话：0518－2383501
邮编：222046

淮安火车站
地址：淮安市淮阴区丁集
电话：0517－4289072
邮编：223300

盐城民航站
地址：盐城市城区南洋
电话：0515－8215023
邮编：224000

盐城火车站
地址：盐城市新兴镇新场村
电话：0515－8510017
邮编：224000

大丰市火车站
地址：盐城大丰市刘庄镇
电话：0515－3639215
邮编：224100

扬州市外事旅游汽车公司
地址：扬州市丰乐上街1号
电话：0514－7343747/7362663
邮编：225002

仪征市旅游运输公司
地址：扬州仪征市工农北路
电话：0514－3441039
邮编：211400

扬州火车站
地址：扬州市
电话：0514－2686222
邮编：225000

华美旅游汽车租赁有限公司
地址：南通市青年西路
电话：0513－85056900
邮编：226000

南通外事旅游汽车公司
地址：南通市城山路116号
电话：0513－85527770
邮编：226000

南通火车站
地址：南通市港闸区幸福乡
电话：0513－85572559
邮编：226000

南通机场
地址：南通通州市兴东镇
电话：0513－86560588
邮编：226300

镇江外事旅游汽车有限公司
地址：镇江市金山西路
电话：0511－5519195
邮编：212000

镇江市旅游汽车有限公司
地址：镇江市镇宝路1号
电话：0511－4408576
邮编：212000

镇江火车站
地址：镇江市中山西路
电话：0511－5231422
邮编：212000

镇江港
地址：镇江市长江路19号
电话：0511－5274892
邮编：212001

丹阳火车站
地址：镇江丹阳市车站路
电话：0511－6579367
邮编：212300

常州外事旅游汽车集团有限公司
地址：常州市
电话：0519－6900059
邮编：213003

常州市公共交通集团旅游客运有限公司
地址：常州市花园路53号
电话：0519－3975771
邮编：213000

常州华英联合旅游客运有限公司
地址：常州市花园路63号
电话：0519－3887868
邮编：213000

常州市金龙旅游运输有限公司
地址：常州市关河里118号
电话：0519－8157883
邮编：213000

常州火车站
地址：常州市关河路48号
电话：0519－8112054
邮编：213000

常州奔牛机场
地址：常州市奔牛镇
电话：0519－6600730
邮编：213000

东南旅游汽车有限公司
地址：无锡市堰桥惠山区政府大院内
电话：0510－83599175
邮编：214174

马山旅游汽车公司
地址：无锡市渠溪路98号
电话：0510－85522056
邮编：214000

无锡外事旅游汽车有限公司
地址：无锡市湖滨路38号
电话：0510－85107008
邮编：214071

无锡火车站
地址：无锡市车站广场1号
电话：0510－82304578
邮编：214000

江阴港
地址：无锡江阴市澄江中路9号
电话：0510－86819828
邮编：214400

苏州市外事旅游车船公司
地址：苏州市十全街271号
电话：0512－65299172
邮编：215006

金茂锦江外事旅游汽车有限公司
地址：苏州市宝带东路
电话：0512－65134939
邮编：215000

苏州火车站
地址：苏州市车站路27号
电话：0512－67526727
邮编：215000

永安旅游有限公司汽车租赁公司
地址：苏州昆山市北门路
电话：0512－57777806
邮编：215000

昆山火车站
地址：苏州昆山市火车站
电话：0512－57303555
邮编：215300

永安汽车出租旅游有限公司
地址：苏州太仓市城北西路
电话：0512－53512888
邮编：215000

太仓港
地址：苏州太仓市体育东路42号
电话：0512－53543320
邮编：215400

南通港
地址：南通市人民西路140号
电话：0513－3513135
邮编：226005

旅游院校

南京金陵旅馆管理干部学院（南京旅游学校）
设有旅游管理（旅行社与导游）、饭店管理、旅游财会、旅游英语、旅游日语、烹饪工艺（中式，西式烹饪）、公关礼仪
地址：南京市华严岗1号
电话：025－58591258
邮编：210003

南京大学
城市与资源学系
地址：南京市汉口路22号
电话：025－83594017
邮编：210093

南京师范大学
旅游管理系地理科学学院
地址：南京市宁海路122号
电话：025－83720999
邮编：210097

东南大学
旅游系
地址：南京市四牌楼2号
电话：025－83792435
邮编：210096

南京财经大学
旅游系
地址：南京市铁路北街128号
电话：025－83400817
邮编：210003

南京农业大学
人文社会科学学院旅游管理专业
地址：南京市童卫路6号
电话：025－84395086
邮编：210095

南京林业大学
人文社会科学学院旅游管理专业
地址：南京市龙蟠路新庄9号

电话：025－85427141
邮编：210037

江苏教育学院
地理系旅游专业
地址：南京市北京西路77号
电话：025－83758341
邮编：210013

南京铁道职业技术学院
财经旅游系
地址：南京市建宁路65号
电话：025－85821259
邮编：210015

江苏经贸职业技术学院
人文系旅游专业
地址：南京市石门坎104号
电话：025－84636302
邮编：210007

南京气象学院
资源环境与城乡规划系旅游管理专业
地址：南京市浦口区盘城街114号
电话：025－58731135
邮编：210044

南京审计学院
职业技术学院旅游管理专业
地址：南京市北圩路77号
电话：025－86585150
邮编：210029

南京化工职业技术学院
经济管理系旅游管理专业
地址：南京市六合区葛关路625号
电话：025－88180523
邮编：210048

金陵科技学院
文法系旅游专业
地址：南京市白下路314号
电话：025－84408718
邮编：210001

南京旅游学校
地址：南京市华严岗1号
电话：025－58591211
邮编：210003

中国矿业大学
应用技术学院旅游管理系
地址：徐州市解放南路
电话：0516－83995526
邮编：221008

徐州工程学院
旅游外语系
地址：徐州市南三环
电话：0516－83105093
邮编：221008

徐州市旅游学校
地址：徐州市王陵路57号
电话：0516－85693658
邮编：221006

徐州师范大学
历史文化与旅游学院
地址：徐州市铜山县新区上海路29号
电话：0516－83403150
邮编：221116

连云港职业技术学院
艺术与旅游系
地址：连云港市新浦区苍梧路51号
电话：0518－5690816
邮编：222006

连云港师范高等专科学校
经济法政系旅游管理专业
地址：连云港市新浦区苍梧路
电话：0518－5817757
邮编：222006

连云港市旅游学校
地址：连云港市新浦区利民路26号
电话：0518－5831822
邮编：222006

宿迁学院
旅游英语专业
地址：宿迁市宿城区黄河路
电话：0527－4203999
邮编：223800

江苏食品职业技术学院
旅游烹饪系
地址：淮安市高教园区枚乘路
电话：0517－7088048
邮编：223003

江苏财经职业技术学院
经济管理系旅游专业
地址：淮安市大冶路7号
电话：0517－3642320
邮编：223001

淮安高级职业技术学校
旅游系
地址：淮安市深圳路3号
电话：0517－3717164－8086
邮编：223005

淮阴师范学院
历史与社会学系旅游管理专业
地址：淮安市淮阴区交通路71号
电话：0517－3525077
邮编：223300

盐城工学院
人文学院旅游管理系
地址：盐城市黄海中路20号
电话：0515－8298217
邮编：224003

盐城师范学院
经贸学院旅游系
地址：盐城市开放大道38号
电话：0515－8203062
邮编：224002

扬州职业大学
管理系旅游管理专业
地址：扬州市文昌西路
电话：0514－7697078
邮编：225002

扬州教育学院
旅游专业
地址：扬州市史可法西路15号
电话：0514－7361293
邮编：225009

扬州大学
旅游烹饪学院
地址：扬州市盐阜东路1号
电话：0514－7978040
传真：0514－87311374
邮编：225001

泰州职业技术学院
管理系旅游与酒店管理专业
地址：泰州市迎春东路8号
电话：0523－6663033
邮编：225300

南通职业大学
人文社科系旅游管理专业
地址：南通市静东路23号
电话：0513－83560090
邮编：226007

南通市旅游职业高级学校
地址：南通市城山路101号
电话：0513－85709446
邮编：226006

镇江高等专科学校
旅游系
地址：镇江市学府路61号
电话：0511－4403150
邮编：212003

江阴职业技术学院
旅游专业
地址：无锡江阴市锡澄路168号
电话：0510－82166158
邮编：214405

镇江市旅游学校
地址：镇江市宝盖路244号
电话：0511－5285918
邮编：212000

常州工学院
旅游管理专业
地址：常州市常澄路3号
电话：0519－5211043
邮编：213002
网站：www.czu.cn

常州轻工职业技术学院
管理系旅游专业
地址：常州市常州大学城
电话：0519－6335138
邮编：213164

常州旅游学校
地址：常州市清凉东路48号
电话：0519－8812262
邮编：213004

江南大学
商学院旅游系
地址：无锡市蠡湖大道1800号
电话：0510－85913595
邮编：214122

无锡城市职业技术学院
旅游专业
地址：无锡市钱荣路58号
电话：0510－85522650
邮编：214063

无锡职业技术学院
经贸分院旅游专业
地址：无锡市中南路8号
电话：0510－85414627
邮编：214121

江苏信息学院
艺术系旅游专业
地址：无锡市梁溪路3号
电话：0510－88972297

邮编：214061

无锡商业职业技术学院
旅游系
地址：无锡市钱湖公路809号
电话：0510－83271535
邮编：214153

无锡市旅游职业学校
地址：无锡市锡惠路5号
电话：0510－3708888
邮编：214035

苏州大学
社会学院旅游系
地址：苏州市东环路50号
电话：0512－67167428
邮编：215021

苏州职业大学
管理系旅游专业
地址：苏州市上方山国际教育园
电话：0512－68166519
邮编：215104

苏州经贸职业技术学院
旅游专业
地址：苏州市东环路55号
电话：0512－67808157
邮编：215021

苏州旅游与财经高等职业技术学校
旅游系
地址：苏州市上方山国际教育园
电话：0512－66503029
邮编：215009

苏州科技学院
工商管理旅游专业
地址：苏州市上方山环山路21号
电话：0512－68418391
邮编：215009

苏州大学
社会学院旅游系
地址：苏州市东环路50号
电话：0512－67167428
邮编：215021

苏州大学
职业技术学院旅游系
地址：苏州市昆山周庄大学路1号
电话：0512－62165980
邮编：215325

浙　江

ZHEJIANG

旅游机构

浙江省旅游局
地址：杭州市石函路 1 号
电话：0571－87054459　87054463
传真：0571－85156429
邮编：310007
网址：www. tourzj. gov. cn

浙江省旅游质量监督管理所
地址：杭州市保俶路昭庆西弄 1－1 号友谊宫宾馆分部 C 楼
电话：0571－85117419
传真：0571－85117419
邮编：310007

杭州市旅游委员会
地址：杭州市延安路 228 号
电话：0571－87925086
传真：0571－87925050
邮编：310001

杭州市拱墅区商贸旅游局
地址：杭州市塘河路 32 号
电话：0571－88085936
传真：0571－88886181
邮编：310011

杭州市上城区商贸旅游局
地址：杭州市解放路 54 号
电话：0571－87084414
传真：0571－87064946
邮编：310009

杭州市下城区商贸旅游局
地址：延安新村 4－11－2 号 6 楼
电话：0571－28862907
传真：0571－28862907
邮编：310006

杭州市江干区商贸旅游局
地址：杭州市庆春东路 1 号
电话：0571－86974851
传真：0571－86974753
邮编：310020

杭州市西湖区商贸旅游局
地址：杭州市天目山路 358－3 号
电话：0571－85025649
传真：0571－85025649
邮编：310013

杭州市高新技术产业开发区（滨江）商贸旅游局
地址：杭州市滨江区江南大道区行政中心 7 楼
电话：0571－87702211
传真：0571－87702384
邮编：310051

杭州市余杭区风景旅游局
地址：杭州市余杭区临平东湖南路 99 号
电话：0571－86164619
传真：0571－86243469
邮编：311100

杭州市萧山区旅游局
地址：杭州市萧山区市心中路区行政中心综合楼3 楼
电话：0571－82898883
传真：0571－82898468
邮编：311202

临安市风景旅游局
地址：杭州临安市锦城镇衣锦街 446 号
电话：0571－63718647
传真：0571－63716038
邮编：311300

富阳市风景旅游局
地址：杭州富阳市桂花路 17 号 12 楼
电话：0571－63326346
传真：0571－63348015
邮编：311400

建德市风景旅游局
地址：杭州建德市新安东路 7 号
电话：0571－64727935
传真：0571－64722753
邮编：311600

桐庐县风景旅游局
地址：杭州市桐庐县桐庐镇富春路 179 号
电话：0571－64603072
传真：0571－64603886
邮编：311500

淳安县千岛湖风景旅游管理局
地址：杭州市淳安县千岛湖镇排岭南路 32 号
电话：0571－64812655
传真：0571－64823740
邮编：311700

宁波市旅游局
地址：宁波市长春路 35 号
电话：0574－87324554
传真：0574－87291266
邮编：315012

宁波市海曙区旅游局
地址：宁波市中山西路 298 号海光大厦 5 楼
电话：0574－87258968
传真：0574－87258968
邮编：315010

宁波市江东区旅游局
地址：宁波市江东大戴街 2 号 4 楼
电话：0574－87712817
传真：0574－87333223
邮编：315040

宁波市江北区旅游局
地址：宁波市江北区洪塘街道都市农业园区内
电话：0574－88199175
传真：0574－87575433
邮编：315033

宁波市北仑区旅游局
地址：宁波市北仑区明州路 189 号
电话：0574－86783197
传真：0574－86783210
邮编：315800

宁波市镇海区旅游局
地址：宁波市镇海区中山路 2 号
电话：0574－86290487
传真：0574－86256437
邮编：315200

宁波市鄞州区旅游局
地址：宁波市鄞州区新城区惠风东路 568 号
电话：0574－87523827
传真：0574－87523833
邮编：315100

慈溪市风景旅游局
地址：宁波慈溪市寺山路 173 号
电话：0574－63818335
传真：0574－63817981
邮编：315300

余姚市旅游局
地址：宁波余姚市西石山南路 118 号
电话：0574－62837011
传真：0574－62704108
邮编：315400

奉化市旅游局
地址：宁波奉化市锦屏南路 1 号
电话：0574－88588224
传真：0574－88588222
邮编：315500

宁海县旅游局
地址：宁波市宁海县跃龙桃源南路 282 号
电话：0574－65577331
传真：0574－65511999
邮编：315600

象山县旅游局
地址：宁波市象山县丹西街道新丰路 368 号
电话：0574－65780300
传真：0574－65719043
邮编：315700

温州市旅游局
地址：温州市政府中心主楼 6 楼
电话：0577－88967256
传真：0577－88967262
邮编：325000

温州市鹿城区风景旅游管理局
地址：温州市应道观巷 43 号
电话：0577－88201193
传真：0577－88215279
邮编：325000

温州市龙湾区风景旅游管理局
地址：温州市龙湾区状元镇龙飞路 2 号
电话：0577－86355975
传真：0577－86955977
邮编：325011

温州市瓯海区风景旅游管理局
地址：温州市清明桥新村 6 栋 2 楼
电话：0577－88534601
传真：0577－88521706
邮编：325000

瑞安市风景旅游管理局
地址：温州瑞安市安阳镇万松路安阳大厦 21 楼
电话：0577－65839807
传真：0577－65839816
邮编：325200

乐清市风景旅游管理局
地址：温州乐清市宁康东路 168 号 6 楼
电话：0577－27812780
传真：0577－27812789
邮编：325600

永嘉县楠溪江风景旅游管理局
地址：温州市永嘉县政府大院
电话：0577－67222939
传真：0577－67229118
邮编：325100

文成县风景旅游管理局
地址：温州市文成县政府大院
电话：0577－67862916
传真：0577－67833799
邮编：325300

平阳县风景旅游管理局
地址：温州市平阳县昆阳镇平阳大厦21层
电话：0577－63739060
传真：0577－63739060
邮编：325400

泰顺县风景旅游管理局
地址：泰顺县罗阳镇化工路8号
电话：0577－67594567
传真：0577－67594567
邮编：325500

洞头县风景旅游管理局
地址：温州市洞头县新城区旅游大厦
电话：0577－63482180
传真：0577－63489746
邮编：325700

苍南县风景旅游管理局
地址：温山市苍南县灵溪镇河滨东路16号
电话：0577－64764487
传真：0577－64775171
邮编：325800

湖州市旅游局
地址：湖州市行政中心4号楼3楼
电话：0572－2399211
传真：0572－2399220
邮编：313000

湖州市吴兴区旅游局
地址：湖州市湖东路升建大楼5楼
电话：0572－2663258
传真：0572－2092081
邮编：313000

湖州市南浔区旅游局
地址：湖州市南浔区南西街29号
电话：0572－3018766
传真：0572－3018750
邮编：313009

长兴县旅游局
地址：湖州市长兴县雉城镇金陵中路257号
电话：0572－6039770
传真：0572－6022298
邮编：313100

德清县旅游局
地址：湖州市德清县武康镇英溪南路153号
电话：0572－8068737
传真：0572－8068737
邮编：313200

安吉县风景与旅游管理局
地址：湖州市安吉县行政中心10楼
电话：0572－5123057
传真：0572－5123058
邮编：313300

嘉兴市旅游局
地址：嘉兴市中山西路216号
电话：0573－2159700
传真：0573－2159725
邮编：314001

嘉兴市南湖区三产发展局
地址：嘉兴市中环东路南湖区行政中心
电话：0573－2838158
传真：0573－2838190
邮编：314051

杭州市秀洲区经济贸易局（旅游局）
地址：嘉兴市秀洲区行政中心
电话：0573－2720080
传真：0573－2720348
邮编：314001

平湖市旅游局
地址：嘉兴平湖市新华南路24号
电话：0573－5116446
传真：0573－5116446
邮编：314200

海宁市旅游局
地址：嘉兴海宁市海洲区西路226号
电话：0573－7288406
传真：0573－7288432
邮编：314400

桐乡市旅游局
地址：嘉兴桐乡市梧桐街道新兴弄13号
电话：0573－8029293
传真：0573－8029293
邮编：314500

嘉善县旅游局
地址：嘉兴市嘉善县亭桥南路248号
电话：0573－4051923
传真：0573－405191
邮编：314100

海盐县旅游局
地址：嘉兴市海盐县武原镇城北西路159号
电话：0573－6121105
传真：0573－6121105
邮编：314300

绍兴市旅游局
地址：绍兴市龙山后街110号
电话：0575－5132711
传真：0575－5120747
邮编：312000

绍兴市越城区商贸旅游局
地址：绍兴市延安路18号
电话：0575－8316065
传真：0575－8316065
邮编：312000

诸暨市风景旅游管理局
地址：绍兴诸暨市东一路18号
电话：0575－7126767
传真：0575－7231718
邮编：311800

上虞市风景旅游管理局
地址：绍兴上虞市舜耕公园正大门东大楼
电话：0575－2134362
传真：0575－2120651
邮编：312300

嵊州市旅游局
地址：绍兴嵊州市艇北路8号
电话：0575－3110651
传真：0575－3103068
邮编：312400

绍兴县旅游局
地址：绍兴市绍兴县柯桥州山
电话：0575－4366558
传真：0575－4366527
邮编：312030

新昌县风景旅游管理局
地址：绍兴市新昌县城关镇鼓山中路49号
电话：0575－6043497
传真：0575－6039987
邮编：312500

金华市旅游局
地址：金华市双龙南街801号市政府大楼7楼
电话：0579－2469873
传真：0579－2469290
邮编：321017

金华市婺城区风景旅游管理局
地址：金华市解放东路142号
电话：0579－2320445
传真：0579－2306473
邮编：321000

金华市金东区旅游局
地址：金华市光南路836号金东区政府
电话：0579－2176621
传真：0579－2176619
邮编：321015

兰溪市旅游局
地址：金华兰溪市兰花村九畹路18号
电话：0579－8927928
传真：0579－8927918
邮编：321100

永康市风景旅游管理局
地址：金华永康市九铃东路3027号工行15楼
电话：0579－7127707
传真：0579－7307903
邮编：321300

义乌市风景旅游管理局
地址：金华义乌市县前街21号市府大楼7楼
电话：0579－5522170
传真：0579－5531120
邮编：322000

东阳市旅游局
地址：金华东阳市东街1号
电话：0579－6647960
传真：0579－6631310
邮编：322100

武义县文化旅游局
地址：金华市武义县县府大院
电话：0579－7663739
传真：0579－7663739
邮编：321200

浦江县旅游局
地址：金华市浦江县浦阳镇人民东路63号
电话：0579－4124145
传真：0579－4124145
邮编：322200

磐安县风景旅游管理局
地址：金华市磐安县安文镇中街1号
电话：0579－4660332
传真：0579－4660332
邮编：322300

衢州市旅游局
地址：衢州市荷花西路201号
电话：0570－8878160
传真：0570－8878282
邮编：324002

衢州市柯城区旅游局
地址：衢州市讲舍街45号
电话：0570－3037966
传真：0570－3024124
邮编：324000

衢州市衢江区风景旅游局
地址：衢州市衢江区茶园综合楼
电话：0570－3838627
传真：0570－3331627

邮编：324022

江山市旅游局
地址：衢州江山市区江滨路 29 号
电话：0570－4015925
传真：0570－4015947
邮编：324100

常山县旅游局
地址：衢州市常山县城渡口小区物资大楼 3 楼
电话：0570－5013591
传真：0570－5013591
邮编：324200

开化县旅游局
地址：衢州市开化县城关镇解放路 65 号
电话：0570－6017978
传真：0570－6017978
邮编：324300

龙游县文化旅游局
地址：衢州市龙游县文化东路 62 号
电话：0570－7029002
传真：0570－7018086
邮编：324400

舟山市旅游局
地址：舟山市新城海天大道 681 号
电话：0580－2280715
传真：0580－2280716
邮编：316021

舟山市定海区旅游局
地址：舟山市定海区白虎路 92 号
电话：0580－2609739
传真：0580－2025291
邮编：316000

舟山市普陀区管理局
地址：舟山市普陀区沈家门东河路 90 号
电话：0580－3016263
传真：0580－3031222
邮编：316100

岱山县风景旅游管理局
地址：舟山市岱山县高亭路 65 号
电话：0580－4477314
传真：0580－4477314
邮编：316200

嵊泗县旅游局
地址：舟山市嵊泗县菜园镇沙河路 127 号
电话：0580－5081813
传真：0580－5089107
邮编：202450

台州市旅游局
地址：台州市市府大道 289 号耀达大厦 23 楼
电话：0576－8535766
传真：0576－8535757
邮编：318000

台州市椒江区旅游局
地址：台州市椒江区青年路 404 号区政府大院 2 号楼
电话：0576－8830287
传真：0576－8830323
邮编：318000

台州市黄岩区旅游局
地址：台州市黄岩区国际大酒店内
电话：0576－4260500
传真：0576－4286499
邮编：318020

台州市路桥区旅游局
地址：台州市路桥区西路桥大道 328 号 6 楼
电话：0576－2519377
传真：0576－2519378
邮编：318050

临海市风景旅游管理局
地址：台州临海市东湖小商品城 5 楼
电话：0576－5313602
传真：0576－5313601
邮编：317000

温岭市风景旅游管理局
地址：台州温岭市国际大酒店 18 楼
电话：0576－6208611
传真：0576－6208600
邮编：317500

三门县风景旅游管理局
地址：台州市三门县海游镇人民路立生巷 2 号
电话：0576－3335097
传真：0576－3325308
邮编：317100

天台县风景旅游管理局
地址：台州市天台县城关镇电大路旅游大楼
电话：0576－3884775
传真：0576－3882610
邮编：317200

仙居县风景旅游管理局
地址：台州市仙居城关城北东路交通大楼
电话：0576－7796887
传真：0576－7796890
邮编：317300

玉环县风景旅游管理局
地址：台州市玉环县珠港镇广陵路财政大楼 13 楼
电话：0576－7250250
传真：0576－7250366
邮编：317600

丽水市旅游局
地址：丽水市花园路 1 号
电话：0578－2106017
传真：0578－2106340
邮编：323000

龙泉市风景旅游局
地址：丽水龙泉市新华街 62 号
电话：0578－7115111
传真：0578－7115111
邮编：323700

缙云县仙都风景旅游管理局
地址：丽水市缙云县新区广电大楼 7 楼
电话：0578－3315467
传真：0578－3315479
邮编：321400

青田县风景旅游局
地址：丽水市青田县鹤城东路 67 号（粮食大厦 6 楼）
电话：0578－6827403
传真：0578－6827403
邮编：323900

云和县风景旅游局
地址：丽水市云和县城北路 6 号
电话：0578－5128922
传真：0578－5128922
邮编：323600

遂昌县风景旅游局
地址：丽水市遂昌县妙高镇县前街 1 号
电话：0578－8126880
传真：0578－8126880
邮编：323300

松阳县风景旅游局
地址：丽水市松阳县新华路 74 号
电话：0578－8060116
传真：0578－8060118
邮编：323400

庆元县风景旅游局
地址：丽水市庆元县松源镇石龙街 32 号
电话：0578－6128248
传真：0578－6128248
邮编：323800

景宁畲族自治县风景旅游局
地址：丽水市景宁县鹤溪镇体育路 8 号
电话：0578－5082839
传真：0578－5082839
邮编：323500

杭州西湖风景名胜区管委会
地址：杭州市龙井路 1 号
电话：0571－87179501
传真：0571－87179506
邮编：310013

杭州西溪湿地公园管理委员会
地址：杭州市西湖区天目山路
电话：0571－88106501
传真：0571－88106505
邮编：310013

温州市雁荡山风景旅游管理局
地址：温州市雁荡镇雁山路 88 号
电话：0577－62243025
传真：0577－62243284
邮编：325604

乐清市中雁荡山风景旅游管理委员会
地址：温州市乐清市白石镇玉虹北路
电话：0577－62682786
传真：0577－62680471
邮编：325604

浙江省人民政府办公厅莫干山管理局
地址：湖州市德清县莫干山风景区 97 号
电话：0572－8033308
传真：0572－8033276
邮编：313202

旅行社

浙江海外旅游公司
地址：杭州市凤起路 380 号
电话：0571－56809306
邮编：310006
网址：www. zjotc. com
许可证号：L－ZJ－GJ00001

杭州海外旅游有限公司
地址：杭州市西湖大道 239 号耀江广厦写字楼 B 座三层
电话：0571－87709770
邮编：310002
网址：www. otchz. com
许可证号：L－ZJ－GJ00002

宁波海外旅游有限公司
地址：宁波市江东华严街 75 号
电话：0574－87977996
邮编：315010

网址：www. nbotc. com
许可证号：L－ZJ－GJ00003

浙江省中国国际旅行社
地址：杭州市西湖区石函路1号
电话：0571－85152888
邮编：310007
网址：www. zjcits. com
许可证号：L－ZJ－GJ00004

浙江省中国旅行社
地址：杭州市光复路200号
电话：0571－87553547
邮编：310006
网址：www. ctszj. com. cn
许可证号：L－ZJ－GJ00005

浙江省中青国际旅游有限公司
地址：杭州市凤起路56号
电话：0571－85788333
邮编：310003
网址：www. zjcyts. com
许可证号：L－ZJ－GJ00006

杭州招商国际旅游公司
地址：杭州市上城区司马渡巷60号改革月报大楼7楼
电话：0571－87232008
邮编：310003
网址：www. goqround china. com
许可证号：L－ZJ－GJ00007

浙江康辉国际旅行社有限公司
地址：杭州市天目山路238号华鸿大厦1号楼3楼
电话：0571－85020106
邮编：310012
网址：www. cctaj. com
许可证号：L－ZJ－GJ00008

浙江省职工国际旅行社有限公司
地址：杭州市江城路887号联银大厦505室
电话：0571－87177208
邮编：310009
网址：www. zipits. com
许可证号：L－ZJ－GJ00009

浙江省国际合作旅行社有限公司
地址：杭州市惠民路56号
电话：0571－87830038
邮编：310002
网址：www. zjcts. com
许可证号：L－ZJ－GJ00010

中国国际体育旅游公司浙江省公司
地址：杭州市体育场路210号
电话：0571－5－85060360
邮编：310004
许可证号：L－ZJ－GJ00011

浙江世纪金桥海外旅行社有限公司
地址：杭州市学院路83号3楼
电话：0571－87299158
邮编：310003
许可证号：L－ZJ－GJ00012

浙江建设国际旅行社
地址：杭州市中河北路108号港航大厦1303B
电话：0571－85453783
邮编：310014
许可证号：L－ZJ－GJ00013

浙江妇女国际旅行社有限公司
地址：杭州文三路508号天苑大厦19楼
电话：0571－56834558
邮编：310012
网址：www. zjwits. com
许可证号：L－ZJ－GJ00014

浙江东方海外旅游有限公司
地址：杭州市清泰街563号城建综合楼5楼
电话：0571－28886301
邮编：310011
网址：www. tour－world. com
许可证号：L－ZJ－GJ00015

宁波中国国际旅行社有限公司
地址：宁波市海曙区开明街130弄48号三楼
电话：0574－87318026
邮编：315010
网址：www. nbcits. com
电子信箱：369@ nbcits. com
许可证号：L－ZJ－GJ00016

绍兴中国国际旅行社有限公司
地址：绍兴市中兴中路288号现代大厦三楼
电话：0575－5115900
邮编：312000
许可证号：L－ZJ－GJ00017

奉化中国旅行社有限公司
地址：奉化市溪口武岭路
电话：0574－88858119
邮编：315502
许可证号：L－ZJ－GJ00018

普陀中国国际旅行社有限公司
地址：舟山市定海环城东路71号
电话：0580－2031398
邮编：316000
电子信箱：ptcits2005@ sina. con
许可证号：L－ZJ－GJ00019

台州国际旅行社有限公司
地址：台州市黄岩区九峰路国际大酒店一楼
电话：0576－4250148　4260148
邮编：318020
网址：www. TZITS. NET
电子信箱：HYGD2008@ 163. com
许可证号：L－ZJ－GJ00020

温州中旅旅游有限责任公司
地址：温州市环城东路东门大厦1层
电话：0577－88805512
邮编：325000
许可证号：L－ZJ－GJ00021

金华中国国际旅行社
地址：金华市双溪西路369号（国贸宾馆11楼）
电话：0579－2395558
邮编：321017
网址：www. jhcits. com
电子信箱：jhcits@ mail. jhptt. zj. cn
许可证号：L－ZJ－GJ00022

浙江香溢国际旅行社有限公司
地址：杭州市解放路108号
电话：0571－87028291
邮编：210009
许可证号：L－ZJ－GJ00023

桐庐中国旅行社
地址：杭州市桐庐镇富春路179号
电话：0571－64600091
邮编：311500
网址：www. tongln－tour. com
许可证号：L－ZJ－GJ00024

浙江国际旅游集团有限公司
地址：杭州市西湖大道58号金隆花园金梅轩20层
电话：0571－87886605
邮编：310009
网址：www. zitg. com
许可证号：L－ZJ－GJ00025

嘉兴国际旅行社有限公司
地址：嘉兴市斜西街307号
电话：0573－2086128
邮编：3140000
网址：www. jx17u. com
电子信箱：jxgl123@ sina. com
许可证号：L－ZJ－GJ00027

湖州市中国旅行社中国旅行社协会会员
地址：湖州市益民路295号
电话：0572－2035784
邮编：313000
电子信箱：rzh0572@ 126. com
许可证号：L－ZJ－GJ00028

天台中国国际旅行社有限公司
地址：台州市天台县城关镇劳动路30号
电话：0576－3882112
邮编：317200
电子信箱：TTCITS@ 263. NET
许可证号：L－ZJ－GJ00029

浙江光大国际旅游（旅行社）有限公司
地址：杭州市天目山路238号华鸿大厦A座3楼
电话：0571－56773535
邮编：310012
网址：www. zjeb. com
许可证号：L－ZJ－GJ00031

杭州市中国旅行社有限公司
地址：杭州市湖墅南路103号百大花园C区七楼
电话：0571－88382288
邮编：310011
网址：www. hzcts. com
许可证号：L－ZJ－GJ00032

温州海外旅游有限公司
地址：温州市人民西路88号（群艺组团）一、二楼
电话：0577－88228870
邮编：325000
网址：www. wzotc. com
许可证号：L－ZJ－GJ00033

浙江中山国际旅行社有限责任公司
地址：杭州市延安路139号涌金广场6楼601室
电话：0571－87060266
邮编：310002
网址：www. tour－world. net
许可证号：L－ZJ－GJ00034

杭州梅苑国际旅行社有限公司
地址：杭州市西湖区莫干山路511号
电话：0571－88051000
邮编：310013
许可证号：L－ZJ－GJ00035

浙江省航空国际旅行社
地址：杭州市庆春路193号
电话：0571－86662505
邮编：310006
许可证号：L－ZJ－GJ00036

杭州春光国际旅行社有限公司
地址：杭州市解放路89号

电话：0571－87555581
邮编：310009
许可证号：L－ZJ－GJ00037

绍兴海外国际旅行社有限公司
地址：绍兴市鲁迅中路122－128号
电话：0575－8647200
邮编：312000
网址：www. sxotc. com
许可证号：L－ZJ－GJ00038

宁波浙仑海外旅行社有限公司
地址：宁波市江东区彩虹南路16号彩虹大厦1楼
电话：0574－87716526
邮编：315040
网址：www. zhelun. com
许可证号：L－ZJ－GJ00039

温州国旅旅游有限公司
地址：温州市体育中心体育场1区2楼
电话：0577－88157123
邮编：325000
网址：www. wzits. com
许可证号：L－ZJ－GJ00040

宁波中国旅行社集团有限公司
地址：宁波市大沙泥街61号2楼
电话：0574－87197141
邮编：315000
网址：www. 51nbzl. com
许可证号：L－ZJ－GJ00041

浙江锦旅国际旅行社有限公司
地址：杭州市建国中路166号
电话：0571－87550206
邮编：310009
网址：www. zjjj88. com
许可证号：L－ZJ－GJ00042

湖州新国际旅行社有限公司
地址：湖州市观凤路238号
电话：0572－2210979
邮编：313000
网址：www. hzluyou. com
许可证号：L－ZJ－GJ00043

浙江海峡旅行社有限公司
地址：杭州市龙游路58号
电话：0571－87065620
邮编：310006
网址：www. 9612345. com
许可证号：L－ZJ－GJ00044

浙江海内外商务旅游有限公司
地址：杭州市华浙广场1号20楼F&G座
电话：0571－85270739　85270781
邮编：310006
许可证号：L－ZJ－GJ00045

富阳国际旅行社有限公司
地址：富阳市富春街道苋浦南路2号
电话：0571－63139100
邮编：311400
许可证号：L－ZJ－GJ00047

浙江仙乐国际旅行社有限公司
地址：温州市吴桥路金山谷商住楼1－4幢105室
电话：0577－88605886
邮编：325000
许可证号：L－ZJ－GJ00049

浙江外海国际旅游有限公司
地址：杭州市潮王路225号
电话：0571－28826801　28826813
邮编：310011
许可证号：L－ZJ－GJ00051

宁波中国青年旅行社有限公司
地址：宁波市柳汀街201号
电话：13906682247
邮编：315010
网址：www. nbcyts. com
许可证号：L－ZJ－GJ00052

绍兴商务国际旅行社
地址：绍兴市兴中路108号红太阳写字楼8楼
电话：0575－5225266　5220800
邮编：312000
许可证号：L－ZJ－GJ00053

杭州天际游国际旅行社有限公司
地址：杭州市体育场路392号2217室
电话：0571－87299211
邮编：310003
网址：www，skytour_hz. com
许可证号：L－ZJ－GJ00054

浙江君威国际旅行社有限公司
地址：杭州市下城区庆春路118号嘉德广场
电话：13186966236
邮编：310004
网址：www. JWITA. com
许可证号：L－ZJ－GJ00055

港中旅国际（杭州）旅行社有限公司
地址：杭州市建国北路658号14楼A－B座
电话：0571－28937100
邮编：310004
网址：www. ctihz. com
许可证号：L－ZJ－GJ00056

浙江青田中青旅瓯江旅游有限公司
地址：浙江省青田县鹤城镇鸣山路9号
电话：13906882282
邮编：323900
网址：www. olzc. com
电子信箱：webmaster@ olzc. com
许可证号：L－ZJ－GN10007

宾馆酒店

浙江南国大酒店有限公司 ★★★★★
地址：杭州富阳市馆驿里8号
电话：0571－63138888
传真：0571－63138899
邮编：311400
网址：www. southchinahotel. com. cn

杭州维景大酒店有限公司 ★★★★★
地址：杭州市平海路2号
电话：0571－87088088
传真：0571－87077618
邮编：310006
电子信箱：hzch@ mail. hz. zj. cn
网址：www. metroparkhotels. com

浙江世界贸易中心大饭店 ★★★★★
地址：杭州市曙光路122号（西湖）
电话：0571－87990888
传真：0571－87950088
邮编：310007
网址：www. wtcgh. com
电子信箱：hotel@ wtcgh. com

浙江国际大酒店 ★★★★★
地址：杭州市体育场路221号（下城）
电话：0571－85770088
传真：0571－85770066
邮编：310003
网址：www. zjih. com
电子信箱：zjihsales@ mail. hz. zj. cn

杭州国大雷迪森广场酒店 ★★★★★
地址：杭州市体育场路333号（下城）
电话：0571－85158888
传真：0571－8515777
邮编：310006
网址：www. radisson. com. cn

杭州西湖索菲特西湖大酒店 ★★★★★
地址：杭州市西湖大道333号（上城）
电话：0571－87075858
传真：0571－87078383
邮编：310002
网址：www. sofitel. com

浙江西湖国宾馆 ★★★★★
地址：杭州市杨公堤18号
电话：0571－87979889
传真：0571－87972348
邮编：310007
网址：www. xihusjh. com
电子信箱：office@ xihusgh. com

杭州开元名都大酒店 ★★★★★
地址：杭州市萧山区市心中路818号
电话：0571－82888888
传真：0571－82888688
邮编：311200
网址：www. ncihotel. com

浙江金马饭店有限公司 ★★★★★
地址：杭州市萧山区通惠中路218号
电话：0571－82887888
传真：0571－82711579
邮编：311201
网址：www. jinma－hotel. com
电子信箱：jinma@ jinma－hotel. com

杭州千岛湖开元度假村 ★★★★★
地址：杭州市淳安县千岛湖镇麒麟半岛
电话：0571－65018888
传真：0571－65018188
邮编：311700
网址：www. kaiyuangroup. com

东港喜来登酒店（预备5）★★★★★
地址：宁波彩虹北路50号
电话：0574－87688688
传真：0574－87758899
邮编：315040
网址：www. sheraton. com/ningbo
电子信箱：ningbo@ sheraton. com

中信宁波国际大酒店 ★★★★★
地址：宁波江东北路1号
电话：0574－87757888
传真：0574－87716329
邮编：315040
网址：www. citihotel－nb. com
电子信箱：nbciti@ mail. nbpit. zj. cn

宁波南苑饭店 ★★★★★
地址：宁波灵桥路2号
电话：0574－87095678
传真：0574－87097788
邮编：315000
网址：www. nanyuanhotel. com

电子信箱：ny@ nanyuanhotel. com

慈溪杭州湾大酒店 ★★★★★
地址：宁波慈溪市寺山路 301 号
电话：0574－63814888
传真：0574－63811088
邮编：315300
网址：www. hangzhoubayhotel. com
电子信箱：chzbh@ 163. net

太平洋大酒店 ★★★★★
地址：宁波余姚市南滨江路 168 号
电话：0574－62886288
传真：0574－62708000
邮编：315400
网址：www. nbpacific. com
电子信箱：hotel@ pacific. sina. net

余姚宾馆（预备 5）★★★★★
地址：宁波余姚市舜水南路 108 号
电话：0574－62708888
传真：0574－62739678
邮编：315400
网址：www. yyplazahotel. com
电子信箱：hotel@ yyplazahotel. com

溪口银凤锦江旅游度假村 ★★★★★
地址：宁波奉化市溪口镇
电话：0574－81866666
传真：0574－88812001
邮编：315502
网址：www. yfhotel. cn
电子信箱：webmaster@ yfhotel. cn

绍兴国际大酒店 ★★★★★
地址：绍兴市府山西路 100 号
电话：0575－85166788
传真：0575－85166778
邮编：312000
网址：www. sxint. com
电子信箱：sxint@ mail. sxptt. zj. cn

绍兴饭店 ★★★★★
地址：绍兴市环山路 8 号
电话：0575－85155888
传真：0575－85155565
邮编：312000
网址：www. hotel-shaoxing. com
电子信箱：sxht@ public. sxptt. zj. cn

绍兴咸亨大酒店 ★★★★★
地址：绍兴市解放南路 680 号
电话：0575－88068688
传真：0575－88051028
邮编：312000
网址：www. xianhengchina. com

上虞国际大酒店 ★★★★★
地址：绍兴上虞市市民大道 333 号
电话：0575－82222222
传真：0575－82222220
邮编：312300
网址：www. sygj-hotel. com
电子信箱：sygjdjd@ 163. com

绍兴县富丽华大酒店 ★★★★★
地址：绍兴市绍兴县柯桥笛扬路 1288 号
电话：0575－84128888
传真：0575－85683366
邮编：312030
网址：www. flowerhotel. cn
电子信箱：fulihua@ sxlt. com

温州华侨饭店 ★★★★★
地址：温州市信河街 17 号
电话：0577－88088888
传真：0577－88082888
邮编：325000
网址：www. ochwz. com
电子信箱：huaqiao@ ochwz. com

浙江梅地亚宾馆 ★★★★
地址：杭州市长生路 18 号
电话：0571－87918888
传真：0571－87915887
邮编：310006
网址：www. zjmediahotel. com
电子信箱：www. zj－media@ 163. com

杭州望湖宾馆 ★★★★
地址：杭州市环城西路二号
电话：0571－87078888
传真：0571－87071350　87015925
邮编：310006
网址：www. lakeviewhotelhz. com

杭州红星文化大厦有限公司 ★★★★
地址：杭州市建国南路 280 号
电话：0571－87703888
传真：0571－87703719
邮编：310009
网址：www. redstarhotel. com

杭州香溢大酒店 ★★★★
地址：杭州市解放路 108 号
电话：0571－87218899
传真：0571－87218833
邮编：310009
网址：www. sunny-hotels. com
电子信箱：sunnyhtl@ mail. hz. zj. cn

杭州新侨饭店 ★★★★
地址：杭州市解放路 226 号
电话：0571－87076688
传真：0571－87071428
邮编：310001
网址：www. hzxqhotel. com
电子信箱：xqhotel@ mail. hz. zj. cn

杭州之江饭店 ★★★★
地址：杭州市莫干山路 188－200 号
电话：0571－88066888
传真：0571－88064966
邮编：310003
网址：www. zj-hotel. com. cn
电子信箱：zjhotel@ zj-hotel. com. cn

杭州最佳西方梅苑宾馆 ★★★★
地址：杭州市莫干山路 511 号
电话：0571－88051000
传真：0571－88073297
邮编：310005
网址：www. hzmyhotel. com
电子信箱：myhl@ mail. hz. zj. cn

杭州大华饭店 ★★★★
地址：杭州市南山路 171 号
电话：0571－87181888
传真：0571－87061770
邮编：310002
网址：www. dh-hotel. com
电子信箱：dahua@ dh-hotel. com

杭州华辰国际饭店 ★★★★
地址：杭州市平海路 25 号
电话：0571－87652222
传真：0571－87922693
邮编：310006
网址：www. hcgjhotel. com
电子信箱：hcih@ hotmail. com

杭州马可波罗假日酒店 ★★★★
地址：杭州市平海路 38 号
电话：0571－87018888
传真：0571－87015887
邮编：310006
网址：www. mcmchotel. com
电子信箱：merchant@ mail. hz. zj. cn

杭州友好饭店 ★★★★
地址：杭州市平海路 53 号
电话：0571－87077888
传真：0571－87073842
邮编：310006
网址：www. friendship-hotel. com

华美达广场杭州海华大酒店 ★★★★
地址：杭州市庆春路 298 号
电话：0571－87215888
传真：0571－87215108
邮编：310006
网址：www. ramadahz. com
电子信箱：haihua@ ramadahz. com

杭州五洋宾馆 ★★★★
地址：杭州市庆春路 48 号
电话：0571－87218888
传真：0571－87218218
邮编：310003
网址：www. wuyanghotel. com
电子信箱：hzwyho@ mail. hz. zj. cn

浙江宾馆有限责任公司 ★★★★
地址：杭州市三台山路 278 号
电话：0571－87180808
传真：0571－87971904
邮编：310007
网址：www. zhejianghotel. com

杭州黄龙饭店 ★★★★
地址：杭州市曙光路 120 号
电话：0571－87998833
传真：0571－87998090
邮编：310007
网址：www. dragon-hotel. com
电子信箱：dragon@ mail. hz-zj. cn

杭州皇冠大酒店 ★★★★
地址：杭州市天城路 88 号
电话：0571－86458888
传真：0571－86452288
邮编：310020
网址：mail. chinacrownplaza. com
电子信箱：crown@ publicl. hz. zj. cn

文华大酒店 ★★★★
地址：杭州市文二路 38 号
电话：0571－88825888
传真：0571－88088568
邮编：310012
网址：www. zjcphotel. com
电子信箱：cphotel@ mail. hz. zj. cn

杭州星都宾馆有限公司 ★★★★
地址：杭州市文晖路 448 号
电话：0571－88386888
传真：0571－88381888
邮编：310005
网址：www. cstarhotel，zhejiang，china
电子信箱：c-star@ mail. hz. zj. cn

杭州大厦宾馆 ★★★★
地址：杭州市武林广场 1 号
电话：0571－85153911

传真：0571－85170062
邮编：310006
网址：www.hangzhoutower.com
电子信箱：bgfd@hangzhoutower.com

杭州大酒店 ★★★★
地址：杭州市延安路546号
电话：0571－85166888
传真：0571－85055686
邮编：310006
网址：www.hangzhouhotel.com.cn

浙江大酒店 ★★★★
地址：杭州市延安路595号
电话：0571－85056666
传真：0571－85172925
邮编：310006
网址：www.zjghotel.com
电子信箱：zjghotel@163.com

杭州开元之江度假村有限公司 ★★★★
地址：杭州市滨江区江南大道4758号
电话：0571－86696888
传真：0571－86696028
邮编：310053
网址：www.kaiyuangroup.com
电子信箱：kyzj@kaiyuangroup.com

杭州城市花园酒店 ★★★★
地址：杭州市余杭区临平人民大道505号
电话：0571－86238888
传真：0571－86236666
邮编：311100
网址：www.gardenhotelhz.com

杭州明日宾馆 ★★★★
地址：杭州市萧山区瓜沥镇东灵北路1号
电话：0571－83889888
传真：0571－83889008
邮编：311241
网址：www.hzmrhotel.com
电子信箱：fsh@mail.hzmrhotel.com

浙江开元萧山宾馆 ★★★★
地址：杭州市萧山区人民路77号
电话：0571－82881888
传真：0571－82624240
邮编：311200
网址：www.kaiyuangroup.com
电子信箱：xbhotel@kaiyuangroup.com

杭州萧山宝盛宾馆 ★★★★
地址：杭州市萧山区市心中路618号
电话：0571－82800888
传真：0571－82811529
邮编：311201
网址：www.blossom-hotel.com

杭州萧山国际酒店 ★★★★
地址：杭州市萧山区文化路1号
电话：0571－83886888
传真：0571－82630746
邮编：311203
网址：www.hzxsih.com
电子信箱：zxih@xs.hz.zj.cn

杭州太虚湖假日酒店 ★★★★
地址：杭州市萧山区义桥东方文化园内
电话：0571－82336868
传真：0571－82336863
邮编：311256
网址：www.ocpark.com
电子信箱：admin@ocpark.com

千岛湖海外海大酒店 ★★★★
地址：杭州市淳安县千岛湖镇南山开发路1号
电话：0571－64880888
传真：0571－64882377
邮编：311700
网址：www.haiwaihai.com
电子信箱：qdh@haiwaihai.com

湖州国际大酒店 ★★★★
地址：湖州市红旗路117号
电话：0572－2057788
传真：0572－2037788
邮编：313000
网址：www.guojihotel.com/reserve.asp
电子信箱：hzih@mail.huptt，zj，cn

浙北大酒店 ★★★★
地址：湖州市红旗路75号
电话：0572－2058888
传真：0572－2021573
邮编：313000
网址：www.hzzhebei.com

雅兰国际大酒店 ★★★★
地址：湖州市德清县武康镇武源街659号
电话：0572－8288888
传真：0572－8288889
邮编：313200
网址：www.yallan.com
电子信箱：yallan@yallan.com

安吉香溢度假村 ★★★★
地址：湖州市安吉县灵峰景区
电话：0572－5338888
传真：0572－5338777
邮编：313302
网址：www.zjsunny.com
电子信箱：zjsunny@china.com

嘉兴戴梦得大酒店 ★★★★
地址：嘉兴市禾兴南路366号
电话：0573－82095888
传真：0573－82097766
邮编：314000
网址：www.diamondhotel.com.cn
电子信箱：dmdhotel@163.com

嘉兴阳光大酒店 ★★★★
地址：嘉兴市中山东路1628号
电话：0573－82082088
传真：0573－82078998
邮编：314000
网址：www.jxsunshine.com
电子信箱：sunshine@mail.jxptt.zj.cn

平湖圣雷克大酒店 ★★★★
地址：嘉兴平湖市当湖路88号
电话：0573－85122222
传真：0573－85120098
邮编：314200
网址：www.sunlakehotel.com.cn

海宁海洲大饭店 ★★★★
地址：嘉兴海宁市海洲西路199号
电话：0573－87288888
传真：0573－87289555
邮编：314400
网址：www.haizhouhotel.cn
电子信箱：hotel@haizhou hotel.cn

桐乡钱塘新世纪大酒店 ★★★★
地址：嘉兴桐乡市庆丰南路6号
电话：0573－88883888
传真：0573－88109999
邮编：314500
网址：www.txxsj.com
电子信箱：xsj@txxsj.com

桐乡国际大酒店 ★★★★
地址：嘉兴桐乡市振兴路38号
电话：0573－88021888
传真：0573－88024495
邮编：314500
网址：www.intlhotel.cn
电子信箱：gjdjd@etang.com

嘉善宾馆 ★★★★
地址：嘉兴市嘉善县谈公北路1号
电话：0573－84120688
传真：0573－84120688
邮编：314100
网址：www.jiashan hotel.com
电子信箱：jshotel@js.zj.cn

舟山新华侨饭店有限责任公司 ★★★★
地址：舟山市定海区环城东路12号
电话：0580－2068888
传真：0580－2918777
邮编：316000
网址：www.zsxhq.com

普陀山大酒店 ★★★★
地址：舟山市普陀山梅岑路93号
电话：0580－6092828
传真：0580－6091818
邮编：306107
网址：www.putuoshanhotel.com
电子信箱：htpts@putuoshan.com

普陀山息耒小庄 ★★★★
地址：舟山市普陀山香华街1号
电话：0580－6091505
传真：0580－6092109
邮编：306107
网址：www.chinatourism.net

新晶都酒店 ★★★★
地址：宁波市百丈东路1088号
电话：0574－87069999
传真：0574－87882888
邮编：315040
网址：www.nbxjd.com
电子信箱：sales@nbxjd.com

宁波开元大酒店 ★★★★
地址：宁波市百丈东路812号
电话：0574－87068888
传真：0574－87887406
邮编：315040
网址：www.kaiyuangroup.com
电子信箱：nbky@kaiyuangroup.com

宁波新园宾馆 ★★★★
地址：宁波市解放南路188号
电话：0574－87071818
传真：0574－87294439
邮编：315000
网址：www.newgardenhotel.com
电子信箱：xysw@nbip.net

老板娘新光大酒店 ★★★★
地址：宁波市明州路789号
电话：0574－86856666
传真：0574－86857500
邮编：315800
网址：www.labannerhotel.com
电子信箱：nb@lebannerhotel.com

宁波金港大酒店 ★★★★
地址：宁波市扬善路51号
电话：0574－87668888

传真：0574－87678888
邮编：315020
网址：www.jingang-hotel.com

宁波凯洲大酒店 ★★★★
地址：宁波市药行街129号
电话：0574－56199999
传真：0574－56199882
邮编：315010
网址：www.miragehotel.cn
电子信箱：mirage@miragehotel.cn

宁波大酒店 ★★★★
地址：宁波市中山东路145号
电话：0574－27880088
传真：0574－27880788
邮编：315000
网址：www.nbwhotel.com
电子信箱：web@nbwhotel.com

宁波新舟宾馆 ★★★★
地址：宁波市中山东路678号
电话：0574－87717678
传真：0574－87727678
邮编：315040
网址：www.xz-hotel.com
电子信箱：xz-hotel@xz-hotel.com

宁波文昌大酒店 ★★★★
地址：宁波市中山西路文昌街2号
电话：0574－87268668
传真：0574－87268188
邮编：315010
网址：www.mandarin-nb.com

宁波富邦大酒店 ★★★★
地址：宁波市海曙区马园路455号
电话：0574－87088888
传真：0574－87088999
邮编：315012
网址：www.fortunebondhotel.com

慈溪国际大酒店 ★★★★
地址：宁波慈溪市新城大道625号
电话：0574－63928888
传真：0574－63026666
邮编：315300
网址：www.cxih.net
电子信箱：cxgj02@163.com

奉化爱伊美大酒店 ★★★★
地址：宁波奉化市南山路178号
电话：0574－88572222
传真：0574－88572007
邮编：315500
电子信箱：hlclbx@163.com

宁波开元新世纪大酒店 ★★★★
地址：宁波市宁海县城关桃源中路159号
电话：0574－65265555
传真：0574－65586558
邮编：315600
网址：www.kaiyuangroup.com
电子信箱：nhky@kaiyuangroup.com

天明山温泉大酒店 ★★★★
地址：宁波市宁海县深圳南溪温泉
电话：0574－65268888
传真：0574－65268666
邮编：315614
网址：www.hotspring.com.cn
电子信箱：ninghai@hotspring.com.cn

象山黄金海岸大酒店 ★★★★
地址：宁波市象山县松兰山度假区
电话：0574－65706888
传真：0574－65709388
邮编：315700
网址：www.hjhadjd.com
电子信箱：office@hjhadjd.com

绍兴秦望大酒店 ★★★★
地址：绍兴市城南大道515号
电话：0575－88056789
传真：0575－88311680
邮编：312000
网址：www.qinwang.com.cn

绍兴市鑫洲海湾大酒店 ★★★★
地址：绍兴市二环北路50号
电话：0575－88208777
传真：0575－88209799
邮编：312000
网址：www.zjxzly.com
电子信箱：xzly@zjxzly.com

绍兴越都大酒店有限公司 ★★★★
地址：绍兴市胜利东路1号
电话：0575－85148888
传真：0575－85147888
邮编：312000
网址：www.yueduhotel.com

五泄百瑞度假村 ★★★★
地址：绍兴市五泄风景区
电话：0575－87772888
传真：0575－87772102
邮编：311800
网址：www.zjwxhh.com
电子信箱：cjf1221@163.com

上虞宾馆 ★★★★
地址：绍兴上虞市新河路2号
电话：0575－82179888
传真：0575－82212165
邮编：312300
网址：www.syhotel.com.cn
电子信箱：syhotel@163.com

新昌白云山庄 ★★★★
地址：绍兴市新昌县人民西路115号
电话：0575－86226688
传真：0575－86037180
邮编：315000
网址：www.zjbaiyun.com

衢州东方大酒店 ★★★★
地址：衢州市劳动路1号
电话：0570－3035118
传真：0570－3028405
邮编：324000
网址：www.dfdjd.com

衢州国际大酒店 ★★★★
地址：衢州市三衢路127号
电话：0570－8889888
传真：0570－3899299
邮编：324002
网址：www.qzgj.cn
电子信箱：qzgj188@sina.com

衢州饭店有限公司 ★★★★
地址：衢州市三衢路189号
电话：0570－3081818
传真：0570－3071717
邮编：324002
网址：www.quzhouhotel.com
电子信箱：qzfd@quzhouhotel.cn

江山国际大酒店 ★★★★
地址：衢州江山市区江东一区15号
电话：0570－4051888
传真：0570－4052888
邮编：324100
网址：www.zjjsgj.com
电子信箱：welcome@zjjsgj.com

龙游国际饭店 ★★★★
地址：衢州市龙游县荣昌路188号
电话：0570－7388888
传真：0570－7111688
邮编：324400
网址：www.zjlygj.com
电子信箱：zjlygj@163.com

金华五星大酒店 ★★★★
地址：金华市人民西路701号
电话：0579－82426666
传真：0579－82426677
邮编：321000
网址：www.wuxinghotel.com
电子信箱：wuxinghotel@163.com

金华国贸宾馆 ★★★★
地址：金华市双溪西路369号
电话：0579－82056688
传真：0579－82370265
邮编：321017
网址：www.gmhoteljh.com.cn
电子信箱：service@gmhoteljh.com.cn

永康宾馆 ★★★★
地址：金华永康市江城路4号
电话：0579－87112801
传真：0579－87119002
邮编：321300
网址：www.yongkanghotel.com
电子信箱：ykhotel@mail.jhptt.zj.cn

永康明珠大酒店 ★★★★
地址：金华永康市紫微北路8号
电话：0579－87269168
传真：0579－87269006
邮编：321300
网址：www.mzhotel.com.cn
电子信箱：ykmzhl@mail.jhptt.zj.cn

义乌大酒店 ★★★★
地址：金华义乌市宾王路103号
电话：0579－8559999
传真：0579－5556228
邮编：322000
网址：www.yiwuhotel.net
电子信箱：office@yiwuhotel.net

银都酒店 ★★★★
地址：金华义乌市宾王路168号
电话：0579－85588888
传真：0579－5550209
邮编：322000
网址：www.zjyinduhotel.com
电子信箱：yindu@public.ywptt.zj.cn

钱塘凯信大酒店 ★★★★
地址：金华义乌市宾王路217号
电话：0579－85566888
传真：0579－5566688
邮编：322000
网址：www.kaixinhotel.com

义乌信联酒店 ★★★★
地址：金华义乌市稠州北路498号
电话：0579－85562888
传真：0579－5540082
邮编：322000

网址：www. xinlianhotel. com

海洋酒店 ★★★★
地址：金华义乌市福田路 99 号
电话：0579 - 85188888
传真：0579 - 5188999
邮编：322000
网址：www. bwoceanhotel. com
电子信箱：bwoh@ bwoh. com

颐和大酒店 ★★★★
地址：金华义乌市工人北路 2 号
电话：0579 - 83818888
传真：0579 - 3818887
邮编：322000
网址：www. ywyhhotel. com
电子信箱：yihe@ ywyhhotel. com

横店国际会议中心大酒店 ★★★★
地址：金华东阳市横店万盛街
电话：0579 - 86550999
传真：0579 - 86550550
邮编：322118
网址：www. hengdianworld. com
电子信箱：gbl_66@ 163. com

东阳东磁大厦 ★★★★
地址：金华东阳市横店工业区
电话：0579 - 86588888
传真：0579 - 86588000
邮编：322118
网址：www. dmegc-hotel. com
电子信箱：hotel@ dmegc-hotel. com

东阳市华厦大酒店 ★★★★
地址：金华东阳市南市路 359 号
电话：0579 - 86689999
传真：0579 - 86685555
邮编：322100
网址：www. hshotel. cn
电子信箱：web@ hshotle. cn

浦江县浦江大厦 ★★★★
地址：金华市浦江县城大桥北路 8 号
电话：0579 - 84128888
传真：0579 - 84168899
邮编：322200
电子信箱：xiaojing2351@ sina. com

浦江国际大酒店 ★★★★
地址：金华市浦江县人民东路 1 号
电话：0579 - 84168888
传真：0579 - 84168068
邮编：322200
网址：www. pjhotel. cn
电子信箱：pjhotel@ 163. com

时间广场酒店 ★★★★
地址：台州市府大道 489 号（市政府对面）
电话：0576 - 88589999
传真：0576 - 88587766
邮编：318000
网址：www. shijiangroup. com
电子信箱：tphotel@ shijiangroup. com

台州开元大酒店有限公司 ★★★★
地址：台州市经济开发区东环大道 458 号
电话：0576 - 88586888
传真：0576 - 88586889
邮编：318000
网址：www. kaiyuangroup. com
电子信箱：tzky@ kaiyuangroup. com

方远国际大酒店 ★★★★
地址：台州市市府大道 298 号
电话：0576 - 88529999
传真：0576 - 88597888
邮编：318000
网址：www. fyg. cn
电子信箱：fangyuanhotel@ 163. com

临海市远洲国际大酒店 ★★★★
地址：台州市崇和路 238 号
电话：0576 - 85228888
传真：0576 - 85308863
邮编：317000
网址：www. yuanzhou. com. cn
电子信箱：lhihtl@ mail. tzptt. zj. com. cn

台州国贸大饭店 ★★★★
地址：台州市巾山中路 101 号
电话：0576 - 85318888
传真：0576 - 85311199
邮编：317000
网址：www. tzgmhotel. cn
电子信箱：5316612office@ 163. com

台州市凤凰山庄有限公司 ★★★★
地址：台州市椒江区解放南路 77 - 1 号
电话：0576 - 88228888
传真：0576 - 88881842
邮编：318000
网址：www. phoenix. com. cn
电子信箱：pvhotel@ vip. 163. com

台州花园山庄 ★★★★
地址：台州市椒江区康平路赤龙山脚
电话：0576 - 88583888
传真：0576 - 88583500
邮编：318000
网址：www. yuanzhou. com. cn

台州市路桥鑫都国际大酒店 ★★★★
地址：台州市路桥区路桥大道东 1 号
电话：0576 - 82538888
传真：0576 - 82522666
邮编：318050
网址：www. xinduhotel. com. cn
电子信箱：xindu@ mail. tzptt. zj. cn

温岭市新世界国际大酒店 ★★★★
地址：台州温岭市大溪方山大道 1 号
电话：0576 - 86328888
传真：0576 - 86328866
邮编：317525
网址：www. newwlrldhotel. cn
电子信箱：123@ newworldhotel. cn

东方国际大酒店 ★★★★
地址：台州市天台县飞鹤路 355 号
电话：0576 - 83920888
传真：0576 - 83920699
邮编：317200

天台宾馆 ★★★★
地址：台州市天台县国清寺旁
电话：0576 - 83988999
传真：0576 - 83988995
邮编：317200
电子信箱：tiantaihotel@ 163. com

卧龙山庄 ★★★★
地址：台州市天台县国清景区木鱼山
电话：0576 - 83958999
传真：0576 - 83958358
邮编：317200
网址：www. wolongtotel. com
电子信箱：wolong@ wolongtotel. com

台州东方大酒店 ★★★★
地址：台州市仙居县城北东路 179 号
电话：0576 - 87818888
传真：0576 - 87818666
邮编：317300
网址：www. orientalhotel. cn

温州东瓯大酒店 ★★★★
地址：温州市大道东建大厦
电话：0577 - 88089988
传真：0577 - 88099888
邮编：325014
网址：dongouhotel. com
电子信箱：dongouh@ mail. wzptt. cn

温州万豪商务大酒店 ★★★★
地址：温州市火车站东首
电话：0577 - 88089888
传真：0577 - 88089222
邮编：325000
网址：www. wanhaohotel. com

温州江心海景酒店 ★★★★
地址：温州市江心西园
电话：0577 - 88066666
传真：0577 - 88087777
邮编：325000
网址：www. riverviewhotel. com. cn

温州将军大酒店 ★★★★
地址：温州市将军桥西 1558 号
电话：0577 - 88618888
传真：0577 - 88619188
邮编：325005
网址：www. hoteljiangjun. com
电子信箱：j. j. hotel@ mail. wzptt. zj. cn

温州国贸大酒店 ★★★★
地址：温州市黎明西路 1 号
电话：0577 - 88311111
传真：0577 - 88318888
邮编：325000
网址：www. wzguomaohotel. com
电子信箱：gmhotel@ mail. wzptt. zj. cn

温州顺生大酒店 ★★★★
地址：温州市鹿城路 36 号
电话：0577 - 88270000
传真：0577 - 88278899
邮编：325000
网址：www. shunshenghotel. com

温州维多利亚大酒店 ★★★★
地址：温州市马鞍池东路 320 号
电话：0577 - 88278888
传真：0577 - 88245346
邮编：325000
网址：www. victoriagrandhotel. com

温州王朝大酒店 ★★★★
地址：温州市民航路 2 号
电话：0577 - 88378888
传真：0577 - 88338208
邮编：325027
网址：www. dynastyhotel. com
电子信箱：dynasty@ mail. wzptt. zj. cn

温州奥林匹克大酒店 ★★★★
地址：温州市民航路 8 号
电话：0577 - 88379999
传真：0577 - 88349999
邮编：325000
网址：www. chinaolympic. com
电子信箱：olympich@ wzptt. zj. cn

温州国际大酒店 ★★★★
地址：温州市人民中路 1 号

电话：0577－88251111
传真：0577－88256474
邮编：325000
网址：www.wzihotel.com
电子信箱：wzih@mail.wzptt.zj.cn

瑞安国际大酒店 ★★★★
地址：温州瑞安市万松东路555号
电话：0577－65886666
传真：0577－65882222
邮编：325200
网址：www.raihotel.com
电子信箱：raihotel@raihotel.com

瑞安阳光假日酒店 ★★★★
地址：温州瑞安市阳光路8号
电话：0577－65888888
传真：0577－65888888
邮编：325200
网址：www.sunshineholiday.cn
电子信箱：sunshine@mail.qtygjr.cn

雁荡山山庄 ★★★★
地址：温州市雁荡山霄霞路8号
电话：0577－62245666
传真：0577－62241777
邮编：325614
网址：www.ydssz.cn
电子信箱：yandangnews@126.com

乐清新世纪大酒店 ★★★★
地址：温州乐清市乐成镇宁康东路150号
电话：0577－62582222
传真：0577－62578298
邮编：325600
网址：www.xsjhotel.cn
电子信箱：yqxsjhotel@126.com

温州梦江大酒店 ★★★★
地址：温州市永嘉县瓯北阳光大道
电话：0577－67979999
传真：0577－67979000
邮编：325102
网址：www.mengjianghotel.com

缙云县香溢大酒店 ★★★★
地址：丽水市缙云县仙都路99号
电话：0578－3311999
传真：0578－3318200
邮编：321400
网址：www.jysunny.cn
电子信箱：jysunnyhotel@hotmail.com

遂昌元立国际饭店（预备4）★★★★
地址：丽水市遂昌县城东街95号
电话：0578－8190999
传真：0578－8129999
邮编：323300
网址：www.yuanlihotel.cn
电子信箱：yuanlihotel@126.com

杭州新新饭店 ★★★
地址：杭州市北山路58号
电话：0571－87660000
传真：0571－87053263
邮编：310007

杭州和平饭店 ★★★
地址：杭州市朝晖路108号
电话：0571－85461888
传真：0571－85389195
邮编：310004
网址：www.hzpeacehotel.com
电子信箱：peacehotel@163.com

浙江潮王大酒店 ★★★
地址：杭州市潮王路208号
电话：0571－88387888
传真：0571－88386687
邮编：310005
网址：www.chaowanghotel.com

浙江铁道大厦 ★★★
地址：杭州市城站广场8号
电话：0571－87830688
传真：0571－87805789
邮编：310009
网址：www.zjtdds.com
电子信箱：zjtdds@163.com

浙江翔园宾馆 ★★★
地址：杭州市德胜路235号
电话：0571－88310888
传真：0571－88310092
邮编：310014
网址：www.xiangyuanhotel.com

浙江金川宾馆 ★★★
地址：杭州市凤起东路58号
电话：0571－86996999
传真：0571－86040311
邮编：310020
电子信箱：zjjbgb@163.com

杭州锦麟宾馆 ★★★
地址：杭州市凤起路435号
电话：0571－87556188
传真：0571－87913907
邮编：310006
网址：www.jinlinhotel.com
电子信箱：welcome@jinlinhotel.com

杭州凤起宾馆 ★★★
地址：杭州市凤起路451号
电话：0571－51215888
传真：0571－87066865
邮编：310006
电子信箱：fengqi hotel@zj.com

杭州宏丽宾馆 ★★★
地址：杭州市艮山西路198号
电话：0571－86999888
传真：0571－86958876
邮编：310004
网址：www.hzhlhotel.com

杭州天杭大酒店 ★★★
地址：杭州市艮山西路220号
电话：0571－86477777
传真：0571－86042230
邮编：310004
网址：www.hzthhotel.com
电子信箱：thhotel@mail.hz.zj.cn

杭州孔雀大厦 ★★★
地址：杭州市杭海路199号
电话：0571－86513888
传真：0571－86519888
邮编：310016
网址：www.peacockhotel.net
电子信箱：kqhotel@mail.hz.zj.cn

杭州中洲大酒店 ★★★
地址：杭州市杭海路96号
电话：0571－86999999
传真：0571－86098620
邮编：310016
网址：www.centerhotel.com
电子信箱：sale@centerhotel.com

杭州华侨饭店 ★★★
地址：杭州市湖滨路39号
电话：0571－87685555
传真：0571－87074978
邮编：310006
电子信箱：gshqtd@yahoo.com.cn

杭州黄龙恒励宾馆 ★★★
地址：杭州市黄龙路1号
电话：0571－87631128
传真：0571－87631228
邮编：310007
网址：www.hangnicehotel.com
电子信箱：taolili@126.com

杭州巨化宾馆 ★★★
地址：杭州市江城路849号
电话：0571－87816969
传真：0571－87808725
邮编：310009
网址：www.hzjhhotel.cn
电子信箱：jhbghz@163.com

浙江金都宾馆 ★★★
地址：杭州市教工路2号
电话：0571－88805888
传真：0571－88065306
邮编：310012

杭州林泉山庄有限公司 ★★★
地址：杭州市九溪路八号
电话：0571－86591616
传真：0571－86591919
邮编：310008
网址：www.hzlqsz.com
电子信箱：zjp_love2003@163.com

杭州四季青大酒店 ★★★
地址：杭州市凯旋路136号
电话：0571－86025888
传真：0571－86028839
邮编：310020
网址：www.sjqhotel.com
电子信箱：web@sjqhotel.com

浙江东茂宾馆 ★★★
地址：杭州市凯旋路451号
电话：0571－86028888
传真：0571－86041205
邮编：310020
网址：www.days hotelhangzhou.com

杭州赞成宾馆 ★★★
地址：杭州市梅花碑8号
电话：0571－87806666
传真：0571－87812866
邮编：310009
网址：www.zc-hotel.com
电子信箱：office@zc-hotel.com

杭州天鸿饭店 ★★★
地址：杭州市莫干山路333号
电话：0571－88268888
传真：0571－88800789
邮编：310012
网址：www.hotelth.cn
电子信箱：thhotel@mail.hz.zj.cn

杭州中山国际大酒店 ★★★
地址：杭州市平海路15号
电话：0571－87068899
传真：0571－87056591
邮编：310006
网址：www.zsgjhotel.com

电子信箱：zsgjhotel@ 163. com

杭州钱塘大酒店 ★★★
地址：杭州市清江路 126 号
电话：0571－86516888
传真：0571－86515588
邮编：310016
电子信箱：qtbgs@ hotmail. com

杭州清江花园宾馆 ★★★
地址：杭州市清江路 188 号
电话：0571－86517388
传真：0571－86521111
邮编：310016
电子信箱：hzqjgarden_hotel@ 163. com

杭州银江宾馆 ★★★
地址：杭州市庆春路 65 号
电话：0571－86766666
传真：0571－86766888
邮编：310009
网址：www. enjoyrhotel. com

杭州湾大酒店有限公司 ★★★
地址：杭州市秋涛北路 296 号
电话：0571－86768888
传真：0571－86768869
邮编：310020
网址：www. hangzhouwan hotel. com
电子信箱：huang4587@ sina. com

杭州中豪大酒店 ★★★
地址：杭州市秋涛北路 76 号
电话：0571－86430888
传真：0571－86032398
邮编：310020
网址：www. zhonghaohotel. com

杭州三台山庄 ★★★
地址：杭州市三台山路 200 号
电话：0571－87975888
传真：0571－87999398
邮编：310007
网址：www. hzstsz－hotel. com
电子信箱：hzstsz－hotel@ 163. com

杭州海外海宾馆 ★★★
地址：杭州市上塘路 329 号
电话：0571－88168888
传真：0571－88315419
邮编：310014
网址：www. haiwaihai. com

杭州百合花饭店 ★★★
地址：杭州市曙光路 156 号
电话：0571－87991188
传真：0571－87991166
邮编：310013
网址：www. lilyhotel. com
电子信箱：lilyhz@ hz. zj. cn

杭州宝善宾馆 ★★★
地址：杭州市体育场路 102 号
电话：0571－85193710
传真：0571－85193744
邮编：310004
网址：baoshan hotel. cn
电子信箱：baoshan hotel. cn

杭州宏都宾馆 ★★★
地址：杭州市体育场路 407 号
电话：0571－85106888
传真：0571－85158100
邮编：310006
网址：www. hzhdbg. com

电子信箱：yingying0571@ 126. com

杭州海景大酒店 ★★★
地址：杭州市天城路 191 号
电话：0571－86457888
传真：0571－86456977
邮编：310004
网址：www. haijinghotel. com
电子信箱：zjhz@ haijinghotel. com

湖光饭店 ★★★
地址：杭州市天目山路 106 号
电话：0571－88075598
传真：0571－88256999
邮编：310007
网址：www. huguanghotel. com

浙江国力大酒店 ★★★
地址：杭州市天目山路 388 号
电话：0571－85021188
传真：0571－85023388
邮编：310013
网址：www. zjguoli. cn
电子信箱：zjglhotel@ yahoo. com. cn

浙江文源宾馆有限公司 ★★★
地址：杭州市文晖路 108 号
电话：0571－85377788
传真：0571－85355505
邮编：310004
电子信箱：zjcbds2001@ sina. com

浙江新世纪大酒店 ★★★
地址：杭州市文三路 18 号
电话：0571－88391111
传真：0571－88389931
邮编：310012

浙江东方大酒店 ★★★
地址：杭州市西湖大道 258 号
电话：0571－87790000
传真：0571－87790111
邮编：310002
网址：www. zj-east. com
电子信箱：east-hotel@ mail. hz. zj. cn

杭州华辰大酒店 ★★★
地址：杭州市新塘路 342 号
电话：0571－86478888
传真：0571－86982868
邮编：310021
网址：www. huachenhotel. com
电子信箱：hchotel@ yahoo. com. cn

杭州金溪山庄 ★★★
地址：杭州市杨公堤 39 号
电话：0571－87992288
传真：0571－87992288
邮编：310007
网址：www. jinxihotel. com
电子信箱：jinxihotel@ 163. com

玉皇山庄 ★★★
地址：杭州市玉皇山路
电话：0571－87182688
传真：0571－87910260
邮编：310002
电子信箱：jituanhzh@ 163. com

杭州香溢喜洋洋大酒店 ★★★
地址：杭州市中河中路 279 号
电话：0571－87210999
传真：0571－87221865
邮编：310006
电子信箱：chunxiao279@ 163. com

杭州山水宾馆 ★★★
地址：杭州市教工路 187 号
电话：0571－88838287
传真：0571－88088391
邮编：310012
网址：www. hzssbg. com
电子信箱：hzsshotel@ 163. com

杭州海外海西溪宾馆 ★★★
地址：杭州市天目山路 329 号
电话：0571－85226888
传真：0571－85243389
邮编：310023
网址：www. haiwaihai. com
电子信箱：hot-cat235@ 163. com

杭州藕花洲假日酒店 ★★★
地址：杭州市文三西路 285 号
电话：0571－88986999
传真：0571－88988776
邮编：310012
网址：www. hzohz-holiday. com
电子信箱：root@ hzohz-holiday. com

杭州洪桥度假村 ★★★
地址：杭州市西湖区龙井路 3 号
电话：0571－87987788
传真：0571－87961132
邮编：310013

杭州梅竺度假村 ★★★
地址：杭州市西湖区梅家坞 3 号
电话：0571－86778688
传真：0571－87098616
邮编：310008

杭州华洋宾馆 ★★★
地址：杭州市西湖区天目山路古荡湾塘苗路 1 号
电话：0571－85121968
传真：0571－85124241
邮编：310013
网址：www. hzhyhotel. com
电子信箱：hyhotel@ hzhyhotel. com

杭州径山渡假村 ★★★
地址：杭州市余杭区径山镇径山风景区内
电话：0571－88601666
传真：0571－88601680
邮编：311123
网址：www. hzjsdjc. com
电子信箱：jsresort@ 126. com

杭州中强假日大酒店 ★★★
地址：杭州市余杭区临平北大街 71 号
电话：0571－86168888
传真：0571－86238855
邮编：311100
网址：www. zhongqianghotel. com

杭州临平宾馆 ★★★
地址：杭州市余杭区临平东湖中路 170 号
电话：0571－86223511
传真：0571－86220199
邮编：311100
网址：www. hzlpbg. com
电子信箱：lpbg@ 163. com

杭州天地人大酒店 ★★★
地址：杭州市余杭区临平东湖中路 234 号
电话：0571－89185888
传真：0571－86220683
邮编：311100
网址：www. hzlphotel. com

杭州临平大厦 ★★★
地址：杭州市余杭区临平河南埭路 38 号
电话：0571－86237777
传真：0571－86228116
邮编：311100
网址：www. lpds. com

杭州临平大酒店 ★★★
地址：杭州市余杭区临平西大街 81 号
电话：0571－86224122
传真：0571－86226180
邮编：311100
网址：www. hzlphotel. com
电子信箱：cshy@ gardenhotelhz. com

杭州瓶窑大厦 ★★★
地址：杭州市余杭区瓶窑镇华兴路 215 号
电话：0571－88546888
传真：0571－88546868
邮编：311115
网址：www. pyhotel. com
电子信箱：web@ pyhotel

杭州闲林宾馆 ★★★
地址：杭州市余杭区闲林镇闲富中路 1 号
电话：0571－88686888
传真：0571－88686999
邮编：311122
网址：www. xl-hotel. com
电子信箱：web@ xl-hotel. com

杭州余杭西园宾馆 ★★★
地址：杭州市余杭区余杭镇安乐路 238 号
电话：0571－88662911
传真：0571－88662150
邮编：311121
网址：www. hzxyhotel. com
电子信箱：xiyuanhotel@ 163. com

杭州萧山航民宾馆 ★★★
地址：杭州市萧山区瓜沥镇航民村
电话：0571－82889888
传真：0571－82554886
邮编：311241
电子信箱：hangminhotel@ sina. com

杭州开元城市酒店 ★★★
地址：杭州市萧山区市心南路 98 号
电话：0571－82628888
传真：0571－82625217
邮编：311200
网址：www. kaiyuangroup. com
电子信箱：kycsjd@ 126. com

杭州萧山龙海酒店 ★★★
地址：杭州市萧山区通惠中路 269 号
电话：0571－82737888
传真：0571－82737999
邮编：311200
网址：www. longhai-hotel. com
电子信箱：tw11111@ 163. com

杭州红利宾馆 ★★★
地址：杭州市萧山区萧绍路 951 号
电话：0571－22898888
传真：0571－22898886
邮编：311201
网址：www. hzhlbg. cn
电子信箱：E-sail：web@ hzhlbg. cn

杭州萧山凤凰山度假村 ★★★
地址：杭州市萧山区衙前镇
电话：0571－82887999
传真：0571－82887898
邮编：311209
网址：www. fhsdjc. com
电子信箱：fhsdjc@ 126. com

杭州开元阳光休闲山庄 ★★★
地址：杭州市萧山区育才路 1 号
电话：0571－82882888
传真：0571－82724178
邮编：311201
网址：www. kaiyuangroup. com
电子信箱：ygbc@ kaiyuangroup. com

杭州萧山新世纪邮电宾馆 ★★★
地址：杭州市萧山市心南路 129 号
电话：0571－82883888
传真：0571－82622668
邮编：311200
网址：www. xspth. com
电子信箱：web@ xspth. com

杭州萧山临江宾馆 ★★★
地址：杭州市萧山萧绍路 1438 号
电话：0571－82371888
传真：0571－总机转 1018
邮编：311200
网址：www. xsljbg. com
电子信箱：wail@ xsljbg. com

钱王大酒店 ★★★
地址：杭州临安市城中街 518 号
电话：0571－63718888
传真：0571－63717048
邮编：311300

东方假日酒店 ★★★
地址：杭州临安市钱王大街 1315 号
电话：0571－63968888
传真：0571－63961888
邮编：311300
网址：www. 63968888. com

临安大酒店 ★★★
地址：杭州临安市钱王街 356 号
电话：0571－63731888
传真：0571－63710778
邮编：311300
网址：www. linanhotel. com. cn

富阳新宇假日酒店有限公司 ★★★
地址：杭州富阳市富春街道孙权路 146 号
电话：0571－63379999
传真：0571－63378620
邮编：311400

杭州富阳宾馆有限公司 ★★★
地址：杭州富阳市馆驿里 18 号
电话：0571－63331888
传真：0571－63325728
邮编：311400
网址：www. hz－fuyanghotel. com
电子信箱：hzfybg@ 163. com

富阳国际大酒店 ★★★
地址：杭州富阳市迎宾路 80 号
电话：0571－63312333
传真：0571－63318403
邮编：311400
网址：www. fygjdjd. com
电子信箱：fygjdjd@ 163. com

建德市罗桐花园大酒店有限公司 ★★★
地址：杭州建德市新安江新安路 279 号
电话：0571－64001088
传真：0571－64001001
邮编：311600

建德市千岛宾馆 ★★★
地址：杭州建德市新安路 283 号
电话：0571－64790918
邮编：311600
电子信箱：qdhotel@ zj. com

浙江省经贸培训中心建德金茂宾馆 ★★★
地址：杭州建德市新电路 37 号
电话：0571－64791050
传真：0571－64791053
邮编：311600
网址：www. jinmaohotel. com
电子信箱：jinmao@ jimmao. com

建德市银苑宾馆有限公司 ★★★
地址：杭州建德市新电路 39 号
电话：0571－64790791
传真：0571－64790935
邮编：311600
网址：www. yinyuanhotel. com. cn

金鑫宾馆 ★★★
地址：杭州市桐庐县富春路 528 号
电话：0571－64637788
传真：0571－64637888
邮编：311500
网址：tl. china. 315. com
电子信箱：jxbg20062006@ 163. com

淳安县林业大厦酒店有限公司 ★★★
地址：杭州市淳安县千岛湖新安北路 8 号
电话：0571－64821818
传真：0571－64821588
邮编：311700
网址：www. qdhlyds. com
电子信箱：qdhlyds@ qdhlyds. com

千岛湖假日饭店 ★★★
地址：杭州市淳安县千岛湖镇环湖南路 9 号
电话：0571－64880088
传真：0571－64883046
邮编：311700
网址：www. qdhjr. com
电子信箱：sgy610@ tom. com

杭州千岛湖松城饭店有限公司 ★★★
地址：杭州市淳安县千岛湖镇新安大街 11 号
电话：0571－64812711
传真：0571－64813814
邮编：311700
网址：www. 64813888. com
电子信箱：cascfd@ mail. hz. zj. cn

杭州千岛湖外高桥大酒店有限公司 ★★★
地址：杭州市淳安县千岛湖镇新安大街 78 号
电话：0571－64816666
传真：0571－64826660
邮编：311700
网址：www. cdhwgqhotel. cn
电子信箱：wgqwjy@ 163. com

西园山庄 ★★★
地址：杭州市淳安县千岛湖镇新安南路 12 号
电话：0571－64882011
传真：0571－64883731
电子信箱：fht0404@ 163. com
邮编：311700

千岛湖阳光大酒店 ★★★
地址：杭州市淳安县千岛湖镇阳光路阳光岛
电话：0571－64816045

传真：0571－64816047
邮编：311700

湖州大厦 ★★★
地址：湖州市红旗路1号
电话：0572－2035888
传真：0572－2031449
邮编：313000
网址：www. hzdshotel. com
电子信箱：info@ hzdshotel. com

天煌大酒店 ★★★
地址：湖州市龙溪北路168号
电话：0572－2117777
传真：0572－2109168
邮编：313000
网址：www. tianhuang hotel . com
电子信箱：thre@ tianhuang hotel. com

福临大酒店 ★★★
地址：湖州市南浔泰安路365号
电话：0572－3016666
传真：0572－3016600
邮编：313009
网址：www. fulinhotel. com
电子信箱：wuzhaoyong666@ sina. com

太湖山庄 ★★★
地址：湖州市太湖旅游度假区
电话：0572－7299999
传真：0572－7299828
邮编：313001
网址：www. taihuvillas. com

梦圆大酒店 ★★★
地址：湖州市吴兴区织里镇织里南路2号
电话：0572－3188000
传真：0572－3189777
邮编：313008
网址：www. china-jmy. com
电子信箱：hotel@ jin-mengyuan. com

香溢大酒店 ★★★
地址：湖州市长兴县长海路339号
电话：0572－6050999
传真：0572－6025366
邮编：313100

华达和平宾馆 ★★★
地址：湖州市长兴县和平镇和兴小区
电话：0572－6959999
传真：0572－6959988
邮编：313103
网址：www. hzhd
电子信箱：hzcxhpbg@ 163. com

金陵大酒店 ★★★
地址：湖州市长兴县金陵南路89号
电话：0572－6036888
传真：0572－6030084
邮编：313100

紫金大酒店 ★★★
地址：湖州市长兴县县前中街328号
电话：0572－6042888
传真：0572－6038333
邮编：313100
电子信箱：cxzjfw@ 163. com

红玫瑰大酒店 ★★★
地址：湖州市长兴县雉城镇明珠二路298
电话：0572－6238999
传真：0572－6238145
邮编：313100
电子信箱：hongmeigui@ 6666. 163. com

竹香村宾馆 ★★★
地址：湖州市德清县莫干山125号
电话：0572－8033587
传真：0572－8033422
邮编：313200
网址：www. zxc－hotel. com
电子信箱：zxc－hotel@ 163. com

东立花园酒店 ★★★
地址：湖州市德清县乾元镇公园路1号
电话：0572－7833888
传真：0572－7833800
邮编：313216

升华大酒店 ★★★
地址：湖州市德清县钟管镇南湖路7号
电话：0572－8260333
传真：0572－8260388
邮编：313220
网址：www. shenghuagroup. com
电子信箱：gtycl@ yahoo. com. cn

莫干山卢球假日酒店 ★★★
地址：湖州市德清武康志远南路593号
电话：0572－8880999
传真：0572－8880990
邮编：313200
网址：www. luqiuhotel. com
电子信箱：chy_grace@ sina. com

中汇大酒店 ★★★
地址：湖州市安吉县城胜利东路377号
电话：0572－5121188
传真：0572－5030789
邮编：313300
网址：www. zhonghui-hotel. com
电子信箱：zh@ zhonghui-hotel. com

香溢·金叶大酒店 ★★★
地址：湖州市安吉县城胜利路158号
电话：0572－5026068
传真：0572－5023967
邮编：313300
网址：www. hechunhotel. com

和春大酒店 ★★★
地址：湖州市安吉县浦源大道与步行街交界处
电话：0572－5222888
传真：0572－5223888
邮编：313300
网址：www. hoch. cn/hochhotel
电子信箱：www. hoch-888@ 163. com

嘉兴文华园宾馆 ★★★
地址：嘉兴市环城东路123号
电话：0573－82093333
传真：0573－82094639
邮编：314000

嘉兴沙龙宾馆 ★★★
地址：嘉兴市环城南路393号
电话：0573－82159999
传真：0573－82085682
邮编：314000
网址：www. chalonhotel. com
电子信箱：chalon@ chalonhotel. com

嘉兴宾馆 ★★★
地址：嘉兴市中山中路699号
电话：0573－82067788
传真：0573－82085003
邮编：314000
网址：www. jxhotel. cn

电子信箱：jxbg@ mail. jxptt. zj. cn

富丽雅大酒店 ★★★
地址：嘉兴平湖市环北二路985号
电话：0573－85078901
传真：0573－85078903
邮编：314200
电子信箱：fuliyahotel@ 163. com

乍浦宾馆 ★★★
地址：嘉兴市乍浦镇乍杭路2号
电话：0573－85532888
传真：0573－85532128
邮编：314201
电子信箱：cmlcml2222@ 163. com

平湖君悦酒店 ★★★
地址：平湖市城南路88号
电话：0573－85215888
传真：0573－85116806
邮编：314200

海宁宾馆 ★★★
地址：嘉兴海宁市长埭路166号
电话：0573－87286666
传真：0573－87023626
邮编：314400
网址：www. hainingho tel. cn
电子信箱：hn-hotel@ mail. jxptt. zj. cn

假日国际大酒店 ★★★
地址：嘉兴海宁市工人路98号
电话：0573－87281711
传真：0573－87281502
邮编：314400
网址：www. hnhih. con
电子信箱：hnhih@ 163. com

花园酒店 ★★★
地址：嘉兴海宁市海水月亭西路280号
电话：0573－87282999
传真：0573－7231188
邮编：314400
网址：www. hngarden. hotel. com
电子信箱：7282999@ zj. com

凯元国际大酒店 ★★★
地址：嘉兴海宁市火车站广场65号
电话：0573－87227788
传真：0573－87227909
邮编：314400
网址：www. hnhyhotel. cn
电子信箱：ky7788@ hotmail. com

龙祥大酒店 ★★★
地址：嘉兴海宁市西山路610
电话：0573－87282828
传真：0573－87227738
邮编：314400
网址：www. 500500. cn
电子信箱：lxhotel 520@ 163. com

桐乡银园大酒店 ★★★
地址：嘉兴桐乡市庆丰南路7号
电话：0573－88880999
传真：0573－88106061
邮编：314500
电子信箱：txyy1999. happy@ 163. com

子夜酒店 ★★★
地址：嘉兴桐乡市乌镇子夜路3号
电话：0573－88728088
传真：0573－88728000
邮编：314501
网址：www. wuzhen. com. cn

电子信箱：wuzhen@ wuzhen. com. cn

桐乡光明大酒店 ★★★
地址：嘉兴桐乡市振兴路 11 号
电话：0573 - 88881777
传真：0573 - 88102111
邮编：314500
网址：www. gm. txsz. net/gm
电子信箱：txgmhotel@ 163. com

桐乡市东方大酒店 ★★★
地址：嘉兴桐乡市振兴中路 23 号
电话：0573 - 88880888
传真：0573 - 88880777
邮编：314500
网址：www. oriental-hotel. com
电子信箱：jxtxdf@ 163. com

梧桐大酒店 ★★★
地址：嘉兴桐乡市振兴中路 42 号
电话：0573 - 88880178
传真：0573 - 88023177
邮编：314500
网址：www. wthotel. com. cn
电子信箱：wtdjd@ mail. jxptt. zj. cn

嘉善城市宾馆 ★★★
地址：嘉兴市嘉善县解放东路 79 号
电话：0573 - 84038888
传真：0573 - 84038999
邮编：314100
网址：www. jscityhotel. com

嘉善梅园大酒店 ★★★
地址：嘉兴市嘉善县解放西路 1 号
电话：0573 - 84037777
传真：0573 - 84032213
邮编：314100
网址：www. jiarhan hatd. com
电子信箱：myhotel@ js. zj. cn

嘉善华展大酒店 ★★★
地址：嘉兴市嘉善县晋阳西路 271 号
电话：0573 - 84231888
传真：0573 - 84231678
邮编：314100
网址：www. nbhuazhan. com

嘉善港湾宾馆 ★★★
地址：嘉兴市嘉善县谈公北路 939 号
电话：0573 - 84188188
传真：0573 - 84188166
邮编：314100
网址：www. harbor hotel. net
电子信箱：cm jzb@ sohu. com

龙柏大酒店 ★★★
地址：嘉兴市嘉善县外环东路 17 号
电话：0573 - 84151888
传真：0573 - 84151666
邮编：314100

嘉善东方大厦 ★★★
地址：嘉兴市嘉善县魏塘镇谈公路 18 号
电话：0573 - 84081188
传真：0573 - 84129823
邮编：314100
电子信箱：jsdfhotel@ 126. com

西塘假日酒店 ★★★
地址：嘉兴市嘉善县西塘镇南苑西路 185 号
电话：0573 - 84567388
传真：0573 - 84565567
邮编：314102

海盐宾馆 ★★★
地址：嘉兴市海盐海滨东路 35 号
电话：0573 - 86052222
传真：0573 - 86022708
邮编：314300
网址：www. haiyanhotel. net
电子信箱：haiyanhotel@ 163. com

海盐南北湖金牛山大酒店 ★★★
地址：嘉兴市海盐南北湖风景区
电话：0573 - 86566777
传真：0573 - 86566697
邮编：314301
网址：www. goldbulls. cn
电子信箱：web@ goldbulls. cn

钱塘天池大酒店 ★★★
地址：嘉兴市海盐县南北湖风景区三湾景区
电话：0573 - 86566366
传真：0573 - 86566355
邮编：314301
网址：www. qtly. cn/jtsy. asp
电子信箱：qtlycjh@ zjdxsy. com. cn

海盐香溢大酒店 ★★★
地址：嘉兴市海盐县武原镇枣园中路 105 号
电话：0573 - 86051888
传真：0573 - 86051088
邮编：314300
网址：www. hyxiangyi. ikdiy. com
电子信箱：hyxiangyi@ 163. com

海盐国际大厦 ★★★
地址：嘉兴市海盐新桥南路 101 号
电话：0573 - 86053333
传真：0573 - 86034766
邮编：314300
网址：www. hyih. com
电子信箱：haiyanih@ mail. china. com

国光宾馆 ★★★
地址：嘉兴市省海盐县核电新村内
电话：0573 - 86020691
传真：0573 - 86024861
邮编：314300
电子信箱：guoguang0618@ sina. com

舟山市香楠大酒店 ★★★
地址：舟山市定海区环城南路 548 号
电话：0580 - 2828003
传真：0580 - 2828003
邮编：316000

舟山钻石楼大酒店有限公司 ★★★
地址：舟山市定海区人民南路 176 号
电话：0580 - 2067666
传真：0580 - 2067555
邮编：316000
电子信箱：zslzs666@ 126. com

露亭大酒店 ★★★
地址：舟山市定海区人民南路 64 号
电话：0580 - 2067888
传真：0580 - 2067777
邮编：316000
电子信箱：ltdjd2067400@ 126. com

普陀东港山庄 ★★★
地址：舟山市普陀区东港开发区
电话：0580 - 3822777
传真：0580 - 3822336
邮编：316100

普陀华隆大酒店 ★★★
地址：舟山市普陀区六横镇峧头六横路
电话：0580 - 6084888
传真：0580 - 6084614
邮编：316135

普陀东鸿大酒店 ★★★
地址：舟山市普陀区六横镇台门人民北路
电话：0580 - 6073666
传真：0580 - 6071328
邮编：316135
电子信箱：donghonghotel@ 21cn. com

中信普陀大酒店 ★★★
地址：舟山市普陀区山龙湾金沙路 22 号
电话：0580 - 6698222
传真：0580 - 6698177
邮编：306107
网址：www. citicpt. com
电子信箱：zsjack520@ 126. com

普陀山庄 ★★★
地址：舟山市普陀区山妙庄严路 103 号
电话：0580 - 6091666
传真：0580 - 6091667
邮编：306107
网址：www. putuoshanzhuang. com
电子信箱：ptsz2580@ 163. com

普陀华侨饭店 ★★★
地址：舟山市普陀区沈家门滨港路 108 号
电话：0580 - 3030666
传真：0580 - 3012974
邮编：316100
网址：www. hqgs. com

普陀海中洲饭店 ★★★
地址：舟山市普陀区沈家门东海东路 12 号
电话：0580 - 3012522
传真：0580 - 3013524
邮编：316100
网址：www. pt - tour. com
电子信箱：pthzz@ mail. zsptt. zj. cn

普陀海力生大酒店 ★★★
地址：舟山市普陀区食品厂路 38 号
电话：0580 - 3061606
传真：0580 - 3061760
邮编：316100
网址：www. hailisheng. com
电子信箱：hlsdjd@ hlsdjd. zjip. com

朱家尖海天台宾馆 ★★★
地址：舟山市普陀区朱家尖南沙度假村
电话：0580 - 6631168
传真：0580 - 6631698
邮编：316111
网址：www. pt - tour. com
电子信箱：pthzz@ mail. zsptt. zj. cn

朱家尖金沙度假村 ★★★
地址：舟山市普陀区朱家尖南沙度假村
电话：0580 - 6631118
传真：0580 - 6631172
邮编：316111
电子信箱：www. whx. diy. 163. com

岱山县蓝天宾馆 ★★★
地址：舟山市岱山县蓬园路 188 号
电话：0580 - 4482899
传真：0580 - 4480012
邮编：316200
电子信箱：dslantian@ 126. com

嵊泗华侨饭店 ★★★
地址：舟山市嵊泗县菜园镇东海路 166 号
电话：0580 - 5181666

传真：0580－5181402
邮编：202450
网址：www. hqgs. com

嵊泗泽成大酒店 ★★★
地址：舟山市嵊泗县洋山镇共建路77号
电话：0580－5055188
传真：0580－5055168
邮编：202461
电子信箱：ken5053172@163. com

甬港饭店 ★★★
地址：宁波市百丈东路105号
电话：0574－87060888
传真：0574－87060666
邮编：315040
电子信箱：ygh87060888@126. com

现代大酒店 ★★★
地址：宁波市百丈东路758—7号
电话：0574－87061188
传真：0574－87061199
邮编：315041

云海宾馆 ★★★
地址：宁波市长春路2号
电话：0574－87098888
传真：0574－87098999
邮编：315012
网址：www. yunhaihotel. com
电子信箱：yuhai@mail. nbptt. zj. cn

金丰宾馆 ★★★
地址：宁波市环城北路567号
电话：0574－87213456
传真：0574－87225850
邮编：315016
网址：www. jfhotel. com
电子信箱：jfhotel@sohu. com

凯利大酒店 ★★★
地址：宁波市箕漕街76号
电话：0574－87707888
传真：0574－87337888
邮编：315040
网址：www. kyliehotel. com
电子信箱：kylie@mail. nbptt. zj. cn

宁波饭店 ★★★
地址：宁波市马园路251号
电话：0574－87097888
传真：0574－87097868
邮编：315012
网址：www. ningbohotel. com
电子信箱：nbhol@pub. cnnb. net

亚洲华园宾馆 ★★★
地址：宁波市马园路271号
电话：0574－87116888
传真：0574－87116554
邮编：315012
网址：www. asiagardenhotel. com
电子信箱：agh@nbnet. com

金纬宾馆 ★★★
地址：宁波市宋诏桥甬兴东路16－18号
电话：0574－88118118
传真：0574－88118088
邮编：315192
网址：www. jinwei. web. mapbar. com
电子信箱：support@mapbar. com

维多利大酒店（预3）★★★
地址：宁波市望春路1188号
电话：0574－88088888
传真：0574－88088666
邮编：315175
电子信箱：victorihotel@126. com

宁波香溢大酒店 ★★★
地址：宁波市西河街158号
电话：0574－87262999
传真：0574－87288533
邮编：315010
网址：www. nbsunnyhotel. com
电子信箱：sunnyhotel@126. com

新贸城饭店 ★★★
地址：宁波市西河街95－97号
电话：0574－87273888
传真：0574－87273627
邮编：315010
网址：www. xinmc. com
电子信箱：xmc@xinmc. com

戚家山宾馆 ★★★
地址：宁波市小港开发区东海路20号
电话：0574－86183333
传真：0574－86222380
邮编：315803
电子信箱：qjsht@mail. nbptt. zj. cn

春天宾馆 ★★★
地址：宁波市兴宁路37号
电话：0574－87877888
传真：0574－87870786
邮编：315041
网址：www. springhotel. cn
电子信箱：spring@mail. nbptt. zj. cn

海鸥宾馆 ★★★
地址：宁波市兴宁路42弄22号
电话：0574－56118000
传真：0574－56151600
邮编：315041

日月宾馆 ★★★
地址：宁波市兴宁路46号
电话：0574－87066666
传真：0574－87885858
邮编：315040
网址：www. riyuehotel. com
电子信箱：riyue@riyuehotel. com

新金鼎宾馆 ★★★
地址：宁波市中山东路501号
电话：0574－27818888
传真：0574－87334867
邮编：315040

平安宾馆 ★★★
地址：宁波市江东姚隘路350号
电话：0574－56156666
传真：0574－总机转1108
邮编：315040

兴泰宾馆（停业）★★★
地址：宁波市北仑区红联东大道22号
电话：0574－86150088
传真：0574－86150099
邮编：315801

北电宾馆 ★★★
地址：宁波市北仑区进港西路68号
电话：0574－86892888
传真：0574－86883244
邮编：315800
电子信箱：bdbg@souhu. com

天港大酒店 ★★★
地址：宁波市北仑区曼哈顿广场B区128号
电话：0574－56216666
传真：0574－56216222
邮编：315800

招宝山饭店 ★★★
地址：宁波市镇海区鼓楼东路21号
电话：0574－86669999
传真：0574－86275666
邮编：315200
网址：www. jobosunhotel. com
电子信箱：zbs@jobosunhotel. com

九龙山庄 ★★★
地址：宁波市镇海区九龙湖镇
电话：0574－86317777
传真：0574－86317776
邮编：315205
网址：www. cnnbjl. com
电子信箱：cnnbjl@cnnbjl. com

香溢新兴宾馆 ★★★
地址：宁波市镇海区骆驼慈甬南路600号
电话：0574－86629999
传真：0574－86580088
邮编：315202
网址：www. sunnynewhotel. com
电子信箱：sunnyxhll@nbip. net

雷孟德星光大酒店 ★★★
地址：宁波市鄞州区姜山镇小庄路3号
电话：0574－88452666
传真：0574－88452777
邮编：315192

福来顿商务酒店 ★★★
地址：宁波市鄞州鄞县大道西段517号
电话：0574－88198888
传真：0574－88198889
邮编：315192
网址：www. friend-hotel. com
电子信箱：friendhotel@126. com

国脉大酒店 ★★★
地址：宁波慈溪市茶亭路18号
电话：0574－63918888
传真：0574－63896161
邮编：315300
网址：www. qtly. cn
电子信箱：gmgh@public. nbpit. zj. cn

向阳渔港锦湾商务酒店 ★★★
地址：宁波慈溪市浒山南二环线东段1277号
电话：0574－63919999
传真：0574－63917555
邮编：315300
网址：www. xyyg. com

慈溪大酒店 ★★★
地址：宁波慈溪市环城南路407号
电话：0574－63802288
传真：0574－63897272
邮编：315300
网址：www. cixihotel. com
电子信箱：cixihotel@cixi. cn

天地花苑酒店 ★★★
地址：宁波慈溪市三北大街2085号
电话：0574－63921111
传真：0574－63910828
邮编：315300
网址：www. zgzjtd. cn
电子信箱：info@zgzjtd. cn

沈师桥大酒店（预备3）★★★
地址：宁波慈溪市师桥镇观海卫

电话：0574－63651888
传真：0574－63651779
邮编：315314
网址：www. ssbhotel. com
电子信箱：market@ ssbhotel. com

银都大酒店 ★★★
地址：宁波慈溪市孙塘南路198号
电话：0574－63911888
传真：0574－63911666
邮编：315300
网址：www. yindu-hotel. com
电子信箱：yindou@ public. cx. nbptt. zj. cn

天地家苑酒店 ★★★
地址：宁波慈溪市文二路158号
电话：0574－63912222
传真：0574－63912277
邮编：315300
网址：www. zgzjtd. cn
电子信箱：info@ zjtd. cn

喜来顿酒店 ★★★
地址：宁波慈溪市新城大道757号
电话：0574－63911111
传真：0574－63922222
邮编：315300
网址：www. cixi185. com

香苑大酒店 ★★★
地址：宁波慈溪市周巷镇环城北路298号
电话：0574－63920888
传真：0574－63920988
邮编：315324
网址：www. cixi－hotel. com
电子信箱：xylovexxq@ yahoo. com. cn

河姆渡宾馆 ★★★
地址：宁波余姚市新建路78号
电话：0574－62625555
传真：0574－62621901
邮编：315400
电子信箱：hemudu@ 163. com

富达饭店 ★★★
地址：宁波余姚市阳明西路357号
电话：0574－22668888
传真：0574－22666118
邮编：315400
网址：www. fuda-hotel. com
电子信箱：yyfuda@ fuda-hotel. com

桃源宾馆 ★★★
地址：宁波奉化市溪口桃源路18号
电话：0574－88856888
传真：0574－88851338
邮编：315502

奉化溪口花园酒店 ★★★
地址：宁波奉化市溪口武岭东路128号
电话：0574－88852777
传真：0574－88852240
邮编：315502
电子信箱：xkhuayuan@ zjhotels. com

武岭宾馆 ★★★
地址：宁波奉化市溪南路1号
电话：0574－88856288
传真：0574－88850810
邮编：315502
网址：www. hnahotel. com
电子信箱：ng-li@ hnair. net

奉化大酒店 ★★★
地址：宁波奉化市中山路7号

电话：0574－88590888
传真：0574－88594282
邮编：315500

宁海宾馆 ★★★
地址：宁波市宁海县城关龙灯墙18号
电话：0574－65562288
传真：0574－65562028
邮编：315600

跃龙宾馆 ★★★
地址：宁波市宁海县城关跃龙路8号
电话：0574－65261999
传真：0574－65598619
邮编：315600
网址：www. nhyuelonghotel. com

绍兴假日大酒店 ★★★
地址：绍兴市车站路99号
电话：0575－88206888
传真：0575－88200458
邮编：312000

绍兴市新府山饭店 ★★★
地址：绍兴市府山西路341号
电话：0575－85155599
传真：0575－85158343
邮编：312000
网址：www. szhotel. net

廊桥花园酒店 ★★★
地址：绍兴市环城南路820号
电话：0575－88369999
传真：0575－88377118
邮编：312000

绍兴大酒店 ★★★
地址：绍兴市解放北路469号
电话：0575－85139666
传真：0575－85206297
邮编：312000
网址：www. shaoxinghotel. com. cn
电子信箱：shaoxinghotel@ 163. com

绍兴海港大酒店 ★★★
地址：绍兴市解放南路639号
电话：0575－88051818
传真：0575－88062457
邮编：312000
电子信箱：hgdjd@ mail. sxptt. zj. cn

鱼得水大酒店 ★★★
地址：绍兴市柯桥东升路3号
电话：0575－84095588
传真：0575－84092104
邮编：312030
网址：www. sxyds. com
电子信箱：yds@ sxyds. com

中国轻纺城大酒店 ★★★
地址：绍兴市柯桥鉴湖路3号
电话：0575－84116868
传真：0575－84117671
邮编：312030
网址：www. zjxzly. com
电子信箱：xzly@ zjxzly. com

绍兴市咸亨酒店有限公司 ★★★
地址：绍兴市鲁迅中路179号
电话：0575－85116666
传真：0575－85126179
邮编：312000
网址：www. xianheng. com

绍兴永通度假村 ★★★
地址：绍兴市钱清

电话：0575－84518666
传真：0575－84518678
邮编：312025
电子信箱：yontonghotel@ 163. com

南风大酒店 ★★★
地址：绍兴市区解放南路1123号
电话：0575－88326688
传真：0575－88063688
邮编：312000

稽山宾馆 ★★★
地址：绍兴市区钱王祠前16号
电话：0575－88063838
传真：0575－88067965
邮编：312000
网址：www. jishanhotel. com
电子信箱：888@ jishanhotel. com

亚都大酒店 ★★★
地址：绍兴市区人民中路218号
电话：0575－85112777
传真：0575－85141777
邮编：312000
网址：www. yaduhotel. com

银泰大酒店 ★★★
地址：绍兴市人民西路255号
电话：0575－85117788
传真：0575－85080988
邮编：312000
网址：www. yintaihotel. cn
电子信箱：yintai@ yintaihotel. cn

绍兴王朝大酒店 ★★★
地址：绍兴市胜利东路101号
电话：0575－85125888
传真：0575－85125798
邮编：312000
网址：www. sxwc. com
电子信箱：sxdynasty@ 163. com

绍兴市神州大酒店 ★★★
地址：绍兴市延安路654号
电话：0575－88050888
传真：0575－88050820
邮编：312000
网址：www. szhotel. net

诸暨大酒店 ★★★
地址：绍兴诸暨市滨江中路1号
电话：0575－87127789
传真：0575－87127878
邮编：311800
电子信箱：zjdjd－mlcly@ 163. com

大地酒店 ★★★
地址：绍兴者暨市大桥路117号
电话：0575－87027218
传真：0575－87017298
邮编：311800

海亮花园酒店 ★★★
地址：绍兴诸暨市店口诸泗公路泗池
电话：0575－87177888
传真：0575－87062777
邮编：311800
网址：www. hailiang. com

振越宾馆 ★★★
地址：绍兴诸暨市暨阳路122号
电话：0575－87175088
传真：0575－87175066
邮编：311800

西子宾馆 ★★★
地址：绍兴诸暨市南屏路28号
电话：0575－87011922
传真：0575－87012360
邮编：311800
电子信箱：zhujixzi@ zjhotels. org

富润新嘉邦山庄 ★★★
地址：绍兴诸暨市陶朱南路12号
电话：0575－87172390
传真：0575－87015578
邮编：311800

祥生大酒店 ★★★
地址：绍兴诸暨市西施大街3号
电话：0575－87010888
传真：0575－87115788
邮编：311800
网址：www. xsjt. cn
电子信箱：lindi. 777@ 163. com

上虞白云宾馆 ★★★
地址：绍兴上虞市工业园区
电话：0575－82171188
传真：0575－82171100
邮编：312369
网址：www. zjbaiyun. com
电子信箱：sybyhotel@ 126. com

钱塘曹娥江大酒店 ★★★
地址：绍兴上虞市江扬路2号
电话：0575－82178888
传真：0575－82026222
邮编：312300
网址：www. qtly. cn
电子信箱：cejdjd@ 21cn. com

上虞市舜杰大酒店 ★★★
地址：绍兴上虞市经济开发区
电话：0575－82211222
传真：0575－82211401
邮编：312300
网址：www. sj－hotel. com
电子信箱：shunjiehotel@ 126. com

上虞市芳华大酒店 ★★★
地址：绍兴上虞市舜江东路359号
电话：0575－82170704
传真：0575－82121199
邮编：312300
电子信箱：feiyan_131421@ yahoo. com

嵊州国际大酒店 ★★★
地址：绍兴嵊州市北直街2号
电话：0575－83037888
传真：0575－83031888
邮编：312400

柏星·超级大酒店 ★★★
地址：绍兴嵊州市嵊州大道147号
电话：0575－83181999
传真：0575－83380133
邮编：314000
网址：www. bxsupcr. cn

悦尔登大酒店 ★★★
地址：绍兴嵊州市嵊州大道222号
电话：0575－83382888
传真：0575－83381133
邮编：312400
网址：www. yueerdeng. com
电子信箱：hotel@ yueerdeng. com

嵊州宾馆 ★★★
地址：绍兴嵊州市艇北路8号
电话：0575－83187888
传真：0575－83187777
邮编：314000
网址：www. szhotel. com
电子信箱：szhotel@ mail. sxptt. zj. cn

鹤群大酒店 ★★★
地址：绍兴市新昌县城东大桥西侧
电话：0575－86169999
传真：0575－86186999
邮编：315000
网址：www. hequnhotel. com
电子信箱：hqhotel@ vip. sina. com

石城大酒店 ★★★
地址：绍兴市新昌县鼓山东路96号
电话：0575－86032800
传真：0575－86043002
邮编：315000
电子信箱：xc. shicheng@ 163. com

国贸大酒店 ★★★
地址：绍兴市新昌县人民中路129号
电话：0575－86028888
传真：0575－86023518
邮编：315000
网址：www. gm6688. com

白云大酒店 ★★★
地址：绍兴市新昌县沿江中路8号
电话：0575－86228866
传真：0575－86229680
邮编：315000
网址：www. zjbaiyun. com

瑞和度假村 ★★★
地址：新昌城关镇馒头山
电话：0575－86289222
传真：0575－86289111
邮编：312500
网址：www. ruihehotel. com
电子信箱：ruihehotel@ 126. com

柯城万豪大酒店（待评3）★★★
地址：衢州市荷花四路395号
电话：0570－8878888
传真：0570－8878800
邮编：324002
电子信箱：kechengwanhaohotel@ . 163. com

蓝洋名都大酒店 ★★★
地址：衢州市荷花中路519号
电话：0570－8877888
传真：0570－8870719
邮编：324002
电子信箱：qzlymd@ . 126. com

衢州圣效大酒店 ★★★
地址：衢州市衢江区大桥路38号
电话：0570－283188
传真：0570－2831288
邮编：324022
网址：www. qzsxhotle. com
电子信箱：shengxiao@ zjhotels. org

新天地大酒店 ★★★
地址：衢州市衢江区樟潭路90路
电话：0570－3679666
传真：0570－3679665
邮编：324000
电子信箱：jsg8605965@ 163. com

衢州友好饭店 ★★★
地址：衢州市上街127号
电话：0570－3051888
传真：0570－3022128
邮编：324000
网址：www. qzyouhao. com
电子信箱：qzyouhao@ 163. com

衢州市柯城南洋假日饭店 ★★★
地址：衢州市上街92号
电话：0570－3058666
传真：0570－3052632
邮编：324000
电子信箱：nyjr8888@ tom. com

金三角度假村 ★★★
地址：衢州江山市经济开发区通达路1号
电话：0570－4980358
传真：0570－4981666
邮编：324100

常山国际大酒店 ★★★
地址：衢州市常山县城白马路168号
电话：0570－5017777
传真：0570－5019999
邮编：324200

开化大酒店 ★★★
地址：衢州市开化县城关镇花山路17号
电话：0570－6022888
传真：0570－6018460
邮编：324300
网址：www. kaihua hotel. com
电子信箱：khhotel@ flowerhill. zjip. com

龙游大酒店 ★★★
地址：衢州市龙游县太平东路39号
电话：0570－7888888
传真：0570－7110066
邮编：324400
电子信箱：lyhotel@ srmcn. com

金华市嘉恒宾馆 ★★★
地址：金华市人民西路898号
电话：0579－82076888
传真：0579－82076090
邮编：321000
网址：www. jhjhhotel. com

望湖度假村 ★★★
地址：金华市双龙风景区鹿湖北侧
电话：0579－82598888
传真：0579－82598883
邮编：321023
电子信箱：wh. vacation@ 163. com

金华宾馆 ★★★
地址：金华市双溪西路101号
电话：0579－82063388
传真：0579－82372713
邮编：321017
网址：www. jhbg001. com
电子信箱：jhbg8848@ hotmail. com

金华望江饭店 ★★★
地址：金华市中山路112号
电话：0579－82336688
传真：0579－82338508
邮编：321000
电子信箱：jhwjhotel@ 126. com

国际大酒店 ★★★
地址：金华市中山路261号
电话：0579－82336888
传真：0579－82329988
邮编：321000
电子信箱：zjjhgd@ 126. com

兰江大厦 ★★★
地址：金华兰溪市人民南路6号
电话：0579－88866666
传真：0579－88866667
邮编：321100

振东大酒店 ★★★
地址：金华永康市望春东路108号
电话：0579－87126668
传真：0579－87134244
邮编：321300
电子信箱：zdhotel168@163.com

银龙酒店 ★★★
地址：金华义乌市宾王路201号
电话：0579－85565888
传真：0579－5565988
邮编：322000
网址：www.yinlonghotel.com

雪峰大酒店 ★★★
地址：金华义乌市稠州北路1688号
电话：0579－85628888
传真：0579－5100488
邮编：322000
网址：www.xuefenghotel.com
电子信箱：ywxf@xuefenghotel.com

城中城大酒店 ★★★
地址：金华义乌市稠州西路138号
电话：0579－85328888
传真：0579－5327333
邮编：322000
网址：www.czchotel.cn
电子信箱：hotel@czchotel.com

香港大酒店 ★★★
地址：金华义乌市工人西路18号
电话：0579－85265888
传真：0579－5265678
邮编：322000
网址：www.ywhk.cn

希波曼大酒店 ★★★
地址：金华义乌市篁园路100号
电话：0579－85459999
传真：0579－5459900
邮编：322000
网址：www.suppma.com.cn
电子信箱：sales@suppma.com.cn

商城宾馆 ★★★
地址：金华义乌市篁园路51号
电话：0579－85458888
传真：0579－5531998
邮编：322000
网址：www.shangchenghotel.com

华丰宾馆 ★★★
地址：金华义乌市机场路2号
电话：0579－85251888
传真：0579－5458866
邮编：322000
网址：www.huafenghotel.com.cn

东阳市横店国贸大厦 ★★★
地址：金华东阳市横店康庄路
电话：0579－86582688
传真：0579－86548888
邮编：322118
网址：gmdsbgs@yahoo.com.cn
电子信箱：www.hengdianworld.com

东阳市光明大酒店 ★★★
地址：金华东阳市南街口广场
电话：0579－86631279
传真：0579－86638177
邮编：322100
电子信箱：jojoxjh000516@163.com

东阳市花园宾馆 ★★★
地址：金华东阳市南马镇花园村花园大道2号
电话：0579－86270555
传真：0579－86270538
邮编：322121
网址：www.gardencn.com
电子信箱：huayuanhotel@163.com

东阳市嘉华大酒店 ★★★
地址：金华东阳市人民路199号
电话：0579－86690000
传真：0579－86690111
邮编：322100
网址：www.jiahua－hotel.com

东阳市五洲大酒店 ★★★
地址：金华东阳市双岘路36号
电话：0579－86649888
传真：0579－86645588
邮编：322100
网址：www.dywzhotel.com
电子信箱：wzhotel@126.com

浙江东阳国际大酒店有限公司 ★★★
地址：金华东阳市望江路20号
电话：0579－86858888
传真：0579－86858555
邮编：322100
电子信箱：dygjdjd@163.com

东阳宾馆 ★★★
地址：金华东阳市吴宁镇黉门广场18号
电话：0579－86622011
传真：0579－86633410
邮编：322100
电子信箱：dygh1234@shou.com

东阳大厦 ★★★
地址：金华东阳市吴宁中路6号
电话：0579－86631388
传真：0579－86633639
邮编：322100
电子信箱：dyhotel@sohu.com

唐风露天温泉度假村 ★★★
地址：金华市武义县塔山风景区
电话：0579－87620666
传真：0579－87628809
邮编：321200
网址：www.tangfengwq.com

清水湾温泉度假村 ★★★
地址：金华市武义县温泉度假村
电话：0579－87739288　0579－87739587
传真：0579－87739739
邮编：321200
网址：www.wyqsw.com

浦江县塔山宾馆 ★★★
地址：金华市浦江县环城东路59号
电话：0579－84168666
传真：0579－84168699
邮编：322200
电子信箱：tashan@zjhotels.org

磐安县花台山宾馆 ★★★
地址：金华市磐安县安文镇海螺街36号
电话：0579－84651800
传真：0579－84651926
邮编：322300
网址：www.paqy.cn
电子信箱：huataishan2005@tom.com

椒江大酒店 ★★★
地址：台州市椒江区工人路80号
电话：0576－88858788
传真：0576－88858688
邮编：318000
网址：www.jiaojiang-hotel.com
电子信箱：jiaojiang-hotel@163.com

台州市椒江宾馆 ★★★
地址：台州市椒江区中山东路388－3号
电话：0576－88823668
传真：0576－88823719
邮编：318000
网址：www.tzhotel.com
电子信箱：tzhotel@163.com

台州市时间商务酒店有限公司 ★★★
地址：台州市椒江区中山西路219号
电话：0576－88851888
传真：0576－88851866
邮编：318000
网址：www.shijiangroup.com
电子信箱：woaiwojia220@yahoo.com

浙江黄岩阳光大酒店 ★★★
地址：台州市黄岩区环城东路122号
电话：0576－84030888
传真：0576－84030988
邮编：318020
网址：www.yghotel.cn
电子信箱：sunlight hotel@163.com

台州供水大厦 ★★★
地址：台州市黄岩区黄长路8号
电话：0576－84293000
传真：0576－84232222
邮编：318020
电子信箱：tz-wsh@yahoo.com.cn

黄岩国际大酒店 ★★★
地址：台州市黄岩区九峰路
电话：0575－84280888
传真：0576－84286000
邮编：318020

橘都大酒店 ★★★
地址：台州市黄岩区天长南路27号
电话：0576－84281188
传真：0576－84281111
邮编：318020
网址：www.hyjhotel.com
电子信箱：hyjdhotel@163.com

台州市华利士大酒店 ★★★
地址：台州市路桥区东路桥大道318号
电话：0576－82422888
传真：0576－82422798
邮编：318050
网址：www.tzhualishi.com

台州市路桥假日国际大酒店 ★★★
地址：台州市路桥区西路桥大道301号
电话：0576－82439999
传真：0576－82430999
邮编：318050
网址：www.jiarihotel.cn

浙江临海华侨宾馆 ★★★
地址：台州临海市回浦路32号
电话：0576－85229988
传真：0576－85113019
邮编：317000
电子信箱：huaqiaolh@zjhotels.org

温岭国际大酒店有限公司 ★★★
地址：台州温岭市三星大道158号
电话：0576－86208888
传真：0576－86208899
邮编：317500
网址：www.guo-ji.com
电子信箱：wlgjhotel@163.com

汇其乐大厦 ★★★
地址：台州温岭市万寿路88号
电话：0576－86216333
传真：0576－86213668
邮编：317500
电子信箱：mjh.guitar@yahoo.com.cn

台州市万昌宾馆有限公司 ★★★
地址：台州温岭市泽国镇文昌路1号
电话：0576－86428888
传真：0576－86428886
邮编：317523
网址：wanchanghotel.com
电子信箱：info@wangchang.net

温岭市海天假日酒店有限公司 ★★★
地址：台州温岭市中华路385号
电话：0576－86108888
传真：0576－86108880
邮编：317500
网址：www.wenling_hotel.com
电子信箱：bv@wenling_hotel.com

三门大酒店（预备3） ★★★
地址：台州市三门县民丰路8号
电话：0576－83358888
传真：0576－83358999
邮编：317100
网址：www.smdjd.com
电子信箱：smdjd@smdjd.com

仙居竺梅度假村 ★★★
地址：台州市仙居县浮石园
电话：0576－87736888
传真：0576－87736999
邮编：317300
网址：www.xjdjc.com
电子信箱：xjdjc@163.com

仙居县月塘大酒店 ★★★
地址：台州市仙居县花园路108号
电话：0576－87713999
传真：0576－87713989
邮编：317300
电子信箱：zjxjzwy@126.com

玉环长城宾馆 ★★★
地址：台州市玉环县楚门镇南兴西路275号
电话：0576－7420888
传真：0576－87442795
邮编：317605
网址：www.ccbg.cn
电子信箱：ccbg8888@126.com

玉环大酒店 ★★★
地址：台州市玉环县玉兴东路
电话：0576－87277888
传真：0576－87229598
邮编：317600
网址：www.yhdjd.com.cn
电子信箱：sales@yhdjd.com.cn

温州总商会大酒店 ★★★
地址：温州市仓后街22号
电话：0577－88225555
传真：0577－88222333
邮编：325000
网址：www.wzzsh.com
电子信箱：zshhotel@wzzsh.com

温州均瑶宾馆 ★★★
地址：温州市车站大道
邮编：325000

温州红太阳宾馆 ★★★
地址：温州市车站大道88号
电话：0577－86788888
传真：0577－86060157
邮编：325000
网址：www.86788888.com

温州金悦丽嘉酒店 ★★★
地址：温州市大道火车站东500米
电话：0577－86078888
传真：0577－86065555
邮编：325000

温州亚金大酒店 ★★★
地址：温州市飞霞南路马鞍池路口
电话：0577－88811111
传真：0577－88826061
邮编：325000
电子信箱：wzyjhotel@hotmail.com

温州水心饭店 ★★★
地址：温州市隔岸路177号
电话：0577－88524966
传真：0577－88519834
邮编：325000
电子信箱：shuixingfandian@163.com

温州市半岛公寓酒店 ★★★
地址：温州市火车站西首新都大厦
电话：0577－88080808
传真：0577－86792277
邮编：325000
网址：www.wztsh.com
电子信箱：tsh@wztsh.com

温州机场宾馆 ★★★
地址：温州市机场路1号
电话：0577－86898735
传真：0577－86898126
邮编：325024
电子信箱：wuchunxiao97@163.com

温州瓯海宾馆 ★★★
地址：温州市将军桥兴海路31号
电话：0577－88538888
传真：0577－88538552
电子信箱：wzohbg@sina.com

温州花园大酒店 ★★★
地址：温州市黎明中路96号
电话：0577－88326000
传真：0577－88324976
邮编：325000
电子信箱：wzgarden@hotmail.com

温州瑞兴大酒店 ★★★
地址：温州市鹿城路135号
电话：0577－88099999
传真：0577－88538000
邮编：325000

温州金鹏宾馆 ★★★
地址：温州市勤奋路12号
电话：0577－88518899
传真：0577－88501519
邮编：325000
网址：www.jinpenghotel.com
电子信箱：info@jinpenghotel.com

温州饭店 ★★★
地址：温州市人民路第一桥
电话：0577－88252525
传真：0577－88251100
邮编：325000
电子信箱：wzfd@mail.wz.zj.cn

温州天都大酒店 ★★★
地址：温州市兴海路99号
电话：0577－88501888
传真：0577－88501808
邮编：325000
网址：www.tiandu-hotel.com
电子信箱：info@tiandu-hotel.com

温州市华尔顿大酒店 ★★★
地址：温州市学院西路2号
电话：0577－88078888
传真：0577－88093333
邮编：325000

温州瓯昌饭店 ★★★
地址：温州市雪山路71号
电话：0577－88528888
传真：0577－88528777
电子信箱：ouchang@mail.wzptt.zj.cn

温州湖滨饭店 ★★★
地址：温州市游泳路1号
电话：0577－88227961
传真：0577－88210600
邮编：325000

温州瑶溪山庄 ★★★
地址：温州市龙湾区瑶溪景区
电话：0577－88093701
传真：0577－88093701
邮编：325038
电子信箱：zhn660022@163.com

温州市永强大酒店 ★★★
地址：温州市龙湾区永中镇永强东路
电话：0577－86370888
传真：0577－86370886
邮编：325024

瑞安华都大酒店 ★★★
地址：温州瑞安市瑞光大道1号
电话：0577－65618888
传真：0577－65635580
邮编：325200
网址：www.cnhuadu.cn
电子信箱：huxing7021@126.com

瑞安市新都大酒店 ★★★
地址：温州瑞安市塘下广场西路255号
电话：0577－65377888
传真：0577－65370000
邮编：325204
网址：www.xindudjd.com
电子信箱：cnxinde@163.com

瑞安塘下大酒店 ★★★
地址：温州瑞安市塘下镇站前路1号
电话：0577－65358888
传真：0577－65353858
邮编：325204
电子信箱：txdjd@163.com

瑞安华侨饭店 ★★★
地址：温州瑞安市万松路6号
电话：0577－65633588
传真：0577－65633588转5118

邮编：325200
网址：www. raochotel. com
电子信箱：mail. raochotel. com

乐清国际大酒店银城广场 ★★★
地址：温州乐清市乐怡路85号
电话：0577－62598888
传真：0577－62596677
邮编：325600
电子信箱：yqgidjd@126. com

乐清市沪川大酒店 ★★★
地址：温州乐清市柳市镇中国电器城7号楼
电话：0577－62758888
传真：0577－62756666
邮编：325604
网址：www. hoch. com. cn
电子信箱：hotel@hoch. com. cn

温州市公路处雁荡山灵岩山庄 ★★★
地址：温州乐清市雁荡山下灵岩路32号
邮编：325614

雁荡山朝阳山庄 ★★★
地址：温州市雁荡山朝阳路56路
传真：0577－62245998
邮编：325614
电子信箱：chaoyanghotel@163. com

温州银雁饭店 ★★★
地址：温州市雁荡山学士路15号
电话：0577－62245888
传真：0577－62241111
邮编：325614
网址：www. yydf. com
电子信箱：yyfd@yyfd. com

温州银苑饭店 ★★★
地址：温州市雁荡山雁山路迎宾桥
电话：0577－62245000
传真：0577－62245111
邮编：325614
电子信箱：yinyuanhotel@163. com

永嘉桥头饭店 ★★★
地址：温州市永嘉县桥头镇桥东大街
邮编：325100

永嘉钱塘世纪大酒店 ★★★
地址：温州市永嘉县上塘镇县前路
电话：0577－67268888
传真：0577－67267777
邮编：325100
网址：www. qtly. cn
电子信箱：yjqtsj@163. com

文成县阳光假日大酒店有限公司 ★★★
地址：温州市文成县伯温路5号
电话：0577－67838888
传真：0577－67823010
邮编：325300
电子信箱：vivienzhou@126. com

温州文成宾馆 ★★★
地址：温州市文成县文青路1号
电话：0577－6789999
传真：0577－67895888
邮编：325300

平阳世贸富豪大酒店 ★★★
地址：温州市平阳县敖江镇环镇北路
电话：0577－63112222
传真：0577－63112277
邮编：325401
网址：www. wzpy. com
电子信箱：wzsmfh@126. com

平阳县国际大酒店有限公司 ★★★
地址：温州市平阳县鳌江镇市府路
电话：0577－63618888
传真：0577－63616158
邮编：325401
网址：www. pyih. com
电子信箱：pyih@163. com

平阳虎豪大酒店 ★★★
地址：温州市平阳县水头镇泾川中路112号
电话：0577－63116768
传真：0577－63811222
邮编：325405
网址：www. huhao. com. cn
电子信箱：huhao888@huhao. com

泰顺国际大酒店 ★★★
地址：温州市泰顺县罗阳镇邮政路2号
电话：0577－67569999
传真：0577－67567522
邮编：325500
网址：www. tsgjhotel. com

温州氡泉香溢假日酒店 ★★★
地址：温州市泰顺县雅阳成天村
电话：0577－67668888
传真：0577－67667608
邮编：325506

洞头东方罗马假日酒店 ★★★
地址：温州市洞头县北岙镇建设巷1号
电话：0577－63486888
传真：0577－63432886
邮编：325700

苍南泰安大酒店 ★★★
地址：温州市苍南县龙港大道
电话：0577－64866666
传真：0577－64866600
邮编：325802

苍南龙华大酒店 ★★★
地址：温州市苍南县龙港镇龙跃路118号
电话：0577－64200888
传真：0577－64202699
邮编：325802

丽水市现代广场大酒店 ★★★
地址：丽水市大洋路598号
电话：0578－2218888
传真：0578－2687200
邮编：323000
网址：www. xdhotel. com
电子信箱：lsxdgc@163. com

丽水市新世界大酒店 ★★★
地址：丽水市丽青路219号
电话：0578－2352888
传真：0578－2351333
邮编：323000
电子信箱：lishuixinshijie@126. com

丽水市莲城宾馆 ★★★
地址：丽水市丽阳街254号
电话：0578－2132707
传真：0578－2281608
邮编：323000
电子信箱：ls－lcbg@163. com

丽水市紫荆花大酒店 ★★★
地址：丽水市丽阳街438号
电话：0578－2298855
传真：0578－2113106
邮编：323000
网址：www. zjhhotel. com

丽水市飞达大酒店 ★★★
地址：丽水市中东路848号
电话：0578－2178888
传真：0578－2201088
邮编：323000
网址：www. fadr. com. cn
电子信箱：lishuifadr@126. com

丽水东方宾馆 ★★★
地址：丽水市中山街433号
电话：0578－2686168
传真：0578－2686165
邮编：323000
电子信箱：lishui@dfhotel. zjit. com

龙泉山旅游度假区绿野山庄 ★★★
地址：丽水龙泉市凤阳山
电话：0578－7112073
传真：0578－7112320
邮编：323700
网址：www. songcn. com \ lqs

龙泉香溢大酒店 ★★★
地址：丽水龙泉市贤良路218号
电话：0578－7268888
传真：0578－7261086
邮编：323700
网址：www. lqsunny. com
电子信箱：lqsunnyhtl@zj. com

龙泉大酒店 ★★★
地址：丽水龙泉市新华街83号
电话：0578－7220115
传真：0578－7220113
邮编：323700
网址：www. lq－hotel. com
电子信箱：lqdjdian@mail. lsptt. zj. cn

缙云仙都假日酒店 ★★★
地址：丽水市缙云县仙都风景区
电话：0578－3343168
传真：0578－3343001
邮编：321400
网址：www. xinghui－group. com
电子信箱：xiandujiari@qianlong. com

缙云仙都度假村 ★★★
地址：丽水市缙云县仙都景区小赤壁
电话：0578－3342188
传真：0578－3342166
邮编：321400
网址：www. 58516. com
电子信箱：sjx1958@21cn. com

青田县飞鹤度假山庄 ★★★
地址：丽水市青田县石郭坑底
电话：0578－6901598
传真：0578－6901468
邮编：323900

庆元县国际大酒店 ★★★
地址：丽水市庆元县松源镇州街
电话：0578－6221888
传真：0578－6221868
邮编：323800
电子信箱：qygjhotel@. 163. com

旅游景区

杭州西湖风景名胜区 AAAAA
地址：杭州市环城西路5号

电话：0571－87070356
邮编：310006

雷峰塔景区 AAAA
杭州雷峰塔文化旅游发展有限公司
地址：杭州市南山路15号
电话：0571－87969246 87982111
邮编：310026

杭州宋城旅游景区 AAAA
地址：杭州市之江大道148号
电话：0571－87090989
邮编：310008

杭州未来世界游乐公园 AAAA
地址：杭州市之江路186号
电话：0571－87096688
邮编：310024

杭州乐园 AAAA
地址：杭州市之江路2号
电话：0571－82674099
邮编：310000

杭州双溪竹海漂流景区 AAAA
地址：杭州市余杭区经山镇双溪竹海路2号
电话：0571－88501888 88501938
邮编：311117

杭州绿景塘生态农业观光园景区 AA
地址：杭州市余杭区径山镇绿景村
电话：0571－88607088
邮编：311100

东方文化园 AAAA
地址：杭州市萧山区义桥镇
电话：0571－82336868
邮编：311256

杭州市湘湖景区 AAAA
地址：杭州市萧山区城西
邮编：311200

楠溪江风景区 AAAA
地址：杭州临安市河桥镇
电话：0571－63612388 63734488
邮编：311300

浙西大峡谷 AAAA
地址：杭州临安市大峡谷镇
电话：0571－63631745
邮编：311300

天目山风景名胜区 AAAA
地址：杭州临安市西天目山
电话：0571－63857338 63857361
邮编：311311

钱王陵园 AAA
地址：杭州临安市锦城街道
电话：0571－63722883
邮编：311300

大明山风景区 AAAA
地址：杭州临安市清凉峰镇大明村
电话：0571－63627888
邮编：311300

杭州野生动物世界 AAAA
地址：杭州富阳市受降镇九龙大道1号
电话：0571－63412340 63411166
邮编：311422

富春桃源 AAAA
地址：杭州富阳市胥口镇上练村
电话：0571－63283978 63283777
邮编：311400

大慈岩景区 AAAA
地址：杭州建德市大慈岩镇
电话：0571－64549228
邮编：311612

桐庐垂云通天河景区 AAAA
地址：杭州市桐庐县毕浦杨家
电话：0571－64371377
邮编：311516

瑶琳仙境旅游区 AAAA
地址：杭州市桐庐县瑶琳镇
电话：0571－64361118
邮编：311515
网址：www. sakyamuni. org
电子信箱：tc8811@ sina. com

淳安县千岛湖风景区 AAAA
地址：杭州市淳安县千岛湖镇
电话：0571－64825012
邮编：311700

湖州太湖旅游度假区 AAAA
地址：湖州市龙溪路208号
电话：0572－2114555 2116605
邮编：313001

湖州含山旅游区 AA
地址：湖州市善琏镇含山旅游公司
电话：0572－3670175
邮编：313014

湖州市南浔旅游区 AAAA
地址：湖州市南浔区南浔古镇
邮编：313009

新四军苏浙军区纪念馆 AA
地址：湖州市长兴县槐坎乡温塘村
电话：0572－6078039
邮编：313119

安吉竹子博览园 AAAA
地址：湖州市安吉县城南郊
电话：0572－5338988
邮编：313302

安吉藏龙百瀑景区 AA
地址：湖州市安吉县天荒坪镇大溪村
电话：0572－5112357
邮编：313302

嘉兴南湖风景名胜区 AAAA
地址：嘉兴市南溪路1号
电话：0573－2533437
邮编：314000

莫氏庄园 AA
地址：嘉兴平湖市人民西路19号
电话：0573－5022058
邮编：314200

平湖市澳多奇农庄 AA
地址：嘉兴平湖市曹桥乡马厩村
电话：0573－5943628
邮编：314215

平湖民俗风情馆 AA
地址：嘉兴平湖市环城北路17号
电话：0573－5024152
邮编：314200

海宁博物馆 AA
地址：嘉兴海宁市硖石镇西山路542号
电话：0573－7046716
邮编：314400

徐志摩故居 AA
地址：嘉兴海宁市干河街菜市弄3号
电话：0573－7046716
邮编：314400

海宁观潮胜地公园 AAAA
地址：嘉兴海宁市盐官
电话：0573－7611879 7615638
邮编：314400

西山公园 AA
地址：嘉兴海宁市硖石镇公园路
电话：0573－7023537
邮编：314400

乌镇旅游开发有限公司 AAAA
地址：嘉兴桐乡市乌镇（西大街）
电话：0573－8713991
邮编：314501

桐乡市丰子恺纪念馆 AA
地址：嘉兴桐乡市石门镇西市街
电话：0573－8611275
邮编：314512

福严佛教文化旅游发展有限公司 AA
地址：嘉兴桐乡市同福乡福严寺
电话：0573－8482383
邮编：314512

君匋艺术馆 AA
地址：嘉兴桐乡市梧桐镇庆丰南路59号
电话：0573－8103627
邮编：314500

桐乡市博物馆 AA
地址：嘉兴桐乡市庆丰南路198号
电话：0573－8104125
邮编：314500

吴镇纪念馆 AA
地址：嘉兴市嘉善县魏塘镇花园路178号
电话：0573－4033247
邮编：314100

嘉善西塘古镇 AAAA
地址：嘉兴市嘉善县西塘镇
电话：0573－4564161
邮编：314100

海盐南北湖风景名胜区 AAA
地址：嘉兴市海盐县南北湖风景区
电话：0573－6513718 6513123
邮编：314302

桃花岛风景名胜区 AAAA
地址：舟山市桃花镇公前街1号
电话：0580－6062457
邮编：316000

马岙旅游区 A
地址：舟山市定海区马岙镇
电话：0580－8080018
邮编：316015

小沙旅游区 A
地址：舟山市定海区小沙镇
电话：0580－8020037
邮编：316015

普陀山风景名胜区 AAAAA
地址：舟山市普陀山梅岑路115号
电话：0580－6091414
邮编：316107

朱家尖风景旅游区 AAA
地址：舟山市普陀区朱家尖镇大洞岙
电话：0580－6631037
邮编：316111

舟山市普陀区六横镇旅游区 AA
地址：舟山市普陀区六横镇
邮编：316100

普陀区蚂蚁岛旅游区 AA
地址：舟山市普陀区
邮编：316100

天一阁博物馆 AAAA
地址：宁波市市区月湖之西天一街 10 号
电话：0574－87293526
邮编：315000

宁波雅戈尔动物园 AAAA
地址：宁波市东钱湖
电话：0574－88378712
邮编：315000

宁波庆安会馆 AAA
地址：宁波市江东区木行路
电话：0574－87725301
邮编：315040

保国寺风景区 AAA
地址：宁波市江北区洪塘镇
电话：0574－87586317
邮编：315020

宁波市凤凰山主题乐园 AAAA
地址：宁波市北仑区
邮编：315800

宁波市九龙湖旅游区 AAAA
地址：宁波市镇海区九龙湖镇
邮编：315200

宁波市镇海区招宝山旅游风景区 AAAA
地址：宁波市镇海区城关招宝山路 10 号
电话：0574－86272900
邮编：315200

东钱湖风景旅游区 AAA
地址：宁波市鄞州区东钱湖镇
电话：0574－88373011
邮编：315121

宁波五龙潭风景名胜区 AAAA
地址：宁波市鄞州区龙观乡
电话：0574－88049888
邮编：315166

梁祝文化公园 AAA
地址：宁波市鄞州区高桥镇金星村
电话：0574－88011238
邮编：315174

宁波大桥生态农庄旅游区 AAAA
地址：宁波慈溪市杭州湾跨海大桥工程指挥部西
电话：0574－63481718
邮编：315300

杭州湾海滨游乐园 AA
地址：宁波慈溪市新浦镇水云浦九塘
电话：0574－63589294
邮编：315322

慈溪市五磊山风景区 AA
地址：宁波慈溪市观海卫镇
邮编：315300

丹山赤水旅游区 AAAA
地址：宁波余姚市大岚镇
电话：0574－62332222
邮编：315400

天下玉苑景区 AAAA
地址：宁波余姚市大隐镇
电话：0574－62913997
邮编：315423

溪口风景名胜区 AAAA
地址：宁波奉化市溪口
电话：0574－88861968
邮编：315502

宁波滕头生态旅游示范区 AAAA
地址：宁波奉化市滕头村
电话：0574－88919911
邮编：315503

宁波松兰山海滨旅游度假区 AAAA
地址：宁波市象山县丹城
电话：0574－65709097
邮编：315709

宁波中国渔村景区 AAAA
地址：宁波市象山县石埔镇
电话：0574－65959999
邮编：315700

绍兴市东湖景区 AAAA
地址：绍兴市东湖风景区管理处
电话：0575－8606879
邮编：312001

绍兴沈园 AAA
地址：绍兴市鲁迅路 318 号
电话：0575－8064863
邮编：312000

绍兴印山越国王陵文化旅游区 AA
地址：绍兴市兰亭镇
电话：0575－4602771
邮编：312044

绍兴兰亭国家森林公园 AAAA
地址：绍兴市兰亭镇新桥村
电话：0575－4609388
邮编：312045

绍兴市府山景区 AA
地址：绍兴市府横街 258 号
电话：0575－5120589
邮编：312000

绍兴市越城区方圆农业观光园 AA
地址：绍兴市越城区皋埠镇吼山风景区东侧
电话：0575－8773866
邮编：312000

周恩来纪念馆 AAA
地址：绍兴市劳动路 369 号
电话：0575－5111664
邮编：312000

鲁迅故里 AAAA
地址：绍兴市鲁迅路步行街
电话：0575－5132080
邮编：312000

会稽山旅游度假区 AAAA
地址：绍兴市大禹陵景区内
电话：0575－8364660
邮编：312000

五泄旅游区 AAAA
地址：绍兴诸暨市五泄镇
电话：0575－7773681－2202
邮编：311800

诸暨市斗岩风景区 AA
地址：绍兴诸暨市牌头镇王家宅
电话：0575－7052773
邮编：311825

诸暨市汤江岩旅游区 AA
地址：绍兴诸暨市牌头镇埂大村
电话：0575－7569655
邮编：311825

西施故里旅游区 AAA
地址：绍兴诸暨市浣纱南路 123 号
电话：0575－7106782
邮编：311800

上虞市长塘桃花源生态旅游区 AA
地址：绍兴上虞市长塘镇桃园村
电话：0575－2597052
邮编：312300

凤鸣山旅游风景区 AA
地址：绍兴上虞市丰惠镇凤鸣村
电话：0575－2871211
邮编：312300

百丈飞瀑 AA
地址：绍兴嵊州市王院乡境内
电话：0575－3940578
邮编：312400

柯岩风景区 AAAA
地址：绍兴市绍兴县柯桥镇柯岩街道
电话：0575－4360066　8361555
邮编：312030

新昌大佛寺 AAAA
地址：绍兴市新昌县大佛寺
电话：0575－6227630
邮编：312500

九龙湖省级风景名胜区 AA
地址：衢州市黄坛口电站
电话：0570－3118161
邮编：324005

烂柯山风景区 AA
地址：衢州市柯城区石室烂柯山风景区
电话：0570－3060880
邮编：324006

衢江九坛沟景区 A
地址：衢州市柯城区九华乡
电话：0570－3621666
邮编：324100

浙西大草原古名酒文化村 AA
地址：衢州市衢江区安仁镇中央徐村
电话：0570－2936266
邮编：324022

衢州市太真洞风景区 AA
地址：衢州市衢江区太真乡
邮编：324022

龙门峡谷景区 AA
地址：衢州市衢江区坑口乡
电话：0570－3680161
邮编：324000

江山市须江公园 AA
地址：衢州江山市江山港东岸
邮编：324100

江郎山国家风景名胜区 AAAA
地址：衢州市江山市江郎乡
电话：0570－4911411
邮编：324107

三衢石林省级风景名胜区 AA
地址：衢州市常山县宋畈乡
电话：0570－5455921
邮编：324213

东明湖公园管理处 AA
地址：衢州市常山县梅园城建楼
电话：0570－5118778
邮编：324200

常山金钉子景区 AA
地址：衢州市常山县
邮编：325500

开化县南湖景区 AA
地址：衢州市开化县
邮编：324300

古田山国家自然保护区 AA
地址：衢州市开化县苏庄镇古田山
电话：0570－6829181
邮编：324306

钱江源国家森林公园 AA
地址：衢州市开化县齐溪镇水湖山庄
电话：0570－6076000
邮编：324307

龙游石窟旅游区 AAAA
地址：衢州市龙游县小南海镇
电话：0570－7053567
邮编：324400

金华双龙风景旅游区 AAAA
地址：金华市双龙风景区管理委员会
电话：0579－2590272
邮编：321021

九峰山风景区 AA
地址：金华市婺城区汤溪镇人民政府
电话：0579－2666051
邮编：321075

六洞山风景名胜区 AAA
地址：金华兰溪市灵洞乡洞源村
电话：0579－8258082
邮编：321100

兰溪诸葛八卦村 AAAA
地址：金华兰溪市诸葛镇
电话：0579－8600026
邮编：321100

兰溪市黄大仙赤松园 AA
地址：金华兰溪市中徐村
电话：0579－8800036
邮编：321100

义乌中国国际商贸城购物旅游区 AAAA
地址：金华义乌市稠州路
邮编：322000

浙江省中国横店影视城 AAAA
地址：金华东阳市横店镇万盛街 42 号
电话：0579－6555900
邮编：322118

金华市东阳横店红色旅游城 AAAA
地址：金华东阳市横店镇
邮编：322118

金华东阳市白云文化城 AA
地址：金华东阳市吴宁镇白云工贸开发区
电话：0579－6362859
邮编：322100

石鹅岩旅游区 AA
地址：金华市武义县后项村石鹅岩
电话：0579－7697063
邮编：321200

台山寺旅游区 AA
地址：金华市武义县柳城镇
电话：0579－7856038
邮编：321204

郭洞风景区 AAA
地址：金华市武义县熟溪街道郭洞村
电话：0579－7674993
邮编：321200

浦江仙华山风景名胜区 AAAA
地址：金华市浦江县人民东路 63 号
电话：0579－4121887
邮编：322200

花溪风景区 AA
地址：金华市磐安县花溪风景区
电话：0579－4698095
邮编：322300

椒江吴子熊玻璃艺术馆 AA
地址：台州市椒江区星明路 7 号
电话：0576－8831146
邮编：318000L

台州市黄岩九峰人民公园 AA
地址：台州市黄岩区九峰路 243 号
电话：0576－4260170
邮编：318020

临海江南长城旅游区 AAAA
地址：台州临海市旅游局
电话：0576－5112266
邮编：317000
网址：www. linhaitravel. com

温岭长屿硐天 AAAA
地址：台州温岭市东北长屿镇
电话：0576－6566495　6563145
邮编：317502

东辉公园旅游区 AA
地址：台州温岭市区东辉公园瓦屿山
电话：0576－6101887
邮编：317500

天台山风景名胜区 AAAA
地址：台州市天台县城关镇电大路 2 号
电话：0576－3884775
邮编：317200

仙居神仙居风景名胜区 AAAA
地址：台州市仙居县白塔镇
电话：0576－7038686　7796877
邮编：317300

大鹿岛风景区 AAAA
地址：台州市玉环县大鹿岛
电话：0576－7563333
邮编：317600

温州市动物园 AAA
地址：温州市景山公园莲花芯景区
邮编：325000

江心屿旅游区 AAAA
地址：温州市鹿城区江心屿
电话：0577－88201078
邮编：325000

瑶溪风景名胜区 AAA
地址：温州市龙湾区状元镇龙飞路
电话：0577－86355976
邮编：325013

瓯海泽雅风景名胜区 AAA
地址：温州市瓯海区泽雅镇
电话：0577－86318620
邮编：325014

温州乐园 AAA
地址：温州市瓯海区茶山街道霞岙村
电话：0577－8669611
邮编：324000

茶山五美景园 AAA
地址：温州市瓯海区茶山街道五美路 1 号
电话：0577－86683388
邮编：325014

绿色乐园 AA
地址：温州市瓯海区南白象金竹路 48 号
电话：0577－86719333
邮编：325014

桐溪风景旅游区 AA
地址：温州瑞安市桐浦乡桐星村
电话：0577－65437033
邮编：325216

玉海楼文化馆 AAA
地址：温州瑞安市安阳镇道院前街 5 号
电话：0577－65622506
邮编：325200

隆山公园 AA
地址：温州瑞安市
电话：0577－6561978
邮编：325200

顺泰青云谷风景区 A
地址：温州瑞安市顺泰乡大坟脚村
邮编：325200

雁荡山风景名胜区 AAAAA
地址：温州乐清市雁荡山雁山路 88 号
电话：0577－62243212　62243125
邮编：325100

乐清市中雁荡山风景区 AAAA
地址：温州乐清市白石鎮玉虹北路
电话：0577－62682786
邮编：325600
网址：www. zy34. com

楠溪江风景名胜区 AAAA
地址：温州市永嘉县岩头镇芙蓉村
电话：0577－67151232
邮编：325113

铜岭山国家森林公园 AAAA
地址：温州市文成县西坑畲族镇叶胜林场
电话：0577－6750117
邮编：325306

平阳县南雁荡山风景名胜区 AAAA
地址：温州市平阳县南雁镇
电话：0577－63739067
邮编：325400

平阳西湾景区 AA
地址：温州市平阳县西湾乡
邮编：325400

氡泉景区 AA
地址：温州市泰顺县雅阳镇承天村
电话：0577－67667228
邮编：325506

石聚堂风景旅游管理所 AA
地址：温州市苍南县浦亭乡石聚村
电话：0577－64799424
邮编：325005

玉苍山国家森林公园 AAA
地址：温州市苍南县灵溪镇玉苍路
电话：0577－64701899

邮编：325800

苍南县渔寮景区 AAA
地址：温州市苍南县渔寮乡
电话：0577－65690560
邮编：325809

丽水瓯江漂流乐园 AA
地址：丽水市碧湖镇白口村江边松林
电话：0578－2981666
邮编：323000

龙泉市博物馆 AA
地址：丽水龙泉市公园路
电话：0578－7124654
邮编：323700

龙泉市白云瀑风景区 AA
地址：丽水龙泉市西街社区木樟村
电话：13757863050
邮编：323700

仙都风景名胜区 AAAA
地址：丽水市缙云县城溪滨北路 11 号
电话：0578－3315468
邮编：321401

青田县石门洞森林公园 AAA
地址：丽水市青田县石门洞
电话：0578－6621182
邮编：323912

太鹤山风景区 AA
地址：丽水市青田县鹤城公园路 22 号
电话：0578－6836353
邮编：32390

清真禅寺 AA
地址：丽水市青田县阜山乡朱庵村
电话：0578－6601115
邮编：323902

千丝岩风景区 AA
地址：丽水市青田县山口镇永安路 168 号
电话：0578－6862144
邮编：323904

云和江南畲族风情村 AA
地址：丽水市云和县雾溪乡坪阳岗村
电话：0578－5119058
邮编：323600

遂昌县长濂文化旅游区 AA
地址：丽水市遂昌县长濂村
邮编：323300

遂昌金矿旅游区 AA
地址：丽水市遂昌县
邮编：323300

遂昌白马山森林公园 AA
地址：丽水市遂昌县白马山森林公园
电话：0578－8200200
邮编：323307

遂昌湖山森林公园 AA
地址：丽水市遂昌县湖山乡
电话：0578－8156002
邮编：323300

箬寮原始林景区 AA
地址：丽水市松阳县安民乡李坑村
电话：0578－8095288
邮编：323400

庆元县百山祖国家自然保护区 AA
地址：丽水市庆元县百山祖乡
电话：0578－6186198
邮编：323800
网址：www.bsz-china.com
电子信箱：qybsz@mail.lsptt.zj.cn

景宁草鱼塘森林公园 AA
地址：丽水市景宁县东坑镇
电话：0578－5062138
邮编：323500

景宁大均“畲乡之窗”旅游区 AA
地址：丽水市景宁县大均乡
电话：0578－5088684
邮编：323500

餐　馆

杭州红泥餐饮娱乐有限公司
地址：杭州市学士路 48 号
电话：0571－87918385
邮编：310026

天外天菜馆
地址：杭州市天竺路 2 号
电话：0571－87965450
邮编：310026

杭州颐香斋食品有限公司
地址：杭州市莫干山路 490 号
电话：0571－88082273　88845649
邮编：310026

川味观餐饮管理有限公司
地址：杭州市庆春路
电话：0571－87221627
邮编：310026

吴越人家酒楼
地址：杭州市西苑路
电话：0571－63709241
邮编：310026

西湖边茶餐厅
地址：杭州市南山路 260 号
电话：0571－87078722
邮编：310026

张生记酒店管理有限公司
地址：杭州市绍兴路
电话：0571－85085971
邮编：310000

新东来顺餐饮有限公司
地址：杭州市莫干山路
电话：0571－88829608
邮编：310005

知味观总店
地址：杭州市上城区仁和路 83 号
电话：0571－87065871　87010499
邮编：310002

奎元馆
地址：杭州市上城区解放路 154 号
电话：0571－87028626　87065921
邮编：310002

状元馆
地址：杭州市上城区河坊街 85 号
电话：0571－87025796　87076583
邮编：310002

太古餐饮有限公司
地址：杭州市南山路 184 号
电话：0571－87070139
邮编：310002

钱江渔村餐饮有限公司
地址：杭州市庆春路
电话：0571－87220699
邮编：310003

澳门豆捞餐饮有限公司
地址：杭州市百井坊巷
电话：0571－85061717
邮编：310003

巴黎阳光西餐厅
地址：杭州市庆春路
电话：0571－87215888－6328
邮编：310003

味之岛餐饮有限公司
地址：杭州市庆春路 118 号
电话：0571－87240817
邮编：310003

杭州大酒店旋转餐厅
地址：杭州市延安路
电话：0571－85166888－5137
邮编：310006

花港餐厅
地址：杭州市体育场路
电话：0571－85158888
邮编：310006

天香楼
地址：杭州市延安路 447 号
电话：0571－87018566
邮编：310006

采芝斋
地址：杭州市延安路 217 号
电话：0571－87910080
邮编：310006

五芳斋
地址：杭州市下城区狮虎桥路 4 号
电话：0571－85060337
邮编：310006

杭州酒家
地址：杭州市下城区环城北路 10 号
电话：0571－85191717　85091717
邮编：310006

沸腾鱼乡餐饮有限公司
地址：杭州市延安路
电话：0571－87918777
邮编：310006

便宜坊烤鸭店
地址：杭州市延安路
电话：0571－87070516
邮编：310006

百家鸡味馆餐饮有限公司
地址：杭州市中山中路
电话：0571－87818054
邮编：310001

绿茵阁餐饮有限公司
地址：杭州市解放路
电话：0571－87555018
邮编：310009

巴国布衣餐饮管理有限公司
地址：杭州市解放路
电话：0571－87218999
邮编：310000

张生记饭店
地址：杭州市双菱路
电话：0571－86989089
邮编：310020

江南小厨餐厅
地址：杭州市衣锦街
电话：0571－63816287
邮编：310000

锦绣江南餐饮娱乐有限公司
地址：杭州市浣纱路
电话：0571－87922888－3600
邮编：310001

江南村餐饮有限公司
地址：杭州市体育场路
电话：0571－85101886
邮编：310003

杭州楼外楼
地址：杭州市孤山路30号
电话：0571－7969023　7969682
邮编：310007

龙吟阁餐厅
地址：杭州市曙光路
电话：0571－87998833
邮编：310007

风荷轩餐厅
地址：杭州市曙光路
电话：0571－87990888
邮编：310007

杨公堤湖畔酒家有限公司
地址：杭州市杨公堤
电话：0571－87970568
邮编：310007

丁莲芳千张包子
地址：湖州市红旗路36号
电话：0572－2023899
邮编：313000

浙北大酒店
地址：湖州市红旗路75号
电话：0572－2058888　2021573
邮编：313000

湖州饭店
地址：湖州市红旗路23号
电话：0572－2023364
邮编：313000

周生记馄饨店
地址：湖州市红旗路25号
电话：0572－2023047
邮编：313000

湖州江南春饭店
地址：湖州市红旗路42号
电话：0572－2024895
邮编：313000

湖州市风神餐厅
地址：湖州市环城南路126号
电话：0572－2032986
邮编：313000

湖州市饮食服务总公司
地址：湖州市乔梓巷
电话：0572－2024034
邮编：313000

湖州银波海鲜酒家
地址：湖州市东街239号
电话：0572－2067066
邮编：313000

农家人
地址：湖州市观风路12号
电话：0572－2050928
邮编：313000

五芳斋总店
地址：嘉兴市建国路
电话：0573－2033737　2033636
邮编：314000

嘉兴市北海渔村酒楼
地址：嘉兴市城北路27号
电话：0573－2096666
邮编：314000

嘉兴市菜根香饮食有限公司
地址：嘉兴市中山路112号
电话：0573－2095070
邮编：314000

嘉兴市城区望湖春酒家
地址：嘉兴市南湖路22号
电话：0573－2084986
邮编：314000

嘉兴市食品公司百味斋酒家
地址：嘉兴市中山路79号
电话：0573－2086463
邮编：314000

嘉兴市伊斯兰花园饭店
地址：嘉兴市中山东路桥北堍
电话：0573－2079814
邮编：314000

嘉兴市银海餐厅
地址：嘉兴市中山西路251号
电话：0573－2085148
邮编：314000

嘉兴市银梦酒家
地址：嘉兴市勤俭路187号
电话：0573－2074153
邮编：314000

嘉兴市饮食服务公司鸳鸯酒楼
地址：嘉兴市勤俭路453号
电话：0573－2072016
邮编：314000

嘉兴市紫竹林酒家
地址：嘉兴市吉杨路98号
电话：0573－2069698
邮编：314000

普陀水晶楼有限公司
地址：舟山市滨江路43号
电话：0580－3056325
邮编：316000

舟山东方明珠酒楼有限公司
地址：舟山市定海环城东路105号
电话：0580－2025585
邮编：316000

舟山市定海香江酒楼
地址：舟山市人民中路57号
电话：0580－2024189
邮编：316000

舟山市海城酒家
地址：舟山市新桥路22号
电话：0580－2039169
邮编：316000

舟山市粮油贸易总公司海之府酒楼
地址：舟山市环城东路84号
电话：0580－2026178
邮编：316000

舟山市轻舟餐饮有限公司
地址：舟山市环城西路146号
电话：0580－2024696
邮编：316000

宁波汉通餐饮有限公司
地址：宁波市宁穿路47号
电话：0574－87701228－513
邮编：315000

宁波市珍宝舫餐饮有限公司
地址：宁波市人民路132号外滩大厦
电话：0574－87657779
邮编：315000

宁波市向阳渔港餐饮发展有限公司
地址：宁波市范江岸路190号
电话：0574－87211851
邮编：315000

宁海食府
地址：宁波市海曙区孝闻街77号
电话：0574－87262908
邮编：315000

湘楚人家
地址：宁波市江东区箕漕街92号
电话：0574－87344267
邮编：315000

东海渔港海鲜楼
地址：宁波市新河路459号
电话：0574－87886918
邮编：315000

城隍庙酒楼
地址：宁波市海曙区县学街22号
电话：0574－87296953
邮编：315000

麒麟阁
地址：宁波市马园路70号
电话：0574－87113777
邮编：315000

西苑饭庄
地址：宁波市江北区西草马路
电话：0574－87386220
邮编：315000

望江楼
地址：宁波市宁穿路9号
电话：0574－88485798
邮编：315000

宁波韩城苑餐饮有限公司
地址：宁波市马园路143号
电话：0574－87160133
邮编：315000

钻石庭园西餐厅
地址：宁波市公园路188号
电话：0574－87243366　27859777
邮编：315000

湾仔码头茶餐厅
地址：宁波市碶闸街112号
电话：0574－87368171
邮编：315000

名轩楼
地址：宁波市江北区中马路56号

电话：0574－87358181　87358282
邮编：315000

梅之苑中餐厅
地址：宁波市北仑区明州路120号
电话：0574－86885888
邮编：315000

外婆桥
地址：宁波市镇明路562号
电话：0574－87170217
邮编：315000

东方红湘菜馆
地址：宁波市县学街197号
电话：0574－66835613
邮编：315000

老屋川菜馆
地址：宁波市海曙区孝闻街84号
电话：0574－87251326
邮编：315000

蜀都川菜馆
地址：宁波市海曙区卖鱼路18号
电话：13806676598
邮编：315000

蜀香楼
地址：宁波市江东区城东路397号
电话：0574－87378317
邮编：315000

巴山蜀水
地址：宁波市江东区民安路316号
电话：0574－87784394
邮编：315000

老院子川味人家
地址：宁波市江东区百丈东路652号
电话：0574－87896582
邮编：315000

蜀留香
地址：宁波市江东区甬港南路214号
电话：0574－87894289
邮编：315000

天香川菜馆
地址：宁波市江东区灵桥路74号
电话：0574－81181839
邮编：315000

川香楼川菜馆
地址：宁波市江北区大庆南路217号
电话：0574－87385177
邮编：315000

潮涌轩
地址：宁波市槐树路121号
电话：0574－87662688　87665288
邮编：315000

牧羊人家
地址：宁波市海曙区中山东路422号
电话：0574－87722722　87722788
邮编：315000

高山农家菜
地址：宁波市江东新河路486号
电话：0574－87874680
邮编：315000

岛上人家
地址：宁波市江东区箕漕街30号
电话：0574－13065601197
邮编：315000

绍兴市咸亨酒店有限公司
地址：绍兴市鲁迅中路179号
电话：0575－85126179
邮编：312000

老城菜馆
地址：绍兴市劳动路101号
电话：0575－85091798
邮编：312000

绍兴伯顿西餐厅
地址：绍兴市中兴中路288号现代大厦B座
电话：0575－85132777
邮编：312000

滕记老厨绍兴店
地址：绍兴市人民西路168号
电话：0575－85208179
邮编：312000

川味观
地址：绍兴市解放南路661号夏威夷大酒店
电话：0575－88061979
邮编：312000

绍兴菜馆
地址：绍兴市解放南路89号春天百货4楼
电话：0575－85087888
邮编：312000

绍兴饭店凌霄酒楼
地址：绍兴市府横街5号
电话：0575－5135560
邮编：312000

绍兴市长城酒家
地址：绍兴市铁甲营1号
电话：0575－5137470
邮编：312000

绍兴市翠姐姐饭庄
地址：绍兴市府山西路276号
电话：0575－5159527
邮编：312000

绍兴市东湖酒家
地址：绍兴市东湖
电话：0575－8649817
邮编：312000

绍兴市亨达饭庄
地址：绍兴市人民中路196号
电话：0575－5141635
邮编：312000

绍兴市兰香大酒家
地址：绍兴市解放北路213号
电话：0575－5133013
邮编：312000

绍兴市越味菜馆
地址：绍兴市云东路117号
电话：0575－8645823
邮编：312000

绍兴市越城区三星饭庄
地址：绍兴市胜利西路788号
电话：0575－5150006
邮编：312000

绍兴市竹园酒家
地址：绍兴市人民路162号
电话：0575－5122683
邮编：312000

绍兴市钻石餐厅
地址：绍兴市胜利西路375号
电话：0575－5149457
邮编：312000

银都概念餐厅
地址：衢州市江山市解放路50号
电话：0570－4039418
邮编：324002

白天鹅大酒店
地址：衢州市斗潭路3号
电话：0574－8880797
邮编：324002

东方大酒店中餐厅
地址：衢州市劳动路1号东方大酒店内
电话：0570－3035118转
邮编：324002

阿庆嫂开化土菜馆
地址：衢州市荷花一路171号
电话：0570－3670327
邮编：324002

友好饭店友谊厅
地址：衢州市上街路127号
电话：0570－8880671
邮编：324002

衢州饭店
地址：衢州市三衢路189号
电话：0570－3081818
邮编：324002

乡村大院都市农家菜
地址：衢州市三衢路503号
电话：0570－3853888
邮编：324002
衢州市八仙酒楼

衢州市八仙酒楼
地址：衢州市蛟池街1号
电话：0570－3038098
邮编：324002

衢州市太白酒楼
地址：衢州市坊门街35号
电话：0570－3020779
邮编：324002

金华市傅氏有限公司南海渔村
地址：金华市新华街19号
电话：0579－2311792
邮编：321000

金华市清和园菜馆
地址：金华市西市街74号
电话：0579－2338720
邮编：321000

金华市婺州饭店
地址：金华市中山路239号
电话：0579－2376172
邮编：321000

金华市银海实业有限公司银海大酒楼
地址：金华市八一北路353号
电话：0579－2339884
邮编：321000

台州市椒江春江饭店
地址：台州市陵园路2号
电话：0576－8225267
邮编：318000

台州市椒江第二饮食服务公司
地址：台州市中山西路143号
电话：0576－8882544

邮编：318000

台州市椒江饭店
地址：台州市中山东路 384 号
电话：0576－8226716
邮编：318000

台州市椒江桂林酒家
地址：台州市中山东路 384 号
电话：0576－8223758
邮编：318000

台州市椒江海门饮食总店
地址：台州市中山西路 143 号
电话：0576－8882544
邮编：318000

台州市椒江江南春酒家
地址：台州市中山东路 384 号
电话：0576－8221683
邮编：318000

台州市椒江侨宫美食居酒楼
地址：台州市中山西路 127 号
电话：0576－8882923
邮编：318000

台州市椒江天府火锅城餐饮有限公司
地址：台州市解放路 77 号
电话：0576－8891210
邮编：318000

台州市椒江饮食服务公司
地址：台州市中山东路 382 号
电话：0576－8222224
邮编：318000

天台饭店
地址：台州市劳动路 90 号
电话：0576－3882260
邮编：318000

温州酒家
地址：温州市五马街 2 号
电话：0577－88226266
邮编：325000

温州市红高粱酒家
地址：温州市解放南路 498 号
电话：0577－88225478
邮编：325000

温州市鹿城美食城大酒楼
地址：温州市人民西路
电话：0577－88252398
邮编：325000

温州市浙南酒楼
地址：温州市环城东路 50 号
电话：0577－88224122
邮编：325000

妈妈手小炒店
地址：丽水市宇雷路 379 号
电话：0578－2273090
邮编：323000

建国新田鱼馆
地址：丽水市华敦街 166 号
电话：0578－2506898
邮编：323000

丽水市四合圆餐厅
地址：丽水市中东路 99 号
电话：0578－2528777
邮编：323000

鲜味馆
地址：丽水市寿尔福路　616 号
电话：0578－2506485
邮编：323000

胖仔美食宝膳村
地址：丽水市大洋路 272 号
电话：0578－2129266
邮编：323000

吴记潭鱼头
地址：丽水市大洋路　573 号
电话：0578－2157799
邮编：323000

重庆酸菜鱼
地址：丽水市宇雷路 570－572 号
电话：0578－2265670
邮编：323000

三江源鱼村
地址：丽水市继光街 9 号
电话：0578－2116779
邮编：323000

外婆家
地址：丽水市紫金路 473 号
电话：0578－2171188
邮编：323000

湘水芙蓉
地址：丽水市大洋路 2 号
电话：0578－2551177
邮编：323000

石浦海鲜城
地址：丽水市紫金路 437 号
电话：0578－2350666
邮编：323000

王府酒楼
地址：丽水市紫金路 118 号
电话：0578－2189777
邮编：323000

旅游用品

佳杰烤瓷工艺品厂
地址：杭州市留下镇
电话：0571－85226273
邮编：310026

皇冠玻璃工艺制品厂
地址：杭州市石桥路
电话：0571－86409271
邮编：310026

敦煌工艺品厂
地址：杭州市环城北路
电话：0571－85198922
邮编：310026

杭州地质珠宝公司
地址：杭州市体育场路
电话：0571－85112194
邮编：310026

家福珠宝有限公司
地址：杭州市惠民路
电话：0571－87910683
邮编：310026

嘉龙珠宝有限公司
地址：杭州市戒坛寺巷
电话：0571－85055170
邮编：310026

嘉和珠宝有限公司
地址：杭州市德胜路
电话：0571－88361150
邮编：310026

成满珠宝首饰有限公司
地址：杭州市郭东园路
电话：0571－87707307
邮编：310026

多利金珠宝首饰有限公司
地址：杭州市清泰街
电话：0571－87808609
邮编：310026

得利宝珠宝首饰有限公司
地址：杭州市莫干山路
电话：0571－88061827
邮编：310026

嘉荔工艺礼品厂
地址：杭州市延安路
电话：0571－87701546
邮编：310026

万隆钻石世家珠宝商行
地址：杭州市延安路
电话：0571－85067999
邮编：310006

杭州地毯厂
地址：杭州市机场路
电话：0571－86409174
邮编：310026

明发工艺品厂
地址：杭州市余杭区瓶窑
电话：0571－88535238
邮编：311100

容大工艺品厂
地址：杭州市萧山区新塘街道
电话：0571－82391270
邮编：311200

蓝达工艺制品有限公司
地址：杭州市萧山区戴村镇
电话：0571－82257868
邮编：311200

东岱珠宝饰品有限公司
地址：杭州市萧山区开发区建设一路
电话：0571－82831900
邮编：311200

南洋珠宝有限公司
地址：杭州市萧山区南江公寓 15 幢
电话：0571－82677836
邮编：311200

景泰玛瑙有限公司
地址：杭州市萧山区蜀山街道
电话：0571－82680186
邮编：311200

航民百泰首饰有限公司
地址：杭州市萧山区瓜沥镇
电话：0571－82555999
邮编：311200

奔驰工艺品厂
地址：杭州临安市泥山湾
电话：0571－63722128
邮编：311300

临安抽纱工艺品厂
地址：杭州临安市下太阳
电话：0571－63831057
邮编：311300

临安海棉工艺制品厂
地址：杭州临安市张家边
电话：0571－63781065
邮编：311300

保丽洁工艺制品厂
地址：杭州临安市太阳镇
电话：0571－63831853
邮编：311300

丰力五金工艺品厂
地址：杭州富阳市新登镇
电话：0571－63258098
邮编：311400

东苑工艺品厂
地址：杭州富阳市湘主村
电话：0571－63245572
邮编：311400

成林工艺品厂
地址：杭州富阳市迎宾路
电话：0571－63392697
邮编：311400

安昌工艺美术厂
地址：杭州富阳市心北路
电话：0571－63322340
邮编：311400

经纬工艺品厂
地址：杭州富阳市农村
电话：0571－63590379
邮编：311400

神光工艺品厂
地址：杭州富阳市湘主七板桥
电话：0571－63246747
邮编：311400

新达工艺品厂
地址：杭州富阳市湘主炉头
电话：0571－63246121
邮编：311400

快又美工艺礼品厂
地址：杭州富阳市龙门镇龙三村
电话：0571－63506488
邮编：311400

菲迪工艺品厂
地址：杭州建德市下涯镇
电话：0571－64101063
邮编：311600

隆鑫电子工艺品制造有限公司
地址：杭州建德市下涯镇
电话：0571－64102244
邮编：311600

富丽达水晶工艺有限公司
地址：杭州建德市三都
电话：0571－64188679
邮编：311600

社保水晶工艺厂
地址：杭州建德市健康岭
电话：0571－64723224
邮编：311600

杭建联营地毯厂
地址：杭州建德市溪口
电话：0571－64570195
邮编：311600

可依工艺品厂
地址：杭州市桐庐县深澳镇
电话：0571－64281281
邮编：311500

茂艺工艺品厂
地址：杭州市桐庐县窄溪镇
电话：0571－64291831
邮编：311500

通达工艺品厂
地址：杭州市桐庐县石阜镇
电话：0571－64271918
邮编：311500

腾飞工艺制品厂
地址：杭州市桐庐县横村镇
电话：0571－64670062
邮编：311500

山水工艺饰品厂
地址：杭州市桐庐县江南经济开发区
电话：0571－64211409
邮编：311500

春江蜡制品有限公司
地址：杭州市桐庐县牛山坞 68 号
电话：0571－64600658
邮编：311500

天地工艺礼品厂
地址：杭州市桐庐县窄溪镇
电话：0571－64291688
邮编：311500

春江地毯制造有限公司
地址：杭州市桐庐县江南三联蓬里中学
电话：0571－64241623
邮编：311500

文华工艺品厂
地址：杭州市淳安县文昌
电话：0571－64900630
邮编：311700

金圣达工艺制品厂
地址：湖州市杭长桥南路
电话：0572－2045098
邮编：313000

天昌丝绸印花厂
地址：湖州市龙溪南路
电话：0572－2106534
邮编：313000

火明玻璃彩绘刻花厂
地址：湖州市环城北路
电话：0572－2058781
邮编：313000

早稻田蔺草制品有限公司
地址：湖州市南浔镇南浔大道
电话：0572－3032238
邮编：313000

顺美扇子有限公司
地址：湖州市德清县武康镇
电话：0572－8011005
邮编：313200

正大工艺品厂
地址：嘉兴市蚂桥镇蚂桥中学
电话：0573－3303193
邮编：314000

吉盛金属工艺厂
地址：嘉兴市七星乡七星村
电话：0573－3888700
邮编：314000

光明工艺制品厂
地址：嘉兴市余新开发区
电话：0573－3167245
邮编：314000

屹龙工艺品厂
地址：嘉兴市城东路
电话：0573－2316765
邮编：314000

迅达工艺厂
地址：嘉兴市王店梅园路
电话：0573－3244342
邮编：314000

志阳工艺厂
地址：嘉兴市余新开发区
电话：0573－3167518
邮编：314000

金利蜡艺品厂
地址：嘉兴市步云镇步焦公路
电话：0573－3102323
邮编：314000

荣升工艺品厂
地址：嘉兴市新篁横街
电话：0573－3144815
邮编：314000

南方彩印工艺品厂
地址：嘉兴市创业路
电话：0573－2318900
邮编：314000

南湖工艺二厂
地址：嘉兴市南湖
电话：0573－2607590
邮编：314000

恒爱工艺厂
地址：嘉兴市新塍镇观音桥村
电话：0573－3453038
邮编：314000

蒙拉艾蜡艺有限公司
地址：嘉兴市洪股路
电话：0573－2711494
邮编：314000

锦汉工艺品厂
地址：嘉兴市竹林高家埭村
电话：0573－3121507
邮编：314000

飞亚工艺有限公司
地址：嘉兴市东栅经济园区
电话：0573－2571296
邮编：314000

天月工艺品厂
地址：嘉兴市大桥
电话：0573－3011959
邮编：314000

声华工艺制品厂
地址：嘉兴海宁市双山
电话：0573－7277590
邮编：314400

新艺工艺品厂
地址：嘉兴桐乡市乌镇镇

电话：0573－8751308
邮编：314500

朝霞工艺制作中心
地址：舟山市定海区芙蓉洲路
电话：0580－2039269
邮编：316000

易凡工艺品厂
地址：宁波市洪塘
电话：0574－87588826
邮编：315000

欧艺雕塑厂
地址：宁波市大庆北路
电话：0574－87638968
邮编：315000

老凤祥饰品有限公司
地址：宁波市闸街
电话：0574－87347697
邮编：315000

百缘珠宝有限公司
地址：宁波市彩虹南路
电话：0574－87392485
邮编：315000

亨润天宝金银饰品有限公司
地址：宁波市狮子街
电话：0574－87297493
邮编：315000

国泰金银饰品有限责任公司
地址：宁波市县学街
电话：0574－87297481
邮编：315000

御金第珠宝首饰有限公司
地址：宁波市中山东路
电话：0574－87709350
邮编：315000

北仑工艺腊制品厂
地址：宁波市北仑区柴桥车
电话：0574－86062548
邮编：315800

双飞工艺礼品厂
地址：宁波市北仑区小港街道
电话：0574－86221818
邮编：315800

宏业工艺礼品厂
地址：宁波市北仑区小港渡头村
电话：0574－86227558
邮编：315800

飞天工艺品厂
地址：宁波市鄞州区岐阳
电话：0574－88018148
邮编：315100

洪叶工艺品厂
地址：宁波市鄞州区梅墟
电话：0574－88351175
邮编：315100

集仕港舒乐工艺品厂
地址：宁波市鄞州区集仕港镇中塘路
电话：0574－88421786
邮编：315100

馨缘工艺品厂
地址：宁波市鄞州区古林
电话：0574－88277361
邮编：315100

周琪工艺礼品厂
地址：宁波市鄞州区石街道北渡村
电话：0574－88442998
邮编：315100

明明羽毛工艺品厂
地址：宁波慈溪市长河镇三灶路
电话：0574－63410781
邮编：315300

慈溪市商业日用工艺品厂
地址：宁波慈溪市宗汉街道
电话：0574－63224675
邮编：315300

军德工艺草编制品厂
地址：宁波慈溪市周巷镇兴业路
电话：0574－63321736
邮编：315300

杭州湾工艺草编厂
地址：宁波慈溪市塘南开发区
电话：0574－63338606
邮编：315300

飞燕羽毛工艺品厂
地址：宁波余姚市朗霞街道干家路
电话：0574－62187163
邮编：315400

余姚市日用工艺制品厂
地址：宁波余姚市渚山路
电话：0574－62465297
邮编：315400

凤凰金银饰品有限公司
地址：宁波余姚市阳明西路
电话：0574－62650069
邮编：315400

汇文斋工艺品厂
地址：宁波奉化市东郊开发区
电话：0574－88930022
邮编：315500

兴中团扇厂
地址：宁波奉化市葛岙
电话：0574－88640907
邮编：315500

奉化市扇厂
地址：宁波奉化市董李细岭头村
电话：0574－88600018
邮编：315500

恒通工艺品厂
地址：宁波奉化市班溪
电话：0574－88812508
邮编：315500

美鑫工艺品厂
地址：宁波奉化市东郊开发区
电话：0574－88938888
邮编：315500

海闻工艺用品厂
地址：宁波奉化市棠云溪下
电话：0574－88830277
邮编：315500

鸿华工艺用品厂
地址：宁波奉化市南山路
电话：0574－88930508
邮编：315500

富森工艺品厂
地址：宁波奉化大桥东郊开发区珠峰路
电话：0574－88938577
邮编：315500

新兴团扇厂
地址：宁波奉化市葛岙沙栋头村
电话：0574－88640711
邮编：315500

增辉工艺品厂
地址：宁波奉化市萧王庙
电话：0574－88835398
邮编：315500

莼湖工艺雕塑厂
地址：宁波奉化市莼湖镇
电话：0574－88743272
邮编：315500

元丰文具礼品厂
地址：宁波奉化市天峰路
电话：0574－88951516
邮编：315500

东海工艺礼品厂
地址：宁波奉化市大桥城内奉南路
电话：0574－88970386
邮编：315500

天龙工艺编织厂
地址：宁波奉化市江口
电话：0574－88559778
邮编：315500

宁波土产进出口公司竹木草制品厂
地址：宁波奉化市溪口畸山
电话：0574－88845152
邮编：315500

同心蔺草工艺制品厂
地址：宁波奉化市江口区
电话：0574－88562277
邮编：315500

华宇工艺编织厂
地址：宁波奉化市江口
电话：0574－88563028
邮编：315500

凯达蔺草制品厂
地址：宁波奉化市江口
电话：0574－88559258
邮编：315500

金田草制品厂
地址：宁波奉化市方桥
电话：0574－88659711
邮编：315500

骏达草制品厂
地址：宁波奉化市江口
电话：0574－88563366
邮编：315500

耀发蔺草制品厂
地址：宁波奉化市江口
电话：0574－88651906
邮编：315500

夏尔丹工艺品厂
地址：绍兴市皋埠镇腰鼓山村
电话：0575－8752578
邮编：312000

天宝坊黄金珠宝有限公司
地址：绍兴市越都商城丰宜馆 F
电话：0575－5114918
邮编：312000

飞跃贝类贝雕工艺品厂
地址：绍兴诸暨市江藻镇龙山村
电话：0575－7671707
邮编：311800

日新工艺品厂
地址：绍兴诸暨市暨阳街道邱村
电话：0575－7332321
邮编：311800

华丰工艺厂
地址：绍兴诸暨市安华镇周家村
电话：0575－7555196
邮编：311800

金演工艺品厂
地址：绍兴诸暨市牌头镇水霞张村
电话：0575－7051748
邮编：311800

牌头木雕工艺厂
地址：绍兴诸暨市牌头镇老街
电话：0575－7052687
邮编：311800

鹰皇工艺品厂
地址：绍兴诸暨市牌头镇埂大村
电话：0575－7058733
邮编：311800

大明珠珍珠饰品有限公司
地址：绍兴诸暨市陶朱街道凤祥路
电话：0575－7313688
邮编：311800

天使之泪珠宝有限公司
地址：绍兴诸暨市山下湖镇
电话：0575－7682188
邮编：311800

东方神州珠宝有限公司
地址：绍兴诸暨市山下湖镇
电话：0575－7680007
邮编：311800

生命之光珍珠有限公司
地址：绍兴诸暨市山下湖镇工业区
电话：0575－7688888
邮编：311800

永宝珍珠有限公司
地址：绍兴诸暨市山下湖新工业园区
电话：0575－7685688
邮编：311800

阮仕珍珠股份有限公司
地址：绍兴诸暨市山下湖镇工业区
电话：0575－7686678
邮编：311800

赛西施首饰有限公司
地址：绍兴诸暨市江藻镇小岭脚
电话：0575－7671188
邮编：311800

上虞市工艺品总厂
地址：绍兴上虞市百岭路
电话：0575－2212527
邮编：312300

上虞市竹制工艺品厂
地址：绍兴上虞市陈溪乡
电话：0575－2922008
邮编：312300

日昌礼品蜡业有限公司
地址：绍兴上虞市东关街道湖村村
电话：0575－2563618
邮编：312300

永源蜡艺有限公司
地址：绍兴上虞市长塘镇后庄村
电话：0575－2590168
邮编：312300

圣光蜡业有限公司
地址：绍兴上虞市东关街道保一村
电话：0575－2575800
邮编：312300

金乔蜡业有限公司
地址：绍兴上虞市东关芝山工业区
电话：0575－2571218
邮编：312300

星辰蜡业有限公司
地址：绍兴上虞市长塘镇长安村
电话：0575－2590600
邮编：312300

新科蜡业礼品有限公司
地址：绍兴上虞市道墟镇韩浜工业区
电话：0575－2518158
邮编：312300

运发珠宝实业有限公司
地址：绍兴上虞市凤鸣路
电话：0575－2029929
邮编：312300

嵊州市工艺美术厂
地址：绍兴嵊州市北艇路
电话：0575－3189973
邮编：312400

嵊州市地毯厂
地址：绍兴嵊州市长乐镇大通西路
电话：0575－3071148
邮编：312400

潇湘工艺品厂
地址：衢州市航埠镇凉山头
电话：0570－2971268
邮编：324002

神光艺品厂
地址：衢州江山市小西门
电话：0570－4021705
邮编：324002

天开工艺制品厂
地址：金华市望府街
电话：0579－2174131
邮编：321000

达宇工艺制品厂
地址：金华市龙渎路
电话：0579－2398545
邮编：321000

江东工艺美术厂
地址：金华市江东镇工业区
电话：0579－2820578
邮编：321000

金鹰水晶工艺品厂
地址：金华市白龙桥工业园区
电话：0579－2207018
邮编：321000

原野美术工艺品厂
地址：金华市新狮街道
电话：0579－2410586
邮编：321000

奥辉工艺饰品厂
地址：金华八一北路
电话：0579－2436358
邮编：321000

天龙工艺厂
地址：金华兰溪市沈村
电话：0579－8275062
邮编：321100

天芝带业工艺品厂
地址：金华兰溪市振兴路
电话：0579－8889920
邮编：321100

艺林工艺厂
地址：金华兰溪市城东开发区
电话：0579－8862203
邮编：321100

长乐工艺品厂
地址：金华兰溪市墩头镇
电话：0579－8552781
邮编：321100

兰溪市工艺制品厂
地址：金华兰溪市西山小区
电话：0579－8923600
邮编：321100

欢乐贝工艺制品厂
地址：金华兰溪市女埠镇
电话：0579－8210428
邮编：321100

国兴工艺品厂
地址：金华兰溪市女埠镇
电话：0579－8200033
邮编：321100

建设工艺品厂
地址：金华兰溪市下潘桥头
电话：0579－8210385
邮编：321100

卧龙羽毛扇工艺品厂
地址：金华兰溪市永昌满圹岗
电话：0579－8762653
邮编：321104

建设外贸工艺制品厂
地址：金华兰溪市下潘
电话：0579－8210145
邮编：321100

艳阳天工艺厂
地址：金华兰溪市香溪镇
电话：0579－8401371
邮编：321100

通达木制工艺品厂
地址：金华兰溪市诸葛镇
电话：0579－8601488
邮编：321100

梅兰工艺厂
地址：金华兰溪市香溪镇
电话：0579－8401515
邮编：321100

蓝声工艺厂
地址：金华兰溪市黄店镇
电话：0579－8720038
邮编：321100

精威工艺制品厂
地址：金华兰溪市张宅岗工业园区
电话：0579－8948627

邮编：321100

露峰工艺制品厂
地址：金华兰溪市黄店镇
电话：0579－8700659
邮编：321100

永昌工艺草编厂
地址：金华兰溪市朱村村
电话：0579－8751061
邮编：321100

建设草编厂
地址：金华兰溪市女埠镇
电话：0579－8210135
邮编：321100

方达工艺总厂
地址：金华永康市石柱镇
电话：0579－7356909
邮编：322000

光瑶朝江工艺厂
地址：金华永康市石柱镇
电话：0579－7051373
邮编：322000

杜山头工艺品厂
地址：金华永康市芝英镇
电话：0579－7430478
邮编：322000

炉头五金工艺制品厂
地址：金华永康市芝英镇
电话：0579－7430162
邮编：322000

荣盛五金工艺品厂
地址：金华永康市临溪村
电话：0579－7255009
邮编：322000

涌泉工艺厂
地址：金华永康市芝英镇
电话：0579－7301896
邮编：322000

溪岸工艺厂
地址：金华永康市芝英镇
电话：0579－7432656
邮编：322000

后宅锦绣工艺厂
地址：金华永康市四路后宅村
电话：0579－7551227
邮编：322000

华福工艺礼品厂
地址：金华永康市象珠镇
电话：0579－7590118
邮编：322000

一帆工艺厂
地址：金华义乌市福田市场
电话：0579－5285243
邮编：322000

三峰工艺品厂
地址：金华义乌市上溪镇
电话：0579－5868616
邮编：322000

飞虹工艺品厂
地址：金华义乌市义西工业区
电话：0579－5868435
邮编：322000

小峰工艺品厂
地址：金华义乌市佛堂镇
电话：0579－5287031
邮编：322000

云门工艺品厂
地址：金华义乌市上溪镇
电话：0579－5867882
邮编：322000

五湖工艺品厂
地址：金华义乌市大陈镇
电话：0579－5286478
邮编：322000

太平鸟工艺品厂
地址：金华义乌市机场路
电话：0579－5373615
邮编：322000

圣泰工艺品厂
地址：金华义乌市江东商苑
电话：0579－5999522
邮编：322000

百叶工艺品厂
地址：金华义乌市稠江街道
电话：0579－5795577
邮编：322000

兆初工艺品厂
地址：金华义乌市下王新村
电话：0579－5289310
邮编：322000

良福工艺品制造有限公司
地址：金华义乌市江东新村
电话：0579－5390083
邮编：322000

英伦工艺品厂
地址：金华义乌市上溪镇
电话：0579－5868393
邮编：322000

旺鑫工艺品厂
地址：金华义乌市廿三里地镇西街
电话：0579－5015695
邮编：322000

国庆工艺品厂
地址：金华义乌市佛堂镇渡磐北路
电话：0579－5729698
邮编：322000

昌建工艺品厂
地址：金华义乌市永兴路
电话：0579－5430382
邮编：322000

佳君工艺品厂
地址：金华义乌市义南工业区
电话：0579－5734219
邮编：322000

依美工艺品厂
地址：金华义乌市义亭镇
电话：0579－5818018
邮编：322000

恒翔木制工艺品厂
地址：金华义乌市佛堂镇江东路
电话：0579－5725442
邮编：322000

健翔工艺品厂
地址：金华义乌市上溪镇
电话：0579－5868508
邮编：322000

超之影工艺品厂
地址：金华义乌市廿三里镇中新街
电话：0579－5012944
邮编：322000

博苑工艺品厂
地址：金华义乌市江东街道
电话：0579－5288343
邮编：322000

新元素工艺品厂
地址：金华义乌市稠州西路
电话：0579－5324721
邮编：322000

圣元工艺品厂
地址：金华义乌市佛堂镇江东路
电话：0579－5715506
邮编：322000

蕾蕾工艺品厂
地址：金华义乌市江湾工业区
电话：0579－5796729
邮编：322000

戴安娜永晶工艺制品厂
地址：金华义乌市福田市场
电话：0579－5288017
邮编：322000

九色鹿工艺饰品厂
地址：金华义乌市商贸城
电话：0579－5691164
邮编：322000

兴晶工艺花厂
地址：金华义乌市福田市场
电话：0579－5287020
邮编：322000

古宝工艺饰品厂
地址：金华义乌市福田市场
电话：0579－5285245
邮编：322000

东方古龙工艺刀剑有限公司
地址：金华义乌市福田市场
电话：0579－5288145
邮编：322000

新伦五金工艺饰品厂
地址：金华义乌市柳青工业区
电话：0579－5663128
邮编：322000

宏兴宝石工艺厂
地址：金华义乌市福田市场
电话：0579－5284882
邮编：322000

温馨陶瓷礼品厂
地址：金华义乌市国际商贸城
电话：0579－5288042
邮编：322000

子俊文具礼品厂
地址：金华义乌市城西街道夏演村环西路
电话：0579－5870720
邮编：322000

珍根草编厂
地址：金华义乌市义亭镇
电话：0579－5815383
邮编：322000

天星光纤工艺厂
地址：金华东阳市兴平中路
电话：0579－6691029
邮编：322100

东阳市仿古工艺厂
地址：金华东阳市马宅镇
电话：0579－6489169
邮编：322100

永佳工艺品厂
地址：金华东阳市马宅镇
电话：0579－6480110
邮编：322100

轩轩工艺厂
地址：金华东阳市浣沙三路
电话：0579－6811847
邮编：322100

宏亮工艺品厂
地址：金华东阳市湖溪镇
电话：0579－6617135
邮编：322100

国艺工艺品厂
地址：金华东阳市吴宅
电话：0579－6224988
邮编：322100

振兴工艺厂
地址：金华东阳市振兴路
电话：0579－6631531
邮编：322100

新生工艺品厂
地址：金华东阳市湖溪镇
电话：0579－6617777
邮编：322100

慷兰工艺厂
地址：金华东阳市三联道
电话：0579－6430767
邮编：322100

横原工艺品厂
地址：金华东阳市歌山镇
电话：0579－6732738
邮编：322100

三星艺雕厂
地址：金华东阳市金沙北路
电话：0579－6813334
邮编：322100

千祥工艺礼品厂
地址：金华东阳市千祥镇
电话：0579－6445158
邮编：322100

劲松工艺礼品厂
地址：金华东阳市金店村
电话：0579－6755266
邮编：322100

沈良木雕工艺品厂
地址：金华东阳市巍山镇
电话：0579－6963380
邮编：322100

东阳市地毯二厂
地址：金华东阳市歌山镇
电话：0579－6175198
邮编：322100

民福地毯厂
地址：金华东阳市卢宅还珠亭
电话：0579－6622443
邮编：322100

江南丝毯厂
地址：金华东阳市巍山镇
电话：0579－6973443
邮编：322100

红旗地毯厂
地址：金华东阳市歌山镇
电话：0579－6738147
邮编：322100

陈联地毯厂
地址：金华东阳市巍山镇
电话：0579－6738509
邮编：322100

佳艺工艺品厂
地址：台州市椒江区环城东路
电话：0576－8887012
邮编：318000

椒江区侨日金晶工艺品厂
地址：台州市经济开发区经一路
电话：0576－8208183
邮编：318000

椒江亚细亚工艺品厂
地址：台州市椒江章安街道
电话：0576－8985118
邮编：318000

椒江明丰工艺厂
地址：台州市椒江区章安街道
电话：0576－8986253
邮编：318000

椒江星光工艺品厂
地址：台州市椒江区章安街道
电话：0576－8986200
邮编：318000

椒江盛兴工艺品厂
地址：台州市椒江区章安街道
电话：0576－8985223
邮编：318000

椒江银河工艺品厂
地址：台州市椒江区章安街道
电话：0576－8986013
邮编：318000

椒江椒北工艺美术厂
地址：台州市椒江区章安街道
电话：0576－8986168
邮编：318000

椒江创意工艺礼品厂
地址：台州市椒江区章安街道柏树里工业园
电话：0576－8985111
邮编：318000

椒江远洋工艺礼品厂
地址：台州市椒江区章安街道
电话：0576－8985260
邮编：318000

椒江奔腾工艺礼品厂
地址：台州市椒江区章安街道
电话：0576－8998560
邮编：318000

椒江恒丰特艺礼品厂
地址：台州市椒江区章安街道
电话：0576－8986236
邮编：318000

椒江美华工艺礼品厂
地址：台州市椒江区章安街道
电话：0576－8985098
邮编：318000

椒江福友工艺礼品厂
地址：台州市椒江区章安街道
电话：0576－8985288
邮编：318000

丰达工艺品厂
地址：台州市黄岩区南城街道
电话：0576－4194851
邮编：318020

丰利工艺品厂
地址：台州市黄岩区北城街道
电话：0576－4054849
邮编：318020

天一工艺品厂
地址：台州市黄岩区大桥路
电话：0576－4231558
邮编：318020

天马工艺品厂
地址：台州市黄岩区北城街道
电话：0576－4053138
邮编：318020

天琪工艺品厂
地址：台州市黄岩区南城街道
电话：0576－4194652
邮编：318020

长潭竹木工艺品厂
地址：台州市黄岩区茅畲乡
电话：0576－4952010
邮编：318020

半峰工艺品厂
地址：台州市黄岩区北城街道
电话：0576－4053185
邮编：318020

台州市瑞丰工艺品厂
地址：台州市黄岩区大桥路
电话：0576－4112252
邮编：318020

台州添盈工艺制品有限公司
地址：台州市黄岩区新前街道
电话：0576－4353111
邮编：318020

吉利工艺品厂
地址：台州市黄岩区澄江街道
电话：0576－4313570
邮编：318020

华日工艺品厂
地址：台州市黄岩区头陀镇
电话：0576－4902568
邮编：318020

旭华工艺品厂
地址：台州市黄岩区东城开发区绿汀路
电话：0576－4285675
邮编：318020

江雨工艺品厂
地址：台州市黄岩区海棠新村
电话：0576－4252281
邮编：318020

林海工艺品厂
地址：台州市黄岩区茅畲乡

电话：0576－4950588
邮编：318020

迪沁玻璃工艺品厂
地址：台州市黄岩区沙埠镇
电话：0576－4861799
邮编：318020

金顶工艺品厂
地址：台州市黄岩区新前街道
电话：0576－4332101
邮编：318020

胜荣工艺品厂
地址：台州市黄岩区茅畲乡
电话：0576－4950288
邮编：318020

骏发工艺品厂
地址：台州市黄岩区茅畲乡
电话：0576－4952198
邮编：318020

黄岩工艺美术一厂
地址：台州市黄岩区黄长路
电话：0576－4222723
邮编：318020

黄岩工艺美术制品厂
地址：台州市黄岩区梅花井路
电话：0576－4224552
邮编：318020

黄岩大川工艺品厂
地址：台州市黄岩区沙埠镇
电话：0576－4868388
邮编：318020

黄岩大自然工艺品厂
地址：台州市黄岩区院桥镇工业区
电话：0576－4833865
邮编：318020

黄岩万全工艺品厂
地址：台州市黄岩区澄江街道
电话：0576－4301147
邮编：318020

黄岩亿力工艺品厂
地址：台州市黄岩区北城街道
电话：0576－4050616
邮编：318020

黄岩子迪工艺品厂
地址：台州市黄岩区北城街道
电话：0576－4051042
邮编：318020

黄岩天明工艺品厂
地址：台州市黄岩区头陀镇
电话：0576－4997187
邮编：318020

黄岩艺高工艺品厂
地址：台州市黄岩区院桥镇唐家桥村
电话：0576－4838080
邮编：318020

黄岩中艺工艺品厂
地址：台州市黄岩区环城东路
电话：0576－4210910
邮编：318020

黄岩乌岩竹木工艺厂
地址：台州市黄岩区北洋镇山下街
电话：0576－4981631
邮编：318020

黄岩双谊玻丽工艺品厂
地址：台州市黄岩区高丰路
电话：0576－4855088
邮编：318020

黄岩宁溪金鑫工艺品厂
地址：台州市黄岩区宁溪镇
电话：0576－4995698
邮编：318020

黄岩永宁工艺品厂
地址：台州市黄岩区印山路
电话：0576－4190961
邮编：318020

黄岩永国工艺品厂
地址：台州市黄岩区澄江街道
电话：0576－4300890
邮编：318020

黄岩邦达工艺品有限公司
地址：台州市黄岩区妙儿桥工业区
电话：0576－4111280
邮编：318020

黄岩华宇工艺品厂
地址：台州市黄岩区沙埠镇
电话：0576－4864089
邮编：318020

黄岩众达艺品有限公司
地址：台州市黄岩区头陀镇新工业区
电话：0576－4999029
邮编：318020

黄岩创意工艺厂
地址：台州市黄岩区妙儿桥工业区
电话：0576－4217273
邮编：318020

黄岩兴博工艺品厂
地址：台州市黄岩区院桥镇
电话：0576－4833911
邮编：318020

黄岩江口工艺厂
地址：台州市黄岩区江口街道
电话：0576－4179199
邮编：318020

黄岩安新工艺品厂
地址：台州市黄岩区上乡西洋街
电话：0576－4957685
邮编：318020

黄岩求精波丽工艺品厂
地址：台州市黄岩区院桥镇
电话：0576－4898333
邮编：318020

黄岩宏汇工艺品厂
地址：台州市黄岩区新前街道
电话：0576－4335000
邮编：318020

黄岩宏兴工艺品厂
地址：台州市黄岩区北洋镇北洋街
电话：0576－4961166
邮编：318020

黄岩环宇工艺品厂
地址：台州市黄岩区北城街道
电话：0576－4051255
邮编：318020

黄岩环球工艺品厂
地址：台州市黄岩区北城街道
电话：0576－4050388
邮编：318020

黄岩奔腾工艺品厂
地址：台州市黄岩区大桥路
电话：0576－4050729
邮编：318020

黄岩奇志工艺品厂
地址：台州市黄岩区东城街道
电话：0576－4282859
邮编：318020

黄岩凯丰工艺品厂
地址：台州市黄岩区高桥街道
电话：0576－4851369
邮编：318020

黄岩佳锦工艺品厂
地址：台州市黄岩区院镇
电话：0576－4879683
邮编：318020

黄岩金山工艺品厂
地址：台州市黄岩区西城街道
电话：0576－4022508
邮编：318020

黄岩金裕蜡烛工艺品厂
地址：台州市黄岩区头陀镇
电话：0576－4900368
邮编：318020

黄岩店头工艺美术制品厂
地址：台州市黄岩区院桥镇
电话：0576－4882123
邮编：318020

黄岩怡祥工艺品厂
地址：台州市黄岩区茅畲乡
电话：0576－4979188
邮编：318020

黄岩宜美工艺品厂
地址：台州市黄岩区院桥镇
电话：0576－4835123
邮编：318020

黄岩春水工艺品厂
地址：台州市黄岩区院桥镇
电话：0576－4882275
邮编：318020

黄岩南洋工艺制品厂
地址：台州市黄岩区澄江街道
电话：0576－4301008
邮编：318020

黄岩星宏塑料工艺制品厂
地址：台州市黄岩区澄江街道
电话：0576－4300822
邮编：318020

黄岩星茂工艺品厂
地址：台州市黄岩区北城街道
电话：0576－4050368
邮编：318020

黄岩恒生工艺品厂
地址：台州市黄岩区茅畲乡
电话：0576－4952228
邮编：318020

黄岩美满工艺品厂
地址：台州市黄岩区上郑乡
电话：0576－4806228
邮编：318020

黄岩莹佳工艺品厂
地址：台州市黄岩区西城模具城
电话：0576－4025733
邮编：318020

黄岩凌霄工艺品厂
地址：台州市黄岩区新前街道
电话：0576－4338708
邮编：318020

黄岩海之鹰工艺品厂
地址：台州市黄岩区际桥镇院十路
电话：0576－4833918
邮编：318020

黄岩盛强工艺品厂
地址：台州市黄岩区北洋镇
电话：0576－4981888
邮编：318020

黄岩晨建工艺品厂
地址：台州市黄岩区沙埠镇
电话：0576－4861138
邮编：318020

黄岩越亚工艺品厂
地址：台州市黄岩区宁溪镇
电话：0576－4992977
邮编：318020

黄岩鼎丰工艺品厂
地址：台州市黄岩区澄江街道澄江工业区
电话：0576－4301765
邮编：318020

黄岩富国工艺厂
地址：台州市黄岩区澄江街道
电话：0576－4301027
邮编：318020

黄岩裕昌工艺品厂
地址：台州市黄岩区北城街道
电话：0576－4062734
邮编：318020

黄岩新立工艺品厂
地址：台州市黄岩区院桥镇
电话：0576－4882323
邮编：318020

黄岩嘉威工艺品厂
地址：台州市黄岩区东城开发区澄江路
电话：0576－4272081
邮编：318020

黄岩澄江工艺品厂
地址：台州市黄岩区北城街道
电话：0576－4056162
邮编：318020

新华工艺品厂
地址：台州市黄岩区康乐路
电话：0576－4257129
邮编：318020

新宇工艺制品厂
地址：台州市黄岩区经济开发区元同路
电话：0576－4276535
邮编：318020

新都工艺品厂
地址：台州市黄岩区茅畲乡茅畲街
电话：0576－4950378
邮编：318020

黄岩南方工艺制烛厂
地址：台州市黄岩区元同路
电话：0576－4285806
邮编：318020

艺兴礼品厂
地址：台州市黄岩区西城街道
电话：0576－4019729
邮编：318020

艺恒工艺礼品厂
地址：台州市黄岩区北城街道
电话：0576－4056000
邮编：318020

浙江黄圣工艺礼品总厂
地址：台州市黄岩区环城东路
电话：0576－4223134
邮编：318020

黄岩三立工艺礼品厂
地址：台州市黄岩区院桥镇
电话：0576－4835771
邮编：318020

黄岩万千圣诞礼品厂
地址：台州市黄岩区院桥镇
电话：0576－4892359
邮编：318020

黄岩万仕兴工艺礼品厂
地址：台州市黄岩区澄江街道
电话：0576－4300162
邮编：318020

黄岩广利工艺礼品厂
地址：台州市黄岩区南城街道
电话：0576－4195426
邮编：318020

黄岩天达工艺礼品厂
地址：台州市黄岩区绿汀路
电话：0576－4279891
邮编：318020

黄岩艺林礼品厂
地址：台州市黄岩区茅畲乡
电话：0576－4979018
邮编：318020

黄岩中宇工艺礼品厂
地址：台州市黄岩区妙儿桥工业
电话：0576－4114908
邮编：318020

黄岩中苏礼品厂
地址：台州市黄岩区新前街道
电话：0576－4356893
邮编：318020

黄岩升利工艺礼品厂
地址：台州市黄岩区龙浦路
电话：0576－4285751
邮编：318020

黄岩弘帆礼品厂
地址：台州市黄岩区头陀镇
电话：0576－4998988
邮编：318020

黄岩亚森圣诞礼品厂
地址：台州市黄岩区后庄工业区
电话：0576－4055000
邮编：318020

黄岩臣艺礼品厂
地址：台州市黄岩区头陀镇
电话：0576－4901888
邮编：318020

黄岩华宏工艺礼品厂
地址：台州市黄岩区院桥镇院十路
电话：0576－4833939
邮编：318020

黄岩华迪工艺礼品厂
地址：台州市黄岩区沙埠镇
电话：0576－4862988
邮编：318020

黄岩快又美工艺礼品厂
地址：台州市黄岩区院桥镇
电话：0576－4833888
邮编：318020

黄岩启新工艺礼品厂
地址：台州市黄岩区院桥镇
电话：0576－4882219
邮编：318020

黄岩画艺礼品厂
地址：台州市黄岩区新前街道开发区
电话：0576－4435585
邮编：318020

黄岩星星礼品厂
地址：台州市黄岩区澄江开发区
电话：0576－4303883
邮编：318020

黄岩恒基礼品厂
地址：台州市黄岩区北城街道
电话：0576－4050971
邮编：318020

黄岩海元工艺礼品厂
地址：台州市黄岩区高桥街道工业区
电话：0576－4859279
邮编：318020

黄岩蒙正工艺礼品厂
地址：台州市黄岩区新前街道办事处
电话：0576－4335506
邮编：318020

黄岩满天星工艺礼品厂
地址：台州市黄岩区大桥路
电话：0576－4050990
邮编：318020

黄岩源丰工艺礼品厂
地址：台州市黄岩区院桥镇
电话：0576－4885566
邮编：318020

黄岩繁黎工艺礼品厂
地址：台州市黄岩区澄江街道
电话：0576－4301187
邮编：318020

森亨工艺礼品厂
地址：台州市黄岩区圣堂路
电话：0576－4227799
邮编：318020

澄江工艺松果礼品厂
地址：台州市黄岩区北城街道
电话：0576－4054555
邮编：318020

路桥区康华塑料工艺品厂
地址：台州市路桥区横街道
电话：0576－2645038
邮编：318050

路桥长浦工艺美术制品厂
地址：台州市路桥区路南街道

电话：0576－2417888
邮编：318050

台州市金鹰工艺草编厂
地址：台州市路桥区新安南街
电话：0576－2441323
邮编：318050

路桥桐屿工艺草编厂
地址：台州市路桥区桐屿街道
电话：0576－2330025
邮编：318050

小芝工艺制品厂
地址：台州临海市小芝镇
电话：0576－5771227
邮编：317000

同利工艺品厂
地址：台州临海市括苍镇
电话：0576－5856710
邮编：317000

创美工艺品厂
地址：台州临海市江南街道
电话：0576－5196050
邮编：317000

赤缪工艺品厂
地址：台州临海市永丰镇
电话：0576－5880828
邮编：317000

宏福工艺品厂
地址：台州临海市白水洋镇
电话：0576－5884016
邮编：317000

启升铁制工艺厂
地址：台州临海市大洋街道
电话：0576－5122435
邮编：317000

佳宏工艺品厂
地址：台州临海市括苍镇
电话：0576－5860518
邮编：317000

临海市万福工艺品厂
地址：台州临海市永丰镇
电话：0576－5150056
邮编：317000

临海市天利工艺制品厂
地址：台州临海市古诚街道
电话：0576－5150443
邮编：317000

临海市天象工艺品厂
地址：台州临海市古城街道
电话：0576－5185111
邮编：317000

临海市太阳神工艺品厂
地址：台州临海市古楼工业小区
电话：0576－5191523
邮编：317000

临海市中泰工艺制品厂
地址：台州临海市东塍镇
电话：0576－5905917
邮编：317000

临海市正辉工艺品厂
地址：台州临海市大洋街道
电话：0576－5126333
邮编：317000

临海市华宏工艺品厂
地址：台州临海市花街工业园
电话：0576－5136003
邮编：317000

临海市华厦工艺品厂
地址：台州临海市杜桥镇
电话：0576－5511278
邮编：317000

临海市江南遥临工艺品厂
地址：台州临海市江南街道
电话：0576－5196210
邮编：317000

临海市阳升工艺厂
地址：台州临海市括苍镇张家渡工业小区
电话：0576－5853376
邮编：317000

临海市杜桥工艺制品厂
地址：台州临海市杜桥镇环城南路
电话：0576－5663539
邮编：317000

临海市宏发工艺厂
地址：台州临海市白水洋镇
电话：0576－5881725
邮编：317000

临海市宏益工艺品厂
地址：台州临海市白水洋镇
电话：0576－5809063
邮编：317000

临海市宏鹏工艺厂
地址：台州临海市邵家渡街道
电话：0576－5631330
邮编：317000

临海市昌泰白银工艺制品厂
地址：台州临海市白水洋镇
电话：0576－5881306
邮编：317000

临海市迪宝工艺品厂
地址：台州临海市江南街道下浦村
电话：0576－5177610
邮编：317000

临海市衍发工艺品厂
地址：台州临海市杜桥镇
电话：0576－5503168
邮编：317000

临海市恒得利工艺品厂
地址：台州临海市括苍镇
电话：0576－5853868
邮编：317000

临海市爱国波丽工艺厂
地址：台州临海市括苍镇
电话：0576－5860182
邮编：317000

临海市博雅奇石工艺品厂
地址：台州临海市汛桥镇
电话：0576－5010772
邮编：317000

临海市瑞宏工艺品厂
地址：台州临海市永丰镇
电话：0576－5029576
邮编：317000

临海市新通工艺品厂
地址：台州临海市东塍镇
电话：0576－5999918
邮编：317000

临海承天工艺品厂
地址：台州临海市东塍镇
电话：0576－5701188
邮编：317000

美时工艺制品厂
地址：台州临海市括苍镇
电话：0576－5862333
邮编：317000

郭国会工艺品厂
地址：台州临海市东塍镇
电话：0576－5701197
邮编：317000

博胜工艺品厂
地址：台州临海市张洋路
电话：0576－5125489
邮编：317000

昌杰工艺礼品厂
地址：台州临海市杜桥镇
电话：0576－5504128
邮编：317000

临海市工艺礼品总厂
地址：台州临海市巾子巷
电话：0576－5113716
邮编：317000

临海市文宜工艺礼品厂
地址：台州临海市河头镇
电话：0576－5897237
邮编：317000

临海市四海工艺品厂
地址：台州临海市沿江镇
电话：0576－5601018
邮编：317000

临海市汇鑫圣诞礼品厂
地址：台州临海市沿江镇
电话：0576－5697238
邮编：317000

临海市华佳工艺礼品厂
地址：台州临海市小芝镇
电话：0576－5717488
邮编：317000

临海市米奇工艺礼品厂
地址：台州临海市协成路
电话：0576－5135172
邮编：317000

临海市顺发礼品厂
地址：台州临海市望江门工业小区
电话：0576－5192759
邮编：317000

临海市恒军工艺礼品厂
地址：台州临海市括苍镇
电话：0576－5862079
邮编：317000

临海市恒翔工艺礼品厂
地址：台州临海市江南外商投资区
电话：0576－5196600
邮编：317000

临海市祥和工艺礼品厂
地址：台州临海市振兴街
电话：0576－5178710
邮编：317000

临海市裕丰工艺礼品厂
地址：台州临海市杜桥镇环城南路
电话：0576－5668258
邮编：317000

田洋日用工艺制品厂
地址：台州温岭市城东街道
电话：0576－6183760
邮编：317500

温岭市日新工艺品厂
地址：台州温岭市新河镇
电话：0576－6579355
邮编：317500

温岭市中元工艺品厂
地址：台州温岭市新河镇
电话：0576－6554498
邮编：317500

温岭市仁军工艺品厂
地址：台州温岭市石桥头镇工业区
电话：0576－6280178
邮编：317500

温岭市汇丰金属工艺品厂
地址：台州温岭市箬横镇
电话：0576－6866037
邮编：317500

温岭市时光工艺品厂
地址：台州温岭市新河镇
电话：0576－6581368
邮编：317500

温岭市朗雅工艺品厂
地址：台州温岭市新河镇
电话：0576－6551337
邮编：317500

温岭市新世纪工艺品厂
地址：台州温岭市箬横镇
电话：0576－6823558
邮编：317500

温岭市渭川珍珠项链工艺厂
地址：台州温岭市城西街道
电话：0576－6161868
邮编：317500

温岭市宏锦工艺礼品厂
地址：台州温岭市箬横镇朝西工业区
电话：0576－6818019
邮编：317500

温岭市丰华草编工艺品厂
地址：台州温岭市松门镇葆春西路
电话：0576－6662392
邮编：317500

温岭市华军草编工艺品厂
地址：台州温岭市松门镇
电话：0576－6677141
邮编：317500

温岭市兴达草编工艺品厂
地址：台州温岭市滨海镇
电话：0576－6503128
邮编：317500

温岭市宏达工艺草编厂
地址：台州温岭市城南镇振兴路
电话：0576－6267915
邮编：317500

沃利达工艺品厂
地址：温州市黎明西路
电话：0577－88855533
邮编：325000

宏伟金属工艺品厂
地址：温州市双屿镇前陈村电镀一路
电话：0577－88774387
邮编：325000

昌盛工艺品厂
地址：温州市瓯海区梧田街道东路
电话：0577－86787058
邮编：325000

金利工艺品厂
地址：温州市葡萄棚路
电话：0577－88623038
邮编：325000

故园工艺琉璃厂
地址：温州市瓯海区仙岩镇社帆村富强路
电话：0577－85300892
邮编：325000

美特奇工艺品厂
地址：温州市龙湾区瑶溪镇河头龙西路
电话：0577－86613728
邮编：325000

智力德工艺品厂
地址：温州市龙方工业区
电话：0577－88638152
邮编：325000

达丽工艺饰品厂
地址：温州市龙湾区农技术开发示范区
电话：0577－86530078
邮编：325000

瑞盛工艺装饰品厂
地址：温州市温州大道
电话：0577－86792313
邮编：325000

新艺书画礼品厂
地址：温州市沧河巷
电话：0577－88224293
邮编：325000

六福珠宝有限公司
地址：温州市五马街
电话：0577－88263326
邮编：325000

吉祥如意珠宝有限公司
地址：温州市解放北路
电话：0577－88190949
邮编：325000

煌艺珠宝有限公司
地址：温州市江滨西路
电话：0577－88812335
邮编：325000

金晖珠宝首饰公司
地址：温州市胜利路
电话：0577－88255467
邮编：325000

温州工艺首饰厂
地址：温州市吴桥路吴滨巷
电话：0577－88626212
邮编：325000

永丰工艺品制造有限公司
地址：温州瑞安市林溪乡林溪工业区
电话：0577－65480288
邮编：325200

永生工艺品厂
地址：温州瑞安市湖岭镇湖安路
电话：0577－65488999
邮编：325200

永盛工艺品厂
地址：温州瑞安市林溪乡溪坦村
电话：0577－65480218
邮编：325200

永鑫工艺品厂
地址：温州瑞安市湖岭镇丁山路
电话：0577－65486666
邮编：325200

伟文工艺品厂
地址：温州瑞安市汀田镇富里村
电话：0577－65504015
邮编：325200

华利工艺品厂
地址：温州瑞安市林溪乡溪坦村
电话：0577－65480118
邮编：325200

华意工艺品厂
地址：温州瑞安市林溪乡溪坦村
电话：0577－65480168
邮编：325200

兴达工艺品厂
地址：温州瑞安市林溪乡溪坦村
电话：0577－65480132
邮编：325200

声誉工艺品厂
地址：温州瑞安市林溪乡溪坦村
电话：0577－65480138
邮编：325200

技艺工艺品厂
地址：温州瑞安市林溪乡溪坦村
电话：0577－65480169
邮编：325200

环球工艺品厂
地址：温州瑞安市林溪乡林溪工业区
电话：0577－65480318
邮编：325200

林溪工艺品厂
地址：温州瑞安市林溪乡坦村
电话：0577－65480128
邮编：325200

金碧工艺品厂
地址：温州瑞安市林溪乡林溪工业区
电话：0577－65481126
邮编：325200

金蝶工艺品厂
地址：温州瑞安市飞云镇远东路
电话：0577－65566168
邮编：325200

联丰工艺品厂
地址：温州瑞安市林溪乡黄家垄村
电话：0577－65480185
邮编：325200

瑞安日用工艺品厂
地址：温州瑞安市林溪乡溪坦村
电话：0577－65480101
邮编：325200

新华工艺品厂
地址：温州瑞安市林溪乡溪坦村

电话：0577－65480111
邮编：325200

义通竹木工艺制品厂
地址：丽水龙泉市中山路
电话：0578－7122778
邮编：323700

佳程工艺品厂
地址：丽水龙泉市西街下畈工业园
电话：0578－7666283
邮编：323700

金鼎工艺品厂
地址：丽水龙泉市太阳伞工业园区
电话：0578－7111267
邮编：323700

恒通竹木工艺品厂
地址：丽水龙泉市村头工业区
电话：0578－7250663
邮编：323700

跃华工艺品厂
地址：丽水龙泉市工业小区
电话：0578－7121666
邮编：323700

新兴竹木工艺制品厂
地址：丽水龙泉市南大洋
电话：0578－7226191
邮编：323700

旅游交通

浙江外事旅游汽车公司
地址：杭州市上城区开元路108号
电话：0571－87068349
邮编：310002

杭州外事旅游汽车公司
地址：杭州市朝晖路联锦大厦A楼12层
电话：0571－85462793
邮编：310004

大川旅游汽车出租有限公司
地址：杭州市中山花园春晓苑8层A座
电话：0571－85304997
邮编：310026

丰日汽车旅游出租公司
地址：杭州市光复路
电话：0571－87824537
邮编：310026

杭州市旅游汽车公司
地址：杭州市中山中路380号
电话：0571－7811869
邮编：310002

杭州火车站
地址：杭州市环城东路1号城站广场
电话：0571－87829983
邮编：310026

萧山火车站
地址：杭州市萧山区站前路
电话：0571－82729735
邮编：311200

萧山火车西站
地址：杭州市萧山区萧西路
电话：0571－82684868
邮编：311200

杭州西湖游船有限公司
地址：杭州市龙井路8号
电话：0571－87967838
邮编：310026

杭州萧山国际机场
地址：杭州市
电话：0571－5141477
邮编：310000

杭州临安青山游船总公司
地址：杭州市临安青山湖景区
电话：0571－63715677
邮编：311300

东南旅游汽车服务分公司
地址：杭州富阳市迎宾路
电话：0571－63392998
邮编：310026

千岛湖火车站
地址：杭州建德市岭后
电话：0571－64710030
邮编：311600

寿昌火车站
地址：杭州建德市南郊
电话：0571－64561248
邮编：311600

中谊外事旅游汽车服务有限公司
地址：湖州市陵阳路
电话：0572－2123629
邮编：313000

杭州外事旅游汽车公司嘉兴分公司
地址：嘉兴市城北路
电话：0573－2262379
邮编：314000

海宁市火车站
地址：嘉兴海宁市海昌路
电话：0573－7022114
邮编：314400

千岛外事旅游汽车有限公司
地址：舟山市定海区环城南路
电话：0580－2380111
邮编：316000

定海汽车客运旅游服务公司
地址：舟山市定海区解放西路
电话：0580－2025542
邮编：316000

海星外事旅游客运有限公司
地址：舟山市定海区环城南路
电话：0580－2063067
邮编：316000

舟山普陀山机场
地址：舟山市朱家尖
电话：0580－6260888
邮编：316000

北仑火车站
地址：宁波市北仑区下史
电话：0574－86882442
邮编：315800

宁波港
地址：宁波市沿江东路42号
电话：0574－7691144
邮编：315200

宁波栎社机场
地址：宁波市
电话：0574－87427888
邮编：315154

四明湖旅游服务有限公司
地址：宁波余姚市西石山南路
电话：0574－62810000
邮编：315400

余姚火车站
地址：宁波余姚市
电话：0574－62622059
邮编：315400

绍兴市外事旅游汽车服务公司
地址：绍兴市胜利西路
电话：0575－5152501
邮编：312000

联发旅游出租汽车有限公司
地址：绍兴市城南中南公寓
电话：0575－8315626
邮编：312000

绍兴市汽车运输集团有限公司旅游客运分公司
地址：绍兴市解放北路
电话：0575－5134463
邮编：312000

绍兴火车站
地址：绍兴市铁路新客站
电话：0575－8022584
邮编：312000

绍兴火车东站
地址：绍兴市云东路
电话：0575－8605822
邮编：312000

绍兴水乡游船服务有限公司
地址：绍兴市解放南路名人广场办公楼
电话：0575－8066468
邮编：312000

中江旅游运输有限公司
地址：绍兴诸暨市艮塔东路
电话：0575－7281129
邮编：311800

诸暨火车站
地址：绍兴诸暨市西施大街
电话：0575－7012096
邮编：311800

上虞火车站
地址：绍兴上虞市经济开发区火车站
电话：0575－2161693
邮编：312300

嵊州市旅游出租车有限公司
地址：绍兴嵊州市北艇路
电话：0575－3100598
邮编：312400

后溪火车站
地址：衢州市后溪镇
电话：0570－2966023
邮编：324002

衢州机场
地址：衢州市区东郊
电话：0570－3020221
邮编：324100

江山火车站
地址：衢州江山市环城西路
电话：0570－4117621
邮编：324002

金华火车站
地址：金华市迪耳路
电话：0579－2359990
邮编：321000

兰溪火车站
地址：金华兰溪市劳动路
电话：0579－8824476
邮编：321100

永康火车站
地址：金华永康市火车站
电话：0579－7295750
邮编：321300

金华义乌机场
地址：金华市柳村
电话：0579－5665456
邮编：321000

路桥大光明汽车旅游出租有限公司
地址：台州市路桥区新安西街
电话：0576－2450499
邮编：318050

台州黄岩路桥机场
地址：台州市路桥区
电话：0576－4224554
邮编：317000

仙居县胜发旅游客运有限公司
地址：台州市仙居县横溪镇临石线
电话：0576－7068622
邮编：317300

温州火车站
地址：温州市温州大道
电话：0577－88387353
邮编：325000

温州港
地址：温州市麻行僧街138号
电话：0577－8222931
邮编：325000

温州永强机场
地址：温州市机场大道1号
电话：0577－86876666
邮编：325024

星球旅游汽车有限公司
地址：丽水市灯塔街
电话：0578－2123338
邮编：323000

龙泉市长途汽车运输公司旅游出租分公司
地址：丽水龙泉市水南新客运站
电话：0578－7212232
邮编：323700

缙云县火车站
地址：丽水市缙云县
电话：0578－3310160
邮编：321400

青田县火车站
地址：丽水市青田县鹤城镇水南
电话：0578－6960144
邮编：323900

景宁畲族自治县旅游汽车出租公司
地址：丽水市景宁畲族自治县鹤溪镇城西新村
电话：0578－5889841
邮编：323500

旅游院校

浙江大学
管理学院旅游管理系
地址：杭州市浙江大学紫金港校区
电话：0571－88206872
邮编：310058

浙江工商大学
旅游学院
地址：杭州市教工路149号
电话：0571－8071024－8471/8473
邮编：310035

浙江省旅游培训中心
地址：杭州市外东山弄58号
电话：0571－87794383
邮编：310007

杭州市旅游职业学校
地址：杭州市建国中路大河下103号
电话：0571－87013944
邮编：310009

浙江工业大学
经贸学院旅游管理专业
地址：杭州市朝晖六区
电话：0571－88320522
邮编：310032

浙江教育学院
地理旅游系
地址：杭州市文三路140号
电话：0571－88213027
邮编：310012

杭州师范学院
人文学院旅游管理专业
地址：杭州市文一路96号
电话：0571－88804159
邮编：310012

浙江商业职业技术学院
烹饪旅游系
地址：杭州市西溪路896号
电话：0571－85220481
邮编：310023

浙江旅游职业学院
酒店管理学院、国际教育学院、旅行社管理系、外语系、旅游规划系、艺术系、成人教育学院、基础部
地址：杭州市萧山区高教园区
电话：0571－82838002
邮编：311231

浙江林学院
旅游系
地址：杭州临安市衣锦街252号
电话：0571－63732784
邮编：311300

湖州师范学院
法商学院旅游专业
地址：湖州市学士路1号
电话：0572－2321105
邮编：313000

浙江海洋学院
管理学院旅游管理系
地址：舟山市定海文化路105号
电话：0580－2550002
邮编：316004

宁波大学
旅游系
地址：宁波市风华路818号
电话：0574－87600649
邮编：315211

宁波职业技术学院
旅游专业
地址：宁波市宁波经济技术开发区新大路1069号
电话：0574－86891888
邮编：315800

宁波旅游培训中心
地址：宁波市灵桥路419号
电话：0574－87321659
邮编：315000

余姚市姚江旅游学校
地址：宁波余姚市长新路59号
电话：0574－62814345
邮编：315400

奉化市旅游学校
地址：宁波奉化市溪口镇
电话：0574－88850039
邮编：315502

浙江绍兴旅游学校
地址：绍兴市城东经济开发区平江路579号
电话：0575－8604139
邮编：312000

浙江师范大学
旅游与资源管理学院
地址：金华市北山路
电话：0579－2341801
邮编：321004

金华职业技术学院
旅游学院
地址：金华市宾虹路195号
电话：0579－2067350
邮编：321017

义乌工商学院
旅游系
地址：金华义乌市学院路1号
电话：0579－3803651
邮编：322000

台州职业技术学院
旅游专业
地址：台州市椒江区高教园区
电话：0576－8665081
邮编：318000

台州学院
经济管理学院旅游专业
地址：台州临海市文广路
电话：0576－5137055
邮编：317000

丽水学院
旅游专业
地址：丽水市学院路
电话：0578－2250888
邮编：323000

丽水南明旅游学校
地址：丽水市花园路8－9号
电话：0578－2119332
邮编：323000

安　徽
ANHUI

旅游机构

安徽省旅游局
地址：合肥市梅山路 8 号
电话：0551－2821906
传真：0551－2824001
邮编：230022
网址：www.ahlyj.gov.cn
电子邮箱：ahlynet@163.com

安徽省旅游质量监督管理所
地址：合肥市梅山路 8 号
电话：0551－2821763
传真：0551－2821763
邮编：230022
网址：www.ahta.com.cn
电子邮箱：0551551@163.com

合肥市旅游局
地址：合肥市花园街 83 号合肥大厦五楼
电话：0551－2638507
传真：0551－2637299
邮编：230001
网址：www.hfly.gov.cn

肥东县旅游局
地址：合肥市肥东县店埠镇人民路 15 号
电话：0551－7718381
传真：0551－7718381
邮编：231600

肥西县旅游局
地址：合肥市肥西县上派镇青年北路
传真：0551－8829002
邮编：231200

长丰县旅游局
地址：合肥市长丰县水湖镇长新路
电话：0551－6671773
传真：0551－6682638
邮编：231100

瑶海区旅游局
地址：合肥市瑶海区政府办公大楼 7 楼
电话：0551－4495511
传真：0551－4495511
邮编：230011
电子邮箱：wkj701@163.com

蜀山区旅游局
地址：合肥市蜀山区望江西路 196 号
电话：0551－5582007
传真：0551－5582007
邮编：230031

包河区旅游局
地址：合肥市包河区包河大道 118 号
电话：0551－3357259
传真：0551－3357283
邮编：230041

庐阳区旅游局
地址：合肥市庐阳区荣事达大道 70 号 4 楼
电话：0551－2610809
传真：0551－2622944
邮编：230001

淮北市旅游局
地址：淮北市花园路 7 号
电话：0561－3026210
传真：0561－3026183
邮编：235000
电子邮箱：chensong708@sina.com

濉溪县旅游局
地址：淮北市濉溪县沱河路
电话：0561－6068251
传真：0561－6089715
邮编：235000

相山区旅游局
地址：淮北市相山区相阳路 57 号
电话：0561－3192077
传真：0561－3195198
邮编：235000

烈山区旅游局
地址：淮北市烈山区城建旅游局
电话：0561－4685123
传真：0561－4685658
邮编：235000

杜集区旅游局
地址：淮北市杜集区政府文体广电旅游局
电话：0561－3092440
传真：0561－3092440
邮编：235000

亳州市旅游局
地址：亳州市站前路行政办公大楼内
电话：0558－5555382
传真：0558－5555382
邮编：236800
电子邮箱：Es1105@163.com

涡阳县旅游局
地址：亳州市涡阳县建设路县政府大楼二楼
电话：0558－7212846
传真：0558－7212015
邮编：233600

蒙城县旅游局
地址：亳州市蒙城县新城路 16 号
电话：0558－7620069
邮编：233500

宿州市旅游局
地址：宿州市胜利路 292 号
电话：0557－3048016
邮编：234000

砀山县旅游局
地址：宿州市砀山县
电话：0557－8022231
邮编：235300

萧县旅游局
地址：宿州市萧县
电话：0557－5022230
邮编：235200

埇桥区旅游局
地址：宿州市埇桥区
电话：0557－3022301
邮编：234000

灵璧县旅游局
地址：宿州市灵璧县
电话：0557－6022140
邮编：234200

泗县旅游局
地址：宿州市泗县
电话：0557－7020508
邮编：234300

蚌埠市旅游局
地址：蚌埠市东海大道行政办公中心 5 号楼
电话：0552－3125258
邮编：233040

怀远县旅游局
地址：蚌埠市怀远县政府院内
电话：0552－8212807
邮编：233400

固镇县旅游局
地址：蚌埠市固镇县政府院内
电话：0552－6012802
邮编：233700

五河县旅游局
地址：蚌埠市五河县淮河路 21 号
电话：0552－5021302
邮编：233300

阜阳市旅游局
地址：阜阳市清河中路海关 7 楼
电话：0558－2269992
传真：0558－2265932
邮编：236000

颍泉区旅游局
地址：阜阳市颍泉区皖西北商贸城
电话：0558－2617187
传真：0558－2617070
邮编：236000

颍东区旅游局
地址：阜阳市火车站颍东区政府
电话：0558－2319549
传真：0558－2581131
邮编：236000

颍州区旅游局
地址：阜阳市颍州区政府
电话：0558－2199690
传真：0558－2199690
邮编：236000

颍上县旅游局
地址：阜阳市颍上县人民路 189 号
电话：0558－4413526
传真：0558－4413518
邮编：236200

阜南县旅游局
地址：阜阳市阜南县淮河西路 26 号
电话：0558－6712170
传真：0558－6712170
邮编：236300

太和县旅游局
地址：阜阳市太和县健康路 68 号
电话：0558－8625731
传真：0558－8622543
邮编：236600

临泉县旅游局
地址：阜阳市临泉县同阳西路 39 号
电话：0558－6519533
传真：0558－6517770
邮编：236400

界首市旅游局
地址：阜阳界首市人民东路 1 号
电话：0558－4885816
传真：0558－4812390
邮编：236000

淮南市旅游局
地址：淮南市中建大厦三楼（洞山中路 22 号）
电话：0554－6648319
传真：0554－6648319
邮编：232001
网址：www.tour.huainan.gov.cn

凤台县旅游局
地址：淮南市凤台县茅仙洞景区内
电话：0554－8914091
传真：0554－8914091
邮编：232100

八公山区旅游局
地址：淮南市八公山区政府院内（丁山路1号）
电话：0554－5627863
传真：0554－5627863
邮编：232072
网址：www.hnbgs.com

毛集试验区旅游局
地址：淮南市毛集试验区区农民公园内（102省道）
电话：0554－8273611
传真：0554－8273611
邮编：232180

八公山风景区管委会
地址：淮南市八公山区政府院内（丁山路1号）
电话：0554－5620511
传真：0554－5627863
邮编：232072

滁州市旅游局
地址：滁州市育新路8号
电话：0550－3021964
传真：0550－3036369
邮编：239000

琅琊区旅游局
地址：滁州市琅琊区政府大院内
电话：0550－3022338
邮编：239000

南谯区旅游局
地址：滁州市南谯区政府大院内
电话：0550－3111742
邮编：239000

凤阳县旅游局
地址：滁州市凤阳县政府大院内
电话：0550－6721015
传真：0550－6725248
邮编：233100

全椒县旅游局
地址：滁州市全椒县文化体育局大楼内
电话：0550－5012402
传真：0550－5014728
邮编：239500

天长市旅游局
地址：滁州天长市博物馆3楼
电话：0550－7025257
传真：0550－7025257
邮编：239300

来安县旅游局
地址：滁州市来安县政府大院内
电话：0550－5612372
传真：0550－5633428
邮编：239200

定远县外事办公室
地址：滁州市定远县政府大院内
电话：0550－4021805
传真：0550－4021980
邮编：233200

明光市旅游工作指导委员会办公室
地址：滁州明光市文化体育局大楼
电话：0550－8154445
传真：0550－8154445
邮编：239400

六安市旅游局
地址：六安市皖西路皋城大厦
电话：0564－3379183
传真：0564－3379183
邮编：237000

金安区旅游局
地址：六安市金安区政府院内
电话：0564－3332375
传真：0564－3332375
邮编：237003

裕安区旅游局
地址：六安市裕安区政府大院内
电话：0564－3301589
传真：0564－3301589
邮编：237004

舒城县旅游局
地址：六安市舒城县政府大院内
电话：0564－8629690
传真：0564－8629690
邮编：231300

霍山县旅游局
地址：六安市霍山县城关中兴南路
电话：0564－5020706
传真：0564－5020706
邮编：237200

金寨县旅游局
地址：六安市金寨县政府楼内
电话：0564－7356638
传真：0564－7356638
邮编：237300

霍邱县旅游局
地址：六安市霍邱县政府二招院内
电话：0564－6080514
传真：0564－6080514
邮编：237400

马鞍山市旅游局
地址：马鞍山市湖南路8号
电话：0555－2336065
传真：0555－2332339
邮编：243011

当涂县旅游局
地址：马鞍山当涂县城关镇振兴路298号
电话：0555－6723996
邮编：243100

花山区旅游局
地址：马鞍山市沙塘路13号
电话：0555－2486754
邮编：243000

雨山区旅游局
地址：马鞍山市湖西南路11号
电话：0555－2334590
邮编：243000

金家庄区旅游局
地址：马鞍山市幸福路100号
电话：0555－2818761
邮编：243021

巢湖市旅游局
地址：巢湖市市政府行政大楼7楼
电话：0565－2311771
传真：0565－2311771
邮编：238000
网址：www.chaohuly.gov.cn

居巢区文化旅游广播局
地址：巢湖市居巢区政府大院
电话：0565－2333970
传真：0565－2333970
邮编：238000

庐江县文化旅游局
地址：巢湖市庐江县庐城镇
电话：0565－7322036
传真：0565－7316382
邮编：231500

无为县文化旅游局
地址：巢湖市无为县政府
电话：0565－6314742
传真：0565－6310364
邮编：238300

含山县文化旅游局
地址：巢湖市含山县环峰镇
电话：0565－4312164
传真：0565－4312164
邮编：238100

和县文化旅游局
地址：巢湖市和县县城
电话：0565－5313005
传真：0565－5313005
邮编：238200

芜湖市旅游局
地址：芜湖市步行街伟基商厦7楼
电话：0553－3823651
传真：0553－3838557
邮编：241000

镜湖区旅游局
地址：芜湖市镜湖区政府大楼1楼
电话：0553－3122079
传真：0553－3122079
邮编：241000

鸠江区文体旅游局
地址：芜湖市天门山东路1号
电话：0553－5864320
传真：0553－5864326
邮编：241000

芜湖县文化体育旅游局
地址：芜湖市芜湖到湾沚镇荆江东路45号
电话：0553－8812983
传真：0553－8812983
邮编：241000

繁昌县文化体育旅游局
地址：芜湖市繁昌县繁阳镇迎春路89号
电话：0553－7872063
传真：0553－7874430
邮编：241000

南陵县文化体育旅游局
地址：芜湖市南陵县籍山镇籍山路党政大楼2楼
电话：0553－6823183
传真：0553－6823183
邮编：241000

宣城市旅游局
地址：宣城市鳌峰东院
电话：0563－3022771
传真：0563－3028741
邮编：242000
网址：www.xctour.com

电子邮箱：xcmfao@ mail. ahwhptt. net. cn

宣州区旅游局
地址：宣城市宣州区叠嶂路
电话：0563－3023138
传真：0563－3023138
邮编：242000
电子邮箱：xcly2884@ yahoo. com. cn

郎溪县旅游局
地址：宣城市郎溪县城关
电话：0563－7020816
传真：0563－7026539
邮编：242100

广德县旅游局
地址：宣城市广德县城关
电话：0563－6021504
传真：0563－6021504
邮编：242200
电子邮箱：gl504@ 163. com

宁国市旅游局
地址：宣城宁国市城关
电话：0563－4037697
传真：0563－4037698
邮编：242300
电子邮箱：ngqlw@ 163. com

泾县旅游局
地址：宣城市泾县信合大厦
电话：0563－5121234
传真：0563－5121307
邮编：242500
网址：www. jxtour. gov. cn
电子邮箱：root@ jxtour. gov. cn

绩溪县旅游局
地址：宣城市绩溪县城关
电话：0563－8162546
传真：0563－8162546
邮编：245300
网址：www. jixitour. com
电子邮箱：tour@ jixitour. com

旌德县旅游局
地址：宣城市旌德县城关
电话：0563－8022703
传真：0563－8022703
邮编：242600
电子邮箱：gjhhy_1314@ sina. com

铜陵市旅游局
地址：铜陵市湖东路666号市政中心南4楼
电话：0562－5880770
传真：0562－5880771
邮编：244000

铜陵县文化旅游局
地址：铜陵市铜陵县城关镇县政府3楼
电话：0562－8816974
传真：0562－8814305
邮编：244100

铜陵市郊区旅游局
地址：铜陵市郊区政府院内
电话：0562－5825137
传真：0562－5814069
邮编：244000

池州市旅游局
地址：池州市清风路市委大楼2楼
电话：0566－2088371
传真：0566－2088371
邮编：247000
网址：www. chztour. gov. cn

贵池区旅游局
地址：池州市长江路98号
电话：0566－2022713
传真：0566－2022713
邮编：247000

东至县旅游局
地址：池州市东至县尧城路27号
电话：0566－7019155
传真：0566－7019156
邮编：247200

青阳县旅游局
地址：池州市庙前路华林饭店4楼
电话：0566－5021279
传真：0566－5021279
邮编：242800

石台县旅游局
地址：池州市石台县曙光路6号
电话：0566－6022373
传真：0566－6022373
邮编：245100

九华山经济社会发展处
地址：池州市九华山芙蓉路55号
电话：0566－5011268
传真：0566－5011040
邮编：242811

安庆市旅游事业管理局
地址：安庆市龙山路117号
电话：0556－5539680
传真：0556－5539680
邮编：246003
网址 www. aqtour. com

天柱山风景名胜区管理委员会
地址：安庆市潜山县天柱山大道23号
电话：0556－8932218
传真：0556－8921373
邮编：246300
网址 www. tzs. cn

花亭湖风景名胜区管理处
地址：安庆市太湖县晋熙镇
电话：0556－4160798
传真：0556－5112221
邮编：246400

宜秀区旅游局
地址：安庆市宜秀区杨桥镇石塘咀
电话：0556－5890392
邮编：246007

大观区旅游局
地址：安庆市德宽路242号大观区政府内
电话：0556－5502646
传真：0556－5502646
邮编：246002

潜山县旅游局
地址：安庆市潜山县天柱山大道23号
电话：0556－8932288
传真：0556－8932288
邮编：246300

怀宁县旅游局
地址：安庆市怀宁县高河镇稼先大道文化大楼
电话：0556－4637138
传真：0556－4637115
邮编：246121

桐城市旅游局
地址：安庆桐城市人民政府2楼
电话：0556－6123677
传真：0556－6121376
邮编：231400

枞阳县旅游局
地址：安庆市枞阳县湖滨东路县总工会内
电话：0556－2856060
传真：0556－2811713
邮编：246700

岳西县旅游局
地址：安庆市岳西县天堂镇
电话：0556－2173125
传真：0556－2173125
邮编：246600

太湖县旅游局
地址：安庆市太湖县晋熙镇
电话：0556－4160798
传真：0556－5112221
邮编：246400

望江县旅游局
地址：安庆市望江县政府院内
电话：0556－7171480
传真：0556－7174544
邮编：246230

宿松县旅游局
地址：安庆市宿松县孚玉镇人民路153号
电话：0556－7811066
传真：0556－7811066
邮编：246501

黄山市旅游局
地址：黄山市屯溪区滨江西路2－7号
电话：0559－2514091
传真：0559－2536844
邮编：245000
网址：www. hsta. gov. cn
电子邮箱：lyj4019@ 163. com

屯溪区旅游局
地址：黄山市屯溪区滨江西路2～8号
电话：0559－2512449
传真：0559－2533054
邮编：245000
网址：www. txly. 3126. com
电子邮箱：txqlyj@ 163. com

黄山区旅游局
地址：黄山市黄山区政务新区号楼西2楼
电话：0559－8500235
传真：0559－8500235
邮编：245700
网址：www. hsqtour. cn
电子邮箱：lyjoffice@ 163. com

徽州区旅游局
地址：黄山市徽州区文峰路63号
电话：0559－3512688　3511670
传真：0559－3511670
邮编：245061
网址 www. huizhouqu. gov. cn

黟县旅游局
地址：黄山市黟县沿河西路26号
电话：0559－5522297　5551778
传真：0559－5526996
邮编：245500
网址 www. yixian. cn
电子邮箱：yxlyj9@ 163. com

歙县旅游局
地址：黄山市歙县古关路
电话：0559－6512663
传真：0559－6512663
邮编：245200
网址：www.tourshexian.com
电子邮箱：service@tourshexian.com

祁门县旅游局
地址：黄山市祁门县新兴路342号
电话：0559－4511001
传真：0559－4511001
邮编：245600
网址：www.ahqimen.com
电子邮箱：Kelly_0055@hotmail.com

休宁县旅游局
地址：黄山市萝宁街168号（县政府院内）
电话：0559－7518324　2668324
传真：0559－2668324
邮编：245400

黄山风景区旅游办
地址：黄山风景区逍遥亭
电话：0559－5563456
传真：0559－5563456
投诉电话：0559－5561111
邮编：245800
电子邮箱：hsfjqlyb2005@sina.com

旅行社

安徽海外旅游有限公司
地址：合肥市梅山路153号
电话：0551－2848817
邮编：230031
网址：www.anhuicits.com
许可证号：L－AH－GJ00001

黄山海外旅行社
地址：黄山市屯溪区滨江西路1号
电话：0559－2525844
邮编：245000
网址：www.hsots.com
许可证号：L－AH－GJ00002

黄山新世纪康辉国际旅行社有限公司
地址：黄山市屯溪区荷花东路76号新华大厦B幢
电话：0559－2524040
邮编：254000
网址：www.ccths.com
许可证号：L－AH－GJ00003

安徽省中国旅行社
地址：合肥市金寨路381号九州大厦
电话：0551－2652017
邮编：230001
许可证号：L－AH－GJ00004

黄山中国国际旅行社
地址：黄山市屯溪区滨江西路1号
电话：0559－2523112
邮编：245000
网址：www.huangshanguide.com
许可证号：L－AH－GJ00005

安徽中国青年旅行社有限责任公司
地址：合肥市长江东路1121号工人文化宫8楼
电话：0551－4293228
邮编：230011
网址：www.cyts.ah.cn
许可证号：L－AH－GJ00008

安徽外贸国际旅行社有限公司
地址：合肥市安庆路77号天徽大厦B座810室
电话：0551－7128838　7128836
邮编：230001
网址：www.365travel.com
许可证号：L－AH－GJ00011

安庆中国国际旅行社有限公司
地址：安庆市开发区7－5号
电话：0556－5516872
邮编：246003
网址：www.aqgl.com
许可证号：L－AH－GJ00013

芜湖市国际旅行社有限责任公司
地址：芜湖市北京西路铁佛花园2号
电话：0553－3883317
邮编：241000
网址：www.citswuhu.com
许可证号：L－AH－GJ00014

马鞍山中国国际旅行社
地址：马鞍山市花山区湖东中路58号
电话：0555－2489560
邮编：243000
许可证号：L－AH－GJ00015

黄山市中国旅行社
地址：黄山市屯溪区滨江西路1号
电话：0559－2523112
邮编：245000
网址：www.hscts.com.cn
许可证号：L－AH－GJ00017

九华山中国旅行社
地址：九华山市白马新村135号
电话：0563－5012899
邮编：242811
网址：www.jhsots.com
许可证号：L－AH－GJ00018

安徽职工国际旅行社有限公司
地址：黄山市屯溪区上塘路38号
电话：0559－2320758　2320858
邮编：245000
网址：www.163hs.com
许可证号：L－AH－GJ00019

蚌埠市国际旅行社有限责任公司
地址：蚌埠市蚌山区升平街190号
电话：0552－2048718
邮编：233000
网址：www.bbgl.com
许可证号：L－AH－GJ00020

黄山市山水国际旅行社
地址：黄山市屯溪区黄山东路140号
电话：0559－2311980
邮编：245000
网址：www.hsssgl.com
许可证号：L－AH－GJ00021

黄山市发展国际旅行社有限公司
地址：黄山市面新安北路27号2幢404室
电话：0559－2527055
邮编：245000
网址：www.huang shan china.com.cn
许可证号：L－AH－GJ00023

黄山徽州国际旅行社有限公司
地址：黄山市屯溪新安北路梦园村梦园楼五楼
电话：0559－2543675
邮编：245000
网址：www.huangshan－online.com
许可证号：L－AH－GJ00024

黄山文化国际旅行社
地址：黄山市屯溪区长干东路49号4楼
电话：0559－2530101
邮编：245000
网址：www.citshs.com
许可证号：L－AH－GJ00025

黄山区中国旅行社有限公司
地址：黄山市黄山区太平湖镇
电话：0559－8561555
邮编：245200
许可证号：L－AH－GJ00026

黄山海峡国际旅行社有限公司
地址：黄山市屯溪区长干中路49号
电话：0559－2517347
邮编：245000
许可证号：L－AH－GJ00029

黄山招商国际旅行社有限公司
地址：黄山市屯溪阜上路94－96号
电话：0559－2318396
邮编：245000
网址：www.newhuangshan.com
许可证号：L－AH－GJ00031

九华山中国国际旅行社
地址：九华山风景区九华街芙蓉路55号
电话：0566－5012873
邮编：242811
网址：www.jhscits.com
许可证号：L－AH－GJ00032

宣城国际旅行社
地址：宣城市梅溪路
电话：0563－4181222
邮编：242000
网址：www.yaxia.com
许可证号：L－AH－GJ00033

安徽铜都国际旅行社
地址：铜陵市淮河南路
电话：0562－7112222
邮编：244000
许可证号：L－AH－GJ00034

巢湖国际旅行社
地址：巢湖市健康中路241号
电话：0565－2324564
邮编：238000
网址：www.chgl.cn
许可证号：L－AH－GJ00035

安徽康辉国际旅行社有限责任公司
地址：合肥市美菱大道549号银成办公中心401室
电话：0551－2628388
邮编：230061
网址：www.ahcts.com
许可证号：L－AH－GJ00037

合肥绿洲国际旅行社
地址：合肥市蒙城路95号
电话：0551－3169558
邮编：230061
许可证号：L－AH－GJ00038

合肥五联国际旅行社有限公司
地址：合肥市淮河36号

电话：0551－2670053
邮编：230001
许可证号：L－AH－GJ00039

安徽迎驾国际旅行社有限公司
地址：合肥市六安路99号新华大厦
电话：0561－2611111
邮编：237000
网址：www. yingjia. cn
许可证号：L－AH－GJ00040

安徽环球国际旅行社有限责任公司
地址：合肥市长江中路319号仁和大厦10楼
电话：0551－2624868
邮编：230061
网址：www. huanqiulvyou. com
许可证号：L－AH－GJ00041

安徽好之旅国际旅行社
地址：合肥市长江中路59号省委高层A栋三楼
电话：0551－2636185
邮编：230001
网址：www. ahhzl. com
许可证号：L－AH－GJ00042

合肥公交国际旅行社
地址：合肥市和平路272号
电话：0551－4469668
邮编：230011
网址：www. hf-gongjiaolvyou，com
许可证号：L－AH－GJ00043

安徽招商国际旅行社有限公司
地址：合肥市长江中路146号招商大厦5楼
电话：0551－2663338
邮编：230001
许可证号：L－AH－GJ00044

安徽省池州市青年国际旅行社有限公司
地址：池州市翠百路百翠综合楼
电话：0566－2811019
邮编：247100
许可证号：L－AH－GJ00045

安徽国联国际旅行社有限公司
地址：合肥市淮河路99号锦华写字楼
电话：0551－2665675
邮编：230061
许可证号：L－AH－GJ00046

马鞍山市马钢集团楚江假日国际旅游有限公司
地址：马鞍山市湖南路西段马钢饭店东二楼
电话：0555－2888818
邮编：243000
许可证号：L－AH－GJ00047

马鞍山市桦运国际旅行社有限责任公司
地址：马鞍山市阳光大厦北一楼
电话：0555－2337688
邮编：243000
电子信箱：hyfyz@ sina. com
许可证号：L－AH－GJ00048

宾馆酒店

合肥古井假日酒店 ★★★★★
地址：合肥市长江东路1104号
电话：0551－2206008
传真：0551－2201166
邮编：230011
网址：www. holiday－inn. com
电子信箱：gujinghotels@ 163. com

合肥外商国际俱乐部酒店 ★★★★★
地址：合肥市高新技术开发区科学大道83号
电话：0551－2229811
传真：0551－2229811
邮编：230088
网址：www. sofitel. com
电子信箱：waishang@ mail. hf. ah. cn

合肥索菲特明珠国际大酒店 ★★★★★
地址：合肥市经济技术开发区繁华大道258号
电话：0551－2216688
传真：0551－2216699
邮编：230601
网址：www. sofitel. com
电子信箱：sofitel@ sofitelhefei. com

蚌埠锦江大酒店 ★★★★★
地址：蚌埠市东海大道5183号
电话：0552－2088000
传真：0552－2088178
邮编：233010
网址：www. jjqearlhotel. com
电子信箱：jjhotel@ 126com

黄山松柏高尔夫乡村俱乐部 ★★★★★
地址：黄山市屯溪区机场大道龙井78号
电话：0559－2568000
传真：0559－2568111
邮编：245000
网址：www. chinahsgolf. com
电子信箱：chinahsgolf@ 163. com

安徽丰乐大酒店 ★★★★
地址：合肥市长江西路501号
电话：0551－2239906
传真：0551－2239870
邮编：230031
网址：www. flhotel. cn
电子信箱：admin@ flhotel. cn

新文采国际酒店 ★★★★
地址：合肥市长江西路蜀鑫路9号
电话：0551－5337777
传真：0551－5337777
邮编：230031
网址：www. xinwencai－hotel. com
电子信箱：xinwencai2006@ 163. com

安徽饭店 ★★★★
地址：合肥市梅山路18号
电话：0551－2218888
传真：0551－2218115
邮编：230022
网址：www. ahhotel. com
电子信箱：anhuihtl@ mail. hf. ah. cn

合肥和平国际大酒店 ★★★★
地址：合肥市美菱大道383号
电话：0551－2282509
传真：0551－2223000
邮编：230001
网址：www. peacehotelhefei. com

安徽金环大酒店有限公司 ★★★★
地址：合肥市屯溪路528号
电话：0551－2210888
传真：0551－3633888
邮编：230022
网址：www. jinhuanhotel. cn
电子信箱：jinhuanhotel@ 163. com

良苑商务会馆 ★★★★
地址：合肥市芜湖路319号
电话：0551－2288988
传真：0551－2288966
邮编：230001
网址：www. liangyuanhotel. com. cn

安徽宿州汇源大酒店 ★★★★
地址：宿州市汇源大道南路1号
电话：0557－3628888
传真：0557－3628878
邮编：234000
网址：www. huiyuanhotel. com
电子信箱：huiyuanhotel@ 126. com

安徽省淮北市相山宾馆 ★★★★
地址：淮北市淮海路189号
电话：0561－3809266
传真：0561－3809236
邮编：235000
网址：www. 521222. com
电子信箱：xsbgzhx@ yahoo. com. cn

阜阳白金汉宫大酒店 ★★★★
地址：阜阳市颍州中路301号
电话：0558－2298888
传真：0558－2239988
邮编：236000
网址：www. huiyuanhotel. com
电子信箱：huiyuanhotel@ 126. com

新贵都城市酒店 ★★★★
地址：亳州市芍花路友阳商业步行街
电话：0558－5555555
传真：0558－5550000
邮编：236800
网址：www. n-m-hotel. com
电子信箱：jlgloria02cn@ yahoo. com. cn

蚌埠新世纪（国际）大酒店 ★★★★
地址：蚌埠市淮河路1028号
电话：0552－2088888
传真：0552－2080551
邮编：233000
网址：www. xsj－hotel. com
电子信箱：xsj－hotel@ 163. com

淮南金满楼骏发国际大酒店 ★★★★
地址：淮南市田家庵区朝阳中路18号
电话：0554－2913111
传真：0554－2913789
邮编：232007
网址：www. hnjmgj. com
电子信箱：conch_whjd@ 163. com

淮南金茂国际酒店 ★★★★
地址：淮南市田家庵区国庆西路8号
电话：0554－6806666
传真：0554－6806825
邮编：232001
网址：www. hnjmgj. com
电子信箱：conch_whjd@ 163. com

古阳国际大酒店 ★★★★
地址：淮南市田家庵区国庆中路281号
电话：0554－2528302
传真：0554－2528318
邮编：232007
网址：www. hnjmgj. com
电子信箱：conch_whjd@ 163. com

滁州金地大酒店 ★★★★
地址：滁州市凤凰西路 181 号
电话：0550－3011888
传真：0550－3011999
邮编：239000
网址：www.huimerchanthometown.com
电子信箱：jindi@ an163.com

滁州国际大酒店 ★★★★
地址：滁州市育新路 89 号
电话：0550－3039999
传真：0550－3031883
邮编：239000
网址：www.huimerchanthometown.com
电子信箱：huishangguli@126.com

滁州市琅琊山度假村 ★★★★
地址：滁州市琅琊山风景区内
电话：0550－3511999 0550－3511888
传真：0550－3011998
邮编：239000
网址：www.lysdjc.com
电子信箱：mail.lysdjc.com

马鞍山梦都雨山湖饭店 ★★★★
地址：马鞍山市湖南路 7 号
电话：0555－8321000
传真：0555－8321299
邮编：243011
网址：www.mengdugroup.com
电子信箱：window0322@ sina.com

南湖宾馆 ★★★★
地址：马鞍山市艳阳路
电话：0555－2363999
传真：0555－2363666
邮编：243011
网址：mas.nanhu@ jinlinghotels.com
电子信箱：www.jinlinghotels.com

马鞍山盛德山庄大酒店 ★★★★
地址：马鞍山市雨山区向山镇岱山
电话：0555－2752000
传真：0555－2751233
邮编：243000
网址：www.mengdugroup.com
电子信箱：sdx.hotel@163.com

芜湖海螺国际大酒店 ★★★★
地址：芜湖市北京东路 209 号
电话：0553－3118188
传真：0553－3110683
邮编：241000
网址：www.guoxinhotel.com
电子信箱：conch_whjd@163.com

芜湖市铁山宾馆 ★★★★
地址：芜湖市更兴路 3 号
电话：0553－3718888
传真：0553－3830240
邮编：241000
网址：www.ts－hotel.cn
电子信箱：tshtl@ mail.wh.ah.cn

芜湖国信大酒店 ★★★★
地址：芜湖市经济技术开发区浦江路 17 号
电话：0553－5844888
传真：0553－5841734
邮编：241007
网址：www.guoxinhotel.com
电子信箱：guoxinhotel@126.com

五松山宾馆 ★★★★
地址：铜陵市义安北路
电话：0562－2668888
传真：0562－2668855
邮编：244000
网址：www.521222.com
电子信箱：wusongshan@ tlly.com

安庆大酒店 ★★★★
地址：安庆市湖心北路 1 号
电话：0556－5399000
传真：0556－5314888
邮编：246005
网址：www.aqdjd.com.cn
电子信箱：aqdjd.@.mail.hf.ah.cn

安庆迎宾馆 ★★★★
地址：安庆市开发区同安路
电话：0556－5398999
传真：0556－5353159
邮编：246005
网址：www.anqinghotel.com
电子信箱：ybaq@ mail.aq.ah163.net

安庆皖源国际大酒店 ★★★★
地址：安庆市菱湖南路 118 号
电话：0556－5502980
传真：0556－5502888
邮编：246000
网址：www.aqhotel.com
电子信箱：wydhotel.aq.163.com

桐城国际大酒店 ★★★★
地址：安庆市桐城市龙眠东路
电话：0556－6199068
传真：0556－6199288
邮编：231400
网址：www.tcgjdjd.com
电子信箱：tcgd888@ sina.com

安徽全力古井大酒店 ★★★★
地址：安庆市潜山县天柱山风景区牧羊河畔
电话：0556－8146888
传真：0556－8146999
邮编：246310
网址：www.qlgjhotel.com
电子信箱：webmaster@ qlgjhotel.com

黄山云松宾馆 ★★★★
地址：黄山市屯溪区长干东路 165 号
电话：0559－2355888
传真：0559－2355599
邮编：245000
网址：www.yunsonghotel.com
电子信箱：service@ yunsonghotel.com

黄山国际大酒店 ★★★★
地址：黄山市屯溪区华山路 31 号
电话：0559－2565678
传真：0559－2512087
邮编：245000
网址：www.ihuangshanhotel.com

黄山红塔酒店 ★★★★
地址：黄山市屯溪区黄口旅游度假区内
电话：0559－2326666
传真：0559－2314416
邮编：245000
网址：www.hshongta.com
电子信箱：hongtahotel@126.com

黄山梅地亚酒店 ★★★★
地址：黄山市屯溪区机场大道 6 号
电话：0559－2577788
传真：0559－2574580
邮编：245000
网址：www.hsmediahotel.com

黄山馨园国际酒店 ★★★★
地址：黄山市屯溪区稽灵山路 32 号
电话：0559－2572081
传真：0559－2562530
邮编：245041
网址：www.xinyuan－hotel.com

黄山国脉大酒店 ★★★★
地址：黄山市屯溪区前园南路 25 号
电话：0559－2351188
传真：0559－2351199
邮编：245000
网址：www.hsgmhotel.com
电子信箱：hotel@ hsgmhotel.com

黄山徽商故里大酒店 ★★★★
地址：黄山市屯溪区仙人洞路 12 号
电话：0559－2358388
传真：0559－2512524
邮编：245000
网址：www.huimerchanthometown.com
电子信箱：huishangguli@126.com

黄山华山宾馆 ★★★★
地址：黄山市屯溪区延安路 3 号
电话：0559－2328888
传真：0559－2328800
邮编：245000
网址：www.2328888.com

黄山北海宾馆 ★★★★
地址：黄山市黄山风景区
电话：0559－5582555
传真：0559－5581996
邮编：245800
网址：www.beihaihotel.com
电子信箱：beihaibinguan@126.com

黄山玉屏楼宾馆 ★★★★
地址：黄山市黄山风景区
电话：0559－5582288
传真：0559－5582258
邮编：245800
网址：www.tourmart.cn

黄山狮林大酒店 ★★★★
地址：黄山市黄山风景区北海景区
电话：0559－5584040
传真：0559－5581463
邮编：245800
网址：www.shilin.com
电子信箱：sales@ shilin.com

黄山西海饭店 ★★★★
地址：黄山市黄山风景区西海景区
电话：0559－5588888
传真：0559－5588988
邮编：245800
网址：www.xihaihotel.cn
电子信箱：xihaihotel@263.net

黄山太平国际大酒店 ★★★★
地址：黄山市黄山区平湖路
电话：0559－8513359
传真：0559－8532588
邮编：245700
网址：www.hstphotel.co
电子信箱：hstphotel@163.net

黄山新宇假日酒店 ★★★★
地址：黄山市休宁县萝宁街工商城
电话：0559－7531111
传真：0559－7531155

邮编：245400
网址：www. cnwhwh. com

舒城舒怡国际大酒店 ★★★★
地址：六安市舒城县桃溪路 218 号
电话：0564－8680188
传真：0564－8680266
邮编：231300
网址：www. shuyihotel. com

安徽万佛湖金水湾度假村 ★★★★
地址：六安市舒城县万佛湖风景区
电话：0564－8535588
传真：0564－8535599
邮编：231360
网址：www. jswdjc. com
电子信箱：wfhjsw@ 163. com

巢湖国际饭店 ★★★★
地址：巢湖市健康东路 666 号
电话：0565－2118185
传真：0565－2118588
邮编：238000
网址：www. chaohuly. com

安徽金孔雀温泉旅游度假村 ★★★★
地址：巢湖市庐江县汤池镇外经大道
电话：0565－7085608
传真：0565－7381014
邮编：231511
网址：www. peacockspa. com

东崖宾馆 ★★★★
地址：池州市九华山风景区化城路 8 号
电话：0566－5011370
传真：0566－5011372
邮编：242811
电子信箱：jhsdongya@ 163. com

宣城敬亭山度假村 ★★★★
地址：宣城市经济技术开发区
电话：0563－2613888
传真：0563－2613889
邮编：242000
网址：www. jtsresort. com

华侨商务酒店 ★★★
地址：合肥市安庆路 251 号
电话：0551－2290687
传真：0551－2290636
邮编：230061
网址：www. xinyahotel. cn
电子信箱：hq. hotel@ mail. hf. ah. cn

安徽天都大酒店 ★★★
地址：合肥市长江路 355 号
电话：0551－2280868
传真：0551－2820666
邮编：230061
网址：www. ahtdhotel. com
电子信箱：td@ ahtdhotel. com

黄山大厦城市商务酒店 ★★★
地址：合肥市长江中路 111 号
电话：0551－2221880
传真：0551－2221822
邮编：230001
网址：www. ahhsds. com. cn
电子信箱：zyy@ ahhsds. com. cn

合肥华都宾馆 ★★★
地址：合肥市长江中路 158 号
电话：0551－2613207
传真：0551－2621616
邮编：230001
网址：www. hdhotel. com. cn
电子信箱：fang@ hdhotel. com. cn

合肥美菱大酒店 ★★★
地址：合肥市巢湖路 237 号
电话：0551－2288000
传真：0551－2288002
邮编：230001
网址：www. meiling. hotel. com
电子信箱：ahhfmlds@ mail. hf. ah. cn

新长城大酒店 ★★★
地址：合肥市巢湖路 283 号
电话：0551－2211220
传真：0551－2211221
邮编：230001
网址：www. hfxcc. com
电子信箱：fang@ hdhotel. com. cn

安徽外经大厦 ★★★
地址：合肥市东流路 28 号
电话：0551－3492505
传真：0551－3492661
邮编：230051
网址：www. afecc. com
电子信箱：wjds@ afecc. com

隆岗大酒店 ★★★
地址：合肥市合裕路 1477 号
电话：0551－4479999－8008
传真：0551－4478551
邮编：230011
网址：www. longgang－hotel.
电子信箱：longgang@ mail. hf. ah. cn

聚贤大酒店 ★★★
地址：合肥市和平路与南陵路交口
电话：0551－4472372
传真：0551－4479888
电子信箱：xwbgs_2006@ 163. com
网址：www. longgang－hotel
电子信箱：xwbgs_2006@ 163. com

学苑大厦 ★★★
地址：合肥市黄山路 2 号
电话：0551－2172118
传真：0551－2172117
邮编：230022
网址：www. xueyuanhotel. net

合肥望江宾馆 ★★★
地址：合肥市金寨路 1 号
电话：0551－3695688
传真：0551－3695666
邮编：230022
网址：www. wangjianghotel. net

喜庆悦宝酒店 ★★★
地址：合肥市经济技术开发区合派路 69 号
电话：0551－3830700
传真：0551－3830777
邮编：231200
网址：www. xinyahotel. cn
电子信箱：hq. hotel@ mail. hf. ah. cn

安徽省皖能大厦 ★★★
地址：合肥市马鞍山路 99 号
电话：0551－2225166
传真：0551－2225599
邮编：230051
网址：www. ahtdhotel. com
电子信箱：zhangjl@ wenergy. com. cn

三河国际大酒店 ★★★
地址：合肥市三河镇三杭路
电话：0551－8759998
传真：0551－8759198
邮编：231221
网址：www. sanhehotel. com
电子信箱：benny94839@ sina. com

合肥市新亚大酒店 ★★★
地址：合肥市胜利路 18 号
电话：0551－2203033
传真：0551－2203000
邮编：230011
网址：www. xinyahotel. cn
电子信箱：xy@ xinyahotel. cn

百花宾馆 ★★★
地址：合肥市寿春路 191 号
电话：0551－2226890
传真：0551－2226890
邮编：230001
网址：www. bhhotel. cn
电子信箱：fang@ hdhotel. com. cn

相王宾馆 ★★★
地址：合肥市铜陵北路中段
电话：0551－4221234
传真：0551－4233990
邮编：230011
网址：www. longgang－hotel.
电子信箱：xwbgs_2006@ 163. com

安徽安港大酒店 ★★★
地址：合肥市芜湖路 273 号
电话：0551－2289656
传真：0551－2886969
邮编：230006
网址：www. aghotel. com
电子信箱：aghotel@ aghotel. com

安徽邮政宾馆 ★★★
地址：合肥市新火车站广场西侧
电话：0551－4243128
传真：0551－4243202
邮编：230011
网址：www. longgang－hotel.
电子信箱：longgang@ mail. hf. ah. cn

宿州市金三维大酒店 ★★★
地址：宿州市汴河东路 6－8 号
电话：0557－3316661
传真：0557－3319999
邮编：234000
网址：www. cn. jsw. com
电子信箱：wxfeng1117@ 163. com

宿州度假村 ★★★
地址：宿州市海河西路 182 号
电话：0557－391555
传真：0557－3902010
邮编：234000
网址：www. cn. jsw. com
电子信箱：wxfeng1117@ 163. com

宿州宾馆 ★★★
地址：宿州市淮海中路 32 号
电话：0557－3660000
传真：0557－3027171
邮编：234000
网址：www. duxiuguoji. com
电子信箱：wxfeng1117@ 163. com

宿州市皖煤大酒店 ★★★
地址：宿州市西昌南路 164 号
电话：0557－3982222
传真：0557－3982416

邮编：234000
网址：www. cn. jsw. com
电子信箱：zhshu117@ sina. com

相王府宾馆 ★★★
地址：淮北市煤城路 1 号
电话：0561－3808899
传真：0561－3808498
邮编：235000
网址：www. xwjt. cn
电子信箱：xwfbgs@ 126. com

阜阳国贸大酒店 ★★★
地址：阜阳市人民东路 1 号
电话：0558－2258888
传真：0558－2281999
邮编：236500
网址：www. cn. jsw. com
电子信箱：zhshu117@ sina. com

太和县镜湖宾馆 ★★★
地址：阜阳市太和县健康路 67 号
电话：0558－8622120
传真：0558－8631587
邮编：236600
网址：www. cn. jsw. com
邮编：236600

颍上县迪沟新阳光大酒店 ★★★
地址：阜阳市颍上县迪沟
电话：0558－4263888
传真：0558－4263080
邮编：236000
网址：www. cn. jsw. com
电子信箱：zhshu117@ sina. com

亳州古井大酒店 ★★★
地址：亳州市谯陵南路 105 号
电话：0558－5521298
传真：0558－5523244
邮编：236807
网址：www. vistahotel. cn
电子信箱：haidun@ highdon. com

亳州海顿饭店 ★★★
地址：亳州市幸福桥广场
电话：0558－5557222
传真：0558－5557111
邮编：236800
网址：www. highdon. com
电子信箱：haidun@ highdon. com

蚌埠方兴假日酒店 ★★★
地址：蚌埠市工农路南段
电话：0552－7121155
传真：0552－7121160
邮编：233000
网址：www. ahbbhvtel. com

蚌埠铁道大酒店 ★★★
地址：蚌埠市淮河路 246 号
电话：0552－3938888
传真：0552－3069555
邮编：233000
网址：www. bbtd－hotel. com
电子信箱：zfyo212@ 163. com

蚌埠张公山宾馆 ★★★
地址：蚌埠市张公山路 128 号
电话：0552－4951888
传真：0552－4951588
邮编：233010
网址：www. bbzgshotel. com
电子信箱：suqingfu@ yahoo. com

蚌埠郁金香宾馆 ★★★
地址：蚌埠市治淮路 205 号
电话：0552－3033333
传真：0552－3030757
邮编：233060
网址：www. tuliphotel. com

蚌埠怀洪宾馆 ★★★
地址：蚌埠市治淮路 780 号
电话：0552－3918888
传真：055－3918720
邮编：233000
网址：www. bbzgshotel. com
电子信箱：hugihonghotel@ 163. com

蚌埠南山宾馆 ★★★
地址：蚌埠市中山街 168 号
电话：0552－2049999
传真：0552－2040243
邮编：233000
网址：www. nshotel. net
电子信箱：bbns@ nshotel. net

润丰宾馆 ★★★
地址：淮南市田家庵区朝阳中路
电话：0554－6663888
传真：0554－6672686
邮编：232007
网址：www. jdhd. 51365. net
电子信箱：huayuan. 163@ 163. com

安徽信谊宾馆 ★★★
地址：淮南市田家庵区广场北路 2 号
电话：0554－3384488
传真：0554－6887444
邮编：232001
网址：www. jdhd. 51365. net
电子信箱：huayuan. 163@ 163. com

森都国际大酒店 ★★★
地址：淮南市田家庵区国庆中路 158 号
电话：0554－3648000
传真：0554－3622766
邮编：232007
网址：www. jdhd. 51365. net
电子信箱：huayuan. 163@ 163. com

金地海顿酒店 ★★★
地址：淮南市田家庵区人民南路 19 号
电话：0554－5546988
传真：0554－2673456
邮编：232007
网址：www. jdhd. 51365. ne
电子信箱：huayuan. 163@ 163. com

洞山宾馆 ★★★
地址：淮南市田家庵区迎宾路 1 号
电话：0554－6644055
传真：0554－6644219
邮编：232001
网址：www. xhyhotel. cn
电子信箱：huayuan. 163@ 163. com

滁州市红三环大酒店 ★★★
地址：滁州市紫薇北路 1329 号
电话：0550－3316999
传真：0550－3316166
邮编：239000
网址：www. hshhotel. com
电子信箱：hsh@ hshhotel. com

马钢宾馆 ★★★
地址：马鞍山市西苑路 2 号
电话：0555－2883789
传真：0555－2321740
邮编：243000
网址：www. sealionhotel. cn
电子信箱：wsf@ 1895. cn

宝龙大酒店 ★★★
地址：马鞍山市雨山中路
电话：0555－2339555
传真：0555－2346088
邮编：243011
网址：www. haixinghotel. com
电子信箱：ahhaixing@ 21cn. com

马鞍山海兴国际酒店 ★★★
地址：马鞍山市重阳路 6 号
电话：0555－8219999
传真：0555－8219966
邮编：243000
网址：www. haixinghotel. com
电子信箱：ahhaixing@ 21cn. com

海狮（国际）商务酒店 ★★★
地址：马鞍山市当涂工业园红庄路
电话：0555－6757888
传真：0555－6757880
邮编：243100
网址：www. sealionhotel. cn
电子信箱：wsf@ 1895. cn

奥顿（芜湖）酒店有限公司 ★★★
地址：芜湖市北京东路 10 号
电话：0553－3834022
传真：0553－3834022
邮编：241000
网址：www. altonhotel. com
电子信箱：alton@ altonhotel. com

芜湖花园酒店 ★★★
地址：芜湖市镜湖路 12 号
电话：0553－3866666
传真：0553－3939789
邮编：241001
网址：www. ahta. com. cn
邮编：241001

芜湖鑫海洋大酒店 ★★★
地址：芜湖市赭山东路
电话：0553－2866888
传真：0553－2867888
邮编：241000
网址：www. xhyhotel. cn
电子信箱：huayuan. 163@ 163. com

芜湖新南港大酒店 ★★★
地址：芜湖市南陵县南翔南路 3 号
电话：0553－6811888
传真：0553－6811822
邮编：241300
网址：www. ahta. com. cn
电子信箱：xnghotel@ 163. com

天井湖宾馆 ★★★
地址：铜陵市长江西路
电话：0562－2881018
传真：0562－2881009
邮编：244000
网址：www. xwjt. cn
电子信箱：tijinghu@ tlly. com

铜都国际大酒店 ★★★
地址：铜陵市淮河北路
电话：0562－5861888
传真：0562－5861644
邮编：244000

网址：www. xwjt. cn
电子信箱：tongduguoji@ tlly. com

潜山县南岳大酒店 ★★★
地址：安庆市天柱山一索口
电话：0556－8145888
传真：0556－8145378
邮编：246312
网址：www. ahnanyue. com
电子信箱：henghua@ hongkong. com

安徽中宜大酒店 ★★★
地址：安庆市孝肃路 122 号
电话：0556－5548999
传真：0556－5548866
邮编：246000
网址：www. ahzyhot. net

安庆宾馆 ★★★
地址：安庆市宜城路 40 号
电话：0556－5506999
传真：0556－5223333
邮编：246003
网址：www. aqhotel. com
电子信箱：aqbg@ mail. hf. ah. cn

独秀国际大酒店 ★★★
地址：安庆市怀宁县高河镇政和路
电话：0556－4636600
传真：0556－4636699
邮编：246121
网址：www. duxiuguoji. com
电子信箱：wxfeng1117@ 163. com

潜山县潜阳国际饭店 ★★★
地址：安庆市潜山县舒州东路 35 号
电话：0556－8979801
传真：0556－8979809
邮编：246300
网址：www. ahqianyang. com
电子信箱：web@ ahqianyang. com

安徽恒华大酒店 ★★★
地址：安庆市潜山县舒州西路 7 号
电话：0556－8979508
传真：0556－8979457
邮编：246300
网址：www. henghuagroup. com
电子信箱：henghua@ hongkong. com

花亭湖寺前庄苑 ★★★
地址：安庆市太湖县寺前镇
电话：0556－4320999
传真：0556－4320888
邮编：246400
网址：www. aqhotel. com

黄山丽园大酒店 ★★★
地址：黄山市旅游度假区黄口大桥
电话：0559－2326111
传真：0559－2326188
邮编：245000
网址：www. huangshan－hotel. com
电子信箱：li_yuanhotel@ 126. com

黄山九州大酒店 ★★★
地址：黄山市屯溪区黄山东路 111 号
电话：0559－2353888
传真：0559－2353188
邮编：245000
网址：www. jiuzhouhotel. com
电子信箱：paiyunloubinguan@ 126. com

黄山华电宾馆 ★★★
地址：黄山市屯溪区机场大道
电话：0559－2548899
传真：0559－2576555
邮编：245000
网址：www. huangshanhotel. com. cn
电子信箱：cy6665@ 163. com

屯溪黄龙大酒店 ★★★
地址：黄山市屯溪区机场大道
电话：0559－2123618
传真：0559－2123588
邮编：245000
网址：www. hshuanglong. com

黄山市老街口客栈 ★★★
地址：黄山市屯溪区老街 1 号
电话：0559－2534466
传真：0559－2531893
邮编：245000
网址：www. oldstreet-hotel. com. cn

黄山华辰大酒店 ★★★
地址：黄山市屯溪区前园北路 18 号
电话：0559－2345179
传真：0559－2345157
邮编：245000
网址：www. tourmort . cn
电子信箱：yunguhotel@ sina. com

黄山明珠大酒店 ★★★
地址：黄山市屯溪区前园南路 1 号
电话：0559－2937888
传真：0559－2513546
邮编：245000
网址：www. jiuzhouhotel. com
电子信箱：xz－hs@ 163. com

黄山海风楼宾馆 ★★★
地址：黄山市屯溪区前园南路 50 号
电话：0559－2346338
传真：0559－2534100
邮编：245000
网址：www. piyunhotel. com
电子信箱：web@ hsxghotel. com

黄山花溪饭店 ★★★
地址：黄山市屯溪区西镇街 1 号
电话：0559－2328000
传真：0559－2514990
邮编：245011
网址：www. tourmort . cn
电子信箱：gzl19614510@ sina. com

黄山白云宾馆 ★★★
地址：黄山市黄山风景区天海景区
电话：0559－5582708
传真：0559－5582602
邮编：245800
网址：www. haizhouhotel. com
电子信箱：huangshanbaiyun@ 126. com

黄山桃源宾馆 ★★★
地址：黄山市黄山风景区温泉景区
电话：0559－5585666
传真：0559－5585502
邮编：245800
网址：www. tourmort . cn
电子信箱：yunguhotel@ sina. com

黄山排云楼宾馆 ★★★
地址：黄山市黄山风景区西海景区
电话：0559－5588581
传真：0559－5583999
邮编：245801
网址：www. hspylhotel. com
电子信箱：paiyunloubinguan@ 126. com

黄山云谷山庄 ★★★
地址：黄山市黄山风景区云谷寺
电话：0559－5586444
传真：0559－5586018
邮编：245800
网址：www. tourmort . cn
电子信箱：yunguhotel@ sina. com

黄山北京教研中心 ★★★
地址：黄山市黄山区北海南路 92 号
电话：0559－8511266
传真：0559－8533320
邮编：245700
网址：www. webmail. jiaoyuhotel. com. cn
电子信箱：mail@ jiaoyuhotel. com

黄山原野假日酒店 ★★★
地址：黄山市黄山区六角楼广场
电话：0559－8580000
传真：0559－8509118
邮编：245700
网址：www. oldstreet-hotel. com. cn
电子信箱：cjj-113@ 163. com

黄山饭店 ★★★
地址：黄山市黄山区平湖东路 1 号
电话：0559－8510188
传真：0559－8532506
邮编：245700
网址：www. huangshanhotel. com. cn
电子信箱：cy6665@ 163. com

黄山秀湖山庄 ★★★
地址：黄山市黄山区太平湖风景区
电话：0559－8512888
传真：0559－8512928
邮编：245716
网址：www. xiuhumanor. com
电子信箱：xhuayu@ sina. com

黄山新港大酒店 ★★★
地址：黄山市黄山区汤口镇
电话：0559－5561462
传真：0559－5562509
邮编：245708
网址：www. hsxghotel. com
电子信箱：web@ hsxghotel. com

黄山海洲大酒店 ★★★
地址：黄山市黄山区汤口镇
电话：0559－5578888
传真：0559－5579999
邮编：245708
网址：www. haizhouhotel. com
电子信箱：hshzhotel@ sohu. com

黄山民航九龙山庄 ★★★
地址：黄山市黄山区汤口镇
电话：0559－5587888
传真：0559－5587599
邮编：245708
网址：www. hsjlhotel. com
电子信箱：huangshanbaiyun@ 126. com

黄山华艺宾馆 ★★★
地址：黄山市黄山区汤口镇
电话：0559－5586802
传真：0559－5599666
邮编：245708
网址：www. huangshanhotel. com. cn
电子信箱：cy6665@ 163. com

黄山迎客松宾馆 ★★★
地址：黄山市黄山区玉河路
电话：0559－8511187
传真：0559－8532082
邮编：245700
网址：www. hsjinye. com. cn
电子信箱：hsjyt@ sina. com

歙县披云山庄 ★★★
地址：黄山市歙县披云路 5 号
电话：0559－6530008
传真：0559－6530002
邮编：245200
网址：www. piyunhotel. com
电子信箱：web@ hsxghotel. com

黟县宏村饭店 ★★★
地址：黄山市黟县宏村镇际泗溪桥头
电话：0559－5541888
传真：0559－5542668
邮编：245531
网址：www. hongcun-hotel. com

黟县中城山庄 ★★★
地址：黄山市黟县中城山庄
电话：0559－5556666
传真：0559－5522319
邮编：245500
网址：www. hongcun. com. cn
电子信箱：hongcun@ hongcun. com. cn

六安花都大酒店有限公司 ★★★
地址：六安市皖西路 10 号
电话：0564－3317888　3327888
传真：0564－3314345
邮编：237005
网址：www. zishan-hotel. com
电子信箱：jdzsbg@ 163. com

霍邱县金樱大酒店 ★★★
地址：六安市霍邱县城关镇蓼城西路
电话：0564－6010760
传真：0564－6010760
邮编：237400
网址：www. qfit. com
电子信箱：may5155@ 21cn. com

新贵大酒店 ★★★
地址：六安市舒城县城关春秋北路
电话：0564－8670999
传真：0564－8679086
邮编：231300
网址：www. xingui. com
电子信箱：xingui@ mail. la. ah163. net

盛发宾馆 ★★★
地址：六安市舒城县城关春秋北路
电话：0564－6281399　6282188
传真：0564－6281999
邮编：237400
网址：www. qfit. com
电子信箱：may5155@ 21cn. com

金寨宾馆 ★★★
地址：六安市金寨县史河路 319 号
电话：0564－7062994　7062053
传真：0564－7062994
邮编：237300
网址：www. lajzbg. com
电子信箱：jzbg123456@ 21cn. com

霍山山城宾馆 ★★★
地址：六安市霍山中兴南路 1 号
电话：0564－5033888
传真：0564－5033866
邮编：237200
网址：www. ahschotel. com

汤山宾馆 ★★★
地址：巢湖市半汤温泉度假区银泉路
电话：0565－2357720
传真：0565－2357234
邮编：238000
网址：www. chtshotel. com
电子信箱：jzbg123456@ 21cn. com

金泉山庄 ★★★
地址：巢湖市半汤温泉度假区银泉路
电话：0565－2356108
传真：0565－2356178
邮编：238000
网址：www. ahwh. com. cn
电子信箱：jzbg123456@ 21cn. com

温泉宾馆 ★★★
地址：巢湖市半汤温泉度假区银泉路
电话：0565－2356069
传真：0565－2356635
邮编：238000
网址：www. ahwh. com. cn
电子信箱：jzbg123456@ 21cn. com

新文采临湖宾馆 ★★★
地址：巢湖市团结路 113 号
电话：0565－2381288
传真：0565－2312287
邮编：238000
网址：www. lajzbg. com
电子信箱：jzbg123456@ 21cn. com

望湖宾馆 ★★★
地址：巢湖市卧牛路 9 号
电话：0565－2381188
传真：0565－2381166
邮编：238000
网址：www. ahwh. com. cn
电子信箱：jzbg123456@ 21cn. com

金福园国际大酒店 ★★★
地址：巢湖市庐城镇军二西路 77 号
电话：0565－7334868
传真：0565－7314007
邮编：231500
网址：www. chtshotel. com
电子信箱：jzbg123456@ 21cn. com

庐江宾馆 ★★★
地址：巢湖市庐江县城关镇
电话：0565－7322967
传真：0565－7322967
邮编：231500
网址：www. chtshotel. com
电子信箱：jzbg123456@ 21cn. com

金海岸大酒店 ★★★
地址：巢湖市庐江县黄山南路 2 号
电话：0565－7336006
传真：0565－7336098
邮编：231500
网址：www. ljjha. com
电子信箱：jzbg123456@ 21cn. com

无为宾馆 ★★★
地址：巢湖市无为县无城镇凤河路
电话：0565－6311999
传真：0565－6313294
邮编：238300
网址：www. chtshotel. com
电子信箱：jzbg123456@ 21cn. com

陋室宾馆 ★★★
地址：巢湖市和县历阳镇陋室东路
电话：0565－5309999
传真：0565－5309421
邮编：238200
网址：www. chtshotel. com
电子信箱：jzbg123456@ 21cn. com

池州宾馆 ★★★
地址：池州市长江中路 19 号
电话：0566－2618216
传真：0566－2618118
邮编：247000
网址：www. cz-hotel. cn
电子信箱：czbg@ 163. com

大九华宾馆 ★★★
地址：池州市翠柏中路 218 号
电话：0566－2811262
传真：0566－2811258
邮编：247000
网址：www. jiuhuashan. cc
电子信箱：xhcbg@ xhcbg. com

九华山金凤凰宾馆 ★★★
地址：池州市九华山风景区白马新村 10 号
电话：0566－5011233
传真：0566－5011138
邮编：242811
网址：www. jiuhuashan. cc

安徽省九华山庄 ★★★
地址：池州市九华山风景区灯塔新村 86 号
电话：0566－5011036
传真：0566－5011032
邮编：242811
网址：www. jhotel. cn
电子信箱：jhotel@ 126. com

聚龙大酒店 ★★★
地址：池州市九华山风景区化城路 2 号
电话：0566－5011368
传真：0566－5011022
邮编：242811
网址：www. jiuhuashan. cc/julong_hotel
电子信箱：jzbg123456@ 21cn. com

九华山百岁山庄 ★★★
地址：池州市九华山风景区内
电话：0566－5013218
传真：0566－5013004
邮编：242811
网址：www. jhsbssz. com
电子信箱：wowstar@ qq. com

安徽池州杏花村宾馆 ★★★
地址：池州市秋浦西路 20 号
电话：0566－202323
传真：0566－2045407
邮编：247000
网址：www. xhcbg. com
电子信箱：xhcbg@ xhcbg. com

池州市尧城迎宾馆 ★★★
地址：池州市东至县尧渡镇建设路 16 号
电话：0566－7010908
传真：0566－7010902
邮编：247200
网址：www. ahybg. ccoo. cn
电子信箱：dzzhyq@ 126. com

石台牯牛降国际大酒店 ★★★
地址：池州市石台县七里镇秋浦西路 5 号

电话：0566－6028288
传真：0566－6028400
邮编：245100
网址：www.gnjhotel.com
电子信箱：gnjhotel2006@163.com

青阳九子山宾馆 ★★★
地址：池州市青阳县木镇路47号
电话：0566－5020888
传真：0566－5020736
邮编：242800
网址：www.ahybg.ccoo.cn
电子信箱：jianxyh@163.com

青阳国际大酒店 ★★★
地址：池州市青阳县蓉城镇临城路1号
电话：0566－5020008
传真：0566－5020009
邮编：242800
网址：www.qygj.com
电子信箱：wowstar@qq.com

西峰山庄 ★★★
地址：池州市青阳县蓉城镇西峰路29号
电话：0566－5020288
传真：0566－5020299
邮编：242800
网址：www.jiuhuashan.cc
电子信箱：jhotel@126.com

宣城宾馆 ★★★
地址：宣城市状元南路88号
电话：0563－3031278
传真：0563－3022918　0563－3031289
邮编：242000
网址：www.ahxcbg.cn
电子信箱：xcbgyxx@163.com

宣城南天宾馆 ★★★
地址：宣城市状元中路1号
电话：0563－5202008
传真：0563－5208968
邮编：242000
网址：www.ahxcbg.cn
电子信箱：xcbgyxx@163.com

宁国司尔特大酒店 ★★★
地址：宣城宁国市津河东路17号
电话：0563－4012005
传真：0563－4022957
邮编：242300
网址：www.siertehotel.com
电子信箱：siertehotel@163.com

宁国盛唐大酒店 ★★★
地址：宣城宁国市宁城南路1号
电话：0563－4017108
传真：0563－4015737
邮编：242300
网址：www.ngsthotel.com
电子信箱：st@ngsthotel.com

宁国恩龙世界木屋村 ★★★
地址：宣城宁国市宁港路8公里处
电话：0563－4151329
传真：0563－4151326
邮编：242300
网址：www.enlong.com.cn
电子信箱：els.jmwc@163.com

宁国城市假日酒店 ★★★
地址：宣城宁国市宁阳中路160号
电话：0563－4185888
传真：0563－4185726
邮编：242300
网址：www.anhui-huada.com.cn
电子信箱：mmmjk@sohu.com

宁国都市阳光度假村 ★★★
地址：宣城宁国市中溪北路8号
电话：05634101777
传真：05634101789
邮编：242300
网址：www.anhui－huada.com.cn
电子信箱：mmmjk@sohu.com

广德华东大酒店 ★★★
地址：宣城市广德县城横山南路
电话：0563－6039888
传真：0563－6039039
邮编：242200
网址：www.echotel.cn
电子信箱：zea@21cn.com

广德横山宾馆 ★★★
地址：宣城市广德县景贤街113号
电话：0563－6040888
传真：0563－6040108
邮编：242200
网址：www.hengshanbinguan.com
电子信箱：hotel@hengshan.cn

广德太极山庄 ★★★
地址：宣城市广德县新杭镇太极洞景区
电话：0563－6850003
传真：0563－6850498
邮编：242240
网址：www.taijidong.com
电子信箱：design@taijidong.com

泾县红睿假日酒店 ★★★
地址：宣城市泾县项英路2号
电话：0563－5122222
传真：0563－5122555
邮编：242500
网址：www.ahjxhongrui.com
电子信箱：els.jmwc@163.com

旌德梓山宾馆 ★★★
地址：宣城市旌德县营坎路15号
电话：0563－8602008
传真：0563－8027788
邮编：242600
网址：www.zishan－hotel.com
电子信箱：jdzsbg@163.com

绩溪宾馆 ★★★
地址：宣城市绩溪县适之街56号
电话：0563－8151801
传真：0563－8163201
邮编：245300
网址：www.jixi－hotel.com
电子信箱：web@jixi－hotel.com

旅游景区

安徽省博物馆 AAAA
地址：合肥市安庆路268号
电话：0551－2824655
邮编：230061

李鸿章故居 AA
地址：合肥市淮河路208号
电话：0551－2616772
邮编：230001

合肥市徽园 AAAA
地址：合肥市经济技术开发区
电话：0551－3822004
邮编：230001

安徽名人馆 AA
地址：合肥市西郊蜀山风景区
电话：0551－5388275
邮编：230031

合肥野生动物园 AAAA
地址：合肥市环山南路2号
电话：0551－5315595
邮编：230031

合肥包公园 AAAA
地址：合肥市肥东县
邮编：231600

合肥市肥西县三河古镇 AAAA
地址：合肥市肥西县三河镇
电话：0551－8751185
邮编：231200

紫蓬山国家森林公园 AA
地址：合肥市肥西县紫蓬山旅游开发区
电话：0551－8581222
邮编：230001

相山公园风景区 AAA
地址：淮北市相山路1号
电话：0561－3037516
邮编：235000

颍州西湖风景名胜区 AA
地址：阜阳市颍州西湖
电话：0558－3886308
邮编：236032

阜阳生态乐园 AAAA
（全国农业旅游示范点）
地址：阜阳市北京西路农校西800米
电话：0558－2616191
传真：0558－2616660
邮编：236029
电子信箱：fystyzk126@126.com

安徽颍上迪沟生态旅游风景区 AAAA
地址：阜阳市颍上县汤店镇
电话：0558－4261666
传真：0558－4261007
邮编：236200
网址：www.dg_travel.com

颍上八里河风景区 AAAA
地址：阜阳市颍上县八里河镇
电话：0558－4584424
邮编：236200

淮南八公山风景区 AAAA
地址：淮南市八公山风景区
电话：0554－7750177
邮编：232072

淮南市茅仙洞旅游风景区 AA
地址：淮南市凤台县
邮编：232100

琅琊山国家重点风景名胜区 AAAA
地址：滁州市琅琊古道23号
电话：0550－3513527
邮编：239000

滁州市狼巷迷谷风景区 AAAA
地址：滁州市凤阳县城东南30公里处
电话：0550－6711599

邮编：233100
网址：www. lxmg. com. cn

凤阳明中都古楼 AA
地址：滁州市凤阳县府镇鼓楼广场
电话：0550－6720033
邮编：233100

濮塘风景名胜区 AA
地址：马鞍山市濮塘镇
电话：0555－3151023
邮编：241000

采石矶国家重点风景名胜区 AAAA
地址：马鞍山市采石风景区
电话：0555－2100143－1001/02
邮编：243041

安徽芜湖赭山风景区 AAAA
地址：芜湖市
电话：0553－2211849
邮编：241000
网址：www. zsfjq. com

王稼祥纪念园 AAAA
地址：芜湖市中山北路狮子山北麓
邮编：241000

汀棠公园 AA
地址：芜湖市九华中路
电话：0553－5852007
邮编：241000

赭山公园 AA
地址：芜湖市九华路 345 号
电话：0553－3826513
邮编：241000

广济寺 AA
地址：芜湖市赭山路 26 号
电话：0553－3821494
邮编：241000

安徽繁昌马仁奇峰森林风景旅游区 AAAA
地址：芜湖市繁昌县
电话：0553－7216888　7216688
邮编：241200

安徽丫山花海石林旅游区 AAA
地址：芜湖市南陵县何湾镇
电话：0553－6417888
邮编：241317

天井湖风景区 AAAA
地址：铜陵市长江西路 181 号
电话：0562－2864746
邮编：244000

螺丝山青年公园 A
地址：铜陵市铜港路
电话：0562－5819577
邮编：244000

东湖休闲中心 A
地址：铜陵市长江西路 236 号
电话：0562－6861596
邮编：244000

长江大桥公园 A
地址：铜陵市横港羊山矶
邮编：244000

金牛洞古采矿遗址 AA
地址：铜陵市铜陵县新桥境内
电话：0562－2861887
邮编：244000

白暨豚养护场 A
地址：铜陵市铜陵县大通镇
电话：0562－8861489
邮编：244000

大龙山风景名胜区 AA
地址：安庆市郊杨桥镇
电话：0556－5890392
邮编：246007

安庆市桐城龙眠山风景名胜区 AA
地址：安庆桐城市龙眠乡
邮编：231400

浮山风景名胜区 AA
地址：安庆市枞阳县浮山镇
电话：0556－2691366
邮编：246000

安庆市枞阳大山生态旅游区 AA
地址：安庆市枞阳县
邮编：246700

天柱山国家重点风景名胜区 AAAA
地址：安庆市潜山县梅城镇舒州西路 9 号
电话：0556－8932217
邮编：246300

花亭湖旅游景区 AAAA
地址：安庆市太湖县建设路
电话：0556－4641428
邮编：246670

石莲洞国家森林公园 A
地址：安庆市宿松县宿松林场
电话：0556－7821342
邮编：246000

白崖寨风景名胜区 A
地址：安庆市宿松县趾凤乡
电话：0556－7771241
邮编：246000

小孤山风景名胜区 AA
地址：安庆市宿松县复兴镇
电话：0556－7511665
邮编：246000

司空山风景名胜区 AAA
地址：安庆市岳西县店前镇
电话：0556－2320778
邮编：246000

妙道山国家森林公园 AA
地址：安庆市岳西县河图镇
电话：0556－2172185
邮编：246000

天仙河旅游区 AA
地址：安庆市岳西县营蒲镇
电话：0556－2478155
邮编：246000

云峰峡谷旅游区 A
地址：安庆市岳西县黄尾镇
邮编：246000

黄山国家重点风景名胜区 AAAAA
地址：黄山市黄山风景区管理委员会
电话：0559－5562396
邮编：242709

黄山翡翠（情人）谷 AAAA
地址：黄山市黄山风景区翡翠谷
电话：0559－5577638
邮编：242708
电子信箱：museu@ macau. ctm. net

花山谜窟—浙江国家重点风景名胜区 AAAA
地址：黄山市屯溪区屯光镇
电话：0559－2350278
邮编：245000

黄山市唐模景区 AAAA
地址：黄山市徽州区唐模村
邮编：245061

黄山市徽州区潜口民宅博物馆 AAAA
地址：黄山市徽州区潜口镇潜口村
邮编：245061

黄山市徽州呈坎景区 AAAA
地址：黄山市徽州区呈坎
电话：0559－3536888　3536999
邮编：245061

黄山九龙瀑风景区 AAAA
地址：黄山市黄山区汤口镇
电话：0559－5561459
邮编：242700
网址：www. jiulongpu. com

太平湖风景区 AAAA
地址：黄山市黄山区太平西路
电话：0559－8510901　8561199
邮编：242500

歙县棠樾牌坊群·鲍家花园景区 AAAA
地址：黄山市歙县
电话：0559－6750225
邮编：245200

黄山市徽州古城 AAAA
地址：黄山市歙县
邮编：245200

黄山市新安江山水画廊风景区 AAAA
地址：黄山市歙县
邮编：245200

齐云山国家重点风景名胜区 AAAA
地址：黄山市休宁县齐云山镇
电话：0559－7560019
邮编：245451

黟县西递景区 AAAA
地址：黄山市黟县西递镇
电话：0559－5154030　5154457
邮编：245501

黟县宏村景区 AAAA
地址：黄山市黟县宏村镇
电话：0559－5541158
邮编：245500

黄山市赛金花故居·归园景区 AAAA
地址：黄山市黟县龙江乡
邮编：245500

祈门县牯牛降景区 AAAA
地址：黄山市祁门县
电话：0566－6658189
邮编：245600

八公山森林公园 AA
地址：六安市寿县北门外
电话：0564－4101633
邮编：237002

万佛湖旅游区 AAAA
地址：六安市舒城县万佛湖旅游区
电话：0564－8537619
邮编：231300

万佛山森林公园 AA
地址：六安市舒城县万佛山
电话：0564－8342158
邮编：237002

天堂寨风景区 AAAA
地址：六安市金寨县天堂寨
电话：0564－7528098　7528180
传真：0564－7528098
邮编：237343
网址：www. ttzly. com
电子信箱：ahttzly@126. com

天堂寨国家森林公园 AA
地址：六安市金寨县西南角
电话：0564－7528078
邮编：237002

姥山岛风景区 AA
地址：巢湖市中庙镇巢湖湖中心
电话：0565－8578787
邮编：238800

东庵森林公园 AA
地址：巢湖市南郊东庵林场
电话：0565－2601199
邮编：238000

桃花岛度假区 A
地址：巢湖市居巢区夏阁西峰乡下汤水库
电话：0565－8341015
邮编：238000

庐江奇石馆 AA
地址：巢湖市庐江县文明中路
电话：0565－7319877
邮编：238000

汤池温泉度假区 AA
地址：巢湖市庐江县汤池镇
电话：0565－7381002
邮编：238000

冶父山国家森林公园 AA
地址：巢湖市庐江县冶父山公园
电话：0565－7411233
邮编：238000

金孔雀温泉旅游度假村 AAAA
地址：巢湖市庐江县烫池镇外经人道
电话：0565－7085660
邮编：231511

泊山洞景区 AA
地址：巢湖市无为县蜀山镇
电话：0565－6980380
邮编：238000

华阳洞景区 AA
地址：巢湖市含山县褒禅山
电话：0565－4355934
邮编：238159

太湖山国家森林公园 AA
地址：巢湖市含山县太湖山林场
电话：0565－4818549
邮编：238159

陋室公园 AA
地址：巢湖市和县陋室东街
电话：0565－5312746
邮编：238000

霸王祠景区 AA
地址：巢湖市和县乌江镇东南侧凤凰山
电话：0565－5391207
邮编：238251

九华山国家重点风景名胜区 AAAAA
地址：池州市青阳县九华山
电话：0566－5011203
邮编：242811

齐山风景区 AA
地址：池州市
电话：0566－2611575
邮编：247000

万罗山风景区 AA
地址：池州市贵池区里山办事处
电话：0566－2712198
邮编：247000

贵池区大王洞风景区 AAAA
地址：池州市贵池区牌楼镇
电话：0566－4434368
邮编：247100

大历山风景区 AA
地址：池州市东至县历山
电话：0566－7810177
邮编：247000

东流古文化区 AA
地址：池州市东至县东流镇
邮编：247000

石台蓬莱仙洞 AA
地址：池州市石台县贡溪乡杜村
电话：0566－6431048
邮编：247000

恩龙山庄生态旅游度假区 AAAA
宁国市恩龙生态发展有限公司
地址：宣城宁国市环城西路
电话：0563－4182996
邮编：242300

太极洞国家重点风景名胜区 AAAA
地址：宣城市广德县新杭镇
电话：0563－6850196
邮编：242200

泾县云岭新四军军部旧址纪念馆 AAAA
地址：宣城市泾县云岭镇罗里村
邮编：242500

江村 AAAA
地址：宣城市旌德县江村
电话：0563－8046446
邮编：242300

安徽－绩溪县龙川景区 AAAA
地址：宣城市绩溪县龙川村
邮编：245300

餐　馆

合肥市谭鱼头餐饮有限公司
地址：合肥市美菱大道香港步行街 C 座
电话：0551－2879558
邮编：230001

合肥小天街渔庄餐饮娱乐有限公司
地址：合肥市望江东路
电话：0551－3628977
邮编：230001

合肥瑶海山庄餐饮有限公司
地址：合肥市明光路
电话：0551－4492908
邮编：230001

合肥西湖蓝宝餐饮有限责任公司
地址：合肥市临泉路胜利广场
电话：0551－4240494
邮编：230001

合肥肥西老母鸡餐饮有限公司
地址：合肥市金寨路
电话：0551－2657888
邮编：230001

安徽福成餐饮有限责任公司
地址：合肥市金寨路
电话：0551－3623777
邮编：230022

巴蜀天下餐饮管理有限公司
地址：合肥市蒙城北路
电话：0551－5694488
邮编：230041

合肥市朱老大餐饮有限公司
地址：合肥市大通路
电话：0551－4482938
邮编：230011

津鱼头火锅餐饮有限公司
地址：合肥市六安路
电话：0551－2679777
邮编：230001
网址：www. jinyutou. com

合肥市八大碗餐饮有限公司
地址：合肥市望江路与宿松路
电话：0551－3657818
邮编：230001

安徽江南春饮食服务有限公司
地址：合肥市长江西路
电话：0551－5584789
邮编：230001

合肥市饮食服务公司
地址：合肥市铜陵路
电话：0551－4483494
邮编：230001

安徽省金满楼饮食集团有限公司
地址：合肥市金寨路
电话：0551－2841888
邮编：230001

合肥四季餐厅
地址：合肥市美菱大道
电话：0551－4669957
邮编：230001

越南西贡花园餐厅
地址：合肥市金寨路
电话：0551－3625566
邮编：23002

安徽盛臣饮食集团
地址：合肥市梅山路 18 号
电话：0551－2218433
邮编：230001

金满楼东方海鲜酒楼
地址：合肥市金寨路 12 号
电话：0551－2841888　2818777
邮编：230001

粤之府餐厅
地址：合肥市阜南路 168 号
电话：0551－2819988

邮编：230001

大庐州酒楼
地址：合肥市望江路
电话：0551-3631504
邮编：230001

步步高酒楼
地址：合肥市金寨路25号
电话：0551-3635759
邮编：230001

巴渝人家川菜馆
地址：合肥市
电话：0551-2834034
邮编：230001

金满楼嘉年华海鲜酒楼
地址：合肥市金寨路252号
电话：0551-2837799　2837979
邮编：230001

金满楼步步高美食城
地址：合肥市蒙城北路88号
电话：0551-5693188　5693737
邮编：230001

金满楼南海渔村酒楼
地址：合肥市阜南西路190号
电话：0551-2835577　2824477
邮编：230001

独一处海鲜城
地址：合肥市长江西路42号
电话：0551-5126666　5127777
邮编：230001

金源海鲜酒楼
地址：合肥市西园路30号
电话：0551-5111999
邮编：230001

南越海鲜楼
地址：合肥市荣事达大道73号
电话：0551-2675178
邮编：230001

叶氏城市花园酒楼
地址：合肥市长江东路1098号
电话：0551-4292222　4295555
邮编：230001

金海港大酒楼
地址：合肥市阜南路166号
电话：0551-2838811　2838833
邮编：230001

神龙阁凤凰美食城
地址：合肥市和平路110号
电话：0551-4477518　4477618
邮编：230001

徽府金色家园
地址：合肥市阜南路80号
电话：0551-3421666　3427555
邮编：230001

凤凰美食城
地址：合肥市东流路26号
电话：0551-3421666　3427555
邮编：230001

沸腾鱼乡
地址：合肥市凤阳路88号
电话：0551-4252299
邮编：230001

景城啤酒屋
地址：合肥市望江路88号
电话：0551-3625111
邮编：230001

第一渔港
地址：合肥市徽州大道1222号
电话：0551-3435107
邮编：230001

巴蜀鱼乡
地址：宿州市西昌路
电话：0557-3906555
邮编：234000

野地野味土菜馆
地址：宿州市淮海路32号
电话：0557-3905363
邮编：234000

世纪缘酒楼
地址：宿州市淮海路57号
电话：0557-3036890
邮编：234000

乡之味美食城
地址：宿州市埇桥区胜利路
电话：0557-3031339
邮编：234000

静心园酒楼
地址：宿州市埇桥区西昌南路
电话：0557-2133828
邮编：234000

曙光饭店
地址：宿州市埇桥区汴河东路
电话：0557-3310116
邮编：234000

张老头全鸡馆
地址：淮北市古城西路33号
电话：0561-5208588
邮编：235000

淮北人家
地址：淮北市古城东路
电话：0561-5215211
邮编：235000

云峰酒家
地址：淮北市相山路
电话：0561-2116911
邮编：235000

状元红酒楼
地址：淮北市洪山路
电话：0561-3898088
邮编：235000

老渔民海鲜馆
地址：淮北市春秋巷
电话：0561-3048092
邮编：235000

憨鱼头
地址：淮北市鹰山路
电话：0561-3049000
邮编：235000

台湾牛排馆
地址：淮北市古城路175号
电话：0561-3889159
邮编：235000

阿香婆食府
地址：淮北市孟山路
电话：0561-4956202
邮编：235000

华夏酒楼
地址：淮北市古城路
电话：0561-4951922
邮编：235000

重庆巴乡鱼头酒楼淮北店
地址：淮北市相阳路
电话：0561-2130999
邮编：235000

泥鳅王
地址：淮北市相阳路
电话：0561-3290093
邮编：235000

重庆片片鱼
地址：淮北市相山路84号
电话：0561-3027489
邮编：235000

汇源阁酒楼
地址：淮北市相山路82号
电话：0561-3047554
邮编：235000

四季餐厅
地址：阜阳市颍上北路
电话：0558-2260299
邮编：236033

颍州酒家
地址：阜阳市一道河中路
电话：0558-3438608
邮编：236033

老地方餐馆
地址：阜阳市涡阳南路
电话：0558-2318534
邮编：236033

重庆渔庄
地址：阜阳市奎星路
电话：0558-7119778
邮编：236033

海记饭庄
地址：阜阳市颍河西路
电话：0558-2265657
邮编：236033

青藤阁酒店
地址：阜阳市清河东路
电话：0558-2179436
邮编：236033

都市砂锅酒店
地址：阜阳市颍河西路
电话：0558-2516177
邮编：236033

醉爱私房菜馆
地址：阜阳市颍河西路
电话：0558-3397160
邮编：236033

蚌埠市红豆酒楼
地址：蚌埠市凤阳西路625号
电话：13656367859
邮编：233000

蚌埠饭店
地址：蚌埠市淮河路立交桥下
电话：0552-2047833
邮编：233000

同庆楼酒店
地址：蚌埠市长征路525号
电话：0552－4073111
邮编：233000

巴国布衣
地址：蚌埠市蚌山区淮河路1185号
电话：0552－2081000
邮编：233000

毛家饭店
地址：蚌埠市淮河路华运超市广场内
电话：0552－2073077
邮编：233000

乾门茶艺酒楼
地址：蚌埠市朝阳路320号
电话：0552－3966877
邮编：233000

幸福小镇
地址：蚌埠市中山街138号
电话：0552－2077737
邮编：233000

一品红餐馆
地址：蚌埠市南山路83号
电话：0552－2057633
邮编：233000

小燕南酒屋
地址：蚌埠市中山街168号
电话：0552－2060817
邮编：233000

乡之味土菜馆
地址：蚌埠市治淮路
电话：0552－3065660
邮编：233000

新庄苑大酒店
地址：蚌埠市淮河路
电话：0552－3926652
邮编：233000

金山美食城
地址：蚌埠市淮河路491号金山商厦
电话：0552－2070253
邮编：233000

渝王府老房子酸菜鱼
地址：淮南市学院路
电话：0554－66566332696363
邮编：232001

古阳美食广场
地址：淮南市国庆中路281号
电话：0554－2528888
邮编：232001

小上海菜馆
地址：淮南市国庆中路
电话：0554－2689785
邮编：232001

长青饭店
地址：淮南市国庆中路39号
电话：0554－2683132
邮编：232001

咸亨餐厅
地址：淮南市
电话：0554－3383638
邮编：232001

楚湘阁酒楼
地址：淮南市朝阳东路
电话：0554－2695188
邮编：232001

玫瑰红酒楼
地址：淮南市淮舜南路
电话：0554－2674616
邮编：232001

快乐老家酒楼
地址：淮南市香港街
电话：0554－3633999
邮编：232001

六安土菜馆
地址：淮南市人民南路
电话：0554－2673466
邮编：232001

金汤老鸭馆
地址：淮南市体育场南路
电话：0554－2680446
邮编：232001

新天地美食广场
地址：淮南市朝阳中路
电话：0554－2689800
邮编：232001

天外天酒楼
地址：淮南市学院南路
电话：0554－3256278
邮编：232001

伊府餐厅
地址：滁州市双拥西路
电话：0550－3116838
邮编：239000

松茂徽菜馆
地址：滁州市南湖路
电话：0550－3523488
邮编：239000

馨香酒楼
地址：滁州市西涧路
电话：0550－3523915
邮编：239000

欣欣土菜馆
地址：滁州市育新东路
电话：0550－3034142
邮编：239000

五一饭店
地址：滁州市南谯北路
电话：0550－3115543
邮编：239000

状元楼
地址：滁州市定远路
电话：0550－3033638
邮编：239000

松鹤楼
地址：滁州市凤凰西路
电话：0550－3069744
邮编：239000

凤阳人家土菜馆
地址：滁州市凤凰西路
电话：0550－3012005
邮编：239000

滁州市上岛咖啡西餐厅
地址：滁州市市区天长东路150号
电话：0550－3039111
邮编：239000

鱼王火锅城
地址：滁州市体育路
电话：0550－3039707
邮编：239000

小尾羊全国连锁滁州总店
地址：滁州市市辖区凤凰西路
电话：0550－3011177
邮编：239000

清华苑酒家
地址：马鞍山市市区解放路81号
电话：0555－2480214
邮编：243001

马鞍山市金客隆美食园
地址：马鞍山市湖北路30号
电话：0555－2476451
邮编：243001

芜湖凤凰美食城大酒店
地址：芜湖市凤凰美食街12号
电话：0553－3856588
邮编：241000

食为天土菜馆
地址：芜湖市高校园区纬六路19号
电话：0553－2246219
邮编：241000

芜湖市毛家饭店
地址：芜湖市
电话：0553－3859718
邮编：241000

芜湖市天波鱼府
地址：芜湖市
电话：0553－3839179
邮编：241000

芜湖市中原土菜馆
地址：芜湖市北京东路50号
电话：0553－3111037
邮编：241000

四季春酒店
地址：芜湖市凤凰美食街1号
电话：0553－3879788
邮编：241000

台鑫酒楼
地址：芜湖市黄山路11号
电话：0553－3837150
邮编：241000

西子酒家
地址：芜湖市芜纺路160号
电话：0553－3834804
邮编：241000

巴府酒家
地址：芜湖市春安路23号
电话：0553－3828697
邮编：241000

芜湖大宅门美食城
地址：芜湖市北京东路
电话：0553－2211111
邮编：241000

雅香园酒楼
地址：芜湖市凤凰美食街
电话：0565－3879798
邮编：241000

金山城大酒店
地址：铜陵市义安大道

电话：0562－2119977
邮编：244000

渝川食府
地址：铜陵市淮河大道
电话：0562－2867878
邮编：244000

小尾羊餐饮全国连锁铜陵总店
地址：铜陵市长江西路
电话：0562－2864499
邮编：244000

安庆市惠园餐饮有限责任公司
地址：安庆市建设路102号
电话：0556－5513420
邮编：246001

安庆市惠园餐饮有限责任公司惠园金太阳酒店
地址：安庆市集贤南路218号
电话：0556－5590906
邮编：246001

安庆市蓝天酒楼
地址：安庆市德宽路256号
电话：0556－5538798
邮编：246001

安庆市老门牌大酒楼
地址：安庆市龙门口1号
电话：0556－5569930
邮编：246001

安庆市蓝天酒楼
地址：安庆市德宽路256号
电话：0556－5538798
邮编：246001

安庆市饮食服务公司
地址：安庆市华中西路258号
电话：0556－5512605
邮编：246001

安庆市九洲烧鹅仔大酒店
地址：安庆市建设路118号
电话：0556－5591234
邮编：246001

安庆蟠龙阁大酒楼
地址：安庆市吕八街西201号
电话：0556－5573358
邮编：246001

安庆市宜城春天大酒楼
地址：安庆市集贤路145号
电话：0556－5332764
邮编：246001

安庆市万春餐饮有限责任公司马永兴饭店
地址：安庆市吴越街16号
电话：0556－5542977
邮编：246001

安庆市城北酒楼
地址：安庆市集贤南路106号
电话：0556－5313809
邮编：246001

安庆市阳光大酒楼
地址：安庆市人民路298号
电话：0556－5573879
邮编：246001

安庆饭店
地址：安庆市华中西路352号
电话：0556－5545465
邮编：246001

安庆市宜园饭店
地址：安庆市华中西路117号
电话：0556－5514568
邮编：246001

安庆市华云酒家
地址：安庆市龙山路92号
电话：0556－5577409
邮编：246001

安庆市嘉辰酒楼
地址：安庆市双井街3号
电话：0556－5563055
邮编：246001

安庆市葡萄园酒楼
地址：安庆市宜城路105号
电话：0556－5521878
邮编：246001

安庆市饮食公司京津餐厅
地址：安庆市人民路242号
电话：0556－5514639
邮编：246001

安庆市红果园酒家
地址：安庆市湖心南路53号
电话：0556－5524707
邮编：246001

安庆市红房子大酒店
地址：安庆市人民路205号
电话：0556－5542559
邮编：246001

安庆市饮食公司乐园饭店
地址：安庆市人民路278号
电话：0556－5516104
邮编：246001

安庆市无锡大酒家
地址：安庆市人民路156号
电话：0556－5515963
邮编：246001

安庆市花亭酒家
地址：安庆市黄土坑西路19号
电话：0556－5312237
邮编：246001

安庆市宜园餐厅
地址：安庆市宜园路14号
电话：0556－5331265
邮编：246001

安庆市城西酒家
地址：安庆市沿江西路221号
电话：0556－5514163
邮编：246001

安庆市圣地雅阁酒家
地址：安庆市集贤南路197号
电话：0556－5323099
邮编：246001

安庆市鹭岛渔村大酒店
地址：安庆市龙山路55号
电话：0556－5516792
邮编：246001

安庆市金三角酒家
地址：安庆市德宽路163号
电话：0556－5512197
邮编：246001

安庆市近圣阁酒楼
地址：安庆市龙山路107号
电话：0556－5515254
邮编：246001

安庆市桃园药膳大酒店
地址：安庆市集贤北路47号
电话：0556－5315637
邮编：246001

黄山市一楼实业有限公司
地址：黄山市屯溪区长干路49号
电话：0559－2517799 2120990
邮编：245000

老街一楼
地址：黄山市屯溪区老街247号
电话：0559－2514784
邮编：245000

屯溪临江一楼
地址：黄山市屯溪区滨江东路78号
电话：0559－252997
邮编：245000

龙井大酒店
地址：黄山市徽州区滨河路51号
电话：0559－3581868
邮编：245000

蜀王火锅六安店
地址：六安市人民路88号
电话：0564－－3337199
邮编：237006

皖江海鲜城
地址：六安市皖西大道54号
电话：0564－3335777 3335999
邮编：237006

津鱼头火锅
地址：六安市皖西路137号
电话：0564－3227197
邮编：237006

皋城土菜坊
地址：六安市皋城西路
电话：0564－3280477
邮编：237006

醉仙酒家
地址：六安市龙河路
电话：0564－3300677
邮编：237006

赛纳河畔酒家
地址：六安市龙河路
电话：0564－3309019
邮编：237006

农家私房菜馆
地址：六安市龙河路
电话：0564－3309984
邮编：237006

池州酒家
地址：池州市长江南路11号
电话：0566－2618200
邮编：247100

金池州饮食服务有限公司
地址：池州市东湖路30号
电话：0566－2026118
邮编：247100

三人行美食城
地址：池州市建设西路2号

电话：0566－2023217
邮编：247100

金谷酒家
地址：池州市贵池区池阳路34号
电话：0566－2037749
邮编：247100

山里人土菜馆
地址：池州市贵池区翠柏中路
电话：0566－2041245
邮编：247100

梅村生态酒楼
地址：池州市贵池区池阳路
电话：0566－2046579
邮编：247100

海风土菜馆
地址：池州市贵池区永胜巷21号
电话：0566－2043897
邮编：247100

皖南人家
地址：宣城市宣州区环城西路
电话：0563－3025500
邮编：242000

庆元楼酒家
地址：宣城市宣州区状元南路
电话：0563－3010457
邮编：242000

大众酒楼
地址：宣城市宣州区状元南路
电话：0563－2718870
邮编：242000

喜洋洋酒楼
地址：宣城市宣州区环城西路
电话：0563－3031579
邮编：242000

龙凤酒楼
地址：宣城市宣州区鳌峰西路
电话：0563－3019819
邮编：242000

扬名土菜馆
地址：宣城市宣州区西林路
电话：0563－2107076
邮编：242000

怡馨园
地址：宣城市宣州区
电话：0563－2718287
邮编：242000

德福楼
地址：宣城市宣州区状元北路
电话：0563－3025379
邮编：242000

旅游用品

合肥铁龙铜饰制品有限责任公司
地址：合肥市
电话：0551－4233610
邮编：230001

合肥市泉友斋钱币珠宝有限责任公司
地址：合肥市
电话：0551－2625179　2673623
邮编：230001

丽洋（合肥）礼品有限公司
地址：合肥市长江中路11号
电话：0551－2679966
邮编：230001

合肥东方机绣工艺厂
地址：合肥市
电话：0551－4411452
邮编：230001

旭日文化礼品公司
地址：合肥市三孝口邵氏电脑城写字楼二层
电话：0551－2826754
邮编：230001

合肥市爱心舟礼品公司
地址：合肥市黄山东路喷泉处
电话：0551－4664673　4660858
邮编：230022

鼎力文化礼品有限公司
地址：合肥市安庆路99号508室
电话：0551－2647447
邮编：230001

合肥三星地矿珠宝银楼
地址：合肥市长江中路
电话：0551－2635725
邮编：230001

蚌埠市百禾玉雕厂
地址：蚌埠市治淮路69号
电话：0552－3021155　3036666
邮编：233000

正东玉器有限责任公司
地址：蚌埠市小蚌埠高庵
电话：0552－2822888
邮编：233000

淮南市鑫利珠宝公司
地址：淮南市
电话：0554－5672909
邮编：232001

淮南市绣品厂
地址：淮南市
电话：0554－3648003
邮编：232001

淮南书画社
地址：淮南市
电话：0554－3622574
邮编：232001

淮南市苏春画社
地址：淮南市
电话：0554－3623685
邮编：232001

五柳书画苑
地址：淮南市
电话：0554－2681835
邮编：232001

米占鸿民间艺术
地址：淮南市田电大院63－5－9号
电话：0554－3228747
邮编：232001

淮南八公山紫金砚厂
地址：淮南市
电话：0554－5619773　5619773
邮编：232001

滁州市工艺美术厂
地址：滁州市
电话：0550－3031644
邮编：239000

滁州市工艺美术一厂
地址：滁州市
电话：0550－3047892
邮编：239000

滁州市南谯正华工艺品厂
地址：滁州市
电话：0550－3063848
邮编：239000

滁州市玉雕厂
地址：滁州市
电话：0550－3112252
邮编：239000

滁州珠宝玉器厂
地址：滁州市
电话：0550－3024831
邮编：239000

全椒县椒陵工艺制品厂
地址：滁州市全椒县富安路104号
电话：0550－5031860
邮编：239500

芜湖市神艺铁画厂
地址：芜湖市神南工业区
电话：0553－2869999　3826232
邮编：241000

安徽芜湖飞龙铁画工艺品有限公司
地址：芜湖市九华山路270号
电话：0553－3852976
邮编：241000

张记铁画店
地址：芜湖市九华山路260号
电话：0553－3855403
邮编：241000

芜湖市工艺美术厂
地址：芜湖市九华山路268号
电话：0553－3814704　3838992
邮编：241000

芜湖市艺韵工艺美术有限公司
地址：芜湖市北京东路183号联
电话：0553－3120276
邮编：241000

芜湖市工艺美术集团公司
地址：芜湖市九华山路268号
电话：0553－3814704
邮编：241000

铜陵市锦珑工艺品厂
地址：铜陵市淮河路铜商品市场118号
电话：0562－5817113
邮编：244000

铜陵祥龙工艺品厂
地址：铜陵市
电话：0562－5821138
邮编：244000

铜陵金蜗牛工艺品厂
地址：铜陵市北京西路28号
电话：0562－2837999
邮编：244000

远程铜工艺品责任公司
地址：铜陵市铜陵县大通开发区
电话：0562－8861817
邮编：244100

铜陵县老洲地毯厂
地址：铜陵市铜陵县老洲乡
电话：0562－8251005
邮编：244100

宏展工艺制品有限公司
地址：安庆市
电话：0556－5357873
邮编：246001

安庆百坚工艺有限公司
地址：安庆市人民路163号庆广大厦9楼
电话：0556－5523688 5536885
邮编：246003

安庆市大鹏珠宝行
地址：安庆市人民路206号
电话：0556－5542278
邮编：246003

安庆市地矿珠宝行
地址：安庆市人民路226号
电话：0556－5566458 5526852
邮编：246003

安庆市绿宝饰业有限公司
地址：安庆市湖心南路90号
电话：0556－5506208
邮编：246000

安庆市铜字工艺厂
地址：安庆市菱湖南路241号
电话：0556－5543866
邮编：246001

宏大雕刻行
地址：安庆市人民路290号1楼
电话：0556－5548012
邮编：246001

桐城市龙腾工艺制品有限公司
地址：安庆桐城市
电话：0556－6593044
邮编：231400

桐城市佛光铜质工艺品有限公司
地址：安庆桐城市
电话：0556－6125888 6132987
邮编：231400

黄山弘业工艺品有限公司
地址：黄山市黄山区
电话：0559－8553556
邮编：242700

休宁黄山竹木制品工艺厂
地址：黄山市休宁县
电话：0559－7517258
邮编：245400

启德园林仿古公司
地址：六安市舒城县龙舒路启德文化院内
电话：0564－8668869
邮编：231300

青阳县庙前镇竹编工艺厂
地址：池州市青阳县庙前镇绣华南路61号
电话：0566－5512023
邮编：242800

青阳县庙前星星自彬仿古工艺制品厂
地址：池州市青阳县庙前镇星星村
电话：0566－5511081
邮编：242800

青阳县杜村西河竹编工艺厂
地址：池州市青阳县
电话：0566－5592134
邮编：242800

青阳县杜村河东竹编工艺厂
地址：池州市青阳县
电话：0566－5592108
邮编：242800

青阳县杜村河东工艺厂
地址：池州市青阳县
电话：0566－5592104
邮编：242800

泾县昌桥地毯厂
地址：宣城市泾县
电话：0563－5300322
邮编：242500

宁国市振兴金属工艺制品厂
地址：宣城宁国市北园路8号
电话：0563－4021886
邮编：242300

旅游交通

安徽省旅游涉外汽车总公司
地址：合肥市美菱大道115号
电话：0551－3419241
邮编：230051

安徽省金三环旅游服务有限责任公司
地址：合肥市黄山西路441号
电话：0551－3657064
邮编：230001

合肥金鹏旅游汽车有限公司
地址：合肥市嘉山路75号
电话：0551－3184261
邮编：230041

合肥长淮旅游汽车出租公司
地址：合肥市琅琊山路01号
电话：0551－483943
邮编：230001

安徽中汽旅游汽车集团有限公司
地址：合肥市清溪路12号
电话：0551－51338888
邮编：230031

合肥市巾帼旅游汽车服务有限公司
地址：合肥市思和园小区1幢113室
电话：0551－5167166
邮编：230001

合肥市出租汽车旅游总公司
地址：合肥市胜利路滁州路口
电话：0551－4295963
邮编：230011

合肥市新火车站
地址：合肥市
电话：0551－4211113
邮编：230001

合肥火车西站
地址：合肥市
电话：0551－5571833
邮编：230001

合肥骆岗机场
地址：合肥市
电话：0551－3401000
邮编：340129

淮北火车站
地址：淮北市
电话：0561－2122222
邮编：235000

阜阳火车站
地址：阜阳市
电话：0558－2483222
邮编：236000

阜阳机场
地址：阜阳市
电话：0558－2105114
邮编：236000

亳州市天马旅游汽车出租服务中心
地址：亳州市商贸城409室
电话：0558－5513048
邮编：236800

淮南市汽车运输总公司旅游出租公司
地址：淮南市
电话：0554－2689832
邮编：232001

淮南火车站
地址：淮南市田家庵区洞大路
电话：0554－2675794
邮编：232000

马鞍山市火车站
地址：马鞍山市
电话：0555－2474665
邮编：243000

安徽金陆航旅游汽车公司
地址：芜湖市两站广场
电话：0553－3119111
邮编：241004

芜湖火车站
地址：芜湖市
电话：0553－3120000
邮编：241000

长江轮船海外旅游芜湖公司
地址：芜湖市环城北路新华新村1－1－302室
电话：0553－3822338
邮编：241000

芜湖港
地址：芜湖市港一路朱家桥外贸码头
电话：0553－5840510
邮编：241000

黄山外事旅游汽车公司
地址：黄山市黄山风景区南大门
电话：0559－5562282
邮编：242700

黄山市腾达汽车运输（集团）有限公司旅游分公司
地址：黄山市屯溪区阳湖西路8号
电话：0559－2347343
邮编：245011

黄山市华瑞旅游汽车有限责任公司
地址：黄山市梦园村综合楼一号
电话：0559－2536290
邮编：245000

黄山北大门外事旅游运输有限公司
地址：黄山市黄山区平湖东路
电话：0559－8534269

邮编：242700

黄山屯溪机场
地址：黄山市屯溪区
电话：0559－9534114
邮编：245000

黟县旅游运输有限责任公司
地址：黄山市黟县沿河西路72号
电话：0559－5522269
邮编：245500

巢湖火车站
地址：巢湖市
电话：0565－2114567
邮编：238000

池州市裕达旅游公司
地址：池州市长江南路2号
电话：0566－2041257
邮编：247100

旅游院校

安徽大学
工商管理学院旅游系
地址：合肥市肥西路3号
电话：0551－5106616
邮编：230039

合肥工业大学
管理学院旅游管理系
地址：合肥市屯溪路139号
电话：0551－2904158
邮编：230009

安徽农业大学
森林利用学院旅游专业
地址：合肥市长江西路130号
电话：0551－2823795－3502
邮编：230036

合肥学院
旅游系
地址：合肥市黄山路373号
电话：0551－3637256
邮编：230022

三联职业技术学院
经济管理系旅游管理专业
地址：合肥市经济开发区合安路47号
电话：0551－8993745
邮编：230601

安徽工业经济职业技术学院
资源经济系旅游与酒店管理专业
地址：合肥市梁园路1号
电话：0551－4656106
邮编：230051

安徽经济管理干部学院
工商管理学院旅游系
地址：合肥市望江东路115号
电话：0551－3426717
邮编：230059

合肥经济职业技术学院
旅游系
地址：合肥市环湖东路
电话：0551－5330609－8206
邮编：230031

安徽工商职业技术学院
旅游系
地址：合肥市殇山路233号
电话：0551－5651438
邮编：230000

安徽城市管理职业学院
经济管理系旅游专业
地址：合肥市大蜀山南侧
电话：0551－5381481
邮编：230022

安徽省旅游培训中心
地址：合肥市望江西路169号
电话：0551－5574620
传真：5574620
邮编：230001

合肥旅游学校
地址：合肥市寿春路4号
电话：0551－4296243
邮编：230011

安徽旅游学校
地址：合肥市望江西路169号
电话：0551－5577700
邮编：230001

阜阳师范学院
旅游专业
地址：阜阳市
电话：0558－2265889
邮编：236032

亳州职业技术学院
管理学系旅游管理专业
地址：亳州市环城南路北侧
电话：0558－5587775
邮编：236800

安徽财经大学
商务学院旅游系
地址：蚌埠市宏业路255号
电话：0552－3112481
邮编：233041

蚌埠市旅游学校
地址：蚌埠市体育路
电话：0552－2046384
邮编：233000

安徽工贸职业技术学院
外语系旅游英语专业
地址：淮南市国庆西路199号
电话：0554－6808008
邮编：232007

淮南职业技术学院
旅游与社区教育系
地址：淮南市洞山
电话：0554－6656602
邮编：232001

淮南旅游学校
地址：淮南市泉山西路
电话：0554－6414700
邮编：232038

滁州师范专科学校
旅游地理系
地址：滁州市琅琊古道2号
电话：0550－3511050
邮编：239012

马鞍山师范高等专科学校
旅游系
地址：马鞍山市湖西南路369号
电话：0555－8233128
邮编：239012

安徽商贸职业技术学院
经贸系旅游管理专业
地址：芜湖市康复路82号
电话：0553－5971000
邮编：241000

安徽师范大学
旅游学院
地址：芜湖市北京东路1号
电话：0553－3869687
邮编：241000

安庆职业技术学院
旅游管理系
地址：安庆市华中东路311号
电话：0556－5394720
邮编：246001

安徽天柱山旅游学校
地址：安庆市潜山县梅城镇舒州东路
电话：0556－8932039
邮编：246300

黄山学院
旅游系
地址：黄山市屯溪区戴震路44号
电话：0559－2544620
邮编：245021

黄山市旅游经济学校
地址：黄山市屯溪区徽山路18号
电话：0559－2513583
邮编：245400

黄山旅游职业学校
地址：黄山市黄山区
电话：0559－8532261
邮编：242700

六安职业技术学院
经贸系饭店管理专业
地址：六安市
电话：0564－3713013
邮编：237002

巢湖学院
历史系旅游管理专业
地址：巢湖市半汤镇
电话：0565－2361434
邮编：238000

池州师范专科学校
旅游系
地址：池州市长江中路52号
电话：0566－2091946
邮编：247100

池州职业技术学院
旅游系
地址：池州市池阳路2号
电话：0566－2032773
邮编：247100

宣城职业技术学院
经济管理系旅游专业
地址：宣城市北门工业干道
电话：0563－3023305
邮编：242000

福　建
FUJIAN

旅游机构

福建省旅游局
地址：福州市东大路36号省人才大厦9－11层
电话：0591－87505960
传真：0591－87672390
邮编：350001
网址：www.fjta.com
www.straitstour.com

福建省旅游质量监督管理所
地址：福州市五一北路1号力宝天马广场16层
电话：0591－87535640
传真：0591－83325044
邮编：350001

福州市旅游局
地址：福州市广达路68号金源广场西区15层
电话：0591－83355312
邮编：350005
网址：www.fzta.gov.cn

鼓楼区旅游局
地址：福州市鼓楼区安民巷12号
电话：0591－87611693
传真：0591－87611693
邮编：350001

台江区旅游办公室
地址：福州市台江区秋龙巷32号台江文化局
电话：0591－83229851
传真：0591－83287614
邮编：350004

仓山区旅游局
地址：福州市仓山区文化馆内
电话：0591－83471599
传真：0591－83474533
邮编：350007

晋安区旅游局
地址：福州市福新中路128号区政府大院
电话：0591－87143372
传真：0591－87143365
邮编：350011

马尾区旅游局
地址：福州市马尾君竹路30号二层
电话：0591－83999019
传真：0591－83999019
邮编：350015

闽侯县旅游局
地址：福州市闽侯县政府大院
电话：0591－22983314
传真：0591－22983314
邮编：350100

长乐市旅游局
地址：福州长乐市郑和路审计大楼
传真：0591－28881966
邮编：350200

福清市旅游局
地址：福州福清市一拂路114号政府大楼
传真：0591－85224369
邮编：350300

平潭县旅游局
地址：福州市平潭县潭城镇海滨路
电话：0591－24336542
传真：0591－24335611
邮编：350400

连江县旅游局
地址：福州市连江县凤城镇816北路82号
电话：0591－26232651
传真：0591－26233966
邮编：350500

罗源县旅游局
地址：福州罗源县北大路15号县府大院内
传真：0591－26857718
邮编：350600

永泰县旅游局
地址：福州市永泰县樟城镇县府机关32号
电话：0591－24831564
传真：0591－24831564
邮编：350700

闽清县旅游局
地址：福州市闽清县梅城镇解放大街43号政府大楼
传真：0591－22332115
邮编：350800

厦门市旅游局
地址：厦门市湖滨北路78号兴业大厦6楼
电话：0592－5316308
传真：0592－5318880
邮编：361012
网址：www.xmtravel.com.cn

思明区旅游园林局
地址：厦门市禾祥路168号
电话：0592－5880907
邮编：361004

集美区文体旅游局
地址：厦门市集源路82号
电话：0592－6065505
传真：0592－6060986
邮编：361021

同安区旅游局
地址：厦门市同安区大同三秀路173号
电话：0592－7312808
传真：0592－7315808
邮编：361100

翔安区（建设）旅游局
地址：厦门市翔安区新店镇建行2楼
电话：0592－7889887
传真：0592－7889885
邮编：361101

湖里区经济贸易发展局
地址：厦门市湖里区兴隆路23号
电话：0592－6021828
传真：0592－6025265
邮编：361006

海沧区文化体育局
地址：厦门市海沧区沧虹路501号
电话：0592－6583726
邮编：361026

宁德市旅游局
地址：宁德市署前路14号政府大院内
电话：0593－2825260
传真：0593－2071960
邮编：352100

蕉城区旅游局
地址：宁德市蕉城区莲峰路7号
电话：0593－2826122
传真：0593－2826122
邮编：352100

福鼎市旅游局
地址：宁德福鼎市市府路1号市政府大院内
电话：0593－7856777
传真：0593－7856777
邮编：355200

福安市旅游局
地址：宁德福安市政府大院内
传真：0593－6577928
邮编：355000

屏南县旅游局
地址：宁德市屏南县政府路1号政府大院内
电话：0593－3332957
传真：0593－3332957
邮编：352300

霞浦县旅游局
地址：宁德市霞浦县东街184号县政府院内
电话：0593－8859970
传真：0593－8892970
邮编：355100

古田县旅游局
地址：宁德市古田城关解放路143号县政府大院内
电话：0593－3812833
传真：0593－3817988
邮编：352200

柘荣县旅游局
地址：宁德市柘荣柳城东路59号县政府院内
传真：0593－8352148
邮编：355300

周宁县旅游局
地址：宁德市周宁县北门路32号政府旧楼2层
电话：0593－5622227
传真：0593－5632616
邮编：355400

寿宁县旅游局
地址：宁德市寿宁县政府大院内
传真：0593－5517667
邮编：355500

莆田市旅游局
地址：莆田市政府办公大楼1幢5层
电话：0594－2656677
传真：0594－2692674
邮编：351100
网址：www.ptta.com.cn

城厢区旅游局
地址：莆田市城厢人民政府办公大楼7层
电话：0594－2680079
传真：0594－2697808
邮编：351100

荔城区旅游局
地址：莆田城厢区县巷18号
电话：0594－2297099
传真：0594－2297099
邮编：351100

涵江区旅游局
地址：莆田市涵江区政府内
传真：0594－3597597
邮编：351154

秀屿区旅游局
地址：莆田市湄洲湾北岸芴石镇北埔新街1号
电话：0594－5851899
传真：0594－5851899
邮编：351146

湄洲岛管委会旅游局
地址：莆田湄洲岛
传真：0594－5092031
邮编：351154

仙游县旅游局
地址：莆田市仙游县城关
电话：0594－8297598
传真：0594－8297598
邮编：351200

泉州市旅游局
地址：泉州市丰泽街建设大厦3层A座
电话：0595－22168089
传真：0595－22160078
邮编：362000
网址：www.qztor.com

鲤城区文体旅游局
地址：泉州市打锡街77号
传真：0595－22280055
邮编：362000

丰泽区文体旅游局
地址：泉州市丰泽区兰台路
传真：0595－22508750
邮编：362000

洛江区文体旅游局
地址：泉州市洛江万安开发区
传真：0595－22631056
邮编：362000

惠安县旅游事业局
地址：泉州市惠安县政府机关大院
传真：0595－87375598
邮编：362100

晋江市旅游事业局
地址：泉州晋江市青阳旗牌街10号
传真：0595－85609683
邮编：362200

南安市旅游局
地址：泉州南安市政府机关大院内
传真：0595－86391998
邮编：362300

安溪县旅游事业局
地址：泉州安溪县凤城镇大同路1号
传真：0595－23228517
邮编：362400

德化县旅游局
地址：泉州市德化县浔中镇
传真：0595－23522257
邮编：362500

永春县旅游事业局
地址：泉州市永春县政府机关大院内
传真：0595－23881199
邮编：362600

石狮市科技文体旅游局
地址：石狮市公务大厦5楼
传真：0595－88707357
邮编：362700

漳州市旅游局
地址：漳州市胜利西路118号10号楼
电话：0596－2023939
传真：0596－2027178
邮编：363000
网址：www.zzta.com

芗城区文体旅游局
地址：漳州市芗城区政府大楼
传真：0596－2031208
邮编：363000

龙文区旅游局
地址：漳州市龙文区政府大楼
传真：0596－2128806
邮编：363000

龙海市旅游局
地址：漳州龙海市政府大院内
传真：0596－6528276
邮编：363100

漳浦县旅游局
地址：漳州市漳浦县政府大楼
传真：0596－3201415
邮编：363200

云霄县旅游局
地址：漳州市云霄县外贸大楼
传真：0596－8513718
邮编：363300

东山县旅游局
地址：漳州市东山县西埔镇
传真：0596－5886997
邮编：363400

诏安县文体旅游局
地址：漳州市诏安县南诏镇县前街140号
传真：0596－3320355
邮编：363500

南靖县旅游局
地址：漳州市南靖县城关安美路4号
传真：0596－7834021
邮编：363600

平和县旅游局
地址：漳州市平和县政府大楼
传真：0596－5232522
邮编：363700

华安县旅游局
地址：漳州市华安县城关大同路45号
传真：0596－7363288
邮编：363800

长泰县旅游局
地址：漳州市长泰县政府大院内
传真：0596－8328468
邮编：363900

东山旅游开发区
地址：漳州市东山县西埔镇
传真：0596－5886997
邮编：363400

龙岩市旅游局
地址：龙岩市军民路20号
电话：0597－2332647
传真：0597－2332647
邮编：364000
网址：www.fjlyta.com

新罗区旅游局
地址：龙岩市新罗区政府办
电话：0597－2324175
传真：0597－2324175
邮编：364000

永定县旅游局
地址：龙岩市永定县政府6楼
电话：0597－5833197
传真：0597－5833197
邮编：364100

上杭县旅游局
地址：龙岩市上杭县北大路
电话：0597－3887388
传真：0597－3887388
邮编：364200

武平县旅游局
地址：龙岩市武平县宾馆内
电话：0597－4833301
传真：0597－4833301
邮编：364300

漳平市旅游局
地址：龙岩市漳平市政府大院内
电话：0597－7538960
传真：0597－7538960
邮编：364400

连城县旅游局
地址：龙岩市连城县豸峰街44号
电话：0597－8921895
传真：0597－8921895
邮编：366200

长汀县文体旅游局
地址：龙岩市长汀县兆征路35号
传真：0597－6828519
邮编：366300

三明市旅游局
地址：三明市三恒商厦11层
电话：0598－8231355
传真：0598－8231355
邮编：365000
网址：www.smta.cn

梅列区旅游局
地址：三明市梅列区五四新村7幢2层
传真：0598－8212981
邮编：365000

三元区旅游局
地址：三明市城关红印山
传真：0598－8326299
邮编：365001

永安市旅游管理区（旅游局）
地址：三明永安市黄山路252号5楼
电话：0598－3651530
传真：0598－3651527
邮编：366000

沙县旅游局
地址：三明市沙县人民政府内
电话：0598－5823926
传真：0598－5823926
邮编：335500

将乐县旅游局
地址：三明市将乐县城关七星街52号
电话：0598－2323977
传真：0598－2334927
邮编：353300

泰宁县旅游管委会（旅游局）
地址：三明市泰宁县城关和平北街10号

电话：0598－7832680
传真：0598－7833243
邮编：354400

建宁县旅游局
地址：三明市建宁县中山北路5号商品房2楼
传真：0598－3988661
邮编：354500

宁化县旅游局
地址：三明市宁化县人民政府1楼
电话：0598－6831556
传真：0598－6831556
邮编：365400

清流县旅游局
地址：三明市清流县龙津镇碧林路6号
传真：0598－5322803
邮编：365300

明溪县旅游局
地址：三明市明溪县雪峰左北路38号
传真：0598－2813097
邮编：365200

龙溪县旅游局
地址：三明市龙溪县城关东街62号
电话：0598－6338765
传真：0598－6338765
邮编：365100

大田县旅游局
地址：三明市大田县建山路24号
传真：0598－7260655
邮编：366100

南平市旅游局
地址：南平市八一路439号
电话：0599－8836480
传真：0599－8868076
邮编：353000
网址：www. npta. cn

延平区旅游局
地址：南平市延平区政府大楼9层A区
电话：0599－6186907
传真：0599－6161481
邮编：354300

武夷山市旅游局
地址：南平武夷山市国家旅游度假区商业楼4楼
传真：0599－5250609
邮编：354302

邵武市旅游局
地址：南平邵武市建新路8号
电话：0599－6323507
传真：0599－6323507
邮编：354000

建瓯市旅游局
地址：南平建瓯市都御坪11号
传真：0599－3832249
邮编：353100

建阳市旅游局
地址：南平建阳市人民路34号
电话：0599－5822692
传真：0599－5822692
邮编：354200

顺昌县旅游局
地址：南平市顺昌县城中路72号
传真：0599－7821316
邮编：353200

光泽县旅游局
地址：南平市光泽县二一七路122号
传真：0599－7922185
邮编：354100

浦城县旅游局
地址：南平市浦城县五一三路132号
传真：0599－2847639
邮编：353400

松溪县旅游局
地址：南平市松溪宾馆内
传真：0599－2333690
邮编：353500

政和县旅游局
地址：南平市政和县城关解放街49号
传真：0599－3322892
邮编：353600

旅 行 社

福建海外旅游实业总公司
地址：福州市五一北路1号力宝天马广场1层、9层
电话：0591－83340070
邮编：350001
网址：www. fjotc. com
许可证号：L－FJ－GJ00001

福建省中国旅行社
地址：福州市湖东路171号
电话：0591－87532687
邮编：350001
网址：www. ctsfj. com
许可证号：L－FJ－GJ00003

福建省中国国际旅行社
地址：福州市五一北路1号力宝天马大厦7层
电话：0591－83370146
邮编：350001
许可证号：L－FJ－GJ00004

福建省中国青年旅行社
地址：福州市五四路国际大厦20层
电话：0591－87523875
邮编：350003
许可证号：L－FJ－GJ00005

厦门中国旅行社
地址：厦门市新华路78号华建大厦3－4层
电话：0592－2032239
邮编：361003
许可证号：L－FJ－GJ00007

厦门中国青年旅行社
地址：厦门市白鹿路7－13号
电话：0592－2053188
邮编：361003
网址：www. cytsxm. com. cn
许可证号：L－FJ－GJ00008

福建省旅游有限公司
地址：福州市五一北路1号力宝天马广场8层
电话：0591－83317976
邮编：350001
网址：www. travelfj. com
许可证号：L－FJ－GJ00009

泉州中国旅行社
地址：泉州市鲤城区百源清池西畔
电话：0595－22289165　22173028
邮编：362000
许可证号：L－FJ－GJ00010

厦门旅游集团国际旅行社有限公司
地址：厦门市夏禾路1118号6层、10层AB
电话：0592－3989508
邮编：361004
网址：www. xtg. com. cn
许可证号：L－FJ－GJ00011

武夷中国旅行社
地址：武夷山市武夷宫武夷山庄内
电话：0599－5255825
邮编：354302
网址：www. 513villa. com
许可证号：L－FJ－GJ00012

福州市国际旅行社
地址：福州市湖东路298号伊法达大厦6层
电话：0591－87878355
邮编：350003
网址：www. fzgl. com
许可证号：L－FJ－GJ00013

福建省西湖国际旅行社
地址：福州市湖滨路158号
电话：0591－87839888
邮编：350003
许可证号：L－FJ－GJ00015

厦门航空国际旅行社有限公司
地址：厦门市湖滨南路99号
电话：0592－2236717
邮编：361004
网址：www. xiamenair. com. cn
许可证号：L－FJ－GJ00016

武夷山中国国际旅行社有限责任公司
地址：武夷山旅游度假三菇街国旅大楼
电话：010－65221617　0599－5250376
邮编：354302
网址：www. wyscits. com
许可证号：L－FJ－GJ00019

三明中国国际旅行社有限公司
地址：三明市列东街天鸿大厦四楼
电话：0598－8242802
邮编：365000
网址：www. smcits. com
许可证号：L－FJ－GJ00020

泉州中国国际旅行社
地址：泉州市丰泽街温陵路口名都大厦A11－A12号
电话：0595－22285552
邮编：362000
许可证号：L－FJ－GJ00021

福建中旅实业股份有限公司石狮中国旅行社
地址：石狮市九二路437－479号
电话：0595－88781661
邮编：362700
网址：www. sscts. com
许可证号：L－FJ－GJ00022

漳州中国国际旅行社有限公司
地址：漳州市延安北路公路大厦1楼
电话：0596－2024599
邮编：363000
许可证号：L－FJ－GJ00023

漳州中国旅行社
地址：漳州市新华北路 33 号
电话：0596 - 2021637
邮编：363000
网址：www.ctszz.com
许可证号：L - FJ - GJ00024

莆田市湄洲国际旅游公司
地址：莆田市湄洲岛宫下村
电话：0594 - 2692256
邮编：351154
许可证号：L - FJ - GJ00029

厦门光大旅游有限公司
地址：厦门市莲前西路 708 号光大商务酒店 2 楼
电话：0592 - 5890728
邮编：361009
网址：www.xmeyou.com
许可证号：L - FJ - GJ00031

福建省康辉国际旅行社股份有限公司
地址：福州市五四路 75 号省外贸展厅二楼
电话：0591 - 87670918
邮编：350001
网址：www.fjcct.com
许可证号：L - FJ - GJ00032

福建省莆田中国旅行社
地址：莆田市城厢区文献路 536 号
电话：0594 - 2397551
邮编：351100
网址：www.fipt21.com
许可证号：L - FJ - GJ00034

福建铁路国际旅行社有限公司
地址：福州市华林路 426 号
电话：0591 - 87057059
邮编：350013
网址：www.fjtlgl.com
许可证号：L - FJ - GJ00035

厦门特贸国际旅行社有限公司
地址：厦门市斗西路 140 号 2 楼
电话：0592 - 5077406
邮编：361004
网址：www.xmtmgl.com
许可证号：L - FJ - GJ00036

厦门大学国际旅行社
地址：厦门市厦大一条街 412 号群益楼三楼
电话：0592 - 2181252
邮编：361005
网址：www.zcjy.xmu.edu.cn
许可证号：L - FJ - GJ00037

厦门建发国际旅行社有限公司
地址：厦门市海光大厦七楼
电话：0592 - 2263837
邮编：361001
网址：www.sino-trip.com
许可证号：L - FJ - GJ00038

港中旅（厦门）国贸旅行社有限公司
地址：厦门市开元区国贸大厦 4 层 D 座
电话：0592 - 5899040
邮编：361004
网址：www.ctixm.com
许可证号：L - FJ - GJ00039

武夷山市风光国际旅行社有限公司
地址：武夷山市旅游度假区夷景花园
电话：0599 - 5253378
邮编：354302
许可证号：L - FJ - GJ00042

福建省惠安天马国际旅行社
地址：惠安大红埔中总商住区 1 - 3 号
电话：0595 - 87199222
邮编：362100
网址：www.tianma-china.com
许可证号：L - FJ - GJ00043

厦门春辉国际旅行社有限公司
地址：厦门市湖滨南路立信广场 11 楼 06、07 单元
电话：0592 - 2033999
邮编：361003
网址：www.xmch.com
许可证号：L - FJ - GJ00044

福建世纪神舟国际旅行社有限责任公司
地址：福州市马尾区罗星街道罗建路 7 号
电话：0591 - 83371646
邮编：350001
网址：www.citsfj.com
许可证号：L - FJ - GJ00045

武夷山市云安国际旅行社有限公司
地址：武夷山国家旅游度假区云安宾馆
电话：0599 - 5253789
邮编：354302
许可证号：L - FJ - GJ00046

福州康泰国际旅行社有限公司
地址：福州市东街 55 - 1 号
电话：0591 - 87607363
邮编：350001
许可证号：L - FJ - GJ00047

莆田市海神国际旅行社有限公司
地址：莆田市荔城南大道高速办三楼
电话：0594 - 2828009
邮编：351100
网址：www.haishentour.com
许可证号：L - FJ - GJ00048

福建海峡国际旅行社有限公司
地址：厦门市湖滨南路 388 号国贸大厦
电话：0592 - 5165678
邮编：361003
许可证号：L - FJ - GJ00049

石狮市假日国际旅行社有限公司
地址：石狮市九二路 507 - 517 号
电话：0595 - 88770647
邮编：362700
网址：www.sshts.com
许可证号：L - FJ - GJ00023

龙岩市山水国际旅行社有限公司
地址：龙岩市新罗区区总工会 3 楼
电话：0597 - 2338880
邮编：364000
许可证号：L - FJ - GJ00051

福建中星国际旅行社有限公司
地址：厦门市湖滨南路 388 号国贸大厦 2 楼 A 座
电话：13906002082
邮编：361004
网址：www.xhong-xing.cn
许可证号：L - FJ - GJ00052

厦门海外环球国际旅行社
地址：厦门市镇海路 37 号民盛大厦 8 楼
电话：13606038638
邮编：361001
许可证号：L - FJ - GJ00053

福建春秋国际旅行社有限公司
地址：福州市杨桥东路 111 号
电话：0591 - 87677731
邮编：350001
网址：www.chunqiuly.com
电子信箱：spr@chunqiuly.com
许可证号：L - FJ - GJ00057

武夷山海外国际旅行社有限公司
地址：武夷山国家旅游度假区双利新村海外办公楼
电话：13960678198
邮编：354302
网址：www.wysotc.com
电子信箱：zfx@513lyjz.cn
许可证号：L - FJ - GJ00058

福建青旅假日国际旅行社有限公司
地址：福州市五四路 31 号
电话：0591 - 87523875
邮编：350003
电子信箱：cytsfj@fjta.com
许可证号：L - FJ - GJ00059

厦门海沧国际旅行社有限公司
地址：厦门市海沧区沧林路 117 - 119 号弘盛大五楼
电话：0592 - 6881185　6881141
邮编：361026
电子信箱：Qionlf@Sina.com
许可证号：L - FJ - GJ00060

宾馆酒店

福州美伦华美达广场大饭店 ★★★★★
地址：福州市北环西路 118 号
电话：0591 - 87883999
传真：0591 - 87869613
邮编：350003
网址：www.ramada-fuzhou.com
电子信箱：sales@ramada-fuzhou.com

福州西湖大酒店 ★★★★★
地址：福州市湖滨路 158 号
电话：0591 - 87839888
传真：0591 - 87836585
邮编：350003
网址：www.lakesidE-hotel.cn
电子信箱：info@lakesidE-hotel.cn

福州金源国际大饭店 ★★★★★
地址：福州市温泉公园路 59 号
电话：0591 - 87088888
传真：0591 - 87088999
邮编：350003
网址：www.grgroup.com.cn
电子信箱：jydn@grgroup.com

福州温泉大饭店 ★★★★★
地址：福州市五四路 218 号
电话：0591 - 87851818
传真：0591 - 87835150
邮编：350003
网址：www.hshfz.com
电子信箱：hshfz@fj163.com

福建外贸中心酒店 ★★★★★
地址：福州市五四路 73 号
电话：0591 - 87523388
传真：0591 - 87550358
邮编：350001
网址：www.ftchotel.com
电子信箱：ftchotel_bct@tom.com

泉州酒店 ★★★★★
地址：泉州市庄府巷22号
电话：0595－22289958
传真：0595－22182128
邮编：362000
网址：www. quanzhouhotel. com

厦门宝龙大酒店 ★★★★★
地址：厦门市湖滨中路133号
电话：0592－5188888
传真：0592－8063333
邮编：361012
网址：www. powerlonghotel. com

厦门悦华酒店 ★★★★★
地址：厦门市湖里区悦华路101
电话：0592－6023333
传真：0592－6037006
邮编：361006
网址：www. xmmandarin. com

福州大饭店 ★★★★
地址：福州市斗中路1号
电话：0591－83333333
传真：0591－83329833
邮编：350001
网址：www. fuzhou-hotel. com. cn
电子信箱：fzhotels@ pubs. fz. fj. cn

福建金仕顿大酒店 ★★★★
地址：福州市鼓楼区东水路18号
电话：0591－87628888
传真：0591－87560888
邮编：350001
网址：www. kingston-hotel. com. cn

武夷山宝岛大酒店 ★★★★
地址：南平武夷山市度假区
电话：0599－5252818
传真：0599－5251818
邮编：354302
网址：www. baodaohotel. com

武夷山远华国际大饭店 ★★★★
地址：南平武夷山市国家旅游度假区
电话：0599－5233333
传真：0599－5233300
邮编：354302

武夷山苏闽会展大酒店 ★★★★
地址：南平武夷山国家旅游度假区苏闽步行街内
电话：0599－5230888
传真：0599－5234999
邮编：354302
网址：www. wyssm. net
电子信箱：wyssmhotel@ 126. com

武夷山望峰花园 ★★★★
地址：南平武夷山国家旅游度假区望峰路
电话：0599－5259566
传真：0599－5259526
邮编：354302
网址：www. wyswfhy. com
电子信箱：wfhy@ wyswfhy. com

武夷山海晟国际大酒店 ★★★★
地址：南平武夷山市文公路58号
电话：0599－5322888
传真：0599－5322268
邮编：354300

武夷山庄 ★★★★
地址：南平武夷山市武夷宫
电话：0599－5251888
传真：0599－5252567
邮编：354302
网址：www. 513villa. com
电子信箱：wysz@ 513villa. com

金阳明星度假山庄 ★★★★
地址：三明市泰宁县大金湖下坊码头
电话：0598－7791888
传真：0598－7791999
邮编：354400
网址：www. gshotel. com. cn
电子信箱：gshotel@ 126. com

莆田天妃温泉大饭店 ★★★★
地址：莆田市学园路口
电话：0594－2695588
传真：0594－2695068
邮编：351100
网址：www. tianfei-hotel. com

莆田市东方国际大酒店 ★★★★
地址：莆田市城厢区南园路88号
电话：0594－2588888
传真：0594－2588999
邮编：351100
网址：ptdfhotel. com

泉州华侨大厦 ★★★★
地址：泉州市百源路281号
电话：0595－22282192
传真：0595－22284612
邮编：362000

泉州湖美大酒店 ★★★★
地址：泉州市刺桐北路
电话：0595－22118888
传真：0595－22112222
邮编：362000
网址：www. humeihotel. com

泉州金星大酒店 ★★★★
地址：泉州市东街中段
电话：0595－22988888
传真：0595－22987865
邮编：362000
网址：www. jinxinghotel. com

泉州航空酒店 ★★★★
地址：泉州市丰泽街339号
电话：0595－22164888
传真：0595－22164777
邮编：362000
网址：www. qzair-hotel. com

泉州花园大酒店 ★★★★
地址：泉州市湖心街西段北侧
电话：0595－28988888
传真：0595－28988999
邮编：362000

泉州太子酒店 ★★★★
地址：泉州市经济技术开发区
电话：0595－2235888
传真：0595－22359777
邮编：362005
网址：www. qztaizihotel. com
电子信箱：info@ qztaizihotel. com

泉州市泉港大酒店 ★★★★
地址：泉州市泉港区中心工业区
电话：0595－87996888
传真：0595－87992333
邮编：362800

石狮市荣誉大酒店 ★★★★
地址：泉州石狮市八七路858号
电话：0595－88726888
传真：0595－88729666
邮编：362700

石狮市五洲大酒店 ★★★★
地址：泉州石狮市振兴路
电话：0595－88566666
传真：0595－88560000
邮编：362700
网址：www. globalhotel. com. cn

福建石狮建联大酒店 ★★★★
地址：泉州石狮市振兴路
电话：0595－88885199
传真：0595－88879933
邮编：362700

晋江爱乐假日酒店 ★★★★
地址：泉州晋江市阳光工贸城
电话：0595－85666666
传真：0595－85666777
邮编：362200

晋江市英林燉煌大酒店 ★★★★
地址：泉州晋江市英林镇英伍路
电话：0595－85475555
传真：0595－85473999
邮编：362256

南安大酒店 ★★★★
地址：泉州南安市中山街2号
电话：0595－86375888
传真：0595－86378777
邮编：362300
网址：www. hotel. nanan. com
电子信箱：nanan_hotel@ 163. com

福建安溪明园大酒店 ★★★★
地址：泉州市安溪县龙湖开发区12号
电话：0595－23255555
传真：0595－23222222
邮编：362400

福建省德化县戴云大酒店 ★★★★
地址：泉州市德化县龙鹏街
电话：0595－23566999
传真：0595－23566888
邮编：362500
网址：www. daiyunhotel. cn

厦门宏都大饭店 ★★★★
地址：厦门市白鹭洲路201号
电话：0592－2228888
传真：0592－2229999
邮编：361004

厦门天鹅大酒店 ★★★★
地址：厦门市白鹭洲天鹅广场
电话：0592－5395888
传真：0592－5395666
邮编：361012
网址：www. swanhotel. cn

厦门长升大酒店 ★★★★
地址：厦门市长青路431号
电话：0592－5031333
传真：0592－5030303
邮编：361012
网址：www. ramada. com
电子信箱：hotel@ ramada-xm. com

厦门海上花园大酒店 ★★★★
地址：厦门市鼓浪屿田尾路27号

电话：0592－2062688
传真：0592－2062588
邮编：361002
网址：www.marinegardenhotel.com.cn

厦门马哥孛罗东方大酒店 ★★★★
地址：厦门市湖滨北建业路8号
电话：0592－5091888
传真：0592－5092888
邮编：361012
网址：www.marcopolohotels.com

厦门白鹭洲大酒店 ★★★★
地址：厦门市湖滨南路95号
电话：0592－2226888
传真：0592－2214285
邮编：361004
网址：www.blzhotel.com
电子信箱：2226888@blzhotel.com

厦门航空金雁酒店 ★★★★
地址：厦门市湖滨南路99号
电话：0592－2218888
传真：0592－2217777
邮编：361004
网址：www.jinyan-hotel.com
电子信箱：jyhotel@public.xm.fj.cn

厦门闽南大酒店 ★★★★
地址：厦门市湖滨南路一里26－34号
电话：0592－5181188
传真：0592－5186688
邮编：361004
网址：www.xmmn.com
电子信箱：www.xmmn.com

厦门云海度假村 ★★★★
地址：厦门市环岛路云海山庄西侧
电话：0592－2565656
传真：0592－2573888
邮编：361008
网址：www.yunhairesort.com
电子信箱：home@yunhairesort.com

厦门鹭江宾馆 ★★★★
地址：厦门市鹭江道54号
电话：0592－2022922
传真：0592－2024644
邮编：361001
网址：www.xmlujiang@fjta.com
电子信箱：lujihtl@public.xm.fj.cn

厦门京闽中心酒店 ★★★★
地址：厦门市松柏小区长青路158号
电话：0592－5123333
传真：0592－5108899
邮编：361012
网址：www.bwxm.com
电子信箱：bwxm@bwxm.com

厦门圣希罗酒店 ★★★★
地址：厦门市台湾街90号
电话：0592－5580888
传真：0592－5580777
邮编：361009

厦门华侨大厦 ★★★★
地址：厦门市新华路70－74号
电话：0592－2660888
传真：0592－2660999
邮编：361003
网址：www.xmhqhotel.com.cn
电子信箱：ochotel@public.xm.fj.cn

厦门海景假日皇冠酒店 ★★★★
地址：厦门市镇海路12号之8

电话：0592－2023333
传真：0592－2036666
邮编：361001
网址：www.hi592.com
电子信箱：hixmn@hi592.com

漳州钻石大酒店 ★★★★
地址：漳州市南昌路121号
电话：0596－2038888
传真：0596－2059999
邮编：363000
网址：www.diamondhotel.cn

漳州宾馆五号楼 ★★★★
地址：漳州市胜利路4号
电话：0596－2608999
传真：0596－2023431
邮编：363000
电子信箱：zzbg@vip.sina.com

漳州芗江酒店 ★★★★
地址：漳州市胜利西路8号
电话：0596－2029699
传真：0596－2029702
邮编：363000
网址：www.xiangjianghotel.com.cn

宁德山水大酒店 ★★★★
地址：宁德市闽东中路18号
电话：0593－2918888
传真：0593－2918999
邮编：352100
网址：www.fj-ss.com
电子信箱：ndss205@163.com

福建宁德美伦大饭店 ★★★★
地址：宁德市站前路28号
电话：0593－2929888
传真：0593－2929999
邮编：352100
网址：www.fjmeilun.com

福鼎国际大酒店 ★★★★
地址：宁德福鼎市南大路前店
电话：0593－7801111
传真：0593－7801666
邮编：355200
网址：www.fdihotel.com

福州聚春园大酒店 ★★★
地址：福州市东街2号
电话：0591－87502328
传真：0591－87502228
邮编：350001
网址：www.jcy-hotel.com
电子信箱：fzjcy@pub5.fz.fj.cn

福建东方大酒店 ★★★
地址：福州市东街口96号
电话：0591－87507088
传真：0591－87502788
邮编：350001
网址：www.orientalhotel-fujian.com

福建海联商务大酒店 ★★★
地址：福州市东门塔头路1号
电话：0591－87315888
传真：0591－87311888
邮编：350011
网址：www.hailian.com.cn
电子信箱：fjhlbh@hotmail.com

福建丽景天下大酒店 ★★★
地址：福州市福飞路199号

电话：0591－87736666
传真：0591－87718858
邮编：350012

福州新紫阳大酒店 ★★★
地址：福州市福新路与长乐路交叉口
电话：0591－28322222
传真：0591－28322888
邮编：350011

福州闽都大酒店 ★★★
地址：福州市古田路117号
电话：0591－83357720
传真：0591－83335060
邮编：350005

福州海峰宾馆 ★★★
地址：福州市光铜路2号
电话：0591－87887850
传真：0591－87887451
邮编：350003

福州金叶大酒店 ★★★
地址：福州市华林路378号
电话：0591－87575888
传真：0591－87585888
邮编：350013

福建黄金大酒店 ★★★
地址：福州市华林路417号
电话：0591－87577688
传真：0591－87581878
邮编：350013
网址：www.golden-hotel.cn
电子信箱：www@golden-hotel.cn

福州金辉大酒店 ★★★
地址：福州市华林路492号
电话：0591－87599999
传真：0591－87575988
邮编：350013
网址：www.hoteljh.com
电子信箱：fzjh@hotel.com

福州三明大厦 ★★★
地址：福州市华林路65号
电话：0591－87818118
传真：0591－87811100
邮编：350003

福建山水大酒店 ★★★
地址：福州市省府路13号
电话：0591－87556888
传真：0591－87508999
邮编：350001

福建屏山大酒店 ★★★
地址：福州市树兜路12号
电话：0591－87826888
传真：0591－87826868
邮编：350003
网址：www.pingshanhotel.cn
电子信箱：pingshan@21cn.net

黎明大酒店 ★★★
地址：福州市乌山路53号
电话：0591－83323838
传真：0591－83323968
邮编：350001

福建天福大酒店 ★★★
地址：福州市五四路138号
电话：0591－87812328
传真：0591－87812308
邮编：350003

福建银河花园大酒店 ★★★
地址：福州市五四路 243 号
电话：0591－87831888
传真：0591－87843662
邮编：350003
电子信箱：galaxy88@126.cn

福建工业展览大厦 ★★★
地址：福州市五四路 260 号
电话：0591－87844337
传真：0591－87842128
邮编：350003
网址：www.fjzw.com
电子信箱：fjjmhzzx@pub1.fz.fj.cn

福建省闽江大饭店 ★★★
地址：福州市五四路 30 号
电话：0591－87557895
传真：0591－87551489
邮编：350001
网址：www.mjht.com.cn
电子信箱：mjht@pub2.fz.fj.cn

福建省邮电公寓 ★★★
地址：福州市五一北路沙帽井 3 号
电话：0591－87526338
传真：0591－87550839
邮编：350001

福建阳光假日大酒店 ★★★
地址：福州市五一广场高桥路
电话：0591－83365333
传真：0591－83368620
邮编：350005
网址：www.sunshinE-intl.com
电子信箱：bc@sunshinE-intl.com

福州唐城大厦 ★★★
地址：福州市五一南路 215 号
电话：0591－83269999
传真：0591－83268215
邮编：350009

福州凤凰假日酒店 ★★★
地址：福州市杨桥路中段 289 号
电话：0591－83778888
传真：0591－83732537
邮编：350002

福州于山宾馆 ★★★
地址：福州市于山路 10 号
电话：0591－83351668
传真：0591－83357694
邮编：350001
网址：www.yushanhotel.com
电子信箱：ys@yushanhotel.com

福州大酒家 ★★★
地址：福州市中大路 18 号
电话：0591－87535333
传真：0591－87555795
邮编：350001
网址：www.fuzhouhotel.net
电子信箱：fuzhouhotel@163.com

福州华威大饭店 ★★★
地址：福州市鼓楼区福新路 171 号
电话：0591－87500558
传真：0591－87564143
邮编：350011

马尾邦辉大酒店 ★★★
地址：福州市马尾区罗星路 9 号
电话：0591－83988088
传真：0591－83981222
邮编：350001
网址：www.banghui_hotel.com
电子信箱：banghui9@163.com.cn

福建省龙祥大酒店 ★★★
地址：福州市晋安区连江北路 489 号
电话：0591－83615666
传真：0591－83641534
邮编：350011

福清市成龙大酒店 ★★★
地址：福州福清市宏路镇元洪路
电话：0591－28387666
传真：0591－28387555
邮编：350301

福清市天河大酒店 ★★★
地址：福州福清市江滨路 24 号
电话：0591－85156666
传真：0591－85154333
邮编：350300
网址：www.fqly.com.cn
电子信箱：thhotel@126.com

福清多福大酒店 ★★★
地址：福州福清市融城西门元洪路 2 号
电话：0591－85286788
传真：0591－85286886
邮编：350300

福清卓越大酒店 ★★★
地址：福州福清市西门卓越路 1 号
电话：0591－85287888
传真：0591－85287333
邮编：350300

福清新长城大酒店 ★★★
地址：福州福清市小桥街 60 号
电话：0591－8519677
传真：0591－85196632
邮编：350300
网址：www.fqly.com.cn
电子信箱：gf78025@yeah.net

福清阳光大酒店 ★★★
地址：福州福清市一指路文化大厦
电话：0591－85235088
传真：0591－85230220
邮编：350300

福清融侨大酒店 ★★★
地址：福州福清市元洪路 1 号
电话：0591－85285018
传真：0591－85285003
邮编：350300
网址：www.fjta.com/rongqiao
电子信箱：rqhotel@tom.com

福清金鹰大酒店 ★★★
地址：福州福清市元洪路金融城
电话：0591－85287388
传真：0591－85283518
邮编：350300
网址：www.fq-jy.com

长乐裕利达大酒店 ★★★
地址：福州长乐市朝阳北路 1 号
电话：0591－28801888
传真：0591－28926720
邮编：350200
电子信箱：ycdhotel@pub3.fz.fj.cn

福州民航海天大酒店 ★★★
地址：福州长乐市国际机场
电话：0591－28012888
传真：0591－28012801
邮编：350209

长乐永康大酒店 ★★★
地址：福州长乐市金峰镇胪峰大道
电话：0591－28568888
传真：0591－28568333
邮编：350200
电子信箱：yk321@sina.com

长乐市天一酒店 ★★★
地址：福州长乐市进城路
电话：0591－28882777
传真：0591－28811999
邮编：350200

福州皇家大酒店 ★★★
地址：福州连江县敖江丹凤东路 1 号
电话：0591－26152888
传真：0591－26151129
邮编：350500

闽清启源大酒店 ★★★
地址：福州市闽清县城解放大街 65 号
电话：0591－22332890
传真：0591－22332891
邮编：350800

平潭兴容酒店 ★★★
地址：福州市平潭县城关西路
电话：0591－24399999
传真：0591－24399102
邮编：350400

平潭县豪香娱乐城 ★★★
地址：福州市平潭县埔东路 36 号
电话：0591－24338666
传真：0591－24338102
邮编：350400

平潭县海坛假日大酒店 ★★★
地址：福州市平潭县潭城镇翠园南路 73 号
电话：0591－24396888
传真：0591－24396108
邮编：350400

南平市今日大酒店 ★★★
地址：南平市滨江南路 2 号
电话：0599－8603888
传真：0599－8603201
邮编：353000

福建闽北大饭店 ★★★
地址：南平市滨江中路 31 号
电话：0599－8627666
传真：0599－8627631
邮编：353000

南平星光大厦 ★★★
地址：南平市江滨北路 177 号
电话：0599－8808666
传真：0599－8808866
邮编：353000
网址：www.99928.com

武夷山美海大酒店 ★★★
地址：南平武夷旅游度假区
电话：0599－5252472
传真：0599－5256508
邮编：354302
电子信箱：wysmgf@126.com

武夷山香馨大酒店 ★★★
地址：南平武夷旅游度假区朝阳小区
电话：0599－5231688
传真：0599－5231666

邮编：354302
网址：www. xiangxinhotel. com
电子信箱：xiangxinhotel@ 163. com

武夷山市环宇大酒店 ★★★
地址：南平武夷山度假区
电话：0599－5256388
传真：0599－5256366
邮编：354302

武夷山市观景大酒店 ★★★
地址：南平武夷山度假区
电话：0599－5230000
传真：0599－5230099
邮编：354302

武夷山市青竹山庄 ★★★
地址：南平武夷山度假区
电话：0599－5253888
传真：0599－5253666
邮编：354302

武夷山市上海云安宾馆 ★★★
地址：南平武夷山国家旅游度假区
电话：0599－5253789
传真：0599－5253847
邮编：354302

武夷山茶苑大酒店 ★★★
地址：南平武夷山国家旅游度假区
电话：0599－5256777
传真：0599－5256789
邮编：354302
网址：www. teahotel. net
电子信箱：teahotel@ teahotel. net

福建省武夷山邮电宾馆 ★★★
地址：南平武夷山国家旅游度假区
电话：0599－5252888
传真：0599－5253866
邮编：354302

武夷山圣远酒店 ★★★
地址：南平武夷山国家旅游度假区
电话：0599－5231333
传真：0599－5231166
邮编：354302

武夷山酒店 ★★★
地址：南平武夷山国家旅游度假区
电话：0599－5257888
传真：0599－5257886
邮编：354302

武夷山国贸大酒店 ★★★
地址：南平武夷山国家旅游度假区
电话：0599－5252521
传真：0599－5252891
邮编：354302
网址：www. gjmyhotel. com
电子信箱：gm@ gjmyhotel. com

武夷山市亿力大酒店 ★★★
地址：南平武夷山旅游度假区
电话：0599－5252358
传真：0599－5252019
邮编：354302

武夷山世纪桃源酒店 ★★★
地址：南平武夷山市武夷镇金盘亭
电话：0599－5205888
传真：0599－5205088
邮编：354301

建瓯市家兴大酒店 ★★★
地址：南平建瓯市水西桥西 2－8 号
电话：0599－3736888
传真：0599－3736168
邮编：353100

建阳花园大酒店 ★★★
地址：南平建阳市民主北路 89 号
电话：0599－5820958
传真：0599－5820918
邮编：354200

光泽县圣农假日酒店 ★★★
地址：南平市光泽县文昌路
电话：0599－7938888
传真：0599－7937797
邮编：354106

三明邮电公寓 ★★★
地址：三明市东新二路
电话：0598－8221700
传真：0598－8243442
邮编：365000

三明市香米拉大酒店 ★★★
地址：三明市东新五路工商培训大楼
电话：0598－8511888
传真：0598－8511110
邮编：365000

三明饭店 ★★★
地址：三明市东新一路 1 号
电话：0598－8511116
传真：0598－824326
邮编：365000

三明市明都大酒店 ★★★
地址：三明市工业南路 126 号
电话：0598－8321366
传真：0598－8321188
邮编：365001

列东饭店 ★★★
地址：三明市梅列区东新二路江滨 40 幢
电话：0598－8512668
传真：0598－8512692
邮编：365000

三明宾馆 ★★★
地址：三明市梅列区牡丹新村 11 幢
电话：0598－8513158
传真：0598－8295188
邮编：365000

永安五洲大酒店 ★★★
地址：三明永安市新安路 1 号
电话：0598－3812979
传真：0598－3835666
邮编：366000

永安大酒店 ★★★
地址：三明永安市燕江南路 27 号
电话：0598－3608888
传真：0598－3608999
邮编：366000

明溪宾馆 ★★★
地址：三明市明溪县雪峰镇北路 20 号
电话：0598－2810666
传真：0598－2813452
邮编：365200

宁化县客家宾馆 ★★★
地址：三明市宁化县翠江镇南大街 102 号
电话：0598－6854211
传真：0598－6854097
邮编：365400

尤溪宾馆 ★★★
地址：三明市尤溪县建设东街 58 号
电话：0598－6309199
传真：0598－6309299
邮编：365100

沙县绿圆大酒店 ★★★
地址：三明市沙县滨河路 8 号
电话：0598－5816888
传真：0598－5816999
邮编：365500
电子信箱：luyuanhotel@ 163. com

将乐县山水大酒店 ★★★
地址：三明市将乐县溪南路 18 号
电话：0598－2262111
传真：0598－2262198
邮编：353300
电子信箱：shanshuidjd@ tom. com

将乐玉华宾馆 ★★★
地址：三明市将乐县新鸿南路 2 号
电话：0598－2322451
传真：0598－2323404
邮编：353300

泰宁县金湖宾馆 ★★★
地址：三明市泰宁县城关环城路 77 号
电话：0598－7831866
传真：0598－7831866
邮编：354400

泰宁金岁酒店 ★★★
地址：三明市泰宁县和平街北溪二巷
电话：0598－7861588
传真：0598－7861204
邮编：354400

莆田台湾大酒店 ★★★
地址：莆田市城厢区文献路
电话：0594－2696888
传真：0594－2697624
邮编：351100

莆田兴化明珠大酒店 ★★★
地址：莆田市涵江区安仁
电话：0594－3399666
传真：0594－3602323
邮编：351111

泉州宝洲宾馆 ★★★
地址：泉州市宝洲路口
电话：0595－22567788
传真：0595－22573736
邮编：362000

泉州东海大酒店 ★★★
地址：泉州市宝洲路中段
电话：0595－22578988
传真：0595－22574899
邮编：362000

泉州金宝酒店 ★★★
地址：泉州市宝洲路中段
电话：0595－22538999
传真：0595－22538599
邮编：362000
网址：www. 0595jb. com
电子信箱：lwp@ 0595oa. com

泉州群盛大酒店 ★★★
地址：泉州市湖心街中段
电话：0595－22166788
传真：0595－22166298
邮编：362000

泉州丰泽大酒店 ★★★
地址：泉州市津淮东路
电话：0595－22552998
传真：0595－22554888
邮编：362000

泉州钻石大酒店 ★★★
地址：泉州市津淮街东段123号
电话：0595－22511111
传真：0595－22531158
邮编：362000
网址：www. e2diamonclhotel. com

泉州鲤城大酒店 ★★★
地址：泉州市南俊路中段
电话：0595－22279888
传真：0595－22279000
邮编：362000
网址：www. lichenghotel. com
电子信箱：lc@ lichenghotel. com

泉州东方大酒店 ★★★
地址：泉州市泉秀路
电话：0595－22588898
传真：0595－22588268
邮编：362000
网址：www. oriental-qz. com
电子信箱：fjqzoh@ public. qz. fj. cn

泉州景都大酒店 ★★★
地址：泉州市泉秀路
电话：0595－22588832
传真：0595－22581398
邮编：362000
网址：www. jingduhotel. com
电子信箱：jingdu89@ sina. con

泉州大华酒店 ★★★
地址：泉州市泉秀路浦西路口
电话：0595－22551688
传真：0595－22551500
邮编：362000

泉州金洲大酒店 ★★★
地址：泉州市泉秀路新车站旁
电话：0595－22586788
传真：0595－22581011
邮编：362000
网址：www. jinzhouhotel. com

泉州好世界大酒店 ★★★
地址：泉州市三泽街东段支各支路口
电话：0595－22216333
传真：0595－22216588
邮编：362000

泉州泰和大酒店 ★★★
地址：泉州市田安路
电话：0595－22103818
传真：0595－22100723
邮编：362000

泉州刺桐饭店 ★★★
地址：泉州市田安路东湖畔
电话：0595－22102222
传真：0595－22102108
邮编：362000
电子信箱：zaitun@ pub2. qz. fj. cn

泉州丰盛大酒店 ★★★
地址：泉州市田安路中段
电话：0595－22566666
传真：0595－22579299
邮编：362000
电子信箱：fshotel@ 21cn. com

泉州建福商务酒店 ★★★
地址：泉州市温陵路南段129－135号
电话：0595－22987999
传真：0595－22980889
邮编：362000

泉州八一大酒店 ★★★
地址：泉州市温陵中路
电话：0595－22194888
传真：0595－22185888
邮编：362000

泉州城市假日大酒店 ★★★
地址：泉州市鲤城区迎津路
电话：0595－22989999
传真：0595－22985555
邮编：362000

泉州紫晖大酒店 ★★★
地址：泉州市鲤鱼城区浮桥街道
电话：0595－22352000
传真：0595－22488822
邮编：362000

泉州广电中心酒店 ★★★
地址：泉州市丰泽街刺桐路东段毅达新村1号楼
电话：0595－22132868
传真：0595－22155020
邮编：362000

石狮华侨大厦 ★★★
地址：泉州石狮市九二路189号
电话：0595－88787108
传真：0595－88781643
邮编：362700
网址：www. sscts. com
电子信箱：ctss8166@ sina. com

石狮绿晶大酒店 ★★★
地址：泉州石狮市九二路电力中心大厦
电话：0595－88552222
传真：0595－88565522
邮编：362700
网址：www. lvjinghotel. com
电子信箱：lvjing@ lvjinghotel. com

石狮天都大酒店 ★★★
地址：泉州石狮市南洋路
电话：0595－88583888
传真：0595－88582888
邮编：362700

石狮耀中大酒店 ★★★
地址：泉州石狮市群英北路
电话：0595－88888929
传真：0595－88873429
邮编：362700

石狮松苑大酒店 ★★★
地址：泉州石狮市鸳鸯池商业中心
电话：0595－88583366
传真：0595－88585555
邮编：362700
网址：www. songyuanhotel. com
电子信箱：sysy@ pub2. qz. fj. cn

石狮振狮大酒店 ★★★
地址：泉州石狮市振兴路
电话：0595－88787882
传真：0595－88786631
邮编：362700
网址：www. zhenshi. com
电子信箱：zhenshi@ pub1. qz. fj. cn

晋江安平酒店 ★★★
地址：泉州晋江市安平综合开发区
电话：0595－85789938
传真：0595－85787654
邮编：362261

晋江南苑酒店 ★★★
地址：泉州晋江市青阳泉安中路
电话：0595－85658888
传真：0595－85697788
邮编：362200
网址：www. nanyuanhotel. net
电子信箱：nyhotel1655@ 163. com

晋江帝豪酒店 ★★★
地址：泉州晋江市水路学1号
电话：0595－85695888
传真：0595－85685638
邮编：362200
网址：www. dihaohotel. com
电子信箱：dihao@ public. qz. fj. cn

晋江阳光商务酒店 ★★★
地址：泉州晋江市阳光中路
电话：0595－85677999
传真：0595－85670688
邮编：362200

晋江市兴泰酒店 ★★★
地址：泉州晋江市阳光中路
电话：0595－85679999
传真：0595－85664333
邮编：362200
网址：www. xingtai-hotel. com
电子信箱：xthotel@ public. qz. fj. cn

晋江振英大酒店 ★★★
地址：泉州晋江市英林镇英龙北路
电话：0595－85499998
传真：0595－85499818
邮编：362200
网址：www. zhenyinghotel. com

南安金鹿大酒店 ★★★
地址：泉州南安市洪濑镇江滨东路101号
电话：0595－86699999
传真：0595－86696333
邮编：362331
电子信箱：gdhotel@ public. qz. fj. cn

南安水头明超大酒店 ★★★
地址：泉州南安市水头
电话：0595－86999999
传真：0595－86999666
邮编：362342
网址：www. mingchao. com. cn
电子信箱：hotel@ mingchao. com. cn

南安金明大酒店 ★★★
地址：泉州南安市水头福兴广场
电话：0595－86997777
传真：0595－86997666
邮编：362000

南安华都大酒店 ★★★
地址：泉州南安市水头西锦工业区
电话：0595－86995888
传真：0595－86988999
邮编：362342

南安华侨大酒店 ★★★
地址：泉州南安市新华路139号
电话：0595－86388888
传真：0595－86389999
邮编：362300

网址：www. ochotel. nanan. com
电子信箱：nananochotel@ 163. net

惠安大鹏酒店 ★★★
地址：泉州市惠安县螺阳镇建设南街
电话：0595－87377777
传真：0595－87382471
邮编：362100
网址：www. qztour. com/dapeng. htm
电子信箱：dapeng@ pub2. qz. fj. cn

惠安海峡酒店 ★★★
地址：泉州市惠安县崇武镇政府斜对面
电话：0595－87677077
传真：0595－87686877
邮编：362131
网址：www. chinahaixia. com
电子信箱：haixia7@ public. qz. fj. cn

惠安东南大酒店 ★★★
地址：泉州市惠安县建设南路 399 号
电话：0595－87321555
传真：0595－87325656
邮编：362100

惠安花园大酒店 ★★★
地址：泉州市惠安县中新花园广场 1 号楼
电话：0595－87366666
传真：0595－87396299
邮编：362100
网址：www. garden-hotel. cn

安溪三德大酒店 ★★★
地址：泉州市安溪县北石开发区利民路
电话：0595－23237900
传真：0595－23231068
邮编：362400
电子信箱：sandehotelanxi@ 163. com

福建安溪华侨大酒店 ★★★
地址：泉州市安溪县凤城镇北街 1 号联谊大厦
电话：0595－26000000
传真：0595－23238700
邮编：362400

永春美湖酒店 ★★★
地址：泉州市永春县环城路 2 号
电话：0595－23890688
传真：0595－23880168
邮编：362600

永春酒店 ★★★
地址：泉州市永春县环城路 61 号
电话：0595－23886990
传真：0595－23882863
邮编：362600

德化瓷都大酒店 ★★★
地址：泉州市德化县城关凤池街 61 号
电话：0595－23518588
传真：0595－23588988
邮编：362500

厦门鹤云酒店 ★★★
地址：厦门市白鹤路 2 号
电话：0592－2058899
传真：0592－2058896
邮编：361003
网址：www. pt-hetel. com
电子信箱：webmaster@ pt-hotel. com

厦门金宝酒店 ★★★
地址：厦门市东渡路 124－6 号
电话：0592－6013888
传真：0592－6013122
邮编：361012
网址：www. jinbaohtl. com
电子信箱：jinbao@ public. xm. fj. cn

厦门国际航空港大酒店 ★★★
地址：厦门市高崎国际机场
电话：0592－5736688
传真：0592－6038819
邮编：361006
网址：www. xiahotel. net
电子信箱：sale@ xiahotel. net

厦门金海岸大酒店 ★★★
地址：厦门市湖滨北路中银大厦
电话：0592－5059333
传真：0592－5037333
邮编：361012
网址：www. gchtl. com. cn
电子信箱：goldcoast@ gchtl. com. cn

厦门福联大饭店 ★★★
地址：厦门市湖滨南路 469 号
电话：0592－5055888
传真：0592－5057335
邮编：361004
网址：www. united-hotel. com

厦门碧宫酒店 ★★★
地址：厦门市湖滨中路 24 号烟草大厦
电话：0592－5054828
传真：0592－5057793
邮编：361004
网址：www. bigonghotel. com

厦门丽轩酒店 ★★★
地址：厦门市湖里大道 13 号
电话：0592－6031188
传真：0592－6021247
邮编：361006
网址：www. xmluxury. com

厦门市南方饭店 ★★★
地址：厦门市火车站厦禾路 982 号
电话：0592－3987888
传真：0592－3987168
邮编：361004
网址：www. zt17nt. com. cn
电子信箱：nfxz@ zt17nf. com. cn

厦门龙都大酒店 ★★★
地址：厦门市火车站左侧
电话：0592－5156666
传真：0592－5151756
邮编：361004
网址：www. xmlongdu. com
电子信箱：longdu@ public. xm. fj. cn

厦门庐山大酒店 ★★★
地址：厦门市嘉禾路 102 号
电话：0592－5136888
传真：0592－5134784
邮编：361009
网址：www. xmlushan. com
电子信箱：lushan@ public. xm. fj. cn

厦门云鹤酒店 ★★★
地址：厦门市嘉禾路 343 号
电话：0592－5153888
传真：0592－8062038
邮编：361009

厦门新中林大酒店 ★★★
地址：厦门市莲花南路 18 号
电话：0592－5132828
传真：0592－5132212
邮编：361009
网址：www. xinzhonglin. com
电子信箱：office@ xinzhonglin. com

厦门航空宾馆 ★★★
地址：厦门市莲花南路 5 号
电话：0592－5134888
传真：0592－5133774
邮编：361009

厦门明发大酒店 ★★★
地址：厦门市莲前东路 413 号
电话：0592－5978888
传真：0592－5979999
邮编：361009
网址：www. mingfa-hotel. com
电子信箱：bcr@ mingfa-hotel. com

厦门京华大酒店 ★★★
地址：厦门市双涵路口
电话：0592－5089898
传真：0592－5054481
邮编：361004
网址：www. xmjinghuahotel. com

厦门鑫安宾馆 ★★★
地址：厦门市厦禾路 867 号
电话：0592－5178666
传真：0592－5326955
邮编：361003
网址：www. xmxinanhtl. com

厦门东南亚大酒店 ★★★
地址：厦门市厦禾路 908 号
电话：0592－5058888
传真：0592－5058899
邮编：361004

厦门华夏大酒店 ★★★
地址：厦门市厦禾路 935 号
电话：0592－5759888
传真：0592－5157666
邮编：361004
网址：www. hxhotel. com. cn
电子信箱：hxyxb202@ sina. com

厦门金帝酒店 ★★★
地址：厦门市仙叶路 189 号
电话：0592－5111888
传真：0592－5119888
邮编：361012
网址：www. kingty. com
电子信箱：kingty@ kingty. com

厦门驿缘酒店 ★★★
地址：厦门市曾厝安
电话：0592－2519988
传真：0592－2519189
邮编：361005

厦门东海大厦酒店 ★★★
地址：厦门市中山路 1 号
电话：0592－2021111
传真：0592－2033264
邮编：361001
网址：www. yi-ting. com. cn
电子信箱：eoh-sale@ 163. com

厦门美丽华大酒店 ★★★
地址：厦门市湖里区兴隆路
电话：0592－6031666
传真：0592－6021814
邮编：361001

厦门集美大学国际交流中心 ★★★
地址：厦门市集美银江路183号
电话：0592－6681188
传真：0592－6181455
邮编：361021

漳州大酒店 ★★★
地址：漳州市胜利路4号
电话：0596－2036889
传真：0596－2029687
邮编：363000
网址：www. zzhotel. zbilc. com. cn
电子信箱：zzhotel@ public. zzptt. fj. cn

漳州华侨饭店 ★★★
地址：漳州市新华北路33号
电话：0596－2029988
传真：0596－2025201
邮编：363000
网址：www. ochzz. com
电子信箱：zzhq123@ sohu. com

龙海邦臣良友温泉酒店 ★★★
地址：漳州龙海市角美镇
电话：0596－6718555
传真：0596－6718299
邮编：363100

漳州临泰大酒店 ★★★
地址：漳州市云霄县江滨路61号
电话：0596－8506888
传真：0596－8506808
邮编：363330

诏安宾馆 ★★★
地址：漳州市诏安县南诏镇梅中路154号
电话：0596－3342255
传真：0596－3322966
邮编：363500

东山百亿新城度假村 ★★★
地址：漳州市东山县岛金銮湾游艇别墅区
电话：0596－5632888
传真：0596－5636688
邮编：363404
网址：www. baiyi-city. com
电子信箱：sale@ baiyi-city. com

东山金銮湾假日中心 ★★★
地址：漳州市东山县环岛路金銮湾
电话：0596－5838888
传真：0596－5838666
邮编：363400

东山县扬波酒店 ★★★
地址：漳州市东山县马銮湾风景区
电话：0596－5636999
传真：0596－5636868
邮编：363400

东山华福酒店 ★★★
地址：漳州市东山县铜陵镇
电话：0596－5680550
传真：0596－5680552
邮编：363401
网址：www. dsisland. com/huafu-hotel

东山华侨大酒店 ★★★
地址：漳州市东山县西埔镇中兴街1093号
电话：0596－5853986
传真：0596－5853367
邮编：363400
网址：www. dsoch. com
电子信箱：webmaster@ dsoch. com

福建沁都大酒店 ★★★
地址：龙岩市登高东路213号
电话：0597－2336336
传真：0597－2336338
邮编：364000

龙岩山水大酒店 ★★★
地址：龙岩市罗龙路78号
电话：0597－2107888
传真：0597－2107999
邮编：364000

闽西宾馆1号楼 ★★★
地址：龙岩市中山东路28号
电话：0597－2323240
传真：0597－2325021
邮编：364000

永定宾馆贵宾楼 ★★★
地址：龙岩市永定县凤城镇体育路36号
电话：0597－5833041
传真：0597－5833042
邮编：364100

上航大酒店 ★★★
地址：龙岩市上杭县北大路21号
电话：0597－3880899
传真：0597－3880989
邮编：364200

龙岩紫金大酒店 ★★★
地址：龙岩市上杭县临江紫金大道
电话：0597－3833333
传真：0597－3833222
邮编：364200
网址：www. zjky. cn
电子信箱：zjdjd@ zjky. cn

连城冠豸山邮电度假村 ★★★
地址：龙岩市连城县
电话：0597－8932888
传真：0597－8932999
邮编：366200

连城大酒店 ★★★
地址：龙岩市连城县城关中山路56号
电话：0597－8935666
传真：0597－8935222
邮编：366200

宁德驿景大酒店 ★★★
地址：宁德市东侨大道
电话：0593－2997888
传真：0593－2997666
邮编：352100

宁德市宏迪大酒店 ★★★
地址：宁德市蕉城北路25号
电话：0593－2055555
传真：0593－2055000
邮编：352100

宁德闽东宾馆贵宾楼 ★★★
地址：宁德市蕉城区蕉城北路26号
电话：0593－2861288
传真：0593－2876999
邮编：352100

福安富春大酒店 ★★★
地址：宁德福安市解放西路21号
电话：0593－6389888
传真：0593－6585368
邮编：355000

福安邮电大酒店 ★★★
地址：宁德福安市新华南路65号
电话：0593－6536666
传真：0593－6536088
邮编：355000

宁德福鼎海天大酒店 ★★★
地址：宁德福鼎市海丰路邮政大厦门
电话：0593－7977777
传真：0593－7977786
邮编：355200
网址：www. 88me. com/wz/fdht
电子信箱：vip@ fdht. net

霞浦环岛大酒店 ★★★
地址：宁德市霞浦县龙道路南段
电话：0593－8816888
传真：0593－8883031
邮编：355100
网址：www. xphd. cn
电子信箱：vip@ xphd. cn

旅游景区

福州国家森林公园 AAAA
地址：福州市新店上赤桥
电话：0591－87916444
邮编：350012

石竹山风景区 AAAA
地址：福建省福清市宏路镇
电话：0591－85368288
邮编：350301
网址：china－drcain. cn

青云山风景区 AAAA
地址：福州市永泰县青云山白马山庄
电话：0591－24501400
传真：24501193
邮编：350700

邵武熙春园 AA
地址：南平邵武市城西
邮编：354000

桃源洞道观 AAAA
地址：南平武夷山市武夷山景区
电话：0599－5252825
邮编：354302

武夷山风景名胜区 AAAAA
地址：南平武夷山市迎宾路景区园林科技大楼（管理处）
电话：0599－5112228
邮编：354300

梅列瑞云山 AAAA
地址：三明市梅列区陈大镇大源村
电话：0598－8365706
邮编：365009

三明格氏栲国家森林公园 AAAA
地址：三明市三元区莘口镇
邮编：365001

永安桃源洞旅游区 AAAA
地址：三明永安市兴平街道坂尾村
电话：0598－3651530 3636564
邮编：366000

沙县沙阳乐园 AA
地址：三明市沙县凤凰路
电话：0598－5831656
邮编：365500

泰宁大金湖旅游区 AAAA
地址：三明市泰宁县

电话：0598－7833822
邮编：354400

湄洲岛国家旅游度假区 AAAA
地址：莆田市湄洲岛国家旅游度假区
电话：0594－5095231
邮编：351154

泉州开元寺 AAAA
地址：泉州市西街
电话：0595－22383036
邮编：362000

安溪清水岩旅游区 AAAA
地址：泉州市安溪县蓬莱清水岩
电话：0595－23353688
邮编：362402

安溪凤山风景旅游区 AAA
地址：泉州市安溪县城凤山路2号
电话：0595－23288807
邮编：362400

牛姆生态旅游区 AAAA
地址：泉州市永春县下洋溪塔村
电话：0595－23985986
邮编：362617

厦门园林植物园 AAAA
地址：厦门市万石山植物园
电话：0592－2024785
邮编：361003

鼓浪屿风景名胜区 AAAAA
地址：厦门市鼓浪屿晃岩路62号
电话：0592－2061585
邮编：361002

厦门天竺山森林公园 AAAA
地址：厦门市海沧区东孚镇
电话：0592－6311965
邮编：361009

日月谷温泉度假村 AAAA
地址：厦门市海仓区东孚镇汤岸
电话：0592－6312222
邮编：361027

厦门海沧大桥旅游区 AAAA
地址：厦门市东渡路127号
电话：0592－5611052
邮编：361012

湖里公园 AAA
地址：厦门市湖里区华泰路
电话：0592－6030729
邮编：361006

集美嘉庚公园 AAAA
地址：厦门集美区嘉庚路149号
电话：0592－6101713
邮编：361021

滨海火山地貌国家地质公园 AAAA
地址：漳州市龙海隆教漳浦前亭
电话：0596－3221415
邮编：363200

天福茶博物院 AAAA
地址：漳州市漳浦县盘陀茶文化镇（国道324线旁）
电话：0596－3822198
邮编：363202

花博园 AAAA
地址：漳州市漳浦县马口
电话：0596－3851188 3851925
邮编：363204

东山风动石景区 AAAA
地址：漳州市东山县铜陵镇公园街关帝庙
电话：0596－5620293
邮编：363401

三平寺风景区 AAAA
地址：漳州市平和县文峰镇
电话：0596－5290132
邮编：363704

龙岩龙硿洞风景名胜区 AAAA
地址：龙岩市新罗区岩山
电话：0597－2665608
邮编：364000

龙岩市水上茶乡九鹏溪 AAA
地址：龙岩漳平市南洋乡
邮编：364400

永定县客家土楼民俗文化村 AAAA
地址：龙岩市永定县湖坑
电话：0597－5532812
邮编：364111

龙岩市古田会议会址景区 AAAA
地址：龙岩市上杭县古田镇
电话：0597－3642524
邮编：364200

连城冠豸山风景区 AAAA
地址：龙岩市连城县豸峰街44号
电话：0597－8921895
邮编：366200

宁德赤岸风景区 AA
地址：宁德市霞浦县赤岸村
邮编：355100

餐　馆

福州聚春园大酒店
地址：福州市东街2号
电话：0591－87502328
邮编：350001

福州好世界海鲜大酒楼有限公司
地址：福州市西二环中路
电话：0591－83733333
邮编：350002

阿波罗大酒楼
地址：福州市五一路132号
电话：0591－83055555
邮编：350001

川味居
地址：福州市首山路55号
电话：0591－63385680
邮编：350001

食鼎记私房菜
地址：福州市通湖路172号青鸟世纪2层
电话：0591－87660377
邮编：350001

黎明大酒店全聚德餐厅
地址：福州市鼓楼区乌山路53号
电话：0591－83350108
邮编：350001

千鹤日本料理
地址：福州市鼓楼区华林路97号
电话：0591－87848878
邮编：350001

京都大酒楼
地址：福州市鼓楼区五四路75号
电话：0591－87531518
邮编：350001

苗味人家
地址：福州市晋安区六一北路310号
电话：0591－87660876
邮编：350001

大三元餐饮有限公司
地址：福州市营迹路
电话：0591－87832660
邮编：350003

龙凤阁餐饮有限公司
地址：福州市湖东路
电话：0591－87400333
邮编：350003

谭鱼头饮食有限公司
地址：福州市北环中路
电话：0591－87877899
邮编：350003

上海西餐厅有限责任公司
地址：福州市八一七北路
电话：0591－87553620
邮编：350001

闽航餐厅
地址：福州市中百路
电话：0591－83269992
邮编：350009

紫荆阁餐厅
地址：福州市湖滨路
电话：0591－87810307
邮编：350001

川国演义酒楼
地址：南平市文体路338号武夷香榭F楼
电话：0599－8831598
邮编：353000

南平市老坛子民俗酒家
地址：南平市解放路建大商厦三层
电话：0599－8850669
邮编：353000

南平市小金门蛇餐馆
地址：南平市金山路110号
电话：0599－8839776
邮编：353000

南平市康和饭庄
地址：南平市新建路185号
电话：0599－5772010
邮编：353000

喜来登酒家
地址：三明市新市中路
电话：0598－8321222
邮编：365000

知味轩
地址：三明市新市北路
电话：0598－8888358
邮编：365000

三明市潮福楼餐饮服务有限公司
地址：三明市天鸿大厦3楼
电话：0598－8298000
邮编：365000

味之缘餐厅
地址：三明市东新五路
电话：0598－8240479
邮编：365000

新林记美食城
地址：三明市
电话：0598－8285759
邮编：365000

东方红海鲜楼
地址：莆田市城厢区梅园路
电话：0594－2651299
邮编：351100

莆田市北海道餐厅
地址：莆田市城厢区学园北路
电话：0594－2690725
邮编：351100

莆田市金三角酒楼
地址：莆田市城厢区文献路565号
电话：0594－2678188
邮编：351100

莆田市凰宫酒家
地址：莆田市城厢区凤凰山下
电话：13808589898
邮编：351100

莆田市阿诗玛饭店
地址：莆田市城厢区石室路
电话：0594－2694944
邮编：351100

白玉兰食府
地址：莆田市步行街西段
电话：0594－2399797
邮编：351100

厦门正记风味楼
地址：莆田市学园南街
电话：0594－6988230
邮编：351100

莆仙饭店
地址：莆田市学园南街
电话：0594－6298638
邮编：351100

东南海酒村
地址：莆田市学园南街
电话：0594－2294343
邮编：351100

东方红川味馆
地址：莆田市梅园西路
电话：0594－2652200
邮编：351100

蓬莱海鲜楼
地址：莆田市学园南街
电话：0594－2391976
邮编：351100

凯悦海鲜酒楼
地址：莆田市荔城中大道
电话：0594－2611799
邮编：351100
客家人食府

客家人食府
地址：泉州市丰泽区二郎巷5－9号
电话：0595－22253906
邮编：362000

新农家饭庄
地址：泉州市田安北路人才大厦1－2楼
电话：0595－22101133
邮编：362000

泉州市潭家鱼头火锅城
地址：泉州市丰泽街东段云谷小区路口
电话：0595－22150998
邮编：362000

泉州市人民公社餐馆
地址：泉州市堤后路滨江花园城
电话：0595－22222117　13960264789
邮编：362000

菩提素食馆
地址：泉州市承天巷93号
电话：0595－22278897
邮编：362000

长寿素斋馆
地址：泉州市安海镇古庙路口
电话：0595－85704212
邮编：362000

华兴酒楼
地址：厦门市厦禾路919号
电话：0592－5095739
邮编：361003

佳丽海鲜大酒楼有限公司
地址：厦门市湖滨南路宝福大厦
电话：0592－5165555
邮编：361004

金府大酒楼
地址：厦门市大同镇城西路108号2楼
电话：0592－7125166
邮编：361100

四川大酒楼
地址：厦门市大同镇城西街
电话：0592－7122222
邮编：361100

厦门海味大酒楼
地址：厦门市蜂巢山路1号
电话：0592－2085041
邮编：361003

厦门金城酒楼有限公司
地址：厦门市东渡路126号厦门金宝酒店内
电话：0592－5610899
邮编：361003

厦门丽都酒楼
地址：厦门市复兴路53－55号3楼
电话：0592－2052585
邮编：361003

厦门牡丹大酒楼有限公司
地址：厦门市湖滨南路鸿翔大厦3楼
电话：0592－5185222
邮编：361003

厦门市舒友海鲜大酒楼有限公司
地址：厦门市湖滨北路中银金融大厦裙楼
电话：0592－5098888
邮编：361003

金象湾泰国餐厅
地址：厦门市禾祥西路华侨海景城
电话：0592－2387999
邮编：361003

元绿回转寿司
地址：厦门市中山路227号
电话：0592－3997798
邮编：361001

南普陀寺素食馆
地址：厦门市南普陀寺内
电话：0592－2087281
邮编：361003

老别墅西餐厅
地址：厦门白鹤路10－1号
电话：0592－2041208
邮编：361001

私家御饼屋
地址：厦门市鼓浪屿龙头路143号
电话：0592－2063651
邮编：361001

潮福城
地址：厦门湖滨北路28号建业大厦裙楼
电话：0592－5058688
邮编：361001

万隆巴西烤肉
地址：厦门市湖滨北路59号
电话：0592－5369225
邮编：361001

银丰湘菜馆
地址：厦门市金民里118号
电话：0592－5258236
邮编：361001

杭邦菜馆
地址：厦门市海天路佳丽花园B座
电话：0592－5627067
邮编：361001

老四川菜馆
地址：厦门市忠孝里9－4号
电话：0592－2981590
邮编：361001

渔王川菜馆
地址：厦门市镇邦路20号
电话：0592－2107729
邮编：361001

湘临天下酒楼
地址：厦门市仙岳路778号
电话：0592－3980926
邮编：361001

满堂红湘菜
地址：厦门市后滨路77号
电话：0592－2238536
邮编：361001

洞庭湘水人家
地址：厦门市莲花香莲里32－10号
电话：0592－5529111
邮编：361001

芙蓉国里湘菜馆
地址：厦门市莲前西路322号
电话：0592－5996235
邮编：361001

逍遥津徽菜馆
地址：厦门市禾祥西路773号
电话：0592－2222286
邮编：361001

竹篱笆饭庄
地址：厦门市南山路186号
电话：0592－5635880
邮编：361001

清真穆斯林餐馆
地址：厦门市兴隆路25号

电话：0592－6033238
邮编：361001

大方素食馆
地址：厦门市思明南路412—11号
电话：0592－2093236
邮编：361003

功德素菜馆
地址：厦门市思明南路412—11号
电话：0592－2085590
邮编：361003

虎溪岩寺素餐馆
地址：厦门市虎园路虎溪岩寺
电话：0592－2121799
邮编：361003

大东北饺子城
地址：漳州市丹霞路111－15号
电话：0596－2935321
邮编：363000

漳州港龙海鲜酒家有限公司
地址：漳州市芗城延安北路36号商业大厦
电话：0596－2038805
邮编：363000

湘妹子湘菜馆
地址：龙岩市新罗区解放路38号
电话：0597－2220686
邮编：364000

渔家湾酒楼
地址：龙岩市新罗区九一南路
电话：0597－2225253
邮编：364000

开心素食屋
地址：龙岩市陵园路93号
电话：0597－2290777
邮编：364000
潮汕牛肉火锅城

潮汕牛肉火锅城
地址：龙岩市新罗区九一南路
电话：0597－2281181
邮编：364000

小肥羊全国连锁宁德店
地址：宁德市蕉城区城东路
电话：0593－2881717
邮编：352100

小肥羊
地址：宁德市蕉城区八一五西路
电话：0593－2059555
邮编：3521000

宁德市蕉北熙灿大食府
地址：宁德市蕉城区福建莱茵大厦2楼
电话：0593－2828788
邮编：352100

宁德市高老庄餐厅
地址：宁德市蕉城南路1号海富花园
电话：0593－2058678
邮编：352100

旅游用品

福州工艺制花厂
地址：福州市仓角头7号
电话：0591－87552625 87553841
邮编：350001

周生生实业（福州）有限公司
地址：福州市八一七北路
电话：0591－87676468 87600291
邮编：350001

福州金福来珠宝首饰有限公司
地址：福州市铜盘路
电话：0591－87846933
邮编：350003

福州金银工艺厂
地址：福州市象园路
电话：0591－83848456
邮编：350011

浙江东方巨星珍珠制品有限公司福州分公司
地址：福州市东街
电话：0591－87527534
邮编：350001

福州市第一脱胎漆器厂
地址：福州市六一南路
电话：0591－83441373
邮编：350007

福州市鼓楼脱胎漆器厂
地址：福州市北大路
电话：0591－87534979
邮编：350001

福州市华美地毯贸易公司
地址：福州市国货西路
电话：0591－83275555
邮编：350009

福州云飞编织品有限公司
地址：福州市闽侯鸿尾牛头山工业区
电话：0591－22975431
邮编：350106

福州天工电脑绣花联营厂
地址：福州市西洪路
电话：0591－83703798
邮编：350002

福州祥盛电脑机绣有限公司
地址：福州市鼓山前屿村
电话：0591－83665528
邮编：350014

福州鸿盛电脑机绣有限公司
地址：福州市鼓山镇
电话：0591－83654085
邮编：350014

福州海华机绣厂
地址：福州市盖山镇
电话：0591－83579774
邮编：350026

闽侯闽兴编织品有限公司
地址：福州市五四路
电话：0591－87526602
邮编：350001

福建省文物总店
地址：福州市五四路
电话：0591－87556702
邮编：350001

福州雕刻工艺品总厂
地址：福州市六一中路209号
电话：0591－83350758 83354306
邮编：350005

福州市文物店
地址：福州市古田路
电话：0591－83334077
邮编：350005

福州市文物考古工作队
地址：福州市道山路
电话：0591－87605294
邮编：350001

福州中艺玉石雕刻厂
地址：福州市鼓山镇
电话：0591－83623203
邮编：350014

福州石雕艺术工艺厂
地址：福州市六一中路
电话：0591－83333763
邮编：350005

福州木雕厂
地址：福州市六一中路
电话：0591－83352132
邮编：350005

晋安区樟林雕刻艺术公司
地址：福州市鼓山
电话：0591－83627688
邮编：350014

福州市佛榕工艺有限公司
地址：福州市前屿长春路
电话：0591－83922928
邮编：350014

福州业通工艺品有限公司
地址：福州市金山投资区
电话：0591－83749666
邮编：350002

中国抽纱福建进出口公司
地址：福州市湖东路
电话：0591－87322338
邮编：350003

福建省工艺美术工业总公司
地址：福州市五一北路
电话：0591－87551866
邮编：350001

福建省工艺品进出口公司
地址：福州市湖东路
电话：0591－87325738
邮编：350003

福建华和造型艺术有限公司
地址：福州市工业路
电话：0591－83821129
邮编：350002

福建艺苑艺术精品有限公司
地址：福州市东街
电话：0591－87537449
邮编：350001

福建省工艺美术实验厂
地址：福州市五一北路
电话：0591－87534467
邮编：350001

福州市工艺美术公司
地址：福州市五四路
电话：0591－87828944
邮编：350003

闽侯闽云竹木制品有限公司
地址：福州市六一北路231号

电话：0591－87316572
邮编：350001

福州海云特艺有限公司
地址：福州市建新
电话：0591－83745778
邮编：350002

鼓楼区国光工艺美术品商店
地址：福州市温泉支路
电话：0591－87556516
邮编：350001

福建省闽中美实业有限公司
地址：福州市台江集贸市场A座
电话：0591－83266798
邮编：350009

福州福泉工艺品有限公司
地址：福州市鼓山镇
电话：0591－83622865
邮编：350002

福州福宝工艺品有限公司
地址：福州市五四北路
电话：0591－87710503
邮编：350003

福州福亚工艺品有限公司
地址：福州市五四路
电话：0591－87553460
邮编：350001

福州琉华工艺品有限公司
地址：福州市仓山湖边村
电话：0591－83433684
邮编：350007

福州进丁工艺品有限公司
地址：福州市先农村
电话：0591－83449324
邮编：350008

福州鼓金工艺品有限公司
地址：福州市五四路
电话：0591－87807393
邮编：350003

福州东顺工艺品有限公司
地址：福州市杨桥西路
电话：0591－83706614
邮编：350002

福州景翔工艺品有限公司
地址：福州市新店镇
电话：0591－87531169
邮编：350012

福州星东利工艺品有限公司
地址：福州市西环北路
电话：0591－87866324
邮编：350003

福州迪尔工艺品实业有限公司
地址：福州市鼓山下院
电话：0591－83621281
邮编：350014

福州亚联工艺品有限公司
地址：福州市三八路
电话：0591－87319186
邮编：350011

福州市环城工艺美术厂
地址：福州市福兴路
电话：0591－83620566
邮编：350014

福州象牙宝石工艺厂
地址：福州市六一路中段
电话：0591－83321573
邮编：350005

福州市建新锦龙工艺厂
地址：福州市建新镇
电话：0591－83587888
邮编：350002

仓山民政工艺竹木制品厂
地址：福州市建新
电话：0591－83598555
邮编：350002

仓山芳华工艺美术厂
地址：福州市盖山镇
电话：0591－83440350
邮编：350026

福州金龙工艺品有限公司
地址：福州市西二环北路
电话：0591－87890011
邮编：350003

福州米奇工艺礼品有限公司
地址：福州市火车站
电话：0591－87901403
邮编：350013

福州珍艺钱币有限公司
地址：福州市五四路
电话：0591－87671058
邮编：350001

华鑫玉器行
地址：福州市六一北路
邮编：350009

三金珠宝店
地址：福州市六一中路
邮编：350009

福州象牙宝石工艺厂
地址：福州市六一中路
电话：0591－83321573
邮编：350005

友谊金银首饰商行
地址：福州市八一七北路
电话：0591－87512191
邮编：350001

恩记珠宝店
地址：福州市六一北路
邮编：350009

福州华茂工艺品有限公司
地址：福州市闽侯县尚干镇尚南路46号
电话：0591－22253529
邮编：350112

福州金意工艺品有限公司
地址：福州市闽侯尚干过浦村牛狮
电话：0591－22260087
邮编：350100

永泰塔库米工艺制品有限公司
地址：福州市永泰县清凉镇北斗村
电话：0591－24891723
邮编：350700

武夷山市力马艺画品有限公司
地址：南平武夷山市黄泥垅
电话：0599－5102791
邮编：354300

建瓯市九曲根艺厂
地址：南平建瓯市徐墩镇
电话：0599－3565272
邮编：353100

建阳市竹木制品工艺厂
地址：南平建阳市童游南山下
电话：0599－5628036
邮编：354200

建阳市徐市镇工艺厂
地址：南平建阳市徐市
电话：0599－5891137
邮编：354216

建阳小子铁艺玻璃制作坊
地址：南平建阳市东桥东路
电话：0599－5624440
邮编：354200

沙县天工仿古精品工艺厂
地址：三明市桥南西路
电话：0598－5822426
邮编：365500

将乐县工艺美术厂
地址：三明市龟山西路6号
电话：0598－2322348
邮编：353300

福建省三明雕塑厂
地址：三明市三元区北山路
电话：0598－8327899
邮编：365001

三元大理石工艺制品厂
地址：三明市三元区新市南路
电话：0598－8313875
邮编：365001

将乐县华田木制工艺品有限公司
地址：三明市将乐县
电话：0598－2335288
邮编：353300

将乐县金晨工艺厂
地址：三明市将乐县
电话：0598－2327937
邮编：353300

将乐县农垦木雕总厂
地址：三明市三华南路
电话：0598－2322557
邮编：353300

将乐县昭华木制品工艺厂
地址：三明市樟华路
电话：0598－2326688
邮编：353300

莆田县金星珠宝首饰工艺厂
地址：莆田市东峤镇上塘村
电话：0594－5194669
邮编：351164

台湾鸿艺雕刻股份有限公司
地址：莆田市江口镇石庭
电话：0594－3791733
邮编：351117

莆田北高石雕厂
地址：莆田市北高镇吴山村
电话：0594－5205099
邮编：351148

莆田博宇工艺制品有限公司
地址：莆田市城厢区屿上村

电话：0594－2656628
邮编：351100

泉州人造花厂有限公司
地址：泉州市新华路
电话：0595－22372813
邮编：362000

泉州恒美油画工艺品有限公司
地址：泉州市山腰
电话：0595－87991998
邮编：362000

泉州市工艺美术工业公司
地址：泉州市温陵路
电话：0595－22195490
邮编：362000

泉州丰达工艺有限公司
地址：泉州市温陵中段
电话：0595－22502500
邮编：362000

泉州美尔奇工艺实业有限公司
地址：泉州市成洲工业区
电话：0595－22583366
邮编：362000

泉州鲤城肯特工艺品贸易公司
地址：泉州市北峰镇工业区
电话：0595－22889190
邮编：362000

泉州市工艺美术公司
地址：泉州市湖心街
电话：0595－22106817
邮编：362000

泉州宏达工艺有限公司
地址：泉州市清蒙工业区
电话：0595－22468658
邮编：362000

泉州连兴艺品有限公司
地址：泉州市清蒙工业区
电话：0595－22491151
邮编：362000

泉州市诚兴艺品有限公司
地址：泉州市江南镇曾林村
电话：0595－22456602
邮编：362000

泉州市丰泽金城工艺有限公司
地址：泉州市环清工业区
电话：0595－22777272
邮编：362000

金太阳（泉州）玻璃工艺品有限公司
地址：泉州市浮桥镇清蒙工业区
电话：0595－22465527
邮编：362000

泉州东凯工艺品制造有限公司
地址：泉州市湖心街中段
电话：0595－22118596
邮编：362000

泉州市洛江区亚伦艺品厂
地址：泉州市杏宅村
电话：0595－22652231
邮编：362000

泉州鲤城隆盛工艺厂
地址：泉州市西郊村
电话：0595－22883896
邮编：362000

泉州市艺洋工艺品厂
地址：泉州市成洲工业区
电话：0595－22575046
邮编：362000

泉州市区郁金工艺厂
地址：泉州市
电话：0595－22679238
邮编：362000

泉州市区精诚工艺品厂
地址：泉州市城东浔美村
电话：0595－22680188
邮编：362000

泉州市区清华工艺厂
地址：泉州市北峰工业区内
电话：0595－22888511
邮编：362000

泉州鲤城瀛晟工艺品厂
地址：泉州市西郊新村
电话：0595－22881278
邮编：362000

泉州市宏帆美术工艺厂
地址：泉州市南环路江南街新技术开发区
电话：0595－22461818
邮编：362000

泉州市侨友针织工艺厂
地址：泉州市泉秀路埔西路口
电话：0595－22583670
邮编：362000

晋江市东石侨光工艺木雕厂
地址：泉州晋江市东石郭岑
电话：0595－85585688
邮编：362200

惠安县联发石雕厂
地址：泉州市惠安县崇武镇
电话：0595－87681274
邮编：362100

惠安县鹏贵石雕厂
地址：泉州市惠安县洛阳镇万安街
电话：0595－87481155
邮编：362100

惠安县福跃石雕厂
地址：泉州市惠安县山霞镇后洋村
电话：0595－87601625
邮编：362100

惠安县意得发石制品雕刻厂
地址：泉州市惠安县五峰村
电话：0595－87682269
邮编：362100

惠安县东岭镇文化站影雕厂
地址：泉州市惠安县东岭镇东岭街
电话：0595－87881638
邮编：362100

惠安县腾龙工艺美术厂
地址：泉州市惠安县洛阳镇
电话：0595－87491771
邮编：362100

福建永春东泰工艺制品有限公司
地址：泉州市永春县东平霞林村
电话：0595－23702864
邮编：362600

福建永春县鑫泰工艺制品有限公司
地址：泉州市永春县东平镇下林
电话：0595－23702949
邮编：362600

厦门市首饰厂
地址：厦门市七星路
电话：0592－5085971
邮编：361012

厦门永丰余石雕厂
地址：厦门市东宅月胧村
电话：0592－7250099
邮编：361000

厦门青礁石雕厂
地址：厦门市青礁村
电话：0592－6081463
邮编：361000

厦门洪塘石雕厂
地址：厦门市洪塘
电话：0592－7250321
邮编：361000

漳州强兴工艺制品有限公司
地址：漳州市蓝田开发区
电话：0596－2104648
邮编：363000

漳州市芗城丽宝工艺制作有限公司
地址：漳州市珠里村
电话：0596－2613107
邮编：363000

漳州市工艺美术厂
地址：漳州市佳苑花园
电话：0596－2662830
邮编：363000

漳州市雄益工艺品厂
地址：漳州市前山工业区
电话：0596－2137109
邮编：363000

漳州市佳富工艺品厂
地址：漳州市蓝田开发区
电话：0596－2100105
邮编：363000

上杭县步云珠宝厂
地址：龙岩市上杭县步云乡
电话：0597－3601588
邮编：364223

上杭县紫金珠宝首饰有限公司
地址：龙岩市上杭县北环路
电话：0597－3888456
邮编：364200

武平县东留乡工艺厂
地址：龙岩市武平县东留乡
电话：0597－4813268
邮编：364311

福鼎市锦龙草编工艺厂
地址：宁德市福鼎市海滨路
电话：0593－7572016
邮编：355200

寿宁县迎新工艺厂
地址：宁德市寿宁县际头仔工业区
电话：0593－5518597
邮编：355500

寿宁县梦龙陶艺有限公司
地址：宁德市寿宁县解放街

电话：0593－5515251
邮编：355500

闽东荣泰石材工艺品有限公司
地址：宁德市柘荣县六一五东路
电话：0593－8352492
邮编：355300

古田县工艺美术厂
地址：宁德市古田县解放路
电话：0593－3882375
邮编：352200

旅游交通

福建省旅游汽车公司
地址：福州市鼓楼区湖前大井 138 号
电话：0591－87729191
邮编：350003

福建华闽旅游汽车运输有限公司
地址：福州市工业路
电话：0591－83329451
邮编：350002

福建省中国旅行社汽车公司
地址：福州市六一北路 3 号
电话：0591－87579995
邮编：350013

福州火车站
地址：福州市
电话：0591－87050222
邮编：350001

马尾火车站
地址：福州市青州路
电话：0591－3682307
邮编：350015

福州马尾港客运站
地址：福州市马尾经五路 1 号
电话：0591－83682344
邮编：350001

福州市台江新码头
地址：福州市台江区江滨路
电话：0591－83277103
邮编：350004

福州长乐国际机场
地址：福州市长乐市漳港镇
电话：0591－8013429
邮编：350209

南平火车南站
地址：南平市南站
电话：0599－8710596
邮编：353000

邵武火车站
地址：南平邵武市解放中路
电话：0599－6533219
邮编：354000

武夷中旅诚联旅游汽车有限公司
地址：南平武夷山市度假区
电话：0599－5350469
邮编：354302

武夷山市公交巴士旅游有限公司
地址：南平武夷山市五九中路
电话：0599－5311011
邮编：354300

武夷山机场
地址：南平武夷山市南郊
电话：0599－5118114
邮编：354300

建瓯市火车站
地址：南平建瓯市新区
电话：0599－3731797
邮编：353100

建阳火车站
地址：南平建阳市火车站
电话：0599－5639771
邮编：354200

三明火车站
地址：三明市三元区工业南路 117 号
电话：0598－8319019
邮编：365001

三明市刑西火车站
地址：三明市刑西路
电话：0598－8399398
邮编：365003

三明市长青游船公司
地址：三明市列东长途汽车站江溪码头
电话：13515989667
邮编：365001

永安火车站
地址：三明永安市燕江东路
电话：0598－3629621
邮编：366000

泉州旅游汽车公司
地址：泉州市温陵北路
电话：0595－2287546
邮编：362000

泉州市中旅汽车服务公司
地址：泉州市鲤城环城北路百源路华侨大厦北侧
电话：0595－22287157
邮编：362000

泉州市肖厝火车站
地址：泉州市泉港区前黄镇
电话：0595－87965586
邮编：362114

泉州港
地址：泉州市
电话：0595－2585080
邮编：362000

泉州晋江机场
地址：泉州市
电话：0595－5628777
邮编：362000

晋江市华洲旅游客运有限公司
地址：泉州晋江市华洲
电话：0595－2923412
邮编：362200

南安市火车站
地址：泉州南安市美林西美村
电话：0595－6283211
邮编：362300

厦门市中侨旅游运输有限公司
地址：厦门市后埭溪路
电话：0592－5188288
邮编：361004

厦门中国旅行社汽车公司
地址：厦门市新华路 73 号
电话：0592－2026229
邮编：361003

厦门火车站
地址：厦门市厦禾路
电话：0592－3988678
邮编：361004

厦门火车北站
地址：厦门市
电话：0592－5246889
邮编：361000

厦门轮船总公司海上客运旅游有限公司
地址：厦门市鹭江道 268 号远洋大厦 15 楼
电话：0592－2390911
邮编：361001

厦门港码头（和平码头）
地址：厦门市鹭江道 3 号
电话：0592－2983481
邮编：361001

厦门高崎国际机场
地址：厦门市
电话：0592－6020022
邮编：361001

漳州中国旅行社汽车公司
地址：漳州市大通北路
电话：0596－2058500
邮编：363000

漳州青旅汽车运输有限公司
地址：漳州市元光南路
电话：0596－2897547
邮编：363000

漳州市汽车站“长运高速”直达快车
地址：漳州市新华北路
电话：0596－2039010
邮编：363000

漳州市联合运输总公司
地址：漳州市新华北路
电话：0596－2036178
邮编：363000

漳州火车站
地址：漳州市南坑路
电话：0596－2930296
邮编：363000

漳州郭坑火车站
地址：漳州市郭坑
电话：0596－2189098
邮编：363000

龙海火车站
地址：漳州龙海市角美镇吴宅村
电话：0596－6761759
邮编：363100

龙岩火车站
地址：龙岩市新罗区登高东路
电话：0597－3183189
邮编：364000

漳平火车站
地址：龙岩漳平市
电话：0597－7537582
邮编：364400

旅游院校

福建农林大学
旅游学院
地址：福州市金山
电话：0591－83789326
邮编：350002

闽江学院
旅游系
地址：福州市大学城文贤路1号
电话：0591－83761512
邮编：350108

福建省商业高等专科学校
旅游系
地址：福州市鼓楼区黄埔19号
电话：0591－87721030
邮编：350012

福建教育学院
地理系旅游专业
地址：福州市梦山路73号
电话：0591－83790304
邮编：350025

福建省旅游培训中心（干校）
地址：福州市西二环中路68号
电话：0591－83710349
传真：83714416
邮编：350002

福建省华南女子学院
旅游专业
地址：福州市仓山区首山49号
电话：0591－83483370
邮编：350007

福建师范大学
旅游学院
地址：福州市仓山上三路32号
电话：0591－83465214
邮编：350007

福州职业技术学院
管理系旅游专业
地址：福州市闽侯大学城源阳路1号
电话：0591－83760323
邮编：350018

福州旅游职业中专学校
地址：福州市闽侯县荆溪镇港头村1号
电话：0591－22614511
邮编：350100

福建林业职业技术学院
旅游管理系
地址：南平市金山路140号
电话：0599－8823074
邮编：353000

武夷学院
旅游系
地址：南平武夷山市武夷大道16号
电话：0599－5136268
邮编：354200

武夷山市旅游职业中专学校
地址：南平武夷山市五九大道185号
电话：0590－5302790
邮编：354300

闽北职业技术学院
旅游管理系
地址：南平建阳市黄华山路18号
电话：0599－5840760
邮编：353000

南平旅游职业中专学校
地址：南平建阳市黄花山路18号
电话：0590－5821284
邮编：354200

三明旅游职业中专学校
地址：三明市富兴路126号
电话：0598－8337453
邮编：365001

华侨大学
旅游学院
地址：泉州市城东
电话：0595－22690050
邮编：362011

泉州旅游职业学校
地址：泉州市东街菜巷20号
电话：0595－22285824
邮编：362000

集美大学
工商管理学院旅游管理专业
地址：厦门市集美大学总部
电话：0592－6185132
邮编：361021

厦门大学
管理学院旅游系
地址：厦门市思明南路482号
电话：0592－2188104
邮编：361005

厦门旅游培训中心
地址：厦门市新华路78号华建大厦11楼
电话：0592－2023628
传真：2025557
邮编：361005

厦门旅游职业学校
地址：厦门市大连兴馆1号
电话：0592－2013460
邮编：361001

漳州职业技术学院
经济管理系旅游与酒店管理专业
地址：漳州市马鞍山路1号
电话：0596－2092216
邮编：363000

漳州师范学院
管理系旅游管理专业
地址：漳州市马鞍山路1号
电话：0596－2527163
邮编：363000

闽西职业大学
旅游系
地址：龙岩市曹溪闽大路8号
电话：0597－2755017
邮编：364021

龙岩学院
经济与管理系旅游管理专业
地址：龙岩市凤凰北路1号
电话：0597－2183128
邮编：364042

宁德师范高等专科学校
管理与工程系旅游专业
地址：宁德市灵溪路1号
电话：0593－2813328
邮编：352100

江　西

JIANGXI

旅游机构

江西省旅游局
地址：南昌市福州路 183 号
电话：0971 – 6227631
传真：0971 – 6227860
邮编：330006

江西省旅游质量监督管理所
地址：南昌市福州路 183 号
电话：0791 – 6269965
邮编：330006

南昌市旅游局
地址：红谷滩新府路 118 号市
电话：0791 – 3883355
邮编：330008

东湖区文化广播旅游局
地址：南昌市叠山路 136 号
电话：0791 – 6216659
邮编：330006

西湖区文化广播旅游局
地址：南昌市孺子路 266 号
电话：0791 – 6636216
邮编：330009

青云谱区文化广播旅游局
地址：南昌市井冈山大道 338 号
电话：0791 – 5214669
邮编：330001

湾里区旅游局
地址：南昌市湾里区幸福路 253 号
电话：0791 – 3760263
邮编：330004

青山湖区文化广播旅游局
地址：南昌市南京东路 699 号
电话：0791 – 8115997
邮编：330029

南昌县文化广播电视旅游局
地址：南昌市南昌县莲塘镇
电话：0791 – 5712619
邮编：330200

新建县文化广播电视旅游局
地址：南昌市新建县解放路 26 号
电话：0791 – 3752445
邮编：330100

进贤县文化广播电视旅游局
地址：南昌市进贤县南湖路
电话：0791 – 5664453
邮编：331700

安义县文化广播电视旅游局
地址：南昌市安义县前进路 13 号
电话：0791 – 3422217
邮编：330500

九江市旅游局
地址：九江市长虹大道中景宾馆西楼 7 楼
电话：0792 – 8982268
邮编：332000

浔阳区旅游局
地址：九江市庚亮北路 2 号
电话：0792 – 8210133
邮编：332000

庐山区旅游局
地址：九江市十里大道 1500 号
电话：0792 – 8251227
邮编：332005

庐山管理局旅游局
地址：九江庐山牯岭正街
电话：0792 – 8282998
邮编：332900

九江县旅游局
地址：九江市九江县沙河街镇
电话：0792 – 6810829
邮编：332100

武宁县文化广播电视旅游局
地址：九江市武宁县二民路 28 号
电话：0792 – 2761441
邮编：332300

修水县文化广播电视旅游局
地址：九江市修水县北门二支路 12 号
电话：0792 – 7221921
0792 – 7221921
邮编：332400

彭泽县旅游局
地址：九江市彭泽县政府大院内
电话：0792 – 5622962
邮编：332700

永修县旅游发展委员会
地址：九江市永修县新城大道县建行 5 楼
电话：0792 – 3226507
邮编：330304

星子县旅游局
地址：九江市星子县秀峰大道
电话：0792 – 2666069
邮编：332800

湖口县旅游局
地址：九江市湖口县城
电话：0792 – 6331963
邮编：332500

景德镇市旅游局
地址：景德镇市风景路 3 号
电话：0798 – 8222903
邮编：333000

昌江区旅游局
地址：景德镇市瓷都大道 358 号
电话：0798 – 8339680
邮编：333000

乐平市旅游局
地址：景德镇乐平市政府大院内
电话：0798 – 6826667
邮编：333000

浮梁县旅游局
地址：景德镇市浮梁县朝阳中大道 26 号
电话：0798 – 2626379
邮编：333400

萍乡市旅游局
地址：萍乡市广场路 11 号
电话：0799 – 6772587
邮编：337000

安源区旅游局
地址：萍乡市安源区政府内
电话：0799 – 6661092
邮编：337000

莲花县旅游局
地址：萍乡市莲花县政府内
电话：0799 – 7223304
邮编：337100

上栗县旅游局
地址：萍乡市上栗县政府内
电话：0799 – 3862936
邮编：337009

芦溪县旅游局
地址：萍乡市芦溪县政府内
电话：0799 – 7550178
邮编：337200

湘东区旅游办公室
地址：萍乡市湘东区区政府内
电话：0799 – 3436869
邮编：337022

新余市旅游局
地址：新余市北湖西路 7 号
电话：0790 – 6420868
邮编：338000

分宜县旅游局
地址：新余市分宜县人民政府办公楼
电话：0790 – 5881303
邮编：336600

鹰潭市旅游局
地址：鹰潭市梅园大道府前路 3 号（市政府大楼 12 楼东）
电话：0701 – 6433882
邮编：335001

赣州市旅游局
地址：赣州市市政中心 9 楼
电话：0797 – 8391555
邮编：341000

章贡区旅游局
地址：赣州市阳明路 6 号
电话：0797 – 8293773
邮编：341000

赣县旅游局
地址：赣州市赣县政府院内
电话：0797 – 4435266
邮编：341100

南康市旅游局
地址：赣州南康市市政大楼 13 楼
电话：0797 – 7805460
邮编：341400

信丰县旅游局
地址：赣州市信丰县政府院内
电话：0797 – 3332936
邮编：341600

大余县旅游局
地址：赣州市大余县政府院内
电话：0797 – 8722063
邮编：341500

上犹县旅游局
地址：赣州市上犹县政府院内
电话：0797 – 8543270
邮编：341200

崇义县旅游局
地址：赣州市崇义县政府院内
电话：0797 – 7613866
邮编：341300

安远县旅游局
地址：赣州市安远县林业局院内
电话：0797－3732330
邮编：342100

龙南县旅游局
地址：赣州市龙南县政府院内
电话：0797－3511162
邮编：341700

定南县旅游局
地址：赣州市定南县政府院内
电话：0797－4292709
邮编：341900

全南县旅游局
地址：赣州市全南县政府院内
电话：0797－2632305
邮编：341800

宁都县旅游局
地址：赣州市宁都县政府院内
电话：0797－6834039
邮编：342700

于都县旅游局
地址：赣州市于都县政府院内
电话：0797－6418508
邮编：342300

兴国县旅游局
地址：赣州市兴国县政府院内
电话：0797－5311719
邮编：341200

瑞金市旅游局
地址：赣州瑞金市政府院内
电话：0797－2527197
邮编：342500

会昌县旅游局
地址：赣州市会昌县政府院内
电话：0797－5622662
邮编：342600

寻乌县旅游局
地址：赣州市寻乌县政府院内
电话：0797－2831021
邮编：342200

石城县旅游局
地址：赣州市石城县政府院内
电话：0797－5700808
邮编：342700

宜春市旅游局
地址：宜春市秀江中路29号
电话：0795－3272382
邮编：336000

袁州区旅游局
地址：宜春市中山中路401号（区政府大楼1楼）
电话：0795－3217058
邮编：336000

樟树市旅游局
地址：宜春樟树市市政府办公大楼6楼
电话：0795－7332256
邮编：331200

丰城市旅游局
地址：宜春丰城市秀斋巷9号
电话：0795－6409180
邮编：331100

靖安县旅游局
地址：宜春市靖安县森林大厦7楼
电话：0795－4657661
邮编：330600

奉新县旅游局
地址：宜春市奉新县广狮路
电话：0795－4613855
邮编：330700

高安市旅游局
地址：宜春高安市政府办公楼6楼
电话：0795－5212967
邮编：330800

上高县旅游局
地址：宜春市上高县建设路170号
电话：0795－2506245
邮编：336400

铜鼓县旅游局
地址：宜春市铜鼓县江欧集团办公楼2楼
电话：0795－8722241
邮编：336200

宜丰县旅游局
地址：宜春市宜丰县沿河西路1号
电话：0795－2757351
邮编：336300

万载县旅游局
地址：宜春市万载县宝塔路
电话：0795－8828554
邮编：336100

上饶市旅游局
地址：上饶市中山路88号
电话：0793－8211221
邮编：334000

信州区旅游局
地址：上饶市信州区政府大楼5楼
电话：0793－8239464
邮编：334000

上饶县旅游局
地址：上饶市上饶县政府南6楼
电话：0793－8466402
邮编：334100

广丰县旅游局
地址：上饶市广丰县政府4楼
电话：0793－2638585
邮编：334600

横峰县旅游局
地址：上饶市横峰县人民大道
电话：0793－5785732
邮编：334300

玉山县旅游局
地址：上饶市玉山县物资大楼4楼
电话：0793－2553880
邮编：334700

弋阳县旅游局
地址：上饶市弋阳县城南旭光大道123号
电话：0793－5824728
邮编：334400

德兴市旅游局
地址：上饶市德兴市政府5楼
电话：0793－7522510
邮编：334200

婺源县旅游局
地址：上饶市婺源县中国银行4楼
电话：0793－7354349
邮编：333200

铅山县旅游局
地址：上饶市铅山县总工会4楼
电话：0793－5130189
邮编：334500

万年县旅游局
地址：上饶市万年县政府大楼2楼
电话：0793－3841028
邮编：335500

余干县旅游局
地址：上饶市余干县光荣院1楼
电话：0793－3241818
邮编：335100

鄱阳县旅游局
地址：上饶市鄱阳县鄱阳镇建设路21号
电话：0793－6271039
邮编：333100

吉安市旅游局
地址：吉安市韶山中路9号
电话：0796－8226177
邮编：343000

吉州区旅游局
地址：吉安市吉州区区政府院内
电话：0796－8335021
邮编：343000

青原区旅游局
地址：吉安市青原区政府大院内
电话：0796－8101756
邮编：343000

井冈山市旅游局
地址：吉安井冈山市茨坪镇
电话：0796－6552626
邮编：343600

吉安县旅游局
地址：吉安市吉安县庐陵大道1号
电话：0796－8442579
邮编：343100

吉水县旅游局
地址：吉安市吉水县政府院内
电话：0796－3522455
邮编：331600

永丰县旅游局
地址：吉安市永丰县政府大院
电话：0796－2511953
邮编：331500

新干县旅游局
地址：吉安市新干县政府大院
电话：0796－2602219
邮编：331300

峡江县旅游局
地址：吉安市峡江县城人大常委会
电话：0796－3672885
邮编：331300

遂川县旅游局
地址：吉安市遂川县政府大院
电话：0796－6327288
邮编：343900

安福县旅游局
地址：吉安市安福县宝成南路
电话：0796－7699020
邮编：343200

泰和县旅游局
地址：吉安市泰和县政府大院
电话：0796－5339989
邮编：343700

万安县旅游局
地址：吉安市万安县凤凰路
电话：0796－5708155
邮编：343800

永新县旅游局
地址：吉安市永新县政府大院
电话：0796－7718048
邮编：343400

抚州市旅游局
地址：抚州市赣东大道22号
电话：0794－8276465
邮编：344000

临川区旅游局
地址：抚州市临川区政府大院
电话：0794－8807639
邮编：344000

资溪县旅游局
地址：抚州市资溪县政府大院内
电话：0794－5799688
邮编：335300

金溪县旅游局
地址：抚州市金溪县政府大院
电话：0794－5292152
邮编：344800

南丰县旅游局
地址：抚州市南丰县政府大院
电话：0794－3226160
邮编：344500

东乡县旅游局
地址：抚州市东乡县政府大院
电话：0794－4232321
邮编：344500

南城县旅游局
地址：抚州市南城县政府大院内
电话：0794－7235186
邮编：344700

乐安县旅游局
地址：抚州市乐安县敖溪镇
电话：0794－6598276
邮编：344300

广昌县旅游局
地址：抚州市广昌县政府大院
电话：0794－3623965
邮编：344900

宜黄县旅游局
地址：抚州市宜黄县政府大院
电话：0794－7602232
邮编：344400

旅行社

江西省海外旅游总公司
地址：南昌市苏圃路187号
电话：0791－6214429
邮编：330006
网址：www. jxotc. com
许可证号：L－JX－GJ00001

九江中国国际旅行社
地址：九江市浔阳路256号
电话：0792－8111885
邮编：332000
网址：www. liancits. com
许可证号：L－JX－GJ00002

赣州国际旅行社有限公司
地址：赣州市文清路33号邮政大厦五楼
电话：0797－8245599
邮编：341000
许可证号：L－JX－GJ00003

江西省中国旅行社
地址：南昌市民德路32号
电话：0791－6262506
邮编：330008
网址：www. ctsjx. com
许可证号：L－JX－GJ00004

庐山中国国际旅行社
地址：九江市庐山河西路48号
电话：0792－8282482
邮编：332900
许可证号：L－JX－GJ00005

江西省中国青年旅行社
地址：南昌市福州路98号
电话：0791－6391541
邮编：330006
许可证号：L－JX－GJ00006

江西省中国国际旅行社有限公司
地址：南昌市八一大道368号（江西宾馆院内）
电话：0791－6213158
邮编：330006
网址：www. jxcits. ttgo. cn
许可证号：L－JX－GJ00007

江西环球国际旅行社有限责任公司
地址：南昌市中山路170号太平洋商务大厦D座508室
电话：0791－6733225
邮编：330006
许可证号：L－JX－GJ00008

南昌铁路国际旅行社有限责任公司
地址：南昌市站前路1号
电话：0791－6106964
邮编：330002
网址：www. nt-gl. com
许可证号：L－JX－GJ00009

景德镇中国国际旅行社
地址：景德镇市珠山西路1号
电话：0798－8515888
邮编：333000
网址：www. jdzcits. com
许可证号：L－JX－GJ00010

九江中国旅行社
地址：九江市滨江路101号
电话：0792－8220017
邮编：332000
网址：www. jj. cts. net
许可证号：L－JX－GJ00011

上饶国际旅行社有限责任公司
地址：上饶市赣东北大道44号
电话：0793－8208989
邮编：334000
许可证号：L－JX－GJ00012

江西民航国际旅行社
地址：南昌市站前路80号
电话：0791－6104789
邮编：330002
许可证号：L－JX－GJ00014

南昌国际旅行社有限责任公司
地址：南昌市八一大道161号
电话：13807000668
邮编：330003
许可证号：L－JX－GJ00016

江西省虹桥国际旅行社
地址：南昌市苏圃路187号
电话：0791－6231929　6222331
邮编：330006
网址：www. nc114. com. cn/jxhq
电子信箱：nc@ mg114. com. cn
许可证号：L－JX－GJ00017

江西好易行国际旅行社有限公司
地址：赣州市八一大道26号
电话：0797－8286566
邮编：341000
许可证号：L－JX－GJ00018

江西天鹅国际旅行社有限责任公司
地址：南昌市广场南路385号恒茂国际华城酒店公寓12号楼23层
电话：0791－2181999
邮编：330002
许可证号：L－JX－GJ00019

江西观光国际旅行社有限公司
地址：南昌市环湖路81号
电话：0791－6237676
邮编：330006
许可证号：L－JX－GJ00021

江西省国贸国际旅行社
地址：南昌市站前西路284号
电话：0791－6381122
邮编：330002
许可证号：L－JX－GJ00022

萍乡市星球国际旅行社
地址：萍乡市昌盛宾馆
电话：0799－6855511
邮编：337000
网址：www. pxly. com
许可证号：L－JX－GJ00023

江西新世界国际旅行社有限责任公司
地址：南昌市北京西路182号天御星座6楼612室
电话：0791－6166795　6160730
邮编：330046
网址：www. jxnewworld. cn
许可证号：L－JX－GJ00025

江西省宜春华夏国际旅行社
地址：宜春市明月北路54号
电话：0795－3284432
邮编：336000
网址：www. china－jxhx. com
许可证号：L－JX－GJ00026

江西鸿雁国际旅行社有限公司
地址：南昌市省府大院东三路5号
电话：13707910909
邮编：330046
许可证号：L－JX－GJ00027

江西康辉国际旅行社有限责任公司
地址：南昌市南京西路277号金阳光大厦B座1806室
电话：0791－6397300

邮编：330006
网址：www. Jxcct. com
许可证号：L－JX－GJ00028

景德镇市中国旅行社有限责任公司
地址：景德镇市瓷都大道567号
电话：0798－8532905
邮编：333000
网址：www. zglxs. jdzol. com
许可证号：L－JX－GJ00029

九江天马国际旅行社有限公司
地址：九江市庐峰路6号天佑大厦
电话：0792－8313488
邮编：332000
网址：www. jjtmt. com
许可证号：L－JX－GJ00030

江西光大国际旅行社有限公司
地址：南昌市中山路138号（商会大厦九楼）
电话：0791－6285869
邮编：330003
许可证号：L－JX－GJ00031

上饶神舟国际旅行社有限公司
地址：上饶市信州区赣东北大道12号
电话：0793－8213283
邮编：334000
许可证号：L－JX－GJ00032

井冈山国际旅行社
地址：井冈山市茨坪镇北苑小区1号
电话：0793－6560889　6693442
邮编：336000
网址：www. citsjgs. com
许可证号：L－JX－GJ00033

吉安国际旅行社有限公司
地址：吉安市井冈山大道143－1号
电话：0796－8228855
邮编：343000
网址：www. jianguolv. com
许可证号：L－JX－GJ00034

江西省仙女湖国际旅行社有限公司
地址：新余市劳动北路425号
电话：0790－6448900　6432629
邮编：338000
网址：www. 6442788. com
电子信箱：2788hld@ sina. com
许可证号：L－JX－GJ00035

景德镇市春秋国际旅行社有限公司
地址：景德镇市昌江大道29号
电话：0798－8298710
邮编：333000
网址：cq，jdiol. net
许可证号：L－JX－GJ00036

宾馆酒店

江西宾馆 ★★★★★
地址：南昌市八一大道368号
电话：0791－6206666
传真：0791－6265178
邮编：330006
网址：www. jxh. com. cn
电子信箱：bc6099@ 163. com

南昌凯莱大酒店 ★★★★★
地址：南昌市沿江北路88号
电话：0791－6738855
传真：0791－6738703
邮编：330008
网址：www. gphnanchang. com

锦峰大酒店 ★★★★
地址：南昌市站前西路281号
电话：0791－8867777
传真：0791－8868888
邮编：330002
网址：www. jinfenghotel. com. cn

瑞都大酒店 ★★★★
地址：南昌市广场南路399号
电话：0791－6201888
传真：0791－6201999
邮编：330002
网址：www. rdhotel. cn
电子信箱：master@ rdhotel. cn

赣江宾馆 ★★★★
地址：南昌市八一大道138号
电话：0791－8856888
传真：0791－6261968
邮编：330003
网址：www. gjhotel. com

锦江皇冠酒店 ★★★★
地址：南昌市洪城路99号
电话：0791－6429999
传真：0791－6429617
邮编：330002
网址：www. jjhghotel. com
电子信箱：xzb@ jjhghotel. com

江西饭店 ★★★★
地址：南昌市八一大道356号
电话：0791－8858888
传真：0791－6222412
邮编：330006
网址：www. jx8858888. com
电子信箱：jxhotel@ 163. com

民航花园酒店 ★★★★
地址：南昌市洪城路587号
电话：0791－8898888
传真：0791－8898811
邮编：330025
网址：www. jxmhotel. com

南昌皇廷大酒店 ★★★★
地址：南昌市站前路168号
电话：0791－6208888
传真：0791－6208800
邮编：330002

江西师大白鹿会馆 ★★★★
地址：南昌市江西师范大学瑶湖校区
电话：0791－8121888
传真：0791－8121998
邮编：330022

江西华悦国际大酒店 ★★★★
地址：南昌市丁公路117号
电话：0791－6316666
传真：0791－6289988
邮编：330002
网址：www. hygj-cn. com
电子信箱：hygj2004@ 163. com

江西泽源大酒店 ★★★★
地址：南昌市湖滨东路66号
电话：0791－7493600
传真：0791－7493476
邮编：330077

五湖大酒店 ★★★★
地址：南昌市湖滨南路33号
电话：0791－8521888
传真：0791－8521668
邮编：330077
网址：www. lakeviewhotel. com. cn

富豪酒店 ★★★★
地址：南昌市洪城路160号
电话：0791－6408888
传真：0791－6411997
邮编：330002

七星商务酒店 ★★★★
地址：南昌市南京西路225号
电话：0791－8866666
传真：0791－8862999
邮编：330006
网址：www. sevenstarhotel. cn

其士九江大酒店 ★★★★
地址：九江市滨江路68号
电话：0792－8233388
传真：0792－8121288
邮编：332000
网址：www. jjqishi@ publicl. jj. jx. cn

九江星河大酒店 ★★★★
地址：九江市滨江东路45号
电话：0792－8532222
传真：0792－8532229
邮编：332000
网址：www. xinghE-hotel. cn

九江雅格泰大酒店 ★★★★
地址：九江市长虹大道28号
电话：0792－8983885
传真：0792－8983999
邮编：332000

庐山西湖宾馆 ★★★★
地址：九江市庐山区大林路719号
电话：0792－8282591
传真：0792－8283630
邮编：332900
网址：www. lsxhbg. com/zjl. htm
电子信箱：lsxhbg@ 21. cn. com

庐山国脉宾馆 ★★★★
地址：九江市庐山区大月山路15号
电话：0792－8282040
传真：0792－8297888
邮编：332900

庐山天沐温泉度假村 ★★★★
地址：九江市星子县
电话：0792－2615888
传真：0792－2615777
邮编：332802

庐山龙湾温泉度假村 ★★★★
地址：九江市星子县温泉镇
电话：0792－2615890
传真：0792－2615890
邮编：332802
网址：www. longwanwq. com
电子信箱：longwanwq@ 126. com

景德镇市开门子大酒店 ★★★★
地址：景德镇市新枫路1号
电话：0798－8577777
传真：0798－8560166
邮编：333000
网址：www. kmz. cn
电子信箱：adwin@ kmz. cn

景德镇大酒店 ★★★★
地址：景德镇市珠江中路126号
电话：0798－8518888
传真：0798－8531116
邮编：333000
网址：www.jingdezhenhotel.com
电子信箱：jdzhotel@tom.com

鹰潭华侨大厦 ★★★★
地址：鹰潭市站江路21号
电话：0701－6696232
传真：0701－6221149
邮编：335000
网址：www.hqhotel.com.cn

北湖宾馆 ★★★★
地址：新余市北湖中路508号
电话：0790－6338001
传真：0790－6445037
邮编：338000
网址：www.beihuhotel.com

萍乡市蓝波湾酒店 ★★★★
地址：萍乡市安源经济开发区
电话：0799－7021111
传真：0799－7024227
邮编：337000
网址：www.jxnol.com.cn

萍钢宾馆 ★★★★
地址：萍乡市湘东区峡山口街
电话：0799－3293188
传真：0799－3293288
邮编：337019

赣州赣电大厦 ★★★★
地址：赣州市红旗大道27号
电话：0797－8202388
传真：0797－8202399
邮编：341000

上犹希桥酒店（预4）★★★★
地址：赣州市上犹县文兴路
电话：0797－8528888　8528999
传真：0797－8528949
邮编：341200

上饶京都国际酒店 ★★★★
地址：上饶市上饶县旭日大道8号
电话：0793－8459999
传真：0793－8459000
邮编：334100

宜春德和大酒店 ★★★★
地址：宜春市朝阳路36号
电话：0795－3299999
传真：0795－3226666
邮编：336000

宜春市锦绣山庄 ★★★★
地址：宜春市化成岩
电话：0795－3995101
传真：0795－3995011
邮编：336000
电子信箱：ycjxsz@sina.com

吉安文山国际大酒店 ★★★★
地址：吉安市井冈山大道56号
电话：0796－8289999
传真：0796－8289696
邮编：343000
网址：www.wenshan.com.cn
电子信箱：hotel@wenshan.com

吉安白鹭宾馆 ★★★★
地址：吉安市井冈山大道85号
电话：0796－8287318
传真：0796－8287528
邮编：343000
网址：www.jabailujiudian.com.cn

井冈山映山红宾馆 ★★★★
地址：吉安井冈山市长坑路10号
电话：0796－6550888
传真：0796－6550299
邮编：343600
网址：www.yshbg.com

井冈山黄洋界宾馆 ★★★★
地址：吉安井冈山市茨坪镇
电话：0796－6553137
传真：0796－6553140
邮编：343600

井冈山锦江大酒店 ★★★★
地址：吉安井冈山市茨坪红军北路41号
电话：0796－6560888
传真：0796－6560999
邮编：343600
网址：www.jgsjjhotel.com
电子信箱：jgsjjhotel.126.com

井冈山天乐府大酒店★★★★
地址：吉安井冈山市茨坪天街旅游商业文化广场
电话：0796－6566666
传真：0796－6566662
邮编：343600
网址：www.tianlefu.com
电子信箱：tianlefu@sina.com

青山湖宾馆 ★★★
地址：南昌市福州路169号
电话：0791－8863888
传真：0791－8861999
邮编：330006

洪都宾馆 ★★★
地址：南昌市阳明路249号
电话：0791－8829999
传真：0791－6802035
邮编：330006

富洲大饭店 ★★★
地址：南昌市孺子路37号
电话：0791－6232666
传真：0791－6286668
邮编：330003

九九隆大酒店 ★★★
地址：南昌市八一大道3136号
电话：0791－7061199
传真：0791－6295299
邮编：330003
电子信箱：jjloffice@yahoo.com

锦昌大酒店 ★★★
地址：南昌市站前路107号
电话：0791－6128888
传真：0791－6128699
邮编：330002

天圆饭店 ★★★
地址：南昌市福州路128号
电话：0791－8869999
传真：0791－8861000
邮编：330006
网址：www.tianyuanhotel.com

南昌铁路大酒店 ★★★
地址：南昌市火车站
电话：0791－6108108
传真：0791－6108108
邮编：330002

吉伟宾馆 ★★★
地址：南昌市二七北路76号
电话：0791－6237700
传真：0791－6215143
邮编：330046

明园大酒店 ★★★
地址：南昌市二七南路527号
电话：0791－7038993
传真：0791－7037198
邮编：330002
网址：www.jxmingyuan.com

金袁州宾馆 ★★★
地址：南昌市叠山路248号
电话：0791－8861666
传真：0791－8861668
邮编：330006

金悦宾馆 ★★★
地址：南昌市系马桩街326号
电话：0791－623333
传真：0791－6238822
邮编：330003

核工宾馆 ★★★
地址：南昌市北京西路152号
电话：0791－6351023
传真：0791－6351347
邮编：330046

南昌环湖宾馆 ★★★
地址：南昌市环湖路99号
电话：0791－8855888
传真：0791－8855100
邮编：330006
网址：www.lakesidehotel.com

南昌鄱阳湖大酒店 ★★★
地址：南昌市井冈山大道1128号
电话：0791－8856666
传真：0791－8856677
邮编：330002
网址：www.poyanghu.com.cn
电子信箱：pyhhotel@163.net

南昌灌城度假村 ★★★
地址：南昌市高新大道8号
电话：0791－8330156
传真：0791－8311951
邮编：330029

南昌市君来大酒店 ★★★
地址：南昌市北京西路259号
电话：0791－6200333
传真：0791－6238570
邮编：330046
网址：www.junlaihotel.com

南昌县桂花村宾馆 ★★★
地址：南昌市迎宾中大道1089号
电话：0791－5761999
传真：0791－5761855
邮编：330200
网址：www.jxganfa.com
电子信箱：ganfaghc@163.com

江西金山城大酒店 ★★★
地址：南昌市中山路

邮编：330008

北京宾馆 ★★★
地址：南昌市北京东路35号
电话：0791－8333710
传真：0791－8333413
邮编：330029

九江宾馆 ★★★
地址：九江市南湖路118号
电话：0792－8981888
传真：0792－8566677
邮编：332000

九江五丰宾馆 ★★★
地址：九江市浔阳路129号
电话：0792－8987001
传真：0792－8223889
邮编：332000

九江白鹿宾馆 ★★★
地址：九江市浔阳路133号
电话：0792－8980888
传真：0792－8980866
邮编：332000
电子信箱：bailuhotel@ tom. com

九江中景假期酒店 ★★★
地址：九江市火车站广场东楼
电话：0792－8982888
传真：0792－8558062
邮编：332000

九江信息宾馆 ★★★
地址：九江市交通路12号
电话：0792－8988999
传真：0792－8988877
邮编：332000

九江欧迪大酒店 ★★★
地址：九江市十里大道28号
电话：0792－8987702
传真：0792－8987718
邮编：332000
网址：www. audit-hotel. com
电子信箱：audit@ audit-hotel

九江财政宾馆 ★★★
地址：九江市甘棠南路111号
电话：0792－8989966
传真：0792－8989933
邮编：332000
网址：www. jjcz. com
电子信箱：czhotel@ jjcz. com

九江鑫诚大酒店 ★★★
地址：九江市十里大道2578号
电话：0792－8989301
传真：0792－8989305
邮编：332000

九江天翔商务大酒店 ★★★
地址：九江市新桥头九龙街口
电话：0792－8982222
传真：0792－8986518
邮编：332000

九江黄金假日酒店 ★★★
地址：九江市长虹大道436号
电话：0792－8983202
传真：0792－8982295
邮编：332000

庐山良璐宾馆 ★★★
地址：九江市庐山牯岭街50号
电话：0792－8288465
传真：0792－8288458
邮编：332900

庐山新世纪宾馆 ★★★
地址：九江市庐山大林沟路68号
电话：0792－8282001
传真：0792－8282000
邮编：332900
电子信箱：xsjbg@ 21cn. com

庐山经纬宾馆 ★★★
地址：九江市庐山回龙路2号
电话：0792－8282080
传真：0792－8282033
邮编：332900

庐山飞云宾馆 ★★★
地址：九江市庐山小天池16号
电话：0792－8299105
传真：0792－8299100
邮编：332900
网址：tourjx. com

庐山电力宾馆 ★★★
地址：九江市庐山白云观14号
电话：0792－8281554
传真：0792－8281553
邮编：332900

庐山望江亭宾馆 ★★★
地址：九江市庐山小天池1406号
电话：0792－8289389
传真：0792－8289397
邮编：332900

庐山体育宾馆 ★★★
地址：九江市庐山河西路15号
电话：0792－8299300
传真：0792－8299300
邮编：332900
网址：www. lushan-sportshotel. com

庐山如琴湖饭店 ★★★
地址：九江市庐山大林路93号
电话：0792－8289933
传真：0792－8286995
邮编：332900

九江鑫缔宾馆 ★★★
地址：九江市庐山环山路1号
电话：0792－8295630
传真：0792－8288857
邮编：332900

九江庐山宾馆 ★★★
地址：九江市庐山河西路70号
电话：0792－8282843
传真：0792－8282843
邮编：332900

庐山天山宾馆 ★★★
地址：九江市庐山牯岭街51号
电话：0792－8299898
邮编：332900

庐山太极宾馆 ★★★
地址：九江市庐山大林路
邮编：332900

庐山白云宾馆 ★★★
地址：九江市庐山窑佳路20号
电话：0792－8297639
传真：0792－8282460
邮编：332900

瑞昌皇家大酒店 ★★★
地址：九江瑞昌市赤与东路
电话：0792－4219888
传真：0792－4217000
邮编：332200

德安宾馆 ★★★
地址：九江市德安县东风路69号
电话：0792－4336188
传真：0792－466679
邮编：330400

湖口县石钟山宾馆 ★★★
地址：九江市湖口县双钟镇
电话：0792－6332595
传真：0792－6332169

彭泽县龙城大酒店 ★★★
地址：九江市彭泽县龙城大道
电话：0792－5625888
传真：0792－5665666
邮编：332700

景德镇合资宾馆 ★★★
地址：景德镇市风景路60号
电话：0798－8225015
传真：0798－8226416
邮编：333000
网址：www. jdzhzbg. com

景德镇宾馆 ★★★
地址：景德镇市风景路60号
电话：0798－8271188
传真：0798－8226411
邮编：333000
网址：www. jdzbzbg. com

景德镇市金叶大酒店 ★★★
地址：景德镇市茶山路2号
电话：0798－8562288
传真：0798－8562233
邮编：333000
网址：www. jdzjinye. com. cn
电子信箱：2218@ jdzjinye. com. cn

景德镇市新昌江大酒店 ★★★
地址：景德镇市瓷都大道1051号
电话：0798－857666
传真：0798－857333
邮编：333000
网址：www. xcjhotel. com. cn
电子信箱：baishi3579@ 126. com

景德镇昌河宾馆 ★★★
地址：景德镇市朝阳路533号
电话：0798－8467000
传真：0798－8467004
邮编：333000
电子信箱：changhehotel@ 126. com

景德镇市财政宾馆 ★★★
地址：景德镇市新村北路43号
电话：0798－8292368
传真：0798－8294864
邮编：333000
电子信箱：jdzczdg@ 126. com

景德镇市良友宾馆 ★★★
地址：景德镇市珠山中路8号
电话：0798－8272288
传真：0798－8272236
邮编：333000

景德镇昌南半岛酒店 ★★★
地址：景德镇市珠山南路58号
电话：0798－8517777

传真：0798－8565633
邮编：333000

鹰潭宾馆 ★★★
地址：鹰潭市林荫东路9号
电话：0701－6229888
传真：0701－6263275
邮编：335000
网址：www. ythotel. com. cn
电子信箱：ytbgool@ ythotel. com. cn

鹰潭饭店 ★★★
地址：鹰潭市交通路24号
电话：0701－6685858
传真：0701－6685188
邮编：335000
网址：www. yingtanhotel. com
电子信箱：jx_yingtan@ 126. com

鹰潭瑞林山庄 ★★★
地址：鹰潭市龙虎山景区内
电话：0701－6658169
传真：0701－6658168
邮编：335424
网址：www. rlvilla. 51. net
电子信箱：rlsz88@ 163. com

鹰潭东方宾馆 ★★★
地址：鹰潭市站江路36号
电话：0701－6682008
传真：0701－6682199
邮编：335000
电子信箱：hhmyt223@ mail. jx163. com

鹰潭市龙虎山庄 ★★★
地址：鹰潭市龙虎山景区内
电话：0701－6658000
传真：0701－6658298
邮编：335004

余江大酒店 ★★★
地址：鹰潭市余江县邓埠中大道8号
电话：0701－5868666
传真：0701－5868666
邮编：335200

新余北湖宾馆 ★★★
地址：新余市北湖中路41号
电话：0790－6422000
传真：0790－6445037
邮编：338000
网址：www. beihuhotel. com

新余万年青商务酒店 ★★★
地址：新余市仙来中大道307号
电话：0790－6469888
传真：0790－6419669
邮编：338000

新余金爵酒店 ★★★
地址：新余市赣新路口
电话：0790－6444444
传真：0790－6498999
邮编：338000

分宜县金豪大酒店 ★★★
地址：新余市分宜县昌山路
电话：0790－7039188
传真：0790－7039977
邮编：336600

萍乡安源宾馆 ★★★
地址：萍乡市路跃进中路94号
电话：0799－6848888
传真：0799－6851568
邮编：337000

萍乡市天堂谷大酒店 ★★★
地址：萍乡市公园路123号
电话：0799－6892000
传真：0799－6892002
邮编：337000

萍乡豪门国际大酒店 ★★★
地址：萍乡跃进北路3号
电话：0799－7038888
传真：0799－7036557
邮编：337000

赣州明珠大酒店 ★★★
地址：赣州市红旗大道1号
电话：0797－8128899
传真：0797－8119181
邮编：341000
网址：www. gzmingzhuhotel. com

赣州赣龙大酒店 ★★★
地址：赣州市红旗大道50号
电话：0797－8219898
传真：0797－8219008
邮编：341000
电子信箱：ganlonghotel@ 163. com

赣南宾馆一号楼 ★★★
地址：赣州市健康路28号
电话：0797－8221888
传真：0797－8265339
邮编：341000

赣州虔城大酒店 ★★★
地址：赣州市大公路129号
电话：0797－8229910
传真：0797－8219190
邮编：341000
网址：www. 赣州虔城大酒店
电子信箱：gzqcdjd@ 163. com

赣州铁龙大酒店 ★★★
地址：赣州市五洲大道18号
电话：0797－8139999
传真：0797－8100612
邮编：341000

赣州海天大酒店 ★★★
地址：赣州市八一四大道29号
电话：0797－8100266
传真：0797－8100369
邮编：341000

赣州饭店 ★★★
地址：赣州市红旗大道57号
电话：0797－8280188
传真：0797－8280128
邮编：341000

赣州宾馆 ★★★
地址：赣州市健康路101号
电话：0797－8266177
传真：0797－8266199
邮编：341000
网址：www. ganzhou. hotel. com

瑞金宾馆 ★★★
地址：赣州瑞金市象湖镇东升先街
电话：0797－252201
传真：0797－2523532
邮编：342500

瑞金大酒店 ★★★
地址：赣州瑞金市红都大道
电话：0797－2327999
传真：0797－2519838
邮编：342500

瑞金市红都大酒店（预三）★★★
地址：赣州瑞金市红都大道七里段
电话：0797－2525288
传真：0797－2525288
邮编：342500

瑞金长正大酒店 ★★★
地址：赣州瑞金市金都大道中段
电话：0797－2525777
传真：0797－2516919
邮编：342500

南康市华龙大酒店 ★★★
地址：赣州南康市东城区泰康东路
电话：0797－6605999
传真：0797－6605936
邮编：341400

赣县梅苑宾馆 ★★★
地址：赣州市赣县银河大道3号
电话：0797－4421888
传真：0797－4421219
邮编：341100

信丰县银发大酒店 ★★★
地址：赣州市信丰县阳明北路248号
电话：0797－3320588
传真：0797－3320597
邮编：341600

信丰县麦饭石大酒店 ★★★
地址：赣州市信丰县迎宾大道圣塔路31号
电话：0797－3378999
传真：0797－3378777
邮编：341600

大余章源宾馆 ★★★
地址：赣州市大余县陶国路
电话：0797－8731888
传真：0797－8731889
邮编：341500

赣州兴国县将军宾馆 ★★★
地址：赣州市兴国县城
电话：0797－5324000
传真：0797－5322062
邮编：342400

会昌宾馆 ★★★
地址：赣州市会昌县经旗大道68号
电话：0797－5631299
传真：0797－5622199
邮编：342600

三清山天门山庄 ★★★
地址：上饶德兴市三清山景区内
电话：0793－2189069
传真：0793－2189066
邮编：334000
网址：www. sqslyjt. com. cn
电子信箱：tmsz2005@ sohu. com

青云山庄 ★★★
地址：上饶德兴市三清山景区内
电话：0793－2180018
传真：0793－2180017
邮编：334700

龟峰山庄 ★★★
地址：上饶德兴市龟峰景区内
电话：0793－5842555
传真：0793－5842555

邮编：334416

上饶华都度假村 ★★★
地址：上饶市带湖路
电话：0793－825888
传真：0793－8258585
邮编：334000
网址：www.hddjc.com
电子信箱：srhddjc@163.com

上饶三清大酒店 ★★★
地址：上饶市解放西路
电话：0793－7036701
传真：0793－8336777
邮编：334000
网址：www.sanqinghotel.com.cn
电子信箱：sanqinghotel@126.com

广丰宾馆 ★★★
地址：上饶市广丰县永丰镇园丁路 40 号
电话：0793－3261718
传真：0793－3217283
邮编：334600

余干宾馆 ★★★
地址：上饶市余干县东山岭
电话：0793－3399889
传真：0793－3399880
邮编：335100

余干县钜龙大酒店（预备三星）★★★
地址：上饶市余干县迎宾大道 1 号
电话：0793－3397888
传真：0793－3397899
邮编：335100

上饶鄱阳宾馆 ★★★
地址：上饶市鄱阳县人民路
电话：0793－6392555
传真：0793－6282275
邮编：334000
网址：www.pychina.com

万年宾馆 ★★★
地址：上饶市万年县六 0 北路 112 号
电话：0793－3821888
传真：0793－3842881
邮编：335500

上饶婺源明珠大酒店 ★★★
地址：上饶市婺源县文工路
电话：0793－8237788
传真：0793－7363800
邮编：334000

婺源江湾大酒店 ★★★
地址：上饶市婺源县文博路
电话：0798－7353333
传真：0798－7351068
邮编：333200

抚州华洋酒店 ★★★
地址：抚州市赣东大道 101 号
电话：0794－8256664
传真：0794－8255543
邮编：344000

抚州美丽华大酒店 ★★★
地址：抚州市大公路 55 号
电话：0794－8282888
传真：0794－8282888
邮编：344000
网址：www.miramarhotel.com.cn
电子信箱：sunnyzhang8@sina.com

抚州金莎度假村 ★★★
地址：抚州市汤显祖纪念馆旁
电话：0794－8252225
传真：0794－8252500
邮编：344000

抚州温泉宾馆 ★★★
地址：抚州市临川区温泉乡
电话：0794－8498888
传真：0794－8498398
邮编：344114
电子信箱：wenquan@163.com

抚州临川大酒店 ★★★
地址：抚州市临川大道 52 号
电话：0794－8258999
传真：0794－8238716
邮编：344000
电子信箱：lcdjd@jxfz.gov.cn

抚州商城宾馆 ★★★
地址：抚州市南城县交通路 199 号
电话：0794－7266888
传真：0794－7266066
邮编：344700

宜春阳光大酒店 ★★★
地址：宜春市袁山大道中 103 号
电话：0795－3279000
传真：0795－3275066
邮编：336000

宜春青龙大酒店 ★★★
地址：宜春市东风大道 248 号
电话：0795－3912655
传真：0795－391211
邮编：336000

宜春秀江宾馆 ★★★
地址：宜春市中山中路 370 号
电话：0795－3918118
传真：0795－3918126
邮编：336000

宜春海通大酒店 ★★★
地址：宜春市宜阳北路 395 号
电话：0795－3665320
传真：0795－3665666
邮编：336000
网址：www.haitong168.com
电子信箱：haitong@126.com

樟树药都宾馆 ★★★
地址：宜春樟树市药都路 1 号
电话：0795－7032666
传真：0795－7032555
邮编：331200

吉安米西宾馆 ★★★
地址：吉安市鹭洲中路 6 号
电话：0796－8264118
传真：0796－8264166
邮编：343000

吉安宾馆 ★★★
地址：吉安市沿江路 85 号
电话：0796－8263538
传真：0796－8263888
邮编：343000
网址：www.bailu.dajinggang.cn

井冈山井秀山庄 ★★★
地址：吉安井冈山市黄竹路
电话：0796－6555888
传真：0796－6553068
邮编：343600

井冈山金叶大厦 ★★★
地址：吉安井冈山市红军北路 30 号
电话：0796－6558188
传真：0796－6554011
邮编：343600

井冈山翠湖宾馆 ★★★
地址：吉安井冈山市红军南路 1 号
电话：0796－6557666
传真：0796－6557168
邮编：343600

井冈山宾馆 ★★★
地址：吉安井冈山市红军北路 10 号
电话：0796－6552272
传真：0796－6552551
邮编：343600

井冈山国脉宾馆 ★★★
地址：吉安井冈山市兰花坪路 1 号
电话：0796－6556888
传真：0796－6556699
邮编：343600

井冈山中煤宾馆 ★★★
地址：吉安井冈山市长坑路 16 号
电话：0796－6560200
传真：0796－8226411
邮编：343600

井冈山长青宾馆 ★★★
地址：吉安井冈山市红军北路 17 号
电话：0796－6552663
传真：0796－6555699
邮编：343600

井冈山圣地山庄 ★★★
地址：吉安井冈山市红军南路 66 号
电话：0796－6555989
传真：0796－6556348
邮编：343600

井冈山井峰宾馆 ★★★
地址：吉安井冈山市茨坪镇
电话：0796－6517666
传真：0796－6517566
邮编：343600

井冈山建业宾馆 ★★★
地址：吉安井冈山市茨坪镇
电话：0796－6561388
传真：0796－6551246
邮编：343600

吉安明珠宾馆 ★★★
地址：吉安市井冈山大道 153 号
电话：0796－8256888
传真：0796－8220491
邮编：343000

井冈山林野大酒店 ★★★
地址：吉安井冈山市新市场路 18 号
电话：0796－6557981
传真：0796－6553303
邮编：343600

泰和县白凤宾馆 ★★★
地址：吉安市泰和县文田开发区
电话：0796－5370297
传真：0796－5370349
邮编：343700

遂川宾馆 ★★★
地址：吉安市遂川县泉江镇工农兵大道
电话：0796－6322635
传真：0796－6322114

邮编：343900
网址：www. suichuanhotel. com
电子信箱：scbinguan@ vip. jx163. com

旅游景区

滕王阁 AAAA
地址：南昌市仿古街58号
电话：0791－6704772
邮编：330008

天香园 AAAA
地址：南昌市青山湖南大道333号
电话：0791－8207788
邮编：330029

庐山天沐温泉度假村 AAAA
地址：九江市温泉镇
电话：0792－2615888 2615666
传真：0792－2615777
邮编：332802

庐山龙湾温泉度假村 AAAA
地址：九江市
电话：0792－2615566
邮编：332000

庐山风景名胜区 AAAAA
地址：九江庐山风景名胜区管理局
电话：0792－8281040 8296565
邮编：332900

九江石钟山 AAA
地址：九江市湖口县石钟山
电话：0792－6332816
邮编：332500

龙宫洞风景区 AAA
地址：九江市彭泽县天红乡
电话：0792－5840010
邮编：332711

景德镇陶瓷博物馆 AAAA
地址：景德镇市枫树山
电话：0798－8502272
邮编：333000

景德镇市得雨生态园 AAAA
地址：景德镇市
邮编：333000

乐平市洪岩仙境风景区 AAAA
地址：景德镇乐平市洪岩镇
电话：0798－6318228
邮编：333400

景德镇市高岭·瑶里风景区 AAAA
地址：景德镇市浮梁县瑶里镇
电话：0798－2601196
邮编：333000

景德镇市浮梁古县衙景区 AAAA
地址：景德镇市浮梁县
邮编：333400

龙虎山风景旅游区 AAAA
地址：鹰潭市龙虎大道1号
电话：0701－6656211
邮编：335000

仙女湖风景名胜区 AAAA
地址：新余市西南16公里
电话：0790－6850187 6855529
邮编：338025

莲花县一枝枪纪念馆 AA
地址：萍乡市莲花县解放街148号
邮编：337100

萍乡义龙洞风景旅游区 AA
地址：萍乡市上栗县
邮编：337009

赣州通天岩景区 AAAA
地址：赣州市章贡区水西镇通天岩村
电话：0797－8334418
邮编：341000

赣州市宝葫芦农庄 AAAA
地址：赣州市章贡区水西镇
电话：0797－8253709 8258899
邮编：341000

赣州阳岭森林公园 AAAA
地址：赣州崇义县
电话：0797－7623435
邮编：341300

上饶大坳枫泽湖风景区 AA
地址：上饶市上饶县
邮编：334100

三清山风景区 AAAA
地址：上饶市玉山县三清山外双溪（响波桥）
电话：0793－8225817
邮编：334000

上饶铅山葛仙山风景区 AA
地址：上饶市铅山县
邮编：334500

上饶弋阳龟峰景区 AAAA
地址：上饶市弋阳县城南方志敏大道
电话：0793－5826573
邮编：334400

婺源县大鄣山卧龙谷旅游区 AAAA
地址：上饶市婺源县大鄣山乡
电话：0793－7246688
邮编：333200

婺源江湾景区 AAAA
地址：上饶市婺源县
邮编：333200

上饶市婺源县灵岩洞旅游区 AAAA
地址：上饶市婺源县古坦乡
邮编：333200

婺源文化与生态旅游区 AAA
地址：上饶市婺源县
邮编：333200

汤显祖纪念馆 AA
地址：抚州市临川区
电话：0794－8223137
邮编：334000

抚州南丰紫霄观漂流风景区 AA
地址：抚州市南丰县紫霄镇
邮编：344500

南丰县潭湖旅游风景区 AA
地址：抚州市南丰县
邮编：344500

江西宜春明月山天沐温泉度假村 AAAA
地址：宜春市袁州区温汤镇
电话：0795－3588888 3516709
邮编：336000

江西省国际体育健身运动中心 AA
地址：宜春市奉新县
电话：0795－4581008
邮编：330700

三爪仑国家森林公园 AAAA
地址：宜春市靖安县森林大厦七楼（管理处）
电话：0791－4651548
邮编：330600

吉安青原山风景旅游区 AA
地址：吉安市河东乡
邮编：343000

井冈山风景区 AAAAA
地址：吉安井冈山市茨坪镇
电话：0796－6552293
邮编：343600

文天祥纪念馆 AA
地址：吉安市吉安县庐陵大道
电话：0796－8442579
邮编：343100

吉安毛泽东祖籍游览苑 AA
地址：吉安市吉水县八都镇毛家村
电话：0796－3562945
邮编：331600

吉安永丰欧阳修纪念馆 A
地址：吉安市永丰县
邮编：331500

吉安安福武功山温泉山庄 AA
地址：吉安市安福县泰山文家村
电话：0796－7320568
邮编：343200

餐　馆

新雅酒家
地址：南昌市象山南路248号
电话：0791－6628445
邮编：330008

赣彩轩餐饮有限责任公司
地址：南昌市丁公路
电话：0791－6661700
邮编：330008

好味百年餐饮有限公司
地址：南昌市二七南路
电话：0791－6162111
邮编：330008

朝和餐饮有限公司
地址：南昌市胜利路
电话：0791－6778069
邮编：330008

圣陶沙餐饮服务有限公司
地址：南昌市八一大道
电话：0791－6271189
邮编：330008

快乐老家餐饮有限公司
地址：南昌市孺子路
电话：0791－6621193
邮编：330008

巴士在线餐饮有限公司
地址：南昌市滨江南路
电话：0791－6595777

邮编：330008

狮子楼餐饮有限公司
地址：南昌市胜利路
电话：0791－6808188
邮编：330008

万家灯火餐饮管理有限公司
地址：南昌市庐山南大道
电话：0791－3855777
邮编：330008

百花园餐饮有限责任公司
地址：南昌市船山路
电话：0791－6642386
邮编：330008

雨林餐饮有限公司
地址：南昌市洪都北大道
电话：0791－8527266
邮编：330008

熊家私房菜餐饮有限公司
地址：南昌市洪都中大道
电话：0791－8227799
邮编：330008

大娘水饺餐饮有限公司
地址：南昌市胜利路
电话：0791－6802777
邮编：330008

湘水人家饮食文化有限公司
地址：南昌市青山南路
电话：0791－6898079
邮编：330006

新雅饮食公司
地址：南昌市象山南路
电话：0791－6624375
邮编：330008

南昌市饮食服务公司
地址：南昌市中山路
电话：0791－6253472
邮编：330003

南苑餐厅
地址：南昌市青云谱区南莲路
电话：0791－5216523
邮编：330008

东湖餐厅
地址：南昌市阳明路
电话：0791－6812264
邮编：330008

绿茵阁西餐厅
地址：南昌市孺子路
电话：0791－6229788
邮编：330003

彩蝶轩餐厅
地址：南昌市民德路
电话：0791－6219933
邮编：330008

独一处海鲜城
地址：南昌市西湖区丁公路 88 号
电话：0791－6533285
邮编：330008

江西饭店
地址：南昌市八一大道 356 号
电话：0791－6212123　8858888
邮编：330008

赣菜新概念
地址：南昌市福州路 55 号
电话：0791－6263333
邮编：330008

三千里烤肉店
地址：南昌西湖区环湖路 20 号
电话：0791－6816260
邮编：330008

江湖味道
地址：南昌市环湖路 91 号
电话：0791－8855068
邮编：330008

零点咖啡
地址：南昌市中山路 104 号
电话：0791－6099000
邮编：330008

红番茄饭店
地址：南昌市贤士一路
电话：0791－8606321
邮编：330008

赣味人家
地址：南昌市子安路
电话：0791－6535516
邮编：330008

清真万花楼小肥羊
地址：南昌市东湖区民德路 343 号
电话：0791－6772285
邮编：330008

家庭厨房
地址：南昌市东湖区中山西路 5 号
电话：0791－6578072
邮编：330008

南昌美食城
地址：南昌市东湖区福州路 11 号
电话：0791－6235184
邮编：330008

东来顺饭庄
地址：南昌市东湖区民德路 120 号
电话：0791－6264272
邮编：330008

民间食府
地址：南昌市西湖区丁公路 117 号
电话：0791－7100666
邮编：330008

向塘土鸡乌鱼店
地址：南昌市东湖区贤士一路 4 号
电话：0791－8630664
邮编：330008

乡村一绝烧菜馆
地址：南昌市庐山南大道
电话：0791－2806072
邮编：330008

竹亭日本料理
地址：南昌市东湖区民德路 318 号
电话：0791－6771220
邮编：330008

雅格泰海鲜楼
地址：九江市长虹大道 28 号
电话：0792－8983888　8983999
邮编：332000

九江市新太子餐饮管理有限公司
地址：九江市浔阳路 137 号
电话：0792－8133080
邮编：332000

流金岁月茶餐厅
地址：九江市浔阳路 103 号
电话：0792－8118718
邮编：332000

景德镇市群英阁酒家
地址：景德镇市朝阳路 52 号
电话：0798－8212738
邮编：333000

景德镇市陶阳村大酒店
地址：景德镇市瓷都大道 659 号
电话：0798－8526068
邮编：333000

景德镇饭店
地址：景德镇市珠山中路 15 号
电话：0798－8222301
邮编：333000

景德镇景龙酒楼
地址：景德镇市珠山中路 1 号
电话：0798－8220566
邮编：333000

景德镇市枫居园酒家
地址：景德镇市新风路
电话：0798－8552822
邮编：333000

景德镇市江南酒楼
地址：景德镇市中华北路 3 号
电话：13957481 28
邮编：333000

景德镇市科技大酒家
地址：景德镇市广场南路 28 号
电话：0798－8229664
邮编：333000

景德镇景龙酒楼服务有限公司
地址：景德镇市珠山中路 1 号
电话：0798－8218081
邮编：333000

景德镇市金盛大酒店
地址：景德镇市珠山中路 29 号
电话：0798－8207820
邮编：333000

景德镇市满汉大酒店
地址：景德镇市沿河西路 58 号
电话：0798－8526471－2198
邮编：333000

景佳园酒楼
地址：鹰潭市月湖区梅园大道
电话：0701－6442016
邮编：335000

光明酒家
地址：鹰潭市月湖区正大路
电话：0701－6266379
邮编：335000

新一品鲜酒家
地址：鹰潭市月湖区四海路
电话：0701－6269979
邮编：335000

美食美客土菜馆
地址：鹰潭市月湖区站江路 8 号
电话：0701－6266598
邮编：335000

山海楼酒店
地址：鹰潭市月湖区
电话：0701－6605799
邮编：335000

家味厨坊
地址：鹰潭市月湖区五洲路
电话：0701－6313777
邮编：335000

草原兴发涮园鹰潭总店
地址：鹰潭市月湖区正大路
电话：0701－6269527
邮编：335000

赣南人家
地址：新余市渝水区劳动北路
电话：0790－6410395
邮编：338025

瓦罐煨汤馆
地址：新余市渝水区抱石大道
电话：0790－6216919
邮编：338025

湘农蒸菜馆
地址：萍乡市安源区滨河东路
电话：0799－6847777
邮编：337000

玉湖饭庄
地址：萍乡市安源区滨河西路
电话：0799－6668987
邮编：337000

万家灯火美食城
地址：萍乡市安源区八一西路
电话：0799－6885888
邮编：337000

银河酒楼
地址：萍乡市安源区滨河东路
电话：0799－6835856
邮编：337000

滨河土菜馆
地址：萍乡市安源区滨河东路
电话：0799－6835977
邮编：337000

寨上红土菜豆腐馆
地址：萍乡市安源区滨河西路
电话：0799－6668516
邮编：337000

鄱阳湖渔村
地址：萍乡市安源区滨河西路
电话：0799－6668288
邮编：337000

小肥羊火锅城
地址：萍乡市安源区公园南路
电话：0799－6822273
邮编：337000

赣州云山饭店
地址：赣州市八一四大道18号
电话：0797－8239696
邮编：341000

杏花村酒家
地址：赣州市章贡区黄屋坪路
电话：0797－7065616
邮编：341000

滨江酒楼
地址：赣州市章贡区东阳山路
电话：0797－8232827
邮编：341000

闽赣海鲜楼
地址：赣州市章贡区南河路
电话：0797－7041345
邮编：341000

潮洲饭店
地址：赣州市章贡区文明大道
电话：0797－8114312
邮编：341000

锦江饭庄
地址：赣州市章贡区黄屋坪路
电话：0797－2195260
邮编：341000

农家小院饭庄
地址：赣州市章贡区赣江源大道
电话：0797－8382398
邮编：341000

虔江酒楼
地址：赣州市章贡区红环路
电话：0797－6191175
邮编：341000

毛家饭店
地址：上饶市信州区滨江西路
电话：0793－8229777
邮编：334000

半岛酒楼
地址：上饶市信州区中山西路
电话：0793－8291199
邮编：334000

南昌云南过桥米线饭庄
地址：上饶市信州区水南街
电话：0793－8220011
邮编：334000

东北一家人菜馆
地址：上饶市信州区
电话：0793－7081966
邮编：334000

贵州正宗花江狗肉城
地址：上饶市信州区庆丰路
电话：0793－8234418
邮编：334000

湘菜馆
地址：上饶市信州区解放路
电话：0793－7038886
邮编：334000

老鸭酒楼
地址：抚州市
电话：0794－8282243
邮编：344000

翠园食府
地址：抚州市金巢大道
电话：13607947157　13707046682
邮编：344000

阳光食府
地址：宜春市袁州区
电话：0795－3666088
邮编：336000

华昌食府
地址：吉安市青原区文天祥大道
电话：0796－8102567
邮编：343000

牛骨头特色酒家
地址：吉安市吉州区人民广场南路
电话：0796－8252191
邮编：343000

藏金阁美食城
地址：吉安市青原区青原大道
电话：0796－8863300
邮编：343000

西苑餐馆
地址：吉安市吉州区中山西路
电话：0796－8320054
邮编：343000

巴蜀美食楼
地址：吉安市吉州区鹭洲东路
电话：0796－8264299
邮编：343000

赣新河鱼馆
地址：吉安市吉州区阳明东路
电话：0796－8898017
邮编：343000

大丰收美食楼
地址：吉安市吉州区中山东路
电话：0796－8226333
邮编：343000

湘江江河鱼馆
地址：吉安市吉州区长冈南路
电话：0796－7029097
邮编：343000

嘉旺美食楼
地址：吉安市吉州区韶山西路
电话：0796－8273644
邮编：343000

旅游用品

天缘首饰有限公司
地址：南昌市胜利路
电话：0791－67783676798366
邮编：330008

梦琦珠宝有限公司
地址：南昌市胜利路
电话：0791－6800880
邮编：330008

地质人珠宝行
地址：南昌市胜利路
电话：0791－6636339
邮编：330008

周大福珠宝金行
地址：南昌市胜利路
电话：0791－6774172
邮编：330008

兆喜福珠宝首饰有限公司
地址：南昌市洪城广场
电话：0791－6266873
邮编：330008

国营南昌工艺美术二厂
地址：南昌市永叔路
电话：0791－6381707　6381712
邮编：330008

南昌工艺美术厂
地址：南昌市民德路

电话：0791－6223051　6223053
邮编：330008

华瑞金属材料有限公司
地址：南昌市苏圃路
电话：0791－6278713　6278759
邮编：330008

新新工艺品厂
地址：南昌市
电话：0791－6772565
邮编：330008

南昌市工艺美术实业（集团）公司
地址：南昌市广润门
电话：0791－6628123　6628170
邮编：330008

南昌市工艺雕刻厂
地址：南昌市民德路
电话：0791－6772145
邮编：330008

南昌铜工艺品厂
地址：南昌市迎宾中大道
电话：0791－5260284　5260103
邮编：330008

江南美术工艺社
地址：南昌市民德路
电话：0791－6395789　6395142
邮编：330008

利信工艺品制作部
地址：南昌市孺子路
电话：0791－6288614
邮编：330008

裕丰金属工艺品厂
地址：南昌市庐山南大道
电话：0791－3851471　3855883
邮编：330008

新星工艺社
地址：南昌市孺子路
电话：0791－6256450
邮编：330008

金晶珠宝世界
地址：南昌市皇殿侧路
电话：0791－6269436
邮编：330006

中港珠宝城
地址：南昌市叠山路
电话：0791－6769464
邮编：330008

东湖彩虹装璜工艺制品厂
地址：南昌市青山湖大道北段
电话：0791－8100700　8100718
邮编：330008

郎阁艺术品有限公司
地址：九江市利江花园
电话：0792－8369581
邮编：332000

军山乡地毯厂
地址：九江市永修县军山
电话：0792－3050238
邮编：330300

柘林工艺厂
地址：九江市永修县柘林
电话：0792－3060098
邮编：330300

江西鄱湖珍珠和工艺有限公司
地址：九江市都昌县小康大道
电话：0792－5218928　5218958
邮编：332600

杨森木雕有限公司
地址：鹰潭市军民路
电话：0701－6227666
邮编：335000

分红雕刻工艺有限公司
地址：鹰潭市余江县
电话：0701－5882084
邮编：335200

果喜集团余江工艺雕刻有限公司
地址：鹰潭市余江县白塔中路
电话：0701－5881084
邮编：335200

明仁工艺厂
地址：鹰潭市余江县交通路
电话：0701－5583649
邮编：335200

喜昌漆器有限公司
地址：鹰潭市余江县白塔中路
电话：0701－5881825
邮编：335200

新余市工艺美术总公司
地址：新余市抱石大道
电话：0790－6430488
邮编：338025

五洲圣诞工艺品厂
地址：萍乡市流万路
电话：0799－6652368
邮编：337000

维纳工艺品公司
地址：赣州市
电话：0797－8371266
邮编：341000

维纳（香港）工艺品有限公司
地址：赣州市
电话：0797－8371266
邮编：341000

赣州市雕刻工艺一厂
地址：赣州市阳明路
电话：0797－8296852
邮编：341000

富民石艺厂
地址：赣州瑞金市
电话：0797－2508448
邮编：342500

金峰绣花厂
地址：赣州南康市
电话：0797－6606586
邮编：341400

丰润工艺品有限公司
地址：赣州市信丰县
电话：0797－3282299
邮编：341600

协和工艺厂
地址：赣州市信丰县站前大道
电话：0797－3330349
邮编：341600

广大工艺品厂
地址：赣州市大余县赤石乡
电话：0797－8780626
邮编：341000

兴桦人造花厂
地址：赣州市大余县新城镇
电话：0797－8786087　8756587
邮编：341500

有利工艺制品有限公司
地址：赣州市大余县
电话：0797－871580　88715818
邮编：341500

江兴隆工艺制品有限公司
地址：赣州市大余县青龙镇
电话：0797－8766700
邮编：341500

德钰工艺厂
地址：赣州市大余县新城镇
电话：0797－8707975　8707976
邮编：341500

丽景工艺花厂
地址：赣州市大余县
电话：0797－8781078
邮编：341500

车头镇工艺厂
地址：赣州市安远县车头镇
电话：0797－3706169
邮编：342100

双福型材工艺制品厂
地址：赣州市龙南县
电话：0797－3558902　3558901
邮编：341700

永升工艺品实业有限公司
地址：赣州市龙南县
电话：0797－3557433　3557436
邮编：341700

佳安电脑绣花厂
地址：赣州市龙南县
电话：0797－3557858
邮编：341700

顺其纸工艺制品有限公司
地址：赣州市龙南县
电话：0797－3551599　3551588
邮编：341700

宝源工艺饰品厂
地址：赣州市宁都县胜利中路
电话：0797－6818007　6820100
邮编：342800

罗坳工艺美术厂
地址：赣州市于都县罗坳镇
电话：0797－6248089
邮编：342300

兴泰石制工艺有限公司
地址：赣州市兴国县
电话：0797－5341148
邮编：341000

四海（江西）工艺制品有限公司
地址：赣州市会昌县城工业园区
电话：0797－5629636　5630712
邮编：342600

会昌县毛衣绣花厂
地址：赣州市会昌县城南外街
电话：0797－5631383
邮编：342600

晓龙乡工艺品厂
地址：赣州市会昌县晓龙乡
电话：0797－5692457
邮编：342600

骏辉工艺品有限公司
地址：赣州市会昌县城燕子窝工业园
电话：0797－5632869
邮编：342600

松明竹草制品有限公司
地址：上饶市
电话：0793－8271021
邮编：334000

岁月经典珠宝有限公司
地址：上饶市中山路
电话：0793－8310713
邮编：334000

月兔工艺饰品厂
地址：上饶市广丰县
电话：0793－2617096
邮编：334600

玉山县工艺美术厂
地址：上饶市玉山县玉紫路
电话：0793－2554890
邮编：334700

湖云珍珠分厂
地址：上饶市万年县湖云乡
电话：0793－3601097
邮编：335500

湖云珍珠场
地址：上饶市万年县湖云乡
电话：0793－3601188
邮编：335500

洪门木制品工艺品厂
地址：抚州市南城县洪门镇
电话：0794－7361333
邮编：344700

德胜工艺厂
地址：抚州市黎川县德胜
电话：0794－7530267
邮编：344600

正通工艺美术厂
地址：抚州市南丰县
电话：0794－3208915
邮编：344500

广昌县地毯厂
地址：抚州市广昌县建设路
电话：0794－3622604
邮编：344900

虹裕扇厂
地址：抚州市广昌县羊面岭
电话：0794－3630129
邮编：344900

富玉工艺制品厂
地址：宜春丰城市秀市镇
电话：0795－6472360
邮编：331100

冶城工艺厂
地址：宜春市奉新县
电话：0795－4501038
邮编：330700

青龙玉箸制品厂
地址：宜春市上高县上甘山
电话：0795－2490565
邮编：336400

宜丰县工艺美术有限公司
地址：宜春市宜丰县东门路
电话：0795－2765839
邮编：336300

宝锋镇工艺二厂
地址：宜春市靖安县宝峰镇
电话：0795－4728085　4728390
邮编：330600

中源乡雕刻精品厂
地址：宜春市靖安县中源乡
电话：0795－4798148
邮编：330600

吉水县地毯厂
地址：吉安市吉水县城南工业区
电话：0796－3512484
邮编：331600

三洋木雕有限公司
地址：吉安市新干县甘溪
电话：0796－2607788
邮编：331300

欣欣工艺品厂
地址：吉安市泰和县
电话：0796－5386888
邮编：343700

大坑工艺厂
地址：吉安市遂川县
电话：0796－6300217
邮编：343900

五江乡工艺厂
地址：吉安市遂川县
电话：0796－6070227
邮编：343900

衙前乡工艺厂
地址：吉安市遂川县
电话：0796－6380238
邮编：343900

万安县水晶厂
地址：吉安市万安县城北工业区
电话：0796－5715588　5715828
邮编：343800

旅游交通

江西省旅游汽车公司
地址：南昌市上海北路146号
电话：0791－8300044
邮编：330029

南昌火车站
地址：南昌市站前路213号
电话：0791－6108171
邮编：330000

南昌昌北机场
地址：南昌市
电话：0791－3961126
邮编：330000

九江市石松旅游汽车出租有限公司
地址：九江市十里大道1460号
电话：0792－8252561
邮编：332005

庐山旅游汽车出租有限责任公司
地址：九江市窑洼路
电话：0792－8281941
邮编：332005

九江火车站
地址：九江市长虹大道
电话：0792－8589812
邮编：332001

九江火车南站
地址：九江市茅山头
电话：0792－8271397
邮编：332001

长江轮船海外旅游九江公司
地址：九江市滨江路31号
电话：0792－8237200
邮编：332000

九江市民用航空局黄老门机场
地址：九江市岷山乡
电话：0792－6815868
邮编：332000

九江县民航机场
地址：九江市九江县黄老门
电话：0792－6815822
邮编：332100

景德镇罗家机场
地址：景德镇市
电话：0798－8524270
邮编：333000

鹰潭火车站
地址：鹰潭市胜利东路
电话：0701－6223782
邮编：335000

鹰潭火车南站
地址：鹰潭市平安路
电话：0701－6460206
邮编：335000

贵溪市火车站
地址：鹰潭贵溪市
电话：0701－3771229
邮编：335400

萍乡市旅游汽车服务有限公司
地址：萍乡市跃进中路94号
电话：0799－6873629
邮编：337000

萍乡市火车站
地址：萍乡市
电话：0799－6836334
邮编：33700

赣州市火车站
地址：赣州市
电话：0797－8183889
邮编：341000

赣州黄金机场
地址：赣州市
电话：0797－8372316
邮编：341000

上饶火车站
地址：上饶市解放路
电话：0793－7022322
邮编：334000

抚州火车北站
地址：抚州市抚北西路

电话：0794－8352904
邮编：344000

临川区火车站
地址：抚州市临川区
电话：0794－8499101
邮编：344000

宜春市火车站
地址：宜春市
电话：0795－7046322
邮编：336000

旅游院校

江西旅游商贸职业学院
旅游系
地址：南昌市洪都北大道（新区：南昌经济技术开发区新建县兴国路959号）
电话：0791－8629355
邮编：330039

南昌大学
经管学院旅游系
地址：南昌市南京东路235号
电话：0791－8304529
邮编：330029

江西财经大学
旅游学院
地址：南昌市庐山南大道
电话：0791－3816438
邮编：330013

江西师范大学
历史文化与旅游学院
地址：南昌市紫阳大道99号
电话：0791－8120300
邮编：330022

江西经济管理干部学院
旅游系
地址：南昌市南莲大道1006号
电话：0791－5511604
邮编：330200

江西科技师范学院
工商管理系旅游管理专业
地址：南昌市昌北开发区
电话：0791－3898245
邮编：330013

江西教育学院
旅游系
地址：南昌市学院路89号
电话：0791－8309746
邮编：330029

江西工业贸易职业技术学院
旅游商务系
地址：南昌市新建长麦路80号
电话：0791－3703495
邮编：330100

南昌教育学院
旅游系
地址：南昌市叠山路75号
电话：0791－6835567
邮编：330006

江西省旅游培训中心
地址：南昌市福州路183号
电话：0791－6228400
传真：6254969
邮编：330006

九江学院
旅游学院
地址：九江市前进东路551号
电话：0792－8151036
邮编：332000

江西庐山旅游中专学校
地址：九江市九瑞大道85号
电话：0792－8362304
邮编：332000

九江外事旅游学校
地址：九江市九威大道旁
电话：0792－8223832
邮编：332000

景德镇市高等专科学校
外语系旅游英语专业
地址：景德镇市
电话：0798－8380365
邮编：333000

景德镇市旅游学校
地址：景德镇市火车站西侧
电话：0798－8578306
邮编：333000

鹰潭职业技术学院
旅游专业
地址：鹰潭市月湖区夏埠乡
电话：0701－6463419
邮编：335000

新余高等专科学校
旅游专业
地址：新余市北湖西路11号
电话：0790－6438066
邮编：338000

江西冶金科技学院
旅游专业
地址：新余市仙女湖区河下镇
电话：0790－6856728
邮编：338025

萍乡高等专科学校
旅游专业
地址：萍乡市东郊五里牌
电话：0799－6682173
邮编：337000

江西工业工程职业技术学院
旅游专业
地址：萍乡市广场路106号
电话：0799－7062022
邮编：337000

赣南师范学院
文化与旅游系
地址：赣州市经济技术开发区
电话：0797－8393648
邮编：341000

江西应用技术学院
旅游专业
地址：赣州市赣区红旗大道中段
电话：0797－8264786
邮编：341000

江西环境工程学院
旅游专业
地址：赣州市赣区湖边
电话：0797－8251014
邮编：341000

上饶师范学院
史地系旅游专业
地址：上饶市南环路85号
电话：0793－8150605
邮编：334001

东华理工学院
旅游系
地址：抚州市学府路
电话：0794－8258851
邮编：344000

抚州职业技术学院
旅游专业
地址：抚州市金巢开发区
电话：0794－8230872
邮编：344000

宜春学院
法商学院旅游与酒店管理专业
地址：宜春市学府路576号
电话：0795－3201511
邮编：336000

宜春职业技术学院
旅游管理专业
地址：宜春市中山西路399号
电话：0795－3220108
邮编：336000

井冈山学院
商学院旅游专业
地址：吉安市青原区
电话：0796－8862088
邮编：343009

吉安市旅游外事学校
地址：吉安市沿江路65号
电话：0796－8239160
邮编：343000

井冈山市旅游职业中专学校
地址：吉安井冈山市厦坪镇
电话：0796－6651213
邮编：343600

山东
SHANDONG

旅游机构

山东省旅游局
地址：济南市经十路 86 号
电话：0531－82965858
传真：0531－82963201
邮编：250014

济南市旅游局
地址：济南市经七纬四路 117 号
电话：0531－2066036
传真：0531－7068048
邮编：250001

市中区旅游局
地址：济南市经十一路 58 号
电话：0531－82078436
传真：0531－82078436
邮编：250002

天桥区旅游办公室
地址：济南市无影山东路 41 号
电话：0531－85872931
传真：0531－85872739
邮编：250031

槐荫区旅游办公室
地址：济南市槐荫区中兴大厦
电话：0531－87589467
传真：0531－87589465
邮编：250117

历下区旅游局
地址：济南市历下区文化西路 18 号
电话：0531－82914178
传真：0531－82914178
邮编：250014

历城区旅游局
地址：济南市历城区洪楼南路 2 号
电话：0531－88161129
邮编：250100

长清区旅游局
地址：济南市长清区政府办公楼 5 楼
电话：0531－87233978
邮编：250300

章丘市旅游局
地址：章丘市明水汇泉路 50 号
电话：0531－83242999
邮编：250200

平阴县旅游局
地址：济南市平阴县政府 3 楼
电话：0531－87883920
邮编：250400

青岛市旅游局
地址：青岛市闽江路 7 号
电话：0532－85912029
传真：0532－85912028
邮编：266071

青岛开发区旅游局
地址：青岛开发区香江路 268 号
电话：0532－86988530
传真：0532－86989032
邮编：266555

胶州市旅游局
地址：青岛胶州市常州路 11 号
电话：0532－87209830
传真：0532－87206198
邮编：266300

即墨市旅游局
地址：青岛即墨市岙兰路 133 号
电话：0532－88519431
传真：0532－88519431
邮编：266200

平度市旅游局
地址：青岛平度市红旗路 85 号
电话：0532－88313232
传真：0532－88313131
邮编：266700

胶南市旅游局
地址：青岛胶南市珠海路 51 号
电话：0532－86116670
传真：0532－86165317
邮编：266400

莱西市旅游局
地址：青岛莱西市上海中路东端
电话：0532－88433222
传真：0532－88433222
邮编：266600

崂山区旅游局
地址：青岛市香港东路 268 号行政大厦
电话：0532－88996200
传真：0532－88996200
邮编：266061

城阳区旅游局
地址：青岛市城阳区正阳路 222 号
电话：0532－87968218
传真：0532－87968220
邮编：266109

淄博市旅游局
地址：淄博市张店区中心路 189 号
电话：0533－2183407
传真：0533－2183407
邮编：255043

张店区旅游局
地址：淄博市张店区兴学街 25 号
电话：0533－2186393
传真：0533－2186393
邮编：255010

临淄区旅游局
地址：淄博市临淄区人民路 125 号
电话：0533－7215998
邮编：255400

淄川区文化旅游局
地址：淄博市淄川区般阳路 110 号
电话：0533－5282980
邮编：255100

博山区旅游局
地址：淄博市博山区中心路 54 号
电话：0533－4181270
邮编：255200

周村区文化旅游局
地址：淄博市周村区政务中心
电话：0533－6172447
邮编：255300

桓台县旅游局
地址：淄博市桓台县兴桓路 56 号
电话：0533－8214068
邮编：256400

高青县文化旅游局
地址：淄博市高青县黄河路 81 号
电话：0533－6967181
邮编：256300

沂源县旅游局
地址：淄博市沂源振兴路中段县府大院内
电话：0533－3241176
邮编：256100

枣庄市旅游局
地址：枣庄市文化西路 19 号
电话：0632－3355886
传真：0632－3313707
邮编：277102

山亭区旅游局
地址：枣庄市山亭区府前西路 4 号
电话：0632－8821599
邮编：277210

台儿庄区旅游局
地址：枣庄市台儿庄区金光路 106 号
电话：0632－6628663
邮编：277400

峄城区旅游局
地址：枣庄市峄城区桃花路 1 号
电话：0632－7718258
邮编：277300

薛城区旅游局
地址：枣庄市薛城区临山路 253 号
电话：0632－4442985
邮编：277000

滕州市旅游局
地址：枣庄滕州市龙山路 82 号
电话：0632－5517016
邮编：277500

东营市旅游局
地址：东营市东城南一路 1226 号
电话：0546－8330816
传真：0546－8331514
邮编：257091

河口区旅游局
地址：东营市河口区黄河路 2271 号
电话：0546－3881961
邮编：25700

垦利县旅游局
地址：东营市垦利县气象局办公楼 1 楼（双桥路）
电话：0546－2563588
邮编：257500

广饶县旅游外事办公室
地址：东营广饶县府前街 25 号
电话：0546－6441151
邮编：257300

烟台市旅游局
地址：烟台市毓璜顶西路 17－2 号
电话：0535－6246929
传真：0535－6279146
邮编：264000

芝罘区旅游局
地址：烟台市市府街 76 号西辅楼
电话：0535－6225705
邮编：264001

福山区旅游局
地址：烟台市福山区府前街 1 号

电话：0535－6361884
邮编：265500

牟平区旅游局
地址：烟台市牟平区养马岛旅游度假区
电话：0535－4765969
邮编：264119

开发区旅游局
地址：烟台市开发区行政中心547室
电话：0535－6396718
邮编：264006

龙口市旅游局
地址：烟台龙口市西环路龙口大酒店
电话：0535－8516620
邮编：265701

莱阳市旅游局
地址：烟台莱阳市整阳路5号
电话：0535－7212462
邮编：265200

莱州市旅游局
地址：烟台莱州市光州路西首行政审批中心4楼
电话：0535－2211953
邮编：261400

蓬莱市旅游局
地址：烟台蓬莱市北关路171号
电话：0535－5642393
邮编：265600

栖霞市旅游局
地址：烟台栖霞市霞光路北首
电话：0535－5212406
邮编：265300

海阳市旅游局
地址：烟台海阳市凤城
电话：0535－3311666
邮编：265118

长岛县旅游局
地址：烟台市长岛县县府街55号
电话：0535－3215406
邮编：265800

潍坊市旅游局
地址：潍坊市胜利东街326号
电话：0536－8226473
传真：0536－8220513
邮编：261041

潍城区文化旅游局
地址：潍坊市东风西街348号
电话：0536－8188678
邮编：261011

寒亭区旅游局
地址：潍坊市民主东街101号
电话：0536－7267175
邮编：261100

奎文区旅游管理办公室
地址：潍坊市胜利东街373号
电话：0536－8211882
邮编：261041

青州市旅游局
地址：潍坊青州市范公亭西路1888号
电话：0536－3221382
邮编：262500

诸城市旅游局
地址：潍坊诸城市密州路恐龙公园
电话：0536－6186789
邮编：262200

寿光市旅游局
地址：潍坊寿光市迎宾街282号
电话：0536－5268887
邮编：262700

安丘市旅游局
地址：潍坊安丘市贾戈镇青云山民俗游乐园
电话：0536－4321090
邮编：262106

昌乐县旅游局
地址：潍坊市昌乐县宝石城
电话：0536－6281920
邮编：262400

临朐县旅游局
地址：潍坊市临朐县山旺路28号
电话：0536－3212683
邮编：262600

济宁市旅游局
地址：济宁市327国道119号
电话：0537－2229188
传真：0537－2225188
邮编：272037

曲阜市旅游局
地址：济宁曲阜市逵泉西道
电话：0537－4414789
传真：0537－4414789
邮编：273100

兖州市旅游局
地址：济宁兖州市富都宾馆内
电话：0537－3436508
传真：0537－3436508
邮编：272100

邹城市旅游局
地址：济宁邹城市太平路54号
电话：0537－5212615
传真：0537－5212713
邮编：273500

汶上县旅游局
地址：济宁市汶上县宝相寺内
电话：0537－7212015
传真：0537－7238915
邮编：272500

泗水县旅游局
地址：济宁市泗水县招待所
电话：0537－4235369
传真：0537－4335369
邮编：273200

微山县旅游局
地址：济宁市微山县奎文路
电话：0537－8223613
传真：0537－8223613
邮编：277600

梁山县旅游局
地址：济宁市梁山县人民中路1号
电话：0537－7322965
传真：0537－7322965
邮编：272600

嘉祥县旅游局
地址：济宁市嘉祥县府院内
电话：0537－6853702
传真：0537－6853702
邮编：272400

泰安市旅游局
地址：泰安市岱宗大街230号
电话：0538－8209949
传真：0538－8264969
邮编：271000

泰山区旅游局
地址：泰安市泰山区政府大楼
电话：0538－8289107
邮编：271000

岱岳区旅游局
地址：泰安市泰山大街西段岱岳区政府大楼
电话：0538－8568110
邮编：271000

肥城市旅游局
地址：泰安肥城市北京路032号
电话：0538－3218068
邮编：271600

新泰市旅游局
地址：泰安新泰市政府大楼
电话：0538－7222549
邮编：271200

宁阳县旅游局
地址：泰安市宁阳县朝阳路4号
电话：0538－5631000
邮编：271400

东平县旅游局
地址：泰安市东平县旅游经济开发区
电话：0538－2962986
邮编：271500

威海市旅游局
地址：威海市海滨南路北首
电话：0631－5313343
传真：0631－5313194
邮编：264200

环翠区旅游局
地址：威海市体育路2号
电话：0631－5224370
邮编：264200

荣成市旅游局
地址：威海荣成市府前街9号
电话：0631－7563354
邮编：264300

文登市旅游局
地址：威海文登市环山路中段
电话：0631－8253133
邮编：264400

乳山市旅游局
地址：威海乳山市胜利街54号
电话：0631－6625634
邮编：264500

日照市旅游局
地址：日照市济南路329号
电话：0633－8816280
传真：8816281
邮编：276826

东港区旅游局
地址：日照市海曲中路19号
电话：0633－8253982
传真：0633－8253892
邮编：276800

五莲山风景区管委
地址：日照市五莲县城关文化路东首

电话：0633－5231708
传真：0633－5212108
邮编：262300

莒县旅游局
地址：日照市莒县振兴北路
电话：0633－6228654
传真：0633－6217708
邮编：276500

岚山区文体委
地址：日照市岚山中路
电话：0633－2611315
传真：0633－2611315
邮编：276808

山海天度假区旅游局
地址：日照市太公一路中段
电话：0633－8316026
传真：0633－8316026
邮编：276825

莱芜市旅游局
地址：莱芜市文化北路1号
电话：0634－6212565
传真：0634－6212565
邮编：271100

莱城区旅游局
地址：莱芜市莱城区凤凰南路30号
电话：0634－6116438
邮编：271100

钢城区旅游局
地址：莱芜市钢城区府前大街27号
电话：0634－6891843
邮编：271104

临沂市旅游局
地址：临沂市金雀山路57号
电话：0539－8301877
传真：0539－8324220
邮编：276001

兰山区旅游局
地址：临沂市兰山区考棚街6号
电话：0539－8184013
邮编：276002

罗庄区旅游局
地址：临沂市罗庄区湖北东段行政大楼
电话：0539－8246002
邮编：276011

沂南县旅游局
地址：临沂市沂南县政府大院
电话：0539－3234366
邮编：276300

沂水县旅游局
地址：临沂市沂水县正阳路6号
电话：0539－2265584
邮编：276400

莒南县旅游局
地址：临沂市莒南县政府大院
电话：0539－7219987
邮编：276600

临沭县旅游局
地址：临沂市临沭县沭新街16号
电话：0539－6218949
邮编：276700

郯城县旅游局
地址：临沂市郯城县人民路55号
电话：0539－6122687
邮编：276100

苍山县旅游局
地址：临沂市苍山县塔山路20号
电话：0539－5885066
邮编：277700

费县旅游局
地址：临沂市费县政府大院
电话：0539－5021702
邮编：273400

平邑县旅游局
地址：临沂市平邑县浚河路118号
电话：0539－4211611
邮编：273300

蒙阴县旅游局
地址：临沂市蒙阴县新城路51号
电话：0539－4810689
邮编：276200

德州市旅游局
地址：德州市东方红路36号
电话：0534－2641369
传真：0534－2641369
邮编：253012

禹城市旅游局
地址：德州禹城市禹皇城宾馆1楼
电话：0534－7365258
传真：0534－7365258
邮编：251200

陵县文化旅游办公室
地址：德州市陵县中兴路155号
电话：0534－8221149
传真：0534－8221149
邮编：253500

临邑县外事旅游办公室
地址：德州市临邑县广场大街111号
电话：0534－4235802
传真：0534－4235802
邮编：251500

聊城市旅游局
地址：聊城市东昌西路24号
电话：0635－8223288
传真：0635－8223288
邮编：252000

东昌府区旅游局
地址：聊城市鼓楼东街15号
电话：0635－8415620
邮编：252000

临清市文化旅游局
地址：聊城临清市青年路（政府综合楼）
电话：0635－2324078
邮编：252600

高唐县旅游局
地址：聊城市高唐县中国银行8楼
电话：0635－3950129
邮编：252800

茌平县旅游办公室
地址：聊城市茌平县中心街政府综合楼
电话：0635－4271001
邮编：252100

东阿县文化旅游局
地址：聊城市东阿县文化路政府综合楼
电话：0635－3281388
邮编：252200

阳谷县旅游局
地址：聊城市阳谷县振兴路3号
电话：0635－6212330
邮编：252300

莘县旅游办公室
地址：聊城市莘县政府综合楼
电话：0635－7326055
邮编：252400

冠县旅游局
地址：聊城市冠马颊河度假区
电话：0635－5847094
邮编：252500

滨州市旅游局
地址：滨州市黄河五路500号
电话：0543－3214932
传真：0543－3214932
邮编：256618

滨城区旅游局
地址：滨州市滨城区渤海七路604区
电话：0543－3316530
邮编：256600

博兴县旅游局
地址：滨州市永安大街县体委院内
电话：0543－2327786
邮编：256500

邹平县旅游局
地址：滨州市邹平县黄山二路16号
电话：0543－4354555
邮编：256200

惠民县旅游局
地址：滨州市惠民县文安西路
电话：0543－5360173
邮编：251700

阳信县旅游局
地址：滨州市阳信县阳城3路213号
电话：0543－8211649
邮编：251800

无棣县旅游局
地址：滨州市无棣县中心大街13号
电话：0543－6323609
邮编：251900

沾化县旅游局
地址：滨州市沾化县富城路331号
电话：0543－7323036
邮编：256800

菏泽市旅游局
地址：菏泽市中华东路37号
电话：0530－5310665
传真：0530－5336328
邮编：274020

牡丹区旅游局
地址：菏泽市中华西路118号
电话：0530－5928941
传真：0530－5623901
邮编：274022

鄄城县旅游局
地址：荷泽市鄄城县人民路36号
电话：0530－2421303
传真：0530－2429550
邮编：274600

郓城县旅游局
地址：荷泽市郓城县盘沟路 78 号
电话：0530 - 6996569
传真：0530 - 6995619
邮编：274700

巨野县旅游局
地址：荷泽市巨野县古城街 26 号
电话：0530 - 8212188
传真：0530 - 8212595
邮编：274900

成武县旅游局
地址：荷泽市成武县文亭街 143 号
电话：0530 - 8629070
传真：0530 - 8622144
邮编：274200

单县旅游局
地址：荷泽市单县胜利街 27 号
电话：0530 - 4659066
传真：0530 - 4659066
邮编：274300

定陶县旅游局
地址：荷泽市定陶县城中街中段
电话：0530 - 2121166
传真：0530 - 2213753
邮编：274100

曹县旅游局
地址：荷泽市曹县广福南街 83 号
电话：0530 - 3215646
传真：0530 - 3215656
邮编：274400

东明县旅游局
地址：荷泽市东明县五四路 6 号
电话：0530 - 7212482
邮编：274500

旅行社

山东旅游有限公司
地址：济南市泉城路 180 号齐鲁国际大厦 A606、607
电话：0531 - 86025270
邮编：250011
网址：www. sdotc. com. cn
许可证号：L - SD - GJ00001

青岛海外旅游有限责任公司
地址：青岛市香港中路 18 号福泰广场 B 座 1603 室
电话：0532 - 85719819
邮编：266071
网址：www. qdotc. com
许可证号：L - SD - GJ00002

山东省中国国际旅行社
地址：济南市解放路 30 - 1 号国华大厦 6 楼
电话：0531 - 82955054
邮编：250014
网址：www. citssd. com
许可证号：L - SD - GJ00003

济南海外旅游有限公司
地址：济南市朝山街 34 号三楼
电话：0531 - 86073384 86912864
邮编：250011
网址：www. jnotc. com
许可证号：L - SD - GJ00004

威海中国国际旅行社
地址：威海市古寨东路 96 号
电话：0631 - 5818616
邮编：264200
网址：www. citswh. com
许可证号：L - SD - GJ00005

烟台中国国际旅行社
地址：烟台市解放路 180 号
电话：0535 - 6617710
邮编：264001
网址：www. ytcits. com
许可证号：L - SD - GJ00006

泰山中国国际旅行社有限责任公司
地址：泰安市虎山路 158 号
电话：0538 - 8201183
邮编：271000
网址：www. taishan-cits. com
许可证号：L - SD - GJ00007

曲阜中国国际旅行社有限公司
地址：曲阜市弘道路 36 号
电话：0537 - 4491491
邮编：273100
网址：www. confucius-four. com
许可证号：L - SD - GJ00008

山东省中国旅行社
地址：济南市千佛山东二路 9 号
电话：0531 - 82964546
邮编：250014
许可证号：L - SD - GJ00010

威海中国旅行社有限公司
地址：威海市海滨北路 46 号威胜大厦 10F
电话：0631 - 5232248
邮编：264200
网址：www. whcts. com
许可证号：L - SD - GJ00012

中国国旅（青岛）国际旅行社有限公司
地址：青岛市南海路 9 号
电话：0532 - 83893001
邮编：266071
网址：www. citsqd. net
许可证号：L - SD - GJ00013

山东省中国青年旅行社
地址：济南市英雄山路 2 - 1 号
电话：0531 - 82066806
邮编：250002
网址：www. sdcyts. com
许可证号：L - SD - GJ00015

济南市中国旅行社有限责任公司
地址：济南市民生大街 22 号 A 座 13F
电话：0531 - 82076206
邮编：250001
网址：www. travel - sd. com
许可证号：L - SD - GJ00016

青岛中国旅行社
地址：青岛市香港中路 41 号
电话：0532 - 85731909
邮编：266071
许可证号：L - SD - GJ00017

烟台妇女国际旅行社有限公司
地址：烟台市南大街 118 号
电话：0535 - 6660855
邮编：264000
网址：www. go - travel. com. cn
许可证号：L - SD - GJ00018

蓬莱国际旅行社
地址：蓬莱市北关路 171 号
电话：0535 - 5642525
邮编：265600
网址：www. plcits. com
许可证号：L - SD - GJ00019

淄博国际旅行社有限公司
地址：淄博市人民西路 25 号宏程名座 B 座栋 4 号
电话：0533 - 2833218 2850590
邮编：255033
网址：www. zbcits. net
许可证号：L - SD - GJ00020

胜利油田国际旅行社
地址：东营市东营区济南路 106 号
电话：0546 - 8795960
邮编：257000
许可证号：L - SD - GJ00021

东营市国际旅行社
地址：东营市东城府前街 96 号
电话：0546 - 8329777
邮编：257091
许可证号：L - SD - GJ00022

泰安中国旅行社有限责任公司
地址：泰安市云海饭店四楼
电话：0538 - 8331438
邮编：271000
网址：www. sdtaishan - cts. com
许可证号：L - SD - GJ00023

山东旅行社国际旅游有限公司
地址：济南市山大路 201 号创展中心 305 室
电话：0531 - 86590199
邮编：250014
网址：www. sdcsts. com
许可证号：L - SD - GJ00024

烟台远达国际旅行社
地址：烟台市海岸路 34 号
电话：0535 - 6633083
邮编：264001
网址：www. yticc. cn
电子信箱：ytwb040@ yahoo. com. cn
许可证号：L - SD - GJ00025

青岛招商国际旅行社有限公司
地址：青岛市中山路 78 号
电话：13153286507
邮编：266001
网址：www. zhaoshanglvyou. cn
许可证号：L - SD - GJ00026

山东鲁能国际旅行社
地址：济南市经四路 185 号
电话：0531 - 86119666
邮编：250001
网址：www. happy-time. com. cn
许可证号：L - SD - GJ00027

山东孔子国际旅行社有限公司
地址：济南市经十路 5 号
电话：0531 - 82951268
邮编：250014
许可证号：L - SD - GJ00028

烟台海峡国际旅行社有限公司
地址：烟台市辛庄街 1 号 2 - 3
电话：0535 - 6604759
邮编：264000
许可证号：L - SD - GJ00029

威海威东国际旅行社有限公司
地址：威海市体育路2号
电话：0631－5287200
邮编：264200
许可证号：L－SD－GJ00030

山东航空国际旅行社
地址：济南市泺源大街趵突泉南门西侧
电话：0531－86120909
邮编：250012
许可证号：L－SD－GJ00031

山东中铁国际旅行社有限公司
地址：济南市共青团路10号
电话：0531－82420871
邮编：250012
网址：www. sdztly. com. cn
许可证号：L－SD－GJ00032

山东康辉国际旅行社有限公司
地址：济南市玉函路35－2号
电话：0531－82073001
邮编：250002
网址：www. sdccts. com
许可证号：L－SD－GJ00033

山东嘉华文化国际旅行社有限公司
地址：济南市经十路2号鸿苑世纪开元3层D座
电话：0531－88319999
邮编：250001
许可证号：L－SD－GJ00034

山东省环宇国际旅行社
地址：济南市顺河商业街4号楼2层
电话：0531－86816172
邮编：250001
许可证号：L－SD－GJ00035

青岛航空国际旅行社有限公司
地址：青岛市南区香港中路28号（贵都大饭店1楼）
电话：0532－85970759
邮编：266071
许可证号：L－SD－GJ00036

青岛远洋国际旅行社
地址：青岛市香港中路61号
电话：0532－85768324
邮编：266071
网址：www. oceanhotel. com
许可证号：L－SD－GJ00037

青岛中苑国际旅行社有限公司
地址：青岛市市南区云霄路25号
电话：0532－85715692
邮编：266071
网址：www. qdzyts. com
许可证号：L－SD－GJ00038

港中旅国际（山东）旅行社有限公司
地址：青岛市香港中路78号
电话：0532－85881111
邮编：266071
网址：www. ctzsd. cn
许可证号：L－SD－GJ00039

济宁国际旅行社
地址：济宁市327国道119号
电话：0537－2288366
邮编：272200
许可证号：L－SD－GJ00040

临沂国际旅行社有限公司
地址：临沂市沂蒙路127号
电话：0539－8200578
邮编：276000
网址：www. lygl. net
许可证号：L－SD－GJ00041

烟台黄海国际旅行社有限公司
地址：烟台市南大街295号
电话：0535－6224313　6211344
邮编：264001
网址：www. u. nrt. cn/ythhgl
许可证号：L－SD－GJ00042

山东友好国家旅行社有限公司
地址：济南市榜棚街1号华鲁大厦311
电话：0531－86030266
邮编：250011
许可证号：L－SD－GJ00044

山东黄海明珠国际旅行社
地址：烟台市莱山区滨海北路184号
电话：0535－6252219
邮编：264000
网址：www. 52yantai. com
许可证号：L－SD－GJ00046

山东南山国际旅行社
地址：烟台龙口市南山集团
电话：0535－8616167
邮编：265718
网址：www. nanshan－tourism. com
许可证号：L－SD－GJ00047

威海西霞口国际旅行社有限公司
地址：威海市金线顶路
电话：0631－5333333
邮编：264200
网址：www. xixiakouits. com. cn
许可证号：L－SD－GJ00048

青岛海尔国际旅行社有限公司
地址：青岛市海尔路1号海尔工业园内
电话：0532－88937098
邮编：266101
网址：www. haier. com
许可证号：L－SD－GJ00049

青岛海天国际旅行社
地址：青岛市香港路48号海天大酒店东楼二层
电话：0532－83871889－2963
邮编：266071
网址：www. qdhits. com
许可证号：L－SD－GJ00050

山东航空彩虹国际旅行社有限公司
地址：济南市泺源大街63号
电话：0531－86916747
邮编：250011
网址：www. shangdongair. com. cn
许可证号：L－SD－GJ00051

山东鲁能信谊集团国际旅行社有限公司
地址：青岛市珠海支路1号6号楼9层
电话：0532－85930460
邮编：266071
许可证号：L－SD－GJ00052

青岛啤酒国际旅行社有限公司
地址：青岛市北区登州路56号
电话：0532－83815288　83820705
邮编：266023
网址：www. tsingtan. com. cn
许可证号：L－SD－GJ00053

日照国际旅行社
地址：日照市新市区岗山路东段
电话：0633－8762198　8762929
邮编：276826
网址：www. rzits. com
许可证号：L－SD－GJ00054

青岛青港国际旅行社有限责任公司
地址：青岛市市北区延安路84－2－3号
电话：0532－82712880　82714596
邮编：266023
网址：www. qdport. com
许可证号：L－SD－GJ00055

山东长城国际旅行社有限公司
地址：济南市文化东路24号
电话：0531－88528308
邮编：250014
许可证号：L－SD－GJ00056

中国旅行社总社（青岛）有限公司
地址：青岛市四方区重庆南路45号
电话：0532－85669997
邮编：266032
网址：www. jinmaits. com
许可证号：L－SD－GJ00057

青岛中信国际旅行社有限公司
地址：青岛市东海路28号
电话：0532－85025657
邮编：266071
许可证号：L－SD－GJ00058

济南明择国际旅行社有限公司
地址：济南市文化东路24号普利文东花园A座2－1801
电话：0531－88558979
邮编：250014
网址：www. mingze. sdta. com
许可证号：L－SD－GJ00059

青岛旅行社有限责任公司
地址：青岛市市南区延安三路204号海信慧园商务楼401室
电话：0532－83895748
邮编：266071
网址：www. qdlxs. cn
许可证号：L－SD－GJ00060

枣庄国际旅行社有限公司
地址：枣庄市中区解放路167号
电话：0632－3395336
邮编：277100
许可证号：L－SD－GJ00061

泰安吉祥国际旅行社有限公司
地址：泰安市红门路30号
电话：0538－6227800
邮编：271000
网址：www. lucktravel. com
许可证号：L－SD－GJ000

青岛铁路国际旅行社有限公司
地址：青岛市市南区泰安路14号
电话：0532－82968690
邮编：266001
网址：www. qdtielv. com
许可证号：L－SD－GJ00063

聊城国际旅行社有限责任公司
地址：聊城东昌东路139号金鼎商厦8楼
电话：0635－8266666
邮编：252000
许可证号：L－SD－GJ00064

青州八喜国际旅行社有限公司
地址：潍坊青州市云门山南路3881号

电话：0536－3275588　3888888
邮编：262500
许可证号：L－SD－GJ00065

山东鲁桥国际旅行社有限公司
地址：济南市历山路92号
电话：0531－87082348
邮编：250011
网址：www.luqiaoly.com
许可证号：L－SD－GJ00066

威海石岛国际旅行社有限公司
地址：荣成市石岛镇迎宾路1号
电话：0631－7388888
邮编：264309
网址：www.shidaohotel com.cn
许可证号：L－SD－GJ00067

东营利丰国际旅行社有限公司
地址：东营市北一路239号
电话：0546－8227676
邮编：257017
许可证号：L－SD－GJ00068

山东振鲁国际旅行社有限公司
地址：山东省济南市泺源大街68号
电话：0531－86938888－6601
邮编：250063
网址：www.yuquan.com.cn
许可证号：L－SD－GJ00069

日照碧波国际旅行社有限公司
地址：日照市海滨二路78号
电话：0633－8383370
邮编：276826
网址：www.bbits.com.cn
许可证号：L－SD－GJ00070

临沂陶然居国际旅行社有限责任公司
地址：临沂市沂蒙路159号（桃源大厦一楼）
电话：0539－8312222　8107783
邮编：276000
网址：www.trj-hotel.com/main.htm
许可证号：L－SD－GJ00071

威海赤山国际旅行社有限公司
地址：威海市建设街58号
电话：0631－7285278
邮编：264200
网址：www.chishan.cn
许可证号：L－SD－GJ00072

山东济钢国际旅行社有限公司
地址：济南市工业北路21号
电话：0531－88866103
邮编：250101
网址：www.dajly.com
许可证号：L－SD－GJ00073

德州华兴国际旅行社有限公司
地址：德州市德城区华兴路10号
电话：0534－2432888
邮编：253024
许可证号：L－SD－GJ00074

山东省黄河口国际旅行社有限公司
地址：东营市西四路618号
电话：0546－8208966
邮编：257000
网址：www.cnhhhk.com
许可证号：L－SD－GJ00075

潍坊阳光国际旅行社有限公司
地址：潍坊市奎文区东风东街272号
电话：0536－8247577
邮编：261041
网址：www.369uuu.com
许可证号：L－SD－GJ00076

威海皇冠国际旅行社有限公司
地址：威海市青岛北路9号
电话：0631－5283711
邮编：264200
许可证号：L－SD－GJ00077

淄博广电环行国际旅行社有限公司
地址：淄博市张店区商场西街21号
电话：0533－6212868
邮编：255000
许可证号：L－SD－GJ00078

泰安市海峡国际旅行社有限公司
地址：新泰市青云路中段
电话：0538－7226528
邮编：271200
网址：www.haixialvyou.com
电子信箱：mgai@163.com
许可证号：L－SD－GJ00079

青岛半岛都市国际旅行社有限公司
地址：青岛市崂山区东海路3号
电话：0532－85754247
邮编：266071
网址：www.bandaonews.com
许可证号：L－SD－GJ00080

烟台海景国际旅行社有限公司
地址：烟台市北马路75号
电话：0535－6687688
邮编：264000
网址：www.blueseatour.com
许可证号：L－SD－GJ00081

烟台中旅国际旅行社有限公司
地址：烟台市广东街1号
电话：0535－6228972
邮编：264001
许可证号：L－SD－GJ00082

淄博山水风情国际旅行社有限公司
地址：淄博市张店区华光路79号
电话：0533－3180505
邮编：255000
网址：www.zbshanshui.com
电子信箱：shanshuiguolv@163.com
许可证号：L－SD－GJ00083

威海航空国际旅行社有限公司
地址：威海市青岛北路24－1号
电话：0631－5300747　5181777
邮编：264200
网址：www.whaitravel.com
许可证号：L－SD－GJ00085

青岛胶建世纪国际旅行社有限公司
地址：胶州市郑州西路2号
电话：0532－82276677
邮编：266300
电子信箱：jiaojianguolv@163.com
许可证号：L－SD－GJ00088

山东阳光国际旅行社有限公司
地址：莱芜市文化南路38－2号
电话：13906346217
邮编：271100
网址：www.ssits89.com
电子信箱：ssits89@1163.com
许可证号：L－SD－GJ00089

胜利油田青年国际旅行社有限公司
地址：东营市西四路604号
电话：13605466040
邮编：257000
网址：www.ytqi.com
电子信箱：siyts@siof.com
许可证号：L－SD－GJ00091

山东省观光国际旅行社有限公司
地址：济南市经四路288号
电话：0531－87919188
邮编：250001
网址：www.sdtravel.com.cn
电子信箱：sdcts@public.sd.cn
许可证号：L－SD－GJ00092

山东微山湖国际旅行社有限公司
地址：微山县商业南街（文化广场东）
电话：0537－8237777
邮编：277600
网址：www.wslake.com
电子信箱：wsh@wslake.com
许可证号：L－SD－GJ00093

山东泰安中飞国际旅行社有限公司
地址：泰安市东岳大街34号
电话：0538－6395988
邮编：271000
网址：www.taishantravel.com
电子信箱：sdtazf2006@126.com
许可证号：L－SD－GJ00094

宾馆酒店

济南贵和皇冠假日酒店 ★★★★★
地址：济南市天地坛街3号
电话：0531－86029999
传真：0531－86023333
邮编：250011
网址：www.crowneplaza.com

索菲特银座大饭店 ★★★★★
地址：济南市泺源大街66号
电话：0531－86068888
传真：0531－86065584
邮编：250063
网址：www.sofitel.com
电子信箱：rsvr@sofiteljinan.com

山东大厦 ★★★★★
地址：济南市马鞍山路2－1号
电话：0531－82958888
传真：0531－82958886
邮编：250002
网址：www.sdhotel.com.cn
电子信箱：sddsych@126.com

东胜大厦 ★★★★★
地址：东营市西四路616号
电话：0546－8234567 8687777
传真：0546－8688888
邮编：257000
网址：www.dongshenghotel.cn
电子信箱：dsht@dongsheng.com.cn

淄博世纪大酒店 ★★★★★
地址：淄博市张店区柳泉路北首
电话：0533－3156888
传真：0533－3167378
邮编：255000
网址：www.cenhotel.cn
电子信箱：century-hotel@163.com

潍坊富华大酒店 ★★★★★
地址：潍坊市福寿东街168号
电话：0536－8881988
传真：0536－8880766
邮编：261031
网址：www. farrington. com. cn
电子信箱：public@ farrington. com. cn

龙口南山国际会议中心 ★★★★★
地址：烟台市南山集团
电话：0535－8663999
传真：0535－8663099
邮编：265706
电子信箱：nshhyzx@ 126. com

烟台东方海天酒店 ★★★★★
地址：烟台市莱山区海韵路12号
电话：0535－6888199
传真：0535－6888111
邮编：264003
网址：www. ohh. cn
电子信箱：dfht@ ohh. com

烟台金海湾酒店 ★★★★★
地址：烟台市芝罘区海岸路
电话：0535－6636999
传真：0535－6632699
邮编：264000
网址：www. golengulfhotel. com
电子信箱：gghzw@ public. ytptt. sd. cn

金海湾国际饭店 ★★★★★
地址：威海市高区北环海路128号
电话：0631－5688777
传真：0631－5687999
邮编：264209
网址：www. gbhotel. com. cn

青岛麒麟皇冠大酒店 ★★★★★
地址：青岛市香港东路197号
电话：0532－88891888
传真：0532－88891777
邮编：266061
网址：www. kylinhotel. com
电子信箱：info@ kylinhotel. com

青岛汇泉王朝大饭店 ★★★★★
地址：青岛市市南区南海路9号
电话：0532－82999888
传真：0532－82871122
邮编：266003
网址：www. hqdynastyhotel. com
电子信箱：qd-dynasty@ 163. com

青岛海天大酒店 ★★★★★
地址：青岛市市南区香港西路48号
电话：0532－83871888
传真：0532－83871777
邮编：266071
网址：www. hai-tian-hotel. com

青岛香格里拉大饭店 ★★★★★
地址：青岛市市南区香港中路9号
电话：0532－83883838
传真：0532－83886868
邮编：266071
网址：www. shangri-la. com
电子信箱：slq@ shangri-la. com

青岛丽晶大酒店 ★★★★★
地址：青岛市市南区香港中路110号
电话：0532－85881818
传真：0532－85881888
邮编：266071
网址：www. grh-ohm. com
电子信箱：regency@ public. qd. sd. cn

青岛海景花园大酒店 ★★★★★
地址：青岛市市南区彰化路2号
电话：0532－85875777
传真：0532－85894031
邮编：266071
网址：www. seaviewgardenhotel. com

良友富临大酒店 ★★★★
地址：济南市泺源大街5号
电话：0531－86956888
传真：0531－86956688
邮编：250011
网址：www. sdlyfl. com
电子信箱：sdlyfl@ sdlyfl. com

新闻大厦 ★★★★
地址：济南市泺源大街6号
电话：0531－86969999
传真：0531－86994746
邮编：250063
网址：www. newshotel. com. cn
电子信箱：springjasmine@ 126. com

黄台大酒店 ★★★★
地址：济南市将军路122号
电话：0531－88966988
传真：0531－88966413
邮编：250100
网址：www. huang_tai. com
电子信箱：zjl. mm333@ 163. com

山东翰林大酒店 ★★★★
地址：济南市经十路63号
电话：0531－86181777
传真：0531－86185001
邮编：250014
网址：www. hanlin-hotel. cn
电子信箱：hanlinhotel@ 126. com

舜耕山庄 ★★★★
地址：济南市舜耕路28号
电话：0531－82951818
传真：0531－82951100
邮编：250014
网址：www. shungeng. com. cn
电子信箱：shungeng06@ 163. com

济南汇宝大酒店 ★★★★
地址：济南市经五纬二路28号
电话：0531－86051888
传真：0531－86050389
邮编：250001
网址：www. huibaohotel. com

济南吉华大厦 ★★★★
地址：济南市英贤街19号
电话：0531－86906888
传真：0531－86073540
邮编：250012
网址：www. jnjh. com
电子信箱：ban6820@ 126. com

玉泉森信大酒店 ★★★★
地址：济南市泺源大街68号
电话：0531－86938888
传真：0531－86934993
邮编：250063
网址：www. hotel. yuquan. com. cn
电子信箱：yqjd@ yuquan. cn

山东银座泉城大酒店 ★★★★
地址：济南市南门大街2号
电话：0531－86921911
传真：0531－86923187
邮编：250011

华能大厦 ★★★★
地址：济南市泉城路17号
电话：0531－86096888
传真：0531－86092158
邮编：250011
网址：www. hnhotel. com. cn

贵友大酒店 ★★★★
地址：济南市英雄山路101号
电话：0531－82980088
传真：0531－82702345
邮编：250002
网址：www. guiyou. com. cn
电子信箱：guiyou@ public. jn. sd. cn

金都大酒店 ★★★★
地址：济南市英雄山路159号
电话：0531－82712999
传真：0531－86139700
邮编：250002
网址：www. sd-jinduhotel. com
电子信箱：jinduhotel@ sohu. com

山东东方大厦 ★★★★
地址：济南市经七路223号
电话：0531－86917648
传真：0531－86924367
邮编：250001
网址：www. easthotel. com. cn
电子信箱：bluemoonliu@ tom. com

贵都大酒店 ★★★★
地址：济南市升平街1号
电话：0531－86900888
传真：0531－86900999
邮编：250001
网址：www. guidu. com. cn
电子信箱：guidu0320@ 163. com

丽天大酒店 ★★★★
地址：济南市经一路66号
电话：0531－86058888
传真：0531－86050759
邮编：250001
网址：www. litianhotel. com
电子信箱：liantian@ litian. com

中豪大酒店 ★★★★
地址：济南市解放路165号
电话：0531－86968888
传真：0531－86968899
邮编：250013
网址：www. zhonghao-hotel. com
电子信箱：zlysj0106@ 163. com

章丘宏昌千禧龙大酒店 ★★★★
地址：济南章丘市双山路中段
电话：0531－83324778
传真：0531－83319555
邮编：250200
网址：www. hongchanggroup. com
电子信箱：hcqianxilong521@ 163. com

昌润大酒店 ★★★★
地址：聊城市东昌西路133号
电话：0635－88389088
传真：0635－8389099
邮编：252000
网址：www. sdlccr-hotel. com

泉林大酒店 ★★★★
地址：聊城市高唐县北湖路 28 号
电话：0635－3954600
传真：0635－3952995
邮编：252800
网址：221.2.216.42
电子信箱：tralinhotel@163.com

德州贵都大酒店 ★★★★
地址：德州市解放东大道 238 号
电话：0534－2652506
传真：0534－2659996
邮编：253000
网址：www.guiduhotel.com
电子信箱：guidu@126.com

德州美丽华大酒店 ★★★★
地址：德州市解放东大道 758 号
电话：0534－2286306
传真：0534－2321482
邮编：253018
网址：www.dzmeilihua.com

东营宾馆 ★★★★
地址：东营市东三路 180 号
电话：0546－8062999
传真：0546－8332790
邮编：257091
网址：www.dongyinghotel.cn
电子信箱：dyhotel@sina.com

蓝海金港新悦大饭店 ★★★★
地址：东营市西二路 151 号
电话：0546－7667777
传真：0546－7667668
邮编：257000
网址：www.bhghotels.com.cn
电子信箱：dhg_cui@126.com

东营华泰大厦有限责任公司 ★★★★
地址：东营市广饶大王经济开发区
电话：0546－6888800
传真：0546－6888660
邮编：257335
网址：www.huatai.com

淄博天乐园大酒店 ★★★★
地址：淄博市张店区西一路 15 号
电话：0533－2121800
传真：0533－2121888
邮编：255000
网址：www.tianleyuan.net

淄博饭店 ★★★★
地址：淄博市张店区金晶大道 177 号
电话：0533－2180888
传真：0533－2184800
邮编：255000
网址：www.zbhotel.com.cn
电子信箱：www.atez@tom.com

淄博宾馆 ★★★★
地址：淄博市张店区金晶大道 189 号
电话：0533－2288688
传真：0533－2184990
邮编：255037
网址：www.zibo-hotel.com
电子信箱：mail@zibo-hotel.com

淄博万杰国际大酒店 ★★★★
地址：淄博市博山经济开发区
电话：0533－4652222
传真：0533－4654222
邮编：255213
网址：www.wanjie.com
电子信箱：waijiehotel@163.com

淄博齐都大酒店 ★★★★
地址：淄博市临淄区闻韶路 39 号
电话：0533－7198888
传真：0533－7186841
邮编：255440
网址：zbhaotian.com
电子信箱：dongwangreike@yahoo

山东将军鸢飞大酒店 ★★★★
地址：潍坊市四平路 31 号
电话：0536－8068888
传真：0536－8233840
邮编：261041
网址：www.yuanfeihotel.com.cn

潍坊东方大酒店 ★★★★
地址：潍坊市东风东街 181 号
电话：0536－8881111
传真：0536－8889688
邮编：261061
网址：www.wfdf.cn
电子信箱：wfdfdjd@sina.com

潍坊大酒店 ★★★★
地址：潍坊市胜利东街 381 号
电话：0536－8232188
传真：0536－8237749
邮编：261041
网址：www.weifang-hotel.com
电子信箱：wf2603388@163.com

潍坊国际金融大酒店 ★★★★
地址：潍坊市四平路 86 号
电话：0536－8218888
传真：0536－8261111
邮编：261041
网址：www.wfifthotel.com
电子信箱：weixiao1460@sina.com

潍坊齐鲁饭店 ★★★★
地址：潍坊市东风东街 343 号
电话：0536－8219988
传真：0536－8233623
邮编：261041
网址：www.qi lu hot
电子信箱：qilu_hotel@126.com

寿光温泉大酒店 ★★★★
地址：潍坊寿光市温泉街 99 号
电话：0536－5107888
传真：0536－5107288
邮编：262700
网址：www.wenquanhotel.com
电子信箱：wenquanhotel@163.com

莱阳龙门大酒店 ★★★★
地址：烟台市龙门东路 26
电话：0535－7183888
传真：0535－7287089
邮编：265200
网址：www.cnhdgroup.com
电子信箱：hdhotelqgw@sia.com

烟台凤凰山宾馆 ★★★★
地址：烟台市莱山区桐林路 19
电话：0535－6716199
传真：0535－6719486
邮编：264003
网址：www.yt-phoenix-ggarden.com

烟台中心大酒店 ★★★★
地址：烟台市芝罘区南大街 81
电话：0535－6589666
传真：0535－6245854
邮编：264000
网址：www.centrehotel.com.
电子信箱：zx8201@sina.com

太平洋大酒店 ★★★★
地址：烟台市芝罘区市府街 74
电话：0535－6206888
传真：0535－6215204
邮编：264000
网址：www.hotel.cn
电子信箱：tpybc@public.ytp.sd.cn

烟台虹口大酒店 ★★★★
地址：烟台市芝罘区大马路 118 号
电话：0535－6585555
传真：0535－6585018
邮编：264000
网址：www.hongkouhotel.com

烟台民航大厦 ★★★★
地址：烟台市芝罘区大海阳路 78
电话：0535－6587777
传真：0535－6583390
邮编：264000
网址：www.ytminhanghotel.com
电子信箱：minhangshw@sina.com

莱州新世纪大酒店 ★★★★
地址：烟台莱州市文化西路 478
电话：0535－2213988
传真：0535－2213928
邮编：261400
网址：www.xshj.com
电子信箱：lzxinshj@163.com

招远金城温泉大酒店 ★★★★
地址：烟台招远市温泉路
电话：0535－8111888
传真：0535－8114402
邮编：265400
网址：www.jchhotel.com

光明花园大酒店 ★★★★
地址：威海市文化东路 25 号
电话：0631－5286555
传真：0631－5282233
邮编：264200
网址：www.guangminghotel.com

白天鹅宾馆 ★★★★
地址：威海市文化东路 12 号
电话：0631－5231891
传真：0631－5231924
邮编：264200
网址：www.whwhiteswanhotel.com.cn
电子信箱：yuxiuqin102@sina.com

蓝天宾馆 ★★★★
地址：威海市环海路 1 号
电话：0631－5231670
传真：0631－5231063
邮编：264200
网址：www.whbluesky.com
电子信箱：itbgjjb@public.whptt.sd.cn

威海海都大酒店 ★★★★
地址：威海市环海路九号
电话：0631－5209851
传真：0631－5261409
邮编：264200
网址：www.sdhaidu.com.cn
电子信箱：whhaidu@hotmail.com

威海市阳光大厦 ★★★★
地址：威海市统一路88号
电话：0631－5208999
传真：0631－5227206
邮编：264200
网址：www.wh-sunshinehotel.com
电子信箱：ygds5208999@sina.com

合庆饭店 ★★★★
地址：威海市连林岛路1号
电话：0631－5201668
传真：0631－5261701
邮编：264200
网址：www.heqinghotel.com

石岛宾馆 ★★★★
地址：威海市石岛迎宾路1号
电话：0631－7388888
传真：0631－7388398
邮编：264309
网址：www.shidaohotel.com.cn

威海海景花园大酒店 ★★★★
地址：威海市环翠区连林岛路9号
电话：0631－5262999
传真：0631－5262777
邮编：264200
网址：www.seaviewgardenhotel.com
电子信箱：weihaiseaview@163.com

乳山国际大酒店 ★★★★
地址：威海乳山市胜利街71号
电话：0631－6870189
传真：0631－6654127
邮编：264500
电子信箱：www.163169.net

青岛世纪海丰大酒店 ★★★★
地址：青岛市开发区长江中路459号
电话：0532－86996666
传真：0532－86998822
邮编：266555
电子信箱：harvesthotel23@126.com

青岛海都大酒店 ★★★★
地址：青岛市经济技术开发区长江中路218号
电话：0532－86999888
传真：0532－86998959
邮编：266555
网址：www.qdhaiduhotel.com
电子信箱：haiduhotel@163.com

青岛山孚大酒店 ★★★★
地址：青岛市市南区香港中路96号
电话：0532－85897888
传真：0532－85891188
邮编：266071
网址：www.sanfodhotel.com

青岛北海宾馆 ★★★★
地址：青岛市市南区香港中路7号
电话：0532－83868888
传真：0532－83867878
邮编：266071
网址：www.beihaihotel.com.cn

青岛德宝花园大酒店 ★★★★
地址：青岛市市南区香港中路122号
电话：0532－85899898
传真：0532－85896956
邮编：266071
网址：www.debaogardenhotel.com

青岛贵都大饭店 ★★★★
地址：青岛市市南区香港中路28号
电话：0532－85721688
传真：0532－85716688
邮编：266071
网址：www.equatorial.com
电子信箱：info@qd.equatorial.com

青岛海情大酒店 ★★★★
地址：青岛市市南区东海中路11号甲
电话：0532－85969888
传真：0532－85966688
邮编：266071
网址：www.qdhaiqing.cn
电子信箱：qdhaiqing@qdhaiqing.cn

青岛黄海饭店 ★★★★
地址：青岛市市南区延安一路75号
电话：0532－82870215
传真：0532－82879795
邮编：266003
网址：www.huanghaihotel.com

青岛东方饭店 ★★★★
地址：青岛市市南区大学路4号
电话：0532－82865888
传真：0532－82876976
邮编：266003
网址：www.hotel-dongfang.com

青岛泛海名人酒店 ★★★★
地址：青岛市市南区太平路29号
电话：0532－82996699
传真：0532－82891388
邮编：266001
网址：www.oweh.com
电子信箱：oweh@oweh.com

青岛府新大厦 ★★★★
地址：青岛市市南区闽江路5号
电话：0532－85913688
传真：0532－85913888
邮编：266071
网址：www.fuxin-hotel.com

青岛红日宾馆 ★★★★
地址：青岛市市南区武胜关路1号乙
电话：0532－80909999
传真：0532－83887967
邮编：266071
网址：www.hongrihotel.com
电子信箱：hongrihotel@126.com

索菲亚（青岛）国际大酒店 ★★★★
地址：青岛市崂山区香港东路217号217
电话：0532－88971111
传真：0532－88971666
邮编：266061
网址：www.sophiahotel.com.cn

青岛复盛大酒店 ★★★★
地址：青岛市城阳区流亭街道民航路东首
电话：0532－84900000
传真：0532－84719666
邮编：266108
网址：www.fushenghotel.com
电子信箱：fs@fushenghotel.com

青岛广业锦江大酒店 ★★★★
地址：青岛市李沧区夏庄路68号
电话：0532－81938888
传真：0532－81938888
邮编：266100

青岛世纪大酒店 ★★★★
地址：青岛胶州市郑州西路2号
电话：0532－87269188
传真：0532－87260777
邮编：266300
网址：www.qdsjhotel.com
电子信箱：qdsjhotel@163.com

青岛华洋大酒店 ★★★★
地址：青岛即墨市鹤山路38号
电话：0532－87551666
传真：0532－87552410
邮编：266200
网址：www.qdhuayang.com
电子信箱：qdhuayang@126.com

雅禾国际大酒店 ★★★★
地址：日照市兴海路96号
电话：0633－3999988
传真：0633－3999777
邮编：276800

凌海大酒店 ★★★★
地址：日照市秦皇岛路59号
电话：0633－3668888
传真：0633－3661111
邮编：276826

碧波大酒店 ★★★★
地址：日照市海滨二路78号
电话：0633－8381549
传真：0633－8332412
邮编：276826
网址：www.rzbbhotel.com

陶然居大酒店 ★★★★
地址：临沂市陶然路163号
电话：0539－8316888
传真：0539－8106666
邮编：276004
网址：www.trj-hotel.com
电子信箱：trjbgs@163.com

荣华大酒店 ★★★★
地址：临沂市新华路121号
电话：0539－8329888
传真：0539－8319986
邮编：276004
网址：www.ronghua-hotel.com
电子信箱：rh@ronghua-hotel.com

枣庄贵泉大酒店 ★★★★
地址：枣庄市解放南路143号
电话：0632－3361888
传真：0632－3365188
邮编：277101
网址：www.guiquanhotel.com
电子信箱：guiquanhotel@163.com

济宁圣地酒店 ★★★★
地址：济宁市吴泰闸路73号
电话：0537－2366699
传真：0537－2369988
邮编：272000
网址：www.shengdihotel.com
电子信箱：shengdihotel@163.com

济宁香港大厦 ★★★★
地址：济宁市火炬路19号
电话：0537－2969888
传真：0537－2365888
邮编：272000
网址：www.hongkanghotel.com.cn

泗水圣源酒店 ★★★★
地址：济宁市泗水县济河路160号
电话：0537－4252888
传真：0537－4264999

邮编：272000
网址：www. shengyuanluneng@ 163. com
电子信箱：sssyjd@ 163. com

泰山华侨大厦 ★★★★
地址：泰安市泰山区东岳大街中段
电话：0538 －8228112
传真：0538 －8218171
邮编：271000
网址：www. drfl. com

泰安肥城宝盛大酒店 ★★★★
地址：泰安市泰山区龙山路 20 号
电话：0638 －3237888
传真：0638 －3232788
邮编：271600
网址：www. blossom-group. com
电子信箱：zjhzo@ 263. net

银茂大酒店 ★★★★
地址：滨州市黄河五路 513 号
电话：0543 －3198888
传真：0543 －3223951
邮编：256616
网址：www. ymhotel. com. cn
电子信箱：bzymhotel@ 126. com

贵苑大酒店 ★★★★
地址：滨州市渤海九路 520 号
电话：0543 －3286888
传真：0543 －3369999
邮编：256600
网址：www. bzimperial. com

和平大酒店 ★★★★
地址：荷泽市中华东路和平广场
电话：0530 －5138888
传真：0530 －5138999
邮编：274000
网址：www. hzhpmail@ public. hzptt. sd. cn
电子信箱：waxt_2008@ 126. com

山东学景大酒店 ★★★
地址：济南市济南二环东路 7366 号
电话：0531 －88523388
传真：0531 －88523366
邮编：250014
网址：www. unihotel. com. cn
电子信箱：sdxuejing@ public. jn. sd. cn

英大国际高尔夫俱乐部 ★★★
地址：济南市美丽路 158 号
电话：0531 －85986556
传真：0531 －85660149
邮编：250118
网址：www. yingdagolf. net
电子信箱：yingdagolf@ 163. com

丹顶鹤大酒店 ★★★
地址：济南市国际机场
电话：0531 －88730777
传真：0531 －88730340
邮编：250107
网址：www. shandongair. com. cn

山东学人大厦 ★★★
地址：济南市山大南路 27 号
电话：0531 －88563388
传真：0531 －88563358
邮编：250100
网址：www. unihotel. com. cn

山东学府大酒店 ★★★
地址：济南市千佛山路 6 号
电话：0531 －82953388
传真：0531 －82953358
邮编：250061
网址：www. unihotel. com. cn

济南明湖大酒店 ★★★
地址：济南市北园路 398 号
电话：0531 －85956688
传真：0531 －85951634
邮编：250033
网址：www. minghuhotel. com. cn

天发大酒店 ★★★
地址：济南市堤口路 11 号
电话：0531 －85816688
传真：0531 －85955623
邮编：250031
网址：www. tianfahotel. com

大西洋俱乐部 ★★★
地址：济南市张庄路 391 号
电话：0531 －85551111
传真：0531 －85556677
邮编：250023

山东化工宾馆 ★★★
地址：济南市经十路 234 号
电话：0531 －87937838
传真：0531 －87930361
邮编：250021
网址：www. sdhuagonghotel. com
电子信箱：sdhgbg@ 163. com

济南华联大酒店（待评三星）★★★
地址：济南市经二路 571 号
电话：0531 －82889888
传真：0531 －82889998
邮编：250021

润华世纪酒店 ★★★
地址：济南市纬二路 138 号
电话：0531 －82901818
传真：0531 －82901616
邮编：250001
网址：www. ceturyhotel. net

天泉大厦 ★★★
地址：济南市燕子山小区东路 2 －1 号
电话：0531 －88936568
传真：0531 －88951037
邮编：250014

山东舜和天禧商务酒店（待评三星）★★★
地址：济南市经十纬五 133 号
电话：0531 －87068888
传真：0531 －87065599
邮编：250014
网址：www. csohoh. com
电子信箱：renxingben@ 163. com

舜德大厦 ★★★
地址：济南市舜耕路 22 －1 号
电话：0531 －82960688
传真：0531 －82959399
邮编：250014
电子信箱：shundeds@ 126. com

济南名优小吃城 ★★★
地址：济南市经十一路 34 号
电话：0531 －82079300
传真：0531 －82078791
邮编：250002
电子信箱：xcc1134@ 163. com

济南铁道大酒店 ★★★
地址：济南市火车站广场北侧
电话：0531 －86328888
传真：0531 －86012640
邮编：250001
网址：www. tddjd. com
电子信箱：jntd_hotel@ 263. com

山东鲁能大厦 ★★★
地址：济南市经四路 185 号
电话：0531 －86907888
传真：0531 －86932445
邮编：250001
电子信箱：lnds0531@ 163. com

金马大厦 ★★★
地址：济南市山大路南口 262 －1 号
电话：0531 －88936688
传真：0531 －85101715
邮编：250014
电子信箱：jmhtl@ 163. com

舜凯大酒店 ★★★
地址：济南市北园大街 228 号
电话：0531 －88669999
传真：0531 －88606086
邮编：250001

济南军悦大酒店 ★★★
地址：济南市山大路 254 号
电话：0531 －81798888
传真：0531 －81798888
邮编：250014
电子信箱：wentao1108@ 163. com

山东政协大厦 ★★★
地址：济南市泉城路 71 号
电话：0531 －86082998
传真：0531 －86082010
邮编：250011
网址：www. sdzx. gov. cn
电子信箱：sdzxds@ tom. com

山东舜和商务酒店 ★★★
地址：济南市泺源大街 53 －2 号
电话：0531 －86138888
传真：0531 －86151337
邮编：250011
网址：www. csohoh. com
电子信箱：chenfb96@ hotmail. com

山东电视大厦 ★★★
地址：济南市经十路 83 号
电话：0531 －85852001
传真：0531 －82956600
邮编：250012
电子信箱：yukai01@ yahoo. cn

山东民政大厦 ★★★
地址：济南市南新街 66 号
电话：0531 －86921088
传真：0531 －86153188
邮编：250012
电子信箱：sd-mzds@ 163. com

山东国际饭店 ★★★
地址：济南市解放路 134 号
电话：0531 －83195888
传真：0531 －83195848
邮编：250013
网址：www. qiluhotel. com
电子信箱：guojihr@ 163. com

山东林业大厦 ★★★
地址：济南市花园路 302 号
电话：0531 －86968686
传真：0531 －86982194

邮编：250013
网址：www. sendi. cn

山东嘉和明珠大酒店 ★★★
地址：济南市解放路12号
电话：0531－88517777
传真：0531－88938818
邮编：250013
网址：www. sdjhmz. com
电子信箱：jiahemingzhu@ sohu. com

富华饭店 ★★★
地址：济南市轻骑路108号
电话：0531－88951818
传真：0531－88951516
邮编：250013
网址：www. jn-fuhuahotel. com

珍珠大酒店 ★★★
地址：济南市经三路164号
电话：0531－87932888
传真：0531－87932688
邮编：250001
网址：www. csohoh. com
电子信箱：zzdjd164@ 163. com

章丘市百脉泉大酒店（待评三星）★★★
地址：济南章丘市百脉泉街
电话：0531－81298888
传真：0531－85833999
邮编：250020
网址：www. huang-tai. com
电子信箱：htbmq@ 126. com

济南明丰大酒店 ★★★
地址：济南章丘市双山路
电话：0531－83311588
传真：0531－83115968
邮编：250200
网址：www. jinanmingfeng. com

东湖宾馆 ★★★
地址：聊城市聊城大学东校区湖南路1号
电话：0635－8230188
传真：0635－8230166
邮编：252000
网址：www. donghuhotel. com. cn
电子信箱：lilee1961@ 163. com

新开大酒店 ★★★
地址：聊城市柳园南路115号
电话：0635－8266999
传真：0635－8209989
邮编：252000

温泉大酒店 ★★★
地址：聊城市东昌西路21号
电话：0635－8206688
传真：0635－8203118
邮编：252000
网址：www. wqhotel. com
电子信箱：wqhotel@ 163. com

东昌宾馆 ★★★
地址：聊城市东昌西路119号
电话：0635－8421002
传真：0635－8421022
邮编：252000
网址：www. lcdcbg. com
电子信箱：lcdcbg@ eyou. com

中苑大酒店 ★★★
地址：聊城市东昌西路135号
电话：0635－8426868
传真：0635－8428152
邮编：252000
网址：www. lczy. net
电子信箱：zyhotel@ 263. net

临清宾馆 ★★★
地址：聊城临清市新华路中段柴市街908号
电话：0635－2323492
传真：0635－2322326
邮编：252600

凤祥宾馆 ★★★
地址：聊城市阳谷县凤祥工业园区诚信路
电话：0635－6772076
传真：0635－6776999
邮编：252325
网址：www. fxhotel. com
电子信箱：hotel@ fengxiang. com

阳谷县宾馆 ★★★
地址：聊城市阳谷县大众路3号
电话：0635－6362155
传真：0635－6361184
邮编：252300
网址：www. yangguhotel. cn
电子信箱：yangguhotel@ 163. com

茌平美丽华大酒店 ★★★
地址：聊城市茌平县振兴路西首
电话：0635－2985656
传真：0635－2985678
邮编：252100
电子信箱：cpmlh@ 163. com

德州德苑大酒店 ★★★
地址：德州市解放南大道255号
电话：0534－2623983
传真：0534－2620999
邮编：253006
电子信箱：deyuanshangmao@ 126. com

德州市州都宾馆 ★★★
地址：德州市东方红西路1536号
电话：0534－2694328
传真：0534－2694328
邮编：253011

德州大酒店 ★★★
地址：德州市东方红路112号
电话：0534－2650106
传真：0534－2651098
邮编：253013
网址：www. dzdjd. com

禹城市明珠大酒店 ★★★
地址：德州禹城市汉槐路277号
电话：0534－7226688
传真：0534－7226688
邮编：251200

东营大明大厦 ★★★
地址：东营市济南路228号
电话：0546－7888888
传真：0546－8788999
邮编：257000
网址：www. dynamichotel. com

蓝海大酒店 ★★★
地址：东营市府前大街103号
电话：0546－8081588
传真：0546－8085168
邮编：257091
网址：www. bhghotels. com. cn
电子信箱：dhg_cui@ 126. com

聚丰大酒店 ★★★
地址：东营市北一路229号
电话：0546－8501888
传真：0546－8501666
邮编：257000

东营市东营区西城宾馆 ★★★
地址：东营市淄博路200号
电话：0546－7669999
传真：0546－7669966
邮编：257000
网址：www. bhghotels. com. cn
电子信箱：dhg_cui@ 126. com

黄河饭店 ★★★
地址：东营市济南路106号
电话：0546－8813888
传真：0546－8224879
邮编：257000

河口宾馆 ★★★
地址：东营市河口区海宁路285号
电话：0546－3888888
传真：0546－3888021
邮编：257200

桩西宾馆 ★★★
地址：东营市河口区仙河镇江汉路13号
电话：0546－8487091
传真：0546－8589210
邮编：257237

广饶宾馆 ★★★
地址：东营市广饶县迎宾路253号
电话：0546－6680000
传真：0546－6680606
邮编：257300
电子信箱：grhotel@ sohu. com

淄博丽景源大酒店 ★★★
地址：淄博市张店区华光路96号
电话：0533－3110088
传真：0533－3110175
邮编：255000

淄博山铝宾馆贵宾楼 ★★★
地址：淄博市张店区南定路花园路10号
电话：0533－2980336
传真：0533－2971921
邮编：255065
网址：www. shanlvhotel. com
电子信箱：sdah@ sina. com

淄博锦绣大酒店 ★★★
地址：淄博市张店区金晶大道197号
电话：0533－3180888
传真：0533－3158076
邮编：255000

淄博玫瑰大酒店 ★★★
地址：淄博市张店区金晶大道1号
电话：0533－2183121
传真：0533－2180629
邮编：255000
网址：hotel. tw128. com

淄博远方大酒店 ★★★
地址：淄博市张店区金晶大道1号
电话：0533－2123888
传真：0533－2181400
邮编：255000

山东理工大学学术交流中心大酒店 ★★★
地址：淄博市张店区共青团西路88号

电话：0533－2305000
传真：0533－2305002
邮编：255012
网址：www. mail. gjxsjlzx. com
电子信箱：lcs@ gjxsjlzx. com

淄博张店宾馆 ★★★
地址：淄博市张店区兴学街30号
电话：0533－2185161
传真：0533－2181385
邮编：255000
网址：www. zdbg. cn
电子信箱：zdbinguan@ yahoo. com. cn

淄博齐林大酒店 ★★★
地址：淄博市张店区张周路东首
电话：0533－2862888
传真：0533－2192382
邮编：255090

淄博聊斋大酒店 ★★★
地址：淄博市淄川区杜坡山路5号
电话：0533－5280689
传真：0533－5263404
邮编：255100

淄博翠林园大酒店 ★★★
地址：淄博市淄川经济开发区中心路
电话：0533－5419999
传真：0533－5418279
邮编：255130

淄博卧龙山庄 ★★★
地址：淄博市淄川区商家镇鲁中驾考中心
电话：0533－2139522
传真：0533－5430388
邮编：255188

淄博蒲泉大酒店 ★★★
地址：淄博市淄川区松龄路
电话：0533－5177888
传真：0533－5176999
邮编：255200
网址：www. zibopq. com

淄博原山旅游宾馆 ★★★
地址：淄博市博山区原山国家森林公园
电话：0533－4155561
传真：0533－4155561
邮编：255200
网址：www. yuanshantour. com. cn
电子信箱：yuanshan5658@ 126. com

淄博顺达饭店 ★★★
地址：淄博市临淄区牛山路340号
电话：0533－7178977
传真：0533－7188877
邮编：255400

淄博凯悦假日大酒店 ★★★
地址：淄博市临淄区桓公路177号
电话：0533－7198999
传真：0533－7168676
邮编：255400
网址：www. hlcatalo. com
电子信箱：lujinddd@ 163. com

淄博周村嘉周宾馆 ★★★
地址：淄博市周村区新建中路30号
电话：0533－6411888
传真：0533－6411395
邮编：255300
网址：www. zhoucunhotel. com
电子信箱：hotel@ zhoucunhotel. com

淄博桓台宾馆 ★★★
地址：淄博市桓台县中心路52号
电话：0533－8180327
传真：0533－8164136
邮编：256400
网址：www. ht-hotel. com

淄博高青迎宾馆 ★★★
地址：淄博市高青县文化路30号
电话：0533－6973999
传真：0533－6973900
邮编：256300
网址：www. gqybg. com/index. htm

淄博友和大酒店 ★★★
地址：淄博市沂源县城健康路与泰薛路交汇处
电话：0533－3237788
传真：0533－3250778
邮编：256100
电子信箱：yh3237788@ 126. com

淄博盛源大酒店 ★★★
地址：淄博市沂源县二郎山路8号
电话：0533－3251689
传真：0533－3251181
邮编：256100
网址：www. shengyuanhotel. com

潍坊圣荣大酒店 ★★★
地址：潍坊市东风东街326号
电话：0536－8251988
传真：0536－8218589
邮编：261041

潍坊泛海大酒店 ★★★
地址：潍坊市和平路198号
电话：0536－8325680
传真：0536－8321177
邮编：261021
网址：www. fanhaihotel. com
电子信箱：wffanhaihotel@ 163. com

潍坊华潍大酒店 ★★★
地址：潍坊市健康东街366号
电话：0536－8817888
传真：0536－8817888－6666
邮编：261041
网址：www. wfhuadian. com

潍坊汇泉饭店 ★★★
地址：潍坊市东风东街366号
电话：0536－8195588
传真：0536－8195559
邮编：261041
网址：www. wfhqhotel. com
电子信箱：wfhqfd@ 163. com

潍坊市接待中心 ★★★
地址：潍坊市胜利东街379号
电话：0536－8195999
传真：0536－8237103
邮编：261041
网址：www. wffirsthotel. com

安丘新东方大酒店 ★★★
地址：安丘市向阳路东首
电话：0536－4389999
传真：0536－4396958
邮编：262100
网址：www. xdfhotel. com
电子信箱：xdfhotel@ 163. com

昌邑宾馆 ★★★
地址：昌邑市天水路42号
电话：0536－7212252
传真：0536－7211970
邮编：261300
网址：www. sdcy-hotel. com

青州海龙大酒店 ★★★
地址：青州市火车站西街368号
电话：0536－3282619
传真：0536－3281812
邮编：262500
网址：www. sdhailong. com

诸城中粮宾馆 ★★★
地址：诸城市兴华东路31号
电话：0536－6072111
传真：0536－6118668
邮编：262200
电子信箱：zhonglianghotel@ 126. com

诸城华洋大酒店 ★★★
地址：诸城市和平街7号
电话：0536－6218966
传真：0536－6218028
邮编：262200
电子信箱：huayang. 8966@ 163. com

烟台金沙滩宾馆 ★★★
地址：烟台市开发区黄河路88
电话：0535－2169999
传真：0535－2162788
邮编：264006
网址：www. jst-hotel. com. cn
电子信箱：jst9188@ sohu. com

烟台黄金宫饭店 ★★★
地址：烟台市牟平养马岛
电话：0535－4765888
传真：0535－4765888
邮编：264119
网址：www. goldpalacehotel. com.
电子信箱：hjg4763610@ sina. com

烟台汇丰俱乐部 ★★★
地址：烟台市黄城怡园路8号
电话：0535－8518888
传真：0535－8545888
邮编：265701
网址：www. huifengclub. com
电子信箱：huifengclub@ 163. com

烟台颐中大酒店 ★★★
地址：烟台市莱山区新星北街1
电话：0535－6705966
传真：0535－6883749
邮编：264003
网址：www. xiangyihotel. com
电子信箱：sale@ xiangyihotel. com

烟台东海宾馆 ★★★
地址：烟台市莱山区东方大街38
电话：0535－6888460
传真：0535－6888140
邮编：264003
网址：www. donghaihotel@ sina. com
电子信箱：donghai99999@ sohu. com

烟台天天渔港 ★★★
地址：烟台市芝罘区胜利路267
电话：0535－6612666
传真：0535－6631729
邮编：264000
网址：www. ttyg. net
电子信箱：ttyg@ ttyg. net

烟台毓璜顶宾馆 ★★★
地址：烟台市芝罘区毓西路17－4
电话：0535－6586688
传真：0535－6585797
邮编：264000
网址：www. yhdhotel. com
电子信箱：yhdjt@ sina. com

烟台大酒店 ★★★
地址：烟台市芝罘区环山路
电话：0535－6888468
传真：0535－6888169
邮编：264000
网址：ythotel · sinostee. lcom
电子信箱：ythotel@ sinostee. lcom

烟台黄金大酒店 ★★★
地址：烟台市芝罘区胜利路219
电话：0535－6633999
传真：0535－6633186
邮编：264000
网址：hg. zhang@ sohu. com
电子信箱：No. 219 Shengli road

烟台岩丰大酒店 ★★★
地址：烟台市环山路14号
电话：0535－6633333
传真：0535－6632767
邮编：264000
网址：www. yanfenghotel. com. cn

烟台华侨宾馆 ★★★
地址：烟台市芝罘区环山路30
电话：0535－6208888
传真：0535－6216124
邮编：264000
网址：wwwythuaqiaohotel. com

烟台东方海洋大酒店 ★★★
地址：烟台市芝罘区滨海北路
电话：0535－6589999
传真：0535－6583571
邮编：264000
网址：www. ytdfhy. com
电子信箱：ytdfhyhotel@！63. com

烟台碧海大厦 ★★★
地址：烟台市芝罘区南大街236
电话：0535－6585888
传真：0535－6224557
邮编：264000
网址：www. bihaihotel. com
电子信箱：ytweiqi@ yahu. com. cn

烟台通汇大酒店 ★★★
地址：烟台市芝罘区西大街67
电话：0535－6276888
传真：0535－6246863
邮编：264000
电子信箱：keykey0520@ 126. com

山东机械大厦 ★★★
地址：烟台市芝罘区解放路62
电话：0535－6224561
传真：0535－6216469
邮编：264000
电子信箱：ytjxds@ 163. com

烟台亚细亚大酒店 ★★★
地址：烟台市芝罘区南大街116
电话：0535－6588888
传真：0535－6242625
邮编：264000
网址：www. asiahotel. cn
电子信箱：asia@ public. ytptt. sd. cn

栖霞果都大酒店 ★★★
地址：烟台市栖霞霞光路277号
电话：0535－5205888
传真：0535－5267008
邮编：265300
电子信箱：guoduhotel@ vip. 163. com

栖霞悦心亭宾馆 ★★★
地址：烟台市栖霞霞北路449
电话：0535－5212182
传真：0535－5212728
邮编：265300
网址：www. yuexiting. com
电子信箱：yuexinting@ 163. com

海阳方圆大厦 ★★★
地址：烟台市海阳方圆工业园
电话：0535－3221111
传真：0535－3221898
邮编：265100
网址：www. china-fangyuan. com

海阳龙翔大酒店 ★★★
地址：烟台市海阳凤城工业园
电话：0535－3318888
传真：0535－3319999
邮编：265100
网址：dv-hotelanddv-hotel. com

龙口华龙大酒店 ★★★
地址：烟台市龙口市环海路
电话：0535－8811111
传真：0535－8816868
邮编：265700
网址：www. hlhotel. cn
电子信箱：zhaoli2025@ 163. com

莱阳交通宾馆 ★★★
地址：烟台市玉龙北路101号
电话：0535－7212009
传真：0535－7229758
邮编：265200

莱阳锦江春饭店 ★★★
地址：烟台莱阳市五龙北路188
电话：0535－7229678
传真：0535－7210540
邮编：265200
网址：www. huitonghotel. cn

龙口南山宾馆 ★★★
地址：烟台龙口市南山集团
电话：0535－8616178
传真：0535－8615770
邮编：265706
网址：www. nanshan. com. cn
电子信箱：nshotel@ nanshan. com. cn

莱州新悦大酒店 ★★★
地址：烟台莱州市北路539
电话：0535－2208188
传真：0535－2208128
邮编：261400
网址：www. laizhouxyhotel. com

莱州宾馆 ★★★
地址：烟台莱州市莱州南路71
电话：0535－2208888
传真：0535－2212145
邮编：261400
网址：www. lzhotel. cn
电子信箱：office@ lzhhotel. cn

蓬莱八仙居宾馆 ★★★
地址：烟台蓬莱市登州路59
电话：0535－5828888
传真：0535－5828888
邮编：265600
网址：www. plbaxianju. com
电子信箱：plbaxianju@ 163. com

蓬莱阁大酒店 ★★★
地址：烟台蓬莱市海滨路3
电话：0535－5955888
传真：0535－5951111
邮编：265600
电子信箱：xushimin-8@ 126. com

蓬莱鲁粮宾馆 ★★★
地址：烟台蓬莱市钟楼东路7
电话：0535－5643801
传真：0535－5640877
邮编：265600
网址：www. 51766. com/img/luliang
电子信箱：pldainal@ 163. com

蓬莱东方大酒店 ★★★
地址：烟台蓬莱市南关路293－2
电话：0535－5604700
传真：0535－5603598
邮编：265600
网址：www. pl-dongfang. com

金猴商务会馆 ★★★
地址：威海市高技区丹东路88号
电话：0631－5666999
传真：0631－5666999
邮编：264209
网址：www. jinhou. com
电子信箱：jinhoushangwu@ sohu. com

敬兰大酒店 ★★★
地址：威海市世昌大道
电话：0631－5295088
传真：0631－5295088
邮编：264200

威海海兴大酒店 ★★★
地址：威海市经区皇冠花园18
电话：0631－5985735
传真：0631－5985734
邮编：264200
电子信箱：whhx-hotel@ 163. com

玉龙湾大酒店 ★★★
地址：威海市远遥村
电话：0631－5128588
传真：0631－5125436
邮编：264201
网址：www. yulongwanhotel. com
电子信箱：lihuiqy850901@ msn. com

威海庆威大厦 ★★★
地址：威海市火炬高新技术产业开发区火炬路196号
电话：0631－5621003
传真：0631－5621003
邮编：264209
网址：www. dpd. com. cn
电子信箱：qingweihotel@ sina. com

九九大厦 ★★★
地址：威海市鞍山路1号
电话：0631－5626999
传真：0631－5623195
邮编：264209

珍珠丽华大酒店 ★★★
地址：威海市统一路 26 号
电话：0631－5278888
传真：0631－5278889
邮编：264200
网址：www. zhenzhulihua. com

长威大酒店 ★★★
地址：威海市文化西路 196 号
电话：0631－5670188
传真：0631－5681315
邮编：264209
电子信箱：changwei3055@ 126. com

山大培训中心 ★★★
地址：威海市高技术产业开发区
电话：0631－5681598
传真：0631－5680305
邮编：264209

威海大屋海情酒店 ★★★
地址：威海市高区环海路 147 号
电话：0631－5690678
传真：0631－5690586
邮编：264209
网址：www. dwhq. com
电子信箱：wh@ dwhq. com

中汇大厦 ★★★
地址：威海市高技术开发区
电话：0631－5623576
传真：0631－5623575
邮编：264209
网址：www. zhonghuihotel. com. cn
电子信箱：whzh@ 163169. net

白云宾馆 ★★★
地址：威海市东山路 22 号
电话：0631－5218888
传真：0631－5218899
邮编：264200

威海新闻大厦 ★★★
地址：威海市文化中路 68 号
电话：0631－3653888
传真：0631－5817210
邮编：264200
网址：www. newshotel. net
电子信箱：shz_wh@ 163. com

威胜大酒店 ★★★
地址：威海市海滨北路 46 号
电话：0631－3661888
传真：0631－5216262
邮编：264200
网址：www. weishenghotel. com
电子信箱：info@ weishenghotel. com

威海山花大酒店 ★★★
地址：威海和平路 113 号
电话：0631－5279998
传真：0631－5237228
邮编：264200
网址：www. shanhuajiudian. com

华联大酒店 ★★★
地址：威海市新威路 58 号
电话：0631－5222888
传真：0631－5220166
邮编：264200
网址：www. hualianhotel@ . com. cn

威海金海岸大酒店有限责任公司 ★★★
地址：威海市海滨北路 56 号
电话：0631－5230088
传真：0631－5230109
邮编：264200

祥泽圆圆楼大酒店 ★★★
地址：威海市昆明路 43 号
电话：0631－5237378　5209888
传真：0631－5209898
邮编：264200
网址：www. whxzy. com
电子信箱：gxsmail@ tom. com

绿岛饭店 ★★★
地址：威海市环海路 3 号
电话：0631－5261303
传真：0631－5261303
邮编：264200

伴月山庄大酒店 ★★★
地址：威海市环海路伴月山庄 1 号
电话：0631－5261305
传真：0631－5261446
邮编：264200

威海华海宾馆 ★★★
地址：威海市七星楼路 8 号
电话：0631－5261888
传真：0631－5261666
邮编：264200
网址：huahaibin. 5586. cn
电子信箱：lu@ whhhh. com

威海电子宾馆 ★★★
地址：威海市环海路 15 号
电话：0631－5262685
传真：0631－5262611
邮编：264200
网址：www. uweihai. com
电子信箱：uweihai@ 126. com

滨海之星假日酒店 ★★★
地址：威海市统一路 67 号
电话：0631－518858
传真：0631－5208519
邮编：264200

荣成山海宾馆 ★★★
地址：威海市荣成邱家渔业公司
电话：0631－7438121
传真：0631－7431104
邮编：264300

荣成华星宾馆二部 ★★★
地址：威海市荣成崖头镇
电话：0631－7565888
传真：0631－7565888
邮编：264200
网址：www. tom. com
电子信箱：shenghuo568@ tom. com

荣成博霞山庄 ★★★
地址：威海市荣成西霞口
电话：0631－7838888
传真：0631－7831388
邮编：264300
网址：www. xixiakou. com

荣成交通大厦 ★★★
地址：威海市荣成南山路 25 号
电话：0631－7574488
传真：0631－7575817
邮编：264300
网址：www. trafficbuilding. com. cn

荣成荣喜大酒店 ★★★
地址：威海市荣成人和山西头
电话：0631－7463999
传真：0631－7463999
邮编：264300

港湾大酒店 ★★★
地址：威海市石岛管理区
电话：0631－7388888
传真：0631－7388898
邮编：264300

荣成黄海宾馆 ★★★
地址：威海市荣成石岛管理区
电话：0631－7382217
传真：0631－7382026
邮编：264300

荣成天都大酒店 ★★★
地址：威海市荣成石岛管理区
电话：0631－7326888
传真：0631－7320909
邮编：264300

桃园居大酒店 ★★★
地址：威海市石岛管理区
电话：0631－7388888
传真：0631－7388898
邮编：264300

乳山宾馆 ★★★
地址：威海市乳山夏村镇
电话：0631－6624561
传真：0631－6624567
邮编：264500

银滩大酒店 ★★★
地址：威海市乳山银滩管委会
电话：0631－6778888
传真：0631－6778898
邮编：264500

文登西楼富丽华大酒店 ★★★
地址：威海市文登西楼村
电话：0631－8939999
传真：0631－8939999
邮编：264400

文登宏安大酒店 ★★★
地址：威海市横山路 88 号
电话：0631－8353398
传真：0631－8353397
邮编：264400
网址：www. chinahongan. com

文登市昆嵛酒店有限公司 ★★★
地址：威海文登市香山路 8－1 号
电话：0631－8456888
传真：0631－8452888
邮编：264400
电子信箱：kunyujiudian@ 163. com

青岛开发区迎宾馆 ★★★
地址：青岛市开发区长江中路 397 号
电话：0532－86897979
传真：0532－86891860
邮编：266555
电子信箱：kfqybg@ 126. com

青岛宏运大酒店 ★★★
地址：青岛市开发区香江路 227 号
电话：0532－86897888
传真：0532－86886099
邮编：266555

青岛华欧明珠酒店 ★★★
地址：青岛市开发区崇明岛东路 155 号
电话：0532－86868866

传真：0532－86867799
邮编：266500
网址：www. chinahuaou. com. cn
电子信箱：mzjd@huaou. cn

青岛海翔商务酒店 ★★★
地址：青岛市开发区紫金山支路8号
电话：0532－86890666
传真：0532－86895577
邮编：266555
网址：www. haixianghotei. com
电子信箱：haixianghotel@163. com

青岛五洲大酒店 ★★★
地址：青岛市市南区山东路12号
电话：0532－85815555
传真：0532－85814870
邮编：266071
网址：www. qdwuzhouhotel. com
电子信箱：qdwuzhouhotel@126. com

青岛惠国宾馆 ★★★
地址：青岛市市南区巫峡路29号
电话：0532－82652888
传真：0532－82652588
邮编：266002
网址：www. huiguohotel. com. cn
电子信箱：huiguohotel@163. com

青岛银海美嘉大酒店 ★★★
地址：青岛市市南区东海中路30号
电话：0532－85929999
传真：0532－85889990
邮编：266071

青岛齐海大酒店 ★★★
地址：青岛市市南区香港中路126号
电话：0532－85879500
传真：0532－85879650
邮编：266071
网址：www. qingdaohotel. com. cn

青岛地矿宾馆 ★★★
地址：青岛市市南区徐州路79号
电话：0532－85826177
传真：0532－85822849
邮编：266071
网址：www. qddx. com. cn

青岛兴安大酒店 ★★★
地址：青岛市市南区如东路1号
电话：0532－85816699
传真：0532－85813234
邮编：266071

青岛海滨花园大酒店 ★★★
地址：青岛市市南区彰化路4号
电话：0532－83995888
传真：0532－85939588
邮编：266071
网址：www. qdyl. com. cn
电子信箱：qdylhyn@126. com

青岛中纺大酒店 ★★★
地址：青岛市市南区香港中路5号
电话：0532－83878308
传真：0532－83878307
邮编：266071
网址：www. zhongfanghotel. com

青岛海洋宾馆 ★★★
地址：青岛市市南区徐州路88号
电话：0532－80971111
传真：0532－80971111
邮编：266071

青岛建银大酒店 ★★★
地址：青岛市市南区贵州路71号
电话：0532－82651777
传真：0532－82651588
邮编：266002
网址：www. qdjianyinhotel. com

青岛华能宾馆 ★★★
地址：青岛市市南区安徽路2号
电话：0532－82860077
传真：0532－82895999
邮编：266001

青岛东海饭店 ★★★
地址：青岛市市南区汇泉路7号
电话：0532－83863152
传真：0532－83895557
邮编：266071

青岛东方航空大厦 ★★★
地址：青岛市市南区燕儿岛路16号
电话：0532－85737888
传真：0532－85720928
邮编：266071
网址：www. eairhotel. com

青岛皇嘉酒店 ★★★
地址：青岛市市南区东海西路32号
电话：0532－85021888
传真：0532－85023575
邮编：266071

青岛海润国际商务酒店 ★★★
地址：青岛市市南区香港中路43号
电话：0532－86669566
传真：0532－85734384
邮编：266071
电子信箱：hihotel@silkmer. com

青岛汇泉湾度假宾馆 ★★★
地址：青岛市市南区南海路15号
电话：0532－86120186
传真：0532－86120189
邮编：266071
网址：www. tianqiaohotel. com

青岛致远楼宾馆 ★★★
地址：青岛市市南区珠海路1号
电话：0532－85967888
传真：0532－85968558
邮编：266071
网址：www. zylhotel. com
电子信箱：zhiyuanh@zylhotel. com

青岛阳光新地大酒店 ★★★
地址：青岛市市南区汕头路1号
电话：0532－85966888
传真：0532－85966188
邮编：266071
网址：www. sunnyworldhome. com
电子信箱：sunnygroup@163. com

青岛洁神大饭店 ★★★
地址：青岛市市南区江西路36号
电话：0532－85821888
传真：0532－85828282
邮编：266071
网址：www. qdjieshen. com
电子信箱：jieshen727@126. com

青岛东晖国际大酒店 ★★★
地址：青岛市市南区山东路39号
电话：0532－85814688
传真：0532－85827294
邮编：266071

网址：www. qddh-hotel. com
电子信箱：easternlight@163. com

青岛工贸宾馆 ★★★
地址：青岛市市北区华阳路17号
电话：0532－83836688
传真：0532－83831312
邮编：266021
网址：www. gongmaohotel. com
电子信箱：gmhotel@163. com

青岛饭店 ★★★
地址：青岛市市南区香港中路66号
电话：0532－85781888
传真：0532－85787828
邮编：266071
网址：www. qingdaohotel. cn

青岛和平宾馆 ★★★
地址：青岛市市北区新疆路10号
电话：0532－82800088
传真：0532－82827691
邮编：266011
网址：www. qdhepingbinguan. com

青岛亚海大酒店 ★★★
地址：青岛市市北区华阳路6号
电话：0532－83826688
传真：0532－83838529
邮编：266022
网址：www. yahaihotel. com
电子信箱：yahaihotel@163. com

青岛榉林园大酒店 ★★★
地址：青岛市市北区标山路38号
电话：0532－83631888
传真：0532－83633111
邮编：266023
网址：www. jlyhotel. com
电子信箱：jlyhotel@163. com

青岛环海凯莱商务酒店 ★★★
地址：青岛市市南区海西路29号
电话：0532－83878855
传真：0532－83864640
邮编：266071
网址：www. giqingdao. com
电子信箱：gloria@giqingdao. com

青岛邮电宾馆 ★★★
地址：青岛市市南区香港西路87号
电话：0532－83888888
传真：0532－83999669
邮编：266071
网址：www. pthhotel. com. cn
电子信箱：qdydbg@163. com

青岛维也纳大酒店 ★★★
地址：青岛市市南区澳门路9号
电话：0532－83896688
传真：0532－83875169
邮编：266071
网址：www. qdvienna. com
电子信箱：vienna@public. sd. qd. cn

青岛花园大酒店 ★★★
地址：青岛市市南区彰化路6号
电话：0532－83990888
传真：0532－85882400
邮编：266071
网址：www. qdhy－hotel. com

青岛学苑宾馆 ★★★
地址：青岛市市北区抚顺路20号

电话：0532－85071666
传真：0532－85075600
邮编：266033
网址：www. qdxybg. net
电子信箱：info@ qdxybg. net

青岛前哨大酒店 ★★★
地址：青岛市四方区洛阳路9号
电话：0532－84850388
传真：0532－84898599
邮编：266042
网址：www. qianshaohotel. com
电子信箱：qianshaohotel@ sina. com

青岛高校香澜宾馆 ★★★
地址：青岛市四方区郑州路57号
电话：0532－84877788
传真：0532－84872922
邮编：266042
网址：www. gxxlbg. com
电子信箱：ylp197936@ 163. com

青岛紫丁香饭店 ★★★
地址：青岛市四方区杭州路30号
电话：0532－89077666
传真：0532－89072727
邮编：266032
网址：www. qdlilac. cn
电子信箱：lilac@ qdlilac. cn

利群集团德泰大酒店 ★★★
地址：青岛市崂山区崂山路67号
电话：0532－88807990
传真：0532－88816688－20127
邮编：266102
网址：www. eliqun. com

青岛气象度假村 ★★★
地址：青岛市崂山区东海东路87号
电话：0532－88011231－8888
传真：0532－88012177
邮编：266101
网址：www. djchotel. com
电子信箱：lishuqin8888@ 163. com

海尔山庄 ★★★
地址：青岛市崂山区仰口
电话：0532－87849898
传真：0532－87849515
邮编：266105
网址：spa. haier. com
电子信箱：haiersz@ haier. com

海尔国际培训中心 ★★★
地址：青岛市崂山区王哥庄港东
电话：0532－87912288
传真：0532－87912788
邮编：266105
网址：www. haier. com
电子信箱：hegjpxzx@ 163. com

青岛市崂山夏日酒店 ★★★
地址：青岛市崂山区崂山路36号
电话：0532－88800555
传真：0532－88807000
邮编：266071

青岛宝利华大酒店 ★★★
地址：青岛市崂山区香港东路22号
电话：0532－88697777
传真：0532－88258366
邮编：266071
网址：www. porihwa. com
电子信箱：blh00532@ 126. com

青岛海林山庄大酒店 ★★★
地址：青岛市崂山区海安路18号
电话：0532－88016688
传真：0532－88012005
邮编：266072
网址：www. hailinhotel. com
电子信箱：hailinhotel@ sina. com

青岛瀚源大酒店 ★★★
地址：青岛市城阳区正阳路210
电话：0532－87869555
传真：0532－87758766
邮编：266109
网址：hanyuanhotel. web. mapbar. com

青岛长水大酒店 ★★★
地址：青岛市城阳区李王公路东葛北侧
电话：0532－87888777
传真：0532－87888277
邮编：266106
网址：www. qdpengfei. com. cn

青岛丹顶鹤大酒店 ★★★
地址：青岛市城阳区流亭机场民航路东段
电话：0532－84710777
传真：0532－84715039
邮编：266108
网址：www. rcchotel. com
电子信箱：sales@ rcchotel. com

青岛快通大酒店 ★★★
地址：青岛市城阳区流亭机场民航路北侧
电话：0532－84716777
传真：0532－84716776
邮编：266108
网址：www. qdkthotel. com

青岛渤海湾大酒店 ★★★
地址：青岛市城阳区重庆北路217号
电话：0532－84812965
传真：0532－84812968
邮编：266108
网址：www. bohaiwan. com

青岛广源发城阳宾馆 ★★★
地址：青岛市城阳区明阳路200号
电话：0532－87868188
传真：0532－87868288
邮编：266109
网址：www. gyf. cn
电子信箱：cyhotel@ 126. com

青岛利客来集团商务酒店 ★★★
地址：青岛市李沧区京口路52号
电话：0532－87631178
传真：0532－87631108
邮编：266100
电子信箱：likelaisw@ 163. com

青岛紫晶大酒店 ★★★
地址：青岛市李沧区峰山路113号
电话：0532－87631888
传真：0532－87632555
邮编：266100
电子信箱：qdzj888@ 163. com

青岛温泉度假村 ★★★
地址：青岛即墨市温泉镇通泉路6号
电话：0532－86561538
传真：0532－86562118
邮编：266200
网址：www. qdwq. com
电子信箱：web@ qdwq. com

青岛金麒玉麟温泉山庄 ★★★
地址：青岛即墨市温泉镇新兴路63号
电话：0532－86578888
传真：0532－86563208
邮编：266207
网址：jinqiyulin. mhqx. com
电子信箱：kylin. m. v@ 163. com

平度天柱山度假村 ★★★
地址：青岛平度市红旗路27号
电话：0532－88389088
传真：0532－88393489
邮编：266700

平度宾馆 ★★★
地址：青岛平度市同和路66号
电话：0532－87312208
传真：0532－87311919
邮编：266706
电子信箱：www. pdhotlxsy@ 126. com

胶南国旅大酒店 ★★★
地址：青岛胶南市人民路211号
电话：0532－88188968
传真：0532－88193607
邮编：266400

胶南新泰华大酒店 ★★★
地址：青岛胶南市开发区易通路68号
电话：0532－86613888
传真：0532－86613889
邮编：266400

青岛东方九九红大酒店 ★★★
地址：青岛胶南市世纪大道1177号
电话：0532－88139599
传真：0532－88139797
邮编：266400

丰泽山庄大酒店 ★★★
地址：青岛胶南市世纪大道西端
电话：0532－88173000
传真：0532－89072726
邮编：266400
电子信箱：fzsz001@ 163. com

青岛豪邦度假村 ★★★
地址：青岛莱西市文化东路13号
电话：0532－88471111
传真：0532－88470918
邮编：266600
网址：hotel. tw128. com
电子信箱：laixi_923@ 163. com

览海宾馆 ★★★
地址：日照市北京路399号
电话：0633－3363000
传真：0633－3363399
邮编：276826
网址：www. lanhaihotel. com

日照大酒店 ★★★
地址：日照市海滨五路39号
电话：0633－8338888
传真：0633－8335588
邮编：276826
网址：www. rizhaohotel. com

怡然酒店 ★★★
地址：日照市海滨二路68号
电话：0633－8338888
传真：0633－8332866
邮编：276826
网址：www. yiran. com

阳光华府大酒店 ★★★
地址：日照市黄海二路 22 号
电话：0633－8333511
传真：0633－8332010
邮编：276826

汇源商务酒店 ★★★
地址：日照市太公一路中段
电话：0633－8315599
传真：0633－8315588
邮编：276826

金海花园大酒店 ★★★
地址：日照市碧海路
电话：0633－3711188
传真：0633－3711196
邮编：276826
网址：www. rzjhhy. com

日照良友大酒店 ★★★
地址：日照市海滨二路 18 号
电话：0633－3697888
传真：0633－3698567
邮编：276826
网址：www. rzlangyouhotel. com

东海饭店 ★★★
地址：日照市黄海二路 59 号
电话：0633－3311989
传真：0633－2229666
邮编：276826

魏园度假山庄 ★★★
地址：日照市太公一路中段
电话：0633－2286666
传真：0633－2286667
邮编：276826
网址：www. weiyuanchina. com

东辰佳缘大酒店 ★★★
地址：日照市高科园北园一路
电话：0633－8295888
传真：0633－8278166
邮编：276800

凯莱假日大酒店 ★★★
地址：日照市昭阳路 18 号
电话：0633－8227788
传真：0633－8231118
邮编：276800

山孚大酒店 ★★★
地址：日照市海曲路 68 号
电话：0633－8222098
传真：0633－8222220
邮编：276800
网址：www. rzsanfod. com

百盛商务酒店 ★★★
地址：日照市森林公园
电话：0633－3680000
传真：0633－3680633
邮编：276800

山水大酒店 ★★★
地址：日照市海滨五路 35 号
电话：0633－3699888
传真：0633－3699777
邮编：276826

临沂宾馆 ★★★
地址：临沂市沂蒙路 322 号
电话：0539－8968888
传真：0539－8312761
邮编：276000
网址：www. lyjiuzhou. com/binguan
电子信箱：linyihotel@ 126. com

沂州大厦 ★★★
地址：临沂市解放路 193 号
电话：0539－8226512
传真：0539－8222721
邮编：276002
网址：www. yizhouhotel. com
电子信箱：yzhotel@ 163. com

汇东商务酒店 ★★★
地址：临沂市新华一路 9 号
电话：0539－8071810
传真：0539－8213339
邮编：276000
网址：www. hdswhotel. com
电子信箱：hd@ hdswhotel. com

知春湖（国际）温泉度假村 ★★★
地址：临沂市汤头镇
电话：0539－8700027
传真：0539－8700200
邮编：276032
网址：www. zhichunhu. com
电子信箱：zch_cn@ 163. com

三盟商务酒店 ★★★
地址：临沂市罗庄区罗四路中段
电话：0539－7088888
传真：0539－7088222
邮编：276017
网址：www. sanmenghotel. com
电子信箱：smswjd1@ 126. com

郯城宾馆 ★★★
地址：临沂市郯城县郯东路 175 号
电话：0539－6112036
传真：0539－6112086
邮编：276100
电子信箱：tanchenghotel@ 126. com

宝华国际大酒店 ★★★
地址：临沂市苍山县南环路中段
电话：0539－5287888
传真：0539－5287555
邮编：277700
网址：www. baohuahotel. com/deli. htm
电子信箱：haimeiabcd@ 163. com

桃源大酒店 ★★★
地址：临沂市莒南县城十泉路 10 号
电话：0539－7231888
传真：0539－7227303
邮编：276600
电子信箱：tyhotelyyt@ 126. com

沂河山庄 ★★★
地址：临沂市沂水县东环路
电话：0539－2233536 办公室
0539－2230888 前台
传真：0539－2230889
邮编：276400
网址：www. yiheshanzhuang. com

东蒙避暑山庄 ★★★
地址：临沂市蒙阴县蒙山国家森林公园
电话：0539－4552066
传真：0539－4552066
邮编：276223
网址：wj. ly169. cn
电子信箱：dmbssz@ 163. com

平邑县帝豪大酒店 ★★★
地址：临沂平邑县城浚河路与财源路交汇处
电话：0539－4291888
传真：0539－4282108
邮编：273300
网址：www. dihao. com
电子信箱：dihao5888@ 163. com

山东沂蒙人家有限公司 ★★★
地址：临沂市平邑县柏林镇蒙山风景区内
电话：0539－4406799
传真：0539－4406799
邮编：273304
网址：www. ymrj. cn
电子信箱：yimengrenjia@ 126. com

山东临沂沂州府乡村会馆 ★★★
地址：临沂市平邑卞桥大洼风景区
电话：0539－4336666
传真：0539－4336666
邮编：273300
网址：www. yizhoufu. com
电子信箱：yzfvh@ 163. com

平邑县东山宾馆 ★★★
地址：临沂市平邑县蒙山风景区
电话：0539－4103888
传真：0539－4103166
邮编：273304
电子信箱：msdjc@ 126. com

华苑商务酒店 ★★★
地址：临沂市沂南县历山路南首
电话：0539－3233333　3225555
传真：0539－3232099
邮编：276300
网址：www. ynhyswjd. com
电子信箱：ynhyswjd@ 163. com

金华商务酒店 ★★★
地址：临沂市沂南县历山路中段
电话：0539－3258888
传真：0539－3870201
邮编：276300

沭河宾馆 ★★★
地址：临沂市临沭县城苍山北路 18 号
电话：0539－6212202
传真：0539－6205066
邮编：276700
电子信箱：lsshbg@ 163. com

枣庄大酒店 ★★★
地址：枣庄市解放北路 139 号
电话：0632－3399888
传真：0632－3393370
邮编：277101

薛国大酒店 ★★★
地址：枣庄市薛城区黄河路 1 号
电话：0632－4416888
传真：0632－4413018
邮编：2770001

滕州新苑大酒店 ★★★
地址：枣庄滕州市荆河中路 46 号
电话：0632－5568208
传真：0632－5688765
邮编：2775006

滕州华泰大酒店 ★★★
地址：枣庄滕州市新兴中路 162 号
电话：0632－5603999
传真：0632－5625333
邮编：2775006

济宁金地酒店 ★★★
地址：济宁市光河路147号
电话：0537－3168888
传真：0537－3150369
邮编：272000
网址：www.sdjindi.com
电子信箱：fcs@sdjindi.com

泗水圣源度假村 ★★★
地址：济宁市安山寺
电话：0537－4386888
传真：0537－4386999
邮编：273200

济宁经纬大厦 ★★★
地址：济宁市环城北路1号
电话：0537－3161796
传真：0537－3160888
邮编：272000
网址：www.myhotel.com.cn
电子信箱：myhoteljining@163.com

济宁影视宾馆 ★★★
地址：济宁共青团路43号
电话：0537－2908188
传真：0537－2908199
邮编：272000

济宁运河宾馆 ★★★
地址：济宁共青团路
电话：0537－2906666
传真：0537－2906268
邮编：272000

济宁太白酒楼 ★★★
地址：济宁金宇路1号
电话：0537－2902888
传真：0537－2234532
邮编：272000
网址：www.Taibaihotel.com

济宁长城商务酒店 ★★★
地址：济宁市常青路
电话：0537－2786666
传真：0537－2960666
邮编：272000
网址：www.jngreatwall.com.cn

济宁天德酒店 ★★★
地址：济宁市火炬路
电话：0537－2368888
传真：0537－2366888
邮编：272000

梁山杏花村宾馆 ★★★
地址：济宁市水泊南路108号
电话：0537－7316999
传真：0537－7367999
邮编：272000

曲阜名雅杏坛宾馆 ★★★
地址：济宁曲阜市大同路36号
电话：0537－3197888
传真：0537－4412022
邮编：2720373

曲阜国际酒店 ★★★
地址：济宁曲阜市弘道路北首
电话：0537－4418888 4414039
传真：0537－4414039
邮编：2720373

曲阜迎宾馆 ★★★
地址：济宁曲阜市春秋路12号
电话：0537－4496063
传真：0537－4468774
邮编：2720373

曲阜阙里宾舍 ★★★
地址：济宁曲阜市鼓楼街头1号
电话：0537－4866818
传真：0537－4866818
邮编：2720373
网址：www.quelihotel.com
电子信箱：queli99@163.com

曲阜国宾馆 ★★★
地址：济宁曲阜市大成路南首
电话：0537－4892888
传真：0537－4892608
邮编：2720373

兖州富平大酒店 ★★★
地址：济宁兖州市技校路1号
电话：0537－3482666
传真：0537－3636398
邮编：2710004

兖州兴隆宾馆 ★★★
地址：济宁兖州育红路6号
电话：0537－3420099
传真：0537－3420086
邮编：2710004
网址：www.xlbg.cn
电子信箱：yzxlbg@163.com

邹城国际饭店 ★★★
地址：济宁邹城市太平路62号
电话：0537－5256666
传真：0537－5256260
邮编：2735005
网址：www.zc-international hotel.com
电子信箱：zcgjfd@126.com

微山湖宾馆 ★★★
地址：济宁市微山县奎文路177号
电话：0537－8256666
传真：0537－8221543
邮编：2776006

邹城择邻山庄 ★★★
地址：济宁邹城市钢山路129号
电话：0537－5292902
传真：0537－5292279
邮编：2735006
电子信箱：zelin1234@tom.com

锦华泰山印象酒店 ★★★
地址：泰安市龙潭南路北首
电话：0538－6612345
传真：0538－8539776
邮编：271000
网址：www.jinhuastar.com
电子信箱：jinhuazhixing@163.com

泰安市御座宾馆 ★★★
地址：泰安市岱庙北路50号
电话：0538－8269999
传真：0538－8223180
邮编：271000
网址：www.yuzuo.cn
电子信箱：ta@yuzuo.cn

泰安市东都宾馆 ★★★
地址：泰安市岱宗大街279号
电话：0538－8227948
传真：0538－8225223
邮编：271000
网址：www.taishan-tourism.com

泰安市新大都饭店 ★★★
地址：泰安市东岳大街43号
电话：0538－8227749 8227813
传真：0538－8220184
邮编：271000
网址：www.mountai-travel.com
电子信箱：dd@public.taptt.sd.cn

泰安市普照宾馆 ★★★
地址：泰安市擂鼓石大街东段
电话：0538－8226869
传真：0538－8224461
邮编：271000

泰安市金山度假村 ★★★
地址：泰安市环山路137号
电话：0538－8225254
传真：0538－8299791
邮编：271000

泰安市泰山宾馆 ★★★
地址：泰安市红门路26号
电话：0538－8224678
传真：0538－8221432
邮编：271000
网址：www.tsjuestandhotel.com

泰安友谊大厦 ★★★
地址：泰安市东岳大街中段
电话：0538－8222288 6271789
传真：0538－8222288
邮编：271000

泰山饭店 ★★★
地址：泰安市岱宗大街123号
电话：0538－6361033 6361088
传真：0538－8224807
邮编：271000
网址：www.tatsfd.com
电子信箱：tsfd@163.com

泰安市东方大酒店 ★★★
地址：泰安市龙潭路65号
电话：0538－6223219 6223276
传真：0538－6213762
邮编：271000
网址：www.brientalhotel.com.cn

泰安市中泰瑶池大酒店 ★★★
地址：泰安市虎山东路北首
电话：0538－6203091 6203088
传真：0538－6203078
邮编：271000

泰山大酒店 ★★★
地址：泰安市岱宗大街210号
电话：0538－6057777
传真：0538－8226162
邮编：271000
网址：www.tsdjd.com

泰安市华泰大酒店 ★★★
地址：泰安市迎胜中路
电话：0538－2105859 2105839
传真：0538－2105918
邮编：271000

五马宾馆 ★★★
地址：泰安市灵山大街29号
电话：0538－8256666
传真：0538－6397666
邮编：271000
网址：www.yunhai.hotel.cn

泰安市神憩宾馆 ★★★
地址：泰安市泰山天街 10 号
电话：0538－8223866 8337025
传真：0538－8223866
邮编：271000
网址：www.m-taisq.com
电子信箱：sqbg1001@163.com

肥城泰西宾馆 ★★★
地址：泰安市北京路 020 号
电话：0538－3230408
传真：0538－3212309
邮编：271600

泰安市东方假日酒店 ★★★
地址：泰安市东岳大街中段 32 号
电话：0538－8295066
传真：0538－8295388
邮编：271000
网址：www.dfjr.cn
电子信箱：dfbjr2005@163.com

虹桥宾馆 ★★★
地址：泰安市迎宾大道
电话：0538－8412111
传真：0538－8416545
邮编：271000
网址：www.tahongqiao.com
电子信箱：tahqbg@163.com

鼎西宾馆 ★★★
地址：泰安市迎宾大街
电话：0538－8418533 8495819
传真：0538－8412001
邮编：271000
电子信箱：sdtadx164@163.com

岱岳迎宾馆（桃花源度假村）★★★
地址：泰安市桃花源
电话：0538－8571326
传真：0538－8571326
邮编：271000

泰安迎圣大酒店 ★★★
地址：泰安市天外村停车场内
电话：0538－6206888
传真：0538－6206888
邮编：271000

新泰市杞都宾馆 ★★★
地址：泰安市青云路中段
电话：0538－7260005
传真：0538－7225029
邮编：271200
网址：www.qidubinguan.com
电子信箱：qidubinguan@163.com

东平迎宾馆 ★★★
地址：泰安市龙山大街 015 号
电话：0538－2820002
传真：0538－2820003
邮编：271500
电子信箱：dpybg015@sina.com

泰安市金海大酒店 ★★★
地址：泰安市东岳大街东段 96 号
电话：0538－8228899
传真：0538－8208988
邮编：271000
网址：www.joldensea.hotel.com
电子信箱：jnhai.ta@163.com

泰安市泰山区云海饭店 ★★★
地址：泰安市虎山路 150 号
电话：0538－6365555
传真：0538－6303322
邮编：2710001
网址：www.tsyunhai.com

泰山饭店 ★★★
地址：莱芜市莱城区文化北路 9 号
电话：0634－8896621
传真：0634－8896866
邮编：271100
网址：www.taishanhotel.com.cn

新兴大厦 ★★★
地址：莱芜市钢城区友谊大街 78 号
电话：0634－6821939
传真：0634－6821055
邮编：271100

华滨大酒店 ★★★
地址：滨州市黄河六路 531 号
电话：0543－3478888
传真：0543－3478666
邮编：256600

无棣富豪大酒店 ★★★
地址：滨州市无棣县环城路 2 号
电话：0543－6335666
传真：0543－6336779
邮编：251900

沾化明珠大酒店 ★★★
地址：滨州市沾化县沿河路 527 号
电话：0543－7338888
传真：0543－7338210
邮编：256800

博兴宾馆 ★★★
地址：滨州市博兴县博城五路 406 号
电话：0543－2161111
传真：0543－2161111
邮编：256500
网址：www.sofiahotel.com.cn
电子信箱：sofia@sofia.com.cn

黛溪山庄有限公司 ★★★
地址：滨州市邹平县城黛溪三路 396 号
电话：0543－4320788
传真：0543－4359369
邮编：256200

花都大酒店 ★★★
地址：菏泽市中华东路 94 号
电话：0530－5331188
传真：0530－5331177
邮编：274000
网址：www.huadu hotel.com
电子信箱：huadu1994@163.com

南华大酒店 ★★★
地址：菏泽市人民路北段
电话：0530－5599888
传真：0530－5339886
邮编：274000
网址：www.nanhua.cc
电子信箱：nanhua-hotel@163.com

天宏大酒店 ★★★
地址：荷泽市牡丹南路 108 号
电话：0530－5139999
传真：0530－5139777
邮编：274000
电子信箱：glc0530@126.com

水邑皇家大酒店 ★★★
地址：菏泽市广福街 89 号
电话：0530－5276666
传真：0530－5276688
邮编：274000

文亭湖大酒店 ★★★
地址：菏泽市成武县伯乐大街 62 号
电话：0530－8619699
传真：0530－8618155
邮编：274200

巨野东方宾馆 ★★★
地址：菏泽市巨野县青年路 51 号
电话：0530－8226611
传真：0530－8210818
邮编：274900

巨野麟州大酒店 ★★★
地址：菏泽市巨野县人民路 70 号
电话：0530－8375066
传真：0530－8375066
邮编：274900

旅游景区

济南跑马岭旅游区 AAAA
地址：济南市跑马岭旅游区云顶路 1 号
电话：0531－82840836
邮编：250113

趵突泉 AAAA
地址：济南市趵突泉南路 1 号
电话：0531－86920439
邮编：250012

大明湖 AAAA
地址：济南市明湖路 271 号
电话：0531－86088902
邮编：250011

济南市千佛山省级风景名胜区 AAAA
地址：济南市经十一路 18 号
电话：0531－82662292
邮编：250014

济南红叶谷生态文化旅游区 AAAA
地址：济南市历城区锦绣川乡
电话：0531－82818666
邮编：250012

济南五峰山旅游区 AAA
地址：济南市长清区五峰山镇
电话：0531－87312168
邮编：250305

长清齐长城旅游区 AA
地址：济南市长清区孝里镇大峰山
电话：0531－87380260
邮编：250302

灵岩寺 AAAA
地址：济南市长清区万德镇
电话：0531－87468099
邮编：250309

长清卧龙峪生态旅游区 AA
地址：济南市长清区万德镇店台村
电话：0531－87465666
邮编：250309

百脉泉景区 AAAA
地址：济南章丘市明水西北 19 公里处
电话：0531－83221618
邮编：250200

姜堤乐园 AA
地址：聊城市南郊
电话：0635－8555347
邮编：252000

凤凰苑农业科技园 AA
（全国农业旅游示范点）
地址：聊城市湖南路中段
电话：0635－8243508
邮编：252000

东昌湖旅游区 AAAA
地址：聊城市东昌湖西城墙20号东昌湖管理局
电话：0635－8411900
邮编：252000

阳谷景阳冈旅游区 AAA
地址：聊城市阳谷县张秋镇
电话：0635－6738474
邮编：252300

中国阿胶博物馆 AA
地址：聊城市阿县阿胶街78号
电话：0635－3264085
邮编：252201

聊城市天沐·山东江北水城温泉度假村 AAAA
地址：聊城市冠县马颊河林场
邮编：252500

冠县马颊河森林旅游度假村 AA
地址：聊城市冠县马颊河森林旅游度假村
电话：0635－5847094
邮编：252500

东营天鹅湖公园 AAA
地址：东营市南二路
电话：0546－8832103
邮编：257099

东营胜利油田科技展览中心 AA
地址：东营市济南路258号
电话：0546－8773568
邮编：257001

淄博市陶瓷博物馆 AAAA
地址：淄博市张店区西四路中段
电话：0533－2184809
邮编：255033

淄博聊斋旅游区 AAAA
地址：淄博市淄川区洪山镇蒲家庄
电话：0533－5818679
邮编：255120

奎圣园风景区 AA
地址：淄博市淄川区松岭东路158号
电话：0533－5282286
邮编：255100

淄博原山国家森林公园 AAAA
地址：淄博市博山区颜山公园路4号
电话：0533－4187724
邮编：255200

博山开元溶洞 AA
地址：淄博市博山区源泉镇东高村
电话：0533－4814066
邮编：255204

临淄古车马博物馆 AAA
地址：淄博市临淄区齐陵镇
电话：0533－7083310
邮编：255430

淄博临淄齐国故城遗址博物馆 AAA
地址：淄博市临淄区齐都镇
电话：0533－7830219
邮编：255400

临淄齐国历史博物馆 AA
地址：淄博市临淄区齐都镇张皇路7号
电话：0533－7830229
邮编：255422

临淄管仲纪念馆 AAA
地址：淄博市临淄区北山西村
电话：0533－7086799
邮编：255400

王士禛纪念馆 AA
地址：淄博市桓台县新城镇
电话：0533－8880148
邮编：256403

沂源九天洞景区 AAA
地址：淄博市沂源县土门镇
电话：0533－3680164
邮编：256103

潍坊金宝乐园 AAAA
地址：潍坊市潍洲路438号
电话：0536－8804032
邮编：261051

潍坊杨家埠民间艺术大观园 AAAA
地址：潍坊市寒亭区杨家埠
电话：0536－7252050
邮编：261100

仰天山国家森林公园 AAAA
地址：潍坊青州市西南46公里处
电话：0536－3738399
邮编：262502

潍坊安丘青云山民俗游乐园 AAA
地址：潍坊安丘市青云山路东首
电话：0536－4321090
邮编：262106

青州云门山风景名胜区 AAAA
地址：潍坊青州市城南2.5公里
电话：0536－3278561
邮编：262500

潍坊寿光林海生态博览园 AAA
地址：潍坊寿光市机械林场
电话：0536－5561508
邮编：262716

寿光市蔬菜高科技示范园 AA
地址：潍坊寿光市城东1公里
电话：0536－5662081
邮编：262705

沂山风景区 AAAA
地址：潍坊市临朐县新华路63号
电话：0536－3463558　3213172
邮编：262600

老龙湾省级风景名胜区 AA
地址：潍坊市临朐县冶源镇
电话：0536－3631336
邮编：262605

烟台金沙滩旅游度假区 AAAA
地址：烟台市开发区海滨路40号
电话：0535－6396718　6381108
邮编：264006

烟台山景区 AAA
地址：烟台市历新路7号
电话：0535－6226312
邮编：264001

烟台体育公园 AAA
地址：烟台市新区莱山区境内
邮编：264600

烟台毓璜顶公园 AA
地址：烟台市
电话：0535－6648194
邮编：264000

烟台塔山风景区 AAA
地址：烟台市芝罘区塔山路36号
电话：0535－6165922
邮编：264001

烟台崆峒岛风景区 AA
地址：烟台市芝罘区崆峒岛村
电话：0535－6690852
邮编：264000

张裕酒文化博物馆 AAAA
地址：烟台市芝罘区大马路56号
电话：0535－6632892
邮编：264001
网址：www.changyu.cn

烟台市农业科技博览园 AAA
地址：烟台市福山区南山路26号
电话：0535－6352010
邮编：265500

烟台昆嵛山国家森林公园 AAA
地址：烟台市牟平区昆嵛山林场
电话：0535－4693307
邮编：264113

牟平养马岛省级旅游度假区 AAA
地址：烟台市牟平区养马岛
电话：0535－4765735
邮编：264119

牟氏庄园 AAAA
地址：烟台栖霞市霞光路庄园南街6号
电话：0535－5228372
邮编：265300

烟台南山旅游区 AAAA
地址：烟台龙口市南山旅游景区
电话：0535－8616868
邮编：265718

莱州云峰山风景区 AA
地址：烟台莱州市区南5公里
电话：0535－2211871
邮编：261400

莱州千佛阁 A
地址：烟台莱州市文化东路
电话：0535－2218178
邮编：261400

蓬莱阁旅游区 AAAAA
地址：烟台蓬莱市迎宾路7号
电话：0535－5648106　5643012
邮编：265600

蓬莱八仙过海旅游景区 AAA
地址：烟台蓬莱市滨海大道北首（海水浴场东）
电话：0535－5664777
邮编：265600
网址：www.baxian.com.cn
电子信箱：Webmaster@baxian.com.cn

烟台蓬莱海洋极地世界 AAAA
地址：烟台蓬莱市海港路东
电话：0535－5927999
邮编：265600

蓬莱兴瑞庄园 AA
地址：烟台蓬莱市经济技术开发区海滨路1号
电话：0535－5611762
邮编：265607

招远罗山国家森林公园 AA
地址：烟台招远市玲珑镇欧家夼北2公里
电话：0535－8367166
邮编：265400

山东长岛旅游景区 AAA
地址：烟台市长岛县县府街55号
电话：0535－3212907
邮编：265800
电子信箱：sdyt－cdly@163.com

烟台长岛林海（烽山）景区 AAA
地址：烟台市长岛县南长山镇山前村
电话：0535－3218924
邮编：265800

长岛仙境源景区 AA
地址：烟台市长岛县南长山镇王沟村
电话：0535－3092014
邮编：265800

长岛望夫礁公园 AA
地址：烟台市长岛县连城村
电话：0535－3214687
邮编：265800

刘公岛风景名胜区 AAAA
地址：威海市新威路52号刘公岛管委会
电话：0631－5232028
邮编：264200

威海市仙姑顶旅游区 AA
地址：威海市青岛中路望岛
电话：0631－5327384
邮编：264200

"定远"舰旅游区 AA
地址：威海市环翠区海滨北路53号
电话：0631－5280718
邮编：264200
网址：www.beiyang.org
电子信箱：china_dingyuan@163.com

荣成市成山头风景名胜区 AAAA
地址：威海荣成市成山镇
电话：0631－7836888
邮编：264321

圣水观省级风景名胜区 AAA
地址：威海荣成市崖西镇朱埠村
电话：0631－7631262
邮编：264325

荣成花斑彩石风景区 AA
地址：威海荣成市马通镇
电话：0631－7841288
邮编：264300

荣成市赤山风景名胜区 AAAA
地址：威海荣成市
电话：0631－7385446
邮编：264300

乳山银滩省级旅游度假区 AAAA
地址：威海乳山市白沙滩镇
电话：0631－6723231
邮编：264504

青岛市海滨风景区 AAAA
地址：青岛市京山路11号
电话：0532－82879737
邮编：266003

青岛银海国际游艇俱乐部旅游区 AAAA
地址：青岛市东海中路30号
邮编：266001

青岛电视观光塔 AAA
地址：青岛市太平山路1号
电话：0532－83639496
邮编：266002

青岛迎宾馆（德式官邸旧址）AAA
地址：青岛市龙山路26号
电话：0532－82889888　82866209
邮编：266003

青岛海尔科技馆 AAA
地址：青岛市高科园南岭路中段
电话：0532－88899855
邮编：266100

中国人民解放军海军博物馆 AAA
地址：青岛市莱阳路8号
电话：0532－882881804　82888409
邮编：266003

青岛植物园 AA
地址：青岛市郧阳路3号
电话：0532－83866406　83861179
邮编：266071

青岛天后宫 AA
地址：青岛市太平路19号
电话：0532－82877656
邮编：266003

青岛京华旅游观光工场 AA
地址：青岛市高科园李山东路6号
电话：0532－88891022
邮编：266001

青岛康有为故居纪念馆 AA
地址：青岛市福山支路5号
电话：0532－82879957
邮编：266000

青岛啤酒博物馆 AAAA
地址：青岛市登州路56号
电话：0532－83833108
邮编：266001
电子信箱：Museum@tsingtao.com.cn

青岛石老人观光园 AAA
地址：青岛市崂山路1号
电话：0532－8890758　8832599
邮编：266001
网址：www.shilaoren.com

青岛极地海洋世界 AAAA
地址：青岛市崂山区东海东路60号
电话：0532－85882373
网址：266100

青岛海底世界 AAAA
地址：青岛市莱阳路2号
电话：0532－82892187　82878218
邮编：266001

青岛山炮台教育基地 AAA
地址：青岛市市南区京山路26号
电话：0532－82725259
邮编：266001

青岛信号山公园 AAA
地址：青岛市市南区龙山路17号
电话：0532－82794141　82780118
邮编：266001

崂山风景名胜区 AAAA
地址：青岛市高科园秦岭路
电话：0532－88898866
邮编：266100

青岛城阳世纪公园 AAA
地址：青岛市城阳区兴阳路中段
电话：0532－87757733
邮编：266109

胶州高凤翰纪念馆 AA
地址：青岛胶州市定州路西端
电话：0532－82211192
邮编：266300

胶州艾山风景区 AA
地址：青岛胶州市湖州路10号
电话：0532－87218556　87206735
邮编：266300

三里河公园 AAA
地址：青岛胶州市青岛路南宁波路
电话：0532－82200572
邮编：266300

青岛市天泰温泉度假区 AAAA
地址：青岛即墨市温泉镇
邮编：266200

青岛市蔬菜科技示范园有限公司 AAA
地址：青岛即墨市开发区立交桥南侧
电话：0532－86586066
邮编：266200

田横岛省级旅游度假区 AAA
地址：青岛市即墨市田横岛
电话：0532－85551098
邮编：266208

青岛即墨鹤山风景区 AA
地址：青岛即墨市鳌山卫镇
电话：0532－86553443
邮编：266000

青岛华山国际乡村俱乐部 AAA
地址：青岛即墨市华山镇
电话：0532－84561513
邮编：266208

即墨龙山风景区 A
地址：青岛即墨市龙山街道
电话：0532－86581163
邮编：266000

平度现河公园 A
地址：青岛平度市红旗路
电话：0532－87362765
邮编：266700

青岛琅琊台省级旅游度假区 AAA
地址：青岛胶南市琅琊镇
电话：0532－84119665
邮编：266408

莱西市月湖公园 AAA
地址：青岛莱西市烟台路
电话：0532－88483158
邮编：266600

莱西崔子范美术馆 AA
地址：青岛莱西市文化东路 9 号
电话：0532 - 88473069
邮编：266600

日照万平口海滨旅游区 A
地址：日照市海曲东路东首
电话：0633 - 8785910
邮编：276826

日照鲁南海滨国家森林公园 AA
地址：日照市东港区丝山镇
电话：0633 - 8319998
邮编：276825

五莲山旅游风景区 AAAA
地址：日照市五莲县文化路东首
电话：0633 - 5521788
邮编：262300

大青山风景区 AA
地址：日照市五莲县洪凝镇
电话：0633 - 5211006
邮编：262300

莒县浮来山风景区 AAA
地址：日照市莒县浮来山镇
电话：0633 - 6620034
邮编：276511

临沂中华园艺旅游区 AA
地址：临沂市蒙山大道南段
电话：0539 - 8594577
邮编：276014

临沂茶山旅游区 AA
地址：临沂市兰山区
电话：0539 - 8675001
邮编：276000

临沂动植物园 AA
地址：临沂市兰山区南坊镇
电话：0539 - 8616161
邮编：276037

王羲之故居 AAA
地址：临沂市兰山区洗砚池街 20 号
电话：0539 - 8226345
邮编：276002

银雀山汉墓竹简博物馆 AAA
地址：临沂市兰山区沂蒙路 219 号
电话：0539 - 8100843
邮编：276001

临沂盛能游乐园 AAA
（全国农业旅游示范点）
地址：临沂市罗庄区盛能
电话：0539 - 8590996
邮编：276016

郯城新村银杏村 AA
地址：临沂市郯城县新村
电话：0539 - 6651517
邮编：276128

山东省政府和八路军 115 师司令部旧址 AAAA
地址：临沂市莒南县大店镇
电话：0539 - 7813115
邮编：276600
网址：www. hssf. cn

莒南马鬐山旅游区 AA
地址：临沂市莒南县涝坡镇
电话：0539 - 7845023
邮编：276628

莒南天佛景区 AAA
地址：临沂市莒南县
电话：0539 - 7312273
邮编：276600

沂水四门洞旅游区 AA
地址：临沂市沂水县东头乡
电话：0539 - 2591606
邮编：276400

临沂雪山彩虹谷旅游区 AAAA
地址：临沂市沂水县
电话：0539 - 2315678
邮编：276400

沂水天然地下画廊 AAA
地址：临沂市沂水县院东头乡留虎峪
电话：0539 - 2598888
邮编：276419
网址：www. ymyljy. com
电子信箱：ymyliy@ 163169. net

地下大峡谷旅游区 AAAA
地址：临沂市沂水县姚店子镇莲花山
电话：0539 - 2553606
邮编：276400
电子信箱：yxboer@ 163. com

山东灵泉寺旅游区 AA
地址：临沂市沂水县柴山乡
电话：0539 - 2636110
邮编：276400

蒙阴云蒙景区 AAA
地址：临沂市蒙阴县
电话：0539 - 4552098
邮编：276223

蒙山旅游区 AAAA
地址：临沂市平邑县柏林镇万寿宫
电话：0539 - 4406289
邮编：273304

蒙山旅游区平邑龟蒙景区 AAA
地址：临沂市平邑县
邮编：273300

山东省天宇自然博物馆 AAAA
地址：临沂市平邑县城莲花山路西段
电话：0539 - 4291666　4281315
邮编：273300
网址：www. tynhm. com
电子信箱：tynhm666@ 163. com

韩书凡奇石艺术馆 AA
地址：临沂市费县城北石林
电话：0539 - 5085888
邮编：273404

枣庄甘泉禅寺 A
地址：枣庄市市中区齐村镇
电话：0632 - 3748313
邮编：277100

枣庄冠世榴园风景区 AAAA
地址：枣庄市峄城区西部
电话：0632 - 7711118
邮编：277300

枣庄李宗仁史料馆 AA
地址：枣庄市台儿庄区康宁路 8 号
电话：0632 - 6612089
邮编：277400

台儿庄区台儿庄大战纪念馆 AAA
地址：枣庄市台儿庄区
电话：0632 - 6612711
邮编：277400

台儿庄大战纪念馆 AAA
地址：枣庄市台儿庄区马湾
电话：0632 - 6612711
邮编：277400

熊耳山国家地质公园 AA
地址：枣庄市山亭区北庄镇
电话：0632 - 89129398912602
邮编：277218

长红枣全国农业旅游示范点 AA
地址：枣庄市山亭区店子镇
电话：0632 - 8986678
邮编：277213

抱犊崮国家森林公园 AAAA
地址：枣庄山亭区北庄镇
电话：0632 - 8911234
邮编：277218

曲阜孔庙 - 孔府 - 孔林旅游区 AAAAA
地址：济宁曲阜市
电话：0537 - 4487469　4421032
邮编：273100

曲阜六艺城 AAAA
地址：济宁曲阜市
电话：0537 - 4494810
邮编：273100

济宁曲阜孔子精华苑 AA
地址：济宁曲阜市鼓楼大街 101 号
电话：0537 - 4413013
邮编：273100

济宁邹城孟庙、孟府旅游区 AAAA
地址：济宁邹城市
电话：0537 - 5212027
邮编：273500

峄山省级风景名胜区 AAAA
地址：济宁邹城市城南 10 公里
电话：0537 - 5670091
邮编：273501

水泊梁山风景名胜区 AAA
地址：济宁市梁山县人民中路 1 号
电话：0537 - 7322965
邮编：272600

泰山风景名胜区 AAAA
地址：泰安市红门路 45 号
电话：0538 - 8224451 - 6001
邮编：271000

泰安市天庭乐园 AA
地址：泰安市旅游经济开发区
电话：0538 - 8576699
邮编：271000
网址：www. tsttly. com

泰安徂徕山国家森林公园 AA
地址：泰安市岱岳区房村镇
电话：0538 - 8090036
邮编：271027

泰安新泰市莲花山省级森林公园 AA
地址：泰安新泰市泉沟镇
电话：0538 - 7543234
邮编：271207

肥城牛山国家森林公园 AA
地址：泰安肥城市
电话：0538 - 3480086

邮编：271600

肥城桃源世界风景区 AA
地址：泰安肥城市刘台村
电话：0538－3187001
邮编：271600

腊山国家森林公园 AA
地址：泰安市东平湖西畔
电话：0538－2551599
邮编：271513

莱芜战役纪念馆 AAA
地址：莱芜市
电话：0634－8805690
邮编：271100

莱芜房干生态旅游区 AAAA
地址：莱芜市莱城区雪野镇房干村
电话：0634－6381030
邮编：271131

惠民孙子故园 AA
地址：滨州惠民县故园路 21 号
电话：0543－5322332
邮编：251700

魏氏庄园 AAA
地址：滨州市惠民县魏集镇
电话：0543－5651223
邮编：251700

惠民孙子兵法城 AAA
地址：滨州市惠民县武圣大道
电话：0543－5353930
邮编：251700

滨州沾化冬枣生态旅游区 AAA
地址：滨州市沾化县下洼镇
邮编：256800

餐　馆

净雅餐饮集团有限公司
地址：济南市英雄山南路 207 号
电话：0531－2863996　2725591
邮编：250014

济宁舜耕山庄餐饮集团
地址：济南市舜耕路 28 号
电话：0531－82951818
邮编：250014

济南鱼翅皇宫大酒店
地址：济南市千佛山东路南首
电话：0531－82386666
邮编：250014

便宜坊
地址：济南市经三纬四路 93 号
电话：0531－87933507
邮编：250014

山东顺峰饮食服务有限公司
地址：济南市文化东路 22 号
电话：0531－86868672
邮编：250014

北京东来顺饭庄济南分店
地址：济南市解放路 155 号
电话：0531－86971170
邮编：250001

大观园美食城
地址：济南市经四纬二路 49 号
电话：0531－86054801
邮编：250001

芙蓉源饭庄
地址：济南市七里山中路
电话：0531－82986947
邮编：250001

济南便宜坊饭店
地址：济南市经三纬四路 93 号
电话：0531－87933507
邮编：250001

济南佛山阁酒楼有限公司
地址：济南市千佛山药材市场 3 号
电话：0531－82965743
邮编：250001

济南芙蓉风味餐厅
地址：济南市芙蓉街 142 号
电话：0531－86092268
邮编：250001

济南富临门鱼翅海鲜酒楼
地址：济南市经四路 283 号
电话：0531－86055999
邮编：250001

济南贵妃居饮食娱乐有限公司
地址：济南市北关北路 6 号
电话：0531－85941555
邮编：250001

济南金将军酒楼
地址：济南市北园路 2 号
电话：0531－88620900
邮编：250001

济南金泉城酒家
地址：济南市经七路 631 号
电话：0531－87938304
邮编：250001

济南孔膳堂
地址：济南市英雄山路 24 号
电话：0531－82973125
邮编：250001

济南利源饭庄
地址：济南市经七纬四路 123 号
电话：0531－82016629
邮编：250001

济南米云亭饭庄有限公司
地址：济南市经十路 14 号
电话：0531－82913696
邮编：250001

济南民族饭店
地址：济南市经七纬路 267 号
电话：0531－82010934
邮编：250001

济南名优小吃城
地址：济南市经十一路 34 号
电话：0531－82052794
邮编：250001

济南麒麟阁酒楼有限公司
地址：济南市经四纬三路 68 号
电话：0531－87933009
邮编：250001

济南全聚德烤鸭店
地址：济南市趵突泉北路
电话：0531－86077788
邮编：250001

济南邵家庄饭庄
地址：济南市北园路 233 号
电话：0531－88965183
邮编：250001

济南微山湖鱼馆有限公司
地址：济南市济南大学路 18 号
电话：0531－82988989
邮编：250001

鲁能烧鹅仔有限责任公司
地址：济南市经四路 618 号
电话：0531－87966558
邮编：250001

山东半亩园快餐食品有限公司
地址：济南市泉城路 342 号
电话：0531－86018998
邮编：250001

聊城市金谷餐饮有限公司金谷饺子楼
地址：聊城市东昌府区兴华东路
电话：0635－8265816
邮编：252052

香辣虾聊城总店
地址：聊城市东昌府区
电话：0635－8322968
邮编：252052

一品锅烧鸡公聊城总店
地址：聊城市东昌府区
电话：0635－8315
邮编：252052

小四川美食城
地址：聊城市东昌府区
电话：0635－8318788
邮编：252052

渔婆婆
地址：聊城市东昌府区
电话：0635－8315988
邮编：252052

九九阳春大酒家
地址：聊城市东昌府区
电话：0635－8420599
邮编：252052

东北美食城
地址：聊城市东昌府区
电话：0635－6988321
邮编：252052

碧海阁海鲜城
地址：聊城市东昌府区兴华东路 84 号
电话：0635－8322291
邮编：252052

大山坳野菜馆
地址：聊城市东昌府区
电话：0635－8206768
邮编：252052

太熟悉家常菜
地址：聊城市东昌府区
电话：0635－8441166
邮编：252052

农家饺子园
地址：聊城市东昌府区
电话：0635－8210568
邮编：252052

东北农家大院
地址：聊城市东昌府区

电话：0635－8062288
邮编：252052

聊城市聚仙阁海鲜大酒店
地址：聊城市东昌府区古楼西大街57号
电话：0635－8412609
邮编：252052

老北京火锅聊城店
地址：聊城市东昌府区
电话：0635－6966110
邮编：252052

山东德州扒鸡集团有限公司扒鸡美食海鲜城
地址：德州市德城区湖滨北路1号
电话：0534－2693888
邮编：253012

水悦江南食府
地址：德州市德城区青龙街1号
电话：0534－2105727
邮编：253012

东来顺
地址：德州市德城区
电话：0534－2254866
邮编：253012

福记酒楼
地址：德州市德城区东风东路16号
电话：0534－2668658
邮编：253012

德州市红富士酒楼
地址：德州市德城区德兴北路27号
电话：0534－2665859
邮编：253012

德州市帝豪大食府
地址：德州市湖滨北路97号
电话：0534－2385818
邮编：253012

德州市天天渔港酒店
地址：德州市德城区新湖北路1号
电话：0534－2640166
邮编：253012

清真穆斯林饭店
地址：德州市德城区
电话：0534－2676818
邮编：253012

蓝海大酒店
地址：东营市东营区府前街158号
电话：0546－8081588
邮编：257093

姜仔鸭
地址：东营市东营区府前大街128号
电话：0546－8082666
邮编：257093

东营市江海渔村酒楼
地址：东营市东营区青岛路110号
电话：0546－8556648
邮编：257093

状元楼
地址：东营市东营区沂河路
电话：0546－8311598
邮编：257093

新华贵宾楼
地址：东营市东营区东三路170号
电话：0546－8085888
邮编：257093

龙海饭庄
地址：东营市东营区沂河路415号
电话：0546－8309058
邮编：257093

东营渤河渔村饭庄
地址：东营市东营区东城胶州路107号
电话：0546－8333088
邮编：257093

齐鲁人家海鲜食府
地址：东营市东营区东三路160号
电话：0546－8326666
邮编：257093

渔港码头
地址：东营市东营区曹州路117号
电话：0546－8306886
邮编：257093

银河美食城
地址：东营市东营区府前大街
电话：0546－8334148
邮编：257093

内蒙风味酒家
地址：东营市东营区胶州路
电话：0546－7919877
邮编：257093

银座饺子城
地址：东营市东营区东三路166号
电话：0546－8331468
邮编：257093

家之味风味餐厅
地址：东营市东营区胶州路336号
电话：0546－7762319
邮编：257093

黄河口人家
地址：东营市东营区运河路565号
电话：0546－7766211
邮编：257093

福满楼
地址：东营市东营区曹州路130号
电话：0546－8088088
邮编：257093

韩食馆
地址：东营市东营区运河路
电话：0546－7975158
邮编：257093

东营市洋洋餐厅总店
地址：东营市东营区淄博路200号
电话：0546－8220088
邮编：257093

蜀国布衣风味酒楼东营店
地址：东营市东营区曹州路177号
电话：0546－2962777
邮编：257093

淄博张店全聚德餐饮有限公司
地址：淄博市张店区美食街34号
电话：0533－2158855
邮编：255039

菜根香餐馆
地址：淄博市张店区兴学街60号
电话：0533－5166332
邮编：255039

淄博天鹅酒家
地址：淄博市张店区兴学街70号
电话：0533－2880198
邮编：255039

张店快活林酒家
地址：淄博市张店区共青团西路30号
电话：0533－2181977
邮编：255039

张店海林苑海鲜酒楼
地址：淄博市张店区中心路183号
电话：0533－2188588
邮编：255039

新雅餐厅
地址：淄博市张店区市府东一街8号
电话：0533－5166332
邮编：255039

郡王府
地址：潍坊市奎文区金马路
电话：0536－8799967
邮编：261041

齐鲁海鲜城
地址：潍坊市奎文区东风东街343号
电话：0536－8219988
邮编：261041

潍坊台北西门町酒家
地址：潍坊市奎文区民生东街
电话：0536－8271177
邮编：261041

天天渔港大酒店
地址：潍坊市奎文区北海路611号
电话：0536－8797000
邮编：261041

百姓人家
地址：潍坊市潍城区宝通西街249号
电话：0536－8918000
邮编：261041

刘罗锅食府
地址：潍坊市奎文区
电话：0536－8507099
邮编：261041

新食代美食广场
地址：潍坊市奎文区潍州路652号
电话：0536－2606566
邮编：261041

砂锅居
地址：潍坊市奎文区金马路
电话：0536－2256236
邮编：261041

渝州家厨
地址：潍坊市奎文区东风东街
电话：0536－8799921
邮编：261041

潍坊阿宝酒家有限公司
地址：潍坊市奎文区民生东街1号
电话：0536－8226527
邮编：261041

小山村土菜馆
地址：潍坊市奎文区新华路28号
电话：0536－8648512
邮编：261041

烟台天天渔港酒店
地址：烟台市芝罘区胜利路267号
电话：0535－6612666 6606763
邮编：264010

烟台市篷莱春酒家
地址：烟台市芝罘区毓璜顶西路 13 号
电话：0535－6252254
邮编：264010

小南国酒楼
地址：烟台市莱山区黄海路 25 号
电话：0535－2983888
邮编：264010

上岛咖啡西餐厅
地址：烟台市解放路 170 号
电话：0535－6204748
邮编：264010

新雅酒楼
地址：烟台市莱山区迎宾路 2 号
电话：0535－6660666
邮编：264010

烟台人家老菜馆
地址：烟台市芝罘区北马路 31 号
电话：0535－6634666
邮编：264010

峨眉山正宗川味餐厅
地址：烟台市莱山区清泉路
电话：0535－2981006
邮编：264010

烟台市友谊酒家
地址：烟台市芝罘区建昌南街 80 号
电话：0535－6211254
邮编：264010

通天食府
地址：烟台市芝罘区解放路 168 号
电话：0535－7066325
邮编：264010

烟台市芝罘大拇指风味餐厅
地址：烟台市芝罘区东关中街 57 号
电话：0535－6222168
邮编：264010

烟台市香满楼风味餐厅
地址：烟台市芝罘区胜利路 177 号
电话：0535－6612252
邮编：264010

烟台市芝罘昆山酒家
地址：烟台市莱山区观海街 5 号
电话：0535－6213585
邮编：264010

烟台市芝罘鹿鸣春酒家
地址：烟台市芝罘区北大西街 19 号
电话：0535－6263824
邮编：264010

烟台市芝罘区四海鲜餐厅
地址：烟台市芝罘区西大街 93 号
电话：0535－6270992
邮编：264010

烟台市芝罘区小旺府菜馆
地址：烟台市芝罘区南大街 270 号
电话：0535－6604839
邮编：264010

湘王府
地址：威海市环翠区古寨东路
电话：0631－5805088
邮编：264200

威海红蕃茄音乐餐厅
地址：威海市环翠区东平街 13 号
电话：0631－5225599
邮编：264200

威海市港韩风味餐馆
地址：威海市环翠区建设街 32 号
电话：0631－5215492
邮编：264200

威海市白头山酒家
地址：威海市环翠区昆明路 6 号
电话：0631－6212711
邮编：264200

威海市刘公岛酒家
地址：威海市环翠区海滨北路 14 号
电话：0631－5231164
邮编：264200

东方烧烤城
地址：威海市环翠区纪念路 3 号
电话：0631－5166332
邮编：264200

威海市民族饭店
地址：威海市环翠区文化东路 5 号
电话：0631－5212850
邮编：264200

大鱼岛海鲜餐厅
地址：威海市环翠区渔港路 33－6 号
电话：0631－5166332
邮编：264200

汉江餐厅
地址：威海市环翠区光明路
电话：0631－5229763
邮编：264200

上海人家茶餐馆
地址：威海市环翠区昆明路
电话：0631－5213168
邮编：264200

山东威海市清花缘餐饮有限公司
地址：威海市环翠区高山街 2 号
电话：0631－5200628
邮编：264200

威海市秦都酒楼
地址：威海市环翠区文化中路 76 号
电话：0631－5817316
邮编：264200

蓝天碧海渔乡苑
地址：威海市环翠区公园路 6 号
电话：0631－5278666
邮编：264200

威海小肥羊餐饮有限公司
地址：威海市环翠区新威路 112 号
电话：0631－5217678
邮编：264200

五福茶艺馆
地址：威海市金线项路 26 号
电话：0631－3666888
邮编：264200

川国演义酒店
地址：威海市环翠区统一路 39 号
电话：0631－5229229
邮编：264200

大众豆腐菜馆
地址：威海市环翠区戚家夼路 5 号
电话：0631－5166332
邮编：264200

御膳府
地址：威海市环翠区新威路 37 号
电话：0631－5216889
邮编：264200

沸腾鱼乡
地址：青岛市香港中路 6 号世贸中心
电话：0532－85919917
邮编：266001

青岛北大荒人餐饮有限公司
地址：青岛市崂山区麦岛路 1 号
电话：0532－85938888
邮编：266001

大渔港酒店
地址：青岛市南区香港东路 67 号
电话：0532－88016986
邮编：266001

小南国海鲜厨房
地址：青岛市南区云霄路 55 号
电话：0532－85788080
邮编：266001

鹿港小镇
地址：青岛市南区澳门三路 19 号
电话：0532－83870877
邮编：266001

黄土地杂粮食府
地址：青岛市市南区山东路 8 号
电话：0532－85812838
邮编：266001

新加坡泰国村鱼翅酒楼
地址：青岛市香港中路 6 号世贸中心 B 座
电话：0532－83877676
邮编：266001

致远楼海鲜美食城
地址：青岛市市南区珠海路 1 号
电话：0532－85967888　85968558
邮编：266001

青岛上林苑酒楼
地址：青岛市市南区闽江路 169 号
电话：0532－85756188
邮编：266001

海边人音乐厨房
地址：青岛市市南区海门路 8 号
电话：0532－83888711
邮编：266001

兰桂坊酒廊
地址：青岛市市南区东海一路 9 号
电话：0532－83878988
邮编：266001

麻辣诱惑
地址：青岛市市南区徐州路 137 号
电话：0532－85838368
邮编：266001

小南国酒家
地址：青岛市市南区云霄路
电话：0532－85710076　82770849
邮编：266001

天村一阁
地址：青岛市南区闽江一路 33 号
电话：0532－85979669
邮编：266001

麻辣一族
地址：青岛市市南区云霄路 94 号

电话：0532－85777787　88761676
邮编：266001

四海一家酒楼
地址：青岛市北区和兴路 74 号
电话：0532－83655051
邮编：266001

巴蜀布衣川味酒楼
地址：青岛市市北区汉口路 77－1 号
电话：0532－83671868
邮编：266001

韶山人家饭店
地址：青岛市市南区云霄路 72 号
电话：0532－85729680
邮编：266001

海岛人家酒楼
地址：青岛市北区长春路 1－5 号
电话：0532－83828888
邮编：266001

味湘园
地址：青岛市李沧区永平路 7 号
电话：0532－84632197
邮编：266001

唐苑酒楼
地址：青岛市市南区江西路 107 号
电话：0532－85782699
邮编：266001

日照市红十字新月饭庄
地址：日照市云海路 46 号
电话：0633－8224003
邮编：276800

日照市大清花酒店有限公司
地址：日照市海曲中路 33 号
电话：0633－8900999
邮编：276800

汇东海鲜酒楼
地址：临沂市金源路 239 号
电话：0539－2029999
邮编：276001

九州美食园
地址：临沂市沂蒙路 322 号
电话：0539－8968666
邮编：276001

怡然酒楼
地址：临沂市沂蒙路 332 号
电话：0359－8123139
邮编：276001

临沂天冉餐饮有限公司沂蒙餐厅
地址：临沂市兰山区红旗路 14 号
电话：0539－8195853
邮编：276001

阿瓦山寨
地址：临沂市兰山区沂州路
电话：0539－2907388
邮编：276001

都一处灌汤包
地址：临沂市兰山区八一路
电话：0539－3993208

四川酒家
地址：临沂市兰山区沂蒙路
电话：0539－8217359
邮编：276001

枣庄市薛城银座酒楼
地址：枣庄市薛城区临山路
电话：0632－4427733
邮编：277101

薛城酒楼
地址：枣庄市薛城区
电话：0632－4414698
邮编：277101

沸腾鱼馆
地址：枣庄市薛城区
电话：0632－4425185
邮编：277101

济宁海尔餐厅
地址：济宁市车站东路 56 号
电话：0537－2319999
邮编：272119

济宁市财神阁上官扒鸡食品有限公司
地址：济宁市财神阁文大街 18 号
电话：0537－2208787
邮编：272119

永盛香鹅济宁总店
地址：济宁市石门口街
电话：0537－2800225
邮编：272119

济宁市市中区饮食服务公司小南门饭店
地址：济宁市市中区王母阁路 1 号
电话：0537－2213503
邮编：272119

重庆巴渝火锅食府
地址：济宁市汇源大厦 1 楼
电话：0537－22892
邮编：272119

顶顶香风味酒楼
地址：泰安市泰山区傲徕峰路
电话：0538－8236666
邮编：271000

沸腾鱼乡
地址：泰安市泰山区龙潭路
电话：0538－6626666
邮编：271000

杏花村大酒店
地址：泰安市岱岳区长城路
电话：0538－8499399
邮编：271000

泰安市泰山酒家
地址：泰安市泰山区灵山大街 74 号
电话：0538－8333742
邮编：271000

三孔大酒店
地址：泰安市泰山区泰山大街 368 号
电话：0538－8411998
邮编：271000

泰安市丹妮餐厅
地址：泰安市泰山区红门路 30 号
电话：0538－6226492
邮编：271000

杭州美食酒楼
地址：泰安市泰山区泰山大街
电话：0538－8490288
邮编：271000

蜀庄风味酒楼（泰安分店）
地址：泰安市东岳大街铁道大厦西
电话：0538－2108888
邮编：271000

毛家饭店
地址：泰安市泰山区龙潭路
电话：0538－2191777
邮编：271000

三清园食府
地址：泰安市泰山区岱宗大街 164 号
电话：0538－8236588
邮编：271000

上岛咖啡西餐厅
地址：泰安市泰山区财源大街
电话：0538－8291777
邮编：271000

独一处鱼馆
地址：莱芜市莱城区文化南路
电话：0634－6285656
邮编：271100

重庆火锅楼
地址：莱芜市莱城区鹏泉东大街
电话：0634－6217168
邮编：271100

滨州市鑫湖饭庄
地址：滨州市滨城区黄河六路 527 号
电话：0543－3368266
邮编：256619

微山湖渔村
地址：滨州市滨城区
电话：0543－3353138
邮编：256619

沸腾鱼乡
地址：滨州市滨城区
电话：0543－3366098
邮编：256619

蒙古小肥羊火锅城
地址：滨州市滨城区
电话：0543－3311558
邮编：256619

北京李老爹香辣蟹
地址：滨州市滨城区
电话：0543－3461519
邮编：256619

小四川麻辣鱼馆
地址：滨州市滨城区
电话：0543－3478653
邮编：256619

湖滨鲜鱼馆
地址：滨州市滨城区
电话：0543－3220562
邮编：256619

菏泽恒盛园酒楼
地址：菏泽市牡丹区中华西路 199 号
电话：0530－5669875
邮编：274020

朝阳阁
地址：菏泽市牡丹区中华西路
电话：0530－5698789
邮编：274020

菏泽银盛园小吃城
地址：菏泽市牡丹区中华西路 5 号
电话：0530－5626776
邮编：274020

乡村地锅菜馆
地址：菏泽市牡丹区解放大街
电话：0530－6085885
邮编：274020

微山湖鱼馆菏泽总店
地址：菏泽市牡丹区牡丹路
电话：0530－5599699
邮编：274020

蜀香园火锅酒楼
地址：菏泽市牡丹区中华路
电话：0530－5558855
邮编：274020

千里香铁锅炖菜馆
地址：菏泽市牡丹区中和路
电话：0530－5685198
邮编：274020

旅游用品

济南市民俗工艺品研发基地
地址：济南市市中区四里村233号
电话：0531－83675458
邮编：250022

济南地毯总厂
地址：济南市白马山路37号
电话：0531－87963608
邮编：250022

济南工艺雕刻厂
地址：济南市
电话：0531－86048204
邮编：250001

济南市汇金工艺制品总厂
地址：济南市
电话：0531－87956156
邮编：250001

济南美术总厂
地址：济南市
电话：0531－88935588
邮编：250001

山东珠宝饰品批发市场
地址：济南市
电话：0531－82742384
邮编：250001

诚信珠宝行
地址：济南市
电话：0531－83522568
邮编：250001

章丘市工艺美术厂
地址：济南章丘市
电话：0531－83212694
邮编：250200

章丘市花灯工艺厂
地址：济南章丘市
电话：0531－83420130
邮编：250200

济南市黑陶工艺制品厂
地址：济南济阳县
电话：0531－84211259
邮编：251400

济南商河地毯厂
地址：济南市商河县
电话：0531－84880077
邮编：251600

临清市地毯厂
地址：聊城临清市
电话：0635－2341767
邮编：252600

德州市工艺抽纱厂
地址：德州市
电话：0534－2344129
邮编：253012

德州市抽纱厂
地址：德州市
电话：0534－2359742
邮编：253012

德州市刺绣厂
地址：德州市
电话：0534－2623149
邮编：253012

德州市工艺美术厂
地址：德州市
电话：0534－2314672
邮编：253012

夏津县工艺品总厂
地址：德州市夏津县
电话：0534－3311588
邮编：253200

临邑县工艺美术厂
地址：德州市临邑县
电话：0534－4221124
邮编：251500

庆云县工艺厂
地址：德州市庆云县
电话：0534－3641012
邮编：253700

淄博市临淄工希坤工艺品有限公司
地址：淄博市淄川区
电话：0533－7322976
邮编：255400

淄博砚台厂
地址：淄博市淄川区
电话：0533－5686157
邮编：255100

黑旺宝斋工艺美术厂
地址：淄博市淄川区
电话：0533－5060028
邮编：255100

周村传统花灯厂
地址：淄博市周村庄西外环（和平工业区）
电话：0533－6812390
邮编：255300

飞龙风筝厂
地址：潍坊市
电话：0536－8560110
邮编：261041

古祥风筝厂
地址：潍坊市
电话：0536－8561527
邮编：261041

希成风筝厂
地址：潍坊市
电话：0536－8359806
邮编：261041

潍坊风筝厂
地址：潍坊市
电话：0536－8328066
邮编：261041

高密市仙锦绣品有限公司
地址：潍坊高密市
电话：0536－2662142
邮编：261500

青州市旅游纪念品厂
地址：潍坊青州市
电话：0536－3203672
邮编：262500

昌乐县石雕厂
地址：潍坊市昌乐县
电话：0536－6711165
邮编：262400

牟平区高陵镇景泰蓝工艺品厂
地址：烟台市牟平区
电话：0535－4722054
邮编：264100

牟平区工艺品厂
地址：烟台市牟平区
电话：0535－4212087
邮编：264100

牟平区方园艺品厂
地址：烟台市牟平区
电话：0535－4315081
邮编：264100

烟台贝雕厂
地址：烟台市牟平区
电话：0535－4222599
邮编：264100

烟台工艺美术厂
地址：烟台市
电话：0535－6243288
邮编：264010

烟台市芝罘艺华工艺品厂
地址：烟台市
电话：0535－6011725
邮编：264010

烟台市芝罘华侨工艺品厂
地址：烟台市
电话：0535－6612149
邮编：264010

烟台市林业工艺品厂
地址：烟台市
电话：0535－6842571
邮编：264010

龙口市地毯厂
地址：烟台龙口市
电话：0535－8641288
邮编：265700

莱阳市城厢工艺品厂
地址：烟台莱阳市
电话：0535－7211406
邮编：265200

莱阳市倬成丝绸工艺品厂
地址：烟台莱阳市
电话：0535－7222988
邮编：265200

莱阳市鸿翔木雕工艺品有限公司
地址：烟台莱阳市

电话：0535－7709398
邮编：265200

莱州市东方草制品厂
地址：烟台莱阳市
电话：0535－2215623
邮编：261400

莱州市永盛草艺品厂
地址：烟台莱阳市
电话：0535－2331250
邮编：261400

莱州市沙河华源草制艺品厂
地址：烟台莱阳市
电话：0535－2311924
邮编：261400

莱州市驿道草艺品厂
地址：烟台莱阳市
电话：0535－2531148
邮编：261400

莱州市荣祥草制品工艺厂
地址：烟台莱阳市
电话：0535－2267875
邮编：261400

莱州市夏邱草制品工艺厂
地址：烟台莱阳市
电话：0535－2361121
邮编：261400

莱州市弘泰工艺品厂
地址：烟台莱阳市
电话：0535－2318987
邮编：261400

莱州市金城镇艺品厂
地址：烟台莱阳市
电话：0535－2636081
邮编：261400

莱州市苗家渤海工艺制品厂
地址：烟台莱阳市
电话：0535－2558073
邮编：261400

蓬莱市工艺品厂
地址：烟台蓬莱市
电话：0535－5610559
邮编：265600

蓬莱市工艺毯厂
地址：烟台蓬莱市
电话：0535－5634609
邮编：265600

招远市开发区工艺礼品厂
地址：烟台招远市
电话：0535－8130247
邮编：265400

招远市玻璃工艺品厂
地址：烟台招远市
电话：0535－8211588
邮编：265400

栖霞市工艺美术厂
地址：烟台栖霞市
电话：0535－5211291
邮编：265300

烟台市海阳荣康工艺品厂
地址：烟台海阳市
电话：0535－3221886
邮编：265100

海阳市华盛工艺品厂
地址：烟台海阳市
电话：0535－3223638
邮编：265100

威海太星工艺品有限公司
地址：威海市
电话：0631－5621352
邮编：264200

威海闵庚工艺饰品有限公司
地址：威海市
电话：0631－5660203
邮编：264200

威海市山花地毯集团有限公司
地址：威海市
电话：0631－5219988
邮编：264200

威海地毯一厂
地址：威海市
电话：0631－5225880
邮编：264200

威海艺术挂毯厂
地址：威海市
电话：0631－5818856
邮编：264200

威海市竹岛工艺品厂
地址：威海市
电话：0631－5324307
邮编：264200

荣成市艺品厂
地址：威海荣成市
电话：0631－7572199
邮编：264300

青岛三益友工艺有限公司
地址：青岛市
电话：0532－87885464
邮编：266001

青岛永亚假发有限公司
地址：青岛市黄岛区灵山岛街75#
电话：0532－86856647
邮编：266001

青岛好威发工贸有限公司
地址：青岛市市北区吉林路4#
电话：0532－83821812
邮编：266001

青岛船舱工艺品有限公司
地址：青岛市
电话：0532－87761247
邮编：266001

青岛照亚特工艺品有限公司
地址：青岛市
电话：0532－87728365
邮编：266001

青岛锦绣坊工艺有限公司
地址：青岛市
电话：0532－85785389
邮编：266001

青岛黎清工艺品有限公司
地址：青岛市
电话：0532－87728671
邮编：266001

青岛摩璐工艺品有限公司
地址：青岛市
电话：0532－87799711
邮编：266001

青松工艺品公司
地址：青岛市
电话：0532－87872247
邮编：266001

壹兆工艺品有限公司
地址：青岛市
电话：0532－87711141
邮编：266001

韩星工艺品有限公司
地址：青岛市
电话：0532－87728543
邮编：266001

青岛东升工艺品厂
地址：青岛市
电话：0532－87603042
邮编：266001

青岛四方依浦工艺品厂
地址：青岛市
电话：0532－84991759
邮编：266001

青岛市四方区天元晶工艺品厂
地址：青岛市
电话：0532－83772514
邮编：266001

青岛市四方区兴华工艺品厂
地址：青岛市
电话：0532－85031290
邮编：266001

青岛市市北文化馆蓝鑫工艺品厂
地址：青岛市
电话：0532－83803933
邮编：266001

青岛市市南华荣工艺饰品厂
地址：青岛市
电话：0532－85693637
邮编：266001

青岛联兴地毯有限公司
地址：青岛胶州市
电话：0532－87273197
邮编：266300

即墨市水滴工艺品厂
地址：青岛即墨市
电话：0532－82527986
邮编：266200

即墨市信义工艺品厂
地址：青岛即墨市
电话：0532－86505712
邮编：266200

青杨工艺品厂
地址：青岛平度市
电话：0532－85321096
邮编：266700

青岛市平度永维工艺品厂
地址：青岛平度市新河镇
电话：0532－86351219
邮编：266700

青岛市平度剑光工艺品厂
地址：青岛平度市
电话：0532－88326897
邮编：266700

青岛市平度鲁艺工艺品厂
地址：青岛平度市
电话：0532－86355668
邮编：266700

青岛市永隆工艺品有限公司
地址：青岛平度市
电话：0532－86351707
邮编：266700

青岛平度百丽秀工艺品有限公司
地址：青岛平度市
电话：0532－88373087
邮编：266700

青岛工艺品二厂
地址：青岛莱西市
电话：0532－88484363
邮编：266600

日照大发工艺品有限公司
地址：日照市
电话：0633－8206938
邮编：276800

日照市工艺刺绣厂
地址：日照市
电话：0633－8339482
邮编：276800

日照东异地毯有限公司
地址：日照市
电话：0633－8281707
邮编：276800

日照市舒馨地毯厂
地址：日照市
电话：0633－8217708
邮编：276800

日照刺绣厂
地址：日照市
电话：0633－8221573
邮编：276800

北京卓达密地毯有限公司
地址：日照市
电话：0633－8652768
邮编：276800

日照市飞亚手工艺品厂
地址：日照市
电话：0633－8253259
邮编：276800

日照市东港区三合工艺品厂
地址：日照市
电话：0633－8225006
邮编：276800

五莲县鸿鹰工艺品厂
地址：日照市五莲县
电话：0633－5213297
邮编：262300

五莲县华艺绣品厂
地址：日照市五莲县
电话：0633－5882508
邮编：262300

五莲县宝山手织地毯厂
地址：日照市五莲县
电话：0633－5431100
邮编：262300

莒县龙山镇地毯厂
地址：日照市莒县
电话：0633－6755210
邮编：276500

临沂市宇光美术厂
地址：临沂市
电话：0539－8316400
邮编：253700

枣庄市工艺品厂
地址：枣庄市峄城区
电话：0632－711795
邮编：277300

滕州市银光玻璃工艺厂
地址：枣庄滕州市
电话：0632－5512096
邮编：277500

济宁市工艺美术厂
地址：济宁市
电话：0537－2212098
邮编：272119

曲阜市工艺美术厂
地址：济宁曲阜市
电话：0537－4411322
邮编：273100

曲阜市圣艺雕塑工艺厂
地址：济宁曲阜市林前
电话：0537－4417287
邮编：273100

泰安市工艺美术工业公司
地址：泰安市
电话：0538－8332153
邮编：271000

肥城市对外贸易公司工艺品厂
地址：泰安肥城市
电话：0538－3680276
邮编：271600

肥城市正港木业工艺品厂
地址：泰安肥城市桃园镇晒书城
电话：0538－3556526
邮编：271609

莱芜市外贸地毯总厂
地址：莱芜市
电话：0634－8808645
邮编：271100

山东莱芜市清美文化艺术有限公司
地址：莱芜市
电话：0634－6227997
邮编：271100

滨州市爱民刺绣印花工艺品厂
地址：滨州市
电话：0543－3263221
邮编：256619

滨州市滨城区嘉丰绣品厂
地址：滨州市
电话：0543－3264926
邮编：256619

无埭县柳堡乡艺品厂
地址：滨州市无埭县
电话：0543－6481082
邮编：251900

无埭县柳堡乡草编艺品厂
地址：滨州市无埭县
电话：0543－6481032
邮编：251900

无埭第二草制品厂
地址：滨州市无埭县
电话：0543－6341019
邮编：251900

博兴县工艺二厂
地址：滨州市博兴县
电话：0543－2321813
邮编：256500

博兴县大地草柳制品厂
地址：滨州市博兴县
电话：0543－2335026
邮编：256500

博兴县地毯厂
地址：滨州市博兴县
电话：0543－2321480
邮编：256500

阳信县小桑地毯厂
地址：滨州市阳信县
电话：0543－8451040
邮编：251800

阳信水落坡华艺地毯厂
地址：滨州市阳信县
电话：0543－8421111
邮编：251800

阳信县小桑圣达工艺厂
地址：滨州市阳信县
电话：0543－8451777
邮编：251800

阳信县河流工艺制品厂
地址：滨州市阳信县
电话：0543－8691027
邮编：251800

菏泽市牡丹区工艺美术厂
地址：菏泽市
电话：0530－5622326
邮编：274020

曹县回族工艺品厂
地址：菏泽市曹县
电话：0530－3431592
邮编：274400

曹县青林工艺品厂
地址：菏泽市曹县
电话：0530－3261818
邮编：274400

旅游交通

山东省旅游汽车公司
地址：济南市警十路 88 号
电话：0531－82964356
邮编：250014

济南市旅游汽车总公司
地址：济南市警四路 871 号
电话：0531－87938540
邮编：250021

济南爱邦旅游汽车有限公司
地址：济南市燕山路 5 号
电话：0531－86743900
邮编：250014

济南金光旅游汽车有限公司
地址：济南市二环东路6060 号

电话：0531－88544203
邮编：250014

济南德福道科技电脑广告公司出租旅游汽车公司
地址：济南市兴济河路61号
电话：0531－82707892
邮编：250002

济南市旅游汽车租赁公司
地址：济南市经四路571号
电话：0531－87938013
邮编：250021

济南天宇旅游汽车租赁有限公司汽车分公司
地址：济南市经十路省体育中心体育场南区120房间
电话：0531－82065197
邮编：250002

济南火车站
地址：济南市
电话：0531－895105175 82428862
邮编：250001

济南火车东站
地址：济南市
电话：0531－82430072 82430062
邮编：250001

济南国际机场
地址：济南市
电话：0531－82086666
邮编：250001

章丘市明水火车站
地址：济南章丘市白云路
电话：0531－83212412
邮编：250200

聊城火车站
地址：聊城市
电话：0635－95105175
邮编：252000

临清市火车站
地址：聊城临清市东环路
电话：0635－2427833
邮编：252600

德州火车站
地址：德州市车站街
电话：0534－2618918
邮编：250001

禹城市火车站
地址：德州禹城市
电话：0534－7453292
邮编：251200

东营火车站
地址：东营市
电话：0546－2964792 2964712
邮编：257000

淄博火车站
地址：淄博市临淄区
电话：0533－2284210
邮编：255400

潍坊火车站
地址：潍坊市和平路
电话：0536－8322694
邮编：261000

潍坊火车东站
地址：潍坊市坊子区
电话：0536－7677035
邮编：261000

潍坊南苑机场
地址：潍坊市
电话：0536－8520518
邮编：261000

高密市火车站
地址：潍坊高密市站南街
电话：0536－2323944
邮编：261500

青州火车站
地址：潍坊青州市云门山路
电话：0536－3257720
邮编：262500

昌乐县火车站
地址：潍坊市昌乐县新昌路3号
电话：0536－6236679
邮编：262400

烟台市旅游汽车有限公司
地址：烟台市莱山区枫林路24号
电话：0535－86907288
邮编：264600

烟台火车站
地址：烟台市北马路135号
电话：0535－6245679
邮编：264000

福山火车站
地址：烟台市福山区兜余镇
电话：0535－6481198
邮编：265500

烟台莱山机场
地址：烟台市
电话：0535－6299114
邮编：264007

龙口港
地址：烟台市龙口市环海路24号
电话：0535－8848038
邮编：265700

莱阳火车站
地址：烟台莱阳市丹崖路
电话：0535－7322423
邮编：265200

莱州港
地址：烟台莱州市三山岛
电话：0535－2782350
邮编：261400

威海火车站
地址：威海市青岛南路
电话：0631－5925664
邮编：264200

威海港
地址：威海市海滨北路53号
电话：0631－5236799
邮编：264200

乳山火车站
地址：威海乳山市夏村镇站家夼村
电话：0631－6699247
邮编：264500

威海大水泊机场
地址：威海文登市大水泊镇
电话：0631－5237490
邮编：264200

青岛旅游汽车有限公司
地址：青岛市山东路27号港澳大厦十楼
电话：0532－85811111
邮编：266071

青岛火车站
地址：青岛市普集路15号
电话：0532－82962777
邮编：250200

青岛港
地址：青岛市港青路6号
电话：0532－82822878
邮编：266011

青岛流亭机场
地址：青岛市
电话：0532－84715777
邮编：266108

胶州火车站
地址：青岛胶州市站西
电话：0532－87214272
邮编：266300

莱西市火车站
地址：青岛莱西市望城镇驻地
电话：0532－88411541
邮编：266600

日照市海天旅游汽车出租服务中心
地址：日照市海滨二路
电话：0633－8321924
邮编：276800

日照火车站
地址：日照市
电话：0633－8349712
邮编：276800

日照港
地址：日照市黄海一路
电话：0633－8381114
邮编：276826

临沂汽车运输总公司出租旅游汽车分公司
地址：临沂市通达路
电话：0539－8216677
邮编：276000

枣庄火车西站
地址：枣庄市薛城区
电话：0632－4422170
邮编：277000

滕州火车站
地址：枣庄滕州市
电话：0632－5583450
邮编：277500

济宁火车站
地址：济宁市
电话：0537－2380099
邮编：272100

曲阜市旅游汽车公司
地址：济宁曲阜市弘道路36号
电话：0537－4412673
邮编：273100

曲阜市火车站
地址：济宁曲阜市
电话：0537－4412902
邮编：273100

兖州市火车站
地址：济宁兖州市
电话：0537－3415239
邮编：272000

邹县火车站
地址：济宁邹城市车站街
电话：0537－5213483
邮编：273500

泗水县火车站
地址：济宁市泗水县
电话：0537－4222200
邮编：273200

泰安市旅游汽车公司
地址：泰安市红门路22号
电话：0538－8334788
邮编：271000

新泰市火车站
地址：泰安新泰市青云路
电话：0538－7222459
邮编：271200

莱芜东火车站
地址：莱芜市大桥北路
电话：0634－6215940
邮编：271100

滨州鲁滨孙旅游有限责任公司
地址：滨州市渤海七路603号
电话：0543－3216717
邮编：256600

菏泽火车站
地址：荷泽市
电话：0530－5623403
邮编：274000

旅游院校

山东旅游职业学院
旅游管理系、旅游外语系、休闲事业管理系、营养烹饪系
地址：济南市经十东路3556号
电话：0531－81920000
邮编：250200

山东师范大学
旅游系
地址：济南市文化东路88号
电话：0531－82962646
邮编：250014

山东大学
旅游管理系
地址：济南市山大南路27号
电话：0531－88564915
邮编：250100

济南大学
旅游系
地址：济南市舜耕路13号
电话：0531－82769299
邮编：250002

山东财政学院
工商管理学院旅游管理专业
地址：济南市舜耕路40号
电话：0531－82556360
邮编：250014

济南外事旅游服务学校
地址：济南市按察司街74号
电话：0531－86952574
邮编：250011

山东行政学院
旅游管理专业
地址：济南市燕子山东路7号
电话：0531－88525945
邮编：250014

济南市职业学院
旅游系
地址：济南市舜耕路12号
电话：0531－85533021
邮编：250014

山东青年干部管理学院
旅游系
地址：济南市经十路27号
电话：0531－85857249
邮编：250014

山东商业职业技术学院
旅游系
地址：济南市历山路16号
电话：0531－82314566
邮编：250100

山东经济学院
工商管理学院旅游管理专业
地址：济南市历下区二环东路7366号
电话：0531－88525865
邮编：250014

济南铁道职业技术学院
旅游系
地址：济南市解放路79号
电话：0531－86942472
邮编：250013

济南市旅游培训中心
地址：济南市经七纬四路117号
电话：0531－87934355
传真：87915603
邮编：250001

济南旅游学校
地址：济南市聚贤街78号
电话：0531－86924443
邮编：250001

聊城大学
历史文化学院旅游管理专业
地址：聊城市文化路34号
电话：0635－8239902
邮编：252000

聊城职业技术学院
旅游系
地址：聊城市花园北路133号
电话：0635－8334326
邮编：252000

德州学院
地理旅游系
地址：德州市北园路东首
电话：0534－8985888
邮编：253000

德州旅游管理学校
地址：德州经济开发区
电话：0534－2962578
邮编：253000

淄博职业学院
旅游系
地址：淄博市张店区人民西路43号
电话：0533－2776848
邮编：255013

淄博市旅游学校
地址：淄博市临淄区敬仲镇20号
电话：0533－7163171
邮编：255416

潍坊学院
旅游系
地址：潍坊市东风东街149号
电话：0536－8785282
邮编：261061

潍坊市旅游学校
地址：潍坊市潍昌路328号
电话：0536－8119697
邮编：261055

潍坊教育学院
旅游管理专业
地址：潍坊青州市玲珑山南路4139号
电话：0536－3276917
邮编：262500

中国煤炭经济学院
管理系旅游管理专业
地址：烟台市莱山区
电话：0535－6903582
邮编：264005

烟台师范学院
地理系旅游地理专业
地址：烟台市芝罘区世学路184号
电话：0535－6693671
邮编：264025

烟台旅游学校
地址：烟台市世回尧南尧北街176号
电话：0535－6012867
邮编：264000

蓬莱市旅游学校
地址：蓬莱市钟楼南路227号
电话：0535－5643469
邮编：265600

威海职业技术学院
旅游系
地址：威海市北海科技新城
电话：0631－5700969
邮编：264210

荣成市旅游学校
地址：荣成市上庄镇驻地
电话：0631－7411027
邮编：264303

中国海洋大学
管理学院旅游系
地址：青岛市香港东路23号
电话：0532－85901612
邮编：266003

青岛职业技术学院
旅游与外事学院
地址：青岛市开发区香江路128号
电话：0532－86951146
邮编：266555

青岛酒店管理学院
旅游与酒店管理系
地址：青岛市李沧区九水东路599号

电话：0532－86051601
邮编：266100

青岛大学
旅游学院
地址：青岛市宁夏路308号
电话：0532－85901612
邮编：266071

青岛职业技术学院
旅游与外事学院
地址：青岛市开发区香江路128号
电话：0532－86951146
邮编：266555

青岛旅游学校
地址：青岛市延安一路29号
电话：0532－83832743
邮编：266032

青岛旅游培训中心
地址：青岛市延安三路建设宾馆二楼
电话：0532－83898535　83897740
邮编：266071

日照职业技术学院
旅游系
地址：日照市烟台路
电话：0633－8172020
邮编：276826

临沂师范学院
地理与旅游学院
地址：临沂市通达路18号
电话：0539－2158063
邮编：276000

枣庄学院
旅游与资源环境系
地址：枣庄市北安路
电话：0632－3786737
邮编：277160

济宁师范专科学校
旅游专业
地址：济宁市市中区红星中路3号
电话：0537－2343847
邮编：272125

曲阜师范大学
资源与规划学院旅游管理专业
地址：济宁曲阜市静轩西路21号
电话：0537－4458861
邮编：273165

泰山学院
旅游与资源环境系
地址：泰安市迎宾大道
电话：0538－6715613
邮编：271012

滨州学院
地理旅游系
地址：滨州市黄河五路
电话：0543－3190099
邮编：256600

滨州职业学院
艺术系旅游专业
地址：滨州市渤海九路
电话：0543－3277834
邮编：256600

河　南

HENAN

旅游机构

河南省旅游局
地址：郑州市政三街1号
电话：0371－65900181
传真：0371－65909345
邮编：450003
网址：www.hnta.cn
电子信箱：hj@hnta.gov.cn

郑州市旅游局
地址：郑州市陇海路370号
电话：0371－67181000　67181200
传真：0371－67188039
邮编：450006
网址：www.zztour.com

惠济区旅游局
地址：郑州市开元路8号C楼525房
电话：0371－63639178
传真：0371－63639178
邮编：450052

登封市旅游局
地址：郑州登封市中岳大街52号
电话：0371－62887139
传真：0371－62889890
邮编：452470

新郑市旅游局
地址：郑州新郑市人民路124号
电话：0371－62695683
传真：0371－62695683
邮编：451100

巩义市旅游局
地址：郑州巩义市新华路25号
电话：0371－64351361
传真：0371－64351361
邮编：451200

荥阳市旅游局
地址：郑州荥阳市索河路中段36号
电话：0371－64675668
传真：0371－64662319
邮编：450101

新密市文化旅游局
地址：郑州新密市东大街17号
电话：0371－69822061
传真：0371－69829067
邮编：452370

中牟县旅游局
地址：郑州市中牟县府前街12号
电话：0371－62032976
传真：0371－62158111
邮编：451450

上街区旅游办公室
地址：郑州市上街区中心路132号
电话：0371－68118619
传真：0371－68922664
邮编：450041

开封市旅游局
地址：开封市迎宾路98号
电话：0378－3934810　3989388
传真：0378－3934818
邮编：475000

开封市郊区旅游管理局
地址：开封市汴京大道81号
电话：0378－2941728
传真：0378－2941479
邮编：475000

开封县文化旅游局
地址：开封市开封县县府东街29号
电话：0378－6662203
传真：0378－6668583
邮编：475100

兰考县旅游管理局
地址：开封市兰考县中山东街36号
电话：0378－6981996
传真：0378－6997889
邮编：475300

通许县文化旅游局
地址：开封市通许县文卫路中段文化中心3楼
电话：0378－4976577
传真：0378－4976577
邮编：457400

洛阳市旅游局
地址：洛阳市政府办公大楼14楼
电话：0379－63322067
传真：0379－63322060
邮编：474003

涧西区旅游局
地址：洛阳市涧西区
电话：0379－64810474
邮编：471003

老城区旅游局
地址：洛阳市老城区
电话：0379－63951029
邮编：471002

西工区旅游局
地址：洛阳市西工区
电话：0379－63251065
邮编：471000

洛龙区旅游局
地址：洛阳市洛龙区
电话：0379－63251323
邮编：471000

瀍河区旅游局
地址：洛阳市瀍河区
电话：0379－63951227
邮编：471002

吉利区旅游局
地址：洛阳市吉利区
电话：0379－66911284
邮编：471012

偃师市旅游局
地址：洛阳偃师市
电话：0379－67712518
邮编：471900

栾川县旅游局
地址：洛阳市栾川县城兴华西路
电话：0379－66812345
传真：0379－66812345
邮编：471500

嵩县旅游局
地址：洛阳市嵩县城北大街2号
电话：0379－66311972
邮编：471400

新安县旅游局
地址：洛阳市新安县县城
电话：0379－67250368
邮编：471800

孟津县旅游局
地址：洛阳市孟津县城桂花中路
电话：0379－67912727
邮编：471100

汝阳县旅游局
地址：洛阳市汝阳县文化路22号
电话：0379－68210800
邮编：471200

伊川县旅游局
地址：洛阳市伊川县康乐街49号
电话：0379－68334576
邮编：471300

宜阳县旅游局
地址：洛阳市宜阳县城
电话：0379－68892339
邮编：471600

洛宁县旅游局
地址：洛阳市洛宁县城
电话：0379－66234065
邮编：471700

平顶山市旅游局
地址：平顶山市建设路西路281号
电话：0375－4979883
传真：0375－4979883
邮编：467000

鲁山县旅游局
地址：平顶山市鲁山县顺城路东段
电话：0375－5071388
邮编：467300

舞钢市旅游局
地址：平顶山舞钢市朝阳路中段
电话：0375－8125866
邮编：462500

叶县旅游局
地址：平顶山市叶县文化路中段
电话：0375－8053543
邮编：467200

汝州市旅游局
地址：平顶山汝州市风穴路6号
电话：0375－3321588
邮编：467500

郏县旅游局
地址：平顶山市郏县文前街41号
电话：0375－5180086
邮编：467100

新乡市旅游局
地址：新乡市人民路1号市政府综合楼12楼
电话：0373－3079128　3079160
传真：0373－3079128
邮编：453000

辉县市旅游风景管理局
地址：新乡市辉县市百泉景区南华门
电话：0373－6233555　6291699
传真：0373－6233555
邮编：453600

封丘县旅游局
地址：新乡市封丘县政府院内

电话：0373－8296036
传真：0373－8296036
邮编：453300

卫辉市文物旅游管理局
地址：新乡卫辉市行政路1号
电话：0373－4488020
传真：0373－4494531
邮编：453100

凤泉区旅游文物管理局
地址：新乡市凤泉区政府东50米
电话：0373－3918358　3031313
传真：0373－3096617
邮编：453011

长垣县旅游局
地址：新乡市长垣县人民路36号
电话：0373－8893209
邮编：453400

原阳县文化旅游局
地址：新乡市原阳县县政府对面
电话：0373－7298818
传真：0373－7291985
邮编：453500

新乡县文化旅游局
地址：新乡市新乡县政府三楼
电话：0373－5085099
传真：0373－5085614
邮编：453700

焦作市旅游局
地址：焦作市东环路39号
电话：0391－3918363
传真：0391－3992599
邮编：454001

山阳区旅游局
地址：焦作市山阳区
电话：0391－3555146　2935967
邮编：454002

中站区旅游局
地址：焦作市中站区
电话：0391－2944001　2918686
传真：0391－2949553
邮编：454191

马村区旅游局
地址：焦作市马村区
电话：0391－3951123　3948006
传真：0391－3951123
邮编：454171

修武县旅游局
地址：焦作市修武县
电话：0391－7709578　3930980
传真：0391－7197038
邮编：454350

博爱县旅游局
地址：焦作市博爱县青天河风景名胜区
电话：0391－8686616
传真：0391－8972688
邮编：454450

孟州市旅游局
地址：焦作孟州市大定路中段（孟州市政府院内）
电话：0391－8191230　8190348
传真：0391－8182625
邮编：454750

武陟县旅游局
地址：焦作市武陟县财政局家属楼5单元3楼1号
电话：0391－7291677　7297128
传真：0391－7292511
邮编：454950

温县旅游局
地址：焦作市温县黄河路东段
电话：0391－6190210　6118153
传真：0391－2531601
邮编：454850

沁阳市旅游局
地址：焦作沁阳市神农山风景管理局
电话：0391－5036258
传真：0391－5036466
邮编：454550

安阳市旅游局
地址：安阳市洹滨南路47号
电话：0372－3688002
传真：0372－2561370
邮编：455000

林州市旅游局
地址：安阳林州市人民路88号
电话：0372－6825035
传真：0372－6881220
邮编：456550

汤阴县文物旅游局
地址：安阳市汤阴县城大北街
电话：0372－6213000
传真：0372－6221203
邮编：456150

安阳县旅游局
地址：安阳市安阳县东工路
电话：0372－5953777
邮编：455000

内黄县旅游局
地址：安阳市内黄县城朝阳路
电话：0372－7711122
邮编：456000

滑县旅游局
地址：安阳市滑县解放南路（县政府院内）
电话：0372－8119216
邮编：456400

鹤壁市旅游局
地址：鹤壁市淇滨区九州路中段市政府
电话：0392－3327708
传真：0392－3327708
邮编：458030

鹤山区旅游局
地址：鹤壁市鹤山区
电话：0392－2317220
邮编：458010

山城区旅游局
地址：鹤壁市山城区
电话：0392－2624572
邮编：458000

淇滨区旅游局
地址：鹤壁市淇滨区
电话：0392－3356950
邮编：458000

浚县旅游局
地址：鹤壁市浚县县城
电话：0392－5523118
传真：0392－5533137
邮编：456250

淇县旅游局
地址：鹤壁市淇县上街路西段
电话：0392－7225469
传真：0392－7225469
邮编：456750

濮阳市旅游局
地址：濮阳市人民路综合办公楼
电话：0393－6666069
传真：0393－6666077
邮编：457000

濮阳县文化旅游局
地址：濮阳市濮阳县政府综合办公楼
电话：0393－3329088
邮编：457100

清丰县文化旅游局
地址：濮阳市清丰县
电话：0393－7221577
邮编：457300

范县文化旅游局
地址：濮阳市范县
电话：0393－5261307
邮编：457500

华龙区外事旅游局
地址：濮阳市华龙区
电话：0393－4494511
邮编：457001

三门峡市旅游局
地址：三门峡市崤山路中段14号
电话：0398－2935010
传真：0398－2822242
邮编：472000

灵宝市旅游局
地址：三门峡灵宝市金城大道19号政府1楼
电话：0398－8851613
传真：0398－8869234
邮编：472500

渑池县旅游局
地址：三门峡市渑池县会盟大道中段政府5楼
电话：0398－4812161
传真：0398－4812161
邮编：472400

陕县旅游局
地址：三门峡市陕县政府楼
电话：0398－3833687
传真：0398－3833687
邮编：472100

湖滨区文化旅游局
地址：三门峡市和平路中段区政府大楼
电话：0398－2958536
传真：0398－2958536
邮编：472000

义马市文化旅游局
地址：三门峡义马市千秋路中段市政府4楼
电话：0398－5850369
传真：0398－5850369
邮编：472300

卢氏县旅游局
地址：三门峡市卢氏县政府
电话：0398－7872919

传真：0398－7881078
邮编：472200

许昌市旅游局
地址：许昌市建安大道市政府院9号楼
电话：0374－2965980
传真：0374－2965860
邮编：461000
电子信箱：13303741278@zyl63.com

禹州市旅游局
地址：许昌禹州市政府院内
电话：0374－8198857 8175107
邮编：461670

长葛市旅游局
地址：许昌长葛市委办公楼
电话：0374－6189829
邮编：461500

襄城县旅游局
地址：许昌市襄城县城东大街政府1楼
电话：0374－3599001
邮编：461700

鄢陵县旅游局
地址：许昌市鄢陵县开发区人民路中段
电话：0374－7167799
邮编：461200

许昌县旅游局
地址：许昌市许昌县市西路
电话：0374－5156096
邮编：461100

魏都区旅游局
地址：许昌市魏都区榆柳街22号
电话：0374－2186586
邮编：461000

漯河市旅游局
地址：漯河市淮河路10号
电话：0395－3139919 3139819
传真：0395－3187016
邮编：462000

舞阳县旅游局
地址：漯河市舞阳县
电话：0395－7123207
传真：0395－7123207
邮编：462400

临颍县旅游局
地址：漯河市临颍县
电话：0395－8853728
传真：0395－8853728
邮编：462600

南阳市旅游局
地址：南阳市中州路291号
电话：0377－63137018
传真：0377－63151906
邮编：473068

桐柏县旅游局
地址：南阳市桐柏县新华路38号县政府
电话：0377－68222623
传真：0377－68224711
邮编：474750

内乡县旅游局
地址：南阳市内乡县南大街4号
电话：0377－65367676 65329863
传真：0377－65367676
邮编：474350

淅川县旅游局
地址：南阳市淅川县人民路140号
电话：0377－64216596 64231659
传真：0377－64216596
邮编：474450

西峡县旅游局
地址：南阳市西峡县礼堂路33号
电话：0377－64661399 64661307
传真：0377－64663116
邮编：474500

南召县旅游局
地址：南阳市南召县中华路290号
电话：0377－66920696
邮编：474650

唐河县旅游局
地址：南阳市唐河县城关新春街164号
电话：0377－68959826
传真：0377－68959826
邮编：473400

卧龙区旅游局
地址：南阳市卧龙区七一路202号
电话：0377－63217561 63131216
传真：0377－63217561
邮编：473000

镇平县旅游局
地址：南阳市镇平县府前街78号
电话：0377－65910008 65926362
传真：0377－65911716
邮编：474250

新野县旅游局
地址：南阳市新野县政府院内
电话：0377－66269959
邮编：475500

方城县旅游局
地址：南阳市方城县风瑞路266号
电话：0377－67232968
传真：0377－67210292
邮编：473200

社旗县旅游局
地址：南阳市社旗县西三环街1号
电话：0377－67923960 67922563
传真：0377－67923846
邮编：473068

商丘市旅游局
地址：商丘市委大院2楼（商丘市府前路1号）
电话：0370－3289261
传真：0370－3288011
邮编：476000

梁园区旅游局
地址：商丘市梁园区政府
电话：0370－2214486
传真：0370－2214306
邮编：476000

睢阳区旅游局
地址：商丘市睢阳区中山东二街36号
电话：0370－3216265
传真：0370－3216265
邮编：476100

永城市文物旅游局
地址：商丘永城市政府院内
电话：0370－5113277
传真：0370－5116177
邮编：476600

夏邑县旅游局
地址：商丘市夏邑县县府路55号
电话：0370－6225522
邮编：476400

虞城县旅游局
地址：商丘市虞城县人民路中段
电话：0370－4126016
邮编：476300

睢县旅游局
地址：商丘市睢县睢州大道
电话：0370－8129956
邮编：476900

宁陵县旅游局
地址：商丘市宁陵县政府院内
电话：0370－7815352 转
邮编：476700

柘城县旅游局
地址：商丘市柘城县中原大街28号
电话：0370－7222769
邮编：476200

民权县旅游局
地址：商丘市民权县府前街政府院内
电话：0370－8524486
传真：0370－8522010
邮编：476800

信阳市旅游局
地址：信阳市东方红大道260号
电话：0376－6278512 6278513
传真：0376－6229161
邮编：464000

浉河区旅游局
地址：信阳市浉河区政府
电话：0376－6602947
邮编：464000

新县旅游局
地址：信阳市新县县政府
电话：0376－2982790
传真：0376－2982790
邮编：465550

固始县旅游局
地址：信阳市固始县政府
电话：0376－4958266
传真：0376－4944047
邮编：465250

罗山县旅游局
地址：信阳市罗山县政府院内
电话：0376－2255288
传真：0376－2255299
邮编：464236

商城县旅游局
地址：信阳市商城县
电话：0376－7939926
传真：0376－7939926
邮编：465350

光山县文物旅游局
地址：信阳市光山县
电话：0376－8888321
邮编：465450

潢川县旅游局
地址：信阳市潢川县
电话：0376－3931653
传真：0376－3931169
邮编：465150

驻马店市旅游局
地址：驻马店市文明大道北段99号
电话：0396－2625287
传真：0396－2625287
邮编：463000

泌阳县旅游局
地址：驻马店市泌阳县行政路中段
电话：0396－7922431
传真：0396－7922144
邮编：463700

汝南县旅游局
地址：驻马店市汝南县中心大街北段
电话：0396－8022526
传真：0396－8022526
邮编：463300

遂平县旅游局
地址：驻马店市遂平县建设路中段
电话：0396－4909752
传真：0396－2567760
邮编：463100

确山县旅游局
地址：驻马店市确山县解放路中段
电话：0396－7012991
传真：0396－7016078
邮编：463200

西平县旅游局
地址：驻马店市西平县西平大道
电话：0396－6263338
传真：0396－6262008
邮编：463900

周口市旅游局
地址：周口市市政府南楼7楼
电话：0394－8273794
传真：0394－8227091
邮编：466000

川汇区旅游局
地址：周口市川汇区川汇大酒店
电话：0394－8381897
邮编：466000

淮阳县旅游局
地址：周口市淮阳县政府2楼
电话：0394－2664028
邮编：466700

鹿邑县旅游局
地址：周口市鹿邑县政府街
电话：0394－7221757
邮编：477250

太康县旅游局
地址：周口市太康县人民政府政府2楼
电话：0394－6828398
邮编：461400

西华县旅游局
地址：周口市西华县政府3楼
电话：0394－2554111
邮编：466600

沈丘县旅游局
地址：周口市沈丘县中心街
电话：0394－5222308
邮编：466300

项城市旅游局
地址：周口项城市政府1楼
电话：0394－4320050
邮编：466200

郸城县旅游局
地址：周口市郸城县政府2楼
电话：0394－3222748
邮编：477150

济源市旅游局
地址：济源市新行政区2号楼
电话：0391－6633186
传真：0391－6633233
邮编：454650

旅行社

河南旅游集团有限公司
地址：郑州市城东路288号
电话：0371－68262836
邮编：450003
网址：www.hntg.net
许可证号：L－HEN－GJ00001

河南省中国国际旅行社有限责任公司
地址：郑州市农业路东1号豫博大厦西塔16层
电话：0371－65853232
邮编：450008
网址：www.citshn.com
许可证号：L－HEN－GJ00002

洛阳中国国际旅行社有限公司
地址：洛阳九都西路旅游大厦
电话：0379－64313701
邮编：471003
许可证号：L－HEN－GJ00003

郑州豫之旅海外国际旅行社有限公司
地址：郑州市纬五路22号
电话：0371－65528887
邮编：450006
网址：www.zhengzhoutravel.com
许可证号：L－HEN－GJ00004

洛阳中国青年旅行社有限责任公司
地址：洛阳市西工区金谷园路72号（滨江大厦）
电话：0379－633053366
邮编：471009
网址：www.96100.net
许可证号：L－HEN－GJ00005

开封中国国际旅行社
地址：开封市迎宾路98号
电话：0378－3988070
邮编：475000
网址：www.kfcits.com
许可证号：L－HEN－GJ00006

河南登封中国国际旅行社有限公司
地址：登封市北环路西段
电话：0371－62872137
邮编：452470
网址：www.shaolinkungfutour.com
许可证号：L－HEN－GJ00008

南阳国旅国际旅行社有限公司
地址：南阳市人民南路1036号
电话：0377－63069059
邮编：473000
网址：www.0377u.com
许可证号：L－HEN－GJ00009

三门峡中国国际旅行社有限公司
地址：三门峡市崤山路中段
电话：0398－2821061
邮编：472000
许可证号：L－HEN－GJ00010

安阳中国国际旅行社
地址：安阳市友谊路1号
电话：0372－5925650
邮编：455000
网址：www.aycits.com
许可证号：L－HEN－GJ00011

洛阳和平国际旅行社
地址：洛阳市涧西区洛矿宾馆院内
电话：0379－64088777
邮编：471039
许可证号：L－HEN－GJ00012

河南省中国青年旅行社
地址：郑州市经五路1号附1号
电话：0371－65934389
邮编：450003
网址：www.hncyts.com.cn
许可证号：L－HEN－GJ00013

河南中州国际旅行社有限公司
地址：郑州市金水路115号
电话：0371－65927009
邮编：450003
网址：www.zzgj.com
许可证号：L－HEN－GJ00014

河南中原国际旅行社有限公司
地址：郑州市红专路117号
电话：0371－65947365
邮编：450008
网址：www.cita.com.cn
许可证号：L－HEN－GJ00015

河南康辉国际旅行社有限责任公司
地址：郑州市城东路94号华亿大厦五楼
电话：0371－68263697
邮编：450004
许可证号：L－HEN－GJ00016

河南中信国际旅行社有限公司
地址：郑州市紫荆山路1号紫荆山商务写字楼8楼
电话：0371－65263718
邮编：450003
许可证号：L－HEN－GJ00017

河南省中国旅行社
地址：郑州市花园路85号新闻大厦
电话：0371－65582620
邮编：450003
网址：www.ctshn.net
许可证号：L－HEN－GJ00018

河南省海外旅游有限公司
地址：郑州市黄河路126号江山大厦A座5层、11层
电话：0371－60276998
邮编：450053
网址：www.otc-cn.com
许可证号：L－HEN－GJ00019

洛阳邮电国际旅行社
地址：洛阳市凯旋东路15号
电话：0379－63926198 63929308
邮编：471000
网址：www.hnta.cn
许可证号：L－HEN－GJ00020

河南飞象国际旅行社有限公司
地址：郑州市金水路113号丽晶大厦
电话：13303856017

邮编：450003
许可证号：L－HEN－GJ00021

河南豫泰国际旅行社有限公司
地址：郑州市民航路19号
电话：0371－65990111 65973000
邮编：450003
许可证号：L－HEN－GJ00022

洛阳市中旅旅行社有限公司
地址：洛阳市涧西区南昌路申泰大厦8楼
电话：0379－64617188
邮编：471003
网址：www.sunshine-tuor.com.cn
许可证号：L－HEN－GJ00023

河南金城国际旅行社有限公司
地址：郑州市健康路159号发展大厦二楼
电话：0371－63280883
邮编：450053
网址：www.jctour.com
许可证号：L－HEN－GJ00025

河南风国际旅行社有限责任公司
地址：郑州市政二街5号
电话：0371－65963377
邮编：450003
网址：hnf.hnta.cn
电子信箱：hnf@hnta.cn
许可证号：L－HEN－GJ00026

中原铁道国际旅行社
地址：郑州市京广中路41号
电话：0371－68379331
邮编：450052
网址：www.crits.net
许可证号：L－HEN－GJ00027

河南小浪底国际旅行社有限公司
地址：郑州市东大街129号
电话：0371－65362312
邮编：471000
网址：www.xldgl.com
许可证号：L－HEN－GJ00028

濮阳市辉煌国际旅行社有限公司
地址：濮阳市胜利路142号
电话：0393－4728579 4728577
邮编：457001
许可证号：L－HEN－GJ00029

河南龙源国际旅行社有限公司
地址：郑州市嵩山路4号
电话：0371－67906195
邮编：450052
网址：www.86ly.net
许可证号：L－HEN－GJ00030

开封光利国际旅行社有限责任公司
地址：开封市五福路30号
电话：0378－3902218 3902216
邮编：475003
网址：www.kfgl.com
许可证号：L－HEN－GJ00031

河南新飞国际旅行社有限公司
地址：新乡市宏力大道370号
电话：0373－3389991
邮编：453000
许可证号：L－HEN－GJ00032

河南豫龙国际旅行社有限公司
地址：郑州市纬五路49号
电话：0371－66930008
邮编：455003
许可证号：L－HEN－GJ00033

平顶山友好国际旅行社有限公司
地址：平顶山市中兴路东
电话：0375－2999999
邮编：467000
许可证号：L－HEN－GJ00034

河南职工国际旅行社
地址：郑州市金水路16号龙祥宾馆
电话：0371－65920366
邮编：450014
许可证号：L－HEN－GJ00035

河南大河国际旅行社有限公司
地址：郑州市花园路66号
电话：0371－65929999
邮编：450003
网址：www.daheyou.com
电子信箱：dhgllk@163.com
许可证号：L－HEN－GJ00036

三门峡春秋国际旅行社有限公司
地址：三门峡市黄金大酒店8楼
电话：0398－2939136
邮编：472000
网址：www.SMXCQ.com
许可证号：L－HEN－GJ00037

宾馆酒店

索菲特国际饭店★★★★★
地址：郑州市城东路289号
电话：0371－65950088
传真：0371－65950080
邮编：450003
网址：www.accorhotels.com/asia

河南首旅兴亚（国际）酒店★★★★★
地址：郑州市金水大道东段机场路86号
电话：0371－65792222
传真：0371－65996290
邮编：450008
网址：xyjianguohotels.com.cn

裕达国贸饭店★★★★★
地址：郑州市中原路中段220号
电话：0371－67438888
传真：0371－66762115
邮编：450007
网址：www.yudapalacehotel.com.cn

河南中州皇冠假日宾馆★★★★★
地址：郑州市金水区金水路115号
电话：0371－65950055
传真：0371－65858880
邮编：450003
网址：www.crowneplaza.com
电子信箱：hicp22@public.zz.ha.cn

郑州光华大酒店★★★★
地址：郑州高新区瑞达路68号
电话：0371－67992888
传真：0371－67993888
邮编：450001

河南省红珊瑚酒店有限公司★★★★
地址：郑州市二马路20号
电话：0371－6986688
传真：0371－66993222
邮编：450000
网址：www.redcoralhotel.com
电子信箱：hsh@redcoralhotel.com

河南开来大酒店★★★★
地址：郑州市丰产路111号
电话：0371－66767777
传真：0371－66767633
邮编：450008

中都饭店★★★★
地址：郑州市航海中路99号
电话：0371－68781188
传真：0371－68732167
邮编：450005
网址：www.zdhotel.com
电子信箱：zd@zdhotel.com

大河锦江饭店★★★★
地址：郑州市花园路66号
电话：0371－65929999
传真：0371－65927777
邮编：450003
电子信箱：dahejinjiang@800e.net

河南龙源大酒店★★★★
地址：郑州市淮河西路1号
电话：0371－67906222
传真：0371－68978882
邮编：450052
网址：www.sd-hotel.com

郑州御花园酒店★★★★
地址：郑州市黄河北街9号
电话：0371－63871666
传真：0371－63871788
邮编：450008

河南德亿大酒店★★★★
地址：郑州市机场路9号
电话：0371－65979999
传真：0371－65991599
邮编：450003
网址：www.deyihotel.com.cn
电子信箱：deyi@deyihotel.com.cn

河南新长城置业有限公司长城饭店★★★★
地址：郑州市经三路14号
电话：0371－65797777
传真：0371－65797666
邮编：450003
网址：www.chch-hotel.com

郑州丰乐园大酒店★★★★
地址：郑州市南阳路北段
电话：0371－66771188
传真：0371－66771111
邮编：450053
网址：www.fengleyuan.net
电子信箱：fengleyuan@21cn.com

河南新华建国饭店★★★★
地址：郑州市人民路22号
电话：0371－66287788
传真：0371－66287188
邮编：450000

郑州未来大酒店有限公司★★★★
地址：郑州未来大道69号附1号
电话：0371－65612288
传真：0371－65612255
邮编：450008
网址：www.weilaiconifer.com
电子信箱：bc@weilaiconifer.com

中原油田郑州金桥宾馆★★★★
地址：郑州市金水区金水路43号
电话：0371－63882888
传真：0371－65950025
邮编：450053
网址：www.jinqiaohotel.com

郑州新登少林大酒店★★★★
地址：郑州登封市少林路20号
电话：0371－62860889
传真：0371－62861448
邮编：452470

河南登封天中大酒店★★★★
地址：郑州登封市中岳大街22号
电话：0371－67306002
传真：0371－47306555 升星
邮编：452470
网址：www.tianzhonghotel.com

新密市青屏宾馆贵宾楼★★★★
地址：郑州新密市行政路9号
电话：0371－69822188
传真：0371－69884000
邮编：452370

灵宝紫金宫国际大酒店★★★★
地址：三门峡灵宝市长安路中段
电话：0398－8866888
传真：0398－8855888
邮编：472500

颐君大厦★★★★
地址：洛阳市洛龙路87号
电话：0379－65979500
传真：0379－65979699
邮编：471023
网址：www.yijunhotel.com
电子信箱：yijunhotel@sina.com

洛阳大酒店★★★★
地址：洛阳市南昌路南段
电话：0379－4327408、4324208
传真：0379－4310784
邮编：471003
网址：www.lygrandhotel.com

洛阳航空城酒店管理有限责任公司★★★★
地址：洛阳市体育场路8号
电话：0379－63385599
传真：0379－63384477
邮编：471009
网址：www.lyinfo.ha.cn
电子信箱：lyhkcjd@126.com

金水湾大酒店★★★★
地址：洛阳市中州中路319号
电话：0379－3395588
传真：0379－3395678
邮编：471000
网址：www.jswhotel.com.cn
电子信箱：jswhotal@163.com

牡丹城宾馆★★★★
地址：洛阳市涧西区南昌路2号
电话：0379－4681111
传真：0379－4930303
邮编：471003
网址：www.jingan-peonyplaza.com
电子信箱：mudan888@tom.com

牡丹大酒店★★★★
地址：洛阳市涧西区七里河中州西路15号
电话：0379－4680000
传真：0379－4856999
邮编：471003
网址：www.peonyhotel.net
电子信箱：lymddjd@yahoo.com.cn

栾川君山饭店★★★★
地址：洛阳市栾川县城君山东路3号
电话：0379－6810888　6810988
传真：0379－6810989
邮编：471500
网址：www.junshanhotel.com.cn
电子信箱：junshanhotel@163.com

焦作市山阳宾馆★★★★
地址：焦作市解放中路299号
电话：0391－3929999
传真：0391－3939015
邮编：454002

亿万饭店★★★★
地址：焦作市民主中路189号
电话：0391－2616666
传真：0391－2623767
邮编：454001
网址：www.yiwanhotel.com.cn
电子信箱：yiwan@163.com

新乡国际饭店★★★★
地址：新乡市南干道99号
电话：0373－5088888
传真：0373－5069156
邮编：453000
网址：www.xxihotel.com
电子信箱：xxihotel@vip.371.net

新乡宾馆★★★★
地址：新乡市平原路33号
电话：0373－2088888
传真：0373－2032124
邮编：453000
网址：xxbg@xxbg.com
电子信箱：xxhotel@371.net

中原宾馆★★★★
地址：安阳市北门东街52号
电话：0372－5923235
传真：0372－5922231
邮编：455000
网址：www.ayhotel.com
电子信箱：aybgh@public.ayptt.ha.cn

安阳宾馆★★★★
地址：安阳市友谊路1号
电话：0372－5922219
传真：0372－5922244
邮编：455000
网址：www.ayhotel.com
电子信箱：aybgh@public.ayptt.ha.cn

安彩大酒店★★★★
地址：安阳市中州路东段
电话：0372－3936916
传真：0372－3925583
邮编：455000
网址：www.ancaihotel.com.cn
电子信箱：ancaihotel@tom.com

濮阳迎宾馆★★★★
地址：濮阳市西环路北段
电话：0393－4602999
传真：0393－4602888
邮编：457000
网址：www.py-ah.com
电子信箱：mail@py-ah.com

商丘天宇大酒店★★★★
地址：商丘市神火大道111号
电话：0370－2206188
传真：0370－2515364
邮编：476000
网址：www.ty-notel.cn

许昌迎宾馆★★★★
地址：许昌市八一东路6666号
电话：0374－2966666
传真：0374－2966999
邮编：461000
网址：www.yingbinhotelxuchang.com

许昌瑞贝卡大酒店★★★★
地址：许昌市建设路1202号
电话：0374－2999999
传真：0374－2999666
邮编：461000
网址：www.rebeccahotel.com
电子信箱：rebeccayd@163.com

金都大酒店★★★★
地址：漯河市长江路中段
电话：0395－339999
传真：0395－2966666
邮编：462002
网址：www.lhjindu.com
电子信箱：jlhjindujd@163.com

平顶山神马大酒店★★★★
地址：平顶山市建设西路北1号
电话：0375－2696666
传真：0375－2696969
邮编：467002
网址：www.shenmahotel.com

平顶山煤业（集团）平安大厦★★★★
地址：平顶山市民主路2号
电话：0375－2788888
传真：0375－2788999
邮编：467000

舞钢大酒店东华苑★★★★
地址：平顶山舞钢市湖滨大道
电话：0375－8116999
传真：0375－8116333
邮编：462500

南阳金凯悦东方酒店★★★★
地址：南阳市张衡路6号
电话：0377－63591666
传真：0377－63592966
邮编：473000

南阳银都建国酒店★★★★
地址：南阳市中州路268号
电话：0377－3895999
传真：0377－3895555
邮编：473000

鹳河中州国际饭店★★★★
地址：南阳市西峡县人民路与紫金路交叉
电话：0377－6969666
传真：0377－69696677
邮编：475400

阳光宾馆★★★★
地址：信阳市浉河区新华东路60号
电话：0376－6208666
传真：0376－6225598
邮编：464000
网址：www.xyygbg.com
电子信箱：xyygbg@163.com

信阳蓝天度假村★★★★
地址：信阳市光山县敖洼经济开发区
电话：0376－8579999
传真：0376－8576605
邮编：465419
网址：www.hnlt.com.cn/oldweb/djc

周口饭店★★★★
地址：周口市川汇区五一路北段12号
电话：0394－8223766
传真：0394－8263776
邮编：466000
网址：www.zhoukouhotel.com
电子信箱：wangye035@163.com

天龙大酒店★★★★
地址：驻马店市文明路289号
电话：0396－2859999
传真：0396－2859888
邮编：463000
网址：www.tianlonghotel.com.cn

雅士达酒店★★★★
地址：济源市沁园北街
电话：0391－6618888
传真：0391－6635198
邮编：454650
网址：www.ysdhotel.com
电子信箱：jastarhotel@126.com

华联广州大酒店★★★
地址：郑州市北二七路
电话：0371－66228846
传真：0371－66226230
邮编：450000
网址：www.hayyly.com
电子信箱：hayyly@163.com

郑州天河大酒店★★★
地址：郑州市北二七路110号
电话：0371－66228888
传真：0371－66228210
邮编：450000

河南融和宾馆★★★
地址：郑州市北二七路56号
邮编：450000
电话：0371－66265101
传真：0371－66235204

海天大酒店★★★
地址：郑州市城东路288号
电话：0371－68262999
传真：0371－65961603
邮编：450003
网址：www.ht.hotel.com

长江饭店★★★
地址：郑州市大学南路98号
电话：0371－68186668
传真：0371－68186669
邮编：450005
电子信箱：gqw1224@sina.com

金阳光大酒店★★★
地址：郑州市二马路86号
电话：0371－66969999
传真：0371－66999534
邮编：450000
网址：www.goldensunshinehotel.com.cn

亚龙湾大酒店★★★
地址：郑州市丰产路101号
电话：0371－65510777
传真：0371－65510699
邮编：450008
网址：www.yalongwanhocal.com

郑州烟草科技公寓酒店★★★
地址：郑州市高新区枫杨路2号
电话：0371－67672888
传真：0371－67672781
邮编：450001

郑州金桥商务酒店★★★
地址：郑州市高新区科技大道79号
电话：0371－67996588
传真：0371－67996589
邮编：450001

河南易元酒店★★★
地址：郑州市红旗路39号
电话：0371－63699333
传真：0371－63870000
邮编：450002

豫棉宾馆★★★
地址：郑州市红专路66号
电话：0371－67260888
传真：0371－65922292
邮编：450008
电子信箱：ymhotel@sina.com

金谷源大酒店★★★
地址：郑州市花园路19－20号
电话：0371－65505906
传真：0371－65996246
邮编：450008

河南新世纪大厦★★★
地址：郑州市花园路50号
电话：0371－65736688
传真：0371－65721559
邮编：450008
网址：www.hnnchotel.com

丰乐园商务酒店★★★
地址：郑州市花园路82号
电话：0371－65830088
邮编：450003

安钢大厦★★★
地址：郑州市机场路68号
电话：0371－65968899
传真：0371－65945565
邮编：450003

郑州机场温泉大酒店★★★
地址：郑州市机场迎宾大道
电话：0371－68510818
传真：0371－68510818
邮编：451162
电子信箱：zzairporthotel@163.com

亚细亚大酒店★★★
地址：郑州市解放西路165号
电话：0371－66909888
传真：0371－66969877
邮编：450000

河南宾馆★★★
地址：郑州市金水大道26号
电话：0371－63529888
传真：0371－63944619
邮编：450003

河南冰熊大厦★★★
地址：郑州市经三路22号
电话：0371－65998866
传真：0371－65994820
邮编：450008
网址：www.bingxionghotel.com

河南天翔大酒店★★★
地址：郑州市经三路9号
电话：0371－65551555
传真：0371－65551333
邮编：450008
网址：www.tianxianghotel.com

豫烟大厦★★★
地址：郑州市经三路北15号
电话：0371－65951166
传真：0371－65992738
邮编：450008

经保大酒店★★★
地址：郑州市经四路7号
电话：0371－65830500
传真：0371－65990090
邮编：450003

郑州天苑宾馆★★★
地址：郑州市经五路18号
电话：0371－65799500
传真：0371－65799222
邮编：450002

裕华大酒店★★★
地址：郑州市陇海东路303号
电话：0371－66598999
传真：0371－66319001
邮编：450003

河南明珠大酒店★★★
地址：郑州市人民路6号
电话：0371－66289998
传真：0371－66289988
邮编：450000

河南天中大酒店★★★
地址：郑州市顺河路31号
电话：0371－66346888
传真：0371－66345888 更名
邮编：450004
电子信箱：hntzhhotel@163.com

嵩阳饭店★★★
地址：郑州市嵩山北路28号
电话：0371－67808888
传真：0371－67950068
邮编：450052
网址：www.dcod.com.cn

杜康大酒店★★★
地址：郑州市桐柏路178号
电话：0371－67676888
传真：0371－6
邮编：450007

物华大酒店★★★
地址：郑州市纬五路38号
电话：0371－65946600
传真：0371－65946600－3102
邮编：450003
网址：www.wuhuahotel@163.net

山河宾馆★★★
地址：郑州市纬五路中段11号
电话：0371－65575000
传真：0371－65955797
邮编：450003
网址：www.shanhehotel.com
电子信箱：shbgzhb@126.com

河南农大桃李园大酒店★★★
地址：郑州市文化路95号

电话：0371－63555701
传真：0371－63555766
邮编：450002

天泉大酒店★★★
地址：郑州市西大同路一号
电话：0371－66986888
传真：0371－6991804
邮编：450000
电子信箱：tqhlhn@ prblic. zz. hy. an

生茂饭店★★★
地址：郑州市兴华北街 18 号
电话：0371－66776188
传真：0371－66776199
邮编：450052
网址：www. samosthotel. com
电子信箱：info@ samosthotel. com

郑州大酒店★★★
地址：郑州市兴隆街 8 号
电话：0371－66760111
传真：0371－66760444
邮编：45000

嵩山饭店★★★
地址：郑州市伊河路 160 号
电话：0371－67176677
传真：0371－67171888
邮编：450006
网址：www. songshanhotel. com

龙门大酒店★★★
地址：郑州市郑花路 20 号
电话：0371－66770077
传真：0371－66770188
邮编：450008

河南信阳羚锐大厦★★★
地址：郑州市政六街 19 号
电话：0371－65645208
传真：0371－65645003
邮编：450008
电子信箱：hnxylrds@ yahoo. com

河南金审宾馆★★★
地址：郑州市政七街
电话：0371－65510247
传真：0371－65510244
邮编：450008

豫财宾馆★★★
地址：郑州市政七街 10 号
电话：0371－65728334
传真：0371－65718771
邮编：450008

黄河饭店★★★
地址：郑州市中原路 106 号
电话：0371－67809999
传真：0371－67972235
邮编：450052
网址：www. huanghehotel. com
电子信箱：hhh@ huanghehotel. com

黄淮宾馆★★★
地址：郑州市金水区金水路 121 号
电话：0371－65809168、65809988
传真：0371－65809166
邮编：450003

河南省龙祥宾馆★★★
地址：郑州市金水区金水路 16 号
电话：0371－65954888
传真：0371－65974980

邮编：450003
网址：www. ht. hotel. com
电子信箱：hnlxhotel@ 163. com

河南民航大酒店★★★
地址：郑州市金水区金水路 3 号
电话：0371－65781111
传真：0371－65955762
邮编：450003
网址：www. hncahotel. com

金河宾馆★★★
地址：郑州市金水区金水路 7 号
电话：0371－65954279
传真：0371－65930782
邮编：450003

友谊宾馆★★★
地址：郑州市金水区金水路 97 号
电话：0371－66228807
传真：0371－66224728
邮编：450053
网址：www. hayyly. com
电子信箱：hayyly@ 163. com

上街银都宾馆★★★
地址：郑州市上街区孟津路 2 号
电话：0371－67295016
传真：0371－68914041
邮编：450041
网址：www. yindubinguan. com
电子信箱：ydgs@ 371. net

新郑市宝恒皇宫大酒店★★★
地址：郑州新郑市新华路 9 号
电话：0371－62599999
传真：0371－62599966
邮编：451100

登封嵩山迎宾馆★★★
地址：郑州登封市少林路 130 号
电话：0371－62852368
传真：0371－62852348
邮编：452470

登封新世纪大酒店有限责任公司★★★
地址：郑州登封市少林大道中段 103 号
电话：0371－62855166
传真：0371－62855168
邮编：452470

登封丰源大酒店★★★
地址：郑州登封市中岳大街 18 号
电话：0371－62865081
传真：0371－62867090
邮编：452470
网址：www. fyhotel. com
电子信箱：fyhotel@ public2. zz. ha. cn

百乐门酒店★★★
地址：郑州新密市嵩山大道西段
电话：0371－69800555
传真：0371－69808058
邮编：452370

巩义贝克大酒店★★★
地址：郑州巩义市人民路 92 号
电话：0371－64367888
传真：0371－64367747
邮编：451200

巩义市宾馆★★★
地址：郑州巩义市新华路 31 号
电话：0371－64351358
传真：0371－64310127

邮编：451200
电子信箱：sntou@ 163. com

荥阳市龙吟堂大酒店★★★
地址：郑州荥阳市京城路 5 号
电话：0371－64616090
传真：0371－64616092
邮编：450100

三门峡金玫瑰大酒店★★★
地址：三门峡市北河堤路中段
电话：0398－2966566
传真：0398－2966667
邮编：471000

三门峡宾馆★★★
地址：三门峡市六峰路 28 号
电话：0398－2821701
传真：0398－2821169
邮编：472000
网址：www. smxhotel. net
电子信箱：smxhotel@ 126. com

三门峡金泉宾馆★★★
地址：三门峡市西温塘
电话：0398－3803333
传真：0398－3804326
邮编：472143
网址：www. jqhotel. com
电子信箱：smxjq@ 21cn. com

鸿志大酒店★★★
地址：三门峡市向阳路南段
电话：0398－2958888
传真：0398－2958800
邮编：472000
网址：www. hzhotel. com. cn

三门峡金镛宾馆★★★
地址：三门峡市崤山路西段
电话：0398－2922666
传真：0398－2826566
邮编：472000

三门峡明珠宾馆★★★
地址：三门峡市崤山路中段
电话：0398－2821508
传真：0398－2821509
邮编：472000
电子信箱：info@ hhmzhotel. com

三门峡烟草大厦★★★
地址：三门峡市崤山路中段
电话：0398－2925000
传真：0398－2925155
邮编：472000
网址：www. yancaodasha. com
电子信箱：yancaodasha@ 163. com

黄金大酒店★★★
地址：三门峡市崤山路中段
电话：0398－2958000
传真：0398－2958006
邮编：472000

义马市宾馆★★★
地址：三门峡义马市千秋路
电话：0398－5655889
传真：0398－5655877
邮编：472300

三门峡义马市榕花宾馆★★★
地址：三门峡义马市千秋路 6 号
电话：0398－5891743

传真：0398－5898404
邮编：472300

灵宝轩瑞温泉水上乐园酒店★★★
地址：三门峡灵宝市函谷路北段
电话：0398－8838888
传真：0398－8838118
邮编：472500

灵宝信合大厦★★★
地址：三门峡灵宝市市区
电话：0398－8861999
传真：0398－8861797
邮编：472500
网址：www. xhh21cn. com
电子信箱：xinhehotel@ 21cn. com

渑池县会盟大酒店★★★
地址：三门峡市渑池县会盟大道
电话：0398－4889999
传真：0398－4889989
邮编：472400
电子信箱：huimeng75@ 126. com

豪迈饭店★★★
地址：洛阳市谷水西路新工业园
电话：0379－67312308 67312303
传真：0379－7312318
邮编：471822
网址：www. hmfd. sws8. com
电子信箱：lyhaomaifd@ 163. com

新健隆酒店★★★
地址：洛阳市凯旋东路3号立交桥北
电话：0379－63251111 63252222
传真：0379－63229908 63210008
邮编：471000
网址：www. newjianlong. com
电子信箱：newjianlong@ 163. com

洛阳拙耕园宾馆★★★
地址：洛阳市龙门大道71号
电话：0379－65526598
传真：0379－65526598
网址：www. zhuogy-hotel. com
邮编：471022
电子信箱：sunyashe33@ 126. com

洛阳迎宾馆★★★
地址：洛阳市人民西路6号
电话：0379－63308689
传真：0379－63308686
邮编：471000
网址：www. lyybg. com. cn
电子信箱：lyybg@ 126. com

偃师宾馆★★★
地址：洛阳市商城路45号
电话：0379－7717001
传真：0379－7711164
邮编：471900

航空城商务酒店★★★
地址：洛阳市体育场路1号
电话：0379－63399888
传真：0379－63399699
邮编：471009
网址：www. lyinfo. ha. cn
电子信箱：lyhkcjd@ 126. com

国际金融大酒店★★★
地址：洛阳市中州中路439号国际金融大厦
电话：0379－63903888
传真：0379－63320222
邮编：471000

网址：www. lyhotel. com. cn
电子信箱：lyhotel@ 163. com

九龙宾馆★★★
地址：洛阳中州中路54号
电话：0379－63953018 63416666
传真：0379－63416671
邮编：471000
网址：www. lyyiyun. com

洛阳新聚和酒店★★★
地址：洛阳市西工区解放路19号
电话：0379－62568666
传真：0379－63196018
邮编：471000
网址：www. newjuhe. com
电子信箱：jifuduji@ 163. com

洛阳市军安大酒店★★★
地址：洛阳市西工区纱厂西路104号
电话：0379－63175699
传真：0379－63176806
邮编：471000
网址：www. lyjunan. com
电子信箱：d_m1234@ 126. com

洛阳悦华大酒店★★★
地址：洛阳市西工区行署路西端
电话：0379－63348888 63348889
传真：0379－63348818
邮编：471000

神都大厦★★★
地址：洛阳市老城区黄梅路168号
电话：0379－63485088 63485168
传真：0379－63485100
邮编：471000
网址：www. shenduhotel. com
电子信箱：shenduhotel@ 163. com

洛阳市洛阳宾馆★★★
地址：洛阳市老城区人民街23号
电话：0379－62628551
传真：0379－63963768
邮编：471002

鸿泉宾馆★★★
地址：洛阳市涧西区芳华路西段
电话：0379－64269666
传真：0379－64265570
邮编：471003
网址：www. lyhqbg. con
电子信箱：fyfking@ sina. com

盛唐大酒店★★★
地址：洛阳市涧西区华山路7号
电话：0379－64293600
传真：0379－64273702
邮编：471039

洛阳市东方酒店★★★
地址：洛阳市涧西区建设路182号
电话：0379－64960008
传真：0379－64969343
邮编：471003
网址：www. lyta. com
电子信箱：dfbgqtb@ 163. com

小浪底大厦★★★
地址：洛阳市涧西区南昌路南段
电话：0379－64946688
传真：0379－64946288
邮编：471003
网址：www. newjianlong. com
电子信箱：xld@ 371. net

新友谊大酒店★★★
地址：洛阳市涧西区西苑路付6号
电话：0379－4686666
传真：0379－4686667
邮编：471003
网址：www. lyxyy. com

宝缘大酒店★★★
地址：洛阳市吉利区大庆路
电话：0379－66955888
传真：0379－66955998
邮编：471012
网址：www. baoyuan998@ sohu. com
电子信箱：baoyuan998@ sohu. com

孟津县宾馆★★★
地址：洛阳市孟津县城桂花路122号
电话：0379－67919200
传真：0379－67919210
网址：www. sina. com. cn

伊龙国际大酒店★★★
地址：洛阳市伊川县杜康大道南段
电话：0379－68360809
传真：0379－68368099
邮编：471000
网址：www. yilong. com. cn

月季大酒店★★★
地址：焦作市果园路
电话：0391－2618888
传真：0391－2618888
邮编：454001
网址：www. jzyuejihotel. com
电子信箱：yueji5166@ 126. com

怀源假日酒店★★★
地址：焦作市解放东路1199号
电话：0391－3952881
传真：0391－3952896
邮编：454171
网址：www. hyjr. com
电子信箱：jzhyjr@ 126. com

阳光大酒店★★★
地址：焦作市太行中路59号
电话：0391－3531817
传真：0391－3533353
邮编：454002
网址：www. jzxd. com
电子信箱：jzxdgs@ 126. com

焦作市星鹏中州度假酒店★★★
地址：焦作市马村区安阳城
电话：0391－3115888
传真：0391－3115000
邮编：454000

孟州市华鑫宾馆★★★
地址：焦作孟州市黄河大道中段
电话：0391－8169999
传真：0391－8169950
邮编：454750

沁阳市宾馆★★★
地址：焦作沁阳市怀府东路2号
电话：0391－5617166
传真：0391－5617038
邮编：454450
电子信箱：liusanyuan777@ 163. com

焦作中州宾馆★★★
地址：焦作市修武县方庄镇
电话：0391－3506698
传真：0391－3506686

邮编：454000
网址：www. zzhotel. net

金博爱迎宾馆★★★
地址：焦作市博爱县中山路东段
电话：0391－8698888
传真：0391－8691118
邮编：454450
电子信箱：kjj3721@ yahoo. com. cn

新乡市新飞大酒店★★★
地址：新乡市北干道370号
电话：0373－3371559
传真：0373－3371567
邮编：453002

新乡电力宾馆★★★
地址：新乡市宏力大道138号
电话：0373－2020046
传真：0373－2020047
邮编：453002

升星九州宾馆★★★
地址：新乡市平原路12号
电话：0373－2788888
传真：0373－2020121
邮编：453000

黄河宾馆★★★
地址：新乡市荣校路6号
电话：0373－3069988
传真：0373－3050824
邮编：453003

天泉宾馆★★★
地址：新乡市中原路129号
电话：0373－3728888
传真：0373－3048606
邮编：453003
电子信箱：xxmy18@ sohu. com

新乡市卫辉宾馆★★★
地址：新乡市卫辉县前街103号
电话：0373－4491172　4491171
传真：0373－4495623
邮编：453100

辉县市假日大酒店★★★
地址：新乡辉县市百泉药都
电话：0373－6231111
传真：0373－6231116
邮编：453600

新乡宾馆刘庄大酒店★★★
地址：新乡市新乡县七里营镇刘庄村
电话：0373－5681898
传真：0373－5681999
邮编：453731
电子信箱：lzdjd_1999@ 163. com

宏力大酒店★★★
地址：新乡市长垣县建设路
电话：0373－8856666
传真：0373－8856666－8121
邮编：453400
网址：www. honlivhotel. com
电子信箱：hotel@ honliv. com. cn

鹤壁宾馆★★★
地址：鹤壁市长风中路62号
电话：0392－2623755
传真：0392－2625194
邮编：456650

鹤壁市开发区益元商务宾馆★★★
地址：鹤壁市兴鹤大街中段194号
电话：0392－2188888
传真：0392－2187178
邮编：458030

鹤源宾馆★★★
地址：鹤壁市淇滨大道东段
电话：0392－3396400
传真：0392－3396488
邮编：458030

淇河宾馆★★★
地址：鹤壁市淇滨经济开发区兴鹤大街中段
电话：0392－3313800
传真：0392－3313796
邮编：458030
电子信箱：hbqhbg@ 371. net

三兴宾馆★★★
地址：鹤壁市淇滨康乐村
电话：0392－3361511
传真：0392－3335251
邮编：458030

东方国际酒店★★★
地址：鹤壁市淇滨大道中段
电话：0392－3312999
传真：0392－3314499
邮编：458030

丰乐园大酒店★★★
地址：安阳市开发区华山大街
电话：0372－3901888
传真：0372－3902088
邮编：455000
网址：www. aykd. com. cn
电子信箱：aycmy@ 163. net

安阳市阳光大酒店★★★
地址：安阳市文峰大道5号
电话：0372－3196666
传真：0372－3196555
邮编：455000

安阳市龙腾宾馆★★★
地址：安阳市文明大道和中州路交叉
电话：0372－3995000
传真：0372－3995071
邮编：455000

安阳市长城宾馆★★★
地址：安阳市新兴街5号
电话：0372－5910669
传真：0372－5931663
邮编：455000
电子信箱：aygw@ 371. net

安阳市安旅恒运商务酒店★★★
地址：安阳市彰德路1号
电话：0372－5955888
传真：0372－5125999
邮编：455000

林州宾馆★★★
地址：安阳林州市太行路中段
电话：0372－6816888
传真：0372－6816428
邮编：456550
网址：www. zhou. com/wg/lzbg/
电子信箱：lzxgz@ 371. net

旋光国际酒店★★★
地址：安阳市汤阴县光明路中段
电话：0372－6225966
传真：0372－6225918
邮编：456150

滑县华良宾馆★★★
地址：安阳市滑县道口镇解放北路
电话：0372－8113070
传真：0372－8116666
邮编：456400

内黄枣乡度假村★★★
地址：安阳市内黄县新兴路北段路东
电话：0372－7727166
传真：0372－7727166
邮编：456300
网址：www. 371. net
电子信箱：axdjc@ vp. 371. net

柏维东苑宾馆★★★
地址：濮阳市大庆路234号
电话：0393－8855000
传真：0393－8855888
邮编：457001
电子信箱：biwayeastgh@ 163. com

中原明珠大酒店★★★
地址：濮阳市黄河路西段
电话：0393－4477800
传真：0393－4477858
邮编：457001
网址：www. pymzhotel. com
电子信箱：pymzhotel@ yahoo. com. cn

濮阳宾馆★★★
地址：濮阳市建设路14号
电话：0393－4415806
传真：0393－4414066
邮编：457000
网址：www. pyhotel. com. cn
电子信箱：pybg@ pyhotel. com. cn

泽世源大酒店★★★
地址：濮阳市京开大道304号
电话：0393－4885533
传真：0393－4881555
邮编：457001
网址：www. zeshiyuanhotel. com
电子信箱：wjghl0706@ 163. com

长城饭店★★★
地址：濮阳市胜利路5号
电话：0393－4432968
传真：0393－4434666
邮编：457000

濮阳市濮州宾馆★★★
地址：濮阳市范县濮城开发区
电话：0393－4840999
传真：0393－4840888
邮编：457531

开封市开发区景福大酒店★★★
地址：开封市大梁路1号
电话：0378－3811888
传真：0378－3811000
邮编：475001
电子信箱：jingfuhotel@ sohu. com

航天大酒店★★★
地址：开封市大梁路99号
电话：0378－3859999
传真：0378－3879888
邮编：475004

伊园大饭店★★★
地址：开封市丁角街88号
电话：0378－3938555　3972211

传真：0378－3972211－8067
邮编：475000
网址：www. ufyy. nease. net
电子信箱：anping1201@163. com. cn

汴京饭店★★★
地址：开封市东大街109号
电话：0378－2886699
传真：0378－2882449
邮编：475001
网址：www. kfbjfd. mynet. cn
电子信箱：bianjinghotel@sina. com

天中大酒店★★★
地址：开封市鼓楼街41号
电话：0378－5958888 2551555
传真：0378－5952185
邮编：475000
网址：www. tianzhonghotel. net
电子信箱：tianzhong_ yxb@126. com

开封市蓝天温泉商务酒店★★★
地址：开封市火车站广场西侧
电话：0378－3911111
传真：0378－3913777
邮编：475003

开封开来大酒店★★★
地址：开封市金明大道
电话：0378－3856666
传真：0378－3864600
邮编：475004

开封市金明池大酒店★★★
地址：开封市金明大道中段
电话：0378－3886666
传真：0378－3886655
邮编：475000
网址：www. jmc18@126. com
电子信箱：jmc18@126. com

玉祥大酒店★★★
地址：开封市南土街1号
电话：0378－5995588
传真：0378－5995566
邮编：475000

河南酒店★★★
地址：开封市寺后街23号
电话：0378－5999888
传真：0378－5999696 宋都
邮编：475000
网址：www. henanjd. com
电子信箱：email：hnjd@sohu. com

开封市京西大酒店★★★
地址：开封市宋城路38号
电话：0378－3953001
传真：0378－3953009
邮编：475004

东苑大酒店★★★
地址：开封市新宋路1号
电话：0378－2918888
传真：0378－2934648
邮编：475002

东京大饭店★★★
地址：开封市迎宾路99号
电话：0378－3989388
传真：0378－3938861
邮编：475000
电子信箱：djfdswzx@163. com

开封宾馆★★★
地址：开封市自由路中段66号
电话：0378－5955589
传真：0378－5953086
邮编：475000
网址：www. kfbg@ kaifengbinguan com

豫东宾馆★★★
地址：商丘市凯东四街
电话：0370－2297688
传真：0370－2296648
邮编：476000

商丘市世纪酒店★★★
地址：商丘市凯旋中路306号
电话：0370－2216688
传真：0370－2280716
邮编：476000

东方宾馆★★★
地址：商丘市民主中路177号
电话：0370－2997555
邮编：476000

翔宇大酒店★★★
地址：商丘市神火大道65号
电话：0370－3280888
传真：0370－3280888
邮编：476000

许昌宾馆★★★
地址：许昌市南关大街30号
电话：0374－2212998
传真：0374－2212996
邮编：461000
网址：www. xchotel. com
电子信箱：xce09920@sina. com

许昌大酒店★★★
地址：许昌市七一路99号
电话：0374－2669966
传真：0374－2334911
邮编：461000
网址：www. xuchang-hotel. com

桃园国际大酒店★★★
地址：许昌市七一路9号
电话：0374－2338888
传真：0374－2339666
邮编：461000
网址：www. taoyuanhotel. com

鸿宝大酒店★★★
地址：许昌市颖昌大道中段
电话：0374－2629999
传真：0374－2199626
邮编：461000
网址：www. hnhongbao. com
电子信箱：jiud@hnhongbao. com

禹州宾馆★★★
地址：许昌禹州市迎宾路9号
电话：0374－8179988
传真：0374－8184490
邮编：461670
网址：www. yzbg. com.
电子信箱：yzhotel166@. 126. com

长葛葛天宾馆★★★
地址：许昌长葛市八七路198号
电话：0374－6188888
传真：0374－6165228
邮编：461500
网址：www. getianhotel. cn
电子信箱：getianhotel@yahoo. com

长葛大酒店★★★
地址：许昌长葛市科技工业园区
电话：0374－6211998
传真：0374－6211799
邮编：461500

鄢陵县花都庄园★★★
地址：许昌市鄢陵县开发区中段
电话：0374－7269999
传真：0374－7261128
邮编：461200
网址：www. dfhd. home. sunbo. net
电子信箱：yldfhdzy@126. com

金港大酒店★★★
地址：漯河市湘江路17号码
电话：0395－2626868
传真：0395－2626988
邮编：462000
网址：www. jghotel. com. cn

龙源大酒店★★★
地址：平顶山市新华路南段
电话：0375－3963999
传真：0375－3963568
邮编：467001

平顶山市和悦宾馆★★★
地址：平顶山市湛河北路中段
电话：0375－3992001
传真：0375－3992006
邮编：467000
网址：www. hnmws. com. cn
电子信箱：hnmws@126. com

京达宾馆★★★
地址：南阳市北京大道中段
电话：0377－3513866
传真：0377－3558039
邮编：473000
网址：www. cnta. com

南阳宾馆★★★
地址：南阳市七一路183号
电话：0377－3323666
传真：0377－3167234
邮编：473056
网址：www. nyhontel. com. cn

王府饭店★★★
地址：南阳市新华路124号
电话：0377－3329369
传真：0377－3329198
邮编：473003
网址：www. wfhotel. com. cn

南阳国际饭店★★★
地址：南阳市新华西路796号
电话：0377－63321666
传真：0377－63131041
邮编：473054

梅溪宾馆★★★
地址：南阳市中州路307号
电话：0377－3137925
传真：0377－3136483
邮编：473003
网址：www. mxhotel. com. cn
电子信箱：hhym@371. net

豫宛宾馆★★★
地址：南阳市中州路315号
电话：0377－3322666
传真：0377－3217279
邮编：473003

网址：www. ywhotel. com. cn

西峡县老界岭迎宾馆★★★
地址：南阳市西峡县太平镇
电话：0377－69919999
传真：0377－69919999
邮编：474564

淅川县丹阳宾馆★★★
地址：南阳市淅川县城人民路150号
电话：0377－4212037
传真：0377－4238008
邮编：474450
网址：www. wfhotel. com. cn

淅川楚都饭店★★★
地址：南阳市淅川县解放街149号
电话：0377－4229588
传真：0377－4229519
邮编：474450
网址：www. xccdfd. hotel. und. cn

中天假日酒店★★★
地址：信阳市宝石桥
电话：0376－6607786　6007768
传真：0376－6607708
邮编：464000
网址：www. zhongtian. tiv. cn
电子信箱：zhongtian@ tiv. cn

师河宾馆★★★
地址：信阳市解放路137号
电话：0376－6221177
传真：0376－6221177－3157
邮编：464000
网址：www. shihehotel. com
电子信箱：shihE-hotel@ 371. net

其士信阳大酒店★★★
地址：信阳市民权路355号
电话：0376－6203388
传真：0376－6206524
邮编：464000
电子信箱：xyqishi_edp@ 163. com

信阳申光宾馆★★★
地址：信阳市人民路3号
电话：0376－6285888
传真：0376－6225380
邮编：464000
网址：www. shenguanghotel. com

信阳市金通大酒店有限责任公司★★★
地址：信阳市人民路4号
电话：0376－6285588
传真：0376－6285124
邮编：464000
网址：www. xyinfo. ha. cn hotel. htm
电子信箱：hnxyjt@ 21cn. com

龙潭大酒店★★★
地址：信阳市申碗路245号
电话：0376－6259996 6259999
传真：0376－6257669
邮编：464000

银博大酒店★★★
地址：信阳市固始县城关中山街
电话：0397－4685338
传真：0397－4685338
邮编：465200
网址：www. gsybd. com
电子信箱：yinboda@ tom. com

锦绣商城迎宾馆★★★
地址：信阳市商城县滨河中路18号
电话：0397－7885888
传真：0397－7885898
邮编：465350

罗山宾馆★★★
地址：信阳市罗山县迎宾街2号
电话：0376－2151009
传真：0376－2151003
邮编：464200

新县宾馆★★★
地址：信阳市新县城关解放路42号
电话：0397－2984888
传真：0397－2985118
邮编：465550
电子信箱：xxbgg@ sina. com

锦绣花园酒店★★★
地址：周口市工农路18号
电话：0394－8397989
传真：0394－8397898
邮编：466000
网址：www. hnyixing. com
电子信箱：96666@ vip. 163. com

周口迎宾馆★★★
地址：周口市六一路北段5号
电话：0394－8234569
传真：0394－8276900
邮编：466000
网址：www. zhld. com
电子信箱：zkybg@ 163. com

周口平原宾馆★★★
地址：周口市七一路东段88号
电话：0394－8224911
传真：0394－8221874
邮编：466000
网址：www. pybg. com. cn
电子信箱：mq. wanj@ 371. net

项城市莲花宾馆★★★
地址：周口项城市莲花大道78号
电话：0394－4319988
传真：0394－4323398
邮编：466200

淮阳南湖宾馆★★★
地址：周口市淮阳县商城东路
电话：0394－2687000
传真：0394－2686663
邮编：466700
网址：www. chinahuaiyang. gov. cn
电子信箱：wli868187@ sohu. com

建苑大厦★★★
地址：驻马店市解放路168号
电话：0396－2956666
传真：0396－2939766
邮编：463000
电子信箱：zhoul006@ sina. com

中原大酒店★★★
地址：驻马店市解放路68号
电话：0396－2958888
传真：0396－2958833
邮编：463000

西园宾馆★★★
地址：驻马店市解放路中段
电话：0396－2921800
传真：0396－2912377
邮编：463000
网址：www. xyhotel. net

芝麻花大酒店★★★
地址：驻马店市文明路168号
电话：0396－2818888
传真：0396－2810214
邮编：463000
电子信箱：zmhdjd@ yahoo. com. cn

驻马店市颐和山庄宾馆有限公司★★★
地址：驻马店市文明路北段金雀路
电话：0396－2611778
传真：0396－2611736
邮编：463000

天驿大酒店★★★
地址：驻马店市雪松路西段
电话：0396－3628888
传真：0396－3621199
邮编：463000

山海宾馆★★★
地址：驻马店市中华路与107国道交叉口
电话：0396－2851100
传真：0396－2851131
邮编：463000
电子信箱：zhoul006@ sina. com

泌阳天龙盘古宾馆★★★
地址：驻马店市泌阳县行政路中段
电话：0396－7989999
传真：0396－7922150
邮编：463700

世纪酒店★★★
地址：济源市沁园中路5号
电话：0391－6631888
传真：0391－6630222
邮编：454650
网址：www. shijijiudian. com
电子信箱：sidneycui@ hotmail. com

奔月酒店★★★
地址：济源市商业城1号楼
电话：0391－6699989
传真：0391－6699789
邮编：454650

王屋山大酒店★★★
地址：济源市天坛路89号
电话：0391－6668888
传真：0391－6699456
邮编：454650
网址：www. jyinfo. ha. cn/wwsh. htm

小浪底宾馆★★★
地址：济源市小浪底风景区
电话：0391－3905555
传真：0391－3905220
邮编：454681
网址：www. xldhotel. com
电子信箱：admin@ xldhotel. com

旅游景区

郑州黄河游览区 AAAA
地址：郑州市黄河南岸
电话：0371－63799500
邮编：450042

郑州世纪欢乐园 AAAA
地址：郑州市石化路1号

电话：0371－63282288
邮编：450002

郑州市花园口景区 AA
地址：郑州市北郊15公里处
邮编：450000

河南省供销总公司金鹭驼鸟游乐园 AAA
地址：郑州市开发区东南3公里处
电话：0371－66712182
邮编：450048

黄帝故里 AAAA
地址：郑州新郑市北关轩辕路
电话：0371－62685293
邮编：451100

新郑博物馆 AA
地址：郑州新郑市轩辕路西段
电话：0371－62693498
邮编：451100

嵩山少林风景区 AAAA
地址：郑州登封市少林寺
电话：0371－62748971
邮编：452470

登封中岳庙 AAAA
地址：郑州登封市
邮编：452470

郑州嵩阳书院 AAAA
地址：郑州登封市嵩山
邮编：452470

巩义市康百万庄园 AAAA
地址：郑州巩义市康店镇
电话：0371－64324004
邮编：451200

环翠峪风景名胜区 AA
地址：郑州荥阳市西南庙子乡
电话：0371－64939930
邮编：450132

中牟雁鸣湖生态风景区 AA
地址：郑州市开洛高速公路中牟下道口北3公里处
电话：0371－62320756
邮编：451450

三门峡大坝风景区 AAA
地址：三门峡市三门峡大坝
电话：0398－2992070
邮编：472000

虢国博物馆 AAAA
地址：三门峡市六峰北路
电话：0398－2955760
邮编：472000

三门峡函谷关古文化旅游区 AAA
地址：三门峡灵宝市函谷关古文化旅游区
电话：0398－6922012
邮编：472501

三门峡荆山黄帝铸鼎塬旅游区 AA
地址：三门峡灵宝市阳平镇荆山
电话：0398－6311009
邮编：472542

三门峡鼎湖芦苇荡景区 AA
地址：三门峡灵宝市西阎乡
电话：0398－6915239
邮编：472542

三门峡甘山国家森林公园 AAA
地址：三门峡市陕县西张村
电话：0398－2826144
邮编：472000

卢氏县豫西大峡谷风景区 AAAA
地址：三门峡市卢氏县官道日镇
邮编：472200

关林景区 AAAA
地址：洛阳市关林镇洛阳古代艺术馆
电话：0379－65962018
邮编：471023

洛阳博物馆 AAA
地址：洛阳市西工区中州中路298号
电话：0379－63937107
邮编：471000

八路军驻洛办事处纪念馆 AAA
地址：洛阳市老城区南关贴廊巷35号
电话：0379－63952409
邮编：471002

洛阳民俗博物馆 AAA
地址：洛阳市河回族区新街133号
电话：0379－63951064
邮编：471002

洛阳龙门石窟 AAAAA
地址：洛阳市洛龙区龙门镇
电话：0379－65981299
邮编：471023

洛阳白马寺 AAAA
地址：洛阳市洛龙区白马寺镇
电话：0379－63789090
邮编：471013

洛阳偃师商城博物馆 AA
地址：洛阳偃师市商城路52号
电话：0379－67730063
邮编：471900

偃师玄奘故里 AAA
地址：洛阳偃师市
电话：0379－67596111
邮编：471900

汉光武帝陵 AAA
地址：洛阳市孟津县白鹤镇铁谢村
电话：0379－67869777
邮编：471112

王铎故居 AAA
地址：洛阳市孟津县会盟镇老城村
电话：0379－67833091
邮编：471123

龙马负图寺 AAA
地址：洛阳市孟津县会盟镇雷河村
电话：0379－67833887
邮编：471123

洛阳市新安县龙潭大峡谷景区 AAAA
地址：洛阳市新安县石井乡
电话：0379－67134180　67134182
邮编：471500
网址：www.lyltdxg.com

千唐志斋博物馆 AAA
地址：洛阳市新安县铁门镇
电话：0379－67335699
邮编：471832

鸡冠洞风景名胜区 AAAA
地址：洛阳市栾川县城西3公里
电话：0379－66890999
邮编：471500

龙峪湾国家森林公园 AAAA
地址：洛阳市栾川县庙子乡
电话：0379－66669112
邮编：471500

重渡沟自然风景区 AAAA
地址：洛阳市栾川县
电话：0379－66685999
邮编：471500

嵩县白云山国家森林公园 AAAA
地址：洛阳市嵩县行政路5号
电话：0379－66590004
邮编：471400

洛阳市嵩县木札岭景区 AAAA
地址：洛阳市嵩县车村镇
邮编：471400

天池山国家森林公园 AAAA
地址：洛阳市嵩县德庆乡
电话：0379－66557554
邮编：471400

花果山国家森林公园 AAA
地址：洛阳市宜阳县
电话：0379－68883630
邮编：471600

洛宁县神灵寨风景区 AAAA
地址：洛阳市洛宁县神灵寨
电话：0379－66139878
邮编：471700

焦作群英湖风景区 AA
地址：焦作市新华北街四水厂北
电话：0391－2910347
邮编：454150

神农山风景名胜区 AAAA
地址：焦作市西郊
电话：0391－5036258
邮编：454592

焦作沁阳神农坛风景名胜区 AAAA
地址：焦作沁阳市西北端
电话：0391－5613255
邮编：454550

云台山风景名胜区 AAAAA
地址：焦作市修武县云台山庄
电话：0391－7709001
邮编：454361

青天河风景名胜区 AAAA
地址：焦作博爱县
电话：0391－8693721
邮编：454430

新乡京华园 AAAA
地址：新乡市小吉镇
电话：0373－5592436　5592437
邮编：453700

新乡潞王陵景区 AAA
地址：新乡市北站
电话：0373－3981827
邮编：453700

新乡愚公泉景区 AA
地址：新乡市凤泉区
邮编：453011

新乡世纪青青生态度假村 AA
地址：新乡市凤泉区耿黄乡耿庄村南
电话：0373－3099999
邮编：453011

卫辉跑马岭休闲生态园 AA
地址：新乡卫辉市狮豹头乡
电话：0373－4248393
邮编：453100

顿坊店乡比干庙园林景区 AAA
地址：新乡卫辉市顿坊店村
电话：0373－4138326
邮编：453100

新乡辉县万仙山风景区 AAAA
地址：新乡辉县市沙窑乡
电话：0373－6718031
邮编：453648

新乡八里沟景区 AAAA
地址：新乡辉县市西北 25 公里处石门沟
邮编：453600

新乡百泉风景区 AAA
地址：新乡辉县市百泉镇
电话：0373－6233557　6238677
邮编：453600

鹤壁三兴集团淇滨康乐园 AA
地址：鹤壁市宠村镇三兴康乐村
电话：0392－3361511
邮编：458030

鹤壁浚县大伾山风景区 AAAA
地址：鹤壁市浚县大伾山
电话：0392－553028
邮编：456250

云梦山风景名胜区 AAAA
地址：鹤壁市淇县
电话：0392－7223364
邮编：456750

鹤壁淇县灵山风景区 AA
地址：鹤壁市淇县
邮编：456750

殷墟博物苑 AAAA
地址：安阳市西郊小屯
电话：0372－3925300
邮编：455004

太行大峡谷景区 AAAA
地址：安阳林州市石板岩乡
电话：0372－6081476－8003
邮编：456591
网址（Website）：www.thdxg.com

林州红旗渠游览区 AAAA
地址：安阳林州市
邮编：456550

安阳羑里城景区 AAAA
地址：安阳市汤阴县羑河村
邮编：456150

安阳岳飞庙景区 AAAA
地址：安阳市汤阴县城内西南街
邮编：456150

濮阳世锦园 AAA
地址：濮阳市黄河路西段
电话：0393－4612793
邮编：457000

戚城文物景区 AAAA
地址：濮阳市京开大道 71 号
电话：0393－8119207
邮编：457000

濮阳绿色庄园景区 AAAA
地址：濮阳市黄河路西段
电话：0393－4605367
邮编：457000

濮阳毛楼生态旅游区 AAAA
地址：濮阳市范县辛庄乡
邮编：457500

开封包公祠 AAAA
地址：开封市包公湖西岸
电话：0378－3931595
邮编：475000

开封清明上河园 AAAA
地址：开封市龙亭西路 5 号
电话：0378－5663928
邮编：475001

开封相国寺 AAAA
地址：开封市自由路西段 36 号
电话：0378－5665053　5953067
邮编：475000

开封龙亭公园 AAAA
地址：开封市宋都御街北端
电话：0378－5660316
邮编：475001

开封府景区 AAAA
地址：开封市包公湖北岸
电话：0378－3983319　3963159
传真：0378－3989266
邮编：475000
网址：www.kaifengfu.cn
邮箱：kff@kaifengfu.cn

中国翰园碑林 AAAA
地址：开封市龙亭北路 15 号
电话：0378－2892713
邮编：475001

开封铁塔公园 AAAA
地址：开封市北门大街 210 号
电话：0378－2862279
邮编：475001

兰考焦裕禄纪念园 AAAA
地址：开封市兰考县
电话：0378－6998766
邮编：475300

商丘古文化旅游区 AAAA
地址：商丘市睢阳区小隅首东一街 5 号
电话：0370－3310695
邮编：476100

商丘黄河故道国家森林公园 AAA
地址：商丘市区北 10 公里处
邮编：476100

芒砀山文物旅游区 AAAA
地址：商丘永城市芒山镇
电话：0370－5970222　5972888
邮编：476600

许昌春秋楼 AAA
地址：许昌市中心文庙前街中段
邮编：461000

许昌灞陵桥 AAA
地址：许昌市西 4 公里清泥河上
邮编：461000

许昌禹州均官窑址博物馆 AAAA
地址：许昌市北环路中段
电话：0374－8188127
邮编：461670

长葛中州人文纪念园 AA
地址：许昌长葛市老城镇打绳赵村
邮编：461500

许昌鄢陵国家花木博览园 AAAA
地址：许昌市鄢陵县
电话：0374－7964916
邮编：461200

紫云山风景区 AA
地址：许昌市襄城县紫云镇
电话：0374－3855070
邮编：461700

漯河南街村 AAAA
地址：漯河市临颍县南街村
电话：0395－8853790　8851350
邮编：462600

石人山风景名胜区 AAAA
地址：平顶山市鲁山县石人山
电话：0375－5791203
邮编：467300

南阳卧龙岗武侯祠 AAAA
地址：南阳市西卧龙岗
电话：0377－63512907
邮编：473000

南阳社旗山陕会馆 AAA
地址：南阳市社旗镇
邮编：473300

南阳方城望花湖风景区 AA
地址：南阳市方城县
邮编：473200

南阳西峡县老鹳河漂流风景区 AAAA
地址：南阳市西峡县军马河乡
邮编：474550

南阳市西峡恐龙遗址园 AAAA
地址：南阳市西峡县丹水镇
邮编：474550

南阳龙潭沟景区 AAA
地址：南阳市西峡县双龙镇
电话：0377－64921252
邮编：474550

南阳云华蝙蝠洞景区 AAA
地址：南阳市西峡县五里桥乡白河村
电话：0377－65333488
邮编：474550

内乡县衙博物馆 AAAA
地址：南阳市内乡县
电话：0377－65333488
邮编：474350

香岩寺风景名胜区 AAA
地址：南阳市淅川县仓房乡香岩寺
电话：0377－64385293
邮编：474450

桐柏山淮源风景名胜区 AAA
地址：南阳市桐柏县城西 2 公里处
电话：0377－68267388　68278120
邮编：474750

鸡公山国家自然保护区 AAAA
地址：信阳市鸡公山
电话：0376－6912044
邮编：461434

南湾湖风景名胜区 AAAA
地址：信阳市浉河区南湾乡
电话：0376－6373378
邮编：464031

信阳灵山风景名胜区 AAAA
地址：信阳市罗山县西南部境内
电话：0376－2255019 2255299
邮编：464200
网址：www. hnxyls. com
电子信箱：hnlingshan@ 163. com

周口老子故里旅游区 AAAA
地址：周口市鹿邑县
电话：0394－7280039
邮编：477200

太昊陵博物馆 AAAA
地址：周口市淮阳县
电话：0394－2690336
邮编：466700

嵖岈山风景名胜区 AAAA
地址：驻马店市遂平县
电话：0396－4779338
邮编：463100

济渎庙风景区 AA
地址：济源市城北2公里济水东源处庙街村
电话：0391－6697270
邮编：454650

王屋山风景区 AAAA
地址：济源市王屋乡愚公村
电话：0391－6734089
邮编：454693

五龙口旅游区 AAAA
地址：济源市五龙口乡山口村
电话：0391－6751032 6751588
邮编：454650

餐 馆

新蜀园餐饮有限公司
地址：郑州市东明路
电话：0371－5942188
邮编：450000

河南锦绣花园餐饮有限公司
地址：郑州市金水路
电话：0371－5961788
邮编：450000

红宝石餐饮有限公司
地址：郑州市中原西路
电话：0371－7626925
邮编：450000

七十三行餐饮有限责任公司
地址：郑州市丰产路
电话：0371－5715888
邮编：450000

河南省老妈餐饮有限公司
地址：郑州市黄河路
电话：0371－3916222
邮编：450000

河南花园春食街饮食服务有限公司
地址：郑州市花园路
电话：0371－5966886
邮编：450000

河南红高粱烩面有限公司
地址：郑州市黄河北街
电话：0371－3859763
邮编：450000

顺水楼饮食文化有限公司
地址：郑州市金水路
电话：0371－5930645
邮编：450000

粤华香江美食有限公司
地址：郑州市丰乐路
电话：0371－3720341
邮编：450000

郑州市饮食总公司
地址：郑州市海滩街
电话：0371－3848471
邮编：450000

御膳斋餐厅
地址：郑州市东明路
电话：0371－5945407
邮编：450000

郑州颐顺轩餐饮有限公司
地址：郑州市未来大道65号附1号
电话：0371－65583617
邮编：450000

河南饭店
地址：郑州市花园路88号
电话：0371－66763388
邮编：450000

萧记烩面（文化路店）
地址：郑州市文化路
电话：0371－5919616
邮编：450007

郑州市饮食服务有限责任公司
地址：郑州市海滩街3号
电话：0371－63811150 63811126
邮编：450053

河南食府
地址：郑州市金水区人民路
电话：0371－66222108
邮编：450000

湘菜馆
地址：郑州市经一路
电话：0371－65963812 65936765
邮编：450000

巴西烤肉西餐厅
地址：郑州市紫荆山路6号
电话：0371－66239728
邮编：450000

广州酒家
地址：郑州市管城回族区二七路95号
电话：0371－51663328
邮编：450000

谊园食府
地址：郑州市金水区政二街3号
电话：0371－65509002
邮编：450000

第一楼灌汤包
地址：郑州市经七路31号
电话：0371－63830999
邮编：450000

老洛阳面馆
地址：郑州市经三路9号
电话：0371－65551388
邮编：450000

汉江韩国料理
地址：郑州市经三路19号
电话：0371－65335080
邮编：450000

香厨坊酒楼
地址：郑州市金水区农业路
电话：0371－63607778
邮编：450000

东坡眉州酒楼
地址：郑州市优胜北路
电话：0371－63928385
邮编：450000

馄饨侯
地址：郑州市金水区红旗路57号
电话：0371－63855401
邮编：450000

天府酒家
地址：郑州市二七路58号
电话：0371－66248455
邮编：450000

嵩山食府
地址：郑州市伊河路156号
电话：0371－67171980
邮编：450000

山河食府
地址：郑州市金水区纬五路11号
电话：0371－65990188 65957460
邮编：450000

上海老饭店
地址：郑州市经三路20号
电话：0371－65933332
邮编：450000

四川酒楼
地址：郑州市经七路
电话：0371－63938306
邮编：450000

台北如意餐厅
地址：郑州市任寨北街
电话：0371－63915998
邮编：450000

小凤台香厨
地址：郑州市管城区东明路27号
电话：0371－66840463
邮编：450000

广源老店
地址：郑州市纬五路22号
电话：0371－65936856
邮编：450000

西湖大酒店
地址：郑州市经四路7号
电话：0371－65571488
邮编：450000

起源小厨三门峡总店
地址：三门峡市湖滨区崤山中路
电话：0398－2826718
邮编：472000

鸿福食府
地址：三门峡市湖滨区建设路
电话：0398－2659370
邮编：472000

三门峡市宴宾楼
地址：三门峡市湖滨区和平路
电话：0398－2852553
邮编：472000

洛阳真不同饭店
地址：洛阳市老城区中州东路359号
电话：0379－3955787 3952609
邮编：471001

雅香楼
地址：洛阳涧西区安徽路4号
电话：0379－64822888 64822999
邮编：471000

洛阳市涧西桃源湘菜馆
地址：洛阳市南昌路6号
电话：0379－4903388
邮编：471000

四平李连贵熏肉大饼
地址：洛阳市市辖区
电话：0379－62884270
邮编：471000

焦作矿务局陶然酒家
地址：焦作市北环路43号
电话：0391－3532992
邮编：454002

焦作市食品公司五洲酒家
地址：焦作市民主中路
电话：0391－2623652
邮编：454002

焦作市蔬菜副食品总公司惠宾楼饭庄
地址：焦作市民主中路218号
电话：0391－2624297
邮编：454002

焦作市九头鸟酒店
地址：焦作市北环路43号
电话：0391－3532992
邮编：454002

焦作市海岛西餐厅
地址：焦作市塔南路峰华花园8号
电话：0391－3908878
邮编：454002

小肥羊焦作总店
地址：焦作市
电话：0391－3910019
邮编：454002

谭鱼头火锅焦作精品店
地址：焦作市
电话：0391－3995656
邮编：454002

新乡市中南红旗酒家
地址：新乡市平原路274号
电话：0373－3050960
邮编：453000

新乡市如意面馆酒家
地址：新乡市文化路132号
电话：0373－5034231
邮编：453000

老磨坊
地址：新乡市
电话：0373－2266656
邮编：453000

新乡市红旗区中南苏大姐老火锅店
地址：新乡市劳动路南段
电话：0373－3042288
邮编：453000

鹤壁鹤源饭店有限公司
地址：鹤壁市淇滨区淇滨大道东段
电话：0392－3396016 3396488
邮编：458030

天外天餐饮有限责任公司
地址：安阳市
电话：0372－5110795
邮编：455000

蜀都香水鱼旗舰店
地址：安阳市北关区人民大道38号
电话：0372－5929248
邮编：455000

新月鱼庄
地址：濮阳市华龙区人民路
电话：0393－8889807
邮编：457000

青莲酒家
地址：濮阳市华龙区玉门路
电话：0393－4466659
邮编：457000

桃花源酒店
地址：濮阳市华龙区胜利东路
电话：0393－4722157
邮编：457000

阿瓦山寨
地址：濮阳市华龙区江汉路
电话：0393－8859123
邮编：457000

萝卜香酒店
地址：濮阳市华龙区黄河东路
电话：0393－8996973
邮编：457000

擀面城
地址：濮阳市华龙区振兴路
电话：0393－8890499
邮编：457000

孟公饺子濮阳总店
地址：濮阳市华龙区胜利中路
电话：0393－8951578
邮编：457000

漓江水苑濮阳店
地址：濮阳市华龙区任丘路
电话：0393－4821052
邮编：457000

万家乐大馅饺子馆
地址：濮阳市华龙区胜利中路
电话：0393－6558838
邮编：457000

马豫兴
地址：开封市鼓楼广场南侧
电话：0378－5954233
邮编：475001

开封第一楼
地址：开封市寺后街8号
电话：0378－5650780
邮编：475001

开封市馨园餐厅
地址：开封市滨河路中段30号
电话：0378－2935107
邮编：475001

开封市上海面馆
地址：开封市右司官口街35号
电话：0378－2889261
邮编：475001

开封市潮州酒楼
地址：开封市宋都御街26号
邮编：475001
电话：0378－5660367

开封市豫善楼饭庄
地址：开封市穆家桥街88号
电话：0378－5979999
邮编：475001

开封市黄家正宗小笼包子老店
地址：开封市滨河路西段330号
电话：0378－3987332
邮编：475001

开封市重庆火锅城
地址：开封市龙亭区北土街
电话：0378－5957685
邮编：475001

开封市食品总公司马豫兴烤鸭店
地址：开封市省府西街79号
电话：0378－5956547
邮编：475001

开封市红中华海鲜美食大世界
地址：开封市中山路南段259号
电话：0378－5951723
邮编：475001

江南人家
地址：商丘市团结路
电话：0370－2938777
邮编：476000

满堂红酒楼
地址：商丘市归德路
电话：0370－3285005
邮编：476000

金玉米酒店商丘总店
地址：商丘市神火大道
电话：0370－2078288
邮编：476000

富贵酒楼商丘店
地址：商丘市八一路
电话：0370－2017617
邮编：476000

状元村
地址：商丘市文化路
电话：0370－2515918
邮编：476000

西安老碗鱼
地址：商丘市南京路
电话：0370－3267629
邮编：476000

云义和滋补脊骨总店
地址：商丘市文化路
电话：0370－2923883
邮编：476000

晋府面馆
地址：商丘市文化路
电话：0370－2536630
邮编：476000

重庆蜀香园
地址：商丘市凯旋路

电话：0370－2031166
邮编：476000

兰州老字号牛肉汤馆
地址：商丘市归德路
电话：0370－2165206
邮编：476000

牧羊人家火锅城商丘店
地址：商丘市团结路
电话：0370－2289966
邮编：476000

新月鱼庄商丘分店
地址：商丘市八一路
电话：0370－2618632
邮编：476000

隆泰祥饭庄
地址：许昌市八一路西段
电话：0374－3316061
邮编：462000

燕京楼饭庄
地址：许昌市仓库路南段
电话：0374－5122286
邮编：462000

西域风情特色面馆
地址：许昌市湖滨路北段
电话：0374－2899888
邮编：462000

阿瓦山庄鱼头王
地址：许昌市五一路消防支队对面
电话：0374－8326527
邮编：462000

许昌食园
地址：许昌市六一路新兴路交叉口
电话：0374－2661363
邮编：462000

粤桂楼酒家
地址：漯河市源汇区
电话：0395－2168703
邮编：462000

人民公社大食堂
地址：漯河市郾城区
电话：0395－6153333

豆花庄园
地址：漯河市郾城区
电话：0395－3160222
邮编：462000

豫东农家饭店
地址：漯河市郾城区
电话：0395－3158877
邮编：462000

亿林斋民族饭店
地址：漯河市郾城区
电话：0395－3320950
邮编：462000

雅清斋
地址：漯河市郾城区
电话：0395－6111066
邮编：462000

菜根香
地址：漯河市郾城区
电话：0395－3610886
邮编：462000

天上人间海鲜大酒楼
地址：平顶山市劳动路南段
电话：0375－3900888
邮编：467000

韶山红湘菜馆
地址：平顶山市餐饮一条街
电话：0375－4930111
邮编：467000

唐风楼
地址：平顶山市餐饮一条街
电话：0375－4940011
邮编：467000

小康村
地址：南阳市梅溪路
电话：0377－63397888
邮编：473002

碧海酒家
地址：南阳市新华西路
电话：0377－63138548
邮编：473002

小肥羊南阳总店
地址：南阳市八一路
电话：0377－63157766
邮编：473002

福记北京烤鸭店
地址：南阳市仲景路
电话：0377－63212738
邮编：473002

小渔村酒家
地址：南阳市七一路
电话：0377－63213707
邮编：473000

虢国酒店南阳分店
地址：南阳市工业南路
电话：0377－63152678
邮编：473002

诸葛烤鱼
地址：南阳市光武西路
电话：0377－63381877
邮编：473000

康记食府
地址：南阳市新华东路
电话：0377－66084362
邮编：473000

流花酒楼
地址：南阳市医圣祠街
电话：0377－63023800
邮编：473000

溢香园
地址：信阳市西大街
电话：0376－7926750
邮编：464000

新雅饭店
地址：信阳市西大街
电话：0376－7922564
邮编：464000

信阳市第二饮食服务公司
地址：信阳市狮河桥南
电话：0376－6691006
邮编：464000

信阳市饮食服务公司
地址：东方红大道1号
电话：0376－6261015
邮编：464000

辣香婆湘菜馆
地址：信阳市
电话：0376－6269632
邮编：464000

重庆巴将军火锅城信阳店
地址：信阳市
电话：0376－6229458
邮编：464000

大嘴菜馆信阳总店
地址：信阳市
电话：0376－6209109
邮编：464000

驻马店饭庄
地址：驻马店风光路商业大厦南侧
电话：0396－2916717
邮编：463000

鱼香苑
地址：驻马店市驿城区丰泽路
电话：0396－2626955
邮编：463000

乡村土菜园
地址：驻马店市驿城区丰泽路
电话：0396－3670888
邮编：463000

旅游用品

侯砦乡三李村珠宝厂
地址：郑州市二七区侯砦乡
电话：0371－68901895
邮编：450000

河南省人行金银珠宝首饰厂
地址：郑州市二七路50号院
电话：0371－66255694
邮编：450000

郑州市雕刻厂
地址：郑州市京广北路
电话：0371－66966944　66963508
邮编：450000

郑州市金银漆器工艺厂
地址：郑州市颖河路50号
电话：0371－67448358
邮编：450000

郑州市艳旗地毯有限公司
地址：郑州市郑汴路东段商品大世界1区
电话：0371－66525951　66518583
邮编：450000

郑州华德永佳地毯有限公司
地址：郑州市建设路
电话：0371－64384004　64384009
邮编：450000

河南省工艺美术工业总公司
地址：郑州市文化路3号
电话：0371－6393005263823318
邮编：450000

金水区珍宝工艺厂
地址：郑州市庙李乡西史赵村
电话：0371－63981336
邮编：450000

郑州工艺总厂
地址：郑州市张魏砦
电话：0371－68712839
邮编：450000

郑州市工艺美术厂
地址：郑州市大学路33号
电话：0371－66962891
邮编：450000

祥泰珠宝工艺商行
地址：郑州市黄河路
电话：0371－3842170
邮编：450000

石头记首饰店
地址：郑州市新华路
电话：0371－4387360
邮编：450000

金星首饰行
地址：郑州市西大街
电话：0371－66979218
邮编：450000

洛阳市工艺绣品厂
地址：洛阳市建安街
电话：0378－63952424
邮编：471000

洛阳市外贸地毯厂
地址：洛阳市瀍河区兴隆街109号
电话：0378－63953522
邮编：471000

三和祥工艺品制品厂
地址：洛阳市老城区洛阳五金城
电话：0378－63480319
邮编：471000

洛阳市工艺蜡烛厂
地址：洛阳市长江路
电话：0378－64921243
邮编：471000

洛阳市华艺地毯厂
地址：洛阳市107国道路东
电话：0378－62272906
邮编：471000

洛阳市东风乡红旗工艺品厂
地址：洛阳市
电话：0378－63933973
邮编：471000

洛阳市工艺制品厂
地址：洛阳市
电话：0378－65925228
邮编：471000

洛阳市文峰工艺厂
地址：洛阳市红旗路
电话：0378－65924289
邮编：471000

孟津县朝阳乡三友工艺厂
地址：洛阳市孟津县孟津朝阳乡
电话：0378－67877001
邮编：471100

孟津县朝阳乡唐三彩工艺三分厂
地址：洛阳市孟津县朝阳乡
电话：0378－67877004
邮编：471100

嵩县蓝宝石厂
地址：洛阳市嵩县
电话：0378－6654824　66560054
邮编：471400

宜阳县地毯厂
地址：洛阳市宜阳县
电话：0378－68882758
邮编：471600

焦作市工艺美术厂
地址：焦作市塔南路
电话：0394－3932550
邮编：454002

新乡市罗马艺术雕塑制作公司
地址：新乡市劳动路
电话：0373－3055698
邮编：453000

春雷地毯厂
地址：鹤壁市
电话：0392－2623985
邮编：458030

濮阳市妙尔奇字牌画装饰有限公司
地址：濮阳市大庆路298号
电话：0393－4893578
邮编：457000

清丰县大屯乡地毯厂
地址：濮阳市清丰县
电话：0393－7981067
邮编：457300

清丰县华龙草制工艺品厂
地址：濮阳市清丰县南箕街085号
电话：0393－7222997
邮编：457300

开封市雕刻厂
地址：开封市新曹路
电话：0378－2923555　5956044
邮编：475001

兰考县工艺美术厂
地址：开封市兰考县中山北街中段
电话：0378－6996660
邮编：475300

河南开封朱仙镇木版年画艺术馆
地址：开封市南书店街58号
电话：0378－5894678
邮编：475001

商丘市绣花厂
地址：商丘市公安局路
电话：0370－3315940
邮编：476000

商丘市绣品总厂
地址：商丘市团结东路28号
电话：0370－2612907
邮编：476000

商丘市工艺品总厂
地址：商丘市人民路338号
电话：0370－2811209
邮编：476000

永城市雕刻总厂
地址：商丘永城市芒山镇
电话：0370－5971148
邮编：476600

许昌市霸陵工艺制品厂
地址：许昌市新光路
电话：0374－3317920
邮编：461000

郏县玉雕厂
地址：平顶山市郏县东后街
电话：0375－5162710
邮编：467100

卧龙骨雕工艺厂
地址：南阳市卧龙骨
电话：0377－63511989
邮编：473002

南阳玉器厂
地址：南阳市南唐路
电话：0377－63122445　63137349
邮编：473002

南阳市第二玉器厂
地址：南阳市卧龙部
电话：0377－63132450
邮编：473002

南阳市第三玉器厂
地址：南阳市文化宫街
电话：0377－63136457
邮编：473002

南阳市刺绣工艺厂
地址：南阳市工农路
电话：0377－63222555
邮编：473002

七里园根雕工艺厂
地址：南阳市和庄
电话：0377－63291056
邮编：473002

南阳市雕刻工艺厂
地址：南阳市人民路
电话：0377－63223229
邮编：473002

宛城区玉竹工艺制品厂
地址：南阳市文化路
电话：0377－63156786
邮编：473002

南召丝织地毯一厂
地址：南阳市南召县人民路
电话：0377－66913438
邮编：474650

南召县华夏地毯厂
地址：南阳市南召县城郊
电话：0377－66913720
邮编：474650

南召县地毯总厂
地址：南阳市南召县人民路
电话：0377－66921686
邮编：474650

社旗县海泉木雕工艺厂
地址：南阳市社旗县
电话：0377－67923922
邮编：473002

镇平县地毯总厂
地址：南阳市镇平县
电话：0377－65933213
邮编：474250

镇平地毯厂
地址：南阳市镇平县
电话：0377－63133771
邮编：473002

镇平县石佛寺玉雕工艺厂
地址：南阳市镇平县石佛寺

电话：0377－65841536
邮编：474250

镇平县石佛寺玉器厂
地址：南阳市镇平县石佛寺
电话：0377－65841520　65841618
邮编：474250

镇平县玉器厂
地址：南阳市镇平县工业南路西段
电话：0377－65986460　65921456
邮编：474250

内乡县地毯厂
地址：南阳市内乡县北关
电话：0377－65328185　65328177
邮编：474350

淅川县地毯厂
地址：南阳市淅川县环城路郑湾
电话：0377－64212304
邮编：474450

淅川县玉器厂
地址：南阳市淅川县老街路
电话：0377－64212348
邮编：474450

新县地毯厂
地址：信阳市新县裴河
电话：0376－2986566
邮编：465550

华兴玻璃工艺品厂
地址：周口市淮阳县
电话：0394－2693308
邮编：460700

红楼雕刻厂
地址：驻马店市练江路
电话：039－2931582
邮编：463000

驻马店市木制工艺品厂
地址：驻马店市风光路
电话：039－2916367
邮编：463000

泌阳县光亚集团丝毯厂
地址：驻马店市泌阳县迎宾路
电话：039－7928081
邮编：463700

济源市工艺美术厂
地址：济源市宣化中街152号
电话：0391－6696836
邮编：454650

旅游交通

河南黑豹旅游汽车有限公司
地址：郑州市政四街1号
电话：0371－65966780
邮编：450000

河南省中州旅游出租汽车公司
地址：郑州市纬二路
电话：0371－65951004
邮编：450000

河南外事旅游汽车公司
地址：郑州市顺河路附2号
电话：0371－66311166
邮编：450000

良友大厦旅游出租汽车公司
地址：郑州市金水路85号
电话：0371－66234197
邮编：450000

郑州市中州旅游出租汽车公司
地址：郑州市郑花路15号
电话：0371－66810337
邮编：450000

郑州火车站
地址：郑州市
电话：0371－66835666
邮编：450001

郑州火车北站
地址：郑州市
电话：0371－63761044
邮编：450001

郑州新郑机场
地址：郑州市
电话：0371－68510055
邮编：450001

新郑市火车站
地址：郑州新郑市烟厂街
电话：0371－62601539
邮编：451100

郑州薛店机场
地址：郑州新郑市薛店
电话：0371－68510995
邮编：451100

新密市火车站
地址：郑州新密市七里岗
电话：0371－69810157
邮编：452300

巩义市火车站
地址：郑州巩义市光明路
电话：0371－64351308
邮编：451200

三门峡火车站
地址：三门峡市
电话：0398－2061383
邮编：472000

义马市火车站
地址：三门峡义马市新义街建设路
电话：0398－5629857
邮编：472300

灵宝市火车站
地址：三门峡灵宝市
电话：0398－8661143
邮编：472500

洛阳市出租旅游汽车联营公司出租一队
地址：洛阳市西工区九都东路13号
电话：0379－63207821
邮编：471000

洛阳市煌上煌汽车旅游出租有限公司
地址：洛阳市老城区洛阳桥工业区
电话：0379－63485687
邮编：471002

洛阳市旅游汽车公司
地址：洛阳市高新开发区创业路
电话：0379－64323260
邮编：471002

洛阳市新华旅游汽车有限公司
地址：洛阳市南昌路北段
电话：0379－64876305
邮编：471002

洛阳火车站
地址：洛阳市西工区金谷园路北端
电话：0379－62561262
邮编：471000

焦作出租旅游公司
地址：焦作市站前路87号
电话：0391－62629018
邮编：454002

越秀汽车出租旅游公司
地址：焦作市北环路
电话：0391－62910000
邮编：454002

鹤壁火车站
地址：鹤壁市
电话：0392－3351996
邮编：454000

鹤壁火车北站
地址：鹤壁市北站路
电话：0392－2811072
邮编：454000

安阳火车站
地址：安阳市安汤路
电话：0372－2516796
邮编：455000

濮阳市旅游汽车有限公司
地址：濮阳市京开大道与黄河路交叉口
电话：0393－4411373
邮编：457001

河南省开封汽车运输总公司旅游分公司
地址：开封市中山路北段131号工人俱乐部
电话：0378－5988622
邮编：475003

开封火车站
地址：开封市
电话：0378－3912334
邮编：475000

商丘火车站
地址：商丘市
电话：0370－2216664
邮编：476000

商丘火车北站
地址：商丘市
电话：0370－2814599
邮编：476000

许昌火车站
地址：许昌市车站路
电话：0374－2621559
邮编：461000

长葛市火车站
地址：许昌长葛市车站街
电话：0374－6122303
邮编：461500

漯河火车站
地址：漯河市交通路
电话：0395－2124756
邮编：462000

平顶山火车站
地址：平顶山市南环路中段南
电话：0375－4943643
邮编：467000

汝州市火车站
地址：平顶山汝州市
电话：0375－6023169
邮编：467500

南阳市利民汽车出租旅游服务公司
地址：南阳市中州路
电话：0377－63168188
邮编：473001

南阳市客运出租旅游公司
地址：南阳市车站北路
电话：0377－63159024
邮编：473001

中州出租汽车旅游公司
地址：南阳市中州路
电话：0377－63134397
邮编：473001

南阳火车站
地址：南阳市车站路
电话：0377－63082242
邮编：473000

南阳姜营机场
地址：南阳市
电话：0377－63223872
邮编：473000

信运集团出租旅游租赁公司
地址：信阳市人民路4号
电话：0376－6263898
邮编：464000

信阳火车站
地址：信阳市青龙街
电话：0376－6552688
邮编：464000

周口火车站
地址：周口市周项路
电话：0394－8222013
邮编：466000

长城旅游出租服务公司
地址：驻马店市风光路
电话：0396－2916306
邮编：463000

驻马店市出租旅游服务公司
地址：驻马店市天中大道
电话：0396－2839225
邮编：463000

驻马店火车站
地址：驻马店市解放路
电话：0396－2912423
邮编：463000

济源火车站
地址：济源市天坛路
电话：0391－6651057
邮编：454650

旅游院校

郑州大学
旅游管理学院
地址：郑州市大学路75号
电话：0371－67767153
邮编：450001

郑州旅游职业学院
旅游管理系、旅游外语系、酒店管理系、旅游商贸系、机电系、基础部
地址：郑州市航海东路豫英路1号
电话：0371－68271973
邮编：450009

中州大学
旅游学院
地址：郑州市航海路77号
电话：0371－68229861
邮编：450015

河南教育学院
旅游系
地址：郑州市纬五路21号
电话：0371－65682725
邮编：450014

郑州航院信息统计职业学院
旅游系
地址：郑州市北林路5号
电话：0371－67264240
邮编：458000

河南商业专科学院
旅游系
地址：郑州市陇海路76号
电话：0371－68973261
邮编：450002

河南财经学院
旅游系
地址：郑州市文化街80号
电话：0371－63523249
邮编：450002

三门峡职业技术学院
旅游专业
地址：三门峡市崤山路西段42号
电话：0398－2183609
邮编：472000

洛阳师范学院
历史系旅游专业
地址：洛阳市龙门路71号
电话：0379－65515019
邮编：471022

洛阳大学
工商管理学院旅游管理专业
地址：洛阳市洛龙区大学路1号
电话：0379－65515004
邮编：471023

洛阳旅游中等职业学校
地址：洛阳市鼎北路2号
电话：0379－63240094
邮编：471001

焦作大学
经济管理系
地址：焦作市工业东路
电话：0391－2989005
邮编：454003

河南理工大学
经济管理学院
地址：焦作市塔南路2001号
电话：0391－3987601
邮编：454003

焦作师范高等专科学院
政史法律系旅游专业
地址：焦作市丹理路998号
电话：0391－3594332
邮编：454000

焦作市旅游学校
地址：焦作市工业路304号
电话：0391－2622160
邮编：454000

新乡市信息工程学院
旅游系
地址：新乡市
电话：0373－3031546
邮编：453600

河南师范大学
社会发展学院旅游系
地址：新乡市文化路28号
电话：0373－3326384
邮编：453600

鹤壁职业技术学院
旅游管理专业
地址：鹤壁市华山路南段
电话：0392－3330159
邮编：458030

鹤壁市旅游学校
地址：鹤壁市淇县西岗乡西岗村
电话：0392－7555042
邮编：456700

安阳师范学院
旅游系
地址：安阳市友谊大道东段
电话：0372－2984560
邮编：455000

安阳理工学院
旅游专业
地址：安阳市开发区黄河大道
电话：0372－2909969
邮编：455000

安阳市旅游学校
地址：安阳市解放路西段69号
电话：0372－5919249
邮编：455000

濮阳市职业技术学院
旅游英语专业
地址：濮阳市黄河路
电话：0393－8975354
邮编：457000

河南大学
旅游系
地址：开封市明伦街85号
电话：0378－2886484
邮编：475001

开封大学
管理系旅游专业
地址：开封市大梁路
电话：0378－3810024
邮编：475004

黄河水利职业技术学院
管理系旅游专业
地址：开封市东京大道
电话：0378－3658133
邮编：475004

开封教育学院
旅游专业
地址：开封市梁国路1号
电话：0378－3260729

邮编：475004

开封旅游学校
地址：开封市南关区大郭屯1号
电话：0378－3915370
邮编：475000

许昌学院
历史与文化学院
地址：许昌市学院路
电话：0374－2968866
邮编：461000

许昌市旅游学校
地址：许昌市文峰路
电话：0374－3163327
邮编：461000

漯河职业技术学院
外语系旅游与酒店管理专业
地址：漯河市大学路132号
电话：0395－5983585
邮编：462002

南阳师范学院
旅游环境科学系
地址：南阳市卧龙西路134号
电话：0377－63513744
邮编：473061

南阳市旅游学校
地址：南阳市人民路470号
电话：0377－63212326
邮编：473000

信阳农业高等专科学校
旅游系
地址：信阳市农专路1号
电话：0376－6695201
邮编：464000

信阳职业技术学院
旅游系
地址：信阳市大庆路中段
电话：0376－6280690
邮编：464000

信阳师范学院
经济管理学院旅游系
地址：信阳市长安路273号
电话：0376－6390773
邮编：464000

周口职业技术学院
旅游专业
地址：周口市金海大道
电话：0394－8692292
邮编：466000

驻马店教育学院
地理旅游专业
地址：驻马店市解放路
电话：0396－2814071
邮编：463000

济源市职业技术学院
经济管理系旅游管理专业
地址：济源市
电话：0391－6611076
邮编：454650

湖　北

HUBEI

旅游机构

湖北省旅游局
地址：武汉武昌区中北路98号
电话：027-87124700
邮编：430077

湖北省旅游质量监督管理所
地址：武汉武昌区中北路98号
电话：027-87124701
邮编：430077

武汉市旅游局
地址：武汉汉口沿江大道133号广源大厦
电话：027-82761200
邮编：430017

十堰市旅游局
地址：十堰市柳林路32号
电话：0719-8675372
邮编：442000

襄樊市旅游局
地址：襄樊市荆州街73号
电话：0710-3555282
邮编：441021

荆门市旅游局
地址：荆门市象山一路9号
电话：0724-2376134
邮编：448000

孝感市外事侨务旅游局
地址：孝感市城站路26号
电话：0712-2856885
邮编：432100

黄冈市旅游局
地址：黄冈市七一路6号
电话：0713-8617257
邮编：438000

鄂州市旅游局
地址：鄂州市政府院
电话：0711-3352728
邮编：436000

黄石市外事侨务旅游局
地址：黄石市杭州路42号
电话：0714-6359000
邮编：435003

咸宁市旅游局
地址：咸宁温泉滨河西路13号
电话：0715-8251996
邮编：437100

荆州市旅游局
地址：荆州市北京中路253号
电话：0716-8191981
邮编：434000

宜昌市旅游局
地址：宜昌云集路
电话：0717-6253345
邮编：443000

随州市外事侨务旅游局
地址：随州沿河大道113号
电话：0722-3596125
邮编：441300

仙桃市外事侨务旅游局
地址：仙桃市仙桃大道129号
电话：0728-3491038
邮编：433000

天门市外事侨务旅游局
地址：天门市政府院
电话：0728-5225505
邮编：431700

潜江市外事侨务旅游局
地址：潜江市章华大道18号
电话：0728-6242671
邮编：433100

神农架林区旅游委
地址：神农架林区松柏镇
电话：0719-3335609
邮编：442400

恩施土家族苗族自治州旅游局
地址：恩施州恩施市施州大道53号
电话：0718-8247624
邮编：445000

旅 行 社

武汉市海外旅游有限责任公司
地址：武汉市汉口沿江大道133号广源大厦10楼
电话：027-82765200
邮编：430030
网址：www. whotc. com. cn
许可证号：L-HUB-GJ00001

湖北省海外旅游（集团）有限公司
地址：武汉市江岸区中山大道909号
电话：027-82775822
邮编：430014
网址：www. hotours. com
许可证号：L-HUB-GJ00002

长江轮船海外旅游总公司
地址：武汉市江汉区沿江大道69号
电话：027-85701025-3601
邮编：430021
网址：www. ccotc. com
许可证号：L-HUB-GJ00003

宜昌汇点三峡中国国际旅行社集团有限公司
地址：宜昌市隆康路18号
电话：0717-6224099
邮编：443000
网址：www. yccits. com
许可证号：L-HUB-GJ00004

宜昌市中国旅行社
地址：宜昌市解放路52号三峡商城A1008室
电话：0717-6760392　6760634
邮编：443000
许可证号：L-HUB-GJ00005

湖北省扬子江国际旅行社
地址：武汉市解放大道单洞踣口国际大厦B栋21层
电话：027-85413738
邮编：430022
网址：www. yangtzeour. com
电子信箱：info@ yangtzetour. com
许可证号：L-HUB-GJ00006

湖北省中国旅行社有限责任公司
地址：武汉市武昌区体育馆路1号
电话：027-87320095
邮编：430061
网址：www. hbcts. com
许可证号：L-HUB-GJ00007

湖北省中国国际旅行社
地址：武汉市中山大道909号
电话：027-82775822
邮编：430000
网址：www. hotours. com
许可证号：L-HUB-GJ00008

湖北南方国际旅行社有限公司
地址：武汉市江汉区京汉大道751号威宝大厦5楼
电话：027-85836002
邮编：430022
网址：www. hbsits. com
许可证号：L-HUB-GJ00009

武汉东星国际旅行社有限公司
地址：武汉市东湖开发区珞瑜路71号
电话：027-59809703
邮编：430071
网址：www. East Star. com. cn
许可证号：L-HUB-GJ00010

武汉中国旅行社
地址：武汉市口洞庭街127号
电话：027-82772490
邮编：430014
网址：www. whcts. cn
许可证号：L-HUB-GJ00011

宜昌中国青年旅行社
地址：宜昌市云集路21号
电话：0717-6910800
邮编：443000
网址：www. yccyts. com
许可证号：L-HUB-GJ00012

湖北省中国青年旅行社
地址：武汉市武昌水果湖东三路7号
电话：027-87812085
邮编：430071
网址：www. hubcyts. com
许可证号：L-HUB-GJ00013

湖北海外十堰中国国际旅行社有限公司
地址：十堰市柳林路32号
电话：0719-8693157
邮编：442000
网址：www. hotsycits. com
许可证号：L-HUB-GJ00014

中南国际旅游公司（湖北）
地址：武汉市汉口黄石路58号
电话：027-82844218　82824103
邮编：430014
网址：www. zngl. com
许可证号：L-HUB-GJ00015

荆州中国国际旅行社
地址：荆州市荆东路52号
电话：0716-8466429
邮编：434020
网址：www. jzcits. com
许可证号：L-HUB-GJ00017

襄樊铁路国际旅行社
地址：襄樊市前进路46号
电话：0710-3028288
邮编：441003
网址：www. xrts. com
许可证号：L-HUB-GJ00018

湖北新闻国际旅行社有限公司
地址：武汉市长江日报路特 1 号
电话：027 – 85752291
邮编：430015
网址：www. wbnts. com
许可证号：L – HUB – GJ00019

武汉春秋国际旅行社有限公司
地址：武汉市江岸区中山大道 1337 号
电话：027 – 82779977
邮编：430017
网址：www. cq66. com
许可证号：L – HUB – GJ00020

宜昌市平湖国际旅行社有限公司
地址：宜昌市东山大道 82 号
电话：0717 – 8860258
邮编：443002
网址：www. pinghutour. com
许可证号：L – HUB – GJ00021

宜昌大三峡国际旅行社
地址：宜昌市东山大道 80 号
电话：0717 – 6956101
邮编：443002
网址：www. sxdaba. com
许可证号：L – HUB – GJ00022

湖北徐东国际旅行社有限公司
地址：武汉市武昌区徐东大街 27 号
电话：027 – 86811898
邮编：430062
许可证号：L – HUB – GJ00023

荆州中国青年旅行社
地址：荆州市工农路 10 号
电话：0716 – 8278001　8278002
邮编：434020
网址：www. cytsjz. com
许可证号：L – HUB – GJ00025

湖北天鹅国际旅行社有限公司
地址：武汉市武昌区中北路 24 号龙源国际广场 A 座 19 号
电话：027 – 87817099
邮编：430077
网址：www. sits. ebig china. com
许可证号：L – HUB – GJ00027

武汉铁路国际旅行社
地址：武汉市武昌区武南三村 6 号
电话：027 – 88074084
邮编：430064
网址：www. wtly. cn
许可证号：L – HUB – GJ00028

湖北新航线国际旅行社有限责任公司
地址：黄石市武汉路 26 号
电话：0714 – 6282828
邮编：435000
许可证号：L – HUB – GJ00029

湖北省职工国际旅行社
地址：武汉市紫阳路 207 号
电话：027 – 50708092
邮编：430060
网址：www. hbzl. com. cn
许可证号：L – HUB – GJ00030

湖北东星国际旅行社有限公司
地址：武汉市武昌区水果湖洪山路 16 号
电话：027 – 59816801
邮编：430061
许可证号：L – HUB – GJ00032

湖北宜昌新世纪国际旅行社
地址：宜昌市葛洲坝三号船闸左码头
电话：0717 – 6962205
邮编：443002
网址：www. nclxs. com
许可证号：L – HUB – GJ00033

神农架国际旅行社有限公司
地址：神农架林区木鱼镇省级旅游度假区
电话：0719 – 3452491
邮编：442401
网址：www. snjtyavel. com
许可证号：L – HUB – GJ00034

湖北康辉国际旅行社有限责任公司
地址：武汉市武珞路 288 号宏远商务楼三楼
电话：13907130179
邮编：430070
网址：www. hbcct. com. cn
许可证号：L – HUB – GJ00035

湖北神农溪国际旅行社有限公司
地址：巴东县信陵镇沿江大道 191 号
电话：0718 – 4334884
邮编：444300
网址：www. snxgl. com
许可证号：L – HUB – GJ00036

湖北中旅商务国际旅行社有限责任公司
地址：武汉市武昌区紫阳路首义小区 26 栋 1 层 2 号
电话：027 – 88066060
邮编：430071
许可证号：L – HUB – GJ00037

中国国旅（武汉）国际旅行社有限公司
地址：武汉市宝丰路 1 号湖北商务大楼
电话：027 – 83616161
邮编：441000
网址：www. wuhcits. com
许可证号：L – HUB – GJ00038

中国国旅（宜昌）国际旅行社有限公司
地址：宜昌市夷陵路 38 号九州大厦 2028 室
电话：0717 – 6447700
邮编：443000
网址：www. citsyc. com
许可证号：L – HUB – GJ00039

恩施楚天国际旅行社有限公司
地址：恩施市施州大道 61 号
电话：0718 – 8244330　8244399
邮编：444500
网址：www. sxsn. com
许可证号：L – HUB – GJ00040

武汉中南民大国际旅行社有限责任公司
地址：武汉市洪山区民院路 5 号
电话：027 – 67842730
邮编：430074
许可证号：L – HUB – GJ00041

宜昌旅行家国际旅行社有限责任公司
地址：宜昌市夷陵大道 38 号九州大夏 A 座 1418 室
电话：13907208579
邮编：443000
网址：www. yctits. com
电子信箱：yctits@ yctits. com
许可证号：L – HUB – GJ00042

湖北黄石九州国际旅行社有限责任公司
地址：黄石大道 874 号
电话：0 – 13092779188
邮编：435000
许可证号：L – HUB – GJ00045

荆州市扬子江国际旅行社有限公司
地址：荆州市沙市区江汉路 58 号新时代大厦 11 – 5 号
电话：0716 – 8226166
邮编：434000
网址：www. yangtzeholiday. com
电子信箱：jzyangtze@ gmail. com
许可证号：L – HUB – GJ00046

湖北东方国际旅行社有限公司
地址：武汉市武昌区洪山路 4 号
电话：027 – 87890785
邮编：430071
网址：www. oits. net. cn
许可证号：L – HUB – GJ00047

湖北嘉诚国际旅行社有限公司
地址：武汉市武昌区友谊大道特 1 号广达大厦 503 室
电话：027 – 88229165
邮编：430061
网址：www. ralchina. com. cn
许可证号：L – HUB – GJ00048

武汉华之旅国际旅行社有限公司
地址：武汉市江汉区解放大道 868 号
电话：13007143444
邮编：430022
许可证号：L – HUB – GJ00051

宾馆酒店

华美达天禄酒店 ★★★★★
地址：武汉市汉口青年路 5 号
电话：027 – 83630888
传真：027 – 83622560
邮编：430030
网址：www. ramadaplaza-tianlu. com

东方大酒店 ★★★★★
地址：武汉市汉口新火车站广场
电话：027 – 85888668
传真：027 – 85888558
邮编：430023
网址：www. orientalhotelwh. com. cn

香格里拉大饭店 ★★★★★
地址：武汉市建设大道 700 号
电话：027 – 85806868
传真：027 – 85757949
邮编：430015
网址：www. shangri-la. com
电子信箱：slwu@ shangri-la. com

新华诺富特大饭店 ★★★★★
地址：武汉市江汉区建设大道 558 号
电话：027 – 85551188
传真：027 – 85551177
邮编：430022
网址：www. accorhotels. com/asia

最佳西方五月花大酒店 ★★★★★
地址：武汉市武昌区武珞路 385 号
电话：027 – 68871588
传真：027 – 68871599
邮编：430070
网址：www. bwmayflowers. com. cn

东湖大厦 ★★★★★
地址：武汉市武昌区姚家岭231号
电话：027－67813999
传真：027－67813688
邮编：430071
网址：www.eastlakehotel.com

高雄大酒店 ★★★★
地址：武汉市汉口建设大道907号
电话：027－85492288
传真：027－85492183
邮编：430015
网址：www.whgxhotel.com
电子信箱：whgx@whgxhotel.com

长江大酒店 ★★★★
地址：武汉市汉口解放大道1131号
电话：027－83632828
传真：027－83644161
邮编：430030
网址：www.yangtza-hotel.com

葛洲坝大酒店 ★★★★
地址：武汉市汉口解放大道558号
电话：027－68835888
传真：027－68835555
邮编：430033
网址：www.whgzbhotel.com

亚洲大酒店 ★★★★
地址：武汉市汉口解放大道616号
电话：027－83807777
传真：027－83808080
邮编：430030
网址：www.whasiahotel.com
电子信箱：asia@whasiahotel.com

武汉天安假日酒店 ★★★★
地址：武汉市汉口解放大道868号
电话：027－85867888
传真：027－85845353
邮编：430022

金盾大酒店 ★★★★
地址：武汉市汉口青年路350号
电话：027－68855666
传真：027－68855777
邮编：430030
网址：www.kingdomhotel.net

江汉饭店 ★★★★
地址：武汉市汉口胜利街245号
电话：027－68825888
传真：027－82814342
邮编：430014

瑞雅国际酒店 ★★★★
地址：武汉市汉口台北一路9号
电话：027－68851888
传真：027－68851808
邮编：430015

武钢宾馆 ★★★★
地址：武汉市青山区和平大道943号
电话：027－68864888
传真：027－68864849
邮编：430081
网址：www.wuganghotel.com

中原国际大酒店 ★★★★
地址：武汉市江岸区黄埔大街27号
电话：027－68829999
传真：027－68828888
邮编：430010
网址：www.999jiuhui-hotels.com

晴川假日酒店 ★★★★
地址：武汉市汉阳区洗马长街88号
电话：027－84716688
传真：027－84716181
邮编：430050
网址：www.holidayinn.com.cn

帅府饭店 ★★★★
地址：武汉市武昌区八一路98号
电话：027－87168888
传真：027－87873000
邮编：430071
网址：www.sfhotel.com.cn
电子信箱：info@sfhotel.com.cn

弘毅大酒店 ★★★★
地址：武汉市武昌区东湖路136号
电话：027－67819888
传真：027－67819988
邮编：430071
网址：www.wdhy-hotel.com
电子信箱：hy@wdhy-hotel.com

东湖宾馆 ★★★★
地址：武汉市武昌区东湖路142号
电话：027－68881866
传真：027－68881819
邮编：430077

滨湖大厦 ★★★★
地址：武汉市武昌区东湖路325号
电话：027－68892222
传真：027－86787440
邮编：430071
网址：www.binhuhotel.com
电子信箱：whbhds@163.com

海怡锦江大酒店 ★★★★
地址：武汉市武昌区洪山路特1号
电话：027－87126666
传真：027－87126868
邮编：430071

白玫瑰大酒店 ★★★★
地址：武汉市武昌区民主路474号
电话：027－68876888
传真：027－68876333
邮编：430071
网址：www.wrhotel.com

泰华大厦 ★★★★
地址：武汉市水果湖东湖路101号
电话：027－87328686
传真：027－87328732
邮编：430071
网址：www.taihua-hotel.com

武汉市梨园大酒店 ★★★★
地址：武汉市武昌区徐东街343号
电话：027－86772029
传真：027－86787539
邮编：430077
网址：www.whliyuanhotel.cn

安华大酒店 ★★★★
地址：武汉市武昌区紫阳路281号
电话：027－88308888
传真：027－88308666
邮编：430064

武汉市职工疗养院 ★★★★
地址：武汉市蔡甸区新农街张家渡
电话：027－69602684
传真：027－69602412
邮编：430101

七星岛大酒店 ★★★★
地址：武汉市黄陂区木兰湖风景区
电话：027－61550004
传真：027－61550008
邮编：432214

汉江国际大酒店 ★★★★
地址：襄樊市建华路9号
电话：0710－3276666
传真：0710－3270005
邮编：441003
网址：www.hjinthotel.com
电子信箱：hanjianghotel@163.com

荣华国际大酒店 ★★★★
地址：襄樊市襄阳区荣华路2号
电话：0710－2839877
传真：0710－2835999
邮编：441104
网址：www.ronghuaotel.com.cn

凤凰花苑酒店 ★★★★
地址：荆门市掇刀区凤袁路8号
电话：0724－2499999
传真：0724－2499588
邮编：448000

孝感锦怡大酒店 ★★★★
地址：孝感市城站路227号
电话：0712－2885888
传真：0712－2886555
邮编：432000
网址：www.jinyihotel.com.cn

凤凰山庄 ★★★★
地址：鄂州市凤凰路56号
电话：0711－3850988
传真：0711－3862696
邮编：436000

磁湖山庄 ★★★★
地址：黄石市杭州东路88号
电话：0714－6353333
传真：0714－6360188
邮编：435003

大冶金湾国际酒店 ★★★★
地址：黄石大冶市东风路1号1
电话：0714－8766666
传真：0714－8760782
邮编：435100

荆州宾馆 ★★★★
地址：荆州市荆州区迎宾路8号
电话：0716－8467600
传真：0716－8467479
邮编：434020
网址：www.jzbg.cn
电子信箱：bgs@jzbg.cn

三峡工程大酒店（拿云楼）★★★★
地址：宜昌市坝区江峡大道
电话：0717－6613666
传真：0717－6613666
邮编：443000

葛洲坝宾馆 ★★★★
地址：宜昌市东山大道82号
电话：0717－8866666
传真：0717－8866666
邮编：443000
网址：www.gezhoubahotel.com
电子信箱：gzbhotel@126.com

清江酒店 ★★★★
地址：宜昌市东山大道95号
电话：0717－6318888
传真：0717－6318888
邮编：443000

半岛酒店 ★★★★
地址：宜昌市深圳路25号
电话：0717－6345666
传真：0717－6345666
邮编：443000
网址：www. peninsulahotel. cn
电子信箱：bandao3378@163. com

国际大酒店 ★★★★
地址：宜昌市沿江大道127号
电话：0717－6222888
传真：0717－6222888
邮编：443000
网址：www. ycinthotel. com
电子信箱：sales@ycinthotel. com

桃花岭饭店 ★★★★
地址：宜昌市云集路29号
电话：0717－6236666
传真：0717－6236666
邮编：443000
网址：www. taohualing-hotel. com
电子信箱：thlhotel@yc. hb. cninfo. net

盈嘉酒店 ★★★★
地址：宜昌市珍珠路12号
电话：0717－6736666
传真：0717－6736666
邮编：443000

昭君山庄 ★★★★
地址：宜昌市兴山县古夫镇
电话：0717－2586666
传真：0717－2586777
邮编：443711
网址：www. xszhaojun. com

随州宾馆 ★★★★
地址：随州市沿河大道113号
电话：0722－3330888
传真：0722－3330190
邮编：441300
电子信箱：suizhouhotel@sina. com

天怡大酒店 ★★★★
地址：仙桃市沔阳大道37号
电话：0728－3266888
传真：0728－3228819
邮编：433000
网址：www. xttyhotel. com
电子信箱：info@xttyhotel. com

神农酒店 ★★★★
地址：神农架林区酒壶坪
电话：0719－3456666
传真：0719－3456101
邮编：442421
网址：www. snhotel. com

恩施州怡和国际大酒店 ★★★★
地址：恩施市施州大道30号
电话：0718－8246666
传真：0718－8221666
邮编：445000
网址：www. esyhhotel. com
电子信箱：yihe_hotel@163. com

恩施亚洲大酒店 ★★★★
地址：恩施市舞阳大街一巷122号
电话：0718－8279888
传真：0718－8279666
邮编：445000
网址：www. enshiasiahotel. com

金三九酒店 ★★★
地址：武汉市汉口惠济二路6号
电话：027－68829999
传真：027－68828883
邮编：430010
网址：www. 999jiuhui-hotels. com

长航大酒店 ★★★
地址：武汉市汉口惠济路15号
电话：027－68825188
传真：027－82860775
邮编：430010
网址：www. chdjd. com
电子信箱：huiji15@chdjd. com

武汉迎宾馆 ★★★
地址：武汉市汉口惠济路38号
电话：027－82426476
传真：027－82410495
邮编：430010
电子信箱：ybgbgs@sina. com

璇宫饭店 ★★★
地址：武汉市汉口江汉一路57号
电话：027－68822588
传真：027－68822598
邮编：430022
网址：www. xuangonghotel. com

循礼门饭店 ★★★
地址：武汉市汉口解放大道1413号
电话：027－85262177
传真：027－85777825
邮编：430022

汇申大酒店 ★★★
地址：武汉市汉口山海关路2号
电话：027－68826666
传真：027－68826622
邮编：430010

江城大酒店 ★★★
地址：武汉市汉口新火车站北侧
电话：027－85876508
传真：027－85878583
邮编：430030

长海大酒店 ★★★
地址：武汉市汉口沿江大道111号
电话：027－82818980
传真：027－82751800
邮编：430014

银丰宾馆 ★★★
地址：武汉市汉口中山大道400号
电话：027－85330188
传真：027－85330288
邮编：430031
网址：www. yf-hotel. com
电子信箱：yf-hotel@52ms. com

金凯东亚酒店 ★★★
地址：武汉市经济技术开发区
电话：027－68842888
传真：027－68842815
邮编：430056

宏松大酒店 ★★★
地址：武汉市龙阳大道234号
电话：027－84232600
传真：027－84232597
邮编：430056

富苑假日大酒店 ★★★
地址：武汉市青年路398号
邮编：430023
电话：027－85882288
传真：027－85889688

机场宾馆 ★★★
地址：武汉市天河机场内
电话：027－85818630
传真：027－85818636
邮编：432202
网址：www. whairport. com

锦派红桥酒店 ★★★
地址：武汉市江岸区发展大道393号
电话：027－68828180
传真：027－68828125
邮编：430019

华云大酒店 ★★★
地址：武汉市江岸区解放达到1558号
电话：027－82902858
传真：027－82902868
邮编：430012
网址：www. huayunhotel. cn
电子信箱：huayunhotel@sina. com

扬子江饭店（竹叶山店） ★★★
地址：武汉市江岸区赵家条北村特1号
电话：027－68820600
传真：027－68820666
邮编：430020

军安大厦宾馆 ★★★
地址：武汉市江汉区火车站广场东路金墩街54号
电话：027－50539088
传真：027－50535577
邮编：430023
网址：www. junanhotel. com
电子信箱：info@junanhotel. com

民航金海大酒店 ★★★
地址：武汉市江汉区江汉北路97号
电话：027－68852000
传真：027－68852030
邮编：430022
网址：www. hb-phoenixhotel. com

邮政大酒店 ★★★
地址：武汉市江汉区江旺路18号
电话：027－68837999
传真：027－68837994
邮编：430023
电子信箱：posthotel@yeah. net

希木大酒店 ★★★
地址：武汉市江汉区新华下路22号
电话：027－85551558
传真：027－68854116
邮编：430015

君益宾馆 ★★★
地址：武汉市口路166号特1号
电话：027－68833188
传真：027－68833000
邮编：430030

宝丰宾馆 ★★★
地址：武汉市口区宝丰二路

电话：027－68833999
传真：027－83625320
邮编：430030

帅府车友酒店 ★★★
地址：武汉市汉阳区二桥路18号
电话：027－84460066
传真：027－84871486
邮编：430051

纽宾凯新航酒店 ★★★
地址：武汉市汉阳区汉阳大道578号
电话：027－68842188
传真：027－84874187
邮编：430051
网址：www.xinhanghotel.com

陆兴大酒店 ★★★
地址：武汉市汉阳区十里铺
电话：027－84888868
传真：027－84881958
邮编：430051

湖滨客舍 ★★★
地址：武汉市武昌区东湖听涛景区内
电话：027－86793769
传真：027－86791076
邮编：430077

湖北饭店 ★★★
地址：武汉市武昌区洪山路10号
电话：027－87811311
传真：027－87823695
邮编：430071
网址：www.hubhtl.com

金石花宾馆 ★★★
地址：武汉市武昌区民主二路33号
电话：027－50705556
传真：027－87811558
邮编：430071

财苑大厦 ★★★
地址：武汉市武昌区民主路406号
电话：027－68886888
传真：027－68886886
邮编：430061
网址：www.hbcyds.com
电子信箱：hbcyds@126.com

鑫东方大酒店 ★★★
地址：武汉市武昌区民主路563号
电话：027－87816688
传真：027－87829679
邮编：430071

湖北丽江饭店 ★★★
地址：武汉市武昌区体育馆1号
电话：027－87136666
传真：027－87136688
邮编：430070
网址：www.lijianghotel.com
电子信箱：hjg@lijianghotel.com

新大地酒店 ★★★
地址：武汉市武昌区武珞路334号
电话：027－87812788
传真：027－87274258
邮编：430071

三环大酒店 ★★★
地址：武汉市武昌区武珞路356号
电话：027－87833333
传真：027－87275894
邮编：430070

洪山宾馆 ★★★
地址：武汉市武昌区中北路1号
电话：027－87824112－8410
传真：027－87318883
邮编：430070
网址：www.hshotel.com.cn

清江饭店 ★★★
地址：武汉市武昌区中华路105号
电话：027－88855588
传真：027－88859966
邮编：430060
网址：www.qingjianghotel.com

金穗宾馆 ★★★
地址：武汉市武昌区中华路44号
电话：027－68882888
传真：027－88864162
邮编：430060
网址：www.hbjinsui.com

广西大厦 ★★★
地址：武汉市武昌区中山路309号
电话：027－68885000
传真：027－68885006
邮编：430061
网址：www.whgxds.com

纽宾凯新宜大酒店 ★★★
地址：武汉市武昌区中山路356号
电话：027－68882666
传真：027－68882553
邮编：430064
网址：www.sunyee.net.cn
电子信箱：sunyee@sunyee.net.cn

嘉叶宾馆 ★★★
地址：武汉市武昌区中山路496号
电话：027－68886788
传真：027－88048077
邮编：430064
网址：www.hbjiaye.com
电子信箱：info@hbjiaye.com

惠苑大厦 ★★★
地址：武汉市武昌区紫阳路207号
电话：027－50708888
传真：027－88075427
邮编：430060

东湖碧波宾馆 ★★★
地址：武汉市洪山区东湖
电话：027－87510003
传真：027－87510309
邮编：430074

龙安大酒店 ★★★
地址：武汉市洪山区民院路124号
电话：027－87770188
传真：027－87493880
邮编：430074

东风宾馆 ★★★
地址：武汉市洪山区武珞路652号
电话：027－87865983
传真：027－87882195
邮编：430070
电子信箱：hoteldf@sohu.com

卓刀泉大厦 ★★★
地址：武汉市洪山区卓刀泉北路东湖桥
电话：027－87881888
传真：027－87881079
邮编：430079

新谷大酒店 ★★★
地址：武汉市东西湖区东西湖大道120号
电话：027－83240088
传真：027－83240156
邮编：430040

多福度假山庄 ★★★
地址：武汉市蔡甸区大集街
电话：027－69163199
传真：027－69163195
邮编：430113
网址：www.duof@163.com

侨亚度假村 ★★★
地址：武汉市蔡甸区汉阳大街特8号
电话：027－84921185
传真：027－84921076
邮编：430100

南湖度假村 ★★★
地址：武汉市蔡甸区新农街马鞍村
电话：027－84926892
传真：027－84926891
邮编：430100
网址：www.wh114.com.cn

梦天湖山庄 ★★★
地址：武汉市江夏区庙山开发区向阳村
电话：027－81800199
传真：027－81800699
邮编：430200

古龙山庄（江夏区公路管理局招待所）★★★
地址：武汉市江夏区宁港乡灵山
电话：027－87020158
传真：027－87020291
邮编：430200

太阳岛国际俱乐部 ★★★
地址：武汉市黄陂区木兰湖风景区
电话：027－61550883
传真：027－61550889
邮编：430014

福星岛度假村 ★★★
地址：武汉市黄陂区木兰湖风景区
电话：027－61551418
传真：027－61550441
邮编：432214

阳逻山庄 ★★★
地址：武汉市新洲区阳逻经济开发区汉施路
电话：027－86960000
传真：027－89655158
邮编：430415
网址：www.whylsz.com
电子信箱：wh-Ylsz@sohu.com

阳逻水乡度假村 ★★★
地址：武汉市新洲区阳逻经济开发区平江东路288号
电话：027－89630088
传真：027－89630600
邮编：430415

汉江国际大酒店 ★★★
地址：十堰市北京路北路15号
电话：0719－8488000
传真：0719－8618666
邮编：442000

巨能宾馆 ★★★
地址：十堰市车城路29号
电话：0719－8807000
传真：0719－8881038

邮编：442000

车城宾馆 ★★★
地址：十堰市车城路东岳台8号
电话：0719－8240941
传真：0719－8665237
邮编：442000
网址：www. mchotel. com. cn

房县政府宾馆 ★★★
地址：十堰市房陵大道201号
电话：0719－3251111
传真：0719－3250000
邮编：442000

惠泽宾馆 ★★★
地址：十堰市公园路21号
电话：0719－8671841
传真：0719－8113456
邮编：442000

琳琅轩大酒店 ★★★
地址：十堰市广州路3号
电话：0719－8303000
传真：0719－8303009
邮编：442000

堰丰宾馆 ★★★
地址：十堰市人民北路21号
电话：0719－8110500
传真：0719－8110591
邮编：442000

车城明珠大酒店 ★★★
地址：十堰市人民北路36－1号
电话：0719－8117666
传真：0719－8110020
邮编：442000

凌霄大酒店 ★★★
地址：十堰市人民路1号
电话：0719－8100000
传真：0719－8665980
邮编：442000

燕良大酒店 ★★★
地址：十堰市人民路38号
电话：0719－8668888
传真：0719－8688600
邮编：442000

美乐大酒店 ★★★
地址：十堰市人民路46号
电话：0719－8662116
传真：0719－8665579
邮编：442000

华中大厦 ★★★
地址：十堰市人民路5号
电话：0719－8891899
传真：0719－8891899－2285
邮编：442000
网址：www. huazhong. syeol. com

金穗宾馆 ★★★
地址：十堰市人民南路19号
电话：0719－8898588
传真：0719－8898588
邮编：442000

绿苑宾馆 ★★★
地址：十堰市人民南路25号
电话：0719－8889108
传真：0719－8886098
邮编：442000
网址：www. 86719. com

电子信箱：lm2799@ 163. com

丹江口市宾馆 ★★★
地址：十堰丹江口市人民路8号
电话：0719－5222248
传真：0719－5226029
邮编：442000

丹江口市狮子岩度假村 ★★★
地址：十堰丹江口市三宫殿办事处狮子岩村
电话：0719－5522288
传真：0719－5520629
邮编：442000

丹江口市龙山宾馆 ★★★
地址：十堰丹江口市上坝路7号
电话：0719－5378188
传真：0719－5378156
邮编：442000
网址：www. hjgrp. com
电子信箱：lsbg@ vip. sina. com

武当山九龙山庄 ★★★
地址：十堰丹江口市武当山南岩
电话：0719－5689176
传真：0719－5689288
邮编：442000

武当山宾馆 ★★★
地址：十堰丹江口市武当山永乐路33号
电话：0719－5665548
传真：0719－5667808
邮编：442714
网址：www. wdsbg. com
电子信箱：wdsbg@ 126. com

武当山天禄度假村 ★★★
地址：十堰丹江口市武当山紫霄宫东侧
电话：0719－5689115
传真：0719－5689113
邮编：442000

郧阳宾馆 ★★★
地址：十堰市郧县城关解放路46号
电话：0719－7233232
传真：0719－7230388
邮编：442000

郧县天安电力大酒店 ★★★
地址：十堰市郧县城关镇民族路8号
电话：0719－7302689
传真：0719－7302610
邮编：442000

竹山县翠园大酒店 ★★★
地址：十堰市竹山县城关镇人民路37号
电话：0719－4221888
传真：0719－4225389
邮编：442000

竹山宾馆 ★★★
地址：十堰市竹山县城关镇辕门街15号
电话：0719－4225132
传真：0719－4231406
邮编：442000

房县桂林宾馆 ★★★
地址：十堰市房县城关镇东城门路1号
电话：0719－3223216
传真：0719－3225288
邮编：442000

郧西鸿志大酒店 ★★★
地址：十堰市郧西县城关镇康富大道42号
电话：0719－6226057
传真：0719－6226057

邮编：442000

长虹大酒店 ★★★
地址：襄樊市长虹路17号
电话：0710－3242998　3256678
传真：0710－3706860
邮编：441002
网址：www. xfch. 9966. org
电子信箱：chdjd@ sina. com

金城大酒店 ★★★
地址：襄樊市前进路19号
电话：0710－3220031 转 888
传真：0710－3222094
邮编：441003
网址：www. jinchenghotel. cn

铁路大酒店 ★★★
地址：襄樊市前进路46号
电话：0710－3220043－9
传真：0710－3221724
邮编：441003
网址：www. railway-hotel. com
电子信箱：xfhotel@ . xf. hb. chinfv. net

风神宾馆 ★★★
地址：襄樊市前进路65号
电话：0710－3829299
传真：0710－3829000
邮编：441003
网址：www. xf. cn/xf/fsbg/default. htm
电子信箱：fsbg@ mail. xf. cn

南山宾馆 ★★★
地址：襄樊市檀溪路
电话：0710－3552089
传真：0710－3552016
邮编：441021

南湖宾馆 ★★★
地址：襄樊市襄城区南街
电话：0710－3600088
传真：0710－3600443
邮编：441021
网址：www. nanhuhoel. com. cn
电子信箱：xfnanhu@ 163. com

丽源国际饭店 ★★★
地址：襄樊市襄阳区航空路173号
电话：0710－2829999－7
传真：0710－286666
邮编：441104
电子信箱：lyinter notel@ sina. com

红宝石大酒店 ★★★
地址：襄樊市襄阳区航空路98号
电话：0710－2821888
传真：0710－2827888
邮编：441104
网址：www. ruby-hotel. com
电子信箱：ruby@ ruby-hotel

福隆大酒店 ★★★
地址：襄樊枣阳市沿河东路6号
电话：0710－6222222
传真：0710－6245333
邮编：441200

兴宜大酒店 ★★★
地址：襄樊宜城市襄沙路68号
电话：0710－4227888
传真：0710－4265989
邮编：441400
网址：www. xydjd. com
电子信箱：hbycxydjd@ 163. com

宜城大酒店 ★★★
地址：襄樊宜城市新建街29号
电话：0710－4152799
传真：0710－4212800
邮编：441400
网址：www.yichengnews.com/col5331
电子信箱：kexinjituan@126.com

谷城宾馆 ★★★
地址：襄樊市谷城县府街45号
电话：0710－723250
传真：0710－8232451转2228
邮编：441700
网址：www.gucheng hotel.net
电子信箱：gchotel@126.com

东方大酒店 ★★★
地址：荆门市长宁大道
电话：0724－2382800
传真：0724－2382888
邮编：448000
网址：www.jmwzgs.com
电子信箱：jmwzzgs@jm.hb.cninfo.net

荆门市荆门宾馆 ★★★
地址：荆门市海慧路9号
电话：0724－2364558
传真：0724－2333362
邮编：448000

常发大酒店 ★★★
地址：荆门市虎牙关大道60号
电话：0724－2448688
传真：0724－2440900
邮编：448000
网址：www.changfahotel.com

荆门市国际大酒店 ★★★
地址：荆门市金虾路21号
电话：0724－2385999
传真：0724－2385966
邮编：448000
网址：www.jmgjholel.com

华侨宾馆 ★★★
地址：荆门市象山大道78号
电话：0724－2386088
传真：0724－2386001
邮编：448000
网址：www.huaqiaohotel.com.cn

黄仙洞山庄 ★★★
地址：荆门钟祥市客店镇黄仙洞景区
电话：0724－4237999
传真：0724－4237999
邮编：431900

大口宾馆 ★★★
地址：荆门钟祥市大口林场
电话：0724－4215856
传真：0724－4215856
邮编：431900

钟祥阳春大酒店 ★★★
地址：荆门钟祥市阳春大街17号
电话：0724－4222777
传真：0724－4229361
邮编：431900

钟祥宾馆 ★★★
地址：荆门钟祥市郢中镇阳春大街54号
电话：0724－4225396
传真：0724－4233334
邮编：431900

孝感王朝大酒店 ★★★
地址：孝感市城站路171号
电话：0712－2333666
传真：0712－2333567
邮编：432000

孝感宾馆 ★★★
地址：孝感市城站路93号
电话：0712－2333333
传真：0712－2333222
邮编：432000
网址：www.xgbg.com.cn

孝感市乾坤大酒店 ★★★
地址：孝感市交通路
电话：0712－2888888
传真：0712－2888888
邮编：432000
网址：www.qiankunhotel.com

孝感市鹤展大酒店 ★★★
地址：孝感市体育西路特一号
电话：0712－2854015
传真：0712－2854015
邮编：432000
电子信箱：wuquzhi8888@163.com

应城新建宾馆 ★★★
地址：孝感应城市汉宜大道33#－2
电话：0712－3256677
传真：0712－3256563
邮编：432400

应城禾丰宾馆 ★★★
地址：孝感应城市西大街67#
电话：0712－3254555
传真：0712－3254555
邮编：432400

汉川市白云大酒店 ★★★
地址：孝感汉川市欢乐街18号
电话：0712－8293888
传真：0712－8293888
邮编：431600
网址：hcbaiyuan@xg.hb.cninfo.net

电力培训中心 ★★★
地址：孝感市孝昌县观音湖生态旅游区
电话：0712－4855718
传真：0712－4855718
邮编：432900

大悟县泉水山庄 ★★★
地址：孝感市大悟县泉水路92#
电话：0712－7238566
传真：0712－7238566
邮编：432800

楚王城大酒店 ★★★
地址：孝感市云梦县文化路1号
电话：0712－4323400
传真：0712－4323400
邮编：432500

黄冈市菱湖宾馆 ★★★
地址：黄冈市新港二路58号
电话：0713－8669008
传真：0713－8669009
邮编：438000

麻城市金源大酒店 ★★★
地址：黄冈麻城市金桥大道
电话：0713－2950889
传真：0713－2950017
邮编：438000

蕲春宾馆 ★★★
地址：黄冈市蕲春县漕河大道36号
电话：0713－7227788
传真：0713－7227788
邮编：438000

武穴市龙潭宾馆 ★★★
地址：黄冈武穴市龙潭路33号
电话：0713－6222648
传真：0713－6222625
邮编：438000

武穴市南洋花园酒店 ★★★
地址：黄冈武穴市民主路10号
电话：0713－6259158
传真：0713－6259189
邮编：438000
网址：www.hotel-nanyanggarden.com

红安县富家寨狩猎俱乐部 ★★★
地址：黄冈市红安县高桥镇
电话：0713－5356129
传真：0713－5356203
邮编：438000

红安县金沙大酒店 ★★★
地址：黄冈市红安县红金龙大道特1号
电话：0713－5186688
传真：0713－5186667
邮编：438000

罗田县天源大酒店 ★★★
地址：黄冈市罗田县万密斋大道
电话：0713－5058818
传真：0713－5064266
邮编：438000
网址：www.ttps.gs.cn
电子信箱：hezf@ttps.gs.cn

黄梅县皇家大酒店 ★★★
地址：黄冈市黄梅县黄梅大道500号
电话：0713－3352888
传真：0713－3352672
邮编：438000

龙湖山庄 ★★★
地址：黄石市杭州东路128号
电话：0714－6359666
传真：0714－6366898
邮编：435003

锦轮大酒店 ★★★
地址：黄石市颐阳路239号
电话：0714－6320808
传真：0714－6320088
邮编：435003

金花大酒店 ★★★
地址：黄石市颐阳路248号
电话：0714－6225941
传真：0714－6320008
邮编：435003
网址：hsjhhotel.com

大冶湛月宾馆 ★★★
地址：黄石大冶市湖滨路8号
电话：0714－8713391
传真：0714－8713293
邮编：435003

禄神大酒店 ★★★
地址：咸宁市长安大道298号
电话：0715－8259999
传真：0715－8259999
邮编：437100

阳光酒店 ★★★
地址：咸宁市温泉淦河大道58号
电话：0715－8046888
传真：0715－8046888
邮编：437100

兰海大酒店 ★★★
地址：咸宁市温泉淦河大道6号
电话：0715－8259666
传真：0715－8265566
邮编：437100

金桥宾馆 ★★★
地址：咸宁赤壁市河北大道185号
电话：0715－5355888
传真：0715－5355888
邮编：437300

龙泉山庄 ★★★
地址：咸宁赤壁市五洪山
电话：0715－5243088
传真：0715－5243088
邮编：437300
网址：lqsz. chibi. com. cn

荆州市锦佳大酒店 ★★★
地址：荆州市江津东路99号
电话：0716－8328999
传真：0716－8312481
邮编：434000

金紫荆商务酒店 ★★★
地址：荆州市江津西路288号
电话：0716－4166999
传真：0716－8526766
邮编：434000

荆州市红苑大酒店 ★★★
地址：荆州市江津中路263号
电话：0716－8263388
传真：0716－8252197
邮编：434000

天上人间大酒店 ★★★
地址：荆州市沙市区北京东路125号
电话：0716－8327888
传真：0716－8327999
邮编：434000

荆州市荆保宾馆 ★★★
地址：荆州市荆州区荆东路电大巷1号
电话：0716－8450888
传真：0716－8458866
邮编：434020
网址：www. jbbg. net
电子信箱：jzjbbg@126. com

石首楚源大酒店 ★★★
地址：荆州石首市笔架山路29号
电话：0716－7299888
传真：0716－7288644
邮编：434400

洪湖瑞泰大酒店 ★★★
地址：荆州洪湖市荷花广场东侧
电话：0716－2207888
传真：0716－2201555
邮编：433200

洪湖宾馆 ★★★
地址：荆州洪湖市宏伟南路33号
电话：0716－2425228
传真：0716－2425310
邮编：433200

洪湖鸳鸯湖大酒店 ★★★
地址：荆州洪湖市瞿家湾镇鸳鸯湖
电话：0716－2743518
传真：0716－2742799
邮编：433228

九阳大酒店 ★★★
地址：荆州市公安县斗湖堤镇孱陵大道
电话：0716－5152299
传真：0716－5151569
邮编：434300

荆州远东大酒店有限公司 ★★★
地址：荆州市公安县治安路2号
电话：0716－5239757
传真：0716－5239690
邮编：434300

利源大厦 ★★★
地址：宜昌市东山大道11号
电话：0717－8867799
传真：0717－8867799
邮编：443000

南湖宾馆 ★★★
地址：宜昌市福绥路45号
电话：0717－8866288
传真：0717－8866288
邮编：443000

大桥宾馆 ★★★
地址：宜昌市虎亭大道12号
电话：0717－6055099
传真：0717－6055099
邮编：443000

三峡东山酒店 ★★★
地址：宜昌市开发区深圳路28号
电话：0717－6956999
传真：0717－6956999
邮编：443000
网址：www. tgphotel. com

灯影峡宾馆 ★★★
地址：宜昌市三峡人家景区
电话：0717－8850599
传真：0717－8850599
邮编：443000

检察官培训中心 ★★★
地址：宜昌市胜利四路42号
电话：0717－6470918
传真：0717－6470918
邮编：443000
网址：www. bai long hotel com. cn

三峡西坝酒店 ★★★
地址：宜昌市西坝建设路1号
电话：0717－6276688
传真：0717－6276688
邮编：443000

龙泉山庄 ★★★
地址：宜昌市峡口风景区
电话：0717－8861818
传真：0717－8861818
邮编：443000
网址：www. lqsz. com
电子信箱：lqszhotel@126. com

康福山庄 ★★★
地址：宜昌市峡口风景区288号
电话：0717－8869999
传真：0717－8869999
邮编：443000

平湖大酒店 ★★★
地址：宜昌市沿江大道53号
电话：0717－8867788
传真：0717－8867788
邮编：443000

峡州宾馆（梦峡楼）★★★
地址：宜昌市夷陵路52号
电话：0717－8866888
传真：0717－8866888
邮编：443000
网址：www. xiazhouhotel. com
电子信箱：gcb@xiazhouhotel. com

彝陵饭店 ★★★
地址：宜昌市云集路41号
电话：0717－6223611
传真：0717－6223611
邮编：443000

楚江大酒店 ★★★
地址：宜昌市西陵区陶珠路31号
电话：0717－6743686
传真：0717－6743686
邮编：443000

金狮宾馆 ★★★
地址：宜昌市夷陵区夷兴大道71号
电话：0717－7101515
传真：0717－7101515
邮编：443100

宜都大酒店 ★★★
地址：宜昌宜都市长江大道
电话：0717－8851088
传真：0717－8851088
邮编：443000
网址：www. yiduhotel. com
电子信箱：501@yiduhotel. com

宜都市侨梅大酒店 ★★★
地址：宜昌宜都市陆城
电话：0717－4820029
传真：0717－4820029
邮编：443300

当阳宾馆 ★★★
地址：宜昌当阳市环城东路
电话：0717－3255999
传真：0717－3255999
邮编：443000
电子信箱：hfthxin@163. com

长坂坡宾馆 ★★★
地址：宜昌当阳市玉阳路
电话：0717－3222550
传真：0717－3222550
邮编：443000

鸣凤宾馆 ★★★
地址：宜昌市远安县
电话：0717－3819888
传真：0717－3819888
邮编：443000

香溪大酒店 ★★★
地址：宜昌市兴山县
电话：0717－2586977
传真：0717－2586977
邮编：443000

兴山县汉明妃大酒店 ★★★
地址：宜昌市兴山县香溪大道24号
电话：0717－2580818
传真：0717－2580818

邮编：443711

世纪星酒店 ★★★
地址：宜昌市秭归县茅坪
电话：0717－2888888
传真：0717－2888888
邮编：443000

海立酒店 ★★★
地址：宜昌市秭归县茅坪
电话：0717－2679888
传真：0717－2679888
邮编：443000

欧意大酒店 ★★★
地址：宜昌市秭归县茅坪
电话：0717－2811088
传真：0717－2811088
邮编：443000

财苑山庄 ★★★
地址：宜昌市长阳县
电话：0717－5401345
传真：0717－5401345
邮编：443000

长阳清馨楼 ★★★
地址：宜昌市长阳县隔河岩
电话：0717－6316661
传真：0717－6316661
邮编：443000

清江花园酒店 ★★★
地址：宜昌市长阳县清江路 53 号
电话：0717－5333111
传真：0717－5333111
邮编：443000
电子信箱：qjhy_6669@163.com

花源酒店 ★★★
地址：仙桃市大兴路 50 号
电话：0728－3225668
传真：0728－3222205
邮编：433000
电子信箱：huayuanhotel@163.com

仙苑宾馆 ★★★
地址：仙桃市排湖泵站路特 1 号
电话：0728－3236888
传真：0728－3238444
邮编：433000
网址：www.xtxyhotel.com

钱沟大酒店 ★★★
地址：仙桃市钱沟路特 1 号
电话：0728－3247999
传真：0728－3246588
邮编：433000
电子信箱：qgdjd@126.com

汉江大酒店 ★★★
地址：仙桃市汪洲河路 1 号
电话：0728－3223898
传真：0728－3223898
邮编：433000
网址：www.hanjianghotel.net
电子信箱：hj@hanjianghotel.net

君佳酒店 ★★★
地址：天门市东湖路 12 号
电话：0728－5245888
传真：0728－5244088
邮编：431700
网址：www.tmjjjd.com
电子信箱：hbtmjjjd@sina.com

华康大酒店 ★★★
地址：潜江市潜阳中路 3 号
电话：0728－6296888
传真：0728－6245209
邮编：433100

阳光酒店 ★★★
地址：潜江市章华中路 8 号
电话：0728－6297111
传真：0728－6297111
邮编：433100

神农山庄 ★★★
地址：神农架林区木鱼镇
电话：0719－3452555
传真：0719－3452520
邮编：442421
电子信箱：wjh1@163.com

恩施州清江宾馆 ★★★
地址：恩施市东风大道 264 号
电话：0718－8221598
传真：0718－8222055
邮编：445000

恩施天艺大酒店 ★★★
地址：恩施市施州大道 115 号
电话：0718－8216247
传真：0718－8215877
邮编：445000
网址：ensty.52ms.com
电子信箱：tianyi@52ms.com

来凤宾馆 ★★★
地址：恩施州来凤县翔凤镇渝鄂路 34 号
电话：0718－6282858
传真：0718－6282858
邮编：445700
电子信箱：laifenghotel@tom.com

旅游景区

中国地质大学逸夫博物馆 AAAA
地址：武汉市鲁磨路 388 号
邮编：430074

武汉华泰汤孙湖旅游度假区 AA
地址：武汉市东湖新科技开发区庙山小区华泰路 1 号
电话：027－87922043
邮编：430074

武汉市博物馆 AAAA
地址：武汉市汉口青年路 273 号
电话：027－85625587
邮编：430023

武汉归元禅寺 AAAA
地址：武汉市汉阳区翠微路 20 号
电话：027－84842298　84844756
邮编：430050

武汉晴川阁 AAA
地址：武汉市汉阳区洗马长街 86 号
电话：027－84714805
邮编：430050

辛亥革命武昌起义纪念馆 AAAA
地址：武汉市武昌区阅马场
电话：027－88877172
邮编：430060

中科院武汉植物园 AAAA
地址：武汉市武昌区磨山
电话：027－87510815
邮编：430074

武汉东湖鸟语林 AA
地址：武汉市武昌区东湖路 182 号
电话：027－86776341
邮编：430077

武汉东湖风景区 AAAA
地址：武汉市武昌东湖翠柳村特 1 号
电话：027－86793760
邮编：430077

湖北省博物馆 AAAA
地址：武汉市武昌东湖路 156 号
电话：027－86783683
邮编：430077

黄鹤楼公园 AAAAA
地址：武汉市武昌区蛇山西坡特 1 号
电话：027－88877330
邮编：430060

木兰山风景区 AAA
地址：武汉市黄陂区境内
电话：027－61501019
邮编：432200

木兰天池景区 AAAA
地址：武汉市黄陂区长轩岭镇
电话：027－61518929
邮编：432200

十堰市四方山植物园 AA
地址：十堰市人民北路 13 号
电话：0719－8661092
邮编：442000

十堰市人民公园 AA
地址：十堰市公园路 25 号
电话：0719－8652061
邮编：442000

十堰市牛头山森林公园 AA
地址：十堰市牛头山森林公园
电话：0719－8633042
邮编：442001

十堰市黄龙电厂工业生态旅游区 AAA
地址：十堰市
邮编：442000

十堰市月亮湖山庄旅游区 AAA
地址：十堰市张湾区方滩乡
电话：0719－8580001
邮编：442000

十堰市桃花湖旅游度假区 AA
地址：十堰市茅箭区
邮编：442012

十堰市伏龙山自然风景区 AA
地址：十堰市茅箭区赛武当林场
电话：0719－6980019
邮编：442000

武当山风景区 AAAA
地址：十堰市武当山旅游经济特区
电话：0719－5665571
邮编：442714

十堰市九华山森林公园 AA
地址：十堰市竹山县
邮编：442200

十堰市房县野人洞（谷）旅游区 AAA
地址：十堰市房县
邮编：442100

十堰市房县神农峡风景区 AA
地址：十堰市房县野人洞风景管理处
电话：0719－3611205
邮编：442114

锦绣园高新农业观光园 AA
地址：襄樊市锦绣园农业科技开发有限公司
电话：0710－3342483
邮编：441003

襄樊市米公祠景区 AAA
地址：襄樊市樊城柜子城
邮编：441021

襄樊米芾纪念馆 AA
地址：襄樊市城区解放西路9号
电话：0710－3453196
邮编：441000

襄王府绿影壁 A
地址：襄樊市博物馆
电话：0710－3511443
邮编：441021

隆中风景名胜区古隆中景区 AAAA
地址：襄樊市襄城区隆中路6号
电话：0710－3591856
邮编：441053

枣阳市白水寺旅游风景区 AA
地址：襄樊枣阳市吴店镇白水寺
电话：0710－6729249
邮编：441214

枣阳青龙山熊河风景区 AA
地址：襄樊枣阳市熊集镇
电话：0710－686110
邮编：441212

宜城市张自忠将军纪念馆 A
地址：襄樊宜城市襄沙路57号
电话：0710－4562846
邮编：441400

南漳县水镜庄风景区 AAA
地址：襄樊市南漳县城关镇白凤路2号
电话：0710－5232754
邮编：441500

南彰香水河风景旅游区 A
地址：襄樊市南彰县薛坪镇香水河风景管理处
电话：0710－5611005
邮编：441521

谷城县南河风景区 AA
地址：襄樊市谷城县南河风景区管理委员会
电话：0710－7771044
邮编：441715

谷城县薤山旅游度假区 AAA
地址：襄樊市谷城薤山旅游度假区
电话：0710－7612001
邮编：441700

襄樊市谷城县南河小三峡风景区 AAA
地址：襄樊市谷城县城西南
邮编：441700

保康县汤池峡温泉度假区 AA
地址：襄樊市保康县城关镇汤池峡
电话：0710－5831001
邮编：441600

保康县五道峡自然风景区 AA
地址：襄樊市保康县五道峡风景区
电话：0710－576007113　972211020
邮编：441606

湖北省漳河风景名胜区 AAA
地址：荆门市漳河镇
电话：0724－2332732
邮编：448156

荆门市博物馆 AA
地址：荆门市象山大道11号
电话：0724－2334869
邮编：448000

龙泉公园 AAA
地址：荆门市象山大道南段西侧
电话：0724－2332732
邮编：448000

钟祥市黄仙洞 AAAA
地址：荆门钟祥市大洪山风景区内
邮编：431804

明显陵 AAAA
地址：荆门钟祥市显陵管理处
电话：0724－4217387
邮编：431900

京山大洪山鸳鸯溪旅游区 AA
地址：荆门市京山县绿林镇
电话：0724－7488082　7488371
邮编：431804

荆门市王莽洞风景区 AA
地址：荆门市京山县太子山林场管理局
邮编：4431822

京山天河度假村 AA
地址：荆门市京山县绿林镇天门观
电话：0724－7488260
邮编：431800

双峰山旅游区 AAAA
地址：孝感市东北部
电话：0712－4921119
邮编：432100

孝感董永公园 AA
地址：孝感市槐荫大道200号
电话：0712－2822185
邮编：432100

应城市汤池温泉旅游景区 AAAA
地址：孝感应城市汤池镇
电话：0712－3777120
邮编：432415

大悟鄂豫边区烈士陵园 AA
地址：孝感市大悟县城关镇陵园路54号
电话：0712－7228850
邮编：432800

东坡赤壁风景区 AAA
地址：黄冈市公园路
电话：0713－8366568
邮编：438000

罗田县大别山薄刀峰风景区 AAA
地址：黄冈市罗田县大别山森林公园
电话：0713－5753408
邮编：438600

闻一多纪念馆 AA
地址：黄冈市浠水县车站东楼
电话：0713－4215581
邮编：438200

李时珍纪念馆 AA
地址：黄冈市蕲春县
电话：0713－7504551
邮编：435300

浠水县三角山旅游风景区 AAA
地址：黄冈市浠水县
电话：0713－4898062
邮编：438219

湖北莲花山旅游区 AAAA
地址：鄂州市凤凰路76号
电话：0711－50300165030029
邮编：436000

鄂州市博物馆 AA
地址：鄂州市武昌大道西段1栋224－4号
电话：0711－3223467
邮编：436000

鄂州梁子岛生态旅游度假区 AA
地址：鄂州市梁子湖区
电话：0711－2473038
邮编：436064

黄石市东方山风景区 AAA
地址：黄石市下陆区东方山风景管理处
电话：0714－5418386
邮编：435005

大冶市雷山风景区 AAA
地址：黄石大冶市雷山风景区管理处
电话：0714－8997488
邮编：435124

大冶市青龙山公园 AAA
地址：黄石大冶市城东红星湖畔
电话：0714－8713469
邮编：435100

咸宁市赤壁旅游区 AAAA
地址：咸宁市
邮编：437000

湖北赤壁中华水浒城 AAA
地址：咸宁市
邮编：437000

咸宁市潜山国家森林公园 AA
地址：咸宁市温泉镇滨河西路9号
电话：0715－8255186
邮编：437000

咸宁太乙洞风景区 AA
地址：咸宁市咸安区长安大道106号
电话：0715－8336071
邮编：437000

咸宁澄水洞旅游区 AA
地址：咸宁市咸安区高桥镇
电话：0715－8782131
邮编：437000

星星竹海风景区 AA
地址：咸宁市咸安区长安大道107号
电话：0715－8613998
邮编：437000

咸宁市龙佑赤壁温泉度假区 AAAA
地址：咸宁赤壁市
电话：0715－5048888
邮编：437300

赤壁市玄素洞 AA
地址：咸宁赤壁市陆水湖办事处玄素洞村
电话：0715－5526898
邮编：437300

咸宁市九宫山风景名胜区 AAAA
地址：咸宁市通山县
邮编：437600

通山县闯王陵 AA
地址：咸宁市通山县闯王陵文管所
电话：0715－2508005
邮编：437628

荆州关公馆 AA
地址：荆州市南门爱民路关公馆
电话：0716－8467774
邮编：434100

荆州碑苑 AA
地址：荆州市荆南路 2 号
电话：0716－8467287
邮编：434100

荆州盆景园 AA
地址：荆州市荆北路 40 号
电话：0716－8466796
邮编：434100

荆州古城历史文化旅游区 AAAA
地址：荆州市张居正街 2 号
电话：0716－8468124
邮编：434100

万寿园 AA
地址：荆州市沙市区荆堤路 90 号
电话：0716－8263149
邮编：434000

荆州博物馆 AAAA
地址：荆州市荆州区荆中路 186 号
电话：0716－8494808
邮编：434020

洪湖蓝田生态旅游风景区 AAAA
地址：荆州洪湖市瞿家湾镇唐城大道
电话：13507264883
邮编：433228

三峡大坝旅游区 AAAAA
地址：宜昌市
邮编：443000

长江三峡工程坛子岭风景区 AAAA
地址：宜昌市东山大道 80 号
电话：0717－6756271
邮编：443002

三峡石牌要塞旅游区 AAAA
地址：宜昌市夷陵区三峡路 1 号
电话：0717－7855554
邮编：443100

宜昌市古潮音洞度假山寨 AAA
地址：宜昌市聂家河
电话：0717－44770124
邮编：443306

宜昌三游洞风景区 AAAA
地址：宜昌市西北西陵山
电话：0717－6700322
邮编：443100

宜昌市西陵峡口风景名胜区 AAAA
地址：宜昌市南津关
电话：0717－8862221
邮编：443002

车溪民俗风情区 AAAA
地址：宜昌市点军区土城乡
电话：0717－7884167
邮编：443123

宜昌市紫阳龙洞风景度假区 AAA
地址：宜昌市点军区紫阳村
电话：0717－6672688
邮编：443006

宜昌三峡人家风景区 AAAA
地址：宜昌市夷陵区三斗坪镇石牌村
电话：0717－7991054
邮编：443100

宜昌中华鲟园 AAA
地址：宜昌市夷陵区晓溪塔集锦路 7 号
电话：0717－6713214
邮编：443100

宜昌市宜都奥陶纪石林 AAA
地址：宜昌宜都市潘家湾土家乡境内
邮编：443300

宜昌市宋山森林公园 AAA
地址：宜昌宜都市高坝洲宋山村
电话：0717－4810219
邮编：443300

宜昌市情人泉野人谷旅游区 AAA
地址：宜昌宜都市
邮编：443300

当阳玉泉寺风景区 AAA
地址：宜昌当阳市玉泉寺
电话：0717－3240301/02
邮编：444102

宜昌市当阳百宝寨风景区 AAA
地址：宜昌当阳市青龙湖畔
邮编：444100

兴山县昭君村 AAA
地址：宜昌市兴山县昭君村
电话：0717－2520023
邮编：443700

秭归县九畹溪风景区 AAAA
地址：宜昌市秭归县周坪乡
电话：0717－2887248
邮编：443600

宜昌市泗溪生态风景区 AAA
地址：宜昌市秭归新县城茅坪镇境内
邮编：443600

宜昌市屈原祠文化旅游区 AAA
地址：宜昌市秭归县东 1.5 公里长江北岸的向家坪
邮编：443600

宜昌市清江画廊旅游度假区 AAAA
地址：宜昌市长阳县
邮编：443500

宜昌市柴埠溪峡谷风景区 AAAA
地址：宜昌市五峰土家族自治县渔洋关镇
电话：0717－5781398
邮编：443412

随州市曾侯乙墓景区 AA
地址：随州市擂鼓墩文管处
电话：0722－3813566
邮编：441300

炎帝神农烈山风景名胜区 AA
地址：随州市曾都区历山镇大同街 72 号
电话：0722－4572567
邮编：441309

高贵三潭风景区 AA
地址：随州广水市三潭风景区管理处
电话：0722－6881111
邮编：432700

仙桃市沔城风景名胜区 AA
地址：仙桃市沔城回族镇九贺门正街 93 号
电话：0728－2753016
邮编：433014

神农坛风景区 AAAA
地址：神农架林区木鱼镇
电话：0719－3452488
邮编：442421

神农顶风景区 AAAA
地址：神农架林区木鱼镇
电话：0719－3452143
邮编：442421

红坪景区 AAAA
地址：神农架林区红坪镇
电话：0719－3372126
邮编：442400

神农架天燕旅游区 AAAA
地址：神农架林区红坪镇
电话：0719－3372136
邮编：442400

恩施土司城 AAA
地址：恩施州恩施市郊旗峰大道 96 号
邮编：445000

恩施州龙麟宫景区 AAA
地址：恩施州恩施市城西郊麒麟溪源头
邮编：445000

恩施市梭布垭风景区 AAA
地址：恩施州恩施市太阳河乡境内
邮编：445000

恩施土家族苗族自治州利川腾龙洞风景旅游区 AAAA
地址：恩施州利川市腾龙大道 1 号
电话：0718－7266755　7286327
邮编：445400

巴东神农溪旅游区 AAAA
地址：恩施州巴东县沿江大道 145 号
电话：0718－4226633　4450579
邮编：444300

餐　馆

四季美汤包馆
地址：武汉市汉口中山大道 898 号
电话：027－82832842
邮编：430014

老通城酒楼
地址：武汉市江岸区大智路 1 号
电话：027－82810616
邮编：430014

老大兴园酒楼
地址：武汉市硚口区利济北路 219 号
电话：027－85642572
邮编：430033

老会宾楼
地址：武汉市利济北路 211 号
电话：027－88888888
邮编：430014

大中华酒楼
地址：武汉市武昌彭刘杨路 196 号

电话：027－88074924
邮编：430014

六合宴餐饮有限公司
地址：武汉市沿江大道
电话：027－82717777
邮编：430014

小尾羊连锁餐饮有限公司总店
地址：武汉市崇仁路
电话：027－83805177
邮编：430030

百胜餐饮（武汉）有限公司
地址：武汉市解放大道
电话：027－85448817
邮编：430032

王牌咖啡餐饮有限公司
地址：武汉市江兴路
电话：027－83560912
邮编：430014

金色大帝餐饮有限公司
地址：武汉市解放大道
电话：027－83837677
邮编：430035

居风子饮食有限责任公司
地址：武汉市解放路
电话：027－88853886
邮编：430060

上岛两岸饮食有限公司
地址：武汉市崇仁路
电话：027－83780456
邮编：430033

绿茵阁西餐厅
地址：武汉市中南路
电话：027－87316777
邮编：430014

上岛咖啡西餐厅
地址：武汉市欧式街惠明路
电话：027－87233433
邮编：430014

武汉市醉江月饮食服务有限公司
地址：武汉市珞狮南路81号
电话：027－87381466
邮编：430070

湖北三五醇酒店有限公司
地址：武汉市中山路338号
电话：027－88843535
邮编：430061

武汉市亢龙太子酒轩有限责任公司
地址：武汉市体育馆路2号
电话：027－87320856
邮编：430014

安田食府
地址：武汉市桥口路77号
电话：027－83788198
邮编：430014

巴人酒店
地址：武汉市武昌区武珞路215号
电话：027－87899599
邮编：430014

扒鱼脸大王
地址：武汉市江汉区沿江大道132号
电话：027－82823951
邮编：430014

百乐餐厅
地址：武汉市江岸区解放大道1080号
电话：027－82321879
邮编：430014

北方酒店
地址：武汉市汉阳区鹦鹉大道259号
电话：027－84516266
邮编：430014

北京满旗楼武汉总店
地址：武汉市江岸区沿江大道136号
电话：027－82791563
邮编：430014

北京能人居涮羊肉
地址：武汉市硚口区建设大道525号
电话：027－83637887
邮编：430014

北泽苑酒楼
地址：武汉市江岸区解放大道1147号
电话：027－82863324
邮编：430014

步云楼
地址：武汉市洪山区武珞路357号
电话：027－87883309
邮编：430014

草原新天地火锅烧烤城
地址：武汉市硚口区解放大道477号
电话：027－83885997
邮编：430014

昌盛酒家
地址：武汉市江岸区二七路6号
电话：027－82871558
邮编：430014

长城食府
地址：武汉市珞狮路尤李村73号
电话：027－87393189
邮编：430014

长庚食府
地址：武汉市黄鹂路78号
电话：027－86784201
邮编：430014

成都花脸鱼头火锅城
地址：武汉市硚口路164号
电话：027－83766116
邮编：430014

楚人驴肉馆
地址：武汉市武昌区首义新村40号
电话：027－88064351
邮编：430014

川府餐厅
地址：武汉市武昌区东湖路91号
电话：027－87302689
邮编：430014

粗茶淡饭菜馆
地址：武汉市江岸区江汉北路117号
电话：027－85775239
邮编：430014

翠微餐厅
地址：武汉市汉阳区翠微横路33号
电话：027－84829434
邮编：430014

傣家村大酒店
地址：武汉市武昌区复兴路34号
电话：027－88316876　88316910
邮编：430014

丹水池餐厅
地址：武汉市解放大道2633号
电话：027－82317951
邮编：430014

德顺楼
地址：武汉市解放大道1845号
电话：027－82862085
邮编：430014

方圆食府
地址：武汉市洪山区八一路264号
电话：027－87784732
邮编：430014

芙蓉酒楼
地址：武汉市中山大道1041号
电话：027－82824100
邮编：430014

冠生园酒楼
地址：武汉市水塔街江汉路27号
电话：027－82832124
邮编：430014

海南东山乳羊府
地址：武汉市江岸区台北路1718号
电话：027－85759653
邮编：430014

汉阳野味香酒楼
地址：武汉市汉阳鹦鹉大道128号
电话：027－84843198
邮编：430014

后湖饭庄
地址：武汉市江岸区百步亭
电话：027－82325392
邮编：430014

湖北佬酒店
地址：武汉市江汉区新华下路8号
电话：027－85790097
邮编：430014

湖锦酒楼
地址：武汉市洪山区八一路316号
电话：027－87346537
邮编：430014

花雨杜婆鸡酒楼老店
地址：武汉市台北路78号
电话：027－85756944
邮编：430014

花雨杜婆鸡酒楼总店
地址：武汉市永清路20号
电话：027－82420569
邮编：430014

华兴大酒楼
地址：武汉市青山区建设八路8号
电话：027－86359503
邮编：430014

江南第一家
地址：武汉市武昌区八一路7号
电话：027－87225298
邮编：430014

金龙酒楼
地址：武汉市江岸区解放大道2025号
电话：027－82914011
邮编：430014

九头鸟酒家
地址：武汉市学院路8号
电话：027－86815538
邮编：430014

老干妈农家饭
地址：武汉市江岸区香港路49号
电话：027－85773438
邮编：430014

老坎风味酒家
地址：武汉市洪山区珞狮路223号
电话：027－87862396
邮编：430014

老四川酒楼
地址：武汉市硚口区解放大道923号
电话：027－83631154
邮编：430014

老幺特色酒楼
地址：武汉市江岸区黄兴路8号
电话：027－82803069
邮编：430014

莲花湖渡假村西餐厅
地址：武汉市汉阳区汉阳大道10号
电话：027－84838790
邮编：430014

明月楼
地址：武汉市青山区沿港路7号
电话：027－86859855
邮编：430014

南泥湾饭庄
地址：武汉市江汉区新华下路141号
电话：027－85602635
邮编：430014

四川鲶鱼王
地址：武汉市合作路34号
电话：027－82839409
邮编：430014

武汉市小桃园酒楼
地址：武汉市汉口兰陵路64号
电话：027－82845869
邮编：430014

鑫龙潭滋补大酒楼
地址：武汉市青山区工业大道18号
电话：027－86864974　86807346
邮编：430014

食神粥道馆
地址：十堰市人民中路
电话：0719－8669935
邮编：442000

山外山美味村
地址：十堰市
电话：0719－6921761
邮编：442000

合家欢乡菜馆
地址：十堰市
电话：0719－8221249
邮编：442000

状元楼美食广场
地址：十堰市
电话：0719－8890168
邮编：442000

青莲酒家
地址：十堰市人民北路36号
电话：0719－8269316
邮编：442000

满园春酒楼
地址：十堰市车城路5号
电话：0719－8221476
邮编：442000

南京汤包馆
地址：十堰市大岭路21号
电话：0719－8268030
邮编：442000

爱晚亭
地址：十堰市
电话：0719－8200592
邮编：442000

乡村锅巴饭店
地址：十堰市
电话：0719－6873268
邮编：442000

十堰市九头鸟食乐社
地址：十堰市东岳路66号
电话：0719－8228374
邮编：442000

十堰市巴人火锅城
地址：十堰市张湾区公园路153号
电话：0719－8228481
邮编：442000

襄樊市南山宾馆
地址：襄樊市檀溪路56号
电话：0710－3552089
邮编：441021

襄樊市白鹤实业公司白鹤酒楼
地址：襄樊市前进路14号
电话：0710－3239997
邮编：441021

襄樊大天鹅火锅食府
地址：襄樊市湖北大庆西路79号
电话：0710－3489838
邮编：441021

襄樊民间酒轩
地址：襄樊市樊城区炮铺街17号
电话：0710－3450888
邮编：441021

襄樊桃园食品有限公司红象泰式大酒楼
地址：襄樊市松鹤路中段
电话：0710－3274600
邮编：441021

三只耳冷锅鱼襄樊店
地址：襄樊市
电话：0710－3277788
邮编：441021

襄樊陈波人家酒楼
地址：襄樊市襄城区檀溪路
电话：0710－3525777
邮编：441021

襄樊市朝圣门小吃城
地址：襄樊市朝阳路44号
电话：0710－3460029
邮编：441021

荆门湘味浓
地址：荆门市老莱子路15号
电话：0724－6053377
邮编：448000

楚韵酒家
地址：荆门市象山四路
电话：0724－2399888
邮编：448000

乡村鱼庄
地址：荆门市天鹅广场西南侧
电话：0724－6695985
邮编：448000

荆门饭店
地址：荆门市东宝区长宁大道37号
电话：0724－2337743
邮编：448000

浏河园食府
地址：荆门市长宁大道37号
电话：0724－2379197
邮编：448000

金光大道酒楼
地址：孝感市孝南区
电话：0712－2886977
邮编：432100

乡味浓家常菜馆
地址：黄冈市黄州区西湖一路
电话：0713－3610641
邮编：438000

小尾羊餐饮全国连锁黄冈总店
地址：黄冈市黄州区西湖一路
电话：0713－8350776
邮编：438000

新世纪美食村
地址：黄冈市赤壁大道1号
电话：0713－8611636
邮编：438000

西湖饭庄
地址：黄冈市黄州区八一路
电话：0713－8992781
邮编：438000

鄂城贤人聚酒楼
地址：鄂州市鄂城区凤凰路79号
电话：0711－3864471
邮编：436000

鄂州市山寨人家餐馆
地址：鄂州市古城南路邱家嘴
电话：0711－3877715
邮编：436000

黄石市三五轩饮食管理有限公司
地址：黄石市黄石大道628号
电话：0714－6262788
邮编：435003

黄石市知味观酒楼
地址：黄石市西塞山区京华路8号
电话：0714－1397279
邮编：435003

傻儿火锅城
地址：黄石市西塞山区京华路15号
电话：0714－6241582
邮编：435003

湘里人家
地址：咸宁市咸安区滨河东街
电话：0715－8272388
邮编：437000

武昌酒家
地址：咸宁市咸安区温泉路

电话：0715－8284212
邮编：437000

新大陆美食城
地址：咸宁市咸安区温泉路
电话：0715－8256316
邮编：437000

江鱼馆
地址：咸宁市咸安区长安大道
电话：0715－8316636
邮编：437000

宜昌市桃花岭饭店
地址：宜昌市云集路29号
电话：0717－6236666－7
邮编：443000

芙蓉饭店
地址：宜昌市东山大道113号
电话：0717－6440911
邮编：443000

楼外楼餐厅
地址：宜昌市福绥路44号
电话：0717－6223067
邮编：443000

宜昌市小桃园酒家东山分店
地址：宜昌市东山大道113号
电话：0717－6448839
邮编：443000

宜昌市金太阳大酒家
地址：宜昌市中山路13－2号
电话：0717－6224862
邮编：443000

神舟酒家
地址：宜昌市中山路11号
电话：0717－6460200
邮编：443000

宜昌市小平湖酒家
地址：宜昌市中山路61号
电话：0717－6222082
邮编：443000

正川园餐厅
地址：宜昌市云集路1号
电话：0717－6445093
邮编：443000

东甸园酒家
地址：宜昌市西陵区深圳路44号
电话：0717－6331976
邮编：443000

宜昌市西陵区小红星酒家
地址：宜昌市红星路19号
电话：0717－6225453
邮编：443000

小南湖餐馆
地址：宜昌市滨湖路13号
电话：0717－6223415
邮编：443000

宜昌红星江口活鲜酒家
地址：宜昌市西陵区红星路65号
电话：0717－6235092
邮编：443000

宜昌市明月歌舞餐厅
地址：宜昌市一马路52号
电话：0717－6239249
邮编：443000

宜昌市聚宾楼酒楼
地址：宜昌市中山路23号
电话：0717－6241791
邮编：443000

宜昌市云集食府
地址：宜昌市云集路21号
电话：0717－6252265
邮编：443000

宜昌市同春饭店
地址：宜昌市中山路60号
电话：0717－6738801
邮编：443000

宜昌市海角天涯烧烤店
地址：宜昌市中山路50号
电话：0717－6237562
邮编：443000

宜昌市饮食公司热干面馆
地址：宜昌市西陵区中山路7号
电话：0717－6753785
邮编：443000

宜昌市三园宴酒楼
地址：宜昌市云集路1号
电话：0717－6235092
邮编：443000

潇湘酒楼
地址：宜昌市云集路16号
电话：0717－6444176
邮编：443000

宜昌市紫光园酒楼
地址：宜昌市西陵区云集路16号
电话：0717－6242163
邮编：443000

宜昌小天鹅餐饮娱乐有限公司火锅食府
地址：宜昌市深圳路1－10号
电话：0717－6345677
邮编：443000

宜昌市玉林湘酒楼
地址：宜昌市西陵区深圳路4号
电话：0717－8651441
邮编：443000

宜昌市农家饭庄
地址：宜昌市湖堤街1号
电话：0717－6224777
邮编：443000

宜昌市七星阁酒楼
地址：宜昌市福绥路9号
电话：0717－6222306
邮编：443000

宜昌旺角海鲜酒家有限公司重庆朝天椒老火锅店
地址：宜昌市云集路32号
电话：0717－6778256
邮编：443000

襄阳人家美食苑
地址：随州市曾都区
电话：0722－3223348
邮编：441300

圣宫饭店家常菜馆
地址：随州市曾都区
电话：0722－3223185
邮编：441300

内蒙小肥羊火锅城
地址：随州市曾都区
电话：0722－3261179
邮编：441300

湖乡人鱼庄
地址：仙桃市
电话：0728－8203837
邮编：433000

仙苑海鲜城
地址：仙桃市泵站路1号
电话：0728－3236888
邮编：433000

华航食府
地址：天门市钟惺大道
电话：0728－5888235
邮编：431700

恩施市山人居餐馆
地址：恩施市五峰山路
电话：0718－8964008
邮编：445000

田舍人家
地址：恩施市五峰山连珠塔
电话：0718－8229083
邮编：445000

旅游用品

老凤祥银楼武汉有限公司
地址：武汉市汉口中山大道471号
电话：027－85856566
邮编：430021

武汉市周万福珠宝首饰
地址：武汉市汉口中山大道557－559号
电话：027－82841191
邮编：430020

东方首饰厂有限公司
地址：武汉市汉口武汉广场公寓楼B座
电话：027－85714361
邮编：430014

武汉天鑫珠宝首饰有限责任公司
地址：武汉市武昌武珞路348号
电话：027－87647956
邮编：430014

武汉市金宇珠宝首饰有限责任公司
地址：武汉市汉口天门墩93号
电话：027－85728041
邮编：430014

武汉市特艺珠宝首饰公司
地址：武汉市汉口天门墩93号
电话：027－85745898
邮编：430014

武汉汉银金饰珠宝公司
地址：武汉市汉口江汉路19号
电话：027－82817314
邮编：430014

武汉周大福珠宝金行有限公司
地址：武汉市汉口新华后路297号
电话：027－85766721
邮编：430014

武汉金兰珠宝金行有限公司
地址：武汉市汉口同益大厦

电话：027－85440289
邮编：430014

江岸绣花厂
地址：武汉市汉口二七路67号
电话：027－82898428
邮编：430014

武汉市工艺雕刻厂
地址：武汉市汉口工农路特8号
电话：027－83212981
邮编：430014

武汉市石开工艺石雕有限公司
地址：武汉市东西湖三店中西路
电话：027－83219973
邮编：430014

武汉金圣贴金工艺有限公司
地址：武汉市汉口黄浦路250号
电话：027－82910126
邮编：430014

中艺珠宝金行
地址：武汉市汉阳大道
电话：027－84864287
邮编：430051

郧县绿松石工艺厂
地址：十堰市郧县东岭
电话：0719－7232731
邮编：442500

襄樊市襄隆石雕厂
地址：襄樊市景观路
电话：0710－3562094
邮编：430014

枣阳市工艺美术制镜厂
地址：襄樊枣阳市
电话：0710－6223649
邮编：441200

汉川工艺厂
地址：孝感汉川市欢乐街
电话：0712－8282412
邮编：432300

江汉五金工艺品制品厂
地址：荆州市十号路十六中旁
电话：0716－8221242
邮编：434000

宜昌市金银首饰公司
地址：宜昌市云集路
电话：0717－6223746
邮编：443000

宜昌市迎春花工艺美术公司
地址：宜昌市培心路
电话：0717－6240893
邮编：443000

宜昌市三斗坪镇东岳庙工艺制品厂
地址：宜昌市三斗坪
电话：0717－6611244
邮编：443000

工艺制镜厂
地址：随州市解放路218号
电话：0722－3223416
邮编：441300

曾都区古乐编钟工艺厂
地址：随州市舜井大道5号
电话：0722－3220209
邮编：441300

利川市民族工艺美术厂
地址：恩施土家族苗族自治州利川市
电话：0718－72824287282428
邮编：445400

旅游交通

湖北省外事旅游汽车公司
地址：武汉市汉阳区琴台路262号
电话：027－84860248
邮编：430050

汉口新火车站
地址：武汉市汉口金家墩
电话：027－85877891
邮编：430001

汉口火车站
地址：武汉市汉口金家墩特1号
电话：027－85877897
邮编：430001

汉阳火车站
地址：武汉市汉阳车站前路75号
电话：027－84848093
邮编：430001

汉西火车站
地址：武汉市汉口汉西一路70号
电话：027－83884398
邮编：430001

长江轮船海外旅游总公司
地址：武汉市沿江大道69号
电话：027－85701025
邮编：430021

武汉长江游船中心
地址：武汉市江汉路122号8楼A座
电话：027－82200080
邮编：430014

武汉扬子江游船有限公司
地址：武汉市
电话：027－84712509
邮编：430050

湖北江山游船公司
地址：武汉三阳路
电话：027－82701170
邮编：430064

武汉港
地址：武汉市汉口沿江大道91号
电话：027－82836958
邮编：430014

武汉天河国际机场
地址：武汉市黄陂区天河镇
电话：027－85818494
邮编：432200

十堰市白浪火车站
地址：十堰市
电话：0719－8312894
邮编：442000

襄樊火车站
地址：襄樊市前进路
电话：0710－3029573
邮编：441003

襄樊刘集机场
地址：襄樊市襄阳区张湾镇
电话：0710－3313567
邮编：442021

老河口市火车站
地址：襄樊老河口市
电话：0710－8223306
邮编：441800

孝感市火车站
地址：孝感市
电话：0712－2886141
邮编：432100

安陆市旅游汽车出租公司
地址：孝感安陆市府东南
电话：0712－5259647
邮编：432600

安陆市火车站
地址：孝感安陆市文昌路
电话：0712－5222115
邮编：432600

云梦县火车站
地址：孝感市云梦县陲虎路
电话：0712－4322569
邮编：432500

黄冈市旅游出租分公司
地址：黄冈市西湖二路
电话：0713－8661960
邮编：438000

麻城市火车站
地址：黄冈麻城市
电话：0713－2991982
邮编：438300

湖北咸运集团有限公司旅游出租车分公司
地址：咸宁市温泉路20号
电话：0715－8256121
邮编：437000

咸宁火车站
地址：咸宁市
电话：0715－8323804
邮编：437000

宜昌市外事旅游汽车公司
地址：宜昌市夷陵大道72号
电话：0717－6253123
邮编：443000

重庆环球轮船旅游公司沙市分公司
地址：荆州市江汉南路34号
电话：0716－8222614
邮编：434000

宜昌三峡国旅外事旅游汽车公司
地址：宜昌市
电话：0717－6254883
邮编：443000

宜昌火车站
地址：宜昌市东山大道
电话：0717－6444950
邮编：443000

长江海外旅游宜昌公司
地址：宜昌市解放路52－1三峡商城A座1610房
电话：0717－6760512
邮编：443000

太升旅行社天骄游轮公司
地址：宜昌市沿江大道272－37号
电话：0717－6226202

邮编：443000

宜昌世纪维嘉游轮管理有限公司
地址：宜昌市江山大道124号
电话：0717－6458066
邮编：443000

宜昌西施游轮有限公司
地址：宜昌市解放路10号
电话：0717－6231486
邮编：443000

宜昌长江高速客轮有限责任公司
地址：宜昌市开发区
电话：0717－8687956
邮编：443000

大三峡国旅游船接待中心
地址：宜昌市东山大道80号
电话：0717－6611042
邮编：443002

中国长航重庆长江轮船公司国内旅游总公司
地址：宜昌市港九码头
电话：0717－6965841
邮编：443000

宜昌市渝鸿旅游船管理服务有限公司
地址：宜昌市沿江大道104号
电话：0717－6223436
邮编：443000

长江三峡通航管理局葛闸港埠公司
地址：宜昌市葛洲坝三号船闸码头
电话：0717－6962255
邮编：443000

新三峡游船操作中心
地址：宜昌市大公桥客运站内
电话：0717－6244111
邮编：443000

宜昌三峡旅游船有限公司
地址：宜昌市镇平路9号
电话：0717－6729642
邮编：443002

宜昌三峡机场
地址：宜昌市
电话：0717－6514180
邮编：443000

大众旅游汽车客运有限公司
地址：随州市交通大道
电话：0722－3584056
邮编：441300

随州火车站
地址：随州市
电话：0722－3224243
邮编：441300

恩施许家坪机场
地址：恩施市许家坪
电话：0718－8410753
邮编：445000

旅游院校

武汉大学
经济与管理学院
地址：武汉市武昌区珞珈山路16号
电话：027－62955242
邮编：430072

中国地质大学（武汉）
文管学院旅游管理系
地址：武汉市武昌区鲁磨路388号
电话：027－67883201
邮编：430074

华中师范大学
城市与环境科学学院旅游系
地址：武汉市武昌区珞瑜路152号
电话：027－67868305
邮编：430079

中南民族大学
管理学院旅游管理系
地址：武汉市武昌区民院路5号
电话：027－67843646
邮编：430074

湖北大学
商学院旅游与酒店管理系
地址：武汉市武昌区学院路11号
电话：027－88662240
邮编：430062

江汉大学
商学院旅游系
地址：武汉市沌口经济开发区
电话：027－84226649
邮编：430056

中南财经政法大学
工商学院旅游系
地址：武汉市武昌区武珞路114号
电话：027－88043976
邮编：430064

武汉工业学院
经贸管理学院旅游管理专业
地址：武汉市常青花园中环西路1号
电话：027－83912729
邮编：430023

湖北经济学院
旅游与酒店管理学院
地址：武汉市江夏区高新科技园藏龙岛洋湖大道特1号
电话：027－81983724
邮编：430205

武汉职业技术学院
旅游与航空服务学院
地址：武汉市关山二路463号
电话：027－87766559
邮编：430074

武汉航海职业技术学院
旅游管理系
地址：武汉市武昌区喻家湖148号
电话：027－88858507
邮编：430062

武汉船舶职业技术学院
经济管理系旅游专业
地址：武汉市汉阳区月湖街
电话：027－84849764
邮编：430079

武汉科技大学
外语外事职业学院旅游系
地址：武汉市东湖风景区黄家大湾特1号
电话：027－86490626
邮编：430083

武汉民政职业学院
旅游系
地址：武汉市洪山区卓刀泉路257号
电话：027－87563900
邮编：430079

武汉信息传播职业技术学院
旅游专业
地址：武汉市江夏区庙山开发区阳光大道
电话：027－81801030
邮编：420223

湖北经济管理干部学院
旅游专业
地址：武汉市洪山区卓刀泉路108号
电话：027－87802520
邮编：430079

武汉警官职业学院
旅游管理系
地址：武汉市东西湖区吴家山街杏花路特1号
电话：027－83223656
邮编：430040

长江职业学院
旅游专业
地址：武汉市青山区武丰闸
电话：027－86528039
邮编：430082

武汉交通职业学院
旅游专业
地址：武汉市武昌区学院路12号
电话：027－86745578
邮编：430062

湖北省旅游学校
地址：武汉市洪山区雄楚大街488号
电话：027－87189202
邮编：430073

湖北汽车工业学院
人文社科系旅游专业
地址：十堰市车城西路108号
电话：0719－8238174
邮编：442002

襄樊学院
旅游系
地址：襄樊市襄城区隆中路
电话：0710－3590914
邮编：441021

襄樊市旅游服务学校
地址：襄樊市建华路8号
电话：0710－3220978
邮编：441003

湖北职业技术学院
旅游与酒店管理系
地址：孝感市玉泉南路特1号
电话：0712－2835139
邮编：432100

湖北省黄冈市旅游学校
地址：黄冈市蕲春县漕河芝麻山
电话：0713－7267999
邮编：435300

鄂州大学
旅游专业
地址：鄂州市凤凰路78号
电话：0711－3890034
邮编：436000

鄂州市旅游学校
地址：鄂州市莲花山
电话：0711－3217293

邮编：436000

湖北师范学院
历史系旅游专业
地址：黄石市磁湖路82号
电话：0714－6511930
邮编：435000

咸宁学院
管理学院旅游系
地址：咸宁市温泉桂花路3号
电话：0715－8338144
邮编：437100

湖北国土资源职业学院
旅游专业
地址：荆州市荆沙路
电话：0716－8444687
邮编：434100

荆州职业技术学院
旅游专业
地址：荆州市荆南路学苑路9号
电话：0716－8959922
邮编：434000

荆州市旅游学校
地址：荆州市沙市区鼓湖路中段
电话：0716－4105026
邮编：434000

三峡大学
经济与管理学院旅游系
地址：宜昌市大学路8号
电话：0717－6392630
邮编：443002

葛洲坝旅游学校
地址：宜昌市夹湾路
电话：0717－6718878
邮编：443002

宜昌市夷陵区旅游学校
地址：宜昌市土门垭
电话：0717－7780037
邮编：443100

恩施州职业技术学院
旅游专业
地址：恩施州恩施市学院路122号
电话：0718－8433466
邮编：445000

湖　　南

HUNAN

南 彭

旅游机构

湖南省省旅游局
地址：长沙市东二环二路40号
电话：0731－4725408
传真：0731－4720348
邮编：410001
电子信箱：hunantabg@163.com

湖南省旅游质量监督管理所
地址：长沙市东二环二路40号
电话：0731－4717614
邮编：410001

长沙市旅游局
地址：长沙市岳麓区岳麓大道218号
电话：0731－8666279
传真：0731－8666271
邮编：410013
电子信箱：csta888@163.com

张家界市旅游局
地址：张家界市南庄坪
电话：0744－8380188
传真：0744－8380181
邮编：427000
电子信箱：zjjlyj@zjj.gov.cn

常德市旅游局
地址：常德市大高山街90号
电话：0736－7266772
传真：0736－7266772
邮编：415000
电子信箱：cdtb2002@sina.com

益阳市外事侨务旅游局
地址：益阳市长益路47号
电话：0737－4221631
传真：0737－4221631
邮编：413000
电子信箱：yytour@ton.com

岳阳市旅游局
地址：岳阳市云梦路25号
电话：0730－8223012
传真：0730－8214778　8231239
邮编：414000
电子信箱：xiangfengxing@163.com

株洲市旅游局
地址：株洲市河西黄河北路1号住房办6楼
电话：0733－8815035
传真：0733－8815035
邮编：412007
电子信箱：liuyuting1975@163.com

湘潭市旅游局
地址：湘潭市雨湖路132号
电话：0732－8257014
传真：0732－8210358
邮编：411100

衡阳市旅游局
地址：衡阳市人民政府机关大院7楼
电话：0734－8859285
传真：0734－8857016
邮编：421001
电子信箱：YTJN@sohu.com

郴州市旅游外事侨务局
地址：郴州市五岭大道9号市政府办公楼9楼
电话：0735－2368989
传真：0735－2368213
邮编：423000

永州市旅游外事侨务局
地址：永州市冷水滩区逸云路1号市政府大楼
电话：0746－8368009
传真：0746－8368009
邮编：425000
电子信箱：yzywqj@yahoo.com.cn

邵阳市旅游局
地址：邵阳市城北路6号市政府大院内
电话：0739－5363033
传真：0739－5363033
邮编：422000
电子信箱：ly.sy.hn@163.com

怀化市旅游外事侨务局
地址：怀化市迎丰中路111号
电话：0745－2716738
传真：0745－2716738
邮编：418000

娄底市旅游外事侨务局
地址：娄底市乐坪东街46号
电话：0738－8313881
传真：0738－8313881
邮编：417000

湘西土家族苗族自治州旅游局
地址：湘西州吉首市人民北路58号
电话：0743－8223683
传真：0743－8251764
邮编：416000
电子信箱：xxzlyj@hotmail.com

旅行社

湖南海外旅游有限公司
地址：长沙市五里牌省旅游局3栋5楼
电话：0731－4765732
邮编：410001
网址：www.hai wai home.sohid.com
许可证号：L－HUN－GJ00001

湖南省中国国际旅行社有限公司
地址：长沙市五一东路晓园大厦11楼
电话：0731－2280440
邮编：410001
网址：www.hncits.com.cn
许可证号：L－HUN－GJ00002

衡阳中国国际旅行社中国旅行社协会会员
地址：衡阳市环城南路206号国旅综合办公楼
电话：0731－8217508
邮编：421001
网址：www.hycits.com
电子信箱：NYCITS@sina.com
许可证号：L－HUN－GJ00003

湖南西部（张家界）中国国际旅行社有限公司
地址：张家界市永定区教场路6号
电话：0744－8328888
邮编：427000
许可证号：L－HUN－GJ00004

韶山中国国际旅行社
地址：韶山市韶山冲故园路16号
电话：0732－5651088
邮编：411301
网址：www.shao shan.com.cn
许可证号：L－HUN－GJ00005

湖南省中国旅行社
地址：长沙市车站北路289号梦泽园商务楼6楼
电话：0731－2289699
邮编：410001
网址：www.cntrav.com
许可证号：L－HUN－GJ00006

湖南省中青旅国际旅行社有限公司
地址：长沙市黄光中路88号平和堂商务楼25层
电话：0731－2252222　2222228
邮编：410005
网址：www.cytshn.com
许可证号：L－HUN－GJ00007

湖南职工国际旅行社
地址：长沙市民主东街22号
电话：0731－2301116
邮编：410005
许可证号：L－HUN－GJ00008

长沙铁路国际旅行社
地址：长沙市五一大道85号
电话：0731－2630099
邮编：410001
许可证号：L－HUN－GJ00009

长沙中国国际旅行社有限公司
地址：长沙市芙蓉中路二段59号顺天成10楼
电话：0731－4416456
邮编：410011
网址：www.happytour.com.cn
许可证号：L－HUN－GJ00010

常德中国旅行社
地址：常德市广宇商务楼101号
电话：0736－7224284
邮编：415000
网址：www.cats.ory.cn
许可证号：L－HUN－GJ00011

张家界市中国旅行社有限责任公司
地址：张家界市紫舞中路26号
电话：0744－8237599
邮编：427000
网址：www.0744cts.com
许可证号：L－HUN－GJ00012

湖南华天国际旅行社有限责任公司
地址：长沙市解放路300号华天大酒店中栋8楼
电话：0731－4119290
邮编：410001
网址：www.16okgo.com
许可证号：L－HUN－GJ00013

岳阳中国国际旅行社
地址：岳阳市云梦路25号
电话：0730－8222482
邮编：414000
许可证号：L－HUN－GJ00014

湖南妇女国际旅行社有限公司
地址：长沙市蔡锷南路添景阁B栋4楼
电话：13607317020
邮编：410001
许可证号：L－HUN－GJ00016

张家界好地国际旅行社有限公司
地址：张家界市大桥路19号
电话：0744－8231985
邮编：427000
网址：www.zjjhaodi.com
许可证号：L－HUN－GJ00019

张家界万众国际旅行社有限责任公司
地址：张家界市永定路9号
电话：0744－8225032
邮编：427000
网址：www.zjjwz.com
许可证号：L－HUN－GJ00020

湘潭嘉年华国际旅行社有限责任公司
地址：湘潭市芙蓉路人民大厦9楼
电话：0732－8233668　8250445
邮编：411100
网址：www.xtly.net
许可证号：L－HUN－GJ00021

湖南美程国际旅行社有限公司
地址：长沙市劳动东路79号
电话：0731－5500000
邮编：410007
网址：www.mission-tour.com
许可证号：L－HUN－GJ00022

湖南湘中旅国际旅行社有限公司
地址：张家界市旅游局
电话：0744－8322777
邮编：427000
网址：www.cts123.com
许可证号：L－HUN－GJ00024

怀化铁路（张家界）国际旅行社
地址：怀化市天天元酒店5楼
电话：0745－2183062
邮编：418000
网址：www.hhhtgl.com
许可证号：L－HUN－GJ00025

张家界中国国际旅行社
地址：张家界市大桥路88号5－6F
电话：0744－8300136　8300429
邮编：427000
网址：www.CitsZjj.com
许可证号：L－HUN－GJ00026

湖南光大国际旅行社有限公司
地址：长沙市解放中路纺织大厦5楼
电话：0731－2250235
邮编：410001
网址：www.hnebits.com
许可证号：L－HUN－GJ00027

湖南天马国际旅行社有限公司
地址：长沙市五一大道456号亚大时代7F
电话：0731－2248198
邮编：410007
许可证号：L－HUN－GJ00028

张家界锦华国际旅行社有限公司
地址：张家界市回龙路23号
电话：0744－8250888
邮编：427000
网址：www.zjjtour.com/jhits
许可证号：L－HUN－GJ00029

株洲中联国际旅行社有限责任公司
地址：株洲市河西天台路市政府大门左侧
电话：0733－8829988
邮编：412000
网址：www.zllx.com
许可证号：L－HUN－GJ00030

湖南神龙国际旅行社有限公司
地址：张家界市子午西路784号
电话：0744－8202815
邮编：427000
网址：www.sl9999.com
许可证号：L－HUN－GJ00032

湖南新康辉国际旅行社有限责任公司
地址：长沙市芙蓉中路289号蔚都大厦北栋5层
电话：0731－5515555
邮编：410007
网址：www.hunect.com
许可证号：L－HUN－GJ00033

湖南广之旅国际旅行社有限公司
地址：张家界市子午西路646号
电话：0744－8228009
邮编：427000
网址：www.921.com..cn.
许可证号：L－HUN－GJ00034

张家界环球国际旅行社
地址：张家界市迎宾路1号
电话：0744－8322607
邮编：427000
网址：www.hqcits.com
许可证号：L－HUN－GJ00035

郴州五连冠国际旅行社有限责任公司
地址：郴州市体育路25号
电话：0735－2363266
邮编：423000
许可证号：L－HUN－GJ00036

湖南中信国际旅行社有限公司
地址：长沙市芙蓉区燕山街123号鸿飞大厦1207室
电话：0731－4581220
邮编：410007
许可证号：L－HUN－GJ00037

湖南湘民国际旅行社有限公司
地址：长沙市东风路276号
电话：0731－4558903
邮编：410003
网址：www.hn-adoption.org
许可证号：L－HUN－GJ00038

张家界天马国际旅行社有限责任公司
地址：张家界市崇文路亘立大楼B栋2层
电话：0744－8220786
邮编：427000
网址：www.zjj.cc
许可证号：L－HUN－GJ00039

株洲市环球国际旅行社有限责任公司
地址：株洲市泰山路88号
电话：0733－2211966
邮编：412000
许可证号：L－HUN－GJ00040

湖南省中青旅邵阳国际旅行社
地址：邵阳市西湖路滑石新村老干所1楼
电话：0739－2252222
邮编：422000
网址：www.cytshn.com
许可证号：L－HUN－GJ00041

张家界康泰国际旅行社有限公司
地址：张家界市子午西路658号
电话：0744－8271333　8272333
邮编：427000
网址：www.zjjkangtai.com
许可证号：L－HUN－GJ00042

张家界康辉国际旅行社有限公司
地址：张家界市子教场路9号交警大楼4楼
电话：0744－8263277　8266777
邮编：427000
许可证号：L－HUN－GJ000430

湖南益阳平安国际旅行社有限公司
地址：益阳市长益路20号
电话：0737－4201111
邮编：413000
网址：www.gotohn.com/yiyang
电子信箱：3840CSX151@163.COM
许可证号：L－HUN－GJ00044

湖南安信国际旅行社有限公司
地址：长沙市远大路1号
电话：0731－2297555
邮编：410001
许可证号：L－HUN－GJ00045

张家界东升国际旅行社有限公司
地址：张家界市官黎坪金穗花园H栋
电话：0744－8363666
邮编：427000
网址：www.chinaholiday.com/dsts
电子信箱：wxd@mail.zj.hn.cninfo.net
许可证号：L－HUN－GJ00046

湘西自治州湘西风国际旅行社有限责任公司
地址：吉首市人民北路湘泉品牌步行街A栋402室
电话：0743－8231221
邮编：416000
网址：www.fhxxf.com
许可证号：L－HUN－GJ00048

张家界华宇国际旅行社有限公司
地址：张家界市大桥路12号
电话：0744－8282168　8255588
邮编：427000
网址：www.huayu－china.cn
电子信箱：xxfg999@hooltai.com
许可证号：L－HUN－GJ00049

娄底市湘中国际旅行社有限责任公司
地址：娄底市山水大酒店三楼
电话：13973809125
邮编：417000
网址：xzgl.0738.cc
许可证号：L－HUN－GJ00050

湖南易程天下国际旅行社有限公司
地址：张家界市月亮湾花园经投大厦二楼
电话：0744－8353888　4008831111
邮编：427000
网址：www.echengs.com
电子信箱：job@echengs.com
许可证号：L－HUN－GJ00051

湖南途易国际旅行社有限公司
地址：长沙市天心区芙蓉中路二段新世纪花苑卧龙居502室
电话：13807318778
邮编：410015
网址：www.chinatoureasy.com
许可证号：L－HUN－GJ00052

张家界冠君VIP旅行社有限公司
地址：张家界市南庄坪山水豪庭A018
电话：13307448888
邮编：427000
网址：www.guanjunvip.com
电子信箱：guanjunvip@163.com
许可证号：L－HUN－GJ00053

湖南省自治州湘西之旅国际旅行社有限公司
地址：吉首市人民北路70号
电话：13707433370
邮编：416000
网址：www.xxzl.com

许可证号：L－HUN－GJ00054

宾馆酒店

神农大酒店 ★★★★★
地址：长沙市芙蓉中路三段269号
电话：0731－5218888
传真：0731－5220962
邮编：410007
网址：www.grandsuncityhotel.net
电子信箱：gschbc@public.cs.hn.cn

华天大酒店 ★★★★★
地址：长沙市解放东路300号
电话：0731－4442888
传真：0731－4442270
邮编：410001
网址：www.huatian-hotel.com
电子信箱：resv@huatian-hotel.com

通程国际大酒店 ★★★★★
地址：长沙市韶山北路159号
电话：0731－4168888
传真：0731－4169999
邮编：410011
网址：www.dotton-hotel.com
电子信箱：dotton@dotton-hotel.com

佳程大酒店 ★★★★★
地址：长沙市劳动西路215号
电话：0731－5118888
传真：0731－5118888 5153721
邮编：410007
网址：www.hnbrhotel.com

华雅国际大酒店 ★★★★★
地址：长沙市万家丽路中路二段81号
电话：0731－5322222
传真：0731－5329999
邮编：410017
网址：www.vaya-hotel.com
电子信箱：hyhthotel@Gmail.com

同升湖通程山庄酒店 ★★★★★
地址：长沙市雨花区洞井镇
电话：0731－5168888
传真：0731－5209999
邮编：410116
网址：www.dolton-resort.com
电子信箱：kathy6099@hotmail.com

国际影视会展中心 ★★★★★
地址：长沙市浏阳河大桥东
电话：0731－4252333
传真：0731－4250674
邮编：410003
网址：www.icec-hotel.com
电子信箱：hirc@public.cs.hn.cn

普瑞温泉酒店 ★★★★★
地址：长沙市望城大道8号
电话：0731－8388888
传真：0731－8388999
邮编：410219
网址：www.preess.com
电子信箱：public@preess.com

株洲华天大酒店 ★★★★★
地址：株洲市天元区长江北路1号
电话：0733－8819999
传真：0733－8819998
邮编：412007

湘潭盘龙山庄大酒店 ★★★★★
地址：湘潭市河东红旗大道
电话：0732－2518888
传真：0732－2515555
邮编：411000

郴州华天大酒店 ★★★★★
地址：郴州市七里大道108号
电话：0735－2818888
传真：0735－2818889
邮编：423000

富丽华大酒店 ★★★★
地址：长沙市八一东路88号
电话：0731－2298888
传真：0731－2291979
邮编：410001
网址：www.hnfurama.com
电子信箱：hotel@hnfurama.com

海程大酒店 ★★★★
地址：长沙市八一路58号
电话：0731－2290881
传真：0731－2290860
邮编：410001

湖南紫东阁华天大酒店 ★★★★
地址：长沙市远大一路88号
电话：0731－2288888
传真：0731－2281688
邮编：410001
网址：zdght-hotel.com
电子信箱：zidonggeht@126.com

五华酒店 ★★★★
地址：长沙市芙蓉中路三段255号
电话：0731－5528888
传真：0731－5388162
邮编：410007
网址：www.whhotel.com.cn
电子信箱：zjlgzb@whhotel.com.cn

金源大酒店 ★★★★
地址：长沙市芙蓉中路二段279号
电话：0731－5558888
传真：0731－5164677
邮编：410007
网址：www.goldsourcehotel.net
电子信箱：hn@goldsourcehotel.net

君逸康年大酒店 ★★★★
地址：长沙市芙蓉中路508号
电话：0731－2333333
传真：0731－2327555
邮编：410015
网址：www.junyiconiferhotel.com

天玺大酒店 ★★★★
地址：长沙市芙蓉中路518号
电话：0731－5169999
传真：0731－5169888
邮编：410007
网址：www.rshotel.com.cn
电子信箱：info@rshotel.com.cn

君逸山水大酒店 ★★★★
地址：长沙市晚报大道150号
电话：0731－2196666
传真：0731－2196699
邮编：410001
网址：www.hnjolly.com

芙蓉华天大酒店 ★★★★
地址：长沙市五一大道176号
电话：0731－4401888
传真：0731－4401889
邮编：410001

天园假日大酒店 ★★★★
地址：长沙市远大路张公岭
电话：0731－4628888
传真：0731－4628800
邮编：410126
网址：www.tianyuanholiday.com.cn

鑫都大酒店 ★★★★
地址：长沙市东二环一段684号
电话：0731－4788888
传真：0731－4768088
邮编：410001
网址：www.xindu-hotel.com
电子信箱：sales@xindu-hotel.com

南方明珠大酒店 ★★★★
地址：长沙市开福区芙蓉中路1段489号
电话：0731－4449888
传真：0731－4449999
邮编：410005
网址：www.nfmz.com
电子信箱：nfmzjd@hotmail.com

神农山庄 ★★★★
地址：长沙市浏阳天马路8号
电话：0731－3610888
传真：0731－3629188
邮编：410300
网址：www.gscrly.com
电子信箱：bc@gscrly.com

蓝天大酒店 ★★★★
地址：张家界市崇文路
电话：0744－8278088
传真：0744－8278800
邮编：427000
网址：www.lt-hotel.com/wh

湘电国际酒店 ★★★★
地址：张家界市国家森林公园门口
电话：0744－5712999
传真：0744－5712266
邮编：427000
网址：www.xiangdianhotel.com.cn

祥龙国际酒店 ★★★★
地址：张家界市解放路46号
电话：0744－8226888
传真：0744－8222331
邮编：427000
网址：www.dragonhote.net

张家界国际大酒店 ★★★★
地址：张家界市三角坪42号
电话：0744－8222888
传真：0744－8303019
邮编：427000
网址：www.zjj-hotel.com
电子信箱：zjjhotel@sohu.com

通达国际酒店 ★★★★
地址：张家界市永定大道鹭鸶弯桥头
电话：0744－8259999
传真：0744－8259998
邮编：427000
网址：www.zjj-tongda.com
电子信箱：tongda@zjj-tongda.com

芙蓉大酒店 ★★★★
地址：常德市洞庭大道西段
电话：0736－7299388

传真：0736－7296138
邮编：415000
网址：www. Furong. hotel-cd. com
电子信箱：123@ 163. com

常德华天大酒店 ★★★★
地址：常德市武陵大道南段
电话：0736－7258888
传真：0736－7258111
邮编：415000
网址：www. Huatian. hotel-cd. com
电子信箱：Changdehuatian@ 126. com

益阳华天大酒店 ★★★★
地址：益阳市康富南路1号
电话：0737－4228888
传真：0737－4228899
邮编：413000
网址：www. yyhthotel. com
电子信箱：yyht-b@ 163. com

南湖宾馆 ★★★★
地址：岳阳市邕园路天灯嘴
电话：0730－8841801
传真：0730－8841822
邮编：414000
网址：www. nanhuhotel. com

岳阳市中达大酒店 ★★★★
地址：岳阳市站前路1号
电话：0730－8281666
传真：0730－8281589
邮编：414000
网址：www. zhongdahotel. com

国宾酒店 ★★★★
地址：株洲市建设南路58号
电话：0733－8268769
传真：0733－8268769
邮编：412000
网址：www. china-ambassador. com

九方大酒店 ★★★★
地址：株洲市田心小东门1号
电话：0733－8442287
传真：0733－8442999
邮编：412000
网址：www. gofronthotel. com
电子信箱：hotel2287@ sina. com

衡阳华天大酒店 ★★★★
地址：衡阳市解放路55号
电话：0734－8188888
传真：0734－8188666
邮编：421001
网址：www. hyhthotel. com
电子信箱：postmaster@ hyhthotel. com

雁城宾馆 ★★★★
地址：衡阳市解放路91号
电话：0734－8211288
传真：0734－8222298
邮编：421001
网址：www. hyycbg. com
电子信箱：mail. hyycbg. com

衡阳神龙大酒店 ★★★★
地址：衡阳市蒸湘区北路3号
电话：0734－8988888
传真：0734－8988999
邮编：421001
网址：www. shenlong-hotel. com

三湘明珠大酒店 ★★★★
地址：衡阳耒阳市神农路499号
电话：0734－4399999
传真：0734－4398888
邮编：421800
电子信箱：www. sxmzhotel. com

神龙·蒸阳大酒店（4待评）★★★★
地址：衡阳市衡阳县西渡新正东街61号
电话：0734－6888888
传真：0734－6888999
邮编：421200
网址：www. shenlonghotel. com
电子信箱：shenlong@ shenlonghotel. com

万国大酒店 ★★★★
地址：郴州市青年大道民生路
电话：0735－2339288
传真：0735－2339000
邮编：423000

郴州国际大酒店 ★★★★
地址：郴州市人民西路17号
电话：0735－2320232
传真：0735－2320000
邮编：423000
网址：www. cz-inter. com
电子信箱：lisi1013@ tom. com

御泉大酒店 ★★★★
地址：郴州市燕泉路1号
电话：0735－2338888
传真：0735－2338889
邮编：423000
网址：www. hnczyq. com
电子信箱：hsjxy-002@ 163. com

永州市南华大酒店 ★★★★
地址：永州市冷水滩区潇湘路33号
电话：0746－8328888
传真：0746－8322800
邮编：425000
网址：www. nhjt. com
电子信箱：nh@ nhjt. com

隆回恒丰假日酒店 ★★★★
地址：邵阳市隆回县桃花路
电话：0739－8188888
传真：0739－8188999
邮编：422200
网址：www. hnhfsy. com

湘科和一大酒店 ★★★
地址：长沙市八一路135号
电话：0731－2818111
传真：0731－4469998
邮编：410001

新天宾馆 ★★★
地址：长沙市八一西路32号
电话：0731－2299661
传真：0731－2779955
邮编：410001

星电宾馆 ★★★
地址：长沙市白沙南路
电话：0731－5918888
传真：0731－5918889
邮编：410015
电子信箱：xingdianhotel@ 126. com

日银大酒店 ★★★
地址：长沙市蔡锷中路180号
电话：0731－2255888
传真：0731－2235688
邮编：410005
电子信箱：zsqzsd@ 163. com

今朝大酒店 ★★★
地址：长沙市车站北路
电话：0731－2289999
传真：0731－2281984
邮编：410001

华信宾馆 ★★★
地址：长沙市车站北路126号
电话：0731－2276168
传真：0731－2276156
邮编：410001

长沙三九楚云大酒店 ★★★
地址：长沙市车站路149号
电话：0731－4191999
传真：0731－4191399
邮编：410001

新海悦大酒店 ★★★
地址：长沙市东二环一段668号
电话：0731－4781788
传真：0731－4717442
邮编：410001

金枫大酒店 ★★★
地址：长沙市枫林二路139号
电话：0731－8811888
传真：0731－8811848
邮编：410205

麓山宾馆 ★★★
地址：长沙市枫林路2号
电话：0731－8883071
传真：0731－8882269
邮编：410006

枫林宾馆 ★★★
地址：长沙市枫林一路81号
电话：0731－8883001
传真：0731－8851269
邮编：410006
电子信箱：fenglinhotel@ hotmail. com

新闻大厦 ★★★
地址：长沙市芙蓉中路27号
电话：0731－2321888
传真：0731－4326201
邮编：410008

新华大酒店 ★★★
地址：长沙市芙蓉中路338号
电话：0731－4308668
传真：0731－4308601
邮编：410005
网址：www. hnbook. com. cn
电子信箱：xhdjd607@ . 126. com

金赋大酒店 ★★★
地址：长沙市芙蓉中路641号
电话：0731－5555499
传真：0731－5545726
邮编：410007

同发和一大酒店 ★★★
地址：长沙市芙蓉中路二段148号
电话：0731－2800111
传真：0731－2805111
邮编：410001

长信大酒店 ★★★
地址：长沙市芙蓉中路二段193号
电话：0731－5166888
传真：0731－5166989
邮编：410007

友谊宾馆 ★★★
地址：长沙市黄兴中路55号
电话：0731－2345678
传真：0731－4435813
邮编：410005
网址：www. fshotel. cn
电子信箱：fshotel@ 163. com

新纪元大酒店 ★★★
地址：长沙市解放东路269号
电话：0731－4191688
传真：0731－4191729
邮编：410001

湖南银港佳程酒店 ★★★
地址：长沙市解放中路211号
电话：0731－4419888
传真：0731－4419999
邮编：410011

金宇大酒店 ★★★
地址：长沙市金沙白路花炮广场
电话：0731－2729888
传真：0731－3605828
邮编：410300

国林大酒店 ★★★
地址：长沙市劳动西路281号
电话：0731－5170888
传真：0731－5173515
邮编：410007
网址：www. goulinhotel. com
电子信箱：lhj86sky@ hotmail. com

和一国际 ★★★
地址：长沙市劳动西路317号
电话：0731－2828111
传真：0731－5811697
邮编：410007

南枫大酒店 ★★★
地址：长沙市劳动西路499号
电话：0731－5549999
传真：0731－5606222
邮编：410002
电子信箱：nanfengjiudian@ 163. com

神禹大酒店 ★★★
地址：长沙市劳动西路529号
电话：0731－2776888
传真：0731－2867800
邮编：410007

华宇大酒店 ★★★
地址：长沙市劳动中路87号
电话：0731－5388688
传真：0731－5388607
邮编：410007

天洋大酒店 ★★★
地址：长沙市劳动中路98号
电话：0731－5508588
传真：0731－5508638
邮编：410007

留芳宾馆 ★★★
地址：长沙市留芳岭14号
电话：0731－2858888
传真：0731－4311260
邮编：410008
网址：www. liufanghotel. com
电子信箱：zongjl@ liufanghotel. com

华程大酒店 ★★★
地址：长沙市韶山北路258号
电话：0731－5799000
传真：0731－5450018
邮编：410011

天龙大酒店 ★★★
地址：长沙市韶山北路421号
电话：0731－4188862
传真：0731－4188580
邮编：410007
网址：www. hntianlong. com

迎宾楼大酒店 ★★★
地址：长沙市韶山南路12号
电话：0731－5570399
传真：0731－5570400
邮编：410075
网址：www. yippeE-hotel. com. cn
电子信箱：13908470619@ humcc. com

湖南健铭大酒店 ★★★
地址：长沙市书院路280号
电话：0731－5178888
传真：0731－5178999
邮编：410002

金叶大酒店 ★★★
地址：长沙市曙光中路249号
电话：0731－5481188
传真：0731－5488298
邮编：410007
网址：www. kingyear. net
电子信箱：jyjd_ ab@ hntobacco. com

银河大酒店 ★★★
地址：长沙市五一东路85号
电话：0731－4111818
传真：0731－4116905
邮编：410001

银华大酒店 ★★★
地址：长沙市五一中路160号
电话：0731－4308188
传真：0731－4429875
邮编：410011
网址：www. yinhua-hotel. com
电子信箱：lbl868@ 163. com

陋园宾馆 ★★★
地址：长沙市湘春中路111号
电话：0731－4841088
传真：0731－4840666
邮编：410005
网址：公众网
电子信箱：Louyuan@ public. cs. hn. cn

华夏大酒店 ★★★
地址：长沙市迎盘东路82号
电话：0731－4437188
传真：0731－4455390
邮编：410005

金辉大酒店 ★★★
地址：长沙市雨花路181号
电话：0731－5608000
传真：0731－5608001
邮编：410007

湘江宾馆 ★★★
地址：长沙市中山路2号
电话：0731－4408888
传真：0731－4448285
邮编：410005
网址：www. xjhtl. com
电子信箱：swq2013@ 126. com

晚报大酒店 ★★★
地址：长沙市芙蓉区大星镇晚报大道2号
电话：0731－2204888
传真：0731－2204599
邮编：410001

佳楠酒店 ★★★
地址：长沙市芙蓉中路三段涂家冲
电话：0731－5238888
传真：0731－5238866
邮编：410015

金泉大酒店 ★★★
地址：长沙市火星镇纬一路金泉大厦
电话：0731－4748488
传真：0731－2930022
邮编：410001

西野酒店青园分店 ★★★
地址：长沙市天心区五凌路168号
电话：0731－5893099
传真：0731－5893077
邮编：410004

华尔宫大酒店 ★★★
地址：长沙市浏阳金沙北路
电话：0731－3682888
传真：0731－3682880
邮编：410300
网址：www. lyherg-hotel. com
电子信箱：zgx@ lyherg-hotel. com

浏阳河大酒店 ★★★
地址：长沙市浏阳新文路81号
电话：0731－3612618
传真：0731－3612009
邮编：410300

开元大酒店 ★★★
地址：长沙市经济技术开发区开元路16号
电话：0731－4650888
传真：0731－4650333
邮编：410100
电子信箱：kaiyuan@ 126. com

明城大酒店 ★★★
地址：长沙市星沙经济技术开发区天华路
电话：0731－4061488
传真：0731－4061388
邮编：410100

天成大酒店 ★★★
地址：长沙市星沙经济开发区振兴建材大市场1栋
电话：0731－4021288
传真：0731－4021479
邮编：410100

华宇酒店 ★★★
地址：张家界市大桥路9号
电话：0744－8271888
传真：0744－8271111
邮编：427000
网址：www. huayu-china. cn

天门山大酒店 ★★★
地址：张家界市飞机场口
电话：0744－8257888
传真：0744－8257870
邮编：427000

民俗大酒店 ★★★
地址：张家界市国家森林公园刘家拐
电话：0744－5719388
传真：0744－5718028

邮编：427000

红河谷酒店 ★★★
地址：张家界市国家森林公园锣鼓塔
电话：0744－5719297
传真：0744－5712172
邮编：427000

华龙度假村 ★★★
地址：张家界市国家森林公园锣鼓塔
电话：0744－5719999
传真：0744－5718099
邮编：427000

北京栖凤山庄 ★★★
地址：张家界市国家森林公园门口
电话：0744－5712233
传真：0744－5712226
邮编：427000

琵琶溪宾馆 ★★★
地址：张家界市国家森林公园门口
电话：0744－5718888
传真：0744－5712257
邮编：427000
网址：www，pipaxi-hotel. com
电子信箱：pipaxi@ sina. com

邮电公寓 ★★★
地址：张家界市教场路 17 号
电话：0744－8222898
传真：0744－8210759
邮编：427000

武陵国际大酒店 ★★★
地址：张家界市解放路 1 号
电话：0744－8255088
传真：0744－8222165
邮编：427000
网址：www. 5088hotel. com
电子信箱：hncxnl@ 163. com

中南民航旅游山庄 ★★★
地址：张家界市南庄坪五子坡
电话：0744－8380823
传真：0744－8237219
邮编：427000

良苑酒店 ★★★
地址：张家界市区回龙路 1 号
电话：0744－8296555
传真：0744－8220345
邮编：427000

北斗星大酒店 ★★★
地址：张家界市区教场路 30 号
电话：0744－2118118
传真：0744－2118000
邮编：427000

风云假日酒店 ★★★
地址：张家界市区南庄坪
电话：0744－8276999
传真：0744－8272088
邮编：427000

阳光酒店 ★★★
地址：张家界市区南庄坪
电话：0744－8212188
传真：0744－8212246
邮编：427000

土家风情园 ★★★
地址：张家界市区南庄坪五子坡
电话：0744－8282222
传真：0744－8230600

邮编：427000

天鸿大酒店 ★★★
地址：张家界市区子舞西路 916 号
电话：0744－8231188
传真：0744－8268000
邮编：427000

南航富利来大酒店 ★★★
地址：张家界市区紫舞路 30 号
电话：0744－2128888
传真：0744－8282666
邮编：427000

张家界迎宾馆 ★★★
地址：张家界市委机关大院内
电话：0744－8221682
传真：0744－8221712
邮编：427000

金都大酒店 ★★★
地址：张家界市紫舞东路 1 号
电话：0744－8236688
传真：0744－8239073
邮编：427000
网址：www. jddjd. com
电子信箱：jddjd@ mail. zjjhn. cn

顺世龙大酒店 ★★★
地址：张家界市紫舞路
电话：0744－2118777
传真：0744－2118833
邮编：427000
网址：www. shunshilonghotel. com

江汉山庄 ★★★
地址：张家界市武陵源军地坪
电话：0744－5618122
传真：0744－5618129
邮编：427000
网址：www. zjjtour. com
电子信箱：jhtw16@ 126. com

百丈峡大酒店 ★★★
地址：张家界市武陵源区百丈峡风景区
电话：0744－5622666
传真：0744－5622110
邮编：427000
网址：www. bzx-hotel，com
电子信箱：qh0744@ 163. com

天恒大酒店 ★★★
地址：张家界市武陵源区军砥路
电话：0744－5625888
传真：0744－5666999
邮编：427000

兰苑山庄 ★★★
地址：张家界市武陵源区军地坪
电话：0744－5618053
传真：0744－5618052
邮编：427000
电子信箱：hncxly@ 163. com

湘水宾馆 ★★★
地址：张家界市武陵源区军地坪 83 号
电话：0744－5627588
传真：0744－5618192
邮编：427000
网址：www. xiangshui hotel. com

大华酒店 ★★★
地址：张家界市武陵源区未央路
电话：0744－5611588
传真：0744－5611558

邮编：427000
网址：www. zjjdh168. com
电子信箱：limeng9927@ hotmail. com

天子大酒店 ★★★
地址：张家界市武陵源区武陵大道
电话：0744－5622888
传真：0744－5622889
邮编：427000

武陵源宾馆 ★★★
地址：张家界市武陵源区武陵大道 192 号
电话：0744－5623111
传真：0744－5623020
邮编：427000
电子信箱：wlyhotel@ yahoo. com. cn

亘立国际酒店 ★★★
地址：张家界市武陵源区武陵大道中段
电话：0744－2159999
传真：0744－2150988
邮编：427000
网址：www. genli. net

云海宾馆 ★★★
地址：张家界市武陵源区武陵源大道
电话：0744－5615588
传真：0744－5615602
邮编：427000

博海大酒店 ★★★
地址：张家界市武陵源区喻家嘴镇
电话：0744－5616288
传真：0744－5619982
邮编：427000

江垭温泉度假村 ★★★
地址：张家界市慈利县江垭镇
电话：0744－3355888
传真：0744－3355683
邮编：427000
网址：www. zjjws. com
电子信箱：zjjwq@ 126. com

古都大酒店 ★★★
地址：张家界市桑植县
电话：0744－6223518
传真：0744－6223518
邮编：427000
电子信箱：asft13@ 21cn. com

金豪大酒店 ★★★
地址：张家界市桑植县澧源镇文明路
电话：0744－6246288
传真：0744－6246298
邮编：427000

德华宾馆 ★★★
地址：常德市洞庭大道中路 117 号
电话：0736－7766888
传真：0736－7766666
邮编：415000
网址：www. Dehua. hotel-cd. com
电子信箱：123@ 163. com

金海大酒店 ★★★
地址：常德市建设东路 201 号
电话：0736－7236688
传真：0736－7228063
邮编：415000
网址：www. Jihai888@ 163. com
电子信箱：Jihai. hotel-cd. com

桃林酒店 ★★★
地址：常德市建设东路 348 号

电话：0736－7236888
传真：0736－7231307
邮编：415000
电子信箱：TaoLin. hotel-cd. com

芷园宾馆 ★★★
地址：常德市人民东路
电话：0736－7955888
传真：0736－7794311
邮编：415000
网址：www. Zhiyuan. hotel-cd. com
电子信箱：Zhiyuan. 2006. 10@163. com

华都大酒店 ★★★
地址：常德市人民中路358号
电话：0736－7223888
传真：0736－7227747
邮编：415000
电子信箱：Huadu. hotel-cd. com

常德八百里大酒店 ★★★
地址：常德市武陵大道北段
电话：0736－7715888
传真：0736－7724007
邮编：415000
网址：www. hotel-cd. com
电子信箱：123@163. com

宏大宾馆 ★★★
地址：常德市武陵大道北段1号
电话：0736－7713388
传真：0736－7713030
邮编：415000
电子信箱：Hongda. hotel-cd. com

凯悦大酒店 ★★★
地址：常德市武陵大道北站19号
电话：0736－7788888
传真：0736－7891288
邮编：415000
电子信箱：Kaiyue. hotel-cd. com

鹏程大酒店 ★★★
地址：常德市武陵大道南端108号
电话：0736－7158818
传真：0736－7158808
邮编：415000
网址：www. PengCheng. hotel-cd. com
电子信箱：cdpchotel@163. com

鑫湖缘宾馆 ★★★
地址：常德市西洞庭管理区
电话：0736－7508055
传真：0736－7504555
邮编：415137
电子信箱：Xinhuyuan. hotel-cd. com

兰苑宾馆 ★★★
地址：常德津市市车胤大道402号
电话：0736－4248888
传真：0736－4222886
邮编：415400
网址：www. Lanyuan. hotel-cd. com
电子信箱：wxca@tom. com

桃花滩宾馆 ★★★
地址：常德市澧县澧州大道中段
电话：0736－3333888
传真：0736－3244111
邮编：415500
网址：www. Taohuatan. hotel-cd. com
电子信箱：Taohuatan-hotel@163. com

临澧金穗宾馆 ★★★
地址：常德市临澧县朝阳西街
电话：0736－5828588
传真：0736－5828588
邮编：415200
电子信箱：Jinsui. hotel-cd. com

东汉大酒店 ★★★
地址：常德市石门县壶瓶山镇
电话：0736－5423666
传真：0736－5422196
邮编：415300
网址：www. Donghan. hotel-cd. com
电子信箱：Donghan@163. com

新天地大酒店 ★★★
地址：常德市金钻广场步行城
电话：0736－7214888
传真：0736－7216158
邮编：415000
网址：www. xintiandi. hotel-cd. com
电子信箱：Xintiandi@126. com

中达银台大酒店 ★★★
地址：益阳市长善路32号
电话：0737－6118888
传真：0737－6119999
邮编：413000

益阳宾馆 ★★★
地址：益阳市长善路36号
电话：0737－4219888
传真：0737－4219830
邮编：413000

五洲大酒店 ★★★
地址：益阳市朝阳路
电话：0737－4388888
传真：0737－4381111

锦源大酒店 ★★★
地址：益阳市金山路
电话：0737－6802888
传真：0737－6187888

中信大酒店 ★★★
地址：益阳市桃花仑西路18号
电话：0737－2618888
传真：0737－2699818

金叶大酒店 ★★★
地址：岳阳市巴陵东路金叶小区
电话：0730－8713221　8713222
传真：0730－8713338
邮编：414000

洞庭之星宾馆（原岳阳商业大厦）★★★
地址：岳阳市巴陵西路35号
电话：0730－8334888
传真：0730－8334889
邮编：414000
网址：www. sd-hotel. com
电子信箱：webmaster@sdhorel. com

岳阳市粮都宾馆 ★★★
地址：岳阳市巴陵中路
电话：0730－8241488　8241466
传真：0730－8241499
邮编：414000
网址：www. yyliang. com
电子信箱：office@yyliangdu. com

岳阳国际大厦 ★★★
地址：岳阳市南湖大道
电话：0730－8225888
传真：0730－8223637
邮编：414000
网址：www. yytour. com/yyib
电子信箱：guojidash 0168@sina. com

金海大酒店 ★★★
地址：岳阳市南湖大道134号
电话：0730－8241700
传真：0730－8241708
邮编：414000
网址：www. jinhaihoel. com
电子信箱：jinhaihotel@0730. net. cn

晓朝宾馆 ★★★
地址：岳阳市炮台山路88号
电话：0730－8223386
传真：0730－8223386－8867
邮编：414000
网址：www. yyxzhoel. com
电子信箱：xuaozhaohotel@163. com

金东门大酒店 ★★★
地址：岳阳市岳阳道
电话：0730－8632888　8632999
传真：0730－8632988
邮编：414000

小天地宾馆 ★★★
地址：岳阳市岳阳县城天鹅中路63号
电话：0730－7629002　7629438
传真：0730－7630888
邮编：414100
网址：www. xtdbg. com
电子信箱：xtdbg@0730. net. cn

岳阳市云梦宾馆 ★★★
地址：岳阳市云梦路25号
电话：0730－8221115
传真：0730－8232168
邮编：414000

长炼宾馆 ★★★
地址：岳阳市云溪区长炼
电话：0730－8451013
传真：0730－8451920
邮编：414012

岳阳云溪中朝宾馆 ★★★
地址：岳阳市云溪区洗马脚
电话：0730－8418188
传真：0730－8418005
邮编：414009

岳阳电力大厦 ★★★
地址：岳阳市站前东路
电话：0730－8252888
传真：0730－8252889
邮编：414000
网址：www. yueyang. com. cn/dlds
电子信箱：yyeb@public. yy. hn. cn

中讯大酒店 ★★★
地址：岳阳市站前路136号
电话：0730－8275888
传真：0730－8271777
邮编：414000
网址：www. zhingxunhotl. com
电子信箱：hxgdyx@163. com

锦华中铁大酒店 ★★★
地址：岳阳市站前路火车站东侧
电话：0730－8276666
传真：0730－8276510
邮编：414000
电子信箱：soul-zc@tom. com

中银大酒店 ★★★
地址：岳阳市站前西路1号
电话：0730－8280805
传真：0730－8262119
邮编：414000
网址：www.yyzyhotel.com
电子信箱：joyinn-168@sohu.com

阳光假日酒店 ★★★
地址：岳阳市巴陵中路（军分区旁）
电话：0730－8240000
传真：0730－8240000－8008/8018
邮编：414000
电子信箱：0730－8210088

汨罗市新世源宾馆有限公司 ★★★
地址：岳阳汨罗市汨新路24号
电话：0730－8532678 5232678
传真：0730－5232711
邮编：414000

慧友大酒店 ★★★
地址：岳阳汨罗市建设路63号
电话：0730－5239999
传真：0730－5239999
邮编：414400
电子信箱：fanny@everfocus.com

中信大酒店 ★★★
地址：岳阳汨罗市建设西路
电话：0730－5235555
传真：0730－5242128
邮编：414000
网址：mlzx.yp.sina.net
电子信箱：miluozhongxin@sina.com

湖南临湘市富临大厦 ★★★
地址：岳阳临湘市城西中路9号
电话：0730－3730555
传真：0730－3730568
邮编：414300
网址：www.lxlyw.com
电子信箱：lxflbg@163.com

全盛大酒店 ★★★
地址：岳阳临湘市金桥路开发区107国道旁
电话：0730－3808899
传真：0730－3376999
邮编：414300

临湘市华天宾馆 ★★★
地址：岳阳临湘市南正街
电话：0730－3729933
传真：0730－3767008
邮编：414300

临湘大酒店 ★★★
地址：岳阳临湘市清水塘转盘处
电话：0730－3753888
传真：0730－3753888－8888
邮编：414300

华容县银河大酒店 ★★★
地址：岳阳市华容县城东正街10号
电话：0730－4285198 4285888
传真：0730－4285118
邮编：414200

华容宾馆 ★★★
地址：岳阳市华容县城中路1号
电话：0730－4252888
传真：0730－4252009
邮编：414200
网址：huaronghotel.vip2.d0086.com
电子信箱：hrhot511@163.com

岳阳市星天大酒店 ★★★
地址：岳阳市平江县天岳经济开发区天岳大道
电话：0730－6282888
传真：0730－6284568
邮编：414500

金德酒店 ★★★
地址：株洲市车站路1号
电话：0733－8222222
传真：0733－8225356
邮编：412000

西苑宾馆 ★★★
地址：株洲市河西税务大楼后院
电话：0733－8890761
传真：0733－8890618
邮编：412000

金龙大酒店 ★★★
地址：株洲市建设南路255号
电话：0733－8271001
传真：0733－8271066
邮编：412000
电子信箱：jldjd-hotel@163.com

天台山庄 ★★★
地址：株洲市天台路146号
电话：0733－8822555
传真：0733－8827735
邮编：412007

粤华大酒店 ★★★
地址：株洲市天元区长江路1号
电话：0733－2666888
传真：0733－2669748
邮编：412007

银城大酒店 ★★★
地址：株洲市天元区泰山路28号
电话：0733－8818888
传真：0733－8896265
邮编：412007

株洲宾馆 ★★★
地址：株洲市芦淞区沿江中路2号
电话：0733－8216888
传真：0733－8210399
邮编：412000

明峰宾馆 ★★★
地址：株洲市石峰区建设北路141号
电话：0733－2628888
传真：0733－2628490
邮编：412000

海悦国际酒店 ★★★
地址：株洲市攸县文化路海昌花园
电话：0733－4216888
传真：0733－4216889
邮编：412300
网址：www.HaiYuE-Hotel.com
电子信箱：HaiYuE-Hotel@.com

紫荆花大酒店 ★★★
地址：株洲市茶陵县炎帝路
电话：0733－5236666
传真：0733－5212088
邮编：412400

湘潭市龙腾大酒店 ★★★
地址：湘潭市建设北路160号
电话：0732－8259999
传真：0732－8221804
邮编：411100
网址：www.lt.hotel.net

韶山德盛宾馆 ★★★
地址：湘潭韶山市车站路1号
电话：0732－5680088
传真：0732－5680028
邮编：411300
网址：www.china-shaoshan.net

湘潭宾馆 ★★★
地址：湘潭韶山市西路199号
电话：0732－2360199
传真：0732－8232630
邮编：411100

西湖山庄 ★★★
地址：衡阳市古汉大道29号
电话：0734－8170088
传真：0734－8170002
邮编：421001
网址：www.hyxihu.com
电子信箱：web@hyxihu.com

康年国际大酒店 ★★★
地址：衡阳市人民路中路8号
电话：0734－8288888
传真：0734－8288688
邮编：421001

船山宾馆 ★★★
地址：衡阳市蒸阳北路16号
电话：0734－8190188
传真：0734－8190167
邮编：421001
网址：www.csbg.com
电子信箱：zjl@csbg.com

神龙·百度大酒店 ★★★
地址：衡阳市中山南路2号
电话：0734－8811111
传真：0734－8660111
邮编：421001
网址：www.shenlonghotel.com
电子信箱：shenlong@shenlonghotel.com

南岳电信宾馆 ★★★
地址：衡阳市南岳区祝融北路9号
电话：0734－5678888
传真：0734－5678885
邮编：421900
网址：www.51766.com/img/nydxbg
电子信箱：webmaster@51766.com

耒阳新华大酒店 ★★★
地址：衡阳耒阳市五一东路37号
电话：0734－4349999
传真：0734－4349002
邮编：421800
网址：www.xhhotel.com.cn

王朝大酒店 ★★★
地址：郴州市骆仙路中路
电话：0735－2339666
传真：0735－2339868
邮编：423000
网址：www.cz-dynasty.com
电子信箱：zoujian0826@163.com

五连冠酒店 ★★★
地址：郴州市人民西路12号
电话：0735－2230188
传真：0735－2230179
邮编：423000
网址：www.wng.cz668.net
电子信箱：wlj2007@sina.com

苏仙宾馆 ★★★
地址：郴州市苏仙南路2号
电话：0735－2852888
传真：0735－2852999
邮编：423000
网址：www.czdyl.com.cn

金星宾馆 ★★★
地址：郴州市同心路2号
电话：0735－7561999
传真：0735－2269367
邮编：423000
网址：www.cyls007@163.com
电子信箱：goldenstar0735@net.cn

天湖大酒店 ★★★
地址：郴州市同心路2号
电话：0735－2269288
传真：0735－2269367
邮编：423000
电子信箱：cyls007@163.com

东江湖国际渡假山庄 ★★★
地址：郴州资兴市东江湖内
电话：0735－3205888
传真：0735－3205003
邮编：423400

鲤鱼江大酒店 ★★★
地址：郴州资兴市鲤鱼江镇
电话：0735－3236966
传真：0735－3236166

资兴宾馆 ★★★
地址：郴州资兴市唐洞新区晋民路57号
电话：0735－3330102
传真：0735－3321278
邮编：423400

新东方大酒店 ★★★
地址：郴州市桂阳县馆宾路83号
电话：0735－4498918
传真：0735－4498988
邮编：424400
网址：www.xdy.cn
电子信箱：ggxdy@163.com

永兴永昌兴宾馆 ★★★
地址：郴州市永兴县人民广场
电话：0735－5539995
传真：0735－5539153
邮编：423300

永兴银都大酒店 ★★★
地址：郴州市永兴县三胞经济技术开发区
电话：0735－5535000
传真：0735－5535999
邮编：423300

宜章宾馆 ★★★
地址：郴州市宜章县城关镇文明南路32号
电话：0735－3732188
传真：0735－3723828 3722698
邮编：424200

莽山大酒店 ★★★
地址：郴州市宜章县莽山风景区
电话：0735－3399999
传真：0735－3999868
邮编：424221

安仁永乐大酒店 ★★★
地址：郴州市安仁县
电话：0735－5228282
传真：0735－5228282
邮编：423600

柳子大酒店 ★★★
地址：永州市零陵区潇湘中路
电话：0746－6245988
传真：0746－6245956
邮编：425006

宁远国际大酒店 ★★★
地址：永州市宁远县舜陵镇冷江路138号
电话：0746－7237666
传真：0746－7229866
邮编：425600
网址：www.cf.com.net
电子信箱：0746cf@163.com

宁远莲花大酒店 ★★★
地址：永州市宁远县冷江路88号
电话：0746－7236666
传真：0746－7238160
邮编：425600
网址：www.hnnlh.com
电子信箱：lylhdjd@163.com

金龙大酒店 ★★★
地址：邵阳市东大路22号
电话：0739－5011098（5223188）
传真：0739－5222106
邮编：422000

邵东港龙宾馆 ★★★
地址：邵阳市邵东红岭路219号
电话：0739－2208076 2618888
传真：0739－2629999
邮编：422800

邵东龙城宾馆 ★★★
地址：邵阳市邵东两市镇兴和路328号
电话：0739－2888888 2888882
传真：0739－2888858
邮编：422800

隆回高洲温泉度假村 ★★★
地址：邵阳市隆回县金石桥镇热泉村
电话：0739－8805999
传真：0739－8805999
邮编：422200

新宁泉宾馆 ★★★
地址：邵阳市新宁山镇劳街
电话：0739－4705118 4705888
传真：0739－4705218
邮编：422700

怀化大酒店 ★★★
地址：怀化市火车站
电话：0745－2269488
传真：0745－2269488
邮编：418000

丽都大酒店 ★★★
地址：怀化市迎丰西路48号
电话：0745－2238888
传真：0745－2239988
邮编：418000

怀荣宾馆 ★★★
地址：怀化市迎丰西路148号
电话：0745－2209000
传真：0745－2232648
邮编：418000
网址：www.huaironghotel.com
电子信箱：huaironghotel@163.com

西南宾馆 ★★★
地址：怀化市迎丰中路328号
电话：0745－2730888
传真：0745－2713868
邮编：418000

金苑宾馆 ★★★
地址：怀化市迎丰中路99号
电话：0745－2290888
邮编：418000

富野酒店 ★★★
地址：娄底市长青西街交警支队
电话：0738－8263518
传真：0738－8801111
邮编：417000

娄底迎宾馆 ★★★
地址：娄底市长青中街12号
电话：0738－8271888
传真：0738－8312119
邮编：417000
电子信箱：loudilyl@163.com

清泉大酒店 ★★★
地址：娄底市氐星路22号
电话：0738－8312888
传真：0738－8217168
邮编：417000

金香大酒店 ★★★
地址：娄底市乐坪东街3号
电话：0738－8214048
传真：0738－8211688
邮编：417000
电子信箱：ldclx2002@163.com

娄底宾馆 ★★★
地址：娄底市乐坪东街9号
电话：0738－8315219
传真：0738－8312189 8312828
邮编：417000
网址：www.ldbg.hnloudi.gov.cn

边城宾馆 ★★★
地址：湘西州吉首市人民北路99号
电话：0743－8222007
传真：0743－8222355
邮编：416000

湘西民族宾馆 ★★★
地址：湘西州吉首市人民中路7号
电话：0743－8562168
传真：0743－8562188
邮编：416000

旅游景区

秋收起义文家市会师纪念馆 AAA
地址：长沙市文家市镇人民路
电话：0731－3773842
邮编：410000

湖南省博物馆 AAAA
地址：长沙市东风路3号
电话：0731－4431630
邮编：4101003

长沙岳麓山风景名胜区 AAAA
地址：长沙市岳麓山
电话：0731－8825011
邮编：410012

长沙世界之窗 AAAA
地址：长沙市浏阳河大桥东

电话：0731－4256969
邮编：410003

长沙海底世界 AAAA
地址：长沙市浏阳河东金鹰影视文化城
电话：0731－4256005
邮编：410003

长沙大围山自然保护区 AAAA
地址：长沙浏阳市东区大围山
电话：0731－3488188
邮编：410309

浏阳古风洞 AA
地址：长沙浏阳市高坪乡沿甸村
邮编：410300

刘少奇故里 AAAA
地址：长沙市宁乡县花明楼镇
电话：0731－7094027
邮编：410611

杨开慧纪念馆 AAA
地址：长沙市长沙县开慧乡
电话：0731－6430095
邮编：410146

长沙石燕湖生态旅游公园 AAA
地址：长沙市长沙县跳马乡石门村
电话：0731－6968065
邮编：410025

雷锋纪念馆 AAAA
地址：长沙市望城县雷锋镇
电话：0731－8105244
邮编：410217

张家界国家森林公园 AAAA
地址：张家界国家森林公园
电话：0744－5712330
邮编：427401

张家界土家风情园 AAAA
地址：张家界市南庄坪五子坡
电话：0744－8230579
邮编：427400

张家界秀华山馆 AAA
地址：张家界市教场路
电话：0744－8222377
邮编：427400

天门山国家森林公园 AAAA
地址：张家界市永定区政府院内
电话：0744－8224972
邮编：427000

黄龙洞旅游区 AAAA
地址：张家界市武陵源区索溪峪镇河口村
电话：0744－5618489
邮编：427400

武陵源风景名胜区 AAAAA
地址：张家界市武陵源区军地坪
电话：0744－5618010
邮编：427400

张家界宝峰湖风景区 AAAA
地址：张家界市索溪峪镇
电话：0744－5629888
邮编：427000

张家界军声画院 AA
地址：张家界市子午东路凤湾大桥
电话：0744－8250568

张家界紫霞观 AA
地址：张家界市武陵源区宝峰路
邮编：427400

张家界茅岩河九天洞旅游区 AAAA
地址：张家界市桑植县利福塔镇
电话：0744－6791236
邮编：427400

张家界江垭温泉度假村 AAAA
地址：张家界市慈利县江垭镇
电话：0744－3355888
邮编：427221
网址：www.zjjwq.com

张家界万福温泉国际度假风景区 AAAA
地址：张家界市慈利县
电话：0744－3333333
邮编：427200
网址：www.wfwq.com

张家界龙王洞旅游区 AAAA
地址：张家界市慈利县
邮编：427200

柳叶湖旅游度假区 AAA
地址：常德市柳叶大道东段
电话：0736－7898288
邮编：415000

花岩溪景区 AAA
地址：常德市花岩溪国家森林公园
电话：0736－7490018
邮编：415129

常德市博物馆 AA
地址：常德市武陵大道南段144号
电话：0736－7224091
邮编：415000

桃花源风景区 AAAA
地址：常德市桃源县桃花源镇
电话：0736－6822491
邮编：415722

夹山风景区 AAA
地址：常德市石门县夫山
电话：0736－5220616
邮编：415300

益阳北峰山森林公园 AA
地址：益阳市谢林港镇
邮编：413000

益阳花乡农家乐旅游区 A
地址：益阳市赫山区黄泥湖乡仙蜂岭村
邮编：413002

沅江胭脂湖旅游区 AA
地址：益阳沅江市
邮编：413100

沅江德群庄园 AA
地址：益阳沅江市
邮编：413100

桃花江竹海旅游区 AA
地址：益阳市桃江县桃花江镇
电话：0737－8213369
邮编：413400

安化柘溪旅游风景区 A
地址：益阳市安化县柘溪镇
邮编：413500

红岩旅游风景区 AA
地址：益阳市安化县木子乡
电话：0737－7391087
邮编：413500

益阳奥林匹克公园 AAAA
地址：益阳市康富南路
电话：0737－6203106
传真：0737－6203106
邮编：413000

岳阳楼公园 AAAA
地址：岳阳市洞庭北路
电话：0730－8319435
邮编：414000
网址：www.yytour.com.cn

岳阳市君山公园 AAAA
地址：岳阳市君山岛
电话：0730－8212033
邮编：414000

岳阳市任弼时纪念馆 AAAA
地址：岳阳市汨罗市弼时镇唐家桥
电话：0730－5751968
邮编：414416

株洲大京风景旅游区 AAA
地址：株洲市
邮编：412000

炎帝陵旅游区 AAAA
地址：株洲市炎陵县鹿原镇
电话：0733－6325111
邮编：412500

湘潭农博园 AAA
地址：湘潭市泉塘子
电话：0732－7333333
邮编：411204

韶山滴水洞景区管理处 AAAA
地址：湘潭韶山市韶山冲
电话：0732－5685174
邮编：411301

韶山毛泽东故居景区 AAAA
地址：湘潭韶山市韶山冲
电话：0732－5685347
邮编：411301

毛泽东同志纪念馆 AAAA
地址：湘潭韶山市韶山冲
电话：0732－5685347
邮编：411301

彭德怀纪念馆 AAA
地址：湘潭市湘潭县彭德怀纪念馆
电话：0732－7838100
邮编：411209

衡阳市回雁峰景区 AA
地址：衡阳市
电话：0734－8225728
邮编：421001

南岳衡山风景名胜区 AAAAA
地址：衡阳市南岳区西街90号
电话：0734－5662250
邮编：421900

郴州市苏仙岭风景名胜区 AAAA
地址：郴州市苏仙北路2号
电话：0735－2885797
邮编：423000

郴州市天堂温泉 AAAA
地址：郴州市苏仙区许家洞镇天堂村
电话：0735－2593129　2593158

邮编：423041

湖南省郴州市北湖公园 AA
地址：郴州市人民西路 6 号
电话：0735－2222329
邮编：423000

万华岩风景区 AAA
地址：郴州市万华岩镇
电话：0735－2795057
邮编：423000

东江湖风景区 AAAA
地址：郴州资兴市
电话：0735－3274369
邮编：423400

桂阳东塔公园 AA
地址：郴州市桂阳县鹿峰山
电话：0731－4743141
邮编：423000

郴州悦来温泉 AAA
地址：郴州市永兴县悦来乡
邮编：423300

永兴龙华山风景区 AA
地址：郴州市永兴县
邮编：423300

永兴人民公园 A
地址：彬州市永兴县
邮编：423300

湖南莽山国家森林公园 AAAA
地址：郴州市宜章县
电话：0735－3991182
邮编：424221

汝城温泉福泉山庄 AAAA
地址：郴州市汝城县热水镇
电话：020－38767791
邮编：424100
电子信箱：webmaster@51766.com

永州九嶷山舜帝陵景区 AAAA
地址：永州市宁远县城南三十公里处九嶷山
邮编：425600

新邵县白水洞旅游区 AA
地址：邵阳市新邵县白水洞管理处
电话：0739－3700119
邮编：422903

麻阳滕代远纪念馆 AAA
地址：怀化市高村镇友谊路 59 号
电话：0745－5827072
邮编：419400

洪江芙蓉楼旅游区 AA
地址：怀化洪江市黔城镇
邮编：418116

辰溪燕子洞旅游区 AA
地址：怀化市辰溪县
邮编：419500

沅陵县凤凰山 AAA
地址：怀化市沅陵县城东南沅水之畔
邮编：419600

湖南省五强溪水力发电 AAA
地址：怀化市沅陵县五强溪镇荞子坪村
电话：0745－4712276
邮编：419600

湖南省凤滩水力发电厂 AAA
地址：怀化市沅陵县黄铁坪村
电话：0745－4491303
邮编：419621

沅陵龙兴讲寺 AA
地址：怀化市沅陵县城西虎溪山
邮编：419600

溆浦向警予同志纪念馆 AAA
地址：怀化市溆浦县卢峰镇解放街
电话：0745－3329627
邮编：419600

怀化侗文化城 AA
地址：怀化市芷江侗族自治县
邮编：419100

怀化中国人民抗日战争胜利受降纪念馆 AAA
地址：怀化市芷江县
电话：0745－6822937
邮编：419100

通道独岩公园 AA
地址：怀化市通道县
邮编：418500

狮子山公园 AA
地址：娄底市新化县梅苑经济开发区梅东路 1 号
电话：0738－3212276
邮编：417600

餐　馆

菜根香酒楼
地址：长沙市五一东路 83 号
电话：0731－4465330
邮编：410005

长沙市小观园酒家
地址：长沙市五一东路 2 号
电话：0731－2291841
邮编：410005

长沙饮食集团长沙德园有限公司
地址：长沙市黄兴南路 361 号
电话：0731－5817732
邮编：410005

红辣椒美食城
地址：长沙市城南东路 166 号
电话：0731－4162750
邮编：410005

乡里人家餐饮管理有限公司
地址：长沙市南阳街
电话：0731－4433377
邮编：410005

楚源餐饮有限公司
地址：长沙市沿江大道
电话：0731－4319149
邮编：410005

徐记餐饮有限公司
地址：长沙市曙光北路 88 号
电话：0731－4473888　4151560
邮编：410005

新华楼餐饮有限公司
地址：长沙市五一东路
电话：0731－4151073
邮编：410005

凤凰餐饮有限公司（凤凰城）
地址：长沙市白沙路
电话：0731－5113517
邮编：410005

小肥羊餐饮管理有限公司
地址：长沙市城南东路
电话：0731－5791278
邮编：410005

大芙蓉餐饮服务有限公司
地址：长沙市芙蓉中路 1 段
电话：0731－4889666
邮编：410005

秦皇食府餐饮有限公司
地址：长沙市沿江大道
电话：0731－4319139
邮编：410005

六福酒家有限公司
地址：长沙市芙蓉中路
电话：0731－2252888
邮编：410005

湘水人家饮食有限公司
地址：长沙市曙光中路
电话：0731－5450010
邮编：410005

金梧桐饮食有限公司
地址：长沙市劳动西路
电话：0731－5158788
邮编：410005

长沙市玉楼东酒家餐饮有限公司
地址：长沙市万家丽路付家湾中路一段 115 号
电话：0731－2777955
邮编：410005

长沙市火宫殿餐饮有限公司
地址：长沙市坡子街 78 号
电话：0731－5817591
邮编：410005

金太阳·醉月楼
地址：长沙市芙蓉中路附 143 号雨花大厦
电话：0731－5163918　5162968
邮编：410005

湘雅美食城
地址：长沙市开福区湘雅路 86 号
电话：0731－4325084
邮编：410005

湖鲜楼
地址：长沙市芙蓉区五一大道
电话：0731－2566089
邮编：410005

又一村酒楼
地址：长沙开福区中山路 263 号又一村酒店 2 楼
电话：0731－2246953
邮编：410005

好食上
地址：长沙市开福区沿江大道 235 号
电话：0731－4331111
邮编：410005

七彩江南
地址：长沙市开福区沿江大道 228 号
电话：0731－4313999
邮编：410005

老妈家庭厨房（劳动路总店）
地址：长沙市天心区劳动西路
电话：0731－5818728
邮编：410005

风味楼酒家
地址：长沙市开福区芙蓉中路
电话：0731－4482778
邮编：410005

银河餐馆
地址：长沙市芙蓉区五一东路87号
电话：0731－4111818

湘锦酒楼
地址：长沙市开福区湘江大道157号
电话：0731－4881888
邮编：410005

九龙土菜馆
地址：长沙市芙蓉区芙蓉中路480号
电话：0731－4422188
邮编：410005

南海家常菜馆
地址：长沙市芙蓉区蓉园路15号
电话：0731－2297888
邮编：410005

红云阁餐厅
地址：长沙市芙蓉区解放东路278号
电话：0731－4122555
邮编：410005

新纪元酒楼
地址：长沙市芙蓉区解放东路269号
电话：0731－4191789
邮编：410005

瑶族山寨酒家
地址：长沙市芙蓉区建湘路236号
电话：0731－4412088
邮编：410005

好旺角
地址：长沙市开福区德雅路1261号
电话：0731－2342828
邮编：410005

乌龙山民族饮食村
地址：长沙市开福区心安里54号
电话：0731－2237935
邮编：410005

潭州瓦罐（芙蓉中路总店）
地址：长沙市雨花区芙蓉中路三段469号
电话：0731－5221300
邮编：410005

东北饺子馆
地址：长沙市雨花区曙光中路391号
电话：0731－4132474
邮编：410005

湘行天下
地址：长沙芙蓉区八一路407号信息大厦
电话：0731－4589888
邮编：410005

一品香辣蟹
地址：长沙市天心区白沙街128号
电话：0731－5111987
邮编：410005

湘苑酒家
地址：长沙市芙蓉区解放路53号
电话：0731－4427944
邮编：410005

湘鄂情
地址：长沙市天心区芙蓉南路名城大厦
电话：0731－5213188
邮编：410005

伊甸园酒家
地址：长沙市芙蓉区八一路47号
电话：0731－4400966
邮编：410005

御天食府
地址：长沙市芙蓉区芙蓉中路
电话：0731－5167555
邮编：410005

湘潭美味鱼头酒家长沙连锁店
地址：长沙市芙蓉区迎宾路28号
电话：0731－4455633
邮编：410005

小金门酒家
地址：长沙市芙蓉区远大一路268号
电话：0731－4716759
邮编：410005

小西湖酒楼
地址：长沙市岳麓区枫林一路
电话：0731－8615512
邮编：410005

小城故事
地址：长沙市芙蓉区芙蓉中路358号
电话：0731－2859888
邮编：410005

花街村土菜城
地址：长沙市芙蓉区建湘路479号
电话：0731－2569510
邮编：410005

重庆野菌王酒家
地址：长沙市开福区德雅路45号
电话：0731－4518326
邮编：410005

小天心酒家
地址：长沙市芙蓉区朝阳路283号
电话：0731－4113038
邮编：410005

湘潭土菜馆
地址：长沙芙蓉区车站北路雍景街35号
电话：0731－2188928
邮编：410005

艳阳天土菜馆
地址：长沙芙蓉区八一西路308号
电话：0731－4462568
邮编：410005

湘香楼
地址：张家界市
电话：0744－2127177
邮编：427000

银都酒楼
地址：张家界市
电话：0744－8231122
邮编：427000

巴蜀驴肉汤锅城
地址：张家界市
电话：0744－2116799
邮编：427000

小木屋餐厅
地址：张家界市北正街文昌阁
电话：020－81842602
邮编：427000

外婆桥
地址：张家界市鹭鸶湾大桥东
电话：0744－8590999
邮编：427000

玉楼东张家界店
地址：张家界市回龙路金海岸
电话：0744－8231158　8231168
邮编：427000

湘水人家
地址：张家界市回龙路
电话：0744－2125999
邮编：427000

金满楼
地址：张家界市永定区教场路
电话：0744－8301779　8321779
邮编：427000

又一村饭店
地址：张家界市北正街118号
电话：0744－8282656
邮编：427000

金满屋风味馆
地址：张家界市迎宾路
电话：0744－8255198
邮编：427000

江边人家
地址：张家界市南庄坪中天公寓
电话：0744－8287878
邮编：427000

醉仙楼
地址：常德市武陵区
电话：0736－7235188
邮编：415000

黄金海岸大酒楼
地址：常德市武陵区
电话：0736－7890268
邮编：415000

菜根香
地址：常德市武陵区
电话：0736－7719723
邮编：415000

金鹿食府
地址：常德市武陵区
电话：0736－7218179
邮编：415000

丝瓜井酒楼
地址：常德市武陵区
电话：0736－7238778
邮编：415000

潮汕海鲜美食广场
地址：常德市武陵区朗州中路108号
电话：0736－7717979
邮编：415000

金安堂乡菜馆
地址：常德市武陵区
电话：0736－7705279
邮编：415000

华天美食广场
地址：益阳市赫山区康富北路2号

电话：0737－4228888
邮编：413000

巷上咖啡中西餐厅
地址：益阳市桃花仑路18号商务大厦
电话：0737－6189999
邮编：413000

巴乡石锅鱼馆益阳连锁店
地址：益阳市赫山区
电话：0737－4209699
邮编：413000

岳阳市新城酒楼
地址：岳阳市岳阳楼区五里牌
电话：0730－8221223
邮编：414000

岳阳市饮食服务公司岳州饭店
地址：岳阳市岳阳楼区
电话：0730－8315436
邮编：414000

洁雅酒楼
地址：岳阳市南湖大道
电话：0730－8220276
邮编：414000

岳阳南湖风景区三毛酒楼
地址：岳阳市南湖广场
电话：0730－8840578
邮编：414000

岳阳市罐里香饭庄
地址：岳阳市岳阳楼区南湖风景区南湖广场
电话：0730－8207198
邮编：414000

岳阳市岳谭鱼头火锅店
地址：岳阳市湖南金鹗中路
电话：0730－8623322
邮编：414000

大中华海鲜酒楼
地址：株洲市天台路188号
电话：0733－8837333
邮编：412000

湘福楼
地址：株洲市天元区天伦路
电话：0733－8829977
邮编：412000

大鱼岛食坊
地址：株洲市天元区黄河北路
电话：0733－8811889
邮编：412000

吉祥大宅门
地址：株洲市建设北路96号铜锣湾商业广场
电话：0733－8349988
邮编：412000

老湘石
地址：株洲市天元区嵩山路3号
电话：0733－6539100
邮编：412000

帅府酒楼
地址：株洲市天元区黄河北路
电话：0733－8820399
邮编：412000

湘鄂情
地址：株洲市天元区天台山路天台山庄内
电话：0733－8588777
邮编：412000

土乡人大碗食府
地址：株洲市建设南路222国富中心1楼
电话：0733－2600777
邮编：412000

湘天阁
地址：株洲市解放街122号
电话：0733－8516777
邮编：412000

楚云龟蛇酒楼
地址：株洲市荷塘区合泰大街合兴花园115号
电话：0733－8106332
邮编：412000

海伦实业（湘潭）有限公司海霸王大酒楼
地址：湘潭市雨湖区车站路2号
电话：0732－8251568
邮编：411100

湘潭市海燕酒楼
地址：湘潭市雨湖区韶山东路
电话：0732－8395761
邮编：411100

湘潭市东方红音乐大酒楼
地址：湘潭市岳塘区岳塘路151号
电话：0732－8656296
邮编：411100

牧羊人涮锅城总店
地址：湘潭市雨湖区韶山路
电话：0732－8382958
邮编：411100

黄鹤楼酒楼
地址：衡阳市古汉大道8号
电话：0734－8716688
邮编：421001

旺鸣轩
地址：衡阳市常胜中路28号
电话：0734－8142618
邮编：421001

衡阳市郊陆府渔村酒楼
地址：衡阳市蒸湘区解放西路41号
电话：0734－8169233
邮编：421001

衡阳市城南大众酒家
地址：衡阳市先锋路5号
电话：0734－8219194
邮编：421001

衡阳宾馆酒楼
地址：衡阳市湖南路38号
电话：0734－8331468
邮编：421001

衡阳敬一堂医药集团杏林药膳酒家
地址：衡阳市解放路110号
电话：0734－8221441
邮编：421001

衡阳市江南春酒家
地址：衡阳市解放西路25号
电话：0734－8165555
邮编：421001

衡阳龙珠大酒楼
地址：衡阳市解放路91号
电话：0734－8226921
邮编：421001

郴州得月楼酒家
地址：郴州市燕泉北路
电话：0735－2263868　2221368
邮编：423000

醉翁楼酒家
地址：郴州市义帝路46号
电话：0735－8886117
邮编：423000

粤港海鲜城
地址：郴州市五岭大道1号
电话：0735－2362888
邮编：423000

洞廷人家郴州店
地址：郴州市北湖路
电话：0735－2258313
邮编：423000

大江南酒楼
地址：郴州市七里大道
电话：0735－2166111
邮编：423000

一品阁
地址：郴州市国庆南路
电话：0735－2244567
邮编：423000

桃源山庄酒家
地址：郴州市苏仙北路
电话：0735－2886061
邮编：423000

牧羊人涮锅城
地址：永州市零陵区
电话：0746－6232168
邮编：425000

邵阳大饭店
地址：邵阳市红旗路208号
电话：0739－5465000
邮编：422000

湘中人家
地址：邵阳市沿江桥头
电话：0739－5233777　5508977
邮编：42200

邵阳湘蜀情
地址：邵阳市邵水东路日杂大厦
电话：0739－5020988　5020688
邮编：42200

锦绣湘西
地址：怀化市鹤城区
电话：0745－2103278
邮编：418000

得月楼小食堂
地址：怀化市鹤城区
电话：0745－2267557
邮编：418000

乡村人家
地址：怀化市鹤城区
电话：0745－2118215
邮编：418000

重庆风味餐馆
地址：怀化市鹤城区
电话：0745－2722502
邮编：418000

人民公社大食堂
地址：怀化市鹤城区

电话：0745－2114298
邮编：418000

新食界土菜馆
地址：怀化市鹤城区
电话：0745－2551988
邮编：418000

重庆兔肉馆
地址：怀化市鹤城区
电话：0745－2134096
邮编：418000

湘都人家风味楼
地址：娄底市氐星路7号
电话：0738－6525458　6525258
邮编：417000

春园美食广场
地址：娄底市春园步行街
电话：0738－6772088　6772266
邮编：417000

辣阿婆涮涮锅娄底店
地址：娄底市春园步行街
电话：0738－6772888
邮编：417000

山玉羊肉馆分店
地址：湘西土家族苗族自治州吉首市
电话：0743－8713588
邮编：416000

赵三鲜鱼馆总店
地址：湘西土家族苗族自治州吉首市
电话：0743－8253031
邮编：416000

赵三鲜鱼馆分店
地址：湘西土家族苗族自治州吉首市
电话：0743－8711806
邮编：416000

绿首阁西餐厅
地址：湘西土家族苗族自治州吉首市
电话：0743－2125888
邮编：416000

吉首老粉馆分店
地址：湘西土家族苗族自治州吉首市
电话：0743－8721948
邮编：416000

长福楼
地址：湘西土家族苗族自治州吉首市
电话：0743－2116785
邮编：416000

龙江特色羊肉馆
地址：湘西土家族苗族自治州吉首市
电话：0743－2110171
邮编：416000

旅游用品

长沙华钻珠宝首饰有限公司
地址：长沙市解放中路18号
电话：0731－2221179
邮编：410005

长沙五皇珠宝有限公司
地址：长沙市燕山街127号6楼605室
电话：0731－4465807
邮编：410005

长沙华丰地毯公司
地址：长沙市人民路9号
电话：0731－4144427
邮编：410005

长沙吉祥天工艺绣品有限公司
地址：长沙市解放中路
电话：0731－2226998
邮编：410005

长沙市天心湘绣厂
地址：长沙市天心区胜利路329号
电话：0731－4303375
邮编：410005

长沙市湘绣总厂
地址：长沙市五一中路2号
电话：0731－2252235
邮编：410005

长沙绣品厂
地址：长沙市桐荫里9号
电话：0731－2225694
邮编：410005

长沙福利工艺厂
地址：长沙市金盆路43号
电话：0731－5215577
邮编：410005

长沙新罗工艺制品有限公司
地址：长沙市河西
电话：0731－8800032
邮编：410005

长沙有色工艺品厂
地址：长沙市树木岭15号
电话：0731－5578042
邮编：410005

芙蓉区罗马工艺美术境框厂
地址：长沙市金泉小区南湖建材装饰市场
电话：0731－2182462
邮编：410005

芙蓉区西苑艺术品厂
地址：长沙市马王堆火星开发区
电话：0731－4714537
邮编：410005

长沙市雕刻工艺厂
地址：长沙市蔡锷中路159号
电话：0731－4414462
邮编：410005

长沙沙坪湘绣厂
地址：长沙市开福区捞刀河镇沙坪86号
电话：0731－6780189
邮编：410005

浙湘石雕工艺厂
地址：长沙市岳麓区望岳乡谷丰村
电话：0731－8406805
邮编：410005

天心区世纪情钻石城
地址：长沙市黄兴中路
电话：0731－4448288
邮编：410005

安沙凯丽工艺厂
地址：长沙市长沙县安沙镇北路47号
电话：0731－6706148
邮编：410100

湘绣厂
地址：长沙市长沙县牌楼乡
电话：0731－6770186
邮编：410100

张家界市湘绣厂
地址：张家界市天门路
电话：0744－8301369
邮编：427000

桃源县永乐雕塑工艺厂
地址：常德市桃源县潭江北路029号
电话：0736－6623749
邮编：415700

益阳市银城珠宝首饰有限公司
地址：益阳市朝阳路口
电话：0737－6502698
邮编：413000

益阳市地毯厂
地址：益阳市五一东路
电话：0737－3105828
邮编：413000

益阳市恒生工艺画框厂
地址：益阳市桥北东门口
电话：0737－3100888
邮编：413000

安化县大付珠宝厂
地址：益阳市安化县大付
电话：0737－7662317
邮编：413500

岳阳市工艺美术厂
地址：岳阳市五里牌
电话：0730－8222520
邮编：414000

十都镇湘桂工艺厂
地址：株洲市茶陵县
电话：0733－6522381
邮编：412400

炎陵县旅游工艺品有限责任公司
地址：株洲市茶陵县湘山寺北山下
电话：0733－6222492
邮编：412400

金威首饰有限公司
地址：湘潭市车站路35号
电话：0732－8210018
邮编：411000

林达竹木工艺有限公司
地址：湘潭市
电话：0732－8230687
邮编：411000

湘源利湘绣厂
地址：湘潭市解放南路190号
电话：0732－8236571
邮编：411000

万方工艺竹制品有限公司
地址：湘潭市砂子岭老干所侧
电话：0732－2314557
邮编：411000

湘潭市美术雕刻厂
地址：湘潭市大湖路
电话：0732－8222238
邮编：411000

韶山工艺精品厂
地址：湘潭韶山市
电话：0732－5681118
邮编：411300

衡阳市工艺厂
地址：衡阳市湘江南路60号
电话：0732－8222441
邮编：412001

衡阳市三仪珠宝金行有限公司
地址：衡阳市解放路94号
电话：0732－8220406
邮编：412001

衡阳市旅游品公司
地址：衡阳市解放路202号
电话：0732－8223511
邮编：412001

衡阳市华美玻璃工艺厂
地址：衡阳市衡邵路227号
电话：0732－8801544
邮编：412001

邵阳市工艺绣品厂
地址：邵阳市三八亭
电话：0739－5330651
邮编：422000

新化县龙工艺厂
地址：娄底市新化县
电话：0738－3312768
邮编：417600

旅游交通

湖南旅游汽车总公司
地址：长沙市五里牌团结路15号
电话：0731－4720372
邮编：410001

长沙公交总公司旅游车队
地址：长沙市香樟路
电话：0731－5581136
邮编：410001

长沙市迎宾旅游汽车运输有限公司
地址：长沙市迎宾路230号
电话：0731－2229123
邮编：410001

长沙火车站
地址：长沙市五一东路1号
电话：0731－2299011
邮编：410001

长沙火车东站
地址：长沙市赤新路4号
电话：0731－5566604
邮编：410001

长沙火车北站
地址：长沙市建湘北路80号
电话：0731－4311863
邮编：410001

长沙火车南站
地址：长沙市天心区南湖路677号
电话：0731－5203130
邮编：410011

远大置业挪亚豪华游轮公司
地址：长沙市
电话：0731－8911564
邮编：410001

长沙黄花国际机场
地址：长沙市
电话：0731－4119821
邮编：410000

张家界汽运总公司甲方旅游运输有限公司
地址：张家界市紫午西路70号
电话：0744－8225619
邮编：427001

张家界合友旅游运输有限责任公司
地址：张家界市南庄坪
电话：0744－8301688
邮编：427001

张家界市运兴旅游运输有限责任公司
地址：张家界市官黎坪
电话：0744－8363900
邮编：427000

张家界火车站
地址：张家界市永定区西溪坪街道办事处
电话：0744－8514318
邮编：427000

张家界荷花机场
地址：张家界市永定区官黎坪办事处荷花村
电话：0744－8238200
邮编：427000

常德火车站
地址：常德市南坪
电话：0736－7801617
邮编：415000

常德机场
地址：常德市斗姆湖
电话：0736－7238866
邮编：415000

益阳火车站
地址：益阳市
电话：0737－6100531
邮编：413000

岳阳火车站
地址：岳阳市货运市场前面
电话：0730－3241122
邮编：414000

岳阳火车北站
地址：岳阳市冷水镇
电话：0730－8511019
邮编：414000

株洲火车站
地址：株洲市车站路
电话：0733－8247984
邮编：412001

株洲火车北站
地址：株洲市人民北路
电话：0733－2430989
邮编：412001

醴陵市火车站
地址：株洲醴陵市解放路东段
电话：0733－3243008
邮编：412200

湘潭市旅游出租车有限公司
地址：湘潭市岳塘区长潭路6号
电话：0732－5575555
邮编：411101

湘潭火车站
地址：湘潭市车站路
电话：0732－8224132
邮编：411100

湘潭火车东站
地址：湘潭市板塘乡
电话：0732－5571226
邮编：411100

韶山火车站
地址：湘潭市韶山市
电话：0732－5682135
邮编：411300

湘乡火车站
地址：湘潭湘乡市
电话：0732－6771990
邮编：411400

湘潭县旅游出租车公司
地址：湘潭市湘潭县易俗河
电话：0732－7800000
邮编：411228

衡阳火车站
地址：衡阳市车站坪1号
电话：0734－2527444
邮编：421001

郴州火车站
地址：郴州市
电话：0735－7527222
邮编：423001

永州火车站
地址：永州市冷水滩区零陵路830号
电话：0746－8426532
邮编：425100

邵阳火车站
地址：邵阳市
电话：0739－5313032
邮编：422000

娄底火车站
地址：娄底市氐星路
电话：0738－8282075
邮编：417000

旅游院校

湖南商学院
旅游管理系
地址：长沙市河西望城坡
电话：0731－8689282
邮编：410205

湖南大学
国际商学院
地址：长沙市岳麓山
电话：0731－8822216
邮编：410082

湖南师范大学
旅游学院
地址：长沙市麓山路36号
电话：0731－8872489
传真：8872201
邮编：410081

长沙大学
旅游系
地址：长沙市熙宁街
电话：0731－4486566
邮编：410008

中南林学院
旅游与管理学院
地址：长沙市韶山南路116号
电话：0731－2659057
邮编：410004

长沙工业高等专科学校
旅游专业
地址：长沙市河西左家垅
电话：0731－8859671
邮编：410012

湖南女子大学
旅游管理系
地址：长沙市中意一路132号
电话：0731－5575697
邮编：410004

湖南经济管理职业学院
旅游系
地址：长沙市青园路258号
电话：0731－5681312
邮编：410004

长沙商贸旅游职业技术学院
旅游管理系
地址：长沙市韶山路578号
电话：0731－5584274
邮编：410001

湖南省旅游培训中心
地址：长沙市东二环二段40号
电话：0731－4721323
传真：4720348
邮编：410001

吉首大学
旅游学院
地址：张家界市三角坪
电话：0744－2115020
邮编：427000

张家界航空工业职业技术学院
旅游与经济管理系
地址：张家界市解放路14号
电话：0744－8250811
邮编：427000

张家界旅游职业学校
地址：张家界市解放路12号
电话：0744－8224509
邮编：427000

常德市外事旅游学校
地址：常德市洞庭大道东段346号
电话：0736－7797287
邮编：415000

岳阳市旅游学校
地址：岳阳市枫桥湖6号
电话：0730－8267621
邮编：414000

湖南科技大学
地理旅游系
地址：湘潭市桃源路
电话：0732－8291417
传真：8290509
邮编：411201

湘潭大学
旅游管理系
地址：湘潭市羊牯塘
电话：0732－8292173
邮编：441105

衡阳师范学院
资源环境与旅游管理系
地址：衡阳市雁峰区黄白路165号
电话：0734－8484933
邮编：421008

邵阳海峡旅游学校
地址：邵阳市西湖路497号
电话：0739－5232859
邮编：422000

怀化学院
旅游系
地址：怀化市迎丰中路612号
电话：0745－2851012
邮编：418000

怀化市旅游学校
地址：怀化市河沿西路125号
电话：0745－2220397
邮编：418000

广　东
GUANGDONG

旅游机构

广东省旅游局
地址：广州市黄埔大道西 463 号
电话：020－87502666
传真：020－87503222
邮编：510630
网址：www.visitgd.com

广东省旅游质量监督管理所
地址：广州市黄埔大道西 463 号
电话：020－22386699　22386699
传真：020－87513670

广州市旅游局
地址：广州市东风西路 140 号 1315 楼
电话：020－81078200
传真：020－81078234
邮编：510170

越秀区旅游局
地址：广州市越华路 183 号 10 楼
电话：020－37662647
传真：020－37662647
邮编：510030

海珠区旅游局
地址：广州市前进路前桂大街 9 号
电话：020－84446431
传真：020－84446116
邮编：510230

荔湾区旅游局
地址：广州市中山七路恩龙北街 5～7 号
电话：020－81814815
传真：020－81833596
邮编：510175

白云区旅游局
地址：广州市广源中路 238 号白云区政府 7 楼
电话：020－86579980
传真：020－86575757
邮编：510405

黄埔区旅游局
地址：广州市黄埔区大沙东路 333 号 5 楼
电话：020－82378773
传真：020－82378987
邮编：510700

天河区旅游局
地址：广州市天府路 1 号天河区政府 2 号楼
电话：020－38622872
传真：020－38624261
邮编：510655

南沙区旅游局
地址：广州市南沙开发区港前大道 1 号
电话：020－84986628
传真：020－84986646
邮编：511457

罗岗区旅游局
地址：广州市经济技术开发区管委会大楼西座 5 楼
电话：020－82111502
传真：020－82111504
邮编：510730

番禺区旅游局
地址：广州市番禺区市桥镇清河东路 319 号区行政办公中心东附楼 1 楼
电话：020－84640700
传真：020－84640744
邮编：511400

花都区旅游局
地址：广州市花都区迎宾大道交通大楼 14 楼
电话：020－36897862
传真：020－36898392
邮编：510800

从化市旅游局
地址：广州从化市街口镇东成路 20 号
电话：020－87926150
传真：020－87926819
邮编：510900

增城市旅游局
地址：广州增城市荔城镇岗前西路 12 号
电话：020－82634111
传真：020－82634111
邮编：511300

深圳市旅游局
地址：深圳市福田区福中三路市民中心 C 区 1 楼
电话：0755－82003216
传真：0755－82003201
邮编：518035

罗湖区旅游局
地址：深圳市罗湖区文锦中路罗湖管理中心大厦 21 楼
电话：0755－25666620
传真：0755－25666612
邮编：518007

福田区旅游局
地址：深圳市福田区福民路 123 号福田区委大楼 26 层
电话：0755－82918198
传真：0755－82918259
邮编：518048

南山区旅游局
地址：深圳市南山区桃园东路 2 号区委大楼 A 座8 楼
电话：0755－26561748
传真：0755－26667554
邮编：518059

宝安区旅游局
地址：深圳市宝安城区海关大楼
电话：0755－27848298
传真：0755－27848116
邮编：518101

盐田区旅游局
地址：深圳市盐田区深盐路 2088 号区行政文化中心大楼
电话：0755－25228611
传真：0755－28949396
邮编：518081

龙岗区旅游局
地址：深圳市龙岗区中心城清林中路海关大厦东座 12 楼
电话：0755－28949662
传真：0755－28949396
邮编：518116

珠海市旅游局
地址：珠海市吉大海滨南路旅游大酒店 12 楼
电话：0756－3366901
传真：0756－3366902
邮编：519015

斗门区旅游局
地址：珠海市斗门区井岸朝福路 436 号 5 楼
电话：0756－5551157
传真：0756－5551157
邮编：519100

万山海洋开发试验区经济发展局
地址：珠海市香洲区梅华东路 301 号 2 单元 4 楼
电话：0756－2257044
传真：0756－2257044
邮编：519000

横琴区经济发展局
地址：珠海市横琴区德政路 41 号
电话：0756－8841733
传真：0756－8842002
邮编：519031

香洲区旅游局
地址：珠海市香洲区人民西路香洲行政中心 403 室
电话：0756－2529791
传真：0756－2516483
邮编：519001

金湾区旅游局
地址：珠海市金湾区办公中心 3 号楼 1 楼
电话：0756－7262657
传真：0756－7263591
邮编：519090

汕头市旅游局
地址：汕头市跃进路 28 号 4 楼
电话：0754－8293456
传真：0754－8286555
邮编：515037

龙湖区旅游局
地址：汕头市珠江路 23 号珠江楼 6 楼
电话：0754－8831049
传真：0754－8831096
邮编：515041

金平区旅游局
地址：汕头市金园路 12 号
电话：0754－8604951
传真：0754－8626858
邮编：515041

潮南区旅游局
地址：汕头市潮南区峡山商贸城 15 街 629 号
电话：0754－7779215
传真：0754－7762578
邮编：515141

濠江区旅游局
地址：汕头市濠江区赤港秀峰路 1 号审计综合楼
电话：0754－7386933
传真：0754－7386966
邮编：515000

澄海区旅游局
地址：汕头市澄海区文冠路党政办公楼
电话：0754－5861480
传真：0754－5850350
邮编：515800

南澳县旅游局
地址：汕头南澳县后宅镇先明路老财政楼
电话：0754－6806090
传真：0754－6803033

邮编：515900

潮阳区旅游局
地址：汕头市潮阳区中山西路10号
电话：0754－3816228
传真：0754－3615871
邮编：515100

韶关市旅游局
地址：韶关市风度北路市政府大楼12楼
电话：0751－8885710
传真：0751－8916132
邮编：512000

南雄市旅游局
地址：韶关南雄市雄州镇永康路13号
电话：0751－3822010
传真：0751－3822909
邮编：512400

曲江区旅游局
地址：韶关市曲江区马坝镇文化路口
电话：0751－6666003
传真：0751－6667088
邮编：512100

乳源瑶族自治县旅游局
地址：韶关市乳源县鹰峰西路7号
电话：0751－5384529
传真：0751－5387381
邮编：512700

新丰县旅游局
地址：韶关市新丰县政府内
电话：0751－2262181
传真：0751－2262610
邮编：511100

乐昌市旅游局
地址：韶关乐昌市政府大院内档案局1楼
电话：0751－5551113
传真：0751－5551113
邮编：512200

仁化县旅游局
地址：韶关市仁化县新城横路37号4楼
电话：0751－6358911
传真：0751－6353418
邮编：512300

始兴县旅游局
地址：韶关市始兴县墨江桥北路粤兴大厦3楼
电话：0751－3312828
传真：0751－6131999
邮编：512500

翁源县旅游局
地址：韶关市翁源县龙仙镇文化局新楼4楼
电话：0751－2860177
传真：0751－2860177
邮编：511100

浈江区旅游局
地址：韶关市浈江区启明路文化中心
电话：0751－8311159
传真：0751－8311158
邮编：512023

河源市旅游局
地址：河源市新区兴源东路1号华怡大厦2楼
电话：0762－3388793
传真：0762－3388285
邮编：517000

源城区旅游局
地址：河源市源城区政府大院内
电话：0762－3325113
传真：0762－3334100
邮编：517000

东源县旅游局
地址：河源市东源县政府大院内
电话：0762－8833277
传真：0762－8831117
邮编：517100

和平县旅游局
地址：河源市和平县政府大院内
电话：0762－5641365
传真：0762－5641365
邮编：517200

龙川县旅游局
地址：河源市龙川县老隆镇河边二路旅游大楼16号
电话：0762－6893003
传真：0762－6752547
邮编：517300

紫金县旅游局
地址：河源市紫金县党政大楼
电话：0762－7817620
传真：0762－7817620
邮编：517400

连平县旅游局
地址：河源市连平县环城南路县政府招待所4楼
电话：0762－4326978
传真：4337998
邮编：517500

梅州市旅游局
地址：梅州市嘉应东路59号
电话：0753－2260389
传真：0753－2242728
邮编：514021

梅县旅游局
地址：梅州市梅县新城行政区
电话：0753－2587791
传真：0753－2587123
邮编：514700

兴宁市旅游局
地址：梅州兴宁市中山东路1号
电话：0753－3327258
传真：0753－3325298
邮编：514500

丰顺县旅游局
地址：梅州市丰顺县汤坑镇雄风大道73号
电话：0753－6689333
传真：0753－6689889
邮编：514300

平远县旅游局
地址：梅州市平远县平远大道新村商住楼
电话：0753－8895898
传真：0753－8895899
邮编：514600

梅江区旅游局
地址：梅州市仲元路区政府大院
电话：0753－2196933
传真：0753－2196933
邮编：514011

蕉岭县旅游局
地址：梅州市蕉岭县桂岭大道中216—1号
电话：0753－7892818
传真：0753－7892758
邮编：514100

大埔县旅游局
地址：梅州市大埔县文化路27号
电话：0753－5535328
传真：0753－5532992
邮编：514200

五华县旅游局
地址：梅州市五华县政府大院内
电话：0753－4431073
传真：0753－4436200
邮编：514400

惠州市旅游局
地址：惠州市长寿路29号3楼
电话：0752－2234273
传真：0752－2207428
邮编：516001

惠城区旅游局
地址：惠州市下角寿山路4号
电话：0752－2230298
传真：0752－2203710
邮编：516001

惠阳区旅游局
地址：惠州市惠阳区淡水镇区人民政府大院121室
电话：0752－3393001
传真：0752－3364631
邮编：516211

惠东县旅游局
地址：惠州市惠东县平山镇平深路爱华围
电话：0752－8865678
传真：0752－8890798
邮编：516300

博罗县旅游局
地址：惠州市博罗县罗阳镇北门路133号3楼
电话：0752－6622568
传真：0752－6622568
邮编：516100

龙门县旅游局
地址：惠州市龙门县城西林路42号
电话：0752－7781777
传真：7781888
邮编：516800

大亚湾经济技术开发区旅游局
地址：惠州市大亚湾经济技术开发区管委会5楼511室
电话：0752－5562293
传真：0752－5562290
邮编：516081

汕尾市旅游局
地址：汕尾市公园路西旅游大厦
电话：0660－3381891
传真：0660－3364908
邮编：516600

陆丰市旅游局
地址：汕尾陆丰东海镇北堤路19号
电话：0660－8821137
传真：0660－8834672
邮编：516500

海丰县旅游局
地址：汕尾市海丰县海城镇南二环路口
电话：0660－6600848

传真：0660－6600848
邮编：516400

陆河县旅游局
地址：汕尾市陆河县城朝阳路 85 号
电话：0660－5528551
传真：0660－5528551
邮编：516700

华侨管理区旅游局
地址：汕尾市华侨管理区办公大楼
电话：0660－8254733
传真：0660－8253299
邮编：516532

汕尾市城区旅游局
地址：汕尾市文明南路 209 号
电话：0660－3356238
传真：0660－3378948
邮编：516600

红海湾旅游局
地址：汕尾市红海湾田墘街道人民中路 135 号
电话：0660－3438856
传真：0660－3438856
邮编：516622

东莞市旅游局
地址：东莞市城区万寿路 76 号
电话：0769－22226801
传真：0769－22226805
邮编：523003

中山市旅游局
地址：中山市中山二路 38 号
电话：0760－8811825
传真：0760－8806615
邮编：528400

江门市旅游局
地址：江门市西区大道 5 号
电话：0750－3551911
传真：0750－3551300
邮编：529000

新会区旅游局
地址：江门新会市圭峰山风景区管委会 A 座
电话：0750－6173301
传真：0750－6173302
邮编：529100

台山市旅游局
地址：江门台山市环北大道石花华侨新村 19 号
电话：0750－5503287
传真：0750－5512456
邮编：529200

开平市旅游局
地址：江门开平市长沙东路 3 号
电话：0750－2229177
传真：0750－2293314
邮编：529300

恩平市旅游局
地址：江门恩平市沿江路 44 号
电话：0750－7711728
传真：0750－7727302
邮编：529400

鹤山市旅游局
地址：江门鹤山市沙坪镇东升路 50 号
电话：0750－8989649
传真：0750－8989649
邮编：529700

佛山市旅游局
地址：佛山市禅城区佛山大道 93 号
电话：0757－82984405
传真：0757－82981017
邮编：528000

禅城区旅游局
地址：佛山市禅城区江湾三路 28 号 3 号楼3 楼
电话：0757－82715259
邮编：528000

南海区旅游局
地址：佛山市南海区桂城南新一路 3 号
电话：0757－86222688
邮编：528200

顺德区旅游局
地址：佛山市顺德区大良镇德民路区政府大楼 2 楼
电话：0757－22831377
传真：0757－22831375
邮编：528333

三水区旅游局
地址：佛山市三水区西南镇沙头大道 1 号
电话：0757－87704026
传真：0757－87758093
邮编：528100

高明区旅游局
地址：佛山市高明区文昌路 83 号
电话：0757－88881287
传真：0757－88881112
邮编：528500

阳江市旅游局
地址：阳江市东风二路 60 号行政服务中心 3 楼
电话：0662－3361261
传真：0662－3361292
邮编：529500

江城区旅游管理中心
地址：阳江市江城区区府大楼 8 楼
电话：0662－3101375
传真：0662－3214868
邮编：529500

海陵岛旅游局
地址：阳江市海陵岛试验区旅游区
电话：0662－3890246
传真：0662－3890613
邮编：529536

阳春市旅游局
地址：阳江市阳春市南新大道 6 号
电话：0662－7735179
传真：0662－7733765
邮编：529600

阳东县旅游管理中心
地址：阳江市阳东县政府大院内
电话：0662－6611536
传真：0662－6611536
邮编：529931

阳西县旅游管理中心
地址：阳江市阳西县政府大院内
电话：0662－5533329
传真：0662－5558078
邮编：529800

湛江市旅游局
地址：湛江市赤坎区海滨六路 3 号三沙湾大厦 A 座 5 楼
电话：0759－3161921
传真：0759－3161923
邮编：524044

坡头区旅游局
地址：湛江市坡头区南调路区府内
电话：0759－3950032
传真：0759－3950032
邮编：524200

麻章区旅游局
地址：湛江市麻章区政通东路 1 号
电话：0759－2732922
传真：0759－2733115
邮编：524200

遂溪县旅游局
地址：湛江市遂城镇中山路 133 号
电话：0759－7780719
传真：0759－7780769
邮编：524300

东海岛旅游局
地址：湛江市东海岛旅游度假区
电话：0759－2389380
传真：0759－2389381
邮编：524072

吴川市旅游局
地址：湛江吴川市市府招待所 2 号楼 205 室
电话：0759－5608851
传真：0759－5613022
邮编：524500

雷州市旅游局
地址：湛江雷州市雷城西湖大道 38 号工商银行 7 楼
电话：0759－8807799
传真：0759－8851100
邮编：524200

徐闻县旅游局
地址：湛江市徐闻县政府大楼 1 楼
电话：0759－4879771
传真：0759－4879772
邮编：524100

廉江市旅游局
地址：湛江廉江市迎宾一路 7 号
电话：0759－6620678
传真：0759－6609005
邮编：524400

茂名市旅游局
地址：茂名市迎宾路 137 号大院 3 号楼
电话：0668－2897183
传真：0668－2287085
邮编：525000

信宜市旅游局
地址：茂名信宜市政府大院
电话：0668－8878665
传真：0668－8878665
邮编：525300

高州市旅游发展中心
地址：茂名高州中山路 73 号
电话：0668－6658383
传真：0668－6658282
邮编：525200

化州市旅游发展中心
地址：茂名化州市政府大院
电话：0668－7360777
传真：0668－7360777
邮编：525100

电白县旅游发展中心
地址：茂名市电白县政府综合楼1楼
电话：0668－5115325
传真：0668－5115335
邮编：525400

茂南区旅游发展中心
地址：茂名市茂南区油城三路319号（新安置业广场）2楼
电话：0668－2112122
传真：0668－2220928
邮编：525000

茂港区旅游局
地址：茂名市茂港区政府大楼2楼
电话：0668－2686696
传真：0668－2688128
邮编：525027

肇庆市旅游发展局
地址：肇庆市牌坊东街53号
电话：0758－2209228
传真：0758－2224054
邮编：526040

鼎湖区旅游发展局
地址：肇庆市鼎湖坑口
电话：0758－2625616
传真：0758－2625260
邮编：526070

封开县旅游发展局
地址：肇庆市封开县江口镇红卫路16号县府大院内
电话：0758－6681820
传真：0758－6681820
邮编：526500

德庆县旅游发展局
地址：肇庆市德庆县委大院
电话：0758－7781728
传真：0758－7781852
邮编：526600

高要市旅游局
地址：肇庆高要市人民中路12号
电话：0758－2221839
传真：0758－2232092
邮编：526040

四会市旅游局
地址：肇庆四会市汇源路8号
电话：0758－3368919
传真：0758－3368919
邮编：526200

广宁县旅游局
地址：肇庆市广宁县南街镇南东一路37号
电话：0758－8638988
传真：0758－8638388
邮编：526300

怀集县旅游发展局
地址：肇庆市怀集县环城西路25号
电话：0758－5531618
传真：0758－5522631
邮编：526400

清远市旅游局
地址：清远市人民二路35号旅游大厦3楼
电话：0763－3363000
邮编：511518

英德市旅游局
地址：清远英德市浈阳路运通大厦9楼
电话：0763－2231666
邮编：513000

连州市旅游局
地址：清远连州市番禺路128号潭电大厦9楼
电话：0763－6638118
邮编：513400

清新县旅游局
地址：清远市清新县太和镇笔架路3号行政服务中心2楼东面
电话：0763－5815373
邮编：511800

阳山县旅游局
地址：清远市阳山县阳山大道107号
电话：0763－7886282
邮编：513100

连南瑶族自治县旅游局
地址：清远市连南县三江镇县政府大院3楼
电话：0763－8668003
邮编：513300

佛冈县旅游局
地址：清远市佛冈县环城东路61－63号4楼
电话：0763－4294568
邮编：511600

连山壮族瑶族自治县旅游局
地址：清远市连山县鹿鸣东路行政服务中心
电话：0763－8735287
邮编：513200

清城区旅游局
地址：清远市清城区东城新区行政文化中心大楼4楼
电话：0763－3939158
邮编：511500

潮州市旅游局
地址：潮州市城新西路交通大厦8楼
电话：0768－2355899
传真：0768－2295501
邮编：521000

潮安县旅游局
地址：潮州市潮安县政府新综合楼6楼
电话：0768－5816829
传真：0768－5816184
邮编：515600

饶平县旅游局
地址：潮州市饶平县城西区六号路外经大楼7楼
电话：0768－7801361
传真：0768－7801972
邮编：515700

湘桥区旅游局
地址：潮州市新洋路区党政办公楼1楼
电话：0768－2219932
邮编：521000

揭阳市旅游局
地址：揭阳市东山区卢前路中段民主楼2层
电话：0663－8292787
传真：0663－8292077
邮编：522031

普宁市旅游局
地址：揭阳普宁市流沙镇长春路联运大楼
电话：0663－2216813
传真：0663－2248752
邮编：515300

揭东县旅游局
地址：揭阳市揭东县城金凤路中段县政府内
电话：0663－3262893
传真：0663－3275989
邮编：515500

揭西县旅游局
地址：揭阳市揭西县滨江公园侧
电话：0663－5527898
传真：0663－5527938
邮编：515400

惠来县旅游局
地址：揭阳市惠来县惠城镇葵南新路
电话：0663－6688769
传真：0663－6694339
邮编：515200

云浮市旅游局
地址：云浮市玉皇路78号
电话：0766－8825088
传真：0766－8810058
邮编：527300

罗定市旅游局
地址：云浮罗定市龙园路131号
电话：0766－3833886
传真：0766－3833186
邮编：527200

郁南县旅游局
地址：云浮市郁南县都城镇中山路58号县府大院
电话：0766－7593509
传真：0766－7338870
邮编：527100

新兴县旅游局
地址：云浮市新兴县城中山路95号
电话：0766－2920898
传真：0766－2882029
邮编：527400

云安县旅游局
地址：云浮市云安县港城大道6号
电话：0766－8616656
传真：0766－8613392
邮编：527500

云城区旅游办公室
地址：云浮市云城区解放中路32号区府大院
电话：0766－882227
传真：0766－8828571
邮编：527300

旅行社

广东国旅国际旅行社股份有限公司
地址：广州市环市西路179号
电话：020－86666889－8201
邮编：510010
网址：www.citsgd.com.cn
许可证号：L－GD－GJ00001

广东省中国旅行社股份有限公司
地址：广州市沿江中路195－197号沿江大厦
电话：020－83336888
邮编：510115
网址：www.gdcts.com
许可证号：L－GD－GJ00002

广东省中国青年旅行社
地址：广州市天河区天河北路 106－108 号光华大厦一、二层
电话：020－38865093
邮编：510630
网址：www. cdcyts. com
许可证号：L－GD－GJ00003

广州广之旅国际旅行社股份有限公司
地址：广州市机场西乐嘉路 1－13 号
电话：020－86338888
邮编：510403
网址：www. gzl. com. cn
许可证号：L－GD－GJ00004

汕头市旅游总公司
地址：广东省汕头市跃进路 35 号
电话：0754－8972455
邮编：515031
网址：www. stgc-cn. com
许可证号：L－GD－GJ00005

珠海海外旅游有限公司
地址：珠海市吉大园林路信海商业大厦二楼
电话：0756－3336698
邮编：519015
许可证号：L－GD－GJ00006

深圳市旅游（集团）公司
地址：深圳市建设路 2016 号南方证券大厦 B 座 11 层
电话：0755－82215612
邮编：518001
网址：www. sztour. com
许可证号：L－GD－GJ00007

广东铁青国际旅行社有限责任公司
地址：广州市东山区中山一路 94 号
电话：020－61251190
邮编：510080
网址：www. tieqing. com
许可证号：L－GD－GJ00009

深圳中国国际旅行社有限公司
地址：深圳市罗湖区和平路船步街 2 号
电话：0755－82477085
邮编：518001
网址：www. eachtravel. com
许可证号：L－GD－GJ00010

广州东方国际旅行社有限公司
地址：广州市流花路 120 号
电话：020－86669900－2103
邮编：510016
许可证号：L－GD－GJ00011

中山市海外旅游有限公司
地址：中山市东区怡华街 10 号
电话：0760－8231888
邮编：528400
网址：www. gdzsot. com
许可证号：L－GD－GJ00012

佛山市禅之旅国际旅行社有限公司
地址：佛山市汾江南路 8 号首层
电话：0757－82963356
邮编：528000
网址：www. fstour. com. cn
许可证号：L－GD－GJ0013

江门市大方旅游国际旅行社有限公司
地址：江门市西区大道五号
电话：0750－3502888
邮编：529000
网址：www. dafangtour. com
许可证号：L－GD－GJ00014

湛江市旅游总公司
地址：湛江市霞山区海昌路 20 号
电话：0759－2107509
邮编：524005
网址：www. zjgtc. com
许可证号：L－GD－GJ00017

深圳招商国际旅游有限公司
地址：深圳市南山区蛇口南海大道南 9 号招商国旅大厦
电话：0755－26821866
邮编：518067
网址：www. cmitsz. com
许可证号：L－GD－GJ00018

中国康辉汕头旅行社有限公司
地址：汕头市练江路 18 号龙湖工业区 H10 幢 1－2 楼
电话：0754－8268000
邮编：515041
网址：www. cctst. com
许可证号：L－GD－GJ00020

广州招商国际旅游公司
地址：广州市东风东路 753 号天誉商务大厦
电话：020－87673188
邮编：510080
网址：www. cmgz. com
许可证号：L－GD－GJ00022

深圳市口岸中国旅行社有限公司
地址：深圳市罗湖区和平路 1043 号华侨大厦一楼
电话：0755－25583729－5713，5716
邮编：518010
许可证号：L－GD－GJ00023

珠海经济特区环球国际旅行社
地址：珠海市吉大石花东路 207 号 4 楼
电话：0756－3377268－211
邮编：519015
许可证号：L－GD－GJ00024

深圳市中国旅行社有限公司
地址：深圳市人民南路 3023 号中旅大厦 6 楼
电话：0755－82287644
邮编：518001
网址：www. sz-cts. com
许可证号：L－GD－GJ00025

中山中国国际旅行社有限公司
地址：中山市东区恒信花园 A 区第六幢 53－62号
电话：0760－8611888
邮编：528403
网址：www. zscits. com. cn
许可证号：L－GD－GJ00026

中山中国旅行社
地址：中山市东区恒信花园 B 区 53－57 号
电话：0760－8887736
邮编：528403
网址：www. ctszs. com
许可证号：L－GD－GJ00027

深圳市深华国际旅行社有限责任公司
地址：深圳市嘉宾路 2018 号深化商业大厦 2602 室
电话：0755－82375887
邮编：518001
许可证号：L－GD－GJ00028

广东顺之旅国际旅行社有限公司
地址：佛山市顺德区大良南国中路顺之旅大厦
电话：0757－22336068
邮编：528300
网址：www. saltour. com
许可证号：L－GD－GJ00029

惠州环宇国际旅行社有限公司
地址：惠州市南坛南路 21 号
电话：0752－2183687/2183699
邮编：516001
网址：www. fun east. com
许可证号：L－GD－GJ00030

深圳特区华侨城中国旅行社
地址：深圳华侨城集团大楼一楼
电话：0755－26602694
邮编：518053
网址：www. chinaoctcts. com
许可证号：L－GD－GJ00031

肇庆市中国旅行社有限公司
地址：肇庆市天宁北路 90 号
电话：0758－2288034
邮编：526040
网址：www. zqcts. com
许可证号：L－GD－GJ00033

中青旅深圳国际旅行社有限公司
地址：深圳市罗湖区人民南路 3005 号深房广场 A 座 18 楼、1 楼
电话：0755－82310505
邮编：518001
网址：www. cyts-sz. com
许可证号：L－GD－GJ00034

佛山市南海中旅国际旅行社有限公司
地址：佛山市南海区桂城南海大道商贸大厦二楼
电话：0757－86238000
邮编：528200
网址：www. nanhal. cts. com. cn
许可证号：L－GD－GJ00036

广东省香江旅游公司
地址：广州市环市西路 183 号
电话：020－86664029
邮编：510010
许可证号：L－GD－GJ00037

佛山国旅国际旅行社有限公司
地址：佛山市汾江南路 75 号
电话：0757－83993833
邮编：528000
网址：www. fscits. com
许可证号：L－GD－GJ00038

佛山市中旅国际旅行社有限公司
地址：佛山市祖庙路 14 号 1 座
电话：0757－88331818
邮编：528000
网址：www. fscts. com
许可证号：L－GD－GJ00039

江门市中国旅行社有限公司
地址：江门市港口路 15 号中旅大厦二楼
电话：0750－3162968
邮编：529050
网址：www. jmcts. net
许可证号：L－GD－GJ00040

汕头市中国旅行社有限公司
地址：汕头市汕樟路 41 号
电话：0754－8247000
邮编：515041

网址：www. st-cts. com
许可证号：L－GD－GJ00041

广东省拱北口岸中国旅行社有限公司
地址：珠海市拱北迎宾大道华侨宾馆内
电话：0756－8136525
邮编：519020
网址：www. ctszh. com
许可证号：L－GD－GJ00042

广州天马国际旅行社有限公司
地址：广州市龙津中路世纪广场世通街1－2号铺
电话：020－81339208
邮编：510140
网址：www. gjlqjt. com
许可证号：L－GD－GJ00044

深圳市报业国际旅行社有限公司
地址：广东省深圳市深南中路1014号3楼
电话：0755－82102408
邮编：518027
网址：www. tour 263. com
许可证号：L－GD－GJ00045

广东省三茂铁路国际旅行社
地址：广州市环市东路374号
电话：020－83806960
邮编：510060
许可证号：L－GD－GJ00046

珠海市旅游有限公司
地址：珠海市拱北粤海东路1028号
电话：0756－8155222
邮编：519020
网址：www. zhtc. cn
许可证号：L－GD－GJ00047

深圳市鹏运国际旅行社
地址：深圳市罗湖区上步北路银湖大厦一楼西侧
电话：0755－82435057
邮编：518029
网址：www. tovoyagr. com
许可证号：L－GD－GJ00048

深圳市九洲国际旅行社有限公司
地址：深圳市福田区上步中路园中花园A栋1－2层
电话：0755－82428000
邮编：518028
网址：www. orientour. net
许可证号：L－GD－GJ00049

珠海航空国际旅行社有限公司
地址：珠海市拱北迎宾大道中珠大厦1103
电话：13702315561
邮编：519020
网址：www. travel-eyes. com
许可证号：L－GD－GJ00050

深圳机场国际旅行社有限公司
地址：深圳宝安国际机场股份公司办公楼首层
电话：0755－27778222
邮编：518128
网址：www. szairport. com
许可证号：L－GD－GJ00051

深圳市巨邦国际旅行社有限公司
地址：深圳市深南东路3085号
电话：0755－25155555
邮编：518001
网址：www. 5155555. com
许可证号：L－GD－GJ00052

广东熊猫国际旅游有限公司
地址：广州市解放北路618－620号府前大厦A座11楼
电话：020－83391513
邮编：510030
许可证号：L－GD－GJ00053

广东省从化温泉中国国际旅行社
地址：广东从化温泉镇温泉东路80号
电话：020－87830888－8288
邮编：510970
许可证号：L－GD－GJ00054

广东粤侨国际旅行社有限公司
地址：广州市东山区越秀北路87－89号4楼401－402
电话：020－83862890
邮编：510055
许可证号：L－GD－GJ00055

广州交易会国际旅行社有限公司
地址：广州市流花路117号交易大厦4楼
电话：020－86677503　26082105
邮编：510014
网址：www. cantonfairtour，com
许可证号：L－GD－GJ00056

广东金色假期国际旅行社有限公司
地址：广州市东山区沿江中路277号沿江酒店1－3层
电话：020－83804460
邮编：510110
许可证号：L－GD－GJ00057

增城市安达国际旅行社
地址：增城市荔城镇岗前西路12号
电话：020－82634708
邮编：511300
网址：www. zcanda. com
许可证号：L－GD－GJ00060

增城市中国旅行社
地址：增城市荔城街荔城大道55号
电话：020－82640011
邮编：511300
许可证号：L－GD－GJ00061

广州市番禺旅游总公司
地址：广州市番禺区市桥繁华路7号
电话：020－84861599－398
邮编：511400
网址：www. tcil68. com
许可证号：L－GD－GJ00062

广州番禺中国旅行社
地址：广州市番禺区市桥镇大北路130号
电话：020－84822127－6109
邮编：511400
网址：www. panyuhoetl. com. cn
许可证号：L－GD－GJ00063

广州市花都国际旅行社有限公司
地址：广州市花都区秀全大道43号
电话：020－86829007
邮编：510800
网址：www. huazhilv. com
许可证号：L－GD－GJ00064

东莞市国际旅行社有限公司
地址：东莞市东城大道188号新华大厦三楼
电话：0769－22458168
邮编：523000
网址：www. dits. com
许可证号：L－GD－GJ00065

东莞市中国旅行社
地址：东莞市南城区元美路华凯广场A座二层
电话：0769－2218288
邮编：523071
许可证号：L－GD－GJ00066

潮州市中国旅行社有限公司
地址：潮州市潮州大道南段金田花园15幢
电话：0768－2298838
邮编：521000
网址：www. czcts. com
许可证号：L－GD－GJ00067

潮州中国国际旅行社
地址：潮州市潮枫路旅游大厦首层
电话：0768－2284177
邮编：521011
许可证号：L－GD－GJ00068

汕头中国国际旅行社
地址：汕头市金砂路53号金凤城凤座4楼
电话：0754－8297612
邮编：515041
网址：www. st-cits. com
许可证号：L－GD－GJ00069

揭阳市中国旅行社
地址：揭阳市区新兴路6号
电话：0663－8625941
邮编：522000
许可证号：L－GD－GJ00071

中山温泉国际旅行社有限公司
地址：中山市东区银通街19号之十三
电话：0760－8881613
邮编：528403
网址：www. happyhare. cn
许可证号：L－GD－GJ00076

中山市东方国际旅行社有限公司
地址：中山市中山一路107号
电话：0760－8633803－3178
邮编：528401
许可证号：L－GD－GJ00077

中山市小榄国际旅行社
地址：中山市小榄镇新市路95号
电话：0760－2125012
邮编：528415
网址：www. jcjp. com. cn
许可证号：L－GD－GJ00078

肇庆市中国国际旅行社
地址：肇庆市瑞洲六路芙蓉西街2号3楼
电话：0758－2820738
邮编：526020
许可证号：L－GD－GJ00079

肇庆星湖国际旅行社
地址：肇庆市天宁北路82号
电话：0758－2263780
邮编：526040
网址：www. zqxh. com. cn
许可证号：L－GD－GJ00080

云浮市中国旅行社有限公司
地址：云浮市建设南路70号
电话：0766－8819688
邮编：527300
许可证号：L－GD－GJ00082

珠海中国国际旅行社有限公司
地址：珠海市凤凰南路1034号
电话：0756－2120028

邮编：519000
网址：www. zhcits. com
许可证号：L－GD－GJ00083

梅州市旅游总公司
地址：梅州市彬芳大道28号
电话：0753－2244900
邮编：514021
许可证号：L－GD－GJ00084

梅州市中国旅行社有限公司
地址：梅州市江南路105号
电话：0753－2257166
邮编：514021
网址：www. meizhougd. cn
许可证号：L－GD－GJ00085

汕尾市旅游总公司
地址：汕尾市区公园路西（城南路交界处）
电话：0660－3389919　3362960
邮编：516600
网址：www. swlyw. com
许可证号：L－GD－GJ00086

湛江中国国际旅行社有限公司
地址：湛江市人民大道中34号开发区财政局二楼
电话：0759－3390373
邮编：524022
网址：www. zhanjiantour. com
许可证号：L－GD－GJ00087

湛江市中国旅行社有限公司
地址：湛江市霞山区人民大道南华侨大厦6楼
电话：0759－2277333
邮编：524001
网址：www. zjcts. cn
许可证号：L－GD－GJ00088

河源市旅游总公司
地址：河源市兴源东路1号华怡大厦首层
电话：0762－3388190
邮编：517000
许可证号：L－GD－GJ00090

河源市中国旅行社
地址：河源市新市区文明路大众2号楼
电话：0762－3298948
邮编：517000
许可证号：L－GD－GJ00091

佛山市金马旅游（集团）公司
地址：佛山市禅城区乐园北街首层10号
电话：0757－8332338
邮编：528000
许可证号：L－GD－GJ00092

佛山市顺德区中旅国际旅行社有限公司
地址：佛山市顺德区大良街道宜新路28号
电话：0757－22332817
邮编：528300
网址：www. zltour. com
许可证号：L－GD－GJ00093

佛山市三水中旅集团有限公司国际旅行社
地址：佛山市三水新华路42号
电话：0757－87733543
邮编：528100
网址：www. ssctshotel. com. cn
许可证号：L－GD－GJ00094

佛山海外国际旅行社有限公司
地址：佛山市南海区桂城南海大道188－200号
电话：0757－86222103
邮编：528200
许可证号：L－GD－GJ00095

佛山市高明区旅游公司
地址：佛山市高明区荷城文华路560号
电话：0757－88883406
邮编：528500
许可证号：L－GD－GJ00096

佛山市高明区中国旅行社
地址：佛山市高明区荷城沿江路56号
电话：0757－88822822
邮编：528500
许可证号：L－GD－GJ00097

惠州市中国旅行社
地址：惠州市鹅岭南路22号
电话：0752－2128086
邮编：516001
网址：www. hzchinatravel. com
许可证号：L－GD－GJ00098

清远市国旅国际旅行社有限责任公司
地址：清远市桥北路牛皇庙西三座3号
电话：0763－3320873
邮编：511500
许可证号：L－GD－GJ00100

清远市中旅国际旅行社有限公司
地址：清远市先锋东路13号
电话：0763－3345196
邮编：511500
许可证号：L－GD－GJ00101

台山市旅游公司
地址：台山市台城镇环北大道石花华侨新村19号
电话：0750－5517909
邮编：529200
网址：www. tstourco. com
许可证号：L－GD－GJ00106

鹤山市中国旅行社
地址：鹤山市沙坪北湖路1号
电话：0750－8833168
邮编：529700
网址：www. jm-tour. com/hszl/
许可证号：L－GD－GJ00108

广东省珠江国际旅行社
地址：广州市沿江中路195号沿江大厦首层、二层
电话：020－83303006
邮编：510115
许可证号：L－GD－GJ00109

广东国际贸易旅游公司
地址：广州市机场路33号中央酒店写字楼五楼977室
电话：020－86577005　86578331－1977
邮编：510450
许可证号：L－GD－GJ00110

广东省国际体育旅游公司
地址：广州市广州大道北408号二楼
电话：020－87550915
邮编：510500
网址：www. gist. cn
许可证号：L－GD－GJ00111

广东省天马国际旅行社有限公司
地址：广州市东风中路501－503号14楼
电话：020－83555070
邮编：510045
网址：www. tianma-tours. com
许可证号：L－GD－GJ00112

广州市丽景国际旅行社
地址：广州市东山区环市东路华侨新村爱国路1号地下
电话：020－83583753
邮编：510059
网址：www. ctcol. com/ljt-gzp
许可证号：L－GD－GJ00113

广东中妇旅国际旅行社有限责任公司
地址：广州市麓景路7号广东发展大厦东10－12楼，503、504、506、1309房
电话：020－83494237
邮编：510091
许可证号：L－GD－GJ00114

广东中信国际旅行社有限公司
地址：广州市东山区中山一路30号9楼
电话：020－87347527
邮编：510600
许可证号：L－GD－GJ00115

广东省职工国际旅行社
地址：广州市越秀南东园横路五号7楼
电话：020－83848227
邮编：510110
网址：www. gdzl. net
许可证号：L－GD－GJ00116

广州市和平国际旅行社有限公司
地址：广州市东路348号市政大厦东楼二楼
电话：020－83851189
邮编：510060
网址：www. gzhp. net
许可证号：L－GD－GJ00117

深圳市龙旅国际旅行社有限公司
地址：深圳市龙岗区龙岗镇南联九州家园11栋17号一楼
电话：0755－84841179
邮编：518116
网址：www. szllly. com
许可证号：L－GD－GJ00118

深圳市宝安中国旅行社有限公司
地址：深圳市罗湖区人民南路3009号新安大厦6楼
电话：0755－82252508
邮编：518001
网址：www. bacts. com
许可证号：L－GD－GJ00119

汕尾市中国旅行社
地址：汕尾市汕尾大道红海大厦C栋二楼
电话：0660－3316044　3316566
邮编：516600
许可证号：L－GD－GJ00122

茂名市国旅国际旅行社有限公司
地址：茂名市人民南路92号
电话：0668－2885688
邮编：525000
网址：www. mmgl. net
许可证号：L－GD－GJ00123

阳江市国旅国际旅行社有限公司
地址：阳江市区石湾路8号
电话：0662－3268622
邮编：529500
许可证号：L－GD－GJ00124

阳江市中国旅行社有限公司
地址：阳江市东风二路35号

电话：0662－3316365 3312777
邮编：529500
网址：www. yjcts. com
许可证号：L－GD－GJ00125

江门市新会区海外旅游公司
地址：江门市新会区会城冈州大道中60号
电话：0750－6622122
邮编：529100
许可证号：L－GD－GJ00126

佛山市三水之旅国际旅行社有限公司
地址：佛山市三水区西南城区康乐路9号
电话：0757－87712275
邮编：528100
网址：www. foshan. gd. cn
许可证号：L－GD－GJ00127

广东南湖国际旅行社有限责任公司
地址：广州市环市东路世界贸易中心大厦二楼229号
电话：020－83179117
邮编：510030
网址：www. west-holiday. com
许可证号：L－GD－GJ00128

深圳市罗湖国际旅行社有限公司
地址：深圳市建设路1008号汇展阁31楼
电话：0755－82392309
邮编：518001
网址：www. lotrip. com
许可证号：L－GD－GJ00129

深圳市南油国际旅行社有限公司
地址：深圳市南山区东滨路南油文化广场一楼
电话：0755－26646487
邮编：518054
许可证号：L－GD－GJ00130

深圳市海外国际旅行社有限公司
地址：深圳市深南东路2019号东乐大厦13楼
电话：0755－25132138
邮编：518001
许可证号：L－GD－GJ00131

深圳市南山国际旅行社有限公司
地址：深圳市罗湖区春风路3007号桂都大厦24楼
电话：0755－82305822
邮编：518001
许可证号：L－GD－GJ00132

深圳市东星国际旅行社有限公司
地址：深圳市福田区竹子林四路教育科技大厦28层E房
电话：0755－33331111
邮编：518000
网址：www. east star. com
许可证号：L－GD－GJ00133

中青旅广州国际旅行社有限公司
地址：广州市中山一路57号南铁大厦5楼
电话：020－61281201
邮编：510600
网址：www. cytscanton. com
许可证号：L－GD－GJ00135

深圳职工国际旅行社
地址：深圳市新园路3号职旅大楼
电话：0755－82225233
邮编：518001
网址：www. stwts. com
许可证号：L－GD－GJ00136

珠海国际金融旅行社有限公司
地址：珠海市拱北粤海东路1150号银都酒店首层
电话：0756－8156848 8287556
邮编：519020
网址：www. zhifts. com
许可证号：L－GD－GJ00137

台山中国旅行社
地址：台山市台城镇通济路1号
电话：0750－5524768 5528788
邮编：529200
网址：www. gdtscts. com
许可证号：L－GD－GJ00139

梅县中国旅行社
地址：梅州市江边路10号
电话：0753－2217599 2210534
邮编：514011
网址：www. mei zhou. gd. cn
许可证号：L－GD－GJ00140

韶关市中国旅行社有限责任公司
地址：韶关市熏风路12号综合大楼一、二楼
电话：0751－8877748
邮编：512000
网址：www. sghappy. com
许可证号：L－GD－GJ00143

广东羊城之旅国际旅行社有限公司
地址：广州市惠福西路36－38号6楼
电话：020－81309888
邮编：510120
网址：www. gdyczl. com
许可证号：L－GD－GJ00144

广州快达国际旅行社
地址：广州市广卫路23号首层
电话：020－83326403
邮编：510030
网址：www. gzkdts. com
许可证号：L－GD－GJ00146

广东粤新国际旅行社有限公司
地址：广州市环市东路329号4楼
电话：020－83574192
邮编：510095
许可证号：L－GD－GJ00148

广东活力环球旅行社有限责任公司
地址：广州市东山区沿江路313号新中原大厦9楼03室
电话：020－83653109
邮编：510110
网址：www. gd-hl. com
许可证号：L－GD－GJ00149

揭阳市光辉国际旅行社有限公司
地址：揭阳市榕城区劳动服务大楼东侧后附楼
电话：0663－8625388 8659388
邮编：522000
许可证号：L－GD－GJ00151

江门市国旅国际旅行社有限公司
地址：江门市西区大道1号
电话：0750－3272292
邮编：529000
网址：www. PJITS. com
许可证号：L－GD－GJ00152

茂名市中国旅行社
地址：茂名市迎宾路46号
电话：0668－2297977
邮编：525000
网址：www. mmlf. net
许可证号：L－GD－GJ00153

广东绿色国际旅行社
地址：广州市天河区燕岭路29号燕岭大厦一、二层
电话：020－37232028
邮编：510507
网址：www. ctcol. com/green
许可证号：L－GD－GJ00154

深圳市中侨国际旅行社有限公司
地址：深圳市罗湖区深南东路3016号银都大厦五楼西
电话：0755－82194169
邮编：518001
网址：www. zqtravel. net
许可证号：L－GD－GJ00156

广东省羊城铁路国际旅行社
地址：广州市荔湾区站前路117号
电话：020－61357679
邮编：510010
网址：www. gdyctl. com
许可证号：L－GD－GJ00157

珠海神州国际旅行社
地址：珠海市吉大路羊城晚报珠海综合楼
电话：0756－3372765
邮编：519015
许可证号：L－GD－GJ00158

佛山市华银国际旅行社有限公司
地址：佛山市南海区桂城佛平路112号东骏大厦407楼
电话：0757－86233333
邮编：528200
网址：www. fotiur. net
许可证号：L－GD－GJ00159

佛山市口岸国际旅行社有限公司
地址：佛山市顺德大良文秀路嘉信广场112－113号
电话：0757－22386018
邮编：528300
网址：www. sdpits. com
许可证号：L－GD－GJ00160

从化市华夏国际旅行社
地址：从化市街口镇新城东路78号
电话：020－87931428
邮编：510900
网址：www. chhxgl. com
许可证号：L－GD－GJ00161

深圳市广深铁路国际旅行社有限公司
地址：深圳市建设路火车站东出口处
电话：0755－82334635
邮编：518001
许可证号：L－GD－GJ00162

广州花园国际旅行社
地址：广州市环市东路368号
电话：020－83338989－3107
邮编：510064
网址：www. gits. com. cn
许可证号：L－GD－GJ00164

珠海市君悦国际旅行社有限公司
地址：珠海市吉大路105号石油大厦一楼
电话：0756－3378899
邮编：519015
许可证号：L－GD－GJ00166

珠海市澳国旅国际旅行社有限公司
地址：珠海市拱北迎宾南路 143 号
电话：0756－8286200
邮编：519020
许可证号：L－GD－GJ00167

珠海石景山国际旅行社有限公司
地址：珠海市拱北迎宾南路金叶酒店首层
电话：0756－8152333
邮编：519020
许可证号：L－GD－GJ00168

珠海国际度假旅行社
地址：珠海市吉大石花东路
电话：0756－3333838－683 3360186
邮编：519015
网址：www. zhuhai－holitel. com
许可证号：L－GD－GJ00169

广东核电国际旅行社有限公司
地址：深圳市深南中路核电大厦 13 楼
电话：0755－83624300
邮编：518031
网址：www. gnpita. com
许可证号：L－GD－GJ00170

广州康泰国际旅行社有限公司
地址：广州市环市东路 498 号广发花园大厦首层
电话：020－87608833
邮编：510075
网址：www. gz-hongthai. com
许可证号：L－GD－GJ00171

广州南沙国际旅行社
地址：广州市番禺区市桥镇桥兴大道 60 号
电话：020－84896933
邮编：511400
网址：nanshatour. com
许可证号：L－GD－GJ00173

佛山市康辉国际旅行社有限公司
地址：佛山市顺德区大良蓝田路 27 号
电话：0757－22383018
邮编：528300
网址：www. fscct. com
许可证号：L－GD－GJ00174

开平市广旅国际旅行社
地址：开平市长沙东路 3 号地下
电话：0750－2257938
邮编：529300
网址：www. kptour. com
许可证号：L－GD－GJ00175

深圳市世纪假日国际旅行社有限公司
地址：深圳市嘉宾路 4028 号太平洋商贸大厦 10 楼/5 楼
电话：0755－82138734
邮编：518001
网址：www. cjnet. com. cn
许可证号：L－GD－GJ00177

深圳市航空国际旅行社有限公司
地址：深圳市福田区农林路鑫竹苑 A 栋 7 楼
电话：0755－33398890
邮编：518040
网址：www. shenzhenair. com
许可证号：L－GD－GJ00178

广东永安国际旅行社有限公司
地址：广州市西湖路 99 号民政大厦 3 楼 303 室
电话：020－83184883
邮编：510030
网址：www. wing on travel. com
许可证号：L－GD－GJ00179

广东自游商旅国际旅行社有限公司
地址：广州市天河北林和西路 1 号广州国际贸易中心 7 楼
电话：020－38783588
邮编：510610
网址：www. newsway. com. cn
许可证号：L－GD－GJ00180

汕头中国青年旅行社有限公司
地址：汕头市长平路 91 号中源大厦 403 室
电话：0754－8643363
邮编：515000
网址：www. stqi. com
许可证号：L－GD－GJ00150

汕头市天驰国际旅行社有限公司
地址：汕头市金砂路 188 号帝豪酒店大堂西侧
电话：0754－8813996
邮编：515041
网址：www. regency-Dc. com
许可证号：L－GD－GJ00181

揭阳市旅总国际旅行社
地址：揭阳市卢前路中段民主楼二楼
电话：0663－8292227
邮编：522031
许可证号：L－GD－GJ00182

广东时尚国际旅行社有限公司
地址：广州市机场路 111 号建发广场四楼
电话：020－86130339
邮编：510403
网址：www. sszl. com. cn
许可证号：L－GD－GJ00184

中山市青年国际旅行社有限公司
地址：中山市岐关西路口青旅大厦
电话：0760－8881863
邮编：528400
网址：www. zyts. net
许可证号：L－GD－GJ00186

广东风光国际旅行社有限公司
地址：广州市东风东路 450 号广东华信中心 10 楼
电话：020－22263888
邮编：510075
网址：www. gdgsts. com
许可证号：L－GD－GJ00187

广州康辉国际旅行社有限公司
地址：广州市沿江中路 313 号康富来大厦 5 楼
电话：020－83653521
邮编：510110
网址：www. cctpage. com
许可证号：L－GD－GJ00188

广东国泰国际旅行社有限公司
地址：东莞市城区新芬路 66 号
电话：0769－2229666
邮编：523000
网址：www. gtits. com. cn
许可证号：L－GD－GJ00189

东莞康辉国际旅行社有限公司
地址：东莞市东纵大道 1 号
电话：0769－2488666
邮编：523006
网址：www. dgcct. com
许可证号：L－GD－GJ00190

广州花都国都国际旅行社有限公司
地址：广州市花都区新华镇公园前路 27 号丽苑大厦 A19
电话：020－36831234
邮编：510800
网址：www. happytoursl. com
许可证号：L－GD－GJ00191

广州岭南国际旅行社
地址：广州市小北路 187 号广州鹏源发展大厦 903 房
电话：020－83543299
邮编：510045
网址：www. sun way holiday. com
许可证号：L－GD－GJ00192

珠海里程国际旅行社有限公司
地址：珠海市吉大景山路粤财大厦 20 楼 7－9单元
电话：0756－3221818
邮编：519015
网址：www. legend tour. com
许可证号：L－GD－GJ00193

潮州市潮之旅国际旅行社有限公司
地址：潮州市枫春路中段劳动大厦首层
电话：0768－2357766
邮编：521000
网址：www. czczl. com
许可证号：L－GD－GJ00194

深圳市鹏翔国际旅行社有限公司
地址：深圳市罗湖区湖贝路二号九楼
电话：0755－83646328
邮编：518033
网址：www. pengxiang. com. cn
许可证号：L－GD－GJ00195

深圳市广铁青国际旅行社有限公司
地址：深圳市和平路船步街 15 号渔景大厦首层
电话：0755－82112478
邮编：518010
网址：www. tieqing. com
许可证号：L－GD－GJ00196

深圳顺风旅行社有限公司
地址：深圳市罗湖区嘉宾路 2018 号深华商业大厦 1805－1806
电话：0755－82374272
邮编：518100
网址：www. skaltravel. com. hk
许可证号：L－GD－GJ00197

深圳市鹏城康辉旅行社有限公司
地址：深圳市振华路 100 号深纺大厦 C 座五楼
电话：0755－83777686
邮编：581031
网址：www. cccts. com
许可证号：L－GD－GJ00198

深圳市南方国际旅行社有限公司
地址：深圳市罗湖区东门南路 34 号 6 楼
电话：0755－83951862
邮编：518002
网址：www. nf168. com
许可证号：L－GD－GJ00199

珠海九洲国际旅行社
地址：珠海市情侣南路 428 号九洲港大厦 4007. 4009. 4011. 4013 房
电话：0756－3356235
邮编：519015

许可证号：L－GD－GJ00200

佛山市顺德区广之旅国际旅行社有限公司
地址：佛山市顺德区大良街道文秀路65号铺
电话：0757－22380688　22217787
邮编：528300
许可证号：L－GD－GJ00201

珠海海天国际旅行社有限公司
地址：珠海市吉大路43号
电话：0756－3226099
邮编：519015
网址：www. seaskytour. com
许可证号：L－GD－GJ00202

惠州市青年国际旅行社有限公司
地址：惠州市横江三路鸿升大厦202
电话：0752－2106731
邮编：516008
网址：www. 0752. cn
许可证号：L－GD－GJ00203

佛山市上游国际旅行社有限公司
地址：佛山市顺德区大良友谊路顺利德大厦3－5号铺
电话：0757－22386387
邮编：528300
网址：www. sunyou. net
许可证号：L－GD－GJ00204

东莞市腾龙假日国际旅行社有限公司
地址：东莞市城区莞太路79号二楼
电话：0769－22341888
邮编：523012
网址：www. rising－dragon. cn
许可证号：L－GD－GJ00205

佛山市天宁国际旅行社有限公司
地址：佛山市华远东路19号侨都大厦2楼
电话：0757－83635201
邮编：528000
网址：www. tinian-dynasty. com. cn
许可证号：L－GD－GJ00206

佛山市明媚假期国际旅行社有限公司
地址：佛山市汾江南路162号创业大厦1806
电话：0757－83218102
邮编：528000
网址：www. newsway. com. cn
许可证号：L－GD－GJ00208

广州市领航国际旅行社有限公司
地址：广州市环市东路326号广东亚洲国际大酒店1406A室
电话：020－61206989－22
邮编：510060
许可证号：L－GD－GJ00209

广州市良辰美景国际旅行社有限公司
地址：广州市天河区天河路天俊阁201、206房
电话：020－38800805
邮编：510620
许可证号：L－GD－GJ00210

广州市金粤国际旅行社有限公司
地址：广东省广州市东湖路25号首层
电话：020－87618233
邮编：510080
许可证号：L－GD－GJ00211

潮州风光国际旅行社有限公司
地址：潮州市潮枫路兰园8号
电话：0768－2272888
邮编：521000
网址：www. czsits. com
许可证号：L－GD－GJ00212

清远青旅国际旅行社有限公司
地址：清远市新城凤鸣路名豪苑
电话：0763－3382498
邮编：511515
网址：www. qyqi. com
许可证号：L－GD－GJ00213

珠海阳光国际旅行社有限公司
地址：珠海市拱北粤海东路升冠大厦二楼
电话：0756－8131777
邮编：519020
网址：www. sunnyok. com
许可证号：L－GD－GJ00215

广州国之旅国际旅行社有限公司
地址：广州市东山区犀牛路38号东方广场A座1509室
电话：020－37614019
邮编：510075
网址：www. gzcnt. com
许可证号：L－GD－GJ00216

广州大都市国际旅行社有限公司
地址：广州市人民中路408号605房
电话：020－81301777
邮编：510180
网址：www. gzdds. 168. com
许可证号：L－GD－GJ00217

广州教育功绩旅行社有限公司
地址：广州市东山区中山四路172号地下
电话：13380093088
邮编：510030
网址：cmail. tom. com
许可证号：L－GD－GJ00218

广州美联国际商务旅行社有限公司
地址：广州市东山区原道路44号之一首层
电话：020－87323178
邮编：510095
许可证号：L－GD－GJ00219

广东南方传媒国际旅行社有限公司
地址：广州市越秀区人民北路686号
电话：020－61228037
邮编：510012
许可证号：L－GD－GJ00221

广东省广弘中旅国际旅行社
地址：广州市越秀区先烈南路33号
电话：020－87609831
邮编：510030
许可证号：L－GD－GJ00222

广州市汇粤国际旅行社有限公司
地址：广州市东风中路268号广州交易广场1904室
电话：13902228925
邮编：510030
网址：www. gzhyjq. com
电子信箱：gd－huiyue@ 126. com
许可证号：L－GD－GJ00223

广州西敏国际旅行社有限公司
地址：广州市天河区林和西路161号3407单元
电话：020－38114083
邮编：510620
电子信箱：vivienwu. gz@ cn. wtltravel. com
许可证号：L－GD－GJ00224

中山市职工国际旅行社有限公司
地址：中山市石岐孙文东路90号之三
电话：13802668030
邮编：528404
网址：www. zsholidays. cn
电子信箱：info@ zsholidays. cn
许可证号：L－GD－GJ00225

广东天天假期国际旅行社有限公司
地址：广州市体育西路133号天河大厦
电话：020－38819326
邮编：510620
许可证号：L－GD－GJ00226

深圳市建南国际旅行社有限公司
地址：深圳市深南西路车公庙工业区天安数码时代大厦副楼
电话：0755－33360345
邮编：518000
网址：www. szji. com. cn
电子信箱：szguxing@ 21cn. com
许可证号：L－GD－GJ00227

深圳市特色国际旅行社有限公司
地址：深圳市桂园路2号电影大厦A1203室
电话：0755－82119705
邮编：518002
网址：www. szoob. com
电子信箱：sztrip@ 126. com
许可证号：L－GD－GJ00228

深圳市鹏之旅国际旅行社有限公司
地址：深圳市东门南路2028号东莞外贸大厦505室
电话：0755－25192541
邮编：518002
网址：www. eve820. com
电子信箱：pzllxs@ szta. gov. cn
许可证号：L－GD－GJ00229

深圳市捷旅国际旅行社有限公司
地址：深圳市东门南路3002号华都园5楼
电话：0755－33389838
邮编：518001
网址：www. chstravel. com
电子信箱：JLLXS@ szta. gov. cn
许可证号：L－GD－GJ00230

宾馆酒店

广州凤凰城酒店 ★★★★★
地址：广州市广园东路新塘路段
电话：020－82808888
传真：020－82808288
邮编：511340
网址：www. phoenixcityhotel. com.

广东亚洲国际大酒店 ★★★★★
地址：广州市环市东路326号之一
电话：020－81288888
传真：020－61206666
邮编：510060
网址：www. aihotel. com
电子信箱：sales@ aihotel. com

广东国际大酒店 ★★★★★
地址：广州市环市东路339号
电话：020－83311888
传真：020－83311666
邮编：510098

网址：www. gitic. com. cn
电子信箱：sales@ gitic. com. cn

广州花园酒店 ★★★★★
地址：广州市环市东路368号
电话：020－83338989
传真：020－83325324
邮编：510064
网址：www. thegardenhotel. com. cn

中国大酒店 ★★★★★
地址：广州市流花路
电话：020－86666888
传真：020－87758618
邮编：510015
网址：www. marriotthotels. com

广州东方宾馆 ★★★★★
地址：广州市流花路120号
电话：020－86669900
传真：020－86513979
邮编：510016
网址：www. hoteldongfang. com
电子信箱：hotel@ hoteldongfang. com

白天鹅宾馆 ★★★★★
地址：广州市沙面南街1号
电话：020－81886968
传真：020－81861188
邮编：510133
网址：www. whiteswanhotel. com
电子信箱：swan@ whiteswanhotel. com

金海湾大酒店 ★★★★★
地址：汕头市金砂东路96号
电话：0754－8263263
传真：0754－8265163
邮编：515041
网址：www. goldengulfhotel. com

帝豪酒店 ★★★★★
地址：汕头市金砂东路188号
电话：0754－8199888
传真：0754－8800000
邮编：515041
网址：www. regencyhotelshantou. com
电子信箱：stdhint@ pub. shantou. gd. cn

君华大酒店 ★★★★★
地址：汕头市金砂东路97号
电话：0754－8191188
传真：0754－8192288
邮编：515041
网址：www. meritusshantou. com

东莞长安国际酒店 ★★★★★
地址：东莞市长安镇锦绣路1号
电话：0769－85333333
传真：0769－85332222
邮编：523843
网址：www. parkviewhotel. com. cn

东莞海悦花园大酒店 ★★★★★
地址：东莞市长安镇霄边管理区德政中路129号
电话：0769－85318888
传真：0769－85539788
邮编：523850
网址：www. haiyatt. com
电子信箱：resv@ haiyatt. com

长安莲花山庄 ★★★★★
地址：东莞市长安镇莲花山边
电话：0769－85538388
传真：0769－85538662
邮编：523846
网址：www. lotusvillas. com
电子信箱：webmaster@ lotusvillas. com

丽城假日酒店 ★★★★★
地址：东莞市常平隐贤山庄大道8号
电话：0769－83398888
传真：0769－83397893
邮编：523565
网址：www. licheng. com. cn

御景湾酒店 ★★★★★
地址：东莞市东城区迎宾路8号
电话：0769－22698888
传真：0769－22617645
邮编：523129
网址：www. rlagoon-dg. com
电子信箱：rlh@ rlagoon-dg. com

名冠金凯悦大酒店 ★★★★★
地址：东莞市凤岗镇凤深大道66－68号
电话：0769－87759888
传真：0769－87759388
邮编：523690
网址：www. gladdenhotels. com

富盈酒店 ★★★★★
地址：东莞市厚街广深高速公路东莞出口
电话：0769－85888888
传真：0769－85888889
邮编：523940
网址：www. cinesehotel. com

喜来登酒店 ★★★★★
地址：东莞市厚街镇S256省道莞太路段
电话：0769－85988888
传真：0769－85908888
邮编：523962
网址：www. sheraton. com/dongguancn

嘉华大酒店 ★★★★★
地址：东莞市厚街镇家具大道口
电话：0769－85928888
传真：0769－85923888
邮编：523949
网址：www. jiahuagrandhotel. com
电子信箱：info@ jiahuagrandhotel. com

豪门大饭店 ★★★★★
地址：东莞市虎门镇港口路
电话：0769－85117888
传真：0769－85111445
邮编：523907
网址：www. gnhotel. com
电子信箱：gnhotel@ gnhotel. com

龙泉国际大酒店 ★★★★★
地址：东莞市虎门镇连升路金洲段
电话：0769－85188688
传真：0769－85113855
邮编：523907
网址：www. lungchuenhotel. com

太子酒店 ★★★★★
地址：东莞市黄江镇江北路
电话：0769－83363333
传真：0769－83364422
邮编：523749
网址：www. crownprincehotel. com

石龙金凯悦大酒店 ★★★★★
地址：东莞市石龙镇莞龙公路西湖路段
电话：0769－86188888
传真：0769－86188328
邮编：523325
网址：www. gladdenhotels. com

新都会怡景酒店 ★★★★★
地址：东莞市塘厦镇环市东路6号
电话：0769－87883888
传真：0769－87925439
邮编：523712
网址：www. dghotel. com

银城酒店 ★★★★★
地址：东莞市莞太大道48号
电话：0769－22828888
传真：0769－22818228
邮编：523072
网址：www. hotelsilverland. com
电子信箱：silverland@ china. com

三正半山酒店 ★★★★★
地址：东莞市樟木头石新大道
电话：0769－87799333
传真：0769－87793456
邮编：523631
网址：www. hotelgoodview. com

富临大酒店 ★★★★★
地址：深圳市和平路1085号
电话：0755－25586333
传真：0755－25561700
邮编：518010
网址：www. bwsz. net
电子信箱：felicity@ bwsz. net

阳光酒店 ★★★★★
地址：深圳市嘉宾路1号
电话：0755－82233888
传真：0755－82226719
邮编：518005
网址：www. sunshinehotel. com
电子信箱：rez@ sunshinehotel. com

香格里拉大酒店 ★★★★★
地址：深圳市建设路火车站东侧
电话：0755－82330888
传真：0755－82339878
邮编：518001
网址：www. shangri－la. com
电子信箱：slz@ shangri－la. com

富苑酒店 ★★★★★
地址：深圳市南湖路3018号
电话：0755－82172288
传真：0755－82290473
邮编：518001
网址：www. szlandmark. com. cn

南海酒店 ★★★★★
地址：深圳市蛇口工业区工业一路
电话：0755－26692888
传真：0755－26692440 26679476
邮编：518069
网址：www. nanhai－hotel. com
电子信箱：nh@ sz-nanhaihotel. com

深圳威尼斯皇冠假日酒店 ★★★★★
地址：深圳市华侨城深南大道9026号
电话：0755－26936888
传真：0755－26936999
邮编：518053
网址：www. crowneplaza. com
电子信箱：cpsz@ cpsz. com

景轩酒店 ★★★★★
地址：深圳市福田区福华路319号
电话：0755－82976888
传真：0755－82976999

邮编：518026
网址：www. szgvhotel. com
电子信箱：grandview@ szgvhotel. cn

圣廷苑酒店 ★★★★★
地址：深圳市福田区华强北路4002号
电话：0755－82078888
传真：0755－82075856
邮编：518028
网址：www. pavilionhotel. com
电子信箱：info@ pavilionhotel. com

彭年酒店 ★★★★★
地址：深圳市罗湖区嘉宾路2002号
电话：0755－25185888
传真：0755－25185999
邮编：518001
网址：www. shenzhen. hilton. com
电子信箱：shenzhen@ hilton. com

恒丰海悦国际酒店 ★★★★★
地址：深圳市宝安区宝城80区新城广场大厦
电话：0755－27922222
传真：0755－27586999
邮编：518102
网址：www. hfhotel. com
电子信箱：hfhotel@ china. com

观澜湖骏豪酒店 ★★★★★
地址：深圳市宝安区观澜镇高尔夫大道
电话：0755－28020888 28022931
传真：0755－28022932 28011111
邮编：518110

海湾大酒店 ★★★★★
地址：珠海市拱北水湾路
电话：0756－8877998
传真：0756－8878998
邮编：519020
网址：www. gbvh. com

银都酒店 ★★★★★
地址：珠海市拱北粤海东路
电话：0756－8883388
传真：0756－8883311
邮编：519020
网址：www. yindo-ohm. com

珠海国际会议中心大酒店 ★★★★★
地址：珠海市吉大情侣中路
电话：0756－3329988
传真：0756－3221966
邮编：519015
网址：www. cnicc. com
电子信箱：info@ cnicc. com

怡景湾大酒店 ★★★★★
地址：珠海市吉大情侣中路47号
电话：0756－3322888
传真：0756－3371385
邮编：519015
网址：www. harbourviewhotel. com

珠海度假村酒店 ★★★★★
地址：珠海市吉大石花东路
电话：0756－3332038
传真：0756－3332036
邮编：519015
网址：www. zhuhai-holitel. com
电子信箱：rsv@ zhuhai-holitel. com

中山古镇国贸大酒店 ★★★★★
地址：中山市古镇镇中兴大道
电话：0760－2345678
传真：0760－2346833
邮编：528421
网址：www. plaza－inter. com
电子信箱：zsip@ plaza－inter. com

国际酒店 ★★★★★
地址：中山市中山一路142号
电话：0760－8633388
传真：0760－8633368
邮编：528401
网址：www. Interhotel-zs. com
电子信箱：zsih@ pub. zhongshan. gd. cn

逸豪酒店 ★★★★★
地址：江门市迎宾大道中118号
电话：0750－3928888
传真：0750－3929988
邮编：529000
网址：www. yuccahotel. com
电子信箱：master@ yuccahotel. com

潭江半岛酒店 ★★★★★
地址：江门开平市中银路2号
电话：0750－2333333
传真：0750－2338333
邮编：529300
网址：www. pantowerhotel. com
电子信箱：kpejh@ pub. jiangmen. gd. cn

佛山宾馆 ★★★★★
地址：佛山市禅城区汾江南路75号
电话：0757－82986881
传真：0757－83352347
邮编：528000
网址：www. foshanhotel. com. cn
电子信箱：gzfshl@ pub. foshan. gd. cn

阳江温泉度假村 ★★★★★
地址：阳江市阳东县合山镇
电话：0662－6388888
传真：0662－6380328
邮编：529935
网址：www. yihotspring. com
电子信箱：diczb@ yihotspring. com

广州大厦 ★★★★
地址：广州市北京路374号
电话：020－83189888
传真：020－83301230
邮编：510030
网址：www. hotel-canton. com
电子信箱：ci-hotelcanton@ 126. com

东方豪城大酒店 ★★★★
地址：广州市大道中618号
电话：020－37233888
传真：020－37233454
邮编：510500
网址：www. mandarinhotel. com. cn
电子信箱：mandarinhotel@ hotmail. com

广东大厦 ★★★★
地址：广州市东风中路309号
电话：020－83339933
传真：020－83339723 83546600
邮编：510045
网址：www. guangdong-hotel. com
电子信箱：sales@ guangdong-hotel. com

广州凯旋华美达酒店 ★★★★
地址：广州市东山区广州大道中明月一路9号
电话：020－87372988
传真：020－87377481
邮编：510600
网址：www. ramadagz. com
电子信箱：hotel@ ramadagz. com

鼎龙国际大酒店 ★★★★
地址：广州市天河区广州大道北63号
电话：020－87748999
传真：020－87748666
邮编：510040
网址：www. donlordhotels. com
电子信箱：exo@ donlordhotels. com

广州文化假日酒店 ★★★★
地址：广州市华侨新村光明路28号
电话：020－87766999
传真：020－87753126
邮编：510095
网址：www. guangzhou. holidayinn. com

白云宾馆 ★★★★
地址：广州市环市东路367号
电话：020－83333998
传真：020－83336498
邮编：510065
网址：www. baiyun-hotel. com
电子信箱：bc@ baiyun-hotel. com

广州远洋宾馆 ★★★★
地址：广州市环市东路412号
电话：020－87765988
传真：020－87765475
邮编：510061
网址：www. oceanhotel. com. cn

流花宾馆 ★★★★
地址：广州市环市西路194号
电话：020－86668800
传真：020－86667828
邮编：510017
网址：www. lh. com. cn
电子信箱：reservation@ lh. com. cn

中央酒店 ★★★★
地址：广州市机场路33号
电话：020－86578331
传真：020－86592316
邮编：510405
网址：www. hnahotel. com
电子信箱：rsvn_ zy@ hnahotel. com

广州珀丽酒店 ★★★★
地址：广州市江南大道中348号
电话：020－84418888
传真：020－84429645
邮编：510245
网址：www. rosedalegz. com. cn
电子信箱：hotel@ rosedalegz. com. cn

广东迎宾馆 ★★★★
地址：广州市解放北路603号
电话：020－83332950
传真：020－83332911
邮编：510030
网址：www. ggh. com. cn
电子信箱：rsvn@ ggh. com. cn

广州开发区明珠大酒店 ★★★★
地址：广州市经济开发区开发大道721号
电话：020－82226688
传真：020－82226608
邮编：510730
网址：www. pearlgardenhotel. com
电子信箱：pearl@ pearlgardenhotel. com

华厦大酒店 ★★★★
地址：广州市侨光路 8 号
电话：020 - 83355988
传真：020 - 83336197
邮编：510115
网址：www.hotel-landmark.com.cn
电子信箱：bc@hotel-landmark.com.cn

广东胜利宾馆 ★★★★
地址：广州市沙面北街 53 号
电话：020 - 81216688
传真：020 - 81216062
邮编：510130
网址：www.vhotel.com
电子信箱：sales@vhotel.com

云山大酒店 ★★★★
地址：广州市先烈中路云鹤北 8 号
电话：020 - 38377188
传真：020 - 38376484
邮编：510075
网址：www.yunshanhotel.com

南航明珠大酒店 ★★★★
地址：广州市新白云国际机场南工作区空港五路
电话：020 - 86138868
传真：020 - 86138865
邮编：510406

广信江湾大酒店 ★★★★
地址：广州市沿江中路 298 号
电话：020 - 83839888
传真：020 - 83814448
邮编：510100
网址：www.riversidE-hotel.com.cn

全球通大酒店 ★★★★
地址：广州市越秀南路 208 号
电话：020 - 83898888
传真：020 - 83898866
邮编：510100
网址：www.globelinkhotel.com.cn

金桥酒店 ★★★★
地址：广州市越秀区寺右新马路 93 号
电话：020 - 83918868
传真：020 - 87382663
邮编：510600
网址：www.goldenbridgehotel.com

景星酒店 ★★★★
地址：广州市天河区林和西路 89 号
电话：020 - 87552888
传真：020 - 87551687
邮编：510610
网址：www.clarionhotel.com

嘉逸豪庭酒店 ★★★★
地址：广州市天河区林和中路 148 号
电话：020 - 38840968
传真：020 - 38840923
邮编：510610
网址：www.grandpalacE-hotel.com

皇家国际饭店 ★★★★
地址：广州市天河区天河路 89 号
电话：020 - 83988888
传真：020 - 83988398
邮编：510620
网址：www.hotelroyal.cn
电子信箱：hohel@hotelroyal.cn

华威达酒店 ★★★★
地址：广州市黄埔大道西 499 号
电话：020 - 38908888
传真：020 - 38906511
邮编：510630
网址：www.hwdhotel.com
电子信箱：hwdhotel@126.com

番禺宾馆 ★★★★
地址：广州市番禺区市桥镇大北路 130 号
电话：020 - 84822127
传真：020 - 84838268
邮编：511400
网址：www.panyuhotel.com

祁福酒店度假俱乐部 ★★★★
地址：广州市番禺区市广路祈福新邨
电话：020 - 34710088
传真：020 - 34710099
邮编：511495
网址：www.clifford-resort.com.cn

广州新世纪酒店 ★★★★
地址：广州市花都区秀全大道 43 号
电话：020 - 36858888
传真：020 - 86828808
邮编：510800
网址：www.newcenturyhotel.net.cn

百花山庄度假村 ★★★★
地址：广州市增城区百花山庄度假村
电话：020 - 82618888
传真：020 - 82618018
邮编：511300
网址：www.zcbhsz.com

增城宾馆 ★★★★
地址：广州市增城区荔城增城大道
电话：020 - 82619888
传真：020 - 82619618
邮编：511300
网址：www.zengchenghotel.com

太阳城大酒店 ★★★★
地址：广州市增城区新塘镇群星路 1 号
电话：020 - 82706888
传真：020 - 82706999
邮编：511340
网址：www.suncityhotel.cn
电子信箱：suncity2006@163.com

清远迎宾馆 ★★★★
地址：清远市北江二路
电话：0763 - 3363999
传真：0763 - 3363648
邮编：511515
电子信箱：qingyuanhotel@163.net

华冠大酒店 ★★★★
地址：清远市新城 6 号区凤鸣路 8 号
电话：0763 - 3878888
传真：0763 - 3878883
邮编：511515
网址：www.hgdjd.com.cn
电子信箱：royalcrownhotel@126.com

国赋园宾馆 ★★★★
地址：清远市新城半环北路
电话：0763 - 3865130
传真：0763 - 3865001
邮编：511515
网址：www.guofuyuanhotel.126.com
电子信箱：guofuyuan-qy@163.net

嘉华大酒店 ★★★★
地址：清远市新城二号区 2 - 9 号
电话：0763 - 3850038
传真：0763 - 3368013
邮编：511515
网址：www.jawahotel.com
电子信箱：gyjawa@21cn.com

天湖大酒店 ★★★★
地址：清远市清城区先锋路 8 号
电话：0763 - 3820168
传真：0763 - 3820333
邮编：511500
网址：www.tianhuhotel.com
电子信箱：mydrl@163.com

连州大厦 ★★★★
地址：清远市连州东门中路 31 号
电话：0763 - 6633333
传真：0763 - 6638818
邮编：513400

众益福酒店 ★★★★
地址：韶关市韶南大道中 8 号
电话：0751 - 8299928
传真：0751 - 8291208
邮编：512027
网址：www.president-resort.com

福苑大酒店 ★★★★
地址：韶关市西河松山
电话：0751 - 8177222
传真：0751 - 8176338
邮编：512026
网址：www.sgfy.net
电子信箱：happyroyaltotel@163.com

西河流花宾馆 ★★★★
地址：韶关市武江区新华北路 138 号
电话：0751 - 8636668
传真：0751 - 8770551
邮编：512026
网址：www.mail.sglh.com.cn
电子信箱：postmaster@sglh.com.cn

方圆民族温矿泉酒店 ★★★★
地址：韶关市乳源瑶族自治县城鹰峰西路 50 号
电话：0751 - 5222222
传真：0751 - 5222333
邮编：512700

假日酒店 ★★★★
地址：河源市宝源山庄沿江路 10 号
电话：0762 - 3380999
传真：0762 - 3382222
邮编：517000
网址：www.hyjr.com，cn
电子信箱：hyjr@hyjr.com.cn

新世界酒店 ★★★★
地址：河源市长塘中段路 8 - 1 号
电话：0762 - 3399888
传真：0762 - 3399777
邮编：517000
网址：www.hy-newworldhotel.com
电子信箱：newworldhotel@eyou.com

梅州市望江楼大酒店 ★★★★
地址：梅州市江边路 12 号
电话：0753 - 2220988
传真：0753 - 2220918
邮编：514011

金雁富源大酒店 ★★★★
地址：梅州市丽都西路
电话：0753 - 2166666
传真：0753 - 2166888

邮编：514021
网址：www. mzfortune. com
电子信箱：like319@ 21cn. com

千江温泉酒店 ★★★★
地址：梅州市丰顺县雄风大道金河桥头
电话：0753－6688888
传真：0753－6183118
邮编：514300
网址：www. qjwq. com

潮州宾馆 ★★★★
地址：潮州市潮枫路1号
电话：0768－2333333
传真：0768－2382888
邮编：521000

潮州迎宾馆 ★★★★
地址：潮州市潮枫路中段
电话：0768－2399888
传真：0768－2293375
邮编：521000
网址：www. czybg. com
电子信箱：czybg@ 163. com

潮南区金城大酒店 ★★★★
地址：汕头市广汕公路司马浦西段
电话：0754－7730999
传真：0754－7716222
邮编：515149
网址：www. jcdjd. com
电子信箱：stjinchenghotel@ 163. com

中信度假村酒店 ★★★★
地址：汕头市濠江区中信大道
电话：0754－7900888
传真：0754－7872896
邮编：515098
网址：www. citichotel. com
电子信箱：citichotel@ 21cn. com

国际大酒店 ★★★★
地址：汕头市金砂路52号
电话：0754－8251212
传真：0754－8252250
邮编：515041
网址：www. stih. com
电子信箱：stih@ pub. shantou. gd. cn

龙湖宾馆 ★★★★
地址：汕头市迎宾路
电话：0754－8260706
传真：0754－8260708
邮编：515041
网址：www. stlhhotel. com
电子信箱：stlhh@ pub. shantou. gd. cn

潮阳迎宾馆 ★★★★
地址：汕头市潮阳区东山大道
电话：0754－8828288
传真：0754－8830238
邮编：515100
电子信箱：cyybg@ 21cn. com

潮阳金佳诚酒店 ★★★★
地址：汕头市潮南区广祥路中段
电话：0754－7773666
传真：0754－7767832
邮编：515144
网址：www. gdjjc. com
电子信箱：jjczxh@ 21cn. com

澄海花园酒店 ★★★★
地址：汕头市澄海区文冠路
电话：0754－5868888
传真：0754－5887666
邮编：515800
网址：www. chgarden. com
电子信箱：chgarden@ chgarden. com

揭阳特美思大酒店 ★★★★
地址：揭阳市东山区马牙路
电话：0663－8223888
传真：0663－8221999
邮编：522000
网址：www. tmsjy. com
电子信箱：hotel@ tmsjy. com

揭阳市阳美国际大酒店 ★★★★
地址：揭阳市东山区阳美路
电话：0663－8829888
传真：0663－8829999
邮编：522071

揭东金叶酒店 ★★★★
地址：揭阳市揭东县城西一路
电话：0663－3271888
传真：0663－3271999
邮编：515500
电子信箱：goldenleaf2000@ 21. cn. com

揭西特美思度假村 ★★★★
地址：揭阳市揭西县河婆镇城东
电话：0663－5588688
传真：0663－5586533
邮编：515400
网址：www. tmsjy. com
电子信箱：hotel@ tmsjy. com

惠来宾馆 ★★★★
地址：揭阳市惠来县城南环一路
电话：0663－6625555
传真：0663－6625678
邮编：515200
网址：www. huilaihotel. cn
电子信箱：huilaihotel@ 163. com

莲花山度假村 ★★★★
地址：汕尾市海丰县莲花山森林公园
电话：0660－6728888
传真：0660－6728054
邮编：516400

惠州宾馆 ★★★★
地址：惠州市环城西二路17号
电话：0752－2181333
传真：0752－2231439
邮编：516001
网址：www. gd. huizhouhotel. com. cn

凯旋假日酒店 ★★★★
地址：惠州市麦地麦兴路11号
电话：0752－2088999
传真：0752－2088000
邮编：516008
网址：www. kxjrhotel. com
电子信箱：mailbox@ kxjrhotel. com

三阳酒店 ★★★★
地址：惠州市惠阳区陈江镇仲恺五路118号
电话：0752－3898888
传真：0752－3323828
邮编：516229
网址：www. threesunshotel. net
电子信箱：tshotel@ pub. huizhou

丽景花园酒店 ★★★★
地址：惠州市惠阳区淡水南门西街
电话：0752－3818888
传真：0752－3818868
邮编：516211

家路国际大酒店 ★★★★
地址：惠州市惠阳区淡水星河东路
电话：0752－3188888
传真：0752－3188899
邮编：516211
网址：www. homelandhotel－hz. com
电子信箱：jialuhotel@ 126，com

方中假日酒店 ★★★★
地址：东莞市茶山镇大道西28号
电话：0769－86866666
传真：0769－86868686
邮编：523399
网址：www. Fzsunshine. com

长安酒店 ★★★★
地址：东莞市长安镇
电话：0769－85532388
传真：0769－85532482
邮编：523850
网址：www. changan-hotel. com
电子信箱：sales@ changan-hotel. com

华禧酒店 ★★★★
地址：东莞市长安镇358省道上沙路段
电话：0769－85383888
传真：0769－85338118
邮编：523869
网址：www. huaxihotel. com

半岛酒店 ★★★★
地址：东莞市常平镇北环路口
电话：0769－83988888
传真：0769－83988999
邮编：523562
网址：www. 3s3c. cn
电子信箱：peninsulahotel@ 21cn. com

新世纪酒店 ★★★★
地址：东莞市常平镇常平大道8号
电话：0769－83338888
传真：0769－83336668
邮编：523560
网址：www. xl－nchotel. com
电子信箱：pc@ xl－nchotel. com

司马假日酒店 ★★★★
地址：东莞市常平镇司马管理区1号
电话：0769－83391888
传真：0769－83392332
邮编：523570
网址：www. cimaholidayhotel. com

梵尔赛酒店 ★★★★
地址：东莞市常平镇下墟梵尔赛路
电话：0769－83816888
传真：0769－83813888
邮编：523560
网址：www. versailleshotel. com. cn

汇美大酒店 ★★★★
地址：东莞市常平镇中元街9号
电话：0769－83918888
传真：0769－83818288
邮编：523560
网址：www. dghuimeihotel. com
电子信箱：huimei@ dghuimeihotel. com

东莞宾馆 ★★★★
地址：东莞市城区东正路11号
电话：0769－22222222
传真：0769－22227255

邮编：523005
网址：www. dongguanhotel. com
电子信箱：dghotel@ dongguanhotel. com

华侨大酒店 ★★★★
地址：东莞市城区运河西二路
电话：0769－22118888
传真：0769－22113888
邮编：523000

业丰大酒店 ★★★★
地址：东莞市大朗镇莞樟路金朗大道23号
电话：0769－83113888
传真：0769－83103928
邮编：523770
网址：www. grandharvesthotel. com

中汇文华大酒店 ★★★★
地址：东莞市高埗镇振兴路
电话：0769－88788888
传真：0769－88783333
邮编：523270
网址：www. dgcmhotel. com

华翔国际酒店 ★★★★
地址：东莞市横沥镇瑞康路
电话：0769－83728888
传真：0769－83729999
邮编：523478
网址：www. hx-hotel. com
电子信箱：info@ hx-hotel. com

珊瑚大酒店 ★★★★
地址：东莞市厚街镇107国道（莞太路段）
电话：0769－85826888
传真：0769－85813988
邮编：523962
网址：www. shanhu-hotel. com
电子信箱：info@ shanhu-hotel. com

江龙大酒店 ★★★★
地址：东莞市厚街镇107国道旁
电话：0769－85838888
传真：0769－85812788
邮编：523962
网址：www. jianglonghotel. com
电子信箱：hotel@ jianglonghotel. com

东莞丽池海悦酒店 ★★★★
地址：东莞市厚街镇厚街大道东
电话：0769－85885888
传真：0769－85831837
邮编：523960
网址：www. haiyatthoujie. com
电子信箱：sales@ haiyatthoujie. com

文华大酒店 ★★★★
地址：东莞市厚街镇太路新塘路段
电话：0769－85911111
传真：0769－85592666
邮编：523949
网址：www. manwah-hotel. com

汇源海逸大酒店 ★★★★
地址：东莞市虎门镇虎门大道
电话：0769－85244888
传真：0769－85244333
邮编：523907

寮步金凯悦大酒店 ★★★★
地址：东莞市寮步镇教育路一号
电话：0769－83326328
传真：0769－83327888

邮编：523400
网址：www. gladdenhotels. com
电子信箱：liaobu@ gladdenhotels. com

万盈酒店 ★★★★
地址：东莞市麻涌
电话：0769－88828888
传真：0769－88825888
邮编：523130

宏远酒店 ★★★★
地址：东莞市南城区宏远路1号
电话：0769－22418888
传真：0769－82814630
邮编：523070
网址：www. winnerway-hotel. com
电子信箱：info@ winnerway-hotel. com

桥头莲湖度假村 ★★★★
地址：东莞市桥头镇湖滨路
电话：0769－83341868
传真：0769－83342222
邮编：523520
网址：www. resortlotuslake. com
电子信箱：info@ resortlotuslake. com

君爵酒店 ★★★★
地址：东莞市万江区石美工业区107国道
电话：0769－22288888
传真：0769－22288889
邮编：523040
网址：www. hotel-dynasty. com

花园酒店 ★★★★
地址：东莞市樟木头镇南城广场
电话：0769－87799888
传真：0769－87180208
邮编：523618

新都会酒店 ★★★★
地址：东莞市樟木头镇维多利商业大道38号
电话：0769－87713333
传真：0769－87717833
邮编：511741
网址：www. dghotel. com
电子信箱：info@ dghotel. com

金碧酒店 ★★★★
地址：深圳市春风路3002号
电话：0755－82252888
传真：0755－82255639
邮编：518005
网址：www. sz－jinbi. com
电子信箱：jinbisales@ 126. com

庐山国际大酒店 ★★★★
地址：深圳市春风路66号
电话：0755－82338888
传真：0755－82336673
邮编：818005

晶都酒店 ★★★★
地址：深圳市深南中路金融中心
电话：0755－82247000
传真：0755－82247290
邮编：518001
网址：www. szjingdu. com
电子信箱：Sales@ szjingdu. com

华侨城海景酒店 ★★★★
地址：深圳市华侨城海景酒店
电话：0755－26602222
传真：0755－26926965

邮编：518053
网址：www. seaviewhotel. com

新都酒店 ★★★★
地址：深圳市建设路309号
电话：0755－82320888
传真：0755－82334060 82334088
邮编：518001
网址：www. szcphotel. com
电子信箱：szcph@ public. szptt. net. cn

廷苑酒店 ★★★★
地址：深圳市龙华镇人民北路33号
电话：0755－27708888
传真：0755－27749223
邮编：518109
网址：www. szroyalgardenhotel. com

中油酒店 ★★★★
地址：深圳市南山区南山大道1110号
电话：0755－26528333
传真：0755－26528222
邮编：518054
网址：www. cnpchotel. net
电子信箱：cnpc@ public. szptt. net. cn

明华国际会议中心 ★★★★
地址：深圳市蛇口工业区龟山路八号
电话：0755－26689968
传真：0755－26686668
邮编：518067
网址：www. mhctr. com
电子信箱：market@ mhctr. com

富丽华大酒店 ★★★★
地址：深圳市深南东路2098号
电话：0755－82180288
传真：0755－82177436
邮编：518001
网址：www. goldhotel. com. cn

格兰云天大酒店 ★★★★
地址：深圳市深南中路3024号
电话：0755－83689999
传真：0755－83688380
邮编：518041
网址：www. gslhotel. com
电子信箱：info@ gslhotel. com

中阁城大酒店 ★★★★
地址：深圳市松岗镇四国道谭头路口
电话：0755－27683333
传真：0755－27060666
邮编：518105
网址：www. zgchotel. com
电子信箱：zgc@ zgchotel. com

深圳圣廷苑酒店世纪楼 ★★★★
地址：深圳市福田区华强北路4014号
电话：0755－83220088
传真：0755－83213000
邮编：518028
网址：www. pavilionhotel. com
电子信箱：info@ pavilionhotel. com

东方之珠大酒店 ★★★★
地址：深圳市福田区华强北路新大好时装城西侧
电话：0755－83288888
传真：0755－83260218
邮编：518031
网址：www. sundayhome. com. cn

俊园酒店 ★★★★
地址：深圳市罗湖区爱国路1001号

电话：0755－25771888
传真：0755－25771158
邮编：518003
网址：www.junyuanhotel.com
电子信箱：office@junyuanhotel.com

中南海滨大酒店 ★★★★
地址：深圳市南山区南新路18号
电话：0755－26668736
传真：0755－26666190
邮编：518052
网址：www.sc-hotel.com

东华假日酒店 ★★★★
地址：深圳市南山区南油大道东华园
电话：0755－26416688
传真：0755－26645282
邮编：518054
网址：www.holiday-inn.com

宝明城花园酒店 ★★★★
地址：深圳市宝安区公明镇建设路
电话：0755－27100888
传真：0755－27101888
邮编：518106
网址：www.bmc-hotel.com
电子信箱：bmchone@163.com

都之都大酒店 ★★★★
地址：深圳市宝安区九区
电话：0755－27783888
传真：0755－27783388
网址：www.szcph.com
邮编：518101
电子信箱：Cphszcna@21cn.com

长丰酒店 ★★★★
地址：深圳市宝安区沙井新桥北环路口
电话：0755－27228888
传真：0755－29939222
邮编：518125
网址：www.changfenghotel.com
电子信箱：szcf@changfenghotel.com

宝利来大酒店 ★★★★
地址：深圳市宝安区松岗镇楼岗大道2号
电话：0755－27091111
传真：0755－27098111
邮编：518105
网址：www.baolilai－hotel.com
电子信箱：baolilai@263.net

君逸酒店 ★★★★
地址：深圳市龙岗区横岗为民路8号
电话：0755－28661888
传真：0755－28661666
邮编：518115
网址：www.junyihtl.com
电子信箱：root@junyihtl.com

圣德堡大酒店 ★★★★
地址：深圳市龙岗区横岗镇六约社区
电话：0755－33618888
传真：0755－33829889
邮编：518173
网址：www.sandborghotel.com
电子信箱：sdb@sandborghotel.com

华丽城酒店 ★★★★
地址：深圳市龙岗区平湖街道华南大道
电话：0755－89633333
传真：0755－89632888
邮编：518111

雅兰酒店 ★★★★
地址：深圳市盐田区大梅沙
电话：0755－25062299
传真：0755－25060333
邮编：518083
网址：www.airlandhotel.com
电子信箱：airland@airlandhotel.com

芭堤雅酒店 ★★★★
地址：深圳市盐田区大梅沙内环路
电话：0755－25252888
传真：0755－25252222
邮编：518083

大梅沙海景酒店 ★★★★
地址：深圳市盐田区盐梅路10号
电话：0755－25061688
传真：0755－25061680
邮编：518083
网址：www.szlawaterfront.com
电子信箱：info@szlawaterfront.com

骏德会酒店 ★★★★
地址：珠海市拱北联安路188号9栋
电话：0756－8155558
传真：0756－8156660
邮编：519020
网址：www.zhrmclub.com

珠海粤海酒店 ★★★★
地址：珠海市拱北粤海东路1145号
电话：0756－8888128
传真：0756－8885063
邮编：519020
网址：www.gdhhotels.com
电子信箱：zhgdrhtl@pub.zhuhai.gd.cn

珠海宾馆 ★★★★
地址：珠海市吉大景山路
电话：0756－3333718
传真：0756－3332339
邮编：519015
网址：www.zh－hotel.com
电子信箱：zhhotel@pub.zhuhai.gd.cn

君悦来酒店 ★★★★
地址：珠海市吉大海宾南路45号
电话：0756－3333968
传真：0756－3333497
邮编：519015
网址：www.greenery-hotel.com
电子信箱：ZHJYL@greenery-hotel.com

南油大酒店 ★★★★
地址：珠海市水湾路368号
电话：0756－3322188
传真：0756－3331397
邮编：519015
网址：www.nhohotel.com
电子信箱：nhhotel@pub.zhuhai.gd.cn

华骏大酒店 ★★★★
地址：珠海市拱北侨光西路
电话：0756－8118999
传真：0756－8119618
邮编：519020
网址：www.hoteljumbo.com
电子信箱：jumbo@hoteljumbo.com

2000年大酒店 ★★★★
地址：珠海市香洲区人民东路121号
电话：0756－2122998
传真：0756－2122168
邮编：519000
网址：www.2000yh.com

御温泉度假村 ★★★★
地址：珠海市斗门区斗门镇
电话：0756－5797128
传真：0756－5798541
邮编：519110
网址：www.00800.com.cn
电子信箱：5797128@163.com

中山真善美大酒店 ★★★★
地址：中山市三角镇金三大道
电话：0760－5401888
传真：0760－5401889
邮编：528445
网址：www.mascothotel.cn

中山温泉宾馆 ★★★★
地址：中山市三乡镇雍百村
电话：0760－6683888
传真：0760－6683333
邮编：528463
网址：www.6683888.com
电子信箱：6683888@zshs.com

富华酒店 ★★★★
地址：中山市石歧富华道一号
电话：0760－8638888
传真：0760－8611862
邮编：528401
网址：www.fuhuahotel.com.cn
电子信箱：htl@fuhuahotel.com.cn

小榄旅游大酒店 ★★★★
地址：中山市小榄镇文化路
电话：0760－2266888
传真：0760－2263171
邮编：528415
网址：www.tourhotel.com.cn

丽宫国际酒店 ★★★★
地址：江门市东华二路18－28号
电话：0750－3393388
传真：0750－3392222
邮编：529000
网址：www.palacE-hotel.com.cn

银晶酒店 ★★★★
地址：江门市港口路22号
电话：0750－3183288
传真：0750－3183001
邮编：529051
网址：www.celestE-palacE-hotel.com

龙泉度假酒店 ★★★★
地址：江门市新会区圭峰山龙潭景区
电话：0750－6182222
传真：0750－6179222
邮编：529100
网址：www.longchanresort.com
电子信箱：longchan-resort@163.com

开平三埠假日酒店 ★★★★
地址：江门开平市长沙港口路10号
电话：0750－2286333
传真：0750－2286222
邮编：529300
网址：www.sanbuholiday.com
电子信箱：sales@sanbuholiday.com

鹤山市雁山酒店 ★★★★
地址：江门鹤山市大雁山风景区
电话：0750－8822822
传真：0750－8820133
邮编：529700

网址：www. yanshan-hotel. com. cn
电子信箱：ysjd@ pub. jiangmen. gd. cn

金城大酒店 ★★★★
地址：佛山市汾江南路48号
电话：0757－83357228
传真：0757－88821999
邮编：528000
网址：www. fs-goldencityhotel. com. cn

金都大酒店 ★★★★
地址：佛山市机场路口
电话：0757－85558328
传真：0757－85565328
邮编：528231
网址：www. jindu-hotel. com. cn
电子信箱：jindu@ jindu-hotel. com. cn

佛山佳宁娜大酒店 ★★★★
地址：佛山市祖庙路14号
电话：0757－82223828
传真：0757－82227702
邮编：528000
网址：www. fshq-hotel. com
电子信箱：fshqhtl@ pub. foshan. gd. cn

新阳光酒店 ★★★★
地址：佛山市南海区广佛公路盐步平地广佛路段南
电话：0757－85701111
传真：0757－85701122
邮编：528247

云影琼楼酒店 ★★★★
地址：佛山市南海区西樵山白云洞风景区内
电话：0757－81221188
传真：0757－86889689
邮编：528211
网址：www. nanhai－cts. com
电子信箱：yyqhotel@ nanhai. gd. cn

碧桂园度假村 ★★★★
地址：佛山市顺德区北滘镇碧江大桥侧
电话：0757－26332228
传真：0757－26330508
邮编：528312
网址：www. bgyhotel. com
电子信箱：bgy_ holiday@ vip. 163. com

碧桂花城大酒店 ★★★★
地址：佛山市顺德区陈村镇佛陈大桥侧
电话：0757－23836688
传真：0757－23836608
邮编：528312
网址：www. flowercityhotel. com
电子信箱：flowercityhotel@ 126. com

新君悦酒店 ★★★★
地址：佛山市顺德区陈村镇佛陈路口
电话：0757－23836888
传真：0757－23836809
邮编：528313
网址：www. xinjunyue. cn

福盈酒店 ★★★★
地址：佛山市顺德区大良环市北路38号
电话：0757－22330338
传真：0757－22330332
邮编：528300
网址：www. rf－hotel. com
电子信箱：fypr@ rf－hotel. com

新世界万怡酒店 ★★★★
地址：佛山市顺德区大良镇清晖路150号
电话：0757－22218333
传真：0757－22214773
邮编：528300
网址：www. marriott. com
电子信箱：nwcysd@ nwcyds. com

鹿茵酒店 ★★★★
地址：佛山市顺德区桂州大道中1号
电话：0757－28321688
传真：0757－28329938
邮编：528303
网址：www. deerhill. net
电子信箱：ouou128128@ 163. com

均安碧桂园大酒店 ★★★★
地址：佛山市顺德区均安镇翠湖路1号
电话：0757－25383888
传真：0757－25383883
邮编：528329
网址：www. bgy. com. cn
电子信箱：jagolf@ 163. com

仙泉酒店 ★★★★
地址：佛山市顺德区顺峰山旅游区
电话：0757－22293333
传真：0757－22292222
邮编：528333
网址：www. sd－centuryhotel. com
电子信箱：gzsdsdct@ pub. sdnet. gd. cn

恒益大酒店 ★★★★
地址：佛山市三水区广海大道中42号
电话：0757－87733888
传真：0757－87711111
邮编：528100
网址：www. eph. cc
电子信箱：hyreception@ 126. com

千叶度假酒店 ★★★★
地址：佛山市三水区森林公园内
电话：0757－87838888
传真：0757－87838666
邮编：528100
网址：www. r-holidayhotel. cn
电子信箱：qydjjd@ 126. com

皇家银海大酒店 ★★★★
地址：佛山市高明区沿江路483号
电话：0757－88821128
传真：0757－88821999
邮编：528500
网址：www. silveroceanhotel. com
电子信箱：gmyhhotel@ sina. com

肇庆皇朝酒店 ★★★★
地址：肇庆市端州区五路9号
电话：0758－2238238
传真：0758－2223178
邮编：526040
网址：www. dynastyhotel. cn
电子信箱：dynastyhotel@ 21cn. net

星湖大酒店 ★★★★
地址：肇庆市端洲区四路37号
电话：0758－2211688
传真：0758－2211333
邮编：526040
网址：www. starlakehotel. com
电子信箱：starlake@ starlakehotel. com

翔顺大酒店 ★★★★
地址：云浮市新兴县龙山旅游区
电话：0766－2691618
传真：0766－2682128
邮编：527431

阳江国际大酒店 ★★★★
地址：阳江市东风三路
电话：0662－3333333
传真：0662－3320186
邮编：529500

阳江紫光大酒店 ★★★★
地址：阳江市闸坡旅游大道南
电话：0662－3897888
传真：0662－3893666
邮编：529536
网址：www. ziguang. net. cn
电子信箱：sunrisehotel88@ 163. com

中英大酒店 ★★★★
地址：茂名市光华南路163号
电话：0668－2996688
传真：0668－2996638
邮编：525000
网址：www. zyhotel. cn
电子信箱：zyhotel_ mm@ 126. com

湛江海滨宾馆 ★★★★
地址：湛江市霞山区海滨三路32号
电话：0759－2286888
传真：0759－2280747
邮编：524005
网址：www. haibin-hotel. com

中国城酒店 ★★★★
地址：湛江市开发区乐山大道中48号
电话：0759－3199999
传真：0759－3199955
邮编：524022
网址：http：www. zjchinacity. com. cn
电子信箱：chinacityhotel@ 163. com

金辉煌酒店 ★★★★
地址：湛江市人民大道中15号
电话：0759－2368888
传真：0759－2368878
邮编：524022
网址：http：www. zjjhh. cn
电子信箱：gs-hotel@ 163. com

银海酒店 ★★★★
地址：湛江市人民大道中52号
电话：0759－3380688
传真：0759－3381033
邮编：524022

广州国际海员俱乐部 ★★★
地址：广州市滨江西路20号
电话：020－84336060
传真：020－84429835
邮编：510235
网址：www. gzjyhotel. com
电子信箱：gzjy@ gzjyhotel. com

星都大酒店 ★★★
地址：广州市昌岗中路172号
电话：020－84318888
传真：020－84304188
邮编：510250
网址：www. gzush. com
电子信箱：ush@ mail. gzush. com

广州富丽华大酒店 ★★★
地址：广州市长堤大马路316号
电话：020－81323288
传真：020－81863388
邮编：510120
网址：www. furama. com
电子信箱：fhgz@ furama. com

天龙大酒店 ★★★
地址：广州市大道北路 118 号
电话：020－87589988
传真：020－87585888
邮编：510075
网址：www. tianlonghotel. com
电子信箱：gztilo@ 163. com

灿业大酒店 ★★★
地址：广州市大金钟路 61 号
电话：020－86178688
传真：020－86178697
邮编：510405

东方丝绸大厦 ★★★
地址：广州市东风东路 752 号
电话：020－87762888
传真：020－87750796
邮编：510080
网址：www. silkhotel. com
电子信箱：zb@ silkhotel. com

湖天宾馆 ★★★
地址：广州市东风西路 156 号
电话：020－81080888
传真：020－81877988
邮编：510170

广州长城酒店 ★★★
地址：广州市东山区寺右新马路 19 号
电话：020－87612888
传真：020－87760597
邮编：510600

怡凯酒店 ★★★
地址：广州市工业大道南石岗路 90 号
电话：020－84369888
传真：020－84376908
邮编：510288

广州新好景饮食娱乐中心 ★★★
地址：广州市广深公路新塘路段
电话：020－82704888
传真：020－82705777
邮编：511300
电子信箱：xhj4888@ 163. com

广州汇东假日酒店 ★★★
地址：广州市广汕一路 1 号
电话：020－87032888
传真：020－87030128
邮编：510520
电子信箱：huidonghotel@ tom. com

中旅酒店 ★★★
地址：广州市广园中路 211 号
电话：020－86591698
传真：020－86588016
邮编：510405

月亮湾酒店 ★★★
地址：广州市广州大道中明月一路
电话：020－87358138
传真：020－87358665
邮编：510600
网址：www. moonbayhotel. com
电子信箱：moonbayhotel@ 21cn. com

金苑山庄 ★★★
地址：广州市恒福路 117 号
电话：020－83581688
传真：020－83488936
邮编：510095
网址：www. gzjy. net
电子信箱：zhangjun@ gzjy. net

嘉应宾馆 ★★★
地址：广州市环市东路 418 号
电话：020－87771688
传真：020－87770788
邮编：510075

红棉大酒店 ★★★
地址：广州市环市西路 184 号
电话：020－86663989
传真：020－86664879
邮编：510010

惠福大酒店 ★★★
地址：广州市惠福西路 38 号
电话：020－81309888
传真：020－81309422
邮编：510120
电子信箱：huifu-hotel@ 21cn. com. cn

民航大酒店 ★★★
地址：广州市机场路 276 号
电话：020－86128680
传真：020－86124836
邮编：510406
网址：www. gzcah. com
电子信箱：gzcah@ gzcah. com

华海大酒店 ★★★
地址：广州市江南大道中 232 号
电话：020－84415555
传真：020－84245401
邮编：510245
网址：www. huahai－hotel. com
电子信箱：huahai@ huahai-hotel. com

广州越秀天安大厦 ★★★
地址：广州市解放北路 960 号
电话：020－86665666
传真：020－86671741
邮编：510040

东园宾馆 ★★★
地址：广州市经济开发区青年路东园 4 街 8 号
电话：020－82216668
传真：020－82212439
邮编：510730

东悦酒店 ★★★
地址：广州市麓景路 8 号
电话：020－83500888
传真：020－83571093
邮编：510091
网址：www. dongyuehotel. com

广州华茂中心 ★★★
地址：广州市盘福路 63 号
电话：020－81363322
传真：020－81363669
邮编：510180
网址：www. huamaohotel. com
电子信箱：stchotel@ 163. net

广州宾馆 ★★★
地址：广州市起义路 2 号
电话：020－83338168
传真：020－83330791
邮编：510015
网址：www. gzhotel. com. cn
电子信箱：sales@ gzhotel. com. cn

新世界大酒店 ★★★
地址：广州市人民北路 520 号
电话：020－81099888
传真：020－81089652
邮编：510180
网址：www. new-world-hotel
电子信箱：nwh@ new-world-hotel. com

广东艺术中心友谊宾馆 ★★★
地址：广州市人民北路 689 号
电话：020－86679898
传真：020－86678653
邮编：510010

五羊城酒店 ★★★
地址：广州市人民中路 322 号
电话：020－81889889
传真：020－81863530
邮编：510120
网址：www. wychotel. com
电子信箱：wyc@ wychotel. com

三禺宾馆 ★★★
地址：广州市三育路 23 号
电话：020－87756888
传真：020－87766136
邮编：510080
网址：www. sanyuhotel. com
电子信箱：sanyu@ sanyuhotel. com

山西大厦 ★★★
地址：广州市三元里大道
电话：020－22293788
传真：020－86599430
邮编：510400
网址：www. shanxihotel-gz. com. cn

广东胜利宾馆 ★★★
地址：广州市沙南大街 54 号
电话：020－81862622
传真：020－81861062
邮编：510130
网址：www. vhotel. com
电子信箱：sales@ vhotel. com

丽都大酒店 ★★★
地址：广州市北京路 182 号
电话：020－83321988
传真：020－83323413
邮编：510115
网址：www. lido-hotel. cn
电子信箱：gzlido@ tom. com

神州酒店 ★★★
地址：广州市天平架沙太路 1 号
电话：020－61363888
传真：020－61030500
邮编：510507
电子信箱：hormandick88@ 163. com.

浙江大厦 ★★★
地址：广州市先烈中路 85 号
电话：020－87772998
传真：020－87750387
邮编：510070
网址：www. zjhotel. net
电子信箱：yxb@ zjhotel. net

湖滨宾馆 ★★★
地址：广州市沿江东路 451 号
电话：020－83781888
传真：020－83868898
邮编：510100
电子信箱：hubinhotel@ sina. com

爱群大酒店 ★★★
地址：广州市沿江西路 113 号
电话：020－81866668
传真：020－81883519

邮编：510120
网址：www. aiqunhotel. com
电子信箱：aiqunhotel21cn. com

广东新大地宾馆 ★★★
地址：广州市站前路 108－122 号
电话：020－86221638
传真：020－86676880
邮编：510010
网址：www. newmainland. com. cn
电子信箱：sales@ newmainland. com

湛江大厦 ★★★
地址：广州市站前路 88 号
电话：020－86681688
传真：020－86670075
邮编：510160

华侨酒店 ★★★
地址：广州市站前路 90 号
电话：020－86663488
传真：020－86663230
邮编：510010
网址：www. huaqiaoj. com. cn

华金盾大酒店 ★★★
地址：广州市中山大道 368 号
电话：020－82308838
传真：020－82311605
邮编：510660

广东邮电大厦 ★★★
地址：广州市中山二路 18 号
电话：020－87618888
传真：020－87600668
邮编：510080

（广州）珠海特区大酒店 ★★★
地址：广州市海珠北路 11－15 号
电话：020－81082933
传真：020－81083542
邮编：510180
网址：www. zh8888. com
电子信箱：gzzhsezh@ 21cn. com

广轩大厦 ★★★
地址：广州市海珠区沥滘振兴大街九号
电话：020－84174688
传真：020－84167555
邮编：510288
网址：www. cantonfair. org. cn

新天河宾馆 ★★★
地址：广州市天河路 178－188 号
电话：020－85595888
传真：020－85595996
邮编：510620
网址：www. newtianhE-hotel. com

大华酒店 ★★★
地址：广州市天河路 625 号天娱广场东塔
电话：020－87576888
传真：020－87573563
邮编：510630

广东华侨友谊酒店 ★★★
地址：广州市天河南二路 42－44 号
电话：020－85513298
传真：020－87501823
邮编：510620
网址：www. gdhy－hotel. com
电子信箱：huayou288@ 21cn. com

广州市金来大酒店 ★★★
地址：广州市天河区 108 号
电话：020－85593228
传真：020－85596006
邮编：510620
网址：www. grandchina-hotel. com

广东博斯坦宾馆 ★★★
地址：广州市天河区北路 76 号
电话：020－38782888
传真：020－38782666
邮编：510620

嘉福利晶酒店 ★★★
地址：广州市天河区长兴路 8 号
电话：020－37213088
传真：020－37213090
邮编：510650

鼎福休闲酒店 ★★★
地址：广州市天河区大观面路 2 号
电话：020－61219888
传真：020－61219898
邮编：510660

龙逸山庄度假村 ★★★
地址：广州市天河区龙洞迎龙路 1203 号
电话：020－87022732
传真：020－87023099
邮编：510520

广东蓄能大厦 ★★★
地址：广州市天河区龙口东路 32 号
电话：020－87518168
传真：020－87592931
邮编：510630
网址：www. xuneng. gzcnc. com
电子信箱：2008swzx@ 163. com

远洋大厦 ★★★
地址：广州市天河区龙口东路 6 号
电话：020－87596988
传真：020－87597988
邮编：510630
网址：www. yyhotelgz. com
电子信箱：sales@ yyhotelgz. com

银河大酒店 ★★★
地址：广州市天河区沙太路 268 号
电话：020－61089688
传真：020－37250369
邮编：510507
网址：www. gzsr－hotel. com
电子信箱：info@ gzsr－hotel. com

广州总统大酒店 ★★★
地址：广州市天河区石碑岗顶
电话：020－85512988
传真：020－87532901
邮编：510630

冰花酒店 ★★★
地址：广州市天河区天河北路 2 号
电话：020－87502888
传真：020－87500926
邮编：510620
网址：www. ice Flower_hotel. com

广东南洋长胜酒店 ★★★
地址：广州市天河区天平架兴华路 38 号
电话：020－61368888
传真：020－61393888
邮编：510507

广武酒店 ★★★
地址：广州市天河区天沙路 603 号
电话：020－61213888
传真：020－61216380
邮编：510630

西湖苑宾馆 ★★★
地址：广州市天河区五山华南理工大学
电话：020－38673008
传真：020－87112502
邮编：510641
网址：www. gzxihuhotel. net
电子信箱：gzxihuhotel@ 163. com

燕岭大厦 ★★★
地址：广州市天河区燕岭路 29 号
电话：020－87705898
传真：020－87706262　020－87713751
邮编：510507
网址：www. yanlinghotel. yahtour. com
电子信箱：yl－jlb@ 163. com

白云鸿波山庄 ★★★
地址：广州市白云大道白云鸿波山庄
电话：020－86320000
传真：020－86381881
邮编：510405

广州白云国际机场宾馆 ★★★
地址：广州市白云区国际机场
电话：020－86638838
传真：020－86659
邮编：510406
网址：www. airporthotel. com. cn
电子信箱：hotel@ myairporthotel. com

空港酒店 ★★★
地址：广州市白云区人和镇
电话：020－86138188
传真：020－86138898
邮编：510470

来利大酒店 ★★★
地址：广州市白云区人和镇人和大街 8 号
电话：020－86458888
传真：020－86450259
邮编：510470

壹心宾馆 ★★★
地址：广州市白云区三元里大道 1299 号
电话：020－36214199
传真：020－36214133
邮编：510403
网址：www. yixins. com
电子信箱：yixin@ yixins. com

鸿福门酒店 ★★★
地址：广州市黄埔区东路 3729 号
电话：020－82232413
传真：020－82232410
邮编：510760

悦海酒店 ★★★
地址：广州市黄埔区海员路 39 号
电话：020－82288088
传真：020－82283688
邮编：510700

广州石化明珠宾馆 ★★★
地址：广州市黄埔区石化路振兴街 18 号
电话：020－82121100
传真：020－82121127
邮编：510726
电子信箱：mzhhotel@ 163. com

龙泉大酒店 ★★★
地址：广州市番禺区大北路 99 号
电话：020－84826288

传真：020－84836828
邮编：511400

广州雍富大酒店 ★★★
地址：广州市番禺区大岗镇豪岗路3号
电话：020－34992238
传真：020－34992228
邮编：511470
电子信箱：yougfuhotel@ eyou. com

番禺香江大酒店 ★★★
地址：广州市番禺区大石迎宾路
电话：020－84786888
传真：020－84781813
邮编：511430
网址：www. c－l. com. cn
电子信箱：xj84786888@ 126. com

莲花山粤海度假村 ★★★
地址：广州市番禺区莲花山旅游区
电话：020－84862788
传真：020－84861353
邮编：511440
网址：www. gdlotus. cn
电子信箱：gdhotel@ gdlotus. cn

祈福（南沙）酒店 ★★★
地址：广州市番禺区南沙经济技术开发区进港大道
电话：020－84682168
传真：020－84682242
邮编：511457

番禺美丽华大酒店 ★★★
地址：广州市番禺区桥清河中路8号
电话：020－84826832
传真：020－84838335
邮编：511400

丽江度假花园酒店 ★★★
地址：广州市番禺区石楼镇
电话：020－84864848
传真：020－84860084
邮编：511447

世昌大酒店 ★★★
地址：广州市番禺区市桥繁华路3号
电话：020－84888333
传真：020－84823888
邮编：511400

广州喜悦度假酒店 ★★★
地址：广州市番禺区市桥镇光明北路223号
电话：020－84892888
传真：020－84892333
邮编：511400

番禺合力大酒店 ★★★
地址：广州市番禺区市桥镇坑口路106－108号
电话：020－84611488
传真：020－84620682
邮编：511400

世昌宾馆 ★★★
地址：广州市番禺区市桥镇迎宾路富都城侧
电话：020－84807777
传真：020－84890668
邮编：511400

南方毅源大酒店 ★★★
地址：广州市番禺区迎宾大道南大路8号
电话：020－34764888
传真：020－34762188

邮编：511431

友田酒店 ★★★
地址：广州市花都区狮岭镇东升路与与盘大路交界
电话：020－22689999
传真：020－86845110
邮编：510850

丽盈大酒店 ★★★
地址：广州市花都区茶园路9号
电话：020－36820555
传真：020－36820678
邮编：510800

芙蓉鸿波山庄 ★★★
地址：广州市花都区芙蓉度假村
电话：020－86982888
传真：020－86982800
邮编：510866
电子信箱：hbfrsz@ gz2000. net

融园山庄 ★★★
地址：广州市花都区芙蓉度假村内
电话：020－86853868
传真：020－86853068
邮编：510866

景观酒店 ★★★
地址：广州市花都区芙蓉嶂旅游度假区
电话：020－86982999
传真：020－86853833
邮编：510800

金湖酒店 ★★★
地址：广州市花都区建设南路4号
电话：020－86808100
传真：020－86806100
邮编：510800

花都丽美大酒店 ★★★
地址：广州市花都区商业大道53号
电话：020－86819888
传真：020－86819222
邮编：510800
电子信箱：Limei－geb@ 21cn. net

牡丹大酒店 ★★★
地址：广州市花都区新华街站前路34号
电话：020－36807888
传真：020－36807278
邮编：510800

花都大酒店 ★★★
地址：广州市花都区新华镇44号
电话：020－86838582
传真：020－86838924
邮编：510800
网址：www. shmi. com. cn/huaduhotel
电子信箱：huaduhotel@ yahoo. com. cn

花都华侨大酒店 ★★★
地址：广州市花都区新华镇建设北路86号
电话：020－86891288
传真：020－86892747
邮编：510800

京华酒店 ★★★
地址：广州市花都区新华镇云山大道55号
电话：020－36810333
传真：020－36830822
邮编：510800

新凤凰酒店 ★★★
地址：广州市花都区迎宾大道大华二路38号

电话：020－86966222
传真：020－86898288
邮编：510800

中华酒店 ★★★
地址：广州市花都区站前路33号
电话：020－86822222
传真：020－86822222
邮编：510800

从化湖光度假山庄 ★★★
地址：广州从化市黄竹
电话：020－87843388
传真：020－87843111
邮编：510956

从化天伦酒店 ★★★
地址：广州从化市街口镇河溪南路38号
电话：020－87966198
传真：020－87968268
邮编：510900
网址：www. gdtianlunhotel. com
电子信箱：gdtianlunhotel@ 163. net

从化华侨大厦 ★★★
地址：广州从化市街口镇新城路78号
电话：020－87926248
传真：020－87935883
邮编：510900

双湖酒店 ★★★
地址：广州从化市吕田小杉
电话：020－87836998
传真：020－87836988
邮编：510950
网址：www. gz-twinlake. com
电子信箱：travel@ gz-twinlake. com

华辉度假村 ★★★
地址：广州从化市桃园镇云星大道
电话：020－87832388
传真：020－87832186
邮编：510970
网址：www. huahui. getdd. com
电子信箱：huahui@ getdd. com

从化温泉正大度假村 ★★★
地址：广州从化市温泉东路106号
电话：020－87836868
传真：020－87837777
邮编：510970
电子信箱：pore_111@ yeah. net

广蓄电站专家村 ★★★
地址：广州从化市温泉康复路17号
电话：020－87838699
传真：020－87839121
邮编：510970
网址：www. gp-ev. com
电子信箱：gp-ev@ gp-ev. com

广东温泉宾馆 ★★★
地址：广州从化市温泉镇温泉东路80号
电话：020－87830888
传真：020－87830898
邮编：510970
网址：www. gdtravel. com
电子信箱：gdwqbg@ 163. com

丁香花园酒店 ★★★
地址：清远市北江一路七星岗
电话：0763－3873333
传真：0763－3873388
邮编：511515

翠苑宾馆 ★★★
地址：清远市滨江路
电话：0763－3868008
传真：0763－3868028
邮编：511515

广州后花园酒店 ★★★
地址：清远市广州后花园
电话：0763－3733187
传真：0763－3733333
邮编：511547
网址：www.gzhhy.com
电子信箱：gzhhyjd@sina.com

环城步步高酒店 ★★★
地址：清远市环城一路10号
电话：0763－3826666
传真：0763－3341199
邮编：511500

湖滨步步高酒店 ★★★
地址：清远市曙光一路88号
电话：0763－3350088
传真：0763－3332777
邮编：511500
电子信箱：qybbg@126.com

侨丰宾馆 ★★★
地址：清远市先锋东路1号
电话：0763－3834038
传真：0763－3834333
邮编：511500

明城大酒店 ★★★
地址：清远市小市新城西13号
电话：0763－3861018
传真：0763－3861075
邮编：511500

伟顺酒店 ★★★
地址：清远市新城东24号小区
电话：0763－3375555
传真：0763－3374815
邮编：511500

英州大酒店 ★★★
地址：清远英德市百花路一号
电话：0763－2222388
传真：0763－2222200－8800
邮编：513000

粮香大酒店 ★★★
地址：清远英德市建设路59号
电话：0763－2222098
传真：0763－2228523
邮编：513000

英德市迎宾馆 ★★★
地址：清远英德市利民路3号
电话：0763－2222390
传真：0763－2233600
邮编：513000

英德市小岛宾馆 ★★★
地址：清远英德市英洲大道长线街1号
电话：0763－2288168
传真：0763－2289666
邮编：513000

连州大酒店 ★★★
地址：清远连州市慧光路181号
电话：0763－6663888
传真：0763－6663222
邮编：513400

红楼宾馆 ★★★
地址：清远连州市人民路238号
电话：0763－6664888
传真：0763－6664186
邮编：513400
网址：www.lzsc.net/hlbg
电子信箱：lzhlbg@126.com

鸿都大酒店 ★★★
地址：清远连州市番禺路226－230号
电话：0763－7881818
传真：0763－6661382
邮编：513400

星光大酒店 ★★★
地址：清远市佛冈县星光大酒店
电话：0763－4285558
传真：0763－4286220
邮编：511600
网址：www.cn12365.com
电子信箱：maiyizuan@163.com

龙城大酒店 ★★★
地址：清远市石角镇府前路218号
电话：0763－3207000
传真：0763－3207118
邮编：511545

白云温泉山庄 ★★★
地址：清远市佛冈县汤塘黄花湖度假区
电话：0763－4632998
传真：0763－4631616
邮编：511675

天泉度假村（酒店）★★★
地址：清远市阳山县称架镇
电话：0763－7391933
传真：0763－7391933
邮编：513138
网址：www.gdfp.com

卓代花园酒店 ★★★
地址：清远市阳山县城阳山大道北
电话：0763－7888888
传真：0763－7885588
邮编：513100

阳山宾馆 ★★★
地址：清远市阳山县电塔路2号
电话：0763－7883541
传真：0763－7883541
邮编：513100

雄风大酒店 ★★★
地址：清远市阳山县陵园路69号
电话：0763－6661189
传真：0763－7886228
邮编：513000
网址：www.yangshan.com
电子信箱：xiongfenghotel@tom.com

金鹿山庄 ★★★
地址：清远市清新县太和工业区22号
电话：0763－5827888
传真：0763－5812098
邮编：511800

清新度假酒店 ★★★
地址：清远市清新县太和镇玄真路尾
电话：0763－5819288
传真：0763－5817316
邮编：511880

丹霞山和景酒店 ★★★
地址：韶关市丹霞山风景区
电话：0751－6292168
传真：0751－6292248
邮编：512300

金源酒店 ★★★
地址：韶关市风采路66号
电话：0751－8189988
传真：0751－8189918
邮编：512000

北苑宾馆 ★★★
地址：韶关市风度北路122号
电话：0751－8188838
传真：0751－8885160
邮编：512002
电子信箱：beiyuanhotel@163.com

湖心宾馆 ★★★
地址：韶关市工业东路17号
电话：0751－8761570
传真：0751－8176182
邮编：512026

泉景酒店 ★★★
地址：韶关市环园西路一号
电话：0751－8186279
传真：0751－8186396
邮编：512000

悦来酒店 ★★★
地址：韶关市火车站广场南侧
电话：0751－8222333
传真：0751－8250268
邮编：512023
网址：www.yuelaihotel.com
电子信箱：sgyuelai@21cn.com

粤通大酒店 ★★★
地址：韶关市火车站旁
电话：0751－8229944
传真：0751－8229163
邮编：512000

韶华酒店 ★★★
地址：韶关市解放路162号
电话：0751－8881870
传真：0751－8881998
邮编：512000
网址：www.shaohuahotel.com
电子信箱：sgshhotel@tom.com

河珊酒店 ★★★
地址：韶关市十里亭乌教塘
电话：0751－8839238
传真：0751－8839133
邮编：512031

韶关小岛饭店 ★★★
地址：韶关市西堤路27号
电话：0751－8912288
传真：0751－8912288
邮编：512000
网址：www.xiaodaohotel.com

艺苑大酒店 ★★★
地址：韶关市新华南路
电话：0751－8177888
传真：0751－8633688
邮编：512026

丽晶酒店 ★★★
地址：韶关市浈江区北江路2号
电话：0751－8210218
传真：0751－8210828
邮编：512023

君临酒店 ★★★
地址：韶关市浈江南路 75 号
电话：0751－8885111
传真：0751－8885111
邮编：512000

聚雅轩酒店 ★★★
地址：韶关市浈江区解放路 126 号
电话：0751－8189333
传真：0751－8189500
邮编：512000

金世纪商务酒店 ★★★
地址：韶关市浈江区北江路 28 号
电话：0751－8272222
传真：0751－82716668
邮编：512000

国林宾馆 ★★★
地址：韶关市浈江区站南路口
电话：0751－8251244
传真：0751－8211103
邮编：512023
网址：www. sgglbg. com
电子信箱：sgglbg. com

明珠大酒店 ★★★
地址：韶关市武江区芙蓉新城金洲路 1 号
电话：0751－8156688
传真：0751－8156666
邮编：512026

曲江迎宾馆 ★★★
地址：韶关市曲江区府前中路
电话：0751－6666977
传真：0751－6666950
邮编：512100

南华温泉酒店 ★★★
地址：韶关市曲江区马坝镇马坝大道南
电话：0751－6646666
传真：0751－6651066
邮编：512100

星之光大酒店 ★★★
地址：韶关乐昌市解放路 51 号
电话：0751－5555288
传真：0751－5566220
邮编：512200

坪石富丽酒店 ★★★
地址：韶关乐昌市坪石岭南路 69 号
电话：0751－5523488
传真：0751－5521188
邮编：512229

金鸡宾馆 ★★★
地址：韶关乐昌市坪石镇金鸡路 4 号
电话：0751－5528888
传真：0751－5523406
邮编：512229

广铁漂流大酒店 ★★★
地址：韶关乐昌市坪石镇群众路三巷
电话：0751－5524888
传真：0751－5524363
邮编：512000

南雄市珠玑大酒店 ★★★
地址：韶关南雄市建设路 12 号
电话：0751－3830888
传真：0751－3822709
邮编：512400

南雄迎宾馆 ★★★
地址：韶关南雄市建设路 6 号
电话：0751－3822032
传真：0751－3823215
邮编：512400
网址：www. nxybg. com
电子信箱：ybg@ gdnx. com

金雄鹰宾馆 ★★★
地址：韶关南雄市雄中路 55 号
电话：0751－3868888
传真：0751－3868889
邮编：512400

远东酒店 ★★★
地址：韶关市始兴县城兴平路 1 号
电话：0751－3339301
传真：0751－3339301
邮编：512500
电子信箱：yd. zhudong@ 163. com

新华宾馆 ★★★
地址：韶关市始兴县振兴路 128 号
电话：0751－3324888
传真：0751－3324999
邮编：512500

怡东大酒店 ★★★
地址：韶关市始兴县中心坝 5 号
电话：0751－3322888
传真：0751－3322866
邮编：512500
电子信箱：sxwsqwb22g@ 21cn. com

翁源县富源大酒店 ★★★
地址：韶关市翁源县建设一路 368 号
电话：0751－2873333
传真：0751－2861133
邮编：512600
网址：www. fuyuanhotel@ 163. com
电子信箱：fuyuanhotel@ 163. com

粤源大酒店 ★★★
地址：韶关市翁源县沿江路 3 号
电话：0751－2819838
传真：0751－2819828
邮编：512600

新丰交通大酒店 ★★★
地址：韶关市新丰县城 105 国道旁
电话：0751－2299888
传真：0751－2299668
邮编：511100

新丰县迎宾馆 ★★★
地址：韶关市新丰县公园内 4 号
电话：0751－2258888
传真：0751－2263330
邮编：511100
电子信箱：xfhotel@ yeah. net

乳源小岛饭店 ★★★
地址：韶关市乳源县解放北路 2 号]
电话：0751－5389888
传真：0751－5389222
邮编：512700
网址：www. xiaodaohotel. com

富临大酒店 ★★★
地址：河源市河源大道南路 136 号
电话：0762－3320288
传真：0762－3322881
邮编：517000

逸富大酒店 ★★★
地址：河源市大同路国土资源局大楼
电话：0762－2816888
传真：0762－2813887
邮编：517000
网址：www. yifu. 0762. com
电子信箱：yifu163@ 163. com

明珠银发大酒店 ★★★
地址：河源市河源大道 13 号
电话：0762－3318888
传真：0762－3326279
邮编：517000

金利大酒店 ★★★
地址：河源市河源大道 17 号
电话：0762－3396288
传真：0762－3330000
邮编：517000

新江大酒店 ★★★
地址：河源市河源大道北新城汽车站对面
电话：0762－3365999
传真：0762－3373233
邮编：517000

华达大厦 ★★★
地址：河源市河源大道南 71 号
电话：0762－3396393
传真：0762－3320393
邮编：517000

虹桥大酒店 ★★★
地址：河源市河源大道与建设大道交汇处
电话：0762－3366888
传真：0762－3338039
邮编：517000

新丽源大酒店 ★★★
地址：河源市新市区红星路与大同路交汇处
电话：0762－3811888
传真：0762－3666688
邮编：517000

华粤大酒店 ★★★
地址：河源市兴源路 1 号
电话：0762－3393388
传真：0762－3393188
邮编：517000
网址：www. heyuan. net
电子信箱：Hyhuaxin@ 21cn. com

旺业大酒店 ★★★
地址：河源市沿江路 20 号
电话：0762－3386888
传真：0762－3386666
邮编：517000

紫金宾馆 ★★★
地址：河源市紫金县紫城镇秋江路 36 号
电话：0762－7826883
传真：0762－7810100
邮编：517400

龙川县旅游大酒店 ★★★
地址：河源市龙川县经济开发区 5 号小区
电话：0762－2821888
传真：0762－2823666
邮编：517300

霍山宾馆 ★★★
地址：河源市龙川县老隆镇老龙大道
电话：0762－6758328
传真：0762－6758866
邮编：517300

南方酒店 ★★★
地址：河源市连平县城官灯公路与 105 国道交汇处

电话：0762－4321111
传真：0762－4331783
邮编：517100

连平江都大酒店 ★★★
地址：河源市连平县忠信镇沿江中路忠信人民广场侧
电话：0762－4557888
传真：0762－4553399
邮编：517139

和平世纪大酒店 ★★★
地址：河源市和平县城和平大道88号
电话：0762－5669888
传真：0762－5668128
邮编：517200

友谊宾馆 ★★★
地址：梅州市彬芳大道52号
电话：0753－2193888
传真：0753－2310666
邮编：514021

太平洋酒店 ★★★
地址：梅州市彬芳大道88号
电话：0753－2189999
传真：0753－2189899
邮编：514021

客都宾馆 ★★★
地址：梅州市公园路
电话：0753－2187888
传真：0753－2234558
邮编：514011

梅州丽大厦酒店 ★★★
地址：梅州市华侨城宪梓大道
电话：0753－2500888
传真：0753－2500601
邮编：514031
网址：www. parklane. cn
电子信箱：parklane@ sina. com

嘉得利酒店 ★★★
地址：梅州市嘉应西路
电话：0753－2292668
传真：0753－2593893
邮编：514021
网址：www. jdlhotel. com
电子信箱：ydlift@ meizhouchina. com

梅县华侨大厦 ★★★
地址：梅州市江边路12号
电话：0753－2232388
传真：0753－2233256
邮编：514011

田园大酒店 ★★★
地址：梅州市江南路35号
电话：0753－2163888
传真：0753－2163111
邮编：514021

客都大酒店 ★★★
地址：梅州市丽都西路
电话：0753－2190288
传真：0753－2190299
邮编：514021
网址：www. keduhotel. com
电子信箱：hakkas_ htl@ 21cn. com

金叶大酒店 ★★★
地址：梅州兴宁市205国道文生路口
电话：0753－3181168
传真：0753－3181128
邮编：514500

锦发大酒店 ★★★
地址：梅州市梅县丙村镇交通街
电话：0753－2851999
传真：0753－2858368
邮编：514762

金帆大酒店 ★★★
地址：梅州市大埔县城文明路138号
电话：0753－5523022
传真：0753－5533523
邮编：514200
网址：www. jfdjd. com
电子信箱：jfdjd@ jfdjd. com

丰顺县风度温泉大酒店 ★★★
地址：梅州市丰顺县汤坑镇东山路1号
电话：0753－6666666
传真：0753－6635153
邮编：514300

迎宾楼大酒店 ★★★
地址：梅州市五华县水寨镇华兴中路13号
电话：0753－4430833
传真：0753－4431833
邮编：514400

长潭旅游度假村酒店 ★★★
地址：梅州市蕉岭县长潭大道2－3号
电话：0753－7513188
传真：0753－7513168
邮编：514185

金融信托大厦 ★★★
地址：潮州市潮枫路79号
电话：0768－2268889
传真：0768－2276461
邮编：521000

汇侨大酒店 ★★★
地址：潮州市潮枫路中段
电话：0768－2268898
传真：0768－2264437
邮编：521011

金龙宾馆有限公司 ★★★
地址：潮州市环城南路35－37号
电话：0768－2383888
传真：0768－2265403
邮编：521000
网址：www. jinlong－hotel. com
电子信箱：cdp123_ czb@ 21cn. net

凤城宾馆 ★★★
地址：潮州市太平路16号
电话：0768－2228856
传真：0768－2225801
邮编：521000

乐声大酒店 ★★★
地址：潮州市潮安县庵埠亨利北路
电话：0768－6669338
传真：0768－6617567
邮编：515638
网址：www. shenglehotel. com

安南大酒店 ★★★
地址：潮州市潮安县城区潮汕路安南路口
电话：0768－6619888
传真：0768－6627283
邮编：515638

榆园大厦宾馆 ★★★
地址：汕头市金陵路8号
电话：0754－8625515
传真：0754－8625515
邮编：515041

舵岛宾馆 ★★★
地址：汕头市金砂路
电话：0754－8316668
传真：0754－8251013
邮编：515041

花园宾馆 ★★★
地址：汕头市汕汾路与衡汕路交界处
电话：0754－8860666
传真：0754－8860333
邮编：515041
网址：www. stgarden-hotel. com

华侨大厦 ★★★
地址：汕头市汕樟路41号
电话：0754－8629888
传真：0754－8252223
邮编：515041
网址：www. sthqdx. com
电子信箱：stochm@ 21cn. com

金海鸥酒店 ★★★
地址：汕头市汕樟路下蓬169号
电话：0754－8330998
传真：0754－8330993
邮编：515065
网址：www. stjho. com
电子信箱：stjho@ 21cn. com

民航大酒店 ★★★
地址：汕头市珠江路中段
电话：0754－8850088
传真：0754－8850085
邮编：515041

汕头市潮阳区东方明珠大酒店 ★★★
地址：汕头市潮阳区城北一路中段
电话：0754－3838555
传真：0754－8729999
邮编：515100

丰盛发酒店 ★★★
地址：汕头市潮阳区谷饶镇
电话：0754－7619666
传真：0754－7616638
邮编：515159

和平大酒店 ★★★
地址：汕头市潮阳区和平镇和惠新路中段
电话：0754－2252888
传真：0754－2257999
邮编：515154

潮阳皇都大酒店 ★★★
地址：汕头市潮阳区两英镇环城东路中段
电话：0754－5576888
传真：0754－5577999
邮编：515141
电子信箱：huangdubighotel@ 163. com

潮阳金叶大厦 ★★★
地址：汕头市潮阳区棉新大道
电话：0754－8828888
传真：0754－8827333
邮编：515100
网址：www. cyjyhotel. com
电子信箱：lvyou@ cyjyhotel. com

潮阳南海大酒店 ★★★
地址：汕头市潮阳区峡山广汕路
电话：0754－7769888
传真：0754－7766826

邮编：515144

潮阳金苑大酒店 ★★★
地址：汕头市潮阳区峡山镇广祥路
电话：0754－7772888
传真：0754－7766888
邮编：515100

南钟天酒店 ★★★
地址：汕头市潮南区陈店陈沙路口
电话：0754－4491888
传真：0754－4491777
邮编：515152

天马大酒店 ★★★
地址：汕头市潮南区司马浦镇司下公路边
电话：0754－7735888
传真：0754－7734666
邮编：515149

旅侨大酒店 ★★★
地址：汕头市澄海区中山北路
电话：0754－5732888
传真：0754－5819862
邮编：515800

南海阁大酒店 ★★★
地址：汕头市南澳县后宅镇海滨路
电话：0754－6818888
传真：0754－6818885
邮编：515900

钱澳湾旅游度假村 ★★★
地址：汕头市南澳县钱澳湾路
电话：0754－6801111
传真：0754－6807957
邮编：515900

青澳湾度假村酒店 ★★★
地址：汕头市南澳县青澳旅游区
电话：0754－6997437
传真：0754－6997065
邮编：515920

南澳县海湾宾馆 ★★★
地址：汕头市南澳县青澳湾
电话：0754－6997811
传真：0754－6997818
邮编：515920

普宁金叶大厦 ★★★
地址：揭阳普宁市流沙河西路
电话：0663－2236889
传真：0663－2223938
邮编：515300

蓝岛假日酒店 ★★★
地址：汕尾市城区通航路128号
电话：0660－3321999
传真：0660－3325128
邮编：516600

红海湾得胜宾馆 ★★★
地址：汕尾市红海湾遮浪办事处
电话：0660－3451666
传真：0660－3451450
邮编：516623

美丽华大酒店 ★★★
地址：汕尾市汕尾大道中段
电话：0660－3363666
传真：0660－3364338
邮编：516600

汕尾友谊宾馆 ★★★
地址：汕尾市政府办公楼西侧
电话：0660－3366333
传真：0660－3366333 转 2531
邮编：516600

陆丰大酒店 ★★★
地址：汕尾陆丰市北提路11号
电话：0660－8835668
传真：0660－8835778
邮编：516500

龙山宾馆 ★★★
地址：汕尾市陆丰龙山大道18号
电话：0660－8989888
传真：0660－8991015
邮编：516500

东陆酒店 ★★★
地址：汕尾陆丰市东海大道洛州东路3号
电话：0660－8830988
传真：0660－8837398
邮编：516500
电子信箱：

长讯宾馆 ★★★
地址：汕尾市海丰县城东二环路东侧
电话：0660－6403333
传真：0660－6401796
邮编：516400

金伯爵广场 ★★★
地址：汕尾市海丰县城东镇洪围村东二环路东侧
电话：0660－6403888
传真：0660－6407222
邮编：516400

瑞龙庄园 ★★★
地址：汕尾市陆河县上护樟河榜榜响
电话：0660－5581666
传真：0660－5581394
邮编：516700

大富贵酒店 ★★★
地址：惠州市大湖溪广汕路
电话：0752－2078868
传真：0752－2078898
邮编：516000

大亚湾中海酒店 ★★★
地址：惠州市大亚湾澳头镇新澳大道1号
电话：0752－5552288
传真：0752－55774438
邮编：516081
电子信箱：zhonghaihotel@163.com

南方大酒店 ★★★
地址：惠州市鹅岭北路12号
电话：0752－2380288
传真：0752－2276989
邮编：516001

丰湖大酒店 ★★★
地址：惠州市鹅岭北路28号
电话：0752－2123456
传真：0752－2129277
邮编：516001

玉滩宾馆 ★★★
地址：惠州市鹅岭东路9号
电话：0752－2389999
传真：0752－2389988
邮编：516001

天外天大酒店 ★★★
地址：惠州市鹅岭南路2号
电话：0752－2380666
传真：0752－2260106
邮编：516001

金叶大厦 ★★★
地址：惠州市鹅岭南路3号
电话：0752－2261118
传真：0752－2260247
邮编：516001

龙苑大酒店 ★★★
地址：惠州市鹅岭西路7号
电话：0752－2260988
传真：0752－2260285
邮编：516001

西湖大酒店 ★★★
地址：惠州市环城西二路10－11号
电话：0752－2226666
传真：0752－2228000
邮编：516001

金鑫商务酒店 ★★★
地址：惠州市麦地路16号
电话：0752－2381888
传真：0752－2381866
邮编：516001

麦雅商务酒店 ★★★
地址：惠州市麦地路30号
电话：0752－8335666
传真：0752－2279828
邮编：516001

麦科特酒店 ★★★
地址：惠州市麦地路63号
电话：0752－2119999
传真：0752－2108588
邮编：516001

凯雅酒店 ★★★
地址：惠州市麦地南路11号
电话：0752－2662000
传真：0752－2662663
邮编：516003

海湖大酒店 ★★★
地址：惠州市南坛路8号
电话：0752－2223888
传真：0752－2200888
邮编：516001

汤泉宾馆 ★★★
地址：惠州市汤泉旅游区
电话：0752－2290900
传真：0752－2290901
邮编：516023

西湖宾馆 ★★★
地址：惠州市西湖芸华洲
电话：0752－2181111
传真：0752－2228332
邮编：516001

君豪大酒店 ★★★
地址：惠州市下角南路3号
电话：0752－2228899
传真：0752－2201828
邮编：516001

金鑫酒店 ★★★
地址：惠州市惠城区麦地南东二路2号
电话：0752－2561888
传真：0752－2561886
邮编：516001

惠阳百老汇酒店 ★★★
地址：惠州市惠阳区淡水开城大道 88 号
电话：0752-3366551
传真：0752-3362541
邮编：516211
网址：www. broadwayhotel. myrice. com

日华大酒店 ★★★
地址：惠州市惠阳区淡水开城大道
电话：0752-3872888
传真：0752-3872988
邮编：516211

广进酒店 ★★★
地址：惠州市惠阳区淡水镇
电话：0752-3821666
传真：0752-3395588
邮编：516211

万汇徕大酒店 ★★★
地址：惠州市惠阳区淡水镇
电话：0752-3773333
传真：0752-3773999
邮编：516211

惠阳金叶大酒店 ★★★
地址：惠州市惠阳区淡水镇开城大道南 9 号
电话：0752-3366688
传真：0752-3372709
邮编：516211

新丽晶大酒店 ★★★
地址：惠州市惠阳区淡水镇开城大道
电话：0752-3822822
传真：0752-3388266
邮编：516211
网址：www. ljhotel. com
电子信箱：regent@ 1jhotel. com

鲁惠大酒店 ★★★
地址：惠州市惠阳区淡水镇开城大道 21 号
电话：0752-3822999
传真：0752-3362398
邮编：516211

广成酒店 ★★★
地址：惠州市惠阳区淡水镇南门大街 1 号
电话：0752-3351338
传真：0752-3341067
邮编：516211
网址：www. guangchenghotel. com

中惠大酒店 ★★★
地址：惠州市惠阳区淡水镇土湖工业路 1 号
电话：0752-3822888
传真：0752-3371122
邮编：516211

星旗宾馆 ★★★
地址：惠州市惠阳区淡水镇中山二路 39 号
电话：0752-3823999
传真：0752-3823996
邮编：516211
电子信箱：xingqihotel@ 21cn. com

月亮宫大酒店 ★★★
地址：惠州市惠阳区上塘石园东街 118 号
电话：0752-3727888
传真：0752-3727816
邮编：516211

京联宾馆 ★★★
地址：惠州市博罗县城博义路 3 号
电话：0752-6299888
传真：0752-6299886
邮编：516100

嘉宾园度假村 ★★★
地址：惠州市博罗县福田镇桥东路
电话：0752-6882288
传真：0752-6882266
邮编：516131

园洲宾馆 ★★★
地址：惠州市博罗县园洲镇兴园二路
电话：0752-6680888
传真：0752-6681138
邮编：516123

银城酒店 ★★★
地址：惠州市惠东县黄埠镇吉黄路
电话：0752-8690282
传真：0752-8690286
邮编：516353

一景酒店 ★★★
地址：惠州市惠东县平山镇新华路
电话：0752-8884888
传真：0752-8884899
邮编：516300

柏林利商务酒店 ★★★
地址：惠州市惠东县平山镇新华路 91 号
电话：0752-8880888
传真：0752-8880333
邮编：516300

德泽园（嘉柏）假日大酒店 ★★★
地址：惠州市惠东县巽寮松园湾海滨度假区
电话：0752-2281889
传真：0752-8337999
邮编：516367
网址：www. jasperhotels. com. cn
电子信箱：dzy-eo@ jasperhotels. com. cn

龙朝大酒店 ★★★
地址：惠州市龙门县城太平新路 33 号
电话：0752-7888888
传真：0752-7888003
邮编：516800

沙头酒店 ★★★
地址：东莞市长安镇 107 国道沙头路段
电话：0769-85545002
传真：0769-85542188
邮编：523863

东逸酒店 ★★★
地址：东莞市长安镇莲峰路 103 号
电话：0769-85396388
传真：0769-85396288
邮编：523847

莲城酒店 ★★★
地址：东莞市长安镇莲峰路口
电话：0769-85536888
传真：0769-85534688
邮编：523847

乌沙大酒店 ★★★
地址：东莞市长安镇乌沙环东路
电话：0769-85548888
传真：0769-85549988
邮编：523357

鸿茂酒店 ★★★
地址：东莞市常平镇常黄路
电话：0769-83508888
传真：0769-83508888
邮编：523560

东方酒店 ★★★
地址：东莞市城区解放路 35 号
电话：0769-22227788
传真：0769-22227180
邮编：523009

丽晶酒店 ★★★
地址：东莞市城区莞太大道衫山
电话：0769-22466888
传真：0769-22469519
邮编：523000

绿洲酒店 ★★★
地址：东莞市道镇振兴路 156 号
电话：0769-88832788
传真：0769-88839668
邮编：523170

莱莉雅酒店 ★★★
地址：东莞市凤岗镇永盛商业大街
电话：0769-87507888
传真：0769-87507999
邮编：523690

丰田酒店 ★★★
地址：东莞市凤岗镇雁田管理区
电话：0769-87772888
传真：0769-87772970
邮编：523699
电子信箱：ftdjd@ 163. com

丽江酒店 ★★★
地址：东莞市高镇捷达工业区十三座
电话：0769-88872888
传真：0769-88873333
邮编：523287

美景湾酒店 ★★★
地址：东莞市横沥镇沿江路 1 号
电话：0769-83739888
传真：0769-83731888
邮编：523460

乐怡酒店 ★★★
地址：东莞市厚街镇康乐北路
电话：0769-85823888
传真：0769-85823928
邮编：523960
网址：www. dgleyi-hotel. com
电子信箱：leyi@ dgleyi-hotel. com

厚街假日酒店 ★★★
地址：东莞市厚街镇桥头管理区
电话：0769-85593883
传真：0769-85598668
邮编：523950

明苑度假村 ★★★
地址：东莞市虎门镇金龙大道南
电话：0769-85122918
传真：0769-85105138
邮编：523908
网址：www. my-hotel. cn
电子信箱：dongguan@ my-hotel. cn

黄江假日酒店 ★★★
地址：东莞市黄江镇黄江大道 3 号
电话：0769-83362888
传真：0769-83362038
邮编：523750
电子信箱：wll28168158@ 21cn. com

篁胜渔村酒店 ★★★
地址：东莞市篁村区胜和体育路 11 号
电话：0769-22463888

传真：0769－22496632
邮编：523009

西湖大酒店 ★★★
地址：东莞市篁村西湖乐园
电话：0769－22403788
传真：0769－22402650
邮编：523083

麻涌宾馆 ★★★
地址：东莞市麻涌镇街心公园
电话：0769－88825888
传真：0769－88827118
邮编：523141

华通城大酒店 ★★★
地址：东莞市企石镇东山区湖滨路口
电话：0769－86781228
传真：0769－86782269
邮编：523500
网址：www. wahtong-hotel. com
电子信箱：www@ wahtong-hotel. com

宝石大酒店 ★★★
地址：东莞市企石镇振华路 1 号
电话：0769－86662188
传真：0769－86662328
邮编：523500
网址：www. gem-hotel. com
电子信箱：gem@ gem-hotel. com

恒丰酒店 ★★★
地址：东莞市桥头镇恒丰新村 2 号
电话：0769－23343333
传真：0769－83346333
邮编：523520
网址：www. hengfenghotel. com
电子信箱：hf@ hengfenghotel. com

宏信假日酒店 ★★★
地址：东莞市清溪镇浮岗香芒大道
电话：0769－87363888
传真：0769－87380688
邮编：523658

嘉福海港酒店 ★★★
地址：东莞市沙田镇新城中心区
电话：0769－88682888
传真：0769－88682718
邮编：523981

石碣豪华大酒店 ★★★
地址：东莞市石碣镇新城区
电话：0769－86633333
传真：0769－86634298
邮编：523290

西湖酒店 ★★★
地址：东莞市石龙西湖区
电话：0769－86112288
传真：0769－86111668
邮编：523325
网址：www. ownhotel. com

石龙宾馆 ★★★
地址：东莞市石龙镇绿化中路 2 号
电话：0769－86613333
传真：0769－86617617
邮编：523721
网址：www. shilonghotel. com
电子信箱：modem-plza@ shilonghotel

盛御酒店 ★★★
地址：东莞市石龙镇西湖大道 1 号
电话：0769－86111888
传真：0769－86110123
邮编：523325
网址：www. gdtravel. com
电子信箱：royal-ht@ slcatv. com. cn

金岛山庄 ★★★
地址：东莞市塘厦镇 128 工业区
电话：0769－87729016
传真：0769－87729020
邮编：523710

金湖酒店 ★★★
地址：东莞市塘厦镇塘夏大道南
电话：0769－87721000
传真：0769－87722467
邮编：523752
网址：www. gdhhotels. com
电子信箱：060@ gdhhotels. com

广彩城酒店 ★★★
地址：东莞市莞太大道篁村新基
电话：0769－22402088
传真：0769－22404196
邮编：523077

万江篁胜酒店 ★★★
地址：东莞市万江 107 国道拨畯窝路段
电话：0769－22186888
传真：0769－22705950
邮编：523045

四季酒店 ★★★
地址：东莞市望牛墩镇中大道新电城 A8 座
电话：0769－88566666
传真：0769－88556899
邮编：523196

中明酒店 ★★★
地址：东莞市中堂镇新兴路一号
电话：0769－88883688
传真：0769－88811767
邮编：523220
电子信箱：zmhotel@ 163. net

南方苑酒店 ★★★
地址：深圳市八卦四路 22 号
电话：0755－82422288
传真：0755－82441958
邮编：518029

沙田酒店 ★★★
地址：深圳市滨河路下沙大道
电话：0755－83300888
传真：0755－83402221
邮编：518048
电子信箱：stjd@ szta. gov. cn

国丰大酒店 ★★★
地址：深圳市彩田路 12 号
电话：0755－83371888
传真：0755－83388337
邮编：518026
电子信箱：guofeng-hotel@ 163. net

竹园宾馆 ★★★
地址：深圳市东门北路 2079 号
电话：0755－25533138
传真：0755－25534835
邮编：518020
网址：www. szbghotel. com
电子信箱：szbgh@ szbghotel. com

老地方酒店 ★★★
地址：深圳市东门南路 1033 号食品大厦
电话：0755－82343222
传真：0755－82337747
邮编：518001

丽都酒店 ★★★
地址：深圳市东门南路 45 号
电话：0755－82259988
传真：0755－82206963
邮编：518001
网址：www. szlido. com
电子信箱：szld@ szlido. com

潭海酒店 ★★★
地址：深圳市广深公路松岗段 44 号
电话：0755－27083333
传真：0755－27080735
邮编：518105
网址：www. tamhoihotel. com
电子信箱：tamhoihotel. soho. com

四川宾馆 ★★★
地址：深圳市红荔路 2001 号四川大厦
电话：0755－83673400
传真：0755－83673339
邮编：518028
网址：www. szscds. cn
电子信箱：bg@ szscds. cn

云鹏大酒店 ★★★
地址：深圳市红岭南路红岭大厦三座
电话：0755－25866368
传真：0755－25864784
邮编：518031
网址：www. ypjd. com

环宇大酒店 ★★★
地址：深圳市红岭中路 3 号
电话：0755－25595024
传真：0755－25595138
邮编：518001

鸿波酒店 ★★★
地址：深圳市华侨城侨城西街 10 号
电话：0755－26949448
传真：0755－26904923
邮编：518053

凯利宾馆 ★★★
地址：深圳市嘉宾东路 2027 号
电话：0755－82376188
传真：0755－82202984
邮编：518001
网址：www. szkailihotel. com
电子信箱：hr@ szkailihotel. com

海燕大酒店 ★★★
地址：深圳市嘉宾路
电话：0755－82232828
传真：0755－82221398
邮编：518001
网址：www. petrel－hotel. com
电子信箱：petrelhotel@ 163. net

友谊酒店 ★★★
地址：深圳市嘉宾路 3 号
电话：0755－82238286
传真：0755－82238008
邮编：518001
网址：www. szyy. net. cn
电子信箱：fsh3@ szonline. net

碧海恒诚酒店 ★★★
地址：深圳市金田二区建安一路 2 号
电话：0755－27872333
传真：0755－27871333

邮编：518101

罗湖大酒店 ★★★
地址：深圳市南湖路3号
电话：0755－82252938
传真：0755－82254184
邮编：518001

永通大酒店 ★★★
地址：深圳市人民北路3146号
电话：0755－82282955
传真：0755－82180093
邮编：518001
网址：www. telluswy. com
电子信箱：ytjz@ szta. gov. cn

上园大酒店 ★★★
地址：深圳市沙井广深公路沙井段473号
电话：0755－27282222
传真：0755－27282111
邮编：518125
网址：www. shangyuanhotel. com

梧桐山宾馆 ★★★
地址：深圳市沙头角梧桐路2002号
电话：0755－25350791
传真：0755－25550844
邮编：518081
电子信箱：wtsbg@ szta. gov. cn

金湾酒店 ★★★
地址：深圳市深南大道竹子林福田汽车总站
电话：0755－83701383
传真：0755－83700760
邮编：518040

国宾大酒店 ★★★
地址：深圳市深南东路
电话：0755－25118388
传真：0755－25119580
邮编：518002

粤海酒店 ★★★
地址：深圳市深南东路130号
电话：0755－82228339
传真：0755－82234560
邮编：518001
网址：www. yuehai-hotel. com
电子信箱：yi168@ yuehai-hotel. com

航空大酒店 ★★★
地址：深圳市深南东路130号
电话：0755－82237999
传真：0755－82237866
邮编：518001
电子信箱：amyfeng338@ yahoo. com. cn

南方联合大酒店 ★★★
地址：深圳市深南东路2002号
电话：0755－82256728
传真：0755－82256936
邮编：518001

三九大酒店 ★★★
地址：深圳市深南东路2号
电话：0755－5128888
传真：0755－5123849
邮编：518002
网址：www. 999hotel. com. cn
电子信箱：manager@ 999hotel. com. cn

京鹏宾馆 ★★★
地址：深圳市深南东路57号
电话：0755－82227190
传真：0755－82227191
邮编：518001
网址：www. jingpenghotel. com
电子信箱：szjp@ jingpenghotel. com

广深宾馆 ★★★
地址：深圳市深南东路广深大厦86号
电话：0755－82352668
传真：0755－82354662
邮编：518002

长安大酒店 ★★★
地址：深圳市深南东路文锦路口
电话：0755－25112500
传真：0755－25112504
邮编：518002
网址：www. szcahotel. com
电子信箱：szcahotel@ vip. 163. com

上海宾馆 ★★★
地址：深圳市深南中路46号
电话：0755－83365288
传真：0755－83365277
邮编：518031
网址：www. szshhotel. com
电子信箱：welcome@ szshhotel. com

北方大酒店 ★★★
地址：深圳市深南中路北方大厦
电话：0755－83278001
传真：0755－3279424
邮编：518033
电子信箱：swzx@ sz. norinco. com. cn

泰然宾馆 ★★★
地址：深圳市深南中路车公庙泰然工贸园
电话：0755－33366999
传真：0755－83401008
邮编：518040
网址：www. terra. com
电子信箱：terrahotel@ 126. com

双溪威大酒店 ★★★
地址：深圳市深圳国际机场路（对面）
电话：0755－27300888
传真：0755－27301111
邮编：518128
网址：www. szsunwayhotel. com
电子信箱：sunway@ szsunwayhotel. com

东湖宾馆 ★★★
地址：深圳市水库
电话：0755－25400088
传真：0755－25529158
邮编：518021
网址：www. szdonghu. com
电子信箱：sales@ szdonghu. com

小梅沙大酒店 ★★★
地址：深圳市小梅沙156号
电话：0755－25060000
邮编：518083
传真：0755－25061142
网址：www. szxms. com. cn

河东宾馆 ★★★
地址：深圳市沿河东路19号人民桥侧
电话：0755－25593253
传真：0755－25582875
邮编：518001
网址：www. hdhotel. com
电子信箱：czmg@ hdhotel. com

怡鸿阁大酒店 ★★★
地址：深圳市银湖路口金湖路63号
电话：0755－82448999
传真：0755－82425696
邮编：518028

世纪华源酒店 ★★★
地址：深圳市福田区八卦一路
电话：0755－61621888
传真：0755－61621889
邮编：518029

青海大酒店 ★★★
地址：深圳市福田区北环大道7043号
电话：0755－83547744
传真：0755－83547926
邮编：518034

实华酒店 ★★★
地址：深圳市福田区北环大道7001号
电话：0755－83546988
传真：0755－83546378
邮编：518034
网址：www. szshihuahotel. com
电子信箱：shihuahotel@ 21cn. com

山水时尚酒店（预备）★★★
地址：深圳市福田区华发北路一号
电话：0755－61355555
传真：0755－61358899
邮编：518031

景明达酒店 ★★★
地址：深圳市福田区景田商报东路83号
电话：0755－83548000
传真：0755－83548111
邮编：518034

沙嘴酒店 ★★★
地址：深圳市福田区沙嘴路与福强路交汇处
电话：0755－83878333
传真：0755－83878111
邮编：518048

山水大酒店 ★★★
地址：深圳市福田区上梅林中康路25号
电话：0755－83110000
传真：0755－83177008
邮编：518049
网址：www. shanshihotel. com
电子信箱：ss83110000@ 126. com

迪富宾馆 ★★★
地址：深圳市福田区振华路111号
电话：0755－83350568
传真：0755－83257456
邮编：518031
网址：www. difuhotel. com. cn

投资大厦宾馆 ★★★
地址：深圳市福田中心区深南大道4009号
电话：0755－83883888
传真：0755－82912060
邮编：518048
网址：www. touzi－hotel. com
电子信箱：touzi－hotel@ 163. com

银湖旅游中心 ★★★
地址：深圳市罗湖区笔架山
电话：0755－82431111 82222827
传真：0755－82242622 82406295
邮编：518026
网址：www. yinhuhotel. com
电子信箱：yhhotel@ szonline. net

迎宾馆 ★★★
地址：深圳市罗湖区新园路615

电话：0755-82226333
传真：0755-82229943
邮编：518001
网址：www.shenzhenhotel.com.cn

长城大酒店 ★★★
地址：深圳市罗湖区红桂路4号
电话：0755-25583369
传真：0755-25580424
邮编：518001
网址：www.greatuallhotel.com
电子信箱：sales@greatuallhotel.com

丰乐园大酒店 ★★★
地址：深圳市罗湖区布吉路21号
电话：0755-25850688
传真：0755-25850324
邮编：518019
网址：www.florahotel.com.cn
电子信箱：flora@ap88.com

芙蓉宾馆 ★★★
地址：深圳市罗湖区东门南路2019号
电话：0755-82235966
传真：0755-82234695
邮编：518001

鸿图大酒店 ★★★
地址：深圳市罗湖区东门中路2048号
电话：0755-82226688
传真：0755-82238833
邮编：518001
网址：www.hongtugroup.com

广深铁路大酒店 ★★★
地址：深圳市罗湖区和平路1023号
电话：0755-85573138
传真：0755-85577522
邮编：518010

火车站大酒店 ★★★
地址：深圳市罗湖区建设路火车站大厦
电话：0755-82321168
传真：0755-82339992
邮编：518001

湖北宾馆 ★★★
地址：深圳市罗湖区解放路3034号
电话：0755-25560888
传真：0755-25890118
邮编：518001

蔡屋围大酒店 ★★★
地址：深圳市罗湖区解放西路4058号
电话：0755-25566666
传真：0755-25562223
邮编：518001

皇家酒店（预备）★★★
地址：深圳市罗湖区南庆街汇商名苑新2000广场
电话：0755-25822222
传真：0755-82365989
邮编：518001

名兰苑酒店 ★★★
地址：深圳市南山区蛇口工业八路68号
电话：0755-26811888
传真：0755-26826804
邮编：518067
网址：www.minland.yahtour.com
电子信箱：mlyjd@szta.gov.cn

西丽湖度假村 ★★★
地址：深圳市南山区西丽镇
电话：0755-26626888
传真：0755-26626123
邮编：518055

帝豪酒店 ★★★
地址：深圳市宝安北路1号
电话：0755-82260888
传真：0755-82264495
邮编：518021

汉永酒店 ★★★
地址：深圳市宝安区福永街道文化艺中心侧
电话：0755-27333888
传真：0755-27330000
邮编：518103

吉盛酒店 ★★★
地址：深圳市宝安区观澜街道办观澜大道中
电话：0755-28031888
传真：0755-27982555
邮编：518110

金鹏大酒店 ★★★
地址：深圳市宝安区龙华镇人民路
电话：0755-27700000
传真：0755-27702088
邮编：518109

国王大酒店 ★★★
地址：深圳市宝安区龙华镇龙岩路
电话：0755-27700888
传真：0755-27700384
邮编：518109

宝安丽晶酒店 ★★★
地址：深圳市宝安区沙井镇万丰第三工业区
电话：0755-27230333
传真：0755-27230487
邮编：518104
网址：www.lijinghotel.com
电子信箱：tzp198@163.com

千富大酒店 ★★★
地址：深圳市宝安区石岩镇老街
电话：0755-27604128
传真：0755-27604123
邮编：518108

聚豪酒店 ★★★
地址：深圳市宝安区松岗镇
电话：0755-27135282
传真：0755-27135618
邮编：518105
网址：www.juhaohotel.com
电子信箱：juhaohotel@163.com

文乐酒店 ★★★
地址：深圳市宝安区西乡镇西乡大道601号
电话：0755-27912888
传真：0755-27907283
邮编：518102

南岭求水山公园度假村 ★★★
地址：深圳市龙岗区布吉镇南岑村
电话：0755-28701999
传真：0755-28727828
邮编：518123

凯利莱酒店 ★★★
地址：深圳市龙岗区布吉镇布吉路89-4号
电话：0755-28289999
传真：0755-28283777
邮编：518112
网址：www.kindlion.com
电子信箱：kindlion7915@163.com

晶都城酒店 ★★★
地址：深圳市龙岗区平湖镇平湖大道
电话：0755-28851888
传真：0755-28852833
邮编：518111

昌安华策酒店 ★★★
地址：珠海市拱北侨光路5号
电话：0756-8899668
传真：0756-8156298
邮编：519020

珠海新海利大酒店 ★★★
地址：珠海市拱北夏湾粤华路271-277号
电话：0756-8899388
传真：0756-8879288
邮编：519000
网址：www.xinhailiqyj.cn
电子信箱：xinhaili@xinhaili.com

四海商务酒店 ★★★
地址：珠海市拱北粤海中路2300号
电话：0756-8132628
传真：0756-8879928
邮编：519020

大明园酒店 ★★★
地址：珠海市建业5路4号
电话：0756-8132233
传真：0756-8132099
邮编：519015

银湖假日酒店 ★★★
地址：珠海市白藤湖湖滨二区75号
电话：0756-5566388
传真：0756-5566558
邮编：519100

北京酒店 ★★★
地址：珠海市翠前南路1号
电话：0756-8633006
传真：0756-8635805
邮编：519070

伙工殿 ★★★
地址：珠海市拱北北岭侨岭街34号
电话：0756-8801688
传真：0756-8801666
邮编：519020

福海大酒店 ★★★
地址：珠海市拱北昌盛路1号
电话：0756-8880888
传真：0756-8873787
邮编：519000

歧关大酒店 ★★★
地址：珠海市拱北昌盛路66号
电话：0756-8873188
传真：0756-8876841
邮编：519020
网址：www.qiguanhotel.com
电子信箱：qiguan@qiguanhotel.com

金口岸度假酒店 ★★★
地址：珠海市拱北昌盛路五号
电话：0756-8868333
传真：0756-8868388
邮编：519020

好世界酒店 ★★★
地址：珠海市拱北莲花路327号
电话：0756-8880222
传真：0756-8892061
邮编：519020

昌安酒店 ★★★
地址：珠海市拱北莲花路37号
电话：0756－8118828
传真：0756－8119266
邮编：519020

拱北民安酒店 ★★★
地址：珠海市拱北莲花路56号
电话：0756－8131168
传真：0756－8131387
邮编：519020

国泰大酒店 ★★★
地址：珠海市拱北侨光路37号
电话：0756－8883599
传真：0756－8892839
邮编：519020

木棉花酒店 ★★★
地址：珠海市拱北侨光路3号边检大院内
电话：0756－8804000
传真：0756－8804001
邮编：519000

华侨宾馆 ★★★
地址：珠海市拱北迎宾大道
电话：0756－8886288
传真：0756－8885119
邮编：519020
网址：www.hb-hotel.com
电子信箱：hb-hotel@163.com

香江酒店 ★★★
地址：珠海市拱北迎宾南路2126号
电话：0756－8873288
传真：0756－8138296
邮编：519020

永通酒店 ★★★
地址：珠海市拱北友谊路219号
电话：0756－8888887
传真：0756－8889342
邮编：519020
电子信箱：zh-yongtong@tom.com

友谊酒店 ★★★
地址：珠海市拱北友谊路46号
电话：0756－8131818
传真：0756－8135508
邮编：519020

金都酒店 ★★★
地址：珠海市拱北粤海东路1062号
电话：0756－8111888
传真：0756－8895158
邮编：519020
网址：www.kingdo－hotel.com
电子信箱：kingdohotel@163.com

鸿都酒店 ★★★
地址：珠海市拱北粤海东路1138号
电话：0756－8131188
传真：0756－8885554
邮编：519020

金嘉利酒店 ★★★
地址：珠海市拱北粤海中路1039号
电话：0756－8891638
传真：0756－8891328
邮编：519020
网址：www.jinjiali.com
电子信箱：jjlhotel@pub.zhuhai.gd.cn

芙蓉王酒店 ★★★
地址：珠海市拱北粤海中路2007号
电话：0756－8113333
传真：0756－8116008
邮编：519020
网址：www.zhfrwjd.cn

望海楼 ★★★
地址：珠海市海滨北路3号
电话：0756－2222539
传真：0756－2219007
邮编：519000

旅游大酒店 ★★★
地址：珠海市吉大海滨南路56号
电话：0756－3366908
传真：0756－3367339
邮编：519015

金色假日酒店 ★★★
地址：珠海市吉大景和街71号
电话：0756－3263333
传真：0756－3263366
邮编：519015

中天酒店 ★★★
地址：珠海市吉大景山路62号
电话：0756－3366888
传真：0756－3370077
邮编：519015

云海酒店 ★★★
地址：珠海市吉大九洲大道
电话：0756－3333073
传真：0756－3335895
邮编：519015
网址：www.yunhai-hotel.com

东方凯悦酒店 ★★★
地址：珠海市吉大九洲大道东1043号
电话：0756－3263888
传真：0756－3263868
邮编：519015

九洲湾畔酒店 ★★★
地址：珠海市吉大情侣中路（国会旁）九洲水会
电话：0756－3232333
传真：0756－3269333
邮编：519015

飞行员度假酒店 ★★★
地址：珠海市吉大石花西路
电话：0756－3331788
传真：0756－3367741
邮编：519015

新昌安酒店 ★★★
地址：珠海市九洲大道中段1023号
电话：0756－3377668
传真：0756－3377826
邮编：519015
网址：www.zhcahotel.com

红山楼酒店 ★★★
地址：珠海市梅华西路68号
电话：0756－2616000
传真：0756－2616009
邮编：519000

南湾国际大酒店 ★★★
地址：珠海市南屏镇环屏路一号
电话：0756－8828888
传真：0756－8828666
邮编：519060

金山酒店 ★★★
地址：珠海市前山鞍莲路2号
电话：0756－8669988
传真：0756－8669989
邮编：519070

风景酒店 ★★★
地址：珠海市前山翠仙路211号
电话：0756－8666222
传真：0756－8660280
邮编：519070

满庭湘酒店 ★★★
地址：珠海市前山明珠南路1032号
电话：0756－8521088
传真：0756－8521078
邮编：519070

豪庭商务酒店 ★★★
地址：珠海市前山逸仙路21号
电话：0756－8669999
传真：0756－8669996
邮编：519000

海洋大酒店 ★★★
地址：珠海市情侣南路428号
电话：0756－3362333
传真：0756－3362333－1212
邮编：519015
网址：www.jzport.com

中苑酒店 ★★★
地址：珠海市人民东路101号
电话：0756－2233118
传真：0756－2111422
邮编：519000

中南酒店 ★★★
地址：珠海市人民东路228号
电话：0756－2221999
传真：0756－2131906
邮编：519000

聚龙酒店 ★★★
地址：珠海市唐家商业广场
电话：0756－3317888
传真：0756－3317286
邮编：519080
网址：www.long6688.com
电子信箱：hotel@long6688.com

濠天度假酒店 ★★★
地址：珠海市湾仔南湾南路5009号
电话：0756－8817888
传真：0756－8822388
邮编：519030
网址：www.hth8888.com
电子信箱：haotian@hth8888.com

金叶酒店 ★★★
地址：珠海市迎宾大道
电话：0756－8882668
传真：0756－8882788
邮编：519020
网址：www.zhjinye.com
电子信箱：jinyehotel@163.com

步步高大酒店 ★★★
地址：珠海市粤海路2号
电话：0756－8886628
传真：0756－8889992
邮编：519020

迈豪国际酒店 ★★★
地址：珠海市香洲区吉大情侣中路91号

电话：0756－3288888
传真：0756－3823333
邮编：519100

碧海酒店 ★★★
地址：珠海市香洲区碧海路1号
电话：0756－2121666
传真：0756－2224275
邮编：519000
网址：www. bihaihotel. com. cn

君临酒店 ★★★
地址：珠海市香洲区翠微东路68号
电话：0756－2882222
传真：0756－2318666
邮编：519100

扬名酒店 ★★★
地址：珠海市香洲区翠香路227号
电话：0756－2226168
传真：0756－2131417
邮编：519000

翡翠宫酒店 ★★★
地址：珠海市香洲区凤凰南路1126号
电话：0756－2252222
传真：0756－2225512
邮编：519000

金凤凰酒店 ★★★
地址：珠海市香洲区凤凰南路1167号
电话：0756－2112288
传真：0756－2227279
邮编：519000

侨苑酒店 ★★★
地址：珠海市香洲区海滨北路4号
电话：0756－2223291
传真：0756－2222392
邮编：519000

珠海市民安酒店 ★★★
地址：珠海市香洲区湖海路52号
电话：0756－2278888
传真：0756－2285420
邮编：519000

愉景酒店 ★★★
地址：珠海市香洲区康宁路68号
电话：0756－2253388
传真：0756－2113636
邮编：519000

赋龙酒店 ★★★
地址：珠海市香洲区康宁路70号
电话：0756－2116333
传真：0756－2117772
邮编：519000
电子信箱：zengyuyimail@ tom. com

桃园商务酒店 ★★★
地址：珠海市斗门区环湖北路8号
电话：0756－5570333
传真：0756－5570688
邮编：519000

金莎度假村 ★★★
地址：珠海市斗门区月白藤湖湖滨一区8号
电话：0756－5568668
传真：0756－5570003
邮编：519125

易乐园度假村 ★★★
地址：珠海市斗门区白藤湖好景区内
电话：0756－5566488
传真：0756－5566650
邮编：519125
网址：www. yileyuan. com
电子信箱：book@ yileyuan. com

金岛酒店 ★★★
地址：中山市东风镇同安会
电话：0760－2606888
传真：0760－2602938
邮编：528425

龙泉酒店 ★★★
地址：中山市古镇横古公路18号
电话：0760－2351888
传真：0760－2342233
邮编：528421

银泉酒店 ★★★
地址：中山市古镇新兴大道117号
电话：0760－2357888
传真：0760－2354000
邮编：528421

古镇为民酒店 ★★★
地址：中山市古镇新兴大道东13号
电话：0760－3388898
传真：0760－2393938
邮编：528400
网址：www. is－weimin. bzb. cn
电子信箱：weiminhotel@ tom. com

昆仑酒店 ★★★
地址：中山市南朗镇南岐北路8号
电话：0760－5211888
传真：0760－5211099
邮编：528451
网址：www. kunlunhotel. com

仙沐园翠湖度假村 ★★★
地址：中山市南区水台村
电话：0760－8892888
传真：0760－8895024
邮编：528455

御苑酒店 ★★★
地址：中山市南头镇南头大道中
电话：0760－3112888
传真：0760－3112668
邮编：528427
网址：www. emperor-hotel. com. cn

南中酒店 ★★★
地址：中山市南头镇永兴路1号
电话：0760－3116668
传真：0760－3116113
邮编：528427
电子信箱：www. leekonhotel@ 126. com

乐天酒店 ★★★
地址：中山市三角镇南三公路旁（三角镇政府对面）
电话：0760－5542888
传真：0760－5403238
邮编：5284445

乡泉别墅 ★★★
地址：中山市三乡镇
电话：0760－6684999
传真：0760－6685685
邮编：528463

（中山）三乡金煌酒店 ★★★
地址：中山市三乡镇文昌路
电话：0760－6680188
传真：0760－6680288
邮编：528463
网址：www. jinhuanghotel. com
电子信箱：jinhuang2000@ 126. com

招商局会所 ★★★
地址：中山市三乡镇雍陌村
电话：0760－6687888
传真：0760－6687333
邮编：528463

东悦酒店 ★★★
地址：中山市沙溪镇沙溪南路38号
电话：0760－7322668
传真：0760－7316688
邮编：528471

好世界酒店 ★★★
地址：中山市神湾镇神湾大道215号
电话：0760－6608299
传真：0760－6608286
邮编：528462

紫来轩酒店 ★★★
地址：中山市石岐区天门天乐街8－10号
电话：0760－8703333
传真：0760－8707113
邮编：528400
网址：www. zilaixuan. cn
电子信箱：chen@ zilaixuan. cn

富洲酒店 ★★★
地址：中山市石歧富华道131号
电话：0760－8612888
传真：0760－8616298
邮编：528401

莲兴酒店 ★★★
地址：中山市石岐区莲塘东路13号
电话：0760－8712668
传真：0760－8789633
邮编：528400
网址：www. zslinxing. com
电子信箱：lxhotel@ houxmg. com

京华酒店 ★★★
地址：中山市石歧中山三路
电话：0760－8328688
传真：0760－8311313
邮编：528403
网址：www. kinghotel. com. cn

汇昌酒店 ★★★
地址：中山市坦洲镇南坦路245号
电话：0760－6213388
传真：0760－6653299
邮编：528467

金柏酒店（预备）★★★
地址：中山市西区升华路16号
电话：0760－8637333
传真：0760－528401
邮编：8611333

小榄大酒店 ★★★
地址：中山市小榄海傍路沙口1号
电话：0760－2118388
传真：0760－2107989
邮编：528415

菊城宾馆 ★★★
地址：中山市小榄镇红山路46号
电话：0760－2254988
传真：0760－2254988
邮编：528415

小榄花城酒店 ★★★
地址：中山市小榄镇新市路89号

电话：0760－2258818
传真：0760－2257682
邮编：528415
网址：www.zsfth.com
电子信箱：fth@zsfth.com

东胡宾馆 ★★★
地址：江门市港口路15号
电话：0750－3363611
传真：0750－3361010
邮编：529051

园林大酒店 ★★★
地址：江门市荷塘镇瑞丰路11号
电话：0750－3737888
传真：0750－3737233
邮编：529000

江门市京港大酒店 ★★★
地址：江门市建设路36号
电话：0750－3352788
传真：0750－3332895
邮编：529000
网址：www.jingkonghotel.com
电子信箱：jingkonghotel@sina.com

富尔文华酒店 ★★★
地址：江门市迎宾三路天龙三街25座
电话：0750－3228888
传真：0750－3229999
邮编：529000

侨都大酒店 ★★★
地址：江门市紫茶路18号
电话：0750－3335233
传真：0750－3351392
邮编：529000

新会玉湖度假村 ★★★
地址：江门市新会区圭峰山玉湖西畔
电话：0750－6181060
传真：0750－6183371
邮编：539100

冈州宾馆 ★★★
地址：江门市新会区会城圭峰路9号
电话：0750－6178888
传真：0750－6192878
邮编：529100

新会区金田大酒店 ★★★
地址：江门市新会区会城中心路15号
电话：0750－6622898
传真：0750－6663233
邮编：529100

恩平侨联大酒店 ★★★
地址：江门恩平市恩城镇南堤西路33号
电话：0750－7780088
传真：0750－7772664
邮编：529400

海角城大酒店 ★★★
地址：江门台山市赤溪镇田头铜鼓渔塘湾海角城旅游度假中心
电话：0750－5279382
传真：0750－5279383
邮编：529228

台山富城大酒店 ★★★
地址：江门台山市台城侨光大道1号
电话：0750－5577166
传真：0750－5579264
邮编：529200
电子信箱：fucheng@21.com

锦江大酒店 ★★★
地址：江门台山市下川岛镇
电话：0750－5751888
传真：0750－5751788
邮编：529266

王府洲别墅度假村 ★★★
地址：江门台山市下川王府洲度假村
电话：0750－5756183
传真：0750－5756060
邮编：529266

台山下川帝苑别墅度假村 ★★★
地址：江门台山市下川镇王府洲旅游区
电话：0750－5757828
传真：0750－5757868
邮编：529266
网址：www.diyuan168.com
电子信箱：diyuanhotel@yahoo.com.cn

台山下川海湾胜景酒店 ★★★
地址：江门台山市下川镇王府洲旅游区
电话：0750－5756888
传真：0750－5756388
邮编：529266

台山下川桂园酒店 ★★★
地址：江门市台山下川镇王府洲旅游区
电话：0750－5757638
传真：0750－5757633
邮编：529266

开平三埠海景酒店 ★★★
地址：江门开平市三埠新昌潭江西路15号
电话：0750－2388888
传真：0750－2388333
邮编：529300

鹤山叠翠山庄 ★★★
地址：江门鹤山市大雁山风景旅游区
电话：0750－8820088
传真：0750－8820866
邮编：529700

北湖宾馆 ★★★
地址：江门鹤山市沙平镇北湖路1号
电话：0750－8883488
传真：0750－8882463
邮编：529700

君威酒店 ★★★
地址：江门鹤山市桃源镇325国道
电话：0750－8212228
传真：0750－8212095
邮编：529725

仙鹤湖度假山庄 ★★★
地址：江门鹤山市仙鹤湖旅游区
电话：0750－8776433
传真：0750－8776102
邮编：529738
网址：www.hsxhh.nease.net
电子信箱：hsxhh@163.net

华安阁酒店 ★★★
地址：江门鹤山市雅瑶镇
电话：0750－8288666
传真：0750－8288427
邮编：529724

金银酒店 ★★★
地址：佛山汾江西路4号
电话：0757－83350239
传真：0757－83638308
邮编：528000
网址：www.fs0757.com
电子信箱：jinyinhotel@21cm.com

鸿业酒店 ★★★
地址：佛山市大沥镇广佛高速路口对面芦村路口西侧
电话：0757－85518888
传真：0757－85518008
邮编：528231
网址：www.gdtravel.com

佛山南国大酒店 ★★★
地址：佛山市汾江南路67号
电话：0757－82983888
传真：0757－82980898
邮编：528000

石湾宾馆 ★★★
地址：佛山市汾江西路15号
电话：0757－83328813
传真：0757－83327501
邮编：528000
电子信箱：swbg@foshan.net

禅城酒店 ★★★
地址：佛山市汾江中路103号
电话：0757－82226733
传真：0757－82227702
邮编：528000
网址：www.fscchotel.com
电子信箱：master@fscchotel.com

鸿运酒店 ★★★
地址：佛山市汾江中路5号
电话：0757－82230000
传真：0757－82233288
邮编：528000
电子信箱：fshyjd@pub.foshan.gd.cn

皇都酒店（预备）★★★
地址：佛山市佛平路19号
电话：0757－82108888
传真：0757－82301122
邮编：528000

蓝澳酒店 ★★★
地址：佛山市季华四路国际陶瓷展览中心B馆1号
电话：0757－83960333
传真：0757－83963063
邮编：528000

金湖酒店 ★★★
地址：佛山市普兰二路23号
电话：0757－83399338
传真：0757－83399668
邮编：528000
网址：www.goldenlakehotel.com.cn
电子信箱：fsgolden@pub.foshan.gd.cn

旋宫酒店 ★★★
地址：佛山市祖庙路1号
电话：0757－82285622
传真：0757－82241952
邮编：528000

力之源大酒店 ★★★
地址：佛山市南海区长堤路5号
电话：0757－86331631
传真：0757－86228165
邮编：528200

新建豪酒店（预备）★★★
地址：佛山市南海区官窑瑶平路段
电话：0757－81192888

传真：0757－81192100
邮编：528237

贵都酒店 ★★★
地址：佛山市南海区桂城佛平路车南回路段
电话：0757－86280001
传真：0757－86222277
邮编：528200

福裕酒店 ★★★
地址：佛山市南海区桂城桂澜路东侧海六路南
电话：0757－86393981
传真：0757－86222152
邮编：528251

南海迎宾馆 ★★★
地址：佛山市南海区桂城南海大道市政府大院内
电话：0757－86336888
传真：0757－86222668
邮编：528200
网址：www. nanhaiguesthotel. com. cn

尖东酒店 ★★★
地址：佛山市南海区桂城石啃
电话：0757－86772700
传真：0757－86882292
邮编：528200

康颐酒店 ★★★
地址：佛山市南海区桂城新佛平路夏西工业区
电话：0757－86789118
传真：0757－86789168
邮编：528200

麒麟山庄 ★★★
地址：佛山市南海区桂丹路上柏路段
电话：0757－86446888
传真：0757－86445608
邮编：528226

京粤大酒店 ★★★
地址：佛山市南海区黄岐广佛路169号
电话：0757－85933888
传真：0757－85936948
邮编：528248
网址：www. jyhotel. cn
电子信箱：jingyue@ jyhotel. cn

南海君悦大酒店 ★★★
地址：佛山市南海区九江镇儒林东路口
电话：0757－86552238
传真：0757－86552268
邮编：528203

辉利大酒店 ★★★
地址：佛山市南海区九江镇儒林西路48号
电话：0757－86558888
传真：0757－86557883
邮编：528203

中国城大酒店 ★★★
地址：佛山市南海区九江镇新城区奇山路
电话：0757－86556633
传真：0757－86556622
邮编：528203

联兴酒店 ★★★
地址：佛山市南海区平新路厦西平稳段
电话：0757－86778877
传真：0757－86778886
邮编：528251

金泉大酒店 ★★★
地址：佛山市南海区西樵樵高路D座1号
电话：0757－86897999
传真：0757－86899301
邮编：528211

西樵山大酒店 ★★★
地址：佛山市南海区西樵山白云洞风景区内
电话：0757－86886799
传真：0757－86889689
邮编：528211

金懋大酒店 ★★★
地址：佛山市南海区西樵镇西樵轻纺城广厦路1号
电话：0757－86803332
传真：0757－86803822
邮编：528211

华泰大酒店 ★★★
地址：佛山市南海区盐步广佛路平地段78号
电话：0757－88782828
传真：0757－88782777
邮编：528247

顺德高酒店 ★★★
地址：佛山市顺德区北镇五长沙18号
电话：0757－26333388
传真：0757－26333388－8303
邮编：528311
网址：www. sdgs@ 168. com
电子信箱：wing97352@ 21cn. com

凤城酒店 ★★★
地址：佛山市顺德区大良区碧鉴路一号
电话：0757－22225889
传真：0757－22225886
邮编：528300
网址：www. fc－hotel. com. cn

中旅大酒店 ★★★
地址：佛山市顺德区大良区宜新路28号
电话：0757－22332888
传真：0757－22222876
邮编：528300
电子信箱：sdcth@ shunde. net

时代大厦酒店 ★★★
地址：佛山市顺德区大良新宁路60号
电话：0757－22387888
传真：0757－22337488
邮编：528300

顺德皇帝酒店 ★★★
地址：佛山市顺德区大良镇锦龙路118号
电话：0757－22270888
传真：0757－22271208
邮编：528300
网址：www. emperor－hotel. com

帝庭酒店 ★★★
地址：佛山市顺德区勒流镇银捷路23号
电话：0757－25336688
传真：0757－25336666
邮编：528322

万里来大酒店 ★★★
地址：佛山市顺德区勒流镇政和路10号
电话：0757－22533111
传真：0757－25560280
邮编：528322
电子信箱：wanlilai@ pub. sdnet. gd. cn

长鹿度假酒店 ★★★
地址：佛山市顺德区伦教三洲建设东路
电话：0757－27331111
传真：0757－27331000
邮编：528308

容莲宾馆 ★★★
地址：佛山市顺德区容奇江南大道23号
电话：0757－26628668
传真：0757－26628582
邮编：528303
电子信箱：rlhlotel@ 126. com

南海平洲宾馆 ★★★
地址：佛山市平洲区永安路8号
电话：0757－86776688
传真：0757－86779208
邮编：528251
网址：www. pengchowhotel. com
电子信箱：hotel@ pengchowhotel. com

安大酒店 ★★★
地址：佛山市三水区广海大道西三十号
电话：0757－87821333
传真：0757－87825050
邮编：528100

恒益荷花假日酒店 ★★★
地址：佛山市三水区南丰大道荷花世界侧
电话：0757－87778888
传真：0757－87755332
邮编：528000

（佛山）金太阳酒店 ★★★
地址：佛山市三水区西南镇广海大道东西南大桥侧
电话：0757－87761888
传真：0757－87701732
邮编：528100

三水君悦酒店 ★★★
地址：佛山市三水区西南镇健力宝南路5号
电话：0757－87738123
传真：0757－87731266
邮编：528100

三水华厦酒店 ★★★
地址：佛山市三水区新华路42号
电话：0757－87738888
传真：0757－83353924
邮编：528100
网址：www. ssctshotel. com. cn
电子信箱：sscts@ ssctshotel. com. cn

鸿南大酒店 ★★★
地址：佛山市三水区新华路23号
电话：0757－87728888
传真：0757－87701688
邮编：528100
电子信箱：sshnjd@ 126. com

恒威大酒店 ★★★
地址：佛山市高明区河江工业区
电话：0757－88222111
传真：0757－88222388
邮编：528500

苑迎宾馆（预备）★★★
地址：佛山市高明区荷城街道文汇路9号
电话：0757－88232222
传真：0757－88989058
邮编：528500

世纪星酒店 ★★★
地址：佛山市高明区荷城街道文华路455号

电话：0757－88886633
传真：0757－88638168
邮编：528500

新长讯宾馆 ★★★
地址：肇庆市康乐北路38号
电话：0758－2818388
传真：0758－2818126
邮编：526040

新松涛宾馆有限公司 ★★★
地址：肇庆市七星岩风景区内
电话：0758－2302288
传真：0758－2285226
邮编：526040

南粤苑度假中心 ★★★
地址：肇庆市七星岩万松岗
电话：0758－2283238
传真：0758－2281319
邮编：526020

湖滨大酒店 ★★★
地址：肇庆市天宁北路82号
电话：0758－2225981
传真：0758－2220977
邮编：526040

肇庆华侨大厦 ★★★
地址：肇庆市天宁北路90号
电话：0758－2232952
传真：0758－2231197
邮编：526040
网址：www.zhaoqingtour.net.cn

波海楼 ★★★
地址：肇庆市星湖西路
电话：0758－2233191
传真：0758－2224582
邮编：526020

荔枝湾度假村 ★★★
地址：肇庆四会市东城区四会大道南
电话：0758－3286888
传真：0758－3285288
邮编：526200
网址：www.lizhibay.com
电子信箱：lizhiwan－zqb@21cn.net

四会贞山宾馆 ★★★
地址：肇庆四会市贞山旅游区
电话：0758－3308319
传真：0758－3308628
邮编：526200

腾业大酒店 ★★★
地址：肇庆市怀集县怀城镇西区
电话：0758－5519933
传真：0758－5519955
邮编：526400

怀集县新世界大酒店 ★★★
地址：肇庆市怀集县解放北路
电话：0758－5518888
传真：0758－5518999
邮编：526400

德庆新丽都大酒店 ★★★
地址：肇庆市德庆县德城镇文兰北路
电话：0758－7799999
传真：0758－7761516
邮编：526600
网址：www.xinlidu
电子信箱：www.xinlidu.com@163.com

新时代大酒店 ★★★
地址：肇庆市德庆县康城大道
电话：0758－7788888
传真：0758－7785683
邮编：526600
网址：www.dqsunstar-hotel.com
电子信箱：mail.dqsunstar-hotel.com

德庆县登云酒店 ★★★
地址：肇庆市德庆县康城大道东128号
电话：0758－7787777
传真：0758－7785088
邮编：526600

新丽晶大酒店 ★★★
地址：云浮市区河滨东路232号
电话：0766－8981177
传真：0766－8983677
邮编：527300

光明大酒店 ★★★
地址：云浮市云城区
电话：0766－8216789
传真：0766－8216918
邮编：527328
网址：www.sunshine.yahtour.com

富山湖度假村酒店 ★★★
地址：云浮市云安县城
电话：0766－8639088
传真：0766－8611622
邮编：527500

郁南县新都酒店 ★★★
地址：云浮市郁南县都城镇中山路22号
电话：0766－7332788
传真：0766－7331818
邮编：527100

新永光大酒店 ★★★
地址：云浮市郁南县都城镇中山路2号
电话：0766－7331088
传真：0766－7339708
邮编：527100

阳春金鹏大酒店 ★★★
地址：阳江市城东大道2号
电话：0662－7738889
传真：0662－7738378
邮编：529600

阳江粤海酒店 ★★★
地址：阳江市登峰东路16号
电话：0662－3322222
传真：0662－3333339
邮编：529500

海陆空火锅城大酒店 ★★★
地址：阳江市东风二路7号
电话：0662－3316361
传真：0662－3315887
邮编：529500

海陵岛小港湾山庄 ★★★
地址：阳江市海陵岛闸坡镇
电话：0662－3896666
传真：0662－3895568
邮编：529536

金海利大酒店 ★★★
地址：阳江市海陵岛闸坡镇海滨路23号
电话：0662－3896688
传真：0662－3896628
邮编：529536

华坚宾馆 ★★★
地址：阳江市了岗路1号
电话：0662－3266666
传真：0662－3213331
邮编：529500

富华大酒店 ★★★
地址：阳江市石湾北路143号
电话：0662－8883333
传真：0662－8839999
邮编：529500

闸坡银波酒店 ★★★
地址：阳江市闸坡旅游大道南
电话：0662－3889888
传真：0662－3889688
邮编：529536

粤法酒店 ★★★
地址：阳江市闸坡镇
电话：0662－3895555
传真：0662－3896066
邮编：529536

闸坡浪琴湾酒店 ★★★
地址：阳江市闸坡镇旅游大道南碧涛村16号
电话：0662－3892222
传真：0662－3893838
邮编：529500

登宝酒店 ★★★
地址：阳江阳春市春城镇南新大道
电话：0662－7742833
传真：0662－7710263
邮编：529600

阳春花园酒店 ★★★
地址：阳江阳春市县前路124号
电话：0662－7735158
传真：0662－7735157
邮编：528600
电子信箱：gdychyjd2000@21cn.com

阳西西园宾馆 ★★★
地址：阳江市阳西县新城三区福星一街
电话：0662－5538888
传真：0662－5542998
邮编：529800

南国大酒店 ★★★
地址：茂名市光华北路218号
电话：0668－2929888
传真：0668－2929138
邮编：525000
网址：www.ng_hotel.cov.cn
电子信箱：mmnghotel@126.com

赛格特酒店 ★★★
地址：茂名市人民南路128号
电话：0668－2273388
传真：0668－2273558
邮编：525000
网址：www.sighthotel.com
电子信箱：sighthotel@sighthotel.com

嘉燕大酒店 ★★★
地址：茂名市双山一路89号
电话：0668－2988888
传真：0668－2287888
邮编：525000

茂名大厦 ★★★
地址：茂名市油城五路1号
电话：0668－2283888

传真：0668－2284800
邮编：525000

飞龙宾馆 ★★★
地址：茂名化州市下部区乐园路
电话：0668－7391888
传真：0668－7220238
邮编：525100

西江温泉度假村 ★★★
地址：茂名信宜市北界镇西江河畔
电话：0668－8516318
传真：0668－8516318
邮编：525349
网址：www.xiwq.com www.138.mmw.cc
电子信箱：138@mmw.cc

宇兴电力度假村 ★★★
地址：湛江市东海岛东简省级旅游度假区
电话：0759－2389289
传真：0759－2922166
邮编：524076
电子信箱：yxdj@zjdl.com.cn

康龙度假村 ★★★
地址：湛江市东海岛龙海涛声南路
电话：0759－2389666
传真：0759－2389698
邮编：524076

北苑度假村 ★★★
地址：湛江市东海岛涛声北路
电话：0759－2389843
传真：0759－2389083
邮编：524072

锦华大酒店 ★★★
地址：湛江市海翔路16号
电话：0759－3152188
传真：0759－3152189
邮编：524044
网址：www.zjjinhuahotel.com
电子信箱：zjjinhuahotel@zlcn.com

南海西部石油伊甸园度假村 ★★★
地址：湛江市南三镇林场
电话：0759－3930888
传真：0759－3929494
邮编：524067

中南酒店 ★★★
地址：湛江市人民大道中29号
电话：0759－3252888
传真：0759－3386000
邮编：524022

富丽华大酒店 ★★★
地址：湛江市椹川北路160号
电话：0759－3369888
传真：0759－3318906
邮编：524043
网址：www.fh888.cn
电子信箱：fh@fh888.cn

金海大酒店 ★★★
地址：湛江市赤坎区海田路288号
电话：0759－3150188
传真：0759－3202998
邮编：524043

园府酒店 ★★★
地址：湛江市赤坎区康顺路19号
电话：0759－3314451
传真：0759－3314451
邮编：524043

环球大酒店 ★★★
地址：湛江市赤坎区甚川大道北368号
电话：0759－3339788
传真：0759－3339788
邮编：524033

运通宾馆 ★★★
地址：湛江市赤坎区甚川大道北99号
电话：0759－3198168
传真：0759－3318723
邮编：524033

湛江迎宾馆 ★★★
地址：湛江市赤坎区跃进路3号
电话：0759－3315388
传真：0759－3310603
邮编：524038

海富大酒店 ★★★
地址：湛江市霞山区东堤路15号
电话：0759－2208288
传真：0759－2280614
邮编：524004

美丽华大酒店 ★★★
地址：湛江市霞山区解放西路36号
电话：0759－2662888
传真：0759－2662999
邮编：524013
网址：www.fh888.cn
电子信箱：fh@fh888.cn

新新格里拉酒店 ★★★
地址：湛江市霞山区解放西路北二巷1号
电话：0759－2238888
传真：0759－2204888
邮编：524001

镇海大酒店 ★★★
地址：湛江市霞山区绿塘路93号
电话：0759－3567288
传真：0759－3567001
邮编：524002

新都大酒店 ★★★
地址：湛江市霞山区人民大道73号
电话：0759－2210188
传真：0759－2210188
邮编：524100

南海宾馆 ★★★
地址：湛江市坡头区17号
电话：0759－3950388
传真：0759－3950555
邮编：524057
电子信箱：zjnhht@163.com

南油迎宾馆 ★★★
地址：湛江市坡头区南调路
电话：0759－3901911
传真：0759－3901546
邮编：524057

（廉江）丽波度假村 ★★★
地址：湛江廉江市肉联加工厂内
电话：0759－6688811
传真：0759－6607888
邮编：524400
电子信箱：liboresort@21cm.com

怡心大酒店 ★★★
地址：湛江廉江市新风路1号
电话：0759－6689996
传真：0759－6689996
邮编：524400

中国园酒店 ★★★
地址：湛江雷州市西湖大道198号
电话：0759－8880999
传真：0759－8880899
邮编：524200

名都大酒店 ★★★
地址：湛江雷州市西湖大道36号
电话：0759－8855000
传真：0759－8853147
邮编：524200

洪都大酒店 ★★★
地址：湛江雷州市西湖大道六横路001号
电话：0759－8880222
传真：0759－8880258
邮编：524200
网址：www.lzeweb.com/hongdu
电子信箱：hongdudajiudian@21cn.com

松源酒店 ★★★
地址：湛江市遂溪县
电话：0759－7773688
传真：0759－7779722
邮编：524300

银塔大酒店 ★★★
地址：湛江市遂溪县城新风路88号
电话：0759－7779888
传真：0759－7779668
邮编：524300

徐闻金涛酒店 ★★★
地址：湛江市徐闻县海安大道
电话：0759－4688888
传真：0759－4689999
邮编：524145

聚雅酒店 ★★★
地址：湛江市徐闻县徐海路76号
电话：0759－4855720
传真：0759－4877240
邮编：524100

旅游景区

广州长隆旅游度假区 AAAAA
地址：广州市迎宾路
电话：020－84780333
邮编：510130
网址：www.chimelong.com

广州市白云山风景名胜区 AAAA
地址：广州市中心城区东北部
电话：020－37222222
邮编：510075

广州气象卫星地面站 AAA
地址：广州市五山1132信箱
电话：020－87059013
邮编：510640
网址：www.gmss.cn

广东美术馆 AAAA
地址：广州市二沙岛烟雨路38号
电话：020－87351468
邮编：510105
网址：www.gd-art.com

广州中山纪念堂 AAAA
地址：广州市东风中路259号
电话：020－83552030
邮编：510030

网址：www. zs-hall. com

南越王宫博物馆 AAAA
地址：广州市中山四路 316 号
电话：020－83357045　83361029
邮编：510130

十九路军淞沪抗日阵亡将士陵园 AAA
地址：广州市水荫路
电话：020－87047408
邮编：510075
网址：www. gz19. net

黄花岗公园 AAAA
地址：广州市先烈中路 79 号
电话：020－37588321
邮编：510076

西汉南越王墓博物馆 AAAA
地址：广州市解放北路 867 号
电话：020－86664920
邮编：510030

越秀公园 AAAA
地址：广州市解放北路
电话：020－83556494
邮编：510040

广州丹水坑风景区 AA
地址：广州市黄埔区南岗镇
电话：020－82237173
邮编：510760

广州番禺香江野生动物世界 AAAAA
地址：广州市番禺区大石镇
电话：020－84783333
邮编：511430
网址：www. chimelong. com. cn

番禺莲花山旅游风景区 AAAA
地址：广州市番禺区石楼镇
电话：020－84861599　84861298
邮编：511440
网址：www. gzlotus. com. cn

番禺宝墨园 AAAA
地址：广州市番禺区沙湾紫泥村
电话：020－84746666
邮编：511487
网址：www. bao. mogarden. com

花都区九龙潭水上世界度假村 AA
地址：广州市北兴镇九龙潭旅游度假区
电话：020－86855690
邮编：510897
网址：www. china. qingmings. com
电子信箱：qingmings@ qingmings. com

洪秀全故居纪念馆 AAA
地址：广州市花都区新华路 52 号
电话：020－86832232
邮编：510800

广州抽水蓄能电站旅游度假区 AAA
地址：广州市从化市吕田镇小杉
电话：020－87856409
邮编：510950
网址：www. 9psps. com

从化温泉旅游度假区 AAAA
地址：广州从化市温泉镇
电话：020－87836128
邮编：510970

清远黄腾峡生态旅游区 AAAA
地址：清远市清城区东城街
邮编：511500

碧桂园假日半岛故乡里旅游度假区 AAAA
地址：清远市石角镇碧桂园
电话：0763－3836679
邮编：511500
邮箱：lzj86030078@ 126. com

连州地下河 AAAA
地址：清远连州市东陂镇
电话：0763－6269189
邮编：513400
电子信箱：pmly@ public. sz. js. cn

清新温矿泉度假区 AAAA
地址：清远市清新县三坑镇
电话：0763－5862611
邮编：511855

广东省飞来峡水利枢纽风景区 AAAA
地址：清远市清新县飞来峡镇
邮编：511800

清远玄真古洞生态旅游度假区 AAAA
地址：清远市清新县玄真路尾
电话：0763－5829988　5829910
邮编：511800

韶关曹溪温泉假日度假村 AAAA
地址：韶关市曲江马坝
电话：0751－6666666
邮编：512100
网址：www. caoxi. com. cn
电子信箱：webmaster@ 51766. com

丹霞山风景名胜区 AAAA
地址：韶关市仁化县丹霞风景区外山门大楼
电话：0751－6291683　6291630
邮编：512300

新丰江国家森林公园 AAAA
地址：河源市旅游大道
电话：0762－8771088
邮编：517001

新丰江大坝旅游区 AA
（全国工业旅游示范点）
地址：河源市源城区新江三路
电话：0762－3302555
邮编：517021

龙川水坑生态旅游娱乐区 AA
地址：河源市龙川县老隆镇
电话：0762－6882914
邮编：517300

龙川霍山风景区 AAA
地址：河源市龙川县田心镇
电话：0762－6481602
邮编：517300

梅州雁南飞度假村 AAAA
地址：梅州市梅县雁洋镇长教村
电话：0753－2828888
邮编：514759

雁鸣湖旅游度假村 AAAA
地址：梅州市梅县雁洋镇南福村
电话：0753－2839288
邮编：514059

西湖汤湖热矿泥山庄 AAA
地址：梅州市五华县转水镇维松村
电话：0753－4880147
邮编：514471

梅州市平远县五指石旅游区 AAA
地址：梅州市平远县差干镇
电话：0753－8273252
邮编：514625

韩愈纪念馆（韩文公祠）AAA
地址：潮州市桥东韩师山顶
电话：0768－2523581
邮编：521000

汕头中信高尔夫海滨度假村 AAAA
地址：汕头市濠江区河浦大道中段斧头山北簏
电话：0754－7874514
邮编：515071

礐石海滨风景名胜区 AAAA
地址：汕头市濠江区礐石海旁路
电话：0754－7490684
邮编：515070

莲花峰景区 AA
地址：汕头市潮阳区莲花峰风景区
电话：0661－6632419
邮编：515132

汕头市南澳岛省级旅游度假区 AAAA
地址：汕头市南澳县青澳湾
电话：0754－6997081
邮编：515920

汕尾玄武山旅游区 AAAA
地址：汕尾陆丰市碣石镇
电话：0660－6891368
邮编：516545

惠州西湖风景名胜区 AAAA
地址：惠州市二环路紫微山下园林大楼
电话：0752－2230304
邮编：516001

惠州市龙门南昆山温泉旅游大观园 AAAA
地址：惠州市龙门县永汉镇油田村
电话：0752－7618559
邮编：516870
网址：www. nkshs. com. cn

龙门铁泉旅游度假区 AAAA
地址：惠州市龙门县龙田镇热水锅村
电话：0752－7888889
邮编：516800
网址：www. lmwq. com. cn

南昆山生态旅游区 AAAA
地址：惠州市龙门县南昆山镇
电话：0752－7690065
邮编：516876

鸦片战争博物馆 AAAA
地址：东莞市虎门镇解放路 88 号
电话：0769－85512065
邮编：523900

冠和博物馆 AA
地址：东莞市樟木头镇中心广场三楼
电话：0769－87789189
邮编：523900

深圳华侨城旅游度假区 AAAAA
地址：深圳市南山区华侨城
电话：0755－26918839
邮编：518053

锦绣中华 AAAA
地址：深圳市南山区华侨城
电话：0755－26600626
邮编：518053

欢乐谷 AAAA
地址：深圳市南山区华侨城
电话：0755－26949168
邮编：518053

中国民俗文化村 AAAA
地址：深圳市华侨城
电话：0755－26600626
邮编：518053

深圳世界之窗 AAAA
地址：深圳市市华侨城
电话：0755－26608000
邮编：518053
电子信箱：liyan－10228@ sohu. com

深圳观澜湖高尔夫球会 AAAA
地址：深圳市宝安区观澜镇高尔夫大道
电话：0755－28085888
邮编：518110

深圳仙湖植物园 AAAA
地址：深圳市仙湖路160号
电话：0752－25736061
邮编：518004

珠海市圆明新园 AAAA
地址：珠海市九洲大道兰埔
电话：0756－8664670
邮编：519070

珠海市农业科学研究中心农科奇观 AAAA
地址：珠海市香洲区前山梅溪村双龙山
电话：0756－8620751
邮编：519070

中山詹园 AAAA
地址：中山市南区北台村105国道旁
电话：0760－3336288
传真：0760－3337878
邮编：528455
网址：www. ahanggarden. com

孙中山故居 AAAA
地址：中山市南朗镇翠亨村
电话：0760－5501691
邮编：528454
网址：www. sunyat-sen. org
电子信箱：sys@ sunyat-sen. org

圭峰山风景名胜区 AAAA
地址：江门新会区会城镇北郊圭峰山
电话：0750－6180693
邮编：529100
网址：www. gdguifeng. com

新会区古兜温泉旅游度假村 AAAA
地址：江门新会区崖南镇石
电话：0750－6455763
邮编：529149

金山温泉旅游度假村 AAAA
地址：江门恩平市那吉镇东郊
电话：0750－7281188
邮编：529471

锦江温泉旅游度假区 AAAA
地址：江门恩平市大田镇朗底
电话：0750－7333333
邮编：529431

立园旅游区 AAAA
地址：江门开平市塘口镇
电话：0750－2678888
邮编：529300

西樵山风景名胜区 AAAA
地址：佛山市南海区西樵山旅游度假区
电话：0757－86886646
邮编：528211

佛山市顺德长鹿休闲度假农庄 AAAA
地址：佛山市顺德区伦教三洲建设东路
电话：0757－27331111
邮编：528300

顺德区清晖园 AAAA
地址：佛山市顺德区大良清晖路23号
电话：0757－22226196
邮编：528300

三水市森林公园 AAAA
地址：佛山市三水区西南镇云东海旅游经济区
电话：0757－87821633
邮编：528100

三水市荷花世界 AAAA
地址：佛山市三水区南丰大道
电话：0757－87751608　87765303
邮编：528100

肇庆星湖风景名胜区 AAAA
地址：肇庆市城区北郊
电话：0758－2286192
邮编：526020

阳江海陵岛大角湾风景名胜区 AAAA
地址：阳江市海陵岛闸坡镇
电话：0662－3888240
邮编：529536

阳江市海陵岛海滨风景名胜区 AAAA
地址：阳江市闸坡镇海滨中路38号
电话：0662－3888240
邮编：529536

中国第一滩省级旅游度假区 AAA
地址：茂名市茂港区
电话：0668－2683633
邮编：525027

广东省信宜市西江温泉度假村 AAA
地址：茂名信宜市北界镇西江
电话：0668－8516138
邮编：525349

茂名天马山生态旅游区 AAA
地址：茂名信宜市北界镇旺将村
邮编：525300

湛江蓝月湾温泉度假邨 AAAA
地址：湛江市海滨三路32号
电话：0759－2286888－2008
邮编：524005

湛江湖光岩风景区名胜区 AAAA
地址：湛江市麻章区湖光镇
电话：0759－2800400
邮编：524088

湛江金鹿园 AA
地址：湛江市湖光岩北侧
电话：0759－2859600
邮编：524038

湛江市南亚热带植物园 AAA
地址：湛江市麻章区湖光镇湖秀新村
电话：0759－2859145
邮编：524091

湛江市吉兆湾旅游度假区 AAA
地址：湛江吴川市覃巴镇
电话：0759－5130036　5130229
邮编：524543

雷州西湖公园 AA
地址：湛江雷州市雷城西湖大道37号
电话：0759－8813533
邮编：524200

雷州雷祖祠游览区 AA
地址：湛江雷州市雷城
邮编：524200

雷州三元塔公园 AA
地址：湛江雷州市雷城曲街04号
电话：0759－8849722
邮编：524200

雷州天成台旅游度假村 AAA
地址：湛江雷州市乌石镇
电话：0759－8630368
邮编：524255

餐　馆

西关渔港海鲜酒楼
地址：广州市逢源路155号
电话：020－81936170
邮编：510145

大三元酒家
地址：广州市越秀区长堤大马路260号
电话：020－81883970
邮编：510030

广州酒家文昌总店
地址：广州市荔湾区文昌南路2号
电话：020－81380388
邮编：510140

泮溪酒家
地址：广州市龙津西路151号
电话：020－81815718
邮编：510130

陶陶居
地址：广州市第十甫路20号
电话：020－81389905
邮编：510140

莲香楼
地址：广州市第十甫路67号
电话：020－81861191
邮编：510130

北园酒家
地址：广州市小北路202号
电话：020－83333365
邮编：510050

钓鱼台蛇餐馆
地址：广州市炭步镇
电话：020－86747868
邮编：510820

穆斯林西餐厅
地址：广州市环市东路
电话：020－87626466
邮编：510071

小岛西餐厅
地址：广州市中山八路
电话：020－81729820
邮编：510175

维也纳西餐厅
地址：广州市大石镇飘峰路
电话：020－84781555
邮编：511430

仙踪林餐厅
地址：广州市江南西路
电话：020－84419272
邮编：510240

水云轩西餐厅
地址：广州市恒福路
电话：020－83592080
邮编：510095

清真新月餐厅
地址：广州市童心路
电话：020－83580556
邮编：510130

青菜坊餐厅
地址：广州市盘福路
电话：020－81363667
邮编：510130

浅草泰国风味餐厅
地址：广州市滨江中路
电话：020－84246868
邮编：510220

乡间小路风味餐厅
地址：广州市天河北路
电话：020－38736848
邮编：510635

快乐时光西餐厅
地址：广州市署前路
电话：020－87627978
邮编：510080

金翡翠西餐厅
地址：广州市江南西路永春园
电话：020－84439549
邮编：510240

印度西餐厅
地址：广州市淘金路
电话：020－83489240
邮编：510130

阿拉伯新世纪西餐厅
地址：广州市环市中路
电话：020－83551345
邮编：510050

河畔餐厅
地址：广州市沙渡路
电话：020－84129571
邮编：510250

澳门街风味餐厅
地址：广州市东湖西路
电话：020－83780428
邮编：510080

猎人山庄餐厅
地址：广州市新广从公路
电话：020－36200331
邮编：510410

绿野仙踪餐厅
地址：广州市光明北路
电话：020－84897131
邮编：511400

红枫阁西餐厅
地址：广州市人民南路
电话：020－81863268
邮编：510130

唐乐宫印度餐厅
地址：广州市爱国路
电话：020－83594533
邮编：510095

银座餐厅
地址：广州市昌岗中路
电话：020－84314123
邮编：510250

金芽庄越泰餐厅有限公司
地址：广州市天河路
电话：020－87503471
邮编：510630

小街风情意大利西餐厅
地址：广州市环市东路
电话：020－83866783
邮编：510130

塞纳河法国餐厅
地址：广州市二沙岛晴波路
电话：020－87352738
邮编：510105

流金岁月沪杭私家菜餐厅
地址：广州市天河北路
电话：020－38771388
邮编：510610

名仕阁法国西餐厅
地址：广州市天河东路
电话：020－87570100
邮编：510630

佳苑韩国料理餐厅
地址：广州市天河北龙口东路
电话：020－38489568
邮编：510630

幸福之家韩式西餐厅
地址：广州市体育西路峰源大厦首层1号
电话：020－85583969
邮编：510620

杏花楼餐厅
地址：广州市体育西路
电话：020－85585277
邮编：510620

土耳其餐厅
地址：广州市环市东路
电话：020－87601227
邮编：510071

巴西阳光烧烤自助餐厅
地址：广州市天河北路
电话：020－38460681
邮编：510635

湘君楼餐饮有限公司
地址：广州市广州大道南敦和大厦
电话：020－89000879
邮编：510230

广东港岛餐饮服务有限公司
地址：广州市
电话：020－83574848
邮编：510091

百胜餐饮（广东）有限公司
地址：广州市环市东路
电话：020－83588288
邮编：510095

八佰膳日式餐饮有限公司
地址：广州市大北路
电话：020－84883368
邮编：511400

广州酒家企业集团有限公司
地址：广州市文昌南路
电话：020－81380985
邮编：510140

约翰餐饮有限公司
地址：广州市环市路淘金街
电话：020－83577017
邮编：510095

济州岛餐饮有限公司
地址：广州市建设六马路
电话：020－83633051
邮编：510060

巴蜀轩餐饮有限公司
地址：广州市中山五路
电话：020－83362650
邮编：510030

金河半岛餐饮有限公司
地址：广州市黄埔大道中
电话：020－85529019
邮编：510630

渔民新村饮食有限公司
地址：广州市大石镇迎宾路559号
电话：020－34792888
邮编：511430

陶陶居饮食有限公司
地址：广州市第十甫路
电话：020－81396111
邮编：510140

大堡礁饮食有限公司
地址：广州市中山五路
电话：020－83278527
邮编：510030

鹅公村饮食有限公司
地址：广州市花地大道南402号
电话：020－81515403
邮编：510380

广州市新兴家喻饮食有限公司
地址：广州市昌岗中路166号
电话：020－34136818
邮编：510220

广州市绿茵阁餐饮连锁有限公司
地址：广州市江南西路杏园大街29号
电话：020－84243233
邮编：510240

广州酒家企业集团有限公司
地址：广州市广州市文昌南路二号
电话：020－81380762　13710678800
邮编：510130

广东省金苑山庄
地址：广州市越秀区恒福路117号
电话：020－83581688
邮编：510130

百胜餐饮（广东）有限公司清远赢之城餐厅
地址：清远市新城人民二路22号首层2层
电话：0763－3877115
邮编：511500

美食源酒楼
地址：清远市清城区

电话：0763－3123799
邮编：511500

金悦酒楼
地址：清远市清城区鹿鸣路
电话：0763－3877777
邮编：511500

黄鹤楼
地址：清远市清城区
电话：0763－3343680
邮编：511500

红磨坊休闲餐馆
地址：清远市清城区
电话：0763－6817786
邮编：511500

汕头餐厅
地址：清远市清城区
电话：0763－3123252
邮编：511500

聚福园餐厅
地址：清远市清城区方正二街5号朝南大厦
电话：0763－3121882
邮编：511500

清远市雅苑大酒楼
地址：清远市清城区大观街19号23楼
电话：0763－3333193
邮编：511500

老牌林记烧腊店
地址：清远市清城区
电话：0763－3806115
邮编：511500

福满楼
地址：清远市清城区
电话：0763－3360262
邮编：511500

南海渔村
地址：清远市清城区
电话：0763－3399168
邮编：511500

三源鸡庄
地址：清远市清城区下滘基132号
电话：0763－3898796
邮编：511500

海景湾
地址：清远市清城区
电话：0763－3328201
邮编：511500

红辣椒川菜馆
地址：清远市清城区
电话：0763－3859400
邮编：511500

丽晶阁酒楼
地址：清远市清城区
电话：0763－3863397

楚留香湖南菜馆
地址：清远市清城区
电话：0763－3363496
邮编：511500

龙轩休闲食府
地址：清远市清城区
电话：0763－3366838
邮编：511500

太阳城大酒楼
地址：韶关市
电话：0751－8633888
邮编：512000

聚雅轩
地址：韶关市
电话：0751－8971438
邮编：512000

金玫瑰酒楼
地址：韶关市工业东路
电话：0751－8622797
邮编：512000

文苑大酒楼
地址：韶关市新华北路138号
电话：0751－8636668
邮编：512000

唐苑海鲜食府
地址：韶关市工业东路40号
电话：0751－8638206
邮编：512000

韶关市乐苑餐厅
地址：韶关市东提中路200号
电话：0751－8633388
邮编：512000

韶关酒家
地址：韶关市解放路
电话：0751－8881989
邮编：512000

韶关市旋宫大酒楼
地址：韶关市北江区文化街7号
电话：0751－8893218
邮编：512000

草原小肥羊火锅城
地址：韶关市武江南路
电话：0751－8778148
邮编：512000

怡景湾餐厅
地址：韶关市新华北路
电话：0751－8612636
邮编：512000

潮州海鲜菜馆
地址：韶关市升平路105号
电话：0751－8899933
邮编：512000

天然居大酒楼
地址：韶关市武江南路16号
电话：0751－8626970
邮编：512000

新怡然酒楼
地址：河源市源城区大同路183号
电话：0762－3665898
邮编：517001

河粮酒家
地址：河源市源城区河源大道北113号
电话：0762－3363214
邮编：517001

绿雅轩
地址：河源市源城区
电话：0762－3295777
邮编：517001

洞庭土菜馆
地址：河源市源城区
电话：0762－2836919
邮编：517001

绿之岛中西餐厅
地址：河源市源城区大同路89号
电话：0762－3327723
邮编：517001

雅园海鲜酒家
地址：河源市源城区文明路
电话：0762－3819999
邮编：517001

金隆酒楼
地址：河源市源城区大同路
电话：0762－3887998
邮编：517001

河鲜楼
地址：河源市源城区富民街2号
电话：0762－3829328
邮编：517001

赣菜馆
地址：河源市源城区长安街87号
电话：0762－3883016
邮编：517001

金苑酒家
地址：梅州市梅江区金苑小区秋苑路
电话：0753－2298289
邮编：514021

柏斯印象西餐厅
地址：梅州市梅江区彬芳大道30号
电话：0753－2153628
邮编：514021

香港海鲜城
地址：梅州市梅江区
电话：0753－2159688
邮编：514021

潮汕粥
地址：梅州市梅江区
电话：0753－2199866
邮编：514021

民间瓦缸煨汤馆
地址：潮州市湘桥区
电话：0768－3896565
邮编：521000

川渝人家
地址：潮州市湘桥区
电话：0768－2262833
邮编：521000

小岛食馆
地址：潮州市湘桥区
电话：0768－2800997
邮编：521000

松山食府
地址：潮州市湘桥区
电话：0768－2361600
邮编：521000

莲花素食府
地址：汕头市海滨路33号大洋集团西侧楼
电话：0754－8530028
邮编：515031

皇城大酒楼
地址：汕头市嵩山路45号珠池大厦2楼
电话：0754－8899929　8899311
邮编：515031

新梅园四季饭店
地址：汕头市凤凰山路开达大厦首层
电话：0754－8163972
邮编：515031

庄氏祥记燕翅鲍食府
地址：汕头市凤凰山路13号
电话：0754－8172888　8179665
邮编：515031

金南香渔港
地址：汕头市珠池路61号
电话：0754－8991937
邮编：515031

大宅门
地址：汕头市衡山路26号
电话：0754－8738717
邮编：515031

帝苑潮州酒楼
地址：汕头市金砂东路188号帝豪大酒店内
电话：0754－8199888
邮编：515031

莲华素食府揭阳分店
地址：揭阳市榕城区榕华大道
电话：0663－8630902
邮编：522000

汕头金岛燕窝潮州酒楼揭阳分店
地址：揭阳市榕城区特美思大酒店3楼
电话：0663－8721888
邮编：522000

红楼餐厅
地址：揭阳市榕城区马牙路
电话：0663－8732299
邮编：522000

四川菜馆
地址：揭阳市榕城区
电话：0663－8212721
邮编：522000

新富豪大酒楼
地址：汕尾市城区
电话：0660－3379333
邮编：516601

香城大酒店
地址：汕尾市城区
电话：0660－3207666
邮编：516601

汕尾市豪都酒楼
地址：汕尾市城区蝶宛路
电话：0660－3397999
邮编：516601

澳门海鲜酒家
地址：汕尾市城区澳门街中段
电话：0660－3312000
邮编：516601

巴山香辣蟹
地址：汕尾市城区通港路130号
电话：0660－3341670
邮编：516601

龙腾大酒楼
地址：惠州市惠城区麦兴路11号
电话：0752－2088188
邮编：516001

长堤桂冠西餐厅
地址：惠州市下埔惠沙堤一路9号滨江大厦
电话：0752－2111789
邮编：516001

乐都湘菜
地址：惠州市惠城区麦地路43号
电话：0752－2169328
邮编：516001

金山城
地址：惠州市惠城区南环西路
电话：0752－2533892
邮编：516001

湘水人家
地址：惠州市惠城区花边南路
电话：0752－5221170
邮编：516001

锦绣海鲜大酒楼
地址：惠州市惠城区水门路177号
电话：0752－2202888
邮编：516001

惠州市第二饮食服务公司西湖餐厅
地址：惠州市惠城区中山东路24号
电话：0752－2224057
邮编：516001

惠州市第二饮食服务公司东昌餐馆
地址：惠州市惠城区中山东路14号
电话：0752－2204193
邮编：516001

大丰收鱼庄
地址：惠州市惠城区新岸路
电话：0752－2538933
邮编：516001

惠州市重庆酒家
地址：惠州市惠城区麦地路16号
电话：0752－2272742
邮编：516001

湘西酒楼
地址：惠州市惠城区龙丰路
电话：0752－2274938
邮编：516001

惠州市贵妃鸡海鲜饭店
地址：惠州市惠城区中山南路60号
电话：0752－2215818
邮编：516001

惠州市万绿湖大酒楼
地址：惠州市惠城区下埔大道2号
电话：0752－2101888
邮编：516001

湘岳人家
地址：惠州市惠城区九中后街
电话：0752－2116831
邮编：516001

惠州市乡村酒楼
地址：惠州市惠城区南坛北路22号
电话：0752－2238025
邮编：516001

锦记乡菜馆
地址：惠州市惠城区东湖三街
电话：0752－2250928
邮编：516001

毛家饭店
地址：惠州市惠城区鹅岭西路
电话：0752－2263919
邮编：516001

蜀湘园
地址：惠州市惠城区红花湖路
电话：0752－2275898
邮编：516001

东莞山庄中餐厅
地址：东莞市莞太路路11号
电话：0769－22300000
邮编：523003

拉丁餐厅
地址：东莞市东纵大道2号地王广场3楼
电话：0769－22763810
邮编：523003

唐宫海鲜
地址：东莞市东城大道283号世博广场
电话：0769－22762288
邮编：523003

香叶栈
地址：东莞市东城南路
电话：0769－22457988
邮编：523003

东莞篁胜酒店
地址：东莞市体育路11号
电话：0769－22463888
邮编：523003

老妈私房菜
地址：东莞市厚街镇珊瑚路90号
电话：0769－85887263
邮编：523003

瓦城泰国菜
地址：东莞市厚街镇珊瑚路184号
电话：0769－85053399
邮编：523003

重庆诸葛鱼庄
地址：东莞市富民商业步行街
电话：0769－22908765
邮编：523003

水乡蚬汤
地址：东莞市运河东一路93号
电话：0769－22206768
邮编：523003

荔枝湾大酒楼
地址：东莞市运河东一路183号经贸中心4楼
电话：0769－22217688　22219788
邮编：523003

东方家族泰国餐厅
地址：东莞市银丰路12号东安大厦
电话：0769－22410939
邮编：523003

双城酒吧
地址：东莞市东城大道68号
电话：0769－22503883
邮编：523003

湘江鱼头王
地址：东莞市怡丰都市广场怡兴阁1号
电话：0769－22349816
邮编：523003

回家湘菜馆
地址：东莞市市区银丰路17号
电话：0769－22420301
邮编：523003

浏阳河湘菜馆
地址：东莞市莞城区旗峰路138号

电话：0769－22639000
邮编：523003

香蕉船餐厅
地址：东莞市万福路299号
电话：0769－22782331
邮编：523003

名阁雅典餐厅
地址：东莞市新世界花园东城大道2－6号
电话：0769－24522929
邮编：523003

湘楚大地
地址：东莞市东城西路133号
电话：0769－22348569
邮编：523003

凤城渔港餐厅
地址：东莞市东城大道86号
电话：0769－22476444
邮编：523003

小肥羊火锅
地址：东莞市东城西路70号
电话：0769－22335998
邮编：523003

城市花园海鲜酒家
地址：东莞市旗峰路190号
电话：0769－22380906
邮编：523003

泰栈餐厅
地址：东莞市常平镇振兴三街90号
电话：0769－81033838
邮编：523003

宏远鱼翅海鲜酒家
地址：东莞市宏远路1号宏远大厦
电话：0769－22416877
邮编：523003

独一处饺子店
地址：东莞市旗峰路48号
电话：0769－22452219
邮编：523003

蕉叶泰国餐厅
地址：深圳市福华一路88号中心商务大厦3楼
电话：0755－82031088
邮编：518027

世纪华源澳葡轩风味餐厅
地址：深圳市福田区八卦路1号
电话：0755－61621888　61621889
邮编：518027

川香楼酒家
地址：深圳市福田区红荔路2001号四川大厦
电话：0755－83673661
邮编：518027

新王朝大酒楼
地址：深圳市爱国路1052号A座
电话：0755－25409918
邮编：518027

潮州大碗粥
地址：深圳市爱国路1052号A座新王朝酒店2楼
电话：0755－25409918
邮编：518027

名厨饭堂
地址：深圳市深南大道1056号银座国际首层
电话：0755－82872808
邮编：518027

友谊海上皇海鲜酒家
地址：深圳市罗湖区建设路1116号
电话：0755－82239000
邮编：518027

银湖西餐厅
地址：深圳市罗湖区银湖旅游中心
电话：0755－82431111
邮编：518027

东北饺子王
地址：深圳市福田区爱华路40号
电话：0755－83620990
邮编：518027

迎海渔港
地址：深圳市嘉宾路27号金威大厦2楼
电话：0755－25586300
邮编：518027

新星渔港酒家
地址：深圳市解放路永新街55号新安大厦
电话：0755－88863172
邮编：518027

广银大酒楼
地址：深圳市福田南路38号广银大厦
电话：0755－83379888
邮编：518027

鹰栈西餐厅
地址：深圳市福田区华富路1028号
电话：0755－83206203
邮编：518027

珠海五月花饮食有限公司深圳皇朝大酒楼
地址：深圳市福中路317号黄埔雅苑雅逸会1楼
电话：0755－82963023
邮编：518027

金龙船海鲜酒家
地址：深圳市罗湖区松园路88号景园大厦
电话：0755－25887116
邮编：518027

贵宾楼
地址：深圳市福田区益田路6013号江苏大厦B座
电话：0755－83734555
邮编：518027

濠景湛江渔港
地址：深圳市福田区景田路111号
电话：0755－83935338
邮编：518027

金满园酒楼
地址：深圳市福田区园岭中路5号
电话：0755－82436900
邮编：518027

成都酒楼
地址：深圳市罗湖区解放路144号
电话：0755－25572645
邮编：518027

老大昌酒楼
地址：深圳市福田区深南中路3019号福田大厦
电话：0755－83692311
邮编：518027

新皇城海鲜酒家
地址：深圳市福田区滨河大道9005号新洲酒店
电话：0755－83585887
邮编：518027

珠海市会宾楼餐饮有限公司
地址：珠海市拱北迎宾南路1011号金叶酒店
电话：0756－8882445
邮编：519000

珠海太阳与海餐饮有限公司
地址：珠海市香洲区香州碧海路109号
电话：0756－2526278
邮编：519000

珠海市双吉餐饮有限公司
地址：珠海市吉大九州大道东1197号凯迪克酒店
电话：0756－8815222
邮编：519000

爱琴海西餐厅
地址：珠海市井岸镇西堤路2049－2051号
电话：0756－5550111
邮编：519000

明珠大酒楼
地址：珠海市井岸镇中兴中路192号
电话：0756－5611500
邮编：519000

谭鱼头火锅餐饮有限公司
地址：中山市岐关西路32号
电话：0760－8801113
邮编：528403

四季火锅发展有限公司
地址：中山市城南一路88号
电话：0760－8896666
邮编：528403

蛇王火锅大酒楼
地址：中山市中山四路
电话：0760－8338888
邮编：528403

湘川菜馆
地址：中山市小榄镇
电话：0760－2272845
邮编：528403

蜀都川菜馆
地址：中山市小榄镇沙口红棉路3号
电话：0760－2101474
邮编：528403

金辣子川菜府
地址：中山市西堤路
电话：0760－8627262
邮编：528403

小榄人家酒楼
地址：中山市小榄镇民安中路
电话：0760－2238678
邮编：528403

石岐佬
地址：中山市康华路66号
电话：0760－8707708
邮编：528403

小榄海港大酒楼
地址：中山市小榄镇升平中路63号
电话：0760－2111822

邮编：528403

交通海港大酒楼
地址：中山市一路交通大厦
电话：0760－8622888
邮编：528403

蓝月亮西餐厅
地址：中山市湖滨路22号1栋
电话：0760－8878909
邮编：528403

银晶酒楼
地址：江门市港口一路22号
电话：0750－3183288
邮编：529020

江门市堤东万豪山庄鱼翅海鲜酒家
地址：江门市港口路15号
电话：0750－3100888
邮编：529020

海都鱼翅海鲜酒家
地址：江门市建设路196号新之城广场6楼
电话：0750－3282666
邮编：529020

银龙阁海鲜酒家
地址：江门市建设二路2号
电话：0750－3236128
邮编：529020

新会迎宾馆芒果树西餐厅
地址：江门市新会区会城公园路10号
电话：0750－6623831
邮编：529020

大角湾美食餐厅
地址：江门市竹排街1号
电话：0750－3112133
邮编：529020

谭鱼头
地址：江门市港口路
电话：0750－3186288
邮编：529020

蓝色港湾西餐厅
地址：江门市港口一路13号6层蓝色港湾会所
电话：0750－3161955
邮编：529020

江门市明记菜馆水南分店
地址：江门市水南路14号
电话：0750－3390388
邮编：529020

江门市平价菜馆
地址：江门市天河西路1号
电话：0750－3226888
邮编：529020

红太阳酒楼
地址：江门市天河东路
电话：0750－3226706
邮编：529020

名都府餐厅
地址：佛山市禅城区祖庙路14号佳宁娜酒店内
电话：0757－82223828
邮编：528000

北香园酒家
地址：佛山市禅城区锦华路25号
电话：0757－82287338
邮编：528000

阿拉木汗餐厅
地址：佛山市禅城区季华六路美食长廊8号楼
电话：0757－83372877
邮编：528000

佛山市满福楼酒家
地址：佛山市禅城区江湾一路46号2楼
电话：0757－82276484
邮编：528000

佛山市富苑酒楼
地址：佛山市禅城区汾江西路11号2楼
电话：0757－83332228
邮编：528000

小飞象西餐厅
地址：佛山市禅城区卫国路100号粤荣大厦
电话：0757－83366923
邮编：528000

潮园美食餐厅
地址：佛山市禅城区五峰三路
电话：0757－82101383
邮编：528000

玫瑰酒家
地址：佛山市禅城区筷子路97号
电话：0757－82222372
邮编：528000

佛山荷里活餐厅
地址：佛山市禅城区卫国路55号
电话：0757－33359704
邮编：528000

乔家面馆
地址：佛山市锦华东路1号东方广场德胜楼4楼
电话：0757－82620685
邮编：528000

珠海市新粤穆斯林饮食有限公司
地址：佛山市禅城区五峰四路11号
电话：0757－82216323　82123269
邮编：528000

佛山新京酒楼
地址：佛山市华远东路13号佛山发展大厦
电话：0757－83208811
邮编：528000

佛山市快活庄餐厅
地址：佛山市禅城区文沙路148号
电话：0757－82233862
邮编：528000

夏龙湾餐厅
地址：佛山市锦华路82号东方广场德胜楼2楼
电话：0757－82623454
邮编：528000

喜临门大酒楼
地址：佛山市禅城区汾江西路15号石湾宾馆内
电话：0757－83288888
邮编：528000

陕西人
地址：佛山市禅城区华远东路
电话：0757－83380393
邮编：528000

肇庆市委招待所餐厅
地址：肇庆市端州区天宁北路82号
电话：0758－2225981
邮编：526040

肇庆潮州城大酒楼
地址：肇庆市端州区六路龙马街14号
电话：0758－2236254
邮编：526040

肇庆市端州皇上皇大酒家
地址：肇庆市端州区城北路110－111号
电话：0758－2229638
邮编：526040

肇庆市端州京北酒家
地址：肇庆市端州区城北路112号
电话：0758－2235238
邮编：526040

凯旋门西餐厅
地址：肇庆市端州五路9号皇朝酒店2层
电话：0758－2238238
邮编：526040

渔乡米坊肇庆建设店
地址：肇庆市端州区建设三路54号
电话：0758－2265096
邮编：526040

肇庆市黑天鹅饺子馆
地址：肇庆市端州区和平路18号
电话：0758－2231772
邮编：526040

东来顺农家菜馆
地址：肇庆市端州区康乐北路
电话：0758－2817191
邮编：526040

绿野仙踪
地址：肇庆市端州区西江北路
电话：0758－2892446
邮编：526040

时代食府
地址：肇庆市端州区端州五路
电话：0758－2298888
邮编：526040

得月楼
地址：肇庆市端州区康乐北路
电话：0758－2816795
邮编：526040

东北荷花酒家
地址：肇庆市端州区荷香街
电话：0758－2227719
邮编：526040

王府酒家
地址：肇庆市端州区天宁北路
电话：0758－2317777
邮编：526040

南海烧鹅餐厅
地址：肇庆市端州区城北路
电话：0758－2258182
邮编：526040

红蜘蛛酒家
地址：肇庆市端州区堤下路
电话：0758－2892688
邮编：526040

巴渝人家
地址；肇庆市端州区人民南路

电话：0758－2859568
邮编：526040

肇庆假日海鲜酒楼
地址：肇庆市端州区天宁北路43号2楼
电话：0758－2291668
邮编：526040

云浮市新天地酒家
地址：云浮市云城区闻莺路1号
电话：0766－8838328
邮编：527300

雄盛大酒楼
地址：云浮市云城区建设北路2号
电话：0766－8839808
邮编：527300

广州佬饭主
地址：云浮市云城区育华路37号
电话：0766－6611832
邮编：527300

东方饺子馆
地址：云浮市云城区南山路102号
电话：0766－8927832
邮编：527300

翠园饭店
地址：云浮市云城区建设北路17号
电话：0766－8836525
邮编：527300

老四川菜馆
地址：云浮市云城区南山路6号
电话：0766－8929323
邮编：527300

冰城饺子馆
地址：云浮市云城区翠石路5号
电话：0766－8469799
邮编：527300

锦绣南山酒楼
地址：云浮市云城区南山路131号
电话：0766－8929818
邮编：527300

凯旋宫食府
地址：云浮市云城区建设北路11号
电话：0766－8188688
邮编：527300

食神菜馆
地址：云浮市云城区
电话：0766－8923500
邮编：527300

松涛阁
地址：云浮市云城区锦秀路127号
电话：0766－8928393

新亚酒楼
地址：阳江市江城区东风二路47号综合大楼
电话：0662－3356126
邮编：529525

稻香居茶餐厅
地址：阳江市江城区南恩路1号
电话：0662－3227988
邮编：529525

毛家菜
地址：阳江市江城区
电话：0662－3353148
邮编：529525

阳江市凡尔威酒楼
地址：阳江市江城区南恩路1号
电话：0662－3235105
邮编：529525

渔米之香酒店
地址：阳江市江城区东风二路47号
电话：0662－3398000
邮编：529525

重庆酒家
地址：茂名市官山二路
电话：0668－2887543
邮编：525000

茂名大酒家
地址：茂名市红旗南路25号
电话：0668－2254488
邮编：525000

茂名市蓬莱阁酒家
地址：茂名市新福三路7号
电话：0668－2810033
邮编：525000

茂名市客家王酒楼
地址：茂名市茂南区沿江东中路287号
电话：0668－2957633
邮编：525000

陶陶居
地址：茂名市健康北路
电话：0668－2289597
邮编：525000

茂名市茂南广州名菜馆
地址：茂名市油城四路98号
电话：0668－2273877
邮编：525000

茂名市佳豪潮州酒楼
地址：茂名市人民南路166号
电话：0668－2880766
邮编：525000

阳光酒家
地址：茂名市红旗中路238号
电话：0668－2913688
邮编：525000

茂名市茂南天然素菜馆
地址：茂名市新福三路11号
电话：0668－2816661
邮编：525000

大长今韩国料理
地址：茂名市双山一路
电话：0668－3990006
邮编：525000

茂名香江鱼翅海鲜酒家
地址：茂名市油城四路121号
电话：0668－2280686
邮编：525000

新天地大酒店
地址：茂名市文光路
电话：0668－2817788
邮编：525000

翠园酒楼
地址：湛江市民治路124号
电话：0759－2286633
邮编：524038

湛江市霞山区饮食服务公司富华酒家
地址：湛江市工农路36号
电话：0759－2224057
邮编：524038

湘园楼酒家
地址：湛江市人民大道南
电话：0759－2209758
邮编：524038

辣妹子
地址：湛江市解放西路
电话：0759－2193258
邮编：524038

相聚时光西餐厅
地址：湛江市海昌路20号首层
电话：0759－2108855
邮编：524038

溢香海鲜酒楼
地址：湛江市海滨路大道南48号
电话：0759－2261744
邮编：524038

湛江市广味小酒家
地址：湛江市文明东路17号
电话：0759－2228813
邮编：524038

贵州饭店
地址：湛江市解放西路
电话：0759－2164585
邮编：524038

湛江市京都大酒楼
地址：湛江市人民大道南29号
电话：0759－2214709
邮编：524038

巴蜀人家
地址：湛江市解放西路
电话：0759－2195989
邮编：524038

碧海餐厅
地址：湛江市人民大道中52号银海酒店2楼
电话：0759－3380688
邮编：524038

湛江市海都酒楼
地址：湛江市文体路3号
电话：0759－2235688
邮编：524038

湛江市南海酒楼
地址：湛江市文明东路24号
电话：0759－2232099
邮编：524038

旅游用品

广州金银首饰有限公司
地址：广州市大德路199号
电话：020－83377020　83374190
邮编：510130

广州宝石厂
地址：广州市东风西路130号
电话：020－81360083
邮编：510130

秀丽民间首饰工艺厂
地址：广州市十甫路038号
电话：020－81394304　81387141

邮编：510130

杨山工艺首饰厂
地址：广州市杨山村
电话：020－86060416
邮编：510130

明秀钻石厂（番禺）有限公司
地址：广州市莲花山保税加工区灵兴区3号
电话：020－84862362
邮编：510130

越秀区恒晖钻石厂
地址：广州市越秀区新市黄边煤矿
电话：020－86171609
邮编：510030

荔湾区永成工艺玉器厂
地址：广州市荔湾区下九路华林新街
电话：020－81380366
邮编：510145

东方格尚珠宝厂
地址：广州市海珠区镇南路
电话：020－84928556
邮编：510220

海珠区瑞宝玉器工艺三厂
地址：广州市海珠区瑞宝村桥头1号
电话：020－84084407
邮编：510220

瑞宝聚龙宝石厂
地址：广州市海珠区瑞宝村
电话：020－84456674
邮编：510220

海珠区文莉首饰工艺厂
地址：广州市海珠区南洲路后滘礼堂四社工业区
电话：020－84167371
邮编：510220

广州市白云区长城宝石厂
地址：广州市新市萧岗九石岭大街13号
电话：020－86627066 86631084
邮编：510080

艺品堂工艺品厂
地址：广州市白云区同和中路
电话：020－87276253
邮编：510510

广州建升工艺制品有限公司
地址：广州市白云区九佛镇
电话：020－87488886
邮编：510440

广州金马工艺品制造厂
地址：广州市白云区新市石马村
电话：020－86206891
邮编：510440

广州思洋工艺品厂
地址：广州市白云区钟落潭镇福龙路100号
电话：020－87402600
邮编：510550
网址：www.siyangonline.com

大岭松元木雕厂
地址：广州市白云神山镇大岭村大岭南路078号
电话：020－86608342
邮编：510550

白云区新侨工艺厂
地址：广州市白云区广园西路023号
电话：020－86577171
邮编：510550

东方五金工艺厂
地址：广州市白云区槎龙十一社5房
电话：020－81787548
邮编：510435

联盈工艺制品厂
地址：广州市白云区江高镇大田村
电话：020－86600286
邮编：510450

彩艺首饰制品有限公司
地址：广州市番禺区榄核镇合沙工业区
电话：020－84929346
邮编：511480

番禺区大石镇金辉宝石厂
地址：广州市番禺区大石镇河村
电话：020－84790529
邮编：511430

东宝铂利首饰厂
地址：广州市禺山大道042号
电话：020－84880783
邮编：511400

宝兆首饰厂
地址：广州市禺山大道042号
电话：020－84831677
邮编：511400

湖棠宝石厂
地址：广州市番禺区大石镇河村
电话：020－84787742
邮编：511400

新里程首饰厂
地址：广州市番禺区市桥镇北桥路79号
电话：020－84896892
邮编：511400

新南方工艺厂
地址：广州市番禺区石基镇大龙墟
电话：020－84857649
邮编：510360

人造宝石工艺厂
地址：广州市番禺区南村镇员岗村
电话：020－84768865
邮编：511400

德丰首饰厂
地址：广州市番禺区榄区第二工业区二排4楼
电话：020－3312840 78466470
邮编：511400

番禺恒丰花艺制品有限公司
地址：广州市番禺区黄阁镇留东村
电话：020－84973182
邮编：511455

广州谦达工艺制品有限公司
地址：广州市天河区龙洞林场银湖工业区
电话：020－87029519 87029372
邮编：510630

广州振东工艺厂
地址：广州市天河区东圃镇黄埔大道石溪村交通银行后面第2幢厂房2楼
电话：020－82306778
邮编：510600

广州万力工艺制品有限公司
地址：广州市花城大道中美居中心A栋C区226－227
电话：020－38283001 38283232
邮编：510130

广州市明朗相框工艺厂
地址：广州市珠江桥脚河沙村西海路030号
电话：020－81763933
邮编：510130

广州市流行美工艺品有限公司
地址：广州市柯子岭大金钟路157号
电话：020－86397226 86397227
邮编：510130

广州市海珠区南天工艺品厂
地址：广州市工业大道南泰沙路9号
电话：020－84337151 84278981
邮编：510288

越秀区永丰象牙工艺制品社
地址：广州市新港西路五村凤岗32号
电话：020－84182692
邮编：510030

越秀区兆升工艺制品厂
地址：广州市棠溪岗贝路063号
电话：020－36329287
邮编：510030

水昊装饰工艺制品有限公司
地址：广州市雅瑶镇松仔岭
电话：020－86164058
邮编：510030

大新象牙工艺厂
地址：广州市大新路311号
电话：020－81882870
邮编：510030

广州市工艺美术总公司
地址：广州市广九大马路011号
电话：020－83800373
邮编：510140

广州市华兴工艺制品厂
地址：广州市双桥路军区仓库
电话：020－81760752
邮编：510600

海珠区岭南工艺品厂
地址：广州市文德北路071号
电话：020－83387846
邮编：510600

海珠区穗华美术工艺厂
地址：广州市太和镇沙太路金盘岭遂道北口
电话：020－87425641
邮编：510600

花都区利达人造花有限公司
地址：广州市花都区花山镇两龙北街128号
电话：020－86945500
邮编：510600

中泰礼品制造有限公司
地址：广州市天河区黄埔大道中83号东城花苑
电话：139221197659
邮编：510600

海珠区天恩工艺首饰厂
地址：广州市新港东路2519号之五
电话：020－34091671
邮编：510335

红枫礼品（广州）制造有限公司
地址：广州市机场路138号兴发广场

电话：020－86371907　84715107
邮编：510405

广州市芳村区花城工艺厂
地址：广州市芳村区西塱永安桥头2号
电话：020－81502528
邮编：510385

广州市芳村区穗芳工艺厂
地址：广州市芳村区西朗北工业区3号
电话：020－81413799　81623103
邮编：510380

广州市花信工艺厂
地址：广州市芳村区芳信路五眼桥西约325号
电话：020－81694292　81577292
邮编：510360

广州市琦美工艺厂
地址：广州市芳村区海北村凤西西横路12号
电话：020－81608173
邮编：510378

芳村区美亚工艺厂
地址：广州市芳村区葵蓬第一工业区
电话：020－81410992
邮编：510360

华洋有限公司工艺厂
地址：广州市芳村区芳村大道西107号首层
电话：020－81896158
邮编：510360

广州诚翔首饰厂
地址：广州市芳村区花地大道南坑加油站南侧1号4楼
电话：020－81400242
邮编：510360

宜兴工艺木制品有限公司
地址：广州市经济技术开发区东区
电话：020－82376430
邮编：510760

广东茂源珠宝有限公司娉饰珠宝行
地址：广州市环市东路
电话：020－87600738
邮编：510095

百福珠宝行
地址：广州市北京路
电话：020－83382822
邮编：510030

信炜珠宝首饰行
地址：广州市长寿路荔湾广场GB
电话：020－81394345
邮编：510140

兆佳珠宝玉器公司
地址：广州市长寿东路荔湾广场首层F
电话：020－81399845
邮编：510140

国兵水晶珠宝行
地址：广州市荔湾广场1楼FB
电话：020－81710358
邮编：510140

金泽珠宝行
地址：广州市北京路
电话：020－83338302
邮编：510115

华林珠宝玉器商场
地址：广州市下九路西来正街
电话：020－81394967
邮编：510140

台万水晶洞批发行
地址：广州市荔湾广场
电话：020－81391431
邮编：510140

雅式天然水晶饰品店
地址：广州市德兴路
电话：020－81388585
邮编：510130

蕙升行翡翠专卖店
地址：广州市禺山大道
电话：020－84887702
邮编：511400

蕙升玉器店
地址：广州市繁华路
电话：020－34815451
邮编：511497

荔湾区民间玉器工艺商场
地址：广州市三元里大道
电话：020－86586479
邮编：510400

裕兴玉器商行
地址：广州市下九路华林新街
电话：020－81380466
邮编：510140

彩艺水晶饰品商行
地址：广州市德星路荔湾广场3B
电话：020－81391248
邮编：510140

南海玉器工艺店
地址：广州市同福东路
电话：020－84258402
邮编：510220

增城市二轻工艺美术厂
地址：广州增城市荔城镇建设路008号
电话：020－82737185
邮编：510360

凤岭竹木工艺制品厂
地址：广州市朱村镇朱村农场大道39号
电话：020－82854596
邮编：510360

从化市永钊钻石厂
地址：广州从化市棋杆镇府前路
电话：020－87861228
邮编：510935

梅州嘉兴宝石厂
地址：梅州市环市北路烟厂仓库侧
电话：0753－2356328
邮编：514011

兴宁民盛工艺品制造有限公司
地址：梅州兴宁市坭陂镇
电话：0753－3721323
邮编：514500

梅州康利工艺制品有限公司
地址：梅州兴宁市大埔县湖寮镇古城街
电话：0753－5553009　5859389
邮编：514500

澄海区东里佳宝工艺制品厂
地址：汕头市澄海区东里镇新兴街
电话：0754－5751856
邮编：515829

澄海区东里南珠工艺制品厂
地址：汕头市澄海区东里镇观一新厝区
电话：0754－5751185
邮编：515829

亿祥工艺制品有限公司
地址：普宁市燎原镇果陇村
电话：0663－2686628
邮编：515344

泉盛工艺制品有限公司
地址：揭阳市揭东经济开发试验区
电话：0663－3265977
邮编：515100

揭阳市东山区磐东昭宝轩工艺玉器厂
地址：揭阳市阳美玉都一幢9号
电话：0663－8825808
邮编：522000

揭东县铁场石雕工艺厂
地址：揭阳市揭东县地都镇大瑶国道旁
电话：0663－3311530
邮编：515100

伟力宝石制品有限公司
地址：汕尾市海丰县可塘镇通环路21号
电话：0660－6768318　13502392728
邮编：516400

惠州市美华宝石厂
地址：惠州市惠阳陈江水围青春工业区
电话：0752－3892123
邮编：516001

振兴工艺制品厂有限公司
地址：东莞市南城宏远工业区
电话：0769－2417118
邮编：523003

雅殿工艺礼品制造有限公司
地址：东莞市东城区立新管理区东泰花园明华苑15座105室
电话：0769－22465389　22468212
邮编：523003

谢岗源通工艺制品厂
地址：东莞市谢岗镇曹乐村村委会
电话：0769－87762593
邮编：523599

英杰工艺制品厂
地址：东莞市谢岗镇横岭村
电话：0769－87682068　87763284
邮编：523003

东莞市石碣东盛工艺干花厂
地址：东莞市石碣镇西南第二工业区
电话：0769－86631484
邮编：523300

德福工艺制品厂
地址：东莞市企石镇东平管理区
电话：0769－86786005
邮编：523003

志成工艺制品厂
地址：东莞市谢岗镇赵林工业区
电话：0769－87762096
邮编：523595

嘉伟工艺制品厂
地址：深圳市龙岗区龙东桥北工业区兴桥路38号

电话：0755－84867918
邮编：518033

深圳市年鹏工艺制品有限公司
地址：深圳市罗湖区梧桐山坑背村41号
电话：0755－25710367
邮编：518114

友联竹木工艺制品厂
地址：深圳市宝安区西乡镇三围村新村北路
电话：0755－27476780
邮编：518033

永利制扇厂
地址：深圳市宝安区石岩镇应人石村工业区永兴街
电话：0755－27624652 27625457
邮编：518108

新丽雅工艺制品（深圳）有限公司
地址：深圳市宝安区光明华侨畜牧富力工业区
电话：0755－27400208
邮编：518107

美宏工艺品厂
地址：深圳市宝安区公明镇塘尾村第三工业区
电话：0755－27177635
邮编：518033

鸿森威工艺制品厂
地址：深圳市宝安区公明镇长圳村
电话：0755－27179938
邮编：518132

佳美源工艺制品厂
地址：深圳市宝安区松岗镇山门村第二工业区
电话：0755－27715779 27718347
邮编：518105

品逸工艺品厂
地址：深圳市宝安区松岗镇新村新村横路
电话：0755－27558062 27054062
邮编：518033

骅德工艺品厂
地址：深圳市宝安区松岗镇红星村
电话：0755－27091696
邮编：518033

公明镇田寮宏福首饰厂
地址：深圳宝安区公明镇田寮村田荣路9号
电话：0755－27199208
邮编：518100

志威工艺制品厂
地址：深圳市宝安区松岗镇潭头村第二工业区2栋
电话：0755－27080016
邮编：518033

弘成实业有限公司弘成工艺制品厂
地址：深圳市宝安区观澜镇田寮工业工区
电话：0755－27991158
邮编：518110

鑫丰木艺制品厂
地址：深圳市宝安区阿松岗镇燕川村环胜大道0066号
电话：0755－27059998
邮编：518105

郭记木器雕刻厂
地址：深圳市宝安区观澜镇库坑村陂新组
电话：0755－28088251
邮编：518033

佳泽工艺品（深圳）有限公司
地址：深圳市宝安区龙华镇郭吓村33号
电话：0755－82468753 82468341
邮编：518109

希普赛工艺制品厂
地址：深圳市宝安区龙华镇下早新村一巷一栋2号
电话：0755－28116863
邮编：518109

深圳市永升工艺制品厂
地址：深圳市蔡涌镇溪涌振达工业区1栋
电话：0755－84205875
邮编：518119

深圳金鑫工艺制品有限公司
地址：深圳市福田区金地工业区120栋5楼
电话：0755－83844355
邮编：518048

深圳市福田古雅雕塑工艺厂
地址：深圳市福田区福华路红树林
电话：0755－83703508
邮编：518040

深圳市金致利工艺制品有限公司
地址：深圳市福田区八卦岭工业区八卦一路615栋4楼西
电话：0755－82406717 82408586
邮编：518029

廖达工艺制品有限公司
地址：深圳市福田区上海林梅村路
电话：0755－83310653
邮编：518049

深圳国宝金币制造厂
地址：深圳市福田区八卦二路1栋厂房
电话：0755－82410931
邮编：518029

福田区红太阳灯笼工艺厂
地址：深圳市红岭中国园岭大厦105栋114号
电话：0755－82428310
邮编：518033

振勤工艺制品厂
地址：深圳市坪山镇六联第四工业区9栋
电话：0755－84609701 84605892
邮编：518033

优景工艺制品厂
地址：深圳市坪山镇坪环工业城发安路4号60栋、61栋
电话：0755－84606716 84605788
邮编：518033

咏荷工艺品厂
地址：深圳市坪山镇六联南区
电话：0755－84638201
邮编：518033

汤坑岳昌工艺制品厂
地址：深圳市坪山镇汤坑
电话：0755－84625994
邮编：518118

晟嘉工艺制品
地址：深圳市坪山镇碧岭村碧岭工业区
电话：0755－84634256 84634255
邮编：518033

俊鑫工艺制品厂
地址：深圳市龙岗区坑梓镇金沙村五岭工业区
电话：0755－84128659
邮编：518122

超美工艺制品厂
地址：深圳市坪山镇汤坑村工业区2栋
电话：0755－84625568 84625738
邮编：518033

东升工艺制品厂
地址：深圳市坪地镇六联富民工业区
电话：0755－84087992
邮编：518117

德鑫工艺品厂
地址：深圳市坪地镇四方铺牛门岭
电话：0755－84090188
邮编：518117

达奇工艺品厂
地址：深圳市坪地镇六联惠恒巷0002号
电话：0755－84087020
邮编：518117

青草湖工艺品厂
地址：深圳市坪地镇坪西村第一工业区
电话：0755－84084385
邮编：518117

深圳信达珠宝有限公司玉雕工艺厂
地址：深圳市南山区沙河白石州142号3楼
电话：0755－82246444
邮编：518030

柏菲水晶工艺厂
地址：深圳市华侨城东部工业区东北B－3栋1楼
电话：0755－26906537
邮编：518033

深圳明坤工艺制品厂
地址：深圳市龙华镇大浪华昌路工业区
电话：0755－28120117
邮编：518033

龙岗工艺制品厂
地址：深圳市龙岗镇爱联宝工业区内深惠路
电话：0755－84801526
邮编：518033

深圳市恒泰盛实业发展有限公司泰盛珠宝首饰厂
地址：深圳市罗湖区东晓路3085号1栋2楼南
电话：0755－25809890
邮编：518019

深圳市博伦德玉器厂
地址：深圳市南山区向南二队南岗村54号
电话：0755－26400562
邮编：518052

深圳市成功人珠宝首饰有限公司
地址：深圳市南山区华侨城金海花园1栋2H
电话：0755－26943448 26943128
邮编：518052

深圳市橄榄石实业有限公司
地址：深圳市南山区龙井村村委旧办公大楼3楼

电话：0755－26780088
邮编：518055

大美珍珠首饰制品（深圳）有限公司
地址：深圳市公明镇上村民生工业城101栋
电话：0755－27127686
邮编：518106

西乡镇尼斯人造首饰厂
地址：深圳市西乡镇劳动宝源第一工业区30栋
电话：0755－27905988
邮编：518101

宝安区龙华名俏饰品厂
地址：深圳市龙华镇桃园新村锂鱼塘31－32号
电话：0755－27702385
邮编：518101

深圳天然宝石厂
地址：深圳市坪地镇第三工业区
电话：0755－84091627
邮编：518116

东方玉器厂
地址：深圳市平湖镇新南村新园路12号
电话：0755－28453319
邮编：518116

深圳南铭宝石制品有限公司
地址：深圳市平湖镇南乡平龙东路170号
电话：0755－28450335
邮编：518111

深圳市宝石厂
地址：深圳市平湖镇白泥坑二区366号
电话：0755－84660492
邮编：518111

珠海市升华工艺美术制品厂有限公司
地址：珠海市九洲大道中金桥大厦后座3楼
电话：0756－3331075
邮编：519000

比亨饰品工艺厂有限公司
地址：珠海市香洲区金鼎镇下栅工业区石花东路
电话：0756－3381065
邮编：519085

中山市中藤工艺品有限公司
地址：中山市石岐区青溪路步云里98号
电话：0760－8833649　8822120
邮编：528414

中山盛华工艺制造有限公司
地址：中山市三乡镇南龙工业区
电话：0760－6331223
邮编：528463

中山市新意工艺制品厂
地址：中山市古镇海洲螺沙公路边
电话：0760－2316813　2317097
邮编：528422

中山市坦洲龙腾工艺品厂
地址：中山市坦洲镇永二工业区42幢
电话：0760－6213800
邮编：528467

裕华木器漆瓷工艺厂
地址：中山市坦洲镇永二工业区18－21幢
电话：0760－6654602
邮编：528467

古宝美工艺（中山）有限公司
地址：中山市三角镇金鲤工业区
电话：0760－5406855－17
邮编：528445

中山市小榄镇云天工艺品厂
地址：中山市小榄镇北苑路035号
电话：0760－2254490
邮编：528415

中山市艺达工艺制品厂
地址：中山市小榄镇绩西庆丰工业区庆丰一路
电话：0760－2243334　2240114
邮编：528415

中山市松林干花厂
地址：中山市石岐区北台第一工业区
电话：0760－8891608
邮编：528455

蓬江区永运工艺制品厂有限公司
地址：江门市蓬江区白沙二合山工业区
电话：0750－3561831
邮编：529000

开平威利人造花厂
地址：江门市赤坎镇中华西路318号
电话：0750－2612892
邮编：529367

美美人造丝花有限公司
地址：江门市江海区江海路外海大桥路侧
电话：0750－3790877
邮编：529080

高明区彪洋木雕工艺厂
地址：佛山市高明区荷城文明咱新亨开发区1号
电话：0757－88638223　88638222
邮编：528500

佛山市工艺总厂有限公司
地址：佛山市禅城区人民西路013号
电话：0757－82222583　82223761
邮编：528031

南海长兴天然工艺制品厂
地址：佛山市松岗显纲工业区
电话：0757－85224318　85202212
邮编：528234
网址：www.gdchangxing.com

南海区官窑镇福景工艺制品厂
地址：佛山市南海区官窑镇白沙桥
电话：0757－85880264　85887046
邮编：528237

南海区平洲鸿兴玉器工艺厂
地址：佛山市南海区平洲平东里丫4巷7号
电话：0757－86774779
邮编：528251

尚美工艺制品厂有限公司
地址：佛山市顺德区容桂街道容里利丰工业区昌宝西路71号
电话：0757－28802629
邮编：528300

佛山市珍宝首饰工艺厂
地址：佛山市禅城区汾江中路上沙中街18号之二
电话：0757－82298784
邮编：528000

珍明宝玉石工艺厂有限公司
地址：佛山市高明区荷城沧江加工区
电话：0757－88882985
邮编：528500

人造植物工艺制品有限公司
地址：肇庆市新龙东路11号
电话：0758－8251921
邮编：526124

七星名砚工艺厂
地址：肇庆市
电话：0758－2770780　2770781
邮编：526060

雅石堂端砚厂
地址：肇庆市端州一路黄岗白石村环村大道2号
电话：0758－2771383
邮编：526060

金宝泰珠宝厂
地址：肇庆市江滨西路22号
电话：0758－2858566
邮编：526040

端溪名砚厂
地址：肇庆市端州区工农北路21号
电话：0758－2232450　2226221
邮编：526040

鼎湖区大德利端砚厂
地址：肇庆市鼎湖区苏村路口
电话：0758－2627388
邮编：526040

肇庆鼎湖精致圣诞礼品厂
地址：肇庆市鼎湖区贝水镇府旧址
电话：0758－2651377
邮编：526040

四会市中新玉雕工艺厂
地址：肇庆四会市光明南路48号
电话：0758－3351005
邮编：526200

茂名市雕塑工艺厂
地址：茂名市河西油城三路3巷
电话：0668－2263481
邮编：525000

茂名市角雕工艺厂
地址：茂名市河西厂前西路
电话：0668－2269469
邮编：525000

信宜信联工艺制品有限公司
地址：茂名信宜市解放路132号
电话：0668－8814558
邮编：525300

旅游交通

广东省旅游汽车公司
地址：广州市解放北路梓元岗商贸城六号二楼
电话：020－86662728
邮编：510400

广州市广骏旅游汽车企业集团有限公司
地址：广州市飞鹅路2号
电话：020－86232824
邮编：510405

广东中国旅行社股份有限公司汽车服务分公司
地址：广州市站前路113号中旅旅运部
电话：020－86220370
邮编：510130

广州福粤旅游汽车有限公司
地址：广州市黄石东路998号千里顺货运场后座二楼
电话：020－86667954
邮编：510420

广之旅国际旅行社汽车分公司
地址：广州市机场西乐嘉路1－9号
电话：020－88338888
邮编：510403

广州五十铃客车有限公司
地址：广州市天河勃岗路68号
电话：020－87241332
邮编：510507

广东省中国旅行社股份有限公司
地址：广州市站前路
电话：020－86220370
邮编：510800

广骏旅游汽车企业集团有限公司
地址：广州市飞鹅路
电话：020－86231168
邮编：510405

广州火车站
地址：广州市环市西路159号
电话：020－86661789
邮编：510010

广州火车东站
地址：广州市
电话：020－87146222
邮编：510010

广州金航游轮公司
地址：广州市沿江东路406号大沙头商业街16－18号
电话：020－83880498
邮编：510000

蓝海豚游船公司
地址：广州市沿江东路406号大沙头客运站码头
电话：020－83833999
邮编：510100

广州港
地址：广州市黄埔区港前路39号
电话：020－2279412
邮编：510700

广州白云机场
地址：广州市
电话：020－86681818
邮编：510010

韶关火车站
地址：韶关市
电话：0751－8251333
邮编：512000

乐昌火车站
地址：韶关乐昌市南货场
电话：0751－5557688
邮编：512200

河源市火车站
地址：河源市源城区
电话：0762－2827832
邮编：517000

梅州市旅游汽车公司
地址：梅州市彬芳大道
电话：0753－2257595
邮编：514021

梅州市火车站
地址：梅州市彬芳南路
电话：0753－2317810
邮编：514000

梅州梅县机场
地址：梅州市梅江区三角镇
电话：0753－2242666
邮编：514071

潮州市旅游汽车公司
地址：潮州市潮枫路
电话：0768－2802777
邮编：521011

汕头市中国旅行社汽车服务公司
地址：汕头市
电话：0754－8628163
邮编：515031

汕头康辉旅游汽车出租公司
地址：汕头市练江路
电话：0754－8461841
邮编：515041

南澳县旅游汽车出租公司
地址：汕头市南澳县海滨路
电话：0754－6803227
邮编：515900

汕头火车站
地址：汕头市泰山路
电话：0754－6338172
邮编：515000

汕头港
地址：汕头市商平路3号
电话：0574－8275421
邮编：5151011

汕头外砂机场
地址：汕头市外砂镇
电话：0754－8626678
邮编：515000

揭阳市旅游汽车服务有限公司
地址：揭阳市榕城区东山
电话：0663－8727228
邮编：522095

嘉泰旅游汽车服务有限公司
地址：揭阳市206国道揭丰公路
电话：0663－8203108
邮编：515549

汕尾市东方旅游运输有限公司
地址：汕尾市文明南路
电话：0660－3311918
邮编：516600

深圳市惠雍旅游运输有限公司
地址：深圳市沙尾工业区
电话：0755－83694310
邮编：5180001

香蜜湖旅游汽车运输有限公司
地址：深圳市深南大道
电话：0755－83700481
邮编：518009

深圳市安顺旅游汽车租赁服务有限公司
地址：深圳市罗湖区国贸大厦
电话：0755－61279149
邮编：518001

深圳火车站
地址：深圳市罗湖口岸
电话：0755－96000222
邮编：518000

深圳长江海外招商游船有限公司
地址：深圳市深南中路佳和华强大厦B座1807室
电话：0755－83794012
邮编：518031

深圳港
地址：深圳市滨河路鹿丹大厦六楼
电话：0755－2273771
邮编：518010

深圳黄田国际机场
地址：深圳市四路22号
电话：0755－7776000
邮编：518000

珠澳旅游出租汽车有限公司
地址：珠海市拱北婆石村
电话：0756－8870446
邮编：519000

中山市旅游汽车运输公司
地址：中山市文化路
电话：0760－2279746
邮编：528415

西樵汽车客运旅游有限公司
地址：佛山市南海区西樵山白云洞
电话：0757－86887430
邮编：528200

佛山火车站
地址：佛山市禅城区文昌路
电话：0757－82810096
邮编：528000

三水火车站
地址：佛山市三水区西南广场路
电话：0757－87756611
邮编：528100

云浮市火车站
地址：云浮市云城区
电话：0766－814000
邮编：527300

新兴县火车站
地址：云浮市新兴县洞口镇
电话：0766－2711253
邮编：527400

茂名市火车站
地址：茂名市公馆镇
电话：0668－2328706
邮编：525000

化州市火车站
地址：茂名化州市河东
电话：0668－7353946
邮编：525100

湛江火车站
地址：湛江市东环四路
电话：0759－6552671
邮编：524000

遂溪县火车站
地址：湛江市遂溪县文仓路
电话：0759－7761190
邮编：524300

湛江港
地址：湛江市友谊路1号
电话：0759－2250102
邮编：524027

湛江机场
地址：湛江市
电话：0759－2286999
邮编：524000

星湖旅游汽车出租公司
地址：肇庆市端州区牌坊西街
电话：0758－2280312
邮编：526040

旅游院校

广东民族学院
旅游管理专业
地址：广州市石牌
电话：020－85549257－556
邮编：510633

中山大学
管理学院旅游酒店管理系
地址：广州市新港西路135号
电话：020－84113643
邮编：510275

广州大学
旅游学院
地址：广州市麓景路
电话：020－83480255
邮编：510091

广东商学院
旅游系
地址：广州市海珠区仑头路21号
电话：020－84099088
邮编：510320

广州师范学院
旅游系
地址：广州市桂花岗东1号
电话：020－86235804－6457
邮编：510400

华南理工大学
旅游与酒店管理学院
地址：广州市天河区五山路
电话：020－39382288－2298
邮编：510064

华南师范大学
旅游管理系
地址：广州市
电话：020－85216506
邮编：510064

广东技术师范学院
旅游管理专业
地址：广州市中山大道293号
电话：020－85549257－556
邮编：510633

广东轻工职业技术学院
旅游系
地址：广州市海珠区新港西路152号
电话：020－61230318
邮编：510270

番禺职业技术学院
旅游系
地址：广州市番禺区沙湾青山湖
电话：020－84736666
邮编：511483

广东省旅游服务（培训）中心
地址：广州市天河区黄埔大道西463号
电话：020－87513643
传真：87513650
邮编：510630

广州市旅游商贸职业学校
地址：广州市工业大道南泰沙路沙溪横街15号
电话：020－84032391
邮编：510220

广东省旅游学校
地址：广州市市郊同和镇
电话：020－37714192
邮编：510515

广州市旅游学校
地址：广州市前进路云桂街5号
电话：020－84400534
邮编：510220

韶关学院
旅游系
地址：韶关市
电话：0751－8124086
邮编：512005

潮州市旅游职业技术学校
地址：潮州市中山路北庆德里
电话：0768－2256167
邮编：521000

汕头市旅游职业中等专科学校
地址：汕头市瑞平路84号
电话：0754－8455795
邮编：515031

广东省惠州市旅游学校
地址：惠州市惠城区马安
电话：0752－2249141
邮编：516027

东莞市旅游职业学校
地址：东莞市莞龙路下桥
电话：0769－22633196
邮编：523112

深圳职业技术学院
旅游系
地址：深圳市西丽湖
电话：0755－26019102
邮编：518055

深圳大学
旅游系
地址：深圳市南山区
电话：0755－26536114
邮编：518060

暨南大学
深圳旅游学院
地址：深圳市华侨城嘉应街
电话：0755－26931887
邮编：518053

珠海市旅游职业学校
地址：珠海市香华路51号
电话：0756－2524150
邮编：521000

佛山科学技术学院
旅游与资源环境系
地址：佛山市江湾一路18号
电话：0757－83961117
邮编：528000

佛山职业技术学院
旅游管理专业
地址：佛山市南海区官窑马鞍岗
电话：0757－85887205
邮编：528237

肇庆旅游学校
地址：肇庆市鼎湖山牌坊侧
电话：0758－2626396
邮编：526060

广　西
GUANGXI

旅游机构

广西壮族自治区旅游局
地址：南宁市金湖南路 24 号
电话：0771 – 5529019
传真：0771 – 5529013
邮编：530021
网址：www. gxta. gov. cn

广西壮族自治区旅游质量监督管理所
地址：南宁市金湖南路 24 号
电话：0771 – 5529315
传真：0771 – 5529063
邮编：530021

南宁市旅游局
地址：南宁市嘉宾路 1 号
电话：0771 – 5530413
传真：0771 – 5530492
邮编：530028
网址：www. nn-tourisn. gov. cn

武鸣县旅游局
地址：南宁市武鸣县政府大院
电话：0771 – 6222053
传真：0771 – 6222053
邮编：530100

横县旅游局
地址：南宁市横县横州镇江滨西路 9 号（县政府大院）
电话：0771 – 7223246
传真：0771 – 7223246
邮编：530300

宾阳县旅游局
地址：南宁市宾阳县芦圩镇永武街 235 号
电话：0771 – 8223115
传真：0771 – 8223115
邮编：530400

上林县旅游局
地址：南宁市上林县政府大院内
电话：0771 – 5220230
传真：0771 – 5220230
邮编：530500

隆安县旅游局
地址：南宁市隆安县政府大院
电话：0771 – 6521815
传真：0771 – 6521815
邮编：532700

马山县旅游局
地址：南宁市马山县白山镇西华街
电话：0771 – 6825919
传真：0771 – 6825919
邮编：530600

柳州市旅游局
地址：柳州市三中路 66 号
电话：0772 – 2871658
传真：0772 – 2825634
邮编：545001

柳江县旅游局
地址：柳州市柳江县拉堡镇柳北路 45 号
电话：0772 – 7213551
传真：0772 – 7214780
邮编：545100

柳城县旅游局
地址：柳州市柳城县大埔镇河东大道
电话：0772 – 7612099
传真：0772 – 7612099
邮编：545200

鹿寨县旅游局
地址：柳州市鹿寨县政军路 8 号
电话：0772 – 6812032
传真：0772 – 6812032
邮编：545600

融安县旅游局
地址：柳州市融安县政府大院内
电话：0772 – 8118597
传真：0772 – 8118597
邮编：545400

三江侗族自治县旅游局
地址：柳州市三江县古宜镇江峰街 7 号
电话：0772 – 8616567
传真：0772 – 8616567
邮编：545500

融水苗族自治县旅游局
地址：柳州市融水县融水镇寿星中路 36 号
电话：0772 – 5122038
传真：0772 – 5123727
邮编：545300

桂林市旅游局
地址：桂林市榕湖北路 14 号
电话：0773 – 2825890
传真：0773 – 2829111
邮编：541001

阳朔县旅游局
地址：桂林市阳朔县城中路 21 号
电话：0773 – 8822392
传真：0773 – 8827105
邮编：541900

兴安县旅游局
地址：桂林市兴安县灵渠南路
电话：0773 – 6222467
传真：0773 – 6222467
邮编：541300

龙胜各族自治县旅游局
地址：桂林市龙胜县龙胜镇古龙街 11 号
电话：0773 – 7512502
传真：0773 – 7512502
邮编：541700

荔浦县旅游局
地址：桂林市荔浦县荔柳路
电话：0773 – 7223050
传真：0773 – 7223050
邮编：546600

资源县旅游局
地址：桂林市资源县大埠街
电话：0773 – 4315097
传真：0773 – 4311351
邮编：541400

恭城瑶族自治县旅游局
地址：桂林市恭城县茶南路
电话：0773 – 8218085
传真：0773 – 8212133
邮编：542500

灵川县旅游局
地址：桂林市灵川县灵南路
电话：0773 – 6812649
传真：0773 – 6812649

灌阳县旅游局
地址：桂林市灌阳县胜利路
电话：0773 – 4218120
传真：0773 – 4218120
邮编：541600

临桂县旅游局
地址：桂林市临桂县临政路
电话：0773 – 5592487
传真：0773 – 5592487
邮编：541100

全州县旅游局
地址：桂林市全州县城桂黄路
电话：0773 – 4816782
传真：0773 – 4828877
邮编：541500

永福县旅游局
地址：桂林市永福县东江街
电话：0773 – 8518268
传真：0773 – 8517597
邮编：541800

平乐县旅游局
地址：桂林市平乐县中华路
电话：0773 – 7883398
传真：0773 – 7888100
邮编：542400

梧州市旅游局
地址：梧州市新兴一路 121 号 6 楼
电话：0774 – 3858488
传真：0774 – 3836112
邮编：543002

苍梧县旅游局
地址：梧州市苍梧县峡顶街 100 号
电话：0774 – 2681108
传真：0774 – 2681903
邮编：543100

岑溪市旅游局
地址：梧州市岑溪市工农路 11 号
电话：0774 – 8227882
传真：0774 – 8227882
邮编：543200

藤县旅游局
地址：梧州市藤县西江路城基巷 60 号
电话：0774 – 7287869
传真：0774 – 7282196
邮编：543200

蒙山县旅游局
地址：梧州市蒙山县民主街 31 号
电话：0774 – 6285733
传真：0774 – 6285733
邮编：546700

北海市旅游局
地址：北海市贵州路 35 号
电话：0779 – 3032101　3032102
传真：0779 – 3031960
邮编：536000

北海市海城区旅游局
地址：北海市长青北路 13 号海城政府大院
电话：0779 – 3034635
传真：0779 – 3058670
邮编：536000

北海市银海区旅游局
地址：北海市深圳路 53 号
电话：0779 – 2051104
传真：0779 – 2071468

邮编：536000

北海市铁山港区旅游办公室
地址：北海市铁山港行政中心 208 室
电话：0779－8610020
传真：0779－8610020
邮编：536017

合浦县旅游局
地址：北海市合浦县康乐街 1 号
电话：0779－7286290
传真：0779－7286290
邮编：536100

防城港市旅游局
地址：防城港市云南大道东港小区 11 栋
电话：0770－2823625
传真：0770－2828942
邮编：538001

防城区旅游局
地址：防城港市防城区政府内
电话：0770－2211222
传真：0770－2211222
邮编：538021

上思县旅游局
地址：防城港市上思县民政路 3 号
电话：0770－8513888
传真：0770－8515888
邮编：535500

东兴市旅游局
地址：防城港东兴市中华大道
电话：0770－7684300
传真：0770－7661673
邮编：538001

钦州市旅游局
地址：钦州市行政信息中心
电话：0777－3688758
传真：0770－3688758
邮编：535000

灵山县旅游局
地址：钦州市灵山县政府大院 2 楼
电话：0777－6522048
传真：0777－6513638
邮编：535400

浦北县旅游局
地址：钦州市浦北县小江镇解放北路县政府大院
电话：0777－8310693
传真：0777－8310693
邮编：535300

钦南区旅游局
地址：钦州市四马路军分区招待所大院内
电话：0777－2876680
传真：0777－2876680
邮编：535000

钦北区旅游局
地址：钦州市南珠西大街 217 号
电话：0777－2825503
传真：0777－2829642
邮编：535000

钦州港经济发展局
地址：钦州市钦州港招商大厦
电话：0777－3887255
传真：0777－3889454
邮编：535008

贵港市旅游局
地址：贵港市人民路 257 号
电话：0775－4212257　4215062
传真：0775－4212257
邮编：537100
网址：www. ggtravel. com. cn

桂平市旅游局
地址：贵港桂平市人民路市政府大门旁
电话：0775－3381123
传真：0775－3361236
邮编：537200
网址：www. gptravel. cn

平南县旅游局
地址：贵港市平南县平南镇城东街 344 号（县府大院）
电话：0775－7827009
传真：0775－7823987
邮编：537300

玉林市旅游局
地址：玉林市人民东路 449 号
电话：0775－2832000
传真：0775－2832000
邮编：537000

玉州区旅游局
地址：玉林市人民中路 98 号
电话：0775－2822584
传真：0775－2825902
邮编：537000

容县旅游局
地址：玉林市容县人民政府大院内
电话：0775－5322980
传真：0775－5322980
邮编：537500

陆川县旅游局
地址：玉林市陆川县通政街 23 号
电话：0775－7226912
传真：0775－7226912
邮编：537000

博白县旅游局
地址：玉林市博白县城大街 069 号
电话：0775－8227708
传真：0775－8222794
邮编：537600

兴业县旅游局
地址：玉林市兴业县政府办公中心
电话：0775－3775518
传真：0775－3775518
邮编：537800

北流市旅游局
地址：玉林市北流市政府大院内
电话：0775－6222873
传真：0775－6222873
邮编：537400

福绵管理区接待（旅游）办公室
地址：玉林市福绵管理区
电话：0775－2210522
传真：0775－2210542
邮编：537023

百色市旅游局
地址：百色市中山一路 47 号
电话：0776－2846037
传真：2846165
邮编：533000

右江区旅游局
地址：百色市向阳路 19 号
电话：0776－2833878
传真：0776－2833878
邮编：533000

田阳县旅游局
地址：百色市田阳县田州镇解放街 28 号
电话：0776－3226214
传真：0776－3227996
邮编：533600

田东县旅游局
地址：百色市田东县政府大院内
电话：0776－5238699
传真：0776－5238699
邮编：531500

平果县旅游局
地址：百色市平果县新兴街 25 号
电话：0776－5831521
传真：0776－5831521
邮编：531400

德保县旅游局
地址：百色市德保县政府大院
电话：0776－3821876
传真：0776－3821876
邮编：533700

靖西县旅游局
地址：百色市靖西县中山公园右侧（靖西宾馆内）
电话：0776－6213073
传真：0776－6222815
邮编：533800

那坡县旅游局
地址：百色市那坡县龙泉宾馆内
电话：0776－6826158
传真：0776－6826158
邮编：533900

凌云县旅游局
地址：百色市凌云县泗城镇前进街 248 号
电话：0776－7612011
传真：0776－7616312
邮编：533100

乐业县旅游局
地址：百色市乐业县同乐镇三乐街 004 号
电话：0776－7923615
传真：0776－7923615
邮编：533200

田林县旅游局
地址：百色市田林县新市街 109 号
电话：0776－7218166
传真：0776－7219165（县府办）
邮编：533300

隆林各族自治县旅游局
地址：百色市隆林县新州民权街 200 号
电话：0776－8208948
传真：0776－8208948
邮编：533400

西林县旅游局
地址：百色市西林县新兴路 16 号（西林迎宾馆内）
电话：0776－8686022
传真：0776－8688842（县府办）
邮编：533500

贺州市旅游局
地址：广西贺州市贺州大道 1 号
电话：0774－5123189
传真：0774－5123190
邮编：542800

八步区旅游局
地址：贺州市八步区向阳路1号
电话：0774－5284538
传真：0774－5276514
邮编：542800

昭平县旅游局
地址：贺州市昭平县北秀街7号
电话：0774－6682625
传真：0774－6682625
邮编：546800

钟山县旅游局
地址：贺州市钟山县兴钟中路4号
电话：0774－8989909
传真：0774－8986670
邮编：542600

富川瑶族自治县旅游局
地址：贺州市富川县新建路28号
电话：0774－7886289
传真：0774－7886289
邮编：542700

河池市旅游局
地址：河池市新建路538号
电话：0778－2285001
传真：0778－2284253
邮编：547000

河池市金城江区旅游局
地址：河池市金城江区行政办公中心
电话：0778－2112666
传真：0778－2112666
邮编：547000

宜州市旅游局
地址：河池宜州市城中西路20号
电话：0778－3146918
传真：0778－3146908
邮编：546300

罗城仫佬族自治县旅游局
地址：河池市罗城县东门镇朝阳路48号
电话：0778－8222812
传真：0778－8212360
邮编：546400

环江毛南族自治县旅游局
地址：河池市环江县思恩镇侨东路155号
电话：0778－8821498
传真：0778－8821498
邮编：547100

南丹县旅游局
地址：河池市南丹县体育场2楼
电话：0778－7232031
传真：0778－7232031
邮编：547200

天峨县旅游局
地址：河池市天峨县老街007号
电话：0778－7826777
传真：0778－7826777
邮编：547300

凤山县旅游局
地址：河池市凤山县凤城镇河东街99号
电话：0778－6815399
传真：0778－6818552
邮编：547600

东兰县旅游局
地址：河池市东兰县陵园街59号
电话：0778－6329603
邮编：547400

巴马瑶族自治县旅游局
地址：河池市巴马县新兴街189号
电话：0778－6218152
传真：0778－6221338
邮编：547500

都安瑶族自治县旅游局
地址：河池市都安县福源宏都宾馆5楼
电话：0778－5213170
传真：0778－5213170
邮编：530700

大化瑶族自治县旅游局
地址：河池市大化县新化西路
电话：0778－5825971
传真：0778－5814379
邮编：530800

来宾市旅游局
地址：来宾市北二路一幼街10号
电话：0772－4221490
传真：0772－4221490
邮编：546100

象州县旅游局
地址：来宾市象州县河东大道49号
电话：0772－4362818
传真：0772－4362818
邮编：545800

武宣县旅游局
地址：来宾市武宣县城东路9号
电话：0772－5212837
传真：0772－5212837
邮编：545900

金秀瑶族自治县旅游局
地址：来宾市金秀县政府大院内
电话：0772－6215238
传真：0772－6216068
邮编：545700

合山市旅游局
地址：来宾市合山市人民中路1号
电话：0772－8912365
传真：0772－8912483
邮编：546500

忻城县旅游局
地址：来宾市忻城县城关镇芝州路9号
电话：0772－5511557
传真：0772－5511557
邮编：546200

崇左市旅游局
地址：崇左市江州区太平镇南街
电话：0771－7821328
传真：0771－7840520
邮编：532200

凭祥市旅游局
地址：崇左市凭祥市南大路7号
电话：0771－8522601
传真：0771－8523877
邮编：532600

扶绥县旅游局
地址：崇左市扶绥县新华街162号经贸局大院
电话：0771－7531579
传真：0771－7524066
邮编：532100

大新县旅游局
地址：崇左市大新县政府大院内
电话：0771－3622409
传真：0771－3622409
邮编：532300

天等县旅游局
地址：崇左市天等县天等镇和平街27号县政府大院
办公室：0771－3526880
传真：0771－3526880
邮编：532800

宁明县旅游局
地址：崇左市宁明县政府大院
电话：0771－8620003
传真：0771－8620003
邮编：532500

龙州县旅游局
地址：崇左市龙州县龙州镇兴龙路44号
电话：0771－8814083
传真：0771－8814083
邮编：532400

旅 行 社

广西海外旅行社有限公司
地址：南宁市新民路40号
电话：0771－2811719
邮编：530011
许可证号：L－GX－GJ00001

桂林市海外旅游总公司
地址：桂林市雉山路110号
电话：0773－3834116
邮编：541002
网址：www. glotc. com
许可证号：L－GX－GJ00002

桂林中国国际旅行社有限责任公司
地址：桂林市滨江路11号
电话：0773－2823518
邮编：541002
网址：www. citsguilin. com
许可证号：L－GX－GJ00003

广西中青旅旅行社有限公司
地址：桂林市七星路30号
电话：0773－5808261
邮编：541004
网址：www. cyts online. com
许可证号：L－GX－GJ00004

北海海外旅行社有限公司
地址：北海市北海大道京都大厦6楼
电话：0779－3068668
邮编：536000
网址：www. beihai-otc. com
许可证号：L－GX－GJ00007

广西中国旅行社
地址：南宁市桃源路4号
电话：0771－2610898
邮编：530012
许可证号：L－GX－GJ00008

广西中国国际旅行社
地址：南宁市新民路40号
电话：0771－2802042
邮编：530012
网址：www. citsgx. com
许可证号：L－GX－GJ00009

南宁中国青年旅行社
地址：南宁市民族大道45号金融大厦A座7楼

电话：0771－2828292
邮编：530012
网址：www.nncyts.com
许可证号：L－GX－GJ00010

桂林市中国旅行社
地址：桂林市解放东路137号文化大厦5楼
电话：0773－3831368
邮编：541001
许可证号：L－GX－GJ00011

桂林市杉湖国际旅行社
地址：桂林市螺蛳山1号（桂湖饭店后楼）
电话：0773－2826477
邮编：541001
网址：www.gsit.com.cn
许可证号：L－GX－GJ00012

桂林榕湖国际旅游有限责任公司
地址：桂林市南环路5号桃园大厦8楼
电话：0773－2816845 2816246
邮编：541002
许可证号：L－GX－GJ00013

桂林市环球国际旅行社
地址：桂林市施家园路6号
电话：0733－2189789
邮编：541004
许可证号：L－GX－GJ00014

桂林城市国际旅行社有限公司
地址：桂林市中山南路75号
电话：0773－3861333
邮编：541002
许可证号：L－GX－GJ00015

桂林市桂冠国际旅行社
地址：桂林市中山南路南门桥1号楼
电话：0773－3837086
邮编：541002
许可证号：L－GX－GJ00016

桂林市台联国际旅行社
地址：桂林市中山中路8号
电话：0773－2827378
邮编：541002
网址：www.gltailianits.com
许可证号：L－GX－GJ00017

桂林阳朔国际旅行社有限责任公司
地址：桂林市中山中路36号大世界8F
电话：0773－2880667
邮编：541001
网址：www.ysits.com
许可证号：L－GX－GJ00018

桂林光大国际旅游公司
地址：桂林市江滨路38号
电话：0773－28292746
邮编：541001
网址：www.ebgl.com.cn
许可证号：L－GX－GJ00019

桂林广桂国际旅行社有限公司
地址：桂林市西环一路154号
电话：0773－3852551
邮编：541002
网址：www.gxcitsgl.com
许可证号：L－GX－GJ00020

柳州国旅国际旅行社有限责任公司
地址：柳州市中山中路2号兴隆大厦4楼
电话：0772－2803346
邮编：545001
网址：www.lzcits.com
许可证号：L－GX－GJ00021

柳州市中国旅行社有限责任公司
地址：柳州市中山东路55号
电话：0772－2855409
邮编：545001
网址：www.lzcts.com
许可证号：L－GX－GJ00022

梧州中国国际旅行社
地址：梧州市大中路39号
电话：0774－2821281
邮编：543000
网址：www.wzcits.com
许可证号：L－GX－GJ00023

广西玉林国际旅行社有限公司
地址：玉林市民主路烟草大厦2楼
电话：0775－2802500
邮编：537000
网址：www.ylits.com
许可证号：L－GX－GJ00024

凭祥中国国际旅行社有限责任公司
地址：凭祥市北大路156号汽车总站10号铺面
电话：0771－8538296
邮编：532600
许可证号：L－GX－GJ00025

梧州市中国旅行社
地址：梧州市大中路23号
电话：0774－2843322
邮编：543001
许可证号：L－GX－GJ00026

北海市中国旅行社
地址：北海市北湾西路与云南路交汇处正虹广场5楼
电话：0779－3039601
邮编：536000
网址：www.bhtour.com
许可证号：L－GX－GJ00027

桂林市漓江国际旅行社
地址：桂林市南环路5号6楼
电话：0773－2885165
邮编：541001
许可证号：L－GX－GJ00028

桂林山水国际旅行社有限责任公司
地址：桂林市滨江路17号
电话：0773－2887282
邮编：541004
许可证号：L－GX－GJ00029

桂林明珠康辉国际旅行社有限公司
地址：桂林市中山北路10号
电话：0773－2814916
邮编：541001
许可证号：L－GX－GJ00030

广西职工国际旅行社
地址：南宁市星湖路27号
电话：0771－2500567
邮编：530022
许可证号：L－GX－GJ00032

广西南宁中国旅行社有限责任公司
地址：南宁市汇春路4号金湖大厦二、三楼
电话：0771－5516718
邮编：530021
网址：www.gxnncts.com
许可证号：L－GX－GJ00035

北海环球国际旅行社有限责任公司
地址：北海市贵州路中安大厦
电话：0779－3081188
邮编：536000
网址：www.bhhq.com
许可证号：L－GX－GJ00037

广西金兰国际贸易旅行社有限公司
地址：南宁市东葛路5号
电话：0771－2803259
邮编：530022
许可证号：L－GX－GJ00040

桂林江山国际旅行社
地址：桂林市漓江路4号
电话：0733－3311110
邮编：541002
许可证号：L－GX－GJ00041

北海市青年国际旅行社
地址：北海市重庆路桂丰大厦4楼、5楼
电话：0779－3220895
邮编：536000
网址：www.bhql.com.cn
许可证号：L－GX－GJ00043

南宁海外旅行社有限责任公司
地址：南宁市民族大道38－2号泰安大厦11楼
电话：0771－5893526
邮编：530022
网址：www.mytoptour.com
许可证号：L－GX－GJ00045

广西东方国际旅行社有限公司
地址：南宁市东葛路27号银宇大厦B座5楼
电话：0771－5890404 5848176
邮编：530022
许可证号：L－GX－GJ00046

防城港国际旅行社有限责任公司
地址：防城港市港口区东港小区11栋
电话：0770－2836922
邮编：538001
许可证号：L－GX－GJ00047

广西南洋国际旅行社有限责任公司
地址：南宁市园湖南路华兴大厦十楼1003室
电话：0771－2111910 2099302
邮编：530022
许可证号：L－GX－GJ00049

广西南宁铁路国际旅行社
地址：南宁市中华路82号火车站出站口旁
电话：0771－2222362
邮编：530001
许可证号：L－GX－GJ00050

北海商务国际旅行社有限责任公司
地址：北海市北京南路8号中环广场4层
电话：0779－3200660
邮编：536000
网址：www.bhsw.com.cn
许可证号：L－GX－GJ00051

广西新华国际旅行社
地址：南宁市民族大道69号
电话：0771－2085888
邮编：530022
网址：www.gxh－ta.com
许可证号：L－GX－GJ00052

柳州市泰升航运有限责任公司国际旅行社
地址：柳州市解放南路97号华侨大厦801室
电话：0772－2872933
邮编：545001
许可证号：L－GX－GJ00054

桂林乐满地国际旅行社有限公司
地址：桂林兴安志玲路乐满地园区内
电话：0773－6221000－6101
邮编：541300
网址：www. merry-land. com. cn
许可证号：L－GX－GJ00055

东兴口岸国际旅行社有限公司
地址：东兴市新华路口岸区
电话：0770－7693218
邮编：538100
网址：www. dxport. com
许可证号：L－GX－GJ00056

北海海之旅国际旅行社有限公司
地址：北海市贵州路35号
电话：0779－3031151
邮编：536000
许可证号：L－GX－GJ00057

柳州壶城职工国际旅行社有限责任公司
地址：柳州市北雀路119号
电话：0772－2317269
邮编：545002
许可证号：L－GX－GJ00058

广西通泰国际旅行社有限公司
地址：贵港市和平路527号1楼
电话：0775－4230008
邮编：537100
网址：www. tttravel. com. cn
许可证号：L－GX－GJ00059

桂林市大众国际旅行社有限公司
地址：桂林市中山中路康美大厦702室
电话：0773－2885970
邮编：541001
许可证号：L－GX－GJ00060

桂林运通国际旅行社有限公司
地址：桂林市龙稳路18号
电话：0773－5810890
邮编：541004
许可证号：L－GX－GJ00062

广西凭祥和平国际旅行社
地址：凭祥市北大路143号
电话：0771－8537688
邮编：532600
许可证号：L－GX－GJ00063

广西飞扬旅行社
地址：龙州县龙州镇独山路边贸大厦
电话：0771－8822007
邮编：532400
许可证号：L－GX－GJ00064

防城港市东盟国际旅行社有限责任公司
地址：防城港市港口区广西电信防城港市分公司桃花湾综合楼
电话：0770－2836928
邮编：538001
许可证号：L－GX－GJ00065

广西东兴华鑫贸易有限公司华顺国际旅行社
地址：东兴市民族路100号
电话：0770－7660788
邮编：538100
许可证号：L－GX－GJ00066

东兴虹桥国际旅行社有限公司
地址：东兴市北仑大道339号
电话：0770－7685510
邮编：538100
许可证号：L－GX－GJ00067

凭祥南方国际旅行社有限公司
地址：凭祥市交易场旁
电话：0771－8533113
邮编：532600
许可证号：L－GX－GJ00069

广西寰海国际旅行社有限公司
地址：南宁市新民路3号永嘉大厦C座12楼
电话：0771－2630914
邮编：530022
网址：www. china－vn. net
许可证号：L－GX－GJ00070

百色飞扬国际旅行社有限公司
地址：百色市右江区江滨路A－11号
电话：0776－2894166
邮编：533000
许可证号：L－GX－GJ00071

桂林市天元国际旅行社有限公司
地址：桂林市漓江路26路国展购物公园写字楼5－10室
电话：0773－5837007
邮编：541004
网址：www. chinatourxp. com
电子信箱：gssjp@ chinatourxp. com
许可证号：L－GX－GJ00072

中国国旅（广西）国际旅行社有限公司
地址：南宁市朝阳路38号新朝阳商业广场14楼
电话：0771－5798200
邮编：530012
网址：www. gxcits. com
电子信箱：cits1954@ sina. com
许可证号：L－GX－GJ00073

崇左市左江国际旅行社有限公司
地址：崇左市沿江山路126号
电话：0771－7831789
邮编：532200
电子信箱：CZITS2311@ VIP. 163. COM
许可证号：L－GX－GJ00074

广西运德国际旅行社有限公司
地址：南宁市朝阳路80号
电话：0771－2102362
邮编：530011
网址：www. gxydlyzx. com
电子信箱：GX_ NNJYLY@ 126. COM
许可证号：L－GX－GJ00076

广西玉林市玉柴国际旅游有限公司
地址：玉林市民主中路175号
电话：13877509928
邮编：537000
网址：www. ycgl. com. cn
电子信箱：YUCHAILVYOU@ TOM. COM
许可证号：L－GX－GJ00077

宾馆酒店

南宁市邕江宾馆★★★★★
地址：南宁市临江路1号
电话：0771－2180888
传真：0771－2804524
邮编：530012
网址：www. yjhotel. cn

广西南宁饭店★★★★★
地址：南宁市民生路38号
电话：0771－2103888
传真：0771－2622402
邮编：530012
网址：www. nnfd. com
电子信箱：nnhoteloffice@ tom. com

广西沃顿国际大酒店★★★★★
地址：南宁市民族大道88号
电话：0771－2111888
传真：0771－2111999
邮编：530022
网址：www. whartonhotel. com

广西南宁明园新都酒店★★★★★
地址：南宁市新民路38号
电话：0771－2118668
传真：0771－2613810
邮编：530022
网址：www. nn-myxd. com
电子信箱：myxdhtl@ public. nn. gx. cn

大宇大饭店★★★★★
地址：桂林市滨江路15号
电话：0773－2825588
传真：0773－2825598
邮编：541001
网址：www. guilinsheraton. com

桂林帝苑酒店★★★★★
地址：桂林市临江路186－1号
电话：0773－5688888
传真：0773－5680588
邮编：541002
网址：www. gldy. com. cn
电子信箱：dyxsb@ public. glptt. gx. cn

漓江大瀑布饭店★★★★★
地址：桂林市杉湖北路1号
电话：0773－2822881
传真：0773－2822891
邮编：541002
网址：www. waterfallguilin. com
电子信箱：ljfd@ public. glptt. gx. cn

兴安乐满地度假酒店★★★★★
地址：桂林市兴安县志玲路
电话：0773－6229898
传真：0773－6225582
邮编：541300
网址：www. merry-land. com. cn
电子信箱：zb@ merry-land. com. cn

北海香格里拉大饭店★★★★★
地址：北海市茶亭路33号
电话：0779－2062288
传真：0779－2064762
邮编：536000
网址：www. hangri-la. com/beihai
电子信箱：sbhi@ shangri-la. com

广西南宁凤凰宾馆★★★★
地址：南宁市朝阳路63号
电话：0771－2119888
传真：0771－2119333
邮编：530011
网址：www. fhhotel. com. cn

广西锦华大酒店★★★★
地址：南宁市东葛路1号
电话：0771－2088888
传真：0771－2088998
邮编：530012
网址：www. gxjh. com. cn

广西夏威夷国际大酒店★★★★
地址：南宁市民族大道81号

电话：0771－5885538
传真：0771－5866114
邮编：530022
网址：www. hawaiihotel. com. cn

南宁跨世纪大酒店★★★★
地址：南宁市民族大道东段111号
电话：0771－5519200
传真：0771－5519477
邮编：530028
网址：www. ksjhotel. com
电子信箱：ksjhotel@ 126. com

广西南宁明园饭店★★★★
地址：南宁市新民路38号
电话：0771－2118668
传真：0771－2808583
邮编：530022
网址：www. nn-myxd. com

南宁市东盟国际大酒店★★★★
地址：南宁市邕武路1号
电话：0771－5803988
传真：0771－5803988
邮编：530012

广西金都大酒店★★★★
地址：南宁市中华路17号
电话：0771－2108188
传真：0771－2108111
邮编：530011
网址：www. mmjd. com

桂山大酒店★★★★
地址：桂林市穿山路42号
电话：0773－5638888
传真：0773－5639999
邮编：541002
网址：www. guishanhotel. com
电子信箱：guishan@ public. glptt. gx. cn

金龙航空大酒店★★★★
地址：桂林市翠竹路19号
电话：0773－3868888
传真：0773－3868868
邮编：541002
网址：www. airlinehot. com

龙胜温泉中心酒店★★★★
地址：桂林市江底乡矮岭温泉
电话：7482888
传真：7482885
邮编：541712
网址：www. longshengtour. com
电子信箱：gllswqgs@ 163. com

金龙大酒店★★★★
地址：桂林市漓江路21号
电话：5808888
传真：5808886
邮编：541001
网址：www. gljl. net
电子信箱：jinlong. hotel@ 163. com

观光酒店★★★★
地址：桂林市漓江路20号
电话：0773－5882688
传真：0773－5813328
邮编：541001
网址：www. glplaza. com
电子信箱：glgg@ glplaza. com

桂湖饭店★★★★
地址：桂林市螺蛳山1号
电话：0773－2558899
传真：0773－2822296
邮编：541001
网址：www. parkhtl. com
电子信箱：glpark@ public. gltt. gx. cn

榕湖饭店★★★★
地址：桂林市榕湖北路16号
电话：0773－2893811
传真：0773－2825390
邮编：541001
网址：www. ronghuhotel. com
电子信箱：glrhh@ public. glptt. gx. cn

桂林宾馆★★★★
地址：桂林市榕湖南路14号
电话：0773－2898888
传真：0773－2851344
邮编：541002
网址：www. glblavohotel. com
电子信箱：glhi@ public. glptt. gx. cn

阳朔百乐来度假饭店★★★★
地址：桂林市阳朔西街116号
电话：0773－8822109
传真：0773－8822106
邮编：541900
网址：www. ys-paradesa. com
电子信箱：glpysr@ gl. gx. cninfo. net

阳朔唐人街酒店★★★★
地址：桂林市阳朔县观莲路8号
电话：0773－8818999
传真：0773－8818998
邮编：541900
网址：www. trjhotel. com
电子信箱：tangrenjiehotel@ sina. com

丽晶大酒店★★★★
地址：柳州市龙城路32号
电话：0772－2808888
传真：0772－2808828
邮编：545001
网址：lijinghotel@ lz. gx. cninfo. net

柳州饭店★★★★
地址：柳州市友谊路1号
电话：0772－2828336
传真：0772－2821443
邮编：545001
网址：www. izhotei. com
电子信箱：lzfa@ public. Lzptt. gx. cn

京都宾馆★★★★
地址：柳州市跃进路40号
电话：0772－2300188
传真：0772－2816469
邮编：545001
电子信箱：jdhotel@ 163. net

广西贵港国际大酒店★★★★
地址：贵港市金港大道新世纪广场东侧
电话：0775－4558888
传真：0775－4296666
邮编：537100
网址：ggih@ 163. com
电子信箱：www. ggihotel. com

玉林宾馆★★★★
地址：玉林市公园路1号
电话：0775－2835988
传真：0775－2828678
邮编：537000

北海国发夜巴黎酒店★★★★
地址：北海市北部湾中路
电话：0779－2022788
传真：0779－2026980
邮编：536000
网址：www. gofarhotel. cn

北海甲天下国际大酒店★★★★
地址：北海市北海大道西段8号
电话：0779－3065666
传真：0779－3063808
邮编：536000
网址：www. jtxhotel. com
电子信箱：jtxhotel@ 163. com

北海富丽华大酒店★★★★
地址：北海市茶亭路31号
电话：0779－2082888
传真：0779－2056588
邮编：536000
网址：www. furama-beihai. com
电子信箱：hotel@ furama-beihai. com

北海荔珠国际大酒店★★★★
地址：北海市长青路11号
电话：0779－3080888
传真：0779－3080800
邮编：536000
网址：www. bhlzhotel. com
电子信箱：sales@ bhlzhotel. com

北海海滩大酒店★★★★
地址：北海市银滩大道
电话：0779－3888888
传真：0779－3898898
邮编：536000
网址：www. bh-bh. com

金南海大酒店★★★★
地址：河池市天峨县塘英大道27号
电话：0778－7827857
传真：0778－7827818
邮编：547300
电子信箱：tewjdjd@ vip. 163. com

国际酒店（申请中）★★★★
地址：贺州市建设东路183号
电话：0774－5101166
传真：0774－5101182
邮编：542800

广西南宁市昌龙大酒店★★★
地址：南宁市园湖路26－1号
电话：0771－2269888
传真：0771－2269162
邮编：530023

南宁长湖大酒店有限公司★★★
地址：南宁市长湖路琅东二组综合楼
电话：0771－5758888
传真：0771－5758833
邮编：530022

南宁市银河大酒店★★★
地址：南宁市朝阳路84号
电话：0771－2116688
传真：0771－2116669
邮编：530011
网址：www. yhhotel. com
电子信箱：yinhe@ public. nn. gx. cn

广西三月花大酒店★★★
地址：南宁市东葛路119
电话：0771－5703036
传真：0771－5703050
邮编：530023
网址：www. jtswjd. com

南宁海浪湾酒店★★★
地址：南宁市凤翔路3号
电话：0771－6110000
传真：0771－6110002
邮编：530028

广西发改委培训中心★★★
地址：南宁市葛村路1号
电话：0771－2282388
传真：0771－2282388
邮编：530022

广西福彩宾馆★★★
地址：南宁市葛村路23号
电话：0771－5634388
传真：0771－2195068
邮编：530023

南宁万兴酒店★★★
地址：南宁市民主路47号
电话：0771－2102888
传真：0771－2828018
邮编：530012
网址：www.nnwxhotel.com

南宁金禾宫大酒店★★★
地址：南宁市桂春路13号
电话：0771－2187324
传真：0771－2187388
邮编：530022
网址：www.gxjhg.com

南宁市金琅大酒店★★★
地址：南宁市桂春路中段
电话：0771－2198688
传真：0771－2198666
邮编：530022

广西南宁天湖酒店★★★
地址：南宁市杭州路3号
电话：0771－2195588
传真：0771－2433398
邮编：530011
网址：www.tianhu.com

南宁市恒川大酒店★★★
地址：南宁市杭州路5号
电话：0771－2198388
传真：0771－2198178
邮编：530011

南宁圣展酒店★★★
地址：南宁市金湖路62号
电话：0771－2026999
传真：0771－2026888
邮编：530021
网址：www.sanzanhotel.com
电子信箱：shengzhan6688@163.com

南宁松源锦大酒店★★★
地址：南宁市金湖路62号
电话：0771－5761111
传真：0771－5761155
邮编：530022

广西新华大酒店★★★
地址：南宁市民族大道69号
电话：0771－2085818
传真：0771－2085886
邮编：530022
网址：www.gxxinhua.com

广西天妃商务酒店★★★
地址：南宁市明秀东路238号
电话：0771－2080888
传真：0771－2080777
邮编：530001
网址：www.gxtfhotel.com

南宁大王滩度假村★★★
地址：南宁市那马镇大王滩风景区
电话：0771－4778533
传真：0771－4778508
邮编：530218
网址：www.nndwt.com

南宁华星酒店★★★
地址：南宁市七星路125号
电话：0771－2621419
传真：0771－2097829
邮编：530022

广西绿都大酒店★★★
地址：南宁市七星路133号
电话：0771－2020888
传真：0771－2020819
邮编：530022

南宁市钻石海岸海鲜大酒店★★★
地址：南宁市双拥路南湖南广场旁
电话：0771－2028988
传真：0771－2028998
邮编：530021

广西博宾酒店★★★
地址：南宁市唐山路54号
电话：0771－5800000
传真：0771－5800158
邮编：530001
网址：www.richguestshotel.com

南宁市富满地大酒店★★★
地址：南宁市桃源路43号
电话：0771－2195888
传真：0771－2195638
邮编：530021

广西满江红大酒店★★★
地址：南宁市祥宾路63号
电话：0771－5752688
传真：0771－5752689
邮编：530021

南宁翔云大酒店★★★
地址：南宁市新民路59号
电话：0771－2101999
传真：0771－2833106
邮编：530022
网址：www.xyhotel.com

南宁邕州饭店★★★
地址：南宁市新民路59号
电话：0771－2101088
传真：0771－2802450
邮编：530022

南宁市状元坡宾馆★★★
地址：南宁市秀灵路77－1号
电话：0771－5758010
传真：0771－5758111
邮编：530001

南宁永凯大酒店★★★
地址：南宁市友爱南路43－2号
电话：0771－3936089
传真：0771－3945530
邮编：530001
电子信箱：yongkainanning@sina.com

南宁市金花茶大酒店★★★
地址：南宁市中华二支路1号
电话：0771－2238688
传真：0771－2344081
邮编：530011

广西阳光假日酒店★★★
地址：南宁市中华路17－1号
电话：0771－5810388
传真：0771－5810309

南宁市凯莱大酒店★★★
地址：南宁市中华路48号
电话：0771－2088088
传真：0771－2088058
邮编：530001
网址：www.nanningkailai.com

广西华夏大酒店★★★
地址：南宁市中华支一路3号
电话：0771－2104888
传真：0771－2427014
邮编：530011

南宁市湄公河大酒店★★★
地址：南宁市竹溪大道98号
电话：0771－2022811
传真：0771－2022996
邮编：530021

翠园宾馆★★★
地址：桂林市安新洲906栋
电话：0773－3850288
传真：0773－3842499
邮编：541002
网址：www.cuiyuan.cn
电子信箱：cuiyuan@guilin.com.cn

伏波山大酒店★★★
地址：桂林市滨江路121号
电话：0773－2569898
传真：0773－2822328
邮编：541001
网址：www.fubohotel.com
电子信箱：fubo@public.glptt.gx.cn

金象大酒店★★★
地址：桂林市滨江路36号
电话：0773－2808888
传真：0773－2809999
邮编：541002
网址：www.hotel－ge.com
电子信箱：hjp231@163.com

邮电宾馆★★★
地址：桂林市朝阳路12号
电话：0773－5862516
传真：0773－5862590
邮编：541004
网址：www.guilinydtour.com
电子信箱：guilinydtour@glbip.com

京都大酒店★★★
地址：桂林市翠竹路8号
电话：0773－3559998
传真：0773－3555042
邮编：541003
网址：www.gljd.hotel.net

桂响饭店★★★
地址：桂林市翠竹路9号
电话：0773－2151313
传真：0773－2151366
邮编：541002
网址：www.glgxhotel.com
电子信箱：gxglhwj9999@yahoo.com.cn

达尔曼酒店★★★
地址：桂林市红岭路1号
电话：0773－3822333
传真：0773－3822555
邮编：541002
网址：www.gldem.com
电子信箱：gldhtl@gl.gx.cninfo.net

金埔大酒店★★★
地址：桂林市解放东路137号
电话：0773－2864999
传真：0773－2864888
邮编：541001
网址：www.gljp.net
电子信箱：xiaokang77520@163.com

环球大酒店★★★
地址：桂林市解放东路1号
电话：0773－2828228
传真：0773－2823868
邮编：541001
网址：www.mctshmi.com
电子信箱：htlunivs@public.glptt.gx.cn

柏丽商务酒店★★★
地址：桂林市解放东路2号
电话：0773－3111111
传真：0773－3112288
邮编：541001
网址：www.parlijhotel.com.cn
电子信箱：syl4102004@yahoo.com.cn

七星大酒店★★★
地址：桂林市漓江路17号
电话：0773－5812311
传真：0773－5814898
邮编：541004
网址：www.glgxhotel.com
电子信箱：qxdjd@public.glptt.gx.cn

景秀大酒店★★★
地址：桂林市临桂路8号
电话：0773－2869818
传真：0773－2869918
邮编：541002
网址：www.jingxiu.hotel.com
电子信箱：jxhtl@gx163.net

天鹅宾馆★★★
地址：桂林市苗圃路18号
电话：0773－3559988
传真：0773－3556691
邮编：541002
网址：www.guilinswanhotel.com

桂星酒店★★★
地址：桂林市七星路18号
电话：0773－5815400
传真：0773－5813435
邮编：541004
网址：www.guixinghotel.com
电子信箱：qmh_7808@sina.com

山水大酒店★★★
地址：桂林市七星路48号
电话：0773－5815151
传真：0773－5815151
邮编：541004
网址：www.glshanshui.com
电子信箱：d12300@gl.gx.cninfo.net

大庆宾馆★★★
地址：桂林市栖霞路48号
电话：0773－5888780
传真：0773－5888782
邮编：541004
网址：www.daqinghotel.com
电子信箱：slhy_2007@163.com

金嗓子大酒店★★★
地址：桂林市栖霞路6号
电话：0773－2127186
传真：0773－2127190
邮编：541004
网址：www.gljsz.com
电子信箱：goldenthroathotel@tom.com

烟贸大酒店★★★
地址：桂林市瓦窑西路21号
电话：0773－3612028
传真：0773－3612058
邮编：541003
网址：www.glymhotel.com
电子信箱：qqbb0223@yahoo.com.cn

香江饭店★★★
地址：桂林市西环一路141号
电话：0773－3866666
传真：0773－3869777
邮编：541002
网址：www.hongkonghotelguilin.com
电子信箱：xj@glxjhotel.com

新桂大酒店★★★
地址：桂林市银锭路1号
电话：0773－3850000
传真：0773－3837905
邮编：541001
网址：www.xingguihotel.com

名城大酒店★★★
地址：桂林市正阳路10号
电话：0773－2828331
传真：0773－2863060
邮编：541001
网址：www.glmchotel
电子信箱：mcdjd@glmchotel.com

新凯悦饭店★★★
地址：桂林市中山南路72号
电话：0773－2158888
传真：0773－2158168
邮编：541002
网址：www.xinky698.com
电子信箱：glnewcity@21cn.com

联发商务大酒店★★★
地址：桂林市中山南路74号
电话：0773－2151888
传真：0773－2151898
邮编：541002
网址：www.lf-hotel.com
电子信箱：gl-lianfahotel@163.com

丹桂大酒店★★★
地址：桂林市中山南路77号
电话：0773－3834300
传真：0773－3844328
邮编：541002
网址：www.glosm.com

桂花香大酒店★★★
地址：桂林市中山南路78号
电话：0773－2153666
传真：0773－2153886
邮编：541002
网址：www.ghx.com.cn
电子信箱：gl2153666@sina.com.cn

台联酒店★★★
地址：桂林市中山中路12号
电话：0773－2892888
传真：0773－2826251
邮编：541002
网址：www.gltailian.com
电子信箱：tailian321@163.com

中山大酒店★★★
地址：桂林市中山中路2号
电话：0773－2882999
传真：0773－2880559
邮编：541002
网址：www.zsdjd.com
电子信箱：zshotel88@yahoo.com

杉湖大酒店★★★
地址：桂林市中山中路24号
电话：0773－2890089
传真：0773－2890099
邮编：541001
电子信箱：glshanhu@21cn.com

花桥大酒店★★★
地址：桂林市自由路花桥1号
电话：0773－5848228
传真：0773－5848128
邮编：541004
网址：www.glhuaqiaojd.com

阳朔新世纪大酒店★★★
地址：桂林市阳朔蟠桃路阳朔公园旁
电话：0773－8829703
传真：0773－8829703
邮编：541900
网址：www.yangshuo.com
电子信箱：newcentry200010@163.com

阳朔丽景假日宾馆★★★
地址：桂林市阳朔西街117号
电话：0773－8817198
传真：0773－8817199
邮编：541900
网址：www.ys-holidayhotel.com
电子信箱：regency163@163.net

荔浦丰渔岩温泉山庄★★★
地址：桂林市荔浦县丰渔岩旅游度假区
电话：0773－7128888
传真：0773－7128111
邮编：546609
网址：www.glhotspringholiday.com
电子信箱：zxh1234@vip163.com

荔浦丰渔岩宾馆贵宾楼★★★
地址：桂林市荔浦县三河乡丰渔岩
电话：0773－7122192
传真：0773－7122128
邮编：546609
网址：www.cnfyy.cn
电子信箱：fengyucavE-3188@163.com

延安大酒店★★★
地址：柳州市飞鹅路79号
电话：0772－3615008
传真：0772－3614008
邮编：545007
电子信箱：yanan@lz.gx.cninfo.net

南疆宾馆★★★
地址：柳州市飞鹅路304号
电话：0772－3612988
传真：0772－3617575
邮编：545007

网址：www. njbg. com
电子信箱：lznjbg@ publiclzptt. gx. cn

华锡大厦★★★
地址：柳州市桂中大道
电话：0772－2628259
传真：0772－2622282
邮编：545006
网址：www. lzhxds. com
电子信箱：mail. Lzhxds. com

中交大酒店★★★
地址：柳州市解放北路
电话：0772－2832888
传真：0772－2832288
邮编：545001

泽丰大酒店★★★
地址：柳州市莲塘路23号
电话：0772－2800288
传真：0772－2857595
邮编：545001

柳州宾馆★★★
地址：柳州市龙城路2号
电话：0772－2308888
传真：0772－2826748
邮编：545001
网址：www. lzgm. com
电子信箱：gx-lzbg@ 163. com

交通大厦★★★
地址：柳州市文笔路3号
电话：0772－3832486
传真：0772－3800773
邮编：545005
电子信箱：jiaotong-hotel@ 163. com

中山大厦★★★
地址：柳州市中山中路35号
电话：0772－2828128
传真：0772－2820610
邮编：545001

怡景酒店★★★
地址：梧州市蝶山一路3号
电话：0774－5848888
传真：0774－5833668
邮编：543002

五丰大酒店★★★
地址：梧州市桂江二路38号
电话：0774－2812888
传真：0774－2812889
邮编：543000

东信宾馆★★★
地址：梧州市文化路28号
电话：0774－2801888
传真：0774－2825461
邮编：543000

梧州大酒店★★★
地址：梧州市西江三路2号
电话：0774－2048888
传真：0774－2048709
邮编：543000
网址：www. wzhotel. com. cn

新世纪大酒店★★★
地址：梧州市中山路8号
电话：0774－2812333
传真：0774－2812345
邮编：543000

岑溪市阿里香大酒店★★★
地址：梧州岑溪市工农路81号
电话：0774－8232780
传真：0774－8231362
邮编：543200
网址：www. alixiang. nease. net
电子信箱：alixianghotel@ 163. com

岑溪榕湖饭店★★★
地址：梧州岑溪市广场旁
电话：0774－8219668
传真：0774－8219600
邮编：543200

贵港大酒店★★★
地址：贵港市和平路
电话：0775－4210088
传真：0775－4210076
邮编：537100
电子信箱：gggrandhotel@ 126. com

贵港市港都大酒店★★★
地址：贵港市建设路182号
电话：0775－4205658
传真：0775－4205600
邮编：537100

芙蓉宾馆★★★
地址：贵港市江北大道中段
电话：0775－4211222
传真：0775－4227668
邮编：537100

江北宾馆★★★
地址：贵港市江北大道中段138号
电话：0775－2922585
传真：0775－4259868
邮编：537100
电子信箱：jiangbeihotel@ 163. com

贵港市凯悦宾馆★★★
地址：贵港市金港大道193号
电话：0775－4296988
传真：0775－4296017
邮编：537100
网址：www. ggkaiyue. com

功德山庄★★★
地址：贵港桂平市西山风景区内
电话：0775－3393399
传真：0775－3393618
邮编：537200
网址：www. gdvilla. com

平南宾馆★★★
地址：贵港市平南县城西街175号
电话：0775－7821236
传真：0775－7920279
邮编：537300

玉林东方世纪大酒店★★★
地址：玉林市江岸路98号
电话：0775－2885588
传真：0775－2885589
邮编：537000

玉林博白海德大酒店★★★
地址：玉林市南洲南路
电话：0775－8235018
传真：0775－8235043
邮编：537800
网址：www. bbhaide. com
电子信箱：SSADIV123@ 163. com

玉林市意景宾馆★★★
地址：玉林市人民东路727号
电话：0775－2880101
邮编：537000
传真：0775－2880102

玉林得利宾馆★★★
地址：玉林市一环路323号
电话：0775－2691436
传真：0775－2699587
邮编：537000
网址：www. delihotel. com
电子信箱：yldlbg@ Vip. sina. com

玉林锦源大酒店★★★
地址：玉林市一环路848号
电话：0775－2888889
传真：0775－2889993
邮编：537000

玉林振林宾馆★★★
地址：玉林市郁洲路137号
电话：0775－2832388
传真：0775－2829397
邮编：537000

北流市金荔酒店★★★
地址：玉林北流市城北1号
电话：0775－6232098
传真：0775－6232086
邮编：537600

北流市精通大酒店★★★
地址：玉林北流市城南二路
电话：0775－6352029
传真：0775－6352003
邮编：537600

陆川温泉九龙山庄★★★
地址：玉林市陆川县城凤凰一巷
电话：0775－2942388
传真：0775－7311628
邮编：537700

正元大酒店★★★
地址：钦州港经济开发区
电话：0777－3888103
传真：0777－3888200
邮编：535008
网址：www. zyghotel. net
电子信箱：zyghotel. gx. cn

金湾大酒店★★★
地址：钦州市人民路13号
电话：0777－2886521
传真：0777－2886788
邮编：535000
网址：www. 163. net
电子信箱：jinwanhotel@ 163. net

北海良港大酒店★★★
地址：北海市北部湾东路10号
电话：0779－2086665
传真：0779－2086688
邮编：536000
网址：www. lghotel. com

北海石林大酒店★★★
地址：北海市北部湾西路
电话：0779－3908088
传真：0779－3905660
邮编：536000
网址：www. bhslhotel. com

北海明都大酒店★★★
地址：北海市北部湾西路
电话：0779-3996666
传真：0779-3996690
邮编：536000
网址：www.bhmd.315315.cn
电子信箱：mingdu@163.com

北海国发华联酒店★★★
地址：北海市北部湾西路1号
电话：0779-3087888
传真：0779-3087889
邮编：536000
网址：www.gofarhotel.cn
电子信箱：sales@gofarhotel.com

北海中玉大酒店★★★
地址：北海市北部湾西路33号
电话：0779-3903388
传真：0779-3909999
邮编：536000
网址：www.zhongyuhotel.com
电子信箱：ljm@gx163.net

北海梦之岛大酒店★★★
地址：北海市北部湾西路58号
电话：0779-3922088
传真：0779-3922005
邮编：536000
网址：www.jcgx.com/mzd/info.htmi

北海迎宾馆★★★
地址：北海市北部湾中路
电话：0779-2080880
传真：0779-2023285
邮编：536000
网址：www.0779.con
电子信箱：bhybg@tom.com

北海公路宾馆★★★
地址：北海市北海大道与北京路交汇
电话：0779-3087600
传真：0779-3087589
邮编：536000
网址：www.bh988.com
电子信箱：fieand@163.com

北海利源国际大酒店★★★
地址：北海市北京路
电话：0779-3208816
传真：0779-3202286
邮编：536000
网址：www.lyhotel.cn
电子信箱：webmaster@lyhotel.cn

北海彩云宾馆★★★
地址：北海市侨港镇
电话：0779-3899500
传真：0779-3882218
邮编：536000
电子信箱：cybg@126.com

北海路海宾馆★★★
地址：北海市侨港镇港口路
电话：0779-2212008
传真：0779-2212127
邮编：536000
网址：www.bhlhbgcom
电子信箱：luhaibgs@163.com

北海天湖酒店★★★
地址：北海市侨港镇港口路
电话：0779-3888779
传真：0779-3881679
邮编：536000
网址：www.0779.cn
电子信箱：skylakes@21cn.com

北海鸿华大酒店★★★
地址：北海市侨港镇海滩路
电话：0779-3897888
传真：0779-3883345
邮编：536000
网址：www.hhotel.cn

北海银滩度假村★★★
地址：北海市银滩8号路
电话：0779-3899388
传真：0779-3899188
邮编：536000
网址：www.88bh.com
电子信箱：dsuke@21cn.com

北海金港酒店★★★
地址：北海市银滩大道8号
电话：0779-3897288
传真：0779-3881756
邮编：536000
电子信箱：jingang2007@163.com

北海明珠大酒店★★★
地址：北海市银滩高沙龙6号
电话：0779-3893968
传真：0779-3893918
邮编：536000
网址：www.com.cn
电子信箱：mingzhu888@163.com

北海合浦红林大酒店★★★
地址：北海市合浦县廉州广场旁
电话：0779-7200608
传真：0779-7202168
邮编：536100
网址：www.redforesthotel.com
电子信箱：rfhotel@tom.com

防城港市国际迎宾馆★★★
地址：防城港市港口区友谊路15号
电话：0770-2800388
传真：0770-2800378
邮编：538001
电子信箱：gjybg@163.com

恒泰酒店★★★
地址：防城港市港口区友谊路5号
电话：0770-2800888
传真：0770-2800098
邮编：538001
网址：www.hengtaigx.com
电子信箱：ntcom@ppp.nn.gx.cn

防城港市天益酒店★★★
地址：防城港市防城区防邕路53号
电话：0770-3298888
传真：0770-3298822
邮编：538021
网址：www.tianyisuperweb.cn
电子信箱：tianyihotel2003@eyou.com

南城大酒店★★★
地址：防城港市防城区防邕路9号
电话：0770-3299999
传真：0770-3299889
邮编：538021
电子信箱：3299999@163.com

东兴东润大酒店★★★
地址：防城港东兴市北仑大道229号
电话：0770-7661888
传真：0770-7661988
邮编：538100
电子信箱：gxbhlxx@163.com

银海大酒店★★★
地址：防城港东兴市新华大道230号
电话：0770-7690909
传真：0770-7664748
邮编：538100
网址：www.yinhaihotel.com
电子信箱：y2108@qq.com

东兴浙江商业城大酒店★★★
地址：防城港东兴市浙江商业城内
电话：0770-7672927
传真：0770-7672500
邮编：538100

广西东兴东京湾酒店★★★
地址：防城港东兴市河堤路
电话：0770-7692088
传真：0770-7692068
邮编：538100
电子信箱：wang-yuan-dong@163.com

崇左市左江宾馆★★★
地址：崇左市新民路27号
电话：0771-5967890
传真：0771-5967796
邮编：532200
网址：www.zuojianghotel.com
电子信箱：root@zuojianghotel.com

凭祥中越国际大酒店★★★
地址：崇左凭祥市新华路1号
电话：0771-8539888
传真：0771-8538733
邮编：532600

大新大酒店★★★
地址：崇左市大新县德天大道15号
电话：0771-3636018
传真：0771-3636113
邮编：532300

瑞丰大酒店★★★
地址：百色市右江区城北二路5号
电话：0776-2881688
传真：0776-2881555
邮编：533000
电子信箱：ruifeng2881688@163.com

金都大酒店★★★
地址：百色市右江区城北一路29号
电话：0776-2881180
传真：0776-2881193
邮编：533000
网址：www.gxccjt.com
电子信箱：gxbsjindu@163.com

四川大酒店★★★
地址：百色市右江区城东拉域开发区
电话：0776-2931898
传真：0776-2930078
邮编：533000
网址：www.gxbscts.com

平果铝宾馆★★★
地址：百色市平果铝公司含笑小区
电话：0776-5805984
传真：0776-5805884
邮编：531400
网址：www.pglbg.315315.cn

电子信箱：pglbg@163.com

凌云县迎晖山庄★★★
地址：百色市凌云县城中心
电话：0776－7611888
传真：0776－7611125
邮编：533100

金源国际酒店★★★
地址：百色市乐业县三乐街173号
电话：0776－2558888
传真：0776－2551266
邮编：533200

河池大酒店★★★
地址：河池市河池新建路102号
电话：0778－2283566
传真：0778－2204003
邮编：547000
网址：www.hechihotel.com
电子信箱：hechihotel@gx163.net

运威大酒店★★★
地址：河池市西环路120－2号
电话：0778－2598388
传真：0778－2598385
邮编：547000

宜州市刘三姐度假山庄★★★
地址：河池宜州市下枧旅游区
电话：0778－3318188
传真：0778－3318199
邮编：546323
网址：www.yzph.com.cn
电子信箱：yzph@tom.com

来宾市森明大厦★★★
地址：来宾市柳来路167号
电话：0772－4233588
传真：0772－4233668
邮编：546100

来宾市盈丰大酒店★★★
地址：来宾市柳来路268号
电话：0772－4224898
传真：0772－4224868
邮编：546100

来宾宾馆★★★
地址：来宾市中南路118号
电话：0772－4228178
传真：0772－4228338
邮编：546100

合山红河酒店★★★
地址：来宾合山市人民中路8号
电话：0772－8903651
邮编：546500

利源酒店★★★
地址：贺州市建设中路14号
电话：0774－5103999
传真：0774－5100879
邮编：542800
电子信箱：hz5100878@163.com

华圣商务酒店★★★
地址：贺州市灵峰北路6号
电话：0774－3308989
传真：0774－3308666
邮编：542800
电子信箱：hsht9811@163.com

金港酒店★★★
地址：贺州市太白路50号
电话：0774－5103666
传真：0774－5103681
邮编：542800
网址：www.jgjd.com.cn
电子信箱：zyh271198@163.com

新世纪大酒店★★★
地址：贺州市新兴北路75号
电话：0774－5101688
传真：0774－5279816
邮编：542800

钟山迎宾馆★★★
地址：贺州市钟山县城广场路17号
电话：0774－8987388
传真：0774－8982454
邮编：542600

钟山大世界酒店★★★
地址：贺州市钟山县兴钟中路
电话：0774－8989888
传真：0774－8971418
邮编：542600
电子信箱：hzdsj@yahoo.com

旅游景区

南宁市青秀山风景旅游区 AAAA
地址：南宁市青山路19号
电话：0771－5560611
邮编：530021

南宁嘉和城景区 AAAA
地址：南宁市东北方向南梧大道嘉和城内
邮编：530012

南宁九曲湾温泉景区 AAAA
地址：南宁市三塘镇
邮编：530012

南宁市八桂田园景区 AAAA
地址：南宁市大学路48号
电话：0771－3279033
邮编：530012

良凤江国家森林公园 AAA
地址：南宁市友谊路78号
电话：0771－4842528
邮编：530031

南宁武鸣伊岭岩风景区 AAA
地址：南宁市武鸣县双桥镇伊岭村
电话：0771－6260421
邮编：530100

桂林冠岩景区 AAAA
地址：桂林市安新北路5号
电话：0773－3848899
邮编：541002
网址：www.cn414.com
电子信箱：guanyan@263.net

桂林漓江景区 AAAAA
地址：桂林市福旺路178号
电话：0773－2825890
邮编：541002

桂林芦笛岩公园 AAAA
地址：桂林市芦笛路
电话：0773－2692473
邮编：541001

桂林市两江四湖景区 AAAA
地址：桂林市秀峰区
电话：2810307
邮编：541001

桂林市穿山景区 AAAA
地址：桂林市穿山小街55号
电话：0773－5866878
邮编：541002

桂林刘三姐景观园 AAA
地址：桂林市桃花江路1号
电话：0773－2891758
邮编：541001

漓江民俗风情园 AAA
地址：桂林市临江路二江口
电话：0773－5832195　5815678
邮编：541004

桂林尧山景区 AAA
地址：桂林市靖江路
电话：0773－5864592
邮编：541004

靖江王城（王府、独秀峰）景区 AAAA
地址：桂林市王城内景点管理处
电话：0773－2852203
邮编：541901

桂林象山景区 AAAA
地址：桂林市龙珠路1号
电话：0773－2825817
邮编：541001

桂林七星公园 AAAA
地址：桂林市七星路1号
电话：0773－5836240
邮编：541004

古东瀑布风景区 AAAA
地址：桂林市七星路50号
电话：0773－5849968
邮编：541004

桂林愚自乐园 AAAA
地址：桂林市雁山区大埠乡
电话：0773－3869006
邮编：541006

桂林世外桃源景区 AAAA
地址：桂林市阳朔县白沙五里店世外桃源
电话：0773－8822152
邮编：541901

桂林阳朔文化古迹山水园 AAA
地址：桂林市阳朔县外事码头
电话：0773－8772664
邮编：541900

阳朔聚龙潭度假公园 AAA
地址：桂林市阳朔县
邮编：541900

桂林乐满地休闲世界 AAAAA
地址：桂林市兴安县灵湖路
电话：0773－6229988
邮编：541300

灵渠风景区 AAAA
地址：桂林市兴安县灵渠南路
电话：0773－6221913
邮编：541300

资源资江景区 AAA
地址：桂林市资源县大埠街134号
电话：0773－7311351
邮编：541400

桂林丰鱼岩旅游度假区 AAAA
地址：桂林市荔浦县三河东里丰鱼岩
电话：0773－7128190
邮编：546609

桂林银子岩旅游度假区 AAAA
地址：桂林市荔浦县马岭镇小青山
电话：0773－7132626
邮编：546001

桂林龙胜温泉旅游度假区 AAAA
地址：桂林市龙胜县江底乡
电话：0773－7482241
邮编：541712

柳州柳侯公园 AAAA
地址：柳州市文惠路 62 号
电话：0772－2824230
邮编：545001

柳州龙潭景区 AAAA
地址：柳州市龙潭路 43 号
电话：0772－3171018
邮编：545005

柳州都乐岩风景区 AAA
地址：柳州市柳石路都乐岩
电话：0772－3350549
邮编：545005

柳州立鱼峰风景区 AAAA
地址：柳州市鱼峰路
电话：0772－3805174
邮编：545005

广西梧州市骑楼城龙母庙 AAAA
地址：梧州市桂林路 75 号
电话：0774－2826098
邮编：543000

桂平西山风景名胜区 AAAA
地址：贵港桂平市西山风景区
电话：0775－3382971
邮编：537200

兴业县鹿峰山风景区 AAAA
地址：玉林市兴业县城隍镇
邮编：537800

容县“三名”旅游景区 AAAA
地址：玉林市容县
电话：0775－5336331
邮编：537500

钦州三娘湾旅游区 AAAA
地址：钦州市人民路 13 号
电话：0777－2834077
邮编：535000

钦州刘冯故居景区 AAAA
地址：钦州市钦南区
邮编：535000

钦州八寨沟旅游景区 AAAA
地址：钦州市钦北区贵台镇洞利圩
邮编：535000

北海海洋之窗 AAAA
地址：北海市四川南路中段
电话：0779－3202238
邮编：536000

北海海底世界 AAAA
地址：北海市茶亭路 27 号海滨公园内
电话：0779－2069973
邮编：536000

北海银滩旅游区 AAAA
地址：北海市银滩四号路
电话：0779－3885555
邮编：536000

十万山森林公园 AA
地址：防城港市上思县
电话：0770－8462088
邮编：535500

山水画廊——大新德天风景区 AAAA
地址：崇左市大新县桃城镇民生街 83 号
电话：0771－3627088
邮编：532300

大新德天跨国瀑布景区 AAAA
地址：崇左市大新县德天村
邮编：532300

百色起义纪念馆 AAAA
地址：百色市解放街
电话：0776－2894401
邮编：533000

百色澄碧湖风景区 AAA
地址：百色市永乐乡境内
电话：0776－2940186
邮编：533021

靖西通灵大峡谷景区 AAAA
地址：百色市靖西县湖润镇新灵村
电话：0776－6180076
邮编：533800

峡谷群生态旅游风景区 AAAA
地址：百色市靖西县湖润镇
电话：0776－622928
邮编：533800

百色乐业大石围天坑群景区 AAAA
地址：百色市乐业县同乐镇刷把村北边
邮编：533200

宜州市白龙公园 AA
地址：河池宜州市
邮编：546300

宜州市刘三姐故居 AA
地址：河池宜州市流河寨
邮编：546300

宜州市古龙河漂流景区 AA
地址：河池宜州市江河中段
邮编：546300

贺州市姑婆山国家森林公园 AAAA
地址：贺州市黄田镇姑婆山林场
电话：0774－5236994
邮编：542800

餐　馆

大食代餐饮有限公司
地址：南宁市共和路
电话：0771－2818100
邮编：530012

品味空间餐饮有限公司
地址：南宁市园湖路
电话：0771－5889338
邮编：530022

肥仔餐饮有限责任公司
地址：南宁市衡阳西路
电话：0771－3930016
邮编：530001

大清茶楼餐饮有限责任公司
地址：南宁市葛村路 3 号
电话：0771－5840669
邮编：530022

海鲜仔饮食有限责任公司
地址：南宁市竹溪路
电话：0771－5338068
邮编：530022

桂林仔江畔饮业有限公司
地址：南宁市江南路
电话：0771－4818587
邮编：530031

黄金海岸饮食有限责任公司
地址：南宁市双拥路
电话：0771－5327728
邮编：530000

大华饮食服务有限公司
地址：南宁市民族大道
电话：0771－5509068
邮编：530012

三品王饮食有限责任公司
地址：南宁市民族大道 92 号
电话：0771－5509098
邮编：530022

南宁地区饮食服务公司
地址：南宁市苏州路
电话：0771－2432523
邮编：530011

下枧河渔餐馆
地址：南宁市建政东路
电话：0771－5665039
邮编：530023

苏荷西餐厅
地址：南宁市桃源路
电话：0771－5309111
邮编：530021

红豆轩餐厅
地址：南宁市大学路
电话：0771－3262168
邮编：530006

路易十三西餐厅
地址：南宁市东葛路
电话：0771－2817888
邮编：530022

枫湾人家
地址：南宁市平湖路 8 号
电话：0771－5709802
邮编：530022

花江餐馆
地址：南宁市望州路北二里
电话：0771－3320853
邮编：530001

仙湖酒家
地址：南宁市青秀区鲤湾路 19 号
电话：0771－5881542
邮编：530022

四川老妈鱼餐馆
地址：南宁市新竹路延长线 37－41 号
电话：0771－5875791
邮编：530022

金圣湾酒家
地址：南宁市青秀区滨湖路61号
电话：0771－5551552
邮编：530022

仙池饭店
地址：南宁市青秀区中山路242号
电话：0771－2803244
邮编：530022

秋水居
地址：南宁市青秀区民族大道
电话：0771－2611234
邮编：530022

雨石阁越泰餐厅
地址：南宁市青秀区新民路3号
电话：0771－2614522
邮编：530022

雨石阁川菜主题餐厅
地址：南宁市七星路125号华星城2楼
电话：0771－5302989
邮编：530022

紫星阁休闲西餐厅
地址：南宁市兴宁区民主路22号
电话：0771－2614712
邮编：530012

禾旺角酒家
地址：南宁市兴宁区民主路12号
电话：0771－5636506
邮编：530012

新渔民村海鲜酒家
地址：南宁市兴宁区公园路6号
电话：0771－2213208
邮编：530012

川味鱼庄
地址：南宁市兴宁区南环路24号
电话：0771－2586939
邮编：530012

南宁市澳莉西餐厅
地址：南宁市兴宁区解放路7号
电话：0771－2828982
邮编：530012

东方快车酒楼
地址：南宁市兴宁区人民路23号
电话：0771－2832752
邮编：530012

南宁饭店日韩餐厅
地址：南宁市民生路38号南宁饭店锦绣楼9楼
电话：0771－2103393
邮编：530012

枫丹白露自助餐厅
地址：南宁市民生路38号南宁饭店锦绣楼8楼
电话：0771－2103399
邮编：530012

钦州仔鱼餐馆
地址：南宁市江南区体育路3－2号
电话：0771－2174006
邮编：530031

老北京酒楼
地址：南宁市江南区体育路6－1号
电话：0771－2569448
邮编：530031

南宁桃花阁酒家
地址：南宁市西乡塘区友爱南路33－27号
电话：0771－3133699
邮编：530001

南宁市独家村餐馆
地址：南宁市西乡塘区北湖南路3号
电话：0771－3132650
邮编：530001

桂林人集团发展有限公司
地址：桂林市中山中路128号金泰大厦
电话：0773－2822341　2826362
邮编：541002

桂林饮食服务总公司桂林酒家
地址：桂林市中山中路212号
电话：0773－3859617
邮编：541002

桂林饮食服务总公司桂海酒家
地址：桂林市中山南路84号
电话：0773－3832633
邮编：541002

桂林饮食服务总公司平山酒家
地址：桂林市瓦窑路14号
电话：0773－3602181
邮编：541002

泰兴阁酒楼
地址：桂林市信义路
电话：0773－2852578
邮编：541002

桂林米粉大王有限责任公司桂林人旺角美食街
地址：桂林市中山中路268号2楼
电话：0773－2807385
邮编：541002

柳州市柳饮饮食有限责任公司
地址：解放南路金鱼巷13号5楼
电话：0772－2808699
邮编：545001

聚景苑酒家
地址：柳州市屏山大道218号东方大酒店3楼
电话：0772－3821338
邮编：545001

八仙酒家
地址：柳州市河西路18号
电话：0772－3816404
邮编：545001

桂花湾酒楼
地址：柳州市荣军路
电话：0772－3141895
邮编：545001

柳州狗肉风味城
地址：柳州市跃进路42号
电话：0772－2836777
邮编：545001

广西梧州市东盛大酒楼
地址：梧州市西环路上段18号
电话：0774－3889888
邮编：543000

梧州又一村海鲜酒家有限公司老地方酒家
地址：梧州市新兴二路8号
电话：0774－3828482
邮编：543000

梧州云龙酒楼
地址：梧州市西江三路1号
电话：0774－2380306
邮编：543000

梧州民族食府
地址：梧州市新华路27号
电话：0774－3835847
邮编：543000

梧州银都鱼翅海鲜大酒楼有限公司
地址：梧州市西江二路2号之二
电话：0774－2821161
邮编：543000

梧州市西濠酒家
地址：梧州市新兴一路124号
电话：0774－3834527
邮编：543000

梧州帝皇西餐厅
地址：梧州市和平路20号2楼
电话：0774－2838119
邮编：543000

梧州市饮食公司
地址：梧州市中山路11号
电话：0774－2021521
邮编：543000

梧州市第二饮食公司
地址：梧州市五坊路13号
电话：0774－2824786
邮编：543000

梧州市饮食公司大东酒家
地址：梧州市南环路20号
电话：0774－2826072
邮编：543000

梧州第二饮食公司粤北餐馆
地址：梧州市北环路28号
电话：0774－2824786
邮编：543000

梧州菜根香餐馆
地址：梧州市文澜路3号
电话：0774－3842102
邮编：543000

梧州市桂苑酒家
地址：梧州市新兴一路183号
电话：0774－3858228
邮编：543000

梧州市五月花酒家
地址：梧州市新兴二路
电话：0774－3831908
邮编：543000

梧州宋城大酒楼
地址：梧州市西江二路
电话：0774－2037608
邮编：543000

梧州大铜钱酒楼
地址：梧州市钱鉴路14号
电话：0774－2355470
邮编：543000

梧州渝都大酒楼
地址：梧州市中山路16号
电话：0774－2027330
邮编：543000

贵港市民族酒楼
地址：贵港市解放路中段
电话：0775－4212912
邮编：537100

贵港市青藤阁休闲美食餐厅
地址：贵港市建设西路
电话：0775－4248963
邮编：537100

贵港市饮食服务公司贵港饭店
地址：贵港市榕兴街471号
电话：0775－4214699
邮编：537100

贵港市红太阳大酒店
地址：贵港市和平路中段
电话：0775－4214838
邮编：537100

春园海鲜楼
地址：玉林市一环东路东门路156号
电话：0775－2850504
邮编：537000

状元坊餐馆
地址：玉林市人民路759号
电话：0775－2801077
邮编：537000

钦州桂林人家餐馆
地址：钦州市白沙街
电话：0777－2858957
邮编：535000

天上人家酒家
地址：钦州市钦州湾大道
电话：0777－2859861
邮编：535000

东苑酒店
地址：钦州市板岭东路
电话：0777－2853008
邮编：535000

北海市外沙疍家棚酒楼
地址：北海市个沙岛印尼餐饮区
电话：0779－2087088　2087066
邮编：536000

观海酒楼
地址：北海市广东路
电话：0779－2021123
邮编：536000

自贡嫩鱼王
地址：北海市
电话：0779－3033556
邮编：536000

海港大酒楼北海店
地址：北海市北海大道
电话：0779－3085228
邮编：536000

防城港市北部湾酒家
地址：防城港市防东路
电话：0770－3254007
邮编：538001

左江红酒家
地址：崇左市江州区江南路
电话：0771－7833663
邮编：532200

崇左花山大酒楼
地址：崇左市江州区江南路71号
电话：0771－7820978
邮编：532200

崇左迎宾酒楼
地址：崇左市新民路2号
电话：0771－7820079
邮编：532200

丽江苑酒楼
地址：崇左市城西路146号
电话：0771－7829666
邮编：532200

溢香粤菜酒家
地址：崇左市江州区江南路128号
电话：0771－7837983
邮编：532000

百色市金丰华美食餐饮有限公司
地址：百色市东合二路路口
电话：0776－2825686
邮编：533000

百色迎春饭店
地址：百色市向阳路5号
电话：0776－2826002
邮编：533000

向阳餐厅
地址：百色市向阳路7号
电话：0776－2824648
邮编：533000

瑞丰大酒店海鲜城
地址：百色市中山一路
电话：0776－2881668
邮编：533000

江滨花园海鲜酒楼
地址：百色市江滨路
电话：0776－2895665
邮编：533000

醉仙酒家
地址：百色市城东路113号
电话：0776－2830792
邮编：533000

毛家饭店
地址：河池市江滨路
电话：0778－8193666
邮编：547000

湘之缘
地址：河池市白马街149号
电话：0778－2200999　2287666
邮编：547000

大桂林酒楼
地址：河池市文化广场
电话：0778－2294838
邮编：547000

聚龙山庄
地址：河池市新建路河池大酒店内
电话：0778－2296177
邮编：547000

来宾市蓝色海洋饮食有限责任公司
地址：来宾市维林大道新城开发区6号
电话：0772－4272811
邮编：546100

老伙计酒楼
地址：贺州市建安街13号
电话：0774－5272108
邮编：542800

川妹子香水鱼餐馆
地址：贺州市
电话：0774－8622562
邮编：542800

莲塘狗肉馆
地址：贺州市光明街
电话：0774－8610008
邮编：542800

贺州市灵峰饮食服务有限公司
地址：贺州市八步镇新兴北路26号
电话：0774－5282518
邮编：542800

旅游用品

南宁博西林珍珠制品有限责任公司
地址：南宁市古城路
电话：0771－2635204
邮编：530012

广西珠宝股份有限公司
地址：南宁市新竹路
电话：0771－5847560
邮编：530012

南宁市工艺美术厂
地址：南宁市江南路
电话：0771－4826863
邮编：530012

桂林市工艺美术工业公司
地址：桂林市七星路
电话：0773－2828741
邮编：541002

桂林园中林工艺制品厂
地址：桂林市甲山路
电话：0773－2868680
邮编：541002

桂林清秀金刚石制品厂
地址：桂林市清秀路
电话：0773－2696275
邮编：541002

桂林市七彩石水晶制品有限公司
地址：桂林市南环路
电话：0773－2865387
邮编：541002

桂林黄金首饰公司
地址：桂林市正阳路
电话：0773－2814166
邮编：541002

桂林市荔浦县工艺厂
地址：桂林市荔浦县
电话：0773－7230698
邮编：546600

柳州金山首饰有限公司
地址：柳州市公园路
电话：0772－2870033
邮编：545002

柳州市工艺美术厂
地址：柳州市北站路
电话：0772－2824421
邮编：545002

柳州市屏山工艺美术厂
地址：柳州市窑埠路
电话：0772－2613795

邮编：545002

梧州工艺厂
地址：梧州市民主路（南环路）
电话：0774－2924221
邮编：543000

梧州市启雄工艺厂
地址：梧州市上三云路
电话：0774－3841560
邮编：543000

梧州市友谊工艺厂
地址：梧州市大东下路
电话：0774－2023618
邮编：543000

梧州崔氏宝石首饰制造厂有限公司
地址：梧州市步埠路
电话：0774－3882968
邮编：543000

梧州安顺宝石工艺厂
地址：梧州市富民一路
电话：0774－5820095
邮编：543000

梧州市宝石工艺总公司
地址：梧州市大中路（文澜路）
电话：0774－2825226
邮编：543000

梧州市星光宝石制造有限公司
地址：梧州市西环路
电话：0774－3880883
邮编：543000

梧州新兴宝石饰品工艺厂
地址：梧州市新兴三路
电话：0774－3825633
邮编：543000

钧葳（梧州）饰品制造有限公司
地址：梧州市新兴二路
电话：0774－3845303
邮编：543000

玉林市工艺美术厂
地址：玉林市
电话：0775－2828510
邮编：547000

容州宝石工艺厂
地址：玉林市容县北大街
电话：0775－5323067
邮编：537500

顿谷山景芒竹编织厂
地址：玉林市博白县兴隆街
电话：0775－8228962
邮编：537600

广西博白县民族编织工艺厂
地址：玉林市博白县东门路
电话：0775－8320637
邮编：537600

北海国发南珠宫珍珠首饰制造有限公司
地址：北海市茶亭路
电话：0779－2078800
邮编：536000

北海市珍珠有限责任公司
地址：北海市茶亭路
电话：0779－2052589
邮编：536000

广西南珠集团北海有限责任公司
地址：北海市北京路
电话：0779－3216288
邮编：536000

广西南珠集团公司
地址：北海市云南北路
电话：0779－3907668
邮编：536000

北海市海城区恒兴珠宝首饰厂
地址：北海市中山中路
电话：0779－2033181
邮编：536000

北海市铁山港区泰康珍珠制品厂
地址：北海市铁山港南康
电话：0779－8607788
邮编：536000

北海市工艺美术总厂
地址：北海市北部湾东路
电话：0779－2053314
邮编：536000

北泫市城西工艺制品厂
地址：北海市前进路
电话：0779－3036058
邮编：536000

合浦县珍珠公司
地址：北海市合浦县还珠大道
电话：0779－7285031
邮编：536100

合浦县工艺美术厂
地址：北海市合浦县西华路
电话：0779－7285585
邮编：536100

合浦县蜡制品工艺厂
地址：北海市合浦县宋屋沟
电话：0779－7285060
邮编：536100

东兴市石雕厂
地址：防城港东兴市
电话：0770－7682254
邮编：538100

东兴市第一编织工艺厂
地址：防城港东兴市
电话：0770－7682215
邮编：538100

旅游交通

南宁火车站
地址：南宁市中华友爱路口
电话：0771－5840789
邮编：530000

吴圩火车站
地址：南宁市邕宁区吴圩镇
电话：0771－4232196
邮编：530200

南宁吴圩国际机场
地址：南宁市吴圩
电话：0771－4825377
邮编：530000

广西集联桂林旅游汽车分公司
地址：桂林市铺星路3号
电话：0773－5810945
邮编：541000

桂林火车站
地址：桂林市中山南路
电话：0773－3833124
邮编：541000

桂林火车东站
地址：桂林市桂大路
电话：0773－5869509
邮编：541000

桂林旅游股份有限公司漓江游船公司
地址：桂林市滨江路17号
电话：0773－2821586
邮编：541000

桂林两江国际机场
地址：桂林市
电话：0773－2845114
邮编：541000

柳州火车站
地址：柳州市立新路
电话：0772－2825795
邮编：545000

柳州火车南站
地址：柳州市城站路
电话：0772－3819400
邮编：545000

柳州火车北站
地址：柳州市跃进路
电话：0772－2801139
邮编：545000

柳州机场
地址：柳州市
电话：0772－3829510
邮编：545000

贵港市火车站
地址：贵港市江北大道中路
电话：0775－4212461
邮编：537100

玉林火车站
地址：玉林市中秀路
电话：0775－3833330
邮编：537000

钦州火车站
地址：钦州市
电话：0777－3887241
邮编：535000

钦州火车东站
地址：钦州市
电话：0777－2392087
邮编：535000

北海贵航旅游客运有限公司
地址：北海市云南南路
电话：0779－3904800
邮编：536000

北海市南康旅客运输服务站
地址：北海市铁山港
电话：0779－8605326
邮编：536000

北海火车站
地址：北海市北京路
电话：0779－3209898

邮编：536000

北海利进达国际旅游船务有限公司
地址：北海市北京路
电话：0779－3202388
邮编：536000

北海港
地址：北海市海角路 75 号
电话：0779－334011
邮编：536000

北海福城机场
地址：北海市
电话：0779－3033757
邮编：536000

防城火车站
地址：防城港市防城区
电话：0770－3254013
邮编：538021

防城港明海国际旅游船务有限公司
地址：防城港市港口区
电话：0770－2828578
邮编：538021

防城港
地址：防城港市港口区友谊大道 22 号
电话：0770－2820970
邮编：538001

崇左市火车站
地址：崇左市
电话：0771－7823342
邮编：532200

凭祥市火车站
地址：崇左凭祥市南大路
电话：0771－8520802
邮编：532600

百色火车站
地址：百色市城东二路
电话：0776－2987262
邮编：533000

金城江火车站
地址：河池市解放中路
电话：0778－2234256
邮编：547000

金城江火车西站
地址：河池市北环路
电话：0778－2218771
邮编：547000

来宾市火车站
地址：来宾市
电话：0772－4218448
邮编：546100

华安汽车运输有限责任公司旅游车队
地址：贺州市
电话：0774－5293076
邮编：543001

旅游院校

广西大学
商学院旅游管理专业
地址：南宁市大学路 100 号
电话：0771－3236794
邮编：530004

广西教育学院
旅游与环境学系
地址：南宁市建政路 37 号
电话：0771－5863260
邮编：530023

广西民族大学
旅游管理专业
地址：南宁市大学东路 188 号
电话：0771－3260458
邮编：530006

广西财经学院
工商管理系旅游与酒店管理专业
地址：南宁市明秀西路 100 号
电话：0771－3859181
邮编：530003

广西经贸职业技术学院
旅游系
地址：南宁市青山路 14 号
电话：0771－5302216
邮编：530021

南宁市职业技术学院
旅游专业
地址：南宁市明秀西路 113 号
电话：0771－3829173
邮编：530003

广西师范学院
科学管理学院旅游专业
地址：南宁市明秀东路 175 号
电话：0771－3903299
邮编：530001

广西旅游人才培训中心
地址：南宁市新民路 40 号
电话：0771－2625611
传真：2625633
邮编：530012

桂林旅游高等专科学校
旅游经济管理系、旅游外语系（英、日两个语种）旅游工艺系、基础部
地址：桂林市三里店骖鸾路 1 号
电话：0773－3690009
邮编：541004

广西师范大学
社会与旅游学院
地址：桂林市育才路 15 号
电话：0773－2804985
邮编：541001

桂林航天工业高等专科学校
旅游专业
地址：桂林市金鸡路 2 号
电话：0773－5863280
邮编：541004

桂林工学院
旅游学院
地址：桂林市建杆路 12 号
电话：0773－5896378
邮编：541004

桂林市旅游职业中专学校
地址：桂林市榕荫路 17 号
电话：0773－2826582
邮编：541001

广西桂林烹饪旅游高级技术学校
地址：桂林市九华路 18 号
电话：0773－2693479
邮编：541001

广西生态工程职业技术学校
旅游系
地址：柳州市沙塘镇
电话：0772－2725656
邮编：545004

柳州职业技术学院
旅游专业
地址：柳州市社湾路
电话：0772－3956038
邮编：545004

玉林师范学院
旅游管理专业
地址：玉林市教育中路 299 号
电话：0775－2803156
邮编：537000

北海职业学院
旅游专业
地址：北海市西藏路
电话：0779－3920337
邮编：536000

右江民族师范高等专科学校
旅游专业
地址：百色市中二路
电话：0776－2825195
邮编：533000

河池供销学院
政法系旅游管理专业
地址：河池市教育路 101 号
电话：0778－2103558
邮编：547000

河池学院
政法系旅游管理专业
地址：河池宜州市龙江路 42 号
电话：0778－3141174
邮编：546300

海　南

HAINAN

旅游机构

海南省旅游局
地址：海口市大同路38号国际商业大厦11楼
电话：0898－66790344　66790374
传真：0898－66775372
邮编：570102
网址：www.hainantour.com
电子信箱：hnslyj@tourhn.com

海南省旅游质量监督管理所
地址：海口市海府路6号
电话：0898－65358451
传真：0898－65352151
邮编：570203

海口市旅游局
地址：海口市龙昆北路市政府办公2楼
电话：0898－66797846
传真：0898－66757059
邮编：570125

三亚市旅游产业发展局
地址：三亚市河东区市府办公大楼
电话：0898－88272439
传真：0898－88253209
邮编：572000

文昌市旅游局
地址：文昌市政府办公大楼4楼
电话：0898－63222169
传真：0898－63322619
邮编：571300

琼海市旅游局
地址：琼海市兴海北路1号
电话：0898－62935042
传真：0898－62938900
邮编：571400

万宁市旅游局
地址：万宁市政府办公大楼
电话：0898－62222308
传真：0898－62226047
邮编：571500

五指山市旅游局
地址：五指山爱民路政府办公楼
电话：0898－86623023
传真：0898－86628690
邮编：572200

东方市旅游局
地址：东方市政府办公大楼
电话：0898－25522753
传真：0898－25522753
邮编：572600

儋州市旅游局
地址：儋州市中兴大街市政二楼
电话：0898－23322715
传真：0898－23315151
邮编：571700

临高县旅游局
地址：临高县政府大院
电话：0898－28285265
传真：0898－28284782
邮编：571800

澄迈县旅游局
地址：澄迈县金江镇
电话：0898－67623251
传真：0898－67628996
邮编：571900

定安县旅游局
地址：定安县定城镇广播电视大楼2楼
电话：0898－63823683
传真：0898－63823683
邮编：571200

屯昌县旅游局
地址：屯昌县政府委办公大楼
电话：0898－67815186
传真：0898－67816936
邮编：571600

昌江黎族自治县旅游局
地址：昌江县东风路县政府
电话：0898－26633623
传真：0898－26622532
邮编：572700

琼中黎族苗族自治县旅游局
地址：琼中县虎头路政府第二办公大楼
电话：0898－86222285
传真：0898－86226616
邮编：572900

陵水黎族自治县旅游局
地址：陵水县政府大院
电话：0898－83322680
传真：0898－83310956
邮编：572400

保亭黎族苗族自治县旅游局
地址：保亭县保兴路经贸交通局
电话：0898－83669320
传真：0898－83668454
邮编：572300

乐东黎族自治县旅游局
地址：乐东县经济贸易交通局
电话：0898－85523245
传真：0898－85523320
邮编：572500

旅 行 社

海南省旅游总公司
地址：海口市蓝天路33号京航大厦11楼
电话：0898－65350213
邮编：570203
网址：www.hainantc.com
许可证号：L－HAN－GJ00001

海南省中国旅行社
地址：海口市大同路17号
电话：0898－66772652
邮编：570102
网址：www.hncts.com
电子信箱：NNZL@hncits.com
许可证号：L－HAN－GJ00003

海南省中国国际旅行社
地址：海口市白龙南路38号琼苑宾馆写字楼1楼
电话：0898－65231508
邮编：570203
网址：www.hncits.net
许可证号：L－HAN－GJ00004

海南港澳国际旅行社有限公司
地址：海口市秀英港澳国旅工业区港澳国旅大厦四楼
电话：0898－36386762
邮编：570314
网址：www.hnhmit.com
电子信箱：hnhmit@public.hk.hi.cn
许可证号：L－HAN－GJ00006

海口职工国际旅行社
地址：海口市解放西路9号
电话：0898－66210199
邮编：570102
许可证号：L－HAN－GJ0007

海南海山国际旅行社有限公司
地址：海口市国贸路48号新达商务大厦2907室
电话：0898－68538786
邮编：570125
许可证号：L－HAN－GJ00009

海南航空国际旅行社
地址：海口市人民大道45号
电话：0898－66296003
邮编：570203
许可证号：L－HAN－GJ00010

海南中国青年旅行社有限公司
地址：海口市文明东路25号文龙大厦6层
电话：0898－65338796
邮编：570203
网址：www.hncyts.com
许可证号：L－HAN－GJ00011

海口市旅游公司
地址：海口市华信1号花园大厦3D
电话：0898－66760907
邮编：570105
网址：www.harmonytour.com
许可证号：L－HAN－GJ00012

海南珠江国际旅行社有限公司
地址：海口市龙昆北路2号龙珠新城1幢首层
电话：0898－66702642
邮编：570125
网址：www.newseaf.com
许可证号：L－HAN－GJ00013

海南东方国际旅行社
地址：海口市蓝天路33号401楼
电话：0898－65358633　65352865
邮编：570203
网址：www.hneast.com
许可证号：L－HAN－GJ00016

海南三平国际旅行社有限公司
地址：海口市蓝天路33号京航公寓A－201室
电话：0898－65301482
邮编：570203
网址：www.sanyaholiday.com.cn
许可证号：L－HAN－GJ00017

海南中银国际旅行社有限公司
地址：海口市龙华路17号财盛大厦11楼
电话：0898－66232244
邮编：570102
许可证号：L－HAN－GJ00018

海南民航国际旅行社
地址：海口市西沙路22号民航公寓
电话：0898－66526589
邮编：570206
许可证号：L－HAN－GJ00019

海南新国旅国际旅行社有限公司
地址：海口市义龙西路21号侨汇大厦12、13楼

电话：0898－66797558
邮编：570102
网址：www.0898cits.com
许可证号：L－HAN－GJ00021

海南海王国际旅行社有限公司
地址：海口市滨海大道华信路3号华侨宾馆内
电话：0898－66523950
邮编：570105
许可证号：L－HAN－GJ00022

海南明珠国际旅行社有限公司
地址：海口市海秀东路16号明珠广场
电话：0898－66717980
邮编：570206
网址：www.hnmzgc.com
许可证号：L－HAN－GJ00023

海南寰岛国际旅行社有限公司
地址：海口市和平大道18号
电话：0898－66268888
邮编：570208
许可证号：L－HAN－GJ00024

海南辰达国际旅行社有限公司
地址：海口市沿江五西路10号港湾花园A3栋118室
电话：0898－66198851
邮编：570208
网址：www.hnpits.com
许可证号：L－HAN－GJ00027

海南热岛风情国际旅行社有限公司
地址：海口市海甸三东路松雷大厦A座1202室
电话：0898－66259350
邮编：570208
许可证号：L－HAN－GJ00028

海南太阳石国际旅行社有限公司
地址：海口市海甸三东路秦园别墅C－6
电话：0898－66263948
邮编：570208
许可证号：L－HAN－GJ00029

海口美好国际旅行社有限公司
地址：海口市海甸岛三东路中新商务大厦13楼C座
电话：0898－66288218
邮编：570208
网址：www.sea－life.com.cn
许可证号：L－HAN－GJ00030

海南文化国际旅行社有限公司
地址：海口市国贸路59号正昊大厦9D－E座
电话：0898－68580109
邮编：570125
网址：www.gofree.cn
许可证号：L－HAN－GJ00031

海南黄金海景国际旅行社有限公司
地址：海口市黄金海景大酒店1302室
电话：0898－68519333
邮编：570105
网址：www.goidenhotei.com.cn
电子信箱：manager@goidenhotei.com.cn
许可证号：L－HAN－GJ00032

海南豪阳国际旅行社有限公司
地址：海口市海德路9号现代花园1栋8楼
电话：0898－66567988
邮编：570206
网址：www.hnhyit.com
许可证号：L－HAN－GJ00033

海南海口机场国际旅行社有限公司
地址：海口市国贸大道48号新达商务大厦2901室
电话：0898－68555579
邮编：570125
许可证号：L－HAN－GJ00035

海南扬帆国际旅行社有限公司
地址：海口海秀路华侨新村别墅区F－7－1幢
电话：0898－68952606
邮编：570206
网址：www.hnsail.com
许可证号：L－HAN－GJ00036

海南特区国际旅行社有限公司
地址：海口市万华路大天花园11栋201室
电话：0898－66732639
邮编：570203
许可证号：L－HAN－GJ00039

海南椰林国际旅行社
地址：海口市海府路38号银都大厦三楼308室
电话：0898－65374410　65397918
邮编：570203
网址：www.yelin188.com.cn
许可证号：L－HAN－GJ00041

海南事达国际旅行社有限公司
地址：海口市海甸二东路19号宏海大厦16楼
电话：0898－66290463
邮编：570208
网址：www.hsits.com
许可证号：L－HAN－GJ00042

海南天之涯国际旅行社有限公司
地址：海口市五指山路16－3号康业花园西湖苑G座6A
电话：0898－65314358　65314358
邮编：570203
网址：www.tzyits.com
许可证号：L－HAN－GJ00043

海南东方假期国际旅行社有限公司
地址：海口市国贸路48号新达商务大厦2103室
电话：0898－68551111
邮编：570125
网址：www.68551111.com
许可证号：L－HAN－GJ00044

海南康辉国际旅行社有限责任公司
地址：海口市玉沙路5号国贸中心16C
电话：0898－66779096
邮编：570105
许可证号：L－HAN－GJ00045

海南风之旅国际旅行社有限公司
地址：海口市五指山路康业花园A栋12/13层
电话：0898－65323250
邮编：570206
网址：www.windtour.com
许可证号：L－HAN－GJ00047

海南航空休闲国际旅行社有限公司
地址：海口市蓝天路12号
电话：0898－66793193
邮编：570203
网址：www.hnhk.cn
许可证号：L－HAN－GJ00048

海南美兰机场国际旅行社有限责任公司
地址：海南美兰国际机场候机楼一楼到达厅
电话：0898－65751934
邮编：571126
网址：www.meilantour.com
许可证号：L－HAN－GJ00049

三亚春秋国际旅行社有限公司
地址：三亚市西河西路祥泰大厦12楼
电话：0898－88272137
邮编：572000
网址：www.china－sss.com
电子信箱：sanya@china－sss.com
许可证号：L－HAN－GJ00050

海南南山锦江国际旅行社
地址：海口市海甸岛和平大道一横路毕弗利别墅5号
电话：0898－66255945　66181993
邮编：570208
网址：www.guanyin.org
电子信箱：jinjiang@guanyin.org
许可证号：L－HAN－GJ00051

海南春秋国际旅行社有限公司
地址：海口市国贸大道嘉陵大厦15层
电话：0898－66667878
邮编：571025
网址：www.520trip.com
电子信箱：cqits@cqits.com
许可证号：L－HAN－GJ00052

海南万事通国际旅行社有限公司
地址：海口市海秀路8号
电话：0898－66798888
邮编：570206
网址：www.wstt.com
电子信箱：wstt@wstt.com
许可证号：L－HAN－GJ00053

宾馆酒店

海南新国宾馆★★★★★
地址：海口市滨海西路111号
电话：0898－68715666
传真：0898－68715086
邮编：570312
网址：www.newstateguesthouse.com
电子信箱：rsvn_xg@hnair.com

海南寰岛泰得大酒店★★★★★
地址：海口市海甸岛和平大道18号
电话：0898－66268888
传真：0898－66265588
邮编：570208
网址：www.huandaotide.com
电子信箱：hotel@huandaotide.com

海南金海岸罗顿大酒店★★★★★
地址：海口市海甸岛人民大道68号
电话：0898－66259888
传真：0898－66258889
邮编：570208
网址：www.golden.com.cn
电子信箱：coast@public.hk.hi.cn

海南文华大酒店★★★★★
地址：海口市文华路18号
电话：0898－68548888
传真：0898－68540453
邮编：570105
网址：www.meritus-hotels.com

海南皇冠滨海温泉酒店★★★★★
地址：海口市江东新区琼山大道1号

电话：0898－65966888
传真：0898－65960666
邮编：571100
网址：www. csrhn. com
电子信箱：reservations@ csrhn. com

三亚湘投银泰度假酒店★★★★★
地址：三亚市大东海
电话：0898－88210888
传真：0898－88211332
邮编：572000
网址：www. resortintime. com
电子信箱：welcome@ resortintime. com

三亚山海天大酒店★★★★★
地址：三亚市鹿岭路
电话：0898－88211688
传真：0898－88211988
邮编：572021
网址：www. shthotel. com
电子信箱：exe@ shthotel. com

三亚亚太国际会议中心★★★★★
地址：三亚市湾海坡
电话：0898－88332666
传真：0898－88332266
邮编：572000
网址：www. hnahotel. com
电子信箱：guanggao987@ 163. com

三亚凯莱度假酒店★★★★★
地址：三亚市亚龙湾国家旅游度假区
电话：0898－88568855
传真：0898－88568533
邮编：572000
网址：www. gloriaresort. com
电子信箱：gloria@ gloriaresort. com

三亚万豪度假酒店★★★★★
地址：三亚市亚龙湾国家旅游度假区
电话：0898－88568888
传真：0898－88561049
邮编：572000
网址：www. marriott. com//syxmc

三亚喜来登度假酒店★★★★★
地址：三亚市亚龙湾国家旅游度假区
电话：0898－88558855
传真：0898－88558866
邮编：572000
网址：www. sheraton. com/sanya

三亚亚龙湾假日度假酒店★★★★★
地址：三亚市亚龙湾国家旅游度假区
电话：0898－88565666
传真：0898－88565688
邮编：572000
网址：www. holiday-inn-sanya. com

博鳌金海岸温泉大酒店★★★★★
地址：琼海市博鳌镇金海岸大道 8 号
电话：0898－62778888
传真：0898－62778899
邮编：571434
网址：www. boao-golden. com. cn

康乐园海航度假酒店★★★★★
地址：万宁市兴隆温泉旅游城
电话：0898－62568888
传真：0898－62566666
邮编：571533
网址：www. kanglerresort. com

黄金海景大酒店★★★★
地址：海口市滨海大道 67 号
电话：0898－68519988
传真：0898－68535999
邮编：570105
网址：www. goldenhotel. com. cn

海南宝华海景大酒店★★★★
地址：海口市滨海大道 69 号
电话：0898－68536699
传真：0898－68538949
邮编：570105
网址：www. hibaohuahotel. com
电子信箱：baohua@ public. hk. hi. cn

海口泰华酒店★★★★
地址：海口市滨海大道泰华路 2 号
电话：0898－66772990
传真：0898－66773966
邮编：570105
网址：www. towerhotel. com. cn
电子信箱：sales@ towerhotel. com. cn

海口国际金融大酒店★★★★
地址：海口市大同路 29 号
电话：0898－66774099
传真：0898－66772113
邮编：570102

海南海航国际商务酒店★★★★
地址：海口市大同路 38 号
电话：0898－66796999
传真：0898－66774751
邮编：570102

海南燕泰国际大酒店★★★★
地址：海口市海甸五东路 18 号
电话：0898－66250888
传真：0898－66257333
邮编：570208
网址：www. hnyantaihotel. com
电子信箱：ythotel@ public. hk. hi. cn

海口宾馆★★★★
地址：海口市海府大道 4 号
电话：0898－65350266
传真：0898－65350232
邮编：570203
网址：www. haikouhotel. com

海南凯威大酒店★★★★
地址：海口市海港路 20 号
电话：0898－68628288
传真：0898－68653775
邮编：570311
网址：www. kaiweihotel. com
电子信箱：public@ kaiweihotel. com

海南鑫源温泉大酒店★★★★
地址：海口市海秀东路 18－8 号
电话：0898－66735111
传真：0898－66711898
邮编：570206
网址：www. xinyuanhotel. com
电子信箱：xinyuan@ xinyuanhotel. com

海口望海国际大酒店★★★★
地址：海口市海秀东路 6 号
电话：0898－66773381
传真：0898－66773101
邮编：570206
网址：www. wh-hotel. com
电子信箱：wh@ wh-hotel. com

海南椰海大酒店★★★★
地址：海口市金融贸易区玉沙路 46 号
电话：0898－68598888
传真：0898－68593333
邮编：570125
网址：www. yehaihotel. com
电子信箱：root@ yehaihotel. com

海南金银岛大酒店★★★★
地址：海口市蓝天路 16 号
电话：0898－66763388
传真：0898－66707788
邮编：570203
网址：www. treasure island-hotel. com

海南太阳城大酒店★★★★
地址：海口市龙华路 16 甲号
电话：0898－66243333
传真：0898－66243322
邮编：570102
网址：www. suncityhotel. com. cn

海南新温泉大酒店★★★★
地址：海口市龙昆北路 50 号
电话：0898－66711111
传真：0898－66707888
邮编：570105

海南华天大酒店★★★★
地址：海口市龙昆北路 9－1 号
电话：0898－66799988
传真：0898－66795555
邮编：570105
网址：www. hnht hotel. com
电子信箱：hainanhuatian@ 126. com

三亚金凤凰海景酒店★★★★
地址：三亚市滨海大道海月广场
电话：0898－88661888
传真：0898－88661999
邮编：572000
网址：www. sygphotel. com
电子信箱：sales@ sygphotel. com

三亚珠江花园酒店★★★★
地址：三亚市大东海
电话：0898－88211888
传真：0898－88211999
邮编：572000

三亚明珠海景大酒店★★★★
地址：三亚市大东海
电话：0898－88213838
传真：0898－88213822
邮编：572021
网址：www. pearlresort. com
电子信箱：sales@ pearlresort. com

三亚丽景海湾酒店★★★★
地址：三亚市大东海
电话：0898－88228666
传真：0898－88288555
邮编：572000
网址：www. sanyaliking. com
电子信箱：sales@ sanyaliking. com

三亚南中国大酒店★★★★
地址：三亚市大东海
电话：0898－88219888
传真：0898－88214005
邮编：572000
网址：www. southchinahotel. com

三亚玉华苑锦江度假酒店★★★★
地址：三亚市大东海鹿岭路
电话：0898－88228888
传真：0898－88228999
邮编：572000

网址：www. sanyayhyhotel. com

三亚华源海景温泉度假酒店★★★★
地址：三亚市海坡旅游区
电话：0898－88333999
传真：0898－88333988
邮编：572000

三亚中亚大酒店★★★★
地址：三亚市河东一路
电话：0898－31891888
传真：0898－31896666
邮编：572000
网址：www. zhongyahotel. com
电子信箱：sales@ syzhongyahotel. com

三亚豪威麒麟大酒店★★★★
地址：三亚市河东一路 26 号
电话：0898－88988999
传真：0898－88988829
邮编：572000
网址：www. harvestqilin. com
电子信箱：qilin@ harvestqilin. com

三亚豪威海景大酒店★★★★
地址：三亚市解放三路 8 号
电话：0898－88285888
传真：0898－88285869
邮编：572000

三亚果喜大酒店★★★★
地址：三亚市解放四路 13 号
电话：0898－88254888
传真：0898－88254999
邮编：572000
网址：www. guoxihotel. com

三亚东方海景大酒店★★★★
地址：三亚市解放四路 13 号
电话：0898－88663293
传真：0898－88298585
邮编：572000
网址：www. syorienthotel. com
电子信箱：syorient@ 163. net

三亚南山休闲会馆★★★★
地址：三亚市南山文化旅游区
电话：88837888
传真：88837899
邮编：572025

三亚力合度假养生中心★★★★
地址：三亚市三亚湾旅游度假区
电话：0898－88337788
传真：0898－88336888
邮编：572000
网址：www. sanyalihe. com
电子信箱：sanya Li he@ 126. com

三亚景利莱度假酒店★★★★
地址：三亚市湾海坡
电话：0898－88331188
传真：0898－88331088
邮编：572000
网址：www. jinglilai resort. com
电子信箱：sales@ jinglilai resort. com

三亚金银岛度假大酒店★★★★
地址：三亚市湾海坡
电话：0898－88335999
传真：0898－88335116
邮编：572000
网址：www. syjingyindao. com
电子信箱：syhotel@ syjinyindao. com

三亚明日大酒店★★★★
地址：三亚市新风路临春桥
电话：0898－88236888
传真：0898－88235966
邮编：572000
网址：www. maintint. com
电子信箱：maintint@ maintint. com

三亚金棕榈度假酒店★★★★
地址：三亚市亚龙湾国家旅游区
电话：0898－88569988
传真：0898－88569999
邮编：572000
网址：www. resortgp. com
电子信箱：welcome@ resortgp. com

三亚林达海景酒店★★★★
地址：三亚市榆亚大道
电话：0898－31808888
传真：0898－31806888
邮编：572000
网址：www. hnlinda. com
电子信箱：welcome@ hnlinda. com

三亚海天大酒店★★★★
地址：三亚市榆亚大道
电话：0898－88211666
传真：0898－88211555
邮编：572021
网址：www. hyton. com
电子信箱：sales@ hyton. com. cn

三亚新兴花园大酒店★★★★
地址：三亚市一环路（现河东路月川桥旁）
电话：0898－88681888
传真：0898－88681288
邮编：572000
网址：www. xinxhy. com
电子信箱：xinxhy@ 163. com

锦江温泉大酒店★★★★
地址：琼海市博鳌旅游区
电话：0898－62778588
传真：0898－62778128
邮编：571400
网址：www. boaojj. com
电子信箱：boaojj@ 126. com

琼海金芙蓉度假村★★★★
地址：琼海市博鳌旅游区
电话：0898－62777888
传真：0898－62777899
邮编：571400
网址：www. jinfurong. net
电子信箱：jfr@ jinfurong. net

琼海官塘温泉休闲中心★★★★
地址：琼海市官塘温泉旅游区
电话：0898－62802888
传真：0898－62802688
邮编：571436
网址：www. gtwg. com
电子信箱：gtwq@ hainan. net

海南银海国际度假中心★★★★
地址：琼海市金海路
电话：0898－62930918
传真：0898－62833806
邮编：571400

兴隆明珠温泉酒店★★★★
地址：万宁市兴隆明珠大道
电话：0898－62555999
传真：0898－62554339
邮编：571533
网址：www. pearlhotel. com. cn
电子信箱：hotel@ pearlhotel. com. cn

兴隆金银岛大酒店★★★★
地址：万宁市兴隆温泉旅游城
电话：0898－62555888
传真：0898－62554358
邮编：571533
网址：www. jinyindao. com. cn
电子信箱：hotel@ jinyindao. com. cn

兴隆金叶桃源温泉度假村★★★★
地址：万宁市兴隆温泉旅游城
电话：0898－62565999
传真：0898－62565898
邮编：571533

万宁银湖温泉假日酒店★★★★
地址：万宁市兴隆温泉旅游城
电话：0898－62573888
传真：0898－62579989
邮编：571533

兴隆明阳山庄★★★★
地址：万宁市兴隆温泉旅游城
电话：0898－62553777
传真：0898－62553755
邮编：571533

海南兴隆明月假日酒店★★★★
地址：万宁市兴隆温泉旅游城
电话：0898－62556888
传真：0898－62556969
邮编：571533

万宁正昊寿仙温泉大酒店★★★★
地址：万宁市兴隆温泉旅游城
电话：0898－62555666
传真：0898－62554329
邮编：571533

海南兴隆鑫桥温泉度假酒店★★★★
地址：万宁市兴隆温泉旅游城
电话：0898－36229999
传真：0898－36229688
邮编：571533
网址：www. hnxingiao. cn

兴隆港隆酒店★★★★
地址：万宁市兴隆温泉旅游城
电话：0898－62573333
传真：0898－62573678
邮编：571533
网址：www. ganglonghotel. cn

兴隆温泉金日酒店★★★★
地址：万宁市兴隆旅游区
电话：0898－62551888
传真：0898－62561788
邮编：571533

兴隆温泉宾馆★★★★
地址：万宁市兴隆农场
电话：0898－62552728
传真：0898－62553479
邮编：571533
电子信箱：hnxlwqbg@ 163. com

东方富岛海湾大酒店★★★★
地址：东方市银海大道北
电话：0898－25588988
传真：0898－258800201
邮编：572600

海南天郎度假酒店★★★★
地址：陵水县新村猴岛海滨浴场
电话：0898－83368228
传真：0898－83368014
邮编：572426

海南琼苑宾馆★★★
地址：海口市白龙路38号
电话：0898－65385138
传真：0898－65333043
邮编：570203

海口美京海景大酒店★★★
地址：海口市滨海大道16号
电话：0898－66206888
传真：0898－66223122
邮编：570105

海南华侨宾馆★★★
地址：海口市滨海大道华信路3号
电话：0898－66772776
传真：0898－66773199
邮编：570105

海南华侨大厦★★★
地址：海口市大同路17号
电话：0898－66773288
传真：0898－66772094
邮编：570102

海南龙泉大酒店★★★
地址：海口市大同路22号
电话：0898－66751117
传真：0898－66734184
邮编：570203

海口茅台迎宾酒店★★★
地址：海口市凤翔路26号
电话：0898－65916699
传真：0898－65905525
邮编：571100

海南海鹰度假村★★★
地址：海口市桂林洋开发区滨海路
电话：0898－65711222
传真：0898－65710506
邮编：571127

海南汇通酒店★★★
地址：海口市国贸大道26号
电话：0898－68531881
传真：0898－68531084
邮编：570125
网址：www. huitonghotel. com

海南大酒店★★★
地址：海口市海府路51号
电话：0898－65378868
传真：0898－65343377
邮编：570203

海南金海棠商务酒店★★★
地址：海口市海府路54号
电话：0898－65390222
传真：0898－65342353
邮编：570203

海南金誉大酒店★★★
地址：海口市海府路7号
电话：0898－65339168
传真：0898－65355460
邮编：570203

海口铁道温泉宾馆★★★
地址：海口市海府路五公祠东侧
电话：0898－65851111
传真：0898－65851111
邮编：570203
网址：www. htwqhotel. com
电子信箱：web@ htwqhotel. com

海南丽都假日酒店★★★
地址：海口市海秀大道12号
电话：0898－66777808
传真：0898－66779768
邮编：570206

海南鸿运大酒店★★★
地址：海口市海秀大道15号
电话：0898－66537777
传真：0898－66788016
邮编：570206
网址：www. hongyunhotel. com. cn

海南明阳大酒店★★★
地址：海口市海秀东路25号
电话：0898－66797999
传真：0898－66785449
邮编：570206
网址：www. myhotel. com. cn

海口国宾大酒店★★★
地址：海口市海秀东路38号
电话：0898－66773606
传真：0898－66798016
邮编：570206

海南兵工大酒店★★★
地址：海口市海秀路180号
电话：0898－68629996
传真：0898－68662153
邮编：570311
网址：www. ordins. com
电子信箱：hainan@ ordins. com

海南龙泉花园酒店★★★
地址：海口市海秀路3号
电话：0898－66786111
传真：0898－66746298
邮编：570206

海口海外酒店★★★
地址：海口市机场东路11号
电话：0898－65365999
传真：0898－65365333
邮编：570105
电子信箱：Overseas Hotel@ 126. com

海南金景湾大酒店★★★
地址：海口市景湾路8号
电话：0898－66798100
传真：0898－66789661
邮编：570105

海南金兴大酒店★★★
地址：海口市蓝天路39号
电话：0898－65361280
传真：0898－65358490
邮编：570203
电子信箱：tdw6666@ 126. com

海口滨海大酒店★★★
地址：海口市龙昆北路1号
电话：0898－66795033
传真：0898－66797632
邮编：570105

海南龙泉宾馆★★★
地址：海口市龙昆南路18号
电话：0898－66775111
传真：0898－66754526
邮编：570206
网址：www. longquanren. com
电子信箱：lq@ longquanren. com

海口禧龙商务酒店★★★
地址：海口市龙昆南路88号
电话：0898－65881112
传真：0898－65881122
邮编：571100

海口明月宾馆★★★
地址：海口市明月六号
电话：0898－66573188
传真：0898－66778608
邮编：570206

海南豪富大酒店★★★
地址：海口市南宝路35号
电话：0898－66715666
传真：0898－66733278
邮编：570206

中国（海南）改革发展研究院国际会议中心★★★
地址：海口市人民大道57号
电话：0898－66180000
传真：0898－66255071
邮编：570208
网址：www. chinareform. org. cn
电子信箱：cirdhuiyi@ 163. com

海口万华大酒店★★★
地址：海口市万华路18号
电话：0898－66775588
传真：0898－66783487
邮编：570206
网址：wanhua ypb. com

海南宇海温泉大厦★★★
地址：海口市五指山路11号
电话：0898－65344888
传真：0898－66749588
邮编：570206
电子信箱：yang-xiujun@ 21cn. com

海南鑫海港大酒店★★★
地址：海口市新港路35号
电话：0898－66211288
传真：0898－66231598
邮编：570105
电子信箱：olding58@ 126. com

海南中能化度假村★★★
地址：海口市美兰区桂林洋海滨
电话：0898－65719900
传真：0898－65715686
邮编：571127

三亚长江大酒店★★★
地址：三亚市滨海大道正南路
电话：0898－88254588
传真：0898－88250721
邮编：572000
网址：www. changhotel. com

三亚经纬大酒店★★★
地址：三亚市滨海路四更园
电话：0898－88290788
传真：0898－88290789
邮编：572000
网址：www. syjingweihotel. com
电子信箱：lm. yuan@ hotmail. com

三亚榆海海景大酒店★★★
地址：三亚市大东海

电话：0898－38226666
传真：0898－88215068
邮编：572021

三亚华信海景大酒店★★★
地址：三亚市大东海海花路 13 号
电话：0898－88677888
传真：0898－88660028
邮编：572000

三亚湾银苑度假村★★★
地址：三亚市海波开发区
电话：0898－88331301
传真：0898－88331070
邮编：572000

三亚天涯度假村★★★
地址：三亚市海坡开发区
电话：0898－88330999
传真：0898－88330222
邮编：572023

三亚海霞湾度假村★★★
地址：三亚市海坡开发区
电话：0898－38295888
传真：0898－38293829
邮编：572000

三亚富华大酒店★★★
地址：三亚市河东路 22 号
电话：0898－88272888
传真：0898－88261758
邮编：572000

三亚新好景大酒店★★★
地址：三亚市河西路
电话：0898－88360888
传真：0898－88259908
邮编：572000

三亚东方夏威夷大酒店★★★
地址：三亚市河西一路 2 号
电话：0898－88262288
传真：0898－88262456
邮编：572000

三亚凤凰大酒店★★★
地址：三亚市机场路 8 号
电话：0898－88392777
传真：0898－88390072
邮编：572000

三亚华宝石大酒店★★★
地址：三亚市解放二路 10 号
电话：0898－38266188
传真：0898－88233066
邮编：572000
网址：www. hbshotel. com

三亚汇源恒河大酒店★★★
地址：三亚市解放路 17 号
电话：0898－88682999
传真：0898－88270199
邮编：572000

三亚民航宾馆★★★
地址：三亚市解放四路
电话：0898－88290628
传真：0898－88290644
邮编：572000

三亚华鸿大酒店★★★
地址：三亚市解放四路 59 号
电话：0898－88898188
传真：0898－88273456
邮编：572000

网址：www. ty－inn. com

三亚新兴海景大酒店★★★
地址：三亚市解放一路
电话：0898－88895888
传真：0898－88895688
邮编：572000

三亚中苑大酒店★★★
地址：三亚市金鸡岭路
电话：0898－38298888
传真：0898－88866477
邮编：572000

三亚银海大酒店★★★
地址：三亚市金鸡岭路
电话：0898－88278888
传真：0898－88298752
邮编：572021

三亚金陵度假村★★★
地址：三亚市鹿岭路
电话：0898－88228088
传真：0898－88228168
邮编：572000
网址：www. syjinling. net
电子信箱：syjinling@ jinling. net

三亚度假村★★★
地址：三亚市三亚湾海滨
电话：0898－88331328
传真：0898－88331263
邮编：572000
网址：www. syresort. com
电子信箱：Sanyaresort@ 163. com

三亚椰海大酒店★★★
地址：三亚市三亚湾路
电话：0898－88298088
传真：0898－88298618
邮编：572000

三亚东港海景酒店★★★
地址：三亚市胜利路
电话：0898－31898888
传真：0898－31898889
邮编：572000

三亚望海花园大酒店★★★
地址：三亚市胜利路 18 号
电话：0898－38239888
传真：0898－38231538
邮编：572000

三亚金宇海景酒店★★★
地址：三亚市新风路光大大厦
电话：0898－88678188
传真：0898－88678111
邮编：572000

三亚海底世界酒店★★★
地址：三亚市亚龙湾
电话：0898－88565588
传真：0898－88567788
邮编：572016
网址：www. underwatersightseeing
电子信箱：sanyahdsj@ 163. com

三亚兆豪大酒店★★★
地址：三亚市一环路
电话：0898－88285188
传真：0898－88277688
邮编：572000

三亚豪门山庄★★★
地址：三亚市榆林大道
电话：0898－88210555
传真：0898－88210511
邮编：572000
网址：www. syhaomen. com
电子信箱：jinnengsy@ sohu. com

三亚海虹大酒店★★★
地址：三亚市榆林大道
电话：0898－88286555
传真：0898－88212666
邮编：572000

三亚夏威夷大酒店★★★
地址：三亚市榆亚大道
电话：0898－88227688
传真：0898－88212210
邮编：572021
网址：www. xiaweiyi. com

三亚新城酒店★★★
地址：三亚市榆亚大道
电话：0898－88227788
传真：0898－88227789
邮编：572000

三亚中洋酒店★★★
地址：三亚市榆亚大道 135 号
电话：0898－38224999
传真：0898－38224666
邮编：572000

文昌经纬花园★★★
地址：文昌市清澜经济开发区旅游大道
电话：0898－63326272
传真：0898－63326264
邮编：571339
电子信箱：hiw@ tourhn. com

文昌东郊百莱玛度假村★★★
地址：文昌市东郊椰林
电话：0898－63538223
传真：0898－63538193
邮编：571334
网址：www. hainanprimaresort. com
电子信箱：hnprima@ 163. com

文昌高隆金融度假中心★★★
地址：文昌市清澜镇高隆湾
电话：0898－63329681
传真：0898－63328090
邮编：571339

文昌龙园酒店★★★
地址：文昌市文昌镇文新路 86 号
电话：0898－63236666
传真：0898－63222985
邮编：571300

琼海椰庄度假酒店★★★
地址：琼海市爱华路
电话：0898－62833628
传真：0898－62833660
邮编：571400

琼海源源居酒店★★★
地址：琼海市爱华西路 29 号
电话：0898－62806833
传真：0898－62828578
邮编：571400

琼海大庆宾馆★★★
地址：琼海市博鳌镇
电话：0898－62777858
传真：0898－62777322
邮编：571434

琼海华田酒店★★★
地址：琼海市东风路
电话：0898－62831888
传真：0898－62830001
邮编：571400

琼海国税大厦★★★
地址：琼海市东风路七号
电话：0898－62817189
传真：0898－62817289
邮编：571400

琼海宾馆★★★
地址：琼海市加积镇人民路
电话：0898－62824205
传真：0898－62822202
邮编：571400

琼海金日大酒店★★★
地址：琼海市金海路
电话：0898－62838888
传真：0898－62831127
邮编：571400

琼海市富海温泉度假村★★★
地址：琼海市温泉旅游区
电话：0898－62802088
传真：0898－62802116
邮编：571436
网址：www.guanquangu.com
电子信箱：guanquangu@163.com

琼海金通大酒店★★★
地址：琼海市银海路
电话：0898－62931111
传真：0898－62932114
邮编：571400

琼海宏达大厦★★★
地址：琼海市银海路
电话：0898－62836666
传真：0898－62833369
邮编：571400

兴隆太阳岛度假酒店★★★
地址：万宁市兴隆温泉旅游城
电话：0898－62554888
传真：0898－62552386
邮编：571533

兴隆安富旅游度假村★★★
地址：万宁市兴隆华侨农场51队
电话：0898－62571688
传真：0898－62571550
邮编：571533

兴隆南山温泉度假村★★★
地址：万宁市兴隆旅游城
电话：0898－62565888
传真：0898－62563108
邮编：571533

兴隆金新温泉山庄★★★
地址：万宁市兴隆农场
电话：0898－62565666
传真：0898－62561661
邮编：571533

兴隆金叶温泉酒店★★★
地址：万宁市兴隆农场
电话：0898－62551188
传真：0898－62555982
邮编：571533

兴隆温泉迎宾馆★★★
地址：万宁市兴隆农场
电话：0898－62552728
传真：0898－62553479
邮编：571533

兴隆金汇假日酒店★★★
地址：万宁市兴隆温泉旅游城
电话：0898－62552125
传真：0898－62552122
邮编：571533

兴隆天元温泉酒店★★★
地址：万宁市兴隆温泉旅游城
电话：0898－62579888
传真：0898－62579988
邮编：571533

海南太阳河温泉旅游度假中心★★★
地址：万宁市兴隆温泉旅游城
电话：0898－62567277
传真：0898－62567818
邮编：571533

兴隆温泉云祥酒店★★★
地址：万宁市兴隆温泉旅游城
电话：0898－62568333
传真：0898－62566733
邮编：571533

万宁兴隆温泉鑫兴假日酒店★★★
地址：万宁市兴隆温泉旅游城
电话：0898－62568668
传真：0898－62568368
邮编：571533

万宁兴隆碧海温泉酒店★★★
地址：万宁市兴隆温泉旅游城
电话：0898－62567999
传真：0898－62567789
邮编：571533

万宁兴隆乐金宵大酒店★★★
地址：万宁市兴隆温泉旅游城
电话：0898－62576666
传真：0898－62566766
邮编：571533

兴隆冠煌酒店★★★
地址：万宁市兴隆温泉旅游城
电话：0898－62556688
传真：0898－62556366
邮编：571533

兴隆银苑度假村★★★
地址：万宁市兴隆温泉旅游城
电话：0898－62552398
传真：0898－62553380
邮编：571533

兴隆银潮度假村★★★
地址：万宁市兴隆温泉旅游城
电话：0898－62562288
传真：0898－62553081
邮编：571533
电子信箱：yinchaoresort@163.com

兴隆绿园温泉酒店★★★
地址：万宁市兴隆温泉旅游城
电话：0898－62555988
传真：0898－62553263
邮编：571533

兴隆慧康假日酒店★★★
地址：万宁市兴隆温泉旅游城
电话：0898－62555868
传真：0898－62555006
邮编：571533

兴隆天健花园酒店★★★
地址：万宁市兴隆温泉旅游城
电话：0898－62562888
传真：0898－62553363
邮编：571533

万宁兴隆景天酒店★★★
地址：万宁市兴隆温泉旅游城
电话：0898－36222888
传真：0898－36228111
邮编：571533

兴隆万州太阳湖温泉度假村★★★
地址：万宁市东和农场旅游区
电话：0898－62238488
传真：0898－62588400
邮编：571534
网址：www.hainanvil.com
电子信箱：hainanvil@126.com

万宁万都大酒店★★★
地址：万宁市红专西街
电话：0898－62228888
传真：0898－6222193
邮编：571500
电子信箱：wandudajiudian@sohu.com

万宁乐园酒店★★★
地址：万宁市万城路人民中街
电话：0898－62188288
传真：0898－62188189
邮编：571500

万宁大酒店★★★
地址：万宁市万城文明北路
电话：0898－62229999
传真：0898－62230088
邮编：571500

万宁绿春园大酒店★★★
地址：万宁市万州大道西侧
电话：0898－62238274
传真：0898－62239222
邮编：571500

阿里山旅游度假村★★★
地址：五指山市
电话：0898－86626620
传真：0898－86622690
邮编：572200

五指山宾馆★★★
地址：五指山市爱民路
电话：0898－86622981
传真：0898－86622798
邮编：572200

五指山旅游山庄★★★
地址：五指山市河北西路
电话：0898－86623188
传真：0898－86622201
邮编：572000

五指山翡翠山城假日酒店★★★
地址：五指山市河北西路
电话：0898－86630888
传真：0898－86632999
邮编：572200

五指山国际度假寨★★★
地址：五指山市省级自然保护区
电话：0898－86550001
传真：0898－86550002
邮编：572200

东方市鸿信大酒店★★★
地址：东方市八所镇东方大道
电话：0898－25581888
传真：0898－25583488
邮编：572600

儋州市蓝洋温泉度假村★★★
地址：儋州市蓝洋农场
电话：0898－23355988
传真：0898－23354333
邮编：571700
网址：www. lanyangwenquan. com

儋州蓝洋海港温泉度假村★★★
地址：儋州市蓝洋镇
电话：0898－23355666
传真：0898－23355999
邮编：571722
网址：www. lanyangresort. com
电子信箱：sales@ lanyangresort. com

儋州云月湖度假村★★★
地址：儋州市云月湖
电话：0898－23330888
传真：0898－23330889
邮编：571700

儋州顺龙大酒店★★★
地址：儋州市中兴大道
电话：0898－23881888
传真：0898－23320625
邮编：571700

儋州荣兴大酒店★★★
地址：儋州市中兴大道中段
电话：0898－23331188
传真：0898－23331026
邮编：571700

定安丽湖水庄★★★
地址：定安县南丽湖风景区
电话：0898－63982688
传真：0898－63982688
邮编：571238

琼中宾馆★★★
地址：琼中县营根街95号
电话：0898－86222840
传真：0898－86221865
邮编：572900

庆隆达酒店★★★
地址：陵水县陵城镇
电话：0898－83311111
传真：0898－83311999
邮编：572400

旅游景区

海南热带海洋世界 AAAA
地址：海口市滨海西路
电话：0898－68716699　68714582
邮编：570312

石山火山群国家地质公园 AAAA
地址：海口市秀英区石山镇
电话：0898－65469668　65469666
邮编：571157
网址：www. huoshankou. com
电子信箱：Hnywjt@ sina. com

蜈支洲岛度假中心 AAAA
地址：三亚市海棠湾镇
电话：0898－88751258
邮编：572000

三亚南山文化旅游区 AAAAA
地址：三亚市崖城镇
电话：0898－88837888
邮编：572025
网址：www. nanshan. com
电子信箱：kurt@ nanshan. com

三亚南山大小洞天旅游区 AAAAA
地址：三亚市崖城镇南山大小洞天旅游区
电话：0898－88830188　88830133
邮编：572000

亚龙湾国家旅游度假区 AAAA
地址：三亚市亚龙湾
电话：0898－88568899
邮编：572016
网址：www. ylb. com

天涯海角风景区 AAAA
地址：三亚市天涯镇
电话：0898－88910131
邮编：572029

椰寨农家乐 AA
地址：琼海市加积镇椰子寨村
电话：0898－62801381
邮编：571400

椰子寨农家乐景区 AA
地址：琼海市温泉镇
电话：0898－62801381　62802746
邮编：571400

兴隆热带植物园 AAAA
地址：万宁市兴隆华侨农场
电话：0898－62554410　62555900
邮编：571533
网址：www. xlrdzwy. com

兴隆亚洲风情园 AAA
地址：万宁市兴隆华侨农场
电话：0898－62553358
邮编：571533

南湾猴岛生态景区 AAAA
地址：陵水县新村镇
电话：0898－83360902　83361467
邮编：572426

餐　馆

伟氏澳门餐饮有限公司
地址：海口市国贸路
电话：0898－68590777
邮编：570000

海南大嘴鱼乡餐饮服务有限公司
地址：海口市金龙路
电话：0898－68525666
邮编：570000

海南天长地久饮食服务有限公司
地址：海口市五指山路
电话：0898－65324658
邮编：570000

吕氏客家菜馆饮食有限公司
地址：海口市金龙路美食街丙栋二层
电话：0898－68592772
邮编：570000

澳门街餐厅
地址：海口市海秀路
电话：0898－66705857
邮编：570206

海口美兰银色月光咖啡西餐厅
地址：海口市五指山路
电话：0898－65371998
邮编：570000

名门岛咖啡西餐厅
地址：海口市蓝天路
电话：0898－65333238
邮编：570203

大红高粱餐厅
地址：海口市人民大道
电话：0898－66280358
邮编：570000

海口东郊椰林海鲜城
地址：海口市金龙路95号
电话：0898－68590999　68590707
邮编：570000

海口龙泉海鲜酒楼
地址：海口市龙昆南路
电话：0898－66890142
邮编：570000

海南望海国际大酒店
地址：海口市海秀东路6号
电话：0898－66773381
邮编：570206

椰林海鲜第一家
地址：海口市观海路100号
电话：0898－68596969
邮编：570000

金都翅王酒家
地址：海口市海甸五西路18号
电话：0898－66180333
邮编：570000

海口乳羊馆
地址：海口市金坡路
电话：0898－65313852
邮编：570000

东北农家饭菜
地址：海口市南航东路11号
电话：0898－66725650
邮编：570000

内蒙古酒家
地址：海口市南航西路4号
电话：0898－66783956
邮编：570000

潮州人风味馆
地址：海口市青年路20号
电话：0898－65307587
邮编：570000

常德乡里肥肠馆
地址：海口市玉沙路42号
电话：0898－68546589
邮编：570105

小粥仙食屋
地址：海口市玉沙路18号富豪大厦C座
电话：0898－68512300
邮编：570105

阿黎野菜庄
地址：海口市玉沙路19号

电话：0898－68533837
邮编：570105

夜上海咖啡厅
地址：海口市国贸北路26号金茂大厦
电话：0898－66519101
邮编：570105

蜀正园
地址：海口市国贸大道28号金贸商城4楼
电话：0898－68523636
邮编：570000

海南龙泉人酒家有限公司
地址：海口市蓝天路28号名门广场C栋
电话：0898－66501633
邮编：570203

香港铜锣湾风味餐厅
地址：海口市国贸大道国贸经典1楼
电话：0898－68511117
邮编：570000

金花湘海酒家
地址：海口市龙昆南路73号
电话：0898－36308327
邮编：571100

龙湖大酒店海鲜酒家
地址：海口市海港路20号
电话：0898－68652600
邮编：570000

爱尚私房菜
地址：海口市国贸大道18号
电话：0898－66672323
邮编：570105

新龙泉海鲜酒家
地址：海口市龙昆南路9号
电话：0898－66723944
邮编：571100

锦绣阁大酒楼
地址：海口市龙华区金龙路
电话：0898－68555128
邮编：570105

广东人家
地址：海口市金龙路美食街
电话：0898－68530303
邮编：570105

滨海渔村
地址：海口市龙昆北路1号滨海大酒店
电话：0898－66795033
邮编：570105

楼兰食府
地址：海口市金龙路美食街
电话：0898－68552999
邮编：570105

北京四合院
地址：海口市金龙路88号
电话：0898－68537632
邮编：570105

香梅园海鲜城
地址：海口市金龙路20号
电话：0898－68596271
邮编：570105

西安酒楼
地址：海口市金龙路
电话：0898－68510018
邮编：570105

昆明风味饭店
地址：海口市金龙路88号
电话：0898－68591064
邮编：570105

伯顿音乐西餐厅
地址：海口市金龙路
电话：0898－68542618
邮编：570105

唐人鱼头美食城
地址：海口市金龙路51号万利隆花园首层
电话：0898－68580333
邮编：570105

新东北王酒楼
地址：海口市海甸三东路金谷大厦201号
电话：0898－66261021
邮编：570203

老北平涮肉坊
地址：海口市金龙路百金城3号
电话：0898－68585269
邮编：570105

巴渝饭庄
地址：海口市玉河路
电话：0898－66799183
邮编：570000

大班鱼米之乡美食城
地址：海口市海秀路
电话：0898－66743990
邮编：570000

大西北酒家
地址：海口市白龙南路
电话：0898－65368109
邮编：570203

湘鄂风味馆
地址：海口市海秀路
电话：0898－68912668
邮编：570105

东北老边饺子馆
地址：海口市海秀路
电话：0898－66522177
邮编：570105

楚天人家酒楼
地址：海口市金宇路3号
电话：0898－66702866
邮编：570000

大东海椰林海鲜城
地址：三亚市大东海风景区
电话：0898－88210999　88213338
邮编：572000

东北王酒楼
地址：三亚市大东海榆亚路31号
电话：0898－88212192
邮编：572000

鹿回头酒家
地址：三亚市鹿回头
电话：0898－88214716
邮编：572000

九龙阁海鲜城
地址：三亚市鹿岭路
电话：0898－88212952
邮编：572000

川湘人家
地址：文昌市文城镇文中路
电话：0898－63237518
邮编：571300

五峰餐庄
地址：文昌市文城镇文兴路
电话：0898－63293308
邮编：571300

城南美食城
地址：文昌市文城镇文清路
电话：0898－63286819
邮编：571300

椰园餐馆
地址：文昌市文城镇文南路
电话：0898－63222334
邮编：571300

琼海昌隆酒店
地址：海南省琼海市金海路111号
电话：0898－62933666
邮编：571400

琼海市金隆酒家
地址：琼海市银海路市政府旁
电话：0898－62937333
邮编：571400

博鳌海鲜广场
地址：琼海市博鳌镇
电话：0898－62779667
邮编：571400

博鳌东海渔村
地址：琼海市博鳌镇
电话：0898－62777323
邮编：571400

华景湾酒楼
地址：琼海市潭门镇
电话：0898－62768029
邮编：571400

得月楼
地址：琼海市东风路
电话：0898－62836984
邮编：571400

琼海市海星酒楼
地址：琼海市爱华路西段250号
电话：0898－62830888
邮编：571400

东山岭美食城
地址：万宁市万城镇文明北街
电话：13036098236
邮编：571500

东山羊餐馆
地址：万宁市万州大道
电话：0898－62220702
邮编：571500

海鲜王酒家
地址：万宁市兴隆温泉
电话：0898－62552352
邮编：571500

望江楼酒家
地址：万宁市兴隆温泉
电话：0898－62554297
邮编：571500

行云流水海鲜坊
地址：万宁市石梅湾旅游区内
电话：0898－62525333
邮编：571500

天天渔村
地址：万宁市兴隆温泉旅游城
电话：0898－62554488
邮编：571500

水上餐厅
地址：万宁市兴隆温泉旅游城
电话：0898－62552232
邮编：571500

五指山市银泉酒家
地址：五指山市沿河路
电话：0898－86623266
邮编：572200

五指山市奇珍酒家
地址：五指山市海榆南路
电话：0898－86623886
邮编：572200

潮州翠城酒家
地址：五指山市国旅大厦1楼
电话：0898－86624649
邮编：572200

翠城餐厅
地址：五指山市爱民路43号
电话：0898－86633628
邮编：5722

东香园酒家
地址：东方市八所镇解放路
电话：0898－25522766
邮编：572600

八所梅园酒家
地址：东方市八所镇解放路
电话：0898－25522618
邮编：572600

八所迎宾酒家
地址：东方市八所镇东海路
电话：0898－25521183
邮编：572600

八所新椰风海鲜馆
地址：东方市巴黎北大街
电话：0898－25521316
邮编：572600

金穗海鲜楼
地址：东方市八所镇解放路
电话：0898－25523249
邮编：572600

北部湾海鲜酒家
地址：儋州市中兴大街
电话：0898－23310669
邮编：571700

龙泉海鲜酒楼
地址：儋州市中兴大街
电话：0898－23311228
邮编：571700

露林海鲜酒家
地址：儋州市文华中路18号
电话：0898－23317988
邮编：571700

旅游用品

海口市工艺美术厂
地址：海口市博爱北路
电话：0898－66224735
邮编：570145

正兴旅游工艺品厂
地址：海口市六灶村
电话：0898－66758840
邮编：570145

桂林洋珍珠厂
地址：海口市桂林洋
电话：0898－65710139
邮编：570145

海口周氏雕刻有限公司
地址：海口市新大洲大道龙凤酒店斜对面
电话：0898－65870611　65883297
邮编：570145

海口琼山巨祥雕塑厂
地址：海口市府城镇三公里响水桥南侧
电话：0898－65858982
邮编：570145

海口琼山龙安石材雕刻厂
地址：海口市新大洲大道龙塘路口斜对面
电话：0898－65852680
邮编：570145

曙光工艺厂
地址：海口市博爱北路
电话：0898－66224020
邮编：570145

海南省雄狮雕刻公司
地址：海口市新大洲大道
电话：0898－65874657
邮编：570145

海南珠宝城有限公司
地址：海口市世贸东路
电话：0898－68520407
邮编：570125

海南瑞丰珠宝金行
地址：海口市海秀路
电话：0898－66752796
邮编：570145

三亚市二轻工艺厂
地址：三亚市解放二路
电话：0898－88273811
邮编：572000

三亚南海雕塑厂
地址：三亚市红沙镇
电话：0898－8821017288215718
邮编：572000

广宇旅游用品制品厂
地址：三亚市荔枝沟镇
电话：0898－8838033　888380358
邮编：572000

椰林翡翠玉雕有限公司
地址：三亚市田独镇
电话：0898－88710839
邮编：572000

椰海珍珠有限公司
地址：三亚市天涯镇
电话：0898－88911068
邮编：572000

文昌市工艺厂
地址：文昌市文建路
电话：0898－63222271
邮编：571300

白延工艺厂
地址：文昌市会文镇
电话：0898－63462243
邮编：571300

会文工艺厂
地址：文昌市会文镇
电话：0898－63462296
邮编：571300

天福工艺品厂
地址：琼海市潭门镇开发区
电话：0898－62767773
邮编：571400

耐克石材工艺制品厂
地址：琼海市洋水乡
电话：0898－62931213
邮编：571400

海利实业贝壳工艺厂
地址：琼海市潭门镇富港街40号
电话：0898－62768081
邮编：571400

大茂乐兴工艺制品厂
地址：万宁市大茂镇
电话：0898－62268666
邮编：571500

外贸桂南工艺总厂
地址：儋州市人民中路
电话：0898－23322643
邮编：571700

金鑫玛瑙厂
地址：澄迈县老城镇
电话：0898－67488128
邮编：571900

旅游交通

海南省旅游汽车公司
地址：海口市海府路6号
电话：0898－65313603
邮编：570203

六龙观光巴士有限公司
地址：海口市海榆中线货运大道
电话：0898－68664978
邮编：570000

海南沙浪假日游艇俱乐部有限公司
地址：海口市琼山区新市区广场路1号
电话：0898－65960505
邮编：571126

罗牛山旅游出租汽车有限公司
地址：海口市金花路
电话：0898－66804645
邮编：570000

海南省中国旅行社旅游汽车公司
地址：海口市大同路17号
电话：0898－66742152
邮编：570000

柳州铁路局海口无轨火车站
地址：海口市滨海大道
电话：0898－68653339
邮编：570001

太平洋（海南）邮轮有限公司
地址：海口市文化路鸿联大厦6楼C

电话：0898－68581535
邮编：570125

海口港
地址：海口市秀英码头滨海大道102号
电话：0898－68661943
邮编：570311

海口美兰机场
地址：海口市
电话：0898－65751114
邮编：570001

平海旅游汽车有限公司
地址：三亚市迎宾路
电话：0898－88662236
邮编：572000

泰和旅游交通发展有限公司
地址：三亚市新风路
电话：0898－88368179
邮编：572000

柳州铁路局三亚无轨火车站
地址：三亚市解放三路
电话：0898－88257007
邮编：572000

琼海市中旅车队
地址：琼海市善集路
电话：0898－62938597
邮编：571400

翔宇游船旅业发展有限公司
地址：三亚市凤凰路
电话：13807522291
邮编：572000

三亚港
地址：三亚市建港路海港大厦
电话：0899－8238830
邮编：572000

三亚凤凰国际机场
地址：三亚市
电话：0898－8289114
邮编：572000

旅游院校

海南大学
旅游学院
地址：海口市海甸岛人民大道58号
电话：0898－66258711
邮编：570228

海南师范大学
资源环境与旅游系
地址：海口市龙昆南路99号
电话：0898－65884244
邮编：571158

海南职业技术学院
旅游系
地址：海口市南海大道95号
电话：0898－66815913
邮编：570216

海口经济职业技术学院
旅游专业
地址：海口市国兴大道下洋路
电话：0898－65329852
邮编：570203

海南省旅游培训中心
地址：海口市人民大道57号
电话：0898－66618630
邮编：570206

海口市旅游职业学校
地址：海口市白龙北路1号
电话：0898－65345445
邮编：570203

海南省旅游学校
地址：海口市琼山桂林洋经济开发区
电话：0899－65711490
邮编：571127

三亚航空旅游职业学院
酒店管理专业
地址：三亚市凤凰路218号
电话：0898－88348005
邮编：572000

琼州大学
旅游系
地址：五指山市
电话：0898－66890480
邮编：572200

重 庆
CHONGQING

旅游机构

重庆市旅游局
地址：重庆市渝中区沧白路九尺坎50号
电话：023-89033055 63712218
传真：023-89033077
邮编：400011

渝中区旅游局
地址：重庆市渝中区和平路管家巷9号区政府综合大楼10层
电话：023-63765195 63765199
传真：023-63765198
邮编：400010

大渡口区旅游局
地址：重庆市大渡口区九宫庙八桥街5-4号
电话：023-68830887
传真：023-68830887
邮编：400084

江北区旅游局
地址：重庆市江北区华新村21号
电话：023-67706754
传真：023-67703437
邮编：400020

沙坪坝区旅游局
地址：重庆市沙坪坝区沙南街4-3号
电话：023-65333286
传真：023-65333716
邮编：400030

九龙坡区旅游局
地址：重庆市九龙坡区杨家坪西郊路27号
电话：023-68782856 68786464
传真：023-68784335
邮编：400050

南岸区旅游局
地址：重庆市南坪南城大道199号
电话：023-62988777
传真：023-62988777
邮编：400060

北碚区旅游局
地址：重庆市北碚区碚峡路人民村152号
电话：023-68289995 68216220
传真：023-68289995
邮编：400700

万盛区旅游局
地址：重庆市万盛区新田路75号
电话：023-48265558 48265556
传真：023-48265558
邮编：400800

双桥区旅游局
地址：重庆市双桥区双龙西路43号
电话：023-43332779
传真：023-43332779
邮编：400900

渝北区旅游局
地址：重庆市渝北区翠湖路140号（博园）
电话：023-67822293
传真：023-67808141
邮编：401120

巴南区旅游局
地址：重庆市巴南区政府大院内
电话：023-66228249
传真：023-66212668
邮编：401320

万州区旅游局
地址：重庆市万州区白岩二支路8号
电话：023-58239314 58227928
传真：023-58251455
邮编：404000

涪陵区旅游局
地址：重庆市涪陵区中山东路29号
电话：023-72280210
传真：023-72281375
邮编：408000

黔江区旅游局
地址：重庆市黔江区政府综合办公大楼6楼
电话：023-79234504
传真：023-79234504
邮编：409000

长寿区旅游局
地址：重庆市长寿区政府大院
电话：023-40244867
传真：023-40244008
邮编：401220

江津区旅游局
地址：重庆市江津区政府大楼8楼
电话：023-47522878
传真：023-47522878
邮编：402260

合川区旅游局
地址：重庆市合川区政府综合办公大楼9楼
电话：023-42823071 42756986
传真：023-42823071 42756986
邮编：401520

永川区旅游局
地址：重庆市永川区汇龙大道东一路19号
电话：023-49824805
传真：023-49824805
邮编：402160

南川区旅游局
地址：重庆市南川区金佛山大道158号（天河酒店3-4楼）
电话：023-71435018
传真：023-71436466
邮编：408400

綦江县旅游局
地址：重庆市綦江县古南镇虹桥路245号
电话：023-48651011 85898500
传真：023-61286585
邮编：401420

潼南县旅游局
地址：重庆市潼南县体育馆4楼
电话：023-44561168
传真：023-44557168
邮编：402660

铜梁县旅游局
地址：重庆市铜梁县巴川镇龙门街175号
电话：023-45692690
传真：023-45678642
邮编：402560

大足县旅游局
地址：重庆市大足县塘乡街道办事处
电话：023-43762133
传真：023-43762133
邮编：402360

荣昌县旅游局
地址：重庆市荣昌县昌元镇海棠大道体育中心
电话：023-46782323
传真：023-46782111
邮编：402460

璧山县旅游局
地址：重庆市璧山县璧城镇新生路36号
电话：023-41427414
传真：023-85286600
邮编：402760

垫江县旅游局
地址：重庆市垫江县桂溪镇人民路22号
电话：023-74518833
传真：023-74518833
邮编：408300

武隆县旅游局
地址：重庆市武隆县政府大院3号楼6楼
电话：023-77721248
传真：023-77721248
邮编：408500

丰都县旅游局
地址：重庆市丰都县新县城党政办公大楼327室
电话：023-70605700
传真：023-70605818
邮编：408200

城口县旅游局
地址：重庆市城口县葛城镇土城路北门1号
电话：023-59226195
传真：023-59226195
邮编：405900

梁平县旅游局
地址：重庆市梁平县梁山镇东正街1号
电话：023-53228200
传真：023-53228200
邮编：405200

开县旅游局
地址：重庆市开县刘伯承纪念馆
电话：023-52222914
传真：023-85875098
邮编：405400

巫溪县旅游局
地址：重庆市巫溪县城厢镇人民街88号
电话：023-51522962
传真：023-51524660
邮编：405800

巫山县旅游局
地址：重庆市巫山县新城广东中路177号
电话：023-57682774
传真：023-57682774
邮编：404700

奉节县旅游局
地址：重庆市奉政路县府大楼620室
电话：023-56557568
传真：023-56557568
邮编：404600

云阳县旅游局
地址：重庆市云阳县新县城四大家内
电话：023-55128228
传真：023-55128228
邮编：404500

忠县旅游局
地址：重庆市忠县巴王支路66号附1号
电话：023-54245066 85812002

传真：023 – 54245066
邮编：404300

石柱土家族自治县旅游局
地址：重庆市石柱县南宾镇南宾路 39 号
电话：023 – 73337520
传真：023 – 73337520
邮编：409100

彭水苗族土家族自治县旅游局
地址：重庆市彭水县汉葭镇鼓楼街 48 号
电话：023 – 78843685
传真：023 – 78843685
邮编：409600

酉阳土家族苗族自治县旅游局
地址：重庆市酉阳县钟多镇环城路 100 号
电话：023 – 75556441
传真：023 – 75531102
邮编：409800

秀山土家族苗族自治县旅游局
地址：重庆市秀山县中和镇东风路 3 号
电话：023 – 76671693
传真：023 – 76671654
邮编：409900

旅 行 社

重庆海外旅业（旅行社）集团有限公司
地址：重庆市渝中区枣子岚垭正街 120 号
电话：023 – 63851248
邮编：400015
网址：www. netour. net
许可证号：L – CQ – GJ00001

重庆市三峡国际旅行社
地址：重庆市万州区白岩二支路 8 号
电话：023 – 58244880
邮编：404000
许可证号：L – CQ – GJ00002

重庆中国青年旅行社有限公司
地址：重庆市渝中区邹容路 109 号 3 – 1 号
电话：023 – 63713325
邮编：400010
许可证号：L – CQ – GJ0003

重庆天鹅国际旅游公司
地址：重庆市渝中区中山三路 168 号中安国际大厦 14 楼
电话：023 – 63631561
邮编：400015
网址：www. cqswan. com
许可证号：L – CQ – GJ00004

重庆长江国际旅游公司
地址：重庆市渝中区打铜街 4 – 12 号
电话：023 – 63775903
邮编：400011
网址：www. cruiseyangtze. com
许可证号：L – CQ – GJ00005

重庆海外旅业集团海外旅游有限公司
地址：重庆市渝中区枣子岚垭正街 120 号
电话：023 – 63638000 – 694
邮编：400015
网址：www. netour. net
许可证号：L – CQ – GJ00006

重庆奉节国际旅行社有限公司
地址：重庆市奉节县永安镇县政路 64 号
电话：023 – 56554791
邮编：404600
许可证号：L – CQ – GJ00007

重庆汇丰国际旅行社有限公司
地址：重庆市丰都县三台镇滨江东路 13 号汇丰国旅综合办公楼
电话：13908256296
邮编：408200
许可证号：L – CQ – GJ00008

重庆市中国旅行社有限公司
地址：重庆市渝中区五四路 39 号都市广场 A 座 19 楼
电话：023 – 63728888
邮编：400010
网址：www. ctscq. com
许可证号：L – CQ – GJ00009

重庆招商国际旅行社有限公司
地址：重庆市渝中区中山二路 99 号华安大厦17 楼
电话：023 – 63516391
邮编：400014
网址：www. cqmit. com
许可证号：L – CQ – GJ00010

重庆扬子江国际旅行社
地址：重庆市巫山县巫峡镇广东路 117 号旅游大厦六楼
电话：023 – 57685699　57682426
邮编：404700
网址：www. yitscq. com
电子信箱：YitSCQ@ vip. sina. com
许可证号：L – CQ – GJ00011

重庆光大国际旅行社有限公司
地址：重庆市江北区建新北路 76 号光宇大厦5 楼
电话：023 – 67732222
邮编：400020
许可证号：L – CQ – GJ00012

重庆阳光国际旅行社有限公司
地址：重庆市渝中区上清寺太平洋广场 B 座
电话：023 – 63869210
邮编：400015
许可证号：L – CQ – GJ00013

重庆新亚国际旅行社
地址：重庆市渝中区邹容路 151 号邹容广场 A 座 3 楼
电话：023 – 89037608
邮编：400010
许可证号：L – CQ – GJ00014

重庆长江映象国际旅行社有限公司
地址：重庆市渝中区八一路 218 号佰富酒店 18 楼
电话：023 – 63762372
邮编：400010
许可证号：L – CQ – GJ00015

重庆万友国际旅行社有限责任公司
地址：重庆市渝中区大坪长江二路 77 号
电话：023 – 63782747　63782748
邮编：400010
网址：www. wanyou tour. com
许可证号：L – CQ – GJ00016

重庆新世纪国际旅行社有限公司
地址：重庆市南岸区南坪东路 6 号
电话：023 – 62949883
邮编：400060
网址：www. cqncits. com
许可证号：L – CQ – GJ00017

重庆蓝鸟国际旅行社
地址：重庆市江北区建新北路 80 号
电话：023 – 67757675
邮编：400020
网址：www. cqncits. com
许可证号：L – CQ – GJ00018

重庆长江观光国际旅行社有限公司
地址：重庆市渝中区陕西路 1 号
电话：023 – 63842038
邮编：400011
许可证号：L – CQ – GJ00019

重庆中国国际旅行社有限责任公司
地址：重庆市渝中区枣子岚垭正街 120 号
电话：023 – 63726920
邮编：400015
许可证号：L – CQ – GJ00020

重庆假日国际旅行社有限公司
地址：重庆市渝中区邹容路 120 号 2F1 – 2 – 3
电话：023 – 63782346
邮编：400010
许可证号：L – CQ – GJ00022

重庆港国际旅行社
地址：重庆市渝中区朝天门信义街 18 号
电话：023 – 63100595
邮编：400011
网址：www. cqpits. com. cn
许可证号：L – CQ – GJ00023

重庆新闻国际旅行社
地址：重庆市渝中区民生路 329 号渝海大厦
电话：023 – 66172488
邮编：400010
许可证号：L – CQ – GJ00024

康辉旅游集团重庆国际旅行社有限责任公司
地址：重庆市渝中区五四路 39 号第三层（都市广场）A 座 G1 – 114
电话：023 – 63782721
邮编：400010
许可证号：L – CQ – GJ00025

重庆黄金假期国际旅行社有限公司
地址：重庆市江北区建新北路 8 号红鼎国际名苑 3 号楼 19 层 3 – 10 号
电话：023 – 67874444
邮编：400020
地址：www. cqghit. com
电子信箱：ctg@ cqghit. com
许可证号：L – CQ – GJ00026

宾馆酒店

万豪酒店★★★★★
地址：重庆市渝中区青年路 77 号
电话：023 – 63888888
传真：023 – 63999999
邮编：400010
网址：www. marriott. com. cn

海逸酒店★★★★★
地址：重庆市渝中区五一路
电话：023 – 86370088
传真：023 – 63700778
邮编：400010
网址：www. harbour-plaza. com/hpcq
电子信箱：hpcq@ harbour-plaza. com

希尔顿酒店★★★★★
地址：重庆市渝中区中山三路 139 号

电话：023－89038888
传真：023－63700778
邮编：400015
网址：www. hilton. com. cn
电子信箱：chongqing@ hilton. com

君豪大酒店★★★★★
地址：重庆市江北区滨江路368号
电话：023－86338888
传真：023－86339999
邮编：400020
网址：www. kwhotel. com

世纪金源大饭店★★★★★
地址：重庆市江北区建新北路二支路1号
电话：023－67958888
传真：023－67958616
邮编：400020
网址：www. grhotel. cn

重庆南方君临酒店★★★★★
地址：重庆市高新区科园四路259号
电话：023－68066806
传真：023－68066666
邮编：400041
网址：www. cqcarltonhotel. com
电子信箱：junlin@ cqcarltonhotel. com

万友康年大酒店★★★★
地址：重庆市渝中区大坪长江二路77号
电话：023－68718888
传真：023－68713333
邮编：400042
网址：www. wanyouhotel. com
电子信箱：davidtang@ wanyou. com

银河大酒店★★★★
地址：重庆市渝中区大同路49号
电话：023－63808585
传真：023－63812080
邮编：400010
网址：www. cqyinhe. com
电子信箱：milkyway@ public. cta. cq. cn

重庆宾馆★★★★
地址：重庆市渝中区民生路235号
电话：023－63845888
传真：023－68713333
邮编：400010
网址：www. cq-hotel. com
电子信箱：cq-hotel@ china. com

凤凰佳居酒店★★★★
地址：重庆市渝中区南纪门凤凰台6号
电话：023－63918888
传真：023－63557399
邮编：400012

雾都宾馆★★★★
地址：重庆市渝中区上曾家岩24号
电话：023－63851788
传真：023－63850762
邮编：400015
网址：www. wdhotel. com
电子信箱：wr@ wdhotel. com

东方花苑酒店★★★★
地址：重庆市渝中区学田湾正街55号
电话：023－63892666
传真：023－63853332
邮编：400015

皇嘉大酒店★★★★
地址：重庆市渝中区中山一路85号
电话：023－63528888
传真：023－63529999
邮编：400013
网址：www. huangjiahotel. com

大世界酒店★★★★
地址：重庆市渝中区邹容路118号
电话：023－63781111
传真：023－63781400
邮编：400010
网址：www. world-traders-hotel. com
电子信箱：wthotel@ 163. com

和府饭店★★★★
地址：重庆市江北区红锦大道2号
电话：023－67533333
传真：023－67536666
邮编：400020
网址：www. hefuhotel. com
电子信箱：hotel@ hefuhotel. com

丽苑大酒店★★★★
地址：重庆市沙坪坝区天陈路15号
电话：023－65316666
传真：023－65319999
邮编：400030
网址：www. liyuanhotel. com
电子信箱：Zjb@ cqliyuan. com

富丽大酒店★★★★
地址：重庆市高新区石杨路33号
电话：023－68199999
传真：023－68183333
邮编：400039
网址：www. fulihotel. com
电子信箱：Email@ fulihotel. com

海兰云天．会务中心（海琴酒店）★★★★
地址：重庆市九龙坡区金凤镇海兰湖
电话：023－65746666
传真：023－65746999
邮编：401329
电子信箱：skyandseadn@ 126. com

劲力酒店★★★★
地址：重庆市九龙坡区石桥铺科园二路9号
电话：023－68518888
传真：023－68622222
邮编：400039
网址：www. Kinglead. com
电子信箱：hotel@ kinglead. com

西亚大酒店★★★★
地址：重庆市九龙坡区石桥铺渝州路33号
电话：023－68600999
传真：023－68600084
邮编：400039
网址：www. xiyahotel. com
电子信箱：xiyahotl@ public. cta. cq

重庆扬子江假日饭店★★★★
地址：重庆南岸区南坪新街87号
电话：023－62808888
传真：023－62800884
邮编：400060
网址：www. holidayinn. com. cn
电子信箱：hickg@ cta. cq. cn

海德大酒店★★★★
地址：重庆市南岸区南坪南路318号
电话：023－62838888
传真：023－62836688
邮编：400060
网址：www. haidehotel. com
电子信箱：hthcq@ public. cta. cq. cn

丽华酒店★★★★
地址：重庆市南岸区南坪正街1号
电话：023－62608888
传真：023－62608767
邮编：400060
电子信箱：Victorliu0721@ sina. com

金鹰度假酒店★★★★
地址：重庆市南岸区南山（大金鹰公园）旁
电话：023－62478388
传真：023－62478811
邮编：400065

东和花园酒店★★★★
地址：重庆市渝北区龙溪镇红黄路99号
电话：023－67531888
传真：023－67531910
邮编：401147
网址：www. dohehotel. com

创世纪宾馆★★★★
地址：重庆市渝北区新牌坊1路1号
电话：023－89078888
传真：023－89079999
邮编：401120
网址：www. csjhotel. com
电子信箱：esjhotel@ csjhotel. com

万州尼斯大酒店★★★★
地址：重庆市万州区白岩路3号
电话：023－58159999
传真：023－58156666
邮编：404000
网址：www. wznshotel. com
电子信箱：hotel@ nicehotel. com

万州宾馆★★★★
地址：重庆市万州区高笋塘1号
电话：023－87508888
传真：023－58223619
邮编：404000
网址：www. wanzhouhotel. com
电子信箱：Wzhotel@ 21cn. com

三峡明珠大酒店★★★★
地址：重庆市万州区龙湖路999号
电话：023－58193333
传真：023－58193000
邮编：404000

万州国际大酒店★★★★
地址：重庆市万州区五桥安宁路66号
电话：023－58548888
传真：023－58547777
邮编：404000

太极大酒店★★★★
地址：重庆市涪陵区体育南路16号
电话：023－72888888
传真：023－72224555
邮编：408000
网址：www. taiji-hotel. com

涪陵饭店★★★★
地址：重庆市涪陵区兴华中路43号
电话：023－72259999
传真：023－72247777
邮编：408000
网址：www. fl-hotel. com. cn
电子信箱：master@ fl-hotel. com. cn

黔江金冠大酒店★★★★
地址：重庆市黔江区三台山公园
电话：023－79310999
传真：023－79310954

邮编：409000
网址：www. 218. 201. 87. 131
电子信箱：g_c_hotel@ sina. com

海兰云天．锦城宾馆★★★★
地址：重庆合川区瑞山西路
电话：023－42898888
传真：023－42899668
邮编：401520

鼎发酒店★★★★
地址：重庆市垫江县工农路296号
电话：023－74635555
传真：023－74517111
邮编：408300

新华酒店★★★★
地址：重庆市垫江县桂西大道南阳内转盘
电话：023－74636666
传真：023－74636667
邮编：408300
网址：www. cq-xinhua-hotel. com

仙女山华邦酒店★★★★
地址：重庆市武隆县仙女山
电话：023－77737777
传真：023－77737333
邮编：408500
网址：www. huapont. com. cn

宏声贵宾楼★★★★
地址：重庆市丰都新县城平都大道西段88号
电话：023－70726666
传真：023－70726678
邮编：408200
网址：www. fdgrandhotel. com

名豪酒店★★★★
地址：重庆市梁平县梁山镇人民南路666号
电话：023－53666666
传真：023－53666668
邮编：405200
电子信箱：minghao@ ccqminghao. com

渝都大酒店★★★
地址：重庆市渝中区八一路168号
电话：023－63828888
传真：023－63818168
邮编：400010
网址：www. cqyuduhotel. com
电子信箱：dz@ cqyuduhotel. com

两江丽景酒店★★★
地址：重庆市渝中区黄花园双钢路3号
电话：023－89065555
传真：023－89065566
邮编：400013
网址：www. ljljhotel. cn

鸿都大酒店★★★
地址：重庆市渝中区嘉陵桥西村2号
电话：023－86555999
传真：023－86595278
邮编：400015

金燕大酒店★★★
地址：重庆市渝中区南区路188号
电话：023－63635333
传真：023－63683906
邮编：400014
网址：www. cqjyhotel. com
电子信箱：jinyanhotel@ yahoo. com. cn

美渝大酒店★★★
地址：重庆市渝中区南区路232号
电话：023－61686666
传真：023－63615964
邮编：400014

中天大酒店★★★
地址：重庆市渝中区青年路18号
电话：023－63739898
传真：023－63713827
邮编：400010
网址：www. cqzt. com. cn
电子信箱：hotel@ cqzt. com

重庆饭店★★★
地址：重庆市渝中区新华路41号
电话：023－61609999
传真：023－63843085
邮编：400010
网址：www. chongkinghotel. com
电子信箱：ckhotel@ public. cta. cq. cn

朝天门大酒店★★★
地址：重庆市渝中区信义街18号
电话：023－63101888
传真：023－63100808
邮编：400011
网址：www. ctmhotel. com. cn

广场宾馆★★★
地址：重庆市渝中区学田湾正街2号
电话：023－63558999
传真：023－63559000
邮编：400015
网址：www. cqgchotel. com
电子信箱：plaza/hotel@ sina. com

重百大酒店★★★
地址：重庆市渝中区中山三路86号
电话：023－63536555
传真：023－63533308
邮编：400015
网址：www. chongbaihotel. com
电子信箱：cbhotel88888@ yahoo. com

扬子岛酒店★★★
地址：重庆市渝中区邹容路82号附1号
电话：023－86308888
传真：023－63739886
邮编：400010
网址：www. yangzidao. com

凯源大酒店★★★
地址：重庆市江北区大石坝大庆村红石支路299号
电话：023－67310666
传真：023－67310607
邮编：400021

宏帆国际会议中心★★★
地址：重庆市江北区桂花园来鹿寺
电话：023－67693777
传真：023－67692199
邮编：400021
网址：www. cqhongfan. com

机场宾馆★★★
地址：重庆市江北区国际机场
电话：023－67156666
传真：023－67724567
邮编：401120

小天鹅宾馆★★★
地址：重庆市江北区建新北路78号
电话：023－67868888
传真：023－67701518
邮编：400020
网址：www. cqcygnet. com
电子信箱：cygnet-plaza@ 263. com

科苑大酒店★★★
地址：重庆市沙坪坝区沙北路83号重大科技广场
电话：023－65128888
传真：023－65129999
邮编：400045
网址：www. cqukyhotel. com
电子信箱：keyuan@ cqukyhotel. com

嘉陵宾馆★★★
地址：重庆市沙坪坝区双碑詹家溪
电话：023－65192518
传真：023－65194151
邮编：400032

重庆大酒店★★★
地址：重庆市沙坪坝区小龙坎新街84号
电话：023－65339888
传真：023－65313293
邮编：400030
网址：www. cqhotel. cn
电子信箱：webmaster@ cqhotel. cn

和平大酒店★★★
地址：重庆市高新区石桥铺石杨路42号
电话：023－67320999
传真：023－67327997
邮编：400039

白鹭大庄园★★★
地址：重庆市九龙坡区白市驿镇三多桥村
电话：023－65740466
传真：023－65740456
邮编：401329
电子信箱：bldzy-65740466@ 163. com

南方花园酒店★★★
地址：重庆市九龙坡区南方花园科园四路198号
电话：023－68521111
传真：023－68608199
邮编：400039

阳光温泉度假村★★★
地址：重庆市九龙坡区南温泉
电话：023－62848199
传真：023－62849048
邮编：400056
网址：www. wqdjc. com
电子信箱：info@ wqdjc. ocm

一坪宾馆★★★
地址：重庆市九龙坡区石桥铺渝州路62号
电话：023－68799198
传真：023－68798889
邮编：400039
网址：www. ypbg. com
电子信箱：hotel@ ypbg. com

建设宾馆★★★
地址：重庆市九龙坡区谢家湾正街8－88号
电话：023－68818888
传真：023－68815132
邮编：400050
电子信箱：Cqis-bg@ sina. com

杨馨大酒店★★★
地址：重庆市九龙坡区杨家坪前进路18号
电话：023－68652888
传真：023－68965599
邮编：400050
网址：www. YangXinHotel. com

电子信箱：service@ yangxinhotel. com

桃都城市酒店★★★
地址：重庆市九龙坡区杨家坪西郊路 21 号
电话：023 -68781818
传真：023 -68424244
邮编：400050
网址：www. cqjiahua. com
电子信箱：taoducityhotel@ sina. com

海兰云天锦怡宾馆★★★
地址：重庆市九龙坡区杨家坪西郊路 24 号
电话：023 -68788888
传真：023 -68782333
邮编：400050

邮电会训宾馆★★★
地址：重庆市南岸区黄桷垭堡上园 1 号
电话：023 -62461800
传真：023 -62460360
邮编：400065
网址：www. cyhxbg. com

星宇心悦大酒店★★★
地址：重庆市南岸区南坪东路 11 号
电话：023 -62963000
传真：023 -62954321
邮编：400060

宏声大酒店★★★
地址：重庆市南岸区南坪南兴路 1 号
电话：023 -62909888
传真：023 -62961115
邮编：400060
网址：www. hongshenghotel. com
电子信箱：hangsheng5111@ 21cn. com

小芳村酒店★★★
地址：重庆市南岸区南坪新街 88 号
电话：023 -62795522
传真：023 -62795500
邮编：400060

香山大酒店★★★
地址：重庆市南岸区南坪正街 66 号
电话：023 -62906888
传真：023 -62805846
邮编：400060
电子信箱：cqxsdjd@ tom. com

天香苑度假酒店★★★
地址：重庆市北碚区北泉村松树堡社缙云山
电话：023 -68221999
传真：023 -68346099
邮编：400700

川仪大酒店★★★
地址：重庆市北碚区碚峡路 130 号
电话：023 -68868888
传真：023 -68355695
邮编：400700

海旭花园酒店★★★
地址：重庆市北碚区双碚路
电话：023 -68359888
传真：023 -68359866
邮编：400700

西南大学桂园酒店★★★
地址：重庆市北碚区天生路 2 号
电话：023 -68293000
传真：023 -68252224
邮编：400700

渝通宾馆★★★
地址：重庆市渝北区红旗河沟红锦大道 18 号
电话：023 -67890000
传真：023 -67890113
邮编：400020
网址：www. yutonghotel. com
电子信箱：yutong@ yutonghotel. com

犀牛宾馆★★★
地址：重庆市渝北区胜利路 190 号
电话：023 -67825888
传真：023 -67219176
邮编：401120
网址：www. cqrhino. com
电子信箱：cqzhino@ cqrhino. com

新华宾馆★★★
地址：重庆市渝北区双龙大道 138 号
电话：023 -67801376
传真：023 -67808533
邮编：401120

海螺宾馆★★★
地址：重庆市渝北区统景风景区内
电话：023 -67288211
传真：023 -67288201
邮编：401142
网址：www. tongjing. cn

统景温泉度假村★★★
地址：重庆市渝北区统景风景区内
电话：023 -67288999
传真：023 -67288099
邮编：401124
网址：www. cqtongjing. com
电子信箱：tjhshotel@ cqtongjing. com

龙景温泉度假酒店★★★
地址：重庆市渝北区玉峰山森林公园
电话：023 -67165049
传真：023 -67165117
邮编：401124

东方酒店★★★
地址：重庆市巴南区花溪镇
电话：023 -62589888
传真：023 -62580666
邮编：400054

太白宾馆★★★
地址：重庆市万州区白岩路 232 号
电话：023 -58223976
传真：023 -58223619
邮编：404000

长城长大酒店★★★
地址：重庆市万州区白岩书院 74 号
电话：023 -58100788
传真：023 -58122388
邮编：404000

千禧酒店★★★
地址：重庆市万州区太白路 136 号
电话：023 -58104999
传真：023 -58104891
邮编：404000

长江大酒店★★★
地址：重庆市万州区太白路 218 号
电话：023 -58140088
传真：023 -58136600
邮编：404000

建涪宾馆★★★
地址：重庆市涪陵区高笋塘 1 号
电话：023 -72299999
传真：023 -72895588
邮编：408000
网址：www. jfcq. com
电子信箱：jf@ fuling. com

涪陵金三峡宏声度假村★★★
地址：重庆市涪陵区望州路 100 号
电话：023 -72244666
传真：023 -72303959
邮编：400032
网址：www. fchshotel. com
电子信箱：fchshotel@ 126. com

凯元大酒店★★★
地址：重庆市涪陵区兴华中路 53 号
电话：023 -87888888
传真：023 -72220025
邮编：408000

天龙大酒店★★★
地址：重庆市黔江区解放路 791 号
电话：023 -79237768
传真：023 -79237768
邮编：409000

长寿湖度假酒店★★★
地址：重庆市长寿区长寿湖
电话：023 -40360219
传真：023 -40360219
邮编：401248

寿星大酒店★★★
地址：重庆市长寿区望江路
电话：023 -40238888
传真：023 -40259898
邮编：401220
电子信箱：Zhangling77326@ 163. com

金凤山大酒店★★★
地址：重庆市长寿区长寿路 191 号
电话：023 -40258888
传真：023 -40256666
邮编：401220

江城明珠大酒店★★★
地址：重庆市合川区南办处振兴路 246 号
电话：023 -64286669
传真：023 -64286696
邮编：401519

永川宾馆★★★
地址：重庆永川区西大街 22 号
电话：023 -49869999
传真：023 -49866888
邮编：402160

龙腾宾馆★★★
地址：重庆永川区英井路 311 号
电话：023 -49816188
传真：023 -49805653
邮编：402160
网址：www. seE-yongchuan. com
电子信箱：yc-longteng@ sohu. com

江洲大酒店★★★
地址：重庆江津区滨江中路 12 号
电话：023 -47526888
传真：023 -47526888
邮编：402260
网址：www. jzhotel. com
电子信箱：jzhotel@ jzhotel. com

星宿丽景酒店★★★
地址：重庆江津区四面山
电话：023 -47663688
传真：023 -47663046

邮编：402260

南川宾馆★★★
地址：重庆市南川区南大街11号
电话：023－87851888
传真：023－87851999
邮编：408400
网址：www.win-wingroup.com
电子信箱：office@win-wingroup.com

新百利酒店★★★
地址：重庆市綦江县古南镇九龙大道34号
电话：023－48621666
传真：023－48618520
邮编：401420
电子信箱：blw666@163.com

潼南大酒店★★★
地址：重庆市潼南县石院街38号
电话：023－44550988
传真：023－44558890
邮编：402660
电子信箱：tongnan_hotel@.com

润龙宾馆★★★
地址：重庆市铜梁县迎宾大道1号
电话：023－45690888
传真：023－45690999
邮编：402560

大足宾馆★★★
地址：重庆市大足县龙岗镇工农街47号
电话：023－43721888
传真：023－43722967
邮编：402360

联谊宾馆★★★
地址：重庆市大足县龙水湖
电话：023－43628008
传真：023－43628016
邮编：402368

渝西大酒店★★★
地址：重庆市荣昌县昌园镇宝城路4号
电话：023－46791111
传真：023－46793838
邮编：402460
网址：www.yuxihotel.com
电子信箱：Yuxihotel@126.com

璧山宾馆★★★
地址：重庆市璧山县璧城镇文星路196号
电话：023－41411888
传真：023－41411111
邮编：402760

帝都大酒店★★★
地址：重庆市垫江县工农路八一桥
电话：023－64621333
传真：023－64520666
邮编：408300

香榭里饭店★★★
地址：重庆市武隆县乌江三桥南桥头龙湖路55号
电话：023－77722222
传真：023－77727878
邮编：408500

宏福饭店★★★
地址：重庆市武隆县巷口镇柏杨路2号
电话：023－64501066
传真：023－64501066
邮编：408500

皇都大酒店★★★
地址：重庆市丰都县三合镇平都大道
电话：023－70707888
传真：023－70606808
邮编：408200
网址：www.cintcn.com
电子信箱：皇都7888@sohu.com

开县天鹅湖国际大酒店★★★
地址：重庆市开县汉辛镇新城经贸路口
电话：023－52268333
传真：023－52268168
邮编：405400
电子信箱：tehdjd855@163.com

渝豪大酒店★★★
地址：重庆市开县新城金贸路
电话：023－52252888
传真：023－52265222
邮编：405400

金汇大酒店★★★
地址：重庆市巫山县广东路
电话：023－57680466
传真：023－57681733
邮编：404700

巫山国宾酒店★★★
地址：重庆市巫山县平湖路239号
电话：023－87616666
传真：023－87616003
邮编：404700

巫山迎宾馆★★★
地址：重庆市巫山县新城广东中路
电话：023－57688988
传真：023－57681645
邮编：404700

巫山鸿都大酒店★★★
地址：重庆市巫山县新城集仙中路
电话：023－57689999
传真：023－57690438
邮编：404700

凤凰大酒店★★★
地址：重庆市奉节县诗城文化广场
电话：023－85988888
传真：023－85968838
邮编：404600

金帝大酒店★★★
地址：重庆市云阳县滨江路
电话：023－55123456
传真：023－55124555
邮编：404500

三峡风大酒店★★★
地址：重庆市忠县忠州果园路11号
电话：023－54248888
传真：023－54247777
邮编：404300
网址：www.cqtgg.com
电子信箱：zxsxf@cqtgg.com

成名日月大酒店★★★
地址：重庆市忠县忠州镇乐天路9号
电话：023－54455555
传真：023－54454777
邮编：404300

忠州大酒店★★★
地址：重庆市忠县忠州镇屏路127号
电话：023－54244949
传真：023－54244848
邮编：404300

石柱人民宾馆★★★
地址：重庆市石柱县南宾镇新开路60号
电话：023－73332966
传真：023－73332057
邮编：409100
网址：www.szrmhotel.com
电子信箱：szrmbg@szrmhotel.com

酉洲大酒店★★★
地址：重庆市酉阳县钟多镇城南开发区
电话：023－75588555
传真：023－75581999
邮编：409800

旅游景区

重庆人民大礼堂及人民广场 AAAA
地址：重庆市重庆市渝中区人民路173号
电话：023－63857729
邮编：400015

重庆洪崖洞民俗风貌区 AAAA
地址：重庆市渝中区嘉滨路88号
电话：023－63039196
邮编：400010

重庆中国三峡博物馆 AAAA
地址：重庆市渝中区人民路236号
电话：023－63869867
邮编：400015

重庆大韩民国临时政府旧址陈列馆 AA
地址：重庆市重庆市渝中区莲花池38号
电话：023－63820752
邮编：400010

重庆宋庆龄旧居陈列馆 AA
地址：重庆市重庆市渝中区两路口新村5号
电话：023－63859980　63609997
邮编：400015

珊瑚公园 AAA
地址：重庆市重庆市渝中区长滨路336号
电话：023－63876443
邮编：400014

红岩革命纪念馆 AAAA
地址：重庆市重庆市渝中区红岩村
电话：023－63300192
邮编：400043

重庆市规划展览馆 AAAA
地址：重庆市重庆市朝天门广场地下
邮编：400010
网址：www.cqghzlg.gov.cn

重庆湖广会馆 AAAA
地址：重庆市重庆市渝中区东水门长江边
邮编：400010
网址：www.cqhuguang.com

渝中区珊瑚公园 A
地址：重庆市重庆市渝中区长滨路336号
电话：023－63876443
邮编：400014

重庆海洋公园 AAAA
地址：重庆市江北区洋河路11号
电话：023－67701077
邮编：400020

重庆歌乐山森林公园 AAAA
地址：重庆市沙坪坝区歌乐山
电话：023－65505778
邮编：400031

四川歌乐山烈士陵园 AAAA
地址：重庆市沙坪坝烈士墓
电话：023－65313028
传真：65313028
邮编：400031

重庆磁器口古镇 AAAA
地址：重庆市沙坪坝区嘉陵江畔磁器口
电话：023-65010622
邮编：400030
网址：www.gzcqk.com

金源方特科幻公园 AAAA
地址：重庆市江北区董家溪
电话：023－67002368　86359888
邮编：400020
网址：www.park.fantawild.com

重庆海兰云天温泉度假区 AAAA
地址：重庆市九龙坡区金凤镇海兰湖
电话：023－65746666
邮编：401329

重庆天赐温泉度假区 AAA
地址：重庆市九龙坡区含谷开发区天锡温泉路1号
电话：023－65701111
邮编：401329

九龙坡区三多桥白鹭自然保护区 A
地址：重庆市九龙坡区白市驿正街92号
电话：023－65702074
邮编：401329

华岩风景区管理处 AAA
地址：重庆市九龙坡区华岩村151号
电话：023－65254808
邮编：400052

重庆南山植物园 AAAA
地址：重庆市南岸区南山公园路101号
电话：023－62479135
邮编：400065

重庆老龙洞 AA
地址：重庆市南岸区黄桷垭镇金竹村
电话：023－62481114
邮编：400065

法国水师兵营旧址 AA
地址：重庆市南岸区弹子石谦泰巷142号
电话：023－62500888
邮编：400064

重庆缙云山国家自然保护区 AAAA
地址：重庆市北碚区缙云山
电话：023－68224497
邮编：400702

金果园 AA
（全国农业旅游示范点）
地址：重庆北碚区澄江镇缙云村20号
电话：023－68220909
邮编：400701

重庆北温泉风景区 AAAA
地址：重庆市北碚区北温泉风景区管理处
电话：023－68220747
邮编：400702

重庆金刀峡风景区 AAA
地址：重庆市北碚区解放区38号
电话：023－68862729
邮编：400700

万盛石林风景区 AAAA
地址：重庆市万盛区石林镇
电话：023－48338065
邮编：400800

重庆万盛黑山谷生态旅游区 AAAA
地址：重庆市万盛区勤俭路25号
电话：023－48263691
邮编：400800

渝北区碧津公园 AAA
地址：重庆市渝北区胜利路172号
电话：023－67822587
邮编：401120

重庆张关水溶洞 AAA
地址：重庆市渝北区张关镇
电话：023－67383333
邮编：401138

重庆渝北鹿山农业观光园 AA
地址：重庆市渝北区双龙湖
电话：023－67815140
邮编：401120

重庆统景温泉风景区 AAAA
地址：重庆市渝北区统景镇
电话：023-67281227
邮编：401142

重庆巴渝民俗文化村 AAA
地址：重庆市渝北区两路巴渝民俗文化村
电话：023－67807881　67807886
邮编：401120

重庆圣灯山森林公园 AAA
地址：重庆市巴南区跳石镇境内
电话：023－58410337
邮编：4013200

重庆万州区大垭口森林公园 AA
地址：重庆万州区天城大垭口
电话：023－58410337
邮编：404047

重庆万州区盐井龙洞 AA
地址：重庆市万州区盐井龙洞
电话：023－58598143
邮编：404000

重庆市万州区弥陀禅院 A
地址：重庆市万州区北山观一支路199号
电话：023－58348468
邮编：404000

黔江小南海旅游景区 AAAA
地址：重庆市黔江区
电话：023－79222985
邮编：408500

重庆野生动物世界 AAAA
地址：重庆永川区双竹镇凤龙场
电话：023－63737733
邮编：402168

重庆永川卫星湖 AAA
地址：重庆永川区双竹镇
电话：023－49681588
邮编：402160

重庆永川桃花源景区 AA
地址：重庆永川区南大街黄瓜村
电话：023－49688399
邮编：402160

重庆江津县聂荣臻元帅陈列馆 AAAA
地址：重庆江津区几江镇西关
电话：023－47562678
邮编：402260

重庆江津骆崃山风景区 AA
地址：重庆江津区骆郿山茶林场
电话：023－47641531
邮编：402260

江津四面山国家重点风景名胜区 AAAA
地址：重庆江津区
电话：023－47541861
邮编：402260

重庆潼南杨公旧居 AA
地址：重庆市潼南县双江镇正街50号
电话：023－44860029
邮编：402675

大足石刻旅游区 AAAA
地址：重庆市大足县龙岗镇北山路7号
电话：023－43785888
邮编：402360

大足石刻艺术博物馆 AAAAA
地址：重庆市大足县龙岗镇北山路7号
电话：023－43722268　43734666
邮编：402360

垫江牡丹生态旅游区 AA
地址：重庆市垫江县太平镇
电话：023－74536580
邮编：408325

重庆武隆芙蓉洞 AAAA
地址：重庆市武隆县巷口镇芙蓉路88号
电话：023－77741075
邮编：408500

重庆武隆天生三桥风景区 AAAA
地址：重庆市武隆县巷口镇芙蓉路88号
电话：023－77794024
邮编：408500

武隆仙女山国家森林公园 AAAA
地址：重庆市武隆县
电话：023－77737001
邮编：408500

丰都名山旅游区 AAAA
地址：重庆市丰都县名山镇名山路152号
电话：023－70719099
邮编：408200

丰都雪玉洞景区 AAAA
地址：重庆市丰都县三键乡
电话：023－70637999
邮编：408200

重庆市梁平县东明湖景区 A
地址：重庆市梁平县梁山镇沙坝村
电话：023－51683381
邮编：405200

重庆巫澳灵巫洞 AA
地址：重庆市巫溪县双溪乡灵巫洞
电话：023－51682061　51522974
邮编：405806

重庆巫溪县荆竹峡-汉风神谷景区 AA
地址：重庆市巫溪县大宁河荆竹峡
电话：023－51683381
邮编：405800

巫山小三峡—小小三峡风景区 AAAAA
地址：重庆市巫山县风景管理局
电话：023－57686888
邮编：404700

奉节白帝城—瞿塘峡风景名胜区 AAAA
地址：重庆市奉节县白帝城
电话：023－56528366
邮编：404600

云阳张飞庙 AAAA
地址：重庆市云阳县
电话：023－55222442
邮编：404500

忠县石宝寨 AAAA
地址：重庆市忠县石宝镇印山街17号
电话：023－54222218
邮编：404300

石柱毕兹卡绿宫 AA
地址：重庆市石柱县黄水镇富狮宝旅游大楼
电话：023－73337520　73391555
邮编：409100

酉阳桃花源 AAA
地址：重庆市酉阳县桃花源路232号
电话：023－75556441
邮编：409800

重庆酉阳县龚滩古镇 AA
地址：重庆市酉阳县龚滩镇
电话：023－75676001
邮编：409800

酉阳赵世炎烈士纪念馆 AA
地址：重庆市酉阳县龙潭镇八一村
电话：023－75312067　75552701
邮编：409800

餐　馆

翠亨村餐饮有限公司
地址：重庆市渝中区大同路
电话：023－63731188
邮编：400010

琦云餐饮有限公司
地址：重庆市渝中区民族路
电话：023－63802151
邮编：400010

四川谭氏官府菜餐饮发展有限责任公司重庆谭氏官府菜酒楼
地址：重庆市渝中区民族路
电话：023－63828299
邮编：400011

玫瑰夫人餐饮有限公司
地址：重庆市渝中区中华路85号
电话：023－63816665
邮编：400010

东方菜根香餐饮有限公司
地址：重庆市渝中区临江路
电话：023－63783175
邮编：400010

老门坎饮食文化有限责任公司
地址：重庆市渝中区民族路
电话：023－63788365
邮编：400011

博雅西餐厅
地址：重庆市渝中区临江支路
电话：023－63800088
邮编：400010

天外天旋转餐厅
地址：重庆市渝中区中山三路
电话：023－63536555－1784
邮编：400010

梦三峡餐厅
地址：重庆市渝中区化龙桥正街
电话：023－63310454
邮编：400043

江城渔都水上餐厅
地址：重庆市渝中区滨江路
电话：023－63620735
邮编：400011

铜锣湾茶餐厅
地址：重庆市渝中区较场口
电话：023－63798076
邮编：400010

毛记乌江鱼餐厅
地址：重庆市渝中区临江门
电话：023－63736307
邮编：400010

重庆和之吉饮食文化（集团）有限公司
地址：重庆市渝中区临江路89号天伦华苑
电话：023－63812888
邮编：400010

天府酒家
地址：重庆市渝中区中山路6号
电话：023－68862738
邮编：400010

金牛角酒家
地址：重庆市渝中区上清寺路47号
电话：023－63865722
邮编：400010

同福乐酒家
地址：重庆市渝中区人民路173号
电话：023－63608464
邮编：400010

明轩酒家
地址：重庆市渝中区长江一路16号
电话：023－63869235
邮编：400010

豪华酒家
地址：重庆市渝中区中山四路30号
电话：023－63857864
邮编：400010

绿苑酒家
地址：重庆市渝中区人民路212号
电话：023－63876165
邮编：400010

南泥湾酒家
地址：重庆市渝中区人民支路90号
电话：023－63856942
邮编：400010

重庆金川酒家
地址：重庆市渝中区人民路41号
电话：023－63868289
邮编：400010

红辣椒酒家
地址：重庆市渝中区人民路16号
电话：023－63851935
邮编：400010

狮城花园酒楼
地址：重庆市渝中区中山二路文化宫
电话：023－63615602
邮编：400010

阅读茶餐厅
地址：重庆市渝中区美专校街39号
电话：023－63631782
邮编：400010

巴人酒家
地址：重庆市渝中区鹅岭正街
电话：023－63861401
邮编：400010

重庆鹅掌门餐饮文化有限公司
地址：重庆市大渡口区（陶瓷市场后）翠华园一楼
电话：023－68955105
邮编：400084

新城酒家
地址：重庆市大渡口区湖榕路
电话：023－68914123
邮编：400080

中华大酒家
地址：重庆市大渡口区钢花路
电话：023－68908392
邮编：400080

龙泉酒家
地址：重庆市大渡口区兴龙路
电话：023－66763948
邮编：400080

翠湖阁
地址：重庆市大渡口区湖滨路
电话：023－68901327
邮编：400080

鸿厨酒楼
地址：重庆市大渡口区文体路
电话：023－68081685
邮编：400080

湖滨酒家
地址：重庆市大渡口区翠湖路
电话：023－68911043
邮编：400080

围炉叙话风味酒楼
地址：重庆市大渡口区文体支路
电话：023－68831826
邮编：400080

四季香饭庄
地址：重庆市大渡口区
电话：023－60924662
邮编：400080

方舟渔村
地址：重庆市大渡口区跃进路
电话：023－68849256
邮编：400080

新华饭庄
地址：重庆市大渡口区新华村
电话：023－68831481
邮编：400080

重庆小天鹅餐饮连锁经营管理有限公司
地址：重庆市江北区建新北路
电话：023－67863535

邮编：400020

城南旧事餐饮文化有限公司
地址：重庆市江北区欧式一条街蔚蓝世界A座
电话：023－67866663
邮编：400020

辣子红了火锅餐饮文化连锁（集团）有限公司
地址：重庆市江北区长安大道邦兴花园
电话：023－67724768
邮编：400020

御米香餐饮文化有限公司
地址：重庆市江北区洋河二村
电话：023－67751760
邮编：400020

山菜王餐饮有限公司
地址：重庆市江北区北滨路
电话：023－67016608
邮编：404000

重庆菜香源餐饮文化有限公司
地址：重庆市江北区建新北路8号红鼎国际名苑C座
电话：023－67877000
邮编：400020

河塘特色餐馆
地址：重庆市江北区金源路东方家园B区
电话：023－67751925
邮编：400020

东源村酒家
地址：重庆市江北区建新东路54号
电话：023－67874905
邮编：400020

小天鹅双重喜庆食府
地址：重庆市江北区建新北路78号
电话：023－67868139
邮编：400020

都市情酒楼
地址：重庆市江北区建新西路1号2F
电话：023－67755762
邮编：400020

海顿咖啡厅
地址：重庆市江北区建新西路2号特1号4楼
电话：023－67763393
邮编：400020

观音居大酒楼
地址：重庆市江北区建新西路4号拓展大厦
电话：023－67706968
邮编：400020

太白居百味坊酒楼
地址：重庆市江北区建新北路阳光城
电话：023－67000228
邮编：400020

新派川菜馆
地址：重庆市江北区嘉华路2号附2号
电话：023－67722794
邮编：400020

北城餐厅
地址：重庆市江北区建新北路60号华联商厦
电话：023－67869005
邮编：400020

汉城风情
地址：重庆市江北区北城天街
电话：023－67879021
邮编：400020

巴国印象酒楼
地址：重庆市江北区北城天街枫香庭D座
电话：023－67756778
邮编：400020

大众酒楼
地址：重庆市江北区建新南路41号
电话：023－67860608
邮编：400020

艄翁渔村
地址：重庆市江北区建新南路
电话：023－67852198
邮编：400020

王婆婆香菜馆
地址：重庆市江北区建北九支路
电话：023－67745996
邮编：400020

龙行天下大酒楼
地址：重庆市江北区洋河路11号
电话：023－67759611
邮编：400020

台湾鱼头庄
地址：重庆市江北区洋河二路
电话：023－67712556
邮编：400020

蜀香居酒楼
地址：重庆市江北区华福路
电话：023－67725459
邮编：400020

苏大姐餐饮文化有限责任公司
地址：重庆市沙坪坝区北站东路
电话：023－65406746
邮编：400030

步云山庄有限公司
地址：重庆市沙坪坝区歌乐山镇
电话：023－65508888
邮编：400036

两江风情餐饮文化有限公司
地址：重庆市沙坪坝区小新街
电话：023－65479438
邮编：400030

七十二行南方餐饮文化有限公司
地址：重庆市沙坪坝区小新街
电话：023－65348036
邮编：400030

山城人家饮食文化有限公司
地址：重庆市沙坪坝区赛博数码广场
电话：023－65406189
邮编：400030

阳光春天中西餐厅
地址：重庆市沙坪坝区沙北街
电话：023－65349902
邮编：400030

南韩铁板烧餐厅
地址：重庆市沙坪坝区沙正街
电话：023－65415285
邮编：400030

一品红餐厅
地址：重庆市沙坪坝区天陈路
电话：023－65426702
邮编：400030

陶怡苑
地址：重庆市沙坪坝区都市花园中路
电话：023－61727087
邮编：400030

湘水人家
地址：重庆市沙坪坝区都市花园中路
电话：023－61727101
邮编：400030

金爵大酒楼
地址：重庆市沙坪坝区小龙坎正街159号
电话：023－65318178
邮编：400030

巴人风酒楼
地址：重庆市沙坪坝区天陈路12号
电话：023－65356634
邮编：400030

丽都风味茶楼
地址：重庆市天陈路15号丽苑大酒店内
电话：023－65316666
邮编：400030

蓝屋饮食文化有限公司
地址：重庆市高新区渝新路
电话：023－61591566
邮编：400039

蒋记豆花餐饮有限公司
地址：重庆市九龙坡区前进支路
电话：023－68966808
邮编：400050

世纪香格里拉西餐厅
地址：重庆市九龙坡区科园三街
电话：023－68886098
邮编：400039

四季鱼庄
地址：重庆市九龙坡区石小路
电话：023－68604507
邮编：400039

渝州鱼庄
地址：重庆市九龙坡区渝州路51号
电话：023－68790778
邮编：400041

太翁鱼舫
地址：重庆市九龙坡区谢家湾正街
电话：023－60661222
邮编：400050

冷锅鱼火锅作坊
地址：重庆市九龙坡区直港大道101号1楼
电话：023－68120310
邮编：400050

九洲酒楼
地址：重庆市九龙坡区杨家坪西郊路38号
电话：023－68414217
邮编：400050

重庆品极鲜饮食文化有限公司
地址：重庆市九龙坡区珠江路49－1号
电话：023－68419111
邮编：400050

明月大酒楼
地址：重庆市九龙坡区珠江路
电话：023－68431260
邮编：400050

长富宫饭庄
地址：重庆市九龙坡区兴胜路66号
电话：023－68823578
邮编：400050

飘雪川菜馆
地址：重庆市九龙坡区石坪桥后街
电话：023－68853544
邮编：400050

重庆陶然居饮食文化集团
地址：重庆市九龙坡区科园三街
电话：023－68691699　68696629
邮编：400050

友谊大酒楼餐饮文化有限公司
地址：重庆市南岸区南坪南路
电话：023－62947401
邮编：400060

渝福源餐饮文化有限公司
地址：重庆市南岸区南坪西路
电话：023－62600588
邮编：400060

泰南鱼翅餐馆
地址：重庆市南岸区滨江路海棠晓月商业街
电话：023－62954892
邮编：400064

重庆德庄实业集团
地址：重庆市南岸区茶园新区
电话：023－68656581
邮编：400064

香山酒楼
地址：重庆市南岸区南坪正街66号
电话：023－62906888
邮编：400064

老重庆一九三八餐馆
地址：重庆市南岸区南城大道198号底层
电话：023－62985603
邮编：400064

大田园酒家
地址：重庆市南岸区学府路
电话：023－62760413
邮编：400064

泉水洞乡村酒家
地址：重庆市南岸区
电话：023－62462477
邮编：400064

成都家乡烧菜馆
地址：重庆市南岸区南城大道
电话：023－62838558
邮编：400064

巴国故事饭庄
地址：重庆市南岸区南城大道192号附1号
电话：023－62921097
邮编：400064

盛雅阁湘菜馆
地址：重庆市南岸区南城大道
电话：023－62985115
邮编：400064

哈尔滨饺子城
地址：重庆市南岸区南城大道
电话：023－62985872
邮编：400064

巴蜀鱼头
地址：重庆市南岸区万寿路
电话：023－62985517
邮编：400064

翠竹小包重庆总店
地址：重庆市南岸区
电话：023－62823106
邮编：400064

花好月圆西餐厅
地址：重庆市南岸区惠工路196号
电话：023－62922353
邮编：400064

茶上皇川粤酒楼
地址：重庆市南岸区万寿路22号钻石年代A幢
电话：023－62981165
邮编：400064

荆楚酒楼
地址：重庆市南岸区金山路
电话：023－62803524
邮编：400064

私家香鱼坊
地址：重庆市南岸区金山路
电话：023－62012678
邮编：400064

火红年华食府
地址：重庆市南岸区万寿路
电话：023－62927888
邮编：400064

瓦堡寨
地址：重庆市南岸区万寿路62号
电话：023－62828196
邮编：400064

青羊饭店
地址：重庆市万盛区万东北路
电话：023－48271008
邮编：400800

锦华大酒楼
地址：重庆市万盛区万东北路
电话：023－48273100
邮编：400800

龙凤楼酒楼
地址：重庆市万盛区万东北路
电话：023－48290306
邮编：400800

大自然酒楼
地址：重庆市万盛区万东北路
电话：023－48275861
邮编：400800

重庆市双桥区饮食服务公司
地址：重庆市双桥区双南路2号
电话：023－43332153
邮编：400900

重庆阿兴记餐饮有限公司
地址：重庆市渝北区黄泥磅转盘
电话：023－61889900
邮编：401120

重庆武陵山珍经济技术开发有限公司
地址：重庆市渝北区红金街2号市总商会大厦10楼
电话：023－62833103
邮编：401120

老四川大酒楼
地址：重庆市渝北区金龙路256号
电话：023－67518011
邮编：401120

重庆巴将军饮食文化发展有限公司
地址：重庆市惠工路5号6楼
电话：023－62983715
邮编：400010

本草鱼
地址：重庆市渝北区渝航路117号
电话：023－67809596
邮编：401120

天王星西餐厅
地址：重庆市渝北区双龙大道138号
电话：023－67801376
邮编：401120

三和苑海鲜食府
地址：重庆市渝北区双龙大道113号
电话：023－67820509
邮编：401120

重庆秦妈餐饮文化有限公司
地址：重庆市渝北区松树桥花卉西路
电话：023－67071334
邮编：401147

粤香楼餐饮有限公司
地址：重庆市渝北区金龙路
电话：023－67614831
邮编：401147

一罐飘香餐饮文化有限公司
地址：重庆市渝北区城市花园
电话：023－67072988
邮编：401120

重庆市巴乡餐饮连锁有限公司
地址：重庆市渝北区两路镇汉渝路
电话：023－67824422
邮编：401120

黑山羊餐饮有限公司
地址：重庆市渝北区松石大道
电话：023－67910788
邮编：401147

新景翠云餐饮有限公司
地址：重庆市渝北区新南路
电话：023－67535037
邮编：401120

竹屋饮食文化有限公司
地址：重庆市渝北区花卉园西二路
电话：023－67613375
邮编：401120

水上乐园鱼庄
地址：重庆市巴南区鱼洞大江厂滨江公园内
电话：023－66288928
邮编：401320

鑫园食府
地址：重庆市巴南区军民路
电话：023－66415337
邮编：401320

马克西姆西餐厅
地址：重庆市北碚区碚峡西路
电话：023－68285536
邮编：400700

双味鱼餐馆
地址：重庆市北碚区新星路8号
电话：023－68200196
邮编：400700

老瓦房特色食府
地址：重庆市北碚区体育场游水馆对面
电话：023－68212626
邮编：400700

金皇冠酒楼
地址：重庆市北碚区碚峡路198号
电话：023－68866561
邮编：400700

田园饭庄
地址：重庆市北碚区双元大道
电话：023－68242656
邮编：400700

重庆小天鹅天上人间食府
地址：重庆市北碚区胜利村18号
电话：023－68285765
邮编：400700

红灯笼食府
地址：重庆市北碚区碚峡路
电话：023－68285189
邮编：400700

金孔雀竹楼
地址：重庆市北碚区缙云山
电话：023－68222605
邮编：400700

天府酒家
地址：重庆市北碚区中山路6号
电话：023－68862738
邮编：400700

重庆东方花苑饭庄缙云山庄
地址：重庆市北碚区缙云杉木园
电话：023－68220520
邮编：400700

湘醉楼
地址：重庆市北碚区碚峡路232号
电话：023－86026109
邮编：400700

香一坊
地址：重庆市北碚区解放路
电话：023－68212255
邮编：400700

北碚饭店
地址：重庆市北碚区胜利街
电话：023－68867777
邮编：400700

小月亮餐厅
地址：重庆市万州区新城路
电话：023－58150011
邮编：404000

川江人家餐饮有限公司
地址：重庆市万州区新城路
电话：023－58131777
邮编：404000

小八仙餐饮（集团）有限公司
地址：重庆市万州区白岩路
电话：023－58240258
邮编：404000

鱼吃跳风味餐饮有限公司
地址：重庆市万州区孙家书房路
电话：023－58226825
邮编：404000

重庆涪陵巴人餐饮有限公司
地址：重庆市涪陵区兴华东路38号
电话：023－72224949
邮编：408000

野鱼府涪陵店
地址：重庆市涪陵区太极大道
电话：023－87888889
邮编：408000

皓月楼粗粮王食府
地址：重庆市涪陵区兴华中路
电话：023－72241166
邮编：408000

金山餐厅
地址：重庆市涪陵区兴华中路39号
电话：023－72255955
邮编：408000

雅洁餐厅
地址：重庆市涪陵区人民西路
电话：023－72250158
邮编：408000

星源大酒楼
地址：重庆市涪陵区兴华西路38号
电话：023－72866488
邮编：408000

老字号肥肠馆
地址：重庆市涪陵区高笋塘1号
电话：023－72247839
邮编：408000

南海酒楼
地址：重庆市涪陵区兴华东路
电话：023－72222525
邮编：408000

巴人川菜馆
地址：重庆市涪陵区兴华东路
电话：023－72228666
邮编：408000

广安鱼乡鲜鱼府
地址：重庆市黔江区新华西路
电话：023－79242688
邮编：409700

大河口鱼庄
地址：重庆市黔江区新华西路
电话：023－79236281
邮编：409700

四季红面庄
地址：重庆市黔江区解放路
电话：023－79239728
邮编：409700

阿波罗民俗酒楼
地址：重庆市黔江区解放路88号
电话：023－79224127
邮编：409700

德庆饮食文化有限公司黔江店
地址：重庆市黔江区解放路
电话：023－79322468
邮编：409700

稻香苑
地址：重庆市长寿区桃花大道
电话：023－40461636
邮编：401220

盐府人家
地址：重庆市长寿区黄桷路
电话：023－40409798
邮编：401220

万寿鱼庄
地址：重庆市长寿区黄桷路
电话：023－40288836
邮编：401220

长寿湖鱼庄
地址：重庆市长寿区
电话：023－40361370
邮编：401220

付大姐酸菜鱼庄
地址：重庆市长寿区
电话：023－40407498
邮编：401220

江景鱼楼
地址：重庆市合川区嘉滨路
电话：023－42888880
邮编：401520

李明狗肉馆合川分店
地址：重庆市合川区嘉滨路
电话：023－42871566
邮编：401520

山里人
地址：重庆市合川区嘉滨路
电话：023－42899884
邮编：401520

钓鱼城大酒楼
地址：重庆市合川区柏树街
电话：023－42849088
邮编：401520

重庆周渔府合川店
地址：重庆市合川区较场路
电话：023－42833518
邮编：401520

禹王鱼府（合川店）
地址：重庆市合川区瑞山西路
电话：023－42880268
邮编：401520

富贵鱼府合川店
地址：重庆市合川区
电话：023－42891858
邮编：401520

蓝色茶餐厅
地址：重庆市合川区
电话：023－42461942
邮编：401520

渝都美食城
地址：重庆市合川区204省道
电话：023－42428866
邮编：401520

瑶池酒楼
地址：重庆市永川区
电话：023－49827988
邮编：402160

老久久乌鱼片总店
地址：重庆市永川区中山大道西段
电话：023－49881995
邮编：402160

东方大酒楼
地址：重庆市永川区萱花路
电话：023－49881799
邮编：402160

四方酒家
地址：重庆市永川区萱花路 36 号
电话：023－49889368
邮编：402160

稻香村酒家
地址：重庆市永川区
电话：023－49879820
邮编：402160

小洞天酒家
地址：重庆市永川区
电话：023－49821818
邮编：402160

贵州竹笋野生鸡永川店
地址：重庆市永川区
电话：023－49885886
邮编：402160

龙门鱼头饮食有限责任公司
地址：重庆市永川区文曲路
电话：023－49876611
邮编：402160

味苑楼餐厅
地址：重庆市永川区铁货街
电话：023－49807890
邮编：402160

江河鲜鱼府
地址：重庆市永川区胜利路
电话：023－49898982
邮编：402160

德庆饮食文化有限公司南川店
地址：重庆市南川区金佛大道
电话：023－71431666
邮编：408400

宏达饭庄
地址：重庆市南川区金佛大道
电话：023－71647168
邮编：408400

兴华饭庄
地址：重庆市南川区南大街
电话：023－71902279
邮编：408400

罗马假日茶餐厅
地址：重庆市南川区
电话：023－71417056
邮编：408400

西城饭庄
地址：重庆市南川区西大街
电话：023－71422686
邮编：408400

卢记烧菜馆
地址：重庆市南川区金佛大道
电话：023－71646222
邮编：408400

金佛土菜馆
地址：重庆市南川区金佛大道
电话：023－85625448
邮编：408400

竹山老鸭南川店
地址：重庆市南川区金佛大道
电话：023－71417668
邮编：408400

久酒老鸭庄南川店
地址：重庆市南川区金佛大道
电话：023－71432928
邮编：408400

南川饭店
地址：重庆市南川区金佛大道
电话：023－71422364
邮编：408400

小江洲河鱼庄
地址：重庆市江津区滨江路
电话：023－47548828
邮编：402260

凉山山珍餐馆
地址：重庆市江津区鼎山大道
电话：023－47561088
邮编：402260

白天鹅渔庄
地址：重庆市江津区怡然街
电话：023－47550209
邮编：402260

知味苑酒楼
地址：重庆市江津区滨江大道中段
电话：023－47555309
邮编：402260

山珍宝大酒楼
地址：重庆市江津区滨江大道中段
电话：023－47527067
邮编：402260

江城大河鱼庄
地址：重庆市江津区滨江大道中段
电话：023－47532111
邮编：402260

同心酸菜笋子鸡江津店
地址：重庆市江津区滨江大道段
电话：023－47523160
邮编：402260

川明酒楼
地址：重庆市江津区南门路
电话：023－47542176
邮编：402260

江洲大酒店
地址：重庆市江津区滨江路中段
电话：023－47526888
邮编：402260

东方红烤羊庄
地址：重庆市江津区
电话：023－47920859
邮编：402260

旅游用品

大东牛角工艺厂
地址：重庆市渝中区李子坝正街
电话：023－63613172
邮编：400010

小龙坎雕刻有限公司
地址：重庆市沙坪坝区小龙坎正街
电话：023－65311280
邮编：400020

重庆美术漆器厂
地址：重庆市九龙坡区渝州路
电话：023－68580496
邮编：400050

温岭欣欣石雕公司
地址：重庆市九龙坡区白市驿镇
电话：023－65700808
邮编：400050

渝美雕塑厂
地址：重庆市九龙坡区铁路五村
电话：023－68510524
邮编：400050

重庆雕刻工艺厂
地址：重庆市
电话：023－62806418
邮编：400050

西铝金属工艺制品厂
地址：重庆市九龙坡区西彭镇
电话：023－65808165
邮编：400050

凯旋工艺品有限公司
地址：重庆市九龙坡区渝州路
电话：023－68581185
邮编：400050

龙家珠宝门市部
地址：重庆市北碚区胜利街
电话：023－68865521
邮编：400700

谭木匠工艺品有限公司
地址：重庆市渝北区加州花园
电话：023－67622660
邮编：401120

曾向蜡业工艺制品厂
地址：重庆市万州区五桥五新路
电话：023－58545183
邮编：404000

国玉工艺美术厂
地址：重庆市永川区南大街
电话：023－49866547
邮编：412160

巴西水晶宝石商行
地址：重庆永川区名豪锦江大酒店门
电话：023－49862306
邮编：402160

金伯利钻石经营店
地址：重庆江津区大什字时代广场
电话：023－47535156
邮编：402260

家荣工艺制品有限公司
地址：重庆市铜梁县巴川镇民主路
电话：023－45632103
邮编：402560

荣昌县折扇有限责任公司
地址：重庆市荣昌县昌元镇宝城路
电话：023－46789381
邮编：402460

开县绸扇厂
地址：重庆市开县临江镇江隆街
电话：023－52812035
邮编：405400

长江工艺厂
地址：重庆市忠县忠州镇人民路
电话：023－54222931
邮编：404300

旅游交通

重庆火车站
地址：重庆市渝中区菜园坝
电话：023－63861424
邮编：400010

重庆市客轮公司游船分公司
地址：重庆市渝中区朝天门
电话：023－63793121
邮编：400010

重庆长航江山游船公司
地址：重庆市渝中区陕西路2号
电话：023－63772608 63773251
邮编：400011

重庆长运公司
地址：重庆市渝中区陕西路1号三峡宾馆18楼
电话：023－63819926
邮编：400011

重庆江北国际机场
地址：重庆市
电话：023－67152451
邮编：400020

重庆伏牛溪火车站
地址：重庆市大渡口区伏牛溪
电话：023－68540741
邮编：400080

正和旅游船务公司
地址：重庆市沙坪坝区天陈路12号
电话：023－65410911
邮编：400047

黄研火车站
地址：重庆市九龙坡区西彭镇
电话：023－65830345
邮编：400050

重庆新世纪游轮有限公司
地址：重庆市南岸区南坪东路6号南坪大厦
电话：023－62949189
邮编：400060

重庆市轮渡客运站
地址：重庆市南岸区上新街
电话：023－62875823
邮编：400064

万盛谷口河火车站
地址：重庆市万盛区谷口河
电话：023－48301701
邮编：400800

重庆市旅游汽车公司
地址：重庆渝北区龙溪红金路1号
电话：023－67526607
邮编：401120

重庆东方轮船公司
地址：重庆市万州区袁家墩2号
电话：023－58114171
邮编：404000

万州港
地址：重庆市万州区金港路
电话：023－58295861
邮编：404000

大足火车站
地址：重庆市大足县邮亭镇
电话：023－43528425
邮编：402360

广顺火车站
地址：重庆市荣昌县广顺镇
电话：023－46355346
邮编：402460

旅游院校

重庆城市职业学院
旅游与酒店管理专业
地址：重庆市渝中区劳动人民文化宫
电话：023－63615945
邮编：400014

重庆市旅游学校
地址：重庆市大渡口区钢花路6号
电话：023－68904911
邮编：400080

重庆市旅游培训中心
地址：重庆市江北区建新北路76号
电话：023－67860025
邮编：400020

重庆市旅游管理学校
地址：重庆市江北区大塘5号
电话：023－67990060
邮编：400025

重庆师范大学
旅游学院
地址：重庆市沙坪坝天陈路12号
电话：023－65362853
邮编：400047

四川外语学院
管理学院旅游管理专业
地址：重庆市沙坪坝区烈士墓壮志路34号
电话：023－65441003
邮编：400031

重庆教育学院
旅游系
地址：重庆市南岸区四公里街253号
电话：023－62658029
邮编：400067

重庆工商大学
旅游学院
地址：重庆市南岸区学府大道58号
电话：023－67776743
邮编：400067

西南大学
旅游学院
地址：重庆市北碚区天生路1号
电话：023－68252320
邮编：400715

西南农业大学
旅游经济系
地址：重庆市北碚区天生路216号
电话：023－68862945
邮编：400715

三峡学院
工商管理系旅游专业
地址：重庆市万州区
电话：023－58102363
邮编：404000

三峡职业学院
旅游专业
地址：重庆市万州区万忠路210号
电话：023－58800267
邮编：404000

万州区旅游职业高级中学
地址：重庆市万州区北山大道165号
电话：023－58249248
邮编：404000

涪陵师范学院
应用技术学院旅游与酒店管理专业
地址：重庆市涪陵区江东团结路
电话：023－87807210
邮编：408000

涪陵职业技术学院
旅游管理专业
地址：重庆市涪陵区望州路34号
电话：023－87806001
邮编：408000

忠县旅游职业技术学校
地址：重庆市忠县西山路
电话：023－54215060
邮编：404300

四川
SICHUAN

旅游机构

四川省旅游局
地址：成都市人民南路二段 65 号
电话：028－86671456 86673693
传真：028－86671042
邮编：610021
网址：www.scta.gov.cn

四川省旅游执法总队
地址：四川省成都市人民南路二段 65 号
电话：028－86665909
传真：028－86669713
邮编：610021
网址：www.sclyzf.gov.cn

成都市旅游局
地址：成都市 2 环路北 1 段
电话：028－87706001
传真：028－87706000
邮编：610017
网址：www.cdsta.gov.cn

广元市旅游局
地址：广元市利州东路一段 23 号
电话：0839－3306079
传真：0839－3306079
邮编：628000
网址：www.gysta.gov.cn

绵阳市旅游局
地址：绵阳市临园路中段 78 号
电话：0816－2237363
传真：0816－2237363
邮编：621000
网址：www.mysta.gov.cn

德阳市旅游局
地址：德阳市长江东路 9 号
电话：0838－2206420
传真：0838－2209987
邮编：618000
网址：www.dysta.gov.cn

南充市旅游局
地址：南充市涪江路 1 号
电话：0817－2236484
传真：0817－2231793
邮编：637000
网址：www.ncsta.gov.cn

广安市旅游局
地址：广安市委办公大楼内
电话：0826－2336486
传真：0826－2332086
邮编：638550
网址：www.gasta.gov.cn

遂宁市外事侨务旅游局
地址：遂宁市加禾路 29 号
电话：0825－2311538
传真：0825－2241683
邮编：629000
网址：www.snsta.gov.cn

内江市旅游局
地址：内江市新华路市政府内
电话：0832－2022519
传真：0832－2036767
邮编：641000
网址：www.njsta.gov.cn

乐山市旅游局
地址：乐山市滨河路 97 号
电话：0833－2136926
传真：0833－2136926
邮编：614000
网址：www.lssta.gov.cn

自贡市旅游局
地址：自贡市塘坎上路 2 号
电话：0813－2202124
传真：0813－2202124
邮编：643000
网址：www.zgsta.gov.cn

泸州市旅游局
地址：泸州市大山坪政府大院
电话：0830－3193792
传真：0830－3114886
邮编：646000
网址：www.lzsta.gov.cn

宜宾市旅游局
地址：宜宾市中山街 142 号
电话：0831－8234642
传真：0831－8234642
邮编：644000
网址：www.ybsta.gov.cn

攀枝花市旅游局
地址：攀枝花市望江街一村 32 号
电话：0812－3355627
传真：0813－3355627
邮编：617000
网址：www.pzhsta.gov.cn

巴中市旅游局
地址：巴中市江北新区白云台街
电话：0827－5268941
传真：0827－5268941
邮编：636000
网址：www.bzsta.gov.cn

达州市旅游局
地址：达州市文华街 54 号
电话：0818－2130027
传真：0818－2130027
邮编：635000
网址：www.dzsta.gov.cn

资阳市旅游局
地址：资阳市广厦路 9 号市政府大院内
电话：0832－6110083
传真：0832－6110083
邮编：641300
网址：www.zysta.gov.cn

眉山市旅游局
地址：眉山市政府大楼东 9 楼
电话：0833－8168498
传真：0833－8168498
邮编：620020
网址：www.mssta.gov.cn

雅安市旅游局
地址：雅安市上坝路 25 号
电话：0835－2223073
传真：0835－2242910
邮编：625000
网址：www.yasta.gov.cn

阿坝藏族羌族自治州旅游局
地址：阿坝州马尔康县团结街 6 号
电话：0837－2822652
传真：0837－2823036
邮编：624000
网址：www.abzta.gov.cn

甘孜藏族自治州旅游局
地址：阿坝州康定县彩虹桥广场农牧大楼4 楼
电话：0836－2835469
传真：0836－2835469
邮编：626000
网址：www.gzzta.gov.cn

凉山彝族自治州旅游局
地址：凉山州西昌市长安东路 33 号邮政大楼5 楼
电话：0834－3235939
传真：0834－3235939
邮编：615000
网址：www.lszta.gov.cn

旅行社

四川海外旅游公司
地址：成都市人民南路二段 65 号
电话：028－86731087
传真：028－86672970
邮编：610021
网址：www.heatour.com
许可证号：L－SC－GJ00001

成都海外旅游有限责任公司
地址：成都市高升桥东路 6 号罗马假日广场 A4W
电话：028－85108958
传真：028－85108959
邮编：610041
许可证号：L－SC－GJ00002

四川省中国旅行社
地址：成都市一环路南三段 15 号
电话：028－85562986
传真：028－85562990
邮编：610041
网址：www.travel-sichuan.com
许可证号：L－SC－GJ00003

成都中国青年旅行社
地址：成都市人民南路三段 6 号副 11 号新气象宾馆 7 楼
电话：028－85541888
传真：028－85583854
邮编：610041
网址：www.cdcyts.com
许可证号：L－SC－GJ00004

四川省中国青年旅行社
地址：成都东城根中街 19 号
电话：028－86693482
传真：028－86632337
邮编：610031
网址：www.3etravel.com
许可证号：L－SC－GJ00005

都江堰市中国旅行社有限责任公司
地址：成都都江堰市外北街 1 号
电话：028－68752809
传真：028－87131183
邮编：611830
网址：www.djycts.com
许可证号：L－SC－GJ00008

自贡中国国际旅行社
地址：自贡市自流井区塘坎上路 2 号
电话：0813－2205629 2207313
传真：0813－2207313

邮编：643000
网址：www. ZGCITS. com
许可证号：L－SC－GJ00009

内江国际旅行社
地址：内江市中区玉带街 84 号
电话：0832－2023076
传真：0832－2023076
邮编：641000
网址：www. njits100. com
许可证号：L－SC－GJ00010

攀枝花国际旅行社
地址：攀枝花市望江街一村 32 号
电话：0812－3332210
传真：0812－3340370
邮编：617000
许可证号：L－SC－GJ00011

广元国际旅行社
地址：广元市利州东路 158 号
电话：0839－3246658
传真：0839－3220980
邮编：628017
许可证号：L－SC－GJ00012

四川绵阳国际旅行社有限公司
地址：绵阳市正北街 10 号
电话：0816－2242383
传真：0816－2242169
邮编：621000
网址：www. myits. net
许可证号：L－SC－GJ00013

九寨沟网络国际旅行社有限责任公司
地址：成都市二环路西三段 30 号九寨沟饭店三楼
电话：028－87564600
传真：028－87564400
邮编：610036
网址：www. jiuzhaigou valley. com
许可证号：L－SC－GJ00014

四川省中国国际旅行社
地址：成都市人民南路二段 65 号
电话：028－86731087
传真：028－86672970
邮编：610021
网址：www. heatour. com
许可证号：L－SC－GJ00015

成都国际旅行社（集团）有限公司
地址：成都市浆洗街 16 号
电话：028－85534168
传真：028－85534168
邮编：610041
网址：www. ctrib. com
许可证号：L－SC－GJ00016

港中旅国际成都旅行社有限公司
地址：成都市滨江东路 136 号国际商务大厦 B 座 13 楼
电话：028－66118890
传真：028－66118891
邮编：610021
网址：www. cticd. com
许可证号：L－SC－GJ00017

成都光大国际旅行社有限责任公司
地址：成都市龙腾东路 2 号杜甫花园商务楼 3 楼
电话：028－66050909
传真：028－66050898
邮编：610015
网址：www. cdeb_travel. com
许可证号：L－SC－GJ00018

四川峨嵋广之旅国际旅行社有限公司
地址：成都市人民南路二段 33 号
电话：028－86338828
传真：028－85109790
邮编：610021
网址：www. gzl. com. cn
许可证号：L－SC－GJ00020

四川省新东方国际旅行社有限责任公司
地址：成都市锦里中路 12 号彩虹商务大厦七楼
电话：028－66018888
邮编：610066
网址：www. pand choliday. com
许可证号：L－SC－GJ00022

四川省长江国际旅行社
地址：成都市鼓楼南街 117 号世界贸易中心 A 座 23 楼
电话：028－86623552
邮编：610081
网址：www. cjgl. com
许可证号：L－SC－GJ00023

四川锦达国际旅行社
地址：成都市人民南路二段 80 号
电话：028－85582222－3256
邮编：610012
许可证号：L－SC－GJ00024

四川和平国际旅行社有限公司
地址：成都市武侯祠大街 266 号华达商城
电话：028－85552062
邮编：610041
网址：www. 517tour. com
许可证号：L－SC－GJ00025

成都天府国际旅行社有限责任公司
地址：成都市新南路 77 号
电话：028－58439867
邮编：610041
网址：www. tfyou. com
许可证号：L－SC－GJ00026

四川蜀都国际旅行社有限公司
地址：成都署袜北三街 20 号 14 楼 6 号
电话：028－86518638
邮编：610016
许可证号：L－SC－GJ00027

成都（成旅）国际旅行社
地址：成都市人民北路二段 29 号
电话：028－83210773
邮编：610081
网址：www. cdits. com
许可证号：L－SC－GJ00028

成都铁路国际旅行社
地址：成都火车北站汉都大酒店
电话：028－83433924
邮编：610081
许可证号：L－SC－GJ00029

四川康辉国际旅行社有限公司
地址：成都市锦江区天仙桥北路 3 号
电话：028－86710202
邮编：610021
网址：www. cctcd. com
许可证号：L－SC－GJ00030

四川峨眉山风景国际旅行社有限责任公司
地址：峨眉山市名山路中段 192 号
电话：0833－5546623
邮编：614000
许可证号：L－SC－GJ00032

九寨沟国际旅行社
地址：成都市二环路西三段 30 号九寨饭店 5 楼
电话：13808083289
邮编：610015
许可证号：L－SC－GJ00033

四川世纪金沙国际旅行社有限公司
地址：成都市南大街 2 号 3 号楼
电话：028－86159615
邮编：610041
许可证号：L－SC－GJ00035

成都山水国际旅行社有限公司
地址：成都市人民南路三段 17 号附 1 号华西美庐 A 座 21－1 号
电话：028－85457123
邮编：610041
网址：www. cstcd. com
许可证号：L－SC－GJ00036

四川省绵阳九龙国际旅行社
地址：绵阳市临园路东段宇隆大厦 11 楼 9 号
电话：0816－6105009
邮编：621000
网址：www. sc-start. com
许可证号：L－SC－GJ00038

乐山海峡国际旅行社有限责任公司
地址：乐山市市中区东大街 98 号
电话：0833－2101488　2998819
邮编：614000
许可证号：L－SC－GJ00039

四川竹海国际旅行社有限公司
地址：宜宾市长江大道中段 17 号
电话：0831－2185328
邮编：644002
许可证号：L－SC－GJ00040

攀枝花攀钢国际旅行社有限责任公司
地址：攀枝花市朝阳下街 28 号
电话：0812－3397975
邮编：617067
许可证号：L－SC－GJ00041

成都西南铁路国际旅行总社
地址：成都市人民北路二段 9 号
电话：028－86433924
邮编：610081
网址：www. swrts. com
许可证号：L－SC－GJ00042

四川西藏明珠国际旅行社有限责任公司
地址：成都市人民北路一段 10 号西藏饭店行政楼 3F
电话：028－83190468
邮编：610081
网址：www. e-tibet. com
许可证号：L－SC－GJ00043

四川海外富长国际旅行社有限责任公司
地址：成都市人民南路二段 65 号
电话：028－86663879
邮编：610021
许可证号：L－SC－GJ00044

成都市神州国际旅行社有限公司
地址：成都市一环路南四段 9 号
电话：028－85155962

邮编：610041
网址：www. dreams-trvel. com
许可证号：L－SC－GJ00045

四川红太阳国际旅行社有限公司
地址：成都市芳草街 28 号
电话：028－86752444
邮编：610041
网址：www. schty. com
许可证号：L－SC－GJ00046

四川九寨黄龙机场国际旅行社有限公司
地址：成都市二环路西一段 90 号四川高速大厦
电话：028－66026778
邮编：610041
网址：www. jzat. com
许可证号：L－SC－GJ00047

成都西南民航巨龙国际旅行社有限公司
地址：成都市北新街 31 号民航大厦 1504 房
电话：028－86719040
邮编：610016
许可证号：L－SC－GJ00048

德阳神州国际旅行社有限公司
地址：德阳市昆山街 51 号中天苑二楼
电话：0838－2227222
邮编：618000
网址：www. citsn. com
许可证号：L－SC－GJ00049

成都熊猫旅游集团国际旅行社股份有限公司
地址：成都市沙湾路 258 号成都国际会议展览中心
电话：028－85380351
邮编：610031
许可证号：L－SC－GJ00050

四川旌湖国际旅行社有限公司
地址：德阳市文庙广场 2 号商住楼 2－6－4
电话：0838－2305268
邮编：618000
网址：www. lvyou. sc. cn
许可证号：L－SC－GJ00051

四川东方巨龙国际旅行社有限公司
地址：成都市青羊区人民南路一段 86 号城市之心 6 楼 D 座
电话：028－85136645
邮编：610016
许可证号：L－SC－GJ00052

四川泸州华侨国际旅行社
地址：泸州市江阳中路 48 号
电话：0830－2280555　2291944
邮编：646000
许可证号：L－SC－GJ00053

四川岷山国际旅行社有限责任公司
地址：成都市人民南路二段 55 号
电话：028－85583333－3589
邮编：610041
许可证号：L－SC－GJ00054

阿坝州九寨岷江国际旅行社有限责任公司
地址：成都市营门口立交桥北一段 209 号岷江饭店
电话：028－86210040
邮编：610036
网址：www. mjtrip. com
许可证号：L－SC－GJ00055

四川省绵阳假日国际旅行社有限公司
地址：绵阳市临园路东 58 号诺马特 4 楼
电话：0816－2246057
邮编：621000
网址：www. myji. com
许可证号：L－SC－GJ00056

四川锋行国际旅行社有限公司
地址：成都市锦里西路 133 号
电话：13908017993
邮编：610072
许可证号：L－SC－GJ00057

眉山市假日国际旅行社有限责任公司
地址：眉山市诗书路中段 736 号
电话：13808162520
邮编：620010
网址：www. ms－holiday. com
电子信箱：msholiday@ 163. net
许可证号：L－SC－GJ00059

四川金鼎国际旅行社有限公司
地址：广安市广安区建安南路 86 号
电话：0826－2342999
邮编：638000
网址：www. gagxly. com
许可证号：L－SC－GJ00066

宾馆酒店

成都索菲特万达大饭店★★★★★
地址：成都市滨江中路 15 号
电话：028－66669999
传真：028－66663333
邮编：610016
网址：www. accorhotels-asia. com/3717

成都家园国际酒店★★★★★
地址：成都市机场路 181 号美好花园
电话：028－82936666
传真：028－82936668
邮编：610225
网址：www. homelandhotel. com

锦江宾馆★★★★★
地址：成都市人民南路二段 80 号
电话：028－85506666
传真：028－85506550
邮编：610012
网址：//www. jjhotel. com
电子信箱：jjh@ jjhotel. com

天府丽都喜来登饭店★★★★★
地址：成都市人民中路一段 15 号
电话：028－86768999
传真：028－86768888
邮编：610015
网址：www. sheraton. com/Chengdu

加州花园酒店贵宾楼★★★★★
地址：成都市沙湾路 258 号
电话：028－87649999
传真：028－87651911
邮编：610031
网址：www. eccon. com
电子信箱：cdiecc@ cdiecchotel. com

望江宾馆★★★★★
地址：成都市下沙河铺 42 号
电话：028－84790000
传真：028－84791618
邮编：610066
网址：www. wangjianghotel. com
电子信箱：sdwjhotel@ 163. com

总府皇冠假日酒店★★★★★
地址：成都市总府路 31 号
电话：028－86786666
传真：028－87684922
邮编：610016
网址：www. crowneplaza. com
电子信箱：resctuch@ ichotelsgroup. com

广安思源大酒店★★★★★
地址：广安市城南五湖西路 301 号
电话：0826－2355888
传真：0826－2356666
邮编：638000
网址：www. guangansiyuanhotel. com

峨眉山红珠山宾馆★★★★★
地址：乐山峨眉山市报国寺
电话：0833－5525888
传真：0833－5525666
邮编：614200
网址：www. hzshotel. com
电子信箱：hzs@ hzshotel. com

泸州酒城宾馆★★★★★
地址：泸州市上平远路 71 号
电话：0830－3159999
传真：0830－3159885
邮编：646000

九寨沟喜来登国际大酒店★★★★★
地址：阿坝州九寨沟县风景区
电话：0837－7739988
传真：0837－7739699
邮编：623402
网址：www. sheraton. com/jiuzhaigou

九寨天堂洲际大饭店★★★★★
地址：阿坝州九寨沟县漳扎镇甘海子
电话：0837－7789999
传真：0837－7788988
邮编：623402
网址：www. ihg. com

四川新华国际酒店★★★★
地址：成都市古中寺街 8 号
电话：028－82985588
传真：028－82911122
邮编：610016
网址：www. xhgjjd. com
电子信箱：manager office@ xhgjjd. com

成都西藏饭店★★★★
地址：成都市人民北路一段十号
电话：028－83183388
传真：028－83193866
邮编：610081
网址：www. tibet-hotel. com
电子信箱：cdtibeth@ mialsc. cnifo. net

成都岷山饭店★★★★
地址：成都市人民南路二段 63 号
电话：028－85583333
传真：028－85582154
邮编：610021
网址：www. minshan. com. cn
电子信箱：minshan@ minshan. com. cn

成都罗曼大酒店★★★★
地址：成都市人民中路二段 22 号
电话：028－82929999
传真：028－82929295
邮编：610031
网址：www. lmdjd. com
电子信箱：lmgmo@ yeah. net

成都天仁大酒店★★★★
地址：成都市三洞桥街18号
电话：028－82968888
传真：028－87797725
邮编：610031
网址：www.tianrenhotel.com
电子信箱：rs@tianrenhotel.com

成都金玉阳光大酒店★★★★
地址：成都市双林路88号
电话：028－66138888
传真：028－66138889
邮编：610066

成都天府阳光酒店★★★★
地址：成都市泰升北路2号
电话：028－86922233
传真：028－86922323
邮编：610017

世代锦江商务酒店★★★★
地址：成都市下南大街59号
电话：028－86090888
传真：028－86090088
邮编：610041
网址：www.jjgchotel.com
电子信箱：sdjj@jjgchotel.com

新蜀联大酒店★★★★
地址：成都市一环路北二段西二路17号
电话：028－83172222
传真：028－83173609
邮编：610081
网址：www.xsldjd.com
电子信箱：xsl888@mail.sc.cninfo.net

成都京川宾馆★★★★
地址：成都市一环路西一段144号
电话：028－86089888
传真：028－87020140
邮编：610072
网址：www.jingchuanhotel.com

四川绿洲大酒店★★★★
地址：成都市忠烈祠街99号
电话：028－82938899
传真：028－82933633
邮编：610016
网址：www.greenland-hotel.com

四川宾馆★★★★
地址：成都市总府路31号
电话：028－86755555
传真：028－86759147
邮编：610016

成都博瑞花园酒店★★★★
地址：成都市龙泉驿区龙都北路
电话：028－84839888 84839878
传真：028－84835888
邮编：610103
网址：www.b-rayhotel.com
电子信箱：gmo@b-rayhotel.com

成都天伦国际大酒店★★★★
地址：成都市龙泉驿区平安镇阳光城
电话：028－84885688
传真：028－84568989
邮编：610103

金叶宾馆★★★★
地址：成都都江堰市城北观景路
电话：028－87119999
传真：028－87135999
邮编：611830
网址：www.goldleafhotel

四川国堰宾馆★★★★
地址：成都都江堰市观景路中段
电话：028－87146666
传真：028－87118888
邮编：611830
网址：www.guoyanhotel.net
电子信箱：guoyanhotel@163.com

都江堰鹤翔山庄★★★★
地址：成都都江堰市青城山
电话：028－87288006
传真：028－87280832
邮编：611844
网址：www.hexianghotel.com

郫县镜湖园宾馆★★★★
地址：成都市郫县皮筒镇望丛中路63号
电话：028－87929888
传真：028－87927388
邮编：611730
网址：www.jinghuyuanhotel.com

广元国际大酒店★★★★
地址：广元市利州区苴国路555号
电话：0839－3296222
传真：0839－3296173
邮编：628017
电子信箱：guangyuangjdjd@126.com

富乐山国际酒店别墅区★★★★
地址：绵阳市芙蓉路一段1号
电话：0816－2284888
传真：0816－2285389
邮编：621000
网址：www.fuleshanhotel.com
电子信箱：sales@fuleshanhotel.com

绵阳长虹大酒店★★★★
地址：绵阳市高新区西街北段89号
电话：0816－2416666
传真：0816－2416667
邮编：621000
网址：www.changhonghotel.com
电子信箱：qqy@changhonghotel.com

绵州酒店★★★★
地址：绵阳市临园路东段62号
电话：0816－6350999
传真：0816－6350926
邮编：621000

绵阳王子大酒店★★★★
地址：绵阳市临园路西段25号
电话：0816－6358999
传真：0816－2368688
邮编：621000
网址：www.myprincehotel.com

绵阳绵州温泉酒店★★★★
地址：绵阳市安县罗浮山
电话：0816－4636666
传真：0816－4636333
邮编：622650
网址：www.mianzhou-hot-spring.com

德阳旌湖宾馆★★★★
地址：德阳市长江西路一段1号
电话：0838－2303888
传真：0838－2202337
邮编：618000
网址：www.jh-hotel.cn
电子信箱：jh-bg@163.com

德阳宏达金桥大酒店★★★★
地址：德阳市什邡市亭江东路
电话：0838－8200888
传真：0838－8103999
邮编：618400

南充万泰大酒店★★★★
地址：南充市铁荣路1号
电话：0817－2311888
传真：0817－2313333
邮编：637000

南充北湖宾馆★★★★
地址：南充市文化路301号
电话：0817－2229999
传真：0817－2222225
邮编：637000
网址：www.beihuhotel.cn
电子信箱：Beihuhotel@163.com

广安东阳国际酒店★★★★
地址：广安市建安中路136号
电话：0826－5100888
传真：0826－5100777
邮编：638000

广安岷山世纪大饭店★★★★
地址：广安市金广大道88号
电话：0826－2336666
传真：0826－2338688
邮编：638000
电子信箱：Centuryhotel@163.com

广安华蓥山大酒店★★★★
地址：广安市华蓥山旅游区
电话：0826－4330178
传真：0826－4330999
邮编：638000

遂宁明星康年酒店★★★★
地址：遂宁市开发区明日路88号
电话：0825－2210998
传真：0825－2210997
邮编：629000
网址：www.mxhotel.com
电子信箱：mingxingconifer@21cn.com

遂宁天友国际酒店★★★★
地址：遂宁市开发区明月路100号
电话：0825－2396666
传真：0825－2396555
邮编：629000
网址：www.ccty.com.cn/jd/index.htm
电子信箱：tianyou 200206@163.com

内江长江长大酒店★★★★
地址：内江市西林大道338号
电话：0832－2277777
传真：0832－2278888
邮编：641003
网址：www.cjchotel.com
电子信箱：cjc@cjchotel.com

内江运亨酒店★★★★
地址：内江市市中区双苏路123号
电话：0832－2200066
传真：0832－2200022
邮编：641000

乐山金海棠酒店★★★★
地址：乐山市市中区海棠路
电话：0833－2128888
传真：0833－2279087
邮编：614000

网址：www. jht-hotel. com
电子信箱：lso@ jht-hotel. com

峨眉山饭店★★★★
地址：乐山峨眉山市报国寺
电话：0833－5590518
传真：0833－5591399
邮编：614201
网址：www. ems517. com
电子信箱：emsfd@ ems517. com

峨眉山大酒店★★★★
地址：乐山峨眉山市报国寺
电话：0833－5526888
传真：0833－5591061
邮编：614200
网址：www. ems517. com
电子信箱：emshotelsd@ sohu. com

峨眉山华生酒店★★★★
地址：乐山峨眉山市佛光南路
电话：0833－5546999
传真：0833－5522248
邮编：614200
网址：www. hasun. com
电子信箱：hasun@ hasun. com

自贡汇东大酒店★★★★
地址：自贡市汇东路东段16号
电话：0813－8288888
传真：0813－8288304
邮编：643000
网址：www. huidonghotel. com
电子信箱：yxb@ huidonghotel. com

自贡雄飞假日酒店★★★★
地址：自贡市自流井区解放路193号
电话：0813－2118888
传真：0813－2118888
邮编：643000
网址：www. jiarihotel. com
电子信箱：hotel@ jiarihotel. com

泸州伊顿饭店★★★★
地址：泸州市江阳西路25号
电话：0830－3156666
传真：0830－3158198
邮编：646000
网址：www. ETONHOTEL. com

泸州南苑宾馆★★★★
地址：泸州市江阳区大山坪
电话：0830－3158888
传真：0830－3191168
邮编：646000

宜宾华荣酒店★★★★
地址：宜宾市长江大道东段68号
电话：0831－2399999
传真：0831－2399668
邮编：644002
网址：www. hr-hotel. com
电子信箱：office@ hr-hotel. com

宜宾酒都饭店★★★★
地址：宜宾市专署街50号
电话：0831－8188888
传真：0831－8188789
邮编：644000
网址：www. jiuduhotel. com
电子信箱：jd@ jiuduhotel. com

攀枝花川惠大酒店★★★★
地址：攀枝花市炳草岗人民街118号
电话：0812－6348888
传真：0812－6349999
邮编：617000

攀枝花宾馆★★★★
地址：攀枝花市东区炳草岗人民街68号
电话：0812－3332869
传真：0812－3340371
邮编：617000
网址：www. pzhhotel. com

达州东湖大酒店★★★★
地址：达州市大竹县东湖公园内
电话：0818－6136999
传真：0818－6136996
邮编：635100
网址：www. dhdjd. com
电子信箱：donghu_050112@ 163. com

达州宾馆★★★★
地址：达州市荷叶街163号
电话：0818－2122347
传真：0818－2125713
邮编：635000

锦江蜀亨大酒店★★★★
地址：资阳市资阳大道西段
电话：0832－6120300
传真：0832－6120039
邮编：641300
网址：www. shghotel. com
电子信箱：Sales@ shghotel. com

四川梦温泉酒店★★★★
地址：雅安市周公山温泉开发区
电话：0835－2312388
传真：0835－2312399
邮编：625000

雅安倍特星月宾馆★★★★
地址：雅安市雨城区张家山路10号
电话：0835－2225888
传真：0835－2231386
邮编：625000
电子信箱：moonstarhotel@ 126. com

四川九寨沟格桑宾馆★★★★
地址：九寨沟县漳扎镇
电话：0837－7734958
传真：0837－7734935
邮编：623402
网址：www. gesanghotel. net
电子信箱：zgly@ gesanghotel. net

九寨沟千鹤国际大酒店★★★★
地址：阿坝州九寨沟县漳扎镇龙康村火地坝
电话：0837－7739188
传真：0837－7739266
邮编：623402
网址：www. jzqhhotel. com

九寨沟星宇大酒店★★★★
地址：阿坝州九寨沟县漳扎镇
电话：0837－7766888
传真：0837－7739773
邮编：623402
网址：www. xingyuhotel. com
电子信箱：xingyuhotel@ scxingyu. com

四姑娘山金昆宾馆★★★★
地址：阿坝州小金县日隆镇
电话：0837－2791199
传真：0837－2791080
邮编：624200

新四姑娘山庄★★★★
地址：阿坝州小金县日隆镇双桥沟口
电话：0837－2796888
传真：0837－2796800
邮编：624200

顺华大酒店（预4）★★★★
地址：凉山州西昌市长安南路海河桥头
电话：0834－2507686
传真：0834－2507686
邮编：615000

西昌名仁大酒店★★★★
地址：西昌市航天大道二段一号
电话：0834－8888898
传真：0834－2892088
邮编：615000
网址：www. mingrenhotel. com
电子信箱：mingrenhotel@ yahoo. com. cn

西昌凯丽莱酒店★★★★
地址：凉山州西昌市胜利南路88号
电话：0834－3200888
传真：0834－3200888
邮编：615000
电子信箱：conilyinn@ 126. com

十八步岛大酒店★★★
地址：成都市天府大道
电话：028－85650008
传真：028－85651338
邮编（Zip）：610015

八宝大酒店★★★
地址：成都市八宝街28号
电话：028－86635858
传真：028－86258187
邮编：610031

九龙宾馆★★★
地址：成都市八宝街90号
电话：028－86399999
传真：028－86637841
邮编：610031

民航大厦★★★
地址：成都市北新街31号
电话：028－86716688
传真：028－86712282
邮编：610016
网址：www. minhanghotel. com

滨江饭店★★★
地址：成都市滨江中路16号
电话：028－86656451
传真：028－86662193
邮编：610021

人口宾馆★★★
地址：成都市东城根下街24号
电话：028－86634288
传真：028－86632691
邮编：610031

喜马拉雅酒店★★★
地址：成都市二环路北一段8号明珠广场
电话：028－86319988
传真：028－86319500
邮编：610031

民族饭店★★★
地址：成都市抚琴东路78号
电话：028－66611888
传真：028－87768685
邮编：610031

网址：www. sc. cninfo. net
电子信箱：mzfdzjb@ sina. com

成都恒德酒店★★★
地址：成都市恒德路 8 号
电话：028 - 83339888
传真：028 - 83341081
邮编：610081

汉都大酒店★★★
地址：成都市火车北站站西路 1 号
电话：028 - 86311188
传真：028 - 86436870
邮编：610081

电子科技大学宾馆★★★
地址：成都市建设北路二段二号
电话：028 - 83206666
传真：028 - 83203902
邮编：610054

喀秋莎大饭店★★★
地址：成都市解放路二段 237 号
电话：028 - 83313888
传真：028 - 83344997
邮编：610081

明珠国际酒店★★★
地址：成都市解放路二段 329 号
电话：028 - 86429188
传真：028 - 86429266
邮编：610081

云龙酒店★★★
地址：成都市罗锅巷 122 号
电话：028 - 86780888
传真：028 - 86788157
邮编：610017
网址：www. scyl-hotel. com
电子信箱：cd@ scyl-hotel. com

成都天辰楼宾馆★★★
地址：成都市青华路 39 号
电话：028 - 87319205
传真：028 - 87317890
邮编：610016
网址：www. cdtcl. com
电子信箱：djj@ cdtcl. com

成都大酒店★★★
地址：成都市人民北路二段 29 号
电话：028 - 83173888
传真：028 - 83176818
邮编：610081
网址：www. cdgrandhotel. com
电子信箱：cddjd@ 126. com

全兴酒店★★★
地址：成都市人民中路二段 68 号
电话：028 - 86259988
传真：028 - 86248477
邮编：610031

新良大酒店★★★
地址：成都市上东大街 53 号
电话：028 - 86739999
传真：028 - 86739567
邮编：610012

蜀都大厦宾馆★★★
地址：成都市署袜北三街 20 号
电话：028 - 86753888
传真：028 - 86752176
邮编：610016

蜀运宾馆★★★
地址：成都市太升南路 155 号
电话：028 - 86629888
传真：028 - 86629220
邮编：610017

大庆石油大厦★★★
地址：成都市外西罗家碾大庆路 99 号
电话：028 - 87322988
传真：028 - 87324668
邮编：610072

新时代马瑞卡酒店★★★
地址：成都市文武路 42 号新时代广场
电话：028 - 86530188
传真：028 - 86617982
邮编：610017

康定酒店★★★
地址：成都市武候祠横街 2 号
电话：028 - 85562106
传真：028 - 85574635
邮编：610041

四川金地饭店★★★
地址：成都市新华大道德盛路 89 号
电话：028 - 86915339
传真：028 - 86923957
邮编：610017

五粮液大酒店★★★
地址：成都市新华大道双林路 100 号
电话：028 - 84336128
传真：028 - 84327208
邮编：610061

四川福德酒店★★★
地址：成都市新华大道玉沙路 155 号
电话：028 - 86961888
传真：028 - 86361660
邮编：610017

新华饭店★★★
地址：成都市新华大道玉沙路 157 号
电话：028 - 86936578
传真：028 - 86932588
邮编：610017

吐哈宾馆★★★
地址：成都市星辉东路 10 号
电话：028 - 83340666
传真：028 - 83361158
邮编：610081
网址：www. tuhahotel. com
电子信箱：zjb@ tuhahotel. com

川音爱乐酒店★★★
地址：成都市一环路南一段 47 号
电话：028 - 85490999
传真：028 - 85490178
邮编：610021

国际粮农大厦★★★
地址：成都市一环路西三段文华路 23 号
电话：028 - 87750088
传真：028 - 87775136
邮编：610072

蜀兰大酒店★★★
地址：成都市一环路西一段 169 号
电话：028 - 87018888
传真：028 - 87015566
邮编：610072

毓秀苑宾馆★★★
地址：成都市一环路西一段大石东路
电话：028 - 66033993
传真：028 - 66033888
邮编：610072

泸天化大厦酒店★★★
地址：成都市中同仁路 220 号
电话：028 - 86633338
传真：028 - 86639292
邮编：610031
网址：www. lth-hotel. com
电子信箱：jacky81226@ tom. com

紫薇酒店★★★
地址：成都市总府路 8 号
电话：028 - 86666168
传真：028 - 86662999
邮编：610016
网址：www. primE-hotel. com
电子信箱：ziwei@ primE-hotel. com

四川花园宾馆★★★
地址：成都市走马街 47 号
电话：028 - 86667421
传真：028 - 86664235
邮编：610021

金河大酒店★★★
地址：成都市金河街 18 号
电话：028 - 86642888
传真：028 - 86632037
邮编：610031
网址：www. jinhE-hotel. com
电子信箱：jinhehtl@ mail. sc. cninfo. net

成都芙蓉饭店★★★
地址：成都市青羊区
电话：028 - 68086666
传真：028 - 68086574
邮编：610031

成飞宾馆★★★
地址：成都市青羊区黄田坝
电话：028 - 87415648
传真：028 - 87403000
邮编：610091

白芙蓉宾馆★★★
地址：成都市营门口路 107 号
电话：028 - 87658044
传真：028 - 87658155
邮编：610031

九寨沟饭店★★★
地址：成都市二环路三段 30 号
电话：028 - 87520999
传真：028 - 87533377
邮编：610036
网址：www. jiuzhaigou. com

华西天使宾馆★★★
地址：成都市电信南街 10 号
电话：028 - 85422050
传真：028 - 85422794
邮编：610041

向阳大厦★★★
地址：成都市二环路南二段 23 号
电话：028 - 86481212
传真：028 - 85217067
邮编：610041

菱彩酒店★★★
地址：成都市二环路南三段 27 号
电话：028 - 86311888
传真：028 - 86311728

邮编：610041

天友国际酒店★★★
地址：成都市二环路西一段 100 号
电话：028－85066666
传真：028－85076951
邮编：610041

成都小天鹅宾馆★★★
地址：成都市二环路西一段 43 号
电话：028－87058080
传真：028－87010567
邮编：610041

锦鑫酒店★★★
地址：成都市机场路 18 号
电话：028－85189518
传真：028－85191673
邮编：610041

心族宾馆★★★
地址：成都市人民南路四段 34 号
电话：028－85520808
传真：028－85546598
邮编：610041
网址：www. sunjoy-inn. com
电子信箱：sunjoybn@ mail，sc，cninfo. net

菱彩武侯花园酒店★★★
地址：成都市外南红牌楼盛世路
电话：028－66053333
传真：028－66053223
邮编：610041

成都蜀峰花园酒店★★★
地址：成都市武候祠大街 236 号
电话：028－85530606
传真：028－85570438
邮编：610041

蜀汉酒店★★★
地址：成都市武候祠大街 258 号
电话：028－85556988
传真：028－85579053
邮编：610041

峨眉山饭店★★★
地址：成都市洗面桥街 10 号
电话：028－85510988
传真：028－85510717
邮编：610041

拉萨大酒店★★★
地址：成都市一环路南四段肖家河北街 88 号
电话：028－85198998
传真：028－85189973
邮编：610041
网址：www. lhasa-hotel. com
电子信箱：lasa@ mail. sc. cninfo. net

成都饭店★★★
地址：成都市蜀都大道东段
电话：028－84448888
传真：028－84441603
邮编：610066

龙府饭店★★★
地址：成都市龙泉驿区茶店镇三元村
电话：028－84810000
传真：028－84810111
邮编：610104
网址：www. sc-intclub. com. cn

航天宾馆★★★
地址：成都市龙泉驿区航天北路
电话：028－84883000
传真：028－84883008
邮编：610100
电子信箱：schtbg@ 163. com

博能怡湖宾馆★★★
地址：成都市青白江区大弯镇青江北路85 号
电话：028－83303333
传真：028－83302888
邮编：610300
网址：www. easehotel. cn
电子信箱：easehotel@ tom. com

新都流花宾馆★★★
地址：成都市新都区宝光大街 169 号
电话：028－83979999
传真：028－83993991
邮编：610500

翠月湖宾馆★★★
地址：成都都江堰市翠月湖
电话：028－87194000
传真：028－87252918
邮编：611830

灵岩山庄★★★
地址：成都都江堰市灵岩村月亮湾
电话：028－87127998
传真：028－87130568
邮编：611830

二王庙宾馆★★★
地址：成都都江堰市二王庙观景路
电话：028－87113888
传真：028－87115666
邮编：611380
网址：www. ewmhotel. com
电子信箱：msd@ ewmhotel. com

天台山大酒店★★★
地址：成都邛崃市天台山镇马坪村二组
电话：028－89233111
传真：028－89233112
邮编：611543

邛崃市宾馆★★★
地址：成都邛崃市文庙街 51 号
电话：028－88791599
传真：028－88766488
邮编：611530

崇州大酒店★★★
地址：成都崇州市蜀洲北路
电话：028－86543888
传真：028－82271885
邮编：611230

金堂金裕大酒店★★★
地址：成都市金堂十里大道（成都野生世界对面）
电话：028－84921118
传真：028－84921789
邮编：610400

太阳城园林宾馆★★★
地址：成都市双流县华阳华新下街 68 号
电话：028－85622889
传真：028－85620238
邮编：610213

民航巨龙酒店★★★
地址：成都市双流机场
电话：028－85705700
传真：028－85702556
邮编：610202

棠湖宾馆★★★
地址：成都市双流县东升镇棠湖南路一段1 号
电话：028－85823088
传真：028－85823666
邮编：610200

朝阳湖酒店★★★
地址：成都市浦江县朝阳镇
电话：028－88591108
传真：028－88591063
邮编：611630

广元天豪酒店★★★
地址：广元市利州经济开发区敬国路
电话：0839－3511888
传真：0839－3501777
邮编：628000

广元宾馆★★★
地址：广元市烟波街 1 号
电话：0839－3218888
传真：0839－3218818
邮编：628000

旺苍宾馆★★★
地址：广元市旺苍县新华街 33 号
电话：0839－4200000
传真：0839－4200999
邮编：628200

绵州开元酒店★★★
地址：绵阳市剑南路东段 209 号
电话：0816－2993888
传真：0816－2990539
邮编：621000

九龙宾馆★★★
地址：绵阳市科学城一区
电话：0816－2488888
传真：0816－2484312
邮编：621000

临园宾馆★★★
地址：绵阳市临园路东段 68 号
电话：0816－6350666
传真：0816－6350338
邮编：621000
网址：www. linyuanhotel. com
电子信箱：sales@ linyuanhotel. com

桃源大酒店★★★
地址：绵阳市临园路中段 76 号
电话：0816－6358888
传真：0816－2306188
邮编：621000
网址：www. mytyhotel. com
电子信箱：sales@ mytyhotel. com

江油宾馆★★★
地址：绵阳江油市东大街 169 号
电话：0816－3277777
传真：0816－3262382
邮编：621700

江油国际大酒店★★★
地址：绵阳江油市花园路北段 1 号
电话：0816－3233333
传真：0816－3221398
邮编：621700
网址：www. jgdhotel. com
电子信箱：jgd@ jgdhotel. com

明华饭店★★★
地址：绵阳江油市太白路 2 号

电话：0816－3666666
传真：0816－3222422
邮编：621700
网址：www. minghua-hotel. com
电子信箱：jymhfd@ minghua-hotel. com

太白大酒店★★★
地址：绵阳江油市太白中路49号
电话：0816－3222888
传真：0816－3224568
邮编：621700
网址：www. taibaigreathotel. com
电子信箱：master@ taibaigreathotel. com

绵阳启明星温泉酒店★★★
地址：绵阳市安县罗浮山风景区
电话：0816－4638999
传真：0816－4638188
邮编：622650

七曲山大酒店★★★
地址：绵阳市梓潼县七曲山大庙风景区
电话：0816－8229999
传真：0816－8229903
邮编：622150

德阳大酒店★★★
地址：德阳市长江西路一段320号
电话：0838－2204888
传真：0838－2205770
邮编：618000

德阳晶熙大酒店★★★
地址：德阳市河东开发区沂河街
电话：0838－2517333
传真：0838－2517333
邮编：618000

广汉三星堆国际大酒店★★★
地址：德阳广汉市成都路1号
电话：0838－5359898
传真：0838－5359059
邮编：618300

广汉市西园宾馆★★★
地址：德阳广汉市桂花街南段17号
电话：0838－5359999
传真：0838－5359666
邮编：618300

绵竹市剑南春大酒店★★★
地址：德阳绵竹市大东街23号
电话：0838－6201688
传真：0838－6205226
邮编：618200

明宇大酒店★★★
地址：南充市北湖路9号
电话：0817－2221111
传真：0817－6268626
邮编：637000
网址：www. mingyugroup. com
电子信箱：whb-ml@ 163. com

天龙大酒店★★★
地址：南充市果州大道金鱼岭路292号
电话：0817－2690888
传真：0817－2690188
邮编：637000
电子信箱：tianlong-hotel@ tom. com

南充团结商务酒店★★★
地址：南充市金鱼岭路2号
电话：0817－8129988
传真：0817－8127777
邮编：637000

东华大厦★★★
地址：南充市御林路189号
电话：0817－2806088
传真：0817－4983636
邮编：637000

桃园国际大酒店★★★
地址：南充阆中市保宁醋街36号
电话：0817－6251999
传真：0817－6252980
邮编：637400
网址：www. lztaoyuan. com

金龙大酒店★★★
地址：南充阆中市商城路8号
电话：0817－6268222
传真：0817－6268626
邮编：637400
网址：www. lzjl. com
电子信箱：koumingbai555@ tom. com

安阁瑞酒店★★★
地址：南充阆中市张飞大道94号
电话：0817－6269999
传真：0817－6269478
邮编：637400
网址：www. agrijd. com
电子信箱：agrijd@ 163. com

阆中宾馆★★★
地址：南充阆中市张飞南路27号
电话：0817－6221333
传真：0817－86237887
邮编：637400
网址：www. Langzhong-Hotel. com

陵江宾馆★★★
地址：南充市南部县西街48号
电话：0817－5521903
传真：0817－5521018
邮编：637300

金都大酒店★★★
地址：南充市南部县新华路186号
电话：0817－5586666
传真：0817－5585555
邮编：637400
网址：www. 0817china. com/ly/nbjd
电子信箱：jindu_888@ 163. com

南充营山天胜大酒店★★★
地址：南充市营山县西干道
电话：0817－8218003
传真：0817－8227989
邮编：637700

蓬安相如宾馆★★★
地址：南充市蓬安县相如大道84号
电话：0817－8631888
传真：0817－8631666
邮编：638250

天府饭店★★★
地址：广安市劳动街1号
电话：0826－2330188
传真：0826－2330666
邮编：638000
网址：www. tianfuhotels. com

宏云大酒店★★★
地址：广安华蓥市红岩大街
电话：0826－4838999
传真：0826－4834999
邮编：638600

喜来大酒店★★★
地址：广安市邻水县古邻大道东1号
电话：0826－3210098
传真：0826－3210098
邮编：638500

沱牌大酒店★★★
地址：遂宁县射洪县城太和大道124号
电话：0825－6684588
邮编：629200

遂宁信合大酒店★★★
地址：遂宁市嘉禾西路1号
电话：0825－8887778
传真：0825－2316697
邮编：629000

内江安泰山庄★★★
地址：内江市中区黄河湖开发区
电话：0832－2966666
传真：0832－2960528
邮编：641008

威远大酒店★★★
地址：内江市威远县公园路95号
电话：0832－8100188
传真：0832－8102488
邮编：642450

资中龙都酒店★★★
地址：内江市资中县城南开发区电信大楼
电话：0832－5602222
传真：0832－5606158
邮编：641200

隆昌东方宾馆★★★
地址：内江市隆昌隆泸大道
电话：0832－3956888
传真：0832－3925685
邮编：624150
网址：www. yinhua. us/hotel
电子信箱：dongfong@ yahoo. com. cn

乐山金叶大酒店★★★
地址：乐山市嘉定北路61号
电话：0833－2444222
传真：0833－2424609
邮编：614000

五通桥丽源宾馆★★★
地址：乐山市五通桥区文化街
电话：0833－3354818
传真：0833－3353555
邮编：614800

乐山嘉州宾馆★★★
地址：乐山市市中区白塔街
电话：0833－2139888
传真：0833－2133233
邮编：614000
网址：www. jzhotel. cn
电子信箱：jzhotel@ scol. cn

乐山山湾宾馆★★★
地址：乐山市市中区碧山路18号
电话：0833－2350888
传真：0833－2350009
邮编：614000
网址：www. shanwanhotel. com
电子信箱：admin@ shanwanhotel

乐山富丽华大酒店★★★
地址：乐山市市中区通江路12号
电话：0833－2600901

传真：0833－2600028
邮编：614000

沙湾天泉湖宾馆★★★
地址：乐山市沙湾区丰都路程6号
电话：0833－3493888
传真：0833－3448053
邮编：614900

峨眉山凤凰湖宾馆★★★
地址：乐山峨眉山市报国寺附近
电话：0833－5527888
传真：0833－5529666
邮编：614200

峨眉山金顶大酒店★★★
地址：乐山峨眉山市峨眉山金顶
电话：0833－5098088
传真：0833－5098015
邮编：614200

峨眉山市银华大酒店★★★
地址：乐山峨眉山市佛光南路543号
电话：0833－5521666
传真：0833－5525555
邮编：614200

峨眉山嘉泰美大酒店★★★
地址：乐山峨眉山市名山路东段181号
电话：0833－5532888
传真：0833－5532877
邮编：614200

峨眉山神龙大酒店★★★
地址：乐山峨眉山市绥山镇佛光南路
电话：0833－5535666
传真：0833－5526000
邮编：614200

峨眉山金叶宾馆★★★
地址：乐山市峨眉山金顶一山亭旁
电话：0833－5523666
传真：0833－5590555
邮编：614200

峨眉山雄秀宾馆★★★
地址：乐山市峨眉山金顶一山亭旁
电话：0833－5523888
传真：0833－5522406
邮编：614200
网址：www. eastravel. com. cn
电子信箱：xiongxiu@ eastravel. com. cn

夹江蜀蓝大酒店★★★
地址：乐山市夹江县
电话：0833－5668888
传真：0833－5659111
邮编：614100

沙湾饭店★★★
地址：自贡市自井区滨江路3号
电话：0813－2202871
传真：0813－2218966
邮编：643000
电子信箱：swfd@ zg-public. sc. cninfo. net

荣县翠湖大酒店★★★
地址：自贡市荣县双溪水库
电话：0813－6288276
传真：0813－6288276
邮编：643100

泸州老窖大酒店★★★
地址：泸州市桂花街46号
电话：0830－2398000
传真：0830－2398039
邮编：646000

叙府宾馆★★★
地址：宜宾市鲁家园街14号
电话：0831－8189999
传真：0831－8223986
邮编：644000
网址：www. xufugroup. com
电子信箱：xufugroup@ 163. com

远能大饭店★★★
地址：宜宾市南岸长江大道中段17号
电话：0831－2185000
传真：0831－2185329
邮编：644002
网址：www. yn-hotel. com
电子信箱：yuanneng@ yn-hotel. com

翡翠度假村★★★
地址：宜宾市长宁县万岭镇
电话：0831－4970111
传真：0831－4970018
邮编：644304

长宁蜀南宾馆★★★
地址：宜宾市长宁县万岭镇小桥
电话：0831－4980555
传真：0831－4980567
邮编：644304

符江宾馆★★★
地址：宜宾市高县庆符镇河滨路
电话：0831－5419999
传真：0831－5419898
邮编：644501
电子信箱：fujianghotel@ 163. com

僰都大酒店★★★
地址：宜宾市珙县巡场镇新桥街56号
电话：0831－4012555
传真：0831－4012669
邮编：645154
电子信箱：bdhotel@ 103. com

温泉宾馆★★★
地址：攀枝花市红格镇
电话：0812－8782666
传真：0812－8781023
邮编：617000

南山宾馆★★★
地址：攀枝花市攀钢南山村
电话：0812－2321304
传真：0812－2225591
邮编：617067

江北宾馆★★★
地址：巴中市江北大道中段
电话：0827－5268941
传真：0827－5269918－1098
邮编：636000
网址：www. jbhotel. cn
电子信箱：jbhotel@ jbhotel. cn

恒丰酒店★★★
地址：巴中市江北大道中段
电话：0827－5269898
传真：0827－5268725
邮编：636000
网址：www. hfhotel. net
电子信箱：bzhf-hotel@ sina. com

达州莲湖山庄★★★
地址：达州市莲花湖旅游风景区
电话：0818－2630398
传真：0818－2630318
邮编：635000

达州沁园春商务酒店★★★
地址：达州市南城西环路568号
电话：0818－2638888
传真：0818－2638999
邮编：635000

华夏大酒店★★★
地址：达州市通州区大北街184号
电话：0818－2128888
传真：0818－2124300
邮编：635000
网址：www. dzhx. net
电子信箱：hotel@ dzhx. net

宣汉宾馆★★★
地址：达州市宣汉县东街78号
电话：0818－5236222
传真：0818－5236218
邮编：636150

花岛度假酒店★★★
地址：资阳简阳市三岔湖花岛
电话：0832－7828181
传真：0832－7829630
邮编：641408
网址：www. aaa-nnn. com/hbdjc. htm
电子信箱：flowerisland@ 163. com

安岳宾馆★★★
地址：资阳市安岳县正北街117号
电话：0832－4522888
传真：0832－4509199
邮编：642350

银鹏酒店★★★
地址：眉山市东坡区三苏大道
电话：0833－8105858
传真：0833－8111188
邮编：620010

眉山宾馆★★★
地址：眉山市东坡区下西街45号
电话：0833－8226666
传真：0833－8221988
邮编：620020
电子信箱：Meishan Hotel@ yahuoo. com

仁寿华生宾馆★★★
地址：眉山市仁寿县江家坝群英街20号
电话：0833－6212700
传真：0833－6218163
邮编：620500
电子信箱：hsmachangbo@ 163. com

天府温泉宾馆★★★
地址：雅安市孔坪乡
电话：0835－2312588
传真：0835－2312577
邮编：625000

西康大酒店★★★
地址：雅安市临江路8号
电话：0835－2239333
传真：0835－2239399
邮编：625000

雨城大酒店★★★
地址：雅安市沙湾路5号
电话：0835－2601888
传真：0835－2601866
邮编：625000

网址：www.raincityhotel.com
电子信箱：ycdjd1807@163.com

雨都饭店★★★
地址：雅安市挺进路20号
电话：0835－2601999
传真：0835－2601993
邮编：625000

茗都花园酒店★★★
地址：雅安市名山县城新区
电话：0835－3225555
传真：0835－3222600
邮编：625100

荥经饭店★★★
地址：雅安市荥经县繁荣下街45号
电话：0835－7629888
传真：0835－7627407
邮编：625200

石棉大酒店★★★
地址：雅安市石棉县电力路29号
电话：0835－8863666
传真：0835－8866056
邮编：625400
电子信箱：smhotel888@yahoo.com.cn

二郎山宾馆★★★
地址：雅安市天全县安居南路1号
电话：0835－8686666
传真：0835－8686669
邮编：625500

天全县川达宾馆★★★
地址：雅安市天全县向阳大道142号
电话：0835－7224888
传真：0835－7222796
邮编：625500

潘达尔森林大酒店★★★
地址：阿坝州汶川县三江景区
电话：0837－6339111
传真：0837－6339168
邮编：623000

古尔沟温泉山庄★★★
地址：阿坝州理县古尔沟镇
电话：0837－6838888
传真：0837－6838316
邮编：623100

岷源山庄★★★
地址：阿坝州松潘县川主寺镇
电话：0837－7242238
传真：0837－7240222
邮编：623300

川主国际饭店★★★
地址：阿坝州松潘县川主寺镇
电话：0837－7242333
传真：0837－7242333
邮编：623300

九寨沟红宝石大酒店★★★
地址：阿坝州九寨沟县漳扎镇
电话：0837－7734118
传真：0837－7734118
邮编：642302

麟翔源宾馆★★★
地址：阿坝州九寨沟县漳扎镇
电话：0837－7734030
传真：0837－7735042
邮编：623400

网址：www.linxiangyuan.com
电子信箱：zqq1479@163.com

九寨沟宾馆★★★
地址：阿坝州九寨沟县漳扎镇
电话：0837－7734023
传真：0837－7734140
邮编：623402

棠中大酒店★★★
地址：阿坝州九寨沟县漳扎镇
电话：0837－7734333
传真：0837－7734896
邮编：623402

九寨山庄★★★
地址：阿坝州九寨沟县漳扎镇
电话：0837－7734360
传真：0837－7734026
邮编：623402

九龙宾馆★★★
地址：阿坝州九寨沟县漳扎镇
电话：0837－7734567
传真：0837－7734155
邮编：623402

蜀电宾馆★★★
地址：阿坝州九寨沟县漳扎镇
电话：0837－7734998
传真：0837－7734976
邮编：623402

九鑫山庄★★★
地址：阿坝州九寨沟县漳扎镇
电话：0837－7739588
传真：0837－7739960
邮编：623402

华缘山庄★★★
地址：阿坝州九寨沟县漳扎镇龙康坝
电话：0837－7739788
传真：0837－7739788
邮编：623402

若尔盖大藏阳光酒店★★★
地址：阿坝州若尔盖县精品街88号
电话：0837－2292999
传真：0837－2292420
邮编：624500

格萨尔酒店★★★
地址：甘孜州康定县西大街
电话：0836－2825777
传真：0836－2825777
邮编：626000

贡嘎宾馆★★★
地址：甘孜州泸定县磨西镇
电话：0836－3266665
传真：0836－3266152
邮编：626000

金山饭店★★★
地址：甘孜州泸定县磨西镇
电话：0836－3266433
传真：0836－3266128
邮编：626000

电信大酒店★★★
地址：凉山州西昌市长安西路长板桥头
电话：0834－2680046
传真：0834－2680046
邮编：615000
电子信箱：xcdxdjd@tom.com

教建酒店★★★
地址：凉山州西昌市城南大道人和路口西侧
电话：0834－2503666
传真：0834－2507702
邮编：615000
网址：www.ok-99.com
电子信箱：jiaojianhotel@yahoo.com.cn

西昌醉太平酒店★★★
地址：凉山州西昌市海滨路
电话：0834－3951800
传真：0834－3951811
邮编：615000

西昌明珠大酒店★★★
地址：凉山州西昌市航天大道
电话：0834－2503333
传真：0834－2507995
邮编：615000

金桥酒店★★★
地址：凉山州西昌市胜利路
电话：0834－3220088
传真：0834－3220105
邮编：615000
电子信箱：xcjinqiaohotel@sina.com

喜德阳光温泉大酒店★★★
地址：凉山州西昌市喜德县
电话：0834－7449555
传真：0834－7449555
邮编：616750

旅游景区

成都杜甫草堂博物馆 AAAA
地址：成都市清华路38号
电话：028－87319258
邮编：610072

国色天香乐园 AAAA
地址：成都市温江区万春镇
电话：028－82610999
邮编：611130

成都大熊猫繁育研究基地 AAAA
地址：成都市北郊斧头山
电话：028－83516970
邮编：610081
网址：www.Pandu.org.cn

红砂村花乡农居 AA
地址：成都市镇江区三圣乡红砂村
电话：028－84791858
邮编：610066

成都鞭蓉古城 AAA
地址：成都市西郊青羊区
电话：028－85568847
邮编：610031

成都市洛带古镇 AAAA
地址：成都市龙泉驿区洛带镇
邮编：610100
网址：www.luodai.gov.cn

成都武侯祠博物馆 AAAA
地址：成都市武侯祠大街
电话：028－85541631
邮编：610041

宝光桂湖文化旅游区 AAAA
地址：成都市新都区

电话：028－83994916　83972518
邮编：610500

白塔湖景区 AA
地址：成都崇州市道明镇
电话：028－82214881
邮编：611230

天台山旅游区 AAAA
地址：成都邛崃市天台乡境内
电话：028－88793472
邮编：611530

邛崃市平乐古镇 AAAA
地址：成都邛崃市平乐镇
邮编：611530

成都邛崃竹溪湖生态旅游区 AA
地址：成都邛崃市竹湖
电话：028－88745527
邮编：611530

青城山一景区 AAAAA
地址：成都都江堰市青城山镇
电话：028－87288159
邮编：611844

都江堰景区 AAAAA
地址：成都都江堰市都江堰大道 231 号
电话：028－87120836
邮编：611830

成都翠月湖 AAA
地址：成都都江堰市翠月湖镇
电话：028－87194248
邮编：611830

龙门山风景名胜区 AA
地址：成都彭州市
电话：028－83854060
邮编：611930

成都市双流县黄龙溪旅游区 AAAA
地址：成都市双流县黄龙溪镇
电话：028－85696929
邮编：610200

四川省建川博物馆 AAAA
地址：成都市大邑县
电话：028－87385085
邮编：610015

大邑刘氏庄园 AAAA
地址：成都大邑县安仁镇场口
电话：028－88315113
邮编：611331

皇泽寺 AAAA
地址：广元市皇泽寺博物馆
电话：0839－3453427
邮编：628000

广元翠云廊景区 AAAA
地址：广元市剑阁县
邮编：628300

绵阳市富乐山公园管理处 AA
地址：绵阳市
电话：0816－2284137
邮编：621000

李白纪念馆 AA
地址：绵阳江油市城关
电话：0816－3253103
邮编：621700

窦圌山风景区 AAAA
地址：绵阳江油市武都镇窦圌山
电话：0816－3879888
邮编：621700

梓潼七曲山大庙 AA
地址：绵阳市梓潼县大庙山
电话：0816－8211671
邮编：622150

梓潼七曲山风景区 AAAA
地址：绵阳市梓潼县七曲山
电话：0816－8211673
邮编：622150

北川县西羌九黄山猿王洞景区 AAAA
地址：绵阳市北川县桂溪乡
电话：0816－4732666　4732888
邮编：622750

平武报恩寺 AAAA
地址：绵阳市平武县
电话：0816－8822710　8822756
邮编：622650

广汉三星堆博物馆 AAAA
地址：德阳广汉市南兴镇真武村
电话：0838－5510399　5651550
邮编：618307

南充西山风景区 AAAA
地址：南充市郊新建乡境内
电话：0817－2585291
邮编：637000

南充市阆中古镇 AAAA
地址：南充阆中市
邮编：637400

南充锦屏山东山园林 AA
地址：南充阆中市城南郊
邮编：637400

南充市朱德故里琳琅山景区 AAAA
地址：南充市仪陇县马鞍镇
邮编：637600

广安邓小平纪念园 AAAA
地址：广安市协兴镇
邮编：638000

广安肖溪古镇 AA
地址：广安市肖溪镇
电话：0826－2595601
邮编：638010

肖溪古镇 AA
地址：广安市广安区肖溪镇
电话：（0826）2595603
邮编：638000

邓小平故里 AAAA
地址：广安市协兴镇牌坊村
电话：0826－2412033　2413858
邮编：638000
网址：www. dxp. org. cn

华蓥山仙鹤洞 AA
地址：广安市华蓥鹤洞风景区管理处
电话：0826－4664828　4893038
邮编：638600

广安华蓥山水杉山庄 AA
地址：广安华蓥市天池镇仰天窝
邮编：638600

华蓥山石林 AAAA
地址：华蓥市红岩乡
电话：0826－4330178
邮编：638600
网址：www. hysly. com

天下情山——华蓥山旅游区 AAAA
地址：四川省广安市华蓥市瓦店乡广安华蓥山旅游区
电话：0826－4330178　4330188
传真：0826－4330999
邮编：638601

广安岳池翠湖 A
地址：广安市岳池县响水滩
电话：0826－5222079　5902365
邮编：638300

广安箴塞民俗文化村 AA
地址：广安市武胜县箴塞乡
电话：0826－6492303
邮编：638400

遂宁市中国观音故里旅游区 AAAA
地址：遂宁市城西
邮编：629000

遂宁市中国宋瓷博物馆 AAA
地址：遂宁市西山北路 613 号
电话：0825－5809048
邮编：629000

遂宁市中国死海旅游度假区 AAAA
地址：遂宁市大英县蓬莱镇江南路
电话：0852－7889001
邮编：629300

大英县蓬莱公园 AA
地址：遂宁市大英县蓬莱镇江南路
电话：0825－7823671
邮编：629300

遂宁蓬溪高峰山 AA
地址：遂宁市蓬溪县文井镇
电话：0825－5451021
邮编：629104

张大千纪念馆 AA
地址：内江市和平街
电话：0832－55773
邮编：641000

资中重龙山 AA
地址：内江市资中县重龙山公园路 1 号
电话：0832－5522506
邮编：641200

隆昌古湖景区 AA
地址：内江市隆昌县经济技术开发区
电话：0832－3941070
邮编：642150

乐山大佛景区 AAAA
地址：乐山市篦子街
电话：0833－2302296
邮编：614003

瓦屋山国家森林公园 AAA
地址：乐山市洪雅柳江瓦屋山国家森林公园
电话：0833－7526419
邮编：620360

乐山东方佛都 AAA
地址：乐山市市中区大石桥
电话：0833－2301801
邮编：614003

乐山金鹰山庄 AAA
地址：乐山市市中区绵竹镇
电话：0833－2630899
邮编：614000

乐山郭沫若故居 AA
地址：乐山市沙湾区沫水街96号
电话：0833－3432444
邮编：614900

乐山峨眉大庙飞来殿 AA
地址：乐山峨眉山市稻山镇
电话：0833－5525129
邮编：614200

峨眉山竹叶青生态茗园 AAA
地址：乐山峨眉山市佛光东路
电话：0833－5538888
邮编：614200

峨眉山旅游区 AAAAA
地址：乐山峨眉山市黄湾乡
电话：0833－5520451
邮编：614200

犍为县文庙 AA
地址：乐山市犍为县玉津镇南街
电话：0833－4227731
邮编：614400

乐山市夹江天福观光茶园 AAAA
地址：乐山市夹江县青州乡
电话：0833－5910666
邮编：614100

千佛岩风景区管委会 AA
地址：乐山市夹江县千佛岩风景区管委会
电话：0833－5673646
邮编：614100

自贡彩灯博物馆 AAA
地址：自贡市公园路6号
电话：0813－2303974
邮编：643000

自贡盐业历史博物馆 AAA
地址：自贡市自流井区解放路107号
电话：0813－2202083
邮编：643000

自贡尖山自然风景区 AA
地址：自贡市贡井区荣边镇
电话：0813－3160095
邮编：643020

自贡恐龙博物馆 AAAA
地址：自贡市大安区大山铺238号
电话：0813－5802095
邮编：643013

自贡农团生态旅游区 AA
地址：自贡市沿滩区农团乡
电话：0813－3408045
邮编：643035

自贡荣县大佛景区 AA
地址：自贡市荣县旭阳镇
电话：0813－6161156
邮编：643100

自贡双溪风景区 AA
地址：自贡市荣县城北
电话：0813－6288326
邮编：643100

自贡吴玉章故居 AA
地址：自贡市荣县双石镇
电话：0813－6900299
邮编：643102

泸州方山风景区 AAA
地址：泸州市江阳区
电话：0830－3710264
邮编：646000

泸州桂圆林 AA
地址：泸州市江阳区沙湾乡
电话：0830－3588356
邮编：646000

泸州凤凰湖景区 AA
地址：泸州市纳溪区大渡日镇
电话：0830－4699106　4699111
邮编：646300

泸州九狮景区 AA
地址：泸州市龙马潭区安宁镇
电话：0830－2665019
邮编：646100

泸州玉蟾山风景区 AAA
地址：泸州市泸县玉蟾山
电话：0830－8101318
邮编：646100

合江佛宝风景名胜区 AAA
地址：泸州市合江县旅游局
电话：0830－5269875
邮编：646200

尧坝古镇旅游区 AA
地址：泸州市合江县尧坝镇
电话：0830－3120897
邮编：646000

泸州市笔架山景区 AA
地址：泸州市合江县笔架山
电话：0830－5263942
邮编：646200

宜宾市夕佳山民居 AAAA
地址：宜宾市江安县江安镇夕佳山乡坝上村
邮编：644200

宜宾长宁西部石林 AA
地址：宜宾市长宁县
电话：0831－4630528
邮编：644300

宜宾长宁佛来山 AA
地址：宜宾市长宁县
电话：0831－4625282
邮编：644300

宜宾蜀南竹海风景名胜区 AAAA
地址：宜宾市长宁县西大门
电话：0831－8205308　4980888
邮编：644000

兴文石海洞乡旅游区 AAAA
地址：宜宾市兴文县兴宴乡
电话：0831－8622128
邮编：644400

三滩国家森林公园 AAAA
地址：攀枝花市38公里处
电话：0812－8656002
邮编：617000

长江国际漂流基地 AAA
地址：攀枝花市西区格里坪镇金沙江畔
电话：0812－5562455
邮编：617068

鑫岛游乐城 AA
地址：攀枝花市
电话：0812－2261448
邮编：617000

龙潭溶洞风景区 AA
地址：攀枝花市米易县宁华乡龙潭沟
电话：0812－8176444
邮编：617200

南阳森林公园 AA
地址：巴中市南阳乡
电话：0827－5830211
邮编：636500

三江水乡度假区 AA
地址：巴中市巴州区三江乡
电话：0827－5760274
邮编：636500

佛头山森林公园 AA
地址：巴中市平昌县江口镇
邮编：636400

达州达县真佛山 AA
地址：达州市达县福善乡
邮编：635000

达州宣汉百里峡 AA
地址：达州市宣汉县
邮编：6361500

达州渠县龙潭景区 AA
地址：达州市渠县渠江镇
电话：0818－7327891
邮编：635200

资阳三岔湖景区 AA
地址：资阳简阳市三岔水库
电话：0832－7820333
邮编：641418

龙门报国寺 AA
地址：资阳市乐至县龙门报国寺
电话：0832－3079003
邮编：641405

安岳石刻旅游区 AAA
地址：资阳市安岳县政府大院旅游局
电话：0832－4536626
邮编：642350

彭山县彭祖故里 AA
地址：眉山市彭山县
邮编：620860

眉山青神中国竹艺城 AA
地址：眉山市青神县南城镇
电话：0833－8850168
邮编：620460

中岩寺景区 AA
地址：眉山市青神县中岩村
电话：0833－8853058　8853006
邮编：612460

雅安万贯碧峰峡 AAAA
地址：雅安万贯碧峰峡公司
电话：0835－2318017
邮编：625007

蒙顶山旅游区 AAAA
地址：雅安市名山县蒙顶山
电话：0835－3232021
邮编：625100

雅安蒙山风景名胜区 AAA
地址：雅安市名山县
邮编：625100

雅安喇叭河森林公园 AA
地址：雅安市天全县
邮编：625500

阿坝汶川三江生态区 AA
地址：阿坝州汶川县三江乡
邮编：623000

黄龙风景名胜区 AAAA
地址：阿坝州松潘县瑟尔磋寨
电话：0837－7249055
邮编：623300

九寨沟风景名胜区 AAAAA
地址：阿坝州九寨沟县漳扎镇
电话：0837－7739777　7739753
邮编：623402

小金四姑娘山风景区 AAAA
地址：阿坝州小金县日隆镇
电话：0837－2791867
邮编：624201

泸定海螺沟冰川森林公园 AAAA
地址：甘孜州泸定县磨西镇二坪子
电话：0836－3266205
邮编：626102

西昌卫星发射基地 AAA
地址：凉山州西昌卫星发射中心爱国主义基地参观管理部
电话：0834－3221165
邮编：615000

凉山州邛海泸山国家级风景名胜区 AAAA
地址：凉山州西昌市
电话：0834－3950716
邮编：615000
网址：www.xcqhls.com

凉山州螺髻山旅游景区 AAAA
地址：凉山州西昌市螺髻山镇
电话：0834－4779369
邮编：615000
网址：www.luojs.com

泸沽湖旅游景区 AAAA
地址：凉山州盐源县泸沽湖镇
电话：0834－6390302
邮编：615700

凉山冕宁县灵山旅游景区 AAAA
地址：凉山州冕宁县
邮编：615600

餐　馆

成都红杏酒家
地址：成都市蜀汉路289号
电话：028－87526846
邮编：610015

毓秀苑宾馆
地址：成都市一环路西一段芳邻路10号
电话：028－66033999
邮编：610031

成都锦江花园餐饮娱乐有限公司
地址：成都市人民南路二段66号
电话：028－86132865
邮编：610015

四川卞氏菜根香泡菜餐饮有限公司
地址：成都市广福桥8号6层
电话：028－85092588
邮编：610041

雅兰阁茶坊
地址：成都市玉林南路15号玉林生活广场
电话：028－85599978
邮编：610015

金乐阳风味餐厅
地址：成都市锦绣路8号
电话：028－85210607
邮编：610015

成都同仁堂御膳宫
地址：成都市总府路1号
电话：028－86750643
邮编：610015

飘雪大酒楼
地址：成都市琴台路18号
电话：028－86122668
邮编：610015

红月居风味酒楼
地址：成都市红照壁街27号
电话：028－86131318
邮编：610015

红星大酒楼
地址：成都市新南路80号
电话：028－85436942
邮编：610015

新子云饭庄
地址：成都市琴台路11号
电话：028－86099173
邮编：610015

西藏饭店红宫餐厅
地址：成都市人民北路10号
电话：028－83183388－2588
邮编：610015

八宝福酒楼
地址：成都市八宝街28号
电话：028－86258987
邮编：610015

仁和鲶鱼庄川菜酒楼
地址：成都市人民中路一段16号
电话：028－86242824
邮编：610015

香满园川菜馆
地址：成都市沙湾路258号国际会展中心
电话：028－87649999－3052
邮编：610015

琴台北京烤鸭店
地址：成都市琴台路11号附2
电话：028－86127859
邮编：610015

广阔天地酒楼
地址：成都市科华北路115号
电话：028－85226026
邮编：610015

飘香老牌川菜酒楼
地址：成都市一环路南三段9号
电话：028－85598899
邮编：610015

飘香空中花园川菜酒楼
地址：成都市一环路东三段60号
电话：028－84379999
邮编：610015

四川皇城伊斯兰大餐厅
地址：成都市新华大道洛阳路29号
电话：028－86690784
邮编：610015

牡丹阁
地址：成都市二环路南一段19号
电话：028－85222801
邮编：610015

巴国布依风味酒楼
地址：成都市人民南路四段20号
电话：028－85531688
邮编：610015

海凌阁大酒楼
地址：成都市上南大街4号长富广场
电话：028－86123111
邮编：610015

谭氏官府菜
地址：成都市上南大街4号长富广场4楼
电话：028－86152222
邮编：610015

德膳源北京烤鸭店
地址：成都市总府路20号
电话：028－86718868
邮编：610015

京城人家食坊
地址：成都市下西顺城街28号四川金属大厦
电话：028－86612714
邮编：610015

老成都公馆菜明月楼
地址：成都市科华北路121号
电话：028－85236492
邮编：610015

川东人家
地址：成都市紫荆南二街1号
电话：028－82951109
邮编：610015

绿苑中餐厅
地址：成都市大业路8号
电话：028－86663388－8022
邮编：610015

满庭芳酒楼
地址：成都市二环路南三段15号天华大厦
电话：028－85193111
邮编：610015

川江号子火锅食府
地址：成都市玉林小区芳草西街华姿路1号
电话：028－85533111
邮编：610015

广元皇城大汉餐饮有限公司
地址：广元市利州东路797号
电话：0839－3306992
邮编：628000

广元市（成都）三只耳冷锅鱼火锅店
地址：广元市利州开发区北京路巴中饭店2楼
电话：0839－3506273
邮编：628000

广元宾馆餐厅
地址：广元市蜀门北路129号

电话：0839－3222899
邮编：628000

广元市巷子深饮食服务有限责任公司
地址：广元市苴国路
电话：0839－3304067
邮编：628000

广元市金海湾餐饮文化有限责任公司
地址：广元市东坝育才路889号
电话：0839－8891188
邮编：628000

广元市琴台餐饮娱乐有限公司
地址：广元市利州东一段499号
电话：0839－3278888
邮编：628000

绵阳龙湖餐饮有限公司
地址：绵阳市涪城路153号
电话：0816－2332111
邮编：621000

重庆南方花园鸭肠王
地址：绵阳市双碑中街
电话：0816－2533566
邮编：621000

绵阳长轩酒楼
地址：绵阳市富乐路天桥旁
电话：0816－2331988
邮编：621000

川江号子
地址：绵阳市涪城区勇拓路1号
电话：0816－2222466
邮编：621000

红荷人家
地址：绵阳市跃进路北段168号
电话：0816－2685558
邮编：621000

罐罐鸡
地址：绵阳市体育村路61号
电话：0816－2216311
邮编：621000

德阳小辣椒酒楼
地址：德阳市滨河路18号
电话：0838－2308111
邮编：618000

德阳市伊斯兰美食城
地址：德阳市北街21号
电话：0838－2403023
邮编：618000

德阳市福源楼餐厅
地址：德阳市绵远街一段39号
电话：0838－2308138
邮编：618000

德阳市参仁药膳餐厅
地址：德阳市滨河东路31号
电话：0838－2308777
邮编：618000

成都太阳餐饮娱乐有限公司德阳雅廊啤酒馆
地址：德阳市区南街8号
电话：0838－2230308
邮编：618000

德阳南国餐饮有限公司
地址：德阳市岷江西路二段104号
电话：0838－2400559
邮编：618000

德阳南国餐饮有限公司南国海鲜坊
地址：德阳市岷江西路二段104号
电话：0838－2223338
邮编：618000

四川德阳谭氏餐饮连锁有限公司
地址：德阳市岷江东路428号
电话：0838－2502488
邮编：618000

德阳望湖餐饮娱乐有限公司
地址：德阳市泰山南路132号
电话：0838－2228688
邮编：618000

德阳外滩餐饮娱乐有限公司
地址：德阳市区西外街2号
电话：0838－2201884
邮编：618000

德膳源烤鸭酒楼
地址：德阳市泰山南路一段277号
电话：0838－2307678
邮编：618000

草庐酒家
地址：德阳市岷江西路104号
电话：0838－2238183
邮编：618000

德阳满江红火锅城
地址：德阳市长江东路
电话：0838－2508666
邮编：618000

德阳巴渝村酒家
地址：德阳市岷江西路岷山大厦2楼
电话：0838－2372758
邮编：618000

德阳旌东菜根香泡菜酒楼
地址：德阳市长江东路
电话：0838－2513282
邮编：618000

德阳刘大烧鸡餐饮有限公司
地址：德阳市岷江东路26号
电话：0838－2504918
邮编：618000

南充饮食服务总公司五星大酒家
地址：南充市人民中路4号
电话：0817－2220051
邮编：637000

南充恺撒皇宫餐饮娱乐有限公司
地址：南充市涨湖路19号
电话：0817－2228818
邮编：637000

南充富丽实业发展总公司富丽华大酒楼
地址：南充市仪凤街26号
电话：0817－2228060
邮编：637000

南充市第二饮食服务公司
地址：南充市仪凤街179－1号
电话：0817－2224990
邮编：637000

南充乡巴佬饮食服务有限公司
地址：南充市莲池路16号
电话：0817－2313776
邮编：637000

南充市果城酒家
地址：南充市模范街180号
电话：0817－2225775
邮编：637000

南充巴国布依风味酒楼餐饮有限公司
地址：南充市北湖路83号
电话：0817－2806133
邮编：637000

南充红盆鱼餐饮服务有限公司
地址：南充市柳林路77号
电话：0817－2807711
邮编：637000

南充红山椒餐饮有限公司
地址：南充市文化巷29号
电话：0817－2223462
邮编：637000

广安市新王朝大酒楼
地址：广安市城南金广大道1号
电话：0826－2331439
邮编：638000

广安田园酒家
地址：广安市城南万盛街西路
电话：0826－2346029　2206411
邮编：638000

广安开发区川粤美食城
地址：广安市金安大道8号
电话：0826－2331063
邮编：638000

广安市状元楼饮食文化有限责任公司
地址：广安市城北建设路21号
电话：0826－2226048
邮编：638000

广安经济技术开发区银丰园酒楼
地址：广安市经济开发区金安大道77号
电话：0826－2336219
邮编：638000

遂宁市饮食服务公司
地址：遂宁市正兴街2号
电话：0825－2225158
邮编：629000

遂宁经房子餐饮娱乐中心
地址：遂宁市遂州中路8号
电话：0825－2225191
邮编：629000

遂宁饮食服务公司兰苑茶楼
地址：遂宁市德胜路155号3楼
电话：0825－2254731
邮编：629000

遂宁餐饮服务公司花园火锅楼
地址：遂宁市德胜路23花园宾馆
电话：0825－2244378
邮编：629000

百胜餐饮（成都）有限公司遂宁春天餐厅
地址：遂宁市遂州南路春天广场1－2层
电话：0825－2232739
邮编：629000

内江市新世纪酒家
地址：内江市交通路209号2楼
电话：0832－2002179
邮编：641000

内江市新肥牛餐饮娱乐有限公司
地址：内江市公园街17号2楼
电话：0832－2027658
邮编：641000

内江市凌霄宫美食中心
地址：内江市北街 84 号
电话：0832－2027516
邮编：641000

内江市飘香餐饮娱乐有限公司
地址：内江市双苏路 159 号
电话：0832－2049999
邮编：641000

内江市世纪园酒楼
地址：内江市玉溪路 127 号
电话：0832－2024503
邮编：641000

内江市蜀国布衣风味酒楼
地址：内江市东兴镇中兴路 69 号 2 楼
电话：0832－2253389
邮编：641000

内江三麻子饮食有限公司
地址：内江市渝江路 58－60 号
电话：0832－2054384
邮编：641000

内江市巴乡鱼头酒楼
地址：内江市新华路 9 号
电话：0832－2046729
邮编：641000

内江市老字号冯鲢鱼酒楼
地址：内江市双苏路 222 号
电话：0832－2201318
邮编：641000

内江市知味轩餐馆
地址：内江市壕子口路 617 号
电话：0832－8300189
邮编：641000

内江金欣餐饮有限公司
地址：内江市民族路 98 号
电话：0832－2032788
邮编：641000

内江市锦绣天府餐饮服务有限公司
地址：内江市公园街 19 号
电话：0832－2022059
邮编：641000

老门坎酒楼
地址：内江市大西街 117 号
电话：0832－2050778
邮编：641000

乐山风味餐厅
地址：乐山市凌云路
电话：0833－2444799
邮编：614000

乐山市红叶酒楼
地址：乐山市柏杨路 145 号 2 楼
电话：0833－2430485
邮编：614000

乐山熊家婆麻辣烫总店
地址：乐山市中区家民巷
电话：0833－3878890
邮编：614000

川江号子乐山店
地址：乐山市嘉定北路 55 号
电话：0833－2498666
邮编：614000

黑竹沟野生菌火锅酒楼
地址：乐山市龙游路
电话：0833－2448602
邮编：614000

重庆鲜氏土鸡汤
地址：乐山市致江路 10－11 号
电话：13608138049
邮编：614000

山珍园野生菌火锅
地址：乐山市名雅花园门市 111 号
电话：0833－5180477
邮编：614000

重庆孔亮火锅乐山店
地址：乐山市嘉定北路 15 号
电话：0833－2447971
邮编：614000

德庄火锅乐山店
地址：乐山市嘉定北路 27 号
电话：0833－2437657
邮编：614000

自贡市蜀江春餐饮有限公司
地址：自贡市大安区人民路 68 号
电话：0813－2200789　2401198－4
邮编：643000

自贡市陈氏餐馆
地址：自贡市解放路 87 号附 24 号
电话：0813－2402454
邮编：643000

自贡市大众餐馆
地址：自贡市郭街东光路 7 号
电话：0813－2201873
邮编：643000

自贡市龙凤餐厅
地址：自贡市竹棚子 128 号
电话：0813－2203074
邮编：643000

自贡中国国旅红磨坊啤酒楼
地址：自贡市体育路 117 号
电话：0813－2201107
邮编：643000

自贡品味酒家
地址：自贡市解放路安全巷 85 号
电话：0813－2208696
邮编：643000

自贡龙都火锅大酒店有限公司
地址：自贡市天花井路 195 号
电话：0813－2108898
邮编：643000

自贡三人行酒楼
地址：自贡市檀木林街 16 号
电话：0813－2210168
邮编：643000

自贡市东风百货有限公司东风餐厅
地址：自贡市解放路 190 号
电话：0813－2210399
邮编：643000

自贡市顺峰大酒楼有限责任公司
地址：自贡市汇东新区东路东段 19 号
电话：0813－8205459
邮编：643000

自贡粗茶淡饭餐饮有限责任公司
地址：自贡市五星街 81 号
电话：0813－2106881
邮编：643000

自贡谭鱼头火锅有限公司
地址：自贡市汇东路东段
电话：0813－8103187
邮编：643000

百盛餐馆（成都）有限公司自贡五星餐厅
地址：自贡市五星街帝豪广场 1－2 层
电话：0813－2308119
邮编：643000

自贡川府宴餐饮有限公司
地址：自贡市汇东路西段汉金广场
电话：0813－8262888
邮编：643000

泸州老窖酒店
地址：泸州市桂花街 46 号
电话：0830－2296262－3366
邮编：646000

泸州银杏酒楼
地址：泸州市慈善路 94 号
电话：0830－2395666
邮编：646000

泸州餐厅
地址：泸州市慈善路 1 号
电话：0830－2287277
邮编：646000

老泸州大酒楼
地址：泸州市治平路 2 号楼
电话：0830－2285221
邮编：646000

泸州巴渝火锅厅
地址：泸州市江阳西路 20 号
电话：0830－2884917
邮编：646000

泸州五味轩餐饮有限公司
地址：泸州市下平远路 1 号
电话：0830－2290821
邮编：646000

泸州天天渔港食府
地址：泸州市春晖路 2 号
电话：0830－2867929
邮编：646000

泸州贵丰园餐饮有限公司
地址：泸州市新马路 187 号
电话：0830－2394893
邮编：646000

泸州巴渝乡饮食有限公司
地址：泸州市江阳西路 30 号
电话：0830－3115718
邮编：646000

泸州满福楼酒楼
地址：泸州市江阳区康宁路 2 号
电话：0830－3198820
邮编：646000

泸州巴蜀风餐饮有限公司
地址：泸州市江阳西路 43 号
电话：0830－2659037
邮编：646000

泸州山海餐饮有限公司
地址：泸州市蜀泸大道 1 号山海大厦
电话：0830－2589644
邮编：646000

泸州国泰品香食府餐饮文化有限公司
地址：泸州市城北新区南光路 25 号

电话：0830－2587560
邮编：646000

多味鲜面庄
地址：宜宾市洞天街 26 号
电话：0831－5160557
邮编：644000

金驼鸟食坊
地址：宜宾市金沙商业广场 207 号
电话：0831－8220588
邮编：644000

麻辣空间
地址：宜宾市南岸崇文路
电话：0831－2165777　2166788
邮编：644000

宜宾大观园酒家
地址：宜宾市商业街 24 号
电话：0831－8224791
邮编：644000

宜宾得月楼酒家
地址：宜宾市专署街 9 号
电话：0831－8222258
邮编：644000

宜宾巴舟火锅城
地址：宜宾市天泉街 35 号
电话：0831－8225001
邮编：644000

宜宾市丝绸公司南风酒楼
地址：宜宾市小北街 19 号
电话：0831－8220704
邮编：644000

宜宾市益康饮食服务有限责任公司燃面馆
地址：宜宾市人民路 19 号
电话：0831－8228047
邮编：644000

宜宾翠屏区金阳酒楼
地址：宜宾市北通道 157 号
电话：0831－8247668
邮编：644000

宜宾翠屏区宴归来大酒楼
地址：宜宾市水井街 16 号
电话：0831－8216072
邮编：644000

宜宾翠屏区四圆酒楼
地址：宜宾市水井街 66 号
电话：0831－8211685
邮编：644000

宜宾荣泰饮食服务有限责任公司
地址：宜宾市翠屏路 234 号
电话：0831－8225198
邮编：644000

宜宾益康饮食服务有限责任公司蜀西楼大酒店
地址：宜宾市水井街 21
电话：0831－8226611
邮编：644000

宜宾翠屏区青椒鸡小酒楼
地址：宜宾市将军街 42 号
电话：0831－8086068
邮编：644000

宜宾悦宾餐饮有限公司
地址：宜宾市南岸叙府路西段 34 号
电话：0831－8206381
邮编：644000

宜宾翠屏区快乐老家火锅酒楼
地址：宜宾市东城咸熙街 76 号
电话：0831－8203572
邮编：644000

宜宾重庆小天鹅火锅食府
地址：宜宾市南岸长江大道中段 28 号
电话：0831－2332808
邮编：644000

宜宾爆竹餐饮有限责任公司
地址：宜宾市都长街 28 号
电话：0831－8086055
邮编：644000

宜宾红烧鹅餐饮有限公司
地址：宜宾市将军街 25 号
电话：0831－8228668
邮编：644000

攀枝花市餐饮服务公司
地址：攀枝花市大渡口街 8 号
电话：0812－2225180
邮编：617000

攀枝花竹湖园餐饮娱乐有限责任公司
地址：攀枝花市青少年宫
电话：0812－3343109
邮编：617000

攀枝花攀花园饮食服务有限公司
地址：攀枝花市大渡口街 8 号
电话：0812－2225180
邮编：617000

攀枝花红杏苑酒楼
地址：攀枝花市炳草岗临江路
电话：0812－6909013
邮编：617000

攀枝花小天鹅火锅食府
地址：攀枝花市炳草岗凤凰小区广场
电话：0812－6345678
邮编：617000

攀枝花四星宫酒楼
地址：攀枝花市江南三路
电话：0812－3333249
邮编：617000

攀枝花竹园餐饮有限责任公司
地址：攀枝花市炳草岗临江路
电话：0812－3335828
邮编：617000

攀枝花布衣人家酒楼
地址：攀枝花市冶金路
电话：0812－3356106
邮编：617000

攀枝花快乐老家餐饮有限公司
地址：攀枝花市人民街乾源大厦
电话：0812－3550155
邮编：617000

巴中市巴州区饮食服务公司
地址：巴中市巴州镇南泉寺街 16 号
电话：0827－5223513
邮编：636000

巴中市李老大饮食文化有限公司
地址：巴中市巴州镇商业街 18 号
电话：0827－5268846
邮编：636000

达州市通川区饮食服务总店
地址：达州市西胜街 16 号
电话：081－2131891
邮编：635000

达州市糖酒公司巴山酒家
地址：达州市朝阳东路 9 号
电话：081－2374875
邮编：635000

达州市湾仔酒家
地址：达州市文化街 2 号
电话：081－2103688
邮编：635000

达州市石磨豆花酒楼
地址：达州市文华街 1 号
电话：081－2101566
邮编：635000

达州市桃园阁火锅城
地址：达州市二马路 10 号
电话：081－2138813
邮编：635000

达州市世纪星餐饮娱乐有限责任公司
地址：达州市西河路世纪星宾馆 2 楼
电话：081－2529998
邮编：635000

达州市家家粗粮王饮食有限责任公司
地址：达州市歌舞团二楼
电话：081－2375175
邮编：635000

达州市通川区小肥羊服务有限公司
地址：达州市华洋大厦 7 楼 3 号
电话：081－2375175
邮编：635000

达州市重庆秦妈火锅店
地址：达州市通川中路 37 号
电话：081－23992856
邮编：635000

达州市知味苑餐饮娱乐有限公司
地址：达州市二马路 151 号
电话：081－2151060
邮编：635000

达州市桃园餐饮有限公司
地址：达州市珠市街滨江丽都 B 幢
电话：081－2126696
邮编：635000

资阳市逸苑火锅大酒店
地址：资阳市建设北路 341 号
电话：0832－6221168
邮编：641300

资阳市饮食服务总公司
地址：资阳市和平路 31 号
电话：0832－6222138
邮编：641300

资阳市红高粱酒楼
地址：资阳市广厦路 39 号 B 段
电话：0832－6656298
邮编：641300

资阳市新世纪会所酒楼
地址：资阳市广厦路 B 段
电话：0832－6655082
邮编：641300

资阳市红海会所酒楼
地址：资阳市雁江区皇龙路 A 座 1 号
电话：0832－6657722
邮编：641300

眉山市香满楼餐饮有限公司
地址：眉山市环湖路东延段玫瑰园 11 区
电话：0833－8203518
邮编：620020

眉山洞天酒楼
地址：眉山市东坡镇三苏路
电话：0833－8103418
邮编：620020

眉山市苏轼酒楼
地址：眉山市杭州路 18 号
电话：0833－8106267
邮编：620020

雅安市朝天门老店火锅
地址：雅安市沿江东路 45 号
电话：0835－2234861
邮编：625000

雅安市京雅大酒楼
地址：雅安市大众路 159 号
电话：0835－2223968
邮编：625000

雅安市狮雨楼餐厅
地址：雅安市东大街 120 号
电话：0835－2221706
邮编：625000

雅安市临江餐饮娱乐有限公司
地址：雅安市东大街 1 号
电话：0835－2238518
邮编：625000

雅安市华西餐饮娱乐有限责任公司
地址：雅安市西大街 118 号
电话：0835－2220645
邮编：625000

雅安市红房子火锅城
地址：雅安市沿江东路
电话：0835－2234646
邮编：625000

雅安重庆苏大姐老火锅雅安店
地址：雅安市羌江南路 128 号
电话：0835－2227035
邮编：625000

雅安市红盆景餐饮有限责任公司
地址：雅安市沿江西路 88 号
电话：0835－2235158
邮编：625000

雅安市雨城区海虹大酒楼
地址：雅安市少年宫路 7 号
电话：0835－2223277
邮编：625000

康定县得月餐馆
地址：甘孜州康定县西大街
电话：0836－2822729
邮编：626000

康定县红音餐馆
地址：甘孜州康定县东大街
电话：0836－2831871
邮编：626000

康定县百姓餐馆
地址：甘孜州康定县西大街
电话：0836－2825173
邮编：626000

康定县那达西餐馆
地址：甘孜州康定县西大街
电话：0836－2823009
邮编：626000

西昌凯丽莱酒店
地址：西昌市
电话：0834－3200888
邮编：615000

西昌市清真回香园饭店
地址：西昌市
电话：0834－3235003
邮编：615000

西昌市泸滨饭店
地址：西昌市
电话：0834－3952293
邮编：615000

西昌市清真园总店
地址：西昌市
电话：0834－3228211
邮编：615000

旅游用品

成都送仙桥古玩艺术城有限公司
地址：成都市浣花北路 22 号
电话：028－87362963
邮编：610015

成都古木工艺制品有限公司
地址：成都市盐道街
电话：028－86729427
邮编：610015

成都市敦煌绣品厂
地址：成都市实业街
电话：028－86636107
邮编：610015

锦江区日新工艺品厂
地址：成都市文家场康河村
电话：028－87074909
邮编：610015

四川艺郎工艺美术有限公司
地址：成都市浣花北路
电话：028－87311086
邮编：610015

成都工艺美术有限公司
地址：成都市
电话：028－86919497
邮编：610015

成都铭涛工艺品有限公司
地址：成都市锦里西路
电话：028－86129373
邮编：610015

四川省宝兴县狮子王雕刻工艺厂
地址：成都市土桥金舟路
电话：028－87511448
邮编：610015

成都嘉宝美术装饰雕刻工作室
地址：成都市东城根下街
电话：028－86648284
邮编：610015

高新区丰荣刊刻工艺厂
地址：成都市肖家河街
电话：028－85151342
邮编：610015

西南雅特艺术饰品有限公司
地址：成都市太升北路
电话：028－86916978
邮编：610015

成都华美工艺美术社
地址：成都市忠烈祠东街
电话：028－86747922
邮编：61001

成都新概念青铜时代艺术品有限责任公司
地址：成都市二环路南三段
电话：028－85512470
邮编：610015

四川省仁寿县民族工艺品厂
地址：成都市武侯祠横街 3 号附 8 号
电话：028－85574306
邮编：610043

成都现代雕塑艺术制作中心
地址：成都市茶店子邓家花
电话：028－87515507
邮编：610015

金牛区典雅雕塑制作厂
地址：成都市全兴路
电话：028－87513448
邮编：610015

四川省格桑梅朵民族工艺品有限责任公司
地址：成都市西安南路
电话：028－87763817
邮编：610015

四川省永泰珠宝有限责任公司
地址：成都市长发街
电话：028－86694543
邮编：610015

四川爱心黄金珠宝有限责任公司
地址：成都市暑袜北三街
电话：028－86659302
邮编：610015

四川爱心黄金珠宝饰品加工厂
地址：成都市百仁村
电话：028－87508572
邮编：610015

成都天和银楼有限责任公司
地址：成都市解放北路一段
电话：028－83324291
邮编：610015

成都仁和珠宝公司
地址：成都市锦城艺术宫
电话：028－86650800
邮编：610015

成都利文斯顿珠宝有限公司
地址：成都市正府街
电话：028－86512547
邮编：610015

四川省艺苑绣品厂
地址：成都市陕西街
电话：028－86110001
邮编：610015

成都捷成地毯有限公司
地址：成都市星辉中路
电话：028－83388453
邮编：610015

广东晴光钟表有限公司
地址：成都市东华正街

电话：028－86619669
邮编：610015

成都钟表厂
地址：成都市十陵镇
电话：028－83518534
邮编：610015

龙泉民族工艺厂
地址：成都市龙泉乡
电话：028－88430611
邮编：610015

成都市温江区万春长石玉制厂
地址：成都市万春镇
电话：028－82610156
邮编：610015

四川省泰丰珠宝楼
地址：成都市琴台路
电话：028－86123832
邮编：610015

成都荣鑫珠宝金行
地址：成都市人民南路四段
电话：028－85220604
邮编：610015

四川省泰丰珠宝楼幸运星钻石专卖店
地址：成都市沙湾路
电话：028－87658198
邮编：610015

彭州市工艺制造厂
地址：成都彭州市蒙阳镇
电话：028－83829179
邮编：611930

四川省邛崃市万家竹编工艺厂
地址：成都邛崃市迎宾路中段
电话：028－88781065
邮编：611530

四川省邛崃市奋飞竹编工艺厂
地址：成都邛崃市江西街
电话：028－88781265
邮编：611530

邛崃平乐新美竹编工艺厂
地址：成都邛崃市平乐镇
电话：028－88781093
邮编：611530

四川艺朗青铜艺术有限公司
地址：成都双流县牧马山开发区
电话：028－85785677
邮编：611530

成都市艺朗雕塑艺术有限责任公司
地址：成都双流县牧马山开发区
电话：028－85785150　85785150
邮编：611530

广元市工艺美术公司
地址：广元市蜀门北路
电话：0839－3223688
邮编：628017

剑阁县手杖艺术品厂
地址：广元市剑阁县县城
电话：0839－6620160
邮编：628300

豪达黄金珠宝有限公司
地址：绵阳市
电话：0816－2234892
邮编：621000

绵阳市豪达黄金珠宝有限公司
地址：绵阳市警钟街
电话：0816－2221065
邮编：621000

绵阳市东方表业有限责任公司
地址：绵阳市浩城路
电话：0816－2233868
邮编：621000

德阳市工艺美术有限责任公司
地址：德阳市南街
电话：0838－2202405
邮编：618000

南部县龙凤纸花厂
地址：南充市南部县一环路
电话：0817－5570950
邮编：637300

仪陇县工艺美术厂
地址：南充市金城镇
电话：0817－7222318
邮编：637600

四川银河地毯股份有限公司
地址：南充阆中市
电话：0817－6222043
邮编：637400

遂宁市蓬溪县四方雕塑厂
地址：遂宁市嘉禾路西段73号
电话：0825－2311027
邮编：629000

威远县奇伟壁画公司
地址：内江市威远县罗家坝街
电话：0832－8220211
邮编：642450

乐山岷江干花工艺品加工厂
地址：乐山市新大桥
电话：0833－2350623
邮编：614000

马边彝族自治县仙马木制工艺品厂
地址：乐山市马边彝族自治县新生街
电话：0833－4511888
邮编：614600

峨眉山市工艺美术二厂
地址：乐山峨眉山市西正街
电话：0833－5522688
邮编：614200

自贡工艺美术工业公司
地址：自贡市自井区釜溪步行街
电话：0813－2105528
邮编：643000

自贡市工艺美术工业总公司
地址：自贡市五星街
电话：0813－2302184
邮编：643000

自贡市竹草制品公司
地址：自贡市东街一品湾
电话：0813－2706210
邮编：643000

宜宾市天鑫珠宝有限责任公司
地址：宜宾市东街
电话：0831－8230823
邮编：644000

长宁县富民竹木制品工艺品厂
地址：宜宾市长宁县吉河镇
电话：0831－4611530
邮编：644300

攀枝花市乐石工艺美术厂
地址：攀枝花市竹湖园右侧
电话：0812－334688
邮编：617000

攀枝花市鑫苑工艺美术制品厂
地址：攀枝花市密地桥
电话：0812－3523122
邮编：617000

渠县刘氏竹编工艺有限公司
地址：达州市渠县渠江镇渠光路
电话：0818－7322667
邮编：635200

陈晓石刻厂
地址：达州万源市驮山北路
电话：0818－8616949
邮编：636350

数码激光印章雕刻厂
地址：达州万源市太平镇和平路
电话：0818－8619966　8602982
邮编：636350

眉山幸达工艺品有限公司
地址：眉山市东坡区城南
电话：0833－8226106
邮编：620020

眉山市宝鑫珠宝有限责任公司
地址：眉山市红星路
电话：0833－8103843
邮编：620020

眉山市复兴竹编工艺厂
地址：眉山市东坡区复兴乡
电话：0833－8760053　8760468
邮编：620020

仁寿县天峨仿真工艺美术彩陶厂
地址：眉山市仁寿县禄加天峨乡
电话：0833－7079019
邮编：620500

龙盛玉石雕塑厂
地址：雅安市宝兴县两河口
电话：0835－6823811
邮编：625700

宝兴县中喜雕塑公司
地址：雅安市宝兴县顺城街
电话：0835－6823412
邮编：625700

宝兴县花岗石总厂
地址：雅安市宝兴县上坝乡
电话：0835－6846285
邮编：625700

宝兴县灵关镇华艺雕塑厂
地址：雅安市宝兴县顺山路
电话：0835－6848736
邮编：625700

四川布达拉藏毯有限公司
地址：阿坝州茂县前进街
电话：0837－7422147
邮编：623200

阿坝县地毯厂
地址：阿坝州壤塘县洽唐街
电话：0837－2482261

邮编：624300

西昌市庄氏钟表有限责任公司
地址：凉山州西昌市商业街三段
电话：0834－3224678　3222560
邮编：625700

旅游交通

四川省旅游汽车公司
地址：成都市和平村
电话：028－85319352
邮编：610001

四川国旅旅游汽车公司
地址：成都市
电话：028－86661378
邮编：610015

四川省旅游客运中心
地址：成都市新南路
电话：028－85447345
邮编：610001

四川阿坝雅克旅游礼宾汽车有限公司
地址：成都市一环路西三段
电话：028－87792430
邮编：610001

成都公交大福旅游运输有限公司
地址：成都市交大路
电话：028－87624752
邮编：610001

四川交运旅游运业有限公司
地址：成都市二环路西三段
电话：028－87773172
邮编：610001

四川交运旅游运业有限公司观光旅游运业分公司
地址：成都市清江东路
电话：028－87370835
邮编：610001

四川省甘孜州贡嘎山冰川旅游运业有限责任公司
地址：成都市临江路
电话：028－85451338
邮编：610001

成都火车站
地址：成都市
电话：028－83174443
邮编：610000

成都龙潭寺火车站
地址：成都市龙潭寺
电话：028－84202443
邮编：610000

成都双流机场
地址：成都市
电话：028－85256360
邮编：610000

都江堰市火车站
地址：成都都江堰市蒲阳路
电话：028－87150487
邮编：611830

彭州火车站
地址：成都彭州市西郊村
电话：028－83701226
邮编：611930

双流火车站
地址：成都市双流县白家镇
电话：028－85866472
邮编：610200

新津火车站
地址：成都市新津县普兴镇
电话：028－82470451
邮编：611430

广元市旅游汽车运输公司
地址：广元市市中区盘龙山
电话：0839－3244368
邮编：628017

广元火车站
地址：广元市上西
电话：0839－3603743
邮编：628000

广元市飞机场
地址：广元市南河
电话：0839－3561888
邮编：628000

绵阳市通力汽车运输有限公司明珠旅游出租汽车公司
地址：绵阳市涪城路11号
电话：0816－2222053
邮编：618000

绵阳火车站
地址：绵阳市一环路
电话：0816－2334181
邮编：621000

什邡火车站
地址：德阳什邡市通站路
电话：0838－8203093
邮编：618000

绵竹火车站
地址：德阳绵竹市通汇路
电话：0838－6902494
邮编：618400

南充旅游汽车公司
地址：南充市顺庆区人民南路49号
电话：0817－2223784
邮编：637000

南充华洋旅游出租汽车公司
地址：南充市和平东路
电话：0817－2390058
邮编：637000

南充火车站
地址：南充市
电话：0817－2313331
邮编：618200

南充火花机场
地址：南充市嘉陵区
电话：0817－3632243
邮编：637000

广安火车站
地址：广安市广安区前锋镇
电话：0826－8302112
邮编：638000

华蓥火车站
地址：广安华蓥市双河镇
电话：0826－8302562
邮编：638600

遂宁火车站
地址：遂宁市
电话：0825－2313733
邮编：629000

乐山通圆旅游出租汽车有限公司
地址：乐山市嘉定北路44号
电话：0833－2430158
邮编：614000

峨眉山旅游汽车联运公司
地址：乐山峨眉山市
电话：0833－5528217
邮编：614200

自贡火车站
地址：自贡市
电话：0813－8705321
邮编：643000

泸州市金旅汽车租赁有限公司
地址：泸州市望江宾馆底楼
电话：0830－2299977
邮编：646000

泸州蓝田机场
地址：泸州市
电话：0830－3893561
邮编：646000

宜宾火车站
地址：宜宾市九家村
电话：0831－8300171
邮编：644000

宜宾菜坝机场
地址：宜宾市南岸蜀南大道西段13号
电话：0831－8100178
邮编：644000

攀枝花公交客运总公司旅游公司
地址：攀枝花市
电话：0812－3354470
邮编：617000

攀枝花汽车运输总公司旅游出租公司
地址：攀枝花市东区大和北路六村一号
电话：0812－2223928
邮编：617026

攀枝花火车站
地址：攀枝花市炳草风二街坊
电话：0812－3343804
邮编：517000

达州火车站
地址：达州市朝阳西路
电话：0818－2520722
邮编：635000

达州机场
地址：达州市长航街1号
电话：0818－3520166
邮编：635000

雅安市旅游汽车公司
地址：雅安市北二路
电话：0835－2624461
邮编：625000

西昌青山机场
地址：凉山州西昌市安宁镇
电话：0834－2586158
邮编：615013

旅游院校

四川大学
旅游管理学院
地址：成都市一环路南 24 号
电话：028－85403002
邮编：610044

四川师范大学
旅游管理学院
地址：成都市锦江区静安路 6 号
电话：028－84760824
邮编：610066

西南财经大学
经济系旅游管理专业
地址：成都市光华村
电话：028－87354877
邮编：610074

四川烹饪高等专科学校
酒店管理系
地址：成都市外西罗家碾
电话：028－87313988
邮编：610072

成都大学
旅游系
地址：成都市外东十陵镇
电话：028－84616900
邮编：610066

西南民族大学
旅游学院
地址：成都市一环路南四段 16 号
电话：028－85524168
邮编：610041

四川教育学院
旅游系
地址：成都市人民南路三段 24 号
电话：028－88853653
邮编：610041

四川交通职业技术学院
人文社科系旅游专业
地址：成都市温江区
电话：028－82763894
邮编：611130

四川行政财贸管理干部学院
旅游经济系
地址：成都市光华村街 56 号
电话：028－89928461
邮编：610073

成都职业技术学院
旅游系
地址：成都市大石西路 56 号
电话：028－88076502
邮编：610072

成都理工大学
管理系旅游专业
地址：成都市成华区二仙桥东三路 1 号
电话：028－84078927
邮编：610059

四川省旅游学校
地址：成都市火车南站西路 20 号
电话：028－85185657
邮编：610041

成都市旅游职业学校
地址：成都市大石西路
电话：028－87059566
邮编：610000

四川工商职业技术学院
旅游管理专业
地址：成都市都江堰青城路 2 号
电话：028－87292276
邮编：611830

广元市旅游职业技术学校
地址：广元市栖凤路 213 号
电话：0839－3223351
邮编：628000

绵阳职业技术学院
管理工程系旅游专业
地址：绵阳市游仙区仙人路一段 32 号
电话：0816－2202052
邮编：621000

绵阳师范学院
旅游专业
地址：绵阳市游仙区仙人路一段 30 号
电话：0816－2203686
邮编：621000

西南科技大学
旅游管理专业
地址：绵阳市青龙大道 59 号
电话：0816－6089030
邮编：621010

绵阳旅游学校
地址：绵阳市剑南路东段治平路 4 号
电话：0816－6034390
邮编：621000

四川工程职业技术学院
经济管理系旅游专业
地址：德阳市泰山南路 163 号
电话：0838－2652136
邮编：618000

德阳教育学院
旅游系
地址：德阳市西小区白河巷 11 号
电话：0838－2206322
邮编：618000

德阳市旅游职业学校
地址：德阳市西外街 31 号
电话：0838－2826854
邮编：618000

中国民航飞行学院
空中乘务学院
地址：德阳市凯江路 39 号
电话：0838－5183195
邮编：618307

广汉三星堆旅游学校
地址：德阳广汉市雒城镇衡阳路 49 号
电话：0838－5300010
邮编：618300

德阳市东工旅游职业高级中学
地址：德阳市华山北路 114 号
电话：0838－2205894
邮编：618000

西华师范大学
管理系旅游专业
地址：南充市育英路 46 号
电话：0817－2882232
邮编：637002

南充川北旅游中等学校
地址：南充市铁明路 20 号
电话：0817－2806528
邮编：637000

南充旅游职业中等学校
地址：南充市西河北路 5 号
电话：0817－2810928
邮编：637000

广安市思源旅游学校
地址：广安市广蕙街 19 号
电话：0826－2399011
邮编：638000

四川职业技术学院
外语系旅游英语专业
地址：遂宁市遂州东路 243 号
电话：0825－2290591
邮编：629000

内江职业技术学院
经济管理系旅游专业
地址：内江市东兴区东桐路 42 号
电话：0832－2262345
邮编：641100

内江市旅游学校
地址：内江市翔龙路西二巷 1 号
电话：0832－2042654
邮编：641000

乐山师范学院
旅游学院
地址：乐山市市中区海棠路
电话：0833－2276355
邮编：614000

乐山高级职业学院
旅游专业
地址：乐山市市中区青果山
电话：0833－2150162
邮编：614000

乐山育才旅游学校
地址：乐山市市中区龙游路
电话：0833－2422599
邮编：614000

乐山旅游学校
地址：乐山市市中区太阳岛
电话：0833－2598056
邮编：614000

西南交通大学
旅游学院
地址：乐山峨眉山市名山路
电话：0833－5198429
邮编：614206

峨眉山旅游学校
地址：乐山峨眉山市符溪镇
电话：0833－5380113
邮编：614206

四川理工学院
管理系旅游专业
地址：自贡市汇兴路学苑街 180 号
电话：0813－5505862
邮编：643000

自贡市旅游职业高级中学
地址：自贡市大安区荷花池 186 号
电话：0813－5803069

邮编：643013

泸州职业技术学院
旅游系
地址：泸州市江阳区瓦窑坝35号
电话：0830－3150297
邮编：646005

泸州旅游学校
地址：泸州市龙马潭区罗汉镇
电话：0830－2730798
邮编：646004

宜宾学院
经济工商管理系旅游管理专业
地址：宜宾市
电话：0831－3545097
邮编：644007

宜宾职业技术学院
经济管理系旅游专业
地址：宜宾市新村
电话：0831－8273875
邮编：644000

四川机电职业技术学院
旅游管理专业
地址：攀枝花市东区新田村
电话：0812－6251543
邮编：617000

攀枝花学院
人文社科学院旅游专业
地址：攀枝花市学园路
电话：0812－3370536
邮编：617000

攀枝花经贸旅游学校
地址：攀枝花市弯腰树一村235号
电话：0812－5192527
邮编：617000

达州市职业技术学院
经济系旅游饭店与管理专业
地址：达州市通川区徐家坝路
电话：0818－2309310
邮编：635001

眉山职业技术学院
旅游专业
地址：眉山市东坡区东环路北段18号
电话：0833－8204536
邮编：620010

四川农业大学
旅游管理专业
地址：雅安市新康路46号
电话：0835－2882232
邮编：625000

雅安市职业技术学院
旅游经济管理系
地址：雅安市育才路130号
电话：0835－2222560
邮编：625000

雅安市旅游学校
地址：雅安市康藏路783号
电话：0835－2613007
邮编：625000

阿坝师范高等专科学校
旅游管理系
地址：阿坝州汶川县风州路7号
电话：0837－6215454
邮编：623000

康定民族师范高等专科学校
旅游专业
地址：甘孜州康定县姑咱镇
电话：0836－2857776
邮编：626001

西昌学院
食品科学系旅游专业
地址：凉山州西昌市马坪坝
电话：0834－2580190
邮编：615013

贵　州

GUIZHOU

旅游机构

贵州省旅游局
地址：贵阳市中华北路242－5号省政府大院5号楼
电话：0851－6818102　6817801
传真：0851－6836309
邮编：550004
电子信箱：Guizhoutour@163.com

贵州省旅游质量监督管理所
地址：贵阳市中华北路242－5号省政府大院5号楼
电话：0851－6818436
传真：0851－6836309

贵阳市旅游事业局
地址：贵阳市北京路260号
电话：0851－6512074
传真：0851－6515242
邮编：550004
网址：www.ghtour.cnt

南明区旅游事业局
地址：贵阳市兴隆北巷2号
电话：0851－5828586
传真：0851－5828586
邮编：550002

云岩区旅游事业局
地址：贵阳市新添大道南段151号
电话：0851－6679500
传真：0851－6679500
邮编：550001

花溪区旅游事业局
地址：贵阳市花溪区溪北路50号
电话：0851－3627951
传真：0851－3627600
邮编：550025
电子信箱：huaxilyj@sina.com

乌当区旅游事业局
地址：贵阳市新添大道1号
电话：0851－6841693
传真：0851－6841693
邮编：550018

小河区旅游事业局
地址：贵阳市小河区黄河路443号
电话：0851－3844973
传真：0851－3844973
邮编：550009
电子信箱：guiywf@126.com

白云区旅游事业局
地址：贵阳市白云区行政中心南2楼
电话：0851－4616650
传真：0851－4616614
邮编：550014

清镇市旅游事业局
地址：贵阳清镇市委大院1号楼
电话：0851－2522022
传真：0851－2522022
邮编：551400

开阳县旅游事业局
地址：贵阳市开阳县城关镇东兴街工商大楼
电话：0851－7253610
传真：0851－7253610
邮编：550300
电子信箱：kylyj168@126.com

修文县旅游事业局
地址：贵阳市修文县人民政府大院
电话：0851－2323948
传真：0851－2323948
邮编：550220

息烽县旅游事业局
地址：贵阳市息烽县永靖镇解放南路164号
电话：0851－7723623
传真：0851－7723623
邮编：551100

遵义市旅游局
地址：遵义市红花岗区解放路63号
电话：0852－8234910
传真：0852－8270332
邮编：563000

红花岗区旅游局
地址：遵义市红花岗区政府大楼
电话：0852－8420523
传真：0852－8420523
邮编：563000

汇川区旅游局
地址：遵义市汇川区
电话：0852－8684194
传真：0852－8684194
邮编：563000

仁怀市旅游局
地址：遵义市仁怀市
电话：0852－2235691
传真：0852－2235691
邮编：564500

赤水市旅游局
地址：遵义赤水市
电话：0852－2861329
传真：0852－2861329
邮编：564700

习水县旅游局
地址：遵义市习水县
电话：0852－2526121
传真：0852－2526121
邮编：564600

遵义县旅游局
地址：遵义市遵义县
电话：0852－7222310
传真：0852－7222310
邮编：563100

绥阳县旅游局
地址：遵义市绥阳县
电话：0852－6222463
传真：0852－6231811
邮编：563300

余庆县旅游局
地址：遵义市余庆县
电话：0852－4620197
传真：0852－4620197
邮编：564400

道真仡佬族苗族自治县旅游局
地址：遵义市道真县
电话：0852－5826669
传真：0852－5826669
邮编：563500

桐梓县政府办公室
地址：遵义市桐梓县
电话：0852－6620601
传真：0852－6629200
邮编：563200

湄潭县政府办公室
地址：遵义市湄潭县
电话：0852－4221105
传真：0852－4221304
邮编：564100

凤冈县政府办公室
地址：遵义市凤冈县
电话：0852－5227688
传真：0852－5221052
邮编：564200

务川仡佬族苗族自治县政府办公室
地址：遵义市务川县
电话：0852－5621613
传真：0852－5621613
邮编：564300

正安县政府办公室
地址：遵义市正安县
电话：0852－6420032
传真：0852－6400063
邮编：563400

安顺市旅游局
地址：安顺市委大院
电话：0853－3284443
传真：0853－3527626
邮编：561000
电子信箱：asslyi@anshun.gov.cn

西秀区旅游局
地址：安顺市西秀区政府大院内
电话：0853－3527660
传真：0853－3527660
邮编：561000

黄果树旅游局
地址：安顺市黄果树镇
电话：0853－3593095
传真：0853－3593095
邮编：561208

安顺开发区社会事务管理局
地址：安顺市西秀区
电话：0853－3460379
传真：0853－3416505
邮编：561000

镇宁布依族苗族自治县旅游局
地址：安顺市镇宁县犀牛路2号
电话：0853－6220299
传真：0853－6220299
邮编：561200
电子信箱：zhenlingliyou@163.com

紫云苗族布依族自治县旅游局
地址：安顺市紫云县城内
电话：0853－5239386
传真：0853－5239386
邮编：550800
电子信箱：yihualo@hotmail.com

关岭布依族苗族自治县旅游局
地址：安顺市关岭县城内
电话：0853－7223837
传真：0853－7223837
邮编：561300
电子信箱：guanlingvyouju@163.com

平坝县旅游局
地址：安顺市平坝县城内
电话：0853－4224505
传真：0853－4228837

邮编：561100

普定县旅游局
地址：安顺市普定县城内
电话：0853－8226896
传真：0853－8226896
邮编：562100

黔南布依族苗族自治州旅游局
地址：黔南州都匀市环城东路359号
电话：0854－8280918
传真：0854－8280641
邮编：558000
电子信箱：8280641@163.com

都匀市旅游局
地址：黔南州都匀市政府内
电话：0854－8222765
传真：0854－8260373
邮编：558000

福泉市旅游局
地址：黔南州福泉市政府大楼4楼
电话：0854－2222787
传真：0854－2222787
邮编：550500

瓮安县旅游局
地址：黔南州瓮安县城内
电话：0854－2633558
传真：0854－2625224
邮编：550400

贵定县旅游局
地址：黔南州贵定县政府
电话：0854－5232649
传真：0854－5232649
邮编：551300

龙里县旅游局
地址：黔南州龙里县太平寺县人大
电话：0854－5631755
传真：0854－5631755
邮编：551200

长顺县旅游局
地址：黔南州长顺县城关长新西路
电话：0854－6826547
传真：0854－6826547
邮编：550700

三都水族自治县旅游局
地址：黔南州三都县三合镇政府路
电话：0854－3921592
传真：0854－3921592
邮编：558100

罗甸县旅游局
地址：黔南州罗甸县人民政府办公室
电话：0854－7615691
传真：0854－7611818
邮编：550100

独山县旅游局
地址：黔南州独山县城内
电话：0854－3238196
传真：0854－3234801
邮编：558000

荔波县旅游局
地址：黔南州荔波县玉坪镇樟江东路23号
电话：0854－3610516
传真：0854－3610516
邮编：558400

惠水县旅游局
地址：黔南州惠水县县府路
电话：0854－6221299
传真：0854－6221299
邮编：558400

平塘县旅游局
地址：黔南州平塘县城内
电话：0854－7226656
传真：0854－7226656
邮编：558300

黔东南苗族侗族自治州旅游局
地址：黔东南州凯里市营盘路53号
电话：0855－8222825
传真：0855－8222547
邮编：556000
网址：www.qdnly.com.
电子信箱：gkzz7418@126.com

凯里市旅游局
地址：黔东南州凯里市行政中心C座213
电话：0855－8062923
传真：0855－8063343
邮编：556000
网址：www.kllyw.com
电子信箱：klslyjw@126.com

黎平县旅游局
地址：黔东南州黎平县城关镇古楼坡
电话：0855－6221198
传真：0855－6221198
邮编：557300
网址：www.lplyw.com
电子信箱：lplyjs@126.com

施秉县旅游局
地址：黔东南州施秉县城关镇
电话：0855－4222979
传真：0855－4222979
邮编：556200
网址：www.sblyw.com
电子信箱：sbxlyjw@126.com

镇远县旅游局
地址：黔东南州镇远县西门街12号
电话：0855－5722916
传真：0855－5723658
邮编：557700
网址：www.zy-travel.com
电子信箱：zyxlyjy@126.com

锦屏县旅游局
地址：黔东南州锦屏县三江镇三江路
电话：0855－7225219
传真：0855－7225129
邮编：556700
网址：www.lyvv.com
电子信箱：jplyjy@126.com

丹寨县旅游局
地址：黔东南州丹寨县龙泉镇
电话：0855－3617212
传真：0855－3617212
邮编：557500
网址：www.dzlyw.com
电子信箱：dzxlyjc@126.com

麻江县旅游局
地址：黔东南州麻江县城内
电话：0855－2622117
传真：0855－2622117
邮编：557600
网址：www.mj.mdlyw.com
电子信箱：mjxlyw@126.com

台江县旅游局
地址：黔东南州台江县台拱镇秀眉广场
电话：0855－5323200
传真：0855－5328181
邮编：556300
网址：www.mdlyw.com
电子信箱：tjxlyjl@126.com

三穗县旅游局
地址：黔东南州三穗县政府内
电话：0855－4523116
传真：0855－4523116
邮编：556500
网址：www.mdlyw.com
电子信箱：sslyjwjz@126.com

黄平县旅游局
地址：黔东南州黄平县新州镇县政府1楼
电话：0855－2434684
传真：0855－2434684
邮编：556100
网址：www.kllyw.com
电子信箱：hpxlyjw@126.com

榕江县旅游局
地址：黔东南州榕江县古州北路33号
电话：0855－6620979
传真：0855－6622347
邮编：557200
网址：www.rjlyw.com
电子信箱：rjlyjp@126.com

从江县旅游局
地址：黔东南州从江县丙妹镇北上新区行政中心3号楼
电话：0855－6419109
传真：0855－6419109
邮编：557400
网址：www.cjlyw.com
电子信箱：cjlyjw@126.com

雷山县旅游局
地址：黔东南州雷山县政府内
电话：0855－3334366
传真：0855－3332143
邮编：557100
网址：www.lslyw.com
电子信箱：lsxlyjy@126.com

岑巩县旅游局
地址：黔东南州岑巩县政府综合办公楼1楼
电话：0855－3574946
传真：0855－3574946
邮编：557800
网址：wwwk.llyw.com
电子信箱：cgxlyjl@126.com

剑河县旅游局
地址：黔东南州剑河县城内
电话：0855－5222235
传真：0855－5222235
邮编：556400
网址：www.mdlyw.com
电子信箱：jhxlyij@126.com

天柱县旅游局
地址：黔东南州天柱县正中街18号
电话：0855－7524147
传真：0855－7524147
邮编：556600
网址：www.mdlyw.com
电子信箱：tzlyjf@126.com

铜仁地区旅游事业局
地址：铜仁地区铜仁市东太大道华欣楼
电话：0856－5285117
传真：0856－5285401
邮编：554300
网址：www.rt-tour.com
电子信箱：tryxya126.com

铜仁市旅游事业局
地址：铜仁地区铜仁市环西路92号
电话：0856－5236416
传真：0856－5213328
邮编：554300
电子信箱：Gztrliu168@126.com

印江土家族苗族自治县旅游局
地址：铜仁地区印江县县府路
电话：0856－6222156
传真：0856－6221214
邮编：555200
电子信箱：yj6222156@126.com

万山特区旅游事业局
地址：铜仁地区万山特区
电话：0856－3524058
传真：0856－3524058
邮编：554200

松桃苗族自治县旅游事业局
地址：铜仁地区松桃县龙塘湾
电话：0856－2830342
传真：0856－2830342
邮编：554100

江口县旅游局
地址：铜仁地区江口县政府大院
电话：0856－6623718
传真：0856－6620718
邮编：554400
网址：www.jkly.gov.cn
电子信箱：jkyangyi520@126.com

思南县旅游事业局
地址：铜仁地区思南县思唐镇思府街政府楼
电话：0856－7222729
传真：0856－7222729
邮编：565100
电子信箱：smczm@126.com

沿河土家族自治县旅游事业局
地址：铜仁地区沿河县和平镇解放北路36号政府大楼
电话：0856－8228688
传真：0856－8228688
邮编：565300
网址：www.wjabc.cn
电子信箱：yhnfan@126.com

石阡县旅游事业局
地址：铜仁地区石阡县万寿社区政府大院
电话：0856－7653103
传真：0856－7653103
邮编：555100
电子信箱：gzsahyl@126.com

玉屏侗族自治县旅游局
地址：铜仁地区玉屏县平溪镇人民路333号
电话：0856－3223626
传真：0856－3222919
邮编：554000
电子信箱：quanhongbiao@126.com

毕节地区旅游局
地址：毕节地区毕节市行署大院
电话：0857－8223528
传真：0857－8222142
邮编：551700
网址：www.gzbjly.com
电子信箱：dujuanl218@163.com

毕节市旅游局
地址：毕节地区毕节市政府内
电话：0857－8228929
传真：0857－8228929
邮编：551700

大方县旅游局
地址：毕节地区大方县大方镇
电话：0857－5221739
传真：0857－5221739
邮编：551600

黔西县旅游局
地址：毕节地区黔西县城关镇
电话：0857－4222117
传真：0857－4221824
邮编：551500

金沙县旅游局
地址：毕节地区金沙县城关镇
电话：0857－7224689
传真：0857－7221771
邮编：551800

织金县旅游局
地址：毕节地区织金县政府内
电话：0857－7623320
传真：0857－7623320
邮编：552100

纳雍县旅游局
地址：毕节地区纳雍县雍熙镇
电话：0857－3521393
传真：0857－3521393
邮编：553300

威宁彝族回族苗族自治县旅游局
地址：毕节地区威宁县草海镇
电话：0857－6232678
传真：0857－6232678
邮编：553100

赫章县旅游局
地址：毕节地区赫章县城关镇
电话：0857－3224308
传真：0857－3222203
邮编：553200

旅 行 社

贵州海外旅游总公司
地址：贵阳市合群路7号达亨大厦11楼
电话：0851－6576047
邮编：550001
网址：www.gzotc.com
许可证号：L－GZ－GJ00001

贵州省中国国际旅行社
地址：贵阳市合群路1号龙泉大厦7楼
电话：0851－6901888
邮编：550001
网址：www.gzcits.com
许可证号：L－GZ－GJ00002

贵州省中国青年旅行社
地址：贵阳市北京路268号3楼
电话：0851－6821545
邮编：550001
网址：www.gzcyts.com
许可证号：L－GZ－GJ00003

贵州省中国旅行社
地址：贵阳市中山东路13号10楼
电话：0851－5861240
邮编：550001
网址：www.ctsgz.com
许可证号：L－GZ－GJ00004

贵阳中国旅行社
地址：贵阳市金桥饭店
电话：0851－5861605　5821416
邮编：550003
许可证号：L－GZ－GJ00005

贵州省国际体育旅游公司
地址：贵阳市遵义路318号
电话：0851－5766151
邮编：550002
许可证号：L－GZ－GJ00006

贵州铁路国际旅行社
地址：贵阳市遵义路107号通达饭店群楼4楼
电话：0851－5797006
邮编：550002
许可证号：L－GZ－GJ00007

黔东南中国国际旅行社有限责任公司
地址：贵州凯里市营盘东路53号
电话：0855－8222099
邮编：556000
网址：www.cits-kaili.com
许可证号：L－GZ－GJ00008

贵州天马国际旅行社
地址：贵阳市解放路87号
电话：0851－5562189　5562809
邮编：550002
网址：www.tmgz.com
许可证号：L－GZ－GJ00010

贵州遵义国际旅行社
地址：遵义市百货大楼7楼
电话：0852－8230499
邮编：563003
许可证号：L－GZ－GJ00011

贵阳市花溪国际旅行社
地址：贵阳市中华北路18号银海大厦7楼A座
电话：0851－3624300
邮编：550000
许可证号：L－GZ－GJ00012

贵州快乐假期国际旅行社有限公司
地址：贵阳市北京路66号
电话：0851－6838065
邮编：550004
网址：www.gz-hotel.com.cn
许可证号：L－GZ－GJ00015

贵州中铁旅游发展有限公司
地址：贵阳市枣山路5号贵通楼3楼
电话：0851－8270007
邮编：550003
网址：www.ztgl.net
许可证号：L－GZ－GJ00016

贵州森林国际旅行社有限公司
地址：贵阳市延安中路91号
电话：0851－6581799
邮编：550001
许可证号：L－GZ－GJ00017

贵阳国际旅行社
地址：贵阳市中华中路168号贵阳饭店23楼
电话：0-13809492248
邮编：550001
网址：www. gylxs. com
电子信箱：gylxs-gz@163. com
许可证号：L-GN-GJ00019

宾馆酒店

贵州圣沣酒店★★★★★
地址：贵阳市神奇路69号
电话：0851-5568888
传真：0851-569999 0851-5569560
邮编：550002
网址：www. shengfenghotel. com
电子信箱：shengfeng_sales@163. com

贵州天怡豪生大酒店★★★★★
地址：贵阳市枣山路29号
电话：0851-6518888
传真：0851-6517777
邮编：550003
网址：www. hojochina. com

贵阳神奇金筑大酒店★★★★
地址：贵阳市宝山北路219路
电话：0851-6825888
传真：0851-6822994
邮编：550001
网址：www. miracleplazagy. com

贵阳华美达神奇大酒店★★★★
地址：贵阳市北京路1号
电话：0851-6771888
传真：0851-6771688
邮编：550004
网址：www. ramadaplazagy. com

贵州饭店★★★★
地址：贵阳市北京路66号
电话：0851-6823888
传真：0851-6824397
邮编：550004
网址：www. gz-hotel. com. cn
电子信箱：sales@gzhotel. com

贵州丽豪大饭店有限公司★★★★
地址：贵阳市瑞金北路115号
电话：0851-6521888
传真：0851-6521888
邮编：550003
网址：www. gzregal. com. cn

能辉酒店★★★★
地址：贵阳市瑞金南路38号
电话：0851-5898888
传真：0851-5898622
邮编：550003
网址：www. gyspsb. com. cn
电子信箱：nenghui@163. com

贵州贵龙饭店★★★★
地址：贵阳市神奇路52号
电话：0851-5592888
传真：0851-5593877
邮编：550002
电子信箱：gzglong@163. com

贵州顿酒店★★★★
地址：贵阳市延安东路18号
电话：0851-5827888
传真：0851-58223118
邮编：550001
网址：www. tradE-point hotel. com
电子信箱：sales@tradE-point hotel. com

贵州锦江鲜花大酒店★★★★
地址：贵阳市中华南路1号
电话：0851-5867888
传真：0851-5870997
邮编：550001
网址：www. jjxhhotel. com
电子信箱：jjxhh@public. gz. cn

贵州省红枫湖华城兴隆度假村★★★★
地址：贵阳清镇市枫湖镇大冲村
电话：0851-2536666
传真：0851-2536766
邮编：551400

凯旋大酒店★★★★
地址：安顺市开发区南马大道南马广场
电话：0853-3461999
传真：0853-3456388
邮编：561000
网址：www. askxjd. com
电子信箱：cb11623cb@163. com

天瀑大酒店★★★★
地址：安顺市西秀区贵黄东路电力城
电话：0853-3516888
传真：0853-3516588
邮编：561000
网址：www. grand-waterfallhotel. com
电子信箱：grandwaterfall@yahoo. com. cn

腾龙凯悦酒店★★★★
地址：毕节市桂花路2号
电话：0857-8291111
传真：0857-8291118
邮编：551700
网址：www. bjtlky. com
电子信箱：info@bjtlky. com

宝鑫大酒店（预备4）★★★★
地址：铜仁市东太大道88号
电话：0856-5937888
传真：0856-5201698
邮编：554300
电子信箱：www. baoxighotel. con

腾龙凯悦酒店★★★★
地址：黔东南州凯里市宁波东路8号
电话：0855-8066666
传真：0855-8066888
邮编：556000
网址：www. tlkyjd. com
电子信箱：tlky6608@163. com

金冠酒店★★★★
地址：黔东南州凯里市友庄路18号（州民族体育场对面）
电话：0855-8068888
传真：0855-8060678
邮编：556000
网址：www. qdnjd. com
电子信箱：kljgjd@126. com

施达·黔山度假酒店★★★★
地址：黔西南州兴义市瑞金大道
电话：0859-3116669
传真：0859-3116000
邮编：562400
网址：www. qsdjjd. com
电子信箱：sdqianshan@21cn. com

兴义民航酒店★★★★
地址：黔西南州兴义市瑞金南路
电话：0859-3126666
传真：0859-3126668
邮编：562400
网址：www. aviation-hotel. com. cn

珍珠岛度假中心★★★
地址：贵阳
电话：0851-2436000
传真：0851-2436277
邮编：550207

华城文昌酒店★★★
地址：贵阳市文昌北路193号
电话：0851-5250000
传真：0851-5250777
邮编：550001
电子信箱：guo. jian. hui-2007@163. com

贵阳神奇星岛酒店★★★
地址：贵阳市新添大道南段78号
电话：0851-6751888
传真：0851-6770764
邮编：550004

贵阳南翔酒店★★★
地址：贵阳市延安西路185号
电话：0851-6501888
传真：0851-6509222
邮编：550003
网址：www. nanxianghotel. com
电子信箱：nanxianghotel@163. com

贵州紫林宾馆★★★
地址：贵阳市延安中路110号
电话：0851-5283000
传真：0851-5284000
邮编：550001
电子信箱：zlhotel@163. com

华城大酒店★★★
地址：贵阳市中华北路67号
电话：0851-6820666
传真：0851-6830190
网址：www. gyhotel. cn

贵州华联大酒店★★★
地址：贵阳市中华中路137号
电话：0851-5810999
传真：0851-5200288
邮编：550001
电子信箱：gzgyhljd@vip. 163. com

金三角大酒店★★★
地址：六盘水市明湖路3号
电话：0858-8233888
传真：0858-8260066
邮编：553001

雨田大酒店★★★
地址：六盘水市钟山西路48号
电话：0858-8261888
传真：0858-8266169
邮编：553001

红果大酒店★★★
地址：六盘水市盘县红果经济开发区
电话：0858-3631888
传真：0858-3631888
邮编：553537

京腾丽湾酒店★★★
地址：遵义市红花岗区大连路口
电话：0852-8649898

传真：0852－8648588
邮编：563000
网址：www. jtlw. com
电子信箱：jtlwhotel@ 163. com

遵义宾馆★★★
地址：遵义市红花岗区石龙路3号
电话：0852－8224902
传真：0852－8221497
邮编：563000
电子信箱：zyguesthouse@ 21cn. com

港澳大酒店★★★
地址：遵义市汇川区澳门路8号
电话：0852－8716999
传真：0852－8716600
邮编：563000
网址：www. gahotel. com. cn
电子信箱：gahotel@ 126. com

美佳乐酒店★★★
地址：遵义市汇川区深圳路
电话：0852－8398888
传真：0852－8398888
邮编：563000
网址：www. meijialehotel. com
电子信箱：zunyihlh@ sohu. com

金城大酒店★★★
地址：遵义市汇川区香港路中段
电话：0852－8621666
传真：0852－8209037
邮编：563000
网址：www. jinchenghotel. com. cn
电子信箱：jchotel@ sina. com

茅园宾馆★★★
地址：遵义仁怀市茅台镇茅台集团公司内
电话：0852－2386290
传真：0852－2386290
邮编：564501
网址：www. moutaichina. com
电子信箱：songjiong616@ 163. com

绿洲宾馆★★★
地址：遵义市习水县西城区
电话：0852－2732100
传真：0852－2732101
邮编：564600
电子信箱：lzjahgr@ zlcn. com

黄果树宾馆★★★
地址：安顺市黄果树风景名胜区
电话：0853－3592109
传真：0853－3592611
邮编：561208
网址：www. hgscn. com.
电子信箱：huang guo shu hotels @ 163. com

龙宫酒店★★★
地址：安顺市龙宫风景名胜区
电话：0853－3661488　3661388
传真：0853－3661488
邮编：561000

燕安大酒店★★★
地址：安顺市西秀区贵黄公路90公里处
电话：0853－3296888
传真：0853－3320247
邮编：561000
网址：yanan. quanso. net
电子信箱：yananjiudian@ sina. com

安顺神奇福运大酒店★★★
地址：安顺市西秀区贵黄西路18号
电话：0853－3293888　3290000
传真：0853－3294008
邮编：561000
电子信箱：sqfyhotel@ sina. com

虹山宾馆★★★
地址：安顺市西秀区虹湖东路42号
电话：0853－3253775
传真：0853－3259900
邮编：561000

西秀山宾馆★★★
地址：安顺市西秀区南华路63号
电话：0853－2211888
传真：0853－2211801
邮编：561000
电子信箱：xixiushanhotel@ 163. com

黔中大厦★★★
地址：安顺市西秀区南华路68号
电话：0853－3292666（总机）
传真：0853－3292333
邮编：561000

若飞宾馆★★★
地址：安顺市西秀区中华南路48号
电话：0853－3320228　3320656
传真：0853－3320228　3320656
邮编：561000
网址：www. rfbg. quanso. net
电子信箱：gzrfbg@ 126. com

黔岭宾馆★★★
地址：安顺市关岭自治县外环路
电话：0853－7228888
传真：0853－7228888
邮编：561300
电子信箱：glqlbg2007@ 126. com

白马湖山庄★★★
地址：安顺市镇宁自治县城关镇白马哨
电话：0853－6791118
传真：0853－6791113
电子信箱：
邮编：561200
网址：ww. hxfz. com. cn

天源大酒店★★★
地址：铜仁市东太大道（工商局）
电话：0856－5930555
传真：0856－5930568
邮编：554300

源丰商务酒店★★★
地址：铜仁市锦江南路1号
电话：0856－5222222
传真：0856－5232388
邮编：554300
电子信箱：www. tianyuanhotel@ sian. com

松桃金松大酒店★★★
地址：铜仁地区松桃县廖家镇北路B栋
电话：0856－2839888
传真：0856－2839777

贵州省黔东南州国泰大酒店★★★
地址：黔东南州凯里市北京东路6号
电话：0855－8269888
传真：0855－8269818
邮编：556000

凯莱酒店★★★
地址：黔东南州凯里市韶山南路21号凯莱大厦
电话：0855－8277888
传真：0855－2875528
邮编：556000
网址：kljd. qdnsl. net
电子信箱：liuling1103@ tom. com

鸿祺宾馆★★★
地址：黔东南州凯里市韶山南路3号
电话：0855－8275555
传真：0855－8276788
邮编：556000
电子信箱：hongqi. binguan@ 163. com

施秉三丰迎宾馆有限公司★★★
地址：黔东南州施秉县平宁桥
电话：0855－4227188 0855－4227288
传真：0855－4225461
邮编：556200

贵州青酒集团醉翁山庄★★★
地址：黔东南州镇远县青溪镇
电话：0855－5828588
传真：2855－5828289
邮编：557702
网址：www. gzqj. com
电子信箱：zwbg. 2007@ 163. com

黎平大酒店★★★
地址：黔东南州黎平县城北门新区富民北路
电话：0855－6210666　0855－6210999
传真：0855－6212000
邮编：557300
电子信箱：lipinghotel@ 163. com

港龙大酒店★★★
地址：黔南州河滨路134号
电话：0854－8736888
传真：0854－8231445
邮编：558000
电子信箱：dygljd@ 126. com

神奇星岛酒店★★★
地址：黔南州剑江北路152号
电话：0854－8752888
传真：0854－8752800
邮编：558000
电子信箱：clf_bruce@ 163. com

黔南都能开发有限公司聚丰园大酒店★★★
地址：黔南州剑江中路112号
电话：0854－8756999
传真：0854－8756685
邮编：558000
网址：www. gncsc. com/jfy
电子信箱：dylvyou@ 163. com

吉妮丽吉大酒店★★★
地址：黔南州荔波县玉屏镇教师新村前
电话：0854－3611860　0854－3619666
传真：0854－3619698
邮编：558400
网址：www. jnlj. com. cn
电子信箱：yangez@ 263. net

顺庆宾馆★★★
地址：黔南州荔波县樟江北街
电话：0854－3610388
传真：0854－3616889
邮编：558400
网址：lbsqbg. cn
电子信箱：lsm8510@ 163. com

神泉大酒店★★★
地址：黔南州罗甸县政府路
电话：0854－7620760
传真：0854－7620880
邮编：550100
电子信箱：lingling9325@ sina. com. cn

纪龙大酒店★★★
地址：黔南州龙里县龙山镇兴龙路
电话：0854－5620333
传真：0854－5620333
邮编：551200

生态园★★★
地址：黔南州龙里县麻芝乡五里桥
电话：0854－5669508
传真：0854－5669438
邮编：551200

旅游景区

贵阳市黔灵公园 AAAA
地址：贵阳市枣山路 187 号
电话：0851－6823039
邮编：550003

贵阳市河滨公园 AAA
地址：贵阳市瑞金南路 31 号
电话：0851－5956270
邮编：550003

贵阳市森林公园 AAA
地址：贵阳市园林路 67 号
电话：0851－5514343
邮编：550005

贵阳市白云公园 AAA
地址：贵阳市黑土坝
电话：0851－4485072
邮编：550014

红枫湖风景名胜区 AAAA
地址：贵阳清镇市滴澄关
电话：0851－2522669
邮编：551400

息烽集中营革命历史纪念馆 AAA
地址：贵阳市息烽县永靖镇猫洞村
电话：0851－7700529
邮编：551100

遵义公园 AA
地址：遵义市公园路
电话：0852－8223873
邮编：563000

贵州酒文化博物馆 AAAA
地址：遵义市红花岗区凤凰山少年科技大厦
电话：0852－8229975
邮编：563000

娄山关景区 AAA
地址：遵义市汇川区板桥镇
电话：0852－6825008
邮编：56300

盐津河温泉旅游度假区 AA
地址：遵义市仁怀市盐津河
电话：0852－2280555
邮编：564500

遵义枫香温泉 AAA
地址：遵义市遵义县西北枫香镇温水村
邮编：563100

遵义乌江渡旅游区 AA
地址：遵义市遵义县乌江镇
邮编：563100

龙桥生态旅游景区 AA
地址：遵义市绥阳县大路槽
电话：0852－6330088
邮编：563300

绥阳博雅苑陈列馆 AA
地址：遵义市绥阳县北大街
邮编：563300

习水中国丹霞谷旅游度假区 AAA
地址：遵义市习水县三岔河
邮编：564600

龙宫风景名胜区 AAAAA
地址：安顺市西秀区龙宫镇
电话：0853－3661012
邮编：561000
电子信箱：h654321@163. net

黄果树风景名胜区 AAAAA
地址：安顺市镇宁县黄果树镇
电话：0853－3592700　3592317
邮编：561208

江口云舍土家民俗文化村 AAA
地址：铜仁地区江口县太平乡
电话：0856－6627718
邮编：554400

太平河 AAA
地址：铜仁地区江口县
电话：0856－6627718
邮编：554400

梵净山 AAA
地址：铜仁地区江口县
电话：0856－6627718
邮编：554400

黎平肇兴 A
地址：黔东南州黎平县肇兴乡
电话：0855－6221198
邮编：557300

黎平堂安 A
地址：黔东南州黎平县肇兴乡
电话：0855－6221198
邮编：557300

黎平地坪风雨桥 A
地址：黔东南州黎平县地坪乡
电话：0855－6221198
邮编：557300

黎平纪堂鼓楼 A
地址：黔东南州黎平县
电话：0855－6221198
邮编：557300

雷山西江 A
地址：黔东南州雷山县西江镇
电话：0855－3334366
邮编：557100

黔南州都匀市东山公园 AA
地址：黔南州都匀市
电话：0854－8224695
邮编：558000

黔南州都匀西山公园 AA
地址：黔南州都匀市民族路 89 号
电话：0854－8224695
邮编：558000

贵州醇酒厂（奇香园）AA
（全国工业旅游示范点）
地址：黔西南州兴义市贵醇酒新路 1 号
电话：0859－3218019　3218566
邮编：562400

餐　馆

赤水情酒家
地址：贵阳市新华路 6 号
电话：0851－5527525
邮编：550001

贵阳菩提树餐饮有限公司
地址：贵阳市北京路
电话：0851－6841777
邮编：550000

贵州龙门渔港餐饮有限公司
地址：贵阳市红豆巷
电话：0851－5961888
邮编：550000

贵州天外天餐饮有限公司
地址：贵阳市瑞金南路
电话：0851－5815555
邮编：550000

千河渔馆
地址：贵阳市花溪大道
电话：0851－3623222
邮编：550000

贵州火凤凰饮食有限公司
地址：贵阳市宝山南路
电话：0851－5895837
邮编：550000

贵阳南海港美食有限公司
地址：贵阳市贵开路
电话：0851－6783888
邮编：550000

贵州潮港海鲜城饮食有限公司
地址：贵阳市陕西路
电话：0851－6818333
邮编：550000

贵州饭店
地址：贵阳市北京路 66 号
电话：0851－6823888　6680005
邮编：550004

南粥北面
地址：贵阳市市南路 22 号
电话：0851－5532666
邮编：550001

红水河野生鱼庄
地址：贵阳市乌当区新天寨温泉路
电话：0851－6462797
邮编：550001

德克士迎宾餐厅
地址：贵阳市南明区遵义路 68 号
电话：0851－5778166
邮编：550001

金焦叶风味餐厅
地址：贵阳市南明区公园南路 7 号
电话：0851－5849966
邮编：550001

通达饭店旋转观光餐厅
地址：贵阳市南明区遵义路 86 号
电话：0851－8213707
邮编：550001

贵阳金黔食府
地址：贵阳市南明区新华路 106 号

电话：0851－5527730
邮编：550001

醉美人间餐厅
地址：贵阳市南明区市南路40号
电话：0851－5520955
邮编：550001

麒记茶餐厅
地址：贵阳市南明区民权路4号
电话：0851－5822877
邮编：550001

喜园酒家
地址：贵阳市南明区宝山南路95号
电话：0851－5891222
邮编：550001

曾记重庆太安鱼庄
地址：贵阳市南明区青云路257号
电话：0851－8124045
邮编：550001

唐人食街
地址：贵阳市南明区瑞金南路134号
电话：0851－5841366
邮编：550001

远洋渔港
地址：贵阳市南明区箭道街26号
电话：0851－5811777
邮编：550001

午夜阳光咖啡酒吧
地址：贵阳市南明区兴关路204号
电话：0851－5573166
邮编：550001

民间瓦缸酒楼
地址：贵阳市南明区瑞金南路76号
电话：0851－5833777
邮编：550001

湘里人家
地址：贵阳市南明区解放路51号
电话：0851－5501777
邮编：550001

聚轩堂酒楼
地址：贵阳市南明区瑞金南路
电话：0851－5960158
邮编：550001

陶然居
地址：贵阳市南明区瑞金南路103号工会大厦
电话：0851－5966888
邮编：550001

农家小菜馆
地址：贵阳市南明区博爱路56号
电话：0851－5840922
邮编：550001

小城故事咖啡吧
地址：贵阳市南明区博爱路35号
电话：0851－5870856
邮编：550001

金燕贵宾楼
地址：贵阳市南明区箭道街19号
电话：0851－5861888
邮编：550001

毛家饭店
地址：贵阳市南明区箭道街2号宏业大厦2楼
电话：0851－5863568
邮编：550001

锦江第一鱼
地址：贵阳市南明区箭道街49号
电话：0851－5816577
邮编：550001

天意迎宾酒楼
地址：贵阳市南明区遵义路58号
电话：0851－5578558
邮编：550001

外婆桥酒菜作坊
地址：贵阳市南明区都司路122号
电话：0851－5842111
邮编：550001

五福园家常菜馆
地址：贵阳市南明区解放路103号
电话：0851－5793779
邮编：550001

海港酒楼
地址：贵阳市南明区中华南路45号华坤大厦
电话：0851－5830888
邮编：550001

毛家湘菜馆
地址：贵阳市市新华路
电话：0851－5874989
邮编：550001

天外天渔城
地址：贵阳市瑞金南路36号久远大厦主楼C区
电话：0851－5815555
邮编：550001

老成都酒楼
地址：贵阳市南明区富水南路39号
电话：0851－5817255
邮编：550001

牧羊城水乡火锅
地址：贵阳市南明区富水南路198号
电话：0851－5809118
邮编：550001

聚鑫园酒楼
地址：贵阳市南明区花溪大道北段26号
电话：0851－6553578
邮编：550001

鸿宾楼酒家
地址：贵阳市云岩区威清路4号
电话：0851－6509688
邮编：550001

雅园稻香酒家
地址：贵阳市云岩区威清路83号
电话：0851－6508888
邮编：550001

火凤凰茶餐厅
地址；贵阳市云岩区环城北路185号
电话：0851－6865678
邮编：550001

赤水竹乡轩酒家
地址：贵阳市云岩区旭东路151号
电话：0851－5611568
邮编：550001

鹿鸣鲍翅海鲜酒家
地址：贵阳市云岩区北京路157号
电话：0851－6811989
邮编：550001

侗家食府
地址：贵阳市云岩区北京路242号
电话：0851－6507186
邮编：550001

九舟鱼庄
地址：贵阳市云岩区文昌北路207号
电话：0851－5250636
邮编：550001

美林阁
地址：贵阳市云岩区省府路2号
电话：0851－8217696
邮编：550001

忘不了农家饭庄
地址：贵阳市云岩区公园北路39号2楼
电话：0851－5284012
邮编：550001

南塘荷叶香食府
地址：贵阳市中华中路98号金凤凰大厦A座
电话：0851－5823777
邮编：550001

七牌坊鱼庄
地址：贵阳市云岩区飞山街99号
电话：0851－5285677
邮编：550001

百鲜园食府
地址：贵阳市云岩区富水中路27号
电话：0851－5805065
邮编：550001

闽记百里鲜海鲜楼
地址：贵阳市小河区黄河路319号
电话：0851－8319617
邮编：550009

布依之家酒楼
地址：贵阳市小河区四方河路49号
电话：0851－3814582
邮编：550009

草棚渔村
地址：贵阳市小河区平桥金碧湾1号
电话：0851－3834555
邮编：550009

六盘水老四川酒楼
地址：六盘水市钟山区民族路
电话：0858－8225858
邮编：553400

六盘水市饮食服务公司
地址：六盘水市向阳南路
电话：0858－8223703
邮编：553400

六盘水市凯帝娱乐饮食有限公司
地址：六盘水市钟山西路41号
电话：0858－8234567
邮编：553400

六盘水市天马美食城
地址：六盘水市钟山西路56号
电话：0858－8326282
邮编：553400

遵义市大三元酒楼
地址：遵义市
电话：0852－6629888
邮编：563000

遵义市第二饮食服务公司楼外楼大酒店
地址：遵义市公园路11号

电话：0852－8224244
邮编：563000

遵义市第二饮食服务公司
地址：遵义市中华路172号
电话：0852－8222805
邮编：563000

遵义市锦顺园酒楼
地址：遵义市公园路20号
电话：0852－8255108
邮编：563000

遵义地区饮食服务公司
地址：遵义市中华路30号
电话：0852－8222443
邮编：563000

遵义静和园饮食服务有限责任公司
地址：遵义市凤凰路48号
电话：0852－8231198
邮编：563000

遵义明珠餐饮娱乐有限责任公司
地址：遵义市中华路120号
电话：0852－8255592
邮编：563000

遵义粤港酒楼
地址：遵义市中华路231号
电话：0852－8230203
邮编：563000

遵义中北天然饮食文化有限责任公司
地址：遵义市中华北路1号
电话：0852－8834567
邮编：563000

遵义小翠香餐饮有限公司
地址：遵义市杨柳街14号
电话：0852－8221607
邮编：563000

遵义老坛子酒楼
地址：遵义市中华北路712号
电话：0852－8877283
邮编：563000区

安顺市饮食服务公司
地址：安顺市中华西路13号
电话：0853－3222162
邮编：561000

安顺市玉粤饮食服务有限公司
地址：安顺市西航路1号
电话：0853－3463118
邮编：561000

毕节市饮食服务公司
地址：毕节地区咸宁路23号
电话：0857－8222018
邮编：551700

毕节地区楼外楼酒家有限责任公司
地址：毕节地区毕节市松山路
电话：0857－8238448
邮编：551700

毕节火宫殿饮食文化有限责任公司
地址：毕节地区毕节市麻园大道
电话：0857－8300222
邮编：551700

陈公馆酒楼
地址：铜仁地区铜仁市环西路25号
电话：0856－5230445
邮编：554300

龙井酒楼
地址：铜仁地区铜仁市解放路42号
电话：0856－5229376
邮编：554300

城北酒楼
地址：铜仁地区铜仁市民主路124号
电话：0856－5221151
邮编：554300

铜仁地区卢阳大酒楼
地址：铜仁地区铜仁市共青路1号
电话：0856－5223195
邮编：554300

铜仁地区田家饮食服务有限公司
地址：铜仁地区铜仁市凉水井路18号
电话：0856－5234189
邮编：554300

铜仁市贵丰食府园
地址：铜仁地区铜仁市锦江南路4号
电话：0856－5231066
邮编：554300

铜仁地区南国大酒楼有限公司
地址：铜仁地区铜仁市解放路
电话：0856－5223248
邮编：554300

铜仁地区炜烨酒楼有限公司
地址：铜仁地区铜仁市大江南路18号
电话：0856－5259599
邮编：554300

铜仁农夫山庄饮食服务有限公司
地址：铜仁地区铜仁市谢桥
电话：0856－5241338
邮编：554300

铜仁地区绿洲酒楼
地址：铜仁地区铜仁市新华路66号
电话：0856－5239686
邮编：554300

铜仁湘里人家饮食文化有限公司
地址：铜仁地区铜仁市东太大道
电话：13595607186
邮编；554300

凯里市饮食服务公司红旗饭店
地址：黔东南州凯里市遵义路口14号
电话：0855－8221374
邮编：556000

黔东南州陶然居饮食文化有限责任公司
地址：黔东南州凯里市宁波路金龙苑1号楼
电话：0855－8266678
邮编：556000

凯里市卞氏菜根香泡菜酒楼
地址：黔东南州凯里市红洲路中联大夏
电话：0855－8276695
邮编：556000

凯里市金龙酒家
地址：黔东南州凯里市金井路9号
电话：0855－8229857
邮编：556000

凯里市金牛饮食服务有限公司
地址：黔东南州凯里市文化北路38号
电话：0855－8503939
邮编：556000

凯里市饮食服务公司
地址：黔东南州凯里市大十字
电话：0855－8223251
邮编：556000

黔东南州静心园饮食服务有限责任公司
地址：黔东南州凯里市文化北路
电话：0855－8253166
邮编：556000

广东酒楼
地址：黔东南州凯里市韶山南路80号
电话：0855－8233888
邮编：556000

凯里市侗乡酒楼
地址：黔东南州凯里市文化北路11号
电话：0855－8230960
邮编：556000

都匀市饮食服务公司
地址：黔南州都匀市民族路38号
电话：0854－8222606
邮编：558000

都匀观澜轩民族文化饱食有限责任公司
地址：黔南州都匀市钓鱼台观澜轩
电话：0854－8331256
邮编：558000

兴义市饮食服务公司
地址：黔西南州兴义市桔山富兴街5号
电话：0859－3222540
邮编：562400

旅游用品

贵阳鑫达礼品制作中心
地址：贵阳市瑞金北路
电话：0851－6572284 6580550
邮编：550001

贵阳市民族商品厂
地址：贵阳市百草巷
电话：0851－6824245 6822131
邮编：550001

贵阳手表厂
地址：贵阳市富源中路
电话：0851－3922540 5502327
邮编：550001

黔艺蜡染厂
地址：贵阳市八鸽岩路
电话：0851－6829456
邮编：550001

贵州省天马珠宝公司
地址：贵阳市延安中路
电话：0851－6570999
邮编：550001

贵州省福星珠宝首饰有限公司
地址：贵阳市
电话：0851－5847744
邮编：550001

贵州省万国珠宝公司
地址：贵阳市平安巷
电话：0851－5956212
邮编：550001

贵州钰凤珠宝公司
地址：贵阳市延安中路
电话：0851－5285818
邮编：550001

贵州省城豪景珠宝有限公司
地址：贵阳市延安西路
电话：0851－5955817
邮编：550001

贵阳市金银制品厂
地址：贵阳市宝山南路
电话：0851－5923221
邮编：550001

贵阳市雕刻工艺厂
地址：贵阳市观水巷
电话：0851－5933614 5928924
邮编：550001

贵阳市精艺雕刻工艺厂
地址：贵阳市毓秀路
电话：0851－6870451
邮编：550001

贵阳南明雕刻工艺厂
地址：贵阳市都司路
电话：0851－5817810
邮编：550001

贵阳市绣品厂
地址：贵阳市西湖巷
电话：0851－5617353
邮编：550001

贵阳勤耘工艺厂
地址：贵阳市小罗街
电话：0851－3401123
邮编：550001

贵阳市工艺美术厂
地址：贵阳市沙冲北路
电话：0851－5793676 5963343
邮编：550001

贵阳市利民工艺品厂
地址：贵阳市松白巷
电话：0851－6767781
邮编：550001

贵阳市雷克雅礼品制作中心
地址：贵阳市北京路
电话：0851－6828555
邮编：550001

贵州省对台贸易总公司金银首饰珠宝店
地址：贵阳市中华中路
电话：0851－5810508
邮编：550000

贵州省金桥旅游公司金银珠宝店
地址：贵阳市合群路
电话：0851－6824758
邮编：550001

贵阳市金银珠宝城
地址：贵阳市富水北路
电话：0851－5826661
邮编：550001

干田坝工艺制品厂
地址：贵阳市开阳县城北路
电话：0851－7226205
邮编：550300

遵义市工艺美术刻字部
地址：遵义市红花岗区
电话：0852－8222516
邮编：563000

赤水市工艺美术厂
地址：遵义赤水市西内环路
电话：0852－2821328
邮编：564700

安顺市蜡染总厂
地址：安顺市西秀区
电话：0853－3222651
邮编：561000

贵州省安顺市福远蜡染艺术作坊
地址：安顺市开发区福远蜡染艺术作坊
电话：13908539898
邮编：561000

安顺民族色织蜡染厂
地址：安顺市西秀区贵黄路
电话：0853－3222948 3224531
邮编：561000

西秀区地毯厂
地址：安顺市西秀区
电话：0853－3293748
邮编：561000

大方漆器厂工艺制品厂
地址：毕节地区大方县
电话：0857－5221823
邮编：551600

贵州省梵净山石奇工艺厂
地址：铜仁地区印江县朗溪镇
电话：0853－6320385
邮编：555200

竹木工艺公司
地址：黔东南州丹寨县建设北路
电话：0855－3611888
邮编：557500

独山县刺绣厂
地址：黔南州独山县东环北路
电话：0854－322138 3221467
邮编：558200

独山县工艺蜡烛厂
地址：黔南州独山县和平路
电话：0854－3222616
邮编：558200

兴义市黄金公司
地址：黔西南州兴义市
电话：0859－323451
邮编：562400

兴义市金田宝石有限责任公司
地址：黔西南州兴义市
电话：0859－3246185
邮编：562400

贵州紫袍玉带石雕厂
地址：黔西南州兴仁县
电话：0859－6212334
邮编：562300

旅游交通

贵阳火车北站
地址：贵阳市二桥
电话：0851－4842602
邮编：550001

贵阳火车西站
地址：贵阳市花溪大道
电话：0851－3716352
邮编：550001

清镇市条子场火车站
地址：贵阳清镇市条子场
电话：0851－2531067
邮编：551400

贵阳龙洞堡机场
地址：贵阳市
电话：0851－5498114
邮编：550001

六盘水火车站
地址：六盘水市水西路
电话：0858－8227563
邮编：553400

六枝火车站
地址：六盘水市六枝特区交通西路
电话：0858－5322108
邮编：553401

遵义火车站
地址：遵义市
电话：0852－8835996
邮编：563000

遵义火车北站
地址：遵义市
电话：0852－8833649
邮编：563000

遵义火车南站
地址：遵义市南舟路
电话：0852－8421046
邮编：563000

安顺外事旅游平安客运有限公司
地址：安顺市火车站
电话：0853－3295742
邮编：561000

安顺火车站
地址：安顺市南华路90号
电话：0853－3293295
邮编：561000

玉屏火车站
地址：铜仁地区玉屏县煤炭垅
电话：0856－5222209
邮编：554004

印江自治县梵净山旅游客运有限公司
地址：铜仁地区印江自治县梵净山路
电话：0856－6231692
邮编：554300

铜仁大兴机场
地址：铜仁地区松桃县大兴镇
电话：0856－5938066
邮编：554111

黎平机场
地址：黔东州黎平县
电话：0855－6320862
邮编：557300

旅游院校

贵州大学
管理学院旅游系
地址：贵阳市花溪区
电话：0851－3623004
邮编：550025

贵州民族学院
旅游学院
地址：贵阳市花溪董家堰
电话：0851－3613427
邮编：550025

贵州师范大学
经济与管理学院旅游管理专业
地址：贵阳市宝山路
电话：0851－6750047
邮编：550001

贵州教育学院
旅游系
地址：贵阳市瑞金南路124号
电话：0851－5811045
邮编：550003

贵州财经学院
工商管理系旅游管理专业
地址：贵阳市鹿冲关路276号
电话：0851－5965323
邮编：550004

贵州商业高等专科学校
旅游系
地址：贵阳市盐务街35号
电话：0851－8128016
邮编：550004

贵州旅游学校
地址：贵阳市花溪区
电话：0851－3858051
邮编：550025

贵州省旅游培训中心
地址：贵阳市延安中路20－1号
电话：0851－5813682
传真：5813682
邮编：550001

遵义市旅游学校
地址：遵义市红花岗区
电话：0852－8428221
邮编：563000

安顺旅游学校
地址：安顺市西秀区西航路71号
电话：0853－3462737
邮编：561000

黔东南民族师范高等专科学校
旅游专业
地址：黔东州凯里市
电话：0855－8507380
邮编：556000

云　南
YUNNAN

旅游机构

云南省旅游局
地址：昆明市滇池路678号
电话：0871－4608322　4608365
传真：0871－4608311
邮编：650228

云南省旅游监督管理所
地址：昆明市滇池路678号
电话：0871－4608315
传真：0871－4608314
邮编：650228

昆明市旅游局
地址：昆明东风东路17号市政府1号楼8楼
电话：0871－3193715　3153101
传真：0871－3164511　3174779
邮编：650011

昆明市旅游监察大队、昆明市旅游质量监督管理所
地址：昆明市东风东路99号省体委招待所3楼
电话：0871－3134409　3134337
传真：0871－3134429　3147056
邮编：650011

五华区旅游局
地址：昆明市崇仁街17号南楼5楼
电话：0871－3133514
传真：0871－3626295
邮编：650032

盘龙区旅游局
地址：昆明市北京路481号区政府2楼
电话：0871－3175963
传真：0871－3175963
邮编：650021

官渡区旅游局
地址：昆明市关上镇关兴路217号
电话：0871－7174885
传真：0871－7174452
邮编：650200

西山区旅游局
地址：昆明市西山区秀苑路188号
电话：0871－8233517
传真：0871－8233517
邮编：650100

安宁市旅游局
地址：昆明安宁市政府大楼4楼
电话：0871－8631606
传真：0871－8697755
邮编：650300

富民县旅游局
地址：昆明市富民县政府办公大楼3楼
电话：0871－8813116
传真：0871－8813116
邮编：650400

呈贡县旅游局
地址：昆明市呈贡县农街70号2楼
电话：0871－7479642
传真：0871－7479642
邮编：650500

晋宁县旅游局
地址：昆明市晋宁县昆阳大街16号
电话：0871－7893316
传真：0871－7893316
邮编：650600

嵩明县旅游局
地址：昆明市嵩明县南街133号
电话：0871－7926986
传真：0871－7926986
邮编：651700

禄劝彝族苗族自治县旅游局
地址：昆明市禄劝县政府大楼1楼
电话：0871－8999199
传真：0871－8999199
邮编：651500

石林彝族自治县旅游局
地址：昆明市石林县石林风景区内
电话：0871－7711439
传真：0871－7711778
邮编：652211

东川区旅游局
地址：昆明市东川区会堂内
电话：0871－2169796
传真：0871－2169796
邮编：654100

寻甸回族彝族自治县旅游局
地址：昆明市寻甸县政府大院
电话：0871－2659009
传真：0871－2659009
邮编：655200

宜良县旅游局
地址：昆明市宜良县温泉路公务楼5楼
电话：0871－7594038
传真：0871－7594038
邮编：652100

曲靖市旅游局
地址：曲靖市文昌街78号
电话：0874－3122424
传真：0874－3129927
邮编：655000

麒麟区旅游局
地址：曲靖市南宁西路28号区政府大院
电话：0874－3133066
传真：0874－3133066
邮编：655000

罗平县旅游局
地址：曲靖市罗平县罗雄镇振兴街52号
电话：0874－8212524
传真：0874－8220107
邮编：655800

师宗县旅游局
地址：曲靖市师宗县挽澜路33号
电话：0874－5752526
传真：0874－5752526
邮编：655700

陆良县旅游局
地址：曲靖市陆良县东门街县政府大院
电话：0874－6222376
传真：0874－6215667
邮编：655600

马龙县旅游局
地址：曲靖市马龙县羊角山6号
电话：0874－8880888
传真：0874－8880888
邮编：655100

宣威市旅游局
地址：曲靖宣威市振兴街旅游大厦2楼
电话：0874－7201187
传真：0874－7201187
邮编：655400

富源县旅游局
地址：曲靖市富源县金城路136号
电话：0874－4612165
传真：0874－4612165
邮编：655500

会泽县旅游局
地址：曲靖市会泽县金钟镇二道巷19号
电话：0874－5122684
传真：0874－5122684
邮编：654200

沾益县旅游局
地址：曲靖市沾益县环城东路80号
电话：0874－3166502
传真：0874－3166502
邮编：655331

玉溪市旅游局
地址：玉溪市红塔区桂山路15号
电话：0877－2067174　2067403
传真：0877－2067409
邮编：653100

红塔区旅游局
地址：曲靖市玉溪市玉兴路98号
电话：0877－2034378
传真：0877－2010563
邮编：653100

澄江县旅游局
地址：玉溪市澄江县凤翔路北14号
电话：0877－6919199
传真：0877－6911280
邮编：652500

江川县旅游局
地址：玉溪市江川县星云路东段6号
电话：0877－8017132
传真：0877－8012132
邮编：652600

通海县旅游局
地址：玉溪市通海县秀山镇北街30号
电话：0877－3011787
传真：0877－3011787
邮编：652700

峨山彝族自治县旅游局
地址：玉溪市峨山县双江镇体育场内
电话：0877－4012686
传真：0877－4012606
邮编：653200

新平彝族傣族自治县旅游局
地址：玉溪市新平县平山路政府第二办公区
电话：0877－7019001
传真：0877－7013863
邮编：623400

元江哈尼族彝族傣族自治县旅游局
地址：玉溪市元江县文化路1号
电话：0877－6515277
传真：0877－6515458
邮编：653300

易门县旅游局
地址：玉溪市易门县西小街1号
电话：0877－4966118
传真：0877－4966117

邮编：651100

华宁县旅游局
地址：玉溪市华宁县宁秀街148号
电话：0877-5018919
传真：0877-5018919
邮编：652800

昭通市旅游局
地址：昭通市崇义街98号
电话：0870-2123079
传真：0870-2123079
邮编：657000

昭阳区旅游局
地址：昭通市青年路南段
电话：0870-2220984
传真：0870-2220984
邮编：657000

大关县旅游局
地址：昭通市大关县顺城路
电话：0870-5626886
传真：0870-5626886
邮编：657400

水富县旅游局
地址：昭通市水富县临江中路39号
电话：0870-8634300
传真：0870-8634300
邮编：657800

威信县旅游局
地址：昭通市威信县人民路
电话：0870-6126132
传真：0870-6126132
邮编：657900

鲁甸县旅游局
地址：昭通市鲁甸县文屏北路22号
电话：0870-8121351
传真：0870-8121351
邮编：657100

盐津县旅游局
地址：昭通市盐津县文兴街
电话：0870-6620037
传真：0870-6620037
邮编：657500

彝良县旅游局
地址：昭通市彝良县人民街73号
电话：0870-5124925
传真：0870-5124925
邮编：657600

巧家县旅游局
地址：昭通市巧家县新华北路
电话：0870-7127379
传真：0870-7127379
邮编：654600

绥江县旅游局
地址：昭通市绥江县金江街
电话：0870-7621209
传真：0870-7621209
邮编：657700

保山市旅游局
地址：保山市上巷街32号
电话：0875-2122590　2196927
传真：0875-2134767
邮编：678000

隆阳区旅游局
地址：保山市保岫西路23号
电话：0875-2160175
传真：0875-2144566
邮编：678000

腾冲县旅游局
地址：保山市腾冲县腾越镇天成社区太极小区1号
电话：0875-5141209
传真：0875-5151919
邮编：679100

楚雄彝族自治州旅游局
地址：楚雄州楚雄市滨河南路73号
电话：0878-3132877　3129104
传真：0878-3137917
邮编：675000

楚雄市旅游局
地址：楚雄州楚雄市鹿城南路445号
电话：0878-3122905
传真：0878-3141329
邮编：675000

武定县旅游局
地址：楚雄州武定县中心街
电话：0878-8715177
传真：0878-8715167
邮编：651600

南华县旅游局
地址：楚雄州南华县龙泉西路61号
电话：0878-7222799
传真：0878-7214852
邮编：675200

永仁县旅游局
地址：楚雄州永仁县政府大楼
电话：0878-6721787
传真：0878-6721787
邮编：651400

双柏县旅游局
地址：楚雄州双柏县前进路
电话：0878-7721809
传真：0878-7721809
邮编：675100

禄丰县旅游局
地址：楚雄州禄丰县政府大院
电话：0878-4124542
传真：0878-4124542
邮编：651200

元谋县旅游局
地址：楚雄州元谋县元马镇胜利街1号
电话：0878-8214755
传真：0878-8214755
邮编：651300

大姚县旅游局
地址：楚雄州大姚县城南街
电话：0878-6212902
传真：0878-6224410
邮编：675400

姚安县旅游局
地址：楚雄州姚安县环城南路65号
电话：0878-5724216
传真：0878-5724216
邮编：675300

牟定县旅游局
地址：楚雄州牟定县茅阳路
电话：0878-5211398
传真：0878-5211523
邮编：675500

红河哈尼族彝族自治州旅游局
地址：红河州蒙自县州政府办公楼A631室
电话：0873-3732272　3732275
传真：0873-3732279
邮编：661100

河口瑶族自治县旅游局
地址：红河州河口县商贸街联检大楼6楼
电话：0873-3421259
传真：0873-3451112
邮编：661300

建水县旅游局
地址：红河州建水县政府大楼1楼
电话：0873-7616851
传真：0873-7616880
邮编：664300

石屏县旅游局
地址：红河州石屏县环城南路3号
电话：0873-4855800
传真：0873-4855800
邮编：662200

个旧市文化体育旅游局
地址：红河州个旧市五一路40号
电话：0873-2156209
传真：0873-2156209
邮编：661000

弥勒县旅游局
地址：红河州弥勒县士金街215号
电话：0873-6133277
传真：0873-6135133
邮编：652300

泸西县旅游局
地址：红河州泸西县人民路5号
电话：0873-6635988
传真：0873-6621508
邮编：652400

蒙自县旅游局
地址：红河州蒙自县银河路63号
电话：0873-3721599
传真：0873-3721600
邮编：661100

元阳县旅游局
地址：红河州元阳县南沙叶榕路
电话：0873-5644956
传真：0873-5644827
邮编：662400

屏边苗族自治县文化体育旅游局
地址：红河州屏边县建设路37号
电话：0873-3221204
传真：0873-3221204
邮编：661200

金平苗族瑶族傣族自治县建设环保旅游局
地址：红河州金平县金沙小区
电话：0873-5221680
传真：0873-5221279

红河县建设环保局
地址：红河州红河县西门街
电话：0873-4623134
传真：0873-4623516
邮编：654400

绿春县旅游局
地址：红河州绿春县民族风情园
电话：0873-4224376
传真：0873-4224376
邮编：662500

文山壮族苗族自治州旅游局
地址：文山州文山县永通桥旅游大厦
电话：0876－2151632
传真：0876－2151551
邮编：663000

文山县旅游局
地址：文山州文山县开化镇
电话：0876－2143942
邮编：663000

丘北县旅游局
地址：文山州丘北县政府大院
电话：0876－4123043
邮编：663200

麻栗坡县旅游局
地址：文山州麻栗坡县河滨路11号
电话：0876－6622665
邮编：663600

广南县旅游局
地址：文山州广南县莲城镇南秀路
电话：0876－5158595
邮编：663300

砚山县旅游局
地址：文山州砚山县城砚华东路23号
电话：0876－3127885
邮编：663100

富宁县旅游局
地址：文山州新华镇文化路建设大厦
电话：0876－6122126
邮编：663400

西畴县旅游局
地址：文山州西畴县城
电话：0876－7623428
邮编：663500

马关县旅游局
地址：文山州马关县城
电话：0876－7129947
邮编：663700

思茅区旅游局
地址：普洱市思茅区月光路1号
电话：0879－2129473　2145370
传真：0879－2134847
邮编：665000

翠云区旅游局
地址：普洱市翠云区柏枝林路
电话：0879－2135724
传真：0879－2135724
邮编：665000

普洱哈尼族彝族自治县旅游局
地址：普洱市普洱县政府招待所
电话：0879－3231616
传真：0879－3231616
邮编：665100

景东彝族自治县旅游局
地址：普洱市景东县政府
电话：0879－8226005
传真：0879－8226005
邮编：676200

景谷傣族彝族自治县旅游局
地址：普洱市景谷县县政府
电话：0879－5116999
传真：0879－5116996
邮编：666400

镇沅彝族哈尼族拉祜族自治县旅游局
地址：普洱市镇沅县县政府招待所
电话：0879－5814896
传真：0879－5814896
邮编：666500

墨江哈尼族自治县旅游局
地址：普洱市墨江县县政府
电话：0879－4239208
传真：0879－4239208
邮编：654800

江城哈尼族彝族自治县旅游局
地址：普洱市江城县县政府
电话：0879－3721038
传真：0879－3721038
邮编：665900

澜沧拉祜族自治县旅游局
地址：普洱市澜沧县县政府
电话：0879－7221035
传真：0879－7221035
邮编：665600

孟连傣族拉祜族自治县旅游局
地址：普洱市孟连县县政府
电话：0879－8727916
传真：0879－8727916
邮编：665800

西盟佤族自治县旅游局
地址：普洱市西盟县县政府
电话：0879－8344126
传真：0879－8344126
邮编：665700

西双版纳傣族自治州旅游局
地址：西双版纳州景洪市纳昆康小区
电话：0691－2148566　2129089
传真：0691－2129850
邮编：666100

景洪市旅游局
地址：西双版纳州景洪市曼听路
电话：0691－2161630　2162177
传真：0691－2162495
邮编：666100

勐海县旅游局
地址：西双版纳州勐海县景管路11号
电话：0691－5127890
传真：0691－5126077
邮编：666200

勐腊县旅游局
地址：勐腊县财政局大楼
电话：0691－8122229
传真：0691－8128662
邮编：666300

大理白族自治州旅游局
地址：大理州大理市下关开发区
电话：0872－2316871　2316785
传真：0872－2316784
邮编：671000

大理市旅游事业局
地址：大理州大理古城绿玉小区
电话：0872－2671364
邮编：671000

宾川县旅游事业局
地址：大理州宾川县政府内
电话：0872－7149318
邮编：671600

剑川县旅游事业局
地址：大理州剑川县金华镇
电话：0872－4521762
邮编：671300

鹤庆县旅游事业局
地址：大理州鹤庆县云鹤镇
电话：0872－4122659
邮编：671500

洱源县旅游事业局
地址：大理州洱源县政府内
电话：0872－5124023
邮编：671200

祥云县旅游事业局
地址：大理州祥云县祥城镇
电话：0872－6120893
邮编：672100

巍山彝族回族自治县旅游事业局
地址：大理州巍山县政府内
电话：0872－6120893
邮编：672400

弥渡县旅游事业局
地址：大理州弥渡县弥城镇
电话：0872－8168388
邮编：675600

漾濞彝族自治县旅游开发办公室
地址：大理州漾濞县城
电话：0872－7524617
邮编：672500

南涧彝族自治县旅游开发办公室
地址：大理州南涧县南涧镇
电话：0872－8522735
邮编：675700

云龙县旅游开发办公室
地址：大理州云龙县城
电话：0872－5520759
邮编：672700

永平县旅游开发办公室
地址：大理州永平县城
电话：0872－6523009
邮编：672600

德宏傣族景颇族自治州旅游局
地址：德宏州潞西市芒市团结大街三棵树
电话：0692－2137927
传真：0692－2121972
邮编：678400

潞西市旅游局
地址：德宏州潞西市芒市镇人民路6号
电话：0692－2136696
传真：0692－2121337
邮编：678400

瑞丽市旅游局
地址：德宏州瑞丽市建设路2号
电话：0692－4142428
传真：0692－4142575
邮编：678600

畹町旅游局
地址：德宏州瑞丽市畹町开发区
电话：0692－5151085
传真：0692－5151386
邮编：678500

梁河县旅游局
地址：德宏州梁河县城

电话：0692－6161176
传真：0692－6161176
邮编：678400

盈江县旅游局
地址：德宏州盈江县平原镇
电话：0692－8180073
传真：0692－8180608
邮编：679300

陇川县旅游局
地址：德宏州陇川县章凤镇
电话：0692－7171658
传真：0692－7175098
邮编：678700

丽江市旅游局
地址：丽江市古城区香格里拉大道旅游大厦
电话：0888－5158555 5169846
传真：0888－5158111
邮编：674100

古城区旅游局
地址：丽江市古城区福慧路区政府内
电话：0888－5123824
传真：0888－5120702
邮编：674100

玉龙纳西族自治县旅游局
地址：丽江市玉龙县政府内
电话：0888－5123824
传真：0888－5109505
邮编：674100

宁蒗彝族自治县旅游局
地址：丽江市宁蒗县政府内
电话：0888－5524907
传真：0888－5524907
邮编：674300

永胜县旅游办公室
地址：丽江市永胜县政府大院
电话：0888－6521371
传真：0888－6528949
邮编：674200

华坪县旅游局
地址：丽江市华坪县河东新城建设局内
电话：0888－6126768
传真：0888－6121971
邮编：674100

怒江傈僳族自治州旅游局
地址：怒江州泸水县工人文化宫6楼
电话：0886－3637316
传真：0886－3627005
邮编：673100

泸水县旅游局
地址：怒江州泸水县新华书店2楼
电话：0886－3629031
邮编：673100

福贡县旅游局
地址：怒江州福贡县人大1楼
电话：0886－3413875
传真：0886－4313875
邮编：673400

贡山独龙族怒族自治县旅游局
地址：怒江州贡山县政府办公楼第2幢
电话：0886－3512285
传真：0886－3512285
邮编：673500

兰坪白族普米族自治县旅游局
地址：怒江州兰坪县人民路2号
电话：0886－3211467
传真：0886－3211683
邮编：673200

迪庆藏族自治州旅游局
地址：迪庆州香格里拉县红旗路延长段
电话：0887－8288522
传真：0887－8223786
邮编：674400

香格里拉县旅游局
地址：迪庆州香格里拉县长征路南段
电话：0887－8225390
传真：0887－8228899
邮编：674400

旅行社

云南海外旅游总公司
地址：昆明市东风东路96号（茶花宾馆内）
电话：0871－3123281
邮编：650041
网址：www. china-yotc. com
许可证号：L－YN－GJ00001

昆明中国国际旅行社
地址：昆明市环城南路285号
电话：0871－3566608
邮编：650011
网址：www. kmcits. com. cn
许可证号：L－YN－GJ00002

昆明风光国际旅游有限责任公司
地址：昆明市金碧路大德大厦
电话：0871－8886025
邮编：650011
许可证号：L－YN－GJ00003

云南金孔雀旅游集团国际旅行社有限公司
地址：景洪市民航路28号
电话：0691－2125777
邮编：666100
许可证号：L－YN－GJ00004

瑞丽市海外旅游有限责任公司
地址：瑞丽市建设路27号
电话：0692－4141888
邮编：678600
网址：www. 4110055. com. cn
许可证号：L－YN－GJ00005

云南河口国际旅行社
地址：云南省河口县人民路6号
电话：0873－3421311
邮编：661300
许可证号：L－YN－GJ00006

云南省中国旅行社
地址：昆明市北京路152号中明大厦6楼
电话：0871－3514788
邮编：650011
网址：www. ctsyn. cn
许可证号：L－YN－GJ00007

大理三塔国际旅行社有限责任公司
地址：大理市下关云岭大道科技大厦6楼
电话：0872－3186877
邮编：671000
许可证号：L－YN－GJ00008

昆明铁路国际旅行社（集团）
地址：昆明市昆明铁路大厦综合楼
电话：0871－3573788
邮编：650011
网址：www. kmrts. com
许可证号：L－YN－GJ00010

昆明旅行社（国际）有限公司
地址：昆明市环城东路488号
电话：13808712641
邮编：650041
许可证号：L－YN－GJ00011

云南中青国际旅行社有限公司
地址：昆明市拓东路101号
电话：0871－3323331
邮编：650041
网址：www. egochinatravel. com
许可证号：L－YN－GJ00012

云南科技国际旅行社
地址：昆明市翠湖西路1号省科技馆4楼
电话：0871－5314290
邮编：650031
网址：www. STITSYN. com
许可证号：L－YN－GJ00013

昆明风情国际旅游（集团）有限公司
地址：昆明市北京路99号
电话：0871－3116898
邮编：650041
网址：www. fqgl. com
许可证号：L－YN－GJ00014

大理海外旅行社有限公司
地址：大理市下关泰安路青春海岸201室
电话：0872－2195566
邮编：671000
网址：www. da li otc. com
许可证号：L－YN－GJ00016

昆明光大国际旅行社有限公司
地址：昆明市北京路202号
电话：0871－3105677
邮编：650011
许可证号：L－YN－GJ00017

云南省国际旅行社
地址：昆明市东郊路111号
电话：0871－3377495
邮编：650041
网址：www. 100yn. com
许可证号：L－YN－GJ00018

丽江滇西北国际旅行社（集团）有限公司
地址：丽江市香格里拉大道旅游大厦3楼
电话：0888－5168365
邮编：674100
许可证号：L－YN－GJ00019

景洪市国际旅行社有限责任公司
地址：西双版纳景洪市勐混路6号
电话：0691－2147177
邮编：666100
网址：www. Xsbn-lyn. com
许可证号：L－YN－GJ00020

云南航空国际观光旅行社
地址：昆明市北京路237号
电话：0871－8049666
邮编：650200
网址：www. yunnanly. com
许可证号：L－YN－GJ00021

云南世博国际旅行社股份有限公司
地址：昆明市和平南路52号南国宾馆4楼
电话：0871－3532091
邮编：650011
网址：www.bestyn.com
许可证号：L－YN－GJ00022

云南欧亚国际旅行社
地址：昆明市永乐路11号
电话：0871－4113761
邮编：650032
许可证号：L－YN－GJ00025

云南烟草国际旅行社有限公司
地址：昆明市永安路1号
电话：0871－3585803
邮编：650011
许可证号：L－YN－GJ00026

大理茶花国际旅行社有限责任公司
地址：大理市苍山路132号
电话：0872－2125168
邮编：671000
许可证号：L－YN－GJ00027

昆明海外旅行社有限责任公司
地址：昆明市北京路96号锦华国际酒店605室
电话：0871－3559828
邮编：650011
网址：www.kmotc.com
许可证号：L－YN－GJ00028

云南招商国际旅行社
地址：昆明市东风东路169号
电话：0871－3349296
邮编：650041
许可证号：L－YN－GJ00029

畹町海外旅游有限责任公司
地址：瑞丽市畹町环东路5号
电话：0692－5152265
邮编：678600
许可证号：L－YN－GJ00033

云南山水国际旅行社
地址：昆明市东风东路东风巷87号
电话：0871－3127560
邮编：650051
网址：www.ynss.cn
许可证号：L－YN－GJ00034

昆明太阳洲国际旅行社有限公司
地址：昆明市北京路605号驰宇大厦15楼
电话：0871－5132999
邮编：650051
许可证号：L－YN－GJ00035

云南熊猫国际旅行社有限公司
地址：昆明市拓东路80号绿洲大酒店商业中心15楼
电话：0871－3190598
邮编：650041
网址：www.kmcits.com
许可证号：L－YN－GJ00036

云南力天旅游有限公司
地址：昆明市圆通街58号连云宾馆办公楼
电话：0871－5152920
邮编：650031
网址：www.diethelm-travd.com
许可证号：L－YN－GJ00037

云南航空国际旅行社
地址：昆明市人民中路丰园大厦9楼
电话：0871－5399788
邮编：650031
许可证号：L－YN－GJ00038

云南天达国际旅行社有限公司
地址：西双版纳景洪市景德路26号
电话：0691－2145877
邮编：666100
网址：www.tiand-da.com.cn
许可证号：L－YN－GJ00040

德宏州金太阳国际旅行社
地址：潞西市芒市镇珠宝路下段
电话：0692－2215178
邮编：678400
许可证号：L－YN－GJ00041

昆明康辉旅行社有限公司
地址：昆明市永丰路6号
电话：0871－3522500
邮编：650011
许可证号：L－YN－GJ00042

云南丽江白鹿国际旅行社有限公司
地址：丽江市福慧路玉龙雪山旅游集团大楼2层
电话：0888－5167019
邮编：674100
网址：www.whitedeertour.com
许可证号：L－YN－GJ00043

云南大理中国国际旅行社有限责任公司
地址：大理市下关苍山路132号A幢2楼
电话：0872－2191985
邮编：671000
许可证号：L－YN－GJ00045

丽江官房大酒店官房假期旅行社
地址：丽江市官房大酒店内
电话：0888－5188888
邮编：674100
网址：www.gfhotel-lijiang.com.cn
许可证号：L－YN－GJ00046

云南省玉溪国际旅行社有限责任公司
地址：玉溪市高新区桂山路15号（玉溪市旅游局一楼）
电话：0877－2071799
邮编：653100
网址：www.yuxitravel.com
许可证号：L－YN－GJ00047

云南省思茅市茗苑国际旅行社
地址：思茅市鱼水路9号
电话：0879－2302218 2301116
邮编：665000
许可证号：L－YN－GJ00048

迪庆卡瓦格博国际旅行社有限责任公司
地址：迪庆州香格里拉县迪庆旅游服务中心大楼
电话：0887－8288520
邮编：674400
网址：www.shangbala.com
许可证号：L－YN－GJ00049

云南省腾冲县五洲国际旅行社有限责任公司
地址：云南省腾冲县越镇官厅巷12号
电话：0875－5155229 5156561
邮编：679100
许可证号：L－YN－GJ00050

西双版纳任达国际旅行社有限公司
地址：西双版纳景洪市景德路32号
电话：0691－2127779
邮编：666100
网址：www.rendacits.com
许可证号：L－YN－GJ00051

丽江古城国际旅行社有限责任公司
地址：丽江市束河古镇
电话：0888－5136277
邮编：674100
网址：www.ljshuhe.com
许可证号：L－YN－GJ00052

云南旅游商务国际旅行社有限公司
地址：昆明市北京路202号
电话：0871－3172418
邮编：650041
许可证号：L－YN－GJ00053

云南省丽江中国国际旅行社有限责任公司
地址：丽江市香格里拉大道丽房商厦3楼
电话：0888－6160370
邮编：674100
网址：www.ljcits.cn
许可证号：L－YN－GJ00054

昆明友谊之春国际旅行社
地址：昆明市人民东路304号
电话：0871－3401032 3401123
邮编：650041
网址：www.fstskm.com
电子信箱：fsts@fstskm.com
许可证号：L－YN－GJ00055

丽江黑白水国际旅行社有限责任公司
地址：丽江市古城区长水路
电话：0888－5129516
邮编：674100
许可证号：L－YN－GJ00056

丽江中国旅行社有限公司
地址：丽江市古城区西安路寨后商业街2－3幢
电话：0888－5159619 13908882397
邮编：674100
网址：www.ljcts.com
电子信箱：ljcts@126.com
许可证号：L－YN－GJ00057

丽江四方国际旅行社有限公司
地址：丽江市古城区祥和社区白龙潭村
电话：0888－5121608
邮编：674100
网址：www.17ulj.com
电子信箱：masc@ljsfg.com
许可证号：L－YN－GJ00058

西双版纳天城国际旅行社有限责任公司
地址：景洪市嘎南中路23号
电话：13988145128
邮编：666100
电子信箱：schaor_1@163.com
许可证号：L－YN－GJ00059

西双版纳天马国际旅行社有限公司
地址：西双版纳景洪市景德西路8号A楼
电话：13908819919 0691－6620808
邮编：666100
许可证号：L－YN－GJ00060

西双版纳磨憨国际旅行社有限责任公司
地址：西双版纳旅游渡假区勐泐大道55号
电话：0691－2137499
邮编：666100
许可证号：L－YN－GJ00063

宾馆酒店

佳华广场酒店★★★★★
地址：昆明市北京路 157 号
电话：0871－3562828
传真：0871－3561818
邮编：650011
网址：www. kaiwahplaza. com
电子信箱：kw@ kaiwahplaza. com

昆明翠湖宾馆有限公司★★★★★
地址：昆明市翠湖南路六号
电话：0871－5158888
传真：0871－5153286
邮编：650031
网址：www. greenlakehotel. com
电子信箱：sales@ greenlakehotel. com

昆明海逸酒店★★★★★
地址：昆明市洪化桥 20 号
电话：0871－5386688
传真：0871－5381189
邮编：650031
网址：www. harbor_plaza. com

云南邦克饭店有限公司★★★★★
地址：昆明市青年路 399 号
电话：0871－3158888
传真：0871－3158999
邮编：650011
网址：www. bankhotel. com
电子信箱：kmbk@ public. km. yn. cn

云南天恒大酒店★★★★★
地址：昆明市青年路 432 号
电话：0871－3186666
传真：0871－3186888
邮编：650021
网址：www. horizonhotel. cn
电子信箱：e. o@ horizonhotel. cn

云南绿洲大酒店有限公司★★★★★
地址：昆明市拓东路 80 号
电话：0871－3189999
传真：0871－3195888
邮编：650041
网址：www. yngreenland. hotel. com
电子信箱：hotel@ greenland. com. cn

腾冲官房大酒店★★★★★
地址：保山市腾冲县腾越镇红星小区 1 号
电话：0875－5199999
传真：0875－5155555
邮编：679100
网址：www. guanfanghotels. com
电子信箱：tcjd@ guanfang. com. cn

官房大酒店★★★★★
地址：丽江市古城区香格里大道
电话：0888－5188888
传真：0888－5120830
邮编：674100
网址：www. gfhotel. cn
电子信箱：ebooking@ china. com

天界神川大酒店★★★★★
地址：迪庆州香格里拉县长征路中段
电话：0887－8228008
传真：0887－8230418
邮编：674400
网址：www. tjsc-hotel. com
电子信箱：tjschotel@ 126. com

大理风花雪月大酒店★★★★★
地址：大理市古城玉洱路
电话：0872－2666666
传真：0872－2181555
邮编：671003
网址：www. regenthotel. cn
电子信箱：mail@ regenthotel. cn

漫湾大酒店★★★★★
地址：大理市经济开发区沧浪路西侧
电话：0872－2181783
传真：0872－2181742
邮编：671000
网址：www. manwanhotel. com
电子信箱：manwanhotel818@ sina.

昆明金龙饭店有限公司★★★★
地址：昆明市北京路 575 号
电话：0871－3133015
传真：0871－3133781
邮编：650011
网址：www. gdhotel. com. cn
电子信箱：gdhotel@ gdhotel. com. cn

昆明锦江大酒店★★★★
地址：昆明市北京路 98 号
电话：0871－3138888
传真：0871－3131910
邮编：650011
网址：www. jinjianghotels. com
电子信箱：td29881@ 163. com

昆明泰隆宏瑞饭店★★★★
地址：昆明市春城路 279 号
电话：0871－3559999
传真：0871－3557656
邮编：650011
网址：www. 3559999. com
电子信箱：tlhrhotel@ 163. com

云南滇池大酒店★★★★
地址：昆明市滇池国家旅游度假区怡景路 9 号
电话：0871－4334888
传真：0871－4312051
邮编：650228
网址：www. dianchihotel. com. cn

云南滇池温泉花园国际大酒店★★★★
地址：昆明市滇池路 1316 号
电话：0871－4334666
传真：0871－4334999
邮编：650228
网址：www. kmgardenresorthotel. com. cn
电子信箱：futurenicr001@ yahoo. com. cn

怡景园度假酒店★★★★
地址：昆明市滇池路六公里
电话：0871－4313338
传真：0871－4310548
邮编：650228
网址：www. yjg-hotel. com
电子信箱：vendition_s@ 126. com

昆明樱花酒店★★★★
地址：昆明市东风东路 29 号
电话：0871－3165888
传真：0871－3135189
邮编：650011
网址：www. sakurahotel. cn

昆明饭店★★★★
地址：昆明市东风东路 52 号
电话：0871－3162063
传真：0871－3162240
邮编：650051
网址：www. kmhotel. com
电子信箱：kmhotel@ kmhotel. com

昆明新南疆酒店★★★★
地址：昆明市东风西路 241 号
电话：0871－536664
传真：0871－5366514
邮编：650031
网址：www. nnjhotel. com. cn
电子信箱：mml1205@ tom. com

新纪元大酒店★★★★
地址：昆明市东风西路 99 号
电话：0871－3624999
传真：0871－3636556
邮编：650021
网址：www. erahotel. com
电子信箱：newerakm@ public. km. yn. cn

昆明中玉酒店★★★★
地址：昆明市国贸路 87 号
电话：0871－7155188
传真：0871－7189666
邮编：650200
网址：www. kmzyjd. com

泰丽国际酒店★★★★
地址：昆明市环城南路 39 号
电话：0871－3305888
传真：0871－3305999
邮编：650041
网址：www. telhotel. com
电子信箱：telhotel@ public. km. yn. cn

昆明希桥酒店★★★★
地址：昆明市江滨西路 1 号
电话：0871－5116666
传真：0871－5112253
邮编：650021
电子信箱：uchoicehotel@ tom. com

云南经贸宾馆有限公司★★★★
地址：昆明市青年路 298 号
电话：0871－3179511
传真：0871－3179511
邮编：650034
网址：www. ynethotel. com
电子信箱：booking@ ynethotel. com

昆明官渡大酒店★★★★
地址：昆明市日新路（原关上南路 356 号）
电话：0871－7169988
传真：0871－7173544
邮编：650200
网址：www. guanduhotel. cn
电子信箱：guanduhotel@ 163. com

威龙饭店★★★★
地址：昆明市沿河路 42 号
电话：0871－3616688
传真：0871－3616588
邮编：650032
网址：www. wlhotel. com. cn
电子信箱：wlhotel@ public. km. yn. cn

云南红塔大酒店有限公司★★★★
地址：玉溪市红塔大道 32 号
电话：0877－2066666
传真：0877－2066868
邮编：653100
电子信箱：hongtasw@ 126. com

玉溪中玉酒店★★★★
地址：玉溪市聂耳路 62 号
电话：0877－2053888

传真：0877－2053999
邮编：653100
电子信箱：zyhotel. yx@163. com

阳光海岸酒店★★★★
地址：玉溪市江川县抚仙湖孤山风景区
电话：0877－8551999
传真：0877－8551997
邮编：652601
网址：www. yxly. com. cn
电子信箱：yghazb@126. com

保山兰都饭店★★★★
地址：保山市保岫西路中段
电话：0875－2121888
传真：0875－2121990
邮编：678000
网址：www. landuhotel. com. cn

森龙大酒店★★★★
地址：丽江市古城区长水路
电话：0888－5120666
传真：0888－5181968
邮编：674100
网址：www. senlonghotel. com

剑南春文苑★★★★
地址：丽江市古城区古城光义街8号
电话：0888－5102222
传真：0888－5102988
邮编：674100
网址：www. jnchotel. com
电子信箱：pengxianzhao@gmail. com

王府饭店（4星级评定中）★★★★
地址：丽江市古城区古城南门
电话：0888－5189666
传真：0888－5189929
邮编：674100

和玺酒店（4星级评定中）★★★★
地址：丽江市古城区古城南门广场
电话：0888－6877777
传真：0888－6877222
邮编：674100
网址：www. 6877777. com
电子信箱：6877766@163. com

玉龙花园酒店★★★★
地址：丽江市古城区古城新义街积善巷62号
电话：0888－5151288
传真：0888－5151279
邮编：674100
网址：www. ljylhotel. com
电子信箱：whj@ljylhotel. com

阿丹阁大酒店★★★★
地址：丽江市古城区香格里大道
电话：0888－5166666
传真：0888－3101910
邮编：674100

观光酒店★★★★
地址：丽江市古城区香格里大道
电话：0888－5160188
传真：0888－5160006
邮编：674100
网址：www. lj-ggjd. com
电子信箱：sales@lj-ggjd. com

金泉大酒店★★★★
地址：丽江市古城区香格里大道
电话：0888－5152888
传真：0888－5152999
邮编：674100

网址：www. jqhotel. com
电子信箱：ynyang_yanxiong@163. com

丽苑大酒店（4星级评定中）★★★★
地址：丽江市古城区香格里大道
电话：0888－5169999
传真：0888－5166333　5166266
邮编：674100

思茅高登大酒店★★★★
地址：普洱市思茅区人民东路19号
电话：0879－2148188
传真：0879－2148188转8988
邮编：665000
网址：www. simaogarden. com
电子信箱：smgaodeng@163. com

临通大酒店★★★★
地址：临沧市临翔区世纪路
电话：0883－2156888
传真：0883－2153385
邮编：677000
网址：www. ltdjd. cn
电子信箱：ynlt000@126. com

景成大酒店★★★★
地址：德宏州瑞丽市卯喊路中段95号
电话：0692－4159999
传真：0692－4159888
邮编：678600
网址：www. jcdjd. cn
电子信箱：webmaster@jcdjd. cn

龙凤祥大酒店★★★★
地址：迪庆州香格里拉县和平路中段
电话：0887－8229788
传真：0887－8229788
邮编：674400
网址：www. ynflx. com
电子信箱：master@ynlfx. com

观光酒店★★★★
地址：迪庆州香格里拉县和平路中段
电话：0887－8230698
传真：0887－8229847
邮编：674400
网址：www. shangri-laggjd. com
电子信箱：manager@lj-ggid. com

美登大酒店★★★★
地址：大理市苍山路116号
电话：0872－2138999
传真：0872－2138666
邮编：671000
网址：www. meidenghotel. com
电子信箱：xqsmd@163. com

雄宝酒店★★★★
地址：楚雄市鹿城东路
电话：0878－6161888
传真：0878－3013308
邮编：675000
网址：www. xiongbao-hotel. com
电子信箱：xiongbao@vip. sina. com

蒙自天源大酒店★★★★
地址：红河州蒙自县天马路42号
电话：0873－3723888
传真：0873－3723777
邮编：661100
网址：www. mzty. cc
电子信箱：mztianyu@mail. hh. yn. cninfo. net

个旧十号楼宾馆★★★★
地址：红河州个旧市金湖东路124号

电话：0873－2122514
传真：0873－2122830
邮编：661000
电子信箱：fan169@yumajl. com

个旧世纪广场酒店★★★★
地址：红河州个旧市中山路21－6号
电话：0873－2168888
传真：0873－2169137
邮编：661000
网址：www. sigcjd. com
电子信箱：zjb. sjgc@yahoo. com. cn

开远红电文化城宾馆★★★★
地址：红河州开远市西南路
电话：0873－7272266
传真：0873－7272266
邮编：661600
网址：www. hdlh. cn/lxfs. htm
电子信箱：lyl@hdch. com

弥勒红烟宾馆★★★★
地址：红河州弥勒县桃园路50号红河烟厂内电话：0873－6196666
传真：0873－6196600
邮编：652300
电子信箱：8732y@163. com

景兰大酒店（待评4）★★★★
地址：西双版纳州景洪市景德路6号
电话：0691－2129999
传真：0691－2199198
邮编：666100
网址：www. yn-hc. cn/jl. html
电子信箱：king land-hotel@126. com

云南航空西双版纳观光酒店★★★★
地址：西双版纳州景洪市勐龙路6号
电话：0691－2144888
传真：0691－2149666
邮编：666100
网址：www. sightseeing-hotel. com
电子信箱：ggjdmail@163. com

傣园酒店★★★★
地址：西双版纳州景洪市民航路61号
电话：0691－2123888
传真：0691－2126060
邮编：666100
网址：www. newtgh. com
电子信箱：dy_2123888@sina. com

昆明宝善大酒店★★★
地址：昆明市宝善街52－54号
电话：0871－3191988
传真：0871－3162003
邮编：650022
网址：www. baoshanhotel. com
电子信箱：km_baoshan@126. com

昆明龙腾大酒店★★★
地址：昆明市北京路632号
电话：0871－3168999
传真：0871－3164208
邮编：650051
网址：www. longteng-hotel. com
电子信箱：km_lthotel@126. com

海昆大酒店★★★
地址：昆明市北京路北段620号
电话：0871－3016666－6670 6880
传真：0871－3016880
邮编：650021

昆明耀龙饭店★★★
地址：昆明市春城路22号
电话：0871－3141188
传真：0871－3113273
邮编：650011
电子信箱：yaolonghotel@163.com

船舶大观酒店★★★
地址：昆明市大观路232号
电话：0871－5336788
传真：0871－5321795
邮编：650032
电子信箱：ksh1118@126.com

云南金孔雀大酒店★★★
地址：昆明市滇池路372号
电话：0871－8881888
传真：0871－8022599
邮编：650228

昆明桂花大厦★★★
地址：昆明市滇池路56号
电话：0871－6178917
传真：0871－4136963
邮编：650034
网址：www.kmgh.cn
电子信箱：ggyx@kmgh.cn

昆明电信国际技术交流中心★★★
地址：昆明市滇池路七公里
电话：0871－4336699
传真：0871－4336061
邮编：650228
电子信箱：ynkmgwj@163.com

电网公司白云培训中心★★★
地址：昆明市东风东路112号
电话：0871－3188688
传真：0871－3162566
邮编：650041

云南金鹰大酒店★★★
地址：昆明市关上金晖路8号
电话：0871－7019999－60000
传真：0871－7196808
邮编：650200
电子信箱：ynjydhotel@163.com

昆明国际会展中心酒店★★★
地址：昆明市关上双福路401－01号
电话：0871－7157999
传真：0871－7187240
邮编：650200
网址：www.huizhanhotel.com
电子信箱：sales@guomaohotel.cn

天和大酒店★★★
地址：昆明市环城北路33号
电话：0871－5168815
传真：0871－5198877
邮编：650051
网址：www.km114.com.cn

海棠饭店★★★
地址：昆明市环城东路1号
电话：0871－6174599
传真：0871－6174241
邮编：650031
电子信箱：begonia-hotel86@msn.com

云南海德马佳仕酒店★★★
地址：昆明市环城南路118号
电话：0871－3333918
传真：0871－3333928
邮编：650041

金泉大酒店★★★
地址：昆明市人民东路93号
电话：0871－3196888
传真：0871－3120759
邮编：650051
网址：www.jqhotel.net
电子信箱：km5001@126.com

昆明春城花园酒店★★★
地址：昆明市人民西路449号
电话：0871－6158888
传真：0871－8233464
邮编：650118
电子信箱：cchyjd@126.com

云南银天大酒店★★★
地址：昆明市人民中路象眼街1号
电话：0871－8094666
传真：0871－3626978
邮编：650021
电子信箱：yssh@public.km.yn.cn

昆明海天酒店★★★
地址：昆明市拓东路3号
电话：0871－3133588
传真：0871－3198375
邮编：650011
网址：www.haitian-hotel.com
电子信箱：kmht@vip.yn-tobacco.com

云南东陆饭店有限公司★★★
地址：昆明市西园北路1号
电话：0871－4115999
传真：0871－4115555
邮编：650032

昆明官房大酒店★★★
地址：昆明市新迎路172号
电话：0871－3346688－2408
传真：0871－3329215
邮编：650233
网址：www.guanfang.com

云南教育服务中心★★★
地址：昆明市学府路4号
电话：0871－5131041
传真：0871－5121989
邮编：650031

昆明景谷大酒店★★★
地址：昆明市官渡区民航路408号
电话：0871－7019188
传真：0871－7155210
邮编：650200
网址：www.221.3.132.24

昆明海狮酒店★★★
地址：昆明市西山区前卫镇马家营
电话：0871－8899888
传真：0871－8897700
邮编：650228
电子信箱：haishihotel@163.com

晋宁三和大酒店★★★
地址：昆明市晋宁县昆阳街71号
电话：0871－7801888
传真：0871－7801888－21
邮编：650600

宜良新世纪大酒店★★★
地址：昆明市宜良县城
电话：0871－7538888
传真：0871－7524988
邮编：652100

宜良双禄大酒店★★★
地址：昆明市宜良县迎宾路南侧
电话：0871－7539444
传真：0871－7539294
邮编：652100

方舟大酒店★★★
地址：昆明市滇池路与石安路交叉口
电话：0871－4101188
传真：0871－4164270
邮编：651700
网址：www.kmfz.com
电子信箱：kmfzj@2kmfz.com

嵩明新纪元大酒店★★★
地址：昆明市嵩明县嵩阳镇
电话：0871－7929999
传真：0871－7928699
邮编：651700

石林天奇阿诗玛大酒店★★★
地址：昆明市石林风景区绿芳塘水库旁
电话：0871－7719969
传真：0871－7719966
邮编：652211
网址：www.tqasm.com
电子信箱：tqasm@tqasm.com

石林兴亚风情园★★★
地址：昆明市石林县风景区岔口
电话：0871－7710068
传真：0871－7711599
邮编：652211
网址：www.shilin.gov.cn

昆明石林大酒店有限公司★★★
地址：昆明市石林县龙泉路2号
电话：0871－7798888
传真：0871－7794887
邮编：652200
电子信箱：sfhotel@km169.net

曲靖翠峰大酒店有限公司★★★
地址：曲靖市翠峰路5号
电话：0874－3367888
传真：0874－3310696
邮编：655000

曲靖罗曼大酒店有限公司★★★
地址：曲靖市寥廓南路183号
电话：0874－3362888
传真：0874－3362889
邮编：655000

曲靖银利大酒店有限公司★★★
地址：曲靖市麒麟北路2号
电话：0874－3392888
传真：0874－3297222
邮编：655000
网址：www.qjyl.w176.com
电子信箱：yinlihotel@126.com

曲靖东电温泉职工培训中心★★★
地址：曲靖市三宝温泉
电话：0874－3982163
传真：0874－3982163
邮编：655002

曲靖福牌是林国际大酒店★★★
地址：曲靖市园林路126号
电话：0874－3318888
传真：0874－3314283
邮编：655000
网址：www.stone.foresthotel.com
电子信箱：admin@stonefoerst.com

富源县金源大厦★★★
地址：曲靖市富源县金城路
电话：0874－4626999
传真：0874－4626169
邮编：655500

罗平多依河宾馆★★★
地址：曲靖市罗平县九龙大道
电话：0874－8256795
传真：0874－8256051
邮编：655800

罗平鑫源宾馆★★★
地址：曲靖市罗平县文笔路
电话：0874－8227888
传真：0874－8227818
邮编：655800

陆良县人民政府宾馆★★★
地址：曲靖市陆良县北门街88号
电话：0874－6220888
传真：0874－6868089
邮编：655600

云南振华大酒店有限公司★★★
地址：曲靖市陆良县开发区城西路
电话：0874－6338886
传真：0874－6332968
邮编：655600

云南省以礼河大酒店★★★
地址：曲靖市会泽县城北路
电话：0874－5686653
传真：0874－5686653
邮编：654200
电子信箱：yn-100lu@ sina. com. cn

会泽县聚宝大酒店★★★
地址：曲靖市会泽县城北路
电话：0874－5686978
传真：0874－5686869
邮编：654200

汇龙温泉大酒店★★★
地址：玉溪市红塔区大营街镇玉泉路1号
电话：0877－2773645
传真：0877－2771068
邮编：653103
网址：www. hleco. com
电子信箱：gy0813@ 163. com

玉溪云润商贸有限公司玉波苑酒店★★★
地址：玉溪市江川县抚仙湖孤山风景区
电话：0877－8551259
传真：0877－8551257
邮编：652601
电子信箱：ynyuboyuan@ 126. com

瑞文酒店★★★
地址：玉溪市江川县抚仙湖孤山风景区
电话：0877－8551688
传真：0877－8551700
邮编：652601
网址：www. ynfxh. com
电子信箱：riverain@ yn-mail. com

象山宾馆★★★
地址：玉溪市澄江县抚仙湖象鼻子
电话：0877－6710025
传真：0877－6710024
邮编：652500
网址：www. devluota. com/xiang shan
电子信箱：kmrts/xiang shan@ 163. com

云南省通海县熙苑宾馆有限公司★★★
地址：玉溪市通海县秀山沟接缘小坝
电话：0877－3021123
传真：0877－3021111
邮编：652700
电子信箱：xybg@ yx. yn. cninof. net

云南省峨山县天子苑温泉酒店★★★
地址：玉溪市峨山县小街镇年景村
电话：0877－4062066
传真：0877－4062008
邮编：653201

凯迪宾馆★★★
地址：玉溪市元江县文化路13号
电话：0877－6018999
传真：0877－6018999
邮编：653300
网址：www. yxly. com. cn/yjkd. htm

保山明和大酒店★★★
地址：保山市人民路东路
电话：0875－2218888
传真：0875－2218888
邮编：678000

腾冲雷华酒店★★★
地址：保山市腾冲县腾越镇秀峰社区泰安小区217号
电话：0875－5151888
传真：0875－5151999
邮编：679100
网址：www. tclhjd. cn

画苑宾馆★★★
地址：昭通市凤霞路50号
电话：0870－2238888
传真：0870－2237076
邮编：657000
电子信箱：ztzjx@ 126. com

玉河酒店★★★
地址：丽江市古城区玉河路
邮编：674100

太安酒店★★★
地址：丽江市古城区安通路
电话：0888－5150117
传真：0888－5152266
邮编：674100
电子信箱：ljtajd@ sina. com

锦丽来酒店★★★
地址：丽江市古城区安通路
电话：0888－3109898
传真：0888－3113161
邮编：674100
电子信箱：jinlilai13016@ com. cn

森龙北楼酒店★★★
地址：丽江市古城区长水路
电话：0888－5120666
传真：0888－5120666
邮编：674100
网址：www. senlonghotel. com

黑白水酒店★★★
地址：丽江市古城区长水路
电话：0888－5126688
传真：0888－5124887
邮编：674100
电子信箱：hbsjd@ 163. com

东府酒店★★★
地址：丽江市古城区东界河
电话：0888－3118388
传真：0888－3113166
邮编：674100

丽特酒店★★★
地址：丽江市古城区福慧路
电话：0888－5166351
传真：0888－5166333
邮编：674100
电子信箱：yn@ hkm. sina. com

凡耐思酒店★★★
地址：丽江市古城区福慧路
电话：0888－5159999
传真：0888－5158888
邮编：674100
网址：www. fns. com. cn
电子信箱：ljfnsjd@ 126. com

丽江宾馆★★★
地址：丽江市古城区福慧路
电话：0888－5151218
传真：0888－5121223
邮编：674100
电子信箱：zyf8010@ sina. com

金穗宾馆★★★
地址：丽江市古城区福慧路
电话：0888－5121666
传真：0888－5188221
邮编：674100
网址：www. ljjsbg. com
电子信箱：ynljllj@ 163. com

绿韵酒店★★★
地址：丽江市古城区福慧路
电话：0888－5151777
传真：0888－5155606
邮编：674100
电子信箱：lyjd13024@ sina. com

玉龙山酒店★★★
地址：丽江市古城区福慧路
电话：0888－5050555
传真：0888－5150516
邮编：674100
电子信箱：ynljdyc@ 163. com

虎跳峡酒店★★★
地址：丽江市古城区福慧路
电话：0888－3105666
传真：0888－3111181
邮编：674100
网址：www. tlghotel. com
电子信箱：yang jian xin 2006@ 126. com

三合酒店★★★
地址：丽江市古城区古城
电话：0888－5120891
传真：0888－5120892
邮编：674100
网址：www. sanhehotel. bzb. cn
电子信箱：sanhehotel@ yahoo. com. cn

古城源酒店★★★
地址：丽江市古城区古城
电话：0888－5114789
传真：0888－5113789
邮编：674100
电子信箱：mql003@ 126. com

邦恒酒店★★★
地址：丽江市古城区古城南门
电话：0888－5153324
传真：0888－5118111

邮编：674100
电子信箱：bangheng@ yahoo. com

南门酒店★★★
地址：丽江市古城区古城南门
电话：0888－8882317
传真：0888－8882317
邮编：674100
电子信箱：tgm_163ye@ 163. com

南轩酒店★★★
地址：丽江市古城区古城南门
电话：0888－5152870
传真：0888－5152855
邮编：674100
电子信箱：dqkeqxc@ yahoo. cn

曜源酒店★★★
地址：丽江市古城区古城南门
电话：0888－5131996
传真：0888－5131995
邮编：674100

嵌雪楼酒店★★★
地址：丽江市古城区古城狮子山路
电话：0888－5151816
传真：0888－5151789
邮编：674100
电子信箱：qxl13019@ sina. com

古城客栈★★★
地址：丽江市古城区古城新义街积善巷
电话：0888－5189000
传真：0888－5189030
邮编：674100
电子信箱：a_t_inn@ yahoo. com

格兰酒店★★★
地址：丽江市古城区古城玉河路
电话：0888－5128888
传真：0888－5125858
邮编：674100
电子信箱：sallysales@ 126. com

瓜玳国酒店★★★
地址：丽江市古城区瓜玳国
电话：0888－5111884
传真：0888－5111881
邮编：674100
电子信箱：longyubo1023@ 163. com

凯达酒店★★★
地址：丽江市古城区金凯广场
电话：0888－3110888
传真：0888－3108977
邮编：674100
网址：www. ljkaida. com
电子信箱：zhqmy@ 163. com

玉元酒店★★★
地址：丽江市古城区丽大路
电话：0888－3105466
传真：0888－3105168
邮编：674100
电子信箱：zlb007157@ 163. com

邮电宾馆★★★
地址：丽江市古城区民主路
电话：0888－5113560
传真：0888－5113571
邮编：674100
电子信箱：ljposthotel@ 126. com

龙峰酒店★★★
地址：丽江市古城区七星街
电话：0888－5161488
传真：0888－5159048
邮编：674100
电子信箱：lf－234123001@ 163. com

大东巴酒店★★★
地址：丽江市古城区七星街
电话：0888－5119559
传真：0888－5119779
邮编：674100
电子信箱：he730@ sian. com

和木酒店★★★
地址：丽江市古城区七星街
电话：0888－3108555
传真：0888－3108611
邮编：674100
电子信箱：miyuan018@ 126. com

太和酒店★★★
地址：丽江市古城区七星街
电话：0888－3110297
传真：0888－3110290
邮编：674100
电子信箱：lijmuzesun@ 163. com

锦天酒店★★★
地址：丽江市古城区七星街
电话：0888－5155589
传真：0888－5136999
邮编：674100
网址：www. ljjtjd. com
电子信箱：jintian_hotel@ sina. com

束河酒店★★★
地址：丽江市古城区束河古镇
电话：0888－5136611
传真：0888－5136611
邮编：674100
电子信箱：hyh0117@ sina. com

腾云客栈★★★
地址：丽江市古城区束河古镇
电话：0888－5136800
传真：0888－5136810
邮编：674100

泰鑫酒店★★★
地址：丽江市古城区香格拉大道
电话：0888－3100666
传真：0888－5150898
邮编：674100
电子信箱：dh7218@ 163. com

海丽酒店★★★
地址：丽江市古城区香格里大道
电话：0888－5152842
传真：0888－5161777
邮编：674100
电子信箱：ljhl@ 126. com

瑞鑫酒店★★★
地址：丽江市古城区香格里大道
电话：0888－5170055
传真：0888－5173222
邮编：674100
电子信箱：wenhaiyan226@ 163. com

家园酒店★★★
地址：丽江市古城区香格里大道
电话：0888－3109066
传真：0888－3109066
邮编：674100
电子信箱：jiayuanjiudian@ sina. com

云龙酒店★★★
地址：丽江市古城区香格里大道
电话：0888－3101666
传真：0888－3113066
邮编：674100
网址：www. yunlong-hotel. com
电子信箱：yl888@ yunlong-hotel. com

凯天酒店★★★
地址：丽江市古城区香格里大道
电话：0888－5165731
传真：0888－5165705
邮编：674100
电子信箱：li6666juan@ 163. com

古云杉酒店★★★
地址：丽江市古城区香格里大道
电话：0888－3106888
传真：0888－5164888
邮编：674100
电子信箱：mayunli_123@ 126. com

侨鑫酒店★★★
地址：丽江市古城区香格里大道
电话：0888－5134999
传真：0888－5163417
邮编：674100
电子信箱：annie_liu68@ 126. com

龙耀祥酒店★★★
地址：丽江市古城区香格里大道
电话：0888－5154999
传真：0888－5154092
邮编：674100
网址：www. yuzhuqingtian. com
电子信箱：timgaotijun@ yahoo. cm. cn

丽香苑酒店★★★
地址：丽江市古城区祥和路
电话：0888－3118388
传真：0888－3113166
邮编：674100

云武宾馆★★★
地址：丽江市古城区祥和路、
电话：0888－5152088
传真：0888－5152028
邮编：674100
电子信箱：wjywbg@ 163. com

龙江花园酒店★★★
地址：丽江市古城区象山路
电话：0888－3109133
传真：0888－5110823
邮编：674100
电子信箱：spy@ 163. com

天乐酒店★★★
地址：丽江市古城区象山路
电话：0888－5155777
传真：0888－5153768
邮编：674100
电子信箱：ziximail@ tom. com

景观酒店★★★
地址：丽江市古城区象山路
电话：0888－5326666
传真：0888－5161968
邮编：674100
电子信箱：ljjgjd@ 126. com

思茅金凤大酒店★★★
地址：普洱市思茅区人民东路 8 号
电话：0879－2138868
传真：0879－2138848

邮编：665000
网址：www. jfhotel. cn
电子信箱：jfdjd@ hcc. cn

德安酒店★★★
地址：德宏州潞西市芒市镇阔时路62号
电话：0692－2211288
传真：0692－2129202
邮编：678400

新凯通国际大酒店★★★
地址：德宏州瑞丽市边城街150号
电话：0692－4157777
传真：0692－4156190
邮编：678600
电子信箱：bywz-lin@ 163. com

新华酒店★★★
地址：迪庆州香格里拉县长征路
电话：0887－8288111
传真：0887－8230938
邮编：674400

迪庆国投宾馆★★★
地址：迪庆州香格里拉县长征路中段
电话：0887－8226568
传真：0887－8222703
邮编：674400
网址：www. ynxh. com
电子信箱：xhhetianhuaa@ sdhu. com

环太酒店★★★
地址：迪庆州香格里拉县和平路中段
电话：0887－8229999
传真：0887－822888
邮编：674400
网址：www. yn-pr-hotel. com

萨龙酒店★★★
地址：迪庆州香格里拉县江克路
电话：0887－8227858
传真：0887－8229998
邮编：674400
网址：www. salong. com

大理金达酒店★★★
地址：大理市苍浪北路
电话：0872－2191888
传真：0872－2191666
邮编：671000
电子信箱：dali2191888@ 126. com

大理州苍山饭店★★★
地址：大理市苍山路19号
电话：0872－2171999
传真：0872－2124741
邮编：671000
电子信箱：cangshanfd1958@ 163. com

大理市升辉大酒店★★★
地址：大理市古城三月街72号
电话：0872－2677188
传真：0872－2675288
邮编：671003
电子信箱：shenghui9988@ 126. com

昆瑞大酒店★★★
地址：大理市环城南路风车广场旁
电话：0872－2166608
传真：0872－2195666
邮编：671000
网址：www. kunrui. net. cn
电子信箱：kunrui hotel@ 126. com

大理市锦瑞大酒店★★★
地址：大理市建设西路
电话：0872－2328008
传真：0872－2322559
邮编：671000
电子信箱：lihuanyu1115824@ 163. com

泛美酒店★★★
地址：大理市经济开发区沧浪路南段
电话：0872－3103888
传真：0872－3104166
邮编：671000
网址：www. dalitravel. gov. cn
电子信箱：fanmeihotel@ 163. com

龙山酒店★★★
地址：大理市经济开发区苍山路
电话：0872－2318666
传真：0872－2318817
邮编：671000

金汇假日酒店★★★
地址：大理市经济开发区滇源路
电话：0872－2315100
传真：0872－2315103
邮编：671000
网址：www. dalitravel. gov. cn
电子信箱：jhjrjd@ sina. com

大理顺兴大酒店★★★
地址：大理市经济开发区滇源路（火车站东面）
电话：0872－3101888
传真：0872－3105366
邮编：671000
网址：www. yndlsx. com

大理怀仁酒店★★★
地址：大理市经济开发区三茂街6号
电话：0872－2312338 0872－3102992
传真：0872－3102666
邮编：671000

长宏酒店★★★
地址：大理市经济开发区息龙路
邮编：671000
电话：0872－2312028
传真：0872－2312029
邮编：671000
电子信箱：chhjd@ 163. com

山水大酒店★★★
地址：大理市经济开发区息龙路中段
电话：0872－2328388
传真：0872－2323182
邮编：671000
电子信箱：dlss076@ yahoo. com. cn

大理明珠宾馆★★★
地址：大理市明珠广场
电话：0872－2323566
传真：0872－2311553
邮编：671000
网址：www. mingzhuhotel. yn. cn
电子信箱：mzxs@ mingzhuhotel. yn. cn

大理三塔苑酒店★★★
地址：大理市三塔公园旁
电话：0872－2676521
传真：0872－2666280
邮编：671003
网址：www. santayuan. com
电子信箱：styhotel@ vip. sina. com

格理酒店★★★
地址：大理市下关沧浪路
电话：0872－2322666
传真：0872－2322319
邮编：671000
电子信箱：long26563536@ sina. com

腾越大酒店★★★
地址：大理市下关建设东路51号
电话：0872－2329469
传真：0872－2315695
邮编：671000

大理供电有限公司洱海宾馆★★★
地址：大理市下关人民北路212号
电话：0872－2166777
传真：0872－2168966
邮编：671000
电子信箱：erhaihotel@ sina. com

大禹酒店★★★
地址：大理市下关双鸳路20号
电话：0872－3140642
传真：0872－3140600
邮编：671000
网址：www. yi you/da yu hotel. com
电子信箱：dayu hotel@ 163. com

天龙酒店★★★
地址：大理市下关万花路中段
邮编：671000
电话：0872－2209888
传真：0872－2209868
网址：www. tlhotel. cn
电子信箱：tljdrsj@ hotmail. com

祥云茂元酒店★★★
地址：大理州祥云县祥城镇龙翔路9号
电话：0872－3121505
传真：0872－3121505
邮编：672100

宾川宏强酒店★★★
地址：大理州宾川县金牛镇中心街78号
电话：0872－7153111
传真：0872－7153118
邮编：671600

鹤庆宾馆★★★
地址：大理州鹤庆县云鹤镇兴鹤鹤路16号
电话：0872－4126666
传真：0872－4120202
邮编：671500
网址：huang longtan heqing dali
电子信箱：heqing hotel@ sohu. com

豪盛酒店★★★
地址：楚雄市北浦路
电话：0878－6119999
传真：0878－6119939
邮编：675000

永兴大酒店★★★
地址：楚雄市经济技术开发区
电话：0878－3391999
传真：0878－3396694
邮编：675000
网址：www. yxgroup. net
电子信箱：yxhotel@ sina. com. cn

楚雄云华酒店（预备3）★★★
地址：楚雄市经济技术开发区龙江路159号
电话：0878－3393888
传真：0878－3393333
邮编：675000

网址：www. yunhuahotel. com
电子信箱：zj7560@ sina. com

锦星酒店★★★
地址：楚雄市经济开发区
电话：0878 -3392888
传真：0878 -3398988
邮编：675000
网址：www. cxjxjd. cn
电子信箱：cxjxjd@ 163. com

楚雄州宾馆★★★
地址：楚雄市龙泉路102号
电话：0878 -6129999
传真：0878 -6129997
邮编：675000
网址：Yunnan. yiyou. com

蒙自观宝大酒店★★★
地址：红河州蒙自县天马路49号
电话：0873 -3720788
传真：0873 -3720666
邮编：661100
电子信箱：guanbao-hotel@ 163. com

蒙自银河大酒店★★★
地址：红河州蒙自县银河路17号
电话：0873 -3728144
传真：0873 -3729762
邮编：661100

个旧云锡宾馆★★★
地址：红河州个旧市金湖东路121号
电话：0873 -3119656
传真：0873 -3119777
邮编：661000

开远恒虹园大饭店★★★
地址：红河州开远市灵泉东路118号
电话：0873 -7228978
传真：0873 -7238998
邮编：661600

开远滇南大酒店★★★
地址：红河州开远市灵泉西路219号
电话：0873 -7133888
传真：0873 -7138688
邮编：661600
网址：www. kydn. hotel. und. cn
电子信箱：ly-yanjian@ 163. com

建水临安酒店★★★
地址：红河州建水县北正路182号
电话：0873 -7651888
传真：0873 -7651888
邮编：654300
网址：www. ynjstravel. com

石屏烟草大厦★★★
地址：红河州石屏县异龙镇西山路口
电话：0873 -4851666
传真：0873 -4851666
邮编：662200

弥勒佳信大酒店★★★
地址：红河州弥勒县髯翁西路延长线
电话：0873 -6220888
传真：0873 -6220906
邮编：652300

弥勒金鼎大酒店★★★
地址：红河州弥勒县温泉路中段
电话：0873 -6223786
传真：0873 -6224988
邮编：652300

电子信箱：jindinghotel@ 126. com

泸西虎城宾馆★★★
地址：红河州泸西县阿庐大街中段
电话：0873 -6650388
传真：0873 -6650386
邮编：652400
电子信箱：62460093@ qq. com

泸西阿庐大酒店★★★
地址：红河州泸西县阿庐古洞风景区
电话：0873 -6652600
传真：0873 -6652004
邮编：652400
网址：www. alagudong. com
电子信箱：ggg160@ 163. com

元阳云梯大酒店★★★
地址：红河州元阳县新街镇
电话：0873 -5624858
传真：0873 -5623707
邮编：662400

九龙宾馆★★★
地址：文山州文山县东风路44号
电话：0876 -2133888
传真：0876 -2141328
邮编：663000
网址：www. jiulong，org

中玉大酒店★★★
地址：文山州文山县河西路86号
电话：0876 -2180180
传真：0876 -2185182
邮编：663000
网址：www. ynwsly. com

文化大厦★★★
地址：文山州文山县开化镇学海巷18号
电话：0876 -2125193
传真：0876 -2138323
邮编：663000
网址：www. wh2122551. com
电子信箱：bgl@ wsly. gov. cn

普阳大酒店★★★
地址：文山州文山县普阳路中段
电话：0876 -2181238
传真：0876 -2181396
邮编：663000
网址：www. wsly. gov. cn
电子信箱：py@ wsly. gov. cn

千赋大厦★★★
地址：文山州文山县普阳路中段
电话：0876 -2180088
传真：0876 -2180088
网址：www. ynhotel. com/wsqf
电子信箱：leeboo23@ 126. com

瑞和大酒店★★★
地址：文山州丘北县人民路
电话：0876 -4125666
传真：0876 -4125666
邮编：663200
网址：www. ynwsly. com

西双版纳天城大酒店（预备3）★★★
地址：西双版纳州景洪市嘎兰中路23号
电话：0691 -2156888
传真：0691 -2131408
邮编：666100
网址：www. xsbntc. com
电子信箱：awx_808@ 163. com

金版纳酒店★★★
地址：西双版纳州景洪市勐泐大道55号
电话：0691 -2136666
传真：0691 -2122019
邮编：666100
电子信箱：gbn-hotel@ bn163. net

西双版纳锦都大酒店有限责任公司★★★
地址：西双版纳州景洪市勐泐大道61号
电话：0691 -2140888
传真：0691 -2124995
邮编：666100
网址：www. bnjdhotel. com
电子信箱：jdhotel@ sohu. com

西双版纳辉煌都畅大饭店★★★
地址：西双版纳州景洪市勐泐大道68号
电话：0691 -2199999
传真：0691 -2199111
邮编：666100
网址：www. chgoodchanE-hotel. com
电子信箱：hhdc@ vip. 163. com

西双版纳金凤宾馆★★★
地址：西双版纳州景洪市勐泐大道72号
电话：0691 -2193888
传真：0691 -2161933
邮编：666100

西双版纳财鑫大酒店★★★
地址：西双版纳州景洪市勐泐大道88号
电话：0691 -2162888
传真：0691 -2137721
邮编：666100
电子信箱：caixinhotel@ bn. yn. cninfo. net

西双版纳大连酒店有限责任公司★★★
地址：西双版纳州景洪市勐龙路10号
电话：0691 -2130999
传真：0691 -2136590
邮编：666100
网址：bndlhotel. cn
电子信箱：dalianjiudian@ 126. com

泰都大酒店（预备3）★★★
地址：西双版纳州景洪市民航路26号
电话：0691 -2137888
传真：0691 -2197629
邮编：666100
网址：www. thaicityhotel. com
电子信箱：bnotc@ 163. com

山西大酒店★★★
地址：西双版纳州景洪市易武路2号
电话：0691 -2163666
传真：0691 -2163336
邮编：666100
网址：www. sxhotel . net
电子信箱：sxdjd21cn. com

银通大厦★★★
地址：西双版纳州勐泐大道80号
电话：0691 -2196888
传真：0691 -2141516
邮编：666100

皇冠大酒店★★★
地址：西双版纳州西双版纳旅游度假区勐泐大道70号
电话：0691 -2199888
传真：0691 -2127270
邮编：666100
网址：www. newtgh. com
电子信箱：hg4800@ 163. com

旅游景区

昆明金殿风景区 AAAA
地址：昆明市金殿风景名胜区
电话：0871－5018306
邮编：650224

昆明大观公园 AAAA
地址：昆明市西滇池湖畔
电话：0871－5322335　8189558
邮编：650228

云南民族村 AAAA
地址：昆明市海埂
电话：0871－4311255　4311108
邮编：650228

昆明西山森林公园 AAAA
地址：昆明市高晓镇
电话：0871－8426668
邮编：650111

宜良九乡风景区 AAAA
地址：昆明市宜良县九乡风景名胜区
电话：0871－7511966
邮编：652114
网址：www.ynjx.com
电子信箱：jxwg@ynjx.com

昆明岩泉风景区 AA
地址：昆明市宜良县
电话：0871－7599765
邮编：650000

云南石林风景名胜区 AAAAA
地址：昆明市石林县石林风景名胜区管理局
电话：0871－7711439　7711278
邮编：652211

沾益县珠江源风景区 AAAA
地址：曲靖市沾益县炎方乡
电话：0874－3012406　3012466
邮编：655331

九龙瀑布群风景区 AAAA
地址：曲靖市罗平县
电话：0874－8754137
邮编：655800

多依河风景区 AAA
地址：曲靖市罗平县
电话：0874－8212129
邮编：655800

陆良彩色沙林景区 AAAA
地址：曲靖市陆良县彩色沙林
电话：0874－6228777
邮编：655600
网址：www.csshl.com

汇龙生态园 AAAA
地址：玉溪市大营街
电话：0877－2771068
邮编：651300

玉溪映月潭修闲文化中心 AAAA
地址：玉溪市红塔区大营街
电话：0877－2770666
邮编：653100

通海秀山公园 AAAA
地址：玉溪市通海县秀山镇
电话：0877－3012193
邮编：652700

华宁象鼻温泉度假村 AA
地址：玉溪市华宁县宁州镇象鼻山
电话：0877－5611088
邮编：652800

易门龙泉森林公园 AA
地址：玉溪市易门县龙泉镇
电话：0877－4961193
邮编：651100

保山太保公园 AA
地址：保山市城西
电话：0875－2122289
邮编：678000

保山北庙湖公园 AA
地址：保山市隆阳区板桥镇
电话：0875－2840026
邮编：678003

腾冲火山国家地质公园 AAA
地址：保山市腾冲县马站乡
电话：0875－5137555
邮编：679102

腾冲叠水河景区 AA
地址：保山市腾冲县腾越旅游文化园
电话：0875－5151919
邮编：679100

腾冲云峰山景区 AA
地址：保山市腾冲县瑞滇乡云峰村
电话：0875－5186077
邮编：679104

龙陵邦腊掌度假区 AA
地址：保山市龙陵县邦腊掌
电话：0875－6129060
邮编：678300

大关黄连河风景区 AA
地址：昭通市大关县城东南侧 5.5 公里处
电话：0870－5629999
邮编：657400

水富县西部大峡谷温泉旅游区 AA
地址：昭通市水富县新滩坝
电话：0870－8633019
邮编：657800

玉龙雪山旅游度假区 AAAAA
地址：丽江市大研镇福慧路
电话：0888－5161501
邮编：674100

丽江束河古镇 AAAA
地址：丽江市城北
电话：0888－5174770
邮编：674100

丽江黑龙潭公园 AAA
地址：丽江市大研镇黑龙潭
电话：0888－5120080
邮编：674100

丽江古城博物院（木府）AAAA
地址：丽江市大研镇古城
电话：0888－5181468
邮编：674100

丽江文笔山景区 AA
地址：丽江市香格里拉大道
电话：0888－5168457
邮编：674100

玉水寨景区 AAAA
地址：丽江市白沙乡玉龙村
电话：0888－5190109　5122377
邮编：674100

普洱梅子湖公园 AA
地址：普洱市梅子湖公园
电话：0879－2132964
邮编：665000

思茅小黑江森林公园 A
地址：普洱市普洱县
电话：0879－3202020
邮编：665100

墨江北回归线标志园 AA
地址：普洱市墨江县城
电话：0879－4235020
邮编：654800

临沧茶文化风景园 AA
地址：临沧市临翔区城三公里处
电话：0883－2151634
邮编：677011

临沧五老山国家森林公园 AA
地址：临沧市临翔区五老山林杨
电话：0883－2152808
邮编：677400

沧源崖画风景旅游区 AA
地址：临沧市临翔区勐省镇经孟力米乡
电话：0883－7126803
邮编：677400

临沧西门公园 A
地址：临沧市临翔区凤翔镇公园路 1 号
电话：0883－2122713
邮编：677000

凤庆凤山公园 A
地址：临沧市凤庆县凤山公园管理处
电话：0883－4211861
邮编：675900

云县漫湾百里长湖景区 AA
地址：临沧市云县漫湾镇西展园
邮编：675805

德宏民族风情游览区 AA
地址：德宏州潞西市芒市镇青年路
电话：0692－2121043
邮编：678400

潞西市勐巴娜西大花园 AAAA
地址：德宏州潞西市芒市镇青年路 13 号
电话：0692－2137666
邮编：678400

莫里热带雨林风景旅游区 AAAA
地址：德宏州瑞丽市莫里
电话：0692－4143929
邮编：678600

瑞丽市旅游淘宝场 AA
地址：德宏州瑞丽市弄岛镇
电话：0692－4669838
邮编：678600

瑞丽市独树成林景点 AA
地址：德宏州瑞丽市芒令乡
电话：0692－4143272
邮编：678600

梁河县南甸宣抚司署景区 AAAA
地址：德宏州潞西市梁河县南甸路
电话：0692－6161612
邮编：679200

盈江凯棒亚湖景区 A
地址：德宏州潞西市盈江县铜壁关
邮编：679300

迪庆州霞给藏族文化村旅游景区 AAA
地址：迪庆州香格里拉县
邮编：674400

迪庆州香格里拉硕都湖旅游景区 AAA
地址：迪庆州香格里拉县
邮编：674400

香格里拉纳帕海景区 AA
地址：迪庆州香格里拉县城5公里处
电话：0887－8200077
邮编：674400

香格里拉天生桥温泉景区 AA
地址：迪庆州香格里拉县城红坡村
电话：13087429100
邮编：674400

迪庆州民族服饰旅游展演中心 AA
地址：迪庆州香格里拉县城内
电话：0887－8228318
邮编：674400

迪庆州博物馆 AA
地址：迪庆州香格里拉县建塘东路
电话：0887－8226610
邮编：674400

中甸藏经阁景点 AA
地址：迪庆州香格里拉县城内
电话：13038609959
邮编：674400

梅里雪山景区 AAAA
地址：迪庆州德钦县城升平镇西
邮编：674500

大理崇圣寺三塔 AAAA
地址：大理州大理市苍山应乐峰下
电话：0872－2670469
邮编：671000

大理蝴蝶泉公园 AAA
地址：大理州大理市喜洲镇周城办事处
电话：0872－2431125
邮编：671004

大理天镜阁景区 AA
地址：大理州大理市海东乡
电话：0872－2479913
邮编：671006

大理市洱海公园 AA
地址：大理州大理市下关洱河南路1号
电话：0872－2320244
邮编：671001

大理宾川鸡足山景区 AAAA
地址：大理市宾川县牛井镇炼洞乡
邮编：671600

弥渡县东山森林公园 AA
地址：大理州弥渡县海坝庄办事处
电话：0872－8153430
邮编：675600

大理南诏风情岛 AAAA
地址：大理州洱源县双廊乡
电话：0872－5371506
邮编：671300

剑川满贤林景区 AA
地址：大理州剑川县城西1.5公里处
电话：0872－4525439
邮编：671300

鹤庆县新华民族村 AA
地址：大理州鹤庆县城郊乡新华村
电话：0872－4138071
邮编：671500

漾濞县石门关景区 AA
地址：大理州漾濞县金牛村
电话：0872－7529128
邮编：672500

中国彝族十月太阳历文化园 AA
地址：楚雄州楚雄市经济技术开发区太阳历大道
电话：0878－3398654　3398529
传真：3398729
邮编：675000

牟定化佛山景区 A
地址：楚雄州牟定县化佛山景区
电话：0878－5222819
邮编：675500

永仁方山风景区 AA
地址：楚雄州永仁县方山风景区
电话：0878－6721780
邮编：651400

元谋土林风景区 AAA
地址：楚雄州元谋县物茂乡
电话：0878－8352020
邮编：651311

武定狮子山景区 AAA
地址：楚雄州武定县狮子山
电话：0878－8714066
邮编：651600

燕子洞风景名胜区 AAAA
地址：红河州建水县
电话：0873－7821068
邮编：654316

建水县朱家花园管理处 AAA
地址：红河州建水县临安镇建新街133号
电话：0873－7653028
邮编：654300

石屏焕文公园 AA
地址：红河州石屏县冒合乡
电话：0873－4854973
邮编：662200

弥勒白龙洞景区 AA
地址：红河州弥勒县虹溪镇北龙洞
电话：0873－6292070
邮编：652300

泸西阿庐古洞风景区 AAAA
地址：红河州泸西县阿庐古洞风景区
电话：0873－6621800
邮编：652400

文山西华公园 A
地址：文山州文山县西华路
电话：0876－2184130
邮编：663000

砚山浴仙湖景区 AA
地址：文山州砚山县维末乡浴仙湖
电话：0876－3658047
邮编：663100

丘北普者黑风景区 AAA
地址：文山州丘北县旅游局
电话：0876－4123043
邮编：663200

富宁驮娘江景区 AA
地址：文山州富宁县剥隘镇
电话：0876－6122176
邮编：663400

西双版纳原始森林公园 AAAA
地址：西双版纳州昆洛国道距景洪城8公里
电话：0691－2759898
邮编：666100
网址：www.bnslgy.com
电子信箱：master@bnslgy.com

西双版纳傣族园 AAAA
地址：西双版纳州景洪市勐罕镇橄榄坝
电话：0691－2411568　2506605
邮编：666108

西双版纳热带花卉园 AAAA
地址：西双版纳州景洪市景洪西路28号
电话：0691－2120337　2124049
邮编：666100

西双版纳勐泐文化园 AA
地址：西双版纳州景洪市橄榄坝公路4公里处
电话：0691－2122318　2200159
邮编：666100

西双版纳民族风情园 AA
地址：西双版纳州景洪市民族南路4号
电话：0691－6620362
邮编：666100

景洪曼听公园 AA
地址：西双版纳州景洪市曼听路1号
电话：0691－2161451　2161061
邮编：666106

西双版纳猴山景区 AA
地址：西双版纳州景洪市民族南路2号
电话：0691－2122318
邮编：666100

西双版纳野象谷景区 AAAA
地址：西双版纳州景洪市勐养镇
电话：0691－2431040
邮编：666106

西双版纳南药园 2A
地址：西双版纳州景洪市内
电话：0691－2129559
邮编：666100

西双版纳州勐景来旅游景区 AAA
地址：西双版纳州勐海县打洛镇
电话：0691－5566880
邮编：666200

打洛独树成林景点 A
地址：西双版纳州勐海县打洛镇
电话：0691－5561504　5566880
邮编：666212

景真八角亭景点 A
地址：西双版纳州勐海县遮乡景真村
电话：0691－5450233
邮编：666200

中科院西双版纳热带植物园 AAAA
地址：西双版纳州勐腊县勐仑镇
电话：0691－8715649　8715070
邮编：666303

版纳雨林谷 AA
地址：西双版纳州勐腊县勐仑镇

电话：0691－8715518
邮编：666303

餐　馆

昆明宴谷餐饮有限责任公司
地址：昆明市滇池路
电话：0871－4177688
邮编：650034

昆明青鸟餐饮有限公司
地址：昆明市东风西路
电话：0871－5314071
邮编：650011

圣地淘沙餐饮有限公司
地址：昆明市同仁街
电话：0871－3639698
邮编：650011

昆明阳光水乡餐饮有限公司
地址：昆明市
电话：0871－5013333
邮编：650224

云南滇之花餐饮有限责任公司
地址：昆明市白龙路
电话：0871－5012322
邮编：650011

昆明老坊餐饮有限公司
地址：昆明市西坝路
电话：0871－4138096
邮编：650011

昆明御膳堂餐饮有限公司
地址：昆明市南屏街
电话：0871－3601116
邮编：650011

昆明饮食服务有限公司昆明建新园
地址：昆明市宝善路195号
电话：0871－3135545
邮编：650011

昆明新纪元大酒店
地址：昆明市东风西路99号
电话：0871－3624999
邮编：650021

昆明快乐海鲜酒楼
地址：昆明市滇池路565号
电话：0871－4619111
邮编：650011

昆明小菜园餐厅
地址：昆明市龙泉路2号
电话：0871－5154319
邮编：650011

端仕小锅
地址：昆明市文林街74号
电话：0871－5312908
邮编：650011

映江楼
地址：昆明市园西路115号
电话：0871－5183478
邮编：650051

南来盛总店
地址：昆明市安康路46号
电话：0871－4138778
邮编：650011

南来盛颐园分店
地址：昆明市白云路446号
电话：0871－5726457
邮编：650011

荷花餐厅
地址：昆明市西山区书林街139号
电话：0871－3137516
邮编：650011

绿茵阁咖啡厅
地址：昆明市青年路400号2楼
电话：0871－3129997
邮编：650011

吉鑫园
地址：昆明市白龙路431号
电话：0871－5013777
邮编：650011

大滇园
地址：昆明市北京路860号
电话：0871－5711188　5707630
邮编：650011

云南人家
地址：昆明市宝海路146号
电话：0871－3545971
邮编：650011

老知青食馆
地址：昆明市翠湖南路
电话：0871－5140231　5140453
邮编：650011

红豆园
地址：昆明市文林街142号
电话：0871－3137516
邮编：650011

悦庄酒楼
地址：曲靖市南宁北路368号
电话：0874－3145178
邮编：655000

曲靖麒麟旅游饮食服务公司
地址：曲靖市麒麟南路153号
电话：0874－3128872
邮编：655000

曲靖麒麟旅游饮食服务公司阿诗玛美味园
地址：曲靖市麒麟南路155号
电话：0874－3127294
邮编：655000

曲靖吉庆海鲜城
地址：曲靖市麒麟西路16号
电话：0874－3515888
邮编：655000

曲靖老大娘水饺餐饮有限公司
地址：曲靖市麒麟南路149号
电话：0874－3133777
邮编：655000

曲靖热带森林酒楼
地址：曲靖市东宁东路
电话：0874－3100909
邮编：655000

银春阁酒楼
地址：曲靖市东宁北路北段
电话：0874－3516629
邮编：655000

齐家大院
地址：玉溪市紫艺路1号
电话：0877－2051686
邮编：653100

老渔翁石锅鱼
地址：玉溪市北二环路上段
电话：0877－2095818
邮编：653100

鸭香园
地址：玉溪市大营街汇溪路18号
电话：0877－2770555
邮编：653100

兴隆野生菌子园
地址：玉溪市龙马路下段5号
电话：0877－2019058
邮编：653100

小庙街清真园
地址：玉溪市小庙街
电话：0877－6109207
邮编：653100

玉溪回味饮食服务公司
地址：玉溪市红塔区太极路中段
电话：0877－2035288
邮编：653100

玉溪清溪园餐厅
地址：玉溪市凤凰路37号
电话：0877－2062524
邮编：653100

玉溪蓬莱饭店
地址：玉溪市迎春街北段
电话：0877－2018646
邮编：653100

玉溪九洲酒楼
地址：玉溪市文化路中段
电话：0877－2065488
邮编：653100

玉溪市饮食服务公司
地址：玉溪市人民路138号
电话：0877－2027586
邮编：653100

玉溪市阳光酒楼
地址：玉溪市红塔路上段
电话：0877－2055894
邮编：653100

玉溪玉清苑清真餐厅
地址：玉溪市玉江西路42号
电话：0877－2026453
邮编：653100

保山饭店
地址：保山市保岫东路191号
电话：0875－2122299
邮编：678000

保山祥龙餐饮有限责任公司
地址：保山市永昌镇玉泉路
电话：0875－9213806
邮编：678000

保山兰都饭店有限公司
地址：保山市保岫西路中段
电话：0875－2121888
邮编：678000

杨记回民餐馆
地址：昭通市北顺城街
电话：0870－2121967
邮编：657000

昭通天元饭店
地址：昭通市爱民路
电话：0870－2122838
邮编：657000

昭通市饮食服务公司
地址：昭通市西街31号
电话：0870－2234542
邮编：657000

竹苑茶餐厅
地址：丽江市古城停车场入口对面
电话：0888－3195588
邮编：674100

嘴巴香茶馆
地址：丽江市古城光义街忠义巷107号
电话：0888－5117320
邮编：674100

朝阳会馆
地址：丽江市香格里拉大道
电话：0888－5168516
邮编：674100

今生有约茶餐厅
地址：丽江市大研古城百岁坊70号
电话：0888－5106256
邮编：674100

东京湾
地址：丽江市古城玉河走廊东岸3号
电话：0888－5161828
邮编：674100

三文彩虹鳟鱼庄
地址：丽江市玉泉路中段
电话：0888－5176286
邮编：674100

老字号川菜馆
地址：丽江市束河古镇
电话：0888－5118611
邮编：674100

龙记斑鱼庄
地址：丽江市东界河中段143号
电话：0888－5146988
邮编：674100

顺水楼
地址：丽江市古城区新义街百岁坊80号
电话：0888－5106468
邮编：674100

长寿餐厅
地址：丽江市新义四方街166号
电话：0888－5120184
邮编：674100

江鱼潭农家园
地址：丽江市虎跳峡江鱼潭
电话：0888－5193008
邮编：674100

小南国酒家
地址：丽江市古城区瓜玳国荷塘小镇
电话：0888－5128989
邮编：674100

纳西鱼府
地址：丽江市大研古镇新华街翠文段104号
电话：0888－8886608　8880800
邮编：674100

思茅高登大酒店
地址：普洱市人民东路19号
电话：0879－2128796
邮编：665000

思茅高园酒店
地址：普洱市人民东路23号
电话：0879－2134029
邮编：665000

思茅兰花饭店
地址：普洱市民航路10号
电话：0879－2124665
邮编：665000

思茅宏祥饮食服务有限责任公司
地址：普洱市五一路10号
电话：0879－2124375
邮编：665000

昆明乡村牛仔饮食有限公司思茅分公司
地址：普洱市洗马河公园南侧
电话：13987971066
邮编：665000

临沧酒家
地址：临沧市南塘街29号
电话：0883－2122978
邮编：677000

临沧饮食服务公司
地址：临沧市凤翔镇西大街92号
电话：0883－2122582
邮编：677000

德宏州富士山食馆
地址：德宏州潞西市
电话：0692－2117960
邮编：678400

郎家傣味饭店
地址：德宏州潞西市
电话：0692－2113041
邮编：678400

宝继饭庄
地址：德宏州潞西市
电话：0692－2111059
邮编：678400

侨味餐厅
地址：德宏州潞西市
电话：0692－2123028
邮编：678400

快活林饭庄
地址：德宏州潞西市
电话：0692－2124395
邮编：678400

杨家傣味食馆
地址：德宏州潞西市
电话：0692－2112156
邮编：678400

竹园鲜鱼馆
地址：德宏州潞西市
电话：0692－2127058
邮编：678400

方家傣味食馆
地址：德宏州潞西市
电话：0692－2122263
邮编：678400

大胡子饭庄
地址：德宏州潞西市
电话：0692－2126770
邮编：678400

大竹林饭庄
地址：德宏州潞西市
电话：0692－2138827
邮编：678400

潞西市芒市方家傣味饭店
地址：德宏州潞西市芒市建国路上段
电话：0692－2122263
邮编：678400

瑞丽泰国菜餐厅
地址：德宏州瑞丽市边城街九州饭店对面
电话：13628896812
邮编：678600

瑞丽市酸罗卜鱼汤锅
地址：德宏州瑞丽市
电话：0692－4151266
邮编：678600

瑞丽湖南家乡菜
地址：德宏州瑞丽市
电话：0692－4121684
邮编：678600

瑞丽水上乐园餐厅
地址：德宏州瑞丽市
电话：0692－4153118
邮编：678600

海富楼餐厅
地址：怒江州泸水县八一路
电话：0886－6696958
邮编：673100

泸水县饮食服务公司
地址：怒江州泸水县六库镇穿城路78号
电话：0886－3622640
邮编：673100

卓玛餐馆
地址：迪庆州香格里拉县古城电力酒店1楼
电话：0887－6887569
邮编：674400

虎跳峡镇唐府饭店
地址：迪庆州香格里拉县中甸虎跳峡景区
电话：0887－8806178
邮编：674400

泉华山庄
地址：迪庆州香格里拉县
电话：0887－8866052
邮编：674400

迪庆新华饭店
地址：迪庆州香格里拉县建塘镇长征路42号
电话：0887－8288111　8230938
邮编：674400

庚奔民族酒楼
地址：迪庆州香格里拉县城团结街
电话：0877－8222070
邮编：674400

建塘餐厅
地址：迪庆州香格里拉县环城东路
电话：0877－8227493
邮编：674400

梅里客栈
地址：迪庆州德钦州上雨崩村入口处
电话：0887－8411081
邮编：674500

吉圣园酒家
地址：迪庆州德钦县奔子栏镇街中心

电话：0877－8506375
邮编：674500

一壶春
地址：大理州大理市古城北门街22号
电话：0872－2670894
邮编：671000

海拉里菜馆
地址：大理州大理市古城护国路99号
电话：0872－2671649
邮编：671000

竹园小厨
地址：大理州大理市古城护国路5号
电话：0872－2664082
邮编：671000

高丽亭
地址：大理州大理市古城护国路115号]
电话：0872－2665083
邮编：671000

古城清真饭店
地址：大理州大理市古城博爱路77号
电话：0872－2677416
邮编：671000

梅子井
地址：大理州大理市古城人民路138号
电话：0872－2671578
邮编：671000

天然居
地址：大理州大理市古城南门外文献路
电话：0872－2670050
邮编：671000

四季客栈
地址：大理州大理市博爱路55号
电话：0872－2670382　2663925
邮编：671000

杏花村饭店
地址：大理州大理市玉洱路165号
电话：0872－2670087
邮编：671000

大理人家
地址：大理州大理市下关沧浪路南段
电话：0872－3103997
邮编：671000

麒翔饭庄
地址：大理州大理市古城玉洱路195号
电话：0872－2670949
邮编：671000

唐朝酒吧
地址：大理州大理市护国路87号
电话：0872－2661580
邮编：671000

重庆小天鹅火锅食府
地址：大理州大理市下关宾川路292号
电话：0872－2310299
邮编：671000

大理嘉逸饮食文化有限公司
地址：大理州大理市下关洱河南路
电话：0872－2181814
邮编：671000

大理古城兰林阁酒店
地址：大理州大理市古城玉洱路80号
电话：0872－2666236
邮编：671000

大理琦龙风味庄餐饮有限公司
地址：大理州大理市下关兴盛路
电话：0872－2120355
邮编：671000

大理德鑫园餐饮有限责任公司
地址：大理州大理市下关洱河南路10号
电话：0872－2130034
邮编：671000

高丽亭餐饮有限公司
地址：大理州大理市古城洋人街51号
电话：13619424303
邮编：671000

大理古城饮食服务有限责任公司
地址：大理州大理市复兴路314号
电话：0872－2670226
邮编：671000

大理下关宾馆（集团）有限责任公司云峰酒楼
地址：大理州大理市下关泰安路48号
电话：0872－2128627
邮编：671000

彝风园
地址：楚雄州楚雄市灵秀路香蜜郡一期大门旁
电话：0878－3155523
邮编：675000

天和酒楼
地址：楚雄州楚雄市汇东街
电话：0878－3126650
邮编：675000

楚雄聚香轩酒楼
地址：楚雄州楚雄市鹿城镇鹿城西路84号
电话：0878－3122974
邮编：675000

楚雄饮食服务公司峨碌餐厅
地址：楚雄州楚雄市鹿城镇中大街192号
电话：0878－3122993
邮编：675000

楚雄饮食服务公司
地址：楚雄州楚雄市龙江路16号
电话：0878－3122974
邮编：675000

楚雄饮食服务公司醉红颜酒家
地址：楚雄州楚雄市鹿城镇鹿城西路113号
电话：0878－3123620
邮编：675000

楚雄天龙酒楼
地址：楚雄州楚雄市鹿城镇鹿城北路44号
电话：0878－3121506
邮编：675000

红河州银河大酒店
地址：红河州蒙自县银河路17号
电话：0873－3721166
邮编：661400

蒙自雪莲花饮食文化有限公司
地址：红河州蒙自县双河小区
电话：0873－3799088
邮编：661400

蒙自水上人间餐厅
地址：红河州蒙自县红寨乡高家寨96号
电话：0873－3645656
邮编：661400

蒙自县政府招待所木樨园餐厅
地址：红河州蒙自县桂林街8号
电话：0873－3646097
邮编：661400

红河州天马酒店
地址：红河州蒙自县天马路
电话：0873－3652326　3648458
邮编：661400

蒙自禄玉园餐厅
地址：红河州蒙自县昭忠路
电话：0873－3651577
邮编：661400

蒙自大水车餐厅
地址：红河州蒙自县文澜镇天马路中段
电话：0873－7323066
邮编：661400

蒙自明宇酒楼
地址：红河州蒙自县文澜镇文澜路
电话：0873－3724747
邮编：661400

蒙自观宝大酒店
地址：红河州蒙自县天马西路南侧
电话：0873－3720677
邮编：661400

文山县凯旋饮食有限责任公司
地址：文山州文山县开化镇小龙潭
电话：0876－2134568
邮编：663000

文山县饮食公司
地址：文山州文山县开化镇东风路106号
电话：0876－2122898
邮编：663000

文山县中玉酒店有限责任公司
地址：文山州文山县河西路86号
电话：0876－2183933
邮编：663000

文山州华联大酒店
地址：文山州文山县开化镇望华路
电话：0876－2122812
邮编：663000

西双版纳凰苑大酒店
地址：西双版纳州景洪市旅游度假区
电话：0691－2152088－6666
邮编：666100

西双版纳州绿洲酒店
地址：西双版纳州景洪市景德西路18号
电话：0691－2135642
邮编：666100

景洪市饮食服务公司
地址：西双版纳州景洪市南路3号
电话：0691－2123404
邮编：666100

景洪饭店
地址：西双版纳州景洪市南路14号
电话：0691－2123404
邮编：666100

西双版纳傣园酒店有限公司
地址：西双版纳州景洪市农林南路8号
电话：0691－2123888－807
邮编：666100

西双版纳谷丰公司版纳酒店
地址：西双版纳州景洪市嘎兰南路9号

电话：0691－2132026
邮编：666100

西双版纳州书苑酒楼
地址：西双版纳州景洪市景洪北路10号
电话：0691－2130295
邮编：666100

西双版纳金版纳酒店
地址：西双版纳州景洪市旅游度假区内
电话：0691－2124901
邮编：666100

景洪市清华饭店
地址：西双版纳州景洪市嘎兰中路3号
电话：0691－2124248
邮编：666100

西双版纳州邮运香广村餐厅
地址：西双版纳州景洪市江北路26号
电话：0691－2140588
邮编：666100

西双版纳汉莎餐饮娱乐有限责任公司
地址：西双版纳州景洪市旅游度假区内
电话：0691－2125888
邮编：666100

景洪市佛光园餐厅
地址：西双版纳州景洪市农林南路4号
电话：0691－2138608
邮编：666100

玉池椰楼民族歌舞餐厅
地址：西双版纳州景洪市曼景兰村71号
电话：0691－2161620
邮编：666100

景洪品茗餐饮服务有限责任公司
地址：西双版纳州景洪市勐泐大道64号2楼
电话：0691－2123555
邮编：666100

旅游用品

云南云锡腾升工艺品有限公司
地址：昆明市高新技术开发区
电话：0871－8212315
邮编：650011

云南民达雕制厂
地址：昆明市西园路
电话：0871－4169248
邮编：650011

云南民福工艺品制作中心
地址：昆明市贵昆路
电话：0871－7262050　7261843
邮编：650011

云南省工艺美术公司
地址：昆明市东风西路
电话：0871－5391687　5312079
邮编：650011

云南造型艺术研究院雕塑厂
地址：昆明市新迎北区周家营138号
电话：0871－5628951
传真：5645024
邮编：650216

昆明云艺星火工艺厂
地址：昆明市麻园村
电话：0871－5348120
邮编：650011

昆明长青民族装潢工艺美术厂
地址：昆明市张官营
电话：0871－5712404　5705372
邮编：650011

昆明市宜良阳升工艺品厂
地址：昆明市大观商业城
电话：0871－5385118
邮编：650011

昆明市晨坚雕塑造型制作中心
地址：昆明市昆沙路
电话：0871－5354331
邮编：650011

昆明市蜡染工艺美术厂
地址：昆明市虹山东路
电话：0871－5327114
邮编：650011

昆明市雕刻工艺厂
地址：昆明市虹山东路
电话：0871－5349448　5326341
邮编：650011

昆明老木文化艺术品有限公司
地址：昆明市白龙路
电话：0871－5612455
邮编：650011

昆明红土木雕工艺厂
地址：昆明市西郊王家桥
电话：0871－5527406
邮编：650011

昆明金辉斑铜工艺品有限责任公司
地址：昆明市人民东路
电话：0871－3135032　3191912
邮编：650011

昆明雄艺雕塑厂
地址：昆明市西园路、
电话：0871－6672458　4182959
邮编：650011

安宁市小桥街工艺美术社
地址：昆明安宁市大巷口、
电话：0871－8695004
邮编：650300

富民工艺美术厂
地址：昆明富民县款庄乡
电话：0871－8861050
邮编：650400

富民青云艺品厂
地址：昆明富民县上文明
电话：0871－8811118　8814997
邮编：650400

宜良宝水晶饰品厂
地址：昆明宜良县汤池镇
电话：0871－7676102
邮编：652100

石林县玉苑珠宝公司
地址：昆明市石林县石林
电话：0871－7711989
邮编：652200

石林县工艺美术公司
地址：昆明市石林县石林岔口
电话：0871－7711986
邮编：652200

石林县兴亚石林石雕有限公司
地址：昆明市石林县路美邑
电话：0871－7795523
邮编：652200

石林县鹏达石材石雕厂
地址：昆明市石林县龙泉路
电话：0871－7793027　7793105
邮编：652200

石林县腾达古典雕刻厂
地址：昆明市石林县老马冲
电话：0871－7794756
邮编：652200

昆明汇景居室布艺有限公司
地址：昆明市人民西路
电话：0871－5331570　5331972
邮编：650011

昆明华舟地毯有限公司
地址：昆明市宝海路
电话：0871－3550234　3553248
邮编：650011

昆明雄达地毯厂
地址：昆明市茨坝镇
电话：0871－5215093
邮编：650011

昆明鼎圣泰珠宝有限公司
地址：昆明市翠湖南路
电话：0871－5323595　5341631
邮编：650011

云南泰丽宫珠宝有限公司
地址：昆明市春城路
电话：0871－3533611
邮编：650011

昆明万宝得珠宝有限公司
地址：昆明市潘家湾
电话：0871－5362363　5362359
邮编：650011

昆明天宝首饰有限公司
地址：昆明市华山南路
电话：0871－3649939
邮编：650011

昆明市金银首饰厂
地址：昆明市正义路
电话：0871－3639719
邮编：650011

云南外企珠宝有限公司
地址：昆明市北京路
电话：0871－3100126　3100127
邮编：650011

云南地矿珠宝有限公司
地址：昆明市东风东路
电话：0871－3127293　3188010
邮编：650011

昆明西山梁源泽峰木雕工艺品厂
地址：昆明市梁家河
电话：0871－8182630
邮编：650011

昆明侨兴雕刻工艺厂
地址：昆明市虹山新村
电话：0871－6651468　3369515
邮编：650011

呈贡县远星钻石工艺有限公司
地址：昆明市呈贡县民科园

电话：0871 -7426501
邮编：650500

呈贡昆明皮勒米德钻石加工有限公司
地址：昆明市民科园
电话：0871 -7426813
邮编：650500

云南省地质科学研究所福地珠宝行
地址：昆明市白龙路
电话：0871 -5636318
邮编：650011

宜良国瑞珠宝城
地址：昆明市
电话：0871 -7535966
邮编：650011

九龙珠宝城
地址：昆明市宝海路
电话：0871 -7169198
邮编：650011

金麒麟珠宝行
地址：昆明市北京路
电话：0871 -3560270
邮编：650011

昆明市信托贸易公司金翠珠宝店
地址：昆明市威远街
电话：0871 -3638077
邮编：650011

栲兰乡银饰
地址：昆明市北京路
电话：0871 -5845671
邮编：650011

昆明市官渡区三联缅玉商行
地址：昆明市白龙路
电话：0871 -5651413
邮编：650011

大理市古滇扎染有限公司
地址：大理州大理市观音堂
电话：0872 -2684758
邮编：671000

大理镇周城民族扎染厂
地址：大理州大理市周城
电话：0872 -2431088
邮编：671000

漾濞县仙花竹品工艺厂
地址：大理州漾濞县云台山
电话：0872 -7522778
邮编：672500

剑川县木雕工艺品厂
地址：大理州剑川县东营房
电话：0872 -4521158
邮编：672500

巍山县土产工艺染织厂
地址：大理州巍山县链子桥
电话：0872 -6126009
邮编：672400

巍山县民族织染厂
地址：大理州巍山县城西路
电话：0872 -6123570　6120357
邮编：672400

巍山县兴巍民族工艺厂
地址：大理州巍山县链子桥
电话：0872 -6124434　6125720
邮编：672400

巍山县宏星工艺扎染厂
地址：大理州巍山县
电话：0872 -6127083
邮编：672400

巍山县宏胜染织厂
地址：大理州巍山县五里坡
电话：0872 -6351877　6360429
邮编：672400

巍山县蓝龙扎染有限公司
地址：大理州巍山县
电话：0872 -6121209
邮编：672400

巍山县巍宝彝族染织厂
地址：大理州巍山县自由村
电话：0872 -6121424
邮编：672400

大理州南诏金银珠宝公司
地址：大理州巍山县龙溪路
电话：0872 -2120530
邮编：672400

思茅区天然矿物工艺品开发公司
地址：普洱市思茅区新坝埂
电话：0879 -2202573
邮编：665000

个旧市斑锡工艺美术厂
地址：红河州个旧市八号洞
电话：0873 -2215520
邮编：661000

个旧市锡工艺美术厂
地址：红河州个旧市金湖南路
电话：0873 -2123107
邮编：661000

个旧市金平长和工艺制品有限公司
地址：红河州个旧市金湖西路西码头
电话：0873 -2156287
邮编：661000

红河和兴工艺制品有限公司
地址：红河州个旧市金湖西路西码头
电话：0873 -2156276
邮编：661000

个旧市锡花工艺美术厂
地址：红河州个旧市金湖西路
电话：0873 -2122158
邮编：661000

建水县新乐工艺美术制品厂
地址：红河州建水县韩家
电话：0873 -7653649
邮编：654300

建水县民族首饰有限责任公司
地址：红河州建水县金银北路
电话：0873 -7612812
邮编：654300

元阳县宝石公司
地址：红河州元阳县人民路
电话：0873 -5642426
邮编：662400

临沧金珠首饰有限责任公司
地址：临沧市南塘街
电话：0883 -2135210
邮编：677000

丽江民族首饰厂
地址：丽江市四方街
电话：0888 -5120791
邮编：674100

云南江川李家山青铜器工艺制品厂
地址：玉溪市江川县江城镇
电话：0877 -8098767
邮编：652600

江川铜工艺制品厂
地址：玉溪市江川县新河嘴
电话：0877 -8032888
邮编：652600

通海县民族银饰制品厂
地址：玉溪市通海县北街
电话：0877 -3011428
邮编：652700

楚雄市雁塔工艺美术厂
地址：楚雄州鹿城南路
电话：0877 -3127163
邮编：675000

楚雄市楚风民族工艺有限责任公司
地址：楚雄州东兴路
电话：0877 -3020203
邮编：675000

楚雄州彝山旅游产品开发有限公司
地址：楚雄州鹿城北路
电话：0877 -3121531
邮编：675000

大姚县民族工艺美术品厂
地址：楚雄州大姚县新大街
电话：0878 -6222051
邮编：675400

元谋县龙昌工艺美术社
地址：楚雄州元谋县龙川街
电话：0878 -8212843
邮编：651300

禄丰县红泽工艺社
地址：楚雄州禄丰县云龙街
电话：0878 -4123328
邮编：651200

武定县民族工艺饰品厂
地址：楚雄州武定县中新街
电话：0878 -8712034
邮编：651600

师宗县民族工艺厂
地址：曲靖市文化路
电话：0874 -5752275
邮编：655700

勐海县银饰厂
地址：勐海县兴园路
电话：0691 -5122462
邮编：650011

昭通市大山地毯厂
地址：昭通市元宝路
电话：0870 -2169181
邮编：657000

文山兴采民族工艺织布厂
地址：文山州文山县 119 团旧址
电话：0876 -2183955
邮编：663000

广南县银器厂
地址：文山州广南县西街
电话：0876 -5150524
邮编：663300

德钦县民族地毯厂
地址：迪庆州德钦县升平镇西山路
电话：0887－8412633
邮编：674500

德钦县民族银制品厂
地址：迪庆州德钦县升平镇西山路
电话：0887－8413164
邮编：674500

潞西市银器厂
地址：德宏州潞西市
电话：0692－2121289
邮编：679300

盈江县桥工艺品公司
地址：德宏州盈江县振兴路
电话：0692－8183790
邮编：679300

盈江县盈茂珠宝开发有限公司
地址：德宏州盈江县振兴路
电话：0692－8181608
邮编：679300

盈江县兴华珠宝有限责任公司
地址：德宏州盈江县振兴路
电话：0692－8180507
邮编：679300

保山金谋霓虹灯铜字工艺厂
地址：保山市同仁街
电话：0875－2161613
邮编：678000

腾冲县工艺美术厂
地址：保山市腾冲县南门街
电话：0875－5131894
邮编：679100

腾冲县龙腾玉器加工厂
地址：保山市腾冲县六街小团坡
电话：0875－5132880
邮编：679100

腾冲县金泰珠宝有限责任公司
地址：保山市腾冲县凤山南路
电话：0875－5133138
邮编：679100

腾冲县富祥珠宝有限公司
地址：保山市腾冲县气象路
电话：0875－5163876
邮编：679100

旅游交通

昆明中北交通旅游有限责任公司
地址：昆明市东风东路
电话：0871－3314515
邮编：650011

昆明新星旅游汽车有限责任公司
地址：昆明市穿全路
电话：0871－5613582
邮编：650011

云南省旅游汽车公司
地址：昆明市老民航路
电话：0871－7170056
邮编：650011

昆明火车站
地址：昆明市南窑
电话：0871－3511534
邮编：650011

昆明东川火车站
地址：昆明市东川区金江路
电话：0871－2122329
邮编：654100

昆明巫家坝国际机场
地址：昆明市
电话：0871－7116114
邮编：650011

曲靖火车站
地址：曲靖市建宁西路
电话：0874－3511547
邮编：655000

宜威市火车站
地址：曲靖宜威市建设街东段
电话：0874－7160724
邮编：655400

保山机场
地址：保山市
电话：0875－2121666
邮编：678000

昭通火车站
地址：昭通市
电话：0870－2831189
邮编：657000

昭通机场
地址：昭通市
电话：0870－2226308
邮编：657000

云南省旅游汽车公司丽江分公司
地址：丽江市长水路
电话：0888－5183964
邮编：674100

丽江民航蓝天旅游汽车服务中心
地址：丽江市民航站花明小区
电话：0888－5168587
邮编：674100

丽江华帆旅游汽车公司
地址：丽江市香格里拉大道
电话：0888－5163768
邮编：674100

丽江机场
地址：丽江市古城区七河乡
电话：0888－5128088
邮编：674100

思茅机场
地址：思茅市航空路
电话：0879－2153055
邮编：665000

德宏芒市机场
地址：德宏州潞西市
电话：0692－2934617
邮编：678400

迪庆香格里拉机场
地址：迪庆州香格里拉县
电话：0887－8229916
邮编：674400

大理交通旅游客运有限公司
地址：大理州开发区
电话：0872－2183340
邮编：671000

大理州大运旅游运输有限责任公司
地址：大理州建设路
电话：0872－2125085
邮编：671000

云南省旅游汽车公司大理分公司
地址：大理州阳南河
电话：0872－2252288
邮编：671000

大理机场
地址：大理州凤仪镇与海东乡交界处
电话：0872－2168388
邮编：671000

个旧鸡街火车站
地址：红河州个旧市鸡街地区
电话：0873－2651081
邮编：661000

西双版纳州旅游客运汽车有限公司
地址：西双版纳州景洪市民航路
电话：0691－2128190
邮编：666100

西双版纳机场
地址：西双版纳州景洪市嘎洒乡
电话：0691－2127040
邮编：666100

旅游院校

云南大学
工商管理与旅游管理学院
地址：昆明市翠湖北路 2 号
电话：0871－5034581
邮编：650091

云南师范大学
旅游与地理科学学院
地址：昆明市一二一大街 298 号
电话：0871－5516077
邮编：650092

昆明大学
旅游系
地址：昆明市人民西路 226 号
电话：0871－5382488
邮编：650118

云南民族大学
人文学院旅游管理专业
地址：昆明市一二一大街 134 号
电话：0871－5132010
邮编：650031

西南林学院
生态旅游学院
地址：昆明市白龙寺西南林学院 159 号信箱
电话：0871－3863002
邮编：650224

云南科技信息职业学院
旅游系
地址：昆明市穿金路 757－1 号
电话：0871－5010918
邮编：650224

云南财贸学院
旅游管理系
地址：昆明市龙泉路南段

电话：0871－5192465
邮编：650221

云南省旅游培训中心
地址：昆明市滇池路
电话：0871－4608327
传真：4608328
邮编：650200

云南省旅游学校
地址：昆明市龙泉路268号
电话：0871－5187406
邮编：650221

昆明市旅游职业高级中学
地址：昆明市国防路瓦仓西路16号
电话：0871－4154455
邮编：650000

玉溪师范高等专科学校
旅游系
地址：玉溪市
电话：0877－2055498
邮编：653100

云南大学
旅游文化学院
地址：丽江市古城区玉泉路
电话：0888－5135606
邮编：674600

大理学院
政法与经管系旅游管理专业
地址：大理市
电话：0872－2219959
邮编：671003

西藏

TIBET

旅游机构

西藏自治区旅游局
地址：拉萨市罗卡林卡路3号
电话：0891－6835472
传真：0891－6834313
邮编：850001
电子信箱：TTour@ pubic. ls. xz. cn

西藏自治区旅游质量监督管理所
地址：拉萨市罗布林卡路3号
电话：0891－6833476
传真：0891－6834313
邮编：850001

拉萨市旅游局
地址：拉萨市江苏路33号
电话：0891－6323632
传真：0891－6331175
邮编：850000

拉萨市城关区旅游局
地址：拉萨市八廊南街31号
电话：0891－6324822
传真：0891－6333551
邮编：850000

那曲地区旅游局
地址：那曲地区那曲县那曲镇辽河南路西侧
电话：0896－3826478
传真：0896－3822867
邮编：852000

那曲县旅游局
地址：那曲地区那曲县那曲镇文化西路11号
电话：0896－3822027
邮编：852000

昌都地区外事旅游局
地址：昌都地区昌都县城关镇
电话：0895－4821273
传真：0895－4821197
邮编：854000

昌都县旅游局
地址：昌都地区昌都县城关镇
电话：0895－4827951
邮编：854000

林芝地区旅游局
地址：林芝地区林芝县八一镇
电话：0894－5883646
传真：0894－5821858
邮编：860000

工布江达县旅游局
地址：林芝地区工布江达县
电话：0894－5412366
邮编：850300

山南地区外事旅游局
地址：山南地区乃东县泽当镇乃东路
电话：0893－7820259
传真：0893－7825338
邮编：856000

乃东县旅游局
地址：山南地区乃东县泽当镇乃东路68号
电话：0893－7834388
邮编：85600

日喀则地区旅游局
地址：日喀则地区日喀则市解放中路15号
电话：0892－8822221
传真：0892－8822216
邮编：857000

阿里地区外事旅游局
地址：阿里地区噶尔县狮泉河镇
电话：0897－2822603
传真：0897－2801486
邮编：859000

普兰县旅游局
地址：阿里地区普兰县
邮编：859500

札达县旅游局
地址：阿里地区札达县
邮编：859600

旅行社

西藏旅游总公司
地址：拉萨市北京中路75号
电话：0891－6835277
邮编：850001
网址：www. tibet. -travet. com
许可证号：L-XZ-GJ00001

拉萨市旅游公司
地址：拉萨市林聚路27号
电话：0891－6326672
邮编：850000
网址：www. china Tibet. net
许可证号：L-XZ-GJ00002

西藏日喀则中国国际旅行社
地址：拉萨市北京中路加措村3－070号
电话：0891－6817008　6820396
邮编：850000
许可证号：L－XZ－GJ00003

西藏山南中国国际旅行社
地址：山南地区
电话：0893－7821555－1576
邮编：856000
许可证号：L-XZ-GJ00004

西藏圣地国际旅行社
地址：拉萨市廓东路6号
电话：0891－6334082　6331417
邮编：850000
网址：www. xz. shengdi. cn
电子信箱：service@ tist. cn
许可证号：L－XZ－GJ00005

西藏神山国际旅行社
地址：阿里地区狮泉河镇
电话：0897－2821486
邮编：850000
许可证号：L-XZ-GJ00006

西藏国际职工旅行社
地址：拉萨市北京西路215号
电话：13908981487
邮编：850000
网址：www. xztiavel. com
许可证号：L-XZ-GJ00007

西藏中国青年国际旅行社
地址：拉萨市江苏路16号
电话：0891－6326451
邮编：850000
许可证号：L－XZ－GJ00008

西藏龙达国际旅行社
地址：拉萨市林廓西路26号
电话：0891－6833009　6823890
邮编：850001
许可证号：L-XZ-GJ00009

那曲地区旅游总公司
地址：拉萨市雪新村五幢1号
电话：0891－6835813
邮编：850000
许可证号：L-XZ-GJ00010

西藏茶马古道国际旅行社
地址：拉萨市北京中路红山饭店
电话：0891－6822176
邮编：850000
网址：www. sonwtibet. com
许可证号：L-XZ-GJ00011

西藏假日国际旅行社
地址：拉萨市民族路1号
电话：0891－6824305
邮编：850001
许可证号：L-XZ-GJ00013

西藏科技国际旅行社
地址：拉萨市民族北路33号
电话：0891－6830499
邮编：850000
许可证号：L-XZ-GJ00014

西藏航空国际旅行社
地址：拉萨市民航拉萨售票处2楼
电话：0891－6833331　6834084
邮编：850000
许可证号：L-XZ-GJ00015

西藏尼威国际旅行社
地址：拉萨市林廓北路13号
电话：0891－6336648
邮编：850000
网址：www. tibetniwei. com
许可证号：L-XZ-GJ00017

西藏世纪国际旅行社
地址：拉萨市北京中路64号
电话：0891－6836784
邮编：850001
网址：www. tirct hotel-db. com
许可证号：L-XZ-GJ00018

西藏山水国际旅行社
地址：拉萨市北京中路29号
电话：0891－6333829
邮编：850000
许可证号：L-XZ-GJ00021

西藏中国旅行社
地址：拉萨市北京西路208号
电话：0891－6832326
邮编：850000
网址：www. tibetfg. com
许可证号：L-XZ-GJ00022

西藏拉萨电信国际旅游有限公司
地址：拉萨市民族南路1号国际大酒店7楼
电话：0891－6822388
邮编：850000
许可证号：L-XZ-GJ00023

西藏金谷国际旅行社
地址：拉萨市宇拓路13号
电话：0891－6330924　6331825
邮编：850000
许可证号：L-XZ-GJ00024

西藏环宇国际旅游有限公司
地址：拉萨市北京中路 182 号
电话：0891－6984192　6984193
邮编：850000
网址：www. huanyutour. com
许可证号：L－XZ－GJ00025

西藏第三极特种国际旅游有限公司
地址：拉萨市金珠西路格桑林卡 C16－5
电话：0891－6935111
邮编：850006
许可证号：L-XZ-GJ00026

西藏天友交通国际旅行社有限责任公司
地址：拉萨市罗布林卡路 4 号
电话：0891－6925111
邮编：850000
许可证号：L-XZ-GJ00027

西藏红山国际旅行社
地址：拉萨市北京中路 41 号
电话：0891－6823664
邮编：850000
许可证号：L－XZ－GJ00033

宾馆酒店

拉萨饭店★★★★
地址：拉萨市民族路 1 号
电话：0891－6835796
传真：0891－6832221
邮编：850001
网址：www. lhasahotel. com. cn

西藏泽当饭店★★★★
地址：山南地区泽当镇乃东路 2 号
电话：0893－7825555
传真：0893－7821855
邮编：856000
网址：www. tsedanghotel. com
电子信箱：Tsedang8@ public. ls. xz. cn

市政大酒店★★★
地址：拉萨市
电话：0891－6341723
传真：0891－6324966
邮编：850000

亚旅馆★★★
地址：拉萨市北京东路 100 号
电话：0891－6336906
传真：0891－6323496
邮编：850000

赛康大酒店（预备 3）★★★
地址：拉萨市北京东路 25 号
电话：0891－6362888
传真：0891－6360888
邮编：850000

西藏宾馆★★★
地址：拉萨市北京西路 21 号
电话：0891－6836787
传真：0891－6834966
邮编：850001
网址：www. tibethotel-ab. com
电子信箱：xzbg. ssl@ 163. com

西藏邮政酒店★★★
地址：拉萨市北京中路 33 号
电话：0891－6813999
传真：0891－6821999
邮编：850000

圣江饭店（预备 3）★★★
地址：拉萨市北京中路 44 号
电话：0891－6271777
传真：0891－6806888
邮编：850000

湖北大厦★★★
地址：拉萨市北京中路 54 号
电话：0891－6837777
传真：0891－6820999
邮编：850000

西藏大厦（预备 3）★★★
地址：拉萨市北京中路 67 号
电话：0891－6840222
传真：0891－6816666
邮编：850000

敦固宾馆★★★
地址：拉萨市北京中路冲赛康夏莎苏 19 号
电话：0891－6323555
传真：0891－6322555
邮编：850000

香巴拉酒店★★★
地址：拉萨市丹杰林路 1 号
电话：0891－6323577
传真：0891－6323888
邮编：850000
网址：www. xblgroup. com

西藏边防大厦（预备 3）★★★
地址：拉萨市德吉北路 18 号
电话：0891－6806666
传真：0891－6970099
邮编：850000

雄巴拉大酒店★★★
地址：拉萨市江苏路 28 号
电话：0891－6331777
传真：0891－6338888
邮编：850000

邮电宾馆（预备 3）★★★
地址：拉萨市林廓 21 号
电话：0891－6321723
传真：0891－6341111
邮编：850000

西藏金蕃大酒店（预备 3）★★★
地址：拉萨市林廓北路 12 号
电话：0891－6339056
传真：0891－6273888
邮编：850000

新气象宾馆★★★
地址：拉萨市林廓北路 2 号
电话：0891－6333233
传真：0891－6300300
邮编：850000

大吉锦江宾馆★★★
地址：拉萨市林廓东路 42 号
电话：0891－6328999
传真：0891－6337777
邮编：850000

喜马拉雅饭店★★★
地址：拉萨市林廓东路 6 号
电话：0891－6332675
传真：0891－6321111
邮编：850000

圣天鹅宾馆（预备 3）★★★
地址：拉萨市纳金路 3 巷 3 号
电话：0891－6336696
传真：0891－6326999
邮编：850000

金桥饭店★★★
地址：拉萨市色拉路 40 号
电话：0891－6362816
传真：0891－6328000
邮编：850000
网址：www. tibettavel. com. cn
电子信箱：Goldbridgehotel@ sohu. com

仙足岛假日庄园宾馆★★★
地址：拉萨市生态路
电话：0891－6715333
传真：0891－6715888
邮编：850000

太阳岛大酒店★★★
地址：拉萨市中和国际城八一桥南
电话：0891－6871375
传真：0891－6871111
邮编：850000

那曲羌塘信苑酒店（预备 3）★★★
地址：那曲地区超丹中路 1 号
电话：0896－3826817
传真：0896－3828888
邮编：852000

西藏昌都饭店★★★
地址：昌都地区西路 22 号
电话：0895－4821428
传真：0895－4825998
邮编：854000

林芝宾馆（预备 3）★★★
地址：林芝地区八一镇川藏路
电话：0894－5822469
传真：0894－5821300
邮编：860000

明旺大酒店★★★
地址：林芝地区八一镇福建路 2 号
电话：0894－5829969
传真：0894－5888899
邮编：860000

林芝香帕拉酒店★★★
地址：林芝地区八一镇奇正路
电话：0894－583555
传真：0894－5835999
邮编：860000

泽当电信雪鸽宾馆（预备 3）★★★
地址：山南地区泽当镇湖北路 1 号
电话：0893－7827777
传真：0893－7827777
邮编：856000

西藏山南裕龙假日大酒店★★★
地址：山南地区泽当镇乃东路 16 号
电话：0893－7835666
传真：0893－7832888
邮编：856000

日喀则饭店★★★
地址：日喀则解放中路 13 号
电话：0892－8821900
传真：0892－8822525
邮编：857000

西藏日喀则泰兴宾馆（预备 3）★★★
地址：日喀则扎德动路 4 号
电话：0892－8800688
传真：0892－8820688
邮编：857000

神湖酒店★★★
地址：日喀则市青岛路 2 号
电话：0892－8828111
传真：0892－8839999
邮编：857000

山东大厦★★★
地址：日喀则市山东路 5 号
电话：0892－8826124
传真：0892－8826139
邮编：857000

乌孜大酒店★★★
地址：日喀则市四川南路中段
电话：0892－8838666
传真：0892－8838666
邮编：857000

江孜饭店★★★
地址：日喀则地区江孜县江孜镇
电话：0892－8172366
传真：0892－8172222
邮编：857400

旅游景区

西藏大昭寺 AAAA
地址：拉萨市大昭寺
电话：0891－6323129
邮编：850000

西藏罗布林卡 AAAA
地址：拉萨市罗布林卡路 21 号
电话：0891－6822644
邮编：850000

西藏博物馆 AAAA
地址：拉萨市罗布林卡路 19 号
电话：0891－6835244
邮编：850000

西藏布达拉宫 AAAAA
地址：拉萨市北京中路宫前巷 35 号
电话：0891－6838091
邮编：850000

拉萨市娘热度假村 AAA
地址：拉萨市北郊娘热乡
邮编：850012

西藏拉萨市热堆寺卓玛拉康 A
地址：拉萨市曲水县聂当区
邮编：850600

西藏昌都地区然乌湖 AA
地址：昌都地区八宿县白马镇然乌乡
邮编：854600

西藏昌都地区查杰玛大殿 AA
地址：昌都地区类乌齐县类乌齐镇
邮编：855600

西藏林芝巴松措旅游区 AAAAA
地址：林芝地区工布江达县
电话：0891－6333453
邮编：850000

桑耶寺 AAAA
地址：山南地区扎囊县
电话：0893－7362267
邮编：850800

日喀则扎什伦布寺 AAAA
地址：日喀则市
电话：0892－8836825
邮编：857000

珠穆朗玛峰国家自然保护区 AAAA
地址：日喀则地区定日县白坝乡白坝村
邮编：858200

餐　馆

朝天骄餐饮有限公司
地址：拉萨市中和国际城西桥
电话：0891－6872458
邮编：850012

雪神宫藏餐馆
地址：拉萨市布达拉宫墙西侧
电话：0891－6003803
邮编：850012

怪牛沙龙餐厅
地址：拉萨市北京东路 101 号
电话：0891－6336845
邮编：850012

雪域餐厅
地址：拉萨市藏医院路 4 号
电话：0891－6323687
邮编：850012

圣城餐厅
地址：拉萨市西藏宾馆内
电话：0891－6838710
邮编：850012

西游宫餐厅
地址：拉萨市布达拉宫广场西侧
电话：0891－6325989
邮编：850012

雪人餐厅
地址：拉萨市北京西路
电话：0891－6815755
邮编：850012

西藏拉萨饭店
地址：拉萨市民族路 1 号
电话：0891－6765238　6534119
邮编：850000

西藏玛吉阿米餐饮有限公司
地址：拉萨市八角街东南角
电话：0891－6328608
邮编：850000

布达拉风情酒吧
地址：拉萨市北京中路 127 号
电话：0891－6336664
邮编：850000

拉萨石头屋
地址：拉萨市
电话：0891－6321627
邮编：850000

民族风味餐厅
地址：拉萨市北京东路
电话：0891－6323296
邮编：850000

圣地藏式餐厅
地址：拉萨市八廓街大昭寺广场藏医院东侧
电话：0891－6339512
邮编：850000

八廓咖啡厅
地址：拉萨市八廓街大昭寺广场南侧
电话：0891－6326892
邮编：850000

满斋饭馆
地址：拉萨市八廓街满斋酒店 1 楼
电话：0891－6329645
邮编：850000

拉旦厨房
地址：拉萨市北京东路 106 号
电话：0891－6331241
邮编：850000

拉萨娜玛瑟德餐厅
地址：拉萨市宇拓路 30 号
电话：0891－6324669
邮编：850000

拉萨驴窝餐厅
地址：拉萨市北京中路 10 号
电话：0891－6335853
邮编：850000

那曲地区杏花村小小酒家
地址：那曲地区
电话：0896－3828338
邮编：852000

闽都菜馆
地址：那曲地区
电话：0896－3828024
邮编：852000

川中帝海味餐厅
地址：那曲地区
电话：0896－3829861
邮编：852000

那曲地区玉包子店
地址：那曲地区
电话：0896－3822419
邮编：852000

那曲地区玉包子分店
地址：那曲地区
电话：0896－3826688
邮编：852000

香辣蟹
地址：那曲地区
电话：0896－3821320
邮编：852000

泸州饭店
地址：那曲地区
电话：0896－3821558
邮编：852000

川威羊肉汤
地址：那曲地区
电话：0896－3891980
邮编：852000

拉萨老鱼庄
地址：那曲地区
电话：0896－3825599
邮编：852000

百姓人家鱼庄
地址：那曲地区
电话：0896－3821118
邮编：852000

谭氏食府
地址：那曲地区

电话：0896－3821770
邮编：852000

老客茶楼
地址：昌都地区
电话：0895－4830446
邮编：854000

昌都地区金海湾茶楼
地址：昌都地区
电话：0895－4831163
邮编：854000

昌都地区贵族火锅世界
地址：昌都地区
电话：0895－4843777
邮编：854000

昌都地区三星火锅城
地址：昌都地区
电话：0895－4831304
邮编：854000

昌都地区金山城火锅厅
地址：昌都地区
电话：0895－4826773
邮编：854000

巴蜀风味餐厅
地址：昌都地区
电话：0895－4842260
邮编：854000

瓦缸山寨饭店
地址：昌都地区
电话：0895－4831080
邮编：854000

昌都地区银杏子酒楼
地址：昌都地区
电话：0895－4824787
邮编：854000

林芝地区杜鹃花酒店有限公司
地址：林芝地区林芝县八一镇厦门路
电话：0894－5992588
邮编：850400

巴蜀人家自助火锅
地址：林芝地区林芝县
电话：0894－5826139
邮编：850400

林芝地区迎宾馆餐厅
地址：林芝地区林芝县八一镇珠海路
电话：0894－5822410
邮编：850400

谭家园餐厅
地址：林芝地区林芝县
电话：0894－5885666
邮编：850400

何大妈鲁朗特色石锅
地址：林芝地区林芝县鲁朗镇鲁朗街
电话：0894－5893018
邮编：850400

鲁朗石锅豆花庄
地址：林芝地区林芝县八一镇
电话：0894－5889898
邮编：850400

老地方重庆石锅王
地址：林芝地区林芝县鲁朗镇鲁朗街
电话：0894－5892503
邮编：850400

华府楼
地址：山南地区乃东县
电话：0893－7834999
邮编：856000

芙蓉昌菜馆
地址：山南地区乃东县
电话：0893－7824189
邮编：856000

银城餐厅
地址：山南地区乃东县
电话：0893－7824899
邮编：856000

玉苑饭庄
地址：山南地区乃东县
电话：0893－7821248
邮编：856000

谭府楼
地址：山南地区乃东县
电话：0893－7820087
邮编：856000

拉萨思乡鱼庄山南分店
地址：山南地区乃东县
电话：0893－7824852
邮编：856000

大东海餐饮娱乐城
地址：山南地区乃东县
电话：0893－7824369
邮编：856000

民族村餐厅
地址：日喀则地区日喀则市客运公司院内
电话：0892－8839655
邮编：857000

星月大酒楼
地址：日喀则地区日喀则市
电话：0892－8821934
邮编：857000

日喀则金座餐厅
地址：日喀则地区日喀则市格桑拉康 28 号
电话：0892－8821952
邮编：857000

刚坚林卡藏式餐厅
地址：日喀则地区日喀则市珠峰路 9 号
电话：0892－8822282
邮编：857000

乌孜大酒店
地址：日喀则地区日喀则市四川南路中段
电话：0892－8838666
邮编：857000

神湖酒店
地址：日喀则地区日喀则市青岛东路 20 号
电话：0892－8839999
邮编：857000

圣康饭店
地址：日喀则地区日喀则市中心
电话：0892－8822922
邮编：857000

日喀则山东大厦
地址：日喀则地区日喀则市北京北路 5 号
电话：0892－8826124
邮编：857000

桑珠孜饭店
地址：日喀则地区日喀则市贡觉林路 2 号
电话：0892－8822280
邮编：857000

日喀则饭店
地址：日喀则地区日喀则市解放中路
电话：0892－8822550
邮编：857000

宫廷藏式餐厅
地址：日喀则地区日喀则市德庆颇樟路 1 号
电话：0892－8833878
邮编：8570000

小雅餐厅
地址：阿里地区日噶尔县
电话：0897－2822455
邮编：859400

塞北小肥羊
地址：阿里地区噶尔县
电话：0897－2826276
邮编：859400

老乡屋分店
地址：阿里地区日噶尔县
电话：0897－2824512
邮编：859400

重庆长江龙王火锅城
地址：阿里地区日噶尔县
电话：0897－2823191
邮编：859400

清真中郎餐厅
地址：阿里地区噶尔县
电话：0897－2652095
邮编：859400

红灯笼餐厅
地址：阿里地区噶尔县
电话：0897－2823521
邮编：859400

临夏穆斯林餐厅
地址：阿里地区日噶尔县
电话：0897－2823440
邮编：859400

旅游用品

西藏拉萨地毯有限责任公司
地址：拉萨市江苏路 24 号
电话：0891－6328276　6326225
邮编：850012

拉萨市城关区地毯厂
地址：拉萨市色拉路 1 号
电话：0891－6342704　6333691
邮编：850012

中外合资布达拉地毯有限公司
地址：拉萨市北京西路 212 号
电话：0891－6834767　6826459
邮编：850012

西藏雪豹毯业有限公司
地址：拉萨市藏医院路 2 号
电话：0891－6321481
邮编：850012

西藏扎西德勒手工地毯工艺品有限公司
地址：拉萨市北京中路 41 号附 1 号
电话：0891－6826213
邮编：850012

雪莲地毯公司
地址：拉萨市吉日路 42 号
电话：0891－6335983
邮编：850012

喀瓦坚地毯公司
地址：拉萨市金珠西路 103 号
电话：0891－6833255 6833257
邮编：850012

西藏古艺地毯厂
地址：拉萨市色拉路
电话：0891－6331567 6331566
邮编：850012

民族珠宝店
地址：拉萨市八角街南街
电话：0891－6363645
邮编：850012

腾鑫珠宝商行
地址：拉萨市八角街西街
电话：0891－6347110
邮编：850012

轻纺珠宝城
地址：拉萨市青年路
电话：0891－6336866
邮编：850012

西藏民族旅游用品总公司
地址：拉萨市宇拓路 1 号
电话：0891－6323935
邮编：850012
电子信箱：mzly@163.com

拉萨市工艺美术厂
地址：拉萨市城关区林廓东路 34 号
电话：0891－6341796
邮编：850012

拉萨市地毯有限公司
地址：拉萨市江苏路 24 号
电话：0891－6326225
邮编：850012

布达拉地毯有限公司
地址：拉萨市北京西路 216 号
电话：0891－6865955
邮编：850012

西藏古艺民族产品开发有限公司
地址：拉萨市色满路 25 号
电话：0891－6331567
邮编：850012

旅游交通

西藏自治区旅游汽车公司
地址：拉萨市民族北路 1 号
电话：0891－6824886
邮编：850001

拉萨贡嘎机场
地址：拉萨市贡嘎县
电话：0891－6182220
邮编：850009

昌都邦达机场
地址：昌都地区
电话：0895－4622001
邮编：845000

旅游院校

西藏大学
旅游与外语学院
地址：拉萨市江苏东路 36 号
电话：0891－6331646 6363158
邮编：850000

陕西

SHAANXI

旅游机构

陕西省旅游局
地址：西安市长安北路15号
电话：029-85261289
传真：029-85250151
邮编：710061

陕西省旅游环境质量稽查队（陕西省旅游质量监督管理所）
地址：西安市长安北路15号
电话：029-85261265
邮编：710061

杨凌示范区旅游局
地址：西安市杨凌示范区新桥北路1号
电话：029-87036981
传真：87036061
邮编：712100

西安市旅游局
地址：西安市北院门159号
电话：029-87295632
传真：029-87295607
邮编：710001

延安市旅游局
地址：延安市城内大街19号
电话：0911-2317305
传真：0911-2138204
邮编：716000

铜川市文物旅游局
地址：铜川市正阳路9号
电话：0919-3185751
传真：0919-3185751
邮编：727000

渭南市外事旅游局
地址：渭南市东风街83号
电话：0913-2109527
传真：0913-2109589
邮编：714000

咸阳市旅游局
地址：咸阳市渭阳中路6号
电话：0910-3210443
传真：0910-3210630
邮编：712000

宝鸡市外事旅游局
地址：宝鸡市中山西路63号
电话：0917-3650288
传真：0917-3651556
邮编：721001

汉中市旅游局
地址：汉中市汉中路19号
电话：0916-2214682
传真：0916-2222089
邮编：723000

榆林市旅游局
地址：榆林市广榆路口
电话：0912-3283935
传真：0912-3289798
邮编：719000

安康市旅游局
地址：安康市育才路113号
电话：0915-3202169
传真：0915-3214339
邮编：725000

商洛市旅游局
地址：商洛市迎宾路9号
电话：0914-2313238
传真：0914-2313826
邮编：726000

旅行社

陕西海外旅游有限责任公司
地址：西安市长安北路15号
电话：029-85261425
邮编：710061
网址：www.otcsx.com.cn
许可证号：L-SNX-GJ00001

西安海外旅游有限责任公司
地址：西安市二环西路127号西旅大厦8F
电话：029-85218159
邮编：710068
网址：www.travel.com
许可证号：L-SNX-GJ00002

西安中国国际旅行社集团有限责任公司
地址：西安市长安北路48号
电话：029-85399999
邮编：710061
网址：www.citsxa.com
许可证号：L-SNX-GJ00003

陕西中国旅行社有限责任公司
地址：西安市东关正街70号招商局广场2号楼18层A座
电话：029-82403533
邮编：710048
网址：www.cts-sx.com.cn
许可证号：L-SNX-GJ00004

中国康辉西安国际旅行社有限责任公司
地址：西安市含光南路178号吉祥大厦6-7层
电话：029-85255550
邮编：710065
许可证号：L-SNX-GJ00005

陕西中青国际旅行社有限公司
地址：西安市南二环西段21号华融国际商务大厦A座6层B/E
电话：029-85256415
邮编：710061
网址：www.sxcyts.com
许可证号：L-SNX-GJ00006

招商局西安国际旅游公司
地址：西安市小寨东路108号金龙来商务大厦3层
电话：029-85229114
邮编：710061
许可证号：L-SNX-GJ00007

西安中旅国际旅行社有限责任公司
地址：西安市长安北路103号
电话：029-87937839
邮编：710061
网址：www.cts.xian.com
许可证号：L-SNX-GJ00008

西安唐城国际旅行社
地址：西安市含光南路229号
电话：029-85209871
邮编：710065
网址：www.unkm.com
许可证号：L-SNX-GJ00009

延安中国国际旅行社
地址：延安市中心街106号
电话：0911-2123320
邮编：716000
许可证号：L-SNX-GJ00010

陕西远东国际旅行社有限公司
地址：西安市崇业路23号丰泰大厦070E
电话：029-85238232
邮编：710054
网址：www.tibettour.com
许可证号：L-SNX-GJ00011

陕西职工国际旅行社
地址：西安市莲湖路239号
电话：029-87323334
邮编：710003
许可证号：L-SNX-GJ00012

西安教育国际旅行社
地址：西安市含光中段48号煜源国际商务大厦B座5层
电话：029-85269421
邮编：710061
网址：www.warriorotours.com
许可证号：L-SNX-GJ00013

宝鸡中国国际旅行社有限责任公司
地址：宝鸡市广元路10号
电话：0917-3216269
邮编：721000
网址：www.bjchts.com
许可证号：L-SNX-GJ00014

汉中中国国际旅行社
地址：汉中市钟楼什字
电话：0916-2214738
邮编：723000
许可证号：L-SNX-GJ00015

华山中国旅行社
地址：华阴市华山玉泉路
电话：0913-4361978
邮编：714200
网址：www.mountainhua.com
许可证号：L-SNX-GJ00016

陕西文源国际旅游有限责任公司
地址：西安市长安北路89号中信大厦8B 8F
电话：029-85363839
邮编：710061
网址：www.sxxx.sei.sn.cn/sxxb/sxwy
许可证号：L-SNX-GJ00017

西安西部国际旅行社
地址：西安市长安北路58号
电话：029-85224107
邮编：710061
网址：www.xahotel.com
许可证号：L-SNX-GJ00018

西安金桥国际旅行社
地址：西安市西大街安定广场3-1-53
电话：029-87616633
邮编：710002
网址：www.sxtour.com.cn/xagb-tours
许可证号：L-SNX-GJ00019

西安和平国际旅游公司
地址：西安市长安北路89号中信大厦21层
电话：029-87894280
邮编：710061
许可证号：L-SNX-GJ00020

西安光大国际旅行社
地址：西安市含光北路 143 号
电话：029－88410397
邮编：710068
网址：www.tourshaanxi.com
许可证号：L-SNX-GJ00021

西安天马国际旅行社
地址：西安市南二环西段 396 号亚美伟伯广场 19 楼 E 座
电话：029－62869811
邮编：710016
许可证号：L-SNX-GJ00022

陕西文物国际旅行社
地址：西安市兴善寺东街 12 号
电话：029－85213944
邮编：710061
许可证号：L-SNX-GJ00023

西安幸运国际旅行社有限责任公司
地址：西安市南二环西段 208 号捷瑞大厦 12 层
电话：029－88378898
邮编：710068
许可证号：L-SNX-GJ00024

西安铁道国际旅行社有限责任公司
地址：西安市西五路 1 号
电话：029－87422969
邮编：710004
许可证号：L-SNX-GJ00025

港中旅国际西安旅行社有限公司
地址：西安市红缨路 1 号
电话：029－88421464
邮编：710068
许可证号：L-SNX-GJ00026

咸阳国际旅行社
地址：咸阳市东风路 6 号
电话：0910－33222201　33222202
邮编：712000
许可证号：L-SNX-GJ00027

西安中信国际旅行社有限责任公司
地址：西安市长安北路长兴饭店 4 层
电话：029－85222660
邮编：710061
网址：www.citicxa.com
许可证号：L-SNX-GJ00029

陕西虹桥国际旅行社有限责任公司
地址：西安市含光路北段 156 号
电话：029－88428428
邮编：710068
网址：www.hqgj6666.com
许可证号：L-SNX-GJ00030

陕西虹阳国际旅行社有限责任公司
地址：西安市高新区沣惠南路 20 号华晶商务广场 A 座 301 室
电话：029－88372382
邮编：710075
网址：www.eighth wondertour.com
许可证号：L-SNX-GJ00031

陕西友联国际旅行社有限责任公司
地址：西安市南关正街 3 号中行大厦 904 室
电话：029－87819678　87819926
邮编：710068
许可证号：L-SNX-GJ00032

安康市铁道国际旅行社
地址：安康市火车站广场西侧
电话：0915－3315032
邮编：725000
许可证号：L-SNX-GJ00033

延安假日国际旅行社有限公司
地址：延安市中心街中际大厦 706 室
电话：0911－2118038　2111181
邮编：716000
许可证号：L-SNX-GJ00034

陕西新世界航空国际旅行社有限责任公司
地址：西安市高新四路 1 号高科广场 A 座 1501 室
电话：029－88361108
邮编：710075
网址：www.sxnw.com
许可证号：L－SNX－GJ00038

西安马可孛罗国际旅行社有限责任公司
地址：西安市南二环西段 65 号煜源国际大厦 5 层
电话：029－85245633
邮编：710068
网址：www.travelchinaguide.com
电子信箱：tours@travelchinaguide.com
许可证号：L－SNX－GJ00039

西安百仕通国际旅行社有限公司
地址：西安市碑林区长安北路 91 号富城大厦 11704 号
电话：029－87880025
邮编：710061
网址：www.chinabesttour.com
电子信箱：lurong@chinabesttour.com
许可证号：L－SNX－GJ00040

西安空港国际旅行社有限责任公司
地址：西安市莲湖区沣镐路 2 号西关机场内
电话：029－88791380
邮编：710082
网址：www.airport－bus.com
电子信箱：HKG1333@sina.com
许可证号：L－SNX－GJ00041

宾馆酒店

香格里拉金花饭店★★★★★
地址：西安市长乐西路 8 号
电话：029－83232981
传真：029－83235477
邮编：710032
网址：www.shangri-la.com
电子信箱：slx@shangri-la.com

凯悦（阿房宫）酒店★★★★★
地址：西安市东大街 158 号
电话：029－87691234
传真：029－87696799
邮编：710001
网址：www.xian.regency.hyatt.com

喜来登大酒店★★★★★
地址：西安市沣镐东路 262 号
电话：029－84261888
传真：029－84262188
邮编：710077
网址：www.sheraton.com/xian

长安城堡大酒店★★★★★
地址：西安市环城南路西段 12 号
电话：029－87608888
传真：029－87231500
邮编：710068
网址：www.anahotelxian.com
电子信箱：sales@anahotelxian.com

西安索菲特人民大厦★★★★★
地址：西安市东新街 319 号
电话：029－87928888
传真：029－87928999
邮编：710004
网址：www.renminsquare.com.cn
电子信箱：sofitel@renminsquare.com

西安宾馆★★★★
地址：西安市长安北路 58 号
电话：029－87666666
传真：029－87666555
邮编：710061
网址：www.xahotel.com
电子信箱：xahotel@pub.xaonline.com

唐华宾馆★★★★
地址：西安市大雁塔东引路 40 号
电话：029－87601111
传真：029－85261998
邮编：710061
网址：www.xagardenhotel.cn
电子信箱：salE-resv@xagardenhotel.cn

皇城花园酒店★★★★
地址：西安市东大街 334 号
电话：029－87690000
传真：029－87690009
邮编：710001
网址：www.hotelroyalgardenxian.com

西安美居人民大厦★★★★
地址：西安市东新街 319 号
电话：029－87928888
传真：029－87928999
邮编：710004
网址：www.renminsquare.com.cn
电子信箱：mercure@renminsquare.com

西安唐城宾馆★★★★
地址：西安市含光路南段 229 号
电话：029－85209966
传真：029－85209900
邮编：710065
网址：www.xiantangchenghotel.com.cn
电子信箱：csxth@public.xa.sn.cn

西安建国饭店★★★★
地址：西安市互助路 2 号
电话：029－82598888
传真：029－83235145
邮编：710048
网址：www.jianguohotelsxian.com.cn
电子信箱：jgsale@pub.xaonline.com

陕西高速神州酒店★★★★
地址：西安市环城东路 9 号
电话：029－83233888
传真：029－83235962
邮编：710048
网址：www.gsszhotel.com
电子信箱：webmaster@gsszhotel.com

西安紫金山凯思特大酒店★★★★
地址：西安市环城西路 328 号
电话：029－87668888
传真：029－87668500
邮编：710082
电子信箱：questhotelxa@hotmail.com

西安骊苑大酒店★★★★
地址：西安市劳动南路 8 号

电话：029－84263388
传真：029－84263288
邮编：710068
网址：www. legardens. com
电子信箱：legarden@ legardens. com

陕西恒佳好世界大酒店★★★★
地址：西安市莲湖路108号
电话：029－87351188
传真：029－87350088
邮编：710003
网址：www. hjhaoshijie. sn. cn
电子信箱：hj. hsj188@ yahoo. com. cn

古都新世界大酒店★★★★
地址：西安市莲湖路172号
电话：029－87216868
传真：029－87219754
邮编：710002
网址：www. gnwhxian. com
电子信箱：bc@ gnwhxian. com

西安钟楼饭店★★★★
地址：西安市南大街110号
电话：029－87600000
传真：029－87218767
邮编：710001
网址：www. beltowerhtl. com
电子信箱：sales@ beltowerhtl. com

陕西奥罗国际大酒店★★★★
地址：西安市南新街30号
电话：029－87672888
传真：029－87672666
邮编：710004
网址：www. auruminthotel. com
电子信箱：ms@ auruminthotel. com

西安富凯酒店★★★★
地址：西安市南新街27号
电话：029－87483760
传真：029－87483761
邮编：710002
网址：www. fukai hotei. com

西京国际饭店★★★★
地址：西安市西大街135号
电话：029－62678000
传真：029－87276166
邮编：710002
网址：www. xa-hotel. com
电子信箱：xijingbags@ 126. com

西安天翼新商务酒店★★★★
地址：西安市西二环南段281号
电话：029－84680000
传真：029－84680001
邮编：710077
网址：www. tianyihotel. cn

西安天域凯莱大酒店★★★★
地址：西安市雁塔北路15号
电话：029－87868855
传真：029－87864577
邮编：710054
网址：www. gloriahotels. com
电子信箱：gloria@ gphxian. com

东方大酒店★★★★
地址：西安市朱雀大街393号
电话：029－87654321
传真：029－87654400
邮编：710061
网址：www. orienthotel-xian. com
电子信箱：dfdjd@ orienthotel-xian. com

润天宾馆★★★★
地址：西安市阎良区润天大道15号
电话：029－86831188
传真：029－86831288
邮编：710089
网址：www. runtian-hotel. com
电子信箱：office@ runtian-hotel. com

延安宾馆★★★★
地址：延安市中心街56号
电话：0911－2886688
传真：0911－2886789
邮编：716000
网址：www. yanan hotel. com. cn
电子信箱：xsb@ yanan tel. com. cn

延安旅游大厦★★★★
地址：延安市中心街
电话：0911－2138666
传真：0911－2138444
邮编：716000
网址：www. yatourhotel. com
电子信箱：LYDSLB@ sina. com

财苑宾馆★★★★
地址：咸阳市渭阳西路1号
电话：029－33166666
传真：029－33276988
邮编：712000
网址：www. caiyuanhotel. com
电子信箱：xycybg@ 163. com

杨凌国际会展中心★★★★
地址：咸阳市杨凌新桥北路1号
电话：029－87036888
传真：029－87036878
邮编：712100
网址：www. ylicehotel. com
电子信箱：ylicehotel@ sina. com

怡和酒店★★★★
地址：宝鸡市火炬路10号
电话：0917－3315959
传真：0917－3311118
邮编：721006
网址：www. bjyihehotel. com
电子信箱：service@ bjyihehotel. com

汉中红叶大酒店★★★★
地址：汉中市劳动东路33号
电话：0916－2383838
传真：0916－2383996
邮编：723000
网址：www. hongyehotelhz. com
电子信箱：hongye@ hongyehotelhz. com

汉中邮政大酒店★★★★
地址：汉中市天汉大道中段
电话：0916－2212567
传真：0916－2253566
邮编：723000
网址：www. posthotel. hanzhong. cn
电子信箱：Hz posthotel@ 163. com

西安长庆宾馆★★★
地址：西安市北郊未央路151号
电话：029－86595333
传真：029－86594666
邮编：710021

大庆长缨宾馆★★★
地址：西安市长缨东路233号
电话：029－82536633
传真：029－82553368　029－82510430
邮编：710032
电子信箱：xi-anban@ dpd. com. cn

西安秦大饭店★★★
地址：西安市东大街130号
电话：029－87483188
传真：029－88261853
邮编：710001
网址：www. dpd. com. cn
电子信箱：2007qinda@ 163. com

申鹏国际商务酒店★★★
地址：西安市东大街132号
电话：029－87480288
传真：029－87480207
邮编：710001
网址：www. shenpenghotel. com
电子信箱：office@ shenghotel. com

西安邮政大酒店★★★
地址：西安市东五路61号
电话：029－87683666
传真：029－87426453
邮编：710005
电子信箱：jyj86025@ 163. com

房地大酒店★★★
地址：西安市东五路75号
电话：029－84058888
传真：029－87423274
邮编：710005

西安人民大厦★★★
地址：西安市东新街319号
电话：029－87928888
传真：029－87928288　029－87928990
邮编：710004
网址：www. renminsquare. com. cn
电子信箱：info@ renminsquare. com

陕西铁通商务酒店★★★
地址：西安市二环南路西段98号
电话：029－82333888
传真：029－82333889
邮编：710065
网址：www. crchotel. com
电子信箱：tietong hotel@ 126. com

鸿业大酒店★★★
地址：西安市含光路137号
电话：029－88108888
传真：029－88421400
邮编：710068
网址：www. xahongye. com
电子信箱：hongyerenli@ 163. com

吐哈石油大厦★★★
地址：西安市含光南路232号
电话：029－88279888
传真：029－88234833
邮编：710065
网址：www. tuhahotel. cn
电子信箱：liuyjjt@ tuha. net

大香港鲍翅酒楼国宾大酒店★★★
地址：西安市环城东路中段1号
电话：029－82403689
传真：029－82403683
邮编：710048
网址：www. grandhk. com
电子信箱：grandhk-001@ sina. com

陕西榴花宾馆★★★
地址：西安市环城西路288号

电话：029－84699999
传真：029－84699788
邮编：710082
网址：www.liuhua.cn

秦都酒店★★★
地址：西安市环城西路北段55号
电话：029－88626262
传真：029－88627728
邮编：710082
网址：www.dynasty-hotel.com
电子信箱：dynasty@pub.xaonline.com

西安解放饭店★★★
地址：西安市解放路181号
电话：029－87698888
传真：029－87698666
邮编：710005
电子信箱：jfhotel@000610.com

西安陇海大酒店★★★
地址：西安市解放路306号
电话：029－87416090
传真：029－87416580
邮编：710004
网址：www.longhaihotel.com
电子信箱：master@longhaihotel.com

建工金华酒店★★★
地址：西安市金华北路16号
电话：029－84755350
传真：029－84755697
邮编：710032
电子信箱：afhotel@163.com

金陵大酒店★★★
地址：西安市泾河工业园泾渭东路
电话：029－86031666
传真：029－86031818
邮编：710200
电子信箱：xg0876@126.com

西安秦丰大酒店★★★
地址：西安市经济技术开发区凤城二路6号
电话：029－86522221
传真：029－86522936
邮编：710016
电子信箱：9fdid6522221@163.com

万嘉国际商务酒店★★★
地址：西安市科技路1号
电话：029－88265666
传真：029－88265700
邮编：710065
网址：www.wanjiahotel.com

西北民航大厦★★★
地址：西安市劳动南路292号
电话：029－82123333
传真：029－82123298
邮编：710018
电子信箱：aoyun happy@163.com

锦苑明阳酒店★★★
地址：西安市莲湖路30号
电话：029－87324688
传真：029－87324696
邮编：710003

文商大厦★★★
地址：西安市骡马市30号
电话：029－87255118
传真：029－87670093
邮编：710001
网址：www.wsxsp.cn

西安城市酒店★★★
地址：西安市南大街70号
电话：029－87219988
传真：029－87216688
邮编：710002
网址：www.cityhotelxian.com
电子信箱：cityhotelxian@163.com.cn

延炼大厦★★★
地址：西安市南二环东段3号
电话：029－85235000
传真：029－85218035
邮编：710061
网址：www.yanlianhotel.com

锦城宾馆★★★
地址：西安市南关正街89号
电话：029－87826000
传真：029－87882000
邮编：710068
网址：www.snjinchenghotel.com

警苑饭店★★★
地址：西安市青年路二巷三号
电话：029－87316390
传真：029－87324502
邮编：710003

尚德大厦★★★
地址：西安市尚德路155号
电话：029－87445566
传真：029－87433522
邮编：710004

陕西文苑大酒店★★★
地址：西安市社会路8号
电话：029－83103000
传真：029－83103240
邮编：710003
网址：www.wenyuan-hotel.com.cn

陕西广电网络大酒店★★★
地址：西安市太白南路363号
电话：029－62661111
传真：029－62820986
邮编：710068
网址：www.networkhotel.cn
电子信箱：networkhotel@163.com

锦苑双龙大饭店★★★
地址：西安市未央路95号
电话：029－86226669
传真：029－86225987
邮编：710016

美伦酒店★★★
地址：西安市西大街86号
电话：029－87288888
传真：029－87273601
邮编：710002
网址：www.melodyhotel.com.cn.
电子信箱：melodyhotel@163.com

陕西江河大厦★★★
地址：西安市西七路198号
电话：029－87480088
传真：029－87480089
邮编：710004
网址：www.jhxa.cn
电子信箱：jhhotel@jhxa.cn

半坡湖度假村★★★
地址：西安市咸宁东路河西岸
电话：029－83389000
传真：029－82605027

邮编：710043

西安皇后大酒店★★★
地址：西安市兴庆路45号
电话：029－88136666
传真：029－88136987
邮编：710048
网址：www.empresshotel.com.cn

黄河宾馆★★★
地址：西安市幸福北路1号
电话：029－82162400
传真：029－82162456
邮编：710043

凯瑞大厦★★★
地址：西安市友谊西路352号
电话：029－88484888
传真：029－88496374
邮编：710068
网址：www.kairuihotel.com
电子信箱：kairui hotel2000@163.com

教育宾馆★★★
地址：西安市莲湖路103号
电话：029－82077066
传真：029－82077068
邮编：710003

陕西君山台湾大酒店★★★
地址：西安市莲湖路206号
电话：029－82199999
传真：029－82126266
邮编：710003
网址：www.twdjd.com
电子信箱：taiwanhotel888@sohu.com

陕西蓝泰商务酒店★★★
地址：西安市莲湖路323号
电话：029－84035888
传真：029－84035510
邮编：710003　B2711
电子信箱：lantai061108@163.com

钟鼓楼大酒店★★★
地址：西安市莲湖区社会路1号
电话：029－88128333
传真：029－87287012
邮编：710003
电子信箱：bdthtl@gmail.com

西安新荣基酒店★★★
地址：西安市莲湖区西二环南段22号
电话：029－88110088
传真：029－87956532
邮编：710077
网址：www.newhendersonhotelxa.com

陕西玉祥酒店有限公司★★★
地址：西安市莲湖区习武园39号
电话：029－84035688
传真：029－84035881
邮编：710003
网址：www.tripc.com
电子信箱：celay@sina.com

陕西华浮宫酒店★★★
地址：西安市未央湖旅游开发区阳光大道
电话：029－86677777
传真：029－86672889
邮编：710021
网址：www.sxhfg.com
电子信箱：sxhfg@126.com

陕西未央湖大酒店★★★
地址：西安市未央湖旅游开发区阳光大道3号
电话：029－86671111
传真：029－86673008
邮编：710021
网址：www.wyhhotel.com
电子信箱：wyhhotel888@yahoo.com.cn

临潼宾馆★★★
地址：西安市临潼区东关83号
电话：029－83829002
传真：029－83829006
邮编：710600
电子信箱：ltbg-8888@163.com

临潼勇卿大酒店★★★
地址：西安市临潼区万年路西
电话：029－83888888
传真：029－83888365
邮编：710600
网址：www.yongq.com
电子信箱：web@yongq.com

西北饭店★★★
地址：西安市长安区西长安街52号
电话：029－85678066
传真：029－85678898
邮编：710100
电子信箱：lxc2699@126.com

西安旅游股份上林宫酒店★★★
地址：西安市长安区滦镇
电话：029－85670116
传真：029－85670099
邮编：710109
网址：www.mail.000610.com
电子信箱：slgoffice

常宁宫休闲山庄★★★
地址：西安市长安区鱼鲍头村甲1号
电话：029－85679888
传真：029－85679118
邮编：710100
网址：www.changninggong.com
电子信箱：changninggong99@163.com

延安圣通大酒店★★★
地址：延安市东滨路
电话：0911－2880001
传真：0911－2886392
邮编：716000
电子信箱：yasth@126.com

延安亚圣大酒店★★★
地址：延安市内二道街
电话：0911－2138059
传真：0911－2138063
邮编：716000
电子信箱：yadif@yahoo.com.cn

延安交际宾馆★★★
地址：延安市南关街67号
电话：0911－2137757
传真：0911－2126976
邮编：716000

延安杨家岭石窑宾馆★★★
地址：延安市杨家岭
电话：0911－2330836
传真：0911－2330628
邮编：716000

延安窨洞宾馆★★★
地址：延安市迎宾大道
电话：0911－2219555
传真：0911－2219444
邮编：716000
网址：www.yanantoutour.com.cn

延安宝塔宾馆★★★
地址：延安市迎宾大道
电话：0911－2889200
传真：0911－2111800
邮编：716000
电子信箱：ruenling@yahoo.com.cn

延安万花山庄★★★
地址：延安市宝塔区万花乡
电话：0911－2882106
传真：0911－2882135
邮编：716000　B2721

万年饭店★★★
地址：延安市长乐中路副11号
电话：029－82596666
传真：029－82596668
邮编：710032　B271
网址：www.wnhotel.com
电子信箱：wn@wnhotel.com

止园饭店★★★
地址：延安市青年路111号
电话：029－87686888
传真：029－87686988
邮编：710003
电子信箱：zhiyuanji@tom.com

甘泉宾馆★★★
地址：延安市甘泉县城
电话：0911－4518188
传真：0911－4518121
邮编：716100
网址：www.yanantour.com，cn
电子信箱：ldldt@sina.com

宜川宾馆★★★
地址：延安市宜川县北大街
电话：0911－4627888
传真：0911－4627738
邮编：716200

宜川电力大厦★★★
地址：延安市宜川县城西街
电话：0911－4626688
传真：0911－4622688
邮编：716200
电子信箱：yichuandianli6688@163.com

延安壶口观瀑舫大酒店★★★
地址：延安市宜川县壶口景区
电话：0911－4839000
传真：0911－4839111
邮编：716200
网址：www.gpf.com.cn

红玫瑰大酒店★★★
地址：铜川市红旗街58号
电话：0919－2167029
传真：0919－2166592
邮编：727000

新懋酒店★★★
地址：铜川市新区长虹北路6号
电话：0919－3181868
传真：0919－3181868
邮编：727031

铜川交通大厦★★★
地址：铜川市新区长虹路
电话：0919－3588888
传真：0919－3588195
邮编：727031

银河大酒店★★★
地址：铜川市新区咸丰路
电话：0919－3456525
传真：0919－3456333
邮编：727031
网址：sxyinhehotel.cn-yp.com

花园饭店★★★
地址：铜川市耀州区北新街1号
电话：0919－6285601
传真：0919－6285601
邮编：727100

耀州宾馆★★★
地址：铜川市耀州区耀州路中段10号
电话：0919－6181233
传真：0919－6186400
邮编：727100
电子信箱：yaozhoujs@sxjst.com

祥龙宾馆★★★
地址：渭南市朝阳路中段
电话：0913－2131868
传真：0913－2131858
邮编：714000
网址：www.wntour.cn

渭河花园饭店★★★
地址：渭南市高新区东风路西段56号
电话：0913－2108888
传真：0913－2107426
邮编：714000
网址：www.wntour.cn

莲花山庄★★★
地址：渭南华阴市华山
电话：0913－4368818
传真：0913－4362961
邮编：714200
网址：www.lfhotel.com
电子信箱：admin@lfhotel.com

华山金融宾馆★★★
地址：渭南华阴市玉泉路中段
电话：0913－4369663
传真：0913－4363124
邮编：714200
网址：www.wntour.cn

韩城禹龙宾馆★★★
地址：渭南韩城市太史大街东段
电话：0913－5295099
传真：0913－5295102
邮编：715400
网址：www.wntour.cn

韩城银河大酒店★★★
地址：渭南韩城市新城区龙门大街南段
电话：0913－5292828
传真：0913－5292128
邮编：715400
网址：www.wntour.cn

大荔黄河宾馆★★★
地址：渭南市大荔县西环路32号
电话：0913－3261888
传真：0913－3222746
邮编：715600
网址：www.wntour.cn

兴隆温泉大厦★★★
地址：渭南市蒲城县东风路东段

电话：0913－7207777
传真：0913－7207819
邮编：715500
网址：www. wntour. cn
电子信箱：www. xi-lo@163. com

渭南蒲城盛源大酒店★★★
地址：渭南市蒲城县延安路中段
电话：0913－7216999
传真：0913－7222408
邮编：715500
网址：www. wntour. cn
电子信箱：w111jc@163. com

陕西富尔大酒店★★★
地址：渭南市富平东新街118号
电话：0913－8228628
传真：0913－8228628
邮编：711700
网址：www. wntour. cn

富平陶艺村★★★
地址：渭南市富平县乔山路1号
电话：0913－8218869
传真：0913－8211066
邮编：711700
网址：www. futogp. com. cn
电子信箱：tyc@futogp. com

彩虹宾馆★★★
地址：咸阳市彩虹路1号
电话：029－33332666
传真：029－33313456
邮编：712000
电子信箱：chbg@ch. com. cn

长安海航之星宾馆★★★
地址：咸阳市国际机场
电话：029－86539530
传真：029－86539533
邮编：712035

机场宾馆★★★
地址：咸阳市国际机场
电话：029－88798681
传真：029－88798515
邮编：712035

机场航空大酒店★★★
地址：咸阳市国际机场
电话：029－88797000
传真：029－88797104
邮编：712035
电子信箱：hkdjd2005@yahoo. com. cn

皇都酒店★★★
地址：咸阳市乐育南路
电话：029－33276666
传真：029－33277722
邮编：712000

新好望角大酒店★★★
地址：咸阳市民生东路火车站
电话：029－33241528
传真：029－33246885
邮编：712000

怡梦园宾馆★★★
地址：咸阳市人民东路
电话：029－32831119
传真：029－32831193
邮编：712000
电子信箱：yimengyuanhotel@163. com

云锦园宾馆★★★
地址：咸阳市人民路14号
电话：029－33289999
传真：029－33281111
邮编：712000

东方宾馆★★★
地址：咸阳市渭阳西路
电话：029－33578888
传真：029－33577219
邮编：712000

咸阳女皇大酒店★★★
地址：咸阳市文汇西路14号
电话：029－33257888
传真：029－33255111
邮编：712000

天一酒店★★★
地址：咸阳市玉泉西路5号
电话：029－33560101
传真：029－33560200
邮编：712000
电子信箱：tyhotel@163. com

杨凌田园山庄★★★
地址：咸阳市杨凌邰城路1号
电话：029－87072298
传真：029－87072390
邮编：712100

新天地酒店★★★
地址：咸阳市杨凌邰城路中段
电话：029－87071666
传真：029－87012961
邮编：712100
电子信箱：new7071666@yahoo. com

茂林大酒店★★★
地址：咸阳兴平市南关西路49号
电话：029－38811180
传真：029－38819676
邮编：713100
电子信箱：luckysxw@163. com

昭陵饭店★★★
地址：咸阳市礼泉县312国道旁
电话：029－35633829
传真：029－35633508
邮编：713200

咸阳海鑫大酒店★★★
地址：咸阳市彬县公刘街25号
电话：029－34966666
传真：029－34926333
邮编：713500

宝鸡公爵饭店★★★
地址：宝鸡市宝烟路1号
电话：0917－3469002
传真：0917－3469003
邮编：721000
网址：www. bjgjfd. com
电子信箱：bjgjfd@bjgjfd. com

宝鸡铁苑宾馆★★★
地址：宝鸡市大庆路中段
电话：0917－2823888
传真：0917－2823869
邮编：721004
电子信箱：zhanghuizh0101@126. com

宝鸡嘉信商务大厦★★★
地址：宝鸡市广元路10号
电话：0917－3247788
传真：0917－3247788
邮编：721000
网址：www. jxds. cn
电子信箱：office@jxds. cn

美伦大酒店★★★
地址：宝鸡市火炬路
电话：0917－3605198 3605196
传真：0917－3605096
邮编：721006
网址：www. jfjt. com. cn
电子信箱：biml2004@163. com

凤皇大酒店★★★
地址：宝鸡市姜谭路10号
电话：0917－3398900
传真：0917－3398949
邮编：721008

宝鸡国贸大酒店★★★
地址：宝鸡市经二路115号
电话：0917－3249138
传真：0917－3249136
邮编：721000
网址：www. hnahotel. com
电子信箱：bjguomaohotel@126. com

白云宾馆★★★
地址：宝鸡市经二路12号
电话：0917－3252648
传真：0917－3252600
邮编：721000

宝鸡怡园宾馆★★★
地址：宝鸡市经二路45号
电话：0917－2896999
传真：0917－3217677
邮编：721000
网址：www. yybg. com
电子信箱：yybg@yybg. com

万全宾馆★★★
地址：宝鸡市经二路58号
电话：0917－3270690
传真：0917－3243995
邮编：721000

宝鸡金都酒店★★★
地址：宝鸡市经二路南165号
电话：0917－3249799
传真：0917－3249798
邮编：721000
网址：www. ctrip. com

宝成航空宾馆★★★
地址：宝鸡市清姜路70号
电话：0917－3629800
传真：0917－3629887
邮编：721006
电子信箱：baocheng. hotel@163. com

宝鸡西凤大酒店★★★
地址：宝鸡市西凤路6号
电话：0917－3217621
传真：0917－3213912
邮编：721000
网址：www. baojitravel. gov. cn
电子信箱：bjly@baoji. gov. cn

西虢宾馆★★★
地址：宝鸡市陈仓区虢镇北大街
电话：0917－6212021
传真：0917－6212816
邮编：721300
电子信箱：xiguo. binguan@163. com

宝鸡天外天大酒店★★★
地址：宝鸡市陈仓区虢镇北大街

电话：0917－4762621
传真：0917－4762620
邮编：721300
电子信箱：bitwthotel@163.com

关中风情园★★★
地址：宝鸡市扶风县县城新区
电话：0917－5218888　5218808
传真：0917－5218816
邮编：722200
电子信箱：wangfangping@163.com

太白度假村★★★
地址：宝鸡市眉县汤峪太白山国家森林公园
电话：0917－5711090　5711091
传真：0917－5711093
邮编：722305

太白山国际俱乐部★★★
地址：宝鸡市眉县汤峪太白山国家森林公园
电话：0917－5711064
传真：0917－5712234
邮编：722305

青园山庄★★★
地址：宝鸡市眉县汤峪太白山国家森林公园
电话：0917－5711139
传真：0917－571139
邮编：722305

石狮大酒店★★★
地址：汉中市汉中路47号
电话：0916－2302704
传真：0916－2302798
邮编：723000

金江大酒店★★★
地址：汉中市人民路北段
电话：0916－2238588
传真：0916－2217257
邮编：723000
网址：www.hzjinjiang.com

古月大酒店★★★
地址：汉中市人民路中段
电话：0916－2236999
传真：0916－2615846
邮编：723000

田园大酒店★★★
地址：汉中市汉台区劳动东路1号
电话：0916－2238989
传真：0916－2213675
邮编：723000

汉园宾馆★★★
地址：汉中市汉台区天汉大道中段
电话：0916－2114911
传真：0916－2114388
邮编：723000

汉中万邦大酒店★★★
地址：汉中市勉县旧州铺
电话：0916－3283588
传真：0916－3283599
邮编：724200

嘉陵宾馆★★★
地址：汉中市略阳县城南环路
电话：0916－4833109
传真：0916－4831666
邮编：724300
网址：www.lyjl.com.cn
电子信箱：lycxjlbg@163.com

银河大酒店★★★
地址：榆林市长城路中段
电话：0912－3239000
传真：0912－3239001
邮编：719000
电子信箱：yinhehotel@sina.com

榆林今日潮大酒店★★★
地址：榆林市肤施路
电话：0912－3363318
传真：0912－3363311
邮编：719000

东洲世纪大酒店★★★
地址：榆林市湖宾路6号
电话：0912－3826799
传真：0912－3253026
邮编：719000

金龙大酒店★★★
地址：榆林市西沙常乐路与青山路什字
电话：0912－3831919
传真：0912－3831616
邮编：719000

四海大酒店★★★
地址：榆林市新建南路24号
电话：0912－3820966
传真：0912－3824727
邮编：719000

锦界宾馆★★★
地址：榆林市神木锦界工业园
电话：0912－2381488
传真：0912－2381088
邮编：719000

神木红碱淖宾馆★★★
地址：榆林市神木县
电话：0912－8482066
传真：0912－8482066
邮编：719000

神木天都大酒店★★★
地址：榆林市神木县东兴街
电话：0912－8398201
邮编：719000

神木亚华宾馆★★★
地址：榆林市神木县东兴街北街
电话：0912－8398017
传真：0912－8333999
邮编：719300

宝龙大酒店★★★
地址：榆林市靖边县长庆路
电话：0912－4645696
传真：0912－4645600
邮编：718500

榆炼大酒店★★★
地址：榆林市靖边县城河东
电话：0912－4610668
传真：0912－4610600
邮编：718500
网址：www.ylfood.cn

定边金龙大酒店★★★
地址：榆林市定边县关镇新区广场
电话：0912－4217874
传真：0912－4217788
邮编：718600
网址：www.jinglongdingbian.com
电子信箱：jinlong@dingbian.net.com

水电大厦★★★
地址：安康市大桥北路
电话：0915－3196666
传真：0915－3196655
邮编：725000

金苑大厦★★★
地址：安康市大桥路2号
电话：0915－3188888
传真：0915－3265899
邮编：725000
电子信箱：aklianhua@126.com

天龙大酒店★★★
地址：安康市大桥南路88号
电话：0915－3209888
传真：0915－3209438
邮编：725000
电子信箱：aianlonghotel@163.com

民航安康大酒店★★★
地址：安康市大桥中路
电话：0915－3020114
传真：0915－3020116
邮编：725000
电子信箱：ccxxyy-2000@163.com

九华饭店★★★
地址：安康市江北大道中段
电话：0915－2236118
传真：0915－2236170
邮编：725000
网址：www.toursankanggov.cn
电子信箱：akjhfd@21cn.com

安康邮政大酒店★★★
地址：安康市金州路59号
电话：0915－3236338
传真：0915－3232828
邮编：725000

翠屏山庄★★★
地址：安康市瀛湖镇翠屏岛
电话：0915－3181888
传真：0915－3181886
邮编：725000

安康宾馆★★★
地址：安康市育才路100号
电话：0915－3183888
传真：0915－3201666
邮编：725000
网址：www.aknews.gov.cn
电子信箱：ak3183860@163.com?

安康旬阳美华大酒店★★★
地址：安康市旬阳县新城祝儿慷大道
电话：0915－7208008
传真：0915－7508088
邮编：725700
网址：www.mandarin-cn.com
电子信箱：meihuajiudianan@163.com

商洛丹鹤大酒店★★★
地址：商洛市北新街139号
电话：0914－2108108
传真：0914－2108106
邮编：726000

商洛香菊大酒店★★★
地址：商洛市北新街中段
电话：0914－2331919
传真：0914－2331919
邮编：726000
电子信箱：zhaoli7200@163.com

商洛金叶大酒店★★★
地址：商洛市工农路
电话：0914－2325888

传真：0914－2325638
邮编：726000
网址：www.jinyE-hotel.com
电子信箱：jywyf@sl163.com

丹江漂流威尼斯酒店★★★
地址：商洛市丹凤县江滨北路西段
电话：0914－3389888
传真：0914－3389900
邮编：726200

商南县秦东宾馆★★★
地址：商洛市商南县长新路
电话：0914－6371468
传真：0914－6326088
邮编：726300

旅游景区

陕西历史博物馆 AAAA
地址：西安市小寨东路91号
电话：029－85253806
邮编：710061

西安城墙景区 AAAA
地址：西安市南大街2号大南门瓮城内
电话：029－87286373
邮编：710002

西安秦岭野生动物园 AAAA
地址：西安市长安区滦镇
电话：029－85670040
邮编：710100
网址：www.xianzoo.com

西安碑林博物馆 AAAA
地址：西安市三学街15号
电话：029－87210764
邮编：710001

大慈恩寺大雁塔风景区 AAAA
地址：西安市环塔路117号
电话：029－85519932
邮编：710061

大兴善寺 AAA
地址：西安市雁塔区兴善寺街55号
电话：029－85227071
邮编：710061

西安大唐芙蓉园 AAAA
地址：西安市曲江新区大雁塔之侧
电话：029－85511888
邮编：710000

西安曲江海洋馆 AAAA
地址：西安市曲江新区大雁塔旁雁引路东1公里
电话：029－85533555
邮编：710061
网址：www.xianoceanaworld.com

西安大雁塔文化休闲景区 AAAA
地址：西安市曲江新区
邮编：710061

华清池 AAAAA
地址：西安市临潼区华清路38号
电话：029－88812051
邮编：710600

秦始皇陵 AAAA
地址：西安市临潼区秦陵北路中段
电话：029－83912542
邮编：710600

秦始皇兵马俑博物馆 AAAAA
地址：西安市临潼区
电话：029－83911961　81399001
邮编：710600

秦陵地宫展览馆 AA
地址：西安市临潼区秦陵北路中段
电话：029－83887515
邮编：710600

世界八大奇迹馆 AA
地址：西安市临潼区秦陵北路
电话：029－83887339
邮编：710600

骊山森林公园 AAAA
地址：西安市临潼区花园路2号
电话：029－83811254
邮编：710600

西安市临潼区博物馆 AAA
地址：西安市临潼区东环路1号
电话：029－83812071
邮编：710600

鸿门宴遗址 A
地址：西安市临潼区新丰街鸿门堡村
电话：029－83979366
邮编：710608

西安翠华山旅游风景区 AAAA
地址：西安市长安区太乙宫镇
电话：029－85891750
邮编：710105

广新园民族村 AA
地址：西安市长安区喂子坪乡北石槽
电话：029－85920319
邮编：710061

新天地农业科技示范园 AAA
地址：西安市杨凌邰城南路中段西侧
电话：029－87072981
邮编：712100

杨凌昆虫博物馆 AA
地址：西安市杨凌示范区西北农林科技大学
电话：029－87092509
邮编：712100

杨凌水上运动中心 AA
地址：西安市杨凌示范区滨河路
电话：029－87072806
邮编：712100

中富苗木扩繁基地 AA
地址：西安市杨凌示范区渭慧东路10号
电话：029－87033286
邮编：712100

水陆庵 AAA
地址：西安市蓝田县水陆庵文物管理所
电话：029－82920741
邮编：710500

辋川溶洞 AA
地址：西安市蓝田县辋川溶洞管理处
电话：029－82821009
邮编：710511

草堂寺 AAA
地址：西安市户县草堂镇草堂寺
电话：029－84953437
邮编：710311

延安革命纪念馆 AAAA
地址：延安市王家坪
电话：0911－2382161
邮编：716000

延安王家坪革命旧址 AA
地址：延安市王家坪旧址管理处
电话：0911－2335979
邮编：716000

延安枣园革命旧址 AAAA
地址：延安市枣园旧址管理处
电话：0911－2852223
邮编：716000

延安杨家岭革命旧址 AAAA
地址：延安市杨家岭旧址管理处
电话：0911－2330511
邮编：716000

延安凤凰山革命旧址 AA
地址：延安市凤凰山旧址管理处
电话：0911－2112372
邮编：716000

延安国家森林公园风景林场凤凰山风景林管理站 AA
地址：延安市凤凰山
电话：0911－2139055
邮编：716000

延安宝塔山旅游区 AAAA
地址：延安市宝塔山
电话：0911－2113735
邮编：716000

延安黄帝陵旅游区 AAAA
地址：延安市黄陵县东关街前区179号
电话：0911－5212742
邮编：727300

玉华宫风景区 AAA
地址：铜川市玉华宫
电话：0919－7586001
邮编：727015

耀州窑博物馆 AAA
地址：铜川市黄堡镇新宜南路25号
电话：0919－7189413
邮编：727001

药王故里 AA
地址：铜川市耀州区孙原镇孙原村
电话：0919－6728033
邮编：727100

华山风景名胜区 AAAA
地址：渭南华阴市玉泉路
电话：0913－4362693　4365086
邮编：714200

汉太史司马迁祠 AAA
地址：渭南韩城市芝川
电话：0913－5415609
邮编：715409

渭南韩城市博物馆 AA
地址：渭南韩城市金城区学巷45号
电话：0913－5212821
邮编：715400

渭南韩城党家村民居 AA
地址：渭南韩城市党家村
电话：0913－5322544
邮编：715403

渭南普照寺（元代建筑博物馆）A
地址：渭南韩城市村镇

电话：0913－5270387　5323397
邮编：715401

韩城大禹庙文管所 A
地址：渭南韩城市
电话：0913－5270387
邮编：715401

咸阳市博物馆 AAA
地址：咸阳市中山街53号
电话：0910－3213015
邮编：712000

茂陵博物馆 AAAA
地址：咸阳兴平市茂陵博物馆
电话：0910－8456140
邮编：713100

杨贵妃墓 AA
地址：咸阳兴平市马嵬镇西
电话：0910－8240024
邮编：713100

三原县博物馆（城隍庙）AAA
地址：咸阳市三原县城东大街33号
电话：0910－2282524
邮编：713800

乾陵博物馆 AAAA
地址：咸阳市乾县乾陵博物馆
电话：0910－5510222
邮编：713300

咸阳黄土民俗村 AA
地址：咸宁市乾县乾陵镇黄土民俗村
电话：0910－5510223
邮编：713300

昭陵博物馆 AAA
地址：咸阳市礼泉县烟霞镇
电话：0910－5767009
邮编：713206

彬县大佛寺 AAA
地址：咸阳市彬县小宿乡大佛寺村
电话：0910－4791342
邮编：713500

炎帝陵 AA
地址：宝鸡市清姜路80号
电话：0917－3351311
邮编：721006

嘉陵江源头风景区 AAA
地址：宝鸡市川陕路20号（管理局）
电话：0917－3314559
邮编：721006

钓鱼台风景名胜区 AAA
地址：宝鸡市陈仓区天王镇
电话：0917－6780320
邮编：721305

凤翔东湖 AA
地址：宝鸡市凤翔县
电话：0917－7212948
邮编：721400

宝鸡秦公一号大墓遣址博物馆 A
地址：宝鸡市凤翔县南指挥乡
电话：0917－7585520
邮编：721404

陕西岐山周公庙风景名胜区 AAA
地址：宝鸡市岐山县凤鸣镇
电话：0917－8110117
邮编：722400

诸葛亮庙 AA
地址：宝鸡市岐山县五丈原镇
电话：0917－8770149
邮编：722406

法门寺旅游区 AAAA
地址：宝鸡市扶风县法门镇
电话：0917－5254152/54
邮编：722201

太白山国家森林公园 AAAA
地址：宝鸡市眉县太白山旅游区
电话：0917－5711682
邮编：722305

汉中博物馆 AAA
地址：汉中市东大街26号
电话：0916－2231536
邮编：723000

汉中天台森林公园 AA
地址：汉中市武乡镇
电话：0916－2488341
邮编：723005

汉中秦巴民俗村 A
地址：汉中市宗营镇宗柏路
电话：0916－2264728
邮编：723000

南郑南湖风景区 AAA
地址：汉中市南郑县
电话：0916－5512109
邮编：723100

汉中张骞纪念馆 AA
地址：汉中市城固县张骞路
电话：0916－7236064
邮编：723200

堰水山庄 A
地址：汉中市城固县堰水山庄
电话：0916－7292258
邮编：723000

午子山风景名胜区 AA
地址：汉中市西乡县堰口镇
电话：0916－6371154
邮编：723507

武侯墓景区 AAA
地址：汉中市勉县定军镇
电话：0916－3316453
邮编：724207

武侯祠景区 AAA
地址：汉中市勉县
电话：0916－3296212
邮编：724200

灵岩寺博物馆 AA
地址：汉中市略阳县城南灵岩寺
电话：0916－4831302
邮编：724300

张良庙景区 AAA
地址：汉中市留坝县
电话：0916－3966003
邮编：724100

香溪洞风景区 AAA
地址：安康市香溪洞风景区管理处
电话：0915－3287143
邮编：725000

凤凰山森林公园 AA
地址：安康市汉阴县
电话：0915－5275103
邮编：725100

瀛湖风景区 AAA
地址：安康市汉滨区瀛湖镇
电话：0915－3012500
邮编：725000

岚河漂流 AAA
地址：安康市岚皋县城关镇建设路
电话：0915－2524439
邮编：725400

南宫山国家森林公园 AAA
地址：安康市岚皋县
电话：0915－2521352
邮编：725400

千家坪森林公园 AAA
地址：安康市平利县八仙镇
电话：0915－8711888
邮编：725500

金丝大峡谷国家森林公园 AAA
地址：商洛市商南县太吉河镇
电话：0914－6566888
邮编：726300

餐　馆

老孙家饭庄
地址：西安市碑林区东大街364号
电话：029－87214438
邮编：710001

西安烤鸭店
地址：西安碑林区东大街369号
电话：029－87210089
邮编：710001

曲江春酒家
地址：西安市东大街298号
电话：029－87218268
邮编：710003

五一饭店
地址：西安市东大街351号
电话：029－87681098
邮编：710001

老童家腊肉
地址：西安莲湖区北广济街162号
电话：029－87240839
邮编：710003

聚丰园饭店
地址：西安市解放路中段151号
电话：029－87448766
邮编：710003

西安饭庄
地址：西安碑林区东大街298号
电话：029－87680618
邮编：710001

樊记腊汁肉店
地址：西安碑林区竹笆市53号
电话：029－87273917
邮编：710001

清雅斋饭庄
地址：西安东大街384号
电话：029－87218268
邮编：710003

红红酸菜炒米
地址：西安莲湖区北院门 106 号
电话：029－88592068
邮编：710003

同盛祥饭庄
地址：西安市钟鼓楼广场北侧
电话：029－7217512
邮编：710003

德发长饺子馆
地址：西安市钟鼓楼广场北侧
电话：029－7218260
邮编：710003

西安市干锅居餐饮有限公司
地址：西安市建设西路副
电话：029－85535555
邮编：710061

陕西天下第一面餐饮有限公司
地址：西安市含光路
电话：029－85398299
邮编：710061

陕西巴蜀四海香餐饮有限公司
地址：西安市南二环东段
电话：029－82216500
邮编：710049

陕西东府老蒲城餐饮有限公司
地址：西安市长兴路
电话：029－85285901
邮编：710100

西安水映云轩餐饮有限公司
地址：西安市五星街
电话：029－87626888
邮编：710003

陕西大华餐饮有限公司
地址：西安市东大街
电话：029－87210159
邮编：710003

陕西海岛渔婆餐饮有限责任公司
地址：西安市含光路
电话：029－88278888
邮编：710065

陕西怡华餐饮有限公司
地址：西安市东关正街
电话：029－82483381
邮编：710033

西安京都千味拉面餐饮有限公司
地址：西安市高新路
电话：029－88256608
邮编：710075

西安市新城餐饮有限责任公司
地址：西安市皇城西路
电话：029－87282622
邮编：710003

陕西鼎盛上海人家餐饮有限公司
地址：西安市朱雀路
电话：029－85227777
邮编：710061

竹园春餐饮有限责任公司
地址：西安市新华路
电话：029－86867777
邮编：710003

陕西广食府餐饮有限责任公司
地址：西安市尚德路
电话：029－87437618
邮编：710004

陕西小白鸽餐饮有限公司
地址：西安市长安中路
电话：029－85214244
邮编：710068

西安面辣子酒楼餐饮有限公司
地址：西安市三学街
电话：029－87276888
邮编：710003

西安金汉斯餐饮有限公司
地址：西安市和平路
电话：029－87416363
邮编：710005

西安花果山餐饮有限公司
地址：西安市雁塔南路庙坡头村
电话：029－85540555
邮编：710061

陕西上海人家避风塘餐饮有限公司
地址：西安市环城南路
电话：029－87860777
邮编：710003

西安老成都餐饮有限责任公司
地址：西安市高新路
电话：029－88232398
邮编：710071

西安小六汤包餐饮有限责任公司
地址：西安市桃园北路
电话：029－84296993
邮编：710077

西安百姓厨房大馄饨餐饮有限责任公司
地址：西安市沣惠北路
电话：029－84419284
邮编：710077

陕西红泥餐饮有限责任公司
地址：西安市友谊西路
电话：029－88498119
邮编：710068

西安顺风肥牛餐饮有限责任公司
地址：西安市朱雀路
电话：029－85254888
邮编：710061

陕西川国成都老菜馆餐饮有限公司
地址：西安市雁塔路北段
电话：029－82236606
邮编：710054

西安市伊明饭庄餐饮有限责任公司
地址：西安市南关正街
电话：029－87805160
邮编：710054

鸭溪白记餐饮有限公司
地址：西安市友谊东路
电话：029－88103806
邮编：710049

陕西蜀老旦餐饮有限公司
地址：西安市东羊市
电话：029－87512858
邮编：710001

西安饮食服务（集团）股份有限公司
地址：西安市南二环西段 27 号
电话：029－82065852
邮编：710061

陕西竹园村餐饮有限责任公司
地址：西安市劳动南路
电话：029－8472285
邮编：710061

西安坊上人清真餐饮有限公司
地址：西安市劳动南路 10 号
电话：029－88482662　88482663
邮编：710061

延安食府
地址：延安市宝塔区南关街
电话：0911－2112433
邮编：716000

紫荆花餐饮有限公司
地址：延安市宝塔区解放大厦 2 楼
电话：0911－2122081
邮编：716000

东方红火锅城
地址：延安市宝塔区七里铺
电话：0911－2314339
邮编：716000

延安兰花花饮食有限责任公司
地址：延安市南关街
电话：0911－2132222
邮编：716000

延安雪花酒家有限责任公司
地址：延安市东关百米大道
电话：0911－2213976
邮编：716000

延安东安饮食服务有限责任公司
地址：延安市东苑小区
电话：0911－2319094
邮编：716000

阿瓦山寨
地址：延安市
电话：0911－8218112/113
邮编：716000

新亚细亚酒楼
地址：延安市百米大道中段
电话：0911－2318899
邮编：716000

老孙家饭庄铜川店
地址：铜川市红旗街
电话：0919－2151956
邮编：727100

铜川市怡馨园酒家
地址：铜川市红旗街光明巷
电话：0919－2182446
邮编：727100

铜川老马家饮食有限责任公司
地址：铜川市红旗街 66 号
电话：0919－2183201
邮编：727100

铜川愚公娱乐美食城
地址：铜川市七一路 79 号
电话：0919－2183888
邮编：727100

铜川帝都酒家
地址：铜川市健康路 18 号
电话：0919－2162366
邮编：727100

铜川新世界美食娱乐有限责任公司
地址：铜川市红旗街 54 号

电话：0919－2395656
邮编：727100

铜川愚公餐饮娱乐有限公司东山阳天然食府
地址：铜川市七一路79号
电话：0919－2396838
邮编：727100

铜川天上人间餐饮娱乐有限公司
地址：铜川市大同路1号
电话：0919－2159888
邮编：727100

国贸大酒店中餐厅
地址：渭南市东风大街中段1号
电话：0913－2062111
邮编：714000

桃园酒家
地址：渭南市前进路中段
电话：0913－2075932　2023484
邮编：71400

小桃园酒家
地址：渭南市东风街中段
电话：0913－2038633　2023464
邮编：714000

西部仔牛排西餐厅
地址：渭南市朝阳路与解放路口
电话：0913－2187888
邮编：714000

真味川菜主题餐厅
地址：渭南市澄城东大街175号
电话：0913－6711444
邮编：71400

渭南百岁食品餐饮有限责任公司
地址：渭南市朝阳路中段
电话：0913－2026637
邮编：714000

渭南市蛐蛐王火锅城
地址：渭南市朝阳路东段
电话：0913－2189678
邮编：714000

渭南市亚辰餐饮有限公司
地址：渭南市东风街71号
电话：0913－2038290
邮编：71400

渭南朝阳餐饮有限责任公司
地址：渭南市朝阳路中段
电话：0913－2031668
邮编：714000

渭南市得月楼饮食有限责任公司海鲜城
地址：渭南市东风街中段
电话：0913－2014489
邮编：71400

渭南市蜀风餐饮有限责任公司
地址：渭南市东风路92号
电话：0913－2011823
邮编：714000

渭南市狮子楼餐饮有限公司
地址：渭南市东风街西段
电话：0913－2037353
邮编：71400

渭南市小肥羊餐饮有限公司
地址：渭南市东风街东段65号
电话：0913－2056238
邮编：714000

渭南市壹品园餐饮有限责任公司
地址：渭南市前进路133号
电话：0913－2135080
邮编：71400

渭南东江情餐饮有限公司
地址：渭南市前进路131号
电话：0913－2059168
邮编：714000

咸阳袁记腊汁肉夹馍总店
地址：咸阳市人民东路31号
电话：029－3256666　6886728
邮编：712000

老孙家饭庄咸阳店
地址：咸阳市人民西路46号
电话：029－3161898
邮编：712000

咸阳正诚餐饮有限公司
地址：咸阳市秦都区渭阳西路70号
电话：029－3628318
邮编：712000

咸阳渭城区888酒楼
地址：咸阳市渭城区人民东路106号
电话：029－3215059
邮编：712000

咸阳阿瓦餐饮文化连锁有限公司
地址：咸阳市人民路云锦宾馆
电话：029－3289339
邮编：712000

咸阳百岁餐饮有限公司
地址：咸阳市西兰路117号
电话：029－3280888
邮编：712000

咸阳阳光丽都娱乐餐饮有限公司
地址：咸阳市人民东路102号
电话：029－3235555
邮编：712000

西安小六汤包餐饮有限责任公司咸阳彩虹分公司
地址：咸阳市宝泉路1号
电话：029－3211061
邮编：712000

咸阳渭城区蓬莱阁酒家
地址：咸阳市渭城区人民路47号
电话：029－3235451
邮编：712000

咸阳渭城区南洋酒楼
地址：咸阳市北大街44号
电话：029－3212508
邮编：712000

咸阳八方酒家
地址：咸阳市毕塬东路22号
电话：029－3220277
邮编：712000

咸阳红玫瑰酒家
地址：咸阳市人民西路49号
电话：029－3575834
邮编：712000

咸阳三秦酒家
地址：咸阳市乐育北路18号
电话：029－3238296
邮编：712000

咸阳糖酒公司城区分公司三峡酒家
地址：咸阳市民生东路54号
电话：029－3234185
邮编：712000

咸阳东方餐饮服务有限公司
地址：咸阳市毕塬路20号
电话：029－3765084
邮编：712000

咸阳弯月亮酒楼
地址：咸阳市玉泉路泉北三巷2号
电话：029－3540720
邮编：712000

咸阳日月潭美食有限公司
地址：咸阳市新纺路北段
电话：029－3541122
邮编：712000

咸阳饮食服务（集团）有限公司
地址：咸阳市乐育北路6号
电话：029－3215441
邮编：712000

咸阳市回民饮食总店
地址：咸阳市乐育南路19号
电话：029－3211401
邮编：712000

咸阳岭南家乡鹅餐饮有限公司
地址：咸阳市人民西路27号
电话：029－3258188
邮编：712000

咸阳阿庆嫂茶馆
地址：咸阳市彩虹南路5号
电话：029－3364056
邮编：712000

咸阳马兰拉面餐饮有限公司
地址：咸阳市胜利街114号
电话：029－3274213
邮编：712000

咸阳西北人餐饮有限公司
地址：咸阳市沈兴北路1号
电话：029－3570888
邮编：712000

咸阳西蜀餐饮有限责任公司
地址：咸阳市西兰北路51号
电话：029－3546610
邮编：712000

咸阳屈氏叫化鸡美味饮食有限公司
地址：咸阳市人民西路61号
电话：029－3339996
邮编：712000

咸阳上海百姓酒家
地址：咸阳市福安路1号
电话：029－3336666
邮编：712000

咸阳秦巴酒家
地址：咸阳市中华南路56号
电话：13700207556
邮编：712000

咸阳翠竹园餐饮有限公司
地址：咸阳市民生西路213号
电话：029－3151091
邮编：712000

咸阳巴蜀馨布衣餐饮有限公司
地址：咸阳市人民西路46号

电话：029－3165666
邮编：712000

咸阳巴蜀餐饮有限公司
地址：咸阳市滨河西路7号
电话：029－3373626
邮编：712000

咸阳蒙古风情园餐饮有限公司
地址：咸阳市金旭大道18号
电话：029－3432222
邮编：712000

西安小六汤包餐饮有限责任公司咸阳分公司
地址：咸阳市北门口什字双宝大厦2层
电话：029－3211061
邮编：712000

宝鸡市向阳餐饮有限责任公司
地址：宝鸡市中山东路189号
电话：0917－3519658
邮编：721001

宝鸡向阳老锅土菜馆
地址：宝鸡市中山东路146号
电话：0917－3202819
邮编：721000

宝鸡小六汤包餐饮有限责任公司
地址：宝鸡市英达路
电话：0917－3316598
邮编：721000

宝鸡伍德大清花餐饮服务有限责任公司
地址：宝鸡市同盟路1号
电话：0917－2832999
邮编：721000

宝鸡老侯家餐饮有限责任公司
地址：宝鸡市英达路1号
电话：0917－3210059
邮编：721000

宝鸡海底捞餐饮有限责任公司
地址：宝鸡市公园路74号
电话：0917－2860668
邮编：721000

宝鸡红灯笼餐饮有限公司
地址：宝鸡市公园路106号
电话：0917－2866666
邮编：721000

老孙家饭庄餐饮有限公司
地址：宝鸡市体育路46号
电话：0917－3218720
邮编：721000

宝鸡红码头老担美食有限公司
地址：宝鸡市中山路172号
电话：0917－3521170
邮编：721000

宝鸡川王府火锅城
地址：宝鸡市清姜路29号
电话：0917－3624641
邮编：721000

宝鸡水晶宫酒家
地址：宝鸡市新建路西段13号
电话：0917－3226009
邮编：721000

宝鸡醉太白酒家
地址：宝鸡市广元路
电话：0917－3219395
邮编：721000

宝鸡市水产公司小四川酒家
地址：宝鸡市中山东路253号
电话：0917－3217153
邮编：721000

宝鸡真味园酒楼
地址：宝鸡市沿河街1号
电话：0917－3213522
邮编：721000

宝鸡渭滨百姓酒楼
地址：宝鸡市经二路新民巷9号
电话：0917－3214007
邮编：721000

宝鸡金凤凰酒家
地址：宝鸡市中山西路37号
电话：0917－3214165
邮编：721000

宝鸡市饮食服务公司
地址：宝鸡市中山东路179号
电话：0917－3216774
邮编：721000

宝鸡国贸大酒楼
地址：宝鸡市经一路4号
电话：0917－3231359
邮编：721000

宝鸡蝴蝶兰酒楼
地址：宝鸡市中山西路177号
电话：0917－3216054
邮编：721000

汉中金江大酒店有限公司
地址：汉中市汉台区人民路
电话：0916－2238588
邮编：723000

汉中市光明餐饮娱乐有限责任公司
地址：汉中市兴汉路14号
电话：0916－2249522
邮编：723000

汉中市谭千层毛肚火锅城
地址：汉中市天台路1号
电话：0916－2255108
邮编：723000

汉中市汉唐瓦罐酒楼有限责任公司
地址：汉中市汉台区五一路西口
电话：0916－2240299
邮编：723000

汉中市竹园餐饮有限责任公司
地址：汉中市天台路中段
电话：0916－2238468
邮编：723000

汉中市汉台成都酒家
地址：汉中市人民路中段汉江宾馆2楼
电话：0916－2253335
邮编：723000

汉中市上海人家酒楼有限责任公司
地址：汉中市汉台区太白路北侧
电话：0916－2226502
邮编：723000

汉中市大观园餐饮娱乐有限公司
地址：汉中市汉台区劳动东路
电话：0916－2240299
邮编：723000

汉中市四季鲜饭店
地址：汉中市北大街100号
电话：0916－2212523
邮编：723000

汉中市第一饮食服务公司莲湖餐厅
地址：汉中市北大街莲花池口
电话：0916－2212581
邮编：723000

汉中市汉王府酒楼有限责任公司
地址：汉中市天台路中段
电话：0916－2257228
邮编：723000

汉中市汉台区醉月楼酒店
地址：汉中市司法路4号
电话：0916－2216398
邮编：723000

榆林市福华肥牛城餐饮有限责任公司
地址：榆林市西人民路
电话：0912－3860050
邮编：719000

榆林市金海岸餐饮有限责任公司
地址：榆林市榆阳区长乐路6号
电话：0912－3891888
邮编：719000

榆林市小蓝鲸餐饮有限责任公司
地址：榆林市新建南路
电话：0912－3823668
邮编：719000

榆林老重庆餐饮有限责任公司菜根香酒楼
地址：榆林市背后建南路59号
电话：0912－3231111
邮编：719000

榆林市老重庆餐饮有限责任公司
地址：榆林市新建南路58号
电话：0912－3253663
邮编：719000

榆林市饮食服务公司塞上饭庄
地址：榆林市南大街150号
电话：0912－3282895
邮编：719000

榆林百年老汤骨头馆
地址：榆林市人民西路
电话：13289793338
邮编：719000

安康市龚老六食府
地址：安康市巴山东路66号
电话：0915－3208882
邮编：725000

安康市紫东阁饭庄
地址：安康市兴安西路7号
电话：0915－3203198
邮编：725000

安康市巴山情食府
地址：安康市静宁南路123号
电话：0915－3231555
邮编：725000

安康市汉园餐厅
地址：安康市兴安中路
电话：0915－3180889
邮编：725000

陕北食府
地址：安康市汉滨区大桥路
电话：0915－3206778
邮编：725000

乌江鱼火锅店江北分店
地址：安康市汉滨区江北大道 49 号
电话：0915－3317238
邮编：725000

商洛市椿燕饮食有限责任公司
地址：商洛市人民路 3 号
电话：0914－2312487
邮编：726000

商洛市香菊餐饮娱乐有限责任公司
地址：商洛市北新街 70 号
电话：0914－2331919
邮编：726000

旅游用品

陕西省旅游工艺品总厂
地址：西安市友谊东路
电话：029－7882231
邮编：710003

西安翠宝首饰集团公司
地址：西安市万寿路
电话：029－3282058
邮编：710003

西安市友谊金属雕塑艺术厂
地址：西安市东郊电厂
电话：029－3519891
邮编：710003

西安市凤凰刺绣厂
地址：西安市东二路
电话：029－7447106
邮编：710003

西安市锦江刺绣厂
地址：西安市北四府街
电话：029－7624439 7613526
邮编：710003

陕西省工艺美术公司
地址：西安市友谊东路
电话：029－7881614 7881613
邮编：710003

西安奥赛工艺品制造有限公司
地址：西安市鱼斗路
电话：029－8511245
邮编：710003

西安特种工艺美术总厂
地址：西安市环城西路北段
电话：029－8623548 8624213
邮编：710003

西安鑫鑫工艺制品有限公司
地址：西安市五味什字
电话：029－7216511
邮编：710003

西安市玉石雕刻厂
地址：西安市西一路
电话：029－7218232
邮编：710003

西安华夏钱币珠宝行
地址：西安市西二路
电话：029－87543362
邮编：710005

碑林区宝艺阁珠宝玉器店
地址：西安市书院门
邮编：710003

西安市进宝斋珠宝工艺商店
地址：西安市三学街
电话：029－88506279
邮编：710005

西安太泰珠宝行
地址：西安市枣园南岭省印家属院
电话：029－86292759
邮编：721000

户县荣宝斋珠宝黄金行
地址：西安市户县大十字秦岭楼
电话：029－84820261
邮编：710003

华阁珠宝玉器商店
地址：西安市书院门
电话：029－87259399
邮编：710003

好运珠宝玉器城
地址：西安市
电话：029－83912898
邮编：710600

西安和田玉银楼
地址：西安市康复路丹尼尔商城
电话：029－82513386
邮编：710032

蓝田县玉雕工艺厂
地址：西安市蓝田县新市场
电话：029－2723888 2721787
邮编：710500

蓝田县诚德嘉玉雕品有限公司
地址：西安市蓝田县长坪路
电话：029－2758408
邮编：710500

蓝田县木器工艺厂
地址：西安市蓝田县长坪路
电话：029－2721464
邮编：710500

郝寨村工艺厂
地址：西安市户县郝寨村
电话：029－4902389
邮编：710300

永宏仿古工艺厂
地址：西安市户县定舟永宏仿古工艺厂
电话：029－4932308
邮编：710300

西安珠宝有限公司
地址：西安市高陵县环城北路
电话：029－6913247
邮编：710200

志丹县地毯厂
地址：延安市志丹县城北
电话：0911－6622490
邮编：717500

铜川市玉益区润清珠饰工艺制品厂
地址：铜川市宜园路
电话：0919－2360857
邮编：727100

铜川市工艺雕刻厂
地址：铜川市五一路
电话：0919－2181710
邮编：727100

蒲城县苏坊工艺厂
地址：渭南市蒲城县七一路口
电话：0913－7322043 7218767
邮编：715500

蒲城县兴文麦草艺术厂
地址：渭南市蒲城县苏坊
电话：0913－7322089
邮编：715500

咸阳市工艺美术总公司
地址：咸阳市人民路
电话：0910－3213363 3213364
邮编：712000

咸阳工艺美术有限责任公司
地址：咸阳市人民东路
电话：0910－3213639
邮编：712000

咸阳工艺美术厂
地址：咸阳市中山街
电话：0910－3212307
邮编：712000

洪家草织品工艺厂
地址：咸阳市长武县
电话：0910－4292035
邮编：713600

陕西省凤翔县天泰工艺品厂
地址：宝鸡市凤翔县石家营村
电话：0917－7222568
邮编：721400

西北石雕工艺厂
地址：汉中市宗营
电话：0916－2266268
邮编：723000

汉中市刺绣厂
地址：汉中市莲花池
电话：0916－2212601
邮编：723000

榆林市地毯厂
地址：榆林市
电话：0912－3283966 3283830
邮编：719000

长城地毯厂
地址：榆林市新楼下巷
电话：0912－3282932
邮编：719000

榆林市金星地毯厂
地址：榆林市灵秀街
电话：0912－3822375
邮编：719000

安康市汉滨区大同美术工艺厂
地址：安康市
电话：0915－3691148
邮编：725000

安康市工艺美术厂
地址：安康市安悦街
电话：0915－3212001
邮编：725000

镇平县吉祥花篮工艺制品厂
地址：安康市镇平县
电话：0915－8820086
邮编：725600

商州区玉器厂
地址：商洛市商州区北新街
电话：0914－2312377
邮编：726000

旅游交通

陕西省旅游汽车公司
地址：西安市长安路北段
电话：029－5253201
邮编：710001

陕西长乐旅游汽车公司
地址：西安市兴庆路
电话：029－3214171
邮编：710001

陕西省迎客汽车公司
地址：西安市碑林区和平路15号
电话：029－87414313
邮编：710001

西安旅游集团汽车公司
地址：西安市维二街
电话：029－88526381
邮编：710061

陕西长安旅游汽车服务有限公司
地址：西安市北二环
电话：029－86521364
邮编：710003

陕西曲江旅游汽车有限公司
地址：西安市环塔路
电话：029－5518632
邮编：710001

西安中国国际旅行社旅游汽车公司
地址：西安市北二环
电话：029－6522065
邮编：710001

西安市旅游汽车公司
地址：西安市万寿北路
电话：029－2530890
邮编：710001

西安火车站
地址：西安市
电话：029－6222907
邮编：710000

西安火车东站
地址：西安市华清东路
电话：029－2524666
邮编：710000

西安火车西站
地址：西安市西站街
电话：029－8624112
邮编：710000

延安通达旅游有限公司旅游汽车分公司
地址：延安市中心街
电话：0911－2113331
邮编：716000

延安火车站
地址：延安市
电话：0911－2495813
邮编：716000

耀州区火车站
地址：铜川市耀州区
电话：0919－6181561
邮编：727100

韩城市旅游汽车运输有限责任公司
地址：渭南市新城区龙门大街
电话：0913－5218608
邮编：714000

榆林市汽车运输总公司旅游公司
地址：榆林市
电话：0912－3261440
邮编：719000

渭南火车站
地址：渭南市站北路
电话：0913－2079547
邮编：714000

华阴市华山火车站
地址：渭南华阴市孟塬
电话：0913－4382285
邮编：714200

韩城市白村火车站
地址：渭南韩城市白村
电话：0913－5353324
邮编：715400

咸阳友谊旅游汽车服务公司
地址：咸阳市西兰路114号汽车站三楼
电话：0910－3246077
邮编：712000

咸阳火车站
地址：咸阳市新兴南路192号
电话：0910－3213528
邮编：712000

咸阳火车西站
地址：咸阳市
电话：0910－3313447
邮编：712000

咸阳火车北站
地址：咸阳市
电话：0910－3414451
邮编：712000

西安咸阳国际机场
地址：咸阳市底张镇
电话：0910－88375000
邮编：710075

兴平市火车站
地址：咸阳兴平市
电话：0910－8823735
邮编：713100

宝鸡火车站
地址：宝鸡市
电话：0917－3837122
邮编：721003

汉中西关机场
地址：汉中市
电话：0916－2234444
邮编：723000

榆林西沙机场
地址：榆林市
电话：0912－3886721
邮编：719000

神木火车站
地址：榆林市神木县
电话：0912－8339608　8334999
邮编：719300

米脂县火车站
地址：榆林市米脂县官庄
电话：0912－6213488
邮编：718100

安康火车站
地址：安康市江北
电话：0915－2222322
邮编：725000

安康火车东站
地址：安康市关庙
电话：0915－2228152
邮编：725000

安康五里机场
地址：安康市五里
电话：0915－3911681
邮编：725018

旅游院校

陕西师范大学
旅游与环境学院
地址：西安市长安南路吴家坟
电话：029－85308963
邮编：710062

西安外国语学院
旅游学院
地址：西安市长安南路437号
电话：029－85319433
邮编：710061

西安交通大学
管理学院旅游系
地址：西安市咸宁西路28号
电话：029－83268069
邮编：710049

西北大学
经济管理学院旅游系
地址：西安市太白北路229号
电话：029－88302882
邮编：710069
网址：www. nwu. edu. cn

长安大学
旅游管理系
地址：西安市雁塔路南路126号
电话：029－85585091
邮编：710054

西安市旅游培训中心
地址：西安市北院门159号
电话：029－87295440
邮编：710007

陕西省旅游学校
地址：西安市南二环西段9号
电话：029－87990206
邮编：710075
网址：www. sxslyxx. net

西安市涉外旅游职业学校
地址：西安市咸宁东路23号
电话：029－83257605
邮编：710043
网址：www. xaswly. cn

西安旅游职业学校
地址：西安市菊花园路19号
电话：029－87214682
邮编：710001

甘　肃
GANSU

旅游机构

甘肃省旅游局
地址：兰州市农民巷2号
电话：0931－8410368
传真：0931－8873901
邮编：730000

甘肃省旅游质量监督管理所
地址：兰州市农民巷2号
电话：0931－8411208
邮编：730000

兰州市旅游局
地址：兰州市金昌路75号
电话：0931－8823731
传真：0931－8419863
邮编：730030

嘉峪关市旅游局
地址：嘉峪关市胜利北路2号
电话：0937－6321902
传真：0937－6326068
邮编：735100

金昌市旅游局
地址：金昌市新华东路82号
电话：0935－8213594
传真：0935－8213594
邮编：737100

白银市旅游局
地址：白银市五一街8号
电话：0943－8241666
传真：0943－8238333
邮编：730900

天水市旅游局
地址：天水市秦城区民主西路34号
电话：0938－8272859
传真：0938－8272659
邮编：741000

武威市旅游局
地址：武威市东大街118号
电话：0935－2212921
传真：0935－2229686
邮编：733000

酒泉市旅游局
地址：酒泉市仓门街2号
电话：0937－2614644
传真：0937－2680758
邮编：735000

张掖市旅游局
地址：张掖市县府街56号
电话：0936－8233400
传真：0936－8241826
邮编：734000

庆阳市旅游局
地址：庆阳市西峰区庆南路62号
电话：0934－8210605
传真：0934－8212126
邮编：745000

平凉市旅游局
地址：平凉市崆峒区西大街86号
电话：0933－8215830
传真：0933－8215572
邮编：744000

定西市旅游局
地址：定西市安定区中华路54号
电话：0932－8223318
传真：0932－8216288
邮编：743000

陇南市旅游局
地址：陇南市武都区旧城山44号
电话：0939－8214692
传真：0939－8213302
邮编：746000

临夏回族自治州旅游局
地址：临夏州临夏市红园路84号
电话：0930－6911998
传真：0930－6918831
邮编：731100

甘南藏族自治州旅游局
地址：甘南州合作市人民街96号
电话：0941－8218802
传真：0941－8212567
邮编：747000

旅 行 社

甘肃海外旅游总公司
地址：兰州市农民巷2号
电话：0931－8824835
邮编：730000
网址：www. otcgs. com. cn
许可证号：L-GS-GJ00001

甘肃省中国国际旅行社
地址：兰州市农民巷2号旅游大厦11楼
电话：0931－8813222
邮编：730000
网址：www. silkroadtour. com. cn
许可证号：L-GS-GJ00002

甘肃丝绸之路国际旅行社有限责任公司
地址：兰州市农民巷2号
电话：0931－8736301
邮编：73000
网址：www. silkroadtravel. com
许可证号：L-GS-GJ00003

敦煌中国国际旅行社
地址：敦煌市鸣山路32号
电话：0937－8822474 8840863
邮编：736200
网址：www. dhu'ts. com
许可证号：L-GS-GJ00004

甘肃省中国青年旅行社
地址：兰州市白银路97号
电话：0931－8127662
邮编：730030
网址：www. gscyts. com
许可证号：L-GS-GJ00005

甘肃省职工国际旅行社
地址：兰州市城关区东郊巷26号
电话：0931－8829889
邮编：730030
许可证号：L-GS-GJ00006

兰州铁道国际旅行社
地址：兰州市和政路156号金轮大厦
电话：0931－4925170
邮编：730000
许可证号：L-GS-GJ0007

甘肃国际体育旅行社
地址：兰州市小沟头19号
电话：0931－8410185
邮编：730030
网址：www. china-gsst. com
许可证号：L-GS-GJ00008

兰州招商国际旅游公司
地址：兰州市庆阳路9号（招商银行大厦西塔1502室）
电话：0931－8858234
邮编：730000
许可证号：L-GS-GJ00009

甘肃敦煌太阳国际旅行社
地址：敦煌市沙洲北路5号
电话：0937－8829998
邮编：736200
网址：www. dhsuntravel. com
许可证号：L-GS-GJ00010

甘肃酒泉国际旅行社有限公司
地址：酒泉市仓门街42号
电话：0937－2613275 2614319
邮编：735000
网址：www. gsjqgl. com
许可证号：L-GS-GJ00011

甘肃嘉峪关国际旅行社
地址：嘉峪关市胜利北路2号
电话：0937－6281826
邮编：735100
许可证号：L-GS-GJ00012

甘肃武威国际旅行社
地址：武威市西小什字
电话：0935－2267829
邮编：733000
网址：www. wuwei-tour. com
许可证号：L-GS-GJ00013

甘肃天水国际旅行社
地址：天水市秦州区民生东路市财政大楼1楼
电话：0938－8214463
邮编：741000
网址：www. citsts. com
许可证号：L-GS-GJ00014

甘肃敦煌飞天国际旅行社
地址：敦煌市沙洲镇鸣山路22号
电话：0937－8822266
邮编：736200
网址：www. dunhuangtouy. com
许可证号：L-GS-GJ00015

甘肃省中国旅行社有限公司
地址：兰州市静宁南路100号
电话：0931－8439373
邮编：730030
网址：www. gs-cts. com
许可证号：L-GS-GJ00016

甘肃省光大国际旅行社
地址：兰州市金城宾馆
电话：0931－8863860
邮编：730000
许可证号：L-GS-GJ00017

敦煌沙洲国际旅行社有限责任公司
地址：敦煌市阳关中路31号
电话：0937－8826811
邮编：736200
许可证号：L-GS-GJ00018

甘肃天水大自然国际旅行社
地址：天水市麦积区渭河南路97号
电话：0938－2734220
邮编：741020
网址：www. tsdzr. com
许可证号：L-GS-GJ00019

甘肃康辉国际旅行社有限责任公司
地址：兰州市小稍门外280号昌运大厦22层
电话：0931－8828831
邮编：730030
网址：www. gscct. com
许可证号：L-GS-GJ00020

甘肃妇女国际旅行社
地址：兰州市城关区广场南路51号
电话：0931－8960888 8960219
邮编：730030
网址：www. gswits. com
许可证号：L-GS-GJ00022

兰州丝路国际旅行社有限公司
地址：兰州市城关区庆阳路285号
电话：0931－8436116
邮编：730030
网址：www. 21cnsilkroad. com
许可证号：L-GS-GJ00026

敦煌中油国际旅行社
地址：敦煌市七里镇昆仑路中段
电话：0937－8942316
邮编：736202
许可证号：L-GS-GJ00028

嘉峪关君和国际旅行社有限责任公司
地址：嘉峪关市新华中路19号4楼
电话：0937－6281110 6264852
邮编：735100
网址：www. jhits. cn
许可证号：L-GS-GJ00029

甘肃平凉崆峒国际旅行社
地址：平凉市东大街29号
电话：0933－8718181
邮编：744000
网址：www. kongtonggj. com
许可证号：L-GS-GJ00030

甘肃天桥国际旅游有限公司
地址：兰州市城关区庆阳路272号西北大厦308室
电话：0931－6113752
邮编：730030
网址：www. touregis. com
许可证号：L-GS-GJ00031

甘肃明珠国际旅行社有限公司
地址：兰州市
电话：0931－2614488
邮编：730050
网址：www. gsmz. cn
许可证号：L-GS-GJ00032

兰州飞龙电信国际旅行社有限公司
地址：兰州市城关区金昌北路140号
电话：0931－8802881
邮编：730030
网址：www. fdits. cn
许可证号：L-GS-GJ00033

张掖市金源电力国际旅行社有限公司
地址：张掖市甘州区西街61号（电力大厦1楼）
电话：0936－8210868
邮编：734000
许可证号：L-GS-GJ00034

酒钢（集团）雄关国际旅行社有限责任公司
地址：嘉峪关市新华北路1号
电话：0937－6201604
邮编：735100
网址：www. jiayuganbinguanhotel. com
许可证号：L-GS-GJ00024

甘肃华辰国际旅行社有限公司
地址：兰州市城区天水南路469号
电话：0931－2192703
邮编：730000
网址：www. gshuachen. com
电子信箱：gshc_wdp@ 163. com
许可证号：L－GS－GJ00035

宾馆酒店

阳光大厦★★★★★
地址：兰州市庆阳路428号
电话：0931－4608888
传真：0931－4608889
邮编：730030
网址：www. sunshineplaza. com. cn
电子信箱：zb@ sunshineplaza. com. cn

西兰国际大酒店★★★★
地址：兰州市定西路团结新村39号
电话：0931－8628998
传真：0931－8612396
邮编：730000
网址：www. xilan-hotel. com
电子信箱：ao@ xilan-hotel. com

兰州饭店★★★★
地址：兰州市东岗西路486号
电话：0931－8416321
传真：0931－8418608
邮编：730000

锦江阳光酒店★★★★
地址：兰州市东岗西路589号
电话：0931－8805511
传真：0931－8412856
邮编：730000
网址：www. jjsunhotel. com

金轮宾馆★★★★
地址：兰州市和政路72号
电话：0931－4638888
传真：0931－4633988
邮编：730000
网址：www. jinlunhotel. com
电子信箱：jjj@ jinlunhotel. com

飞天大酒店★★★★
地址：兰州市天水南路529号
电话：0931－8532888
传真：0931－8532333
邮编：730000
网址：www. lanzhoulegendhotel. com
电子信箱：llhbc@ public. lz. gs. cn

长城宾馆★★★★
地址：嘉峪关市建设西路6号
电话：0937－6225266
传真：0937－6226016
邮编：735100
网址：www. cchotel. com
电子信箱：info@ cchotel. com

花苑大酒店★★★★
地址：嘉峪关市曙光街1号
电话：0937－6308888
传真：0937－6308886
邮编：735100

嘉峪关宾馆★★★★
地址：嘉峪关市新华北路1号
电话：0937－6201588
传真：0937－6225406
邮编：735100
网址：www. jiayuguanhotel. com

龙首山庄★★★★
地址：金昌市金川路
电话：0935－8811963
传真：0935－8310403
邮编：737104

金色阳光饭店★★★★
地址：天水市中华西路仿古步行街19号
电话：0938－8277777
传真：0938－8271888
邮编：741000
网址：www. goldensunhotel. net
电子信箱：goldensunhotel@ sina. com

南苑山庄★★★★
地址：天水市秦城区南国寺
电话：0938－8622555
传真：0938－8623619
邮编：741000

世纪大酒店★★★★
地址：酒泉市世纪大道53号
电话：0937－2668186
传真：0937－2658718
邮编：735000
电子信箱：sjdjd888@ 126. com

敦煌山庄★★★★
地址：酒泉敦煌市敦月路
电话：0937－8882088
传真：0937－8883245
邮编：736200

敦煌太阳大酒店★★★★
地址：酒泉敦煌市沙洲北路5号
电话：0937－8829998
传真：0937－8822019
邮编：736200
网址：www. dhiyn@ 163. com
电子信箱：dhsuntour. com

敦煌宾馆★★★★
地址：酒泉敦煌市阳关东路14号
电话：0937－8822008
传真：0937－8822195
邮编：736200
网址：www. dunhuanghotel. com
电子信箱：dh_hotel@ hotmail. com

沙洲大酒店★★★★
地址：酒泉敦煌市阳关中路31号
电话：0937－8850001
传真：0937－8825705
邮编：736200

张掖华辰国际大酒店★★★★
地址：张掖市东大街162号
电话：0936－8257777
传真：0936－8251111
邮编：734000
网址：www. zyhchotel. com

张掖宾馆★★★★
地址：张掖市县府街56号
电话：0936－8212601
传真：0936－8213806
邮编：734000

鸿瑞假日酒店★★★★
地址：临夏州永靖县刘家峡镇黄河路58号
电话：0930－8837666
传真：0930－8836836
邮编：731600
网址：www.hrjrjd.cn
电子信箱：jfjtbgs@163.com

泰达商务酒店★★★
地址：兰州市白银路383号
电话：0931－8110893
传真：0931－8110890
邮编：730000

阿波罗大酒店★★★
地址：兰州市北滨河路138号
电话：0931－8367878
传真：0931－8374588
邮编：730046

石油大厦★★★
地址：兰州市滨河中路1号
电话：0931－2614920
传真：0931－2618405
邮编：730050
网址：www.petrohotel.com
电子信箱：post@petrohotel.com

恒新宾馆★★★
地址：兰州市东岗东路1315号
电话：0931－2165556
传真：0931－2165566
邮编：730020

新世纪宾馆★★★
地址：兰州市火车站东路109-1号
电话：0931－8615888
传真：0931－8619133
邮编：730000

华瑞大厦★★★
地址：兰州市金昌南路353号
电话：0931－8533857
传真：0931－8416768
邮编：730000
电子信箱：lz-huarui@126.com

西北宾馆★★★
地址：兰州市南昌路469号
电话：0931－4815000
传真：0931－8984614
邮编：730000

昆仑宾馆★★★
地址：兰州市南昌路888号
电话：0931－8984720
传真：0931－8822285
邮编：730000

农垦宾馆★★★
地址：兰州市平凉路8号
电话：0931－8412878
传真：0931－8417285
邮编：730000

胜利宾馆★★★
地址：兰州市庆阳路285号
电话：0931－8465221
传真：0931－8461531
邮编：730030
网址：www.lauictoryhotel.com
电子信箱：slswzx@public.lz.gs.cn

迎宾饭店★★★
地址：兰州市天水路37号
电话：0931－8886552
传真：0931－8887667
邮编：730000

华辰大厦★★★
地址：兰州市天水路401号
电话：0931－8872200
传真：0931－8872200
邮编：730000

东方大酒店★★★
地址：兰州市天水路555号
电话：0931－8833555
传真：0931－8855131
邮编：730000

华联宾馆★★★
地址：兰州市天水路7－9号
电话：0931－8417210
传真：0931－4995000
邮编：730000
网址：www.lzhlbg.com
电子信箱：lzhlbg@lzhlbg.com

紫荆花大酒店★★★
地址：兰州市天水南路36号
电话：0931－8638918
传真：0931－8619747
邮编：730000
网址：www.zjh-hotel.com

金城宾馆★★★
地址：兰州市天水中路3号
电话：0931－8416638
传真：0931－8418438
邮编：730000
网址：gsjcbg.com
电子信箱：jcbg6390@163.com

海天宾馆★★★
地址：兰州市西津东路678号
电话：0931－2602222
传真：0931－2660568
邮编：730050
网址：www.lzhthotel.com.cn

友谊宾馆★★★
地址：兰州市西津西路16号
电话：0931－2689999
传真：0931－2330304
邮编：730050
电子信箱：youyibg@uest.com

四方酒店（降）★★★
地址：兰州市西津西路788号
电话：0931－2934888
传真：0931－2934999
邮编：730050
网址：www.lzsavryhotel.com

中山宾馆★★★
地址：兰州市中山路426号
电话：0931－4813068
传真：0931－8458444
邮编：730030

青年宾馆★★★
地址：嘉峪关市建设西路3号
电话：0937－6201088
传真：0937－6201089
邮编：735100

国泰大酒店★★★
地址：嘉峪关市雄关广场
电话：0937－6326699
传真：0937－6325688
邮编：735100
网址：www.guotaihotel.com.cn

汇力公寓★★★
地址：嘉峪关市雄关广场西侧
电话：0937－6315888
传真：0937－6315888
邮编：735100

酒钢宾馆★★★
地址：嘉峪关市雄关西路2号
电话：0937－6714425
传真：0937－6229241
邮编：735100
网址：www.jiugang.com

东方宾馆★★★
地址：嘉峪关市迎宾西路
电话：0937－6301866
传真：0937－6301026
邮编：735100

金川宾馆★★★
地址：金昌市北京路35号
电话：0935－8611809
传真：0935－8611808
邮编：737100

金昌饭店★★★
地址：金昌市新华路
电话：0935－8610168
传真：0935－8610050
邮编：737100
网址：www.joingansu.com
电子信箱：gsjcfd@163.com

白银饭店★★★
地址：白银市红星路269号
电话：0943－8261111
传真：0943－8261701
邮编：730900

电信宾馆★★★
地址：白银市人民路99
电话：0943－8256618
传真：0943－8252233
邮编：730900

世纪宾馆★★★
地址：白银市水川路94号
电话：0943－8310599
传真：0943－8310599
邮编：730900
电子信箱：357111841@qq.com

景泰宾馆★★★
地址：白银市景泰县705路
电话：0943－5533800
传真：0943－5533928
邮编：730400

三福大酒店★★★
地址：白银市景泰县火车站路224号
电话：0943－5532788
传真：0943－5532789
邮编：730400

景电宾馆★★★
地址：白银市景泰县一条山镇

电话：0943－5539806
传真：0943－5539806
邮编：730400

谊通宾馆★★★
地址：天水市解放路1号
电话：0938－8286698
传真：0938－8286698
邮编：741000

东安饭店★★★
地址：天水市陇昌路17号
电话：0938－4928366
传真：0938－4928399
邮编：741000

天河大酒店★★★
地址：天水市西河北路
电话：0938－8287666
传真：0938－8284979
邮编：741000
网址：www.tianhehotel.com
电子信箱：thotel03@west100.com

和平大酒店★★★
地址：天水市新华路7号
电话：0938－6812200
传真：0938－6812168
邮编：741000

天水宾馆（贵宾楼）★★★
地址：天水市迎宾路
电话：0938－8212611
传真：0938－8212823
邮编：741000

金龙大酒店★★★
地址：天水市中心广场
电话：0938－8288888
传真：0938－8271394
邮编：741000
网址：www.tsjlhotel.com
电子信箱：jinlonghotel@msn.com

天辰大酒店★★★
地址：天水市重新街1号
电话：0938－8212101
传真：0938－8286812
邮编：741000

武威大酒店★★★
地址：武威市北关西路24号
电话：0935－2218888
传真：0935－2218888
邮编：733000

凉州宾馆★★★
地址：武威市东大街159号
电话：0935－2212456
传真：0935－2213008
邮编：733000
网址：lzbgizucn.com
电子信箱：lzbg@izucn.com

西凉大酒店★★★
地址：武威市建设南路58号
电话：0935－5965599
传真：0935－5965555
邮编：733000

荣华宾馆★★★
地址：武威市荣华路
电话：0935－6150114
传真：0935－6150829
邮编：733000

网址：www.rhhotel.com
电子信箱：welomaster@rhhotel.com

天马宾馆★★★
地址：武威市西大街西小什字
电话：0935－2215170
传真：0935－2212356
邮编：733000
网址：www.wuwei-tianma.com
电子信箱：tianma@joingansu.com

古浪玉红大酒店★★★
地址：武威市古浪县世纪路
电话：0935－5121622
传真：0935－5120588
邮编：733100

航天饭店★★★
地址：酒泉市仓门街4号
电话：0937－2614863
传真：0937－2614291
邮编：735000
电子信箱：jqhtfd@yahoo.com.cn

龙腾宾馆★★★
地址：酒泉市东环南路31号
电话：0937－2612491
传真：0937－2656233
邮编：735000

酒泉宾馆★★★
地址：酒泉市解放路33号
电话：0937－2614211
传真：0937－2614750
邮编：735000
网址：www.jiuquanhotel.com
电子信箱：jiuquan-hotel@163.com

玉门宾馆★★★
地址：酒泉玉门市经济开发区玉苑路2号
电话：0937－3361168
传真：0937－3361188
邮编：735211
电子信箱：lt6222@.com

祁连宾馆★★★
地址：酒泉玉门市南坪区
电话：0937－3924441
传真：0937－3244840
邮编：735200

丝路宾馆★★★
地址：酒泉敦煌市环城东路6号
电话：0937－8823807
传真：0937－8822371
邮编：736200

丽园宾馆★★★
地址：酒泉敦煌市环城东路8号
电话：0937－8822025
传真：0937－8823664
邮编：736200

敦煌饭店★★★
地址：酒泉敦煌市鸣山路16号
电话：0937－8822413
传真：0937－8827588
邮编：736200
网址：www.dhfd.cn
电子信箱：dhfd@dhfd.cn

金叶宾馆★★★
地址：酒泉敦煌市鸣山路37号
电话：0937－8821470
传真：0937－8821427

邮编：736200
网址：www.jqta.com/binguan/index.asp
电子信箱：jinyehotel@sina.com

四方宾馆★★★
地址：酒泉敦煌市七里镇大庆路口
电话：0937－8856032
传真：0937－8856024
邮编：736200

敦煌大厦★★★
地址：酒泉敦煌市沙洲南路15号
电话：0937－8825008
传真：0937－8825006
邮编：736200

阳关大酒店★★★
地址：酒泉敦煌市沙洲南路7号
电话：0937－8853408
传真：0937－8851158
邮编：736200

敦煌大酒店★★★
地址：酒泉敦煌市阳关中路16号
电话：0937－8825588
传真：0937－8821249
邮编：736200

瓜州宾馆★★★
地址：酒泉市安西县县府街77号
电话：0937－5526443
传真：0937－5521953
邮编：736100

电力大厦★★★
地址：张掖市西大街61号
电话：0936－8268028
传真：0936－8235500
邮编：734000

庆阳宾馆★★★
地址：庆阳市南大街2号
电话：0934－8213774
传真：0934－8272087
邮编：745000

庆化大酒店★★★
地址：庆阳市庆南路
电话：0934－8666666
传真：0934－8685202
邮编：745000

平凉宾馆★★★
地址：平凉市西大街86号
电话：0933－8253918
传真：0933－8219485
邮编：744000
网址：www.pinglianghotel.com.cn
电子信箱：plbG090@sina.com

陇东明珠宾馆★★★
地址：平凉市崆峒东460号
电话：0933－8612588
传真：0933－8612518
邮编：744000

西王母温泉宾馆★★★
地址：平凉市泾川县何家坪温泉开发区
电话：0933－3335342
传真：0933－3335232
邮编：744300

西锦大酒店★★★
地址：定西市民主路6号
电话：0932－8284588
传真：0932－8284002

邮编：743000

明珠大酒店★★★
地址：陇南市盘旋路街南口
电话：0939－8231166
传真：0939－8231218
邮编：746000

金成大厦★★★
地址：陇南市成县陇南大道
电话：0939－3202998
传真：0939－3203099
邮编：742500

临夏饭店★★★
地址：临夏州市红园路9号
电话：0930－6233805
传真：0930－6214412
邮编：731100B28d1

电力宾馆★★★
地址：临夏州永靖县川南路369号
电话：0930－8821181
传真：0930－8821155
邮编：731600

香巴拉大酒店★★★
地址：甘南州合作市人民街53号
电话：0941－8213222
传真：0941－8218899
邮编：747000
网址：www.xbl-hotel.com
电子信箱：xbl-hotel@xbl-hotel.com

旅游景区

兴隆山国家级自然保护区 AAAA
地址：兰州市兴隆山
电话：0931－5251081
邮编：730117

徐家山国家级森林公园 AA
地址：兰州市枣树沟7号
电话：0931－8341482
邮编：730046

兰州水车博览园 AAAA
地址：兰州市城关区南滨河东路524号
电话：0931－8587111
邮编：730050

兰州白塔山公园 AA
地址：兰州市白塔山1号
电话：0931－8360800
邮编：730046

兰州五泉山公园 AAAA
地址：兰州市城关区五泉南路123号
电话：0931－8243247
邮编：730000

兰州仁寿山公园 AA
地址：兰州市安宁区仁寿山
电话：0931－7666592
邮编：730070

兰州吐鲁沟国家森林公园 AAAA
地址：兰州市永登县
电话：0931－6530015
邮编：730300

青龙山国家级森林公园 AA
地址：兰州市永登县城关镇
电话：0931－6422587
邮编：730300

嘉峪关文物景区 AAAAA
地址：嘉峪关市嘉峪关乡
电话：0937－6396304
邮编：735100

景泰黄河石林风景旅游区 AAAA
地址：白银市景泰县中泉乡龙湾村
电话：0943－5523080
邮编：730400
信箱：office@chinahhsl.com
网址：www.chinahhsl.com

天水市南廓寺公园 AAA
地址：天水市南廓路寺院内
电话：0938－8283147
邮编：741000

天水市玉泉观公园 AAA
地址：天水市上安沟
电话：0938－8213957
邮编：741000

麦积山风景名胜区 AAAA
地址：天水市麦积区泉湖路2号
电话：0938－2731407
邮编：741022

天水北道马跑泉公园 AA
地址：天水市麦积区马跑泉路1号
电话：0938－2736204
邮编：741022

天水北道龙园 AA
地址：天水市麦积区马跑泉路
电话：0938－2730676
邮编：741020

甘谷县大像山 AAA
地址：天水市甘谷县五里铺
电话：0938－5622481
邮编：741200

武山水帘洞景区 AAA
地址：天水市武山县榆盘乡钟楼村
电话：0938－3421081
邮编：741318

神州荒漠野生动物园 AAAA
地址：武威市城东科技示范园区内
邮编：733000

武威市沙漠公园 AAAA
地址：武威市清源镇
电话：0935－2511228
邮编：733000

武威市博物馆 AA
地址：武威市建国街发展巷43号
电话：0935－2215849
邮编：733000

武威雷台公园 AAAA
地址：武威市北关中路257号
电话：0935－2215852
邮编：733000

武威文庙 AAAA
地址：武威市凉州区东大街新青年巷43号
电话：0935－2228884　2224686
邮编：733000

西汉酒泉胜迹 AAAA
地址：酒泉市公园路100号
电话：0937－2633441
邮编：735000

阳关文物景区 AAAA
地址：酒泉敦煌市南湖乡
电话：0937－8889323
邮编：736200

敦煌雅丹国家地质公园 AAAA
地址：酒泉敦煌市西北180公里处
邮编：736200

敦煌鸣沙山月牙泉风景名胜区 AAAA
地址：酒泉敦煌市鸣沙山月牙泉
电话：0937－8882037
传真：8882037
邮编：736200

敦煌三危山旅游景区 AA
地址：酒泉敦煌市三危山景区
邮编：736200

敦煌仿宋沙州城 AA
地址：酒泉敦煌市七里镇李家墩村
电话：0937－8888003
邮编：736200

敦煌白马塔景区 A
地址：酒泉敦煌市白马塔村一组
电话：0937－8896761
邮编：736200

金塔鸳鸯湖风景区 AAA
地址：酒泉市金塔县
电话：0937－4441831
邮编：745300

肃北县人民公园 A
地址：酒泉市肃北县南街38号
电话：0937－8122387
邮编：736300

张掖甘州大佛寺旅游景区 AAA
地址：张掖市民主西街大佛寺巷
电话：0936－8212049
邮编：734000

张掖市甘泉公园 AA
地址：张掖市北水桥街
电话：0936－8215158
邮编：734000

张掖市森林公园 AA
地址：张掖市东门外9公里
电话：0936－8671238
邮编：734000

张掖黑河森林公园 AA
地址：张掖市西郊6公里
邮编：734000

临泽双泉湖旅游区 AA
地址：张掖市临泽县环城路北2公里
电话：0936－5553423
邮编：734200

山丹艾黎捐赠文物陈列馆 AA
地址：张掖市山丹县文化街3号
电话：0936－2721464
邮编：734100

大佛寺 AAAA
地址：张掖市山丹县清泉镇南湾村
电话：0936－2760106
邮编：743100

肃南马蹄寺风光旅游区 AAAA
地址：张掖市肃南县马蹄寺旅游区管理委员会办公室
电话：0936－8891610

邮编：734028

庆阳周祖陵森林公园 AA
地址：庆阳市庆城县城
电话：0934－3221673
邮编：745100

平凉崆峒山风景名胜区 AAAAA
地址：平凉市西郊 12 公里
电话：0933－8510165
邮编：744021

平凉市柳湖公园 AA
地址：平凉市崆峒区公园路 20 号
电话：0933－8212945
邮编：744000

平凉太统森林公园 AA
地址：平凉市崆峒区
电话：0933－8714304
邮编：744000

平凉泾川王母宫 AA
地址：平凉市泾川县城西 1 公里
电话：0933－3321348
邮编：744300

平凉崇信龙泉寺 AA
地址：平凉市崇信县城南 1.5 公里
电话：0933－6121236
邮编：744200

平凉庄浪紫荆山公园 AA
地址：平凉市庄浪县水洛镇中心街南巷
电话：0933－6626756
邮编：744600

定西安定区玉湖公园 AA
地址：定西市安定区永定西路 71 号
电话：0932－8261388
邮编：743000

定西临洮岳麓山公园 AA
地址：定西市临洮县岳麓山
电话：0932－2242384
邮编：730500

贵清山公园 AAAA
地址：定西市漳县草滩
电话：0932－4879123　4879297
邮编：748300

渭源县霸陵桥公园 AA
地址：定西市渭源县清源镇 131 号
电话：0932－4132650
邮编：748200

陇西仁寿山森林公园 AA
地址：定西市陇西县仁寿山
电话：0932－6614036
邮编：748100

武都万象洞 AAAA
地址：陇南武都区汉王镇
电话：0939－8528414
邮编：746041

成县《西狭颂》风景区 AAAA
地址：陇南市成县抛沙镇
邮编：742500

官鹅沟自然风景区 AAAA
地址：陇南市宕昌县城郊
邮编：748500

康县阳坝自然风景区 AAAA
地址：陇南市康县城南阳坝镇
邮编：741600
邮箱：kxyzx@163.com

临夏市红园（人民公园）AA
地址：临夏回族自治州临夏市红园路2 号
电话：0930－6214514
邮编：731100

临夏市东郊公园 AA
地址：临夏回族自治州临夏市红园路折桥乡李孟村史家 1 号
电话：0930－6363517
邮编：731100

黄河三峡风景名胜区 AAAA
地址：临夏回族自治州永靖县
邮编：731600

松史鸣岩风景名胜区 AAAA
地址：临夏回族自治州和政县吊滩乡
邮编：731200

甘南州合作市当州草原风景区 AA
地址：甘南州合作市
邮编：747000

甘南州安多合作米拉日巴佛阁 AA
地址：甘南州合作市
电话：0941－8231118
邮编：747000

冶力关风景区 AAAA
地址：甘南藏族自治州临潭县冶力关风景管理局
电话：0941－3121471　3271344
邮编：747506

大峪沟生态旅游景区 AAAA
地址：甘南藏族自治州卓尼县柳林镇
电话：0941－3621301
邮编：747600

甘南州玛曲天下黄河第一弯旅游风景区 AA
地址：甘南州玛曲县
邮编：747300

夏河桑科草原旅游风景区 AA
地址：甘南藏族自治州夏河县桑科乡人民政府
电话：0941－7121128
邮编：747100

拉卜楞寺 AAAA
地址：甘南藏族自治州夏河县拉卜楞镇
邮编：747300

餐　馆

西北宾馆
地址：兰州市南昌路 469 号
电话：0931－8413456
邮编：730030

友谊饭店
地址：兰州市西津西路 16 号
电话：0931－2689999
邮编：730030

景扬楼
地址：兰州市武都路 323 号
电话：0931－8465050　13038746871
邮编：730030

悦宾楼
地址：兰州市城关区酒泉路 306 号
电话：0931－8465183
邮编：730030

兰州西津楼饭店
地址：兰州市西津西路 232 号
电话：0931－2344174
邮编：730030

人民饭店
地址：兰州市张掖路 127 号
电话：0931－8466711－3026
邮编：730030

兰州德顺楼清真餐饮有限公司
地址：兰州市民主西路 205 号
电话：0931－8113905
邮编：730030

孔亮火锅
地址：兰州市农民巷 179 号
电话：0931－8803082
邮编：730030

百家姓土坛子民俗大酒楼
地址：兰州市中山路 275 号桥门大厦 3 楼
电话：0931－8446106
邮编：730030

川东鱼庄
地址：兰州市武都路 157 号
电话：0931－8468518
邮编：730030

巴国布依
地址：兰州市农民巷 6 号
电话：0931－8734638
邮编：730030

陶然居
地址：兰州市庆阳路 366 号润城花园 3 楼
电话：0931－8431845
邮编：730030

蜀国演义鱼头酒楼
地址：兰州市东岗西路 506 号
电话：0941－8735909
邮编：730030

长江岳阳楼
地址：兰州市民主西路 49 号
电话：0931－4637132
邮编：730030

阳光酒楼
地址：兰州市庆阳路 428 号甘肃阳光大厦
电话：0931－4608888
邮编：730030

潮汕大酒楼
地址：兰州市天水路 361 号
电话：0931－8889467
邮编：730030

大名食府
地址：兰州市中山路 242 号
电话：0931－8458808
邮编：730030

竹园村火锅
地址：兰州市滨河东路 609 号
电话：0931－4603666
邮编：730030

翠花酒楼
地址：兰州市西津西路 745 号
电话：0931－2582277
邮编：730030

重庆八仙庄风味美食城
地址：兰州市天水北路
电话：0931－8503583
邮编：730030

天天渔港酒店
地址：兰州市张掖路1号
电话：0931－8729298
邮编：730030

千千粗粮王
地址：兰州市永昌路174号
电话：0931－8432038
邮编：730030

七十二行民俗大酒楼
地址：兰州市酒泉路279号信生大厦
电话：0931－8477888
邮编：730030

民间风味川菜酒楼
地址：兰州市酒泉路127号
电话：0931－4663088
邮编：730030

云峰清真餐厅
地址：兰州市西津东路53号
电话：0931－2330516
邮编：730030

天津大酒家
地址：兰州市五泉路28号五泉商场1号
电话：0931－8478431
邮编：730030

满堂红大酒楼
地址：兰州市北滨河中路
电话：0931－8322148
邮编：730030

香满楼
地址：兰州市张掖路大众巷美食街57号
电话：0931－8463019
邮编：730030

东方宫清真火锅城
地址：兰州市张掖路107号基隆大厦五层
电话：0931－8477566
邮编：730030

吐鲁番餐厅
地址：兰州市西津西路582号
电话：0931－2336075
邮编：730030

海外城酒楼
地址：兰州市嘉峪关北路35号
电话：0931－8496360
邮编：730030

兰州猎人餐饮娱乐有限公司
地址：兰州市嘉峪关西路68号
电话：0931－8498711
邮编：730030

兰州谭鱼头餐饮有限公司
地址：兰州市嘉峪关西路108－8号
电话：0931－8676555
邮编：730030

甘肃天下粮仓餐饮有限公司
地址：兰州市嘉峪关西路436号
电话：0931－8666826
邮编：730030

兰州怡树园餐饮有限公司
地址：兰州市嘉峪关东路5号
电话：0931－8656536
邮编：730030

人民商城酒楼
地址：嘉峪关市新华中路10号
电话：0937－6232419
邮编：735100

阳光酒楼
地址：嘉峪关市富强西路11号
电话：0937－6231836
邮编：735100

东海渔村
地址：嘉峪关市兰新西路23号
电话：0937－6284428
邮编：735100

明星酒楼
地址：嘉峪关市新华南路19号
电话：0937－6228521
邮编：735100

鹿鸣春美食宫
地址：嘉峪关市新华中路42号
电话：0937－6231378
邮编：735100

东方美食娱乐城
地址：嘉峪关市新华中路43号
电话：0937－6717075
邮编：735100

嘉峪关天外天酒店
地址：嘉峪关市兰新东路5号
电话：13014183303
邮编：735100

金龙玉凤餐饮娱乐有限公司
地址：嘉峪关市南路239号
电话：0937－8666826
邮编：735100

海外城酒楼有限公司
地址：嘉峪关市北路35号
电话：0937－8496360
邮编：735100

福田香大酒家有限公司
地址：嘉峪关市北路24号
电话：0937－8652567
邮编：735100

川粤傻儿鱼头酒楼
地址：嘉峪关市迎宾路
电话：0937－6326419
邮编：735100

嘉峪关市银光餐饮有限责任公司
地址：嘉峪关市新华中路25号
电话：0937－6225901
邮编：735100

松花江酒楼
地址：嘉峪关市富强东路1号
电话：0937－6262082
邮编：735100

嘉峪关市银马车餐饮娱乐有限责任公司
地址：嘉峪关市新华北路7号
电话：0937－6316444
邮编：735100

金昌清真餐厅
地址：金昌市新华东路
电话：0935－8214980
邮编：737100

金昌市裕华饮食有限责任公司
地址：金昌市建设路
电话：0935－8310300
邮编：737100

白天鹅酒楼
地址：金昌市北京路
电话：0935－8213623
邮编：737100

景阳春餐厅
地址：金昌市北京路
电话：0935－8224660
邮编：737100

金昌市伊甸园餐厅
地址：金昌市建设路
电话：0935－8335396
邮编：737100

武威巴国演义火锅楼有限责任公司
地址：武威市西关中路
电话：0935－6119460
邮编：733000

武威草原明珠餐饮娱乐有限公司
地址：武威市凉州区西大街公园路1号
电话：0935－6121343
邮编：733000

武威市老坛子餐饮有限责任公司
地址：武威市南大街18号
电话：0935－2222222
邮编：733000

武威市人民饭店迎春餐厅
地址：武威市城关镇西大街198号
电话：0935－2214118
邮编：733000

武威市大众饭店
地址：武威市南关中路63号
电话：0935－6184585
邮编：733000

武威市老杨家清真餐厅
地址：武威市西关街新建路
电话：0935－6111497
邮编：733000

武威市伊宁斋饮食服务有限责任公司
地址：武威市南大街102号
电话：0935－2212566
邮编：733000

武威市饮食服务公司悦宾烧鸭店
地址：武威市城关镇西大街25号
电话：0935－2214569
邮编：733000

酒泉小天鹅餐饮有限责任公司
地址：酒泉市酒泉市东大街79号
电话：0937－2636218
邮编：735000

酒泉豪门餐饮娱乐有限责任公司
地址：酒泉市肃州区晋城路28号
电话：0937－2610818
邮编：735000

酒泉市食乐天餐饮有限责任公司
地址：酒泉市东大街58号
电话：0937－2665948－212
邮编：735000

酒泉神舟实业公司大中华美食城
地址：酒泉市南大街71号

电话：0937－2661258
邮编：735000

酒泉市春园餐饮娱乐有限责任公司蓬莱阁餐厅
地址：酒泉市解放路7号
电话：0937－2616323
邮编：735000

酒泉红太阳餐饮娱乐有限责任公司
地址：酒泉市南大街70号
电话：0937－2614811
邮编：735000

酒泉市东方美食娱乐城
地址：酒泉市东大街25号
电话：0937－2618886
邮编：735000

张掖地区成都餐饮有限责任公司
地址：张掖市西环路2号
电话：0936－8218894
邮编：734000

张掖市饮食服务公司穆斯林大餐厅
地址：张掖市青年西街67号
电话：0936－8212466
邮编：734000

庆阳红苹果酒家
地址：庆阳市文化西路
电话：0934－5521795
邮编：745000

沁园春酒家
地址：庆阳市
电话：0934－7123913
邮编：745000

红星酒家
地址：庆阳市文化西路
电话：0934－5522525
邮编：745000

马桂芳羊肉馆
地址：庆阳市
电话：0934－4422089
邮编：745000

平凉市老土坛子餐饮有限责任公司
地址：平凉市世纪金鼎大厦四楼
电话：0933－5982028
邮编：744000

平凉市红梅餐厅
地址：平凉市崆峒中路111号
电话：0933－8223102
邮编：744000

平凉市小城食府
地址：平凉市解放路28号
电话：0933－8216531
邮编：744000

平凉市鸿宾楼饭店
地址：平凉市平凉市崆峒中路105号
电话：0933－8213996
邮编：744000

平凉市饮食服务公司
地址：平凉市船舱街8号
电话：0933－8212342
邮编：744000

平凉市西来顺第二餐饮楼
地址：平凉市中山街1号
电话：0933－8620701
邮编：744000

临夏市饮食公司
地址：临夏州临夏市北大街3号
电话：0930－6213651
邮编：731100

临夏饭店
地址：临夏州临夏市红园路9号
电话：0930－6212496
邮编：731100

临夏州金源清真餐饮有限责任公司
地址：临夏州临夏市团结路1号
电话：0930－6213555
邮编：731100

临夏市天府酒家
地址：临夏州临夏市崇文路
电话：0930－6216408
邮编：731100

临夏市东关清真菜馆
地址：临夏州临夏市下菜市14号
电话：0930－6213741
邮编：731100

临夏市清真银星餐厅
地址：临夏州临夏市红园路
电话：0930－6216737
邮编：731100

楼外楼餐馆
地址：甘南州合作市八一街
电话：0941－8219728
邮编：747000

香巴拉大酒店
地址：甘南州合作市人民街53号
电话：0941－8213222
邮编：747000

甘南饭店
地址：甘南州合作市人民街83号
电话：0941－8212611
邮编：747000

旅游用品

嘉峪关市酒玉夜光杯工艺美术有限责任公司
地址：嘉峪关市新华中路6栋
电话：0937－6266516　3696516
邮编：735100

白银金属工艺品厂
地址：白银市银光洛66号
电话：0943－8311421
邮编：730900

会宁县第二地毯厂
地址：白银市会宁县北大街
电话：0943－3221723
邮编：730700

会宁县第三地毯厂
地址：白银市会宁县教场路
电话：0943－3221291
邮编：730700

会宁县第四地毯厂
地址：白银市会宁县北河新村
电话：0931－3222558
邮编：730700

会宁县河畔乡地毯厂
地址：白银市会宁县河畔上街
电话：0931－3282649
邮编：730700

会宁县正大地毯有限公司
地址：白银市会宁县教场路
电话：0931－3221457　3221355
邮编：730700

天水市雕漆工艺编织厂
地址：天水市新华洛
电话：0938－8213334
邮编：741000

天水市地毯厂
地址：天水市建设路
电话：0938－8214453
邮编：741000

天水市丝毯厂
地址：天水市自治巷
电话：0938－8211122　8213872
邮编：741000

甘谷县草制品厂
地址：天水市甘谷县五里铺
电话：0938－5622400
邮编：741200

甘谷县工艺厂
地址：天水市甘谷县北大街
电话：0938－5622059
邮编：741200

甘谷县木雕厂
地址：天水市甘谷县西关市场
电话：0938－5624461
邮编：741200

武山东顺玉器厂
地址：天水市武山县武山史家庄
电话：0938－3440071
邮编：741300

武山洛门玉材厂
地址：天水市武山县武山洛门
电话：0938－3225267
邮编：741300

武山县城家门工艺厂
地址：天水市武山县
电话：0938－3410732
邮编：741300

武山县山丹工艺厂
地址：天水市武山县
电话：0931－3192235
邮编：741300

武山县玉器厂
地址：天水市武山县
电话：0938－3192236
邮编：741300

武威市工艺美术厂
地址：武威市西大街191号
电话：0935－2214796
邮编：733000

凉州区工艺美术厂
地址：武威市东关复兴南路6号
电话：0935－6161397
邮编：733000

民勤县地毯厂
地址：武威市民勤县
电话：0935－4121339　4121340　4122339
邮编：733300

酒泉夜光杯厂（工艺美术厂）
地址：酒泉市民意街2号
电话：0937－2614797
邮编：735000

酒泉地区华丽夜光杯工艺美术有限公司
地址：酒泉市西大街
电话：0937－2618083
邮编：735000

酒泉市华玉夜光杯厂
地址：酒泉市解放洛49号
电话：0937－2614035
邮编：735000

西峰乡夜光杯厂
地址：酒泉市
电话：0937－2607325
邮编：735000

敦煌市地毯厂
地址：酒泉敦煌市
电话：0937－8822465
邮编：736200

敦煌灵岩夜光杯厂
地址：酒泉敦煌市
电话：0937－8822289
邮编：736200

敦煌市工艺有限公司
地址：酒泉敦煌市
电话：0937－8882983
邮编：736200

敦煌市彩塑厂
地址：酒泉敦煌市
电话：0937－8823344
邮编：736200

敦煌市工艺厂
地址：酒泉敦煌市
电话：0937－8841625
邮编：736200

敦煌市工艺美术厂
地址：酒泉敦煌市
电话：0937－8822593
邮编：736200

敦煌市灵艺夜光杯厂
地址：酒泉敦煌市
电话：0937－8882480
邮编：736200

敦煌市月牙泉夜光杯工艺厂
地址：酒泉敦煌市
电话：0937－8882482
邮编：736200

西峰区玉器厂
地址：庆阳市
电话：0934－8614267
邮编：745000

庆阳市地毯厂
地址：庆阳市民族北路68号
电话：0934－8615570 8612108 8612948
邮编：745000

庆阳市民间工艺美术品有限责任公司
地址：庆阳市长庆南路62号
电话：0934－8214968
邮编：745700

环县地毯厂
地址：庆阳市环县南街162号
电话：0934－4421884
邮编：745700

灵台县地毯厂
地址：平凉市灵台县
电话：0933－3621958 3621938
邮编：744400

崇信县黄寨乡甘庄地毯厂
地址：平凉市崇信县
电话：0933－6171373
邮编：744200

庄浪县地毯厂
地址：平凉市庄浪县水洛镇新厂路
电话：0933－6821056
邮编：744600

庄浪县水洛乡何马村紫荆草编厂
地址：平凉市庄浪县
电话：0933－6823859
邮编：744600

庄浪县水洛镇草编厂
地址：平凉市庄浪县下王村
电话：0933－6622270
邮编：744600

庄浪县效益地毯厂
地址：平凉市庄浪县新厂路
电话：0933－6821030
邮编：744600

工艺壁挂厂
地址：平凉市静宁县南关293号
电话：0933－2524411
邮编：743400

静宁灵芝地毯厂
地址：平凉市静宁县
电话：0933－2660019
邮编：743400

小河地毯厂
地址：平凉市静宁县祁川乡
电话：0933－2601132
邮编：743400

银河地毯厂
地址：平凉市静宁县南河滩10号
电话：0933－2524327
邮编：743400

甘肃无纺织地毯厂
地址：定西市
电话：0932－8282483
邮编：743000

甘肃省定西工艺美术地毯厂
地址：定西市
电话：0932－8212504
邮编：743000

定西鹏成工艺地毯厂
地址：定西市永定东路106号
电话：0932－8211283
邮编：743000

定西县金泉地毯厂
地址：定西市
电话：0932－8200336
邮编：743000

定西深飞地毯厂
地址：定西市
电话：0932－8260054 8260052
邮编：743000

通渭县草编厂
地址：定西市通渭县
电话：0932－5552139
邮编：743300

通渭县常河地毯厂
地址：定西市通渭县
电话：0932－5663111
邮编：743300

通渭县地毯厂
地址：定西市通渭县
电话：0932－5552852 5553864
邮编：743300

通渭县襄南草编厂
地址：定西市通渭县
电话：0932－5812103
邮编：743300

通渭县义岗地毯厂
地址：定西市通渭县
电话：0932－5351186
邮编：743300

渭源县地毯厂
地址：定西市渭源县清源镇
电话：0932－4132711
邮编：748200

临洮飞龙地毯有限责任公司
地址：定西市临洮县西大街70号
电话：0932－2242535
邮编：730500

文峰地毯厂
地址：定西市陇西县
电话：0932－6685846
邮编：748100

岷县瑰宝斋
地址：定西市岷县工业开发区
电话：0932－7728036
邮编：748400

飞天地毯厂
地址：陇南市桥头村
电话：0939－8212864
邮编：746000

蓝梦珠宝公司
地址：临夏回族自治州临夏市团结路
电话：0930－6228074
邮编：731100

飞马毛纺地毯有限公司
地址：临夏回族自治州临夏市滨河东路
电话：0930－6322961
邮编：731100

兴强地毯责任有限公司
地址：临夏回族自治州临夏市南龙北路103号
电话：0930－6386372 6388223
邮编：731100

城关乡地毯厂
地址：临夏回族自治州临夏市毛园路
电话：0930－6212634
邮编：731100

临夏市西关地毯厂
地址：临夏回族自治州临夏市后河巷58号
电话：0930－6312684
邮编：731100

临夏市民族刺绣厂
地址：临夏回族自治州临夏市石桥巷29号
电话：0930－6313269

邮编：731100

临夏市八坊地毯厂
地址：临夏回族自治州临夏市水泉路22号
电话：0930－6313599
邮编：731100

临夏海亚精工工艺品厂
地址：临夏回族自治州临夏市
电话：0930－6381160
邮编：731100

广河县工艺美术地毯厂
地址：临夏回族自治州广河县
电话：0930－5661018
邮编：731300

永靖县民族地毯厂
地址：临夏回族自治州永靖县川南县
电话：0930－8821186 8821834
邮编：731600

甘南藏族自治州地毯厂
地址：甘南藏族自治州西山坡
电话：0941－8213535 8231810
邮编：747000

旅游交通

甘肃省旅游汽车公司
地址：兰州市城关区南昌路22号
电话：0931－8266553
邮编：730000

兰州火车站
地址：兰州市
电话：0931－4633355
邮编：730000

兰州中川机场
地址：兰州市东岗东路387号
电话：0931－8968760
邮编：730087

嘉峪关市火车站
地址：嘉峪关市
电话：0937－6319447
邮编：735100

嘉峪关机场
地址：嘉峪关市
电话：0937－6226237
邮编：735100

白银市火车站
地址：白银市建设东路168号
电话：0943－8222823
邮编：730900

甘肃省旅游汽车公司天水分公司
地址：天水市迎宾路5号
电话：0938－8277788
邮编：741000

武威火车站
地址：武威市大新路214号
电话：0935－6103492
邮编：733000

武威火车南站
地址：武威市火车南站
电话：0935－6180816
邮编：733000

酒泉火车站
地址：酒泉市西大街
电话：0937－2667695
邮编：735000

敦煌市旅游车行
地址：酒泉敦煌市
电话：0937－8827109
邮编：736200

敦煌机场
地址：酒泉敦煌市
电话：0937－8822389
邮编：736200

敦煌火车站
地址：酒泉市安西县柳园镇
电话：0937－5572814
邮编：736100

张掖市火车站
地址：张掖市东北5公里处
电话：0936－8213744
邮编：734000

山丹县火车站
地址：张掖市山丹县
电话：0936－2723619
邮编：734100

平凉火车站
地址：平凉市
电话：0933－8637030
邮编：744000

平凉火车南站
地址：平凉市二十里铺
电话：0933－8410301
邮编：744000

定西市火车站
地址：定西市
电话：0932－5977377
邮编：743000

陇西火车站
地址：定西市陇西县
电话：0932－6688741
邮编：748100

旅游院校

兰州大学
管理学院旅游管理专业
地址：兰州市城关区天水南路222号
电话：0931－8912251
邮编：730000

西北师范大学
旅游学院
地址：兰州市安宁区安宁东路967号
电话：0931－7971701
邮编：730070

西北民族大学
经济管理学院旅游管理系
地址：兰州市城关区西北新村1号
电话：0931－4512125
邮编：730030

兰州理工大学
经济管理学院旅游管理专业
地址：兰州市七里河区兰工坪85号
电话：0931－2976022
邮编：730050

兰州商学院
管理学院旅游管理专业
地址：兰州市城关区段家滩418号
电话：0931－4677647
邮编：730020

甘肃联合大学
旅游专业
地址：兰州市城关区雁滩北面滩400号
电话：0931－8685536
邮编：730020

兰州外语职业技术学院
旅游专业
地址：兰州市和平开发区
电话：0931－5271080
邮编：730101

兰州教育学院
旅游专业
地址：兰州市雁儿湾路33号
电话：0931－8495008
传真：0931－8696008
邮编：730000
网址：www.lzec.cn

兰州职业技术学院
旅游专业
地址：兰州市安宁区刘沙公路37号
电话：0931－7658812
邮编：730030

甘肃旅游培训中心
地址：兰州市农民巷10号
电话：0931－8865765
传真：8418443
邮编：730000

兰州旅游职业学校
地址：兰州市城关区五泉路65号
电话：0931－8155441
邮编：730030

甘肃工业职业技术学院
旅游系
地址：天水市羲皇大道中段
电话：0938－2793379
邮编：741200

甘肃林业职业技术学院
旅游系
地址：天水市麦积区马跑泉路58号
电话：0938－2111068
邮编：741020

天水师范学院
旅游专业
地址：天水市秦州区西河南路
电话：0938－8362599
邮编：741001

天水市旅游学校
地址：天水市
电话：0938－8215705
邮编：741000

酒泉职业技术学院
旅游系
地址：酒泉市解放路36号
电话：0937－2688211
邮编：735000

青　海

QINGHAI

旅游机构

青海省旅游局
地址：西宁市黄河路156号
电话：0971－6152215　6164008
传真：0971－6157012
邮编：810001
电子信箱：zfh@qhly.gov.cn

青海省旅游质量监督管理所
地址：西宁市黄河路156号
电话：0971－6152523
传真：0971－6244674
邮编：810001

西宁市旅游局
地址：西宁市黄河路9号
电话：0971－6117696
传真：0971－6117676
邮编：810001

大通回族土族自治县旅游局
地址：西宁市大通县桥头镇
电话：0971－2724659
传真：0971－2723421
邮编：810100

湟源县旅游局
地址：西宁市湟源县城关镇西大街
电话：0971－2439398
传真：0971－2437636
邮编：812100

湟中县旅游局
地址：西宁市湟中县鲁沙尔镇金塔路东拉巷
电话：0971－2230249
传真：0971－2232103
邮编：811600

海东地区旅游局
地址：海东地区平安县湟源路10号
电话：0972－8612403
传真：0972－8612113
邮编：810600

平安县旅游局
地址：海东地区平安县湟源路10号
电话：0972－8686694
传真：0972－8615347
邮编：810600

乐都县旅游局
地址：海东地区乐都县滨河路3号
电话：0972－8622344
传真：0972－8622220
邮编：810700

民和回族土族自治县旅游局
地址：海东地区民和县城
电话：0972－8522227
传真：0972－8522171
邮编：810800

互助土族自治县旅游局
地址：海东地区互助县威远镇北街
电话：0972－8320019
传真：0972－8320019
邮编：810500

循化撒拉族自治县旅游局
地址：海东地区循化县积石镇
电话：0972－8812208
传真：0972－8815559
邮编：811100

海北藏族自治州旅游局
地址：海北州海晏县西海镇
电话：0970－8644979
传真：0970－8644379
邮编：810200

海晏县旅游局
地址：海北州海晏县和平路3号
电话：0970－8631360
传真：0970－8631360
邮编：812200

祁连县旅游局
地址：海北州祁连县八宝镇政府大楼
电话：0970－8676879　8676589
传真：0970－8676879
邮编：810400

刚察县旅游局
地址：海北州刚察县政府内
电话：0970－8655118
传真：0970－8652008
邮编：813200

门源回族自治县旅游局
地址：海北州门源县政府内
电话：0970－8610333
传真：0970－8610333
邮编：810300

海南藏族自治州旅游局
地址：海南州共和县恰卜恰镇
电话：0974－8522067
传真：0974－8522067
邮编：813000

共和县旅游局
地址：海南州共和县政府内
电话：0974－7570537
传真：0974－7511893
邮编：813000

贵德县旅游局
地址：海南州贵德县政府内
电话：0974－8551510
传真：0974－8551510
邮编：811700

黄南藏族自治州旅游局
地址：黄南州同仁县夏琼中路25号
电话：0973－8728181
传真：0973－8728181
邮编：811300

同仁县旅游局
地址：黄南州同仁县政府内
电话：0973－8726212
传真：0973－8726212
邮编：811300

尖扎县旅游局
地址：黄南州尖扎县政府内
电话：0973－8732211
传真：0973－8732211
邮编：811200

泽库县旅游局
地址：黄南州泽库县
电话：0973－8752592
传真：0973－8753523
邮编：811400

河南蒙古族自治县旅游局
地址：黄南州河南县
电话：0973－8761322
邮编：811500

果洛藏族自治州旅游局
地址：果洛州玛沁县大武镇州政府内
电话：0975－8381140
传真：0975－8381140
邮编：814000

久治县旅游局
地址：果洛州久治县
电话：0975－8331342
传真：0975－8331359
邮编：624700

玉树藏族自治州旅游局
地址：玉树州玉树县结古镇民主路10号
电话：0976－8810452
传真：0976－8222521
邮编：815000

玉树县旅游局
地址：玉树州玉树县结古镇
电话：0976－8822404
传真：0976－8822404
邮编：815000

杂多县旅游局
地址：玉树州杂多县城
电话：0976－8881086
传真：0976－8881140
邮编：815300

称多县旅游局
地址：玉树州称多县城
电话：0976－8861086
邮编：815100

治多县旅游局
地址：玉树州治多县城
电话：0976－8891086
传真：0976－8891300
邮编：815400

囊谦县旅游局
地址：玉树州囊谦县城
电话：0976－8871086
传真：0976－8871019
邮编：815200

曲麻莱县旅游局
地址：玉树州曲麻莱县城
电话：0976－8852246
传真：0976－8851019
邮编：815500

海西蒙古族藏族自治州旅游局
地址：海西州德令哈市长江路11号
电话：0977－8222015
传真：0977－8222015
邮编：817000

格尔木市旅游局
地址：海西州格尔木市昆仑路160号
电话：0979－8498299
传真：0979－8496669
邮编：816000

旅行社

青海省旅游总公司
地址：西宁市黄河路156号
电话：0971－8451481

邮编：810001
网址：www. trans-tibet. com
许可证号：L-QH-GJ00001

青海省中国国际旅行社
地址：西宁市黄河路156号
电话：0971－6128821
邮编：810001
网址：www. citsqh. com
许可证号：L-QH-GJ00002

青海省中国青年旅行社有限责任公司
地址：西宁市胜利路53号
电话：0971－8212637 8219700
邮编：810001
网址：www. qhcytsi. com
许可证号：L-QH-GJ00003

青海格尔木中国国际旅行社
地址：格尔木市八一中路60号
电话：0979－8495123 8497818
邮编：816000
许可证号：L-QH-GJ00004

青海塔尔寺中国旅行社有限责任公司
地址：西宁市南大街134号
电话：0971－8212548
邮编：810000
网址：www. qcts. com
许可证号：L-QH-GJ00005

青海省国际体育旅行社
地址：西宁市体育巷7号
电话：0971－8238877
邮编：810000
网址：www. qme. org. cn
许可证号：L-QH-GJ00006

青海省中国旅行社有限公司
地址：西宁市长江路124号
电话：0971－8233650
邮编：810000
网址：www. qhcts. cn
许可证号：L-QH-GJ00007

青海省西海国际旅行社
地址：西宁市北大街13号
电话：0971－8223841
邮编：810000
网址：www. kokonur. cn
许可证号：L-QH-GJ00008

青海省青藏国际旅行社有限公司
地址：西宁市黄河路23号国源大厦
电话：0971－6106919
邮编：810000
网址：www. tibetravel. net
许可证号：L-QH-GJ00009

青海果洛玛卿岗日探险国际旅行社
地址：青海果洛州大武镇团结路239号雪山宾馆2楼
电话：0975－8383368
邮编：814000
许可证号：L-QH-GJ00010

青藏高原铁道国际旅行社
地址：西宁市七一路铁中巷36号
电话：0971－7193225 7192381
邮编：816000
许可证号：L-QH-GJ00011

青海黄河水电国际旅行社有限责任公司
地址：西宁市五四大街43号
电话：0971－6322605
邮编：81000
许可证号：L-QH-GJ00012

青海森林国际旅行社有限公司
地址：西宁市城西区气象巷2号
电话：0971－6143723
邮编：810001
许可证号：L－QH－GJ00013

青海海外国际旅行社有限公司
地址：西宁市西大街18号神力世纪大厦9楼
电话：0971－8235666
邮编：810000
网址：www. tibetsilkroad. com
电子信箱：qhcitic@ public. xn. qh. cn
许可证号：L－QH－GJ00014

青海夏都国际旅行社有限公司
地址：西宁市黄河路158号
电话：0971－6148782
邮编：810001
许可证号：L－QH－GJ00015

青海万立国际旅行社有限公司
地址：西宁市城西区新宁路16号
电话：13997239199
邮编：810008
网址：www. qhwl. com. cn
许可证号：L－QH－GJ00016

宾馆酒店

青海宾馆★★★★
地址：西宁市黄河路158号
电话：0971－6144888
传真：0971－6144145
邮编：810000
网址：www. qhhotel. com
电子信箱：qhbg@ qhhotel. com

胜利宾馆★★★★
地址：西宁市黄河路160号
电话：0971－6144365
传真：0971－6144464
邮编：810000
网址：www. qhslhotel. com
电子信箱：shengli@ qhsl. hotel. com

西宁大厦★★★★
地址：西宁市建国路61号
电话：0971－8164999
传真：0971－8164841
邮编：810006
网址：www. xnds. net

中发源饭店★★★★
地址：西宁市树林巷1号
电话：0971－7111888
传真：0971－7111999
邮编：810007
网址：www. zfyhotel. com
电子信箱：qhzfyd@ 126. com

青海假日王朝大酒店★★★★
地址：西宁市五四西路48号
电话：0971－6362222
传真：0971－6365352
邮编：810000
网址：www. king888. cn
电子信箱：jrwc@ king888. cn

建银宾馆★★★★
地址：西宁市西大街55号
电话：0971－8261591
传真：0971－8261515
邮编：810000
网址：www. jybg. qhtravel. com

天年阁饭店★★★★
地址：西宁市新宁路16号
电话：0971－6176688
传真：0971－6176696
邮编：810008

盐湖大酒店★★★★
地址：海西州格尔木市黄河路46号
电话：0979－8448888
传真：0979－8448688
邮编：816000
网址：www. qhyh-hotel. com
电子信箱：zjl@ qhyh-hotel. com

明珠宾馆★★★
地址：西宁市互助西路7号
电话：0971－8149569
传真：0971－8174867
邮编：810007
电子信箱：mzhotel8126393@ 126. com

夏都宾馆★★★
地址：西宁市黄河路154号
电话：0971－6122298
传真：0971－6128268
邮编：810001

新时代大厦★★★
地址：西宁市黄河路2号
电话：0971－4395198
传真：0971－4395189
邮编：810000

豪龙宾馆★★★
地址：西宁市建国路17号
电话：0971－8128888
传真：0971－8121888
邮编：810001

西湖宾馆★★★
地址：西宁市经济开发区元路15号
电话：0971－8817666
传真：0971－8819017
邮编：810001
网址：www. xhhotel. net. cn
电子信箱：xhhotel@ 163. com

西宁宾馆★★★
地址：西宁市七一路348号
电话：0971－8458701
传真：0971－8450798
邮编：810000
网址：www. xnhotel. com
电子信箱：mail. xnhotel. com

穆斯林大厦★★★
地址：西宁市七一路65号
电话：0971－8177337
传真：0971－8138900
邮编：810007

泰和宾馆★★★
地址：西宁市祁连路112号
电话：0971－5501888
传真：0971－5506024
邮编：810008
网址：www. qhshfdc. com
电子信箱：taihehotel@ 163. com

三江源饭店★★★
地址：西宁市祁连路410号
电话：0971－8178988
传真：0971－8174286
邮编：810008
电子信箱：zhaozj71@ sina. com

华德宾馆★★★
地址：西宁市祁连路97号
电话：0971－8128333
传真：0971－8126018
邮编：810006
网址：qhhd22228. com

青垦假日酒店★★★
地址：西宁市胜利路50号
电话：0971－6127457
传真：0971－6153333
邮编：810001

东湖世纪大酒店★★★
地址：西宁市同仁路2号
电话：0971－7322682
传真：0971－7322786
邮编：810001

北孚大酒店★★★
地址：西宁市五四大街40号
电话：0971－6155666
传真：0971－6142862
邮编：810001
网址：www. bei-fu. com
电子信箱：www. beifu. cn

青海小岛宾馆★★★
地址：西宁市五四西路35号
电话：0971－6307870
传真：0971－6303164
邮编：810008
网址：www. xdgdxx. com
电子信箱：xdgd. dgs@ 163. com

西宁鑫海丰宾馆★★★
地址：西宁市城北区柴达木路322号
电话：0971－5219718
传真：0971－5218155
邮编：810017
电子信箱：xhf. hotel@ yahoo. com. cn

良诚宾馆★★★
地址：海东地区海东路杨家桥西
电话：0972－8685666
传真：0972－8685616
邮编：810100

循化宾馆★★★
地址：海东地区循化县
电话：0972－8814959
传真：0972－8814700
邮编：811100

鸟岛宾馆★★★
地址：海北州刚察县泉吉乡年乃索麻村
电话：0970－8655098
传真：0970－8656889
邮编：812303

梨花别墅★★★
地址：海南州贵德县
电话：0974－8560801
传真：0974－8560901
邮编：811700

贵德温泉宾馆★★★
地址：海南州贵德县河阳镇西路313号
电话：0974－8553534
传真：0974－8554536
邮编：811700

海西宾馆★★★
地址：海西州德令哈市
电话：0977－8222419
传真：0977－8222957
邮编：817000

金世界宾馆★★★
地址：海西州德令哈市格尔木西路
电话：0977－8216111
传真：0977－8216110
邮编：817000

天龙大酒店★★★
地址：海西州格尔木市八一路1号
电话：0979－8462802
传真：0979－8462280
邮编：816000

华星宾馆★★★
地址：海西州格尔木市黄河中路17号
电话：0979－8455555
传真：0979－8452335
邮编：816000

格尔木大厦★★★
地址：海西州格尔木市火车站东侧
电话：0979－8452208
传真：0979－8451378
邮编：816000

翔宇宾馆★★★
地址：海西州格尔木市江源路24号
电话：0979－8431999
传真：0979－8421909
邮编：816000
网址：www. xiangyuhotel. com
电子信箱：xiangyuhotel@ sina. com

青港宾馆★★★
地址：海西州格尔木市江源南路17号
电话：0979－8456668
传真：0979－8456666
邮编：816000
网址：www. jin ju-qghotel. com

金轮宾馆★★★
地址：海西州格尔木市昆仑路110号
电话：0979－8423988
传真：0979－8422000
邮编：816000

水电宾馆★★★
地址：海西州格尔木市昆仑路146号
电话：0979－8421788
传真：0979－8424989
邮编：816000

格尔木宾馆★★★
地址：海西州格尔木市昆仑路157号
电话：0979－8412061
传真：0979－8416481
邮编：816000

旅游景区

马步芳公馆景区 AAAA
地址：西宁市城东区为民巷内
电话：13897482146
邮编：810000

青海藏医药文化博物馆 AAAA
地址：西宁市生物产业园
邮编：810000

西宁市北山土楼观 AA
地址：西宁市北土楼山麓
邮编：81000

西宁市人民公园 AAA
地址：西宁市胜利路72号
电话：0971－6111184　6146668
邮编：810000

东关清真大寺 AA
地址：西宁市城东区东关大街31号
电话：0971－8170489
邮编：810000

青海省博物馆 AAAA
地址：西宁市西关大街58号
电话：0971－6118691
邮编：810001

塔尔寺旅游区 AAAAA
地址：西宁市湟中县金塔路3号
电话：0971－2232357
邮编：811600

平安峡群寺森林园 AAA
地址：海东地区平安县
邮编：810600

民和桃花园林 AA
地址：海东地区民和县
邮编：810800

北山国家地质森林公园 AAAA
地址：海东地区互助县东北部
电话：0971－6320520
邮编：810500

互助土族故土园旅游区 AAAA
地址：海东地区互助县
电话：0972－8322218
邮编：810500

小庄农业旅游示范点 AAAA
地址：海东地区互助县威远镇西南角
电话：0972－8322218
邮编：810500

循化撒拉族绿色家园 AAAA
地址：海东地区循化县
邮编：811100

青海金银滩景区 AAAA
地址：海北州海晏县西海镇西北
邮编：812200

青海湖景区 AAAA
地址：海北州刚察县南部
邮编：812300

格尔木昆仑旅游区 AAAA
地址：海西蒙古藏族的治州格尔木市昆仑路160号
电话：0979－8418797
邮编：816000

餐　馆

云峰阁海鲜酒楼
地址：西宁市黄河路158号青海宾馆内
电话：0971－6144888－2411
邮编：810000

青海风味餐馆
地址：西宁市荷花西路127号
电话：0971－8878323
邮编：810000

大西门清真餐饮城
地址：西宁市城中区长江路114号
电话：0971－13997090946
邮编：810000

小圆门
地址：西宁市东关大街126号
电话：0971－8125529
邮编：810000

高老庄
地址：西宁市民主路7号
电话：0971－8243309
邮编：810000

小园楼
地址：西宁市共和南路454号
电话：0971－8144455
邮编：810000

姜仔鸭
地址：西宁市五一路1号五一俱乐部
电话：0971－8129666
邮编：810000

青海能人居餐饮有限公司
地址：西宁市南关街
电话：0971－8222687
邮编：810000

唐城老树村餐饮公司
地址：果洛藏族自治州团结路
电话：0975－8384919
邮编：814000

青海海西宾馆
地址：海西州德令哈市
电话：0977－8222419
邮编：817000

泓盛饭店
地址：海西州德令哈市青新东路
电话：0977－8226558
邮编：817000

源丰酒家
地址：海西州德令哈市青新西路7－2号
电话：0977－8228701
邮编：817000

海西州德令哈红晶餐饮服务有限责任公司
地址：海西州德令哈市人民西路西北角
电话：0977－8227878
邮编：817000

格尔木山城餐饮有限责任公司德令哈市分公司
地址：海西州德令哈市柴达木东路4号
电话：0977－8225618
邮编：817000

格尔木阿兰餐饮有限责任公司
地址：海西州格尔木市八一中路
电话：0979－8432866　8923477
邮编：816000

清真红叶餐厅
地址：海西州乌兰县东大街6－1号
电话：0979－8247431
邮编：817100

旅游用品

西宁宝光金银首饰实业总公司
地址：西宁市南山路12－8号
电话：0971－880279　88802218
邮编：810000

青海昆仑山珠宝玉石有限责任公司
地址：西宁市西关大街58号
电话：0971－6121627　6121642
邮编：810000

西宁市东福宝玉石公司
地址：西宁市八一中路56号
电话：0971－8801683
邮编：810000

西宁市玉神珠宝有限公司
地址：西宁市北大街30号
电话：0971－8217225
邮编：810000

青海藏羊地毯（集团）有限公司
地址：西宁市门源路32号
电话：0971－5120209　5120212
邮编：810000

青海高原藏羊地毯有限公司
地址：西宁市
电话：0971－5134230　5130404
邮编：810000

西宁市草堂装璜广告有限公司三江源书画院
地址：西宁市西关大街14号同仁路东湖宾馆
电话：0971－6119799　6112207
邮编：810000

西宁半藏阁艺术品有限责任公司
地址：西宁市北大街30号
电话：0971－8221847
邮编：810000

青海海龙雕艺创作室
地址：西宁市德令哈路197号
电话：0971－3967984
邮编：810000

青海海源工贸有限责任公司
地址：西宁市八一中路56号
电话：0971－8801671
邮编：810000

青海工艺美术厂
地址：西宁市建国路33号
电话：0971－8149010　8149709
邮编：810000

青海腾达铜字工艺品有限公司
地址：西宁市七一路
电话：0971－8189140　6260608
邮编：810000

西宁城西大地工艺美术社
地址：西宁市南川西路7号
电话：0971－6116683
邮编：810000

西宁市城北塑料工艺厂
地址：西宁市祁连路西60号
电话：0971－5501189
邮编：810000

西宁市城北寒梅阁工艺装饰部
地址：西宁市小桥大街1号
电话：0971－5122900
邮编：810000

西宁市振青工艺美术
地址：西宁市七一路447号
电话：0971－8236798
邮编：810000

青海东福聚宝工贸有限公司
地址：西宁市长江路53号
电话：0971－8266001　8217396
邮编：810000

青海明轮文化艺术有限公司
地址：西宁市五四西路2号
电话：0971－6307142　6307435
邮编：810000

西宁市昆仑珠宝行
地址：西宁市七一路246号
电话：0971－8173216
邮编：810000

西宁永恒珠宝金行
地址：西宁市南关街
电话：0971－8237821
邮编：810000

石缘玉器店
地址：西宁市南关街
电话：0971－8248706
邮编：810000

上新庄地毯厂
地址：西宁市湟中县上新庄乡
电话：0971－2292085　2292090
邮编：811600

同宝牧场宝玉石加工厂
地址：海北州海晏县西海镇
电话：0970－8644728　8644744
邮编：812200

古龙珠宝行
地址：海西州格尔木市昆仑路106号
电话：0979－8417083
邮编：816000

昆仑机械玉雕厂
地址：海西州格尔木市盐桥南路
电话：0979－8463868　8453536
邮编：816000

旅游交通

西宁公交旅游有限公司
地址：西宁市柴达木路6号
电话：0971－5132378
邮编：810001

西宁火车站
地址：西宁市互助中路128号
电话：0971－8149790
邮编：810001

平安县火车站
地址：海东地区平安县兰青路
电话：0972－8612245
邮编：810600

乐都县火车站
地址：海东地区乐都县水磨营
电话：0972－8623320
邮编：810700

民和县火车站
地址：海东地区民和县史纳村
电话：0972－8528126
邮编：810800

旅游院校

青海大学
财经学院旅游管理系
地址：西宁市胜利大街8号
电话：0971－6153404
邮编：810001

青海师范大学
地理系
地址：西宁市五四西路38号
电话：0971－6136201－3361
邮编：810008

青海民族学院
旅游系
地址：西宁市八一中路3号
电话：0971－8807647
传真：0971－8801283
邮编：810007

青海旅游培训中心
地址：西宁市黄河路156号
电话：0971－6259843
传真：0971－6834632
邮编：810001

青海交通职业技术学院
旅游专业
地址：西宁市柴达木路22号
电话：0971－5122240
邮编：810003

西宁市第一职业中学
地址：西宁市南川西路80号
电话：0971－4394004
邮编：810012

宁　夏

NINGXIA

旅游机构

宁夏回族自治区旅游局
地址：银川市兴庆区北京东路375号（宁夏旅游大厦）
电话：0951-6728008
传真：0951-6720318
邮编：750004

银川市旅游局
地址：银川市解放东街143号
电话：0951-6032049　6080769
邮编：750004

兴庆区文化体育旅游局
地址：银川市兴庆区北京东路467号
电话：0951-6719067
邮编：750004

金凤区文化体育旅游局
地址：银川市金凤区政府1号楼1楼
电话：0951-5018709
邮编：750001

西夏区文化体育旅游局
地址：银川市西夏区北京中路837号
电话：0951-3066811
邮编：750021

灵武市外事旅游侨务局
地址：银川灵武市人民街1号
电话：0951-4020858
传真：0951-4021552
邮编：751400

永宁县外事旅游办公室
地址：银川市永宁县政府
电话：0951-8011173
传真：0951-8017607
邮编：750100

贺兰县外事旅游侨务局
地址：银川贺兰县政府
电话：0951-8061512
邮编：750200

石嘴山市文化旅游局
地址：石嘴山市大武口区朝阳西街99号
电话：0952-2013425
传真：0952-2029501
邮编：753000

大武口区文化体育旅游局
地址：石嘴山市大武口区朝阳西街25号
电话：0952-2013052
传真：0952-2030966
邮编：753000

惠农区旅游局
地址：石嘴山市惠农区政府4楼404室
电话：0952-3020055
传真：0952-3011801
邮编：753200

平罗县文化旅游局
地址：石嘴山市平罗县鼓楼西街9号
电话：0952-6012349　6012687
邮编：753400

吴忠市旅游局
地址：吴忠市开元大道行政中心2楼223室
电话：0953-2039389　2039391
邮编：751100

青铜峡市外事旅游局
地址：吴忠青铜峡市小坝东街世纪商厦6楼
电话：0953-3051516
传真：0953-3052321
邮编：751600

盐池县文化旅游局
地址：吴忠市盐池县政府
电话：0953-6019077
传真：0953-6010406
邮编：751500

同心县外事旅游办公室
地址：吴忠市同心县政府
电话：0953-8038377
传真：0953-8022483
邮编：751300

固原市旅游局
地址：固原市文化街135号
电话：0954-2040063
传真：0954-2031077
邮编：756000

原州区文化体育局
地址：固原市原州区
电话：0954-2031873
传真：0954-2031791
邮编：756000

西吉县林业与旅游局
地址：固原市西吉县政府街
电话：0954-3016692
传真：0954-3021387
邮编：756200

隆德县旅游局
地址：固原市隆德县人民路
电话：0954-6015948
传真：0954-6011808
邮编：756300

泾源县旅游文化局
地址：固原市泾源县龙潭西街
电话：0954-5013755
传真：0954-5011755
邮编：756400

彭阳县外事旅游侨务办公室
地址：固原市彭阳县
电话：0954-7012325
传真：0954-7012325
邮编：756300

中卫市旅游和商务局
地址：中卫市东大街民族饭庄5号楼
电话：0955-7012682
传真：0955-7012620
邮编：755000

中宁县文化旅游局
地址：中卫市中宁县政府
电话：0955-5029926
传真：0955-5021764
邮编：751200

海原县文化旅游局
地址：中卫市海原县政府
电话：0955-4011248
邮编：751800

宁夏六盘山旅游扶贫试验区管委会
地址：固原市文化街135号
电话：0954-2040063
传真：0954-2031077
邮编：756000

旅行社

宁夏海外旅游有限责任公司
地址：银川市兴庆区民族北街28号
电话：0951-6970498
邮编：750001
网址：www.nxotc.com
许可证号：L-NX-GJ00001

宁夏中国国际旅行社（有限公司）
地址：银川市北京东路375号旅游局2楼
电话：0951-6730068
邮编：750000
网址：www.nxcits.com
许可证号：L-NX-GJ00002

宁夏中国旅行社有限公司
地址：银川市南薰西街16号盛世家园7号营业房
电话：00951-4106305
邮编：750001
许可证号：L-NX-GJ00003

宁夏招商国际旅游有限公司
地址：银川市解放西街365号
电话：0951-5064333
邮编：750001
网址：www.CMITNX.com
许可证号：L-NX-GJ00004

宁夏文化国际旅行社
地址：银川市文化东街12号
电话：0951-6199273
邮编：750001
许可证号：L-NX-GJ00007

宁夏康辉国际旅行社有限公司
地址：银川市解放西街326号
电话：0951-5045678
邮编：750001
网址：www.comfortadventure.com
许可证号：L-NX-GJ00008

宁夏大自然国际旅行社
地址：银川市兴庆区清和北街111号
电话：0951-6027599
邮编：750001
网址：www.nxdzr.com
许可证号：L-NX-GJ00009

宾馆酒店

太阳神大酒店★★★★
地址：银川市兴庆区北京东路123号
电话：0951-7868888
传真：0951-7869999
邮编：750001
网址：www.nxapollo.com
电子信箱：apollohotel@nxapollo.com

虹桥大酒店★★★★
地址：银川市兴庆区解放西街38号
电话：0951-6918888
传真：0951-6918788
邮编：750001
网址：www.nxhq.com.cn

凯达大酒店★★★★
地址：银川市兴庆区清和南街256号
电话：0951-6021698

传真：0951－6093837
邮编：750004
网址：www. kaidahotel. com
电子信箱：nxkd@ kaidahotel. com

西部花园假日酒店★★★★
地址：银川市金凤区人民广场向北3公里处
电话：0951－3068999
传真：0951－3074043
邮编：750002
网址：www. nxwestgarden. com

玉皇阁酒店★★★
地址：银川市玉皇阁北街8号
电话：0951－6090666
传真：0951－6090616
邮编：750004
网址：www. nxyhg. com

怡江花园酒店★★★
地址：银川市兴庆区北京东路41号（区检察院附楼）
电话：0951－5170333
传真：0951－5170388
邮编：750001

电力宾馆★★★
地址：银川市兴庆区长城东路280号
电话：0951－4915888
传真：0951－4915821
邮编：750001

长丰宾馆★★★
地址：银川市兴庆区长庆燕鸽湖石油基地
电话：0951－6935000
传真：0951－6935299
邮编：750006

工会大厦★★★
地址：银川市兴庆区解放东街1号
电话：0951－6016898
传真：0951－6024931
邮编：750001
电子信箱：gonghuidasha@ 21cn. com

宁丰宾馆★★★
地址：银川市兴庆区解放东街2号
电话：0951－6028898
传真：0951－6027224
邮编：750001

绿洲饭店★★★
地址：银川市兴庆区解放西街133号
电话：0951－5032750
传真：0951－5032180
邮编：750001
网址：www. nxlz. cn
电子信箱：nxlvlvzhon@ 126. com

满春大酒店★★★
地址：银川市兴庆区丽景北街418号
电话：0951－3990999
传真：0951－3990777
邮编：750004

隆湖宾馆★★★
地址：银川市兴庆区民族北街162号
电话：0951－6718888
传真：0951－6718222
邮编：750001

林苑宾馆★★★
地址：银川市兴庆区南薰西街88号
电话：0951－4122288
传真：0951－4118179
邮编：750001
网址：www. nxlinyuan. com. cn
电子信箱：lybgswzx@ 126. com

荣源大酒店★★★
地址：银川市兴庆区清和北街199号
电话：0951－6045555
传真：0951－6045500
邮编：750004

大自然宾馆★★★
地址：银川市兴庆区清和南街242号
电话：0951－6016666
传真：0951－6032226
邮编：750004
网址：www. daziranhotel. com. cn

银泉宾馆★★★
地址：银川市兴庆区胜利北街157号
电话：0951－4081688
传真：0951－3999828
邮编：750004

沙湖宾馆★★★
地址：银川市兴庆区文化西街58号
电话：0951－5012128
传真：0951－5028048
邮编：750001
电子信箱：goe19987894@ 163. com

百吉大酒店★★★
地址：银川市兴庆区新华东街219号
电话：0951－6970888
传真：0951－6970800
邮编：750001B3011
网址：www. nmtour. com

同福宾馆★★★
地址：银川市兴庆区新华东街93号
电话：0951－6032678
传真：0951－6091999
邮编：750001
电子信箱：majj1100@ 163. com

长相忆宾馆★★★
地址：银川市兴庆区玉皇阁北街120号
电话：0951－6710668
传真：0951－6710658
邮编：750004

世纪大厦★★★
地址：银川市兴庆区玉皇阁北街24号
电话：0951－6080688
传真：0951－6080588
邮编：750004
网址：www. era-nx. com
电子信箱：shiji@ public. yc. nx. com

盛世花园大酒店★★★
地址：银川市兴庆区玉皇阁北街46号
电话：0951－6037999
传真：0951－6025333
邮编：750004
网址：www. ssgardenhotel. com
电子信箱：sshy@ ssgardenhotel. com

昊源宾馆★★★
地址：银川市兴庆区中山南街裕民巷1-11号
电话：0951－6021286
传真：0951－6013099
邮编：750004

元亨大酒店★★★
地址：银川市兴庆区中心巷58号
电话：0951－6029998
传真：0951－6028299
邮编：750004

铁道宾馆★★★
地址：银川市西夏区怀远东路550号
电话：0951－3962118
传真：0951－3962158
邮编：750021
网址：www. yctdbg. com
电子信箱：yffice@ yctdbg. com

颐恒宾馆★★★
地址：银川市西夏区兴洲北路128号
电话：0951－3060688
传真：0951－3073090
邮编：750011
网址：www. nxyhbg. com

石嘴山圆梦园宾馆★★★
地址：石嘴山市河滨工业园区钢铁路
电话：0952－3675888
传真：0952－3675422
邮编：753202

青山宾馆★★★
地址：石嘴山市大武口区朝阳西街81号
电话：0952－2015898
传真：0952－2012926
邮编：753200
网址：www. qingshanhotel. com
电子信箱：service@ qingshanhotel. com

吴忠怡园大酒店★★★
地址：吴忠市利通区南街90号
电话：0953－2042895
传真：0953－2042897
邮编：751100

青铜峡宾馆★★★
地址：吴忠青铜峡市小坝中心广场南侧
电话：0953－3058888
传真：0953－3050391
邮编：751600

宏亚大酒店★★★
地址：吴忠市盐池县北环西路
电话：0953－6019677
传真：0953－6019677
邮编：751500

盐池宾馆★★★
地址：吴忠市盐池县东街1号
电话：0953－6012554
传真：0953－6012804
邮编：751500

兴源大酒店★★★
地址：固原市文化街88号
电话：0954－2022558
传真：0954－2021556
邮编：756000

固原电力宾馆★★★
地址：固原市原州区人民街129号
电话：0954－2902499
传真：0954－2902480
邮编：756000

华祺饭店★★★
地址：固原市原州区政府街7号
电话：0954－2022338
传真：0954－2031416
邮编：756000

卓越大酒店★★★
地址：中卫市城区东大街
电话：0955－7037999
传真：0955－7022628
邮编：755000
电子信箱：zhuoyuejiudian@126.com

中卫逸兴大酒店★★★
地址：中卫市鼓楼北街2号
电话：0955－7017666
传真：0955－7019993
邮编：755000
网址：www.yxhotel.net.cn
电子信箱：zxyixing@163.com

中卫宾馆★★★
地址：中卫市西大街33号
电话：0955－7012609
传真：0955－7012350
邮编：755000

恒达酒店★★★
地址：中卫市中宁县中心广场南侧
电话：0955－5035666
传真：0955－5035579
邮编：755100

长城宾馆★★★
地址：银川市兴庆区解放西街388号
电话：0951－5022808
传真：0951－5033728
邮编：750001
网址：www.nxchchhotel.com
电子信箱：chchhotel@163.com

宁夏民航宾馆★★★
地址：银川市兴庆区民族北街34号
电话：0951－6042968
传真：0951－6042722
邮编：750001

电力大酒店★★★
地址：银川市兴庆区民族南街208号
电话：0951－4100568
传真：0951－4109106

五星宾馆★★★
地址：银川市兴庆区清和南街311号
电话：0951－6092333
传真：0951－6043335
邮编：750004

民航大厦★★★
地址：银川市兴庆区胜利北街87号
电话：0951－4090888
传真：0951－4090333
邮编：750001
电子信箱：hzr0402@sina.com

颐鸿宾馆★★★
地址：银川市兴庆区文化东街181号
电话：0951－3971318
传真：0951－6012048
邮编：750004

富康大酒店★★★
地址：银川市兴庆区中山北街379号
电话：0951－6712168
传真：0951－6730230
邮编：750001

兰京宾馆★★★
地址：银川市西夏区兴洲路6号
电话：0951－3025000
传真：0951－3025016
邮编：750011
电子信箱：gc0306gc@163.com

新时代宾馆★★★
地址：石嘴山市惠农区北大街3号
电话：0952－3023118
传真：0952－3023129
邮编：753200
电子信箱：xsdgs@etang.com

平罗宾馆★★★
地址：石嘴山市平罗县人民东路15号
电话：0952－6098438
传真：0952－6098438

中卫龙汇大酒店★★★
地址：中卫市火车站西侧
电话：0955－7019032
传真：0955－7033721
邮编：755000
网址：www.126.com
电子信箱：LongHui_Hotel.@126.com

中宁宾馆★★★
地址：中卫市中宁县富康广场东侧
电话：0955－5027662
传真：0955－5035988
邮编：755100
电子信箱：zhongningbinguan@163.com

旅游景区

银川海宝塔寺AA
地址：银川市北郊
电话：0951－5038045　5038042
邮编：750004

宁夏华夏珍奇艺术城AA
地址：银川市新市区镇北堡华西村集镇区
电话：0951－2136020
邮编：750021

宁夏兵沟旅游区AA
地址：银川市兴庆区月牙湖乡
邮编：750001

银川贺兰山滚中口管理处AA
地址：银川市上海西路
电话：0951－5015142
邮编：750021

银川金水园AA
地址：银川市灵河镇黄河大桥北
电话：0951－6140132
邮编：751400

宁夏华夏西部影视城有限公司AAAA
地址：银川市西夏区镇北堡西部影城
电话：0951－2136068　2136088
邮编：750021

苏峪口国家森林公园AAAA
地址：银川市西贺兰山自然保护区管理局
电话：0951－9682488
邮编：750021

宁夏大武口北武当生态旅游区AA
地址：石嘴山市大武口区
邮编：753000

沙湖生态旅游区AAAAA
地址：石嘴山市平罗县沙湖旅游区
电话：0952－6685073　6684025
邮编：753402

平罗县玉皇阁景区AAA
地址：石嘴山市平罗县城北街
电话：0952－6582172
邮编：753400

青铜峡旅游区AAA
地址：吴忠青铜峡市青铜峡镇黄河大坝内
电话：0953－3052321
邮编：751600

固原须弥山石窟AA
地址：固原市原州区石窟管理所
电话：0954－2616587
邮编：756000

泾源胭脂峡A
地址：固原市泾源县黄花乡羊槽村
邮编：756400

沙坡头旅游区AAAAA
地址：中卫市沙坡头区
电话：0953－7681481
邮编：751700
网址：www.chinasafari.com
电子信箱：cqsafaripark@163.net

中卫高庙保安寺AAA
地址：中卫市城西街
电话：0953－7019573　7021486
邮编：751700

餐　馆

黄鹤楼清真饭庄
地址：银川市新华东街55号
电话：0951－6083886
邮编：750004

仙鹤楼
地址：银川市新华街204号
电话：0951－6091844
邮编：750004

八大碗汉餐
地址：银川市文化东街
电话：0951－4011278
邮编：750004

宁夏百吉唐乐宫餐饮有限公司
地址：银川市新华东街
电话：0951－6073568
邮编：750001

银川市沪上人家餐饮有限公司
地址：银川市凤凰南街
电话：0951－4101303
邮编：750001

银川市迎宾楼餐饮有限责任公司
地址：银川市解放西街
电话：0951－6025950
邮编：750001

银川大华饮食服务有限公司
地址：银川市新城西街
电话：0951－3066085
邮编：750001

宁夏银川市仙鹤楼餐饮有限公司
地址：银川市新华东街204号
电话：0951－4011392
邮编：750004

宁夏东港海逸大酒店
地址：银川市北京东路 165 号
电话：0951－5035990
邮编：750004

银川市阳光那波里清真西餐连锁有限公司
地址：银川市新华东街 195 号
电话：0951－6019733
邮编：750004

银川市德隆楼清真餐厅
地址：银川市鼓楼北街
电话：0951－6023378
邮编：750004

银川凤城饮食服务（集团）有限公司
地址：银川市新华东街
电话：0951－6071414
邮编：750004

老毛手抓
地址：银川市兴庆区新华东街 309 号
电话：0951－6191808
邮编：750004

沙湖宾馆
地址：银川市文化街 22 号
电话：0951－5012128
邮编：750004

阳光那波里西餐厅
地址：银川市新华东街 93 号
电话：0951－6071111 6035111
邮编：750004

香渔王子饭店
地址：银川市兴庆区北京东路 355 号
电话：0951－6731100
邮编：750004

红子鸽
地址：银川市兴庆区进宁北街 2 号楼 9 号
电话：0951－5022788
邮编：750004

桂发祥川菜馆
地址：银川市中山北街
电话：0951－6027000
邮编：750004

全聚德清真饭庄
地址：银川市兴庆区解放东街 51 号
电话：0951－6083199
邮编：750004

麻辣方程式
地址：银川市进宁北街 157 号
电话：0951－3823984 8201705
邮编：750004

康二火锅城
地址：银川市清河街 134 号
电话：0951－6034111
邮编：750004

国强手抓
地址：银川市兴庆区解放西街 154 号
电话：0951－5036220
邮编：750004

大妈饺子馆
地址：银川市银川解放东街 32 号
电话：09516072378
邮编：850004

大食客
地址：银川市经济开发区新华街
电话：0951－5031148
邮编：750004

鸭棚子靓汤坊
地址：银川市民族北街 170 号
电话：0951－6738227
邮编：750004

雪花大酒店
地址：银川市兴庆区中山北街 24 号
电话：0951－6029888
邮编：750004

洪记粥底火锅
地址：银川市利民街 30 号
电话：0951－5022213 6088187
邮编：750004

黄记煌三汁焖锅
地址：银川市清和北街 40 号
电话：0951－6024878
邮编：750004

纳家羊骨头馆
地址：银川市兴庆区北京东路 81 号
电话：0951－5036556
邮编：750004

巴山蜀地精品川菜坊
地址：银川市新华东街 301 号
电话：0951－6191518
邮编：750004

黄河楼
地址：银川市新华东街 56 号
电话：0951－3064589
邮编：750004

马三特色手抓
地址：银川市灵武市文化路
电话：0951－3941155 8527530
邮编：750004

柏悦酒店
地址：银川市北京东路 477 号
电话：0951－5186666
邮编：750004

海悦建国饭店
地址：银川市南薰东街 3 号
电话：0951－6080777
邮编：750004

湘湘菜馆
地址：银川市中山北街 216 号
电话：0951－6718899
邮编：750004

食神
地址：银川市兴庆区中山北街 501 号
电话：13995071087
邮编：750004

百旺涮吧
地址：银川市前进街 49 号
电话：0951－8289739
邮编：750004

黄河宾馆
地址：银川市凤凰北街 46 号
电话：0951－5064288 55043197
邮编：750004

新国府煲汤肥牛
地址：银川市湖滨东街 25 号
电话：0951－6717595 6738599
邮编：750004

东宇民族海鲜酒楼
地址：银川市开发区新昌东路 158 号
电话：0951－5666777
邮编：750004

石嘴山市饮食服务公司
地址：石嘴山市朝阳西街
电话：0952－2012119
邮编：753200

庆福酒家
地址：石嘴山市大武口区文明南路 105 号
电话：0952－2039866
邮编：753000

红玉香手抓肉餐厅
地址：石嘴山市大武口永康北路都市花园
电话：0952－3933298
邮编：753000

吴忠市民族饭庄
地址：吴忠市利通街
电话：0953－2016144
邮编：751100

清雅斋餐厅
地址：吴忠市利通街 69 号
电话：0953－2142382
邮编：751100

白宫香辣鱼火锅食府
地址：吴忠市西湖菜市场 2 楼
电话：0953－2051638
邮编：751100

大滇园美食
地址：吴忠市文卫路
电话：0953－2123858
邮编：751100

草原美食城
地址：吴忠市南环西路
电话：0953－2262218
邮编：751100

同越楼饭店
地址：吴忠市利通区裕民西街
电话：0953－2018188
邮编：751100

喜庆楼饮食城
地址：吴忠市小坝镇东大街
电话：0953－3721223
邮编：751100

吴忠福满楼餐厅
地址：吴忠市铝厂三村
电话：0953－3046555
邮编：751100

馔玉楼
地址：吴忠市中央大街北段
电话：0953－2020208－8004
邮编：751100

宁夏民族餐厅
地址：吴忠市临河镇河东机场
电话：0953－6912326
邮编：751100

名都清真餐厅
地址：固原市中山街坊 29 号
电话：0954－2035440
邮编：756000

固原六盘山宾馆清真餐厅
地址：固原市中山街 77 号

电话：0954－2032606
邮编：756000

固原清真快餐厅
地址：固原市试验区起步区
电话：0954－2036200
邮编：756000

固原试验区塞北有限责任公司清真快餐厅
地址：固原市试验区起步区
电话：0954－2036200
邮编：756000

固原永祥饭店
地址：固原市文化街111号
电话：0954－2031218
邮编：756000

固原梅园饭店
地址：固原市城文化街88号
电话：0954－2039788
邮编：756000

中卫市千江月清真餐厅
地址：中卫市城区长城西街
电话：0955－7023373
邮编：755000

天地酒家
地址：中卫市城东环路
电话：0955－7011180
邮编：755000

中卫迎宾酒家
地址：中卫市城北环路
电话：0955－7131360
邮编：755000

中卫饮食服务公司东关清真饭馆
地址：中卫市城东大街
电话：0955－7019844
邮编：755000

小天鹅火锅城
地址：中卫市中卫商城
电话：0955－7014751
邮编：755000

长庆紫竹园酒家
地址：中卫市古城乡
电话：0955－5660111
邮编：755000

桃源居
地址：中卫市鼓楼南街
电话：0955－7031616
邮编：755000

旅游用品

银川工艺美术有限责任公司
地址：银川市解放西街33号
电话：0951－6025550
邮编：750004

宁夏古宝斋珍藏品有限责任公司
地址：银川市进宁南街2
电话：0951－5030824
邮编：750004

银川西夏艺术制品厂
地址：银川市北京东路
电话：0951－30158083016582
邮编：750004

银川市宝山陶艺工作室
地址：银川市新华西街
电话：0951－5026178
邮编：750004

银川昌达工艺厂
地址：银川市湖滨东街
电话：0951－6738829
邮编：750004

宁夏工艺美术总公司
地址：银川市民族南街46号
电话：0951－6022869　4083415
邮编：750004

银川珠宝首饰行
地址：银川市利群东街
电话：0951－6024705
邮编：750001

西夏金银首饰商店
地址：银川市解放东街
电话：0951－6024951
邮编：750001

银川梦世界珠宝首饰有限公司
地址：银川市鼓楼南街
电话：0951－6072377
邮编：750001

吴忠六丰地毯厂
地址：吴忠市裕民东街298号
电话：0953－2128208
邮编：751100

盐池县地毯厂
地址：吴忠市盐池县北环路
电话：0953－6011664
邮编：751500

宝马地毯有限公司
地址：中卫市
电话：0953－7012129
邮编：751700

藏羊地毯有限责任公司
地址：中卫市
电话：0953－7012327
邮编：751700

中宁鸣沙地毯厂
地址：中卫市中宁县
电话：0953－5720207
邮编：751200

中宁华艺地毯厂
地址：中卫市中宁县
电话：0953－5028047
邮编：751200

固原工艺厂
地址：固原市文化街36号
电话：0954－2023473
邮编：756000

旅游交通

宁夏外事旅游汽车公司
地址：银川市凤凰北街10号
电话：0951－5044542
邮编：750001

宁夏天豹汽车运输有限责任公司旅游分公司
地址：银川市新水东路15号
电话：0951－6735908
邮编：750004

银川火车站
地址：银川市
电话：0951－3922222
邮编：750000

银川河东机场
地址：银川市
电话：0951－6912218
邮编：750000

平罗县西大滩火车站
地址：石嘴山市平罗县西大滩
电话：0952－6684229
邮编：753401

青铜峡火车站
地址：吴忠青铜峡市大坝镇
电话：0951－3927722
邮编：751600

同心县火车站
地址：吴忠市同心县同心镇城关乡
电话：0953－3926212
邮编：751300

固原火车站
地址：固原市清河北路
电话：0954－2070244
邮编：756000

旅游院校

宁夏大学
人文学院旅游系
地址：银川市贺兰山西路489号
电话：0951－2077800
邮编：750021

西北第二民族学院
文化旅游管理系
地址：银川市文昌路
电话：0951－2066620
邮编：750021

宁夏旅游教育培训中心
地址：银川市北门粮食学校内
电话：0951－6731114
传真：5064674
邮编：750004

宁夏旅游学校
地址：银川市北京东路357号
电话：0951－6736808
邮编：750004

新　疆

XINJIANG

旅游机构

新疆维吾尔自治区旅游局
地址：乌鲁木齐市金银大道36号
电话：0991－8831902
邮编：830001

新疆旅游质监所（旅游执法总队）
地址：乌鲁木齐市金银大道36号（区旅游局）
电话：0991－8831902
邮编：830001

乌鲁木齐市旅游局
地址：乌鲁木齐市西虹路52号
电话：0991－4622900
邮编：830063

克拉玛依市旅游局
地址：克拉玛依市准葛尔路95号
电话：0990－8243907
邮编：834000

喀什地区旅游局
地址：喀什地区喀什市色满路144号
电话：0998－2831600
邮编：844000

阿克苏地区旅游局
地址：阿克苏地区阿克苏市西大街3号
电话：0997－2142522
邮编：843000

和田地区旅游局
地址：和田地区和田市塔木巴格西路23号
电话：0903－2517106
邮编：848000

吐鲁番地区旅游局
地址：吐鲁番地区吐鲁番市青年路41号
电话：0995－8524173
邮编：838000

哈密地区旅游局
地址：哈密地区哈密市天山西路2号
电话：0902－2360438
邮编：839000

克孜勒苏柯尔克孜自治州旅游局
地址：阿图什市帕米尔路东一院
电话：0908－4222350
邮编：845350

博尔塔拉蒙古自治州旅游局
地址：博尔塔拉州博乐市顾力木图路136号
电话：0909－2223245
邮编：833400

昌吉回族自治州旅游局
地址：昌吉州昌吉市延安北路10号
电话：0994－2322210
邮编：831100

巴音郭楞蒙古自治州旅游局
地址：巴州库尔勒市巴音东路
电话：0996－2038836
邮编：841000

伊犁哈萨克自治州旅游局
地址：伊犁州伊宁市解放路6号
电话：0999－8034523
邮编：835000

塔城地区旅游局
地址：塔城地区塔城市光明路986号
电话：0901－6238905
邮编：834700

阿勒泰地区旅游局
地址：阿勒泰地区阿勒泰市公园街204号
电话：0906－2128332
邮编：836500

新疆生产建设兵团旅游局
地址：乌鲁木齐市光明路15号
电话：0991－2890530
传真：0991－2890530
邮编：830002

新疆生产建设兵团旅游质量监督管理所
地址：乌鲁木齐市光明路15号
电话：0991－2890944
传真：0991－2890944
邮编：830002

新疆生产建设兵团农一师阿拉尔市旅游局
地址：阿克苏地区阿克苏市东大街3号
电话：0997－6398580
传真：0997－2141335
邮编：843000

新疆生产建设兵团农二师旅游局
地址：巴州库尔勒市人民西路
电话：0996－2028019
传真：0996－2023713
邮编：841000

新疆生产建设兵团农三师旅游局
地址：喀什地区喀什市克孜勒都维路440号
电话：0998－2525054
传真：0998－2523729
邮编：844000

新疆生产建设兵团农四师旅游局
地址：伊犁州伊宁市解放路219号
电话：0999－8182279
传真：0999－8182352
邮编：835000

新疆生产建设兵团农五师旅游局
地址：博尔塔拉州博乐市红星路
电话：0909－7671091
传真：0909－7671427
邮编：833400

新疆生产建设兵团农六师五家渠市旅游局
地址：五家渠市
电话：0994－5808761
传真：0994－5800497
邮编：831300

新疆生产建设兵团农七师旅游局
地址：伊犁州奎屯市军垦广场1号
电话：0992－3223139
传真：0992－3242201
邮编：833200

新疆生产建设兵团农八师石河子市旅游局
地址：石河子市北三路政府楼
电话：0993－2069982
传真：0993－2012414
邮编：832001

新疆生产建设兵团农九师旅游局
地址：塔城地区额敏县
电话：0901－3384326
传真：0901－3341104
邮编：834601

新疆生产建设兵团农十师旅游局
地址：阿勒泰地区阿勒泰市北屯镇
电话：0906－3370733
传真：0906－3374248
邮编：833200

新疆生产建设兵团农十二师旅游局
地址：乌鲁木齐市北京南路12号
电话：0991－3837094
传真：0992－3837094
邮编：830011

新疆生产建设兵团农十三师旅游局
地址：哈密地区哈密市大营房
电话：0902－2566403
传真：0902－2565603
邮编：839000

新疆生产建设兵团农十四师旅游局
地址：和田地区和田市屯垦路
电话：0903－2566210
传真：0903－2566000
邮编：848000

旅行社

新疆海外国际旅行社有限责任公司
地址：乌鲁木齐市公园北街162号
电话：0991－5869338
邮编：830000
网址：www.telv.cn
许可证号：L-XJ-GJ00001

新疆中国国际旅行社有限责任公司
地址：乌鲁木齐市新华南路38号
电话：0991－2814531
邮编：830002
网址：www.xinjiangtour.com
许可证号：L-XJ-GJ00003

新疆中国旅行社有限责任公司
地址：乌鲁木齐市新华南路68号
电话：0991－2866210
邮编：830001
许可证号：L-XJ-GJ00004

中青旅新疆国际旅行社有限责任公司
地址：乌鲁木齐市建设路2号宏源大厦3楼
电话：0991－2818451
邮编：830001
网址：www.seexj.com.cn
许可证号：L-XJ-GJ00005

喀什国际旅行社有限责任公司
地址：喀什市色满路144号
电话：0998－2828473
邮编：844000
许可证号：L-XJ-GJ00006

新疆伊犁国际旅行社有限责任公司
地址：伊犁市伊犁河路怡安家园三楼
电话：0999－8020042
邮编：835000
许可证号：L-XJ-GJ00007

伊宁国际旅行社有限责任公司
地址：伊宁市阿合买提江街81号
电话：0999－8121133
邮编：835000
许可证号：L-XJ-GJ00009

新疆国际体育旅行社
地址：乌鲁木齐市贵州路9号
电话：0991－3827808
邮编：830011

许可证号：L-XJ-GJ00010

乌鲁木齐铁道国际旅行社有限责任公司
地址：乌鲁木齐市河南西路1号
电话：0991－7922165
邮编：830011
网址：www.silkroad-by-rail.com
许可证号：L-XJ-GJ00013

乌鲁木齐天山国际旅行社有限公司
地址：乌鲁木齐市黄河路93号
电话：0991－8150876
邮编：830001
网址：www.xjtsts.com
许可证号：L-XJ-GJ00014

新疆吐鲁番中国国际旅行社有限公司
地址：吐鲁番市青年路815号
电话：0995－8535818　8182316
邮编：838000
许可证号：L-XJ-GJ00015

和田国际旅行社
地址：和田市屯垦西路23号
电话：0903－2516090
邮编：848000
许可证号：L-XJ-GJ00017

新疆大西部国际旅行社有限责任公司
地址：乌鲁木齐市文艺路2号宏源大厦24楼
电话：0991－2356155
邮编：830000
网址：www.zbxj.com
许可证号：L-XJ-GJ00019

新疆金桥民俗国际旅行社
地址：乌鲁木齐市新华北路47号汇丰大厦7楼
电话：0991－2323684
邮编：830002
网址：www.goldenbridgetour.com
许可证号：L-XJ-GJ00020

新疆大地国际旅行社有限责任公司
地址：乌鲁木齐市北艺公园街汇芳园3号楼B座2单元901
电话：0991－3840899
邮编：830000
许可证号：L-XJ-GJ00023

新疆民族国际旅行社
地址：乌鲁木齐市长江路1号
电话：0991－5883516　13909926261
邮编：830000
许可证号：L-XJ-GJ00024

新疆欧亚国际旅行社有限公司
地址：新华南路3号世纪百盛A座1603
电话：13999199988
邮编：830000
网址：www.NEWXJ.com
许可证号：L－XJ－GJ00026

新疆兴成国际旅行社有限公司
地址：乌鲁木齐市中环路198号
电话：0991－2331533
邮编：830002
许可证号：L-XJ-GJ00028

天山天池国际旅行社
地址：阜康市乌奇东路41号
电话：0991－2848488
邮编：831500
许可证号：L-XJ-GJ00029

新疆塔城地区塔尔巴哈台国际旅行社
地址：塔城市文化路140号
电话：0901－6227990
邮编：834700
许可证号：L-XJ-GJ00030

新疆经贸国际旅行社有限公司
地址：乌鲁木齐市友好北路21号
电话：0991－8355555
邮编：830000
许可证号：L-XJ-GJ00032

新疆邮电国际旅行社
地址：乌鲁木齐市民主路77号
电话：0991－2350908
邮编：830002
许可证号：L-XJ-GJ00033

新疆天马国际旅行社有限公司
地址：乌鲁木齐市黄河路22号
电话：0991－5858773
邮编：830000
网址：www.seewest.com
许可证号：L-XJ-GJ00034

库车国际旅行社有限责任公司
地址：库车县天山西路93号
电话：0997－7136688
邮编：842000
许可证号：L-XJ-GJ00035

新疆喀纳斯国际旅行社有限责任公司
地址：阿勒泰地区布尔津县向阳南路
电话：0991－2831873
邮编：836600
许可证号：L-XJ-GJ00036

新疆海峡国际旅行社有限公司
地址：乌鲁木齐市人民路130号兴亚大厦配楼6层
电话：0991－6218878
邮编：830011
网址：www.haixia-luyou.com.cn
许可证号：L-XJ-GJ00037

新疆阿拉山口国际旅行社有限责任公司
地址：阿拉山口塞里木路
电话：0991－2311807　13999271199
邮编：833418
许可证号：L-XJ-GJ00039

新疆吐哈石油国际旅行社有限责任公司
地址：乌鲁木齐市江苏东路9号
电话：0991－6610066－72118
邮编：830011
网址：www.thpits.com
许可证号：L-XJ-GJ00041

港中旅国际新疆旅行社有限责任公司
地址：乌鲁木齐市红旗路91号夏蒙大厦6楼
电话：0991－2828527
邮编：830002
网址：www.ctixj.com
许可证号：L-XJ-GJ00042

新疆中信国际旅行社有限责任公司
地址：乌鲁木齐市光明路119号建设广场5层
电话：0991－6128666
邮编：830002
许可证号：L-XJ-GJ00043

新疆边疆国际旅行社有限责任公司
地址：乌鲁木齐市延安路32号
电话：0991－2500062
邮编：830001
许可证号：L-XJ-GJ00044

新疆新旅游国际旅行社有限责任公司
地址：喀什市色满路337号
电话：0998－2843389
邮编：844000
网址：www.newtourism.com.cn
许可证号：L-XJ-GJ00045

新疆大西北国际旅行社有限公司
地址：乌鲁木齐市新华北路47号汇丰大厦18楼D座
电话：0991－2304649
邮编：830022
网址：www.photo.do.com
许可证号：L-XJ-GJ00046

新疆丝路探险国际旅行社有限公司
地址：乌鲁木齐市建设路8号成基大厦1006室
电话：0991－2846861
邮编：830002
网址：www.adao.cn/www.silkroute.cn
许可证号：L-XJ-GJ00047

喀什华安国际旅行社有限责任公司
地址：喀什市克孜都维路193号
电话：0998－2535566
邮编：844000
许可证号：L-XJ-GJ00040

喀什新陆旅行社有限责任公司
地址：喀什市帕依那甫路20号
电话：0998－2524505
邮编：844000
许可证号：L-XJ-GJ00048

新疆凯瑞国际旅行社有限公司
地址：喀什市解放北路6号
电话：0998－2829018
邮编：844000
电子信箱：caravan－travel@yahoo.com.cn
许可证号：L－XJ－GJ00049

新疆同安国际旅行社
地址：克拉玛依市准葛尔路130号
电话：0990－6887098
邮编：834000
许可证号：L－XJ－GJ00050

新疆康辉大自然国际旅行社有限责任公司
地址：乌鲁木齐市解放北路90号
电话：0991－2331607
邮编：830002
网址：www.nature-tour.com
许可证号：L-XB-GJ00001

新疆西域国际旅行社有限公司
地址：乌鲁木齐市解放北路90号天际大厦4楼
电话：0991－2335667
邮编：830002
网址：www.west-tour.com
许可证号：L-XB-GJ00002

新疆绿洲中国旅行社有限责任公司
地址：乌鲁木齐市民主路67号
电话：0991－2846890
邮编：830002
许可证号：L-XB-GJ00003

新疆玉龙国际旅行社有限责任公司
地址：和田市迎宾路三十号
电话：0903－2028183
邮编：848000
许可证号：L－XB－GJ00004

宾馆酒店

新疆海德酒店★★★★★
地址：乌鲁木齐东风路1号
电话：0991－2322828
传真：0991－2321818
邮编：830002
网址：www.hoitak.com
电子信箱：xjbc@mail.hoitakhotel.com

新疆鸿福大饭店★★★★★
地址：乌鲁木齐黄河路26号
电话：0991－5881588
传真：0991－5823188
邮编：830000
网址：www.hongfuhotel.com.cn
电子信箱：hongfuhotel@rip.sina.com

塔里木大酒店★★★★★
地址：乌鲁木齐市北京北路24号
电话：0991－6630101
传真：0991－6621684
邮编：830011
网址：www.tarimhotel.com.cn

瑞豪国际大酒店★★★★★
地址：乌鲁木齐市河南西路2号
电话：0991－7887888
传真：0991－7810006
邮编：830011

银星大酒店★★★★★
地址：乌鲁木齐市奇台路134号
电话：0991－5888888
传真：0991－5876888
邮编：830000
网址：www.silverstarhotel.com
电子信箱：silverstar@xjzw.net

新疆银都酒店★★★★★
地址：乌鲁木齐市西北路39号
电话：0991－4536688
传真：0991－4517166
邮编：830000
网址：www.yinduhotel.com
电子信箱：yindu@yinduhotel.com

华凌大饭店★★★★★
地址：乌鲁木齐市西虹东路9号
电话：0991－5188888
传真：0991－5189666
网址：www.hualing-grand-hotel.com

美丽华酒店★★★★★
地址：乌鲁木齐新华北路5号
电话：0991－2937888
传真：0991－2822333
邮编：830002
网址：www.miragE-hotel.cn
电子信箱：mirage@miragE-hotel.cn

新疆环球大酒店★★★★
地址：乌鲁木齐北京南路2号
电话：0991－3836400
传真：0991－3836399
邮编：830011
网址：www.hotel-world-plaza.com

新疆火炬大厦★★★★
地址：乌鲁木齐北京南路钻石城18号
电话：0991－3836699
传真：0991－3835999
邮编：830011
网址：www.torch-hotel.com.cn

屯河华美达酒店★★★★
地址：乌鲁木齐长江路52号
电话：0991－5876688
传真：0991－5876685
邮编：830000
网址：www.ramadainternational.com
电子信箱：thjdyxb@xj.cninfo.net

吐哈石油大厦★★★★
地址：乌鲁木齐江苏东路9号
电话：0991－6610066
传真：0991－6639519
邮编：830011
网址：www.hoteltuha.com

新疆鸿鑫酒店★★★★
地址：乌鲁木齐解放路61号
电话：0991－2301688
传真：0991－2305688
邮编：830002
网址：www.hongxinhotel.com

新疆伊力特酒店★★★★
地址：乌鲁木齐市长江路95号
电话：0991－5888818
传真：0991－5812000
邮编：830000
网址：www.yilite.hotel.com
电子信箱：yilitehotel@yilitehotel.com

边疆宾馆贵宾楼★★★★
地址：乌鲁木齐市延安路32号
电话：0991－2562981
传真：0991－2577560
邮编：830001

金海湾度假酒店★★★★
地址：乌鲁木齐市大湾北路999号
电话：0991－2570999
传真：0991－2552441
邮编：830001
网址：www.xjjhw.com

新疆大酒店★★★★
地址：乌鲁木齐新华北路168号
电话：0991－2818788
传真：0991－2817422
邮编：830002
网址：www.hotelxj.cn
电子信箱：holiday@mail.xj.cuinfo.net

世纪百盛大酒店★★★★
地址：乌鲁木齐新华南路3号
电话：0991－2668888
传真：0991－2936222
邮编：830002

明园新时代大酒店★★★★
地址：乌鲁木齐友好北路7号
电话：0991－4818688
传真：0991－4818088
邮编：830000
网址：www.newtimes-hotel.com
电子信箱：nth@newtimes-hotel.com

东方王朝酒店★★★★
地址：乌鲁木齐中山路159号附8号
电话：0991－2335678
传真：0991－2301422
邮编：830002
网址：www.t-d.cn
电子信箱：tddf@vip163.com

独山子大酒店★★★★
地址：乌鲁木齐市克拉玛依西路20号附4号
电话：0991－5199999
传真：0991－8777480
邮编：830091
网址：www.dushanzihotel.com

克拉玛依宾馆★★★★
地址：克拉玛依市友谊路96号
电话：0990－6883597
传真：0990－6223587
邮编：834000

正天华夏大酒店★★★★
地址：克拉玛依市友谊路甲30号
电话：0990－6989999
传真：0990－6989111
邮编：834000
网址：www.zhengtian.cn

新疆鸿福准噶尔大饭店★★★★
地址：克拉玛依市准噶尔路75号
电话：0990－6989888
传真：0990－6989868
邮编：834000
网址：www.hongfuhotel.com.cn
电子信箱：hf-hotel@mail.xj.cninfo.net

塔西南邦臣酒店★★★★
地址：喀什市色满路242号
电话：0998－2582777
传真：0998－5821555
邮编：844000
网址：www.baronytxnhotels.com

新疆阿克苏鸿福金兰大饭店★★★★
地址：阿克苏市东大街32号
电话：0997－2283555
传真：0997－2281555
邮编：843000
网址：www.hongfuhotel.com
电子信箱：jinlan@hongfuhotel.com

国际大酒店★★★★
地址：阿克苏市温州中路1号
电话：0997－2148116
传真：0997－2148000
邮编：843000

哈密吐哈石油大厦★★★★
地址：哈密石油基地
电话：0902－2765725
传真：0902－2765725
邮编：839009

新·哈加格达宾馆★★★★
地址：哈密市爱国北路8号
电话：0902－2232140
传真：0902－2235070
邮编：839000
网址：www.xhjgd.com
电子信箱：jagada_sd@163.com

哈密宾馆★★★★
地址：哈密市迎宾路4号
电话：0902－2233140
传真：0902－2234345
邮编：839000

巴州楼兰宾馆★★★★
地址：库尔勒市广场路
电话：0996－2022999
传真：0996－2024788
邮编：841000

网址：www. Loulanhotel. com
电子信箱：Loulanhotel@ 163. com

巴音郭楞宾馆★★★★
地址：库尔勒市人民东路10号
电话：0996－2215000
传真：0996－2215333
邮编：841000

银星大酒店★★★★
地址：库尔勒市人民东路36号
电话：0996－2028888
传真：0996－2216868
邮编：841000
网址：www. yinxinghotel. com. cn

塔里木石油宾馆★★★★
地址：库尔勒市石化大道
电话：0996－2173087
传真：0996－2173167
邮编：841000

奎屯海德酒店★★★★
地址：奎屯市团结南路96号
电话：0992－3211919
传真：0992－3211313
邮编：833200

将军双辰大酒店★★★★
地址：伊宁市斯大林街23号
电话：0999－8026666
传真：0999－8025678
邮编：835000

大得酒店★★★
地址：乌鲁木齐市阿勒泰路41号
邮编：830002

豪斯汀酒店★★★
地址：乌鲁木齐市安居

军交宾馆★★★
地址：乌鲁木齐市北京北路3号
邮编：830002

光源宾馆★★★
地址：乌鲁木齐市北京南路1号
邮编：830002

独山子宾馆★★★
地址：乌鲁木齐市北京南路44－3号

万馨园宾馆★★★
地址：乌鲁木齐市长江路2号
邮编：830002

供销宾馆★★★
地址：乌鲁木齐市黑龙江路20号
邮编：830002

富丽华大酒店★★★
地址：乌鲁木齐市黄河路2号

西星民族大酒店★★★
地址：乌鲁木齐市解放南路125号
邮编：830002

阿克苏宾馆★★★
地址：乌鲁木齐市经一路38号
邮编：830002

融都大厦★★★
地址：乌鲁木齐市人民路118号
邮编：830002

乌鲁木齐大厦★★★
地址：乌鲁木齐市人民路131号
电话：0991－5859999
传真：0991－2816178
邮编：830002

新融大厦★★★
地址：乌鲁木齐市人民路20号
电话：0991－2841166
传真：0991－2840902
邮编：830002
网址：www. xr-hotel. com
电子信箱：xjxrds@ mail. xj. cninfo. net

金新宾馆★★★
地址：乌鲁木齐市人民路86号
电话：0991－2830808
传真：0991－2822847
邮编：830002

红湖酒店★★★
地址：乌鲁木齐市胜利路14号
电话：0991－8586699
传真：0991－8586699
邮编：830046

新农大厦★★★
地址：乌鲁木齐市胜利路175号
电话：0991－2866956
传真：0991－2872378
邮编：830001

骑仕酒店★★★
地址：乌鲁木齐市团结路195号
电话：0991－2880000
传真：0991－2877999
邮编：830002

金疆大厦★★★
地址：乌鲁木齐市团结路305号
电话：0991－2569933
传真：0991－2553371
邮编：830001

华瑞大厦★★★
地址：乌鲁木齐市五星路21号
电话：0991－2659999
传真：0991－2659999－62012
邮编：830002

东方龙酒店★★★
地址：乌鲁木齐市西八家户路17号
电话：0991－4314381
传真：0991－4321499
邮编：830054

金谷大酒店★★★
地址：乌鲁木齐市新华北路80号
电话：0991－2826788
传真：0991－2833613
邮编：830002

新疆华侨宾馆★★★
地址：乌鲁木齐市新华南路51号
电话：0991－8521888
传真：0991－8521999
邮编：830001

汇源酒店★★★
地址：乌鲁木齐市新华南路9号
电话：0991－2305678
传真：0991－2814465
邮编：830002
网址：www. xjhuiyuan hotel. com

丝绸之路宾馆★★★
地址：乌鲁木齐市延安路52-1号
电话：0991－2558899
传真：0991－2557788
邮编：830001
网址：www. silkroad-hotel. com
电子信箱：srhotel@ mail. xj. cninfo. net

友好大酒店★★★
地址：乌鲁木齐市友好北路14号
电话：0991－4836888
传真：0991－4826519
邮编：830000
网址：www. youhaohotel. com
电子信箱：youhao. ys@ 163. com

昆仑宾馆★★★
地址：乌鲁木齐市友好北路38号
电话：0991－4840411
传真：0991－4840213
邮编：830000
网址：www. xjklhotel. com
电子信箱：kunlun@ xjklhotel. com

煤炭宾馆★★★
地址：乌鲁木齐市友好南路98号
电话：0991－4511933
传真：0991－4514373
邮编：830000
网址：www. xjmthotel. com
电子信箱：xjmt@ xjzw. net

新水大酒店★★★
地址：乌鲁木齐市于田街6号
电话：0991－5891555
传真：0991－5838792
邮编：830000

红楼大酒店★★★
地址：乌鲁木齐市新市区河南西路
电话：0991－7925385
传真：0991－7925488－8002
邮编：830011

陶乐大酒店★★★
地址：克拉玛依市光明东路26号
电话：0990－6885697
传真：0990－6222982
邮编：834000

海棠酒店★★★
地址：克拉玛依市塔河路58号
电话：0990－6221919
传真：0990－6222798
邮编：834000
网址：www. xibu365. com

克拉玛依市迎宾馆★★★
地址：克拉玛依市西环路39号
电话：0990－6989666
传真：0990－6989901
邮编：834000

希望酒店★★★
地址：克拉玛依市友谊路135号
电话：0990－6841655
传真：0990－6988988
邮编：834000

明珠大酒店★★★
地址：克拉玛依市友谊路80号
电话：0990－6858888
传真：0990－6969048
邮编：834000

独山子鸿福鑫源大饭店★★★
地址：克拉玛依市独山子淮南路19号
电话：0992－3877666

传真：0992－3877333
邮编：833600

桃李园大酒店★★★
地址：克拉玛依市独山子区大庆东路28号
电话：0992－3871617
传真：0992－3871443
邮编：833600
网址：www. kijsxy. ent/index. htm
电子信箱：tlydid@ yeah. net

玛依塔柯宾馆★★★
地址：克拉玛依市独山子区大庆路15号
电话：0992－3871945
传真：0992－3872458
邮编：833600

塔西南宾馆★★★
地址：喀什市
邮编：844000

新隆大酒店★★★
地址：喀什市滨河路
电话：0998－2617988
传真：0998－2618261
邮编：844000

金都酒店★★★
地址：喀什市解放南路17号附1号
电话：0998－2828899
传真：0998－2835678
邮编：844000

喀什军分区接待楼★★★
地址：喀什市解放南路200号
电话：0998－2508888
传真：0998－2509999
邮编：844000

温州大厦★★★
地址：喀什市人民西路17号
电话：0998－2808888
传真：0998－2808881
邮编：844000
网址：www. kswzds. com
电子信箱：kswzds@ sohu. com

其尼瓦克宾馆友谊楼★★★
地址：喀什市色满路144号
邮编：844000

色满宾馆★★★
地址：喀什市色满路337号
电话：0998－2582150
传真：0998－2552861
邮编：844000

阿克苏市天福大酒店★★★
地址：阿克苏市解放中路
电话：0997－2525555
传真：0997－2512450
邮编：843000

阿克苏迎宾馆★★★
地址：阿克苏市小南街1号
电话：0997－2137059
传真：0997－2123340
邮编：843000
电子信箱：xjadsybg@ 163. com

阿克苏宾馆★★★
地址：阿克苏市新华东路9号
电话：0997－2130818
传真：0997－2123368
邮编：843000

阿克苏友谊宾馆★★★
地址：阿克苏市迎宾路65号
电话：0997－2513200
传真：0997－2513511
邮编：843000

库车宾馆★★★
地址：阿克苏库车县解放北路17号
电话：0997－7122901
传真：0997－7129490
邮编：842000
网址：www. hotelkc. com
电子信箱：kcbg@ 163. com

库车饭店★★★
地址：阿克苏库车县天山路8号
电话：0997－7136790
传真：0997－7131160
邮编：842000

温州大酒店★★★
地址：和田市北京西路3号
电话：0903－2036777
传真：0903－2037222
邮编：848000

和田迎宾馆★★★
地址：和田市塔乃依北路4号
电话：0903－2022824
传真：0903－2027000
邮编：848000

玉都大酒店★★★
地址：和田市团结广场西侧
电话：0903－2022888
传真：0903－2029898
邮编：848000

和田江苏大酒店★★★
地址：和田市文化路4号
电话：0903－2040777
传真：0903－2040728
邮编：848000

宏瑞宾馆★★★
地址：和田市乌鲁木齐北路16号
电话：0903－2562222
传真：0903－2562221
邮编：848000

和田宾馆★★★
地址：和田市乌鲁木齐路10号
电话：0903－2573563
传真：0903－2513570
邮编：848000

洛浦宾馆★★★
地址：和田地区洛浦县和田路12号
电话：0903－6621434
传真：0903－6626762
邮编：848200

建德宾馆★★★
地址：和田地区于田县315国道城门
电话：0903－6817222
邮编：848400

尼雅公寓★★★
地址：和田地区民丰县博斯坦3号
电话：0903－6751111
传真：0903－6752550
邮编：848500

吐鲁番康泰酒店★★★
地址：吐鲁番市高昌路
电话：0995－6263268
传真：0995－6263389
邮编：838000

吐鲁番大饭店★★★
地址：吐鲁番市高昌路20号
电话：0995－8553398
传真：0995－8553908
邮编：838000
网址：www. xjturpanhotel. com
电子信箱：dos@ xjturpanhotel. com

鸿远酒店★★★
地址：吐鲁番市旅游文化广场西侧
电话：0995－8578199
传真：0995－8578179
邮编：838000

吐鲁番宾馆★★★
地址：吐鲁番市青年路2号
电话：0995－8522301
传真：0995－8523262
邮编：838000
电子信箱：tlfbg@ 126. com

丝路绿洲宾馆★★★
地址：吐鲁番市青年路41号
电话：0995－8553188
传真：0995－8523348
邮编：838000
网址：www. thE-silk-road. com
电子信箱：oasishotel@ sina. com

坎尔井民俗园宾馆★★★
地址：吐鲁番市新城西门村888号
电话：0995－8557206
传真：0995－8557045
邮编：838000
电子信箱：dxbtfgs. @ 126. com

金田大酒店★★★
地址：吐鲁番地区鄯善县火车站解放南路
电话：0995－8312998
传真：0995－8316207
邮编：838202

火车站宝成大酒店★★★
地址：吐鲁番地区鄯善县火车站解放南路100号
电话：0995－8313399
传真：0995－8311178
邮编：838201
电子信箱：lipingbch@ sina. com

西游酒店★★★
地址：吐鲁番地区鄯善县新城东路
电话：0995－8363740
传真：0995－8363776
邮编：838200
网址：www. tif. gov. cn
电子信箱：xiyouhotel@ 126. com

瑞昌大酒店★★★
地址：吐鲁番地区鄯善县新城区东环路
电话：0995－8396198
传真：0995－8397499
邮编：838200
电子信箱：xjrc801@ sina. com

电力宾馆★★★
地址：哈密市爱国北路18号
电话：0902－2259581
传真：0902－2259573
邮编：839000

哈密鸿德酒店★★★
地址：哈密市建国北路107号
电话：0902－2263866
传真：0902－2266955
邮编：839000

哈铁大厦★★★
地址：哈密市前进东路3号
电话：0902－2723510
传真：0902－7135934
邮编：839001

商业宾馆★★★
地址：哈密市中山北路95号
电话：0902－2231770
传真：0902－2231767
邮编：839000
网址：www. xjlzgjlyjt. ctzt. com
电子信箱：hmjx@ oasis-tour. com

伊河酒店★★★
地址：哈密地区伊吾县伊吾镇振兴路19号
电话：0902－6721210
传真：0902－6722625
邮编：839300

铁路大酒店★★★
地址：博乐市阿拉山口新绿路
电话：0909－6992259
传真：0909－6992259
邮编：833418

金穗大厦★★★
地址：博乐市团结路138号
电话：0909－2285828
传真：0909－2285959
邮编：833400
电子信箱：bzjsds@ sina. com

庆源大酒店★★★
地址：昌吉市长宁路2号
电话：0994－8329000
传真：0994－8329619
邮编：831100

长宁大饭店★★★
地址：昌吉市长宁路6号
电话：0994－6586888
传真：0994－2527380
邮编：831100

卓越大酒店★★★
地址：昌吉市南公园路10号
电话：0994－2343771
邮编：831100

园林宾馆★★★
地址：昌吉市宁边东路28号
电话：0994－2368062
邮编：831100
网址：www. xjylhotel. com
电子信箱：xjylhotel. ocm

天山天池王母大酒店★★★
地址：昌吉州阜康市天山景区
电话：0994－3251116
邮编：831500

佳怡庄园★★★
地址：昌吉州米泉市八号信箱
电话：0994－3958999
传真：0994－3958666
邮编：831400

稻香宾馆★★★
地址：昌吉州米泉市稻香中路
电话：0994－5319555
传真：0994－5319556
邮编：8314000

米泉市诺亚方舟烟雨楼★★★
地址：昌吉州米泉市园村路1号
电话：0994－5307988
传真：0994－5314700
邮编：831400

吉木萨尔宾馆★★★
地址：昌吉州吉木萨尔县北庭路43号
电话：0994－6912443
传真：0994－6914745
邮编：831700

新丽华大酒店★★★
地址：库尔勒市建国北路
电话：0996－2017666
传真：0996－2017666
邮编：841000

金叶大酒店★★★
地址：库尔勒市交通西路4号
电话：0996－2014888
传真：0996－2014473
邮编：841000

凯德酒店★★★
地址：库尔勒市人民东路13号
电话：0996－2092233
传真：0996－2092116
邮编：841000

金丰大酒店★★★
地址：库尔勒市石化大道
电话：0996－2683333
传真：0996－2683996
邮编：841000

神州酒店★★★
地址：库尔勒市天山西路31号
电话：0996－2221222
传真：0996－2221555
邮编：841000
网址：www. krszjd. xibu365. com
电子信箱：shenzhoujiudian@ 126. com

三宝大酒店★★★
地址：巴音郭楞州轮台县波斯坦路
电话：0996－4696166
传真：0996－4696106
邮编：841600
网址：www. sanbaohotel. com
电子信箱：sanbaohotel@ 163. com

鑫洋大酒店★★★
地址：巴音郭楞州和硕县金沙滩
电话：0996－5984082
传真：0996－5984208
邮编：841200

银鹭宾馆★★★
地址：巴音郭楞州和硕县金沙滩大雁南路
电话：0996－5984266
传真：0996－5984288
邮编：841200

工商局金沙滩干部培训中心★★★
地址：巴音郭楞州和硕县金沙滩大雁中路
电话：0996－5984299
传真：0996－5984298
邮编：841200

焉耆县宾馆★★★
地址：巴音郭楞州焉耆县解放中路
电话：0996－6222309
传真：0996－6022377
邮编：841100

伊犁九城大酒店★★★
地址：伊宁市边境经济合作区北京路9号
电话：0999－8136999
传真：0999－8133555
邮编：835000

金物源酒店★★★
地址：伊宁市飞机场街3号
电话：0999－8236868
传真：0999－8233566
邮编：835000
电子信箱：6iei@ sohu. com

鸿福伊烟大饭店★★★
地址：伊宁市解放路116号
电话：0999－8234888
传真：0999－8234999
邮编：835000
网址：www. info. net
电子信箱：nf-yiyan@ mail. xj. cninfo. net

伊犁亚细亚酒店★★★
地址：伊宁市解放路119号
电话：0999－8031800
传真：0999－8036077
邮编：835000

友谊宾馆★★★
地址：伊宁市斯大林街3巷7号
电话：0999－8023901
传真：0999－8024631
邮编：835000

桃源大酒店★★★
地址：伊宁市伊犁河路100号
电话：0999－8325300
传真：0999－8328317
邮编：835000

伊犁宾馆★★★
地址：伊宁市迎宾路8号
电话：0999－8022429
传真：0999－8024964
邮编：835000
网址：www. xjyl. gov. cn
电子信箱：ylhotel12005@ sina. com

奎铁大酒店★★★
地址：奎屯市火车站广场13号
电话：0999－7322222
传真：0999－7323796
邮编：833200

东方国际大酒店★★★
地址：奎屯市团结南街46-1号
电话：0992－3228018
传真：0992－3222121
邮编：833200
电子信箱：df3226368@ 163. com

金泽大酒店★★★
地址：奎屯市团结南路42号
电话：0992－291188
传真：0992－3291002
邮编：833200

火炬天润大酒店★★★
地址：伊犁州霍尔果斯建设路3号
电话：0999－8791999
传真：0999－8792555
邮编：835221

西部大厦★★★
地址：塔城市文化路
电话：0901－6230288
传真：0901－6226811
邮编：834700

塔城额敏宾馆★★★
地址：塔城地区额敏县上户路99号
电话：0901－3352188
传真：0901－3352176
邮编：834600

德荣酒店★★★
地址：塔城地区沙湾县乌鲁木齐东路166号
电话：0993－6058888
传真：0993－6058833
邮编：832100

金桥大酒店★★★
地址：阿勒泰市解放路1号
电话：0906－2127566
传真：0906－2127519
邮编：836500

地区旅游宾馆迎宾楼★★★
地址：阿勒泰市公园路205号
电话：0906－2122188
传真：0906－2127266
邮编：836500
电子信箱：alttourhotel@yahao.com.cn

神仙湾大酒店★★★
地址：阿勒泰地区布尔津县幸福中路
电话：0906－6528588
传真：0906－6528598
邮编：836600

布尔津县旅游宾馆★★★
地址：阿勒泰地区布尔津县环南西路4号
电话：0906－6527101
传真：0906－6521201
邮编：836600

银泰大酒店★★★
地址：阿勒泰地区布尔津县文明南路6区477号
电话：0906－6528822
传真：0906－6528811
邮编：836600

布尔津友谊峰大酒店★★★
地址：阿勒泰地区布尔津县向阳南路
电话：0906－6526111
传真：0906－6526008
邮编：836600

九华大酒店★★★
地址：阿勒泰地区布尔津县幸福西路8号
电话：0906－6528088
传真：0906－6528099
邮编：836600

旅游景区

乌鲁木齐水磨沟生态旅游区 AAAA
地址：乌鲁木齐市
电话：0991－4611204
邮编：830002

乌鲁木齐红山公园 AAAA
地址：乌鲁木齐市红山路2号
电话：0991－8855671 8848416
邮编：830002

新疆民街民俗博物馆 AAAA
地址：乌鲁木齐市龙泉街
电话：0991－2828688
邮编：830002

中国彩棉科技园 AAAA
地址：乌鲁木齐市乌昌路18号
邮编：830002

乌鲁木齐西山老君庙 AAAA
地址：乌鲁木齐市西山路104团团场机关西侧
邮编：830002

新疆维吾尔自治区博物馆 AAAA
地址：乌鲁木齐市西北路
电话：0991－4533561
邮编：830000

乌鲁木齐市雅马里克山旅游风景区 AAA
地址：乌鲁木齐市
邮编：830002

乌鲁木齐市盐湖生态旅游区 AA
地址：乌鲁木齐市东郊
邮编：830002

乌鲁木齐市六十户乡生态渔村 A
地址：乌鲁木齐市六十户乡
电话：0991－3946086
邮编：830002

乌鲁木齐卧龙岗庄园 A
地址：乌鲁木齐市
邮编：830002

中科院生地所标本馆 AA
地址：乌鲁木齐北京南路40附3号
电话：0991－7885484
邮编：830011

乌鲁木齐天牧玫瑰园 AA
地址：乌鲁木齐市南郊水西沟镇
电话：0991－5963728
邮编：830002

乌鲁木齐板房沟科技示范基地 AA
地址：乌鲁木齐市南郊板房沟乡
邮编：830002

乌鲁木齐市雷鸣山庄 A
地址：乌鲁木齐市安宁渠乡
邮编：830002

水上乐园 AA
地址：乌鲁木齐市三甬碑
电话：0991－2864877
邮编：830049

乌鲁木齐市植物园 AAA
地址：乌鲁木齐市北京北路30号
电话：0991－6626679
邮编：830011

燕儿窝风景区管理处 AA
地址：乌鲁木齐市燕儿窝路53号
电话：0991－2886970 2863593
邮编：830002

乌鲁木齐东白杨沟风景区 AAA
地址：乌鲁木齐市乌鲁木齐县板房构乡
电话：0991－4632546
邮编：830063

乌鲁木齐市银都度假村 AA
地址：乌鲁木齐市乌鲁木齐县水西沟镇
电话：0991－5960266
邮编：830037

克拉玛依市展览馆 AA
地址：克拉玛依市准格尔路13号
电话：0990－6883287
邮编：834000

克拉玛依市阳光水世界 AA
地址：克拉玛依市
电话：0990－6845898
邮编：834000

克拉玛依市白杨河大峡谷 AA
地址：克拉玛依市
邮编：834000

克拉玛依市大漠高尔夫球场 AA
地址：克拉玛依市迎宾路30号
电话：0990－6238236
邮编：834000

新疆生产建设兵团军垦博物馆 AAAA
地址：石河子市北子午路
邮编：832000

石河子市屯恳第一连 AA
地址：石河子市二十号小区249号
电话：0993－2815934
邮编：832002

石河子市巴音山庄 AA
地址：石河子市
电话：0993－6911216
邮编：832116

石河子高新农业技术示范园区 AA
地址：石河子市
电话：0993－2254187
邮编：832011

石河子市北湖旅游风景区 AA
地址：石河子大泉沟玛管理处
电话：0993－5671206
邮编：832042

石河子周恩来纪念碑馆 AA
地址：石河子市周恩来纪念馆管理理处
电话：0993－5671206
电话：0993－2250530
邮编：832011

喀什市艾提噶尔民俗文化旅游区 AAAA
地址：喀什地区喀什市
邮编：844000

喀什市西山民族风情园 AAA
地址：喀什地区喀什市阿瓦提路
电话：0998－2918858
邮编：844000

喀什市玉素甫·哈斯·哈吉甫墓 AA
地址：喀什地区喀什市体育路
邮编：844000

喀什盘橐城 AA
地址：喀什地区喀什市
邮编：844000

喀什香妃墓 AA
地址：喀什地区喀什市
电话：0998－2822638
邮编：844000

疏附县大众旅游度假村 AA
地址：喀什地区疏附县
邮编：844100

喀什地区泽普县金湖杨国家森林公园 AAA
地址：喀什地区泽普县

邮编：844800

阿克苏塔里木祥龙湖风景区 AA
地址：阿克苏地区阿克苏市喀拉塔勒镇
邮编：843000

阿克苏市多浪公园 A
地址：阿克苏区阿克斯市西大街 38 号
邮编：843000

阿克苏天山神木园 AA
地址：阿克苏地区温宿县县城 60 公里处
电话：0997－4558818
邮编：843100

温宿县稻香园度假村 A
地址：阿克苏区温宿县
邮编：843100

龟兹绿洲生态园 AAAA
地址：阿克苏地区库车县
邮编：842000

库车王府 AAAA
地址：阿克苏地区库车县老城林基路街
电话：0997－7210016
邮编：842000

阿克苏天山神秘大峡谷 AA
地址：阿克苏地区库车县
电话：0997－6782333 6780366
邮编：842000

沙雅县园中园休闲度假村 A
地址：阿克苏区沙雅县古力巴克乡
电话：0997－8331229
邮编：842200

吐鲁番葡萄沟游乐园 AAAAA
地址：吐鲁番地区吐鲁番市葡萄乡
电话：0995－8570880
邮编：838000

吐鲁番坎儿井游乐园 AAA
地址：吐鲁番地区吐鲁番市
邮编：838000

吐鲁番坎儿井乐园 AAA
地址：吐鲁番地区吐鲁番市
邮编：838000

吐鲁番沙漠生态旅游风景区 AAA
地址：吐鲁番地区吐鲁番市城南约 10 公里处
邮编：838000

吐鲁番炎焰山景区 AAA
地址：吐鲁番地区吐鲁番市东北
邮编：838000

吐鲁番市大漠土艺馆 AAA
地址：吐鲁番地区吐鲁番市胜金
电话：0995－8689066
邮编：838000

吐鲁番地区库木塔格沙漠风景区 AAAA
地址：吐鲁番地区鄯善县城南
邮编：838200

鄯善县吐峪沟景区 AAA
地址：吐鲁番地区鄯善县
邮编：838200

哈密天山风景名胜区 AAA
地址：哈密地区哈密市天山西路 2 号
电话：0902－2361427
邮编：839000

哈密亚尔丹风景旅游区 AAA
地址：哈密地区哈密市
邮编：839000

哈密天山之夏狩猎场 AA
地址：哈密地区哈密市广东路 210 号
电话：0902－2255235
邮编：839000

哈密天宝康乐中心 AA
地址：哈密地区哈密市爱国北路 8 号
电话：0902－2261168
邮编：839000

巴里坤县怪石山旅游度假村 AA
地址：哈密地区巴里坤县
电话：0902－6826677
邮编：839200

巴里坤县古民宅 A
地址：哈密地区巴里坤县城南街榆树巷 5 号
电话：0902－6822003
邮编：839200

喀拉库勒湖风景区 AA
地址：克孜勒苏柯尔克孜自治州阿克陶县布伦口乡苏巴什村
邮编：845550

博州怪石峪旅游风景区 AAAA
地址：博尔塔拉州博乐市
电话：0909－2223292
邮编：833400

博州青格里度假村 A
地址：博尔塔拉州博乐市
电话：0909－6925018
邮编：833400

博格达温泉度假村 AA
地址：博尔塔拉州温泉县博格达镇
电话：0909－8222715
邮编：833500

昌吉市人民公园 AA
地址：昌吉州昌吉市边东路 3 号
电话：0994－2344642
邮编：831100

昌吉黑马科技园 AAA
地址：昌吉州昌吉市佃坝乡二畦坪村
电话：0994－2220666
邮编：831100

青格达湖旅游风景区 AAA
地址：昌吉州昌吉市五家渠镇
邮编：831100

昌吉州清水泉旅游度假村 A
地址：昌吉州昌吉市硫磺河镇清水泉
电话：0994－2740031
邮编：831114

昌吉市绿野山庄 A
地址：昌吉州昌吉市
邮编：831100

昌吉杜氏旅游度假村 AAAA
地址：昌吉州昌吉市六工镇
电话：0994－2201858
邮编：831100

天山天池风景名胜区 AAAAA
地址：昌吉州阜康市三工河乡
电话：0994－3226303
邮编：831500

呼图壁县公园 A
地址：昌吉回族自治州呼图壁县东风大街 129 号
电话：0994－4511661
邮编：831200

昌吉州玛纳斯县北公园 A
地址：昌吉回族自治州玛纳斯县团结北路 221 号
电话：0994－6668254
邮编：832200

阜康市恒泰齐鲁山庄 AAA
地址：昌吉州阜康市三工乡
电话：0994－3253058
邮编：831500

一万泉旅游度假村 AAA
地址：昌吉州奇台县农六师奇台农场哈拉萨依沟
邮编：831800

巴州莲花湖风景旅游区 AAA
地址：巴音郭楞州库尔勒市
邮编：841000

巴州相思湖旅游度假区 AAA
地址：巴音郭楞州库尔勒市
邮编：841000

巴州金海湾疗养培训中心 AA
地址：巴音郭楞州库尔勒市
邮编：841000

巴州罗布人村寨 AA
地址：巴州尉犁县墩阔坦乡
邮编：841500

巴州和硕县金沙滩旅游度假区 AAAA
地址：巴音郭楞州和硕县金沙滩风景旅游区管委会
电话：0996－5984118 13909962197
邮编：841200

巴州湖阿洪口旅游风景区 AAA
地址：巴音郭楞州博湖县阿洪口旅游区
电话：0996－2093031 13909967955
邮编：841400

伊犁州伊宁市城市海景 AAA
地址：伊犁州伊宁市汉宾乡
邮编：835000

伊宁市伊犁河民族文化旅游村 AA
地址：伊犁州伊宁市新环路伊犁河北岸塔什库勒克乡
邮编：835000

巩留县库尔德宁生态旅游区 AAA
地址：伊犁州巩留县
邮编：835400

那拉提旅游风景区 AAAA
地址：伊犁州新源县
电话：0999－5024668
邮编：835800

那拉提胜境森林公园 AA
地址：伊犁哈萨克自治州新源县那拉提镇
电话：0999－5022630 13999371630
邮编：835800

阿克塔斯避暑山庄 AA
地址：伊犁哈萨克自治州尼勒克县乔尔玛
电话：0999－8020055
邮编：835800

伊犁尼勒克次森林度假村 AA
地址：伊犁哈萨克自治州尼勒克县
电话：0999－4624898
邮编：835700

察布查尔锡伯自治县锡伯民俗风情园 AAAA
地址：伊犁州察布查尔锡伯自治县孙扎齐牛录乡
电话：0999－3948889
邮编：835300

察布查尔锡伯自治县清水湖生态旅游度假村 AA
地址：伊犁州察布查尔锡伯自治县
邮编：835300

塔城市垂钓公园 A
地址：塔城地区塔城市文化路三水巷
电话：0901－6221419　6267429
邮编：834700

塔城沙湾县温泉旅游区 AAA
地址：塔城地区沙湾县西戈壁镇
电话：0993－6964006
邮编：832100

沙湾县三道河子林场森林公园 AA
地址：新疆沙湾县三道河子林场
电话：0993－6106266
邮编：832100

沙湾县森林公园 A
地址：新疆塔城地区沙湾县三道河子林场
电话：0993－6106266
邮编：832100

塔城地区沙湾县东大塘旅游区 A
地址：新疆塔城地区沙湾县
邮编：832100

裕民县塔斯特风景旅游区 AAA
地址：塔城地区裕民县
邮编：824800

阿勒泰桦林公园 AAA
地址：阿勒泰地区阿勒泰市
电话：0906－2120093　2895104
邮编：836500

阿勒泰五指泉景区 AAA
地址：阿勒泰地区阿勒泰市汗德尕特蒙古族乡
邮编：836500

阿勒泰大小东沟景区 AA
地址：阿勒泰地区阿勒泰市克郎河上游
邮编：836500

阿勒泰市塘巴湖水上乐园 AA
地址：阿勒泰地区阿勒泰市红墩乡
邮编：836500

阿勒泰市齐背岭旅游区 AA
地址：阿勒泰地区阿勒泰市
邮编：835600

阿勒泰地区文物博物馆 AA
地址：阿勒泰地区阿勒泰市解放路 245 号
电话：0906－2122947
邮编：836500

阿勒泰市金山葡萄风景区 AA
地址：阿勒泰地区阿勒泰市
邮编：836500

阿勒泰市驼峰景区 AA
地址：阿勒泰地区阿勒泰市
邮编：836500

阿勒泰市额河奇石古城 A
地址：阿勒泰区阿勒泰市
邮编：836500

阿勒泰地区矿产陈列馆 A
地址：阿勒泰地区阿勒泰市友好路 16 号
邮编：836500

布尔津县阳光沙滩 A
地址：阿勒泰地区布尔津县窝依莫克乡托洪台村
邮编：836600

喀纳斯风景名胜区 AAAA
地址：阿勒泰地区布尔津县境内
电话：0906－6525586
邮编：836600

富蕴县可可托海景区 AAA
地址：阿勒泰地区富蕴县可可托海
邮编：836100

阿勒泰地区福海海滨旅游区 AAA
地址：阿勒泰地区福海县
电话：0906－3472163
邮编：836400

青河县白桦公园 A
地址：阿勒泰地区青河县
邮编：836200

青河县天林度假村 A
地址：阿勒泰地区青河县
邮编：836200

餐　馆

鸿春园
地址：新疆乌鲁木齐市民主路 12 号
电话：0991－2824421－5009
邮编：830002

昆仑宾馆餐厅
地址：乌鲁木齐市友好北路
电话：0991－4840411
邮编：830000

友谊宾馆餐厅
地址：乌鲁木齐市南郊棋盘山下
电话：0991－2564222
邮编：830001

新疆饭店餐厅
地址：乌鲁木齐市长江路南口
电话：0991－5852511
邮编：830000

丝绸之路宾馆餐厅
地址：乌鲁木齐市延安路 52 号附 1 号
电话：0991－2558899
邮编：830001

新疆银都酒店餐厅
地址：乌鲁木齐市西北路 39 号
电话：0991－4536688
邮编：830000

明园新时代大酒店餐厅
地址：乌鲁木齐市友好北路 7 号
电话：0991－4818688
邮编：830000

新疆新融大厦餐厅
地址：乌鲁木齐市人民路 20 号
电话：0991－2841166
邮编：830002

新疆伊犁大酒店餐厅
地址：乌鲁木齐市长江路 80 号
电话：0991－5856888
邮编：830000

新疆博格达宾馆餐厅
地址：乌鲁木齐市光明路 10 号
电话：0991－2823910
邮编：830002

新疆汇源酒店餐厅
地址：乌鲁木齐市新华南路 9 号
电话：0991－2305678
邮编：830002

新疆国际博览中心餐饮广场
地址：乌鲁木齐市友好北路
电话：0991－4812869
邮编：830000

潮盛百年餐饮有限公司
地址：乌鲁木齐市扬子江路
电话：0991－4558016
邮编：830002

乌鲁木齐回府家宴餐饮有限公司
地址：乌鲁木齐市体育馆路
电话：0991－2644168
邮编：830002

乌鲁木齐香辣虾餐饮有限公司
地址：乌鲁木齐市扬子江路
电话：0991－4501038
邮编：830002

乌鲁木齐牧羊人餐饮有限公司
地址：乌鲁木齐市体育馆路
电话：0991－2618808
邮编：830000

华都金百万餐饮广场
地址：乌鲁木齐市友好南路
电话：0991－4527899
邮编：830000

乌鲁木齐市红楼彩蝶轩餐饮有限公司
地址：乌鲁木齐市红山路
电话：0991－8880881
邮编：830002

乌鲁木齐市阿拉木汗餐饮有限公司
地址：乌鲁木齐市人民路
电话：0991－2305878
邮编：830002

新疆银都拉丁餐厅有限公司
地址：乌鲁木齐市光明路
电话：0991－8860601
邮编：830000

乌鲁木齐市口福轩饮食有限公司
地址：乌鲁木齐市河南西路
电话：0991－3844499
邮编：830000

新疆五月花餐饮文化连锁有限公司
地址：乌鲁木齐市黄河路 57 号
电话：0991－8249249
邮编：830002

美食家大酒店
地址：乌鲁木齐市克拉玛依东路 68 号

电话：0991－4641380
邮编：830002

全味居
地址：乌鲁木齐市幸福路美食一条街
电话：0991－8827979
邮编：830002

春满楼川菜馆
地址：乌鲁木齐市河滩北路38号
电话：0991－4545803
邮编：830002

重庆酒家
地址：乌鲁木齐市南湖路
电话：0991－2821292
邮编：830002

友好清真餐厅
地址：乌鲁木齐市友好北路14号
电话：0991－4836888
邮编：830002

喀什噶里清真餐厅
地址：乌鲁木齐市新华北路168号假日大酒店
电话：0991－2818788
邮编：830002

格兰西餐厅
地址：乌鲁木齐市东风路1号海德酒店
电话：0991－2322828
邮编：830002

西部大酒店宴宾楼
地址：乌鲁木齐市长江路41号
电话：0991－5853711－8666
邮编：830002

上海圆苑餐厅
地址：乌鲁木齐市黄河路83号食品大厦1楼
电话：0991－5830777　5582108
邮编：830002

西域美食城
地址：乌鲁木齐市红旗路
电话：0991－8857668
邮编：830002

金泰阁
地址：乌鲁木齐市中山路
电话：0991－2818444
邮编：830002

老回民饭庄
地址：乌鲁木齐市西北路207号
电话：0991－4816552
邮编：830002

李桂兰清真餐厅
地址：克拉马依市油建路口
电话：0990－6846786
邮编：834000

香麦西餐厅
地址：克拉马依市红星商业街
电话：0990－6876909　6878528
邮编：834000

杨福记酒家
地址：克拉马依市红星商业街15号
电话：0990－6892228
邮编：834000

川江酒家
地址：克拉马依市安庆路14号
电话：0990－3682788
邮编：834000

阿凡提餐厅
地址：克拉马依市通讯路38号
电话：0990－6289983
邮编：834000

万家灯火私家菜馆
地址：石河子市服装城
电话：0993－2516999　2302966
邮编：832000

庆丰楼酒店
地址：石河子市西一路298号
电话：0993－7520888
邮编：832000

三宫海鲜酒楼
地址：石河子市开发区北子午路195号
电话：0993－2619669　2619668
邮编：832000

雅克西餐厅
地址：石河子市西一路
电话：0993－2525888
邮编：832000

金狮子清真饭庄
地址：石河子市西环路
电话：0993－2029966
邮编：832000

喀什紫晶饮食有限公司
地址：喀什地区喀什市火车站
电话：0998－2612082
邮编：844000

喀什市小肥羊火锅城
地址：喀什地区喀什市解放南路86号
电话：0998－2533331
邮编：844000

喀什市九头鸟餐厅
地址：喀什地区喀什市体育路13号
电话：13031285485
邮编：844000

喀什市白金餐饮有限责任公司
地址：喀什地区喀什市帕合塔巴扎南路51号
电话：1389916611
邮编：844000

喀什市天南饮食服务有限责任公司酒楼
地址：喀什地区喀什市人民东路272号
电话：0998－2824438
邮编：844000

喀什市小天南酒店
地址：喀什地区喀什市人民路69号
电话：0998－2827116
邮编：844000

喀什市凯旋门酒店
地址：喀什地区喀什市解放南路116号
电话：0998－2533319
邮编：844000

喀什市仕林餐馆
地址：喀什地区喀什市克孜都维
电话：0998－2839063
邮编：844000

喀什市明园餐厅
地址：喀什地区喀什市文化路35号
电话：0998－2527007
邮编：844000

阿克苏都市水库鱼庄
地址：阿克苏地区阿克苏市温州路步行街
电话：0997－6366088
邮编：843000

阿克苏沸腾水库鱼庄
地址：阿克苏地区阿克苏市教育路24号
电话：0997－2660991
邮编：843000

阿克苏市天府大酒店
地址：阿克苏地区阿克苏市西大街
电话：0997－2121050
邮编：843000

阿克苏市天南酒楼
地址：阿克苏地区阿克苏市迎宾路54号
电话：0997－2525288
邮编：843000

阿克苏地区饮食服务公司
地址：阿克苏地区阿克苏市北大街1号
电话：0997－2122045
邮编：843000

阿克苏地区饮食服务公司春江水饺馆
地址：阿克苏地区阿克苏市北大街
电话：0997－2122045
邮编：843000

阿克苏食为先餐厅
地址：阿克苏地区阿克苏市北大街
电话：0997－2135958
邮编：843000

和田红星大酒家
地址：和田地区和田市北京西路11号
电话：0903－2025896
邮编：848000

老克曼餐厅
地址：和田地区和田市纳瓦格路9号
电话：0903－2029744
邮编：848000

赛尔吐格特餐厅
地址：和田地区和田市古江南路6号
电话：0903－2029990
邮编：848000

石头古都餐厅
地址：和田地区和田市塔纳依北路
电话：0903－2037078
邮编：848000

天福宫餐饮广场
地址：吐鲁番地区吐鲁番市老城西路
电话：0995－8527564
邮编：838000

吐鲁番市星海酒家
地址：吐鲁番地区吐鲁番市高昌路
电话：0995－8523852
邮编：838000

吐鲁番市香格里拉酒家
地址：吐鲁番地区吐鲁番市
电话：0995－8533772
邮编：838000

吐鲁番市清真餐饮广场
地址：吐鲁番地区吐鲁番市葡萄沟
电话：0995－8614652
邮编：838000

吐鲁番地区丝路餐厅
地址：吐鲁番地区吐鲁番市柏孜克里克路
电话：0995－8510189
邮编：838000

红玫瑰餐厅
地址：吐鲁番地区吐鲁番市高昌路551号
电话：0995－8522599
邮编：838000

哈密市饮食服务公司民族餐厅
地址：哈密地区哈密市中山北路
电话：0902－2232543
邮编：839000

湘菜馆
地址：哈密地区哈密市胜利路
电话：0902－2236882
邮编：839000

哈密市天山餐厅
地址：哈密地区哈密市天山东路86号
电话：0902－2230145
邮编：839000

哈密市蜀山饮食文化有限责任公司
地址：哈密地区哈密市建国北路
电话：0902－2265278
邮编：839000

哈密市食神餐饮娱乐有限公司
地址：哈密地区哈密市天山北路111号
电话：0902－2362598
邮编：839000

阿图什市金世纪饭店
地址：阿图什市天山路4号
电话：0908－4223930
邮编：845350

无花果餐厅
地址：阿图什市
电话：0908－4224686
邮编：845350

秭妹花回民老食谱
地址：博乐市红星路152号
电话：0909－2265556
邮编：833400

鸿宾楼美食城
地址：博乐市团结路99号
电话：0909－2285559
邮编：833400

昌吉市山峰餐厅
地址：昌吉市北京南路
电话：0994－2565785
邮编：831100

昌吉市三宫海鲜餐饮娱乐有限公司
地址：昌吉市北京南路
电话：13039400840
邮编：831100

红枣园餐厅
地址：库尔勒市团结北路
电话：0996－2028667
邮编：841000

米泉特色餐厅
地址：库尔勒市沙依巴格路
电话：0996－6758112
邮编：841000

伊宁市饮食服务公司
地址：伊宁市斯大林街二巷6号
电话：0999－8020669
邮编：835000

伊宁北京烤鸭店
地址：伊宁市军垦路
电话：0999－8127302
邮编：835000

伊和烤鸭店
地址：伊宁市解放西路城市花园旁
电话：0999－8120686　8121758
邮编：835000

迎春阁酒楼
地址：伊宁市斯大林路二巷南侧
电话：0999－8025918
邮编：835000

老舍饭庄
地址：塔城市文化北路
电话：0901－6230123
邮编：834700

山里人家
地址：阿勒泰市金三路二道巷
电话：0906－2131886
邮编：836500

塞北饭店
地址：阿勒泰市
电话：0906－2121829
邮编：836500

旅游用品

乌鲁木齐国富珠宝首饰厂
地址：乌鲁木齐市友好北路
电话：0991－4838681
邮编：830002

乌鲁木齐恒久钻石有限公司
地址：乌鲁木齐市解放北路
电话：0991－2823115
邮编：830002

乌鲁木齐钻之宝首饰有限公司
地址：乌鲁木齐市光明路
电话：0991－8886112
邮编：830002

乌鲁木齐得福珠宝有限公司
地址：乌鲁木齐市珠江路
电话：0991－5630853
邮编：830002

新疆天山珠宝厂
地址：乌鲁木齐市阿勒泰路
电话：0991－3835880
邮编：830002

新疆玉石雕刻厂
地址：乌鲁木齐市人民路
电话：0991－2824528　2320086
邮编：830002

乌鲁木齐丝路地毯制造有限公司
地址：乌鲁木齐市奇台路
电话：0991－5813292
邮编：830002

乌鲁木齐市地毯总厂
地址：乌鲁木齐市经二路
电话：0991－5813794　5856770
邮编：830002

乌鲁木齐市明星地毯制造有限责任公司
地址：乌鲁木齐市经二路40号
电话：0991－5837718
邮编：830002

乌鲁木齐市满意地毯有限公司
地址：乌鲁木齐市经二路40号
电话：0991－5813293
邮编：830002

新疆中艺地毯工艺品有限责任公司
地址：乌鲁木齐市乌苏路
电话：0991－5888271　5888975
邮编：830002

新疆地毯工艺品进出口公司地毯厂
地址：乌鲁木齐市八家户西路
电话：0991－4324109
邮编：830002

新疆工艺美术有限公司
地址：乌鲁木齐市中山路
电话：0991－2824960　2825673
邮编：830002

乌鲁木齐市圣龙特种工艺制作中心
地址：乌鲁木齐市青年路
电话：0991－2622331
邮编：830002

乌鲁木齐宜兴人紫砂工艺品有限公司
地址：乌鲁木齐市西山路
电话：0991－4536956
邮编：830002

乌鲁木齐哈玛铜制工艺品有限公司
地址：乌鲁木齐市新华南路
电话：0991－8556325　8552846
邮编：830002

真石源珠宝行
地址：乌鲁木齐市解放南路
电话：0991－2836702
邮编：830002

乌鲁木齐市富士特珠宝玉器城
地址：乌鲁木齐市中山路
电话：0991－2312888
邮编：830002

汇华珠宝玉器专卖店
地址：乌鲁木齐市克拉玛依西路
电话：0991－4854387
邮编：830002

珍宝斋
地址：乌鲁木齐市友好北路
电话：0991－4832937
邮编：830000

新疆地矿真珍珠宝商城
地址：乌鲁木齐市友好北路
电话：0991－4843172
邮编：830000

冰河玉器行
地址：乌鲁木齐市友好北路
电话：0991－4843806
邮编：830002

泰立宝钻石专卖店
地址：乌鲁木齐市鲤鱼山路
电话：0991－4327095
邮编：830002

玉之林玉器专卖店
地址：乌鲁木齐市解放南路
电话：0991－2867900
邮编：830002

玉珍和田玉店
地址：乌鲁木齐市健康路

电话：0991－2336511
邮编：830002

洋洋玉器店
地址：乌鲁木齐市解放南路宝亨大厦
电话：0991－2337718
邮编：830002

玉宝斋
地址：乌鲁木齐市健康路
电话：0991－2821199
邮编：830003

老玉器专卖店
地址：乌鲁木齐市西北路
电话：0991－4510831
邮编：830002

喀什玉龙珠宝玉雕有限公司
地址：喀什地区喀什市人民西路
电话：0998－2831595
邮编：844000

喀什市新艺工艺美术集团公司
地址：喀什地区喀什市解放北路
电话：0998－2822737
邮编：844000

喀什古城民族用品有限责任公司
地址：喀什地区喀什市克孜都维路
电话：0998－2554599
邮编：844000

和田地区工艺美术有限公司
地址：和田地区和田市塔乃依南路
电话：0903－2022549　2022548
邮编：844000

和田市工艺美术玉雕厂
地址：和田地区和田市古江北路
电话：0903－2035281
邮编：848000

和田市玉河玉雕厂
地址：和田地区和田市
电话：0903－2024199
邮编：848000

和田地毯有限责任公司
地址：和田地区和田市和洛路
电话：0903－2029553
邮编：848000

洛浦县地毯厂
地址：和田地区洛浦县
电话：0903－6622943
邮编：848200

富士特珠宝实业有限责任公司
地址：巴音郭楞蒙古自治州库尔勒市人民东路
电话：0996－2011888
邮编：841000

库尔勒中艺石雕有限责任公司
地址：巴音郭楞蒙古自治州库尔勒市东山坡路
电话：0996－2095151
邮编：841000

和硕县地毯厂
地址：巴音郭楞蒙古自治州和硕县清水河南路
电话：0996－5622287
邮编：841200

新疆伊宁市金银首饰厂
地址：伊犁哈萨克自治州伊宁市飞机场路
电话：0999－8220304
邮编：835000

旅游交通

新疆旅游汽车公司
地址：乌鲁木齐市幸福路62号
电话：0991－2625989
邮编：830002

新疆国旅车队
地址：乌鲁木齐市
电话：0991－2825794
邮编：830002

新疆中青旅车队
地址：乌鲁木齐市
电话：0991－2818751
邮编：830002

新疆中旅车队
地址：乌鲁木齐
电话：0991－2861718
邮编：830002

新疆特种旅游汽车公司
地址：乌鲁木齐迎宾北一路四号
电话：0991－4296131
邮编：830002

乌鲁木齐市安可达旅游汽车租赁有限公司
地址：乌鲁木齐市克拉玛依东路
电话：0991－4816749
邮编：830002

乌鲁木齐市西飞旅游汽车服务有限公司
地址：乌鲁木齐市西北路
电话：0991－4533483
邮编：830002

乌鲁木齐火车站
地址：乌鲁木齐市
电话：0991－5813771
邮编：830002

乌鲁木齐地窝堡机场
地址：乌鲁木齐市
电话：0991－3801347
邮编：830000

石河子大众旅游汽车出租公司
地址：石河子市
电话：0993－2524697
邮编：832000

喀什地区旅游汽车公司
地址：喀什地区喀什市
电话：0998－2822991
邮编：844000

吐鲁番地区旅游汽车公司
地址：吐鲁番地区吐鲁番市
电话：0995－8523217
邮编：838000

石河子火车站
地址：石河子市
电话：0993－7528222
邮编：832000

喀什火车站
地址：喀什市
电话：0998－5637222
邮编：844000

阿克苏火车站
地址：阿克苏市
电话：0997－6635222
邮编：843000

吐鲁番火车站
地址：吐鲁番地区大河沿镇
电话：0995－8642275
邮编：838001

阿图什火车站
地址：克孜勒苏柯尔克孜自治州阿图什市
电话：0908－4251828
邮编：845350

博乐火车站
地址：博尔塔拉蒙古自治州博乐市
电话：0909－7325882
邮编：833400

库尔勒火车东站
地址：巴音郭楞蒙古自治州库尔勒市东站
电话：0996－2151300
邮编：841000

新疆通用航空有限责任公司
地址：石河子市
电话：0993－2911974
邮编：832000

喀什机场
地址：喀什地区喀什市机场路473号
电话：0998－2823204
邮编：844001

库车机场
地址：阿克苏地区库车县民航路
电话：0997－7121930
邮编：842000

阿克苏温宿机场
地址：阿克苏地区温宿县
电话：0997－2541622
邮编：843000

和田机场
地址：和田地区和田市乌鲁木齐南路3号
电话：0903－2026724
邮编：848000

哈密地区民航站
地址：哈密地区哈密市前进东路
电话：0902－2231354
邮编：839000

新疆航空公司库尔勒民航站
地址：巴音郭楞蒙古自治州库尔勒市迎宾路
电话：0996－2111383
邮编：841000

且末机场
地址：巴音郭楞蒙古自治州且末县团结北路149号
电话：0996－7622546
邮编：841000

马兰机场
地址：巴音郭楞蒙古自治州和硕县
电话：0996－2958976

伊宁机场
地址：伊犁州伊宁市飞机场街144号
电话：0999－8227930
邮编：835000

塔城机场
地址：塔城地区塔城市
电话：0901－6225488
邮编：834700

中国民用航空阿勒泰站
地址：阿勒泰地区阿勒泰市交通路
电话：0906－2311910
邮编：836500

旅游院校

新疆大学
旅游学院
地址：乌鲁木齐市胜利路14号
电话：0991－8833199
邮编：830046

新疆师范大学
生命与环境科学学院旅游系
地址：乌鲁木齐市昆仑路19号
电话：0991－4841601
邮编：830053

新疆农业大学
林学院旅游管理专业
地址：乌鲁木齐市南昌路42号
电话：0991－8763344
邮编：830052

新疆职业大学
旅游学院
地址：乌鲁木齐市友好南路107号
电话：0991－4513817
邮编：830011

新疆教育学院
旅游专业
地址：乌鲁木齐市光明路8号
电话：0991－8990131
邮编：830001

新疆财经学院
工商管理系旅游专业
地址：乌鲁木齐市北京路15号
电话：0991－7842129
邮编：830012

乌鲁木齐职业大学
旅游学院
地址：乌鲁木齐市幸福路72号
电话：0991－8825214
邮编：830002

新疆旅游培训中心
地址：乌鲁木齐市河滩南路16号
电话：0991－2833199
传真：2824449
邮编：830002

新疆旅游学校
地址：乌鲁木齐市克拉玛依东路
电话：0991－4627127
邮编：830063

克拉玛依职业技术学院
经济管理系旅游管理专业
地址：克拉玛依市独山子区北京路10号
电话：0990－3682543
邮编：833600

阿克苏职业技术学院
旅游专业
地址：阿克苏地区阿克苏市文化路24号
电话：0997－2521786
邮编：843000

巴州职业技术学院
旅游专业
地址：巴州库尔勒市天山东路7号
电话：0996－2080283
邮编：841000

昌吉职业技术学院
旅游专业
地址：昌吉市健康西路8号
电话：0994－2344391
邮编：831100

伊犁师范学院
旅游专业
地址：伊犁州伊宁市解放298号
电话：0999－8132736
邮编：835000

海峡旅游《精品线路

线 路 一：蓝色滨海欢乐（6日）游
（厦门–漳州–泉州–莆田–福州）
行程特色：
* 海上明珠、有万国建筑博览之称的鼓浪屿
* “瑰丽雄奇”的石雕精粹鳌园
* 东南花都花博园
* 参拜“东方麦加”湄洲岛
* “山在城中，城在山中”的独特城市，近代史发祥地——福州

线 路 二：绿色生态休闲（8日）游
（厦门—连城—将乐—泰宁—武夷山—永泰—福州）
行程特色：
* 世界较大及较小古炮所在地—胡里山炮台
* 具有阴柔的“生命之门”、具有阳刚之气的“生命之根”等景观
* 水上丹霞奇观、天下湖山——大金湖
* 世界地质公园样板景区、丹崖的阳刚与碧水的阴柔结合——寨下大峡谷
* 世界自然与文化双遗产，青山、绿水、香茶大自然的美妙尽收眼底——武夷山
* 4000年前古闽人遗留的千古之谜——船棺
* “山在城中，城在山中”的独特城市、近代史发祥地——福州

线 路 三：八闽山海精华（6日）游
（厦门—武夷山—泰宁—福州）
行程特色：
* 世界自然与文化双遗产，青山、绿水、香茶……大自然的美妙尽收眼底——武夷山
* 4000年前古闽人遗留的千古之谜——船棺
* 海上明珠、有万国建筑博览之称的鼓浪屿
* 水上丹霞奇观、天下湖山——大金湖
* 世界地质公园样板景区、丹崖的阳刚与碧水的阴柔结合——寨下大峡谷
* “山在城中，城在山中”的独特城市、近代史发祥地——福州

线 路 四：闽台渊源寻根(5日)游
（厦门—漳州—永定—上杭—连城—长汀—泉州—厦门）
行程特色：
* 海上明珠、有万国建筑博览之称的鼓浪屿
* 神秘的“东方古城堡”——客家土楼！国家4A级景区
* 奇山、异水、大自然风光等您来！客家阿妹等您来！
* 具有阴柔的“生命之门”、具有阳刚之气的“生命之根”等景观

线 路 五：宗教文化朝圣（5日）游
（厦门—湄洲—泉州—厦门）
行程特色：
* 闽南乃至全国闻名的佛教寺院南普陀寺
* 福建省较早佛教寺庙之——梵天寺
* 参拜“东方麦加”湄洲岛
* 中国现存较早、较古老的具有阿拉伯建筑风格的伊斯兰教寺

线 路 六：闽东北亲水（6日）游
（福州—蕉城—秦屿—太姥山—霞浦—福安—周宁—白水洋—福州）
行程特色：
* 绿色长廊之旅：天下胜景、宇宙之谜白水洋
* 海上“威尼斯”三都澳
* 鱼排风情、海上明珠白水洋
* “峰险、石奇、洞怪、云幻”著称的太姥山
* 人鱼一家亲—鲤鱼溪
* 规模大、种类精、产值多，国际名茶交易中心——海峡大茶都

线 路 七：民俗文化探寻（5日）游
（厦门—南靖—永定—泉州—厦门）
行程特色：
* 神秘的“东方古城堡”——客家土楼！国家4A级景区
* 传统的民俗博饼文化博览
* 地下看西安，地上看泉州
* 中国反映古代中外海上交通历史的专门性博物馆——海交馆
* 美丽的海上花园——厦门

线 路 八：高尔夫温泉健身（6日）游
（厦门—武夷山—连江—福州）
行程特色：
* 享受挥杆乐趣
* 温泉休闲体验
* 绝对物超所值

线 路 九：茶文化养生（5日）游
（福州—武夷山—厦门—漳浦—安溪—厦门）
行程特色：
* 世界自然与文化双遗产，青山、绿水、香茶……大自然的美妙尽收眼底——武夷山
* “茶王”大红袍
* 著名茶乡，铁观音独树一帜的制作技艺

伟人故里 中山

中山市是孙中山先生的故乡,地处珠江三角洲南部，东望香港、深圳，南邻珠海、澳门，北临广州，全市人口134.83万，面积1800平方公里。这座具有850多年历史的南国城市气候宜人，名人辈出，改革开放取得了巨大成就，是享誉中外的富庶侨乡。

中山的旅游资源丰富，她集名人胜地，新颖的城市人文景观和水乡田园风光为一体，透发出诱人的岭南风情。近年来中山市相继获得“国家卫生城市”、“全国园林城市”、“全国环保模范城市”、“中国优秀旅游城市”和“首批全国文明城市”等光荣称号，更获得联合国颁发的“人居奖”崇高荣誉。中山人民热情友好，旅游设施完善，饮食文化极具特色，交通便利，是休闲度假、观光娱乐、会议旅游的好去处。